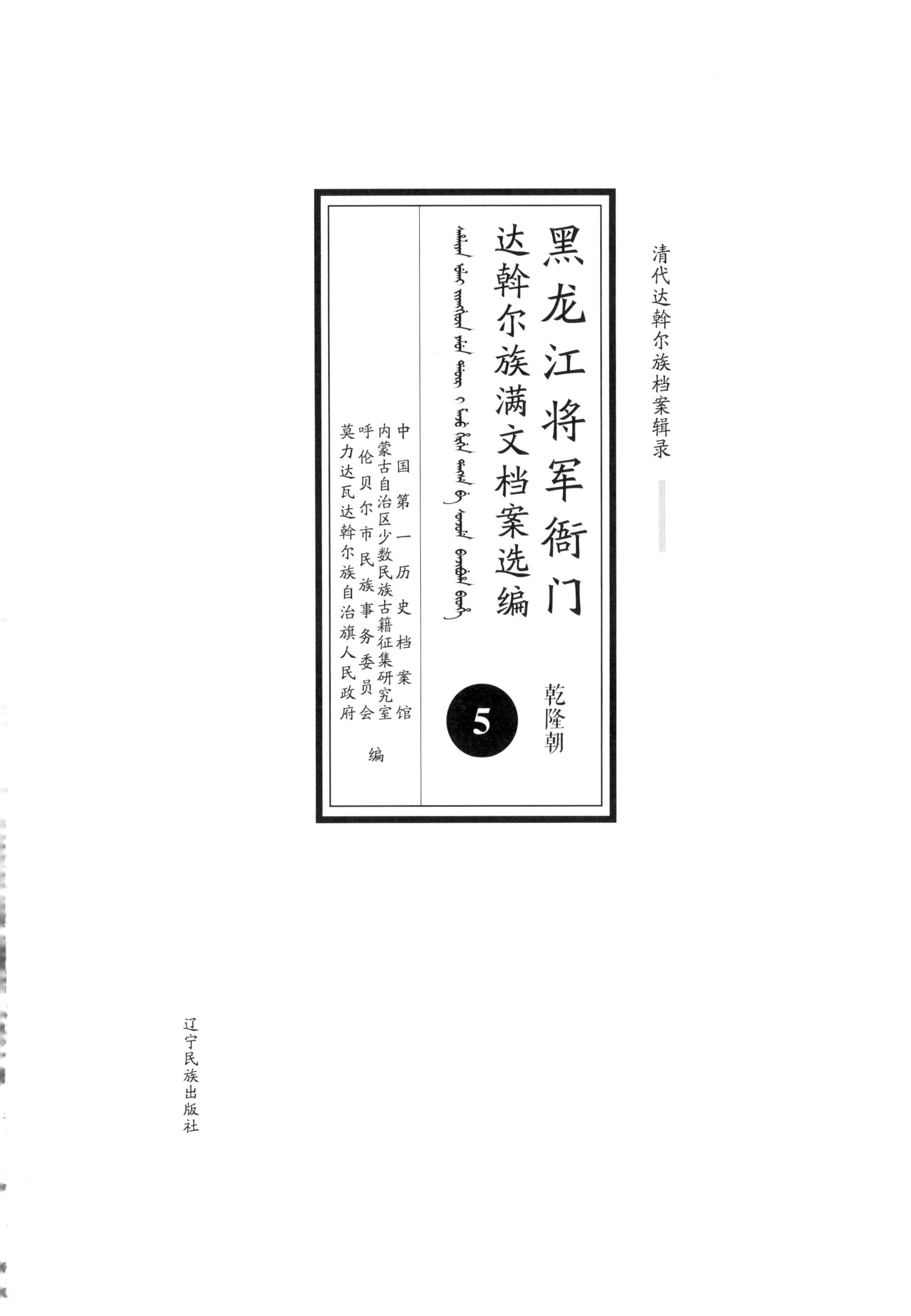

清代达斡尔族档案辑录

黑龙江将军衙门达斡尔族满文档案选编

5

乾隆朝

中国第一历史档案馆
内蒙古自治区少数民族古籍征集研究室
呼伦贝尔市民族事务委员会
莫力达瓦达斡尔族自治旗人民政府
编

辽宁民族出版社

目录

三九五　黑龙江将军衙门为齐齐哈尔正蓝旗达斡尔喀勒扎承袭世管佐领解送源流册家谱事咨正蓝旗满洲都统衙门文

乾隆十一年四月十二日 ……1

三九六　布特哈索伦达斡尔总管纳木球等为解送布特哈索伦达斡尔等丁数册事呈黑龙江将军衙门文

乾隆十一年五月初二日 ……34

三九七　黑龙江将军衙门为遵旨办理黑龙江达斡尔阿弥拉承袭佐领事宜事咨黑龙江副都统文

乾隆十一年五月十六日 ……36

三九八　正蓝满洲旗为遵旨办理黑龙江布特哈正白旗达斡尔托多尔凯承袭佐领事宜事咨黑龙江将军衙门文

乾隆十一年五月二十八日 ……45

三九九　黑龙江将军衙门为黑龙江布特哈正白旗达斡尔托多尔凯承袭佐领解送源流册家谱事札布特哈索伦达斡尔总管纳木球等文

乾隆十一年六月初四日 ……50

四〇〇　黑龙江将军衙门为咨复查明布特哈镶黄旗达斡尔托尼逊等佐领源流事咨镶黄旗满洲都统衙门文

乾隆十一年六月初七日 ……55

四〇一　正白满洲旗为齐齐哈尔正白旗达斡尔科塔雅等承袭世管佐领解

送源流册事咨黑龙江将军衙门文
乾隆十一年六月十九日 ……68
四〇二　布特哈索伦达斡尔总管纳木球等为布特哈正白旗达斡尔托多尔凯承袭世管佐领解送家谱源流册事呈黑龙江将军衙门文
乾隆十一年六月三十日 ……74
四〇三　黑龙江将军衙门为布特哈正白旗达斡尔托多尔凯承袭世管佐领解送源流册家谱事咨正蓝旗满洲都统衙门文
乾隆十一年七月初五日 ……81
四〇四　黑龙江将军衙门为令增选索伦达斡尔等记名领催前锋事咨黑龙江副都统文
乾隆十一年七月初九日 ……87
四〇五　黑龙江将军衙门为布特哈正黄旗达斡尔世管佐领密济尔遗缺拣选拟定正陪人员事咨理藩院文
乾隆十一年七月十二日 ……89
四〇六　正白满洲旗为布特哈正白旗达斡尔托多尔凯承袭世管佐领解送源流册家谱事咨黑龙江将军衙门文（附咨文一件）
乾隆十一年七月二十一日 ……96
四〇七　值月镶蓝三旗为布特哈正白旗达斡尔托多尔凯等承袭世管佐领解送源流册家谱事咨黑龙江将军衙门文
乾隆十一年七月二十一日 ……149
四〇八　黑龙江将军衙门为咨复解送黑龙江布特哈正白旗达斡尔佐领托多尔凯等源流册家谱事咨值月镶蓝三旗都统衙门文
乾隆十一年七月二十五日 ……196
四〇九　正白满洲旗为知会已奏准齐齐哈尔正白旗达斡尔布拉尔佐领作为公中佐领承袭等情事咨黑龙江将军衙门文
乾隆十一年八月初八日 ……202
四一〇　正蓝满洲旗为遵旨办理齐齐哈尔正蓝旗达斡尔喀勒扎承袭世管

佐领事宜事咨黑龙江将军衙门文
乾隆十一年八月初八日 ……229
四一一 布特哈索伦达斡尔总管纳木球等为拣员拟补布特哈正黄旗达斡尔副总管员缺事呈黑龙江将军衙门文
乾隆十一年八月十一日 ……256
四一二 黑龙江将军衙门为令佐领提克内暂护索伦达斡尔副总管事札布特哈索伦达斡尔总管乌察喇勒图等文
乾隆十一年八月十八日 ……257
四一三 黑龙江将军衙门为报索伦达斡尔等捕貂丁数并派员赴京解送貂皮事咨理藩院文
乾隆十一年八月十九日 ……258
四一四 黑龙江将军衙门为齐齐哈尔正红旗达斡尔佐领斐色遗缺拣选拟定正陪人员事咨兵部文
乾隆十一年九月十一日 ……261
四一五 黑龙江将军衙门为黑龙江骁骑校员缺应选满洲索伦达斡尔领催前锋送部引见事咨兵部文
乾隆十一年九月十一日 ……271
四一六 值月正红三旗为已奏准齐齐哈尔镶白旗达斡尔塔里乌勒世管佐领承袭源流事咨镶白满洲旗文
乾隆十一年十月初八日 ……278
四一七 正蓝满洲旗为送回布特哈正白旗达斡尔托多尔凯佐领源流册家谱事咨黑龙江将军衙门文
乾隆十一年十月初八日 ……319
四一八 镶白满洲旗为镶白旗达斡尔塔里乌勒承袭世管佐领解送源流册家谱事咨黑龙江将军衙门文
乾隆十一年十月二十三日 ……326
四一九 黑龙江将军衙门为严禁索伦达斡尔等越界打牲盗采事咨黑龙江

副都统文
乾隆十一年十一月初四日 ……………………………………………………333
四二〇 黑龙江将军衙门为齐齐哈尔镶白旗达斡尔塔里乌勒承袭世管佐领解送源流册事札呼兰城守尉博罗纳文
乾隆十一年十一月初四日 ……………………………………………………344
四二一 黑龙江将军衙门为严禁索伦达斡尔等越界打牲盗采人参事札布特哈索伦达斡尔总管乌察喇勒图等文
乾隆十一年十一月初四日 ……………………………………………………346
四二二 黑龙江将军衙门为镶白旗达斡尔塔里乌勒承袭世管佐领解送源流册事咨正黄旗满洲都统衙门文
乾隆十一年十一月初六日 ……………………………………………………350
四二三 黑龙江将军衙门为令从速解送镶白旗达斡尔塔里乌勒佐领源流册家谱事咨镶白满洲旗文
乾隆十一年十一月初六日 ……………………………………………………353
四二四 正蓝满洲旗为办理齐齐哈尔正蓝旗达斡尔喀勒扎承袭世管佐领事宜事咨黑龙江将军衙门文
乾隆十一年十一月十六日 ……………………………………………………361
四二五 黑龙江将军衙门为遵旨办理布特哈正白旗达斡尔托多尔凯承袭世管佐领事宜事咨黑龙江副都统文
乾隆十一年十二月十六日 ……………………………………………………395
四二六 正红满洲旗为齐齐哈尔正红旗达斡尔佐领斐色病故其所遗缺循例择员承袭事咨黑龙江将军衙门文
乾隆十二年正月初四日 ……………………………………………………400
四二七 黑龙江将军衙门为复行通谕布特哈索伦达斡尔等严查捕貂隐匿偷卖好貂情弊事札布特哈索伦达斡尔总管纳木球等文
乾隆十二年正月初四日 ……………………………………………………414
四二八 黑龙江将军衙门为镶白旗佐领哲库补放管理布特哈索伦达斡尔

事务满洲副总管事札布特哈索伦达斡尔总管乌察喇勒图等文
乾隆十二年正月十一日 ……418
四二九 黑龙江将军衙门为黑龙江满洲达斡尔佐领骁骑校出缺拣员送来事咨黑龙江副都统文（附名单一件）
乾隆十二年正月十一日 ……421
四三〇 黑龙江将军衙门为择派满洲索伦达斡尔副总管查禁偷卖貂皮事札布特哈索伦达斡尔总管纳木球等文
乾隆十二年正月初六日 ……424
四三一 镶黄满洲旗为查明镶黄旗达斡尔托尼逊丹巴佐领世袭家谱事咨黑龙江将军衙门文（附抄折一件）
乾隆十二年正月十九日 ……425
四三二 布特哈索伦达斡尔总管纳木球等为分派满洲索伦达斡尔副总管亲率官兵缉查禁卖貂皮事呈黑龙江将军衙门文
乾隆十二年正月二十五日 ……463
四三三 理藩院为查明镶黄旗达斡尔托尼逊丹巴世管佐领承袭家谱事咨黑龙江将军文
乾隆十二年正月二十九日 ……466
四三四 黑龙江将军衙门为查明镶黄旗达斡尔托尼逊丹巴世管佐领承袭家谱事札布特哈索伦达斡尔总管纳木球等文（附抄折一件）
乾隆十二年二月初八日 ……471
四三五 黑龙江将军衙门为查报齐齐哈尔镶黄旗达斡尔克图克依等公中佐领情形事咨镶黄旗满洲都统衙门文
乾隆十二年二月二十日 ……505
四三六 黑龙江将军衙门为查解齐齐哈尔镶黄旗达斡尔克图克依等公中佐领源流册事咨镶黄旗满洲都统衙门文
乾隆十二年二月二十日 ……509
四三七 黑龙江将军衙门为查解墨尔根正红旗达斡尔布堪泰等公中佐领

源流册事咨正红旗满洲都统衙门文
乾隆十二年二月二十日 ……521
四三八 黑龙江将军衙门为查解黑龙江镶白旗达斡尔塔济等公中佐领源流册事咨镶白旗满洲都统衙门文
乾隆十二年二月二十日 ……532
四三九 黑龙江将军衙门为查解墨尔根镶蓝旗达斡尔吉奔等公中佐领源流册事咨镶蓝旗满洲都统衙门文
乾隆十二年二月二十日 ……542
四四〇 黑龙江将军衙门为布特哈正白旗达斡尔托多尔凯佐领照例定为世管佐领事札布特哈索伦达斡尔总管纳木球等文
乾隆十二年二月二十八日 ……549
四四一 黑龙江将军衙门为齐齐哈尔镶白旗达斡尔世管佐领塔里乌勒因罪革职出缺可否选取其子孙承袭事咨兵部文
乾隆十二年三月十二日 ……557
四四二 布特哈索伦达斡尔总管纳木球等为查解镶黄旗达斡尔托尼逊丹巴佐领家谱事呈黑龙江将军衙门文
乾隆十二年三月十八日 ……565
四四三 黑龙江将军衙门为造送镶黄旗达斡尔托尼逊丹巴佐领家谱事咨镶黄旗满洲都统衙门文
乾隆十二年三月二十二日 ……568
四四四 黑龙江将军傅森等题黑龙江达斡尔肯济锡佐领下穆呼辰子孙有份承袭请写入家谱本
乾隆十二年四月十一日 ……575
四四五 黑龙江将军衙门为解送齐齐哈尔正白旗达斡尔阔提雅等佐领源流册事咨兵部文
乾隆十二年四月二十三日 ……588
四四六 黑龙江将军衙门为解送齐齐哈尔正白旗达斡尔阔提雅等佐领源

流册及家谱事咨正白满洲旗文
乾隆十二年四月二十三日 ……594
四四七 黑龙江将军衙门为查解布特哈镶黄旗达斡尔衮泰公中佐领源流册事咨镶黄满洲旗文
乾隆十二年五月初六日 ……600
四四八 黑龙江将军衙门为查解布特哈正黄旗达斡尔达喇郭勒佐领源流册事咨正黄满洲旗文
乾隆十二年五月初六日 ……606
四四九 黑龙江将军衙门为解送齐齐哈尔正红旗达斡尔斐色佐领源流册事咨正红满洲旗文
乾隆十二年五月十四日 ……613
四五〇 黑龙江将军衙门为解送黑龙江镶白旗达斡尔塔里乌勒佐领源流册及家谱事咨镶白满洲旗文
乾隆十二年五月十四日 ……616
四五一 黑龙江将军衙门为解送齐齐哈尔正蓝旗达斡尔巴新等公中佐领源流册及家谱事咨正蓝满洲旗文
乾隆十二年六月初一日 ……625
四五二 黑龙江将军衙门为派遣随进木兰围布特哈索伦达斡尔等官兵花名及启程日期事咨兵部文
乾隆十二年六月十二日 ……629
四五三 黑龙江将军衙门为正白旗头甲喇济德佐领下达斡尔前锋萨姆履历与记档相符事咨正白旗满洲都统衙门文
乾隆十二年六月十二日 ……638
四五四 黑龙江将军衙门为正白旗头甲喇济德佐领下达斡尔护军蒐辛履历与记档相符事咨正白旗满洲都统衙门文
乾隆十二年六月十二日 ……647
四五五 黑龙江将军衙门为令造送布特哈正白旗达斡尔托多尔凯等世管

佐领源流册事札布特哈索伦达斡尔总管乌察喇勒图等文
乾隆十二年六月二十九日 ……657
四五六　黑龙江将军衙门为解送布特哈正黄旗达斡尔达喇郭勒公中佐领家谱事咨正黄满洲旗文
乾隆十二年七月二十一日 ……661
四五七　兵部为奏准黑龙江镶蓝旗达斡尔肯济锡佐领下穆呼辰子孙有份承袭并写入家谱事咨黑龙江将军文
乾隆十二年七月二十八日 ……667
四五八　镶白满洲旗为催解镶白旗黑龙江达斡尔塔济等公中佐领家谱事咨黑龙江将军衙门文
乾隆十二年七月二十八日 ……683
四五九　黑龙江将军衙门为令查明黑龙江城镶黄旗达斡尔二次承袭佐领希图有无子嗣事札暂护黑龙江副都统印协领巴哈塔文
乾隆十二年八月初三日 ……687
四六〇　黑龙江将军衙门为解送齐齐哈尔镶黄旗达斡尔克图克依等公中佐领家谱事咨镶黄满洲旗文
乾隆十二年八月初四日 ……689
四六一　暂护黑龙江副都统印协领巴哈塔为造送布特哈正白旗达斡尔托多尔凯世管佐领下移驻黑龙江城人名册事呈黑龙江将军衙门文
乾隆十二年八月十四日 ……694
四六二　布特哈索伦达斡尔总管厄尔济苏为造送布特哈正白旗达斡尔托多尔凯等世管佐领源流册事呈黑龙江将军衙门文
乾隆十二年八月十九日 ……698
四六三　暂护黑龙江副都统印协领巴哈塔为报黑龙江镶黄旗达斡尔二次承袭佐领希图子嗣现居布特哈等情事呈黑龙江将军衙门文
乾隆十二年八月二十一日 ……702
四六四　黑龙江将军衙门为令查布特哈正黄旗达斡尔索齐纳佐领下驻京

护军孙察未在源流册情由事札布特哈索伦达斡尔总管厄尔济苏文
乾隆十二年八月二十五日 ……705
四六五 黑龙江副都统衙门为黑龙江各处满洲达斡尔佐领骁骑校等缺拣选拟补人员事咨黑龙江将军衙门文
乾隆十二年九月初六日 ……708
四六六 黑龙江副都统衙门为拣选黑龙江城左翼镶黄旗达斡尔布钟库尔佐领下前锋巴苏鼐等记名事咨黑龙江将军衙门文
乾隆十二年九月初六日 ……712

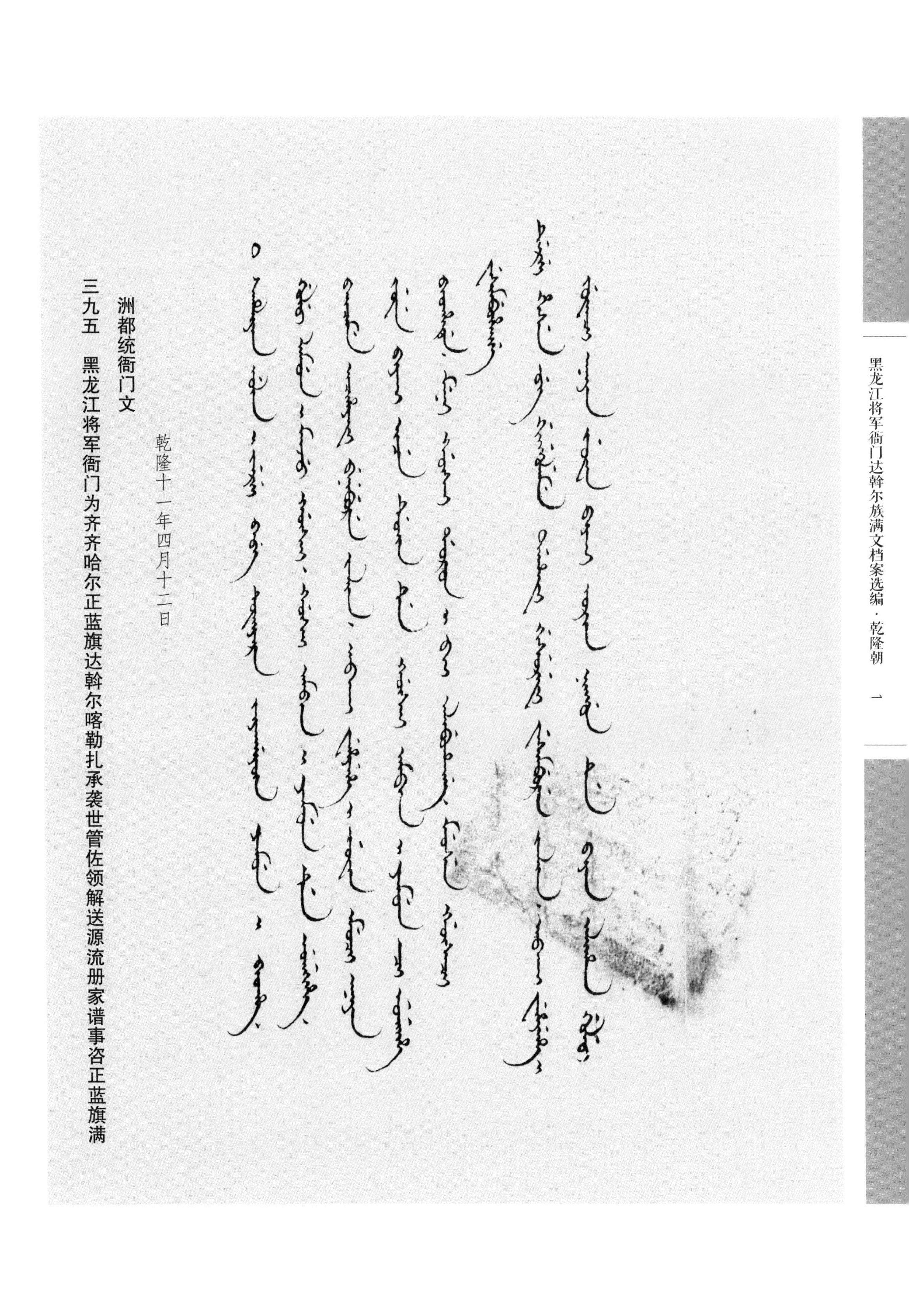

三九五 黑龙江将军衙门为齐齐哈尔正蓝旗达斡尔喀勒扎承袭世管佐领解送源流册家谱事咨正蓝旗满洲都统衙门文

乾隆十一年四月十二日

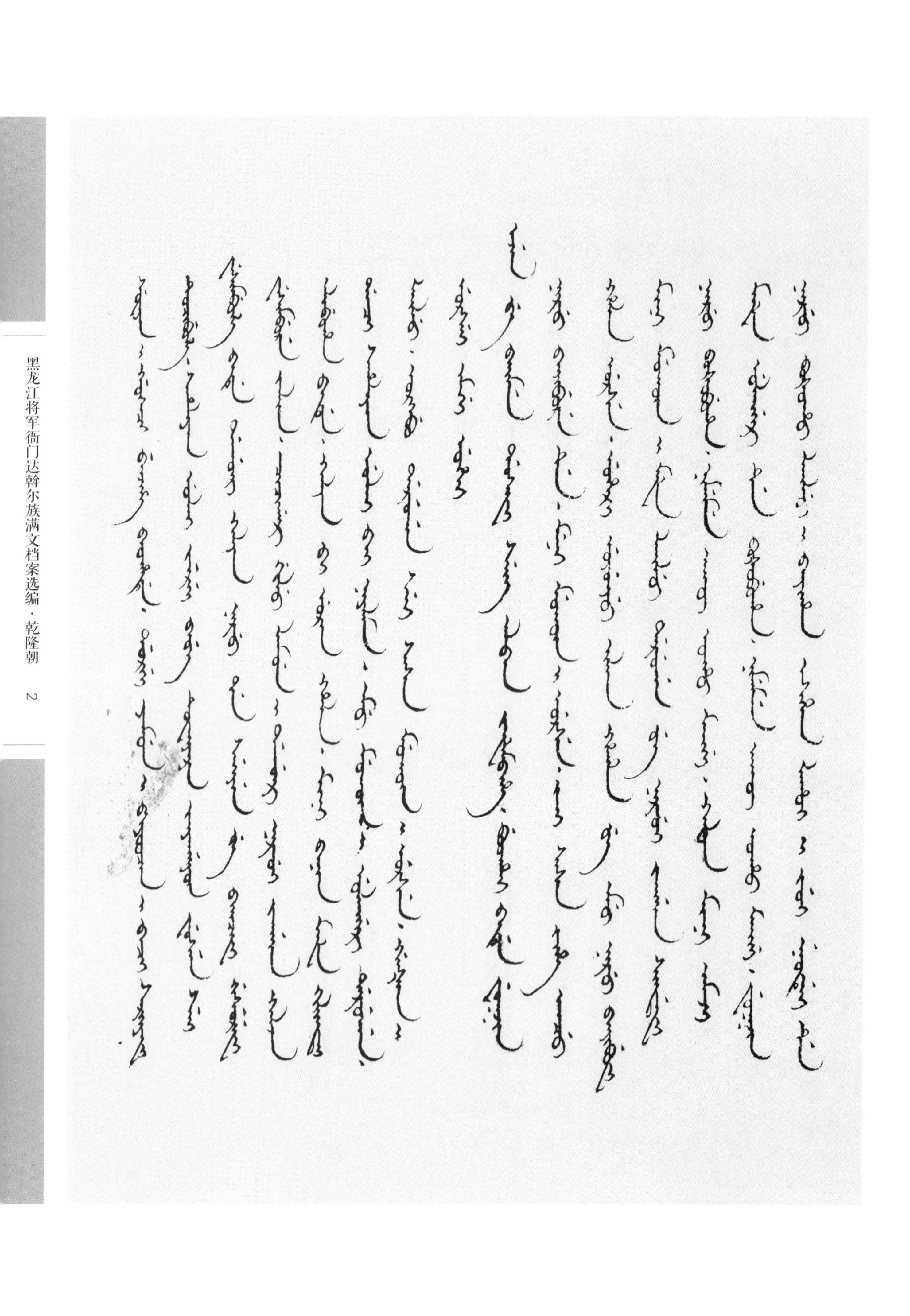

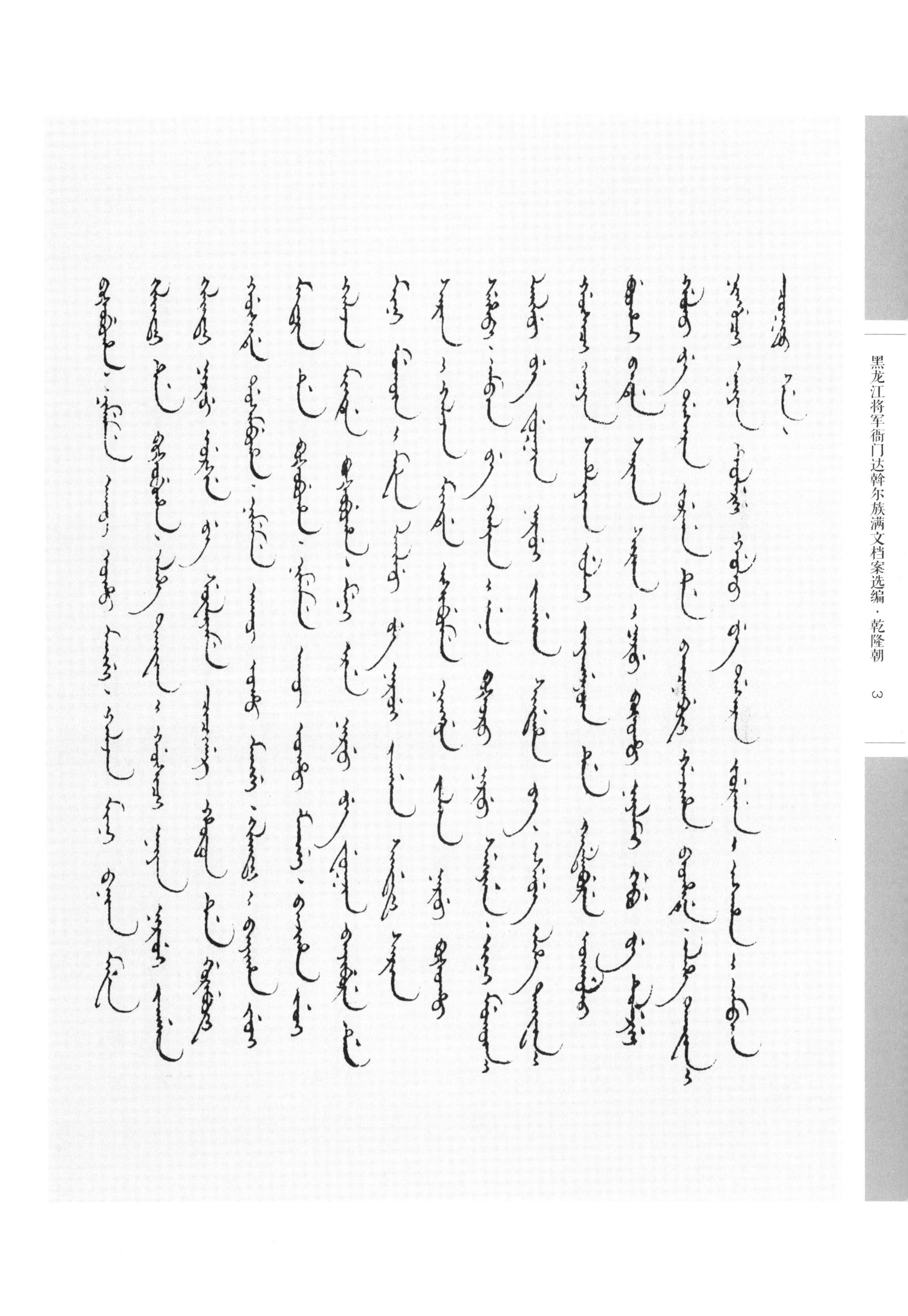

[illegible]

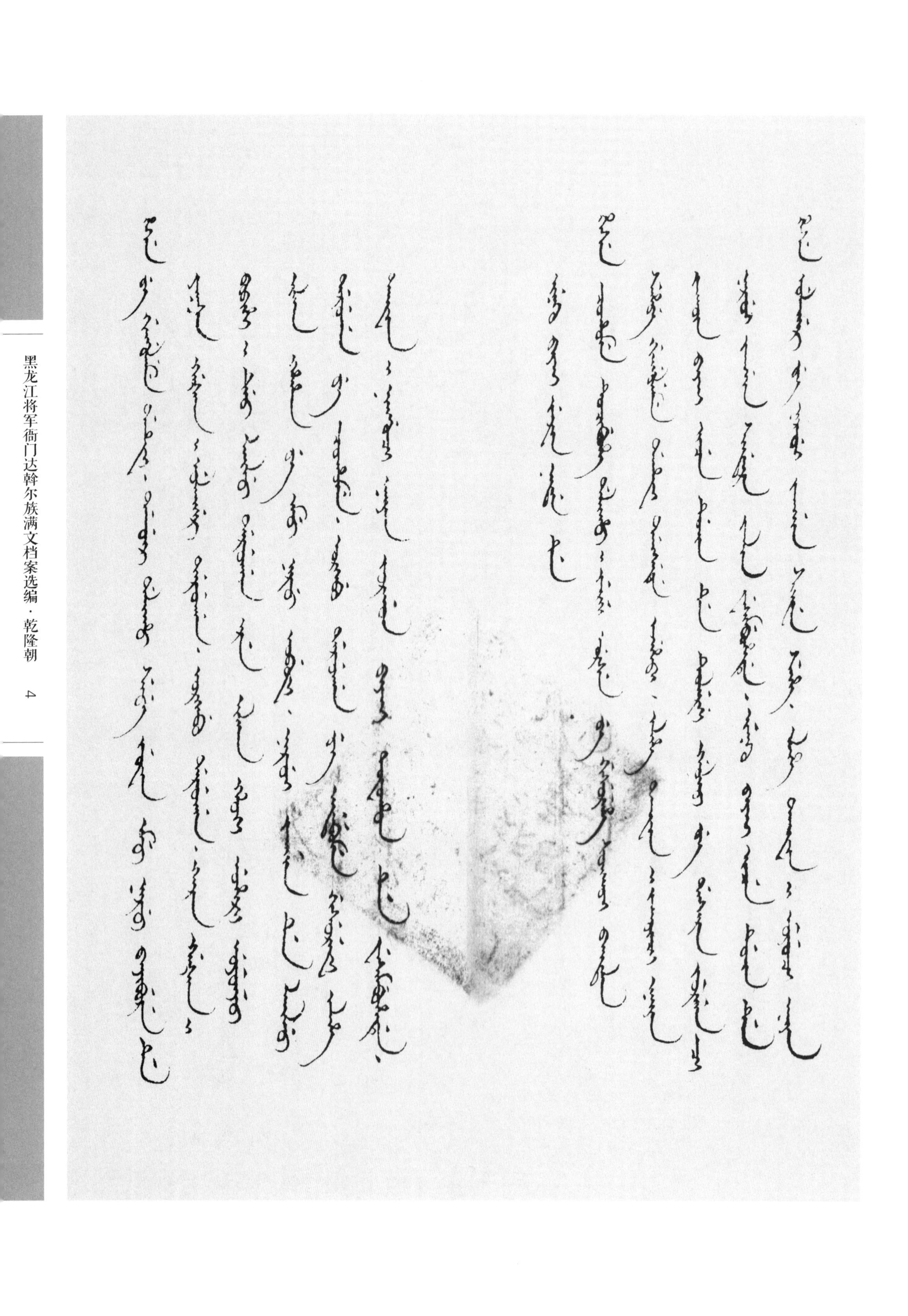

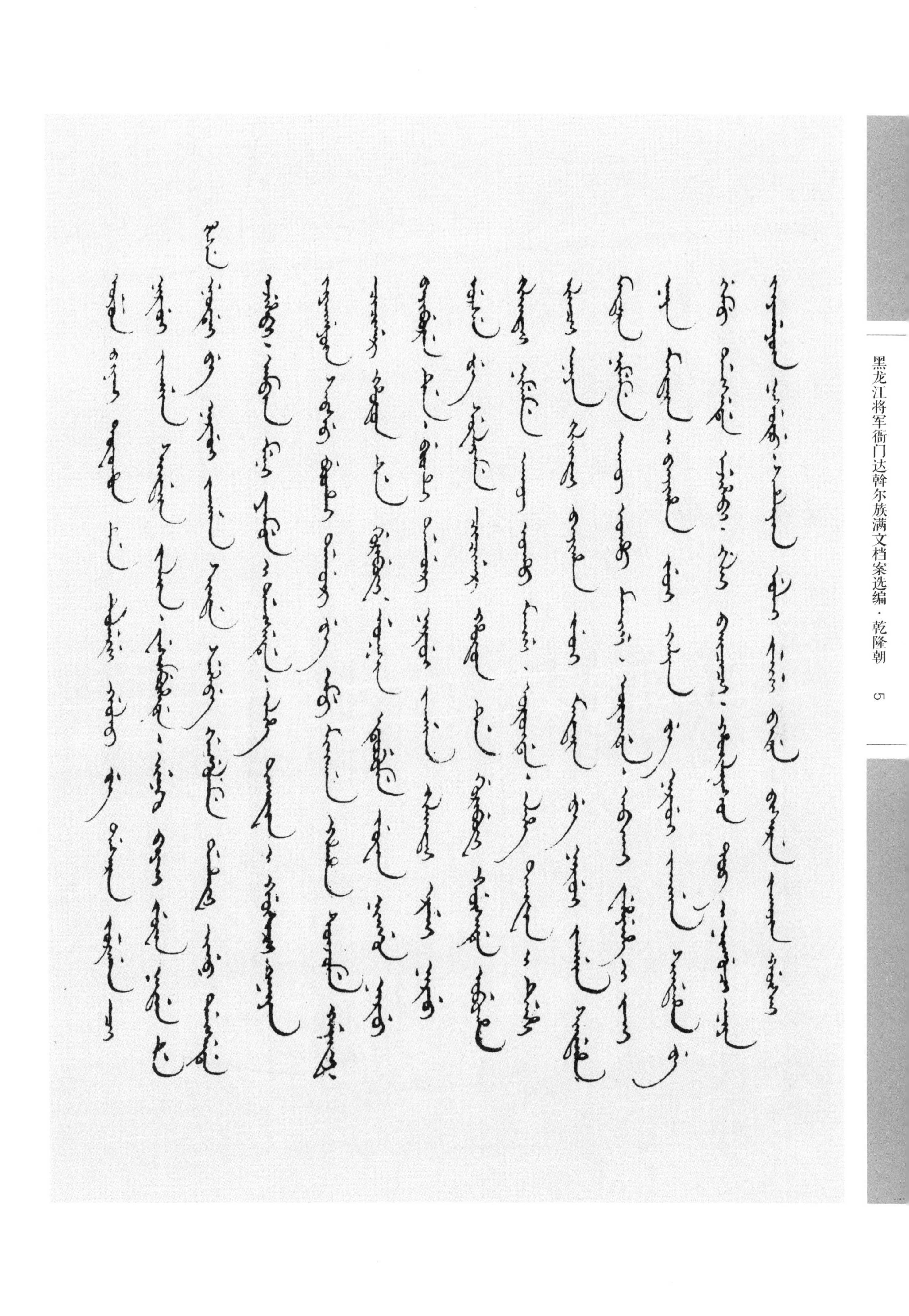

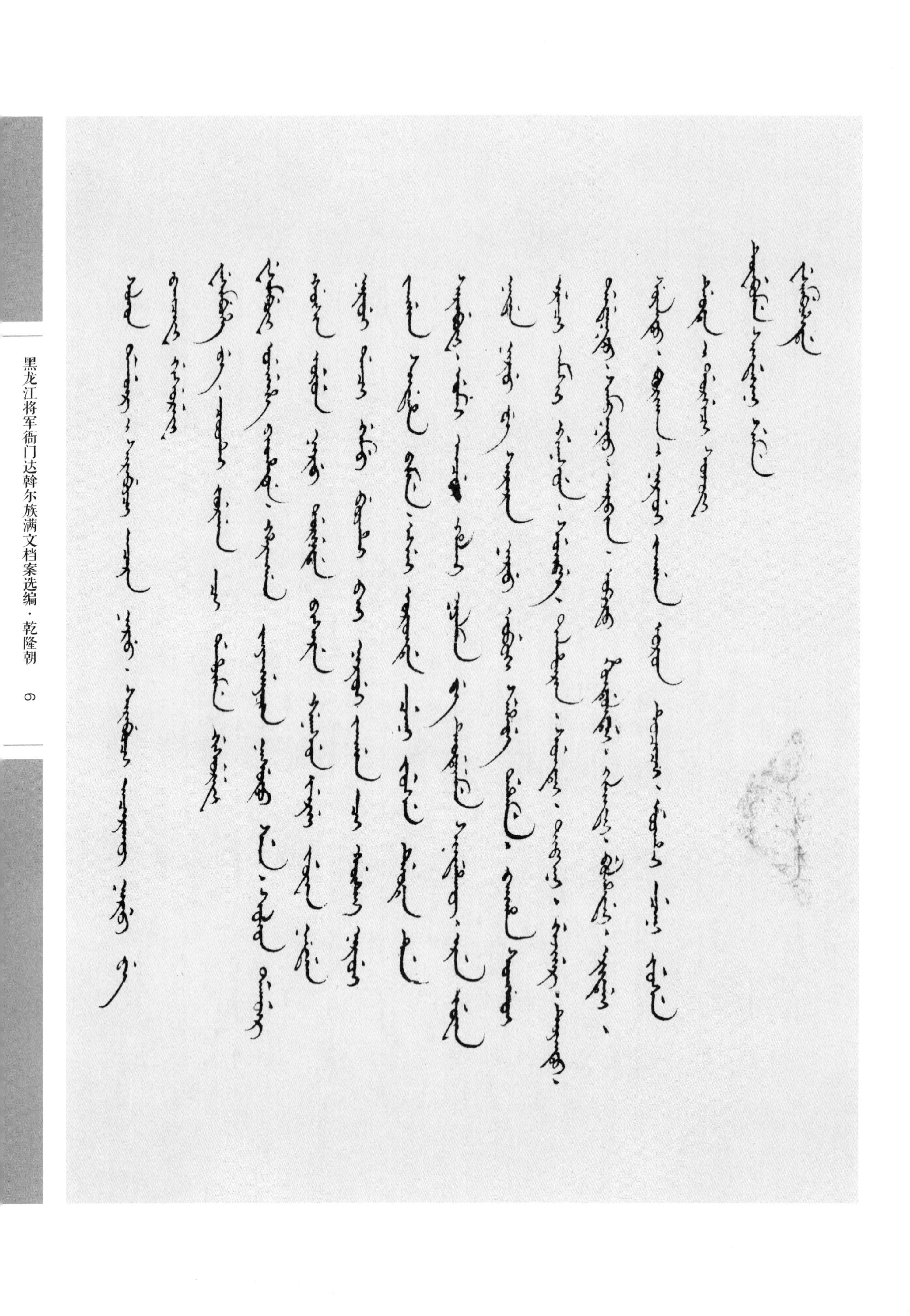

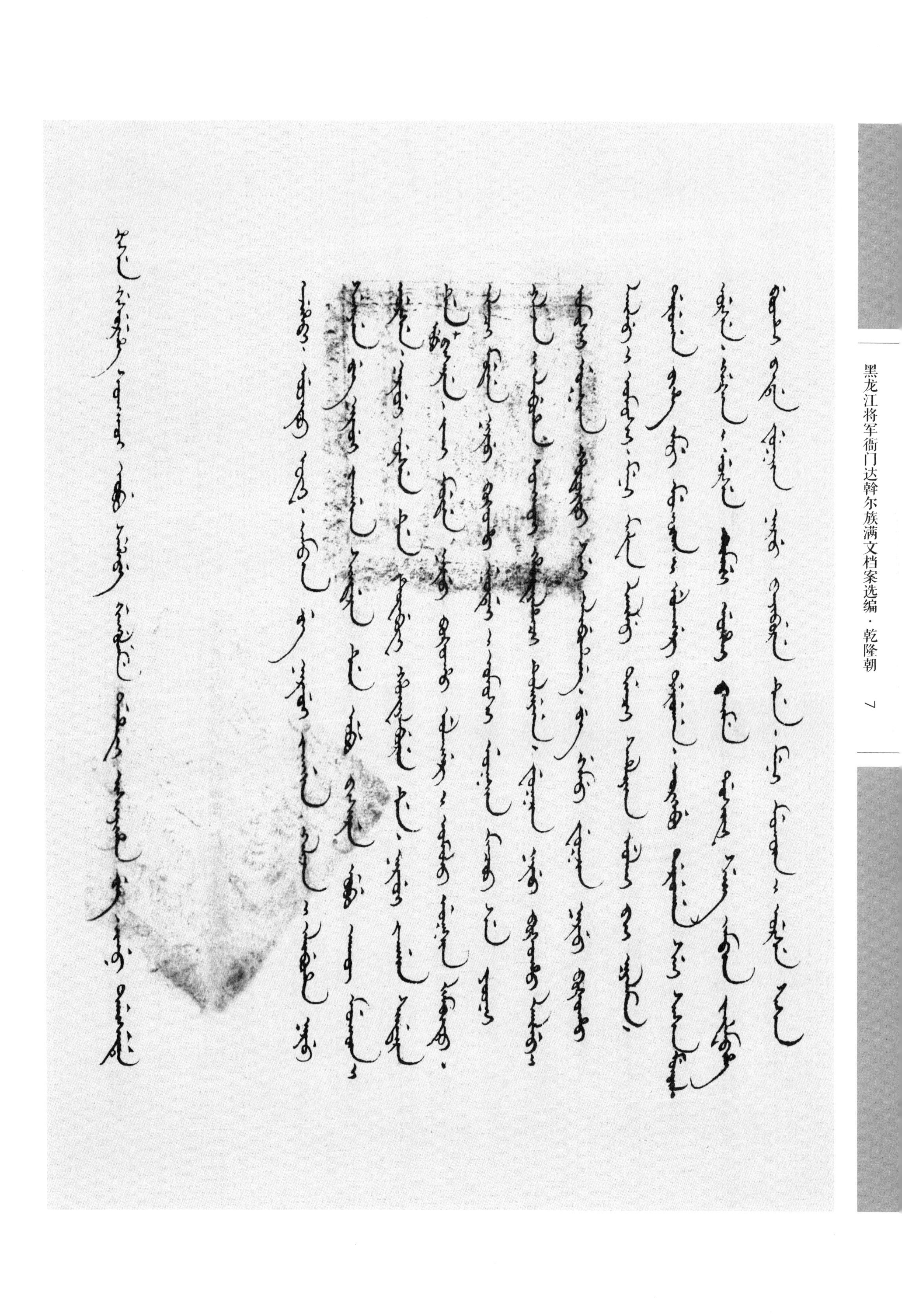

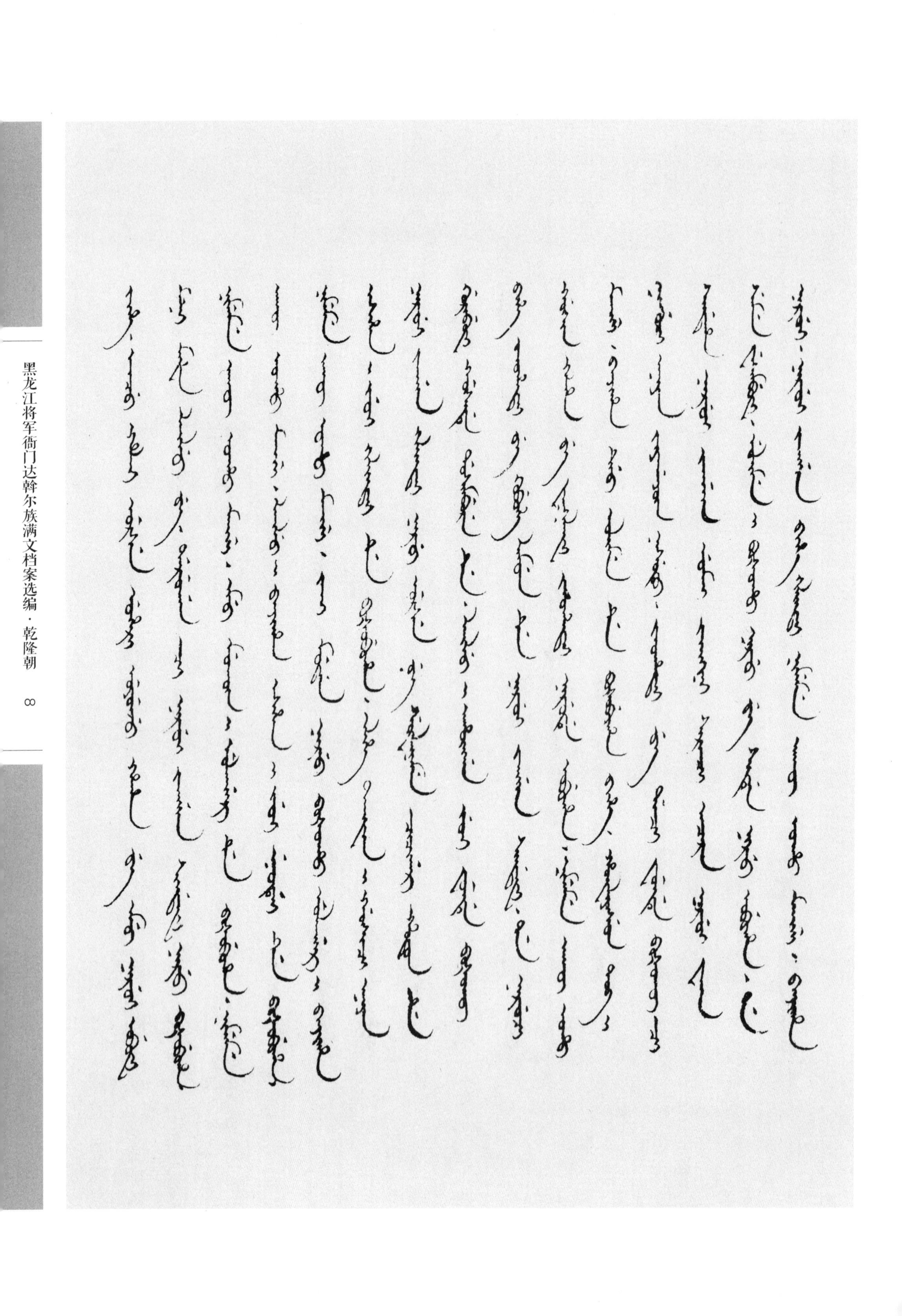

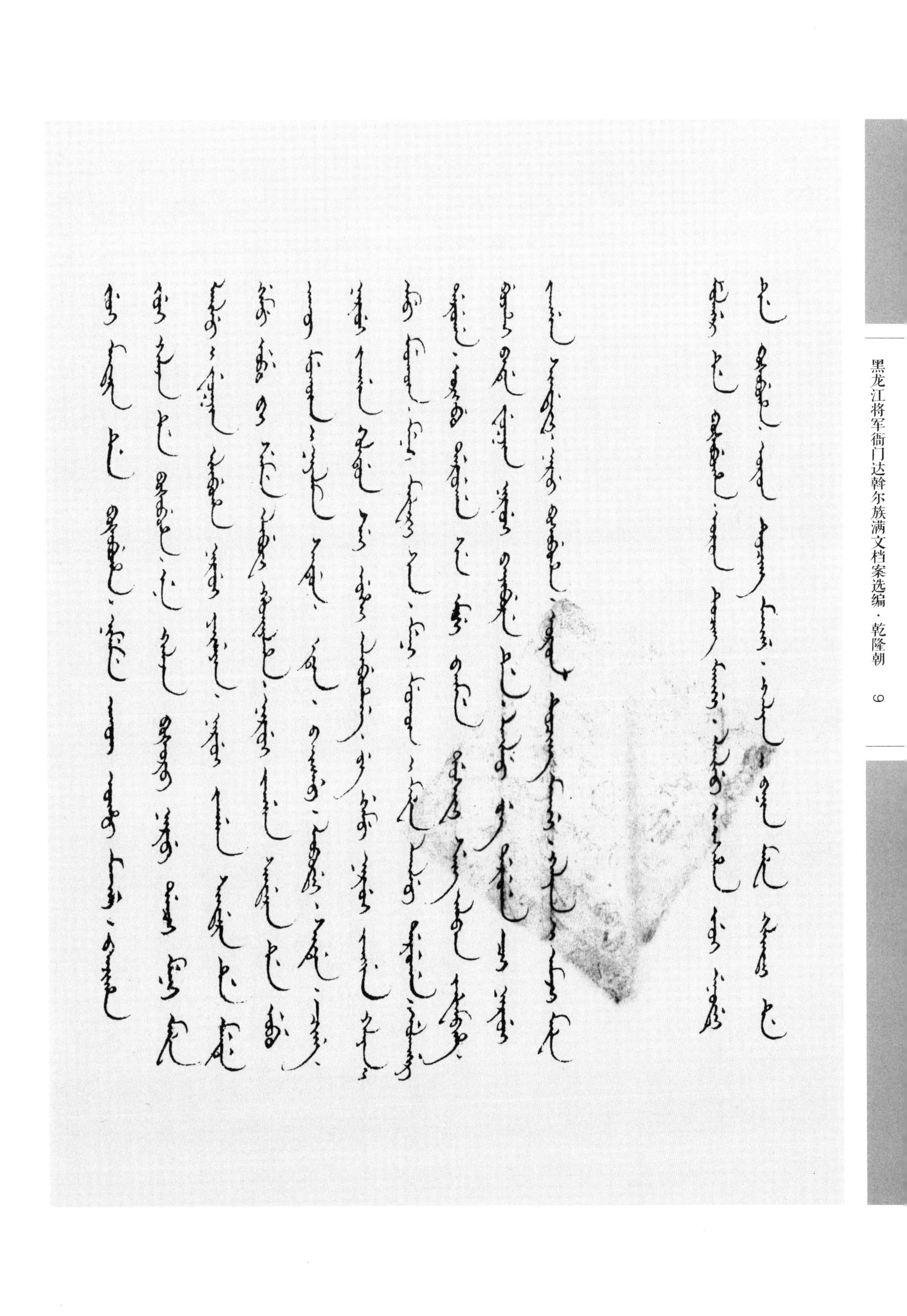

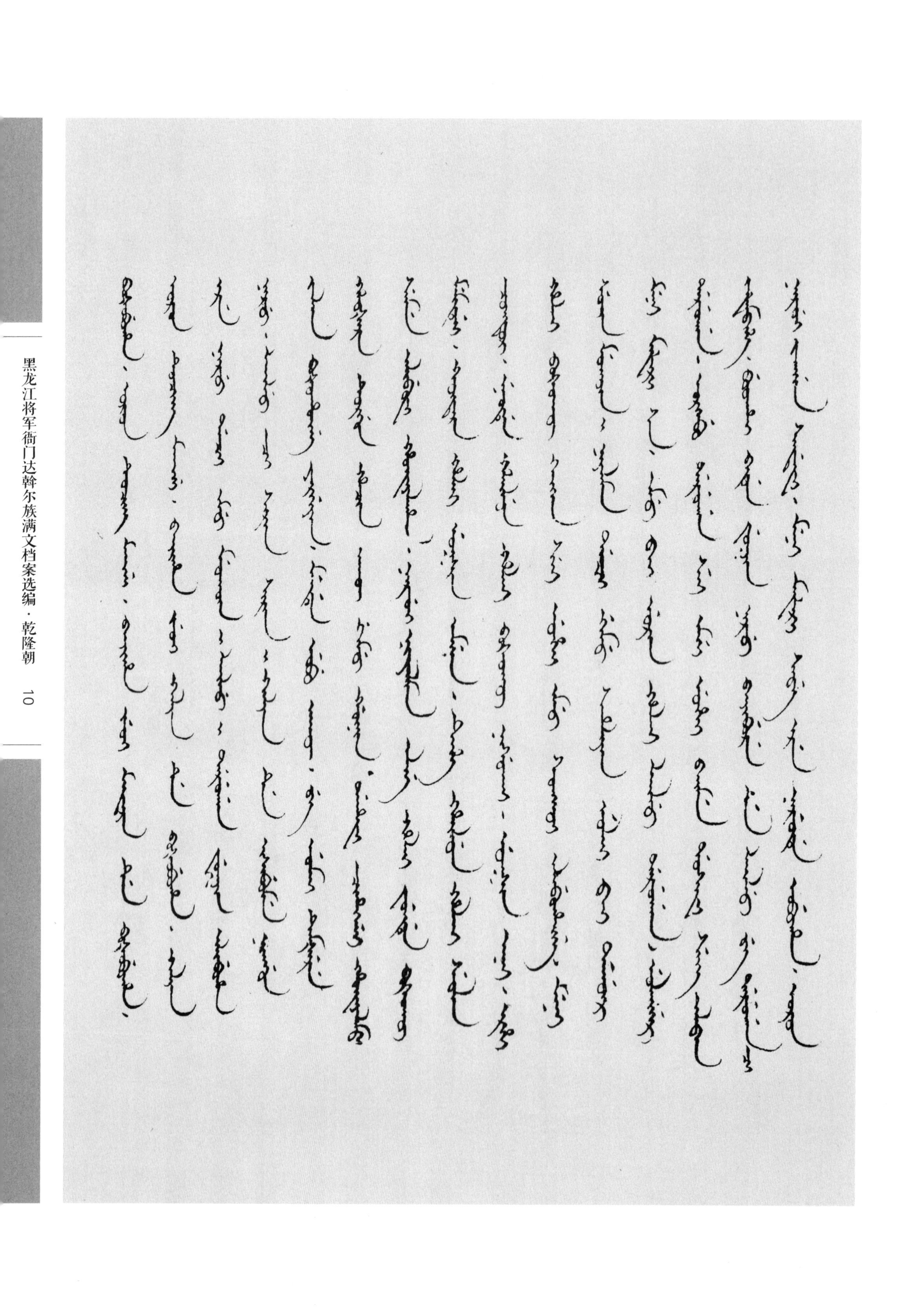

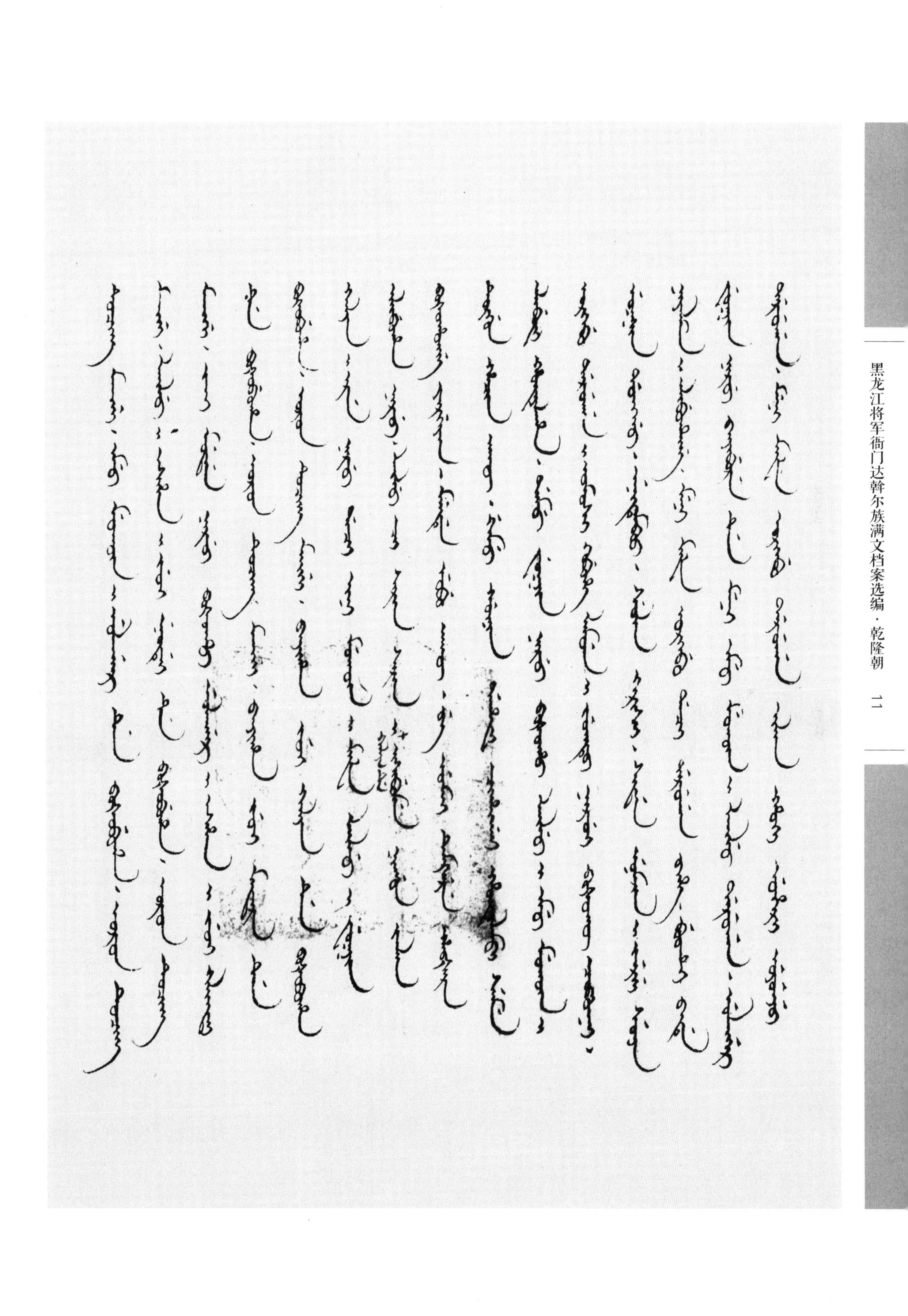

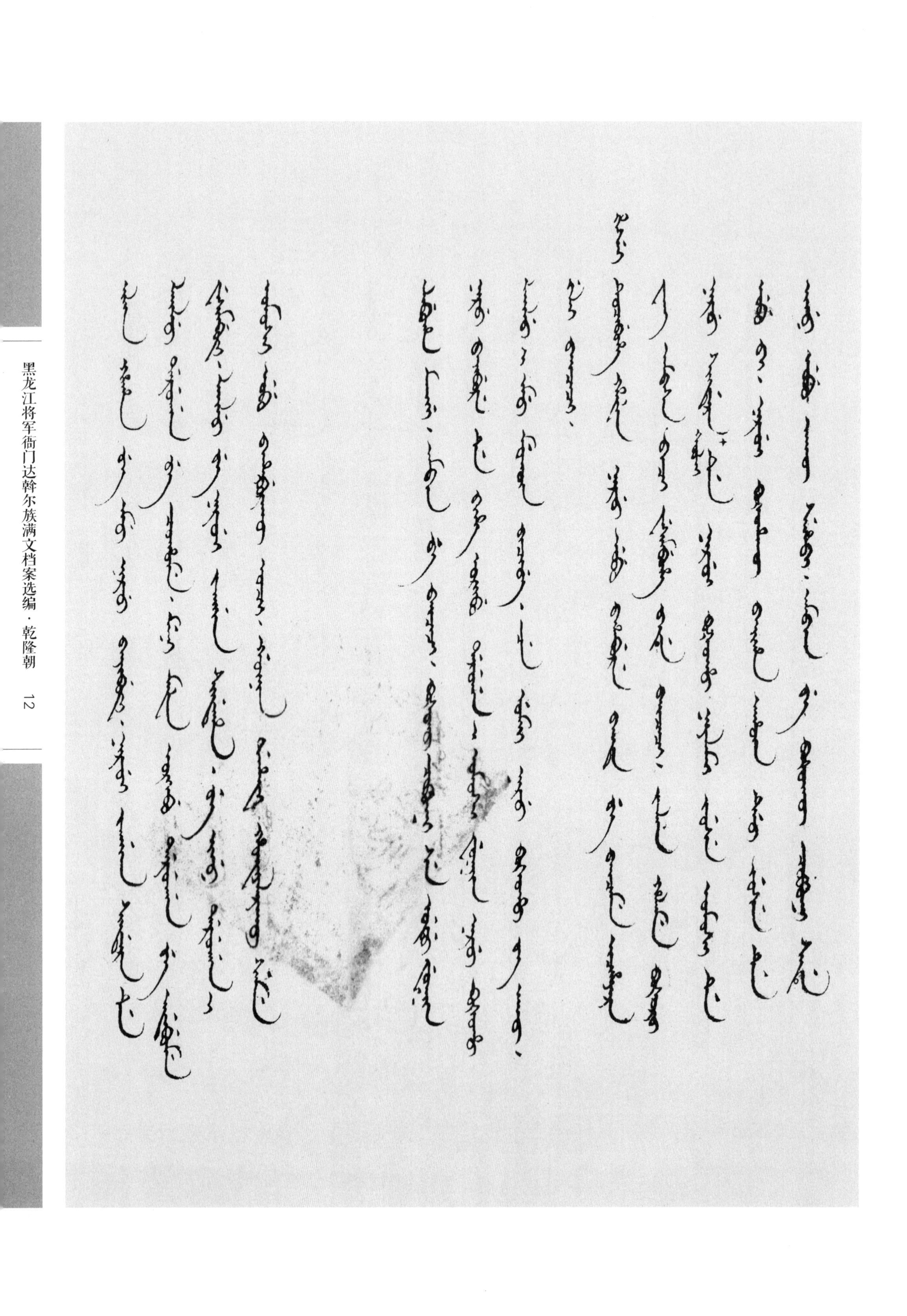

[illegible]

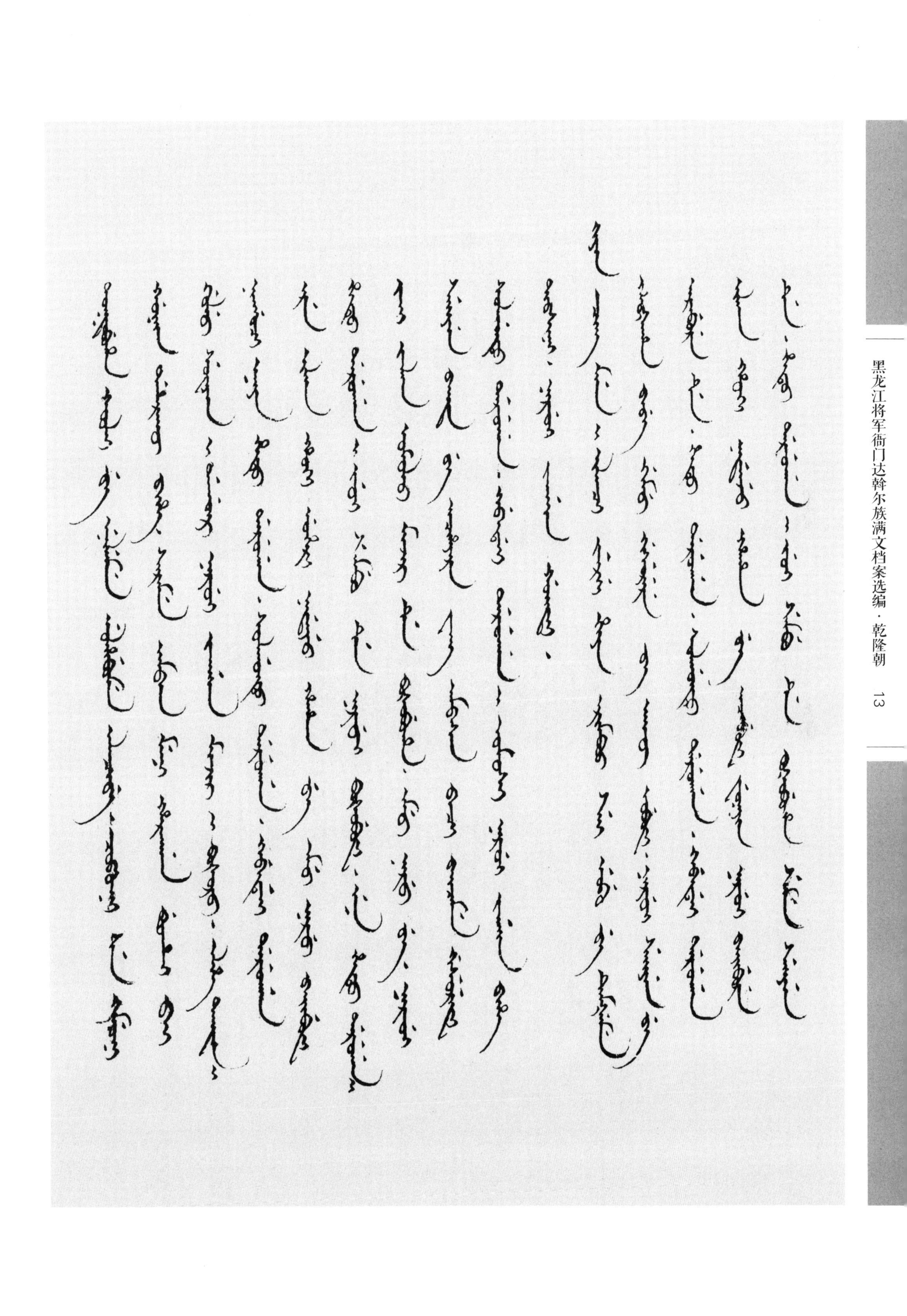

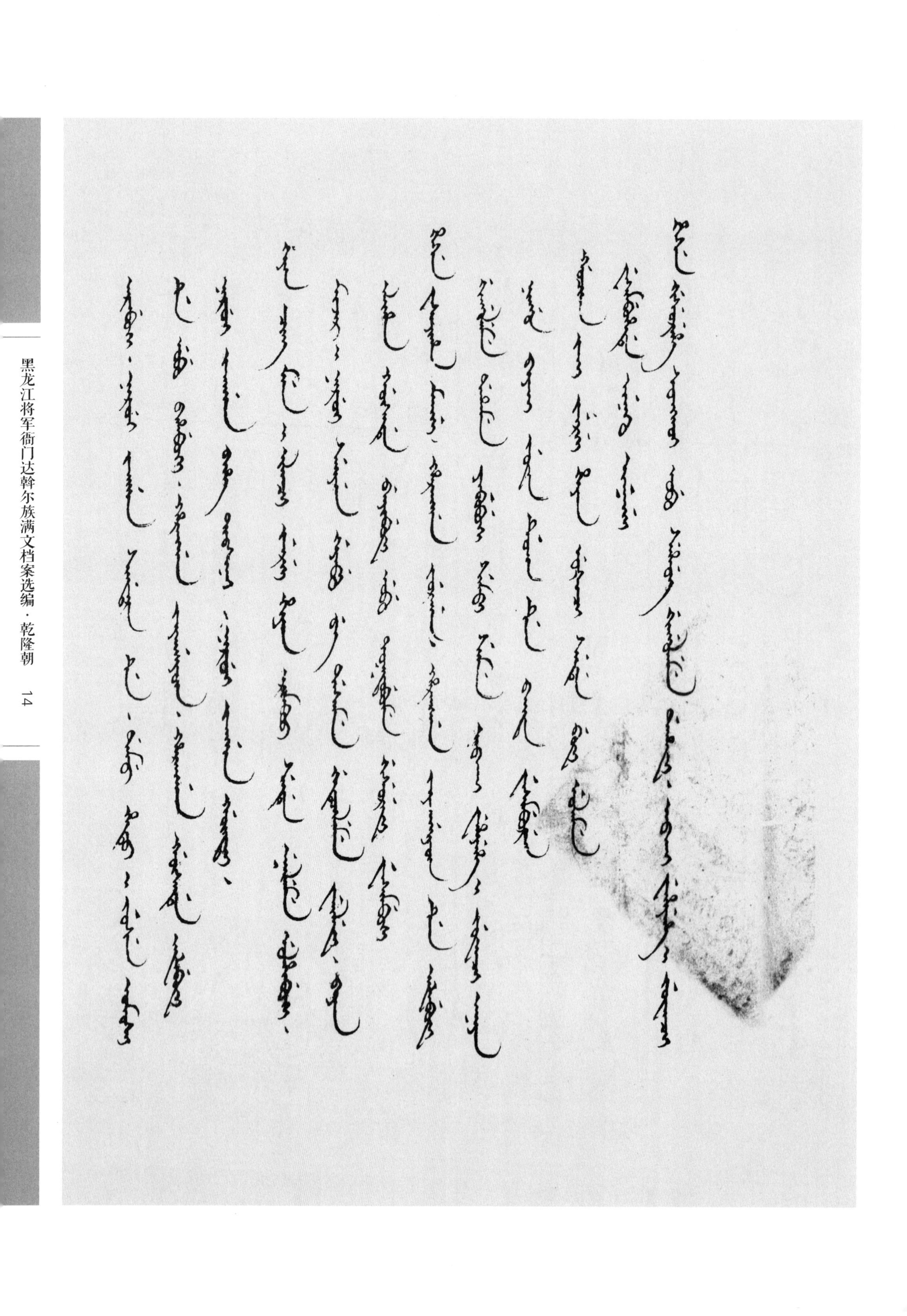

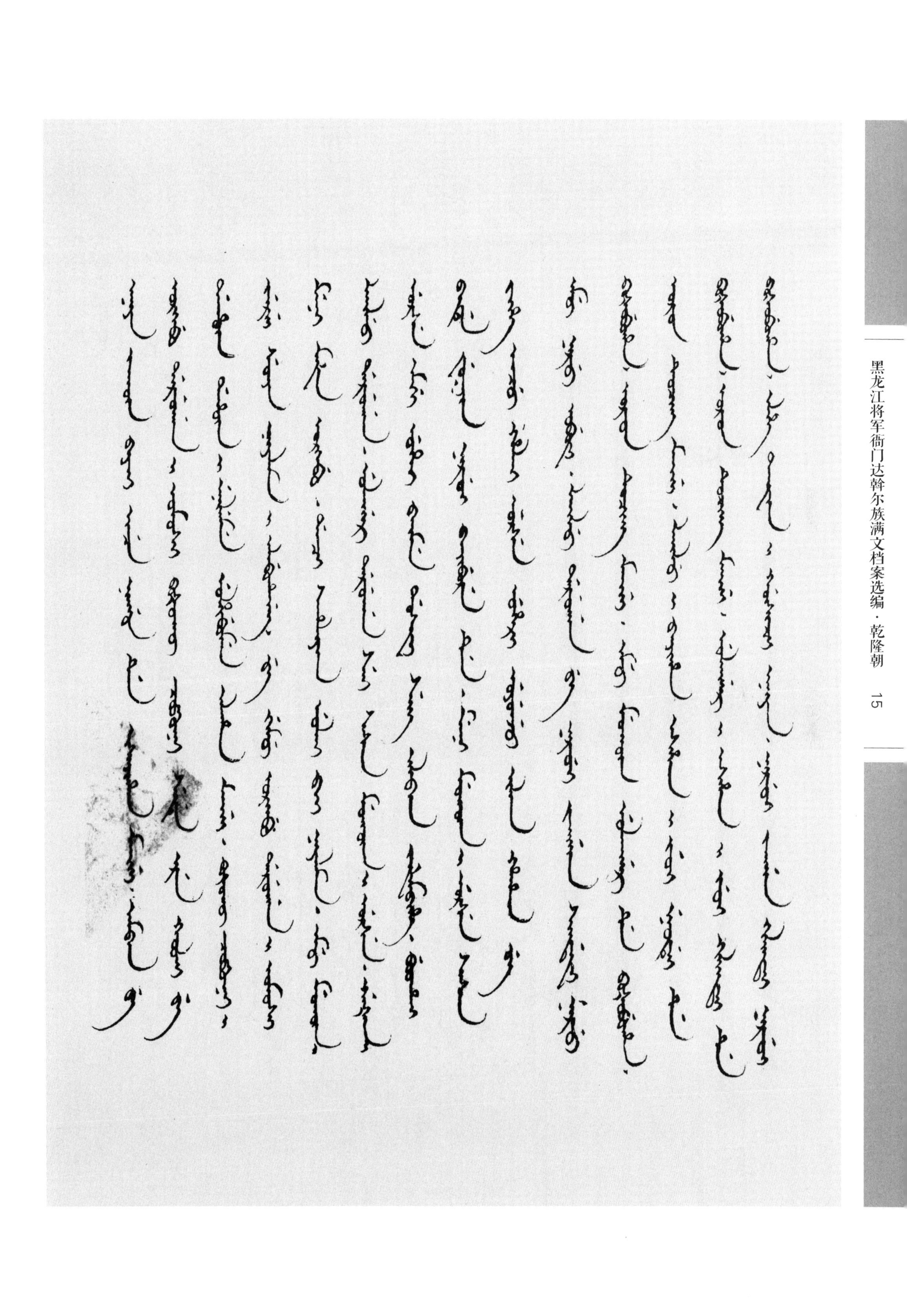

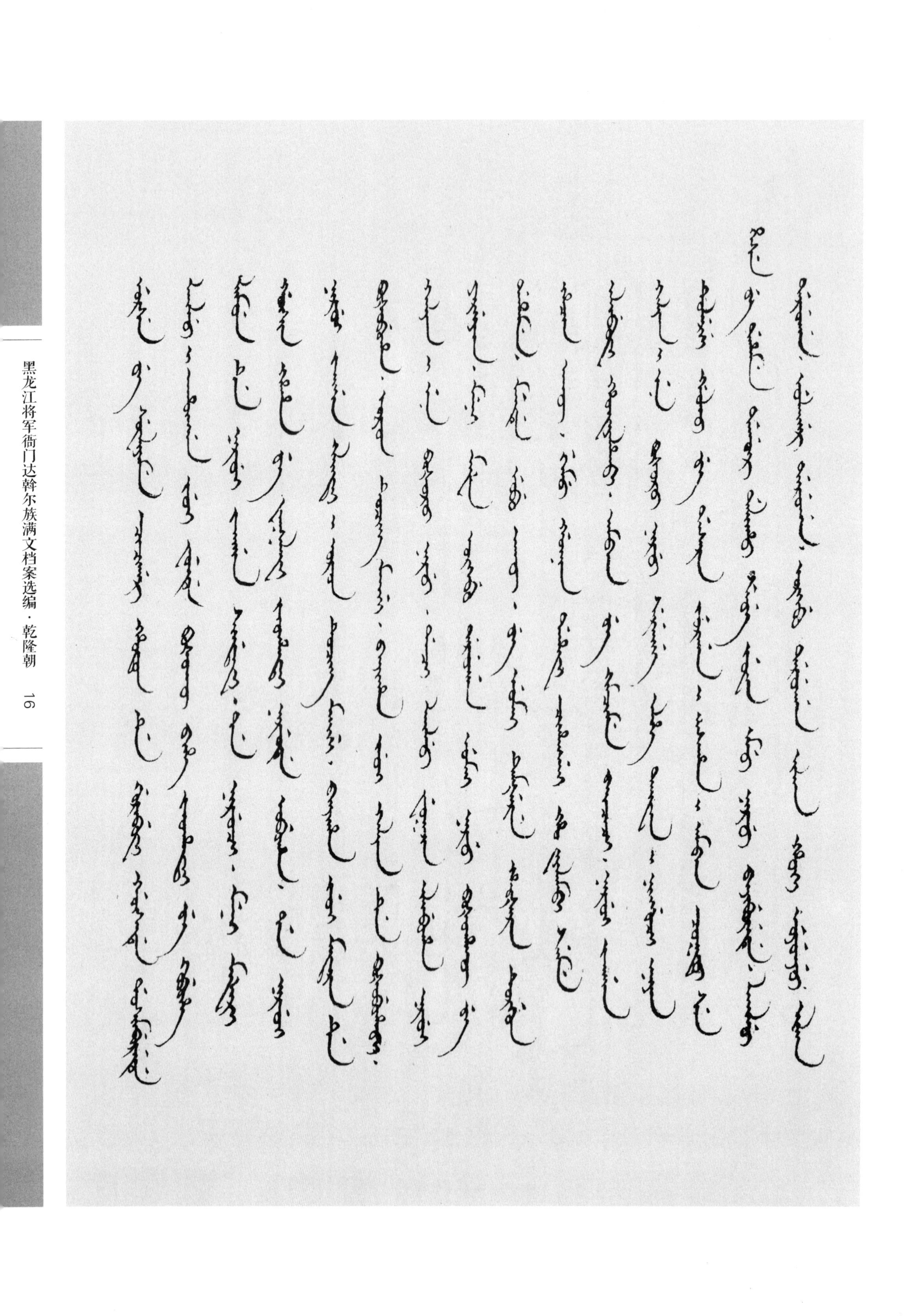

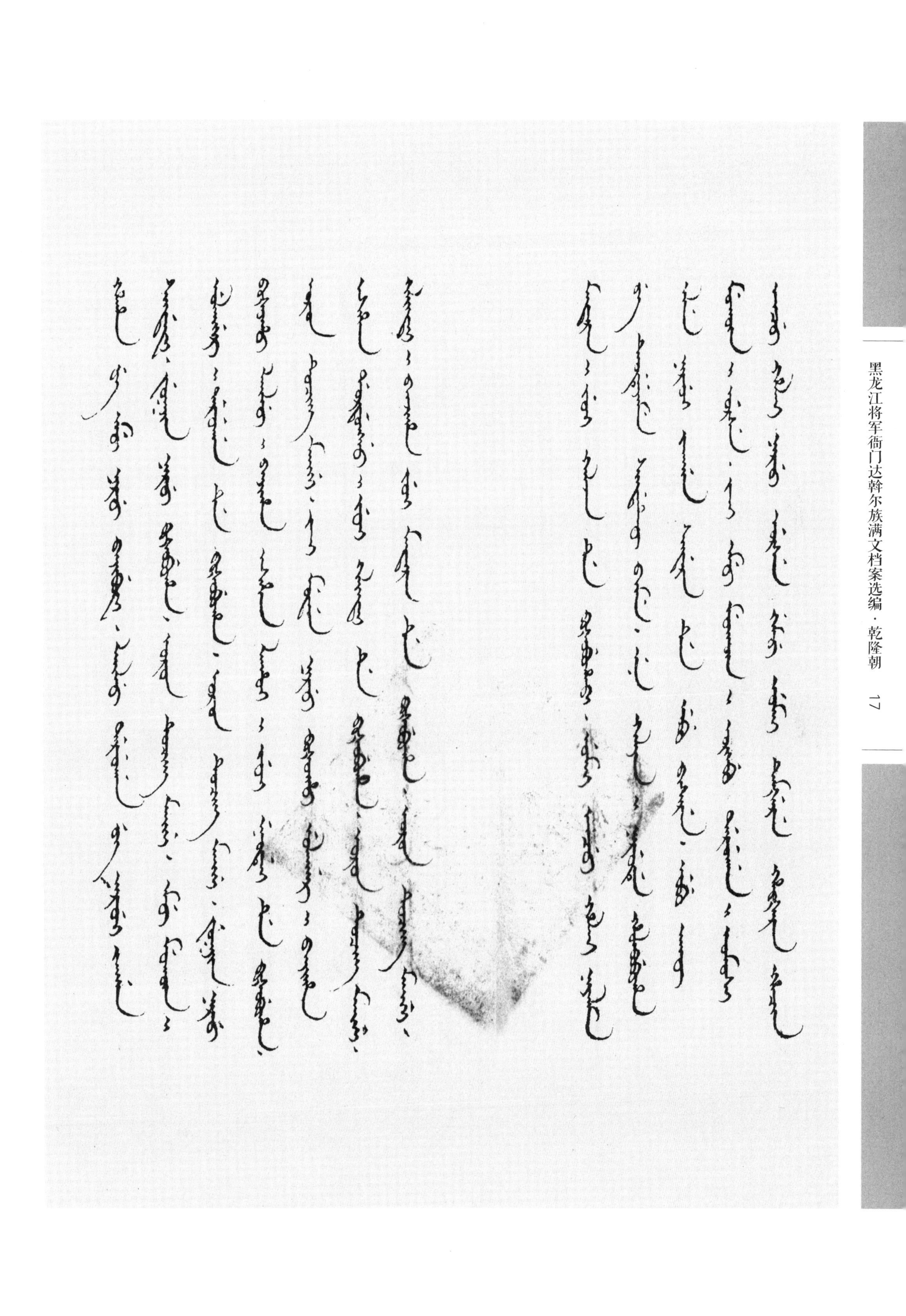

[illegible]

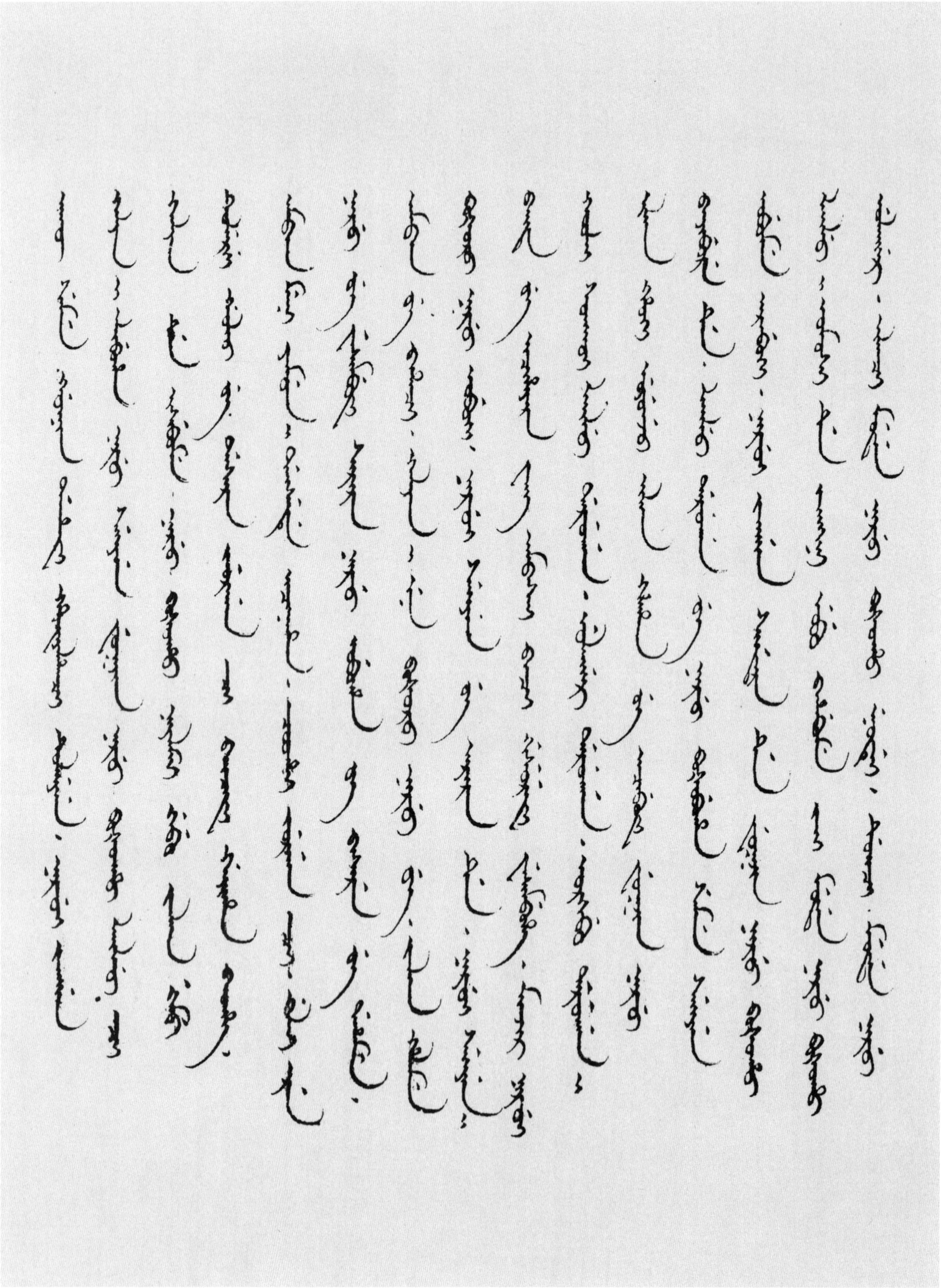

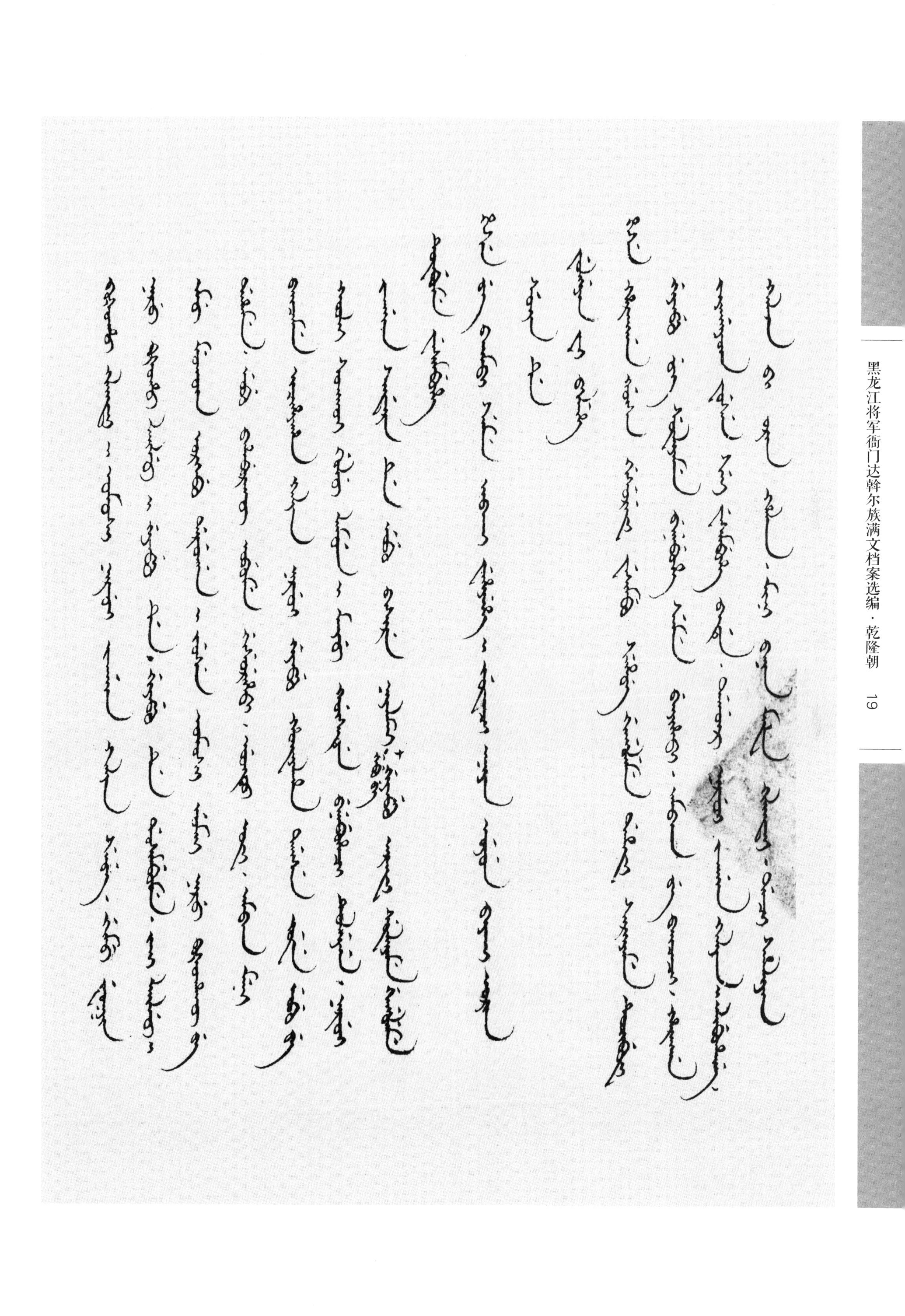

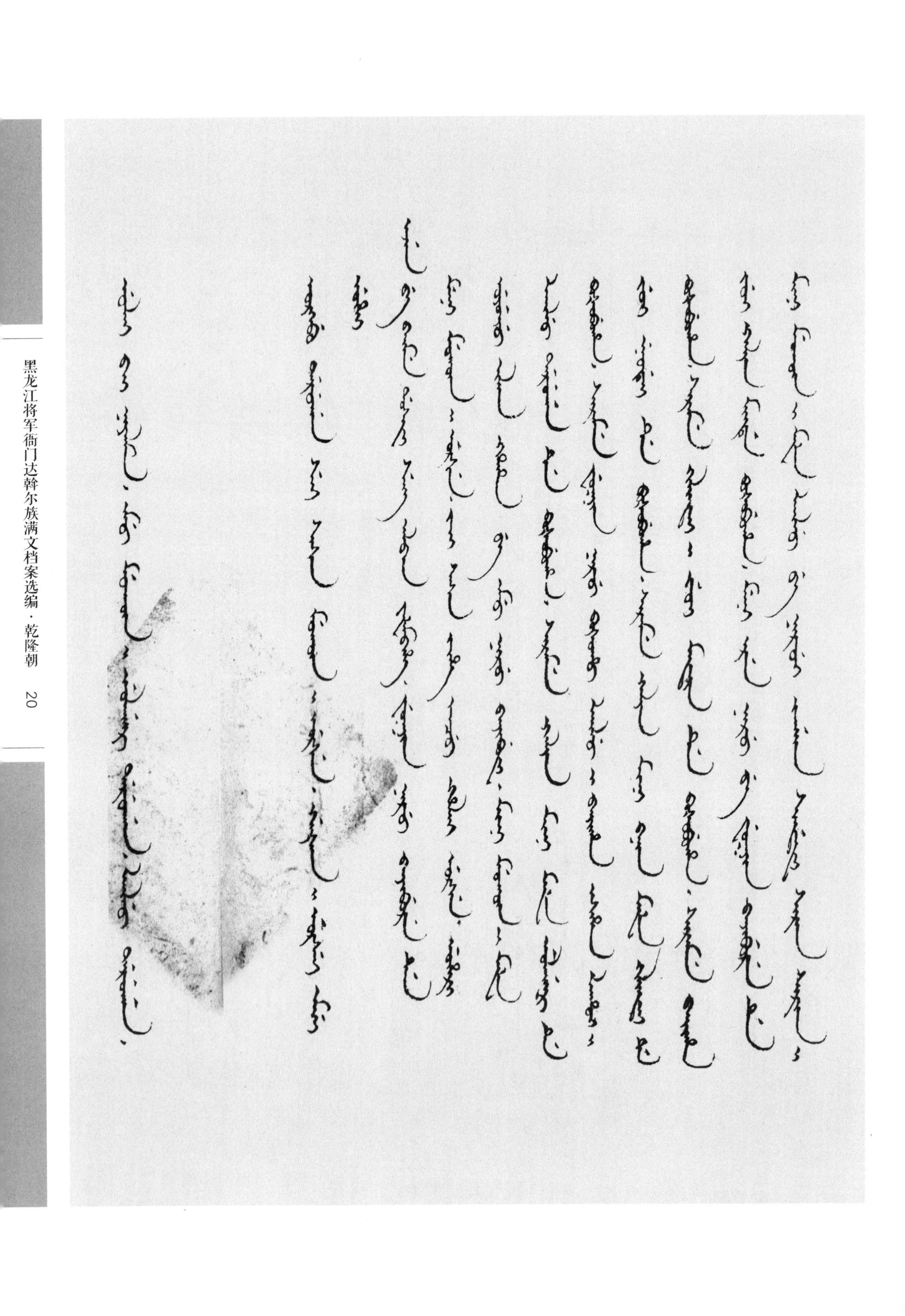

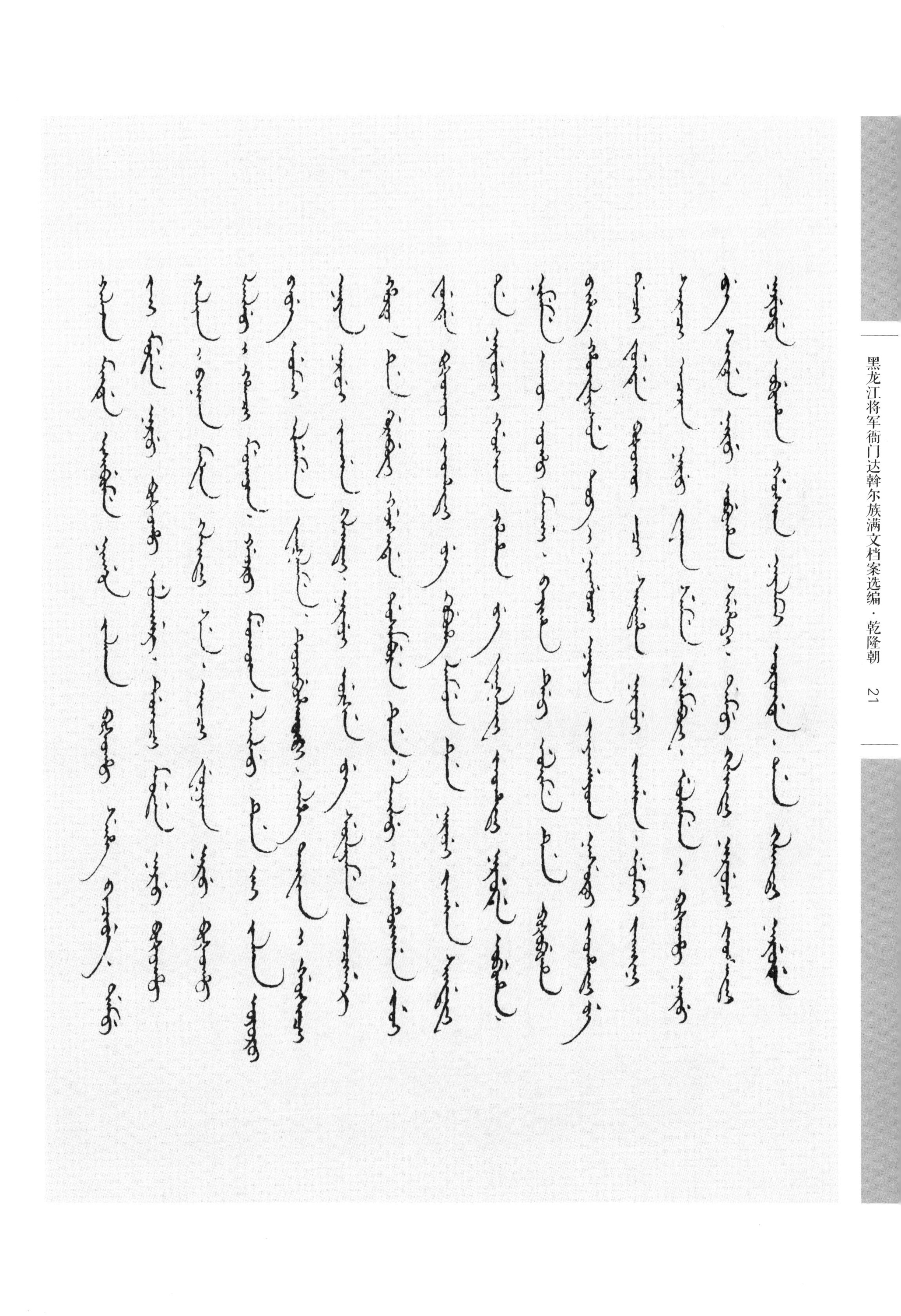

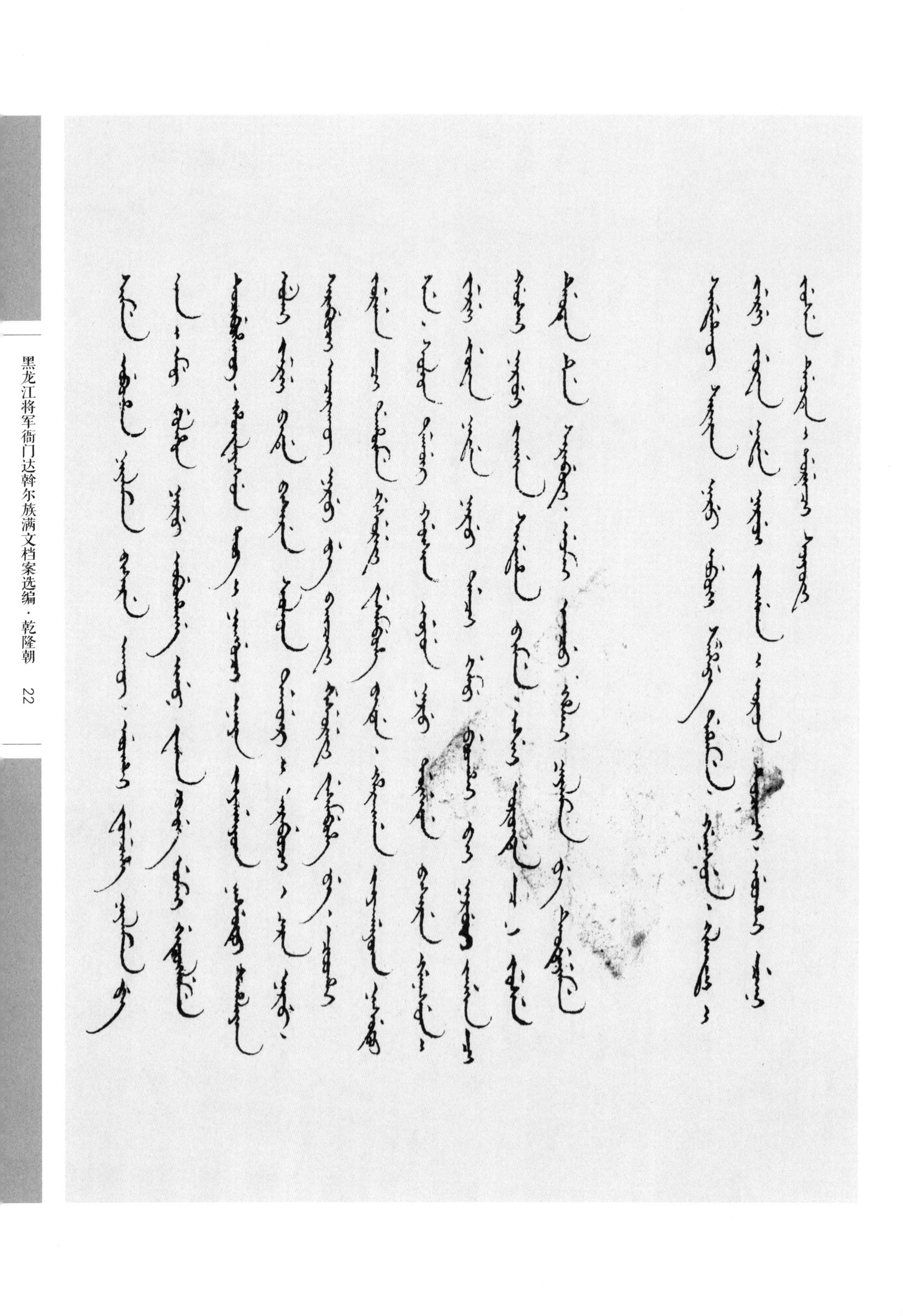

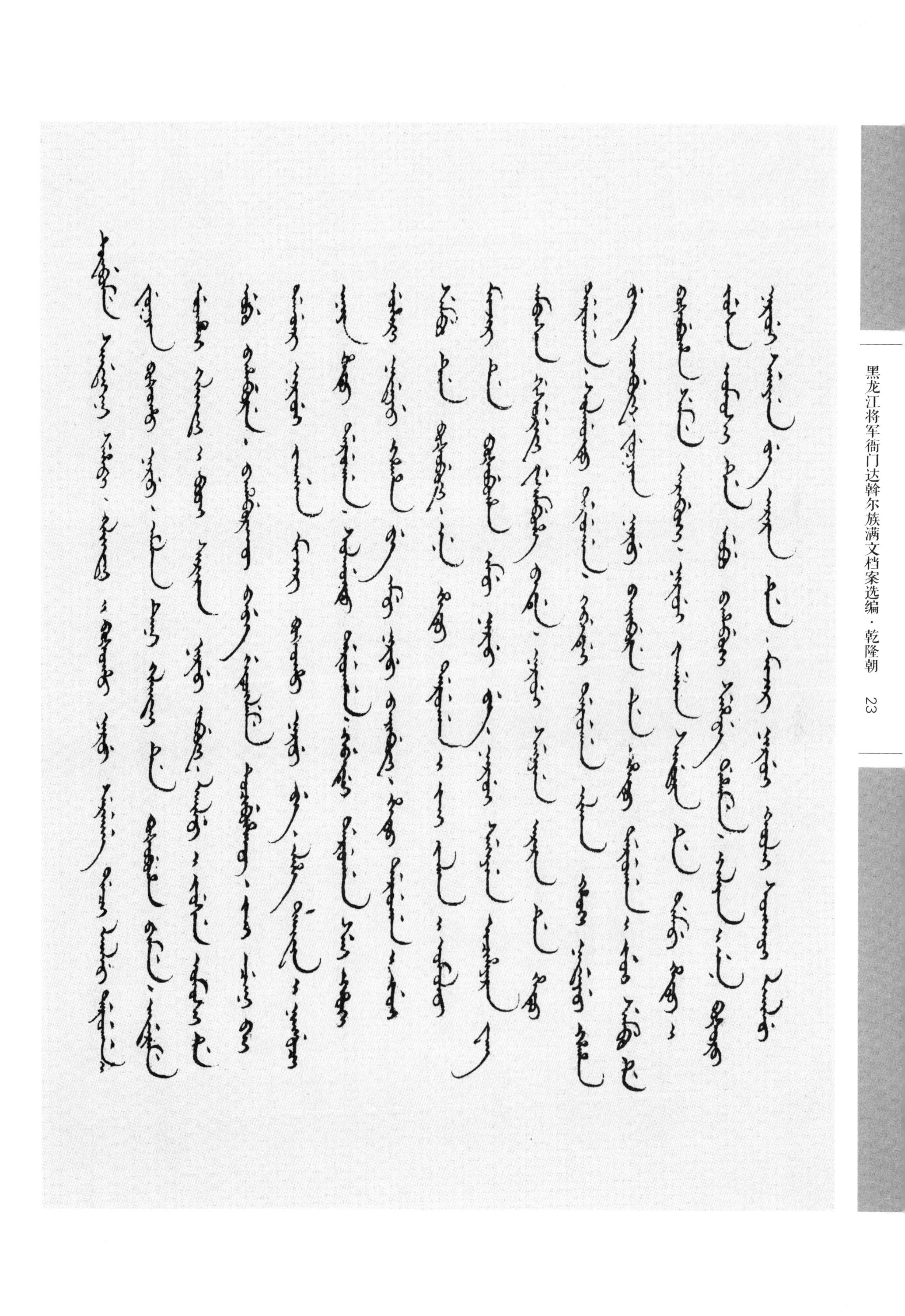

[illegible]

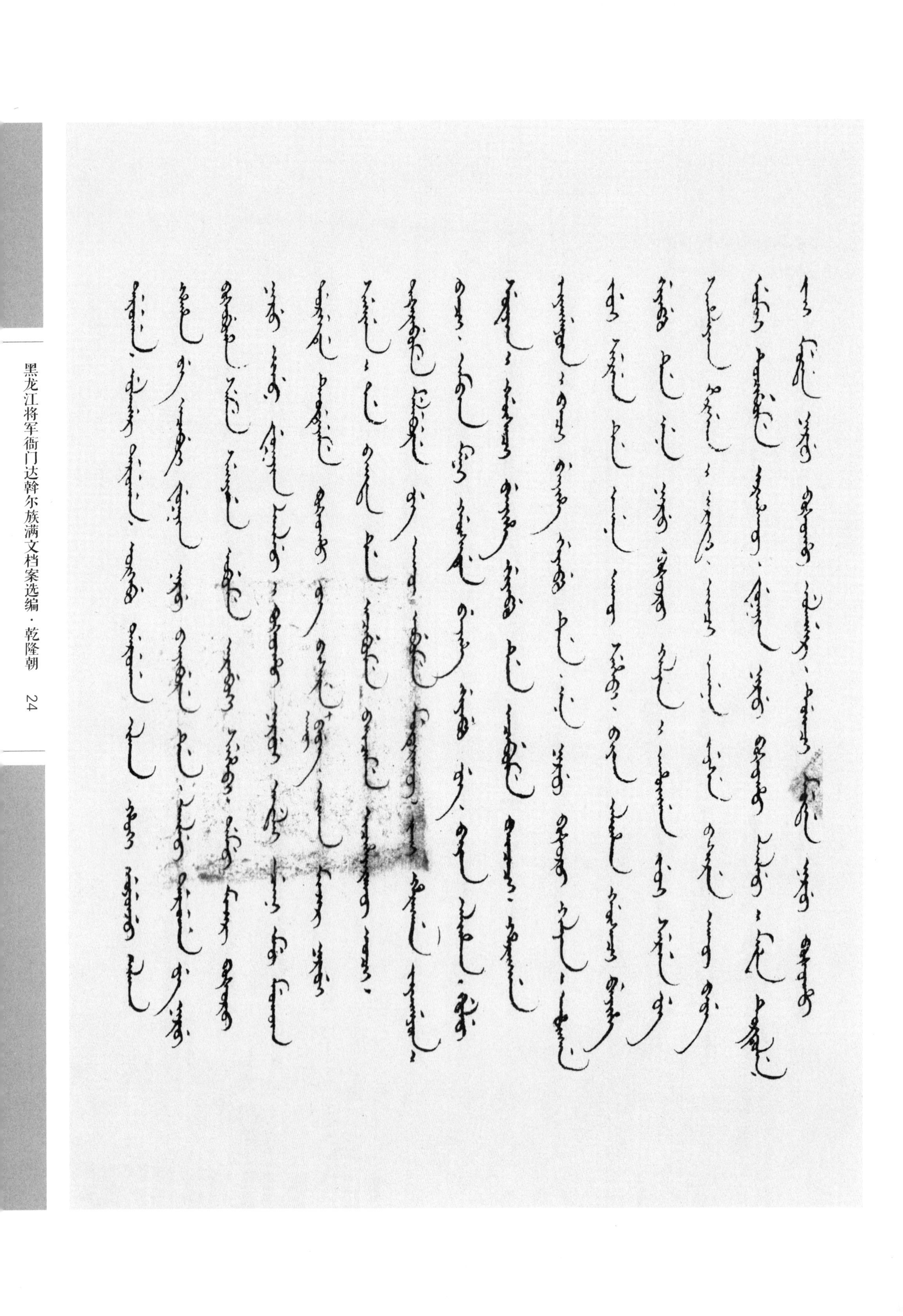

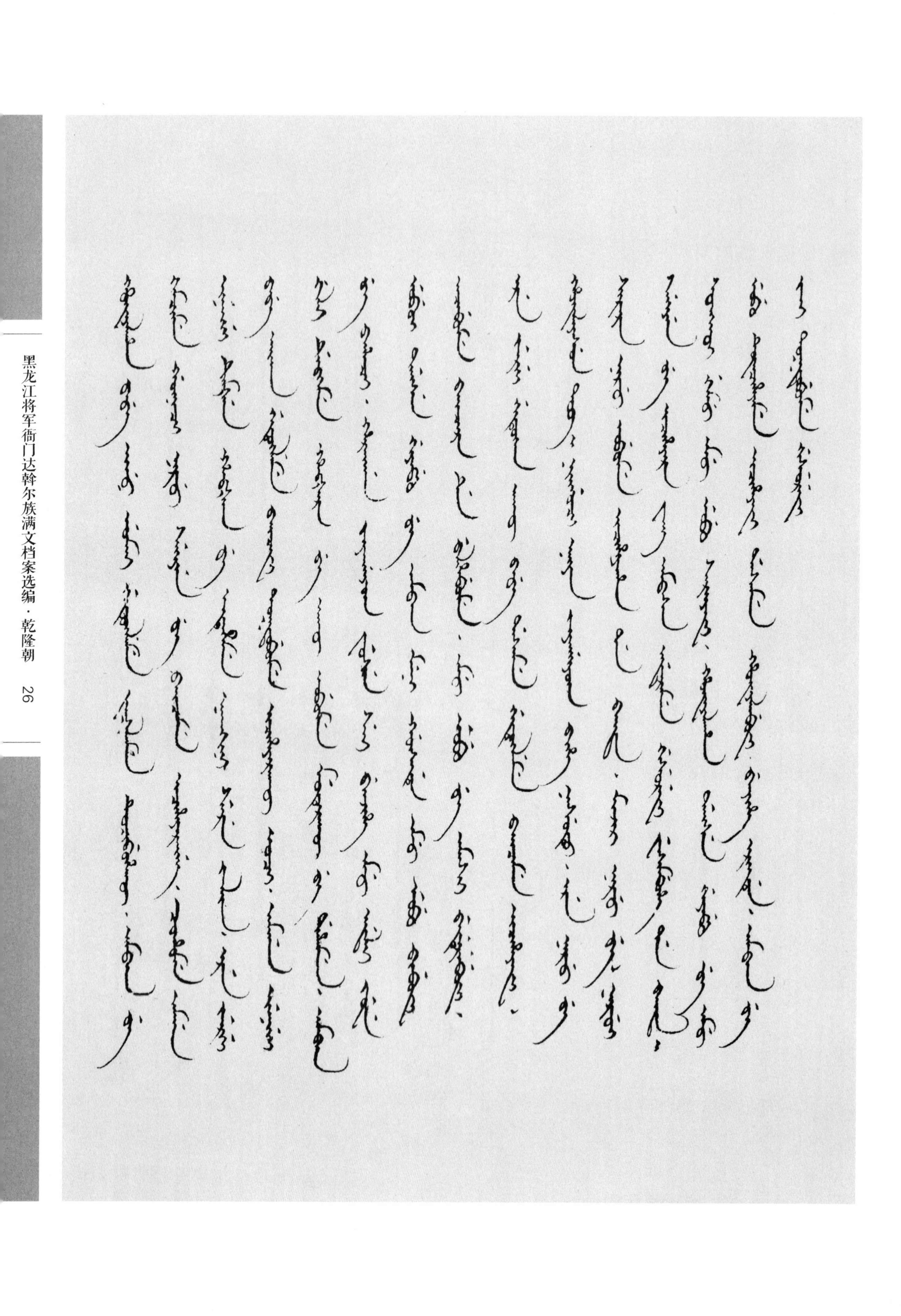

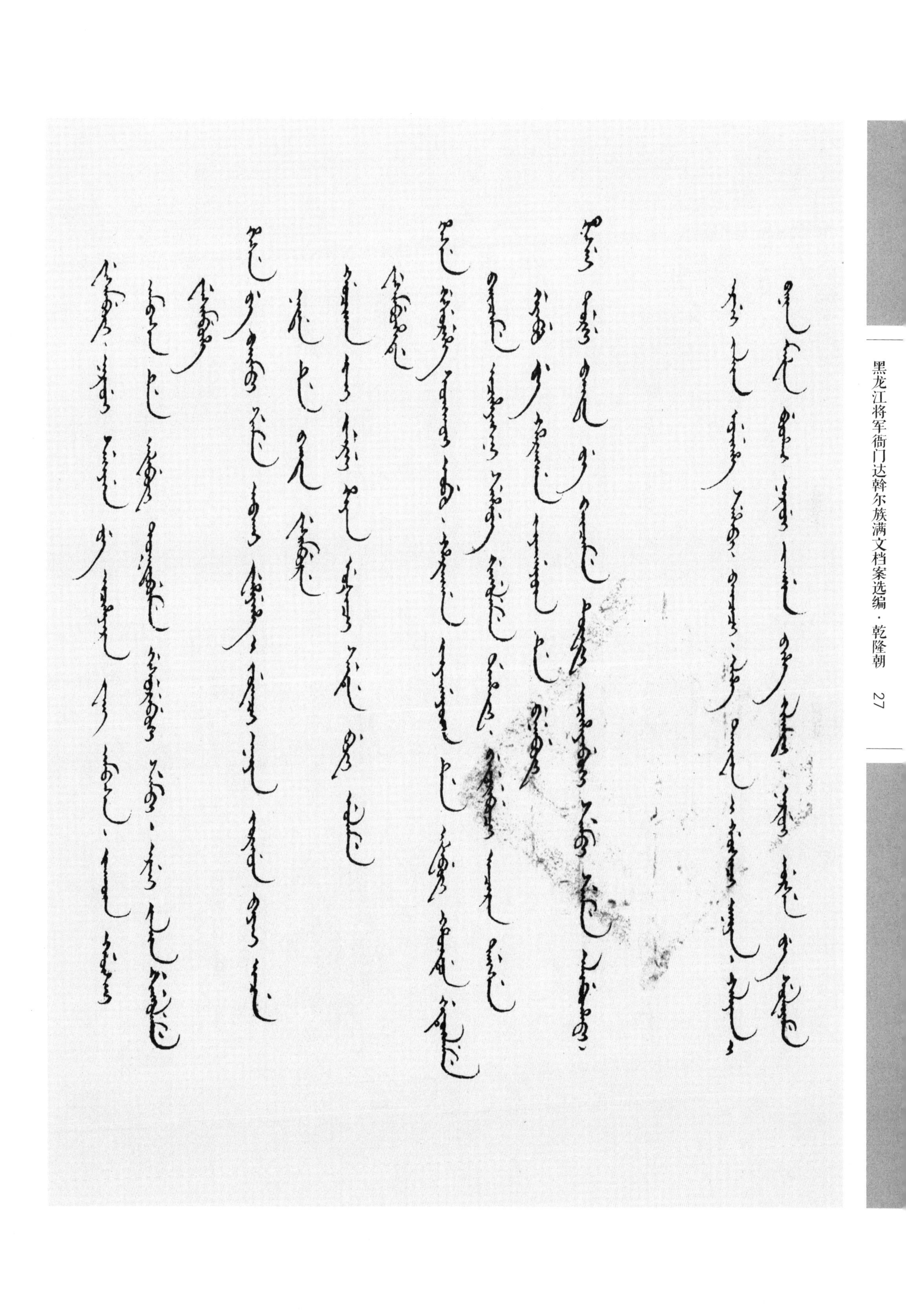

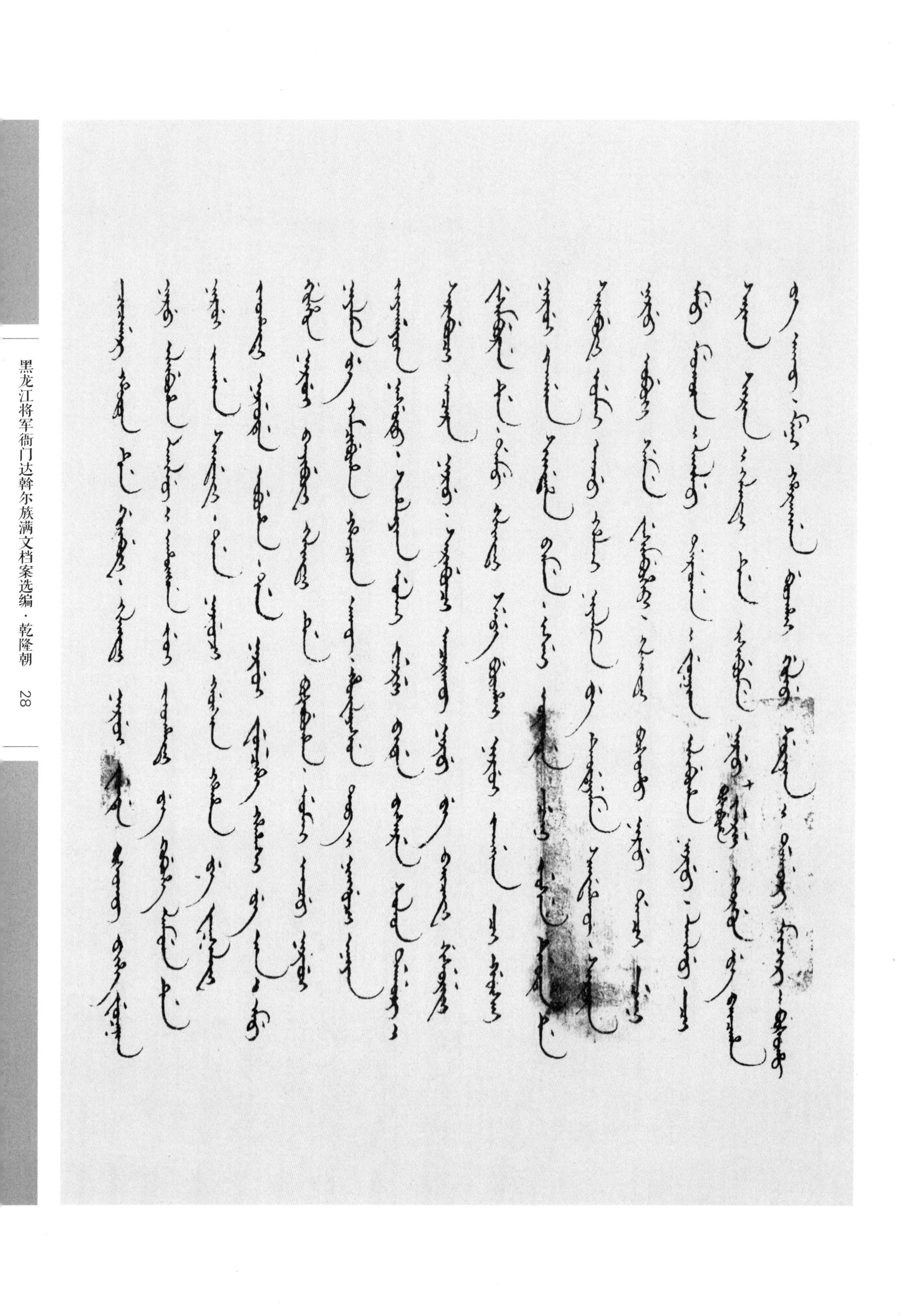

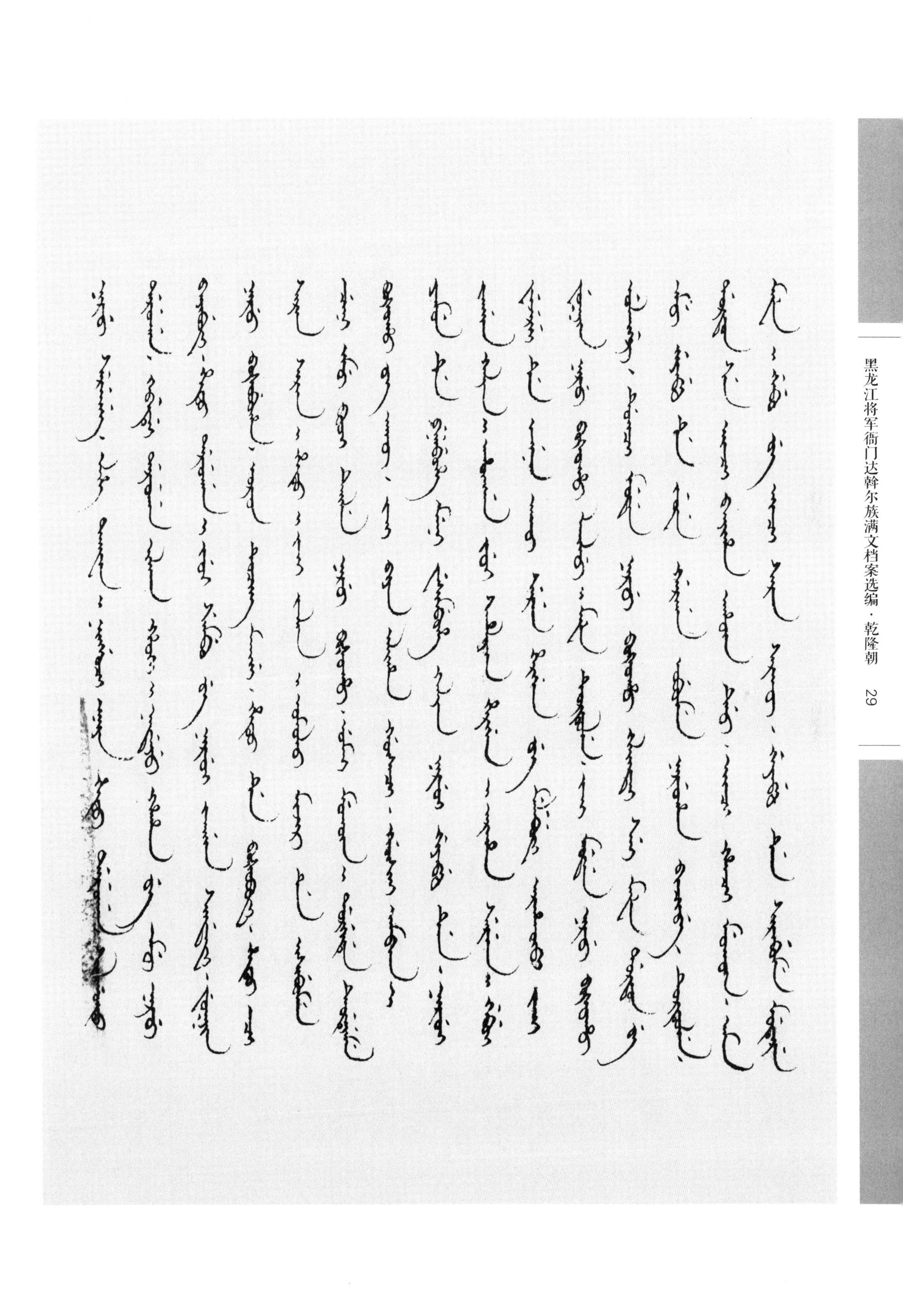

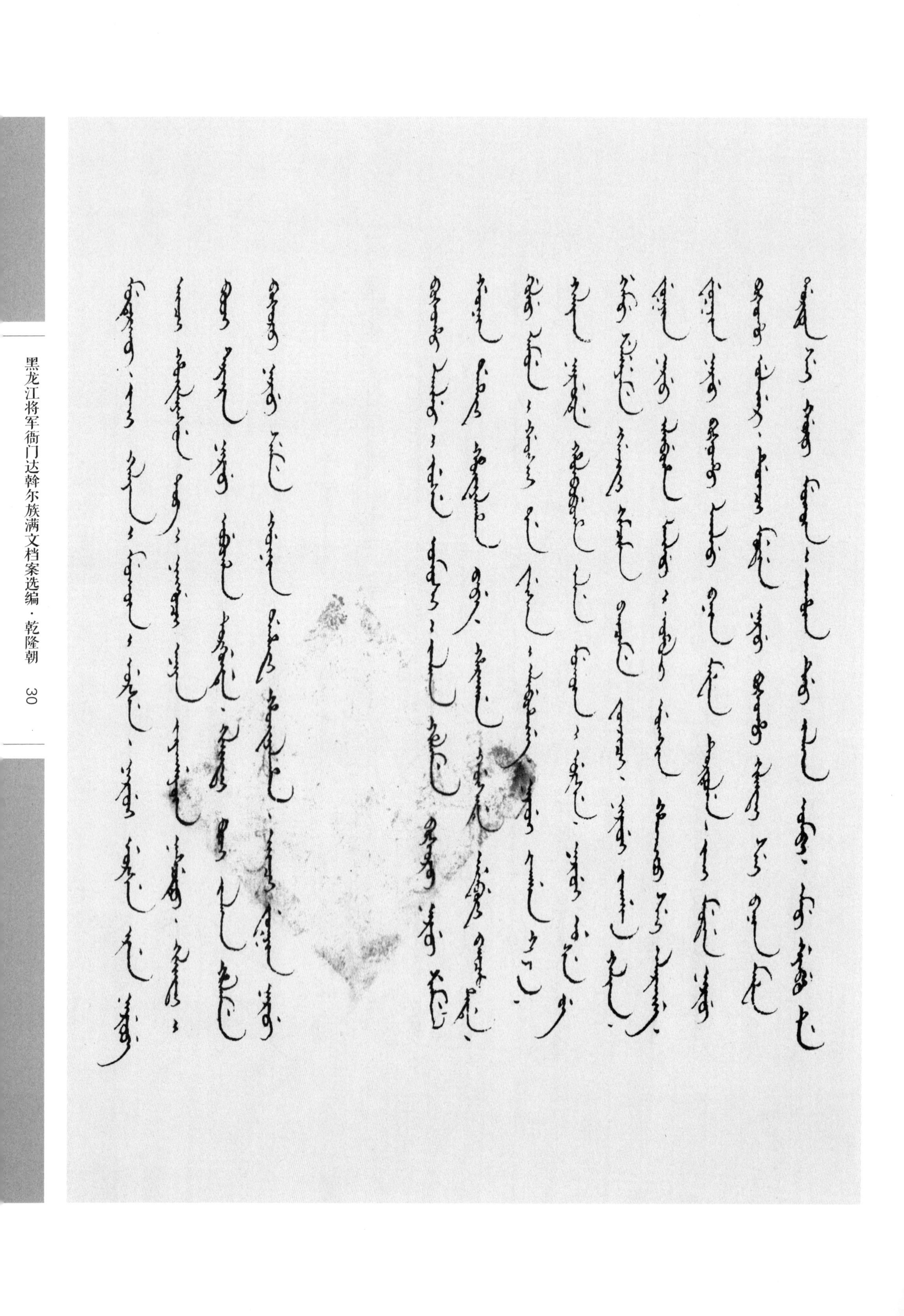

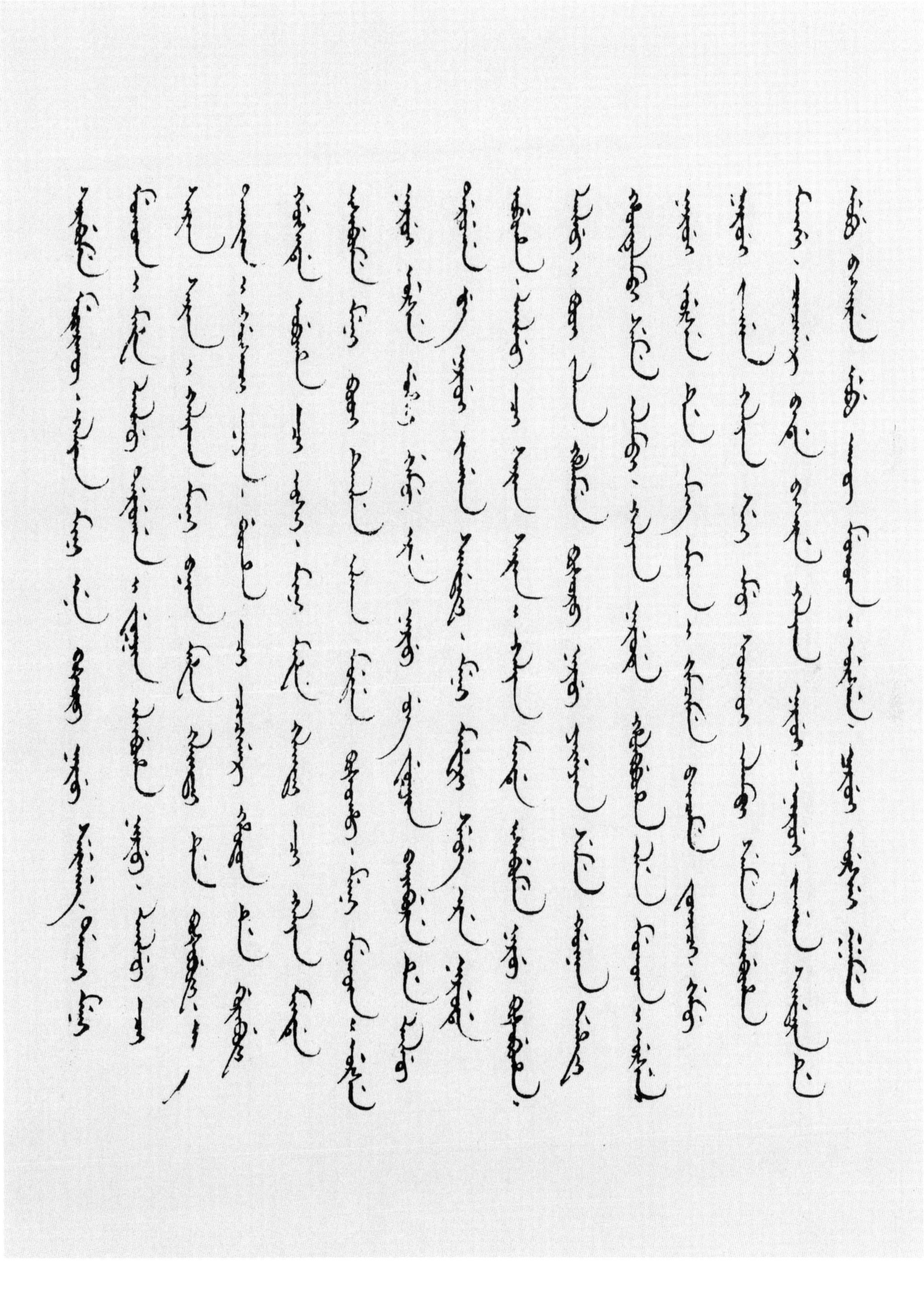

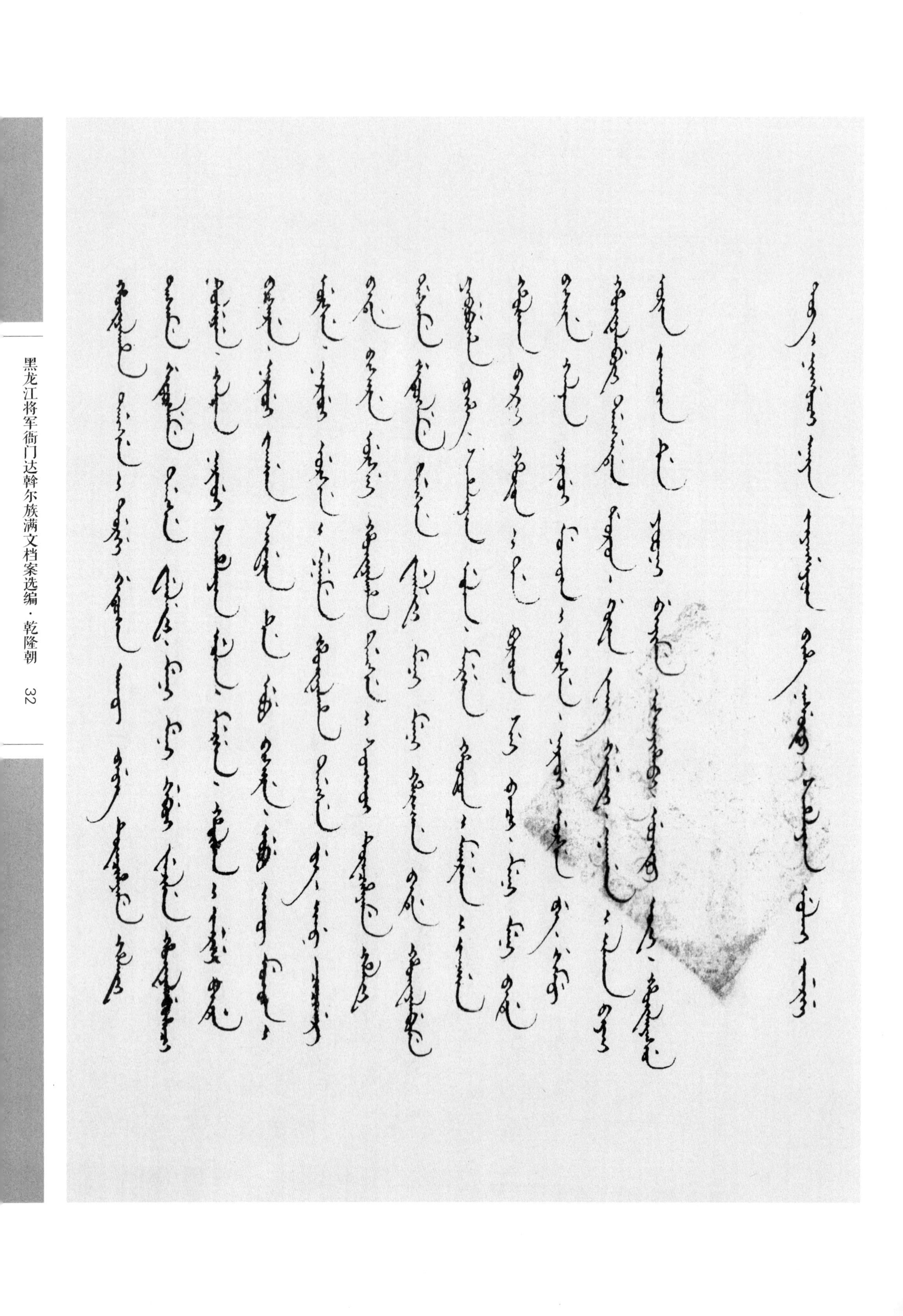

[illegible]

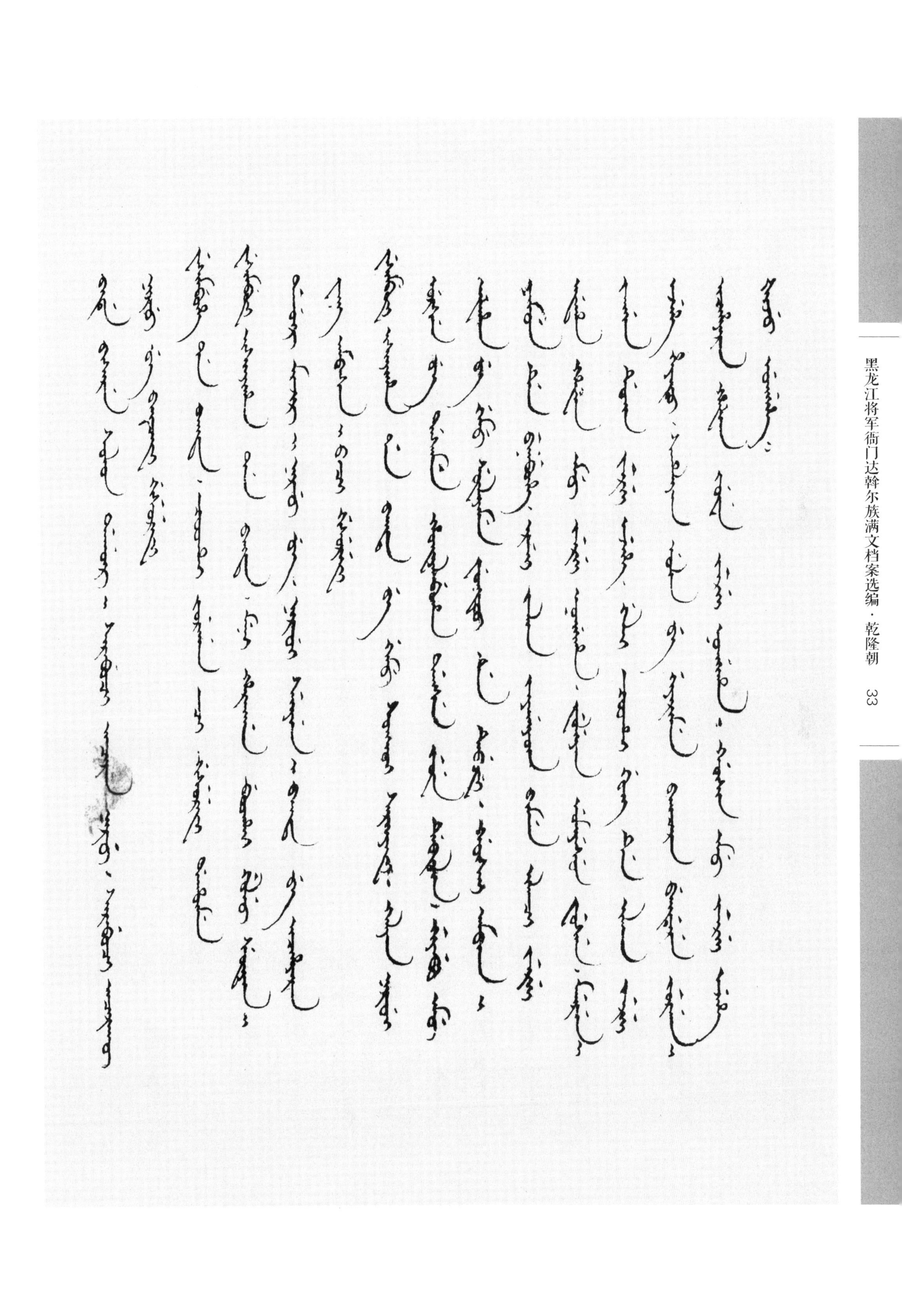

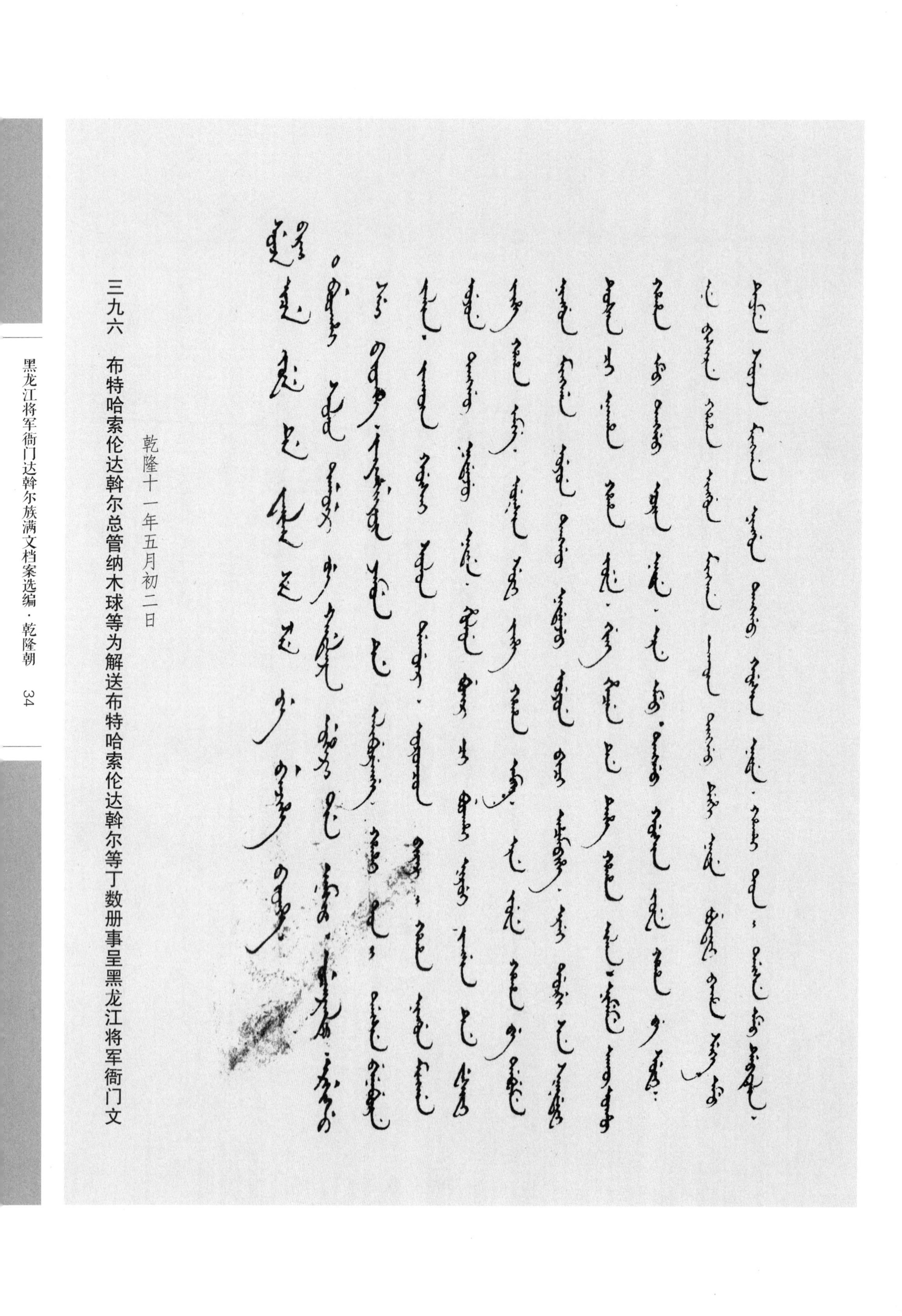

三九六　布特哈索伦达斡尔总管纳木球等为解送布特哈索伦达斡尔等丁数册事呈黑龙江将军衙门文

乾隆十一年五月初二日

[illegible]

[illegible]

三九七 黑龙江将军衙门为遵旨办理黑龙江达斡尔阿弥拉承袭佐领事宜事咨黑龙江副都统文

乾隆十一年五月十六日

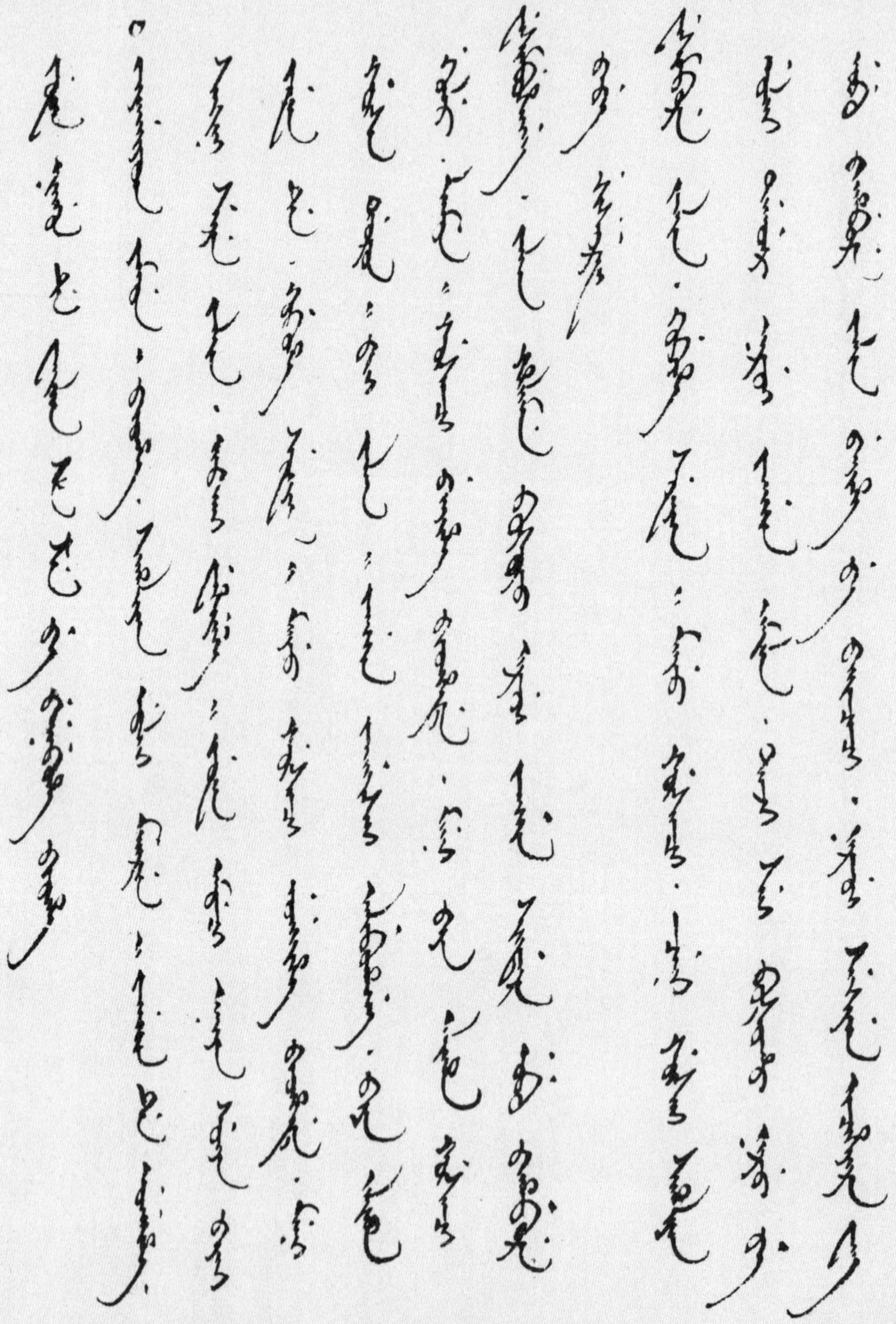

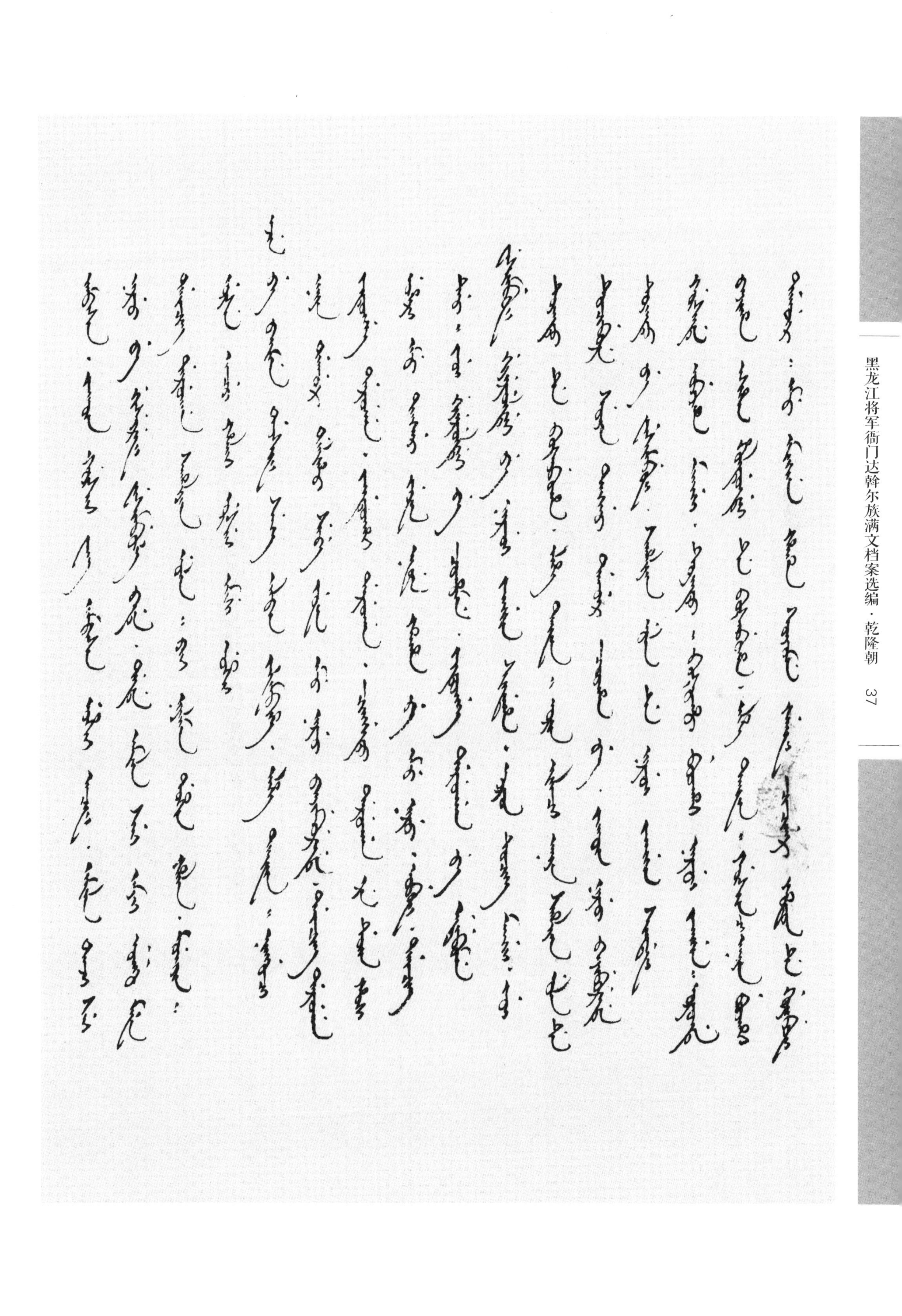

[illegible]

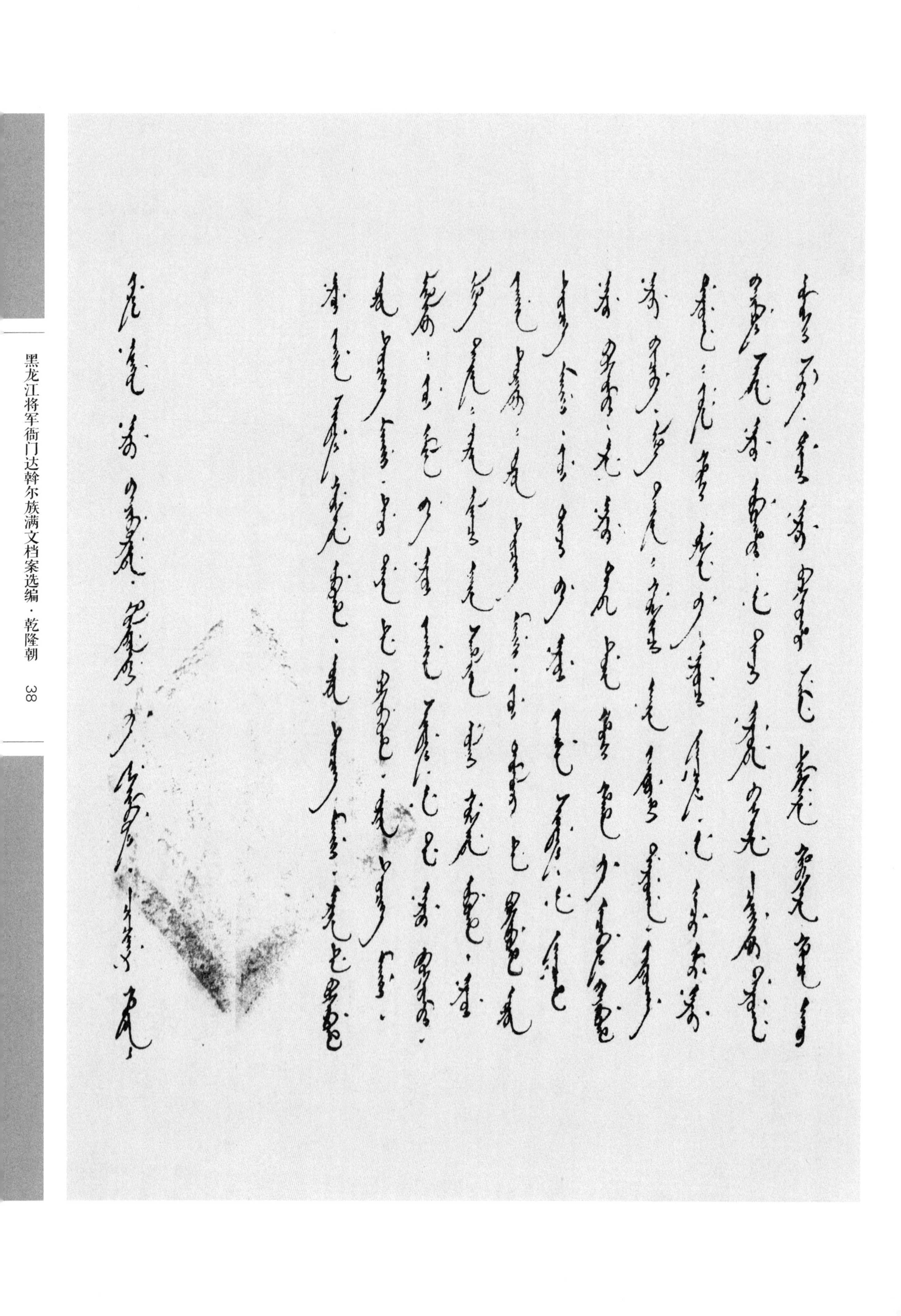

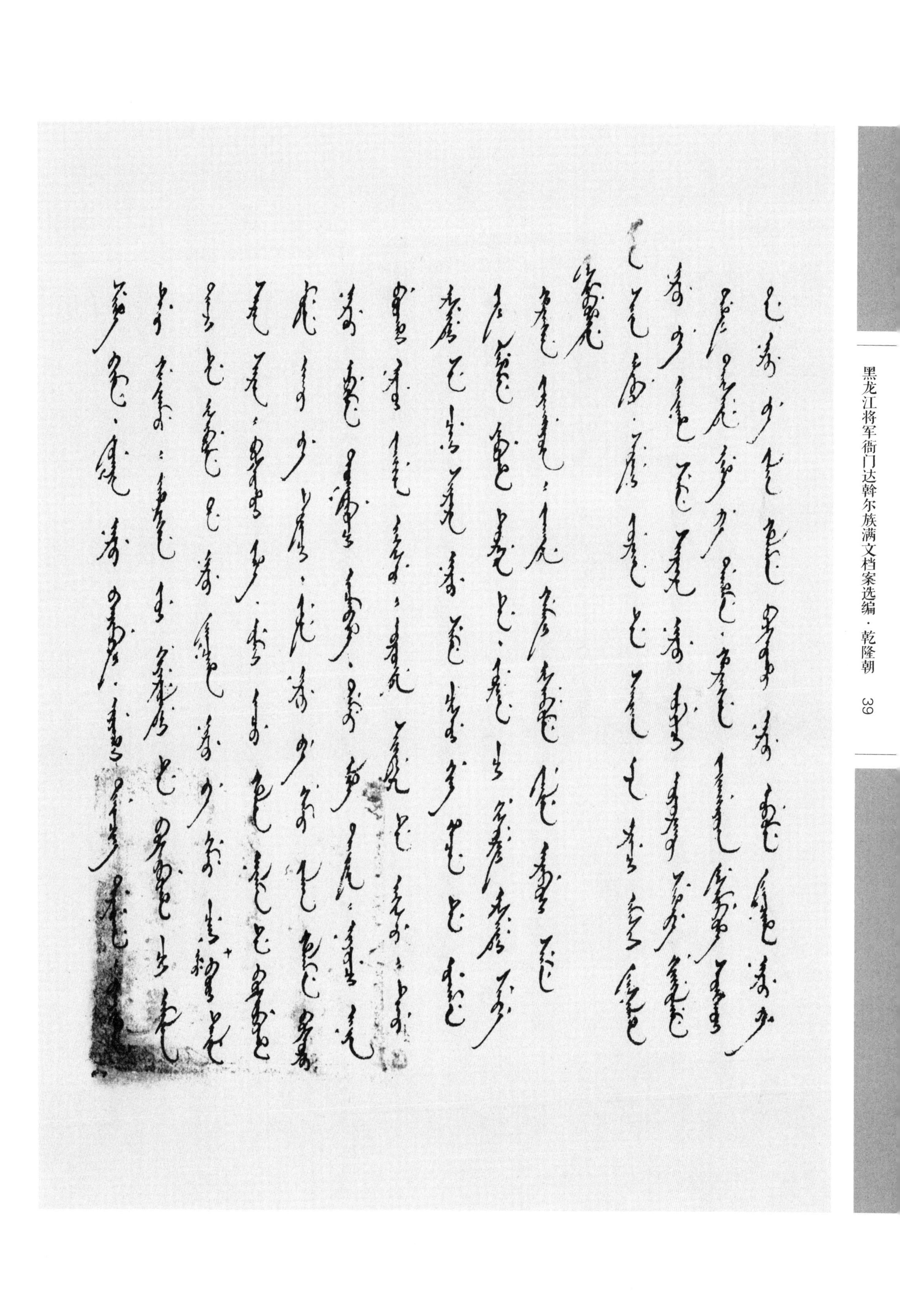

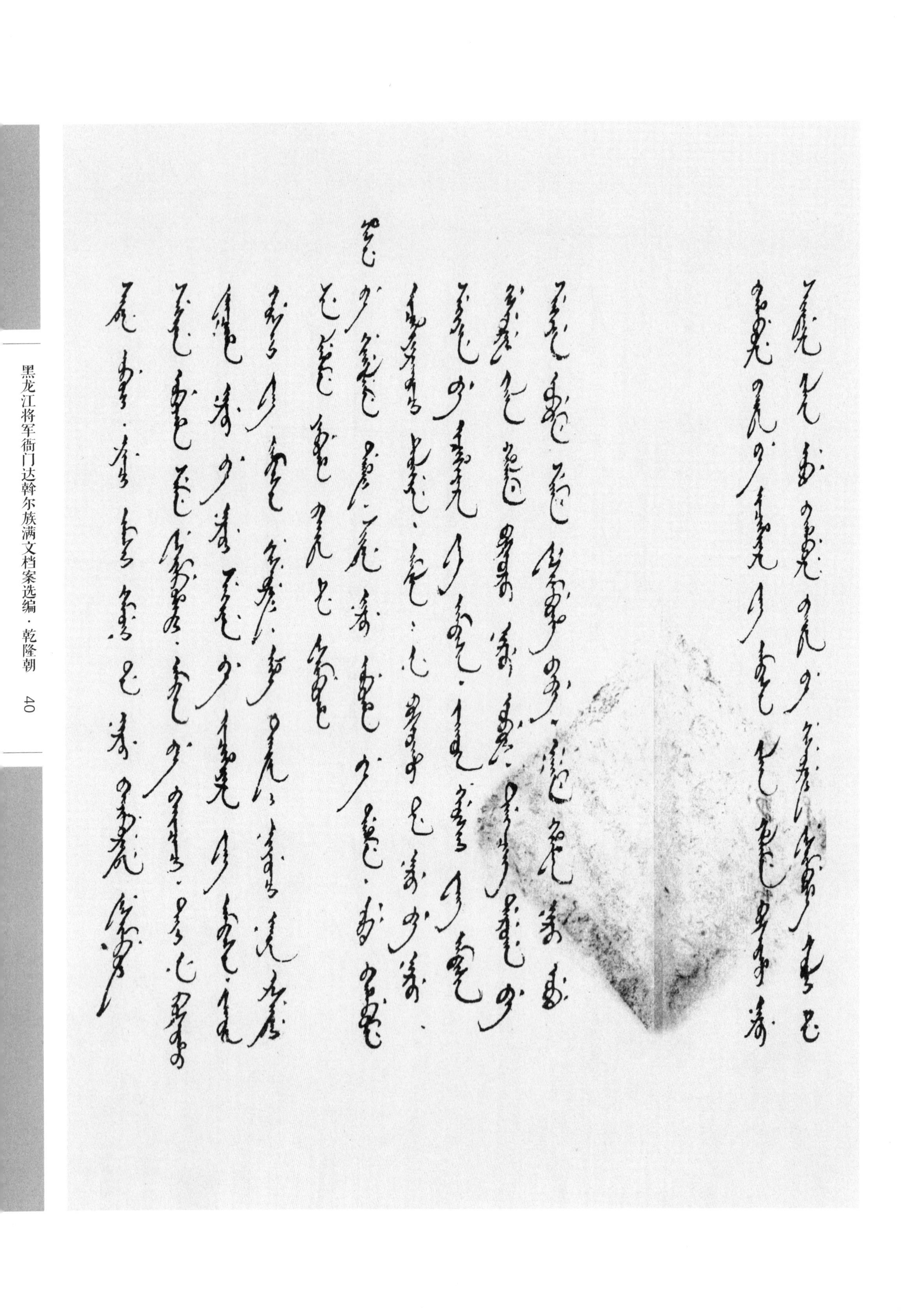

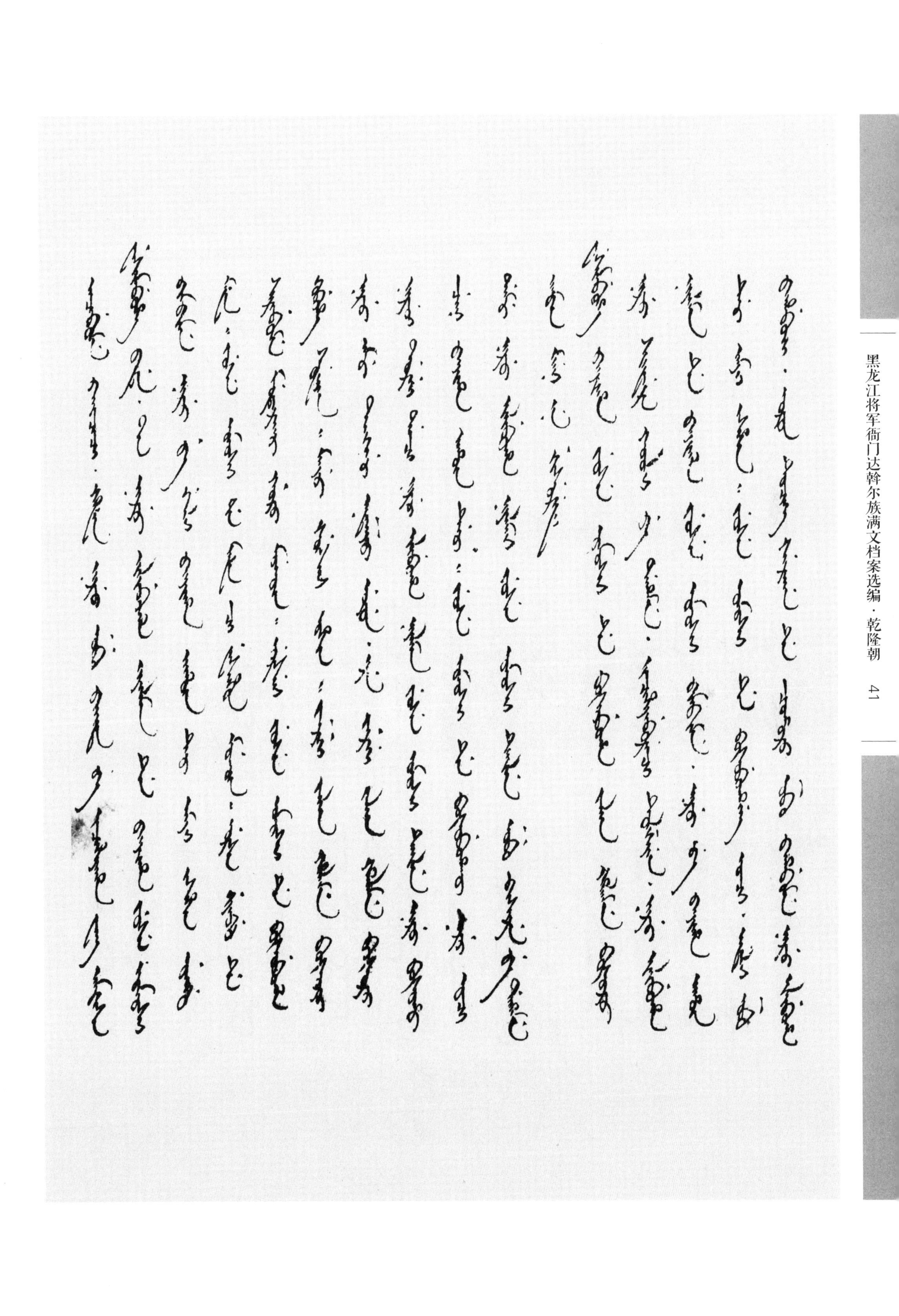

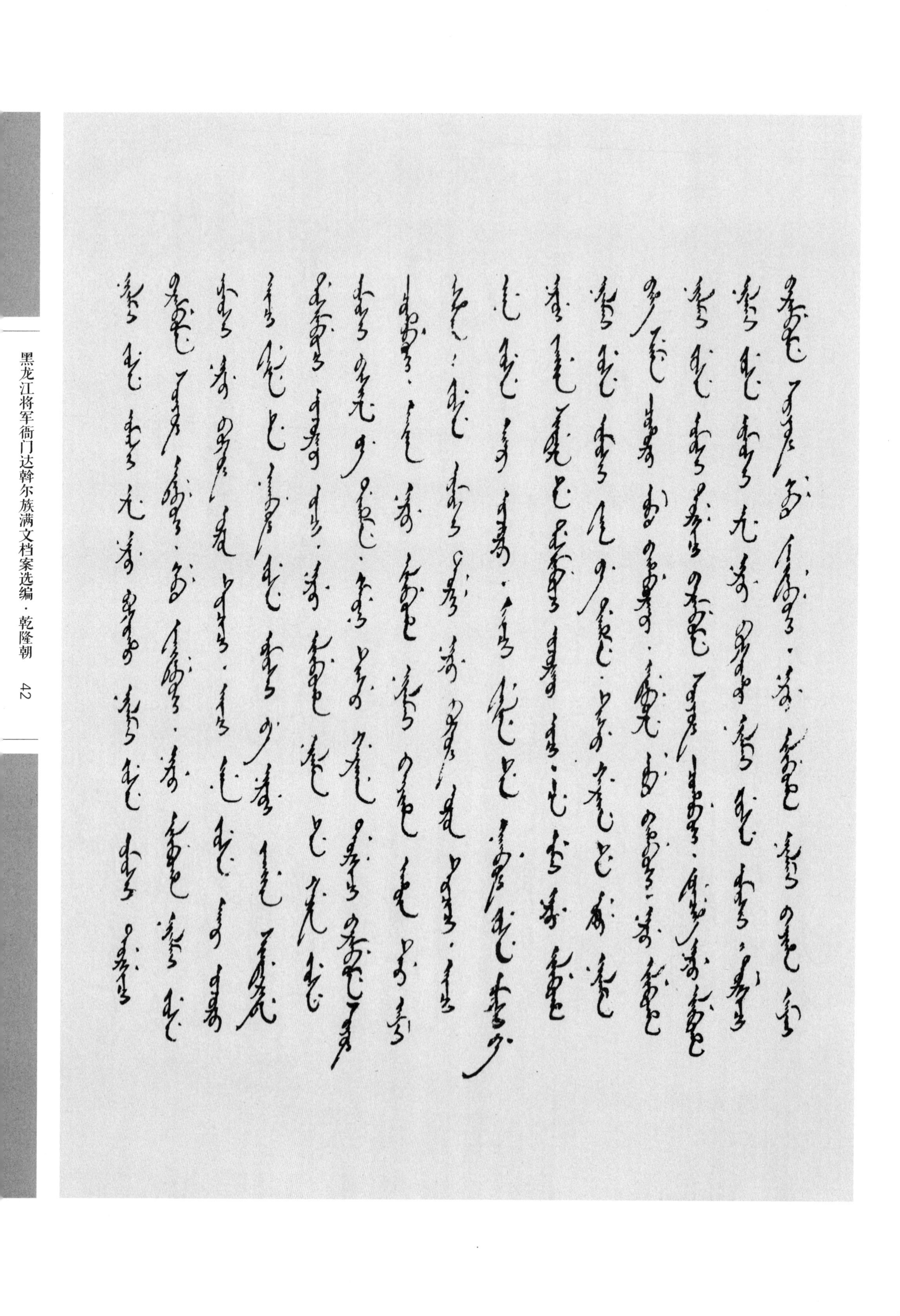

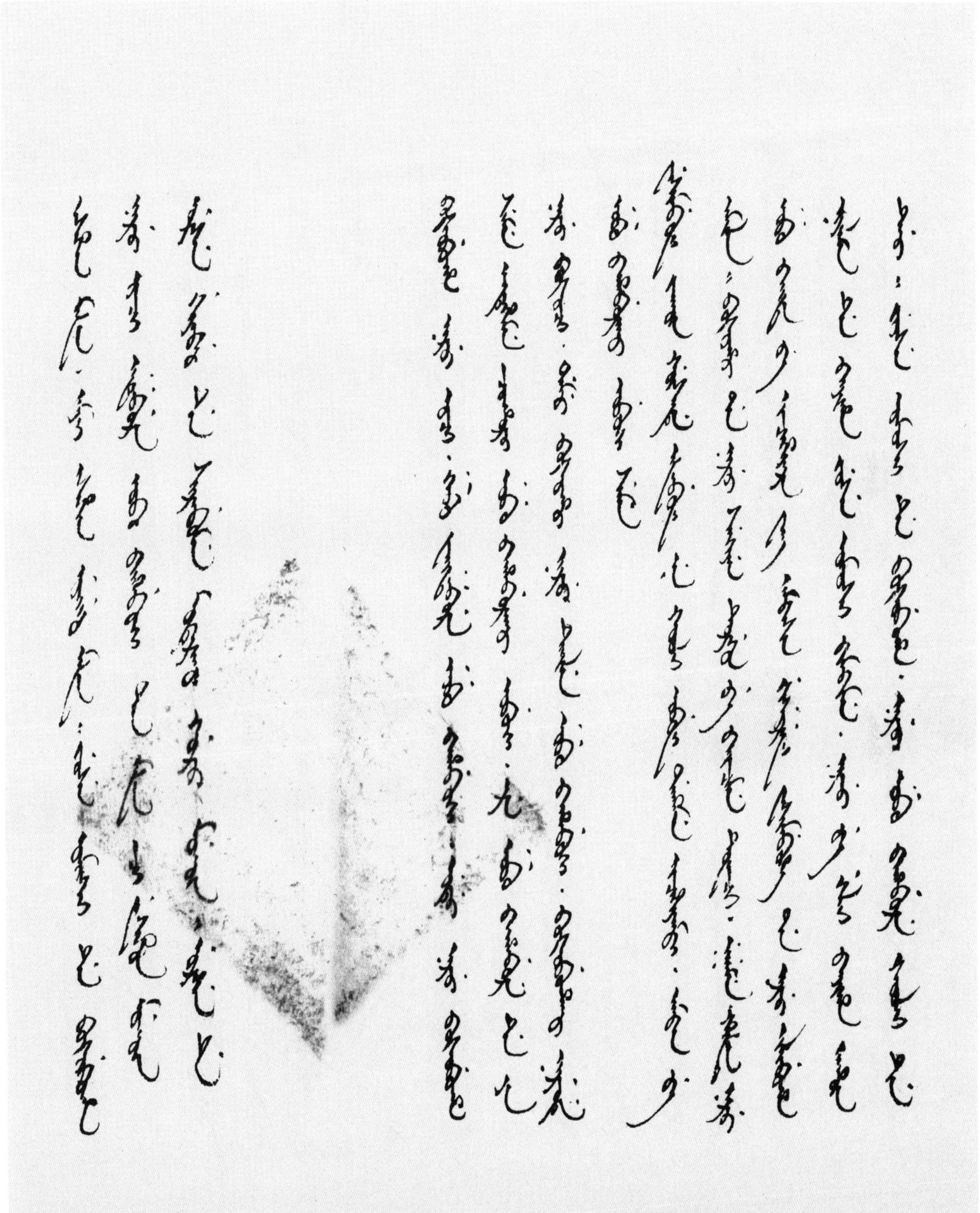

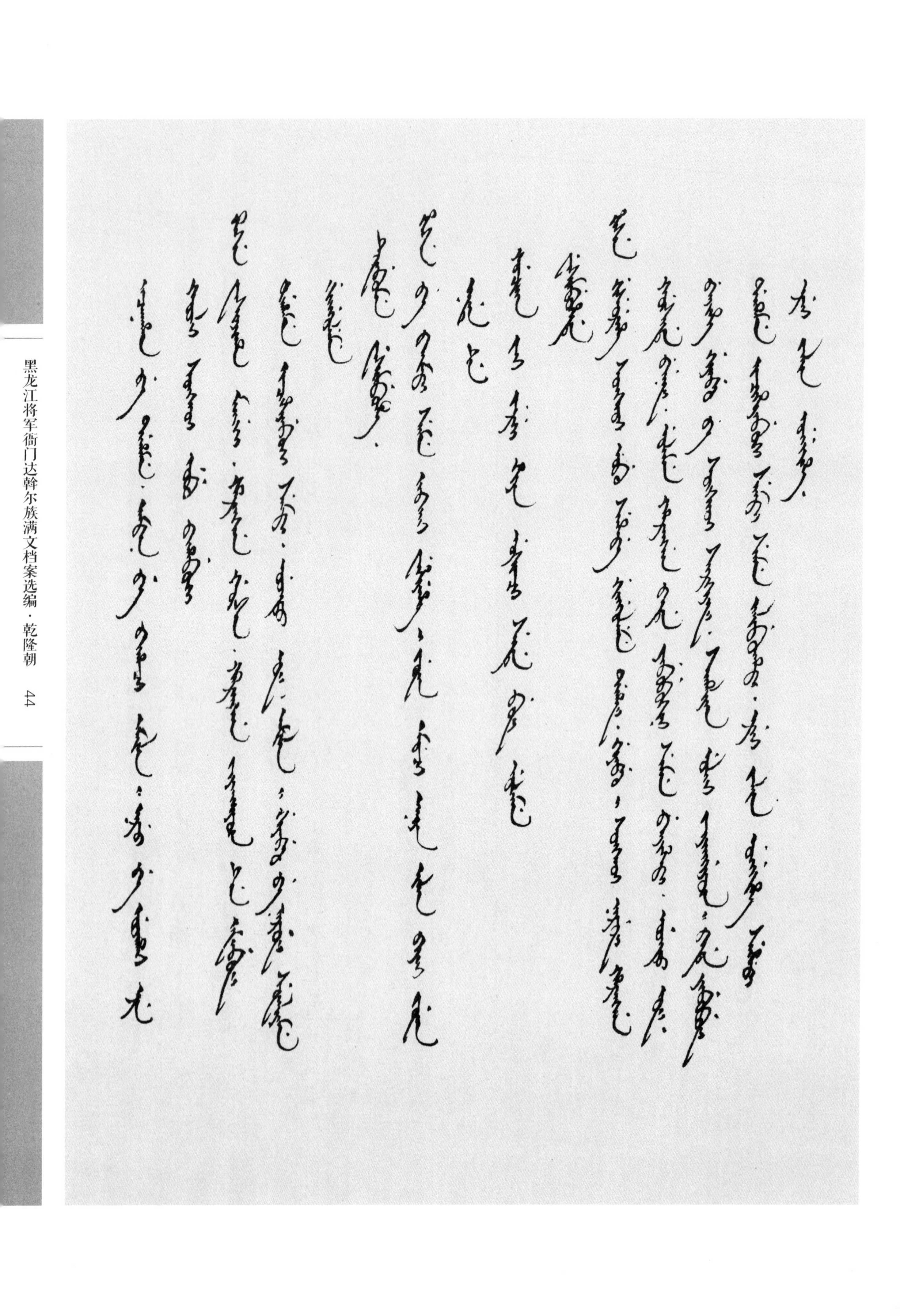

[illegible]

三九八 正蓝满洲旗为遵旨办理黑龙江布特哈正白旗达斡尔托多尔凯承袭佐领事宜事咨黑龙江将军衙门文

乾隆十一年五月二十八日

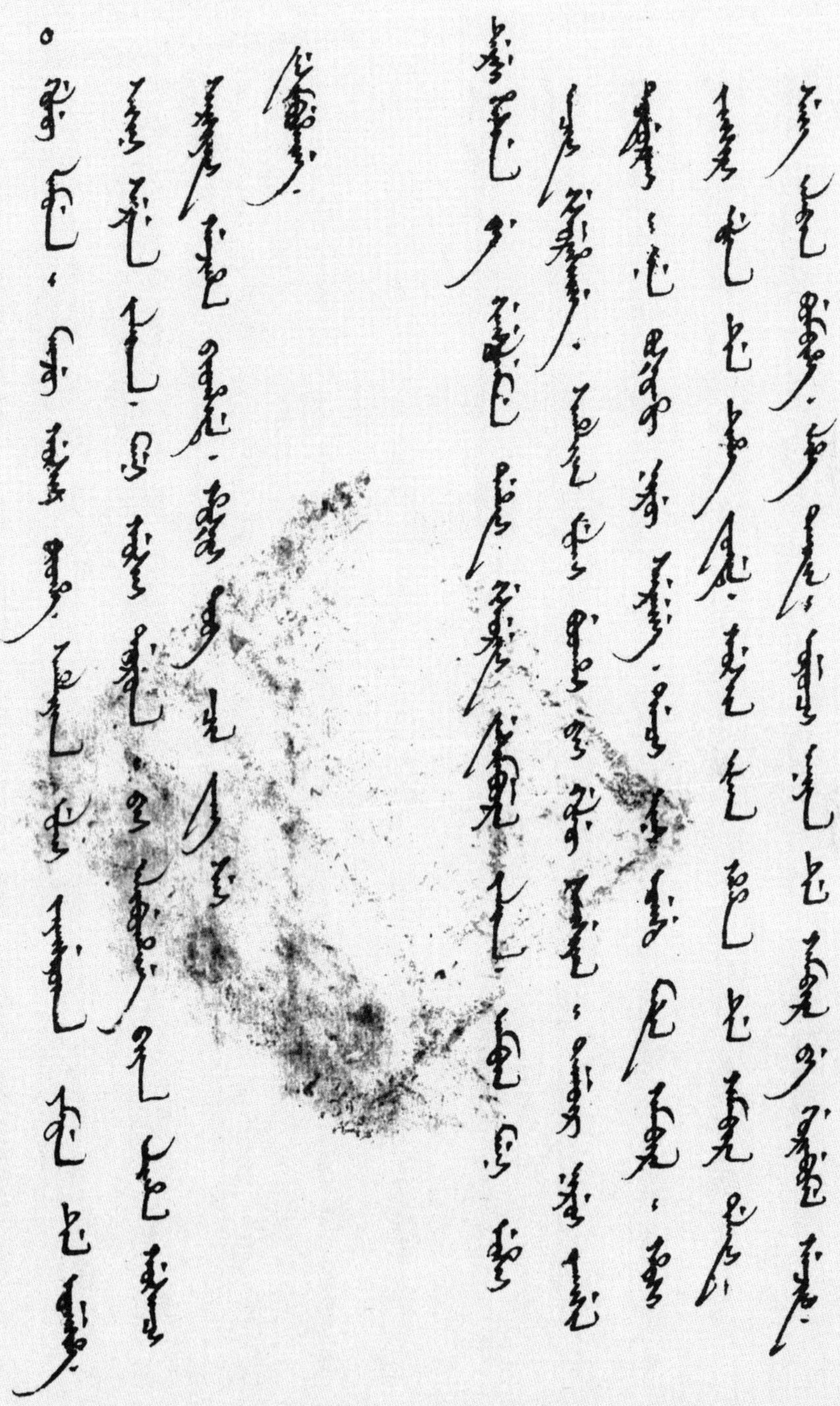

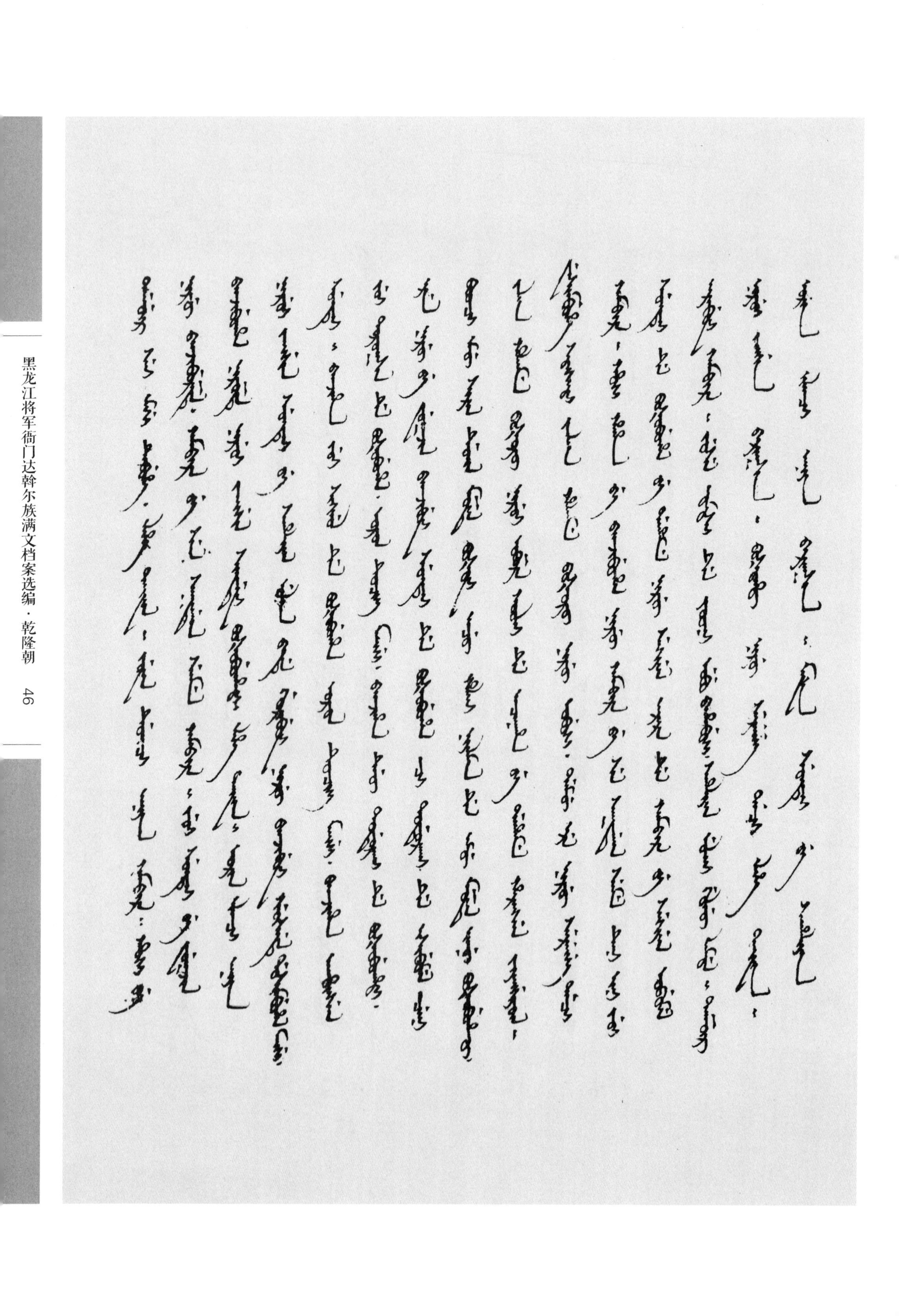

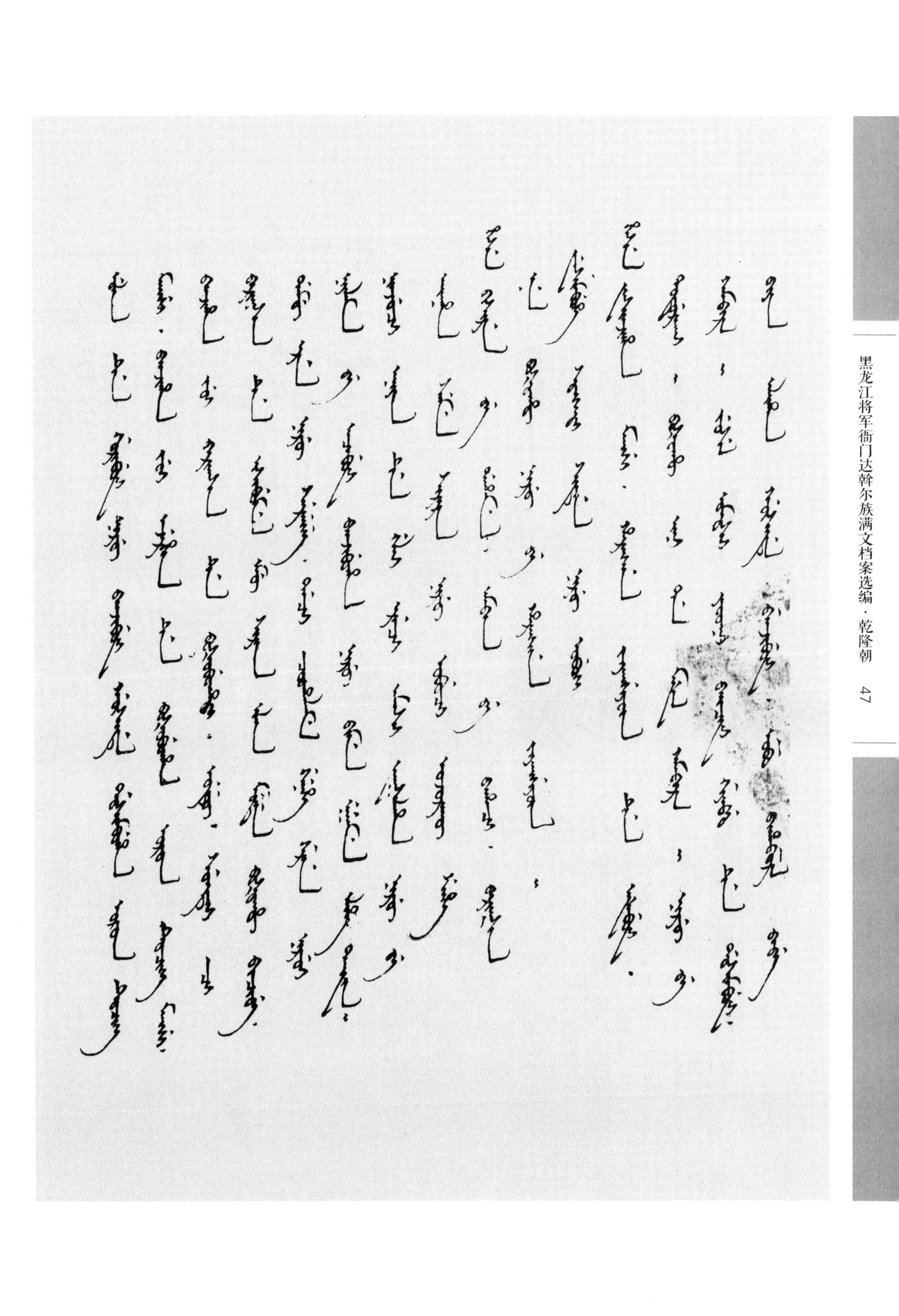

[illegible]

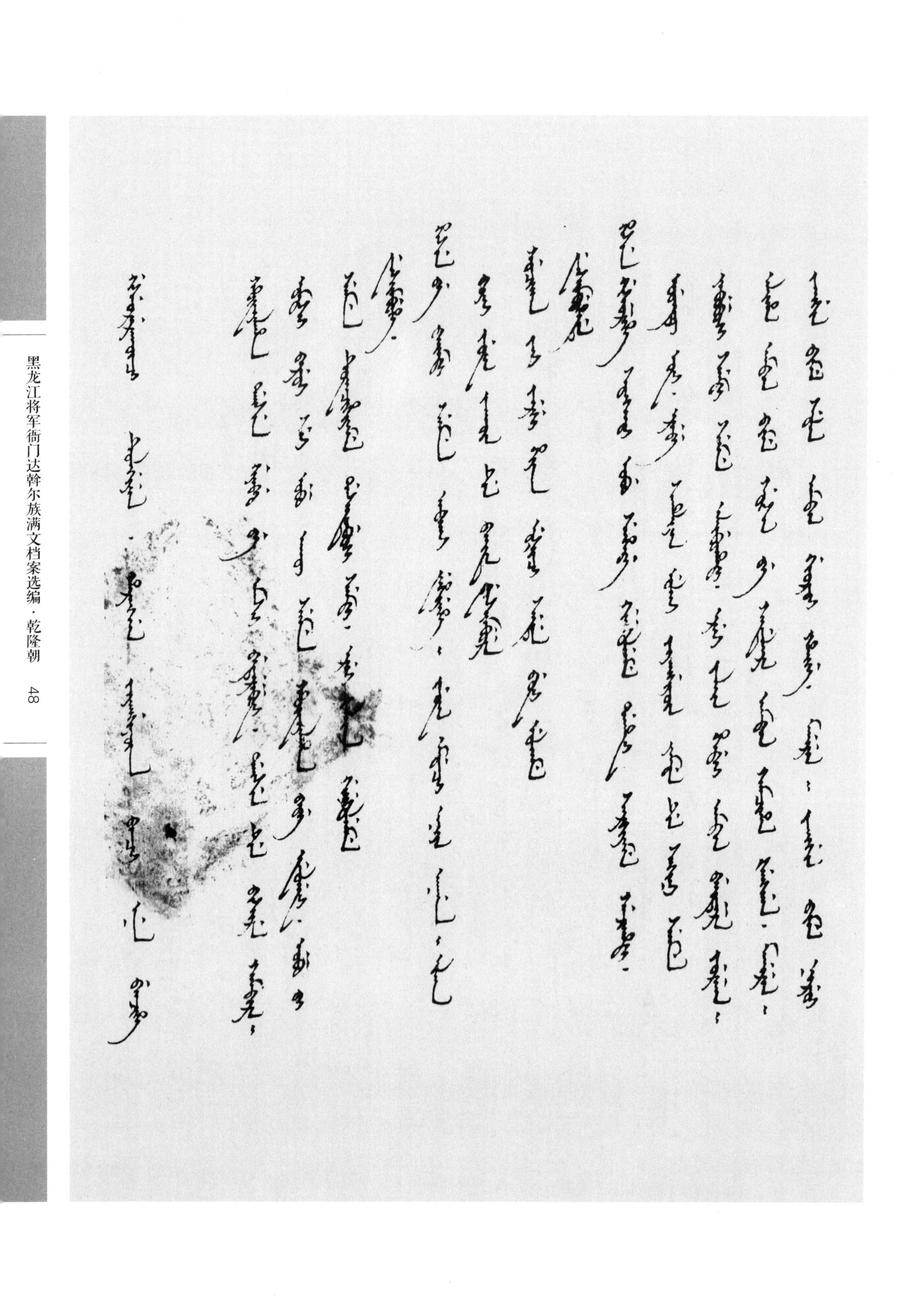

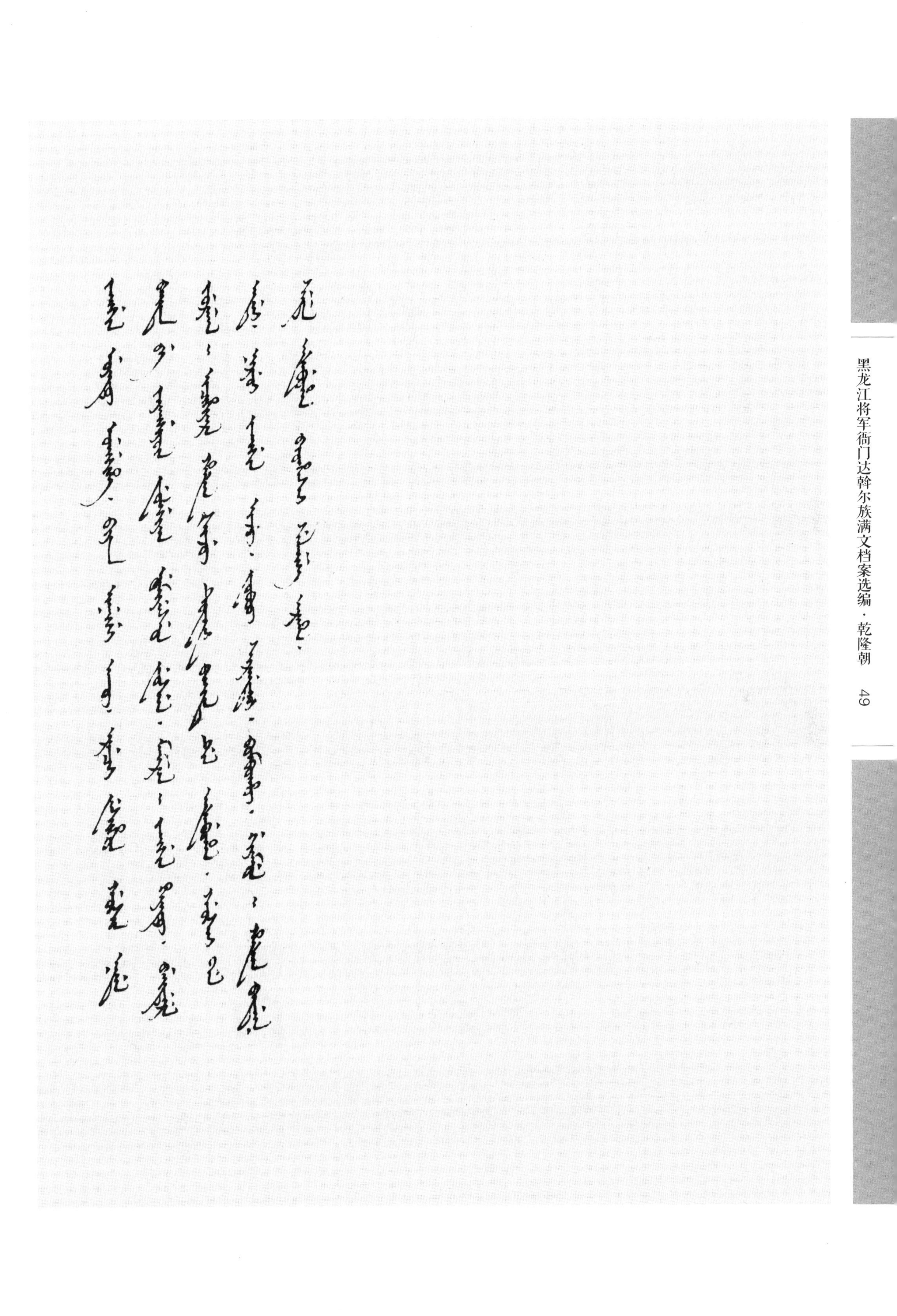

三九九 黑龙江将军衙门为黑龙江布特哈正白旗达斡尔托多尔凯承袭佐领解送源流册家谱事札布特哈索伦达斡尔总管纳木球等文

乾隆十一年六月初四日

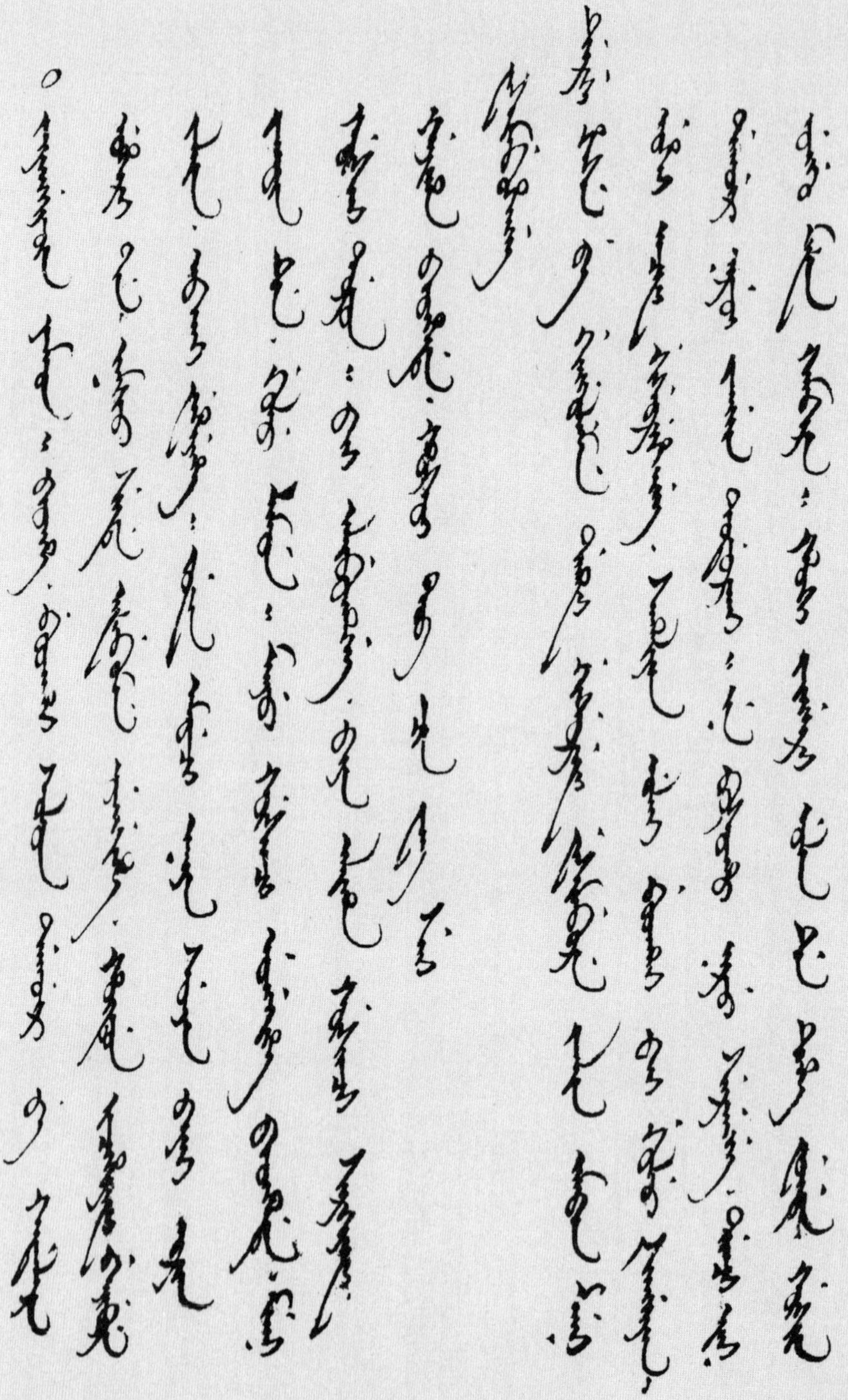

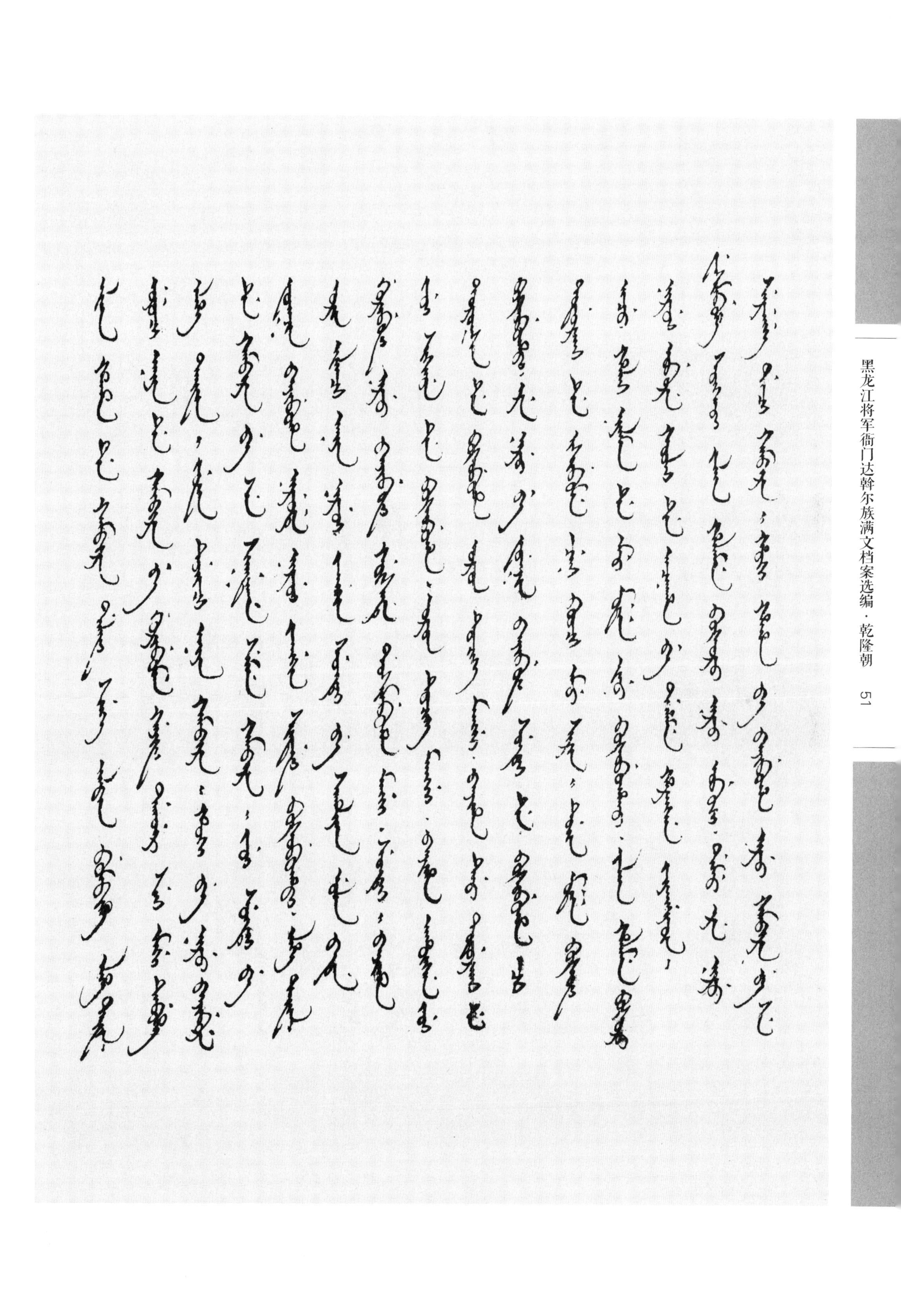

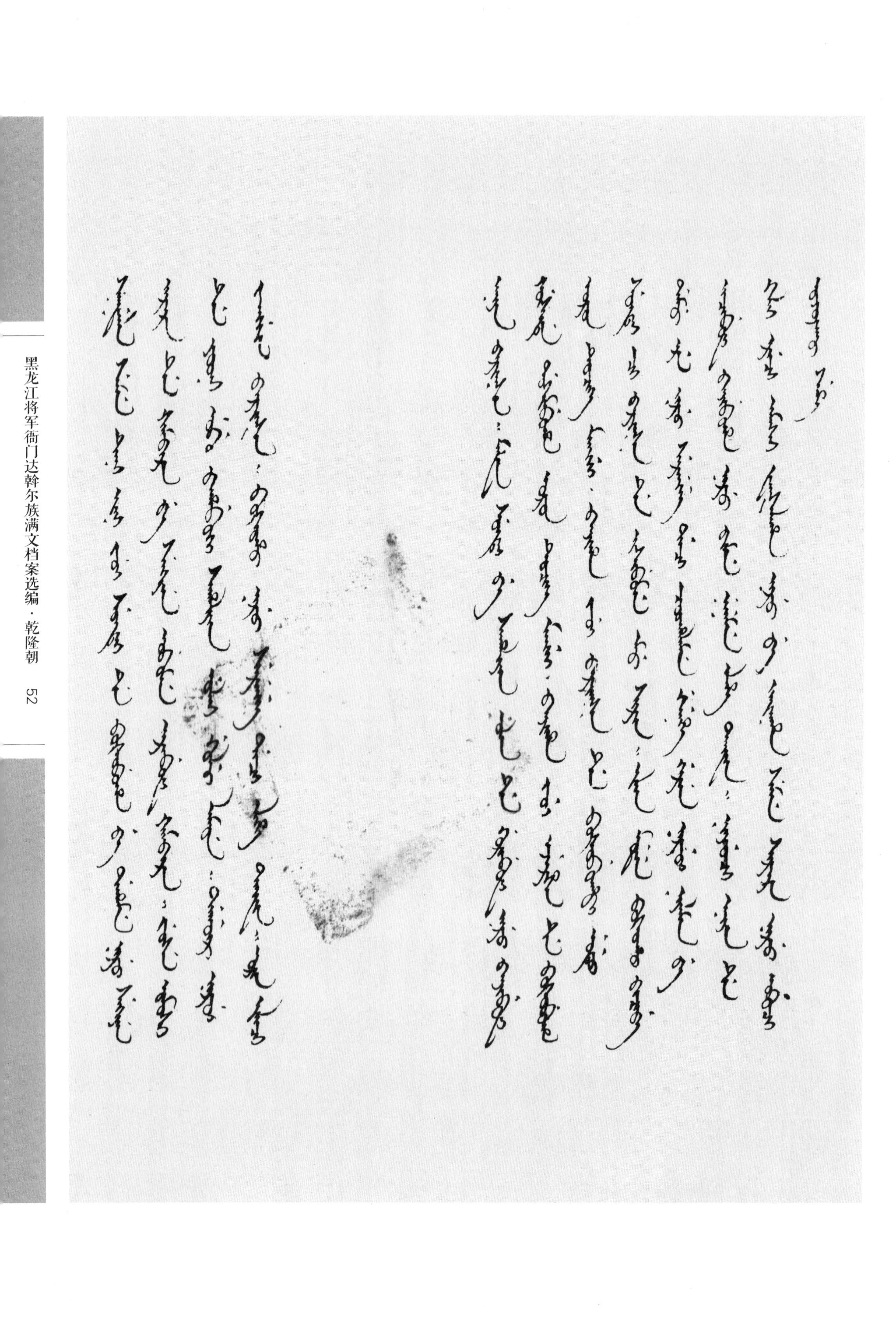

[illegible]

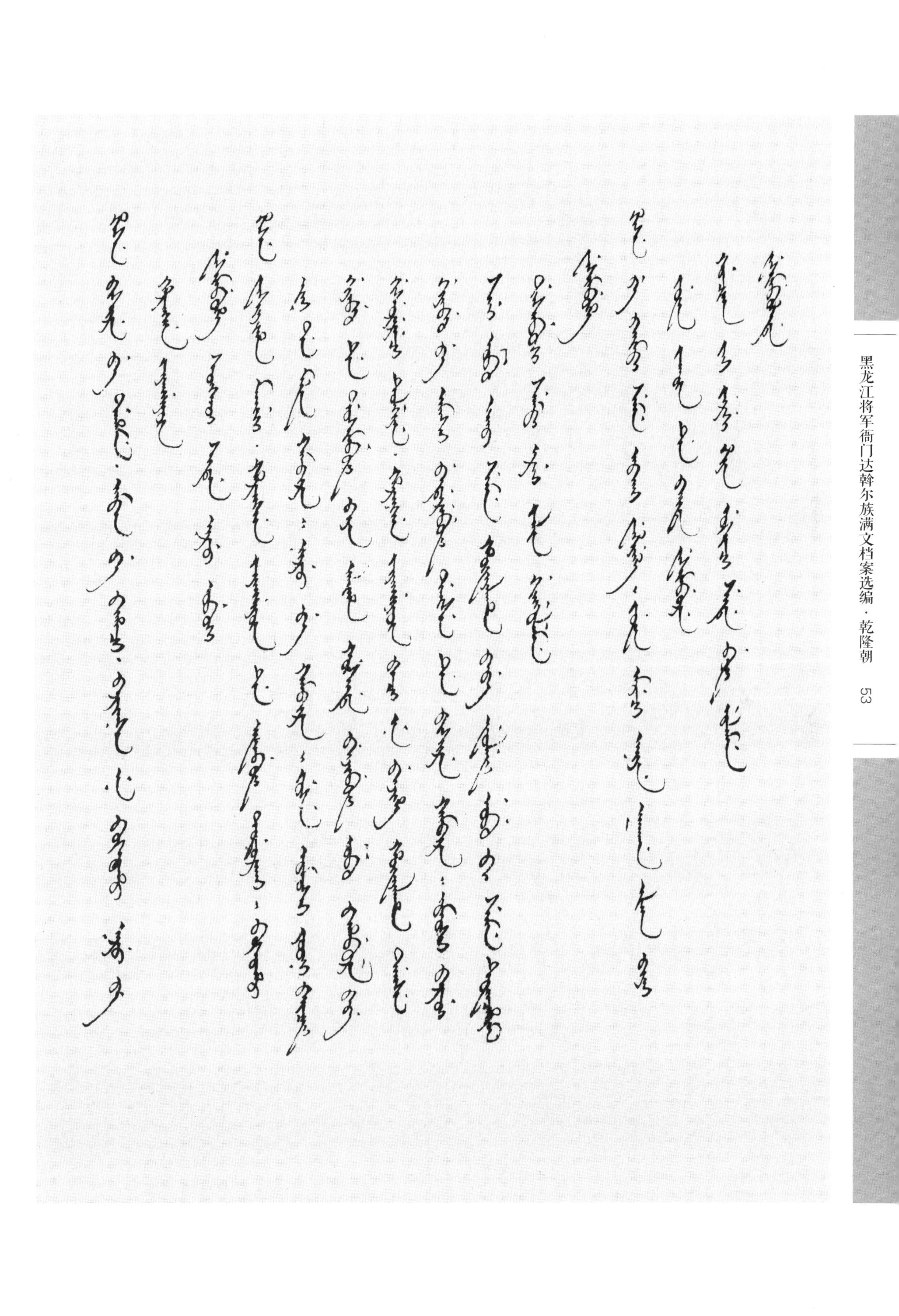

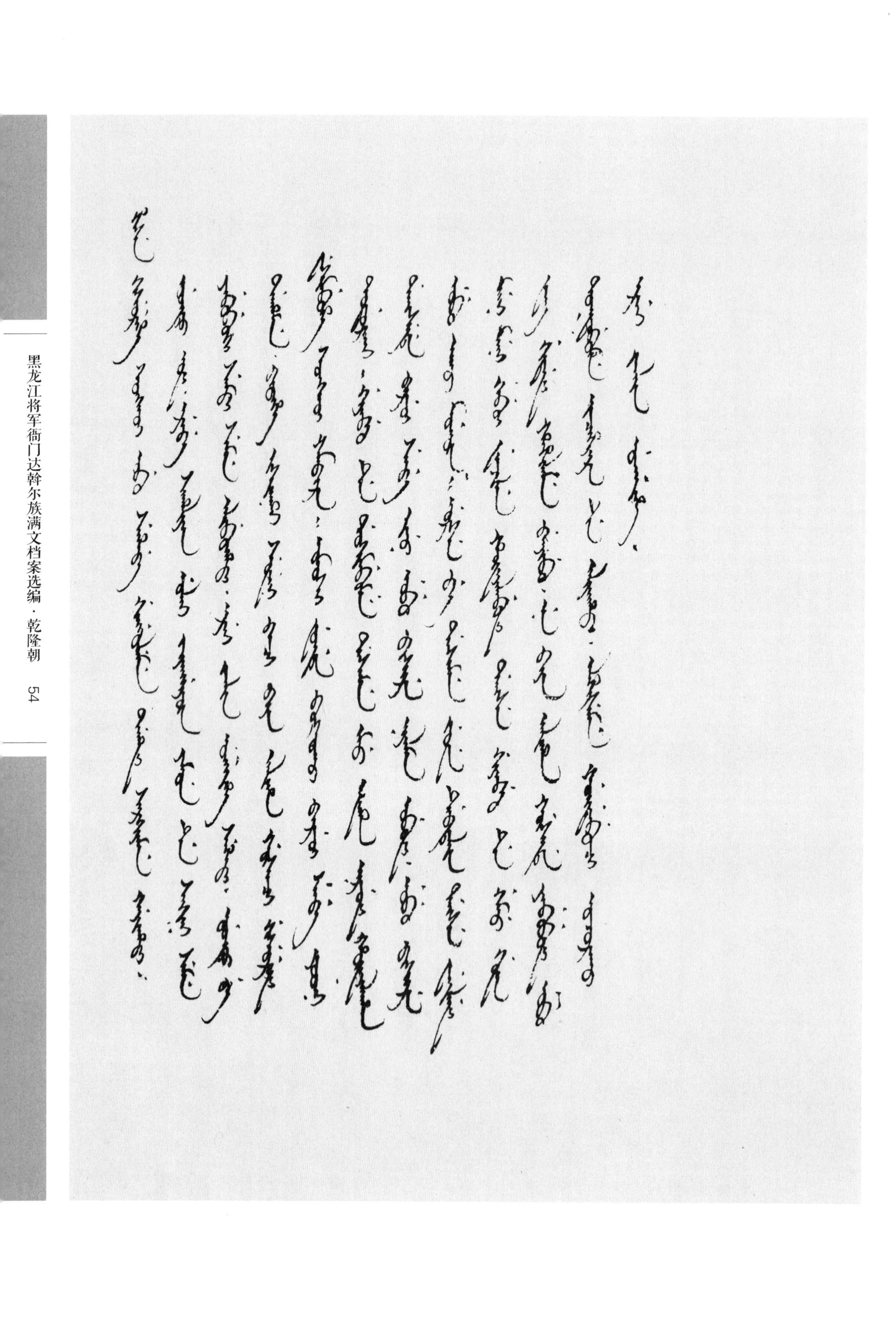

[illegible]

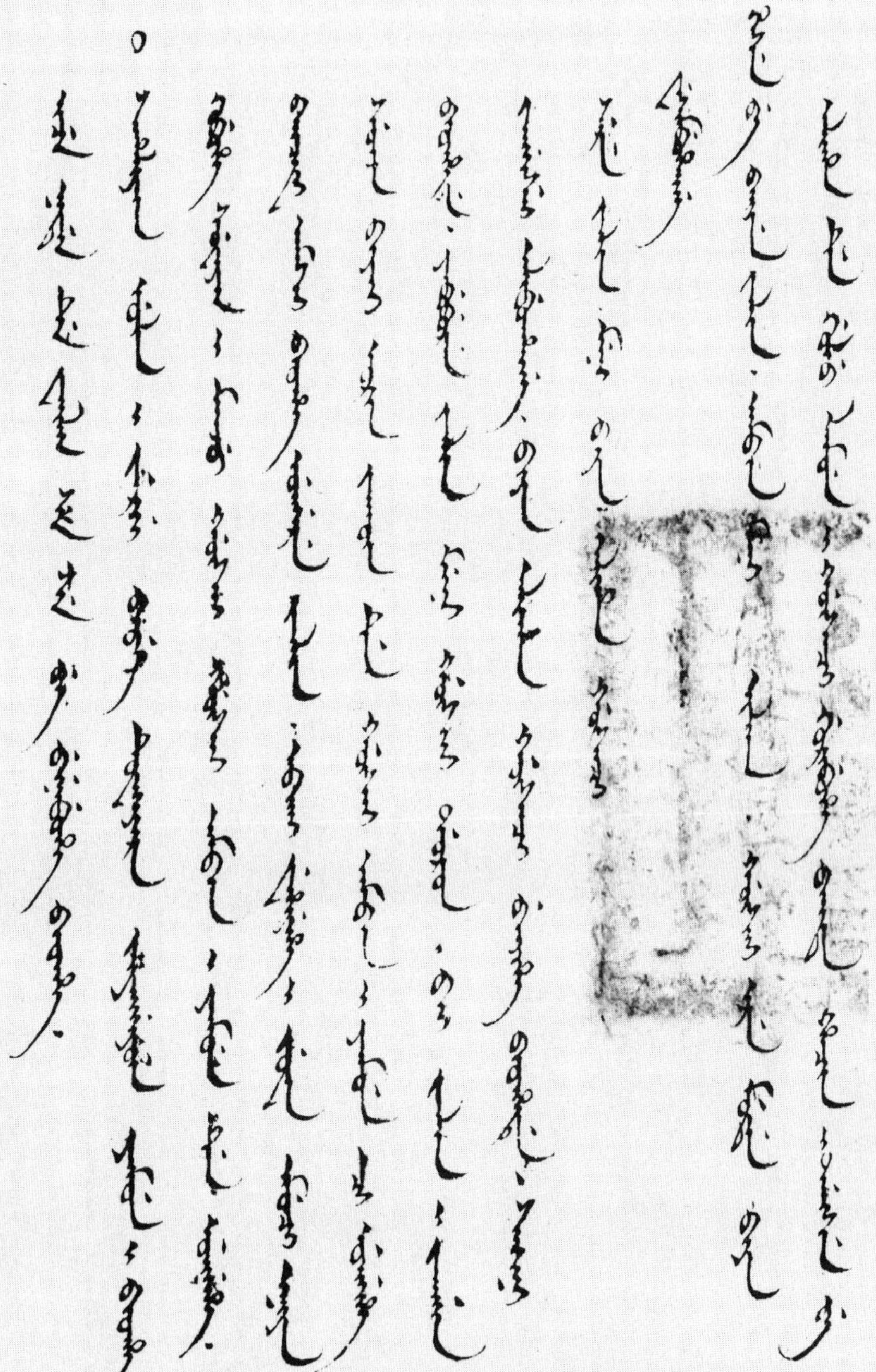

乾隆十一年六月初七日

门文

四〇〇 黑龙江将军衙门为咨复查明布特哈镶黄旗达斡尔托尼逊等佐领源流事咨镶黄旗满洲都统衙

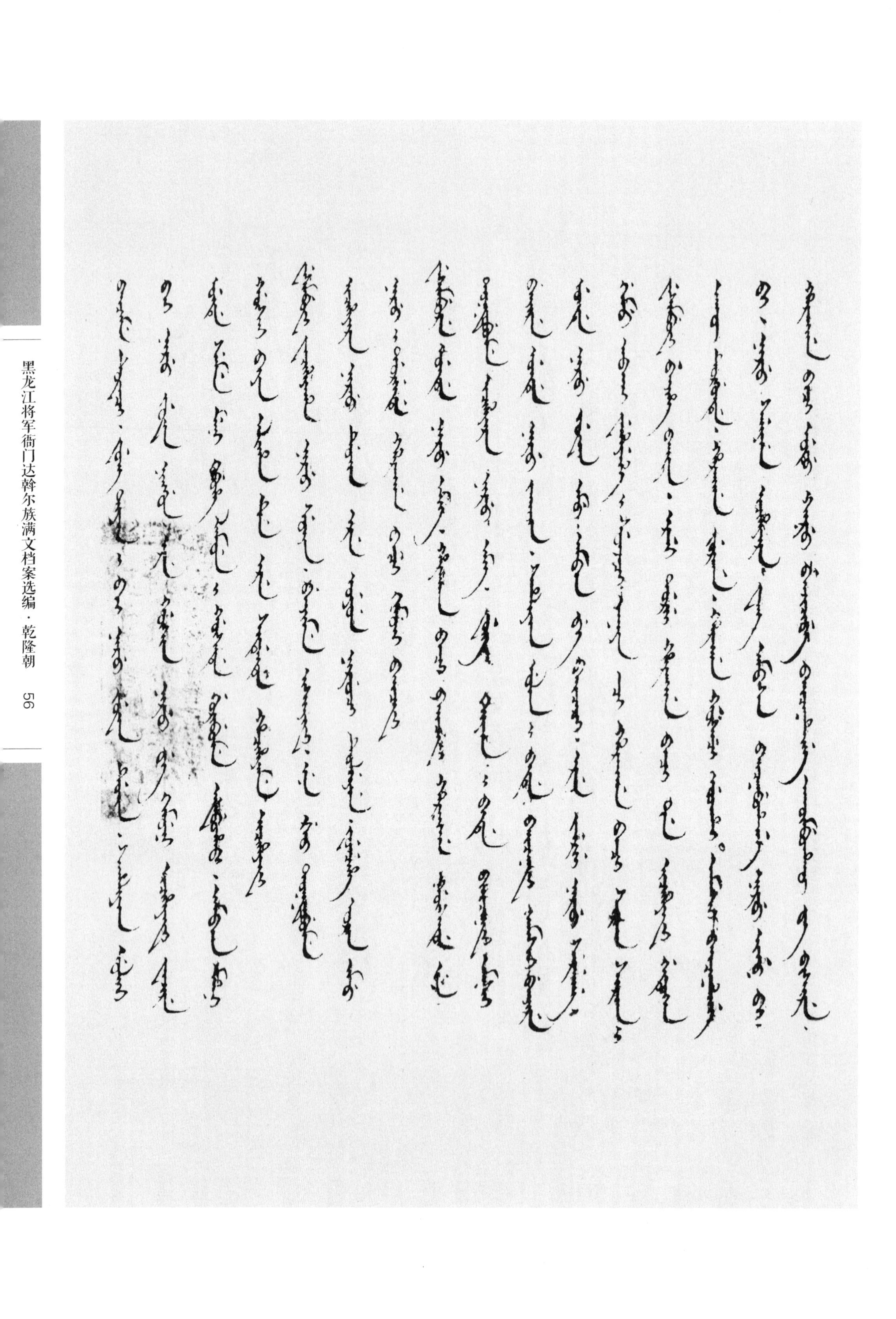

[illegible]

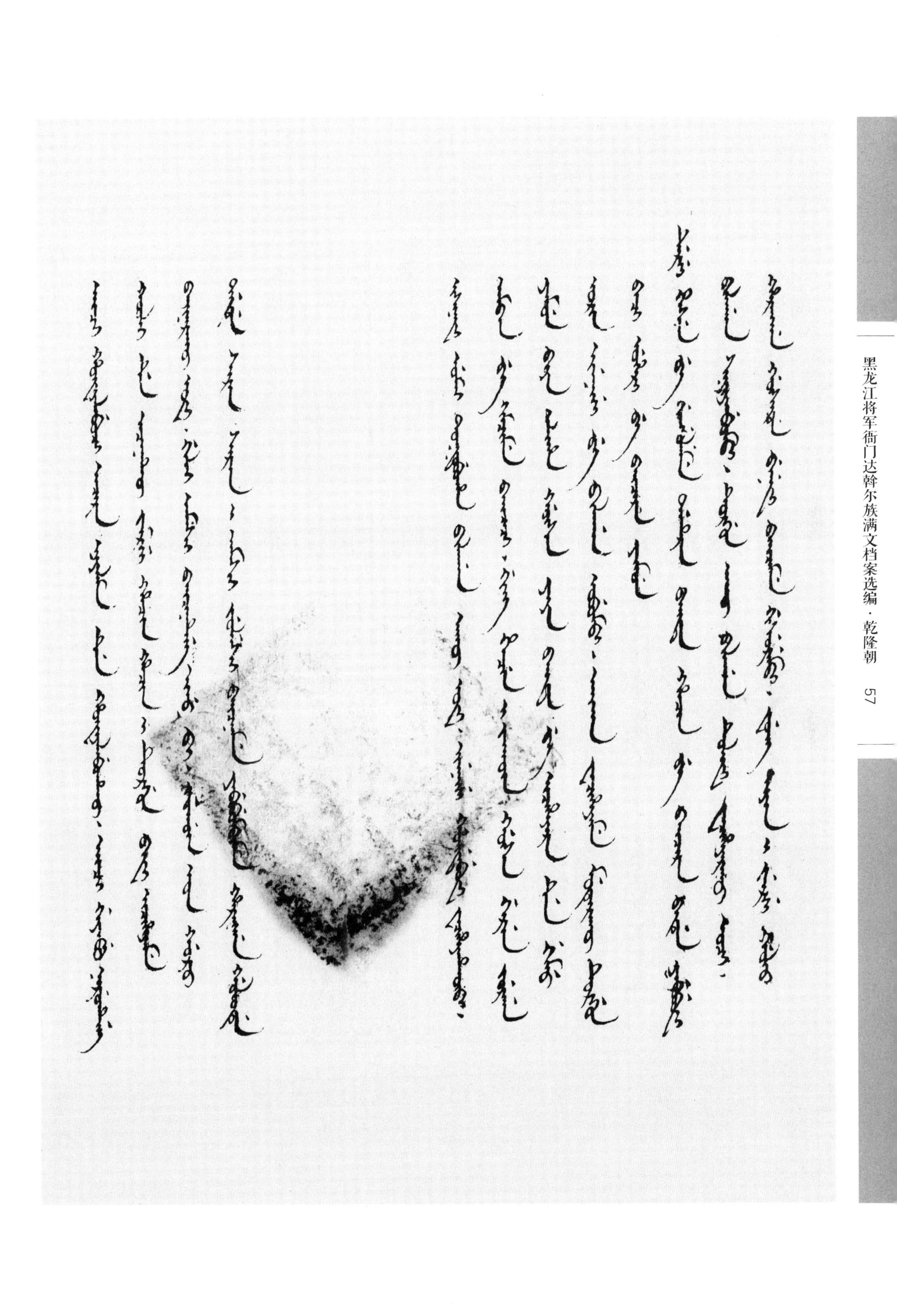

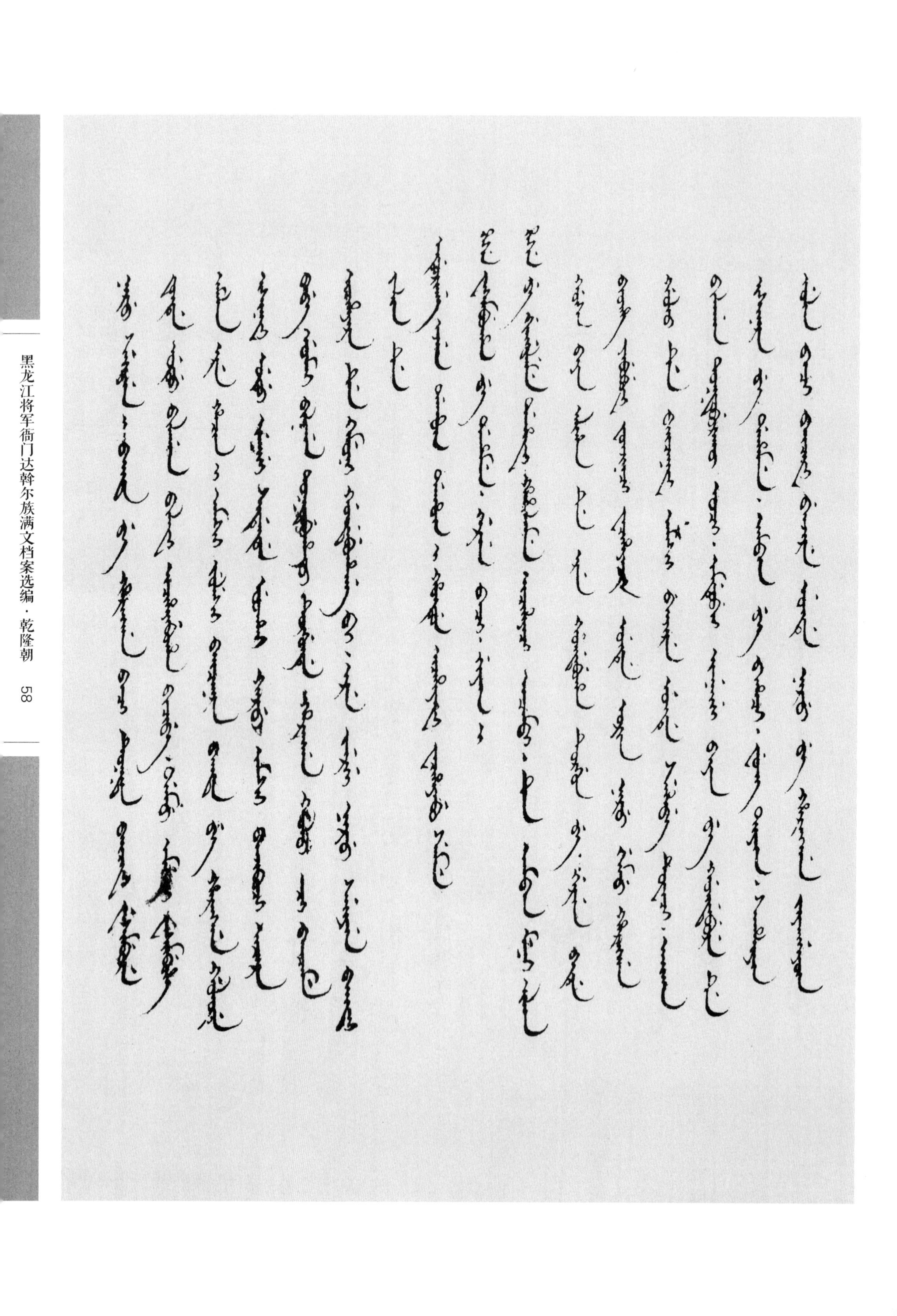

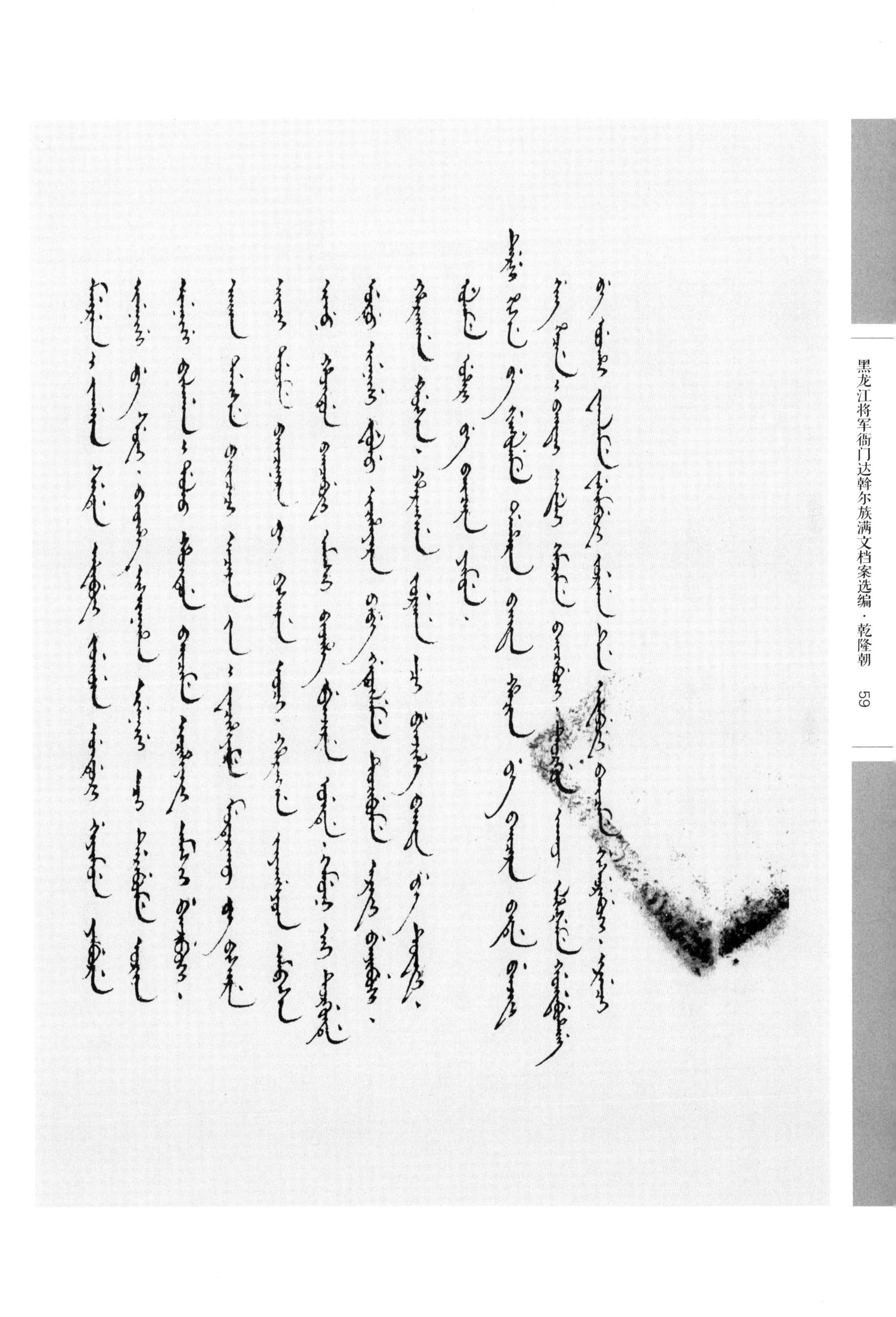

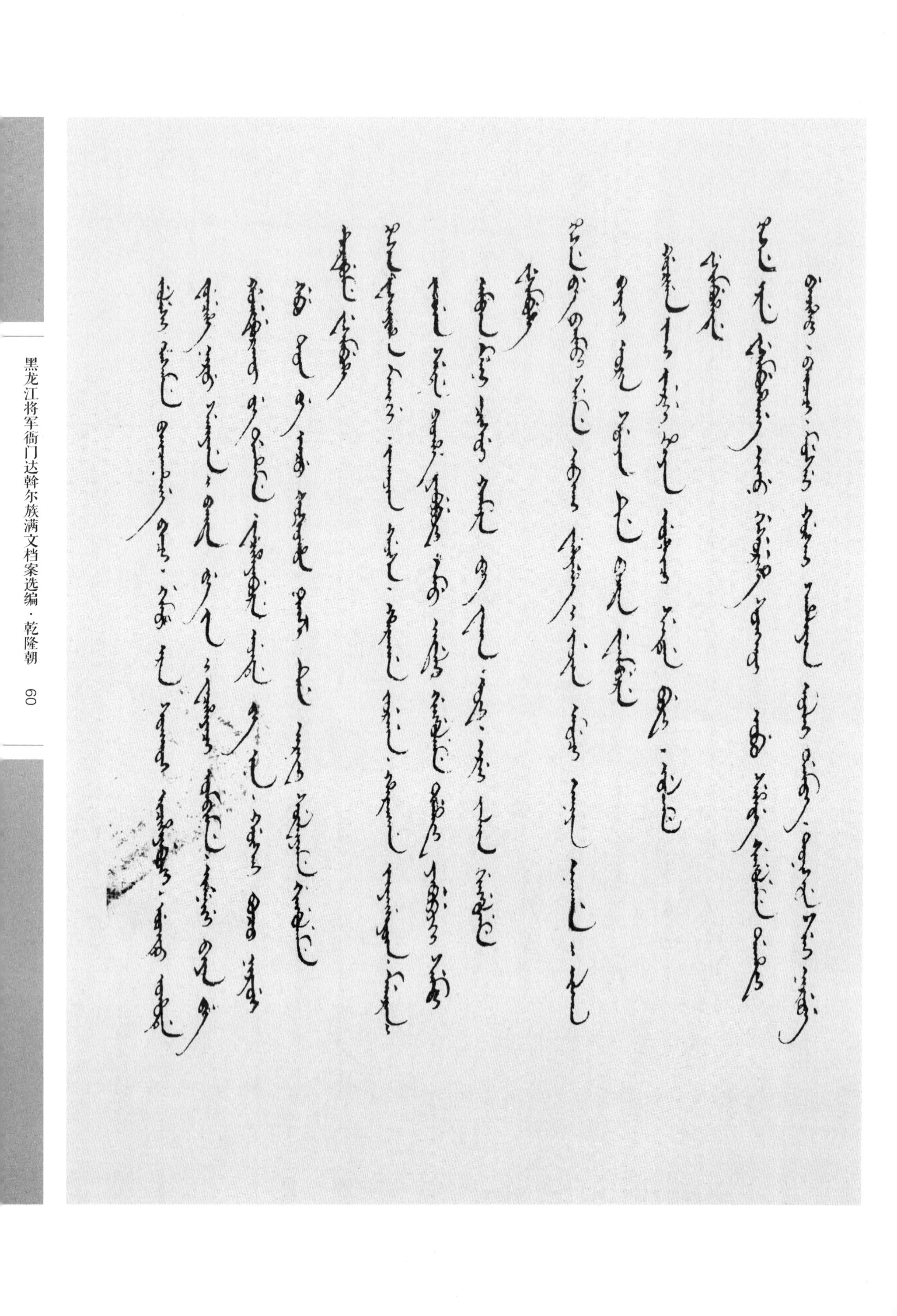

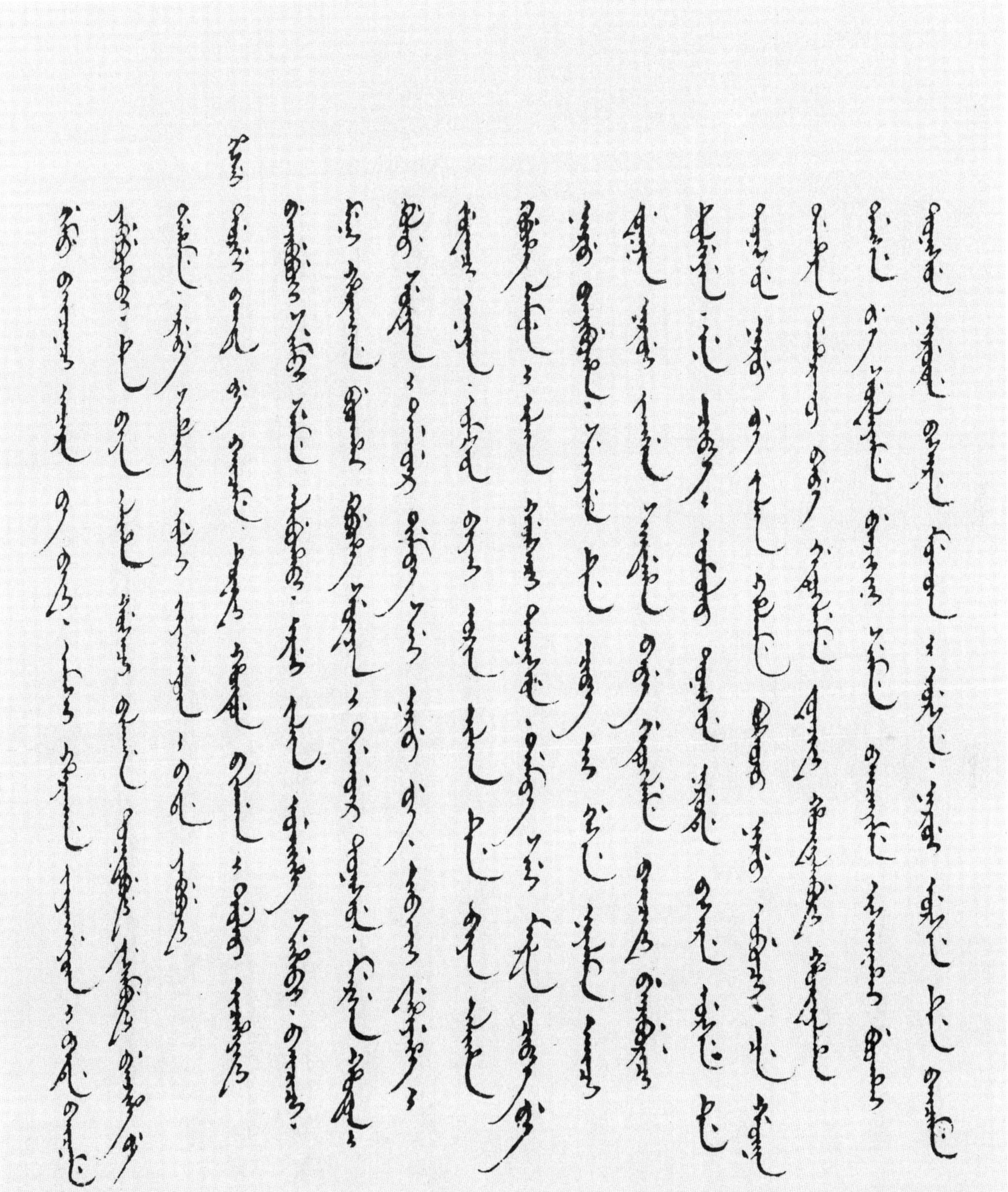

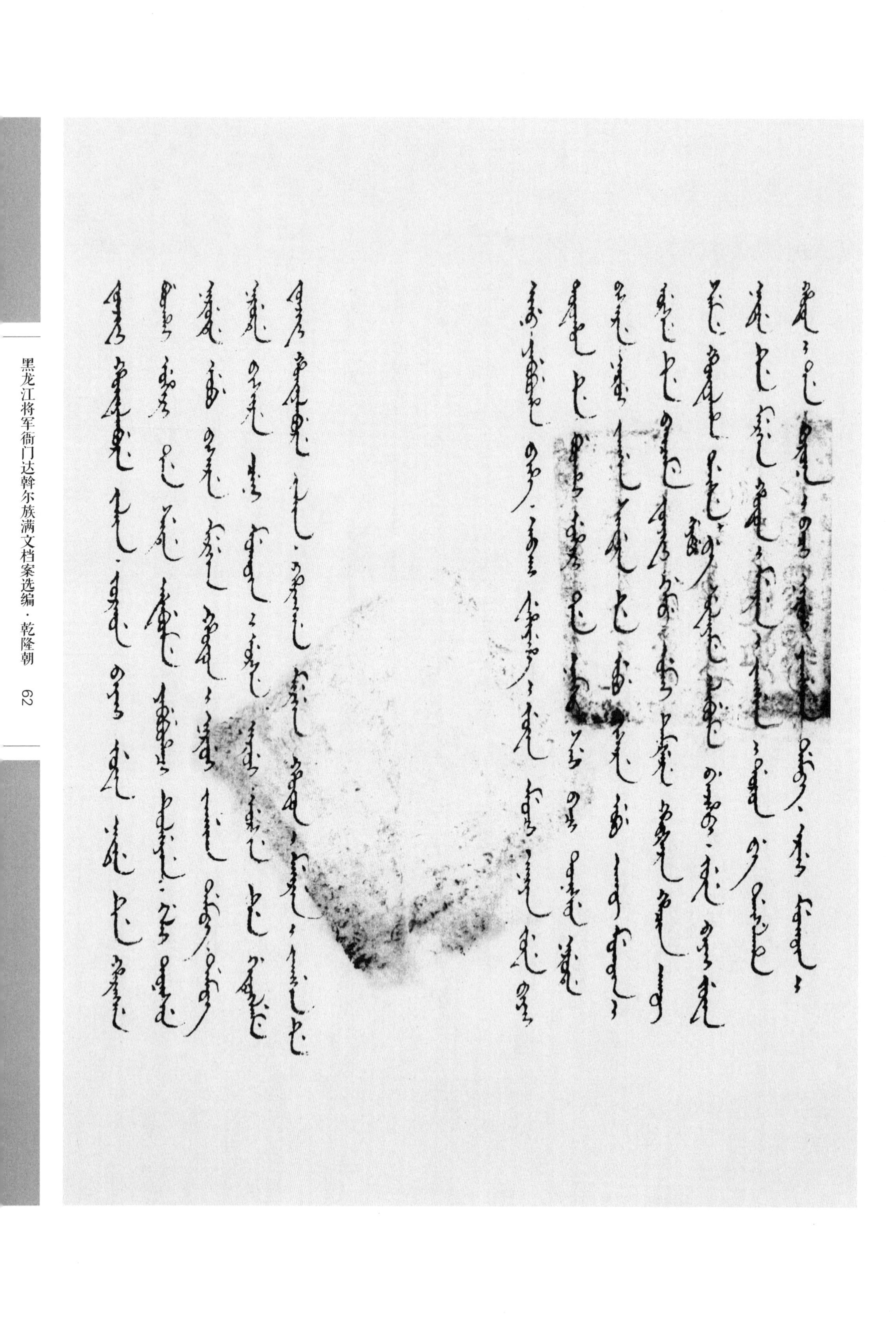

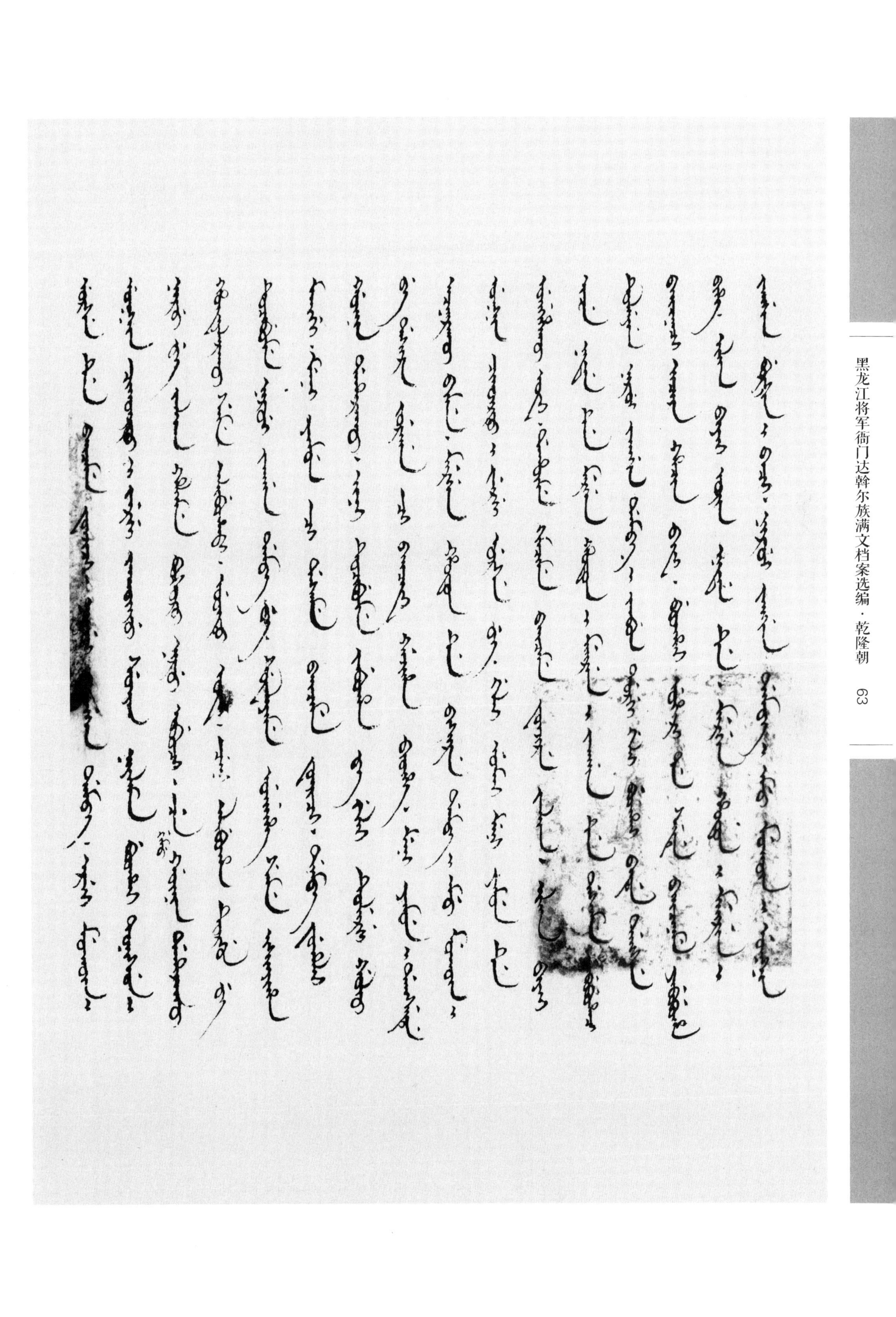

[illegible]

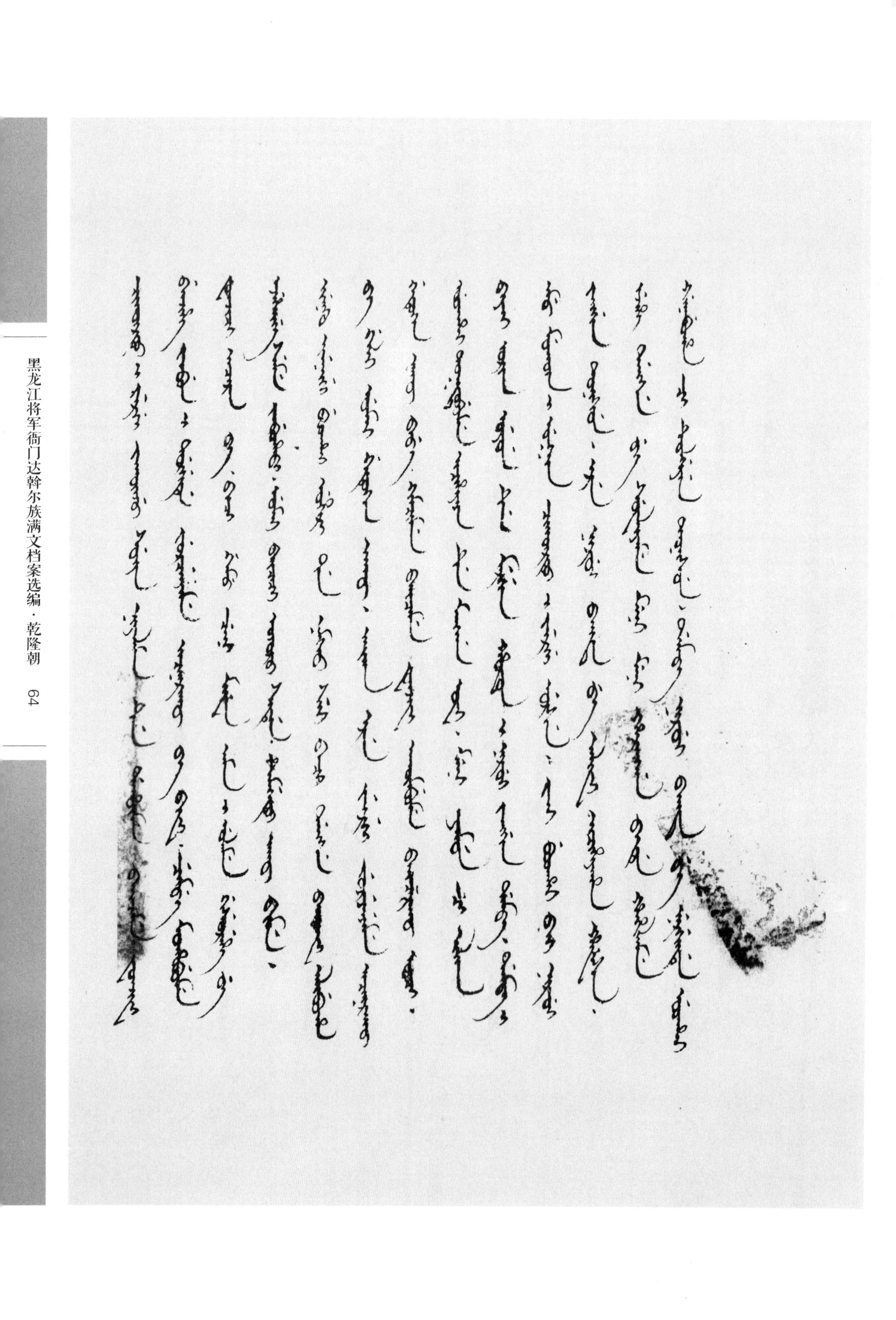

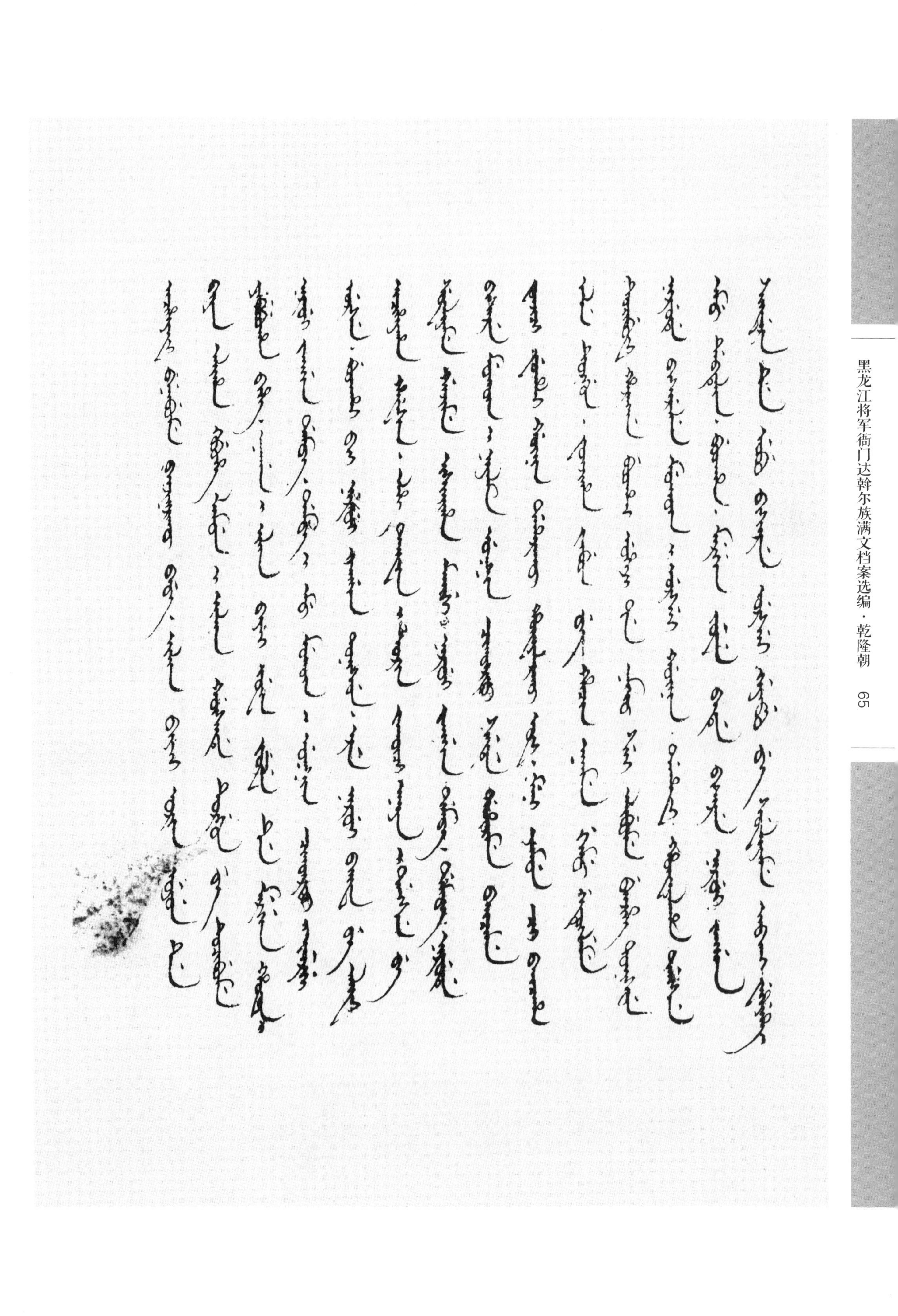

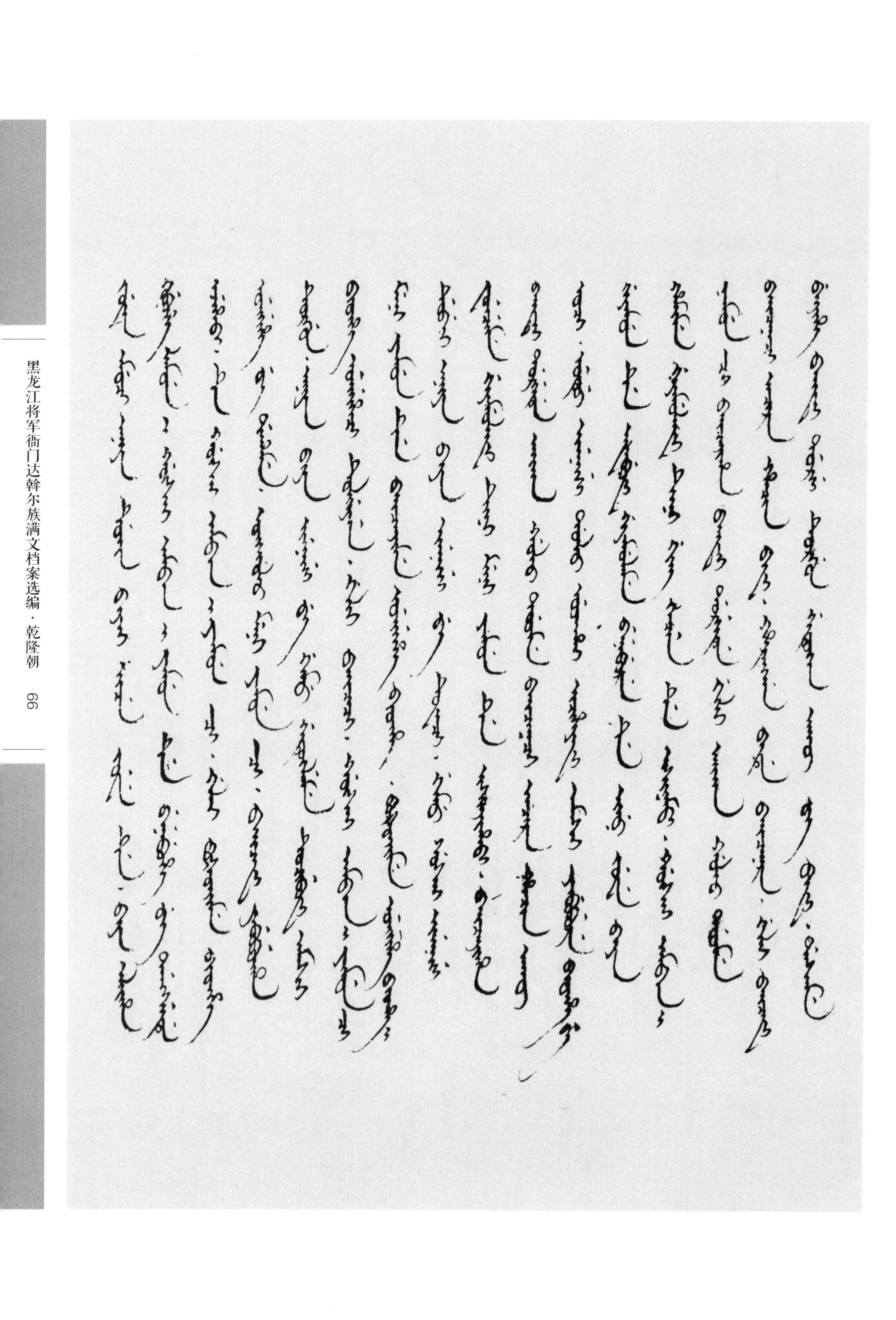

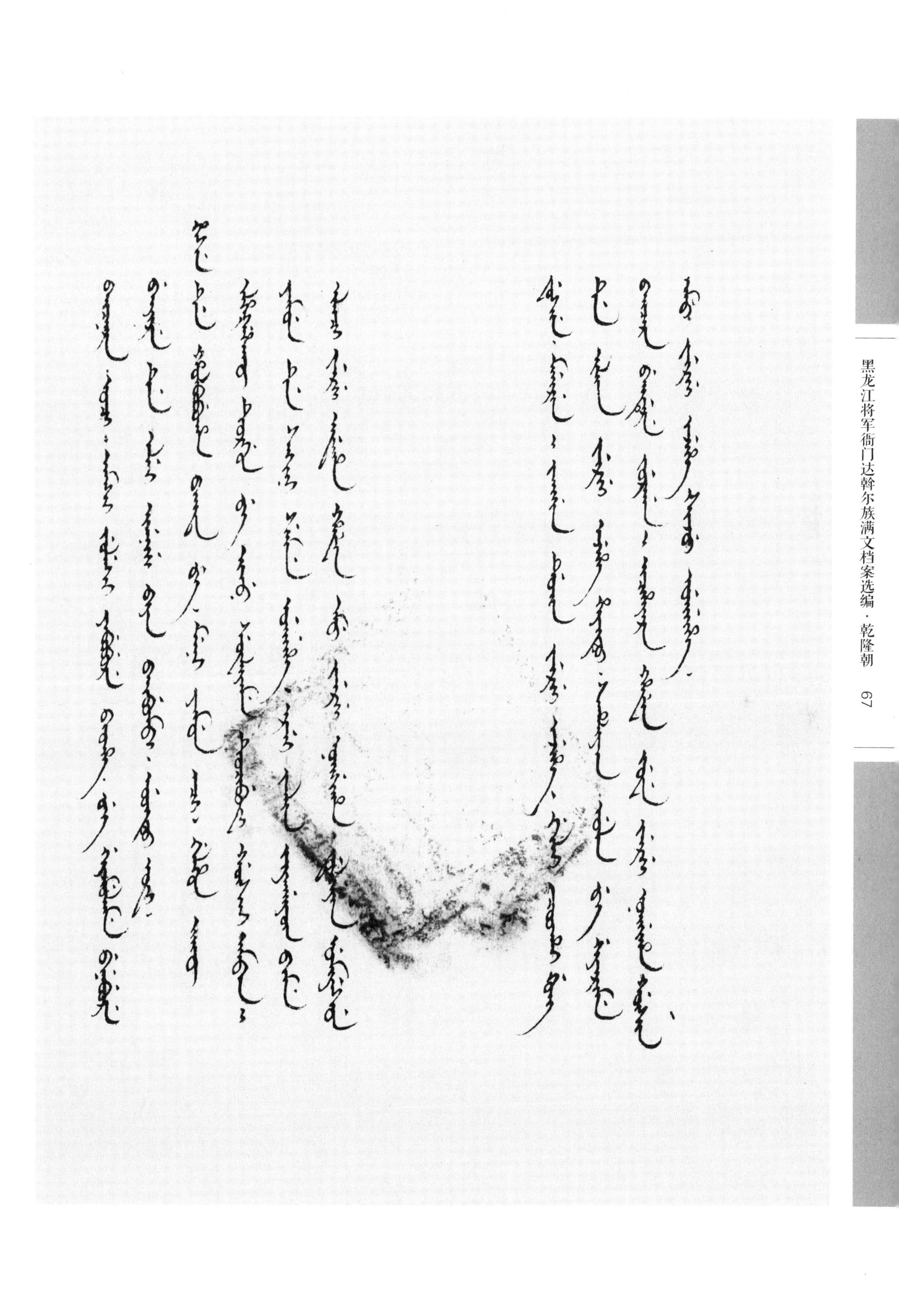

四〇一 正白满洲旗为齐齐哈尔正白旗达斡尔科塔雅等承袭世管佐领解送源流册事咨黑龙江将军衙门文

乾隆十一年六月十九日

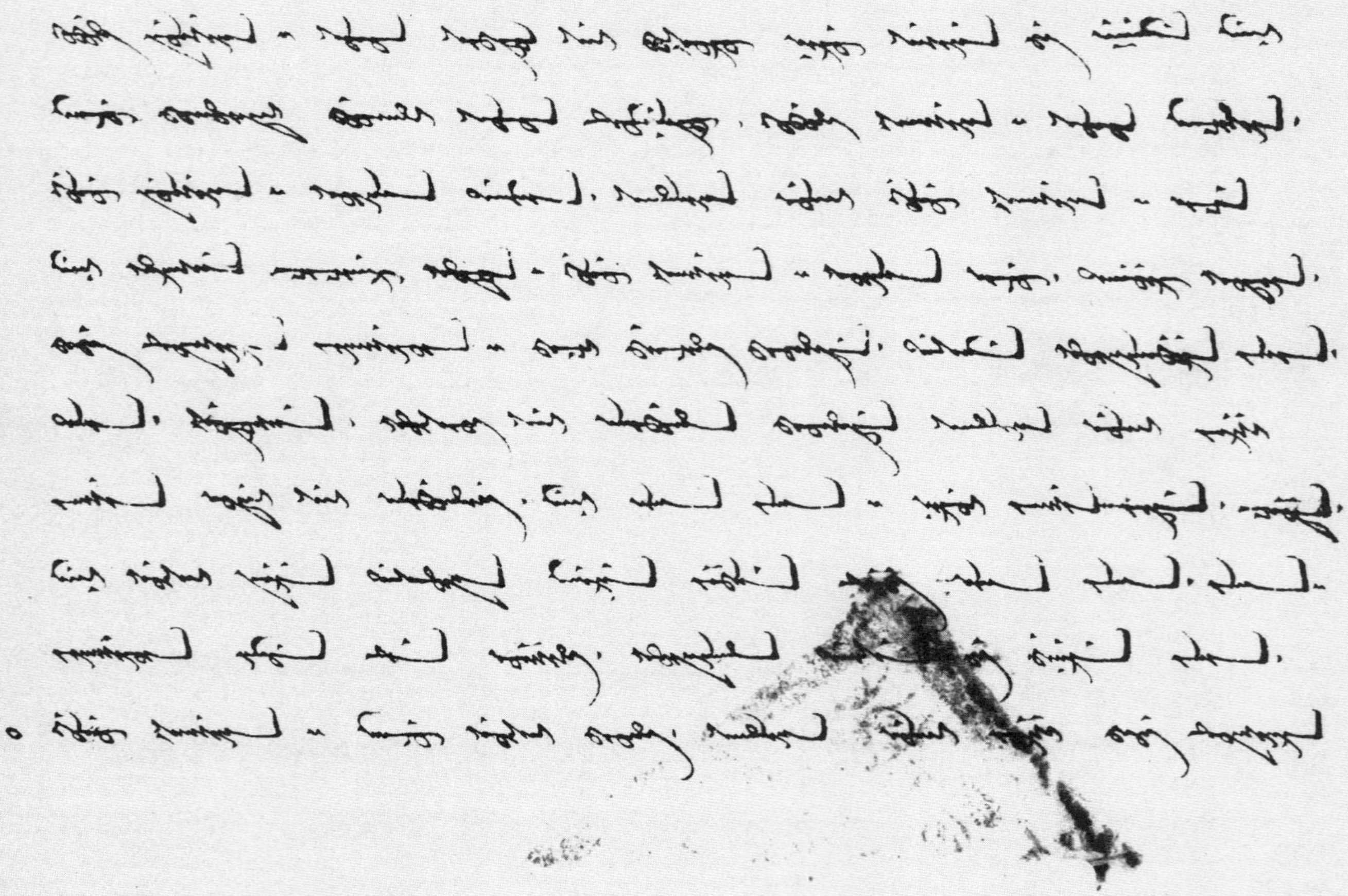

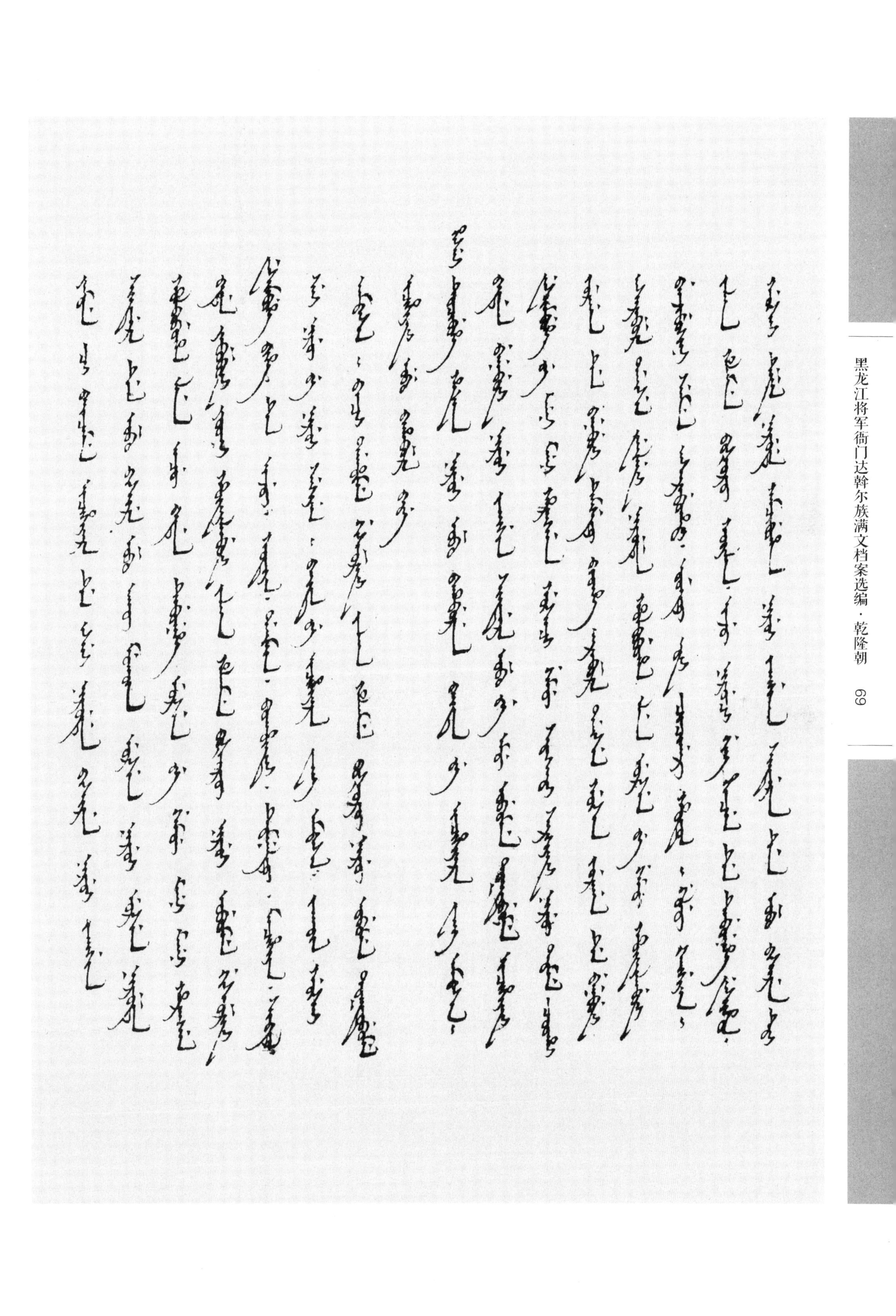

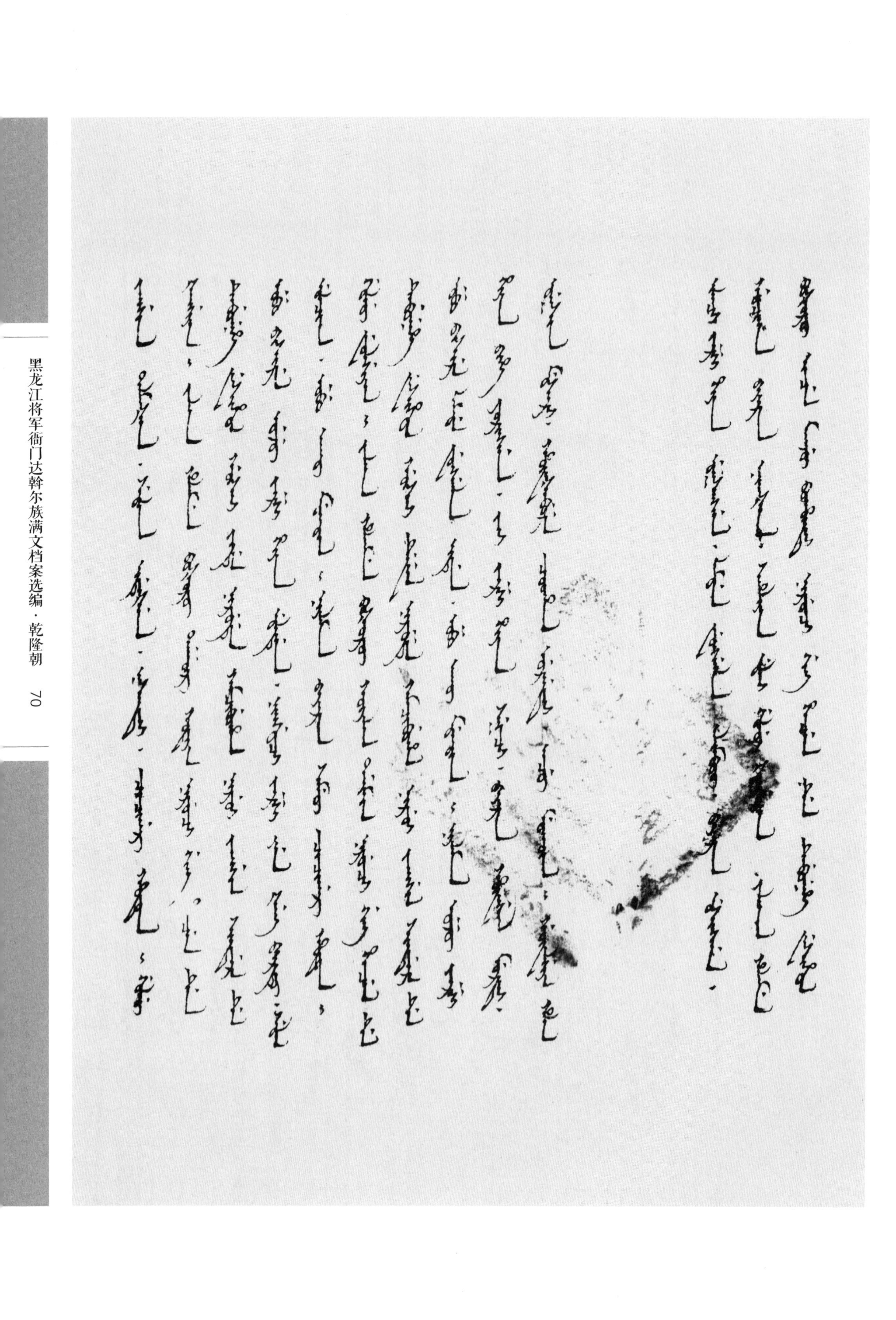

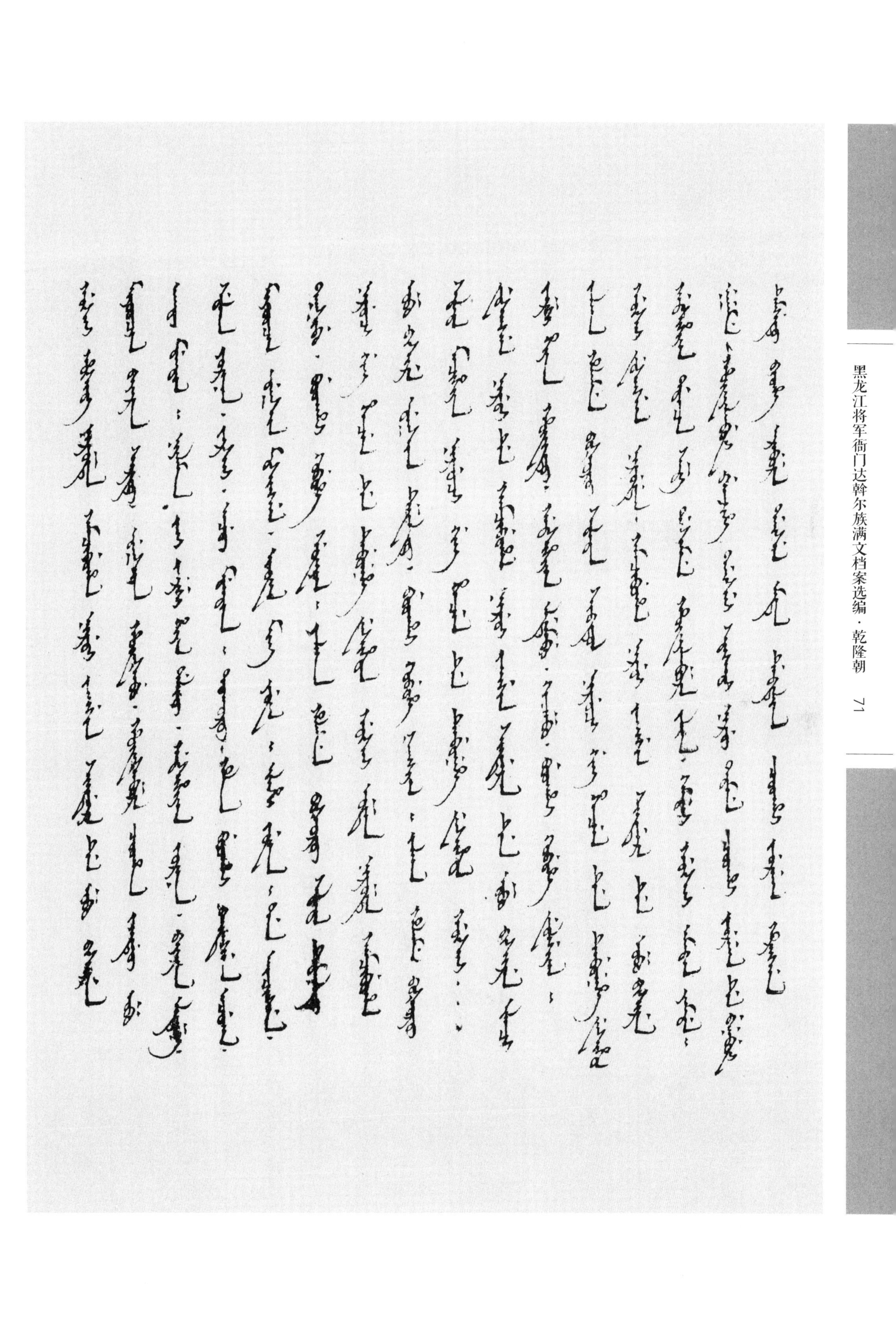

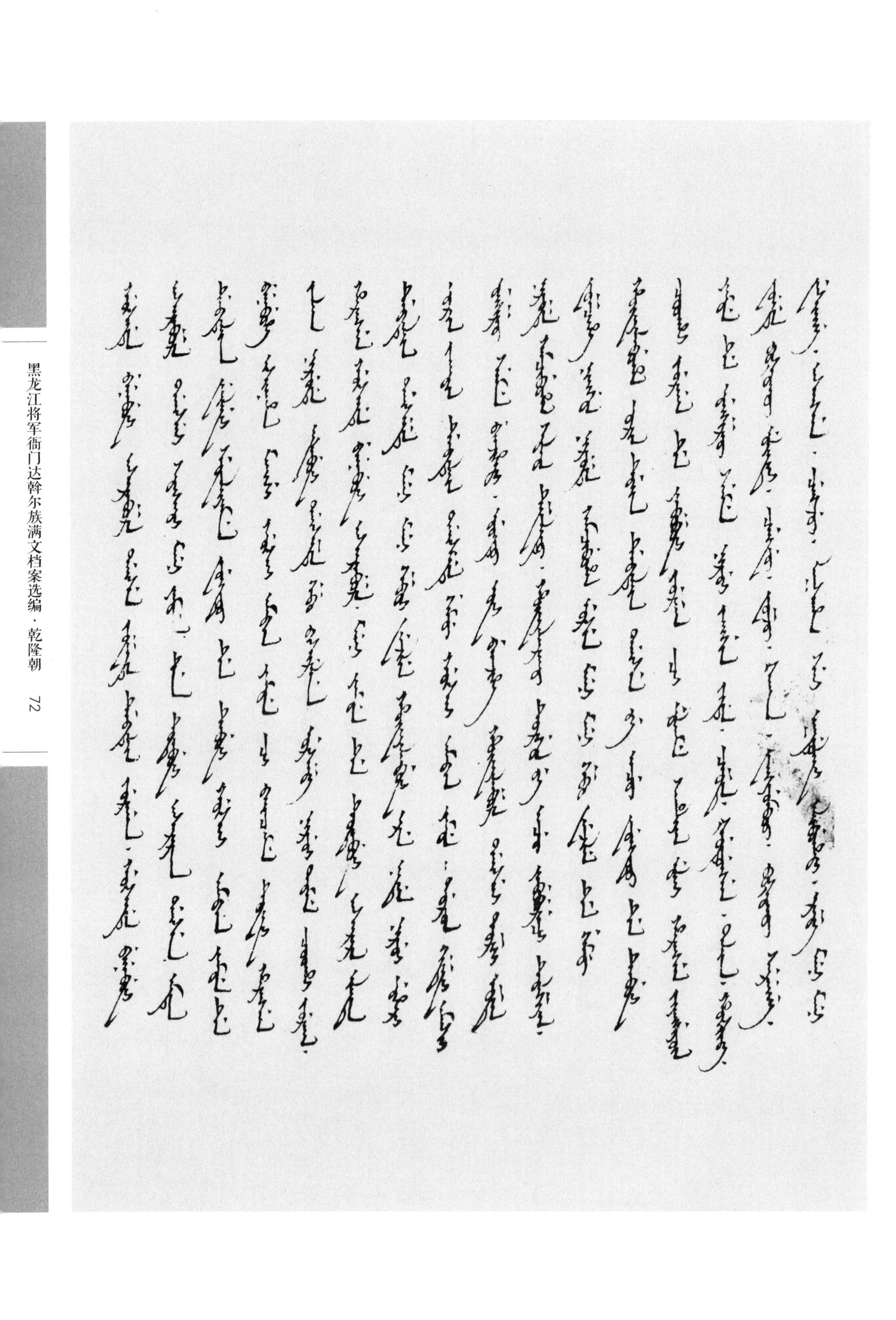

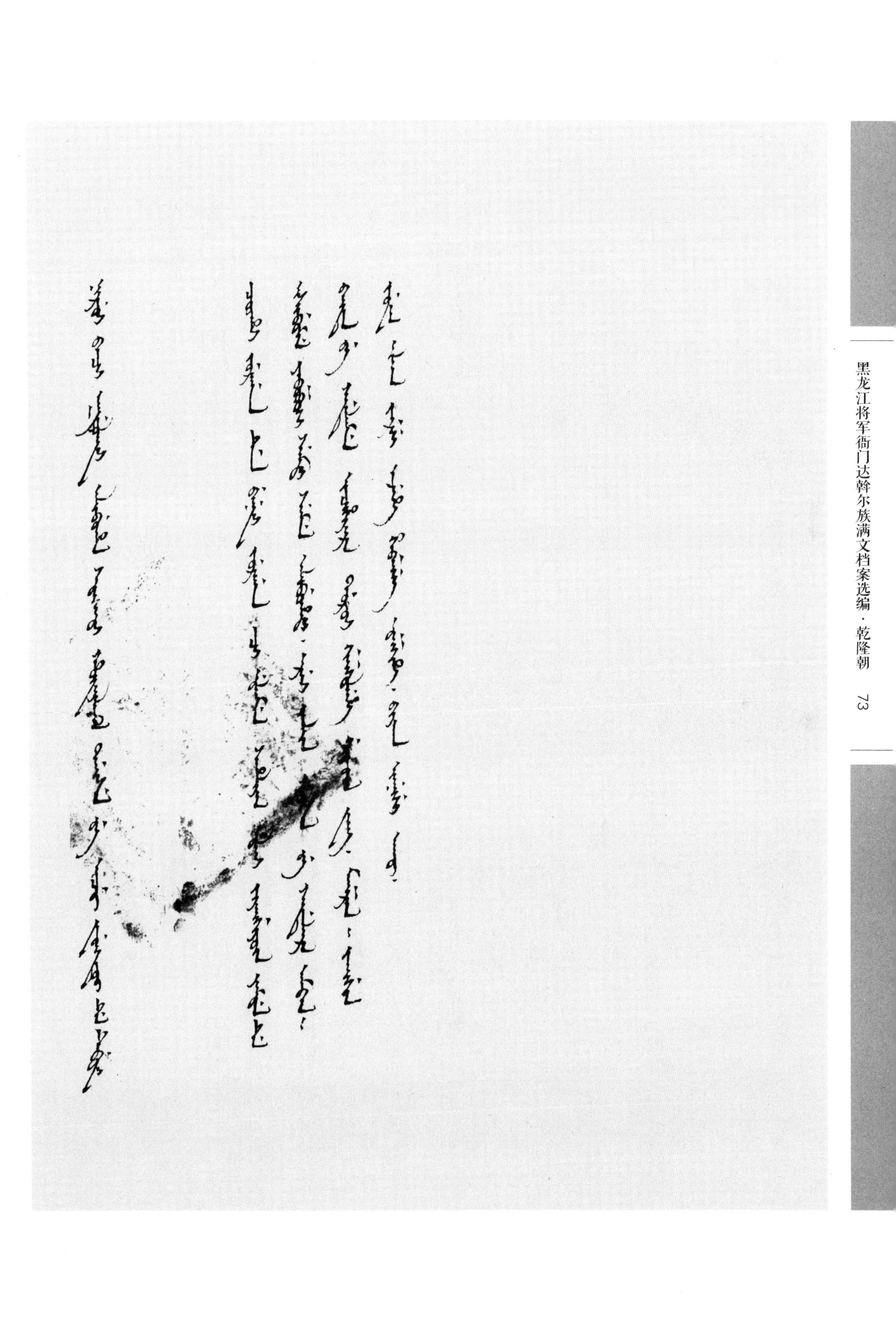

四〇二　布特哈索伦达斡尔总管纳木球等为布特哈正白旗达斡尔托多尔凯承袭世管佐领解送家谱源流册事呈黑龙江将军衙门文

乾隆十一年六月三十日

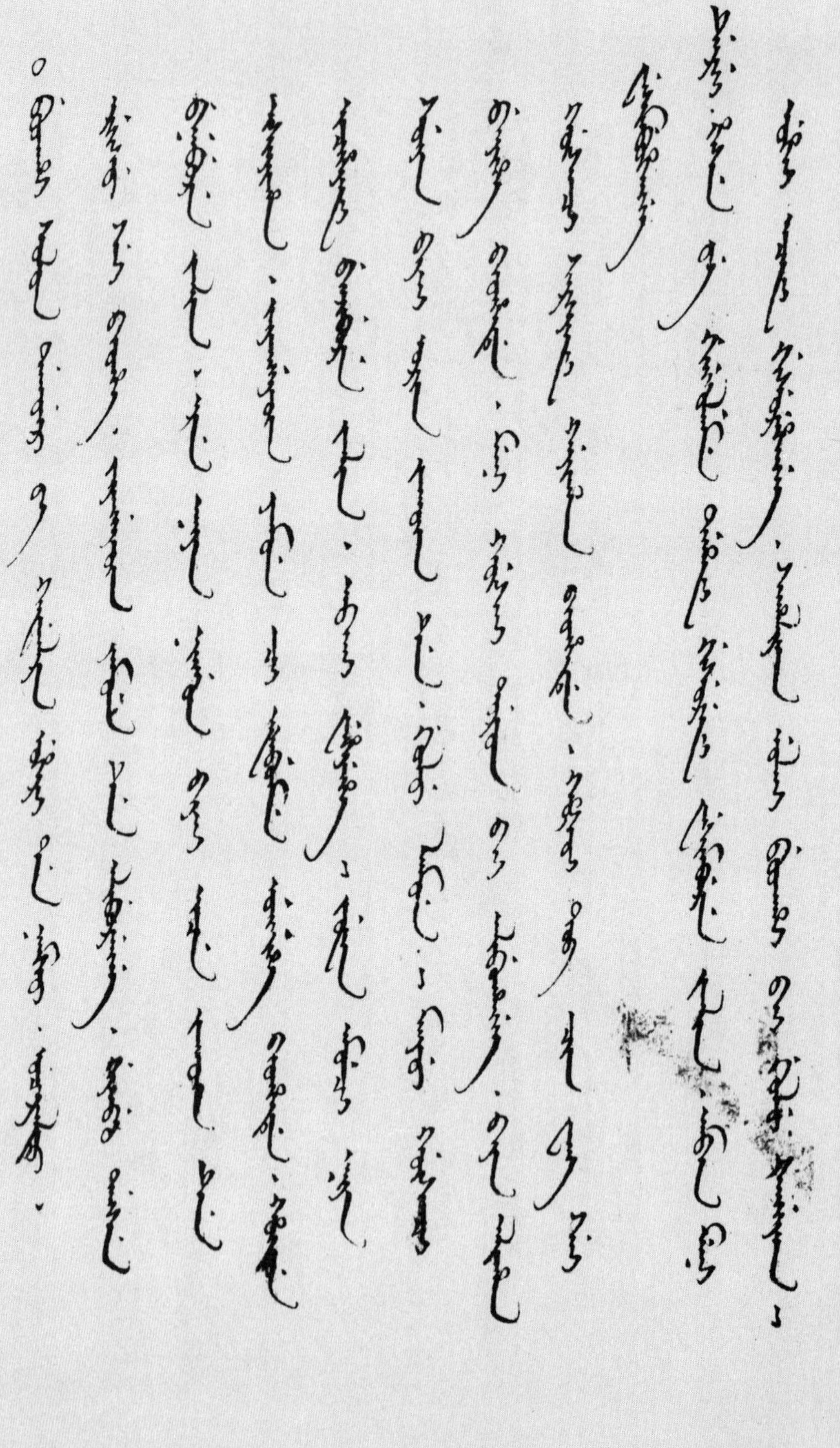

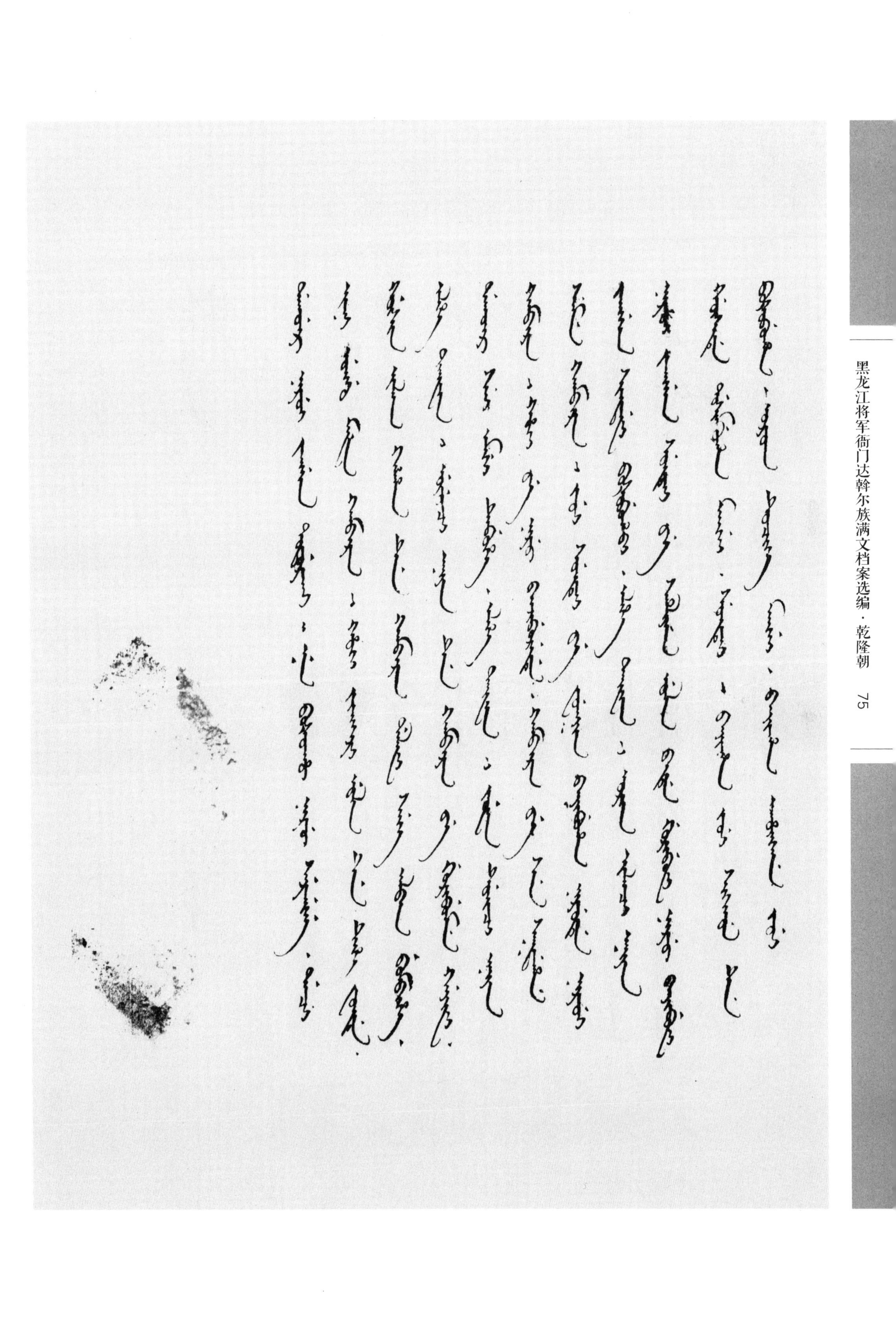

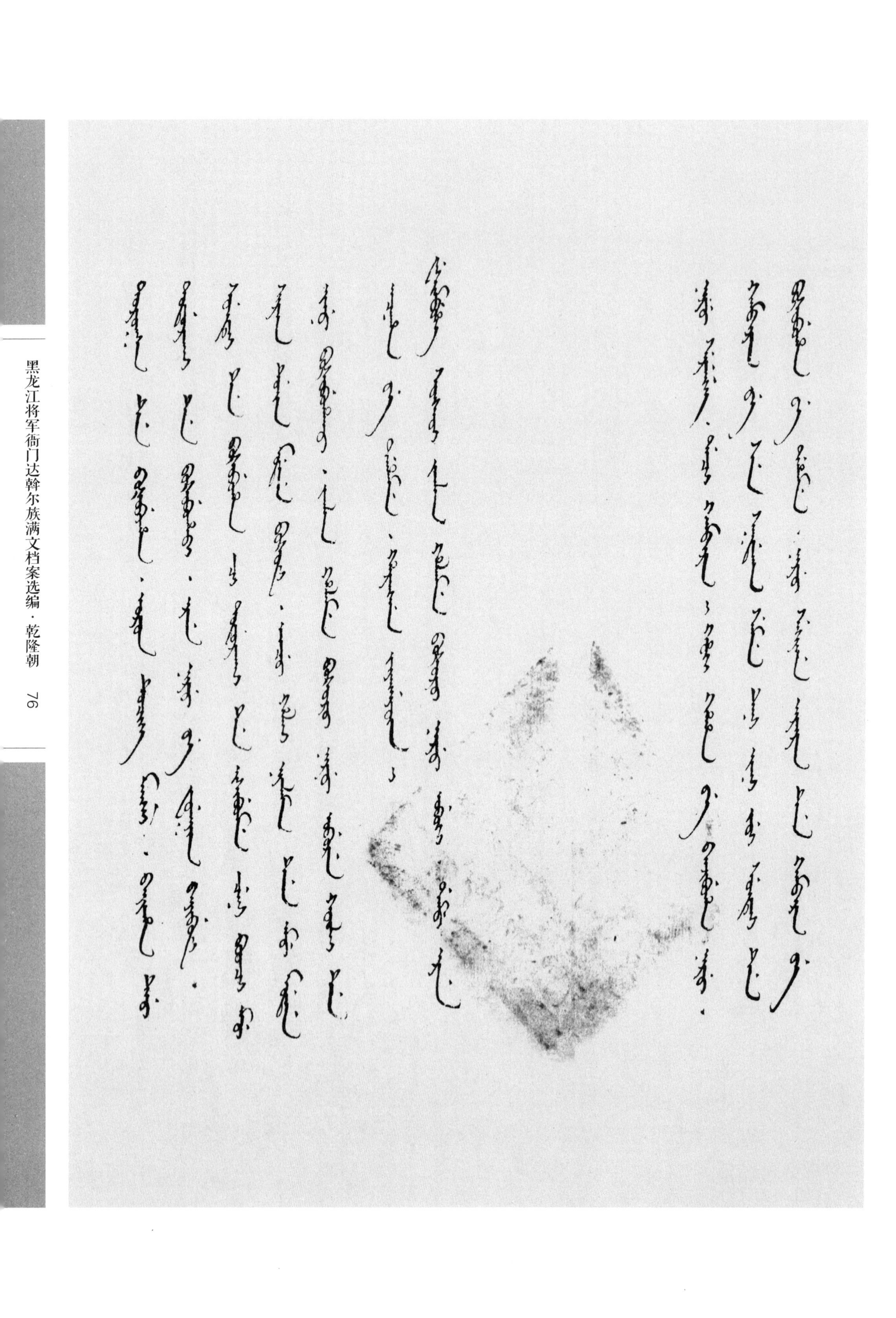

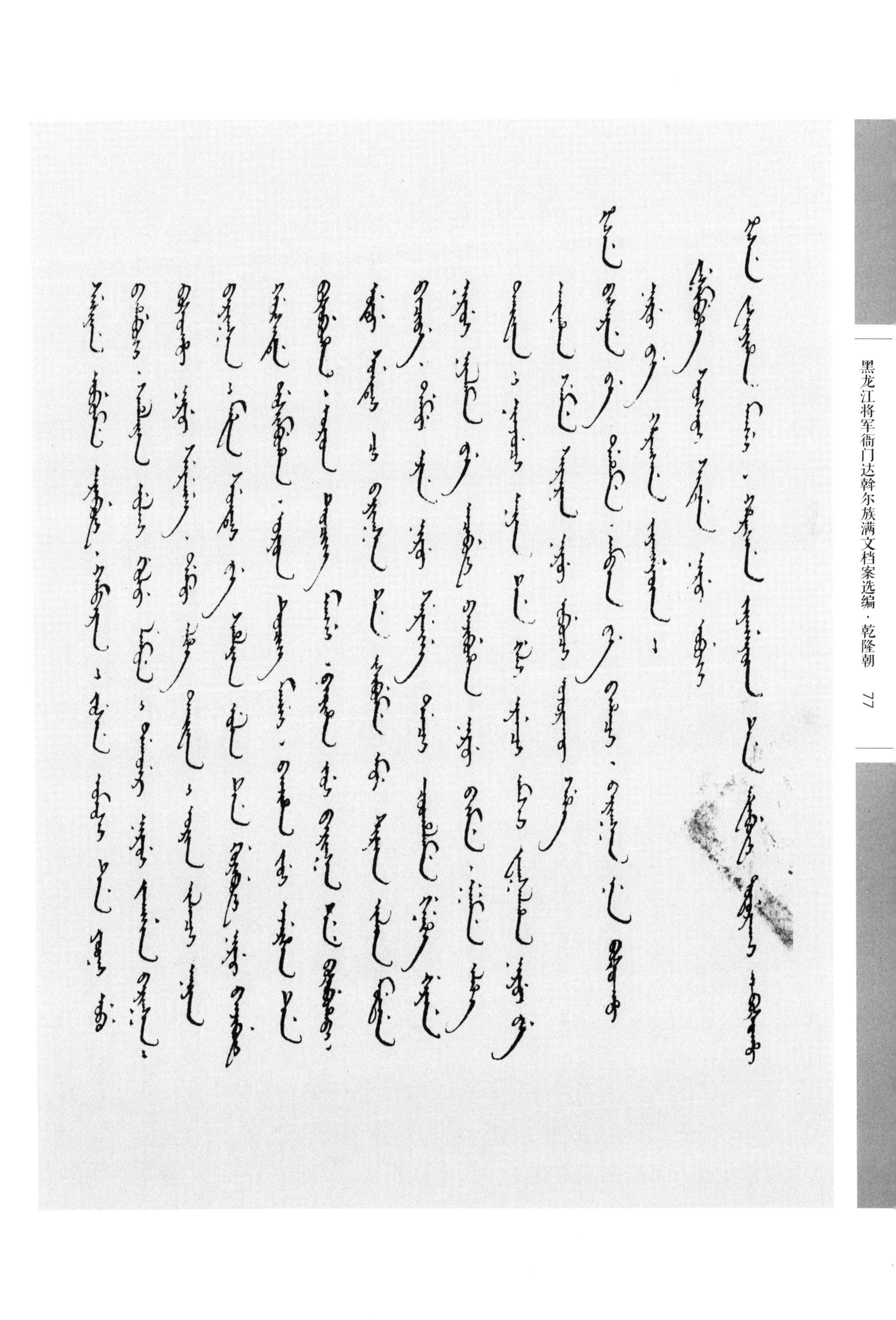

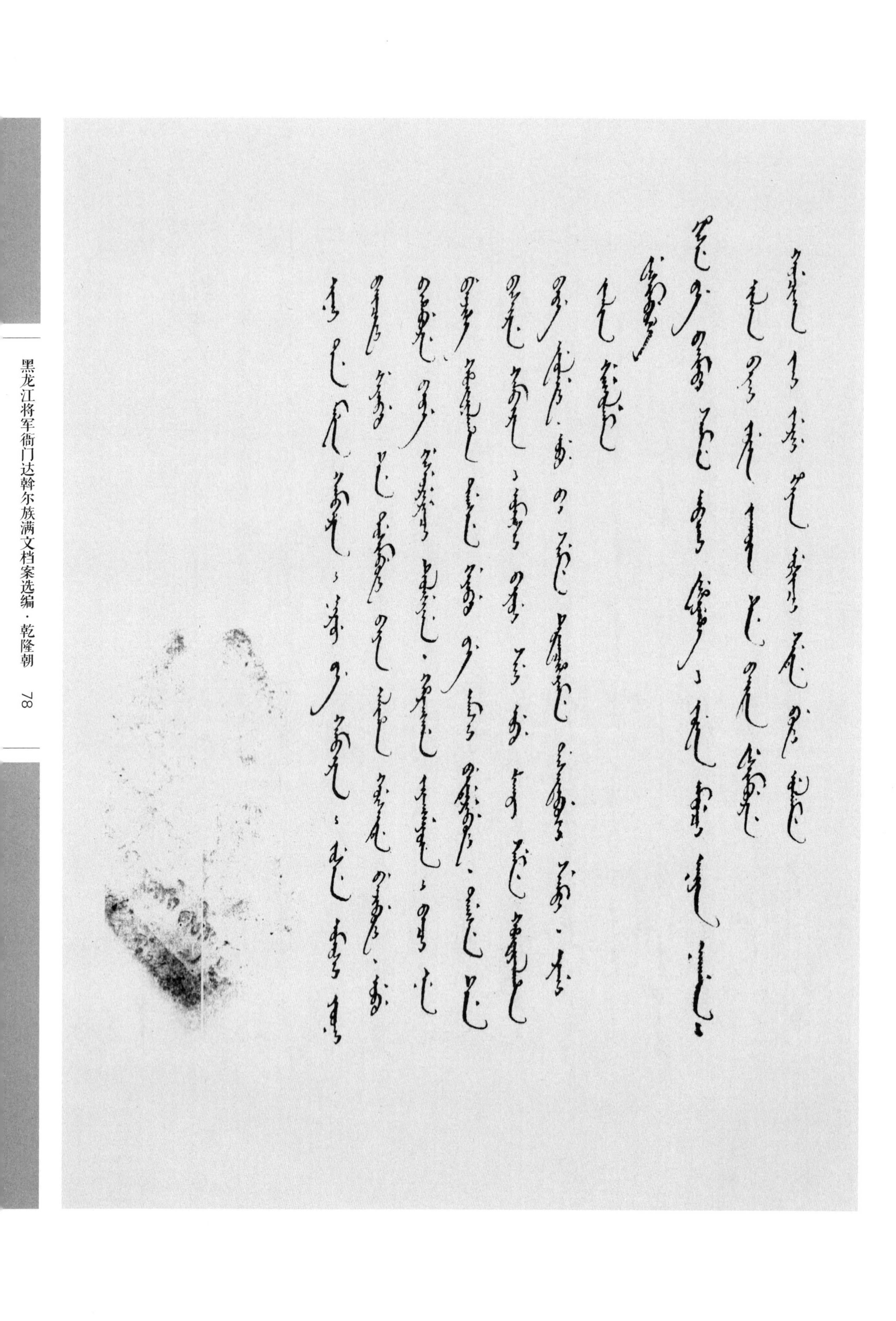

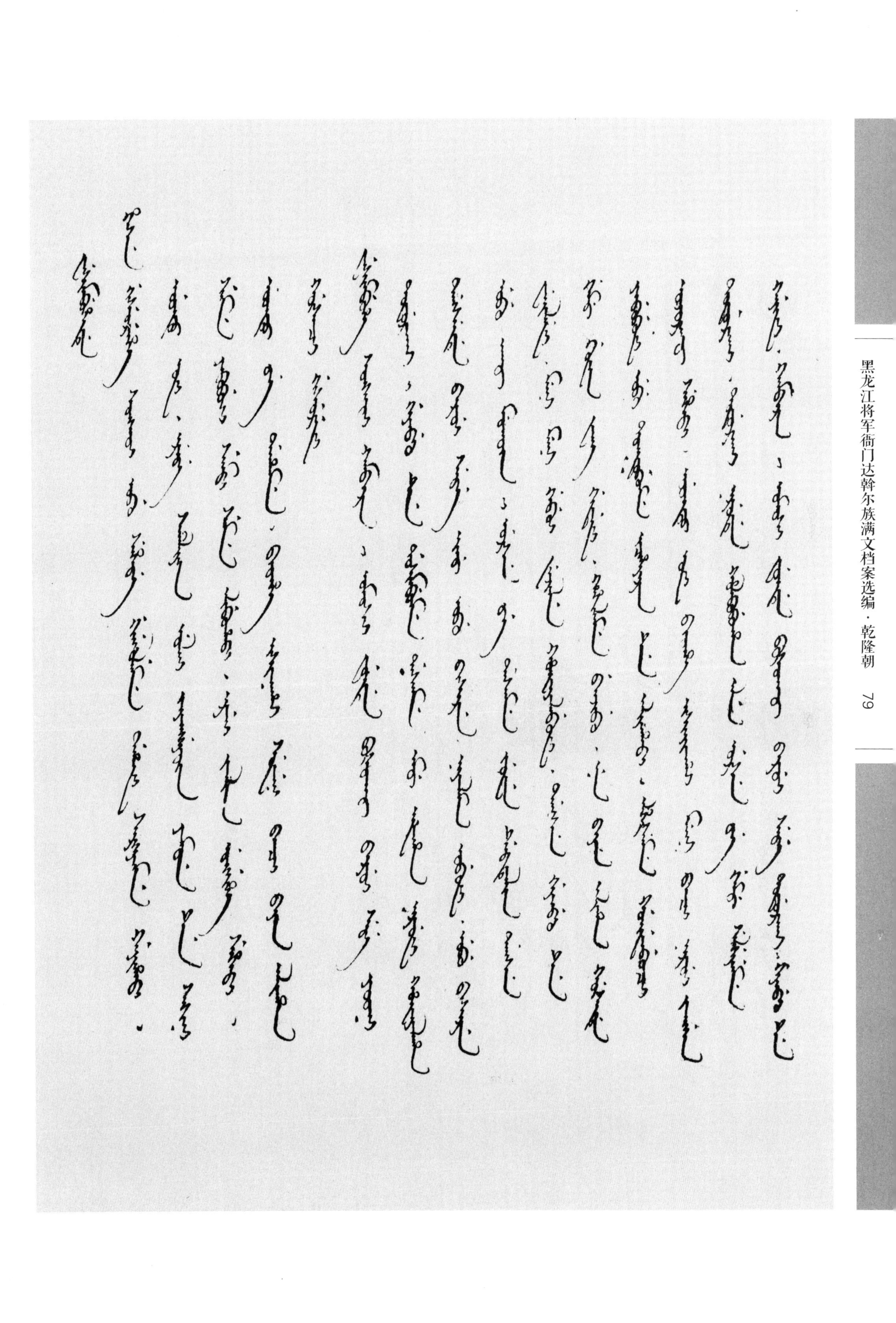

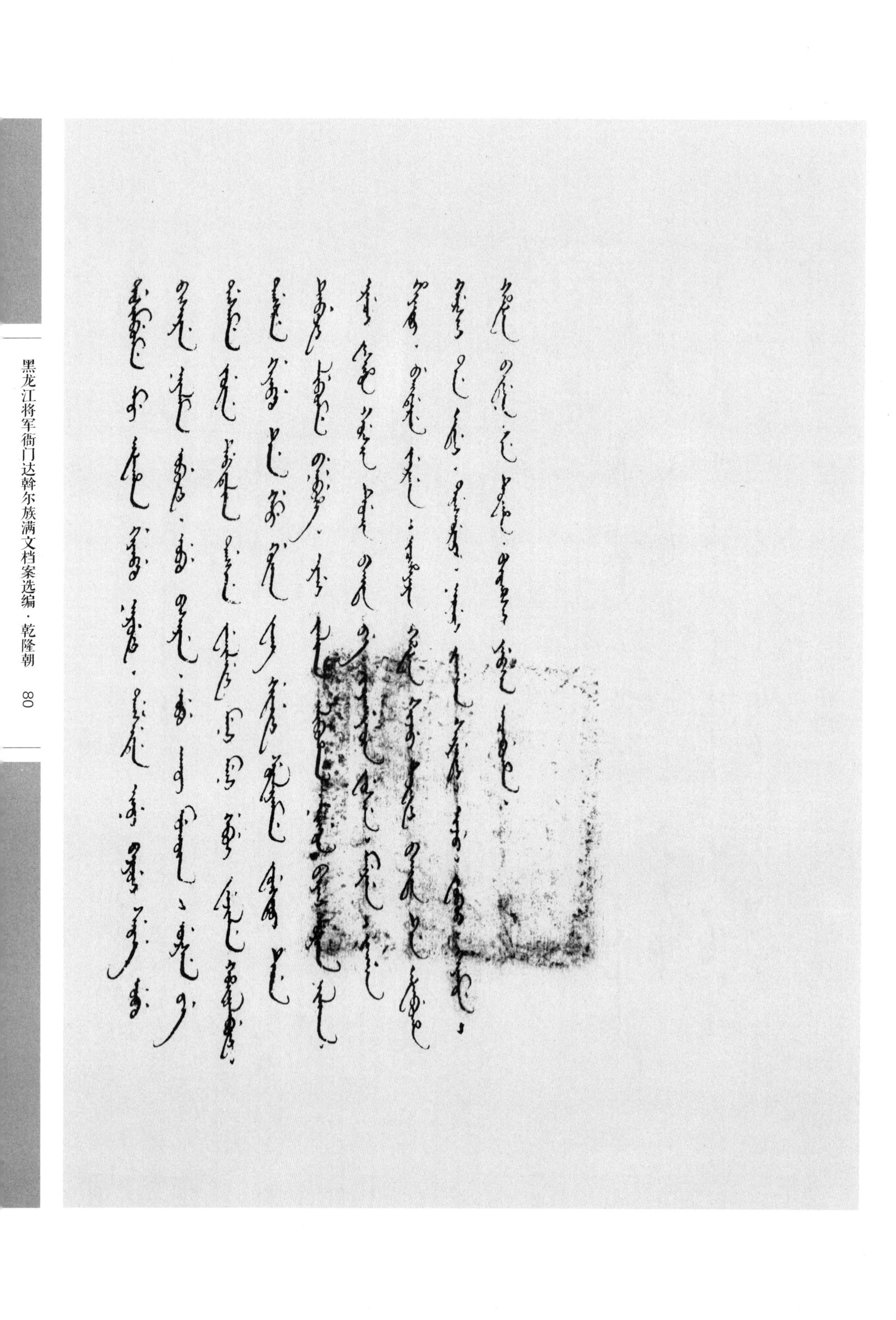

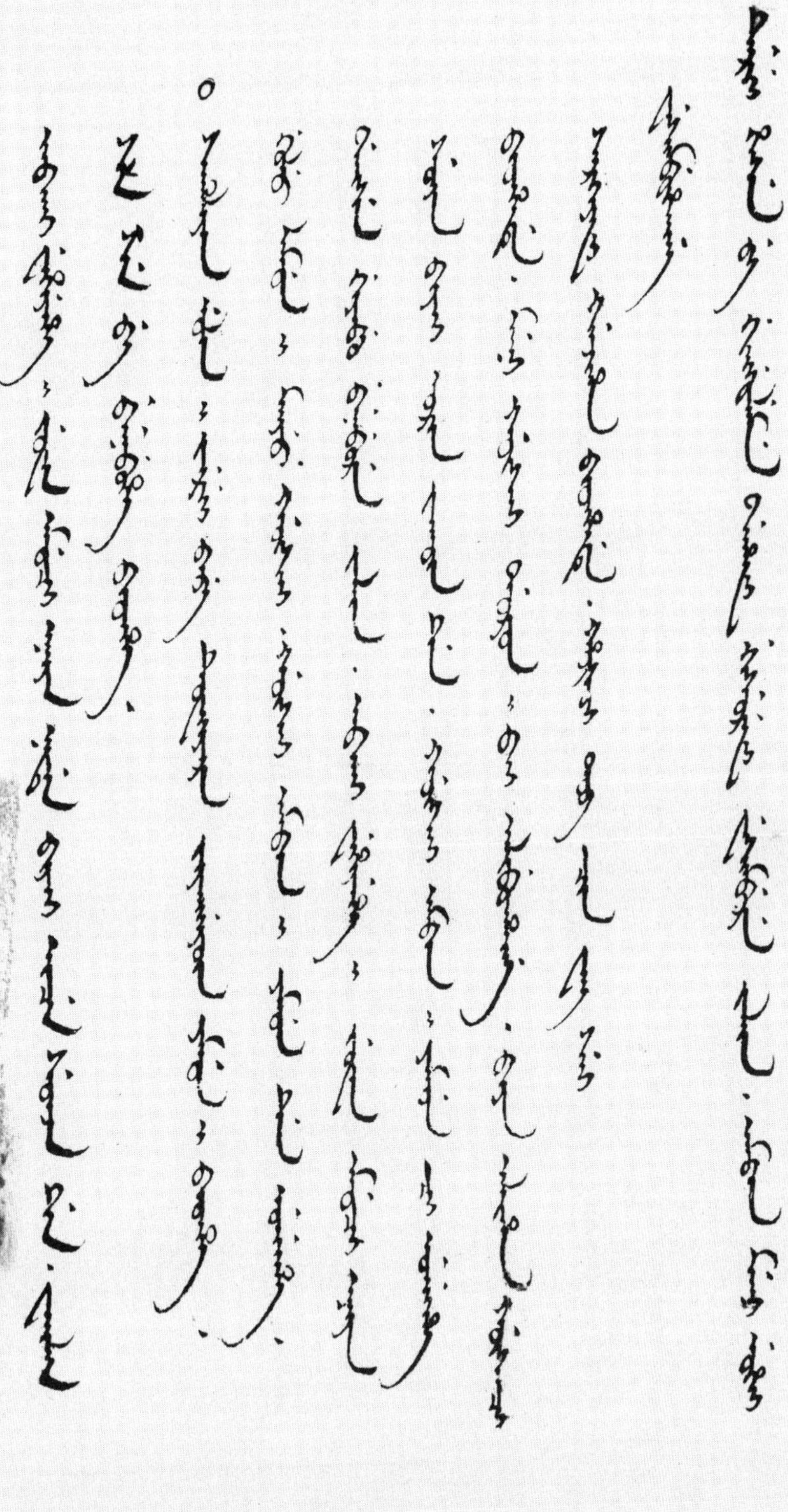

四〇三　黑龙江将军衙门为布特哈正白旗达斡尔托多尔凯承袭世管佐领解送源流册家谱事咨正蓝旗满洲都统衙门文

乾隆十一年七月初五日

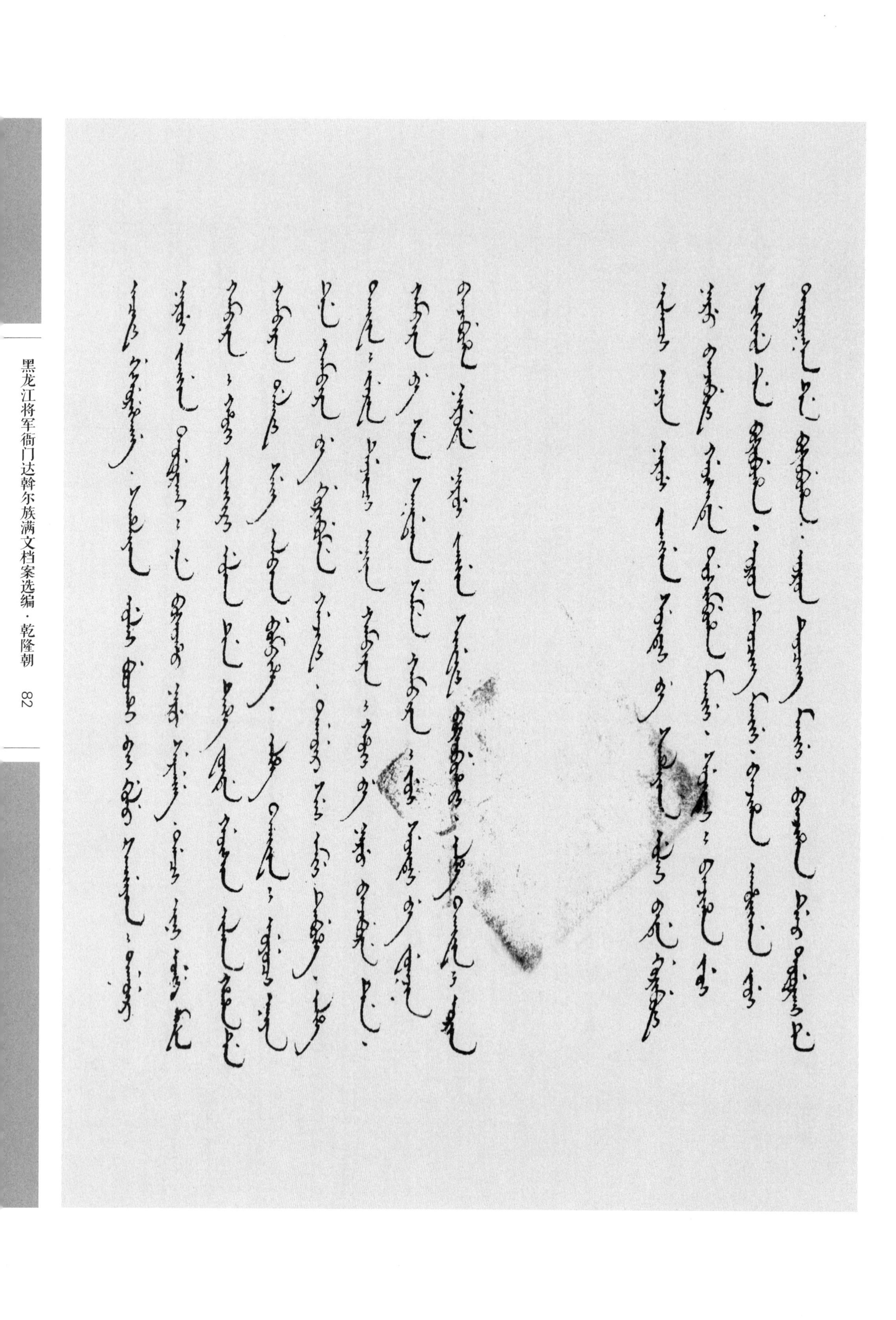

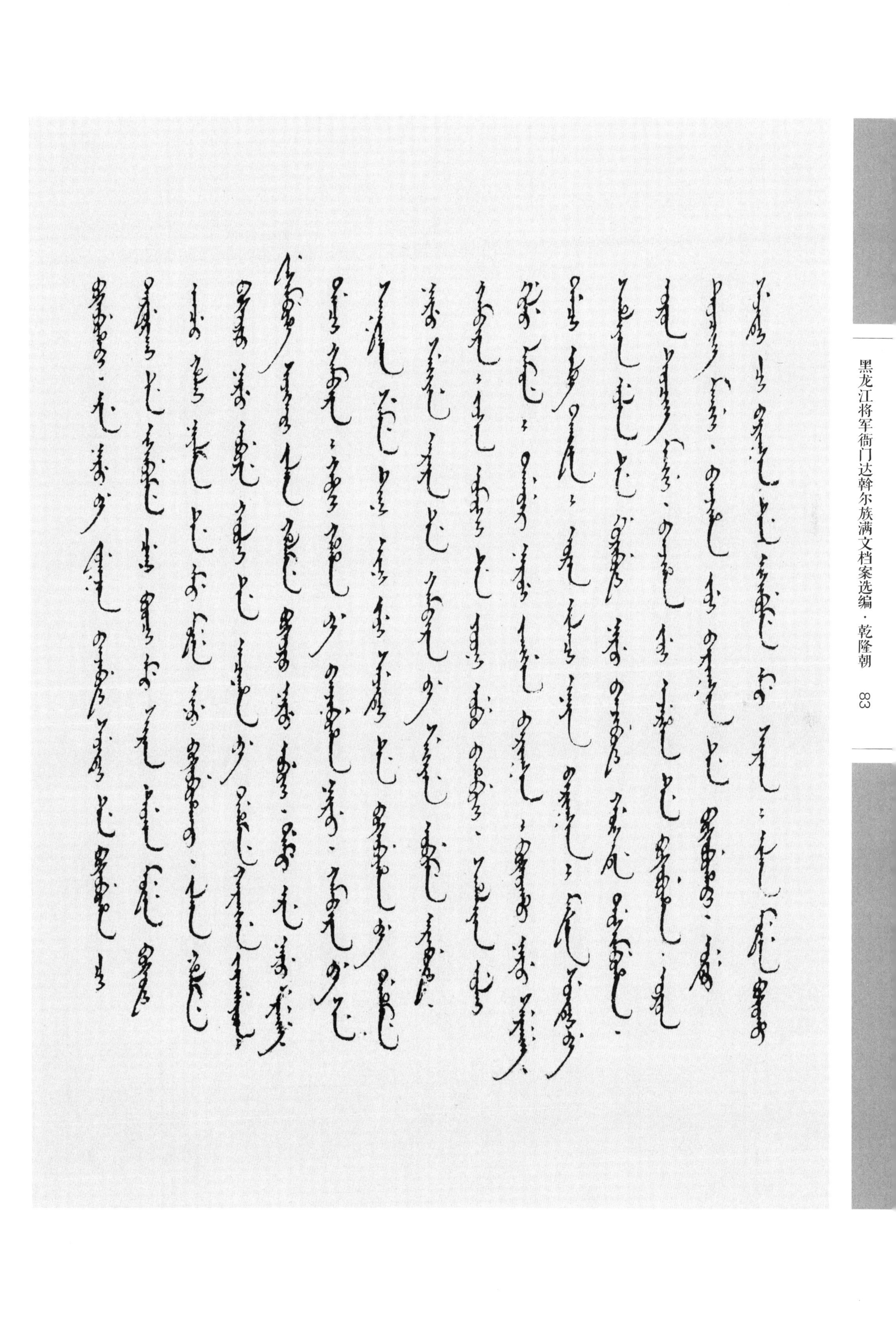

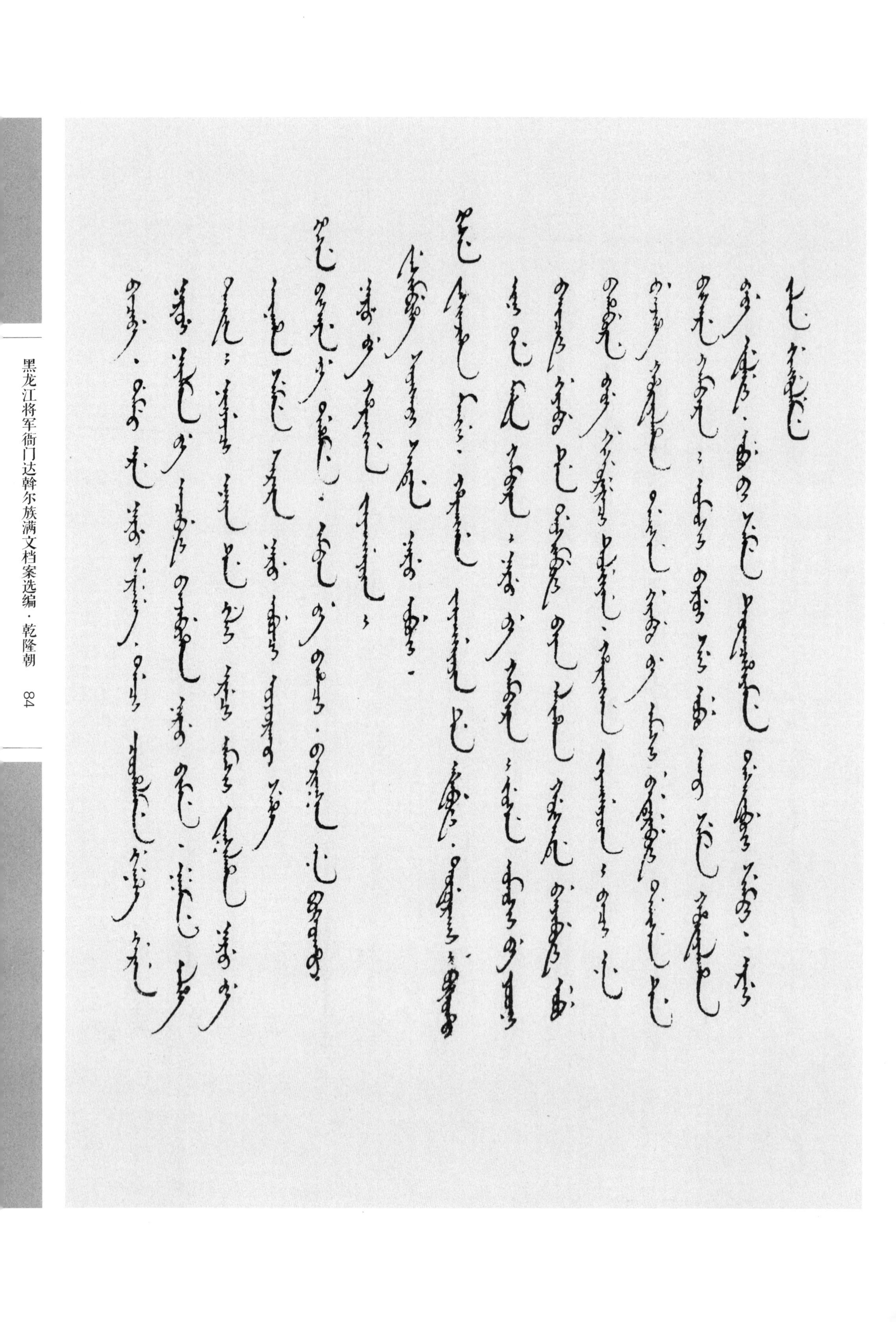

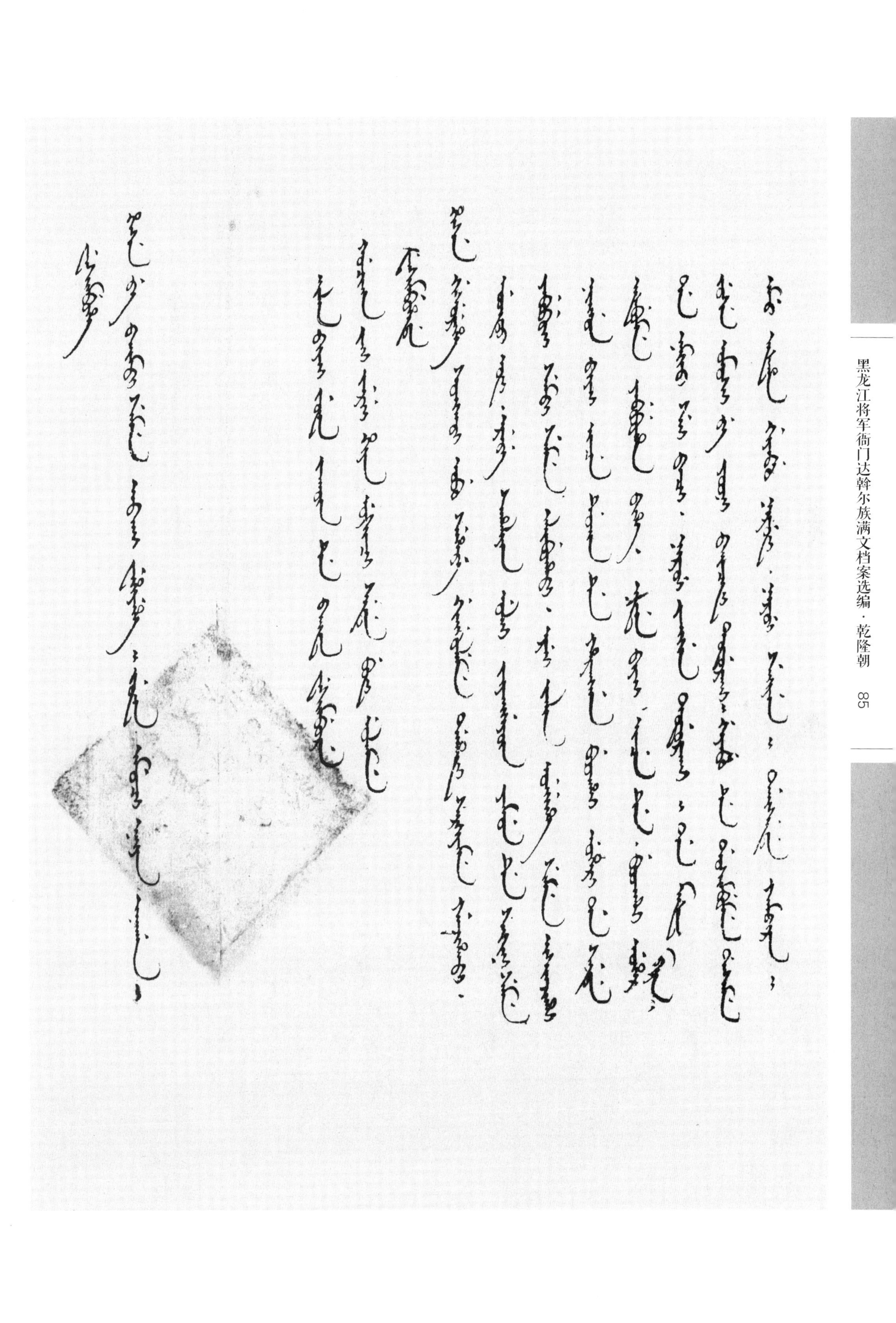

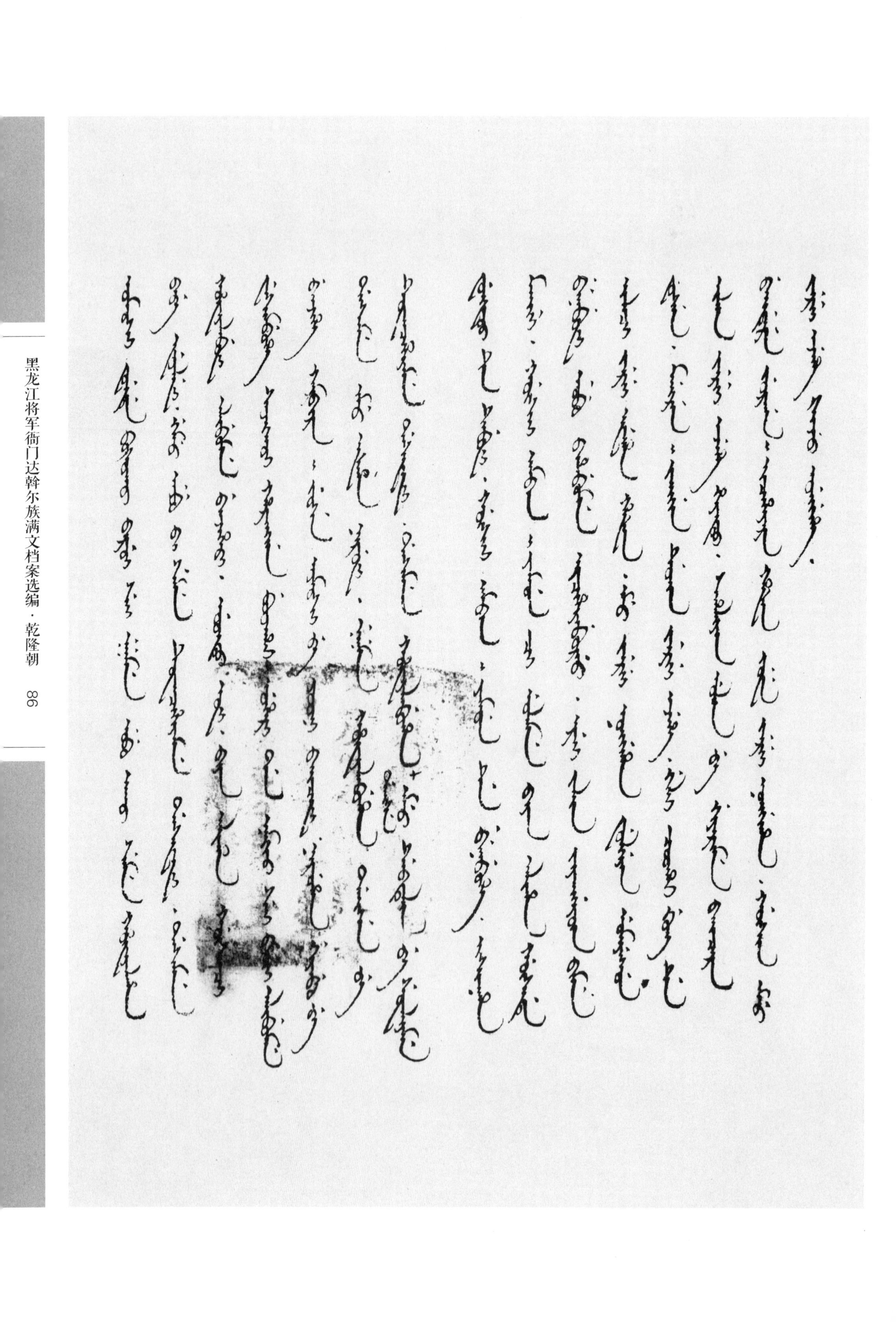

四〇四 黑龙江将军衙门为令增选索伦达斡尔等记名领催前锋事咨黑龙江副都统文

乾隆十一年七月初九日

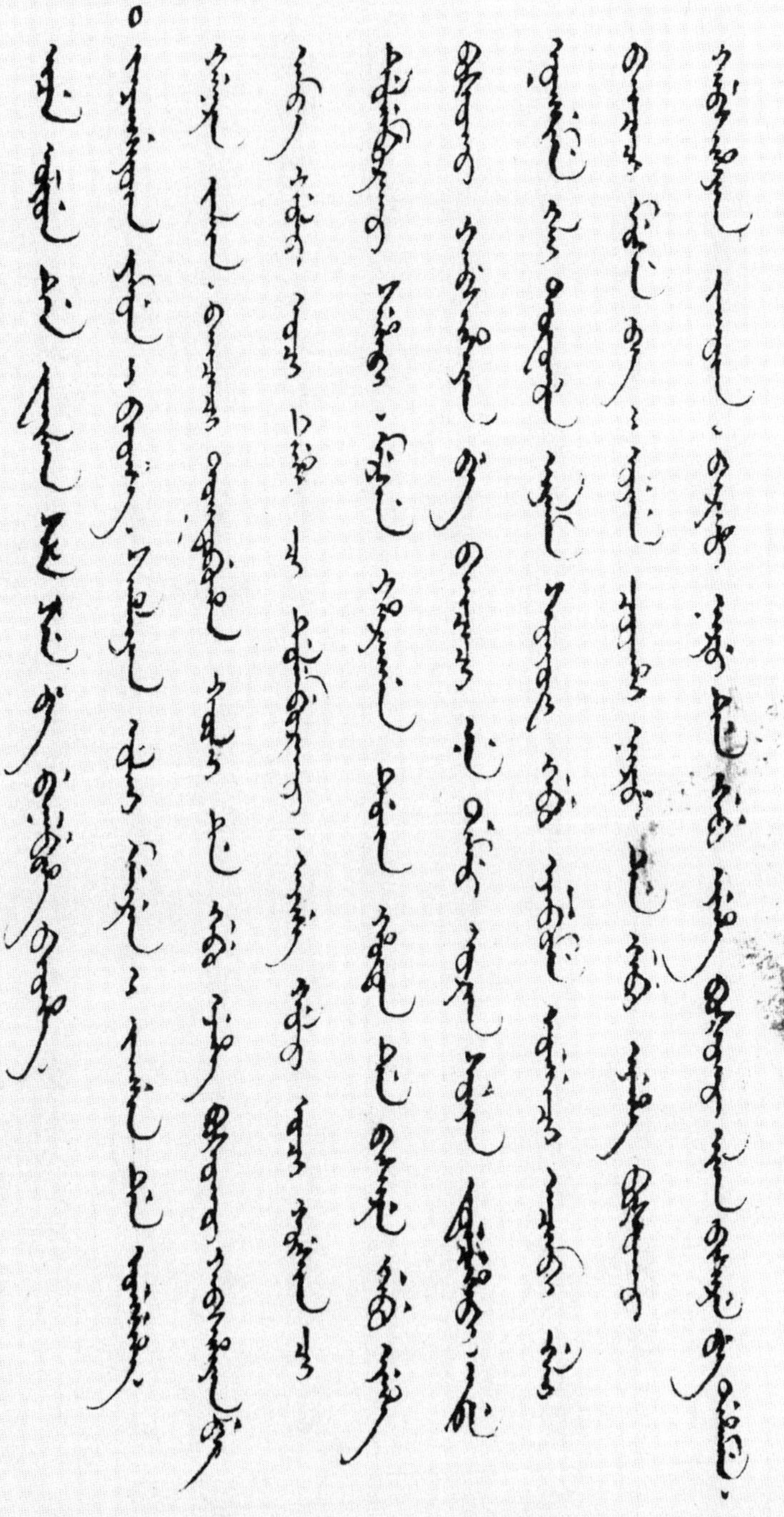

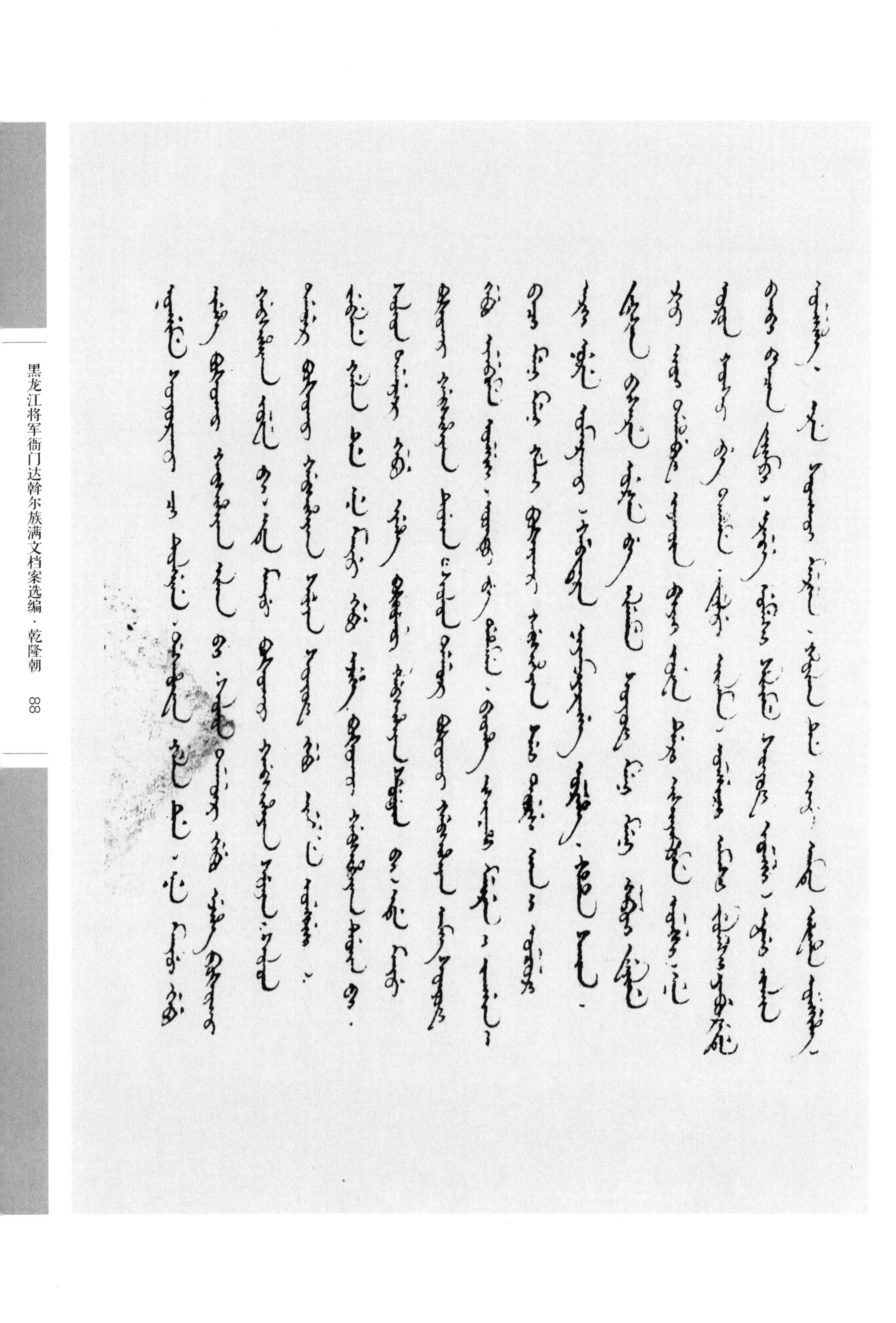

[illegible]

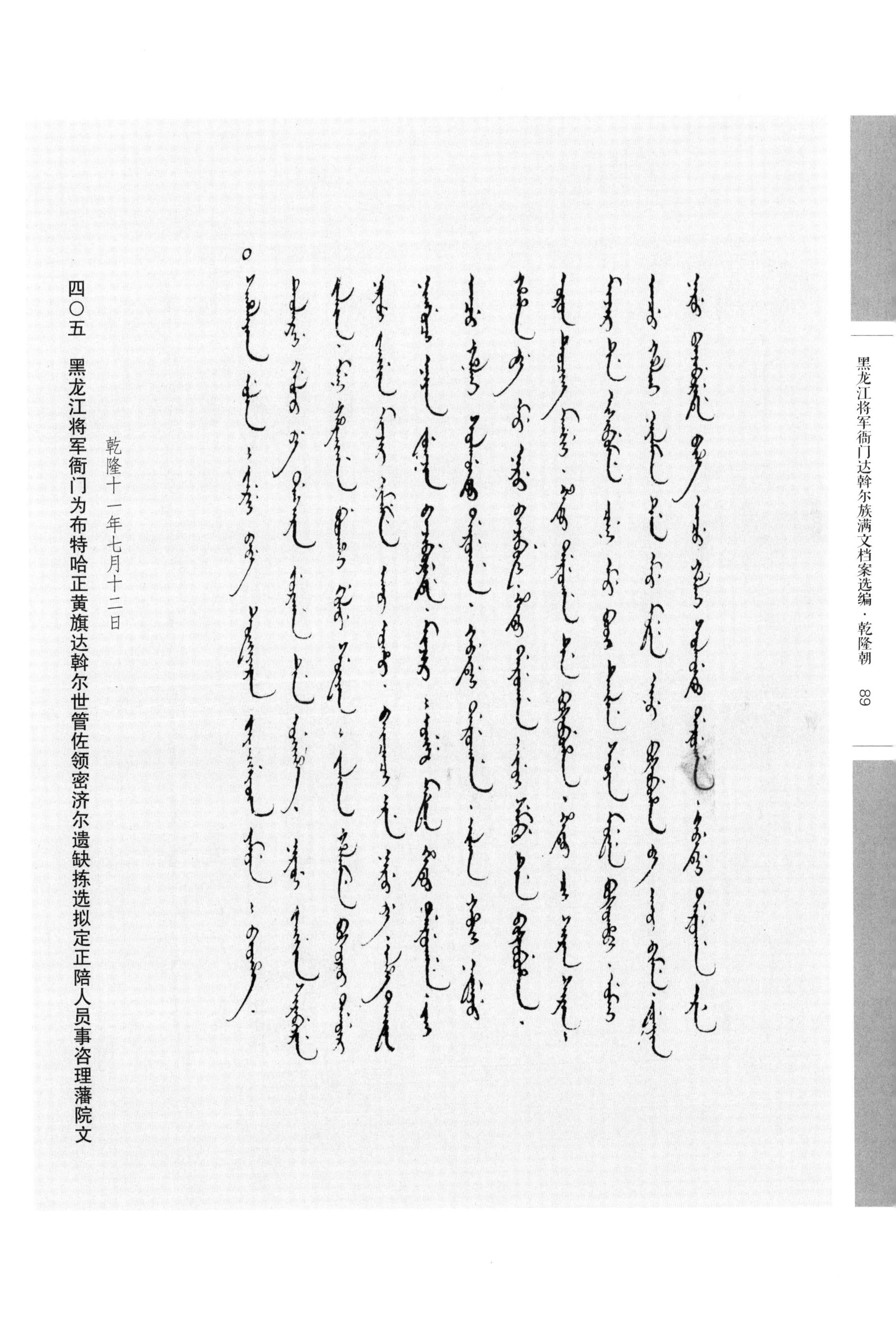

四〇五　黑龙江将军衙门为布特哈正黄旗达斡尔世管佐领密济尔遗缺拣选拟定正陪人员事咨理藩院文

乾隆十一年七月十二日

[illegible]

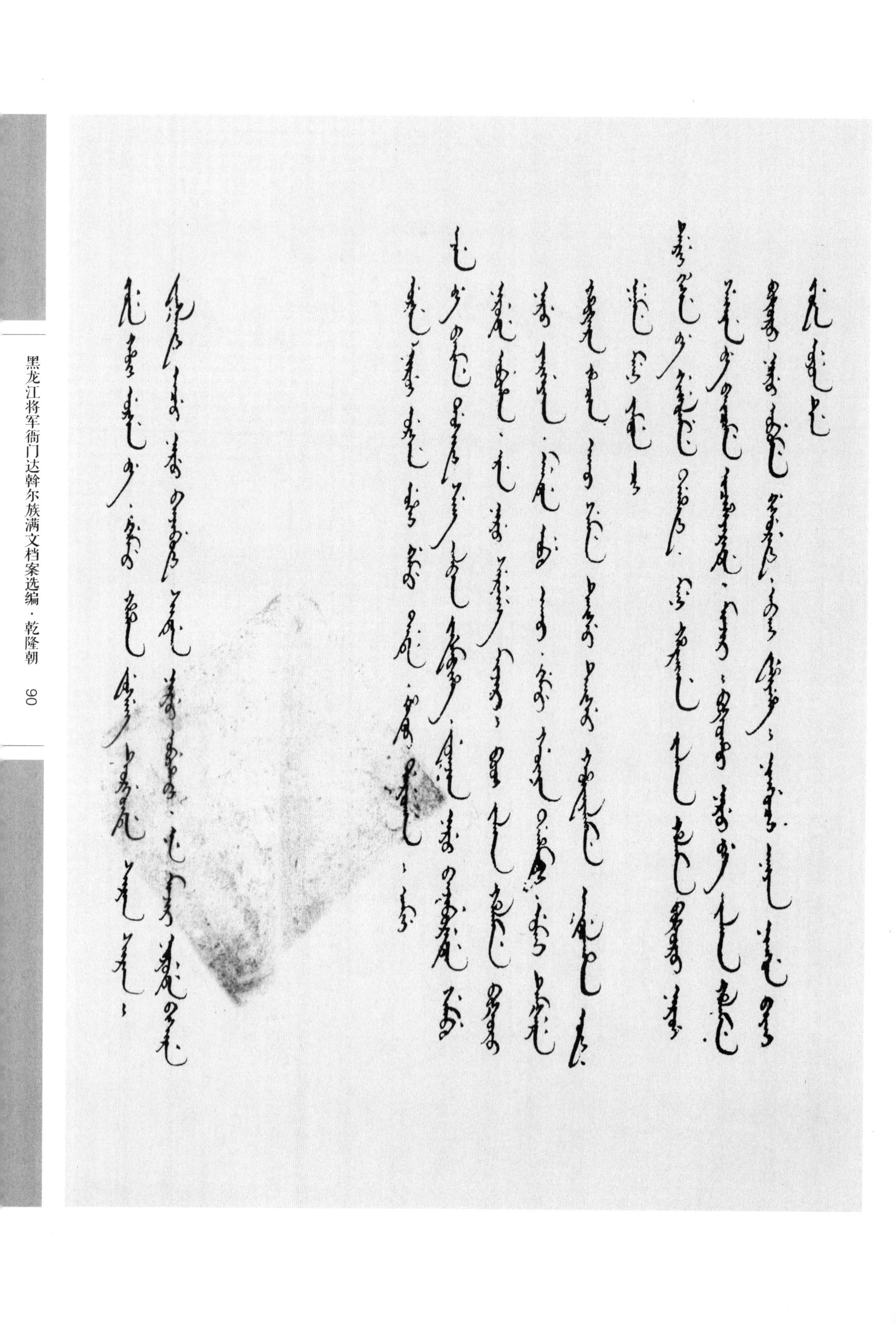

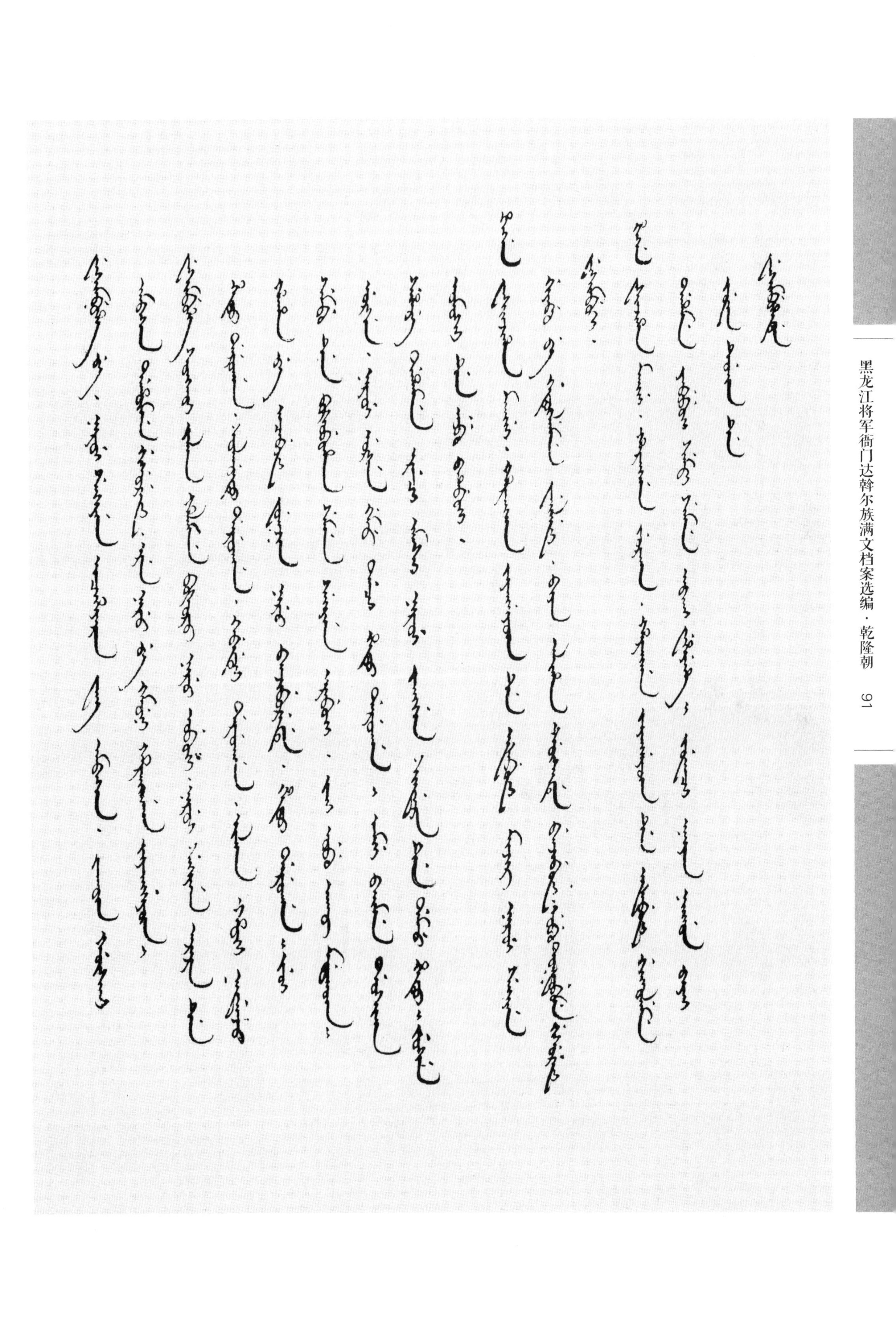

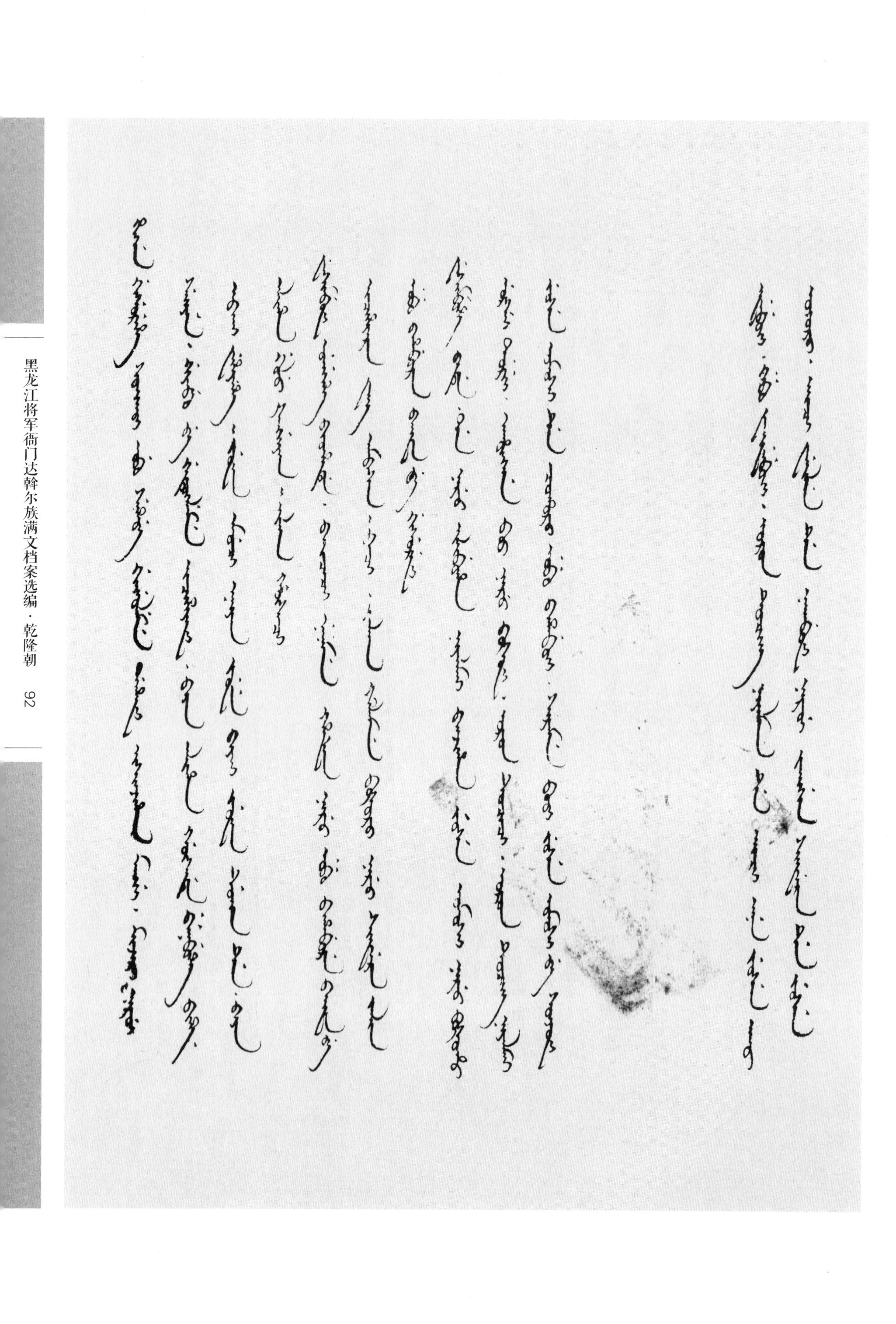

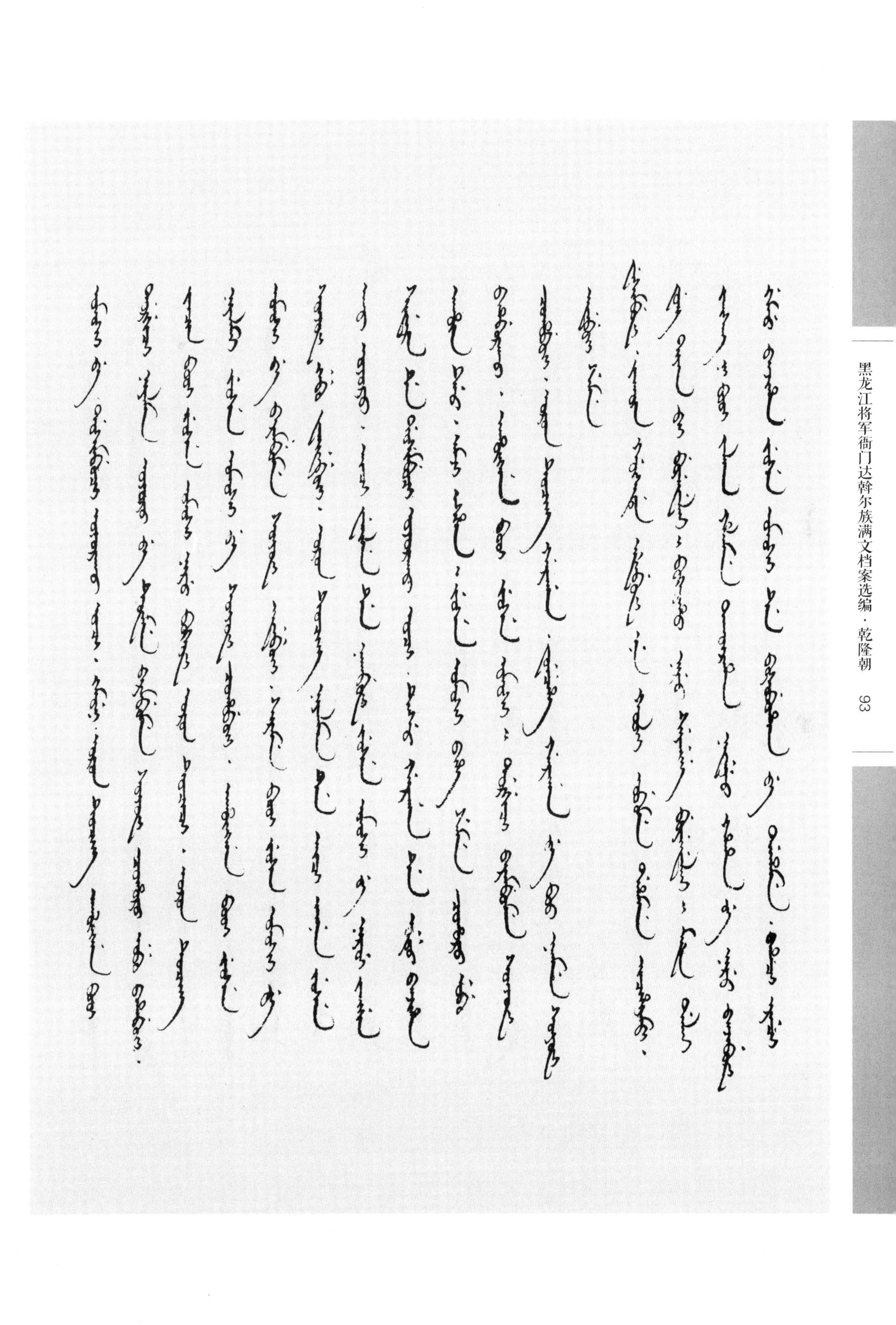

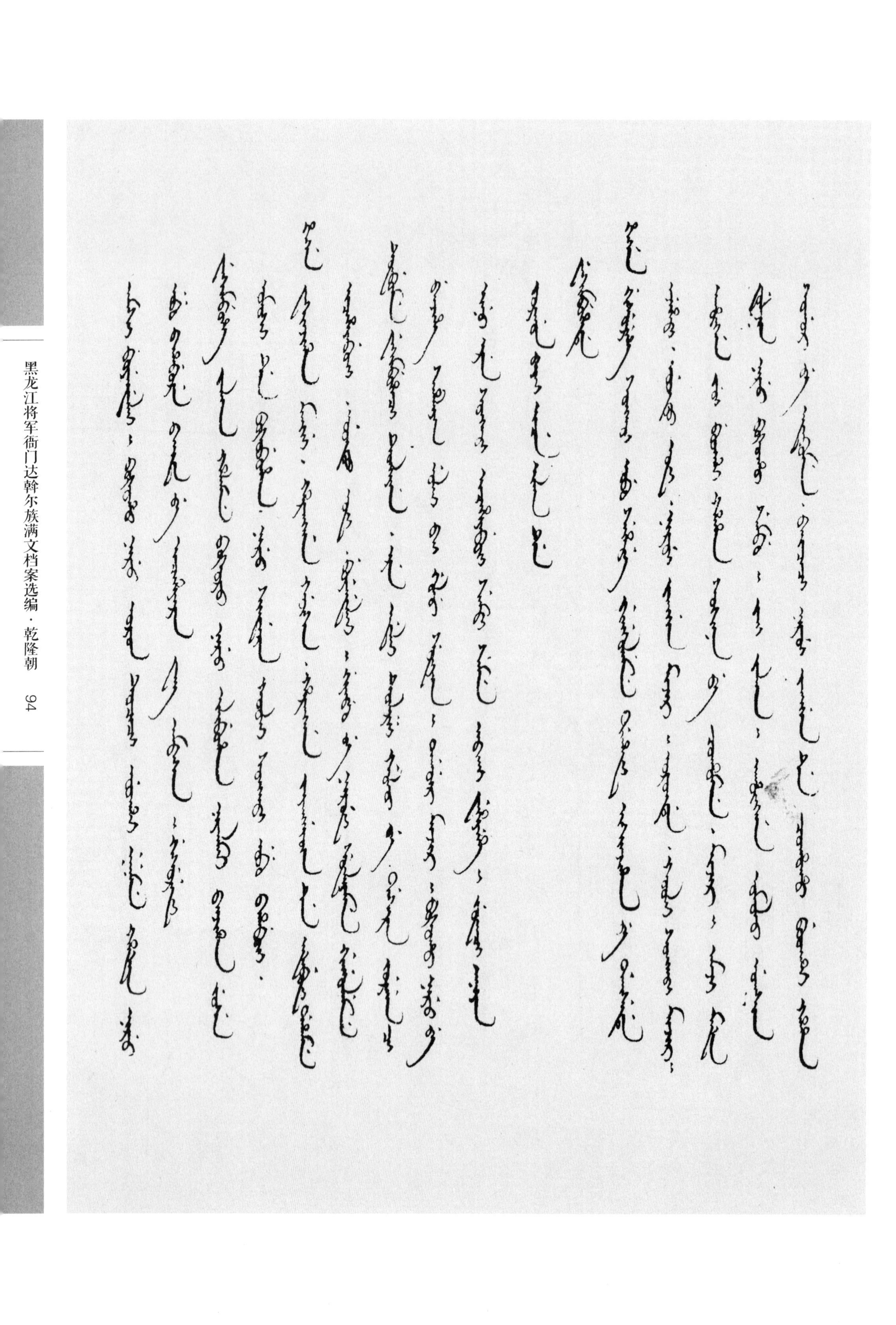

[illegible]

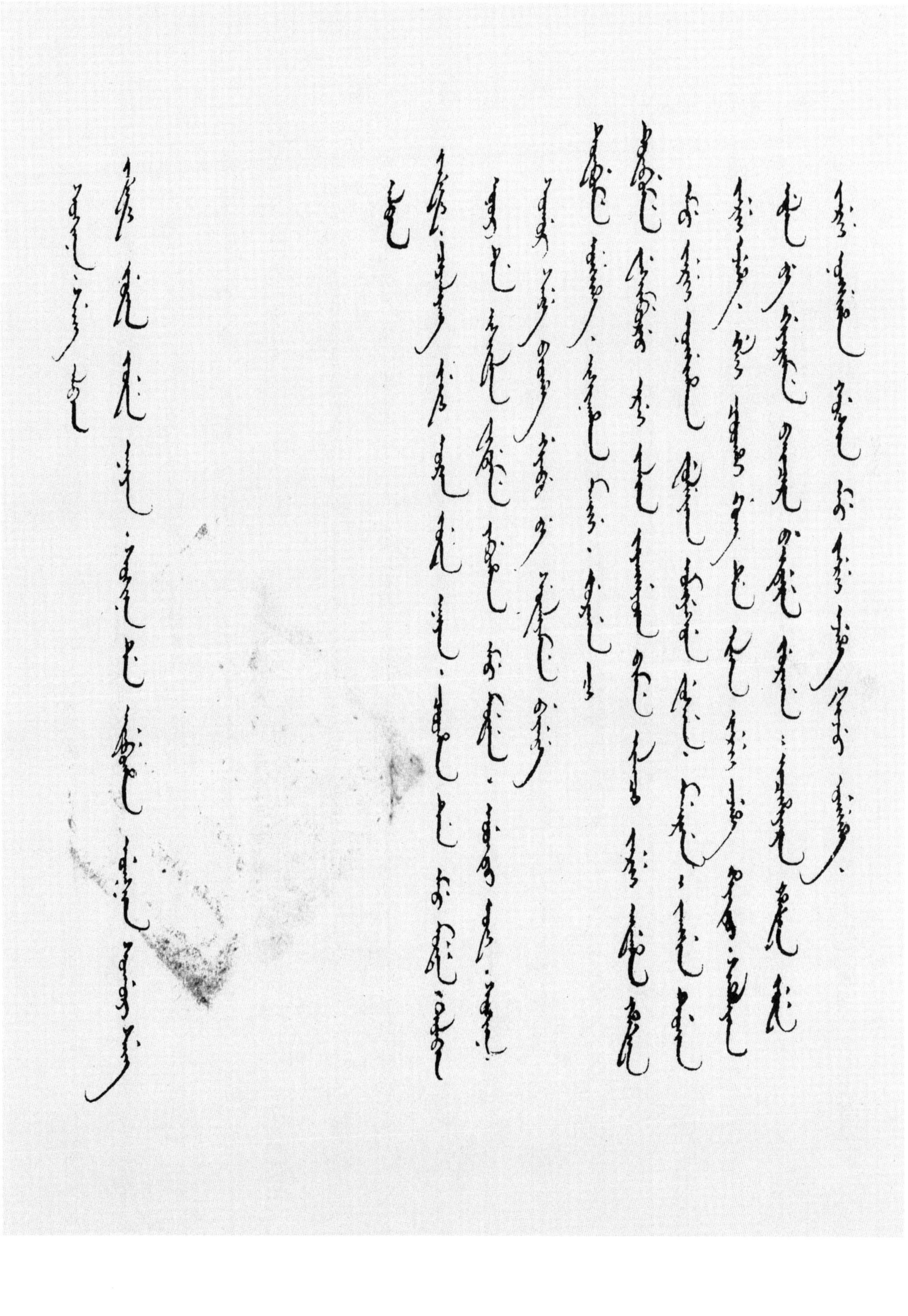

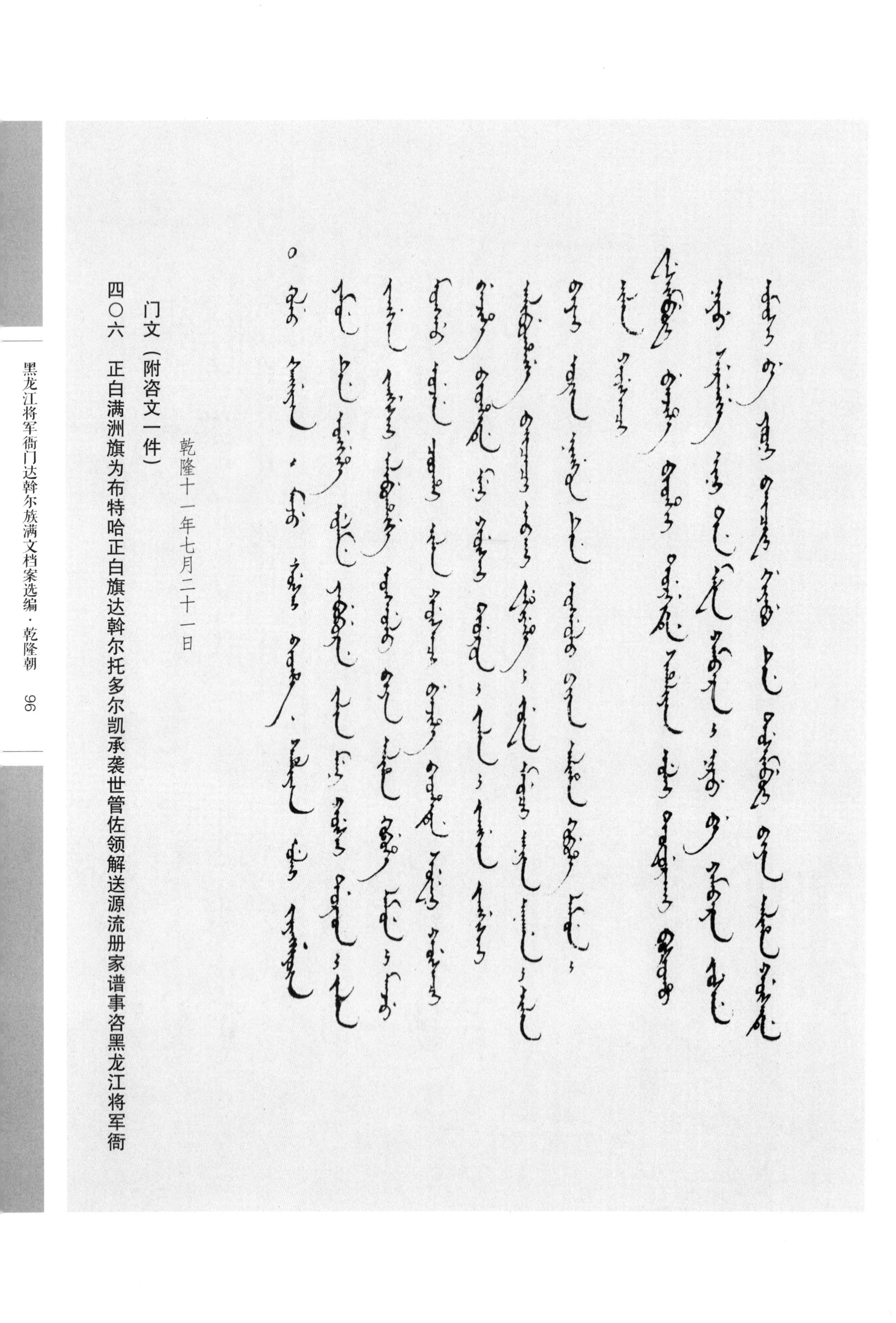

四〇六　正白满洲旗为布特哈正白旗达斡尔托多尔凯承袭世管佐领解送源流册家谱事咨黑龙江将军衙门文（附咨文一件）

乾隆十一年七月二十一日

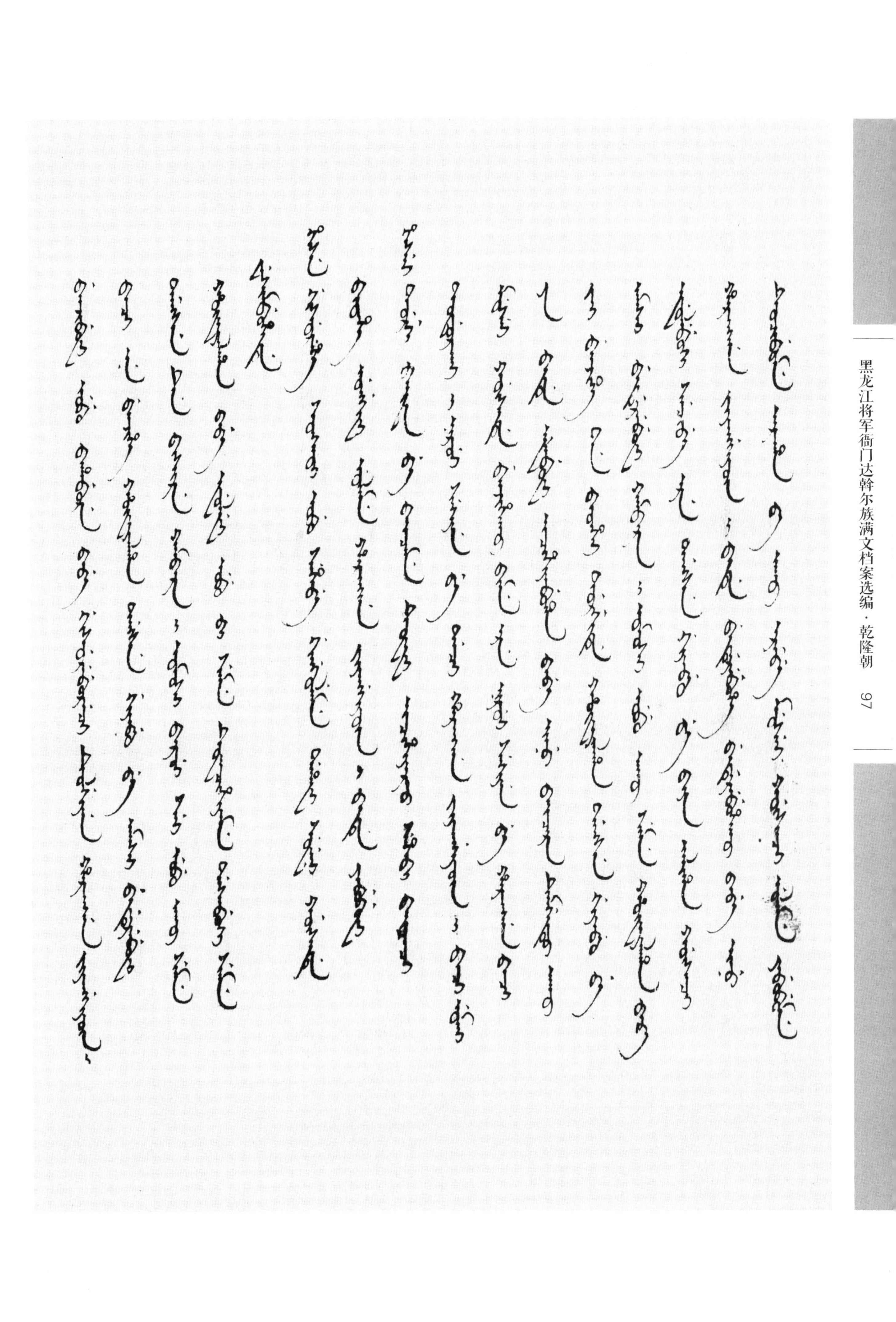

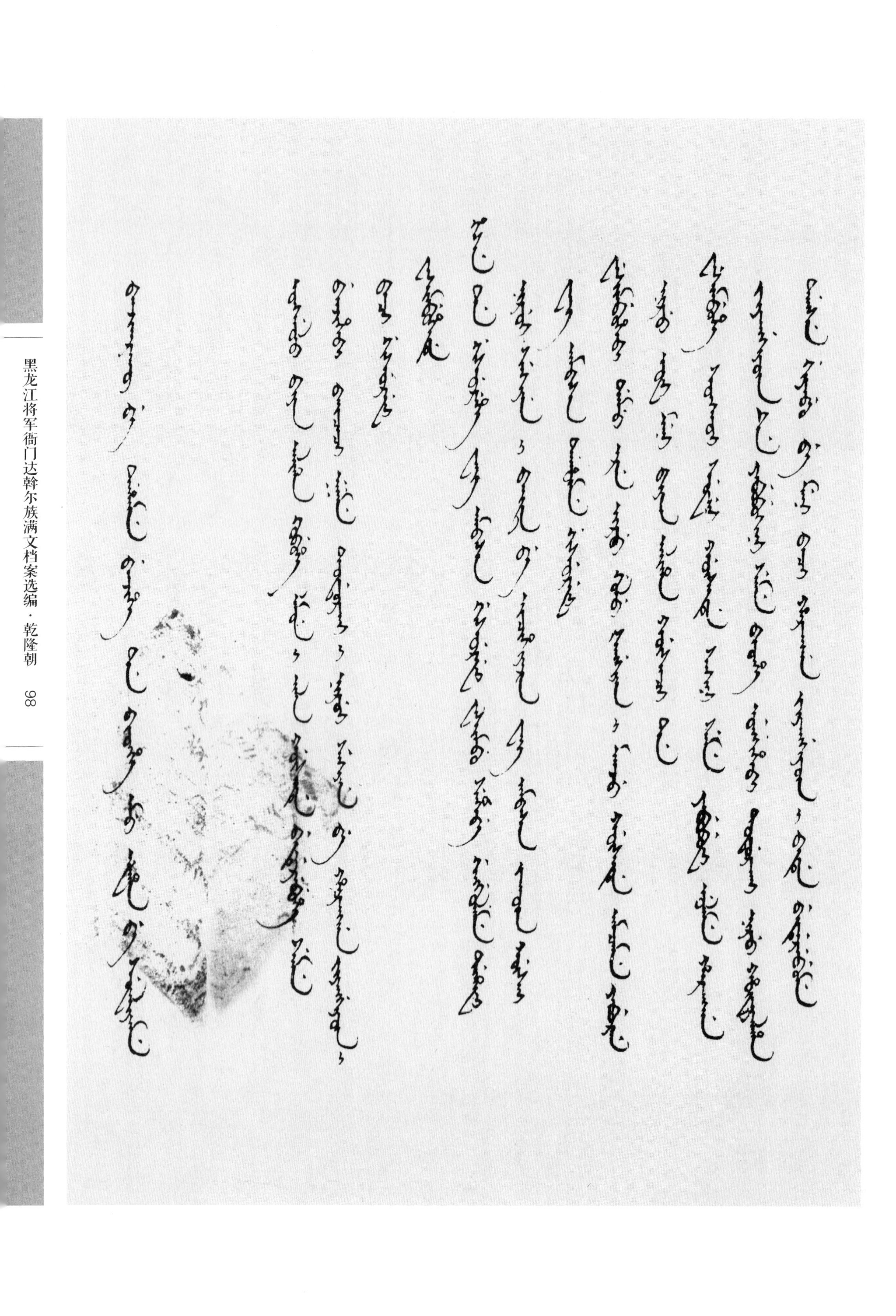

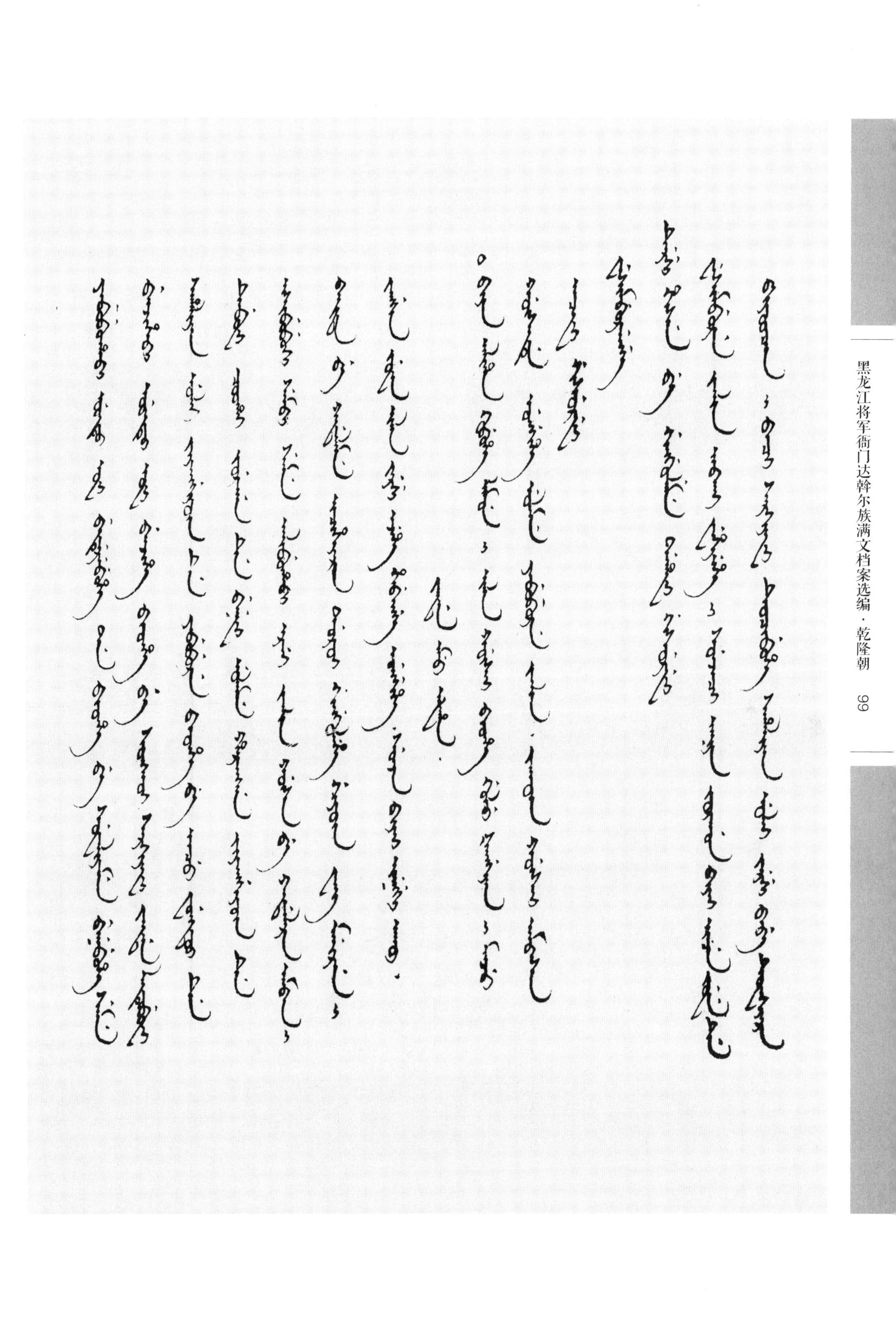

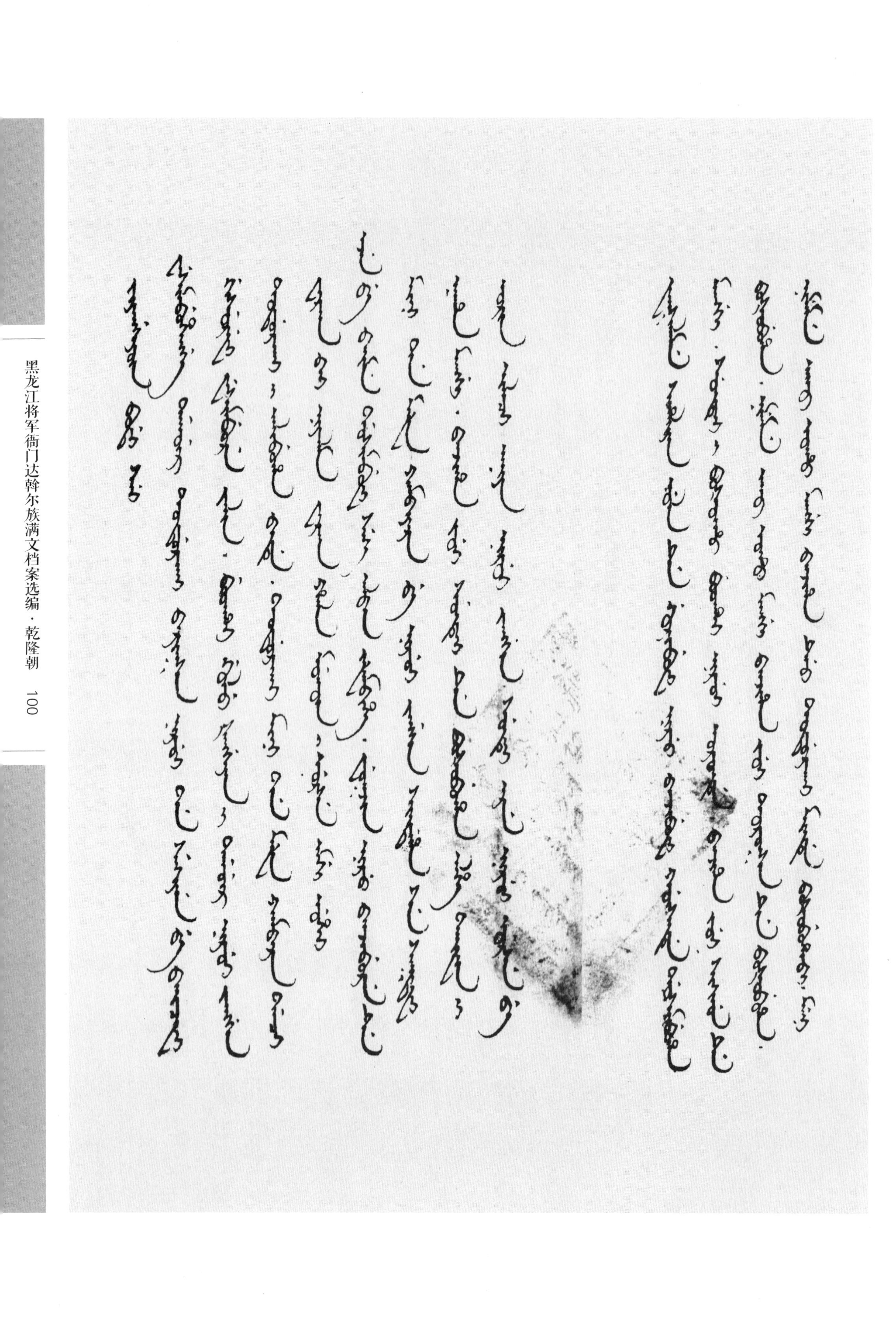

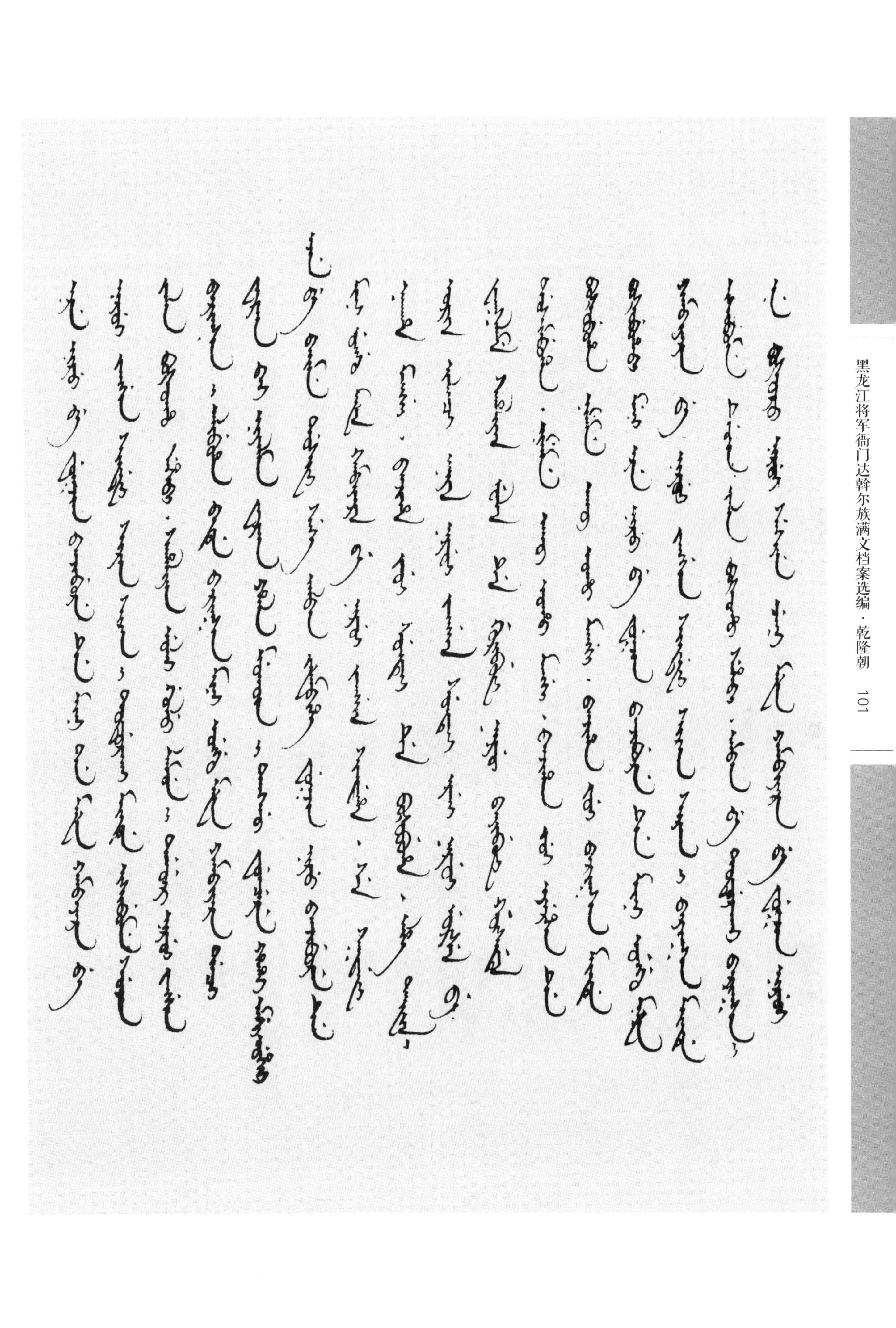

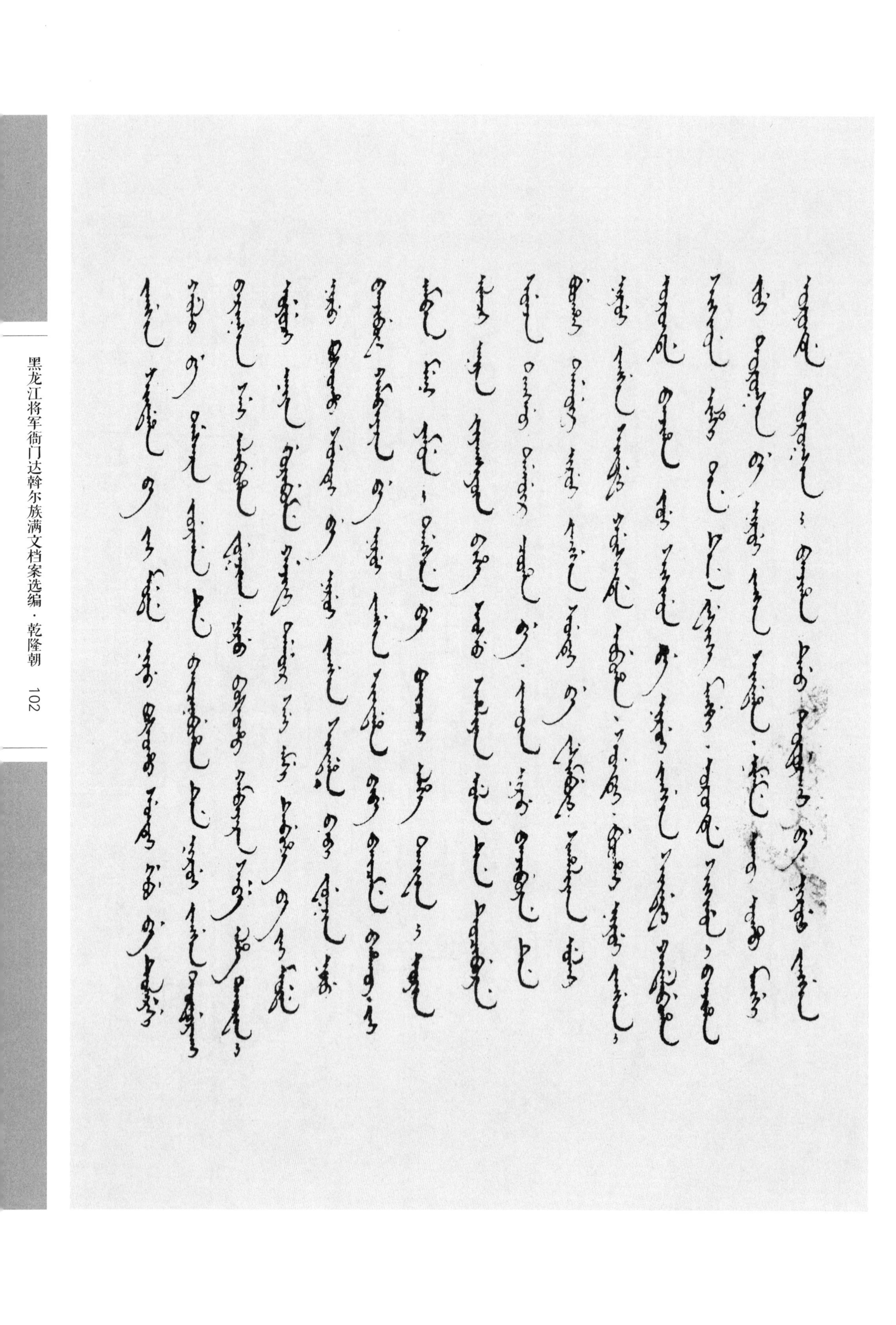

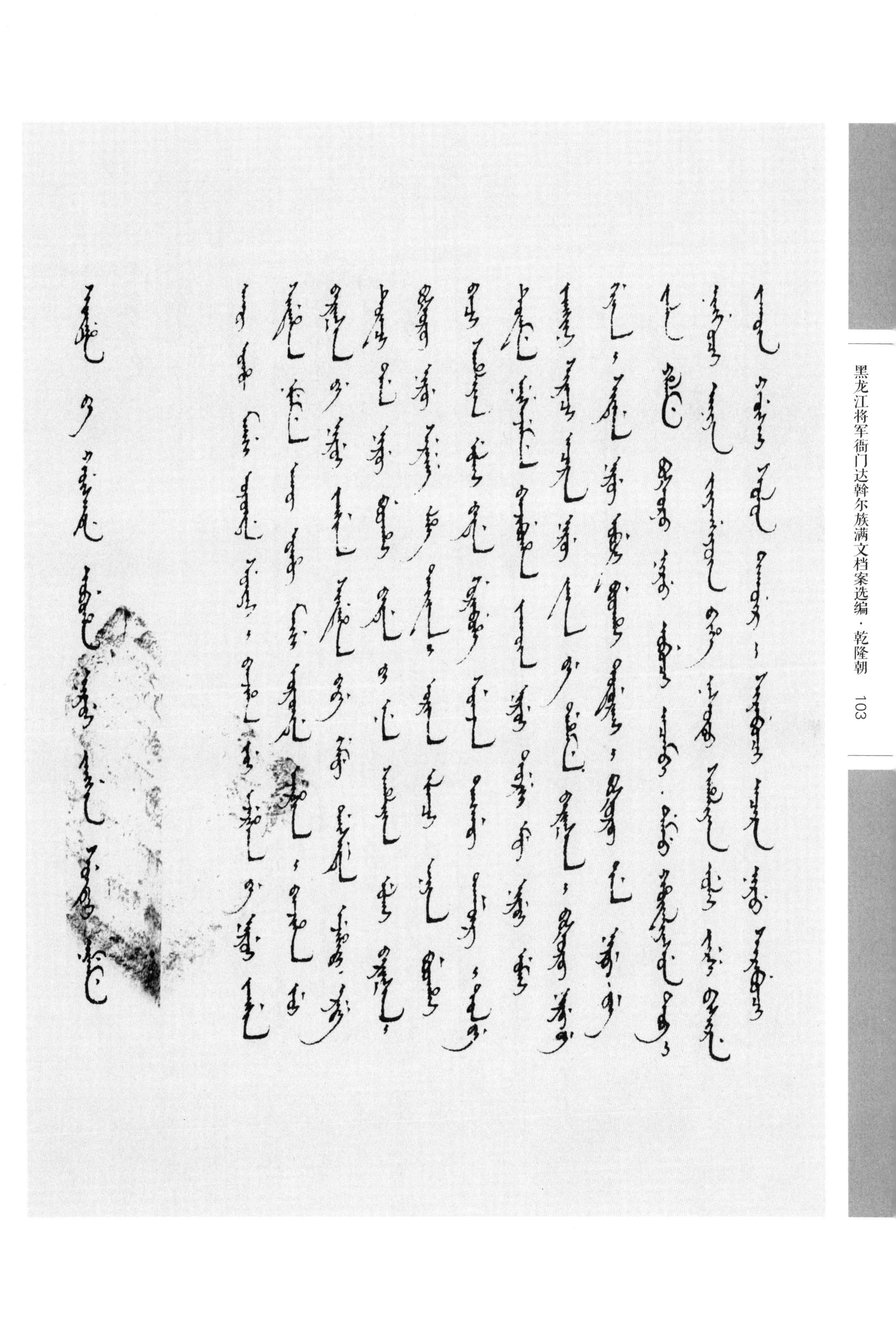

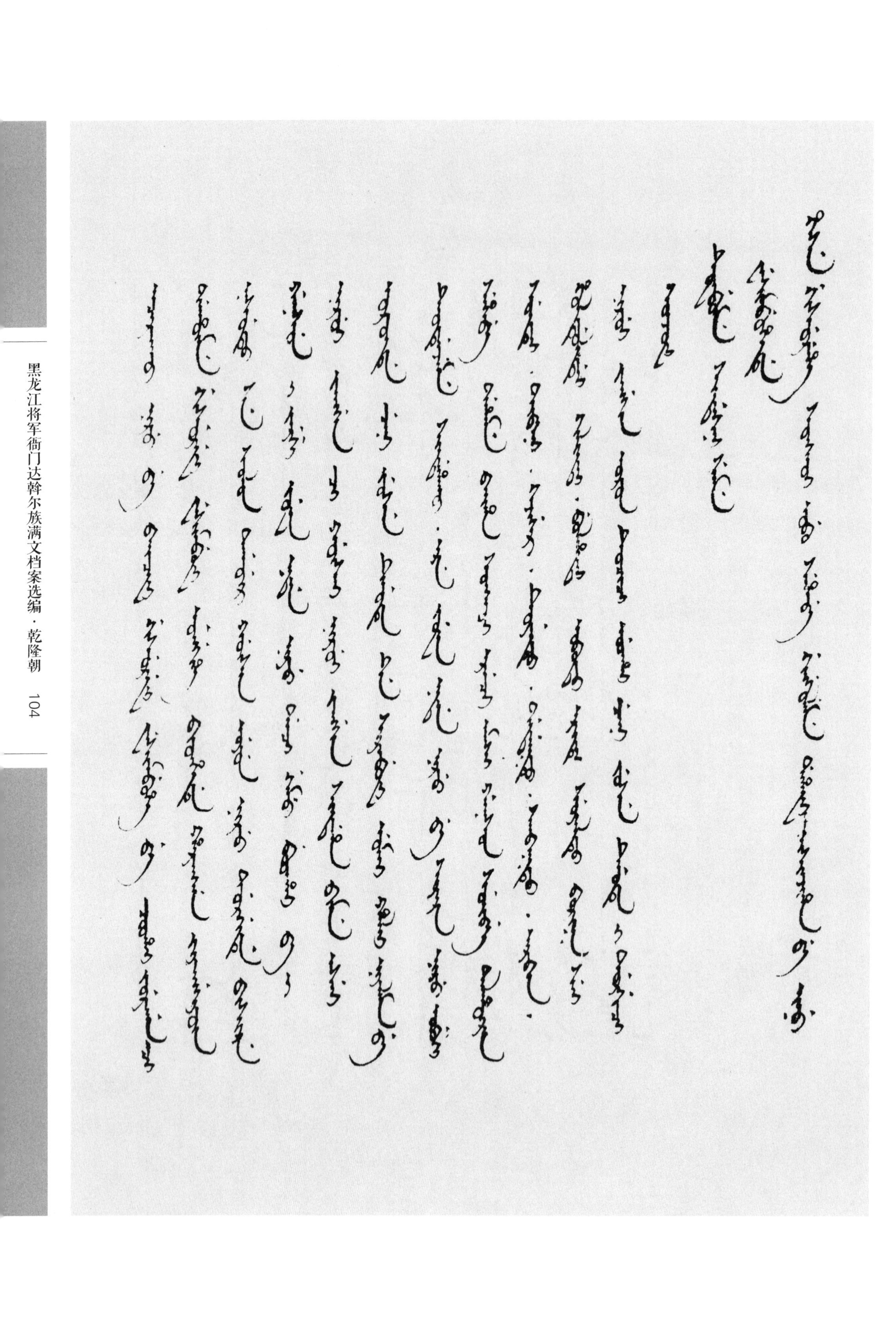

[illegible]

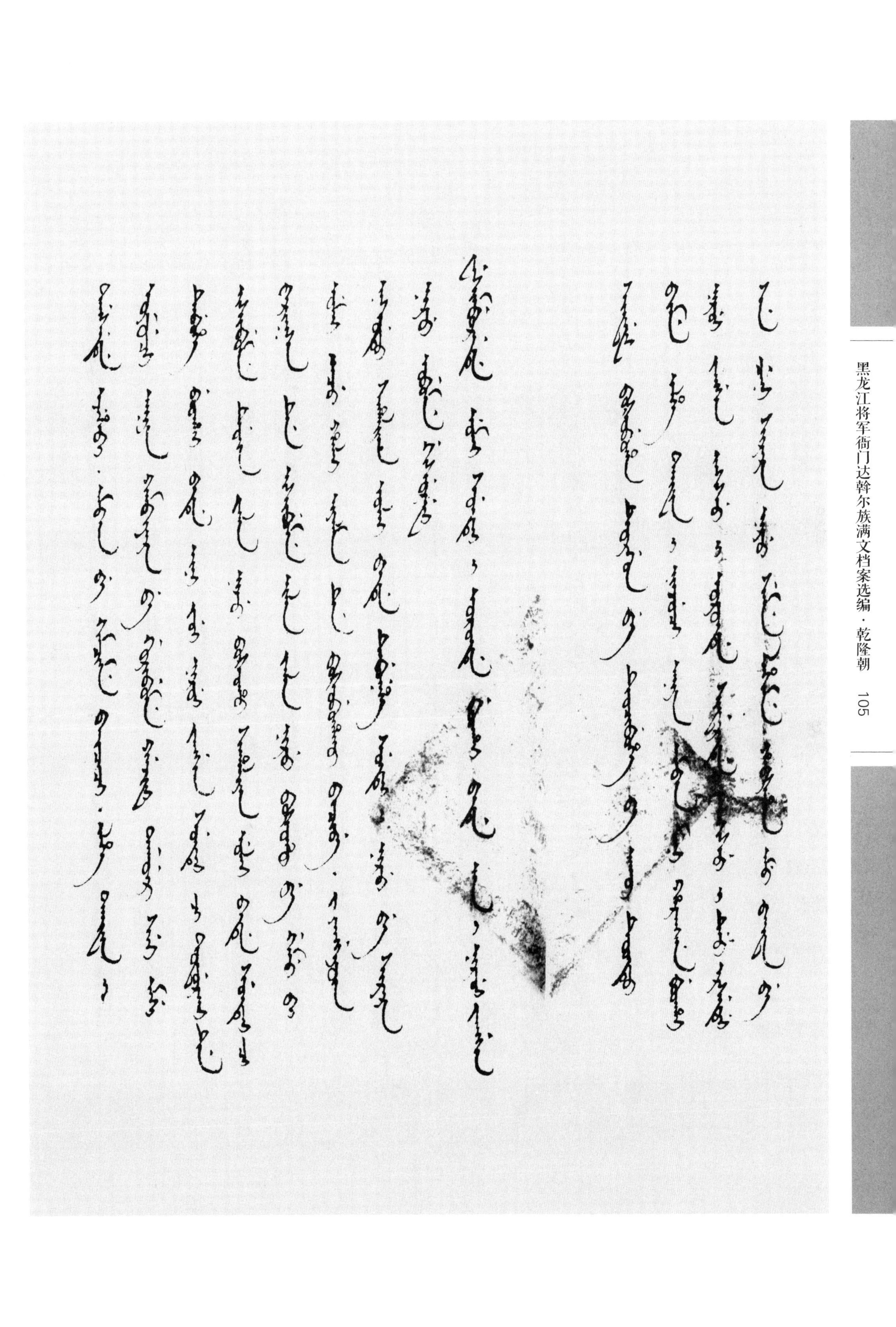

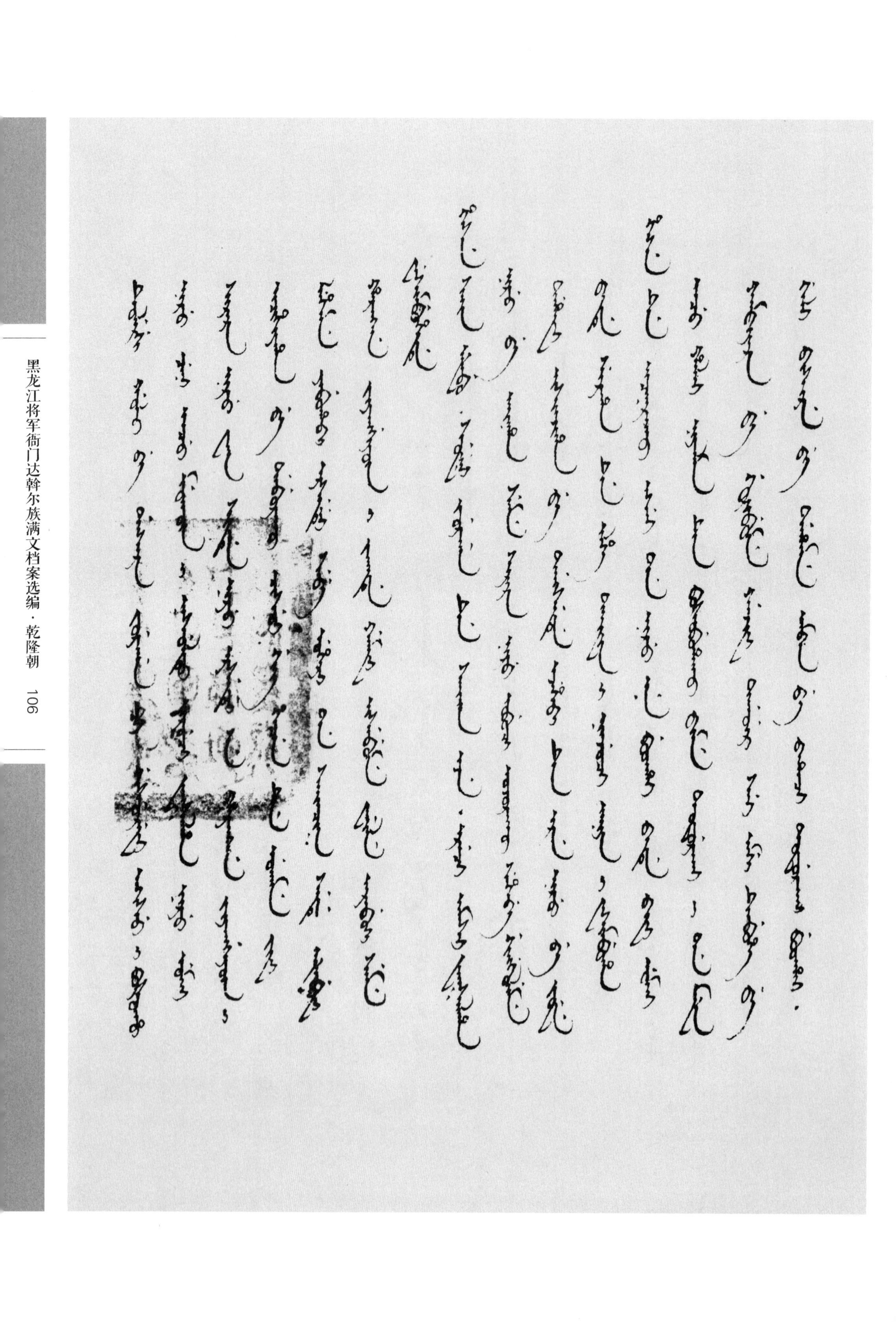

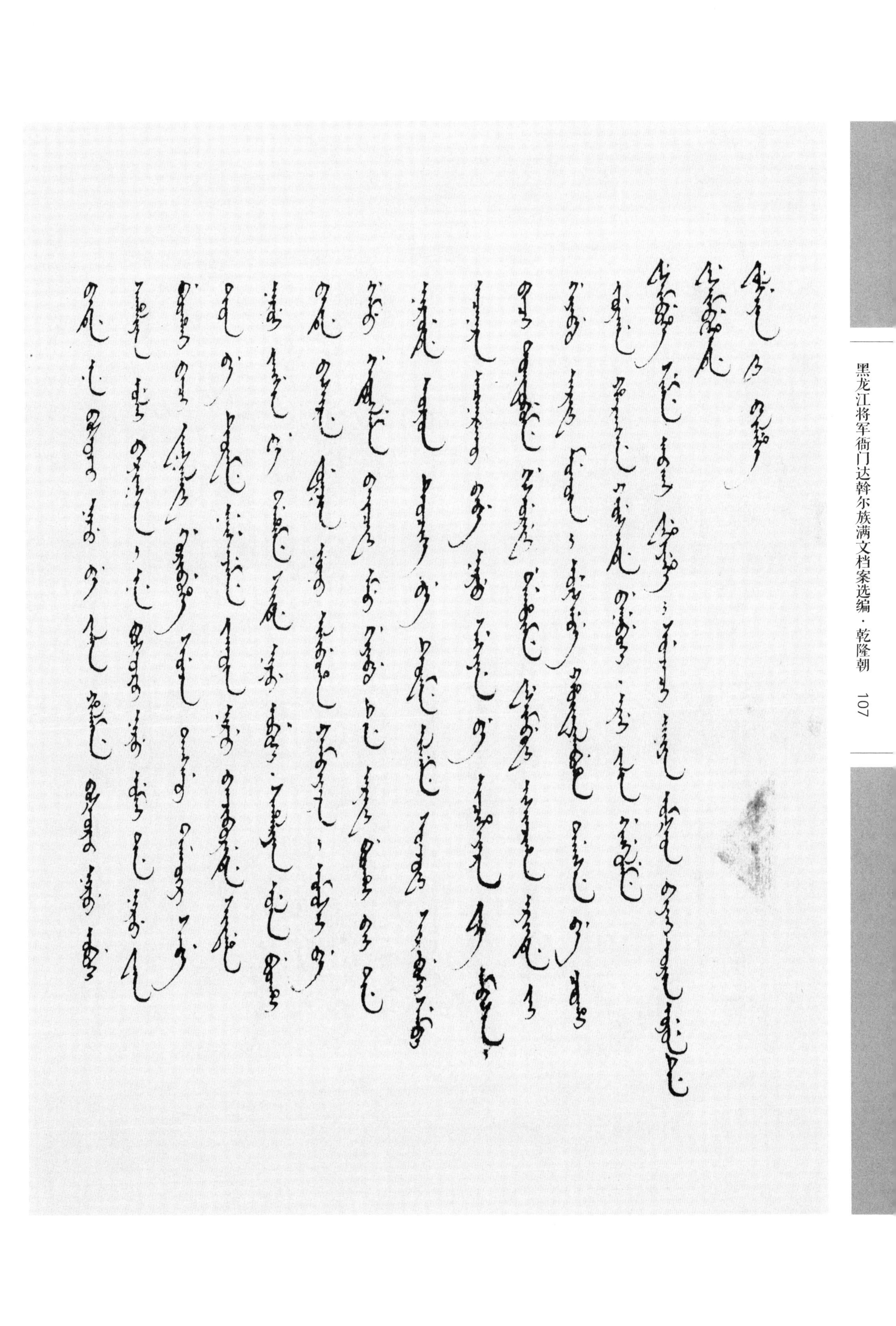

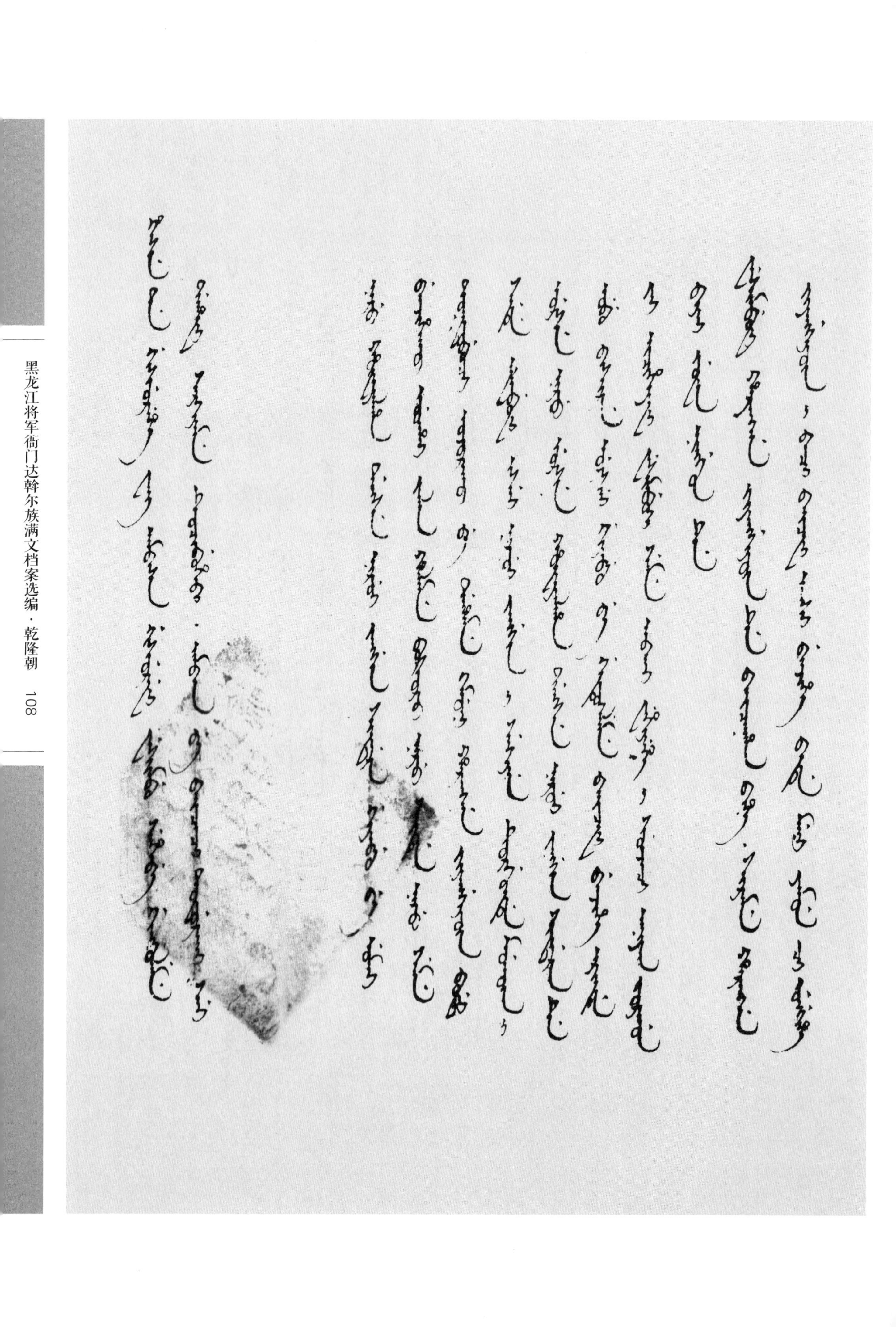

[illegible]

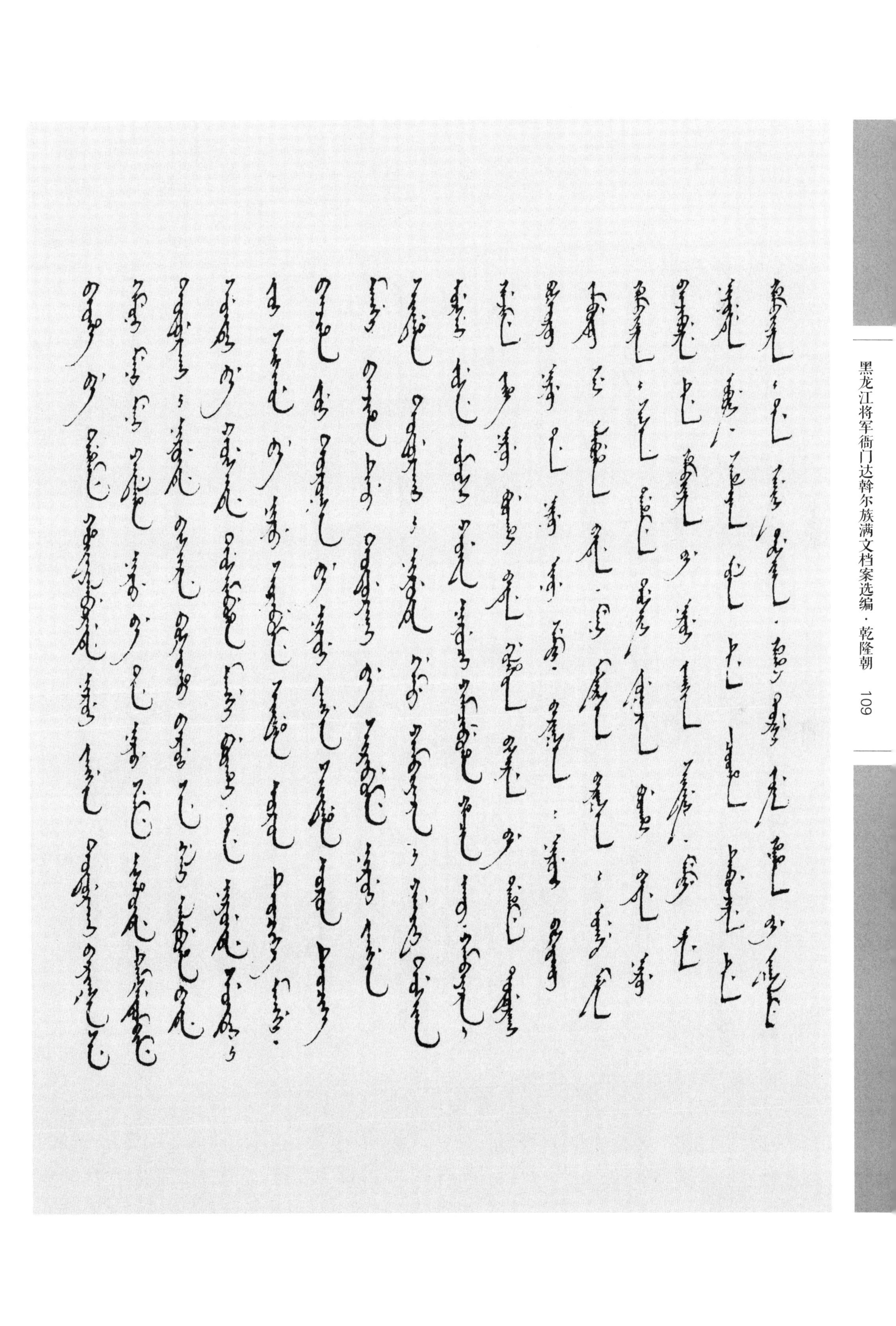

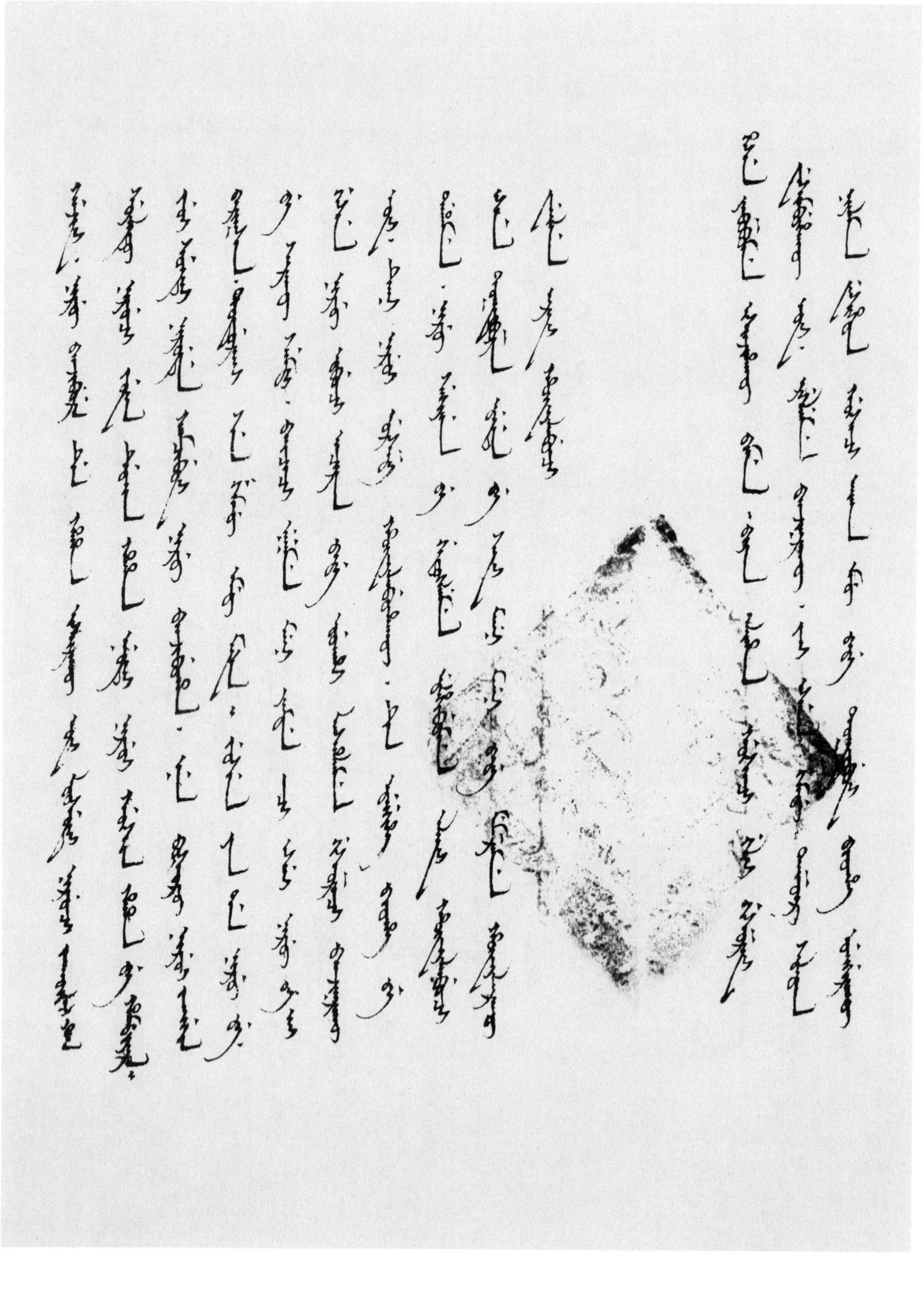

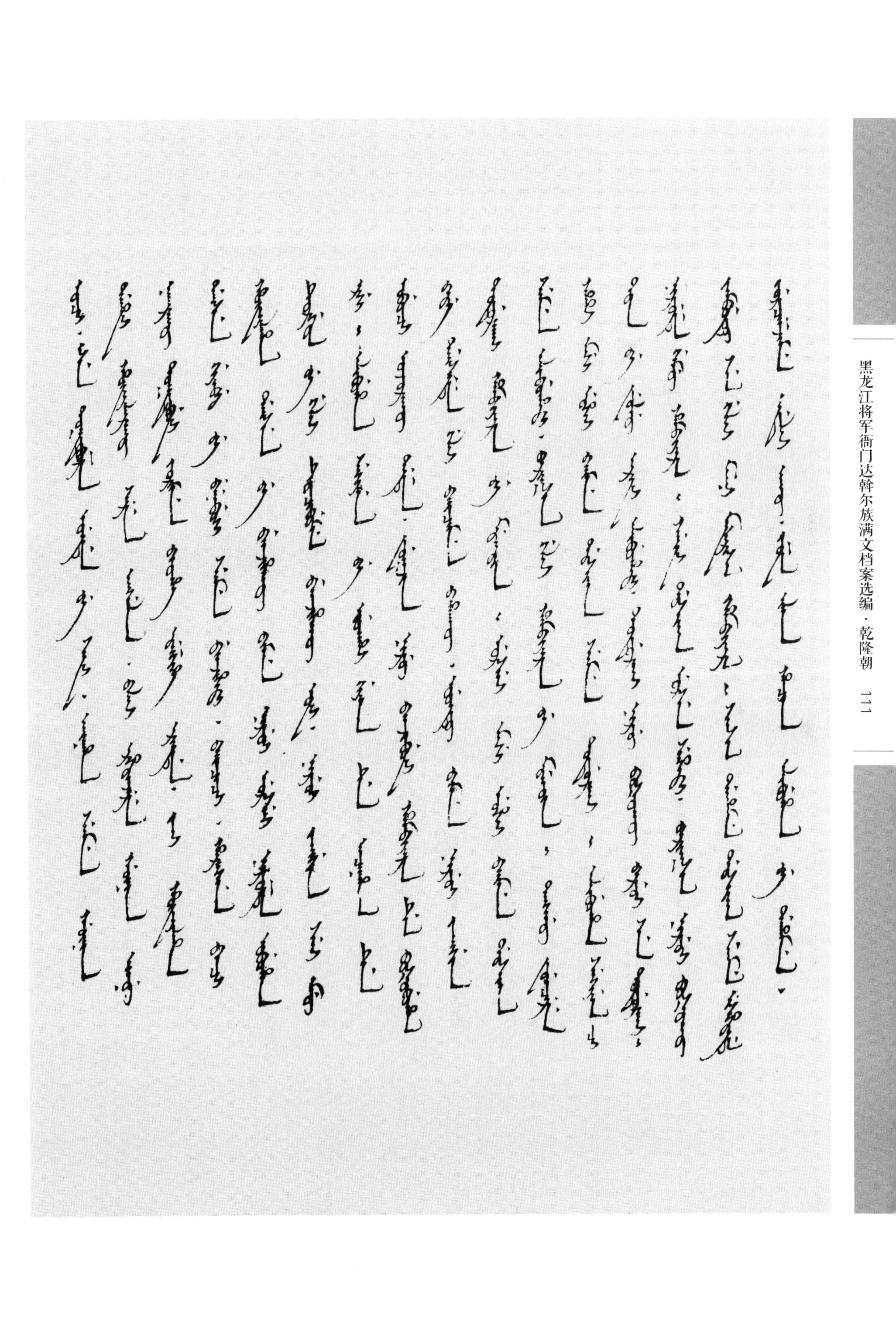

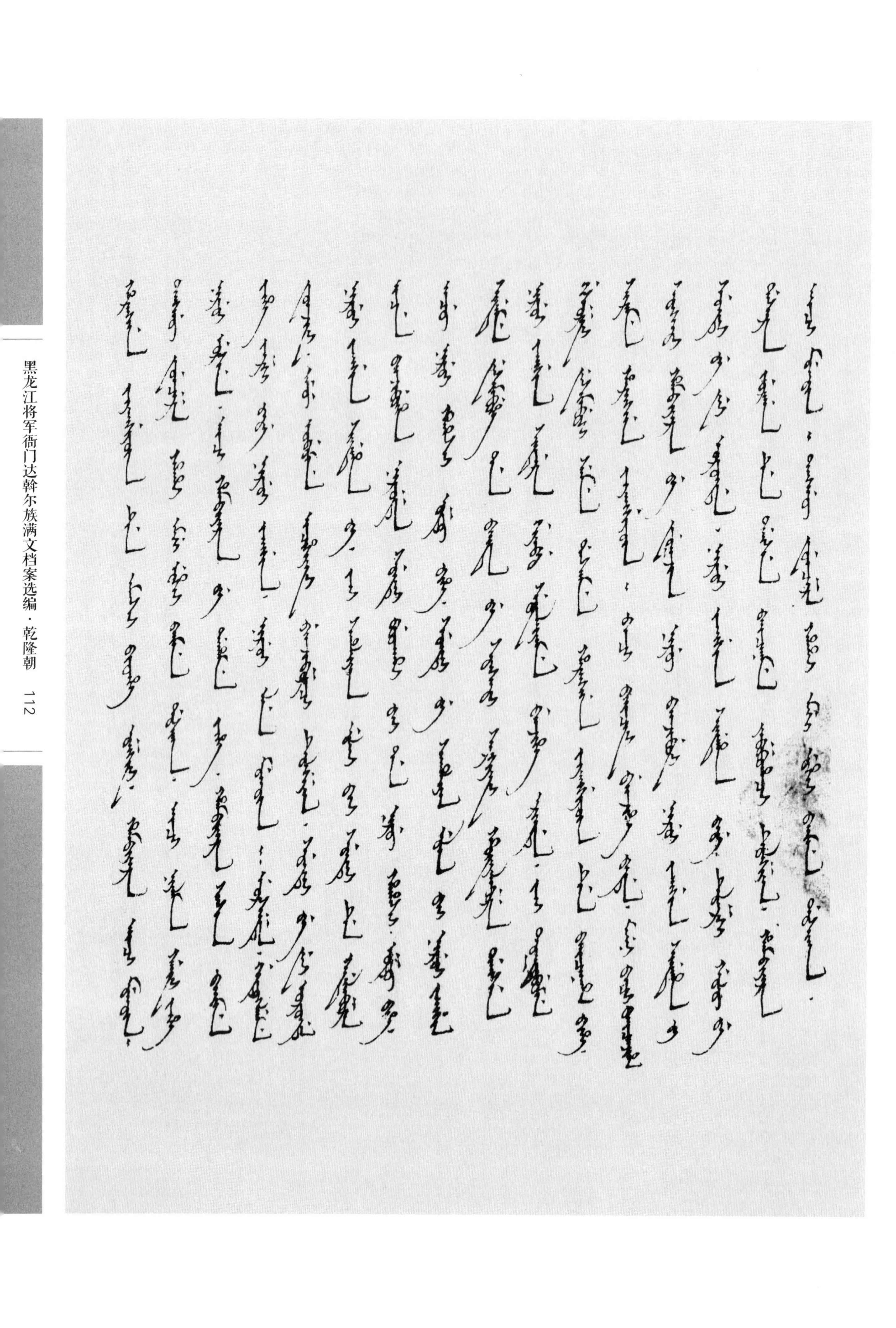

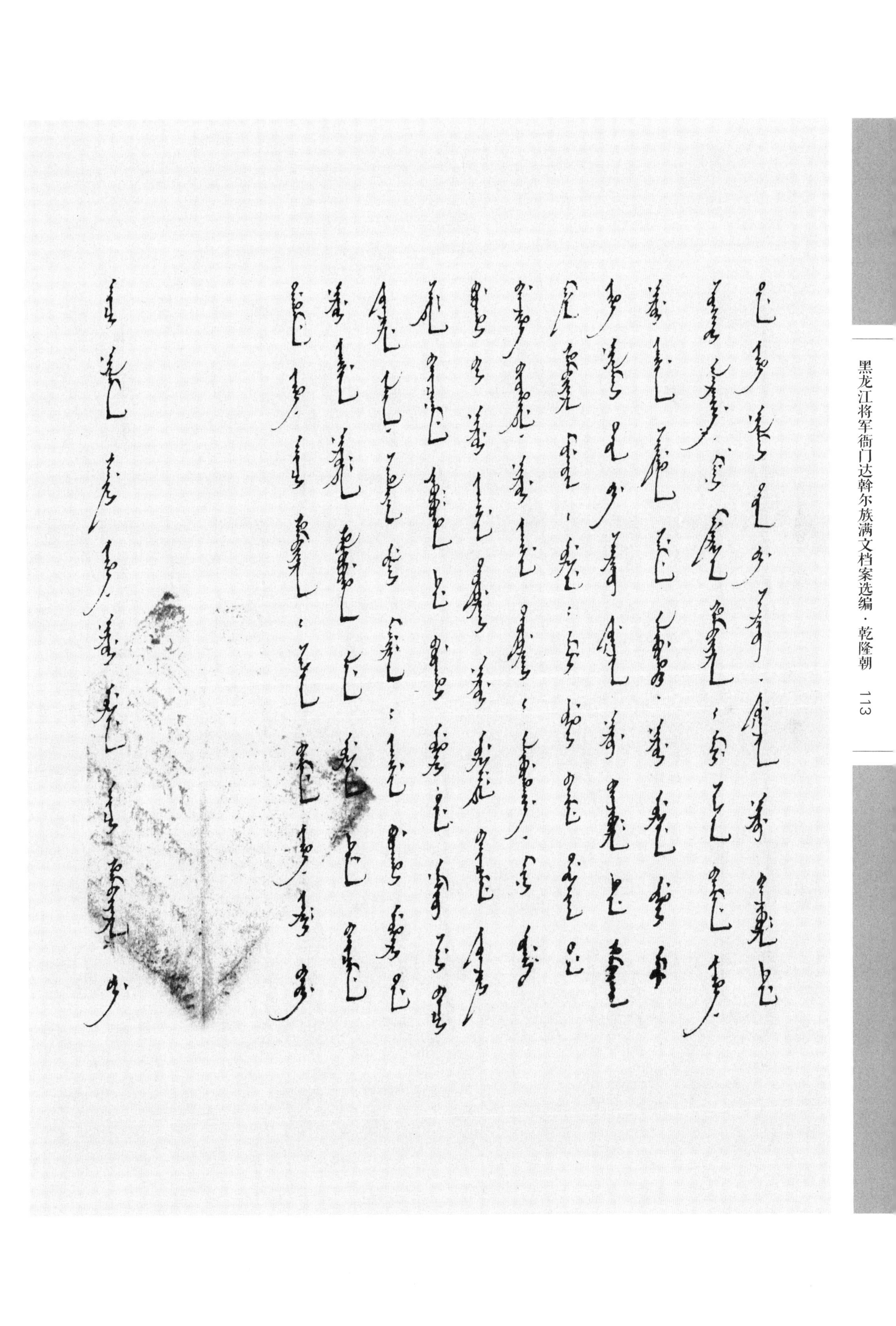

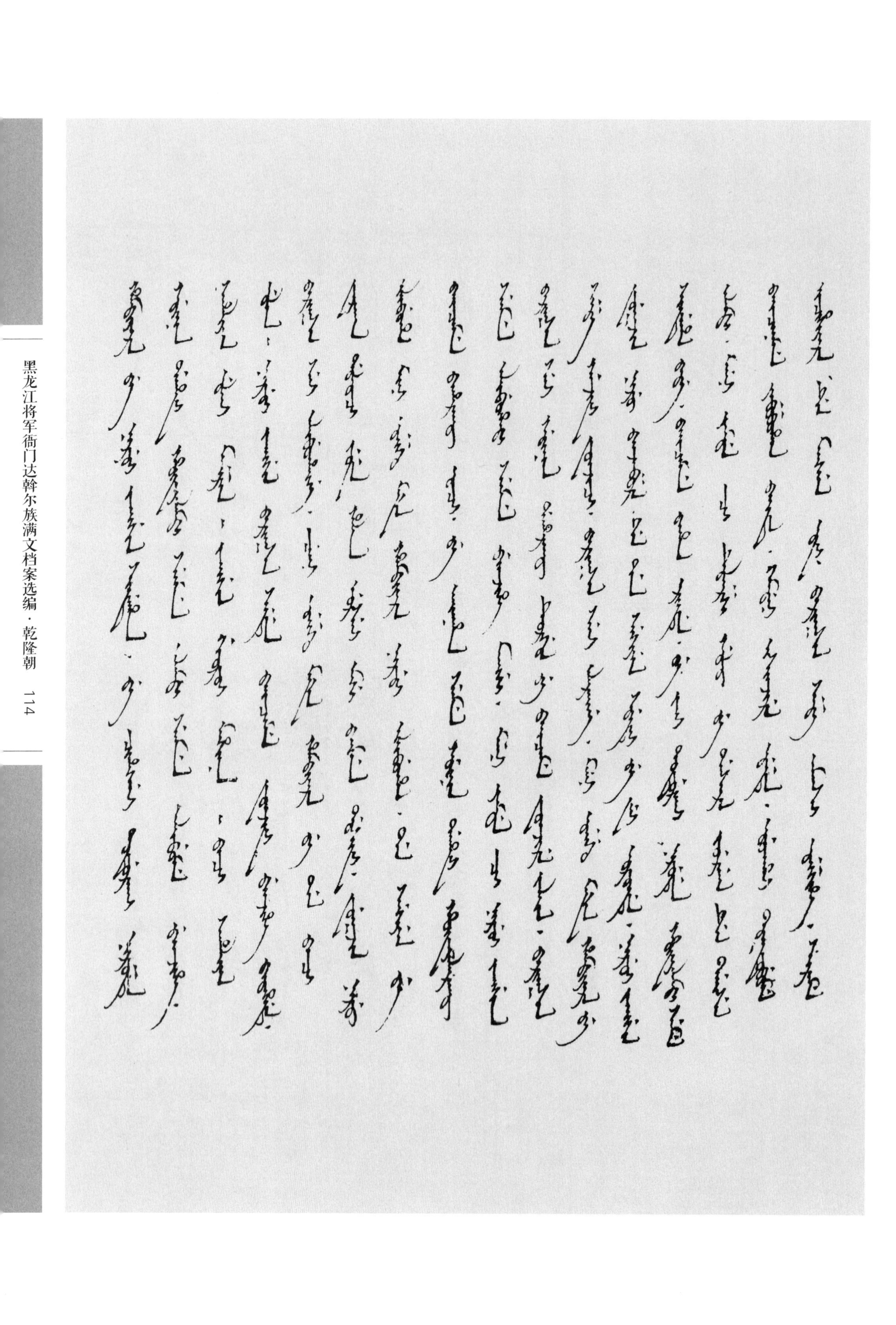

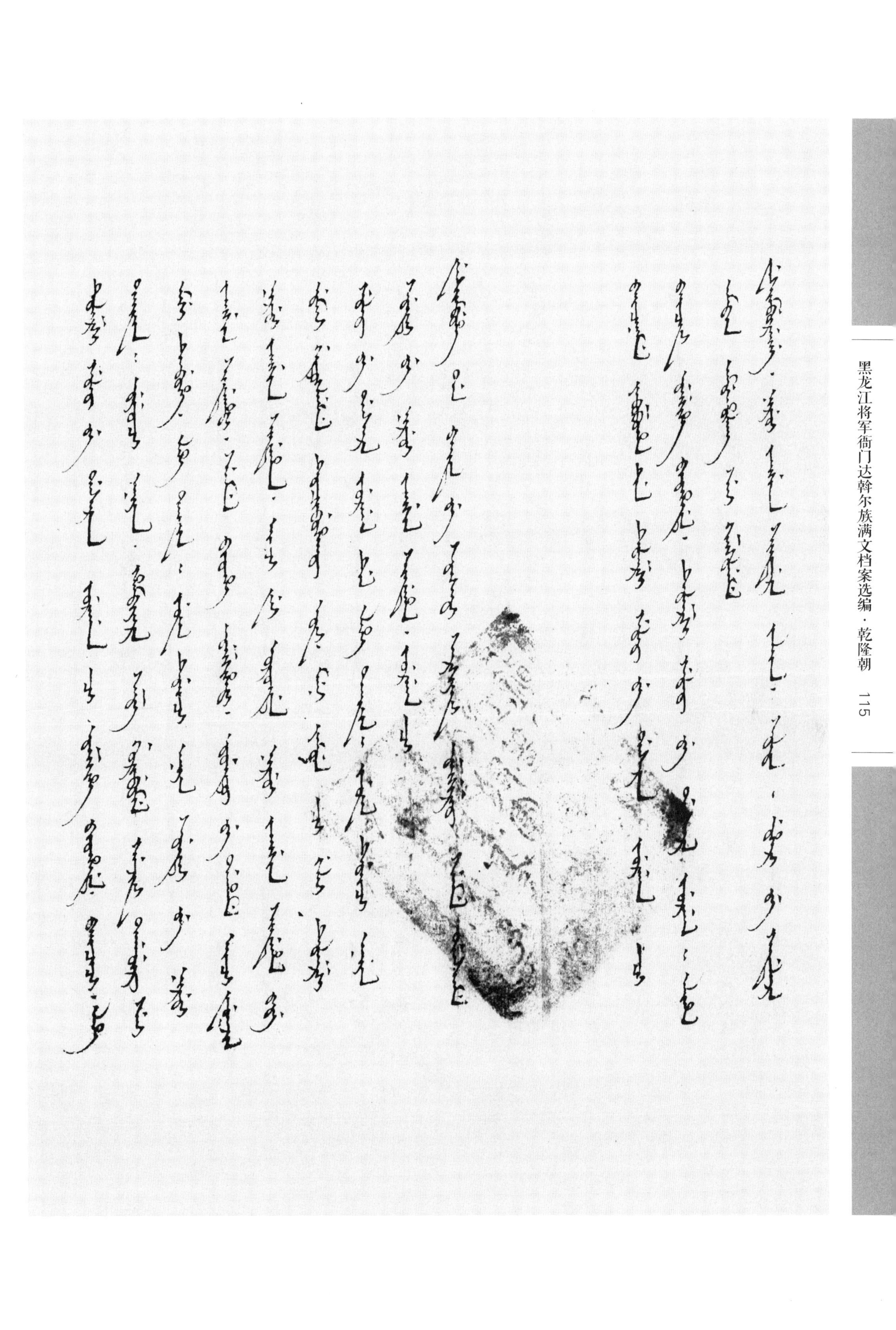

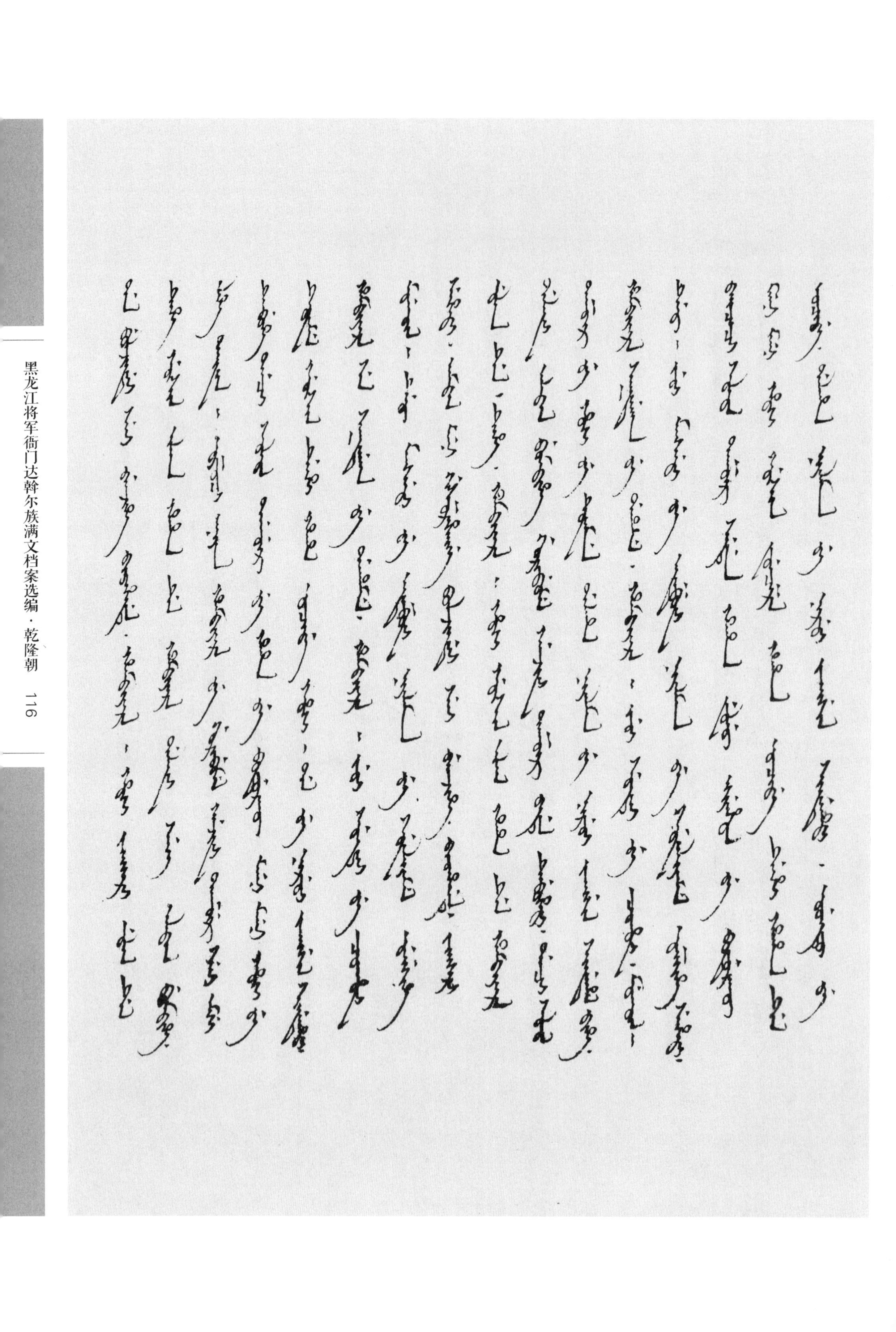

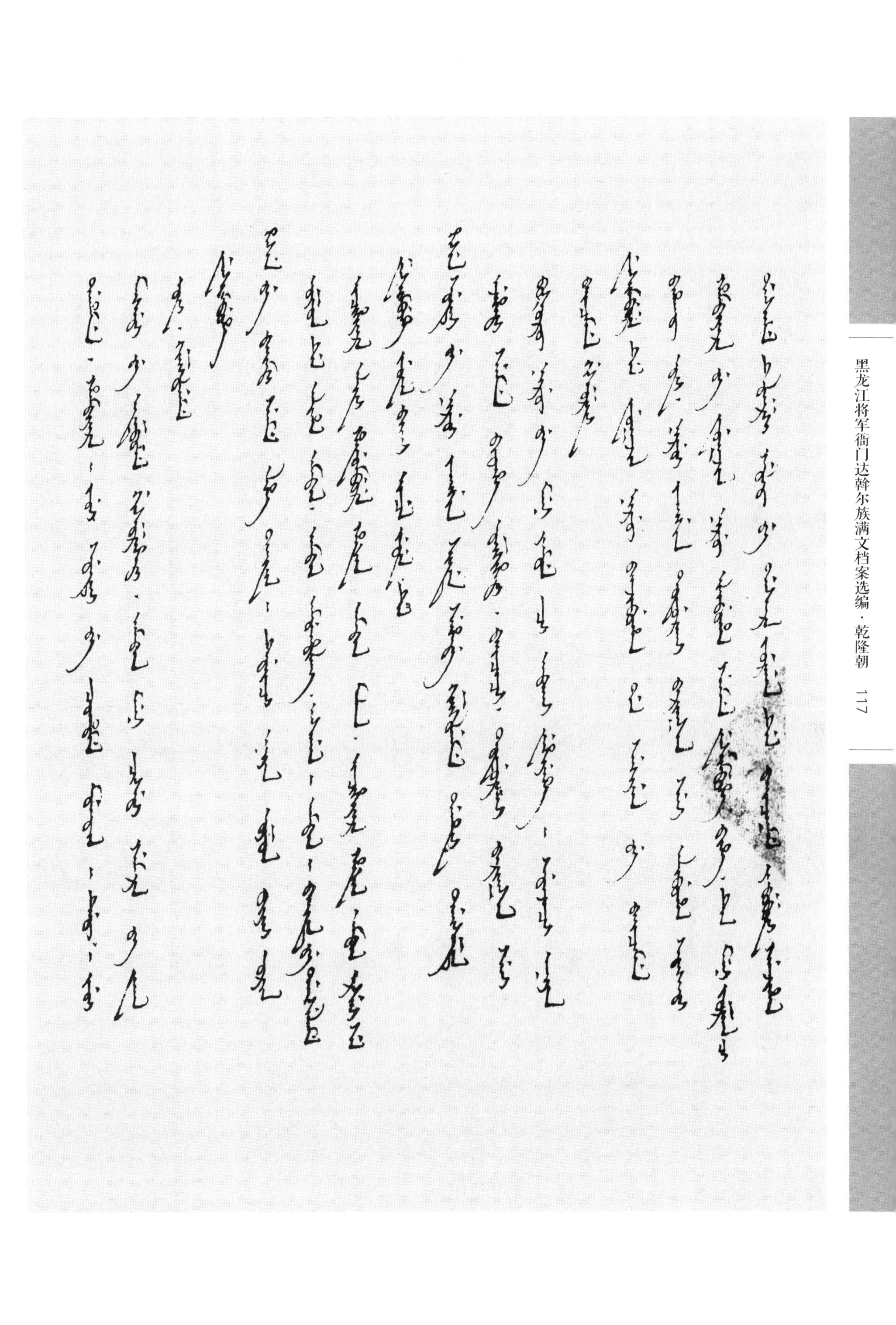

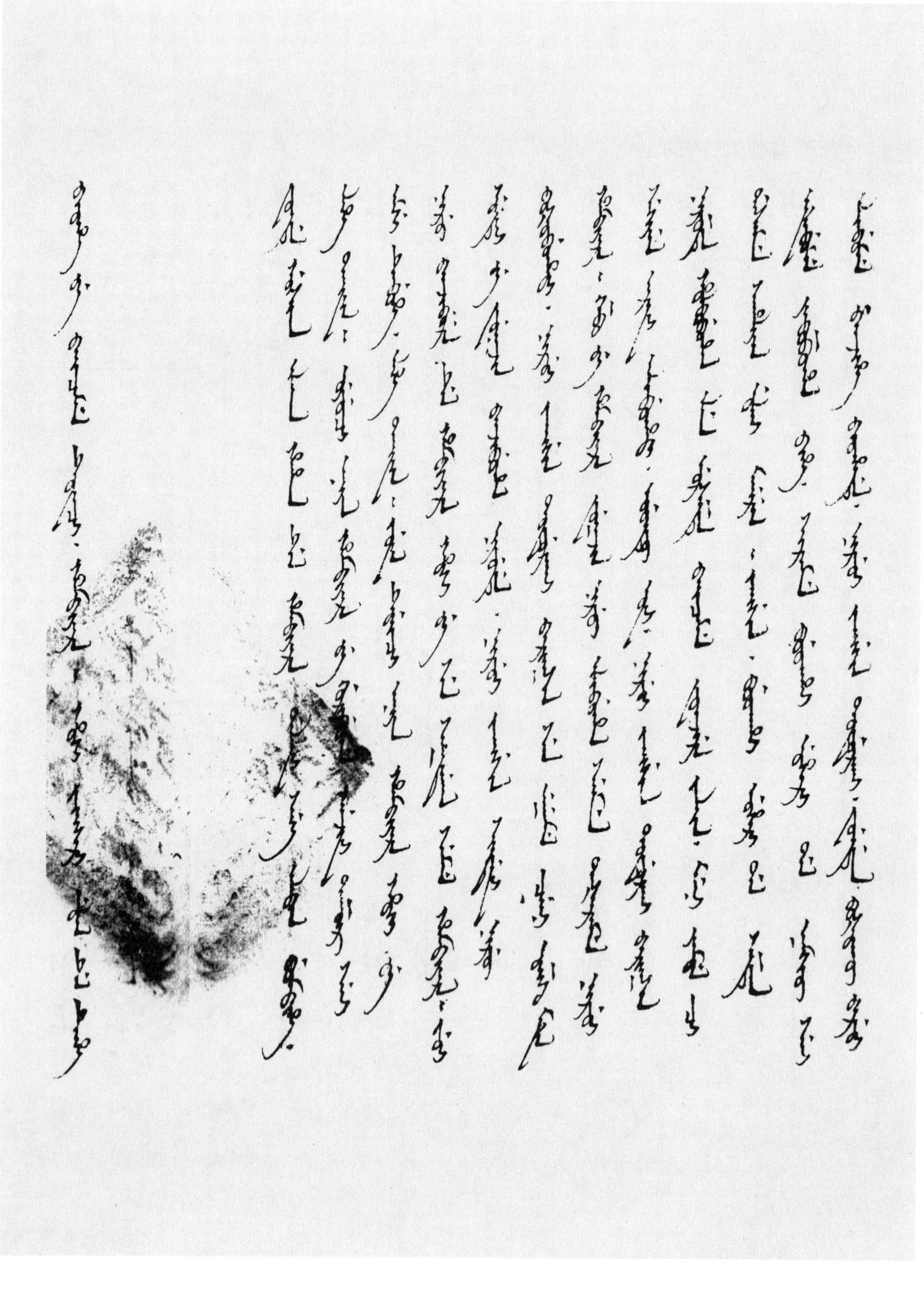

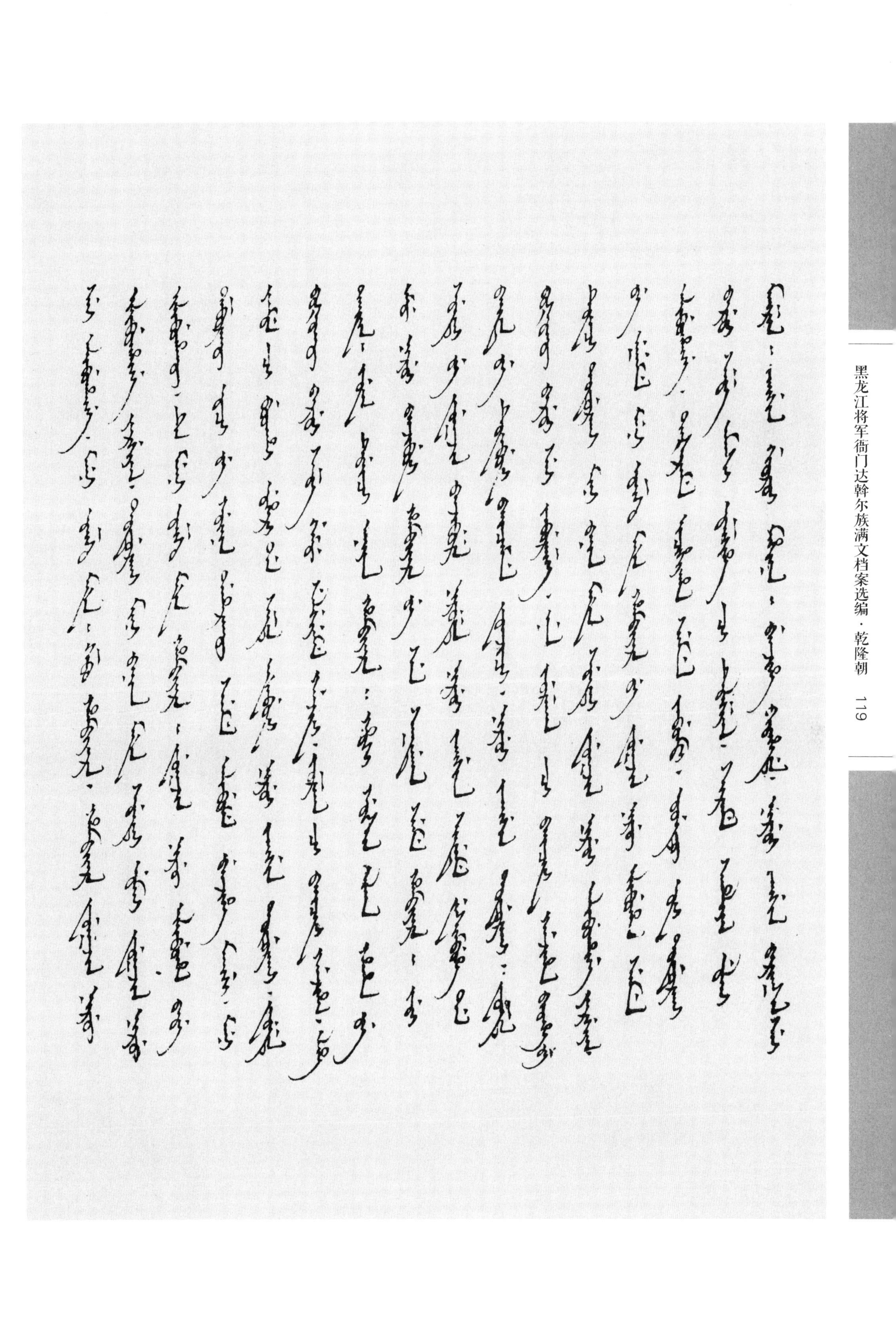

[illegible]

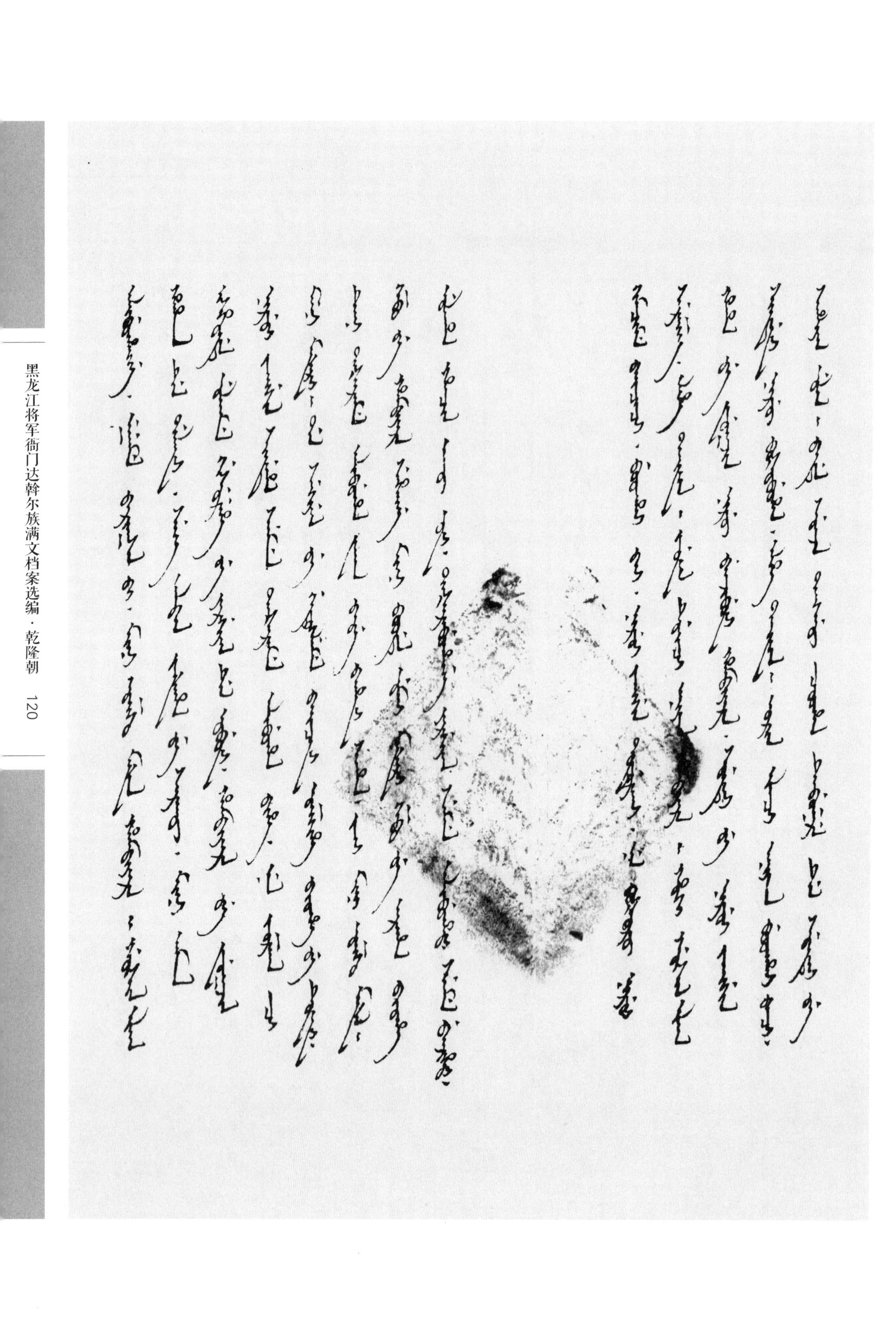

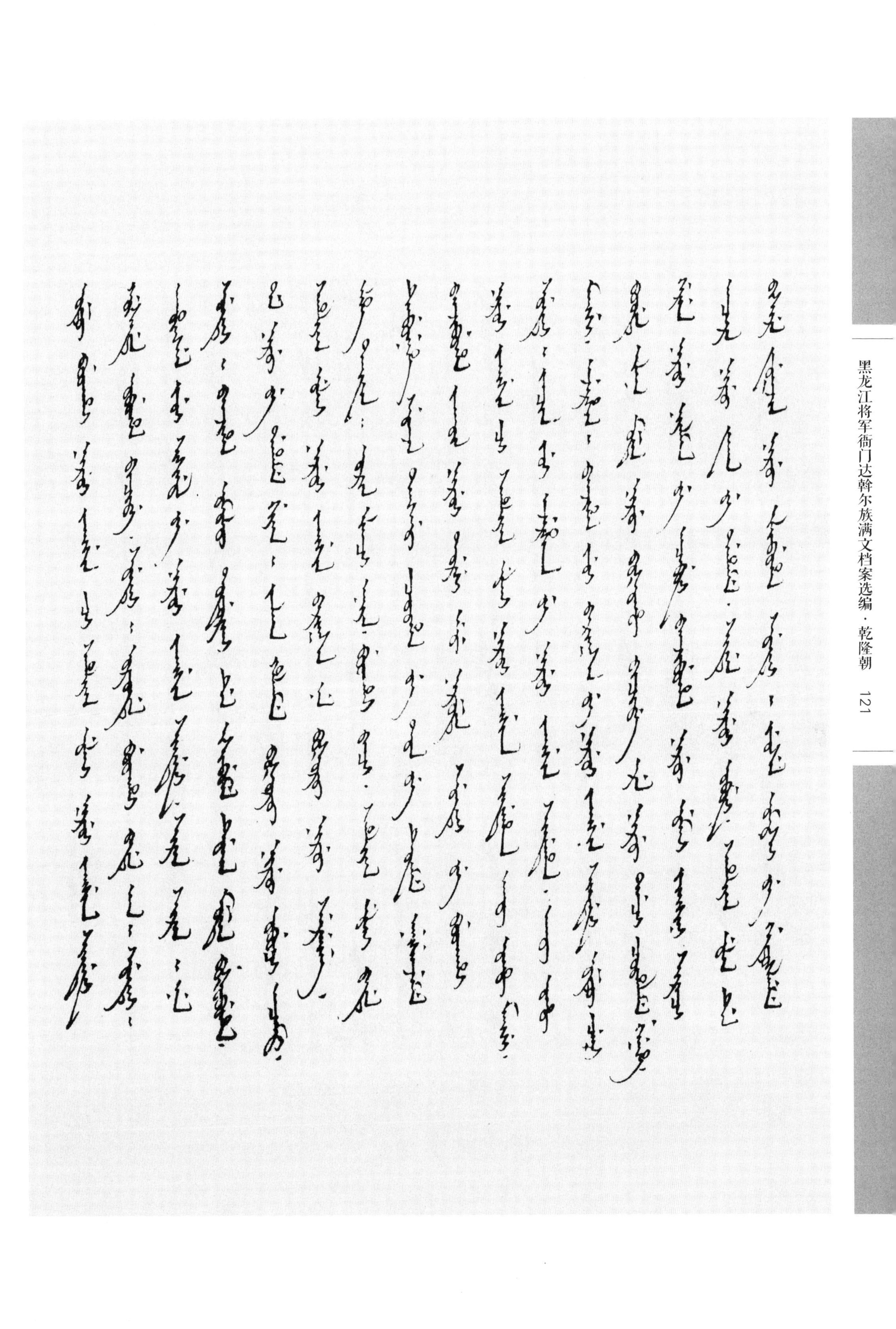

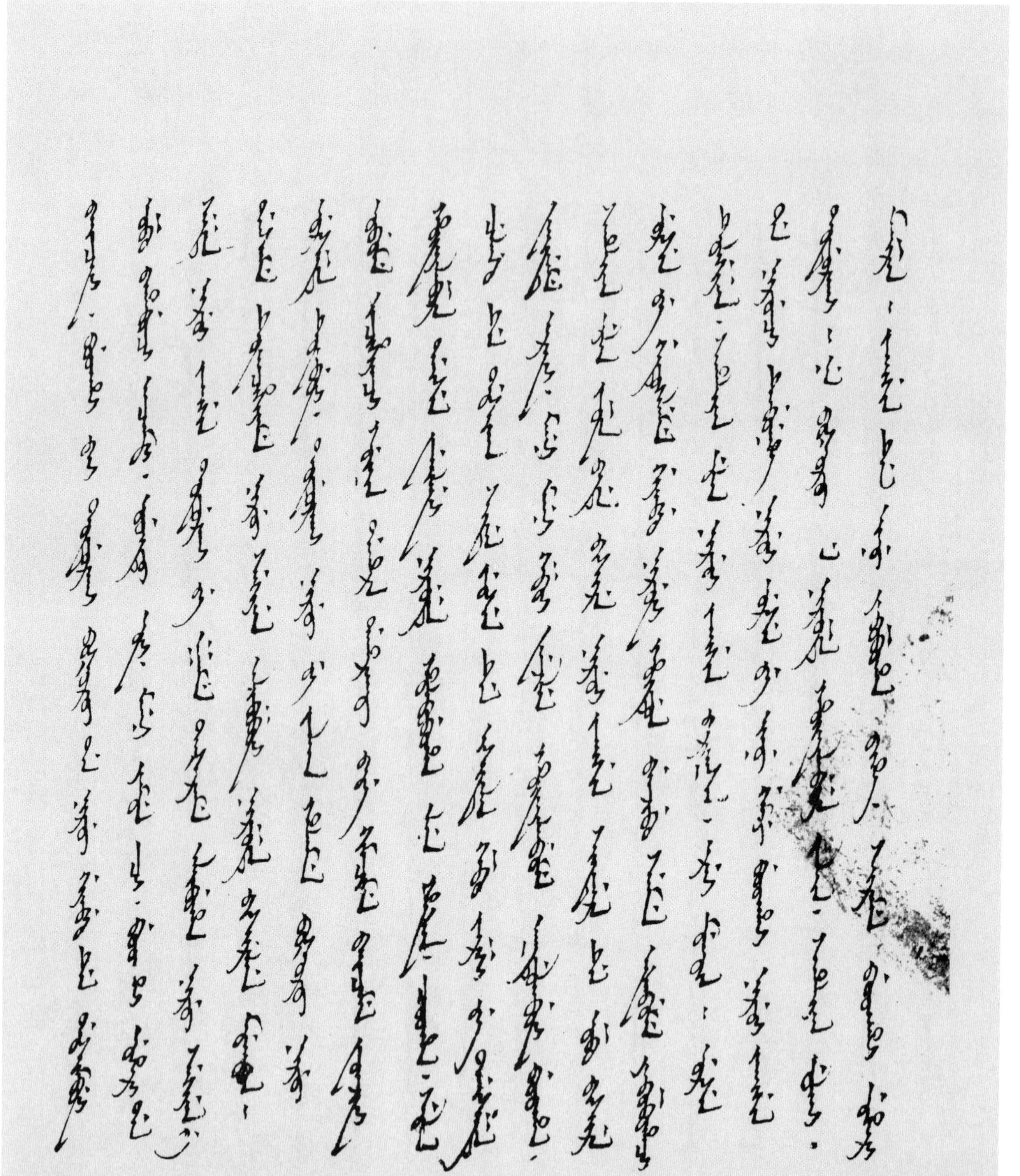

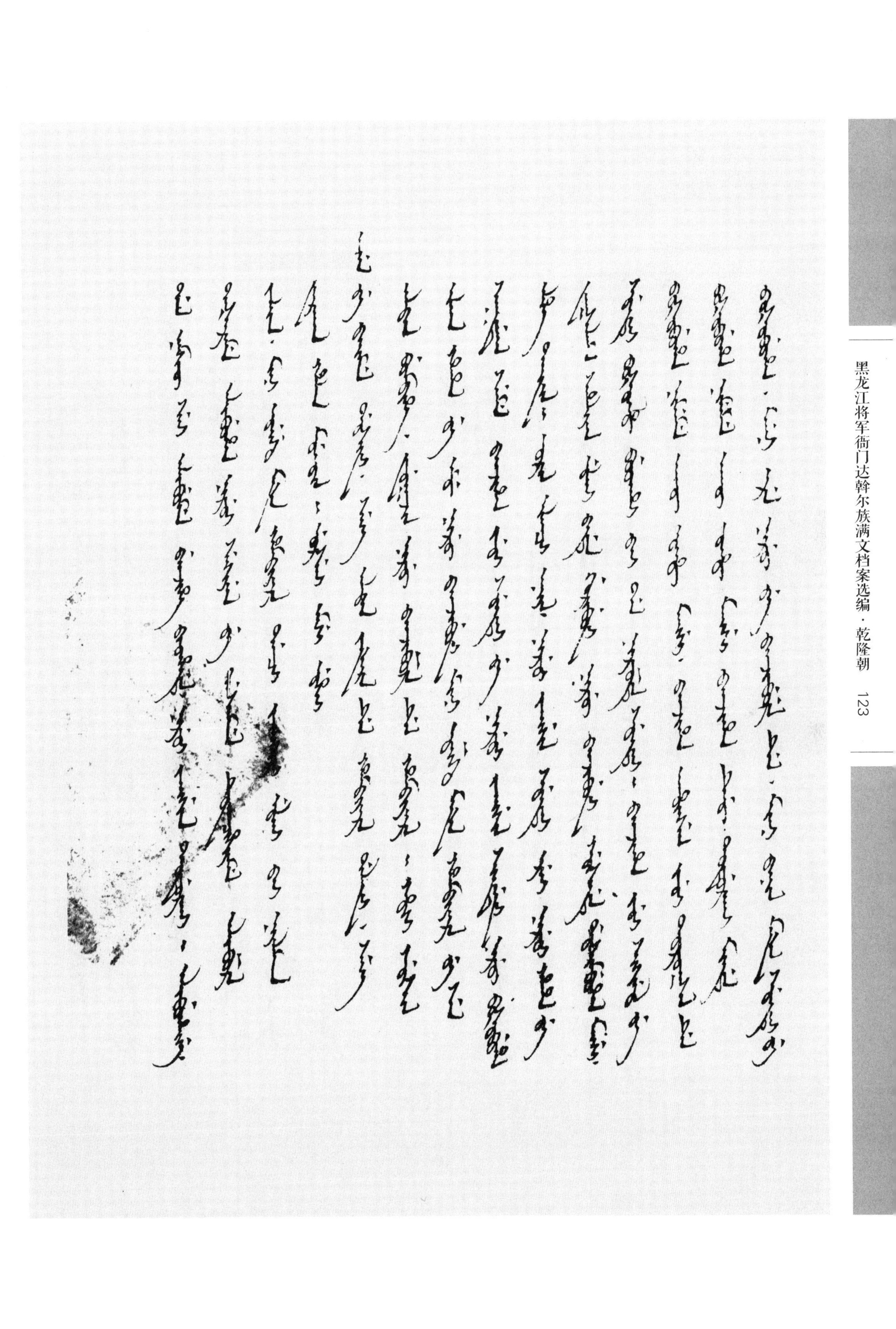

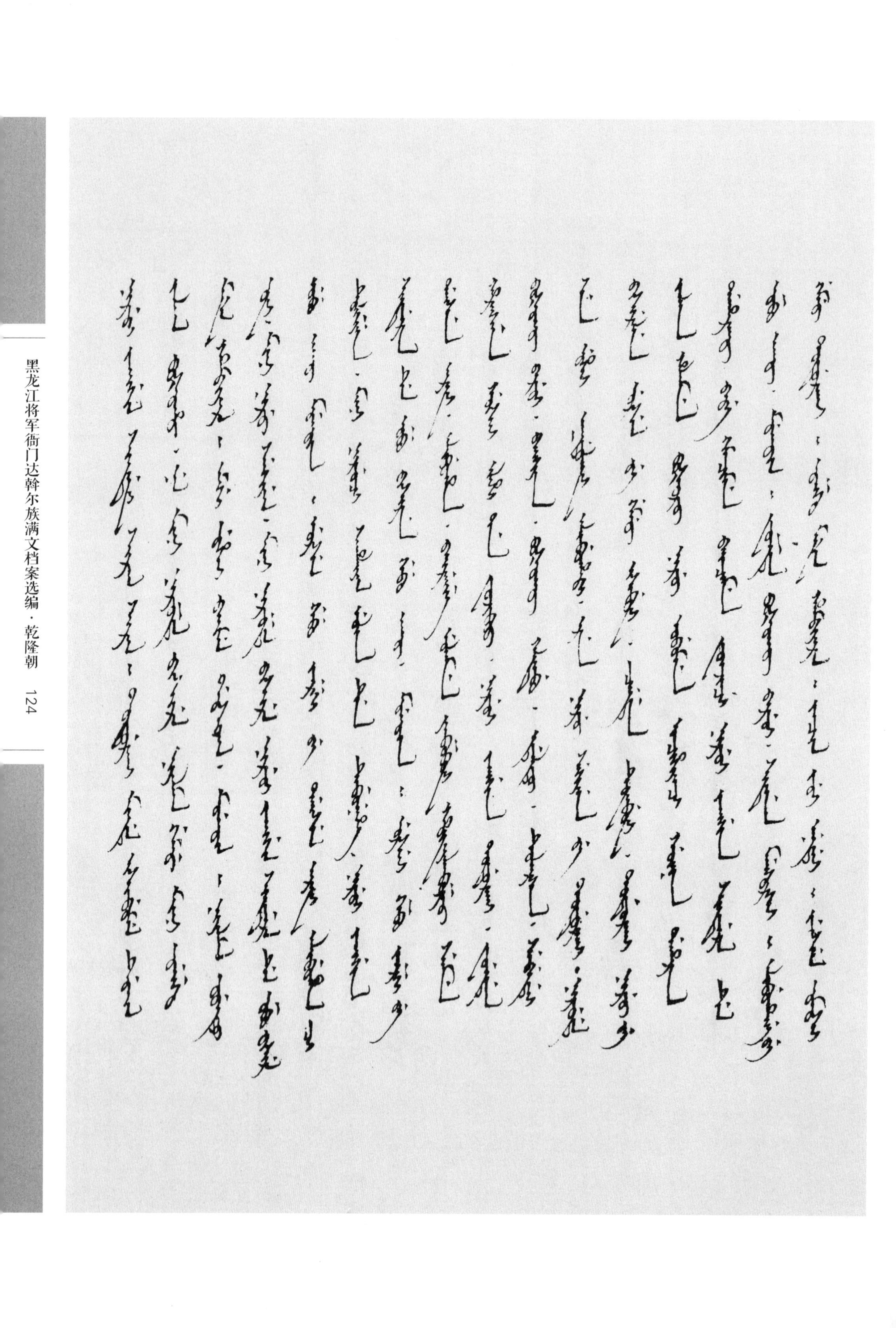

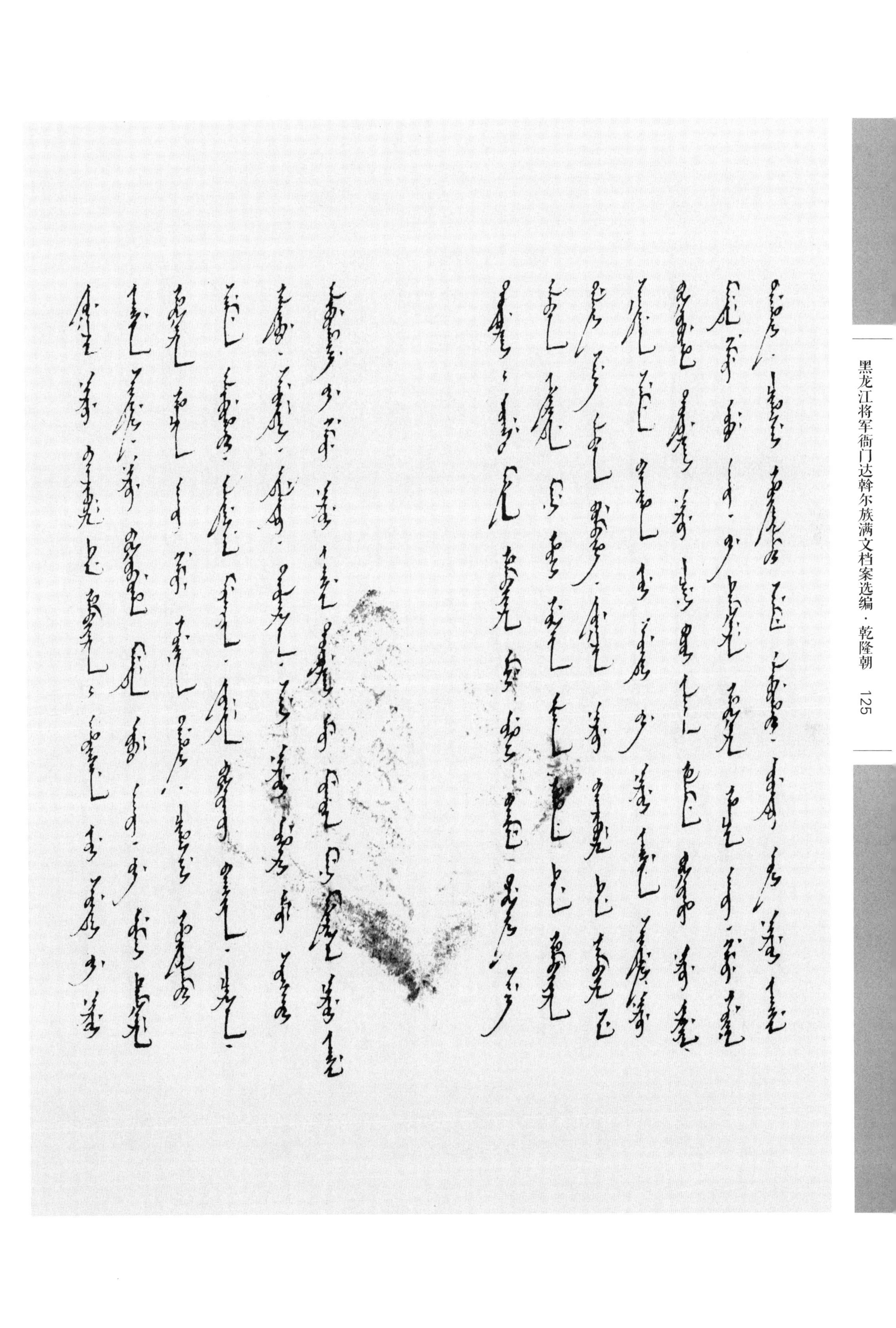

[illegible]

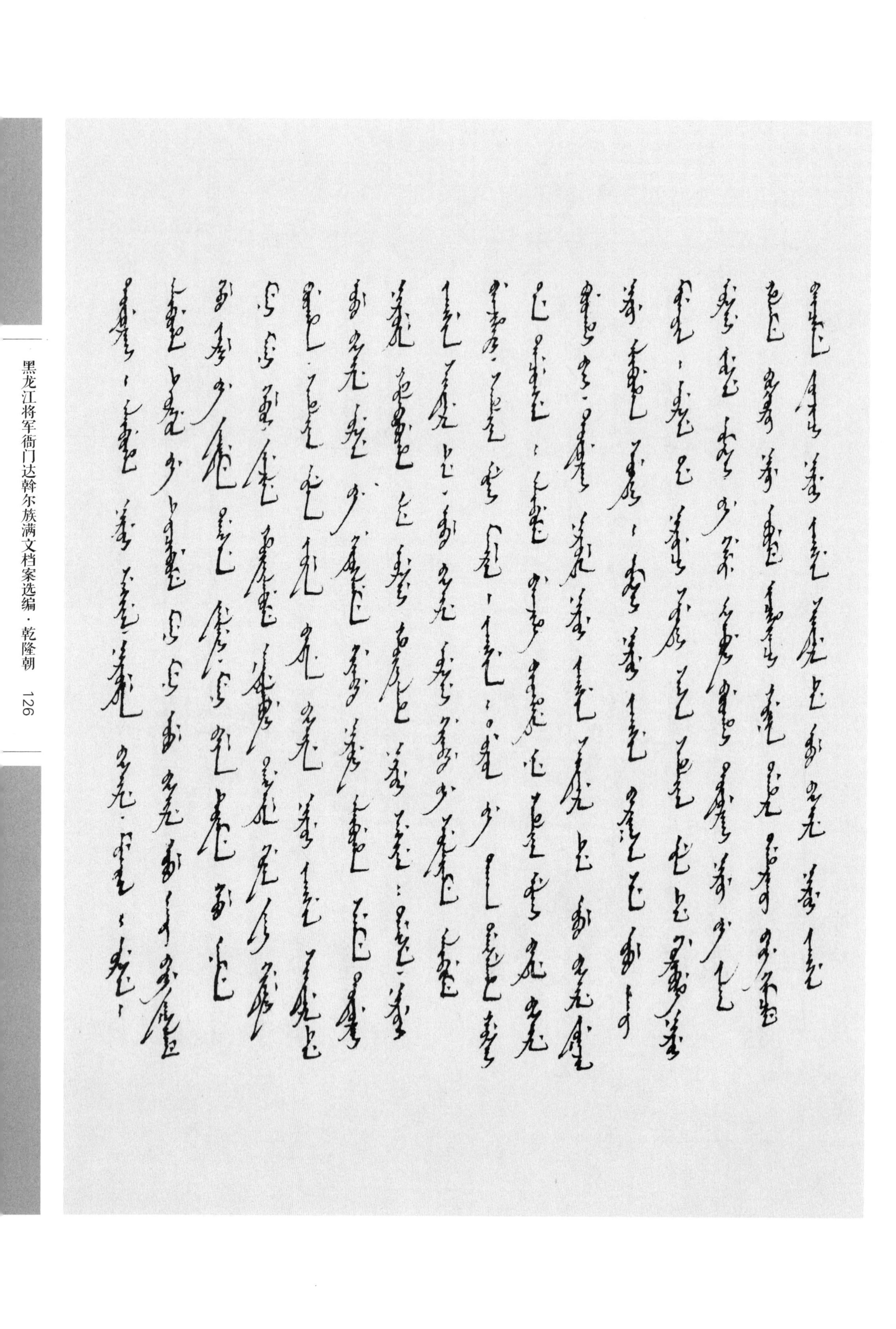

[illegible]

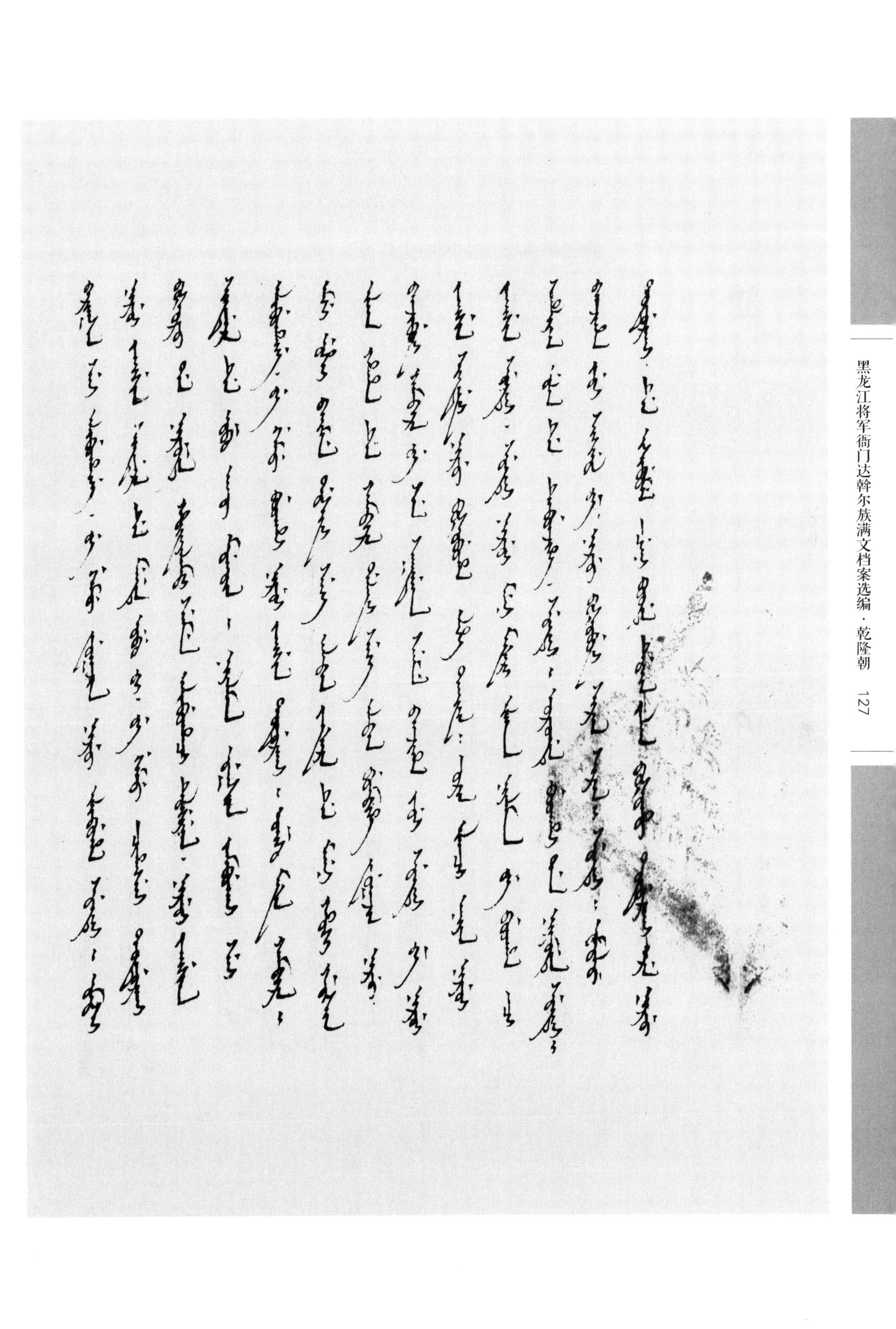

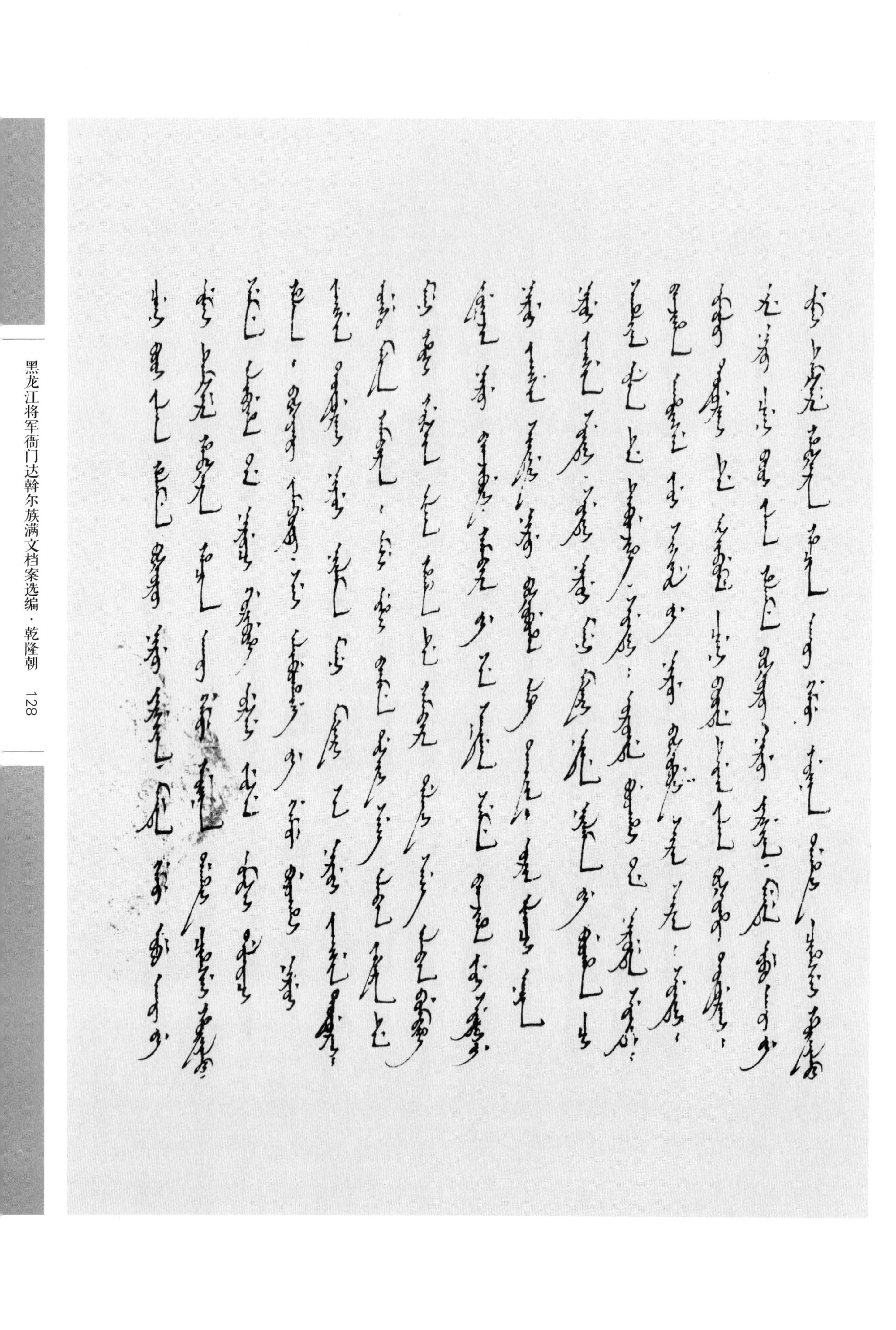

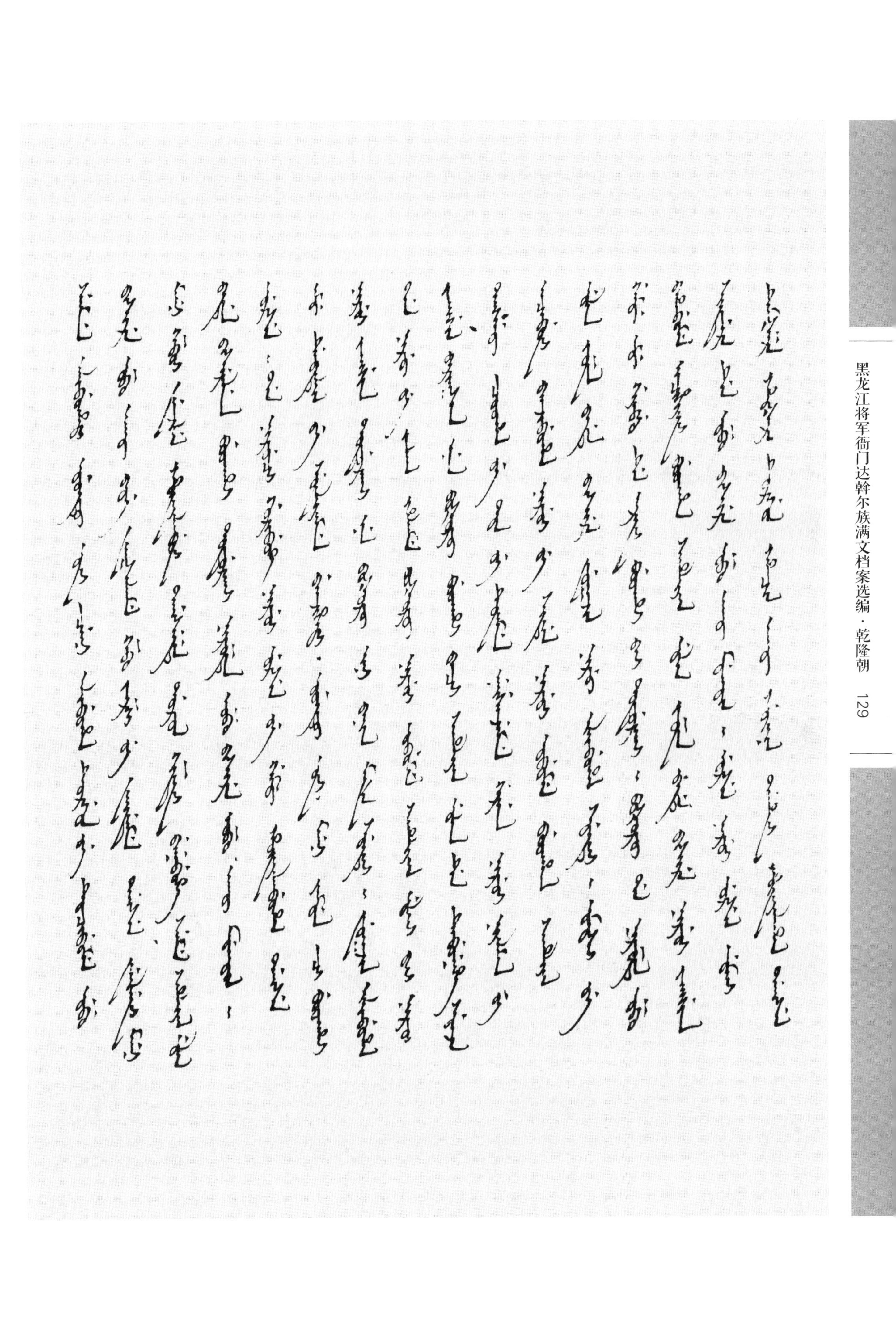

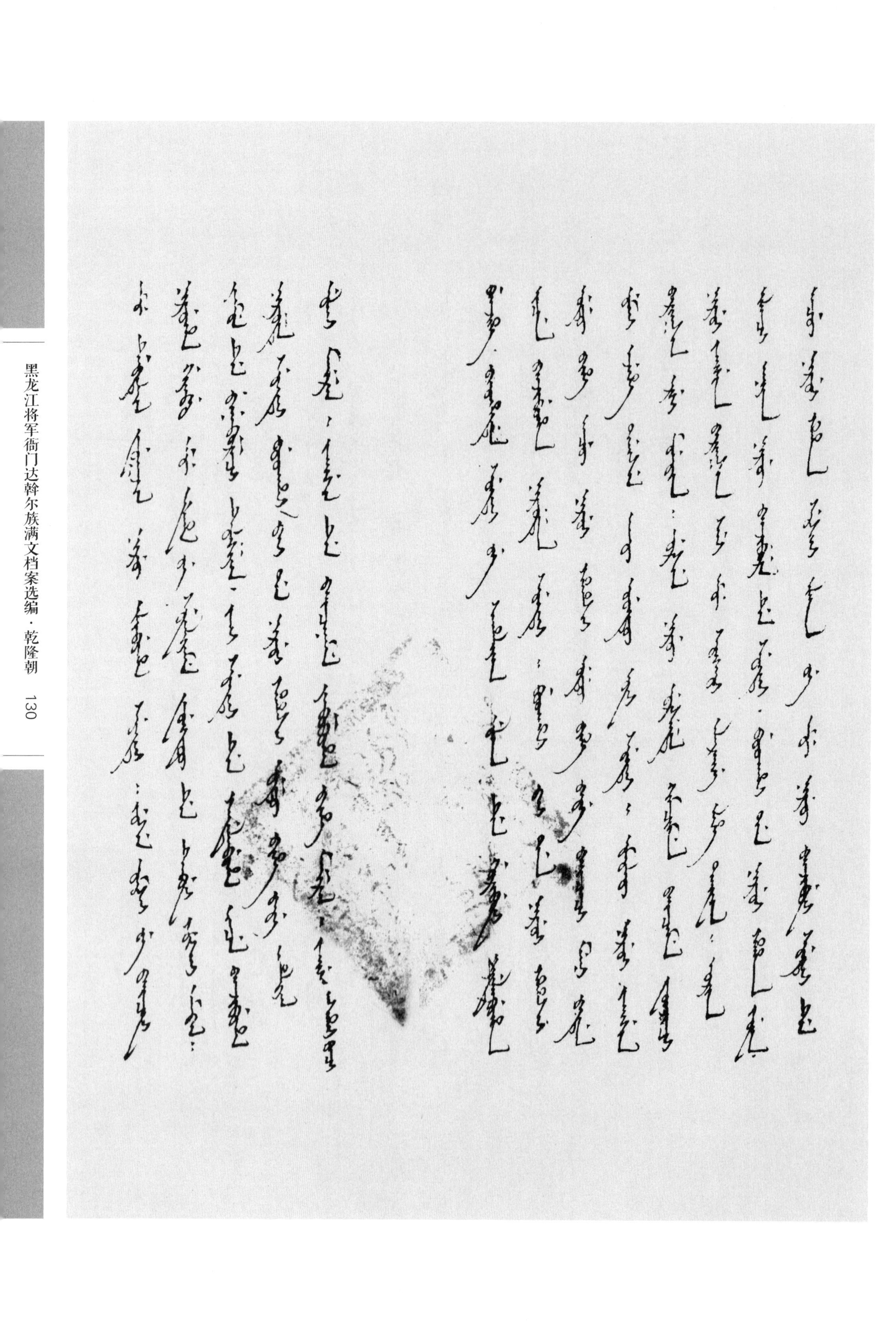

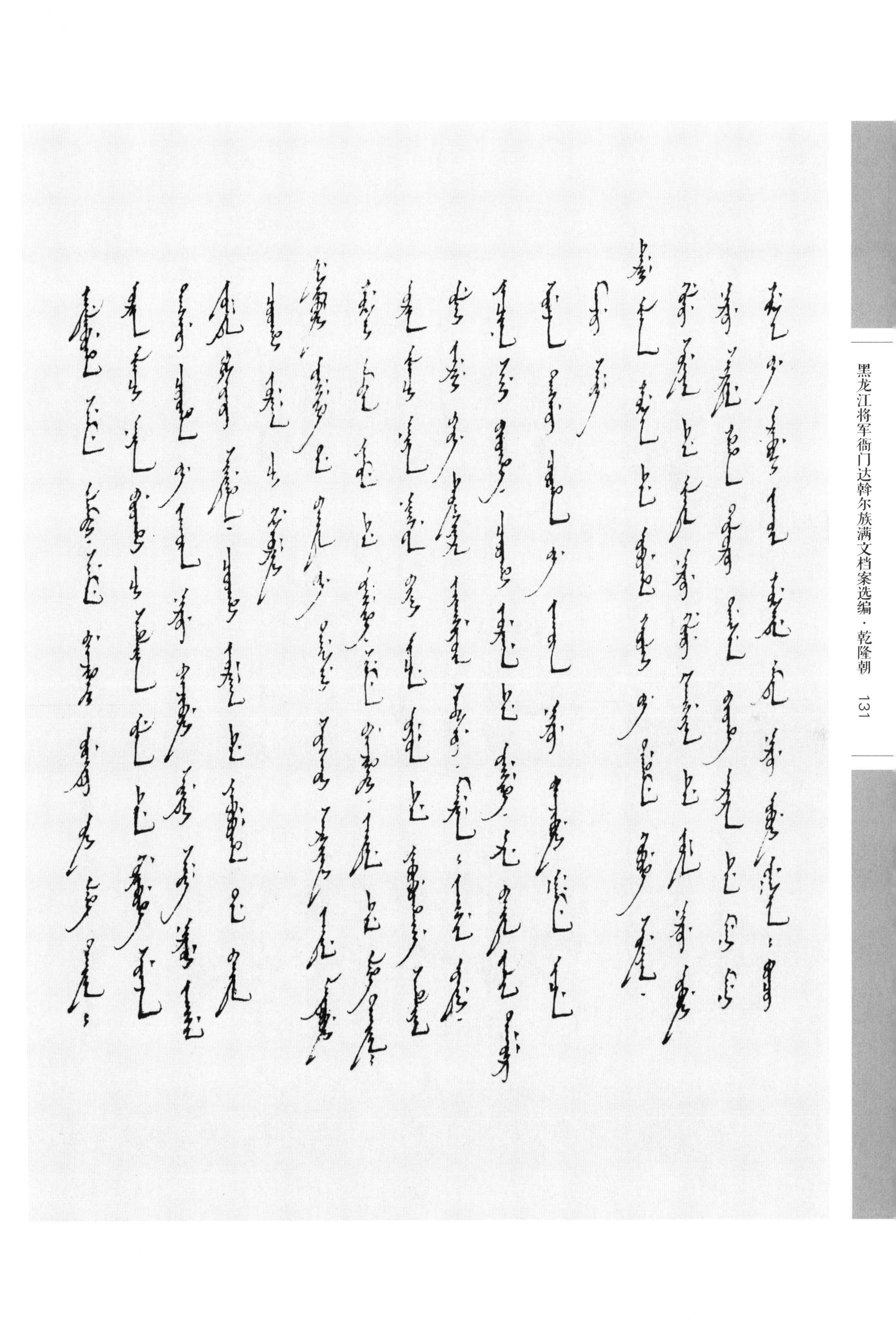

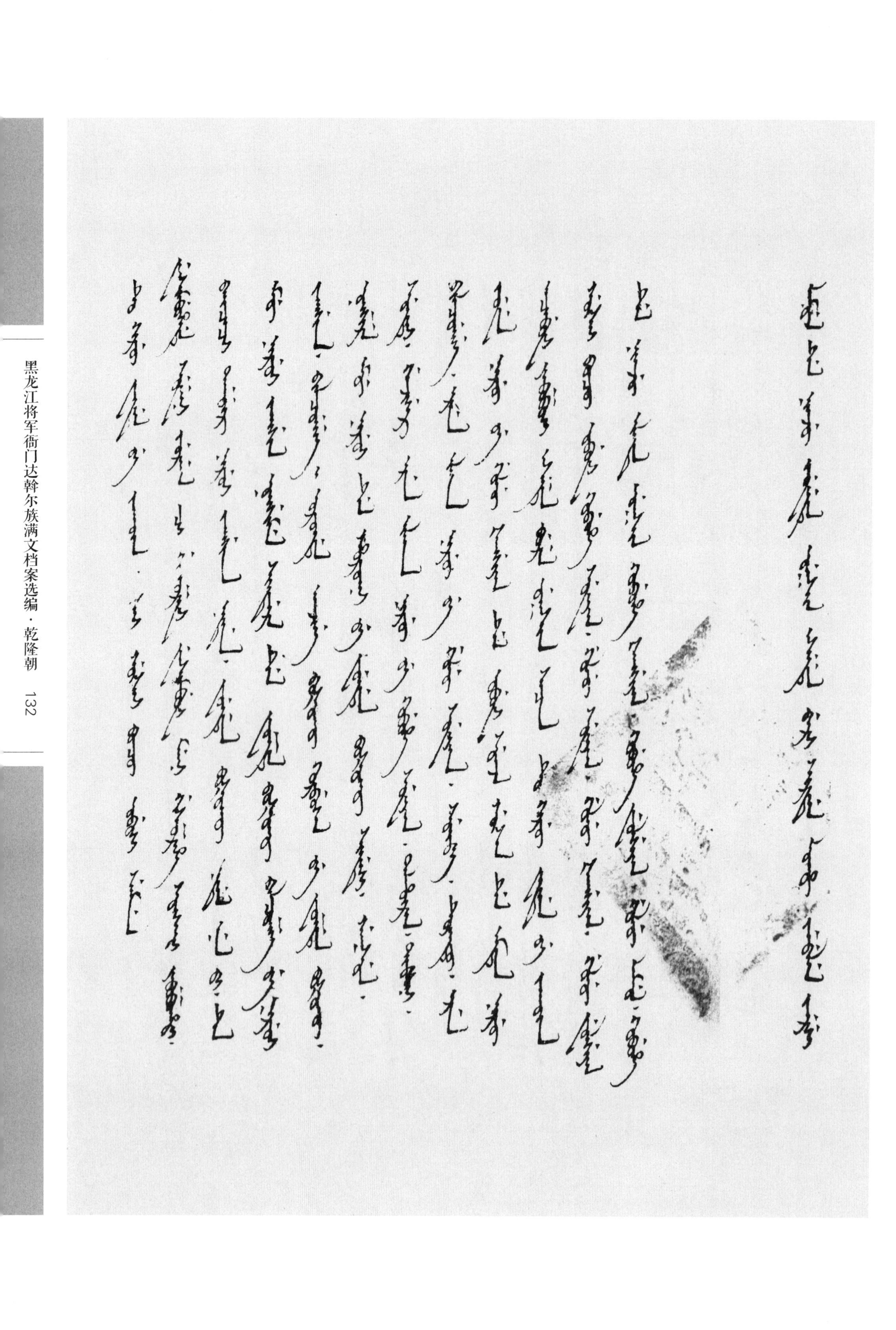

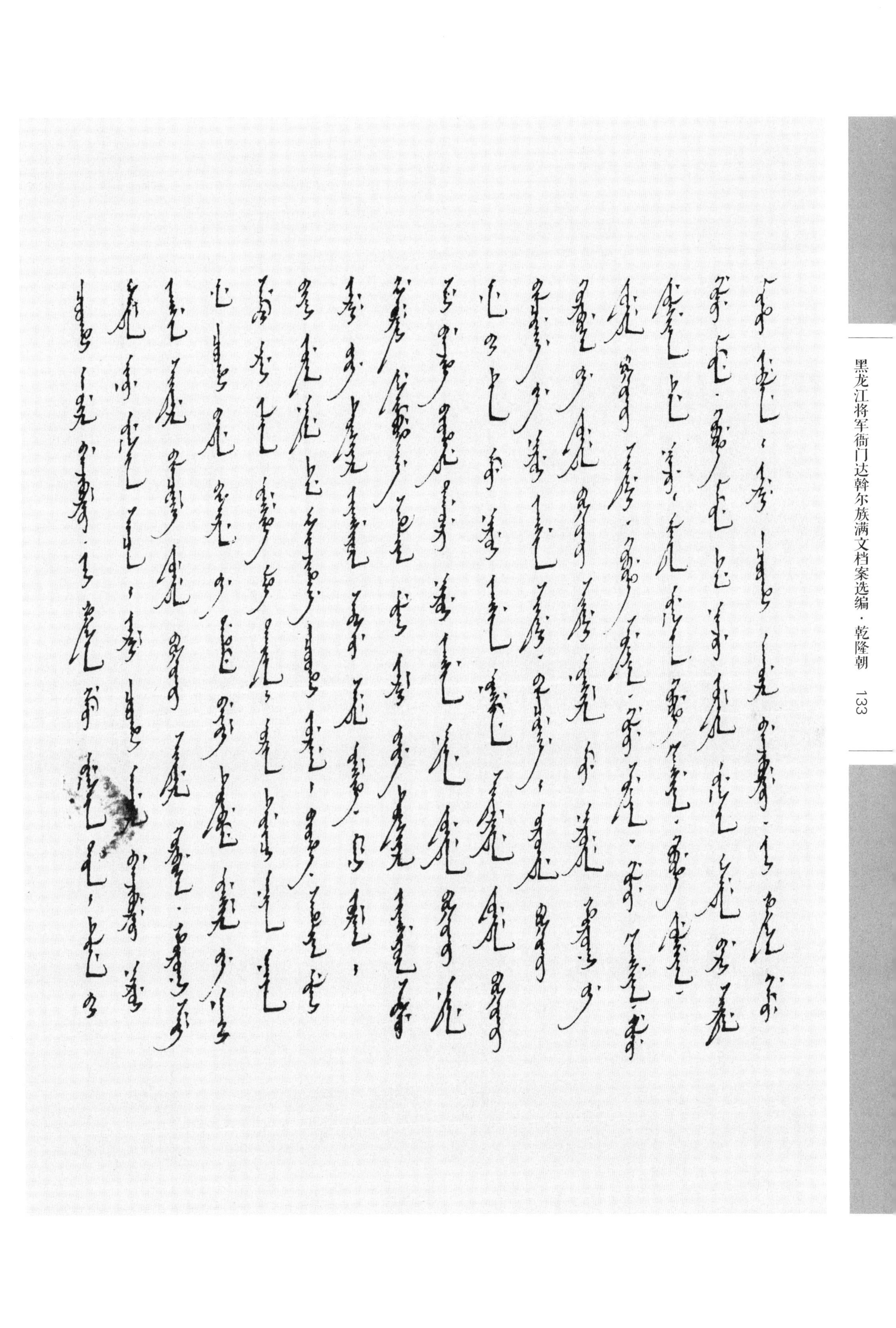

[illegible]

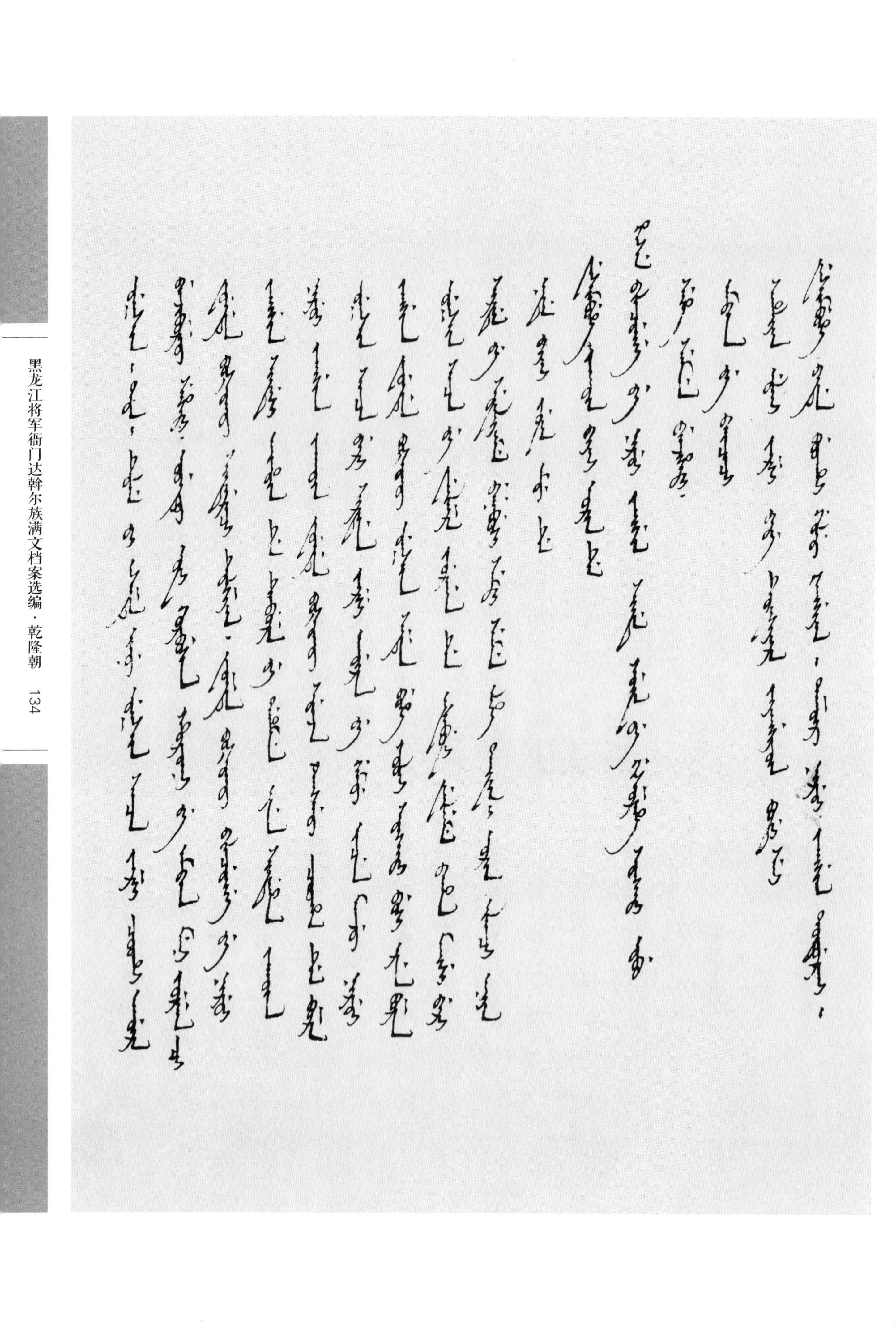

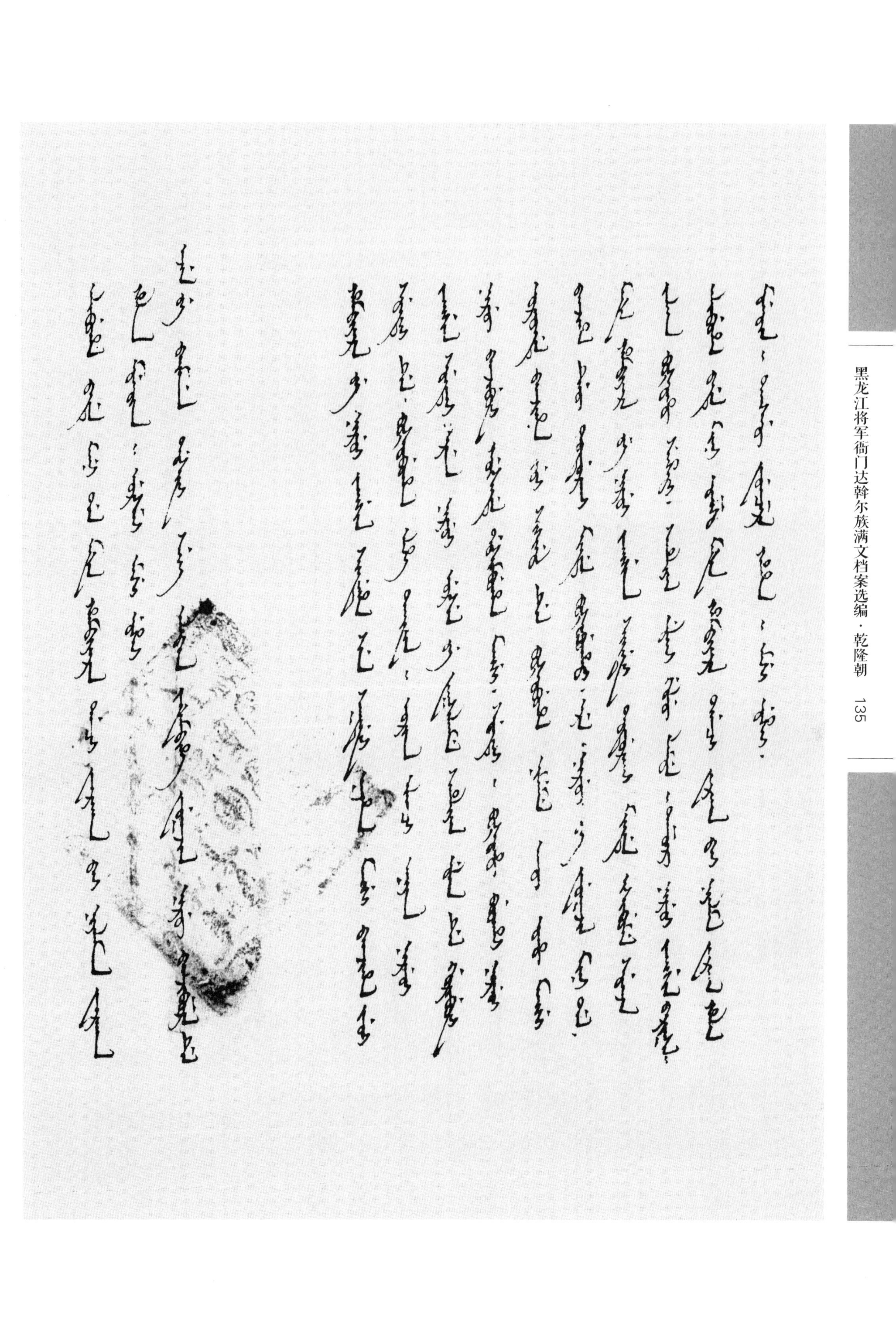

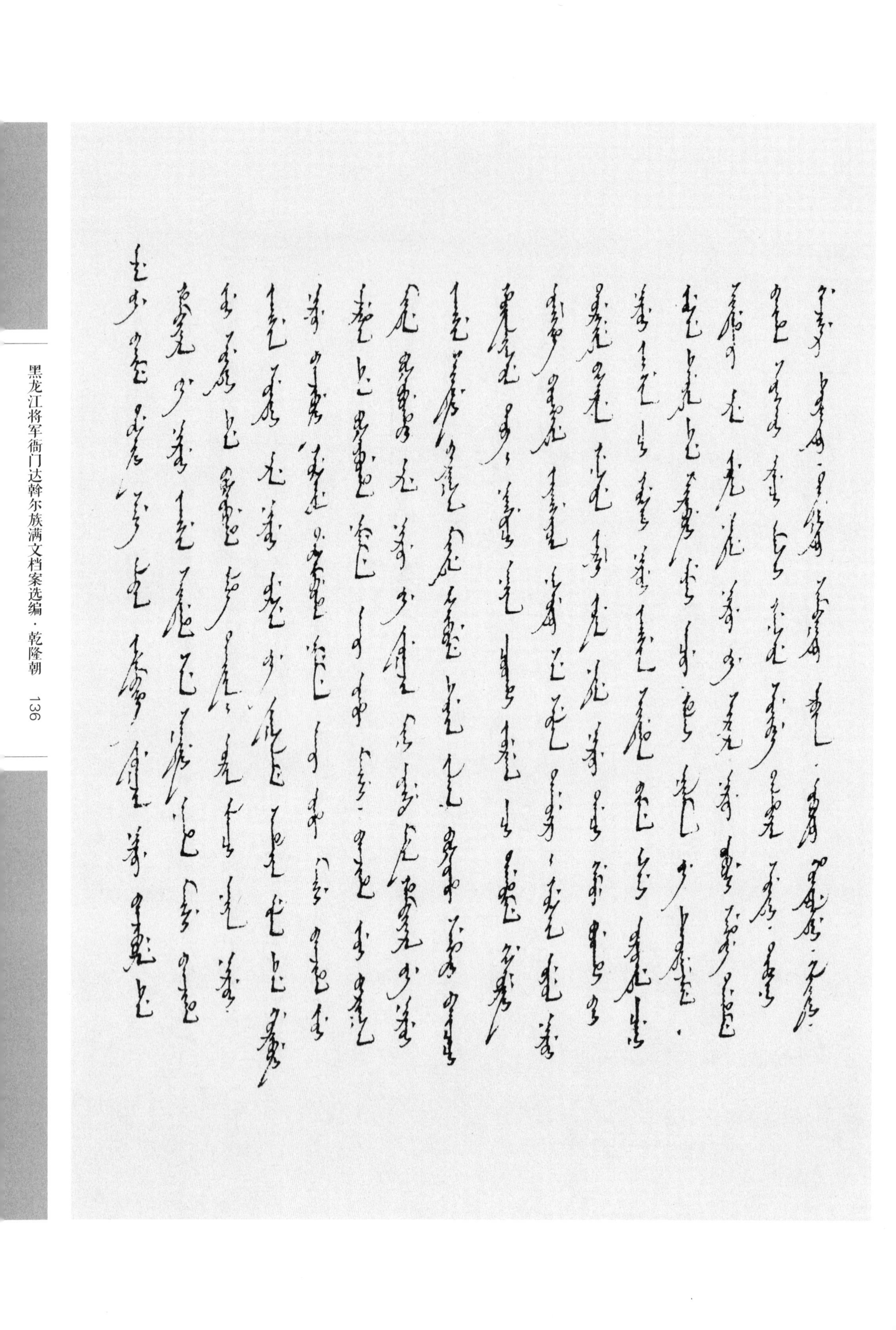

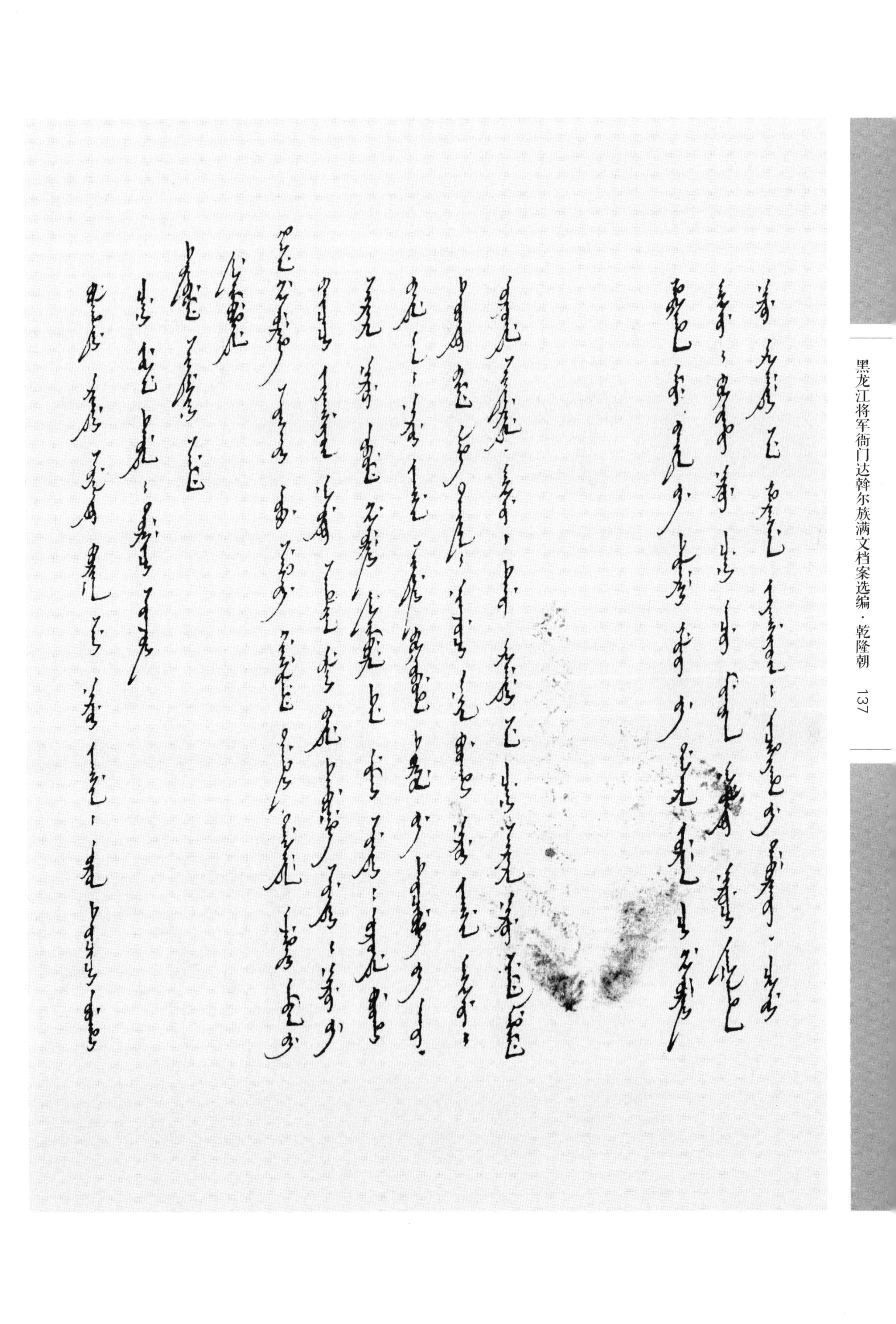

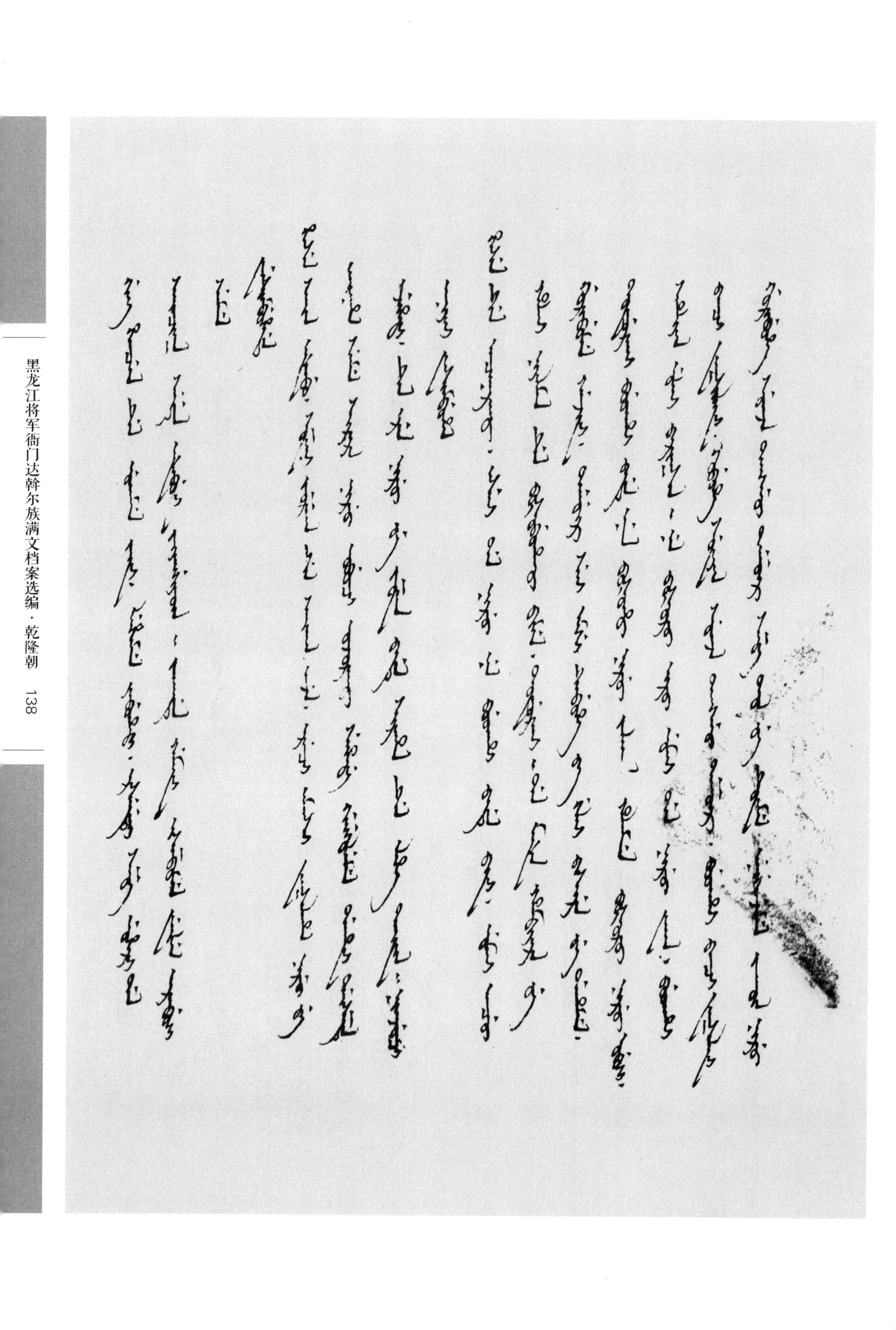

[illegible]

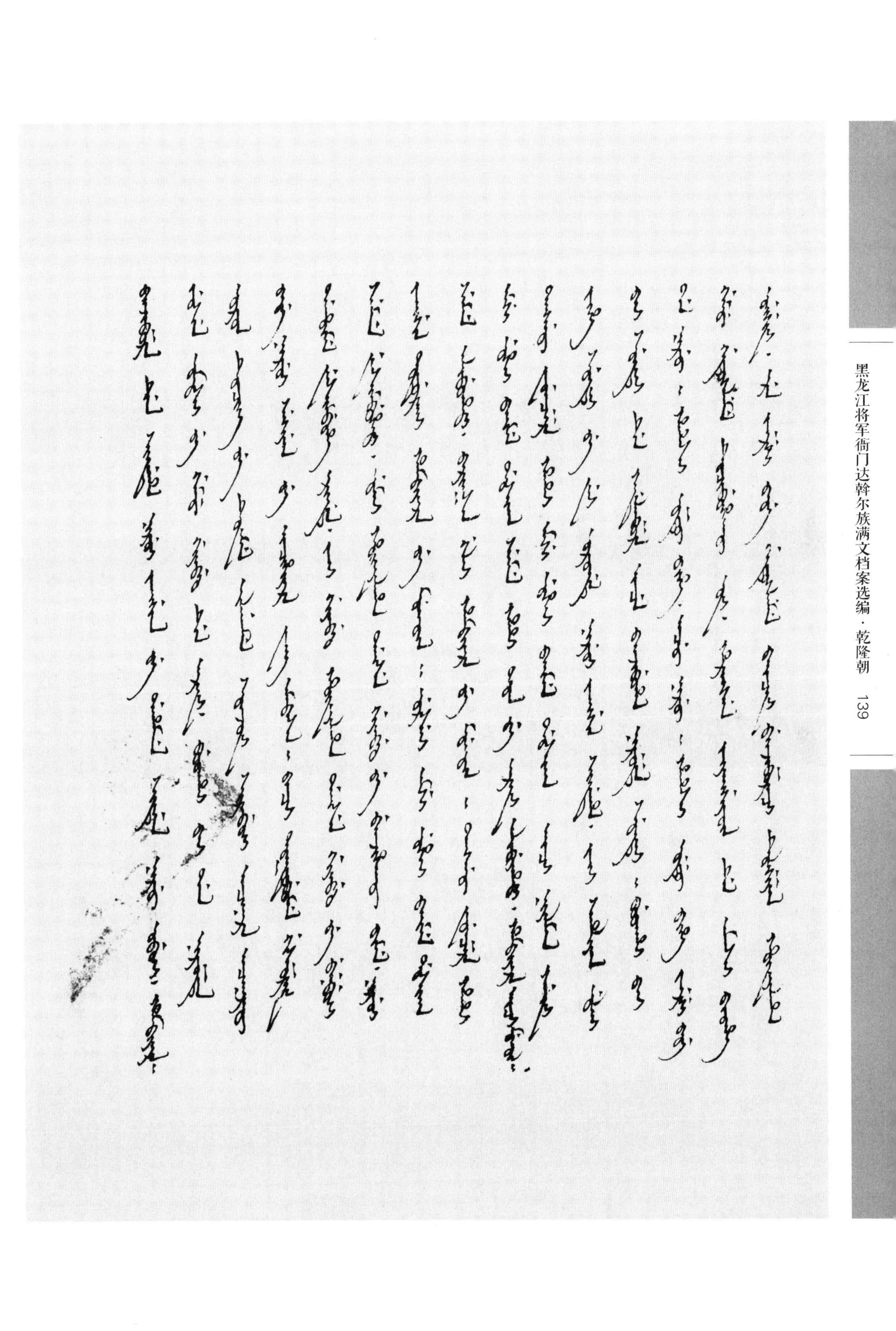

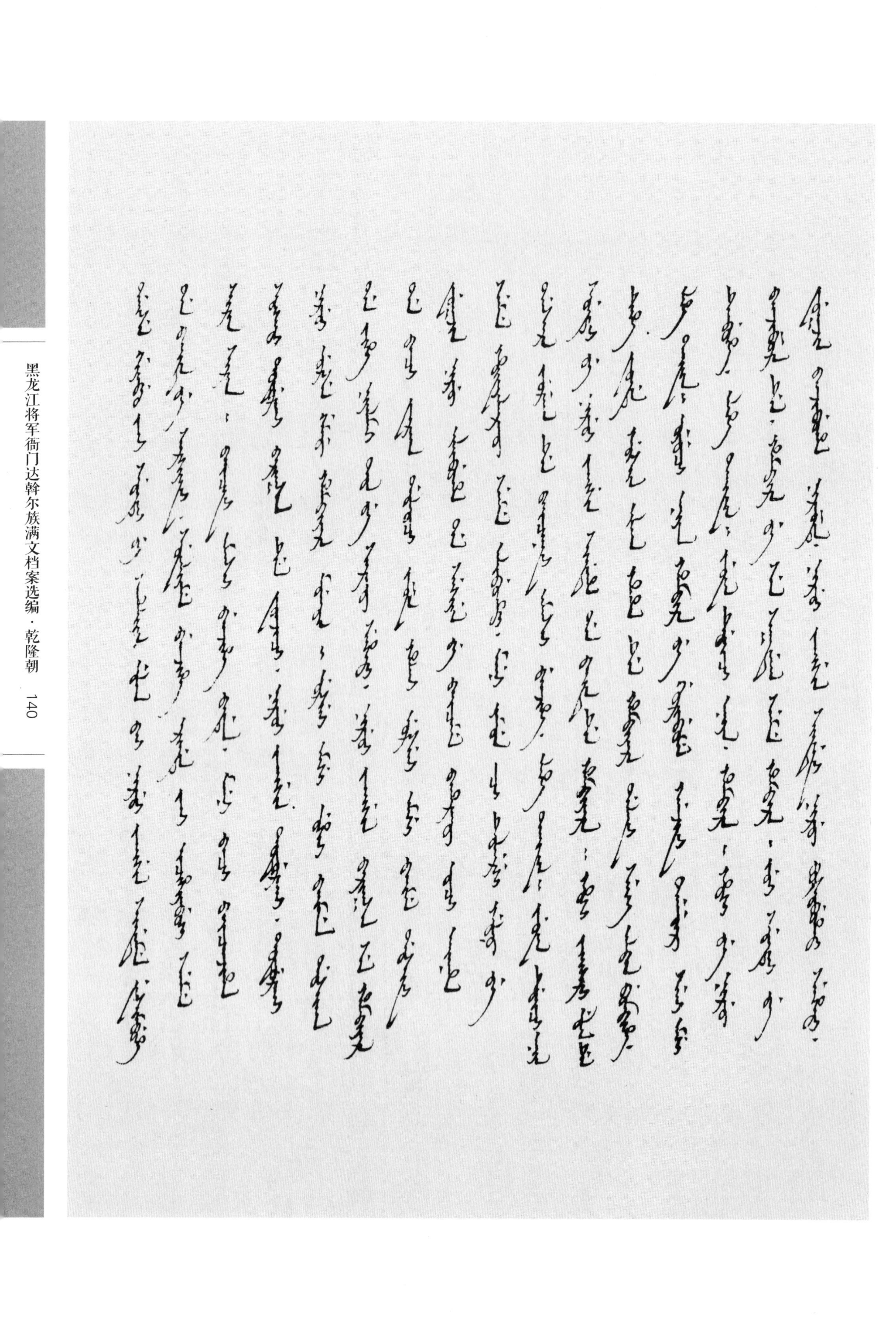

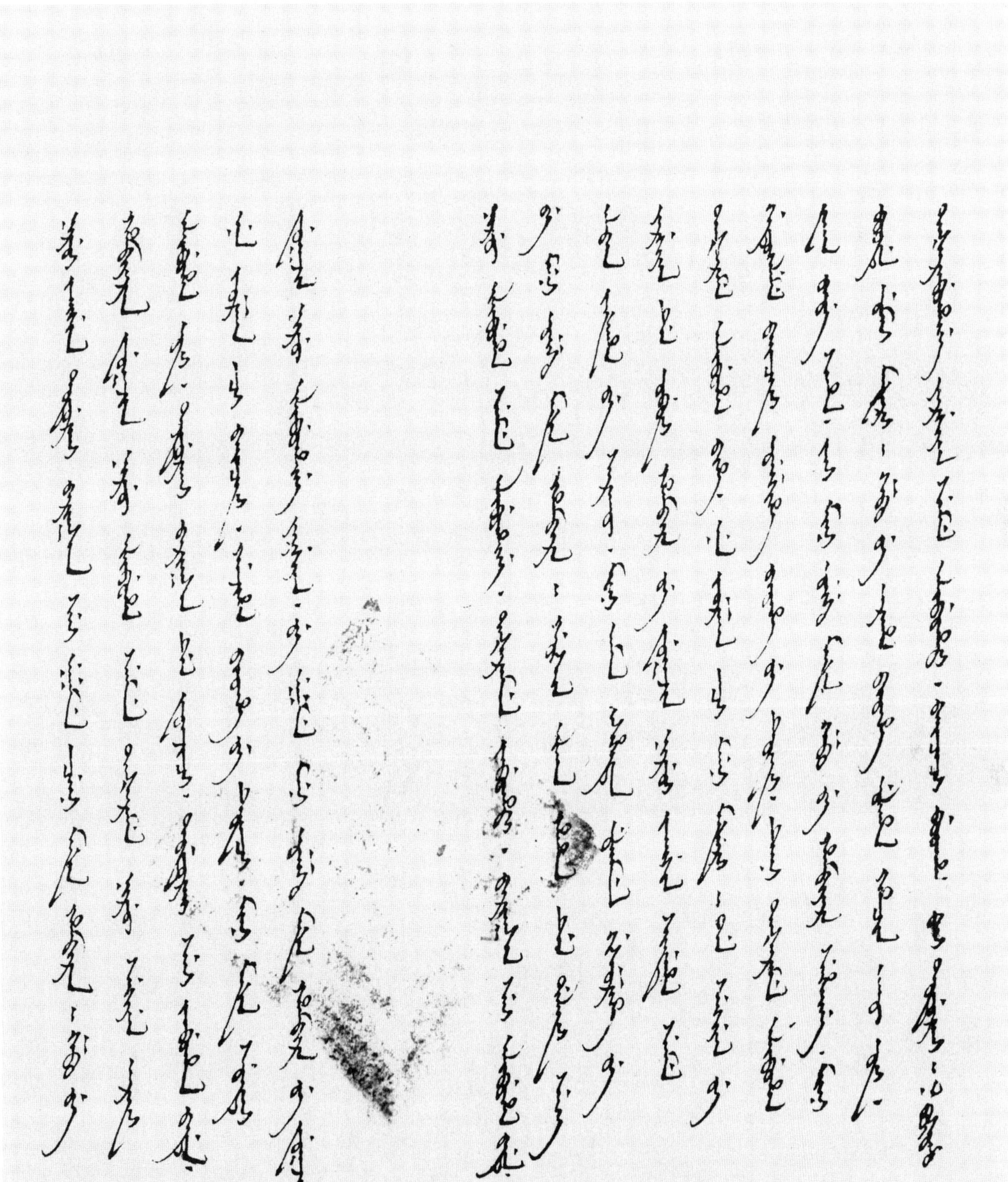

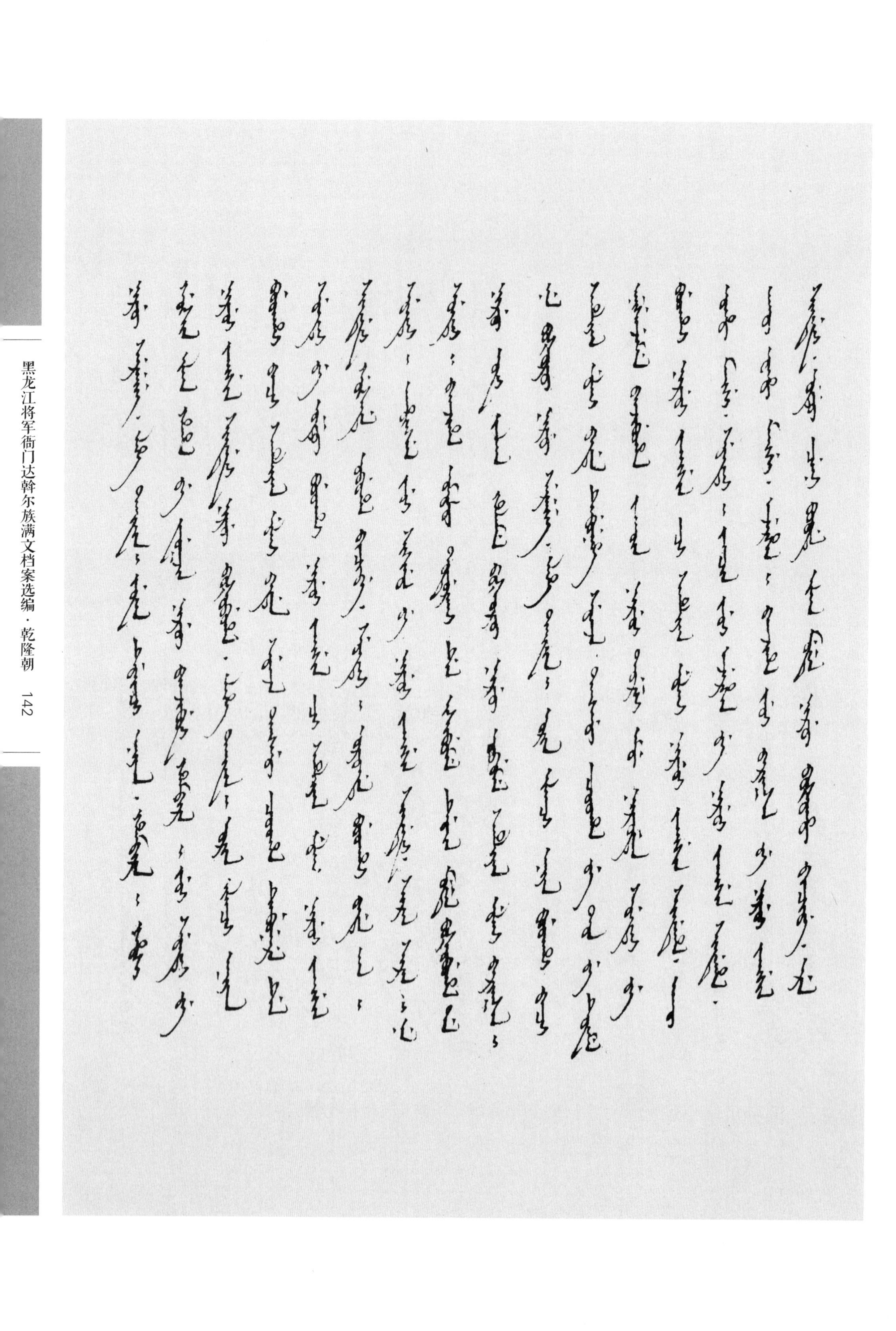

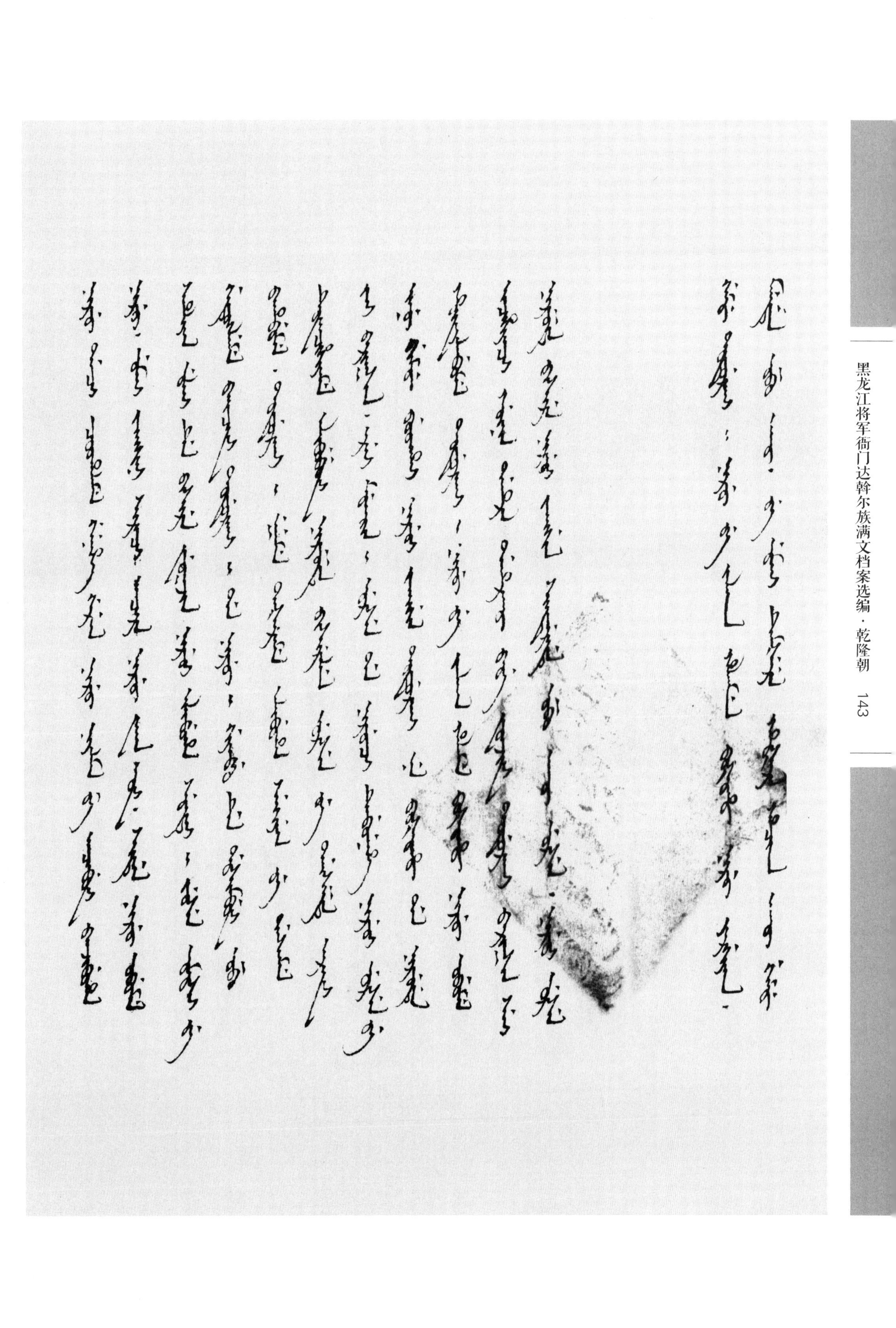

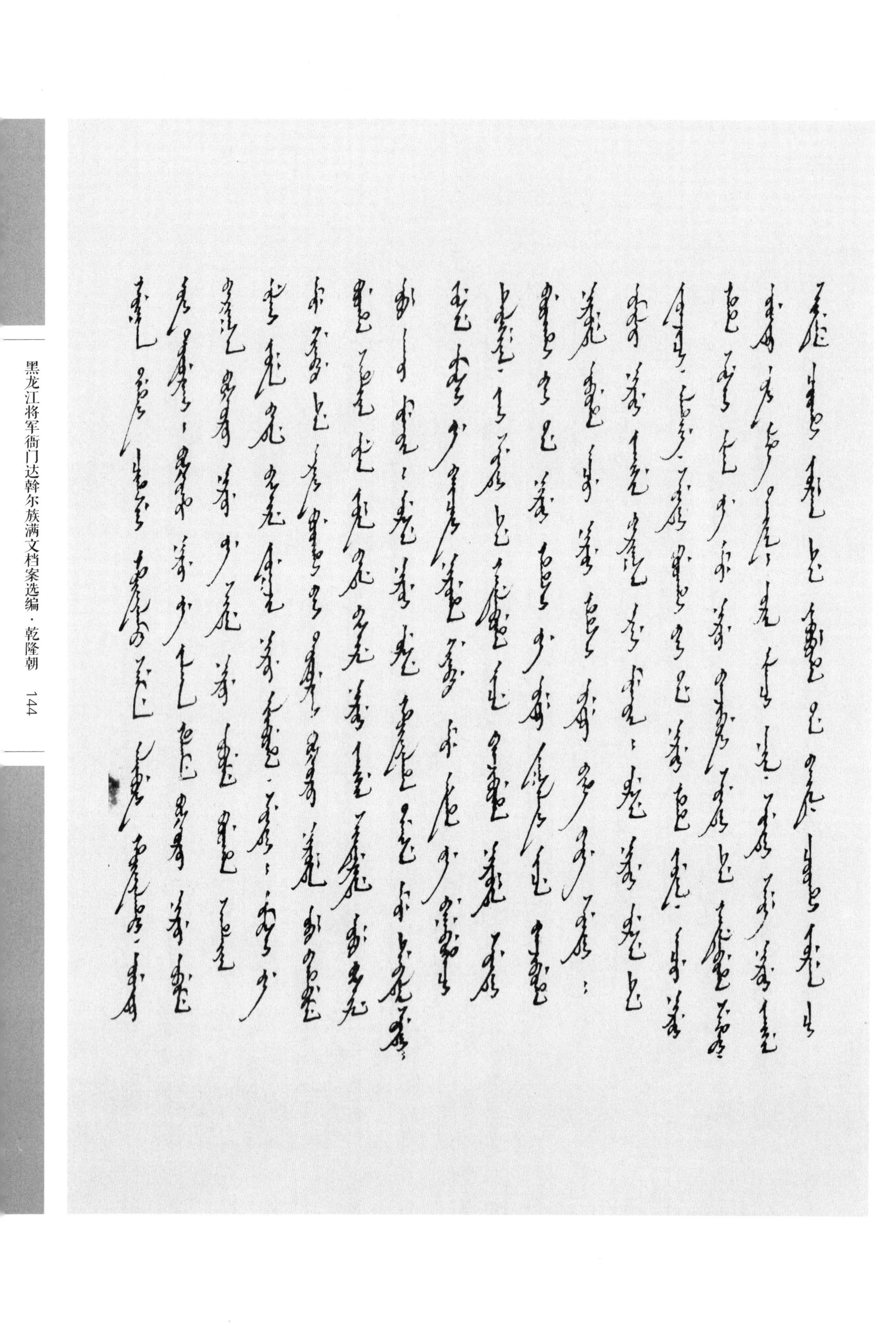

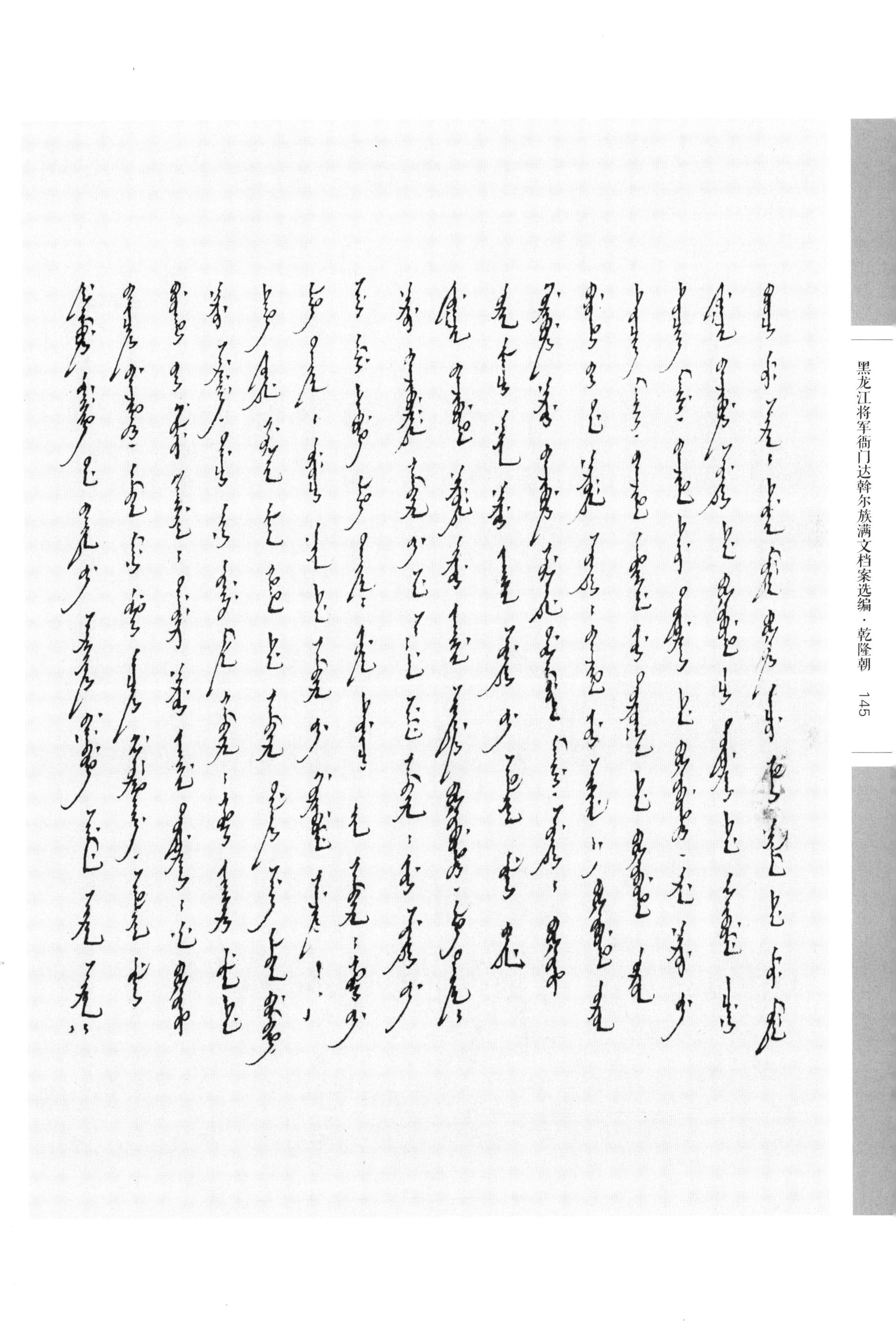

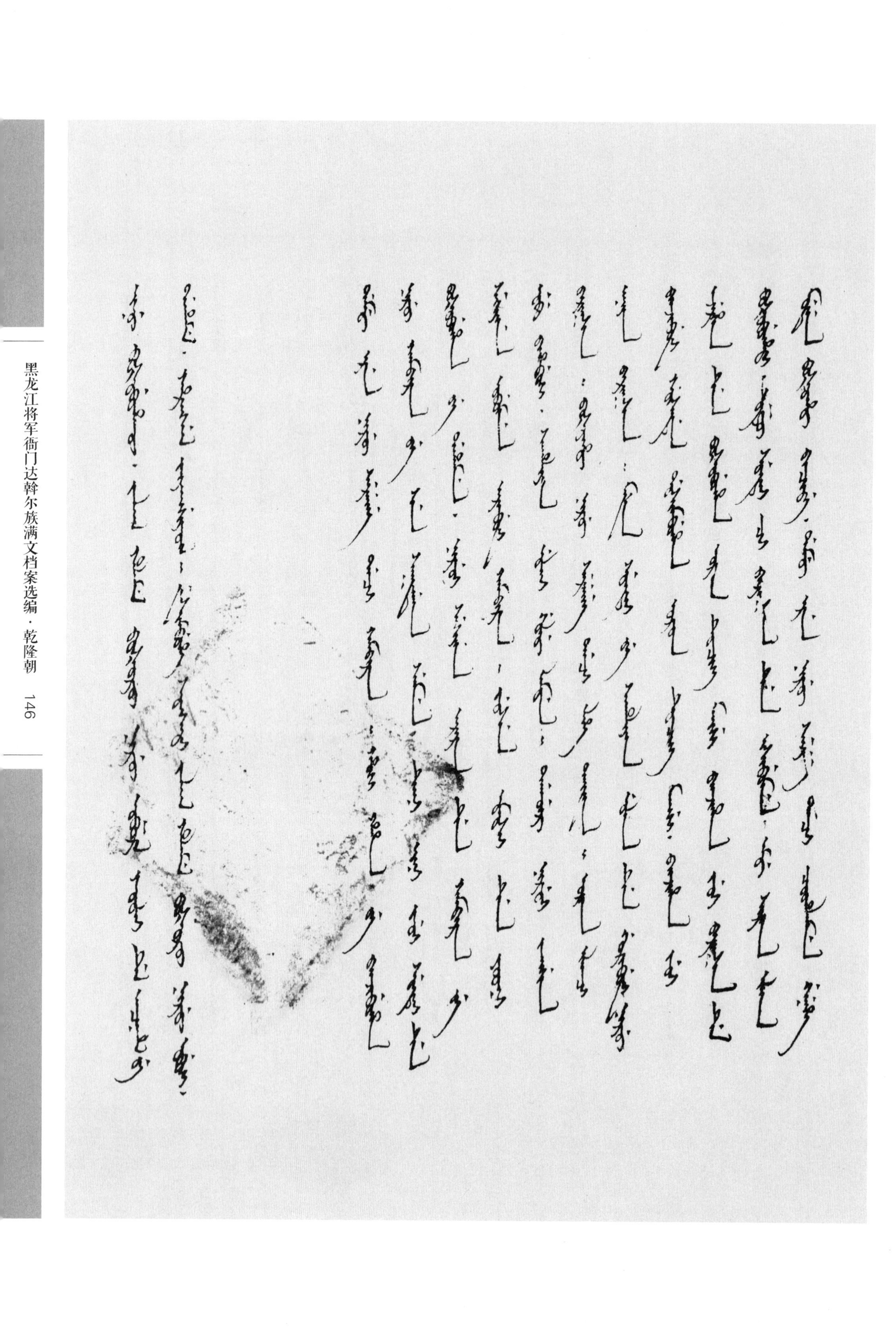

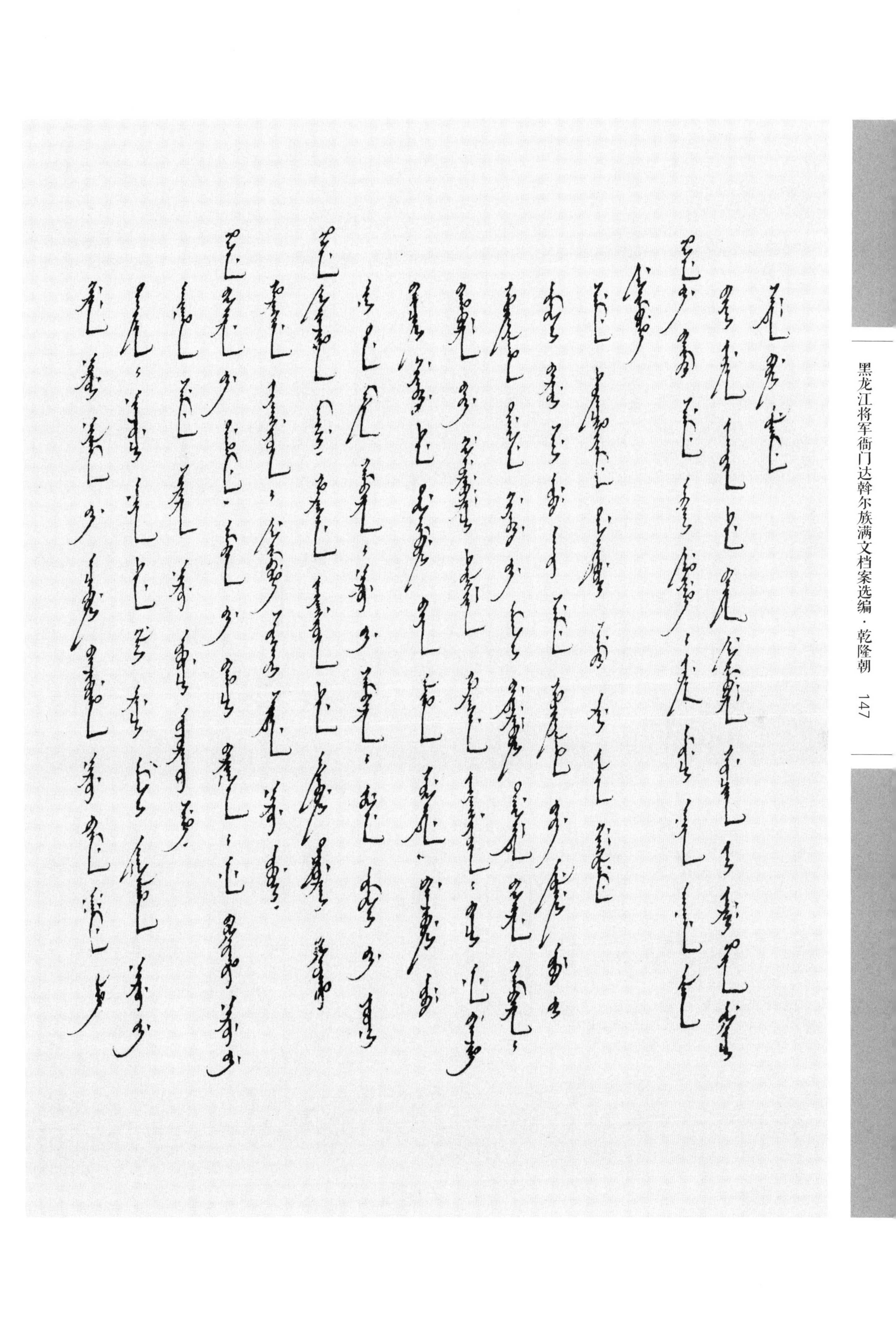

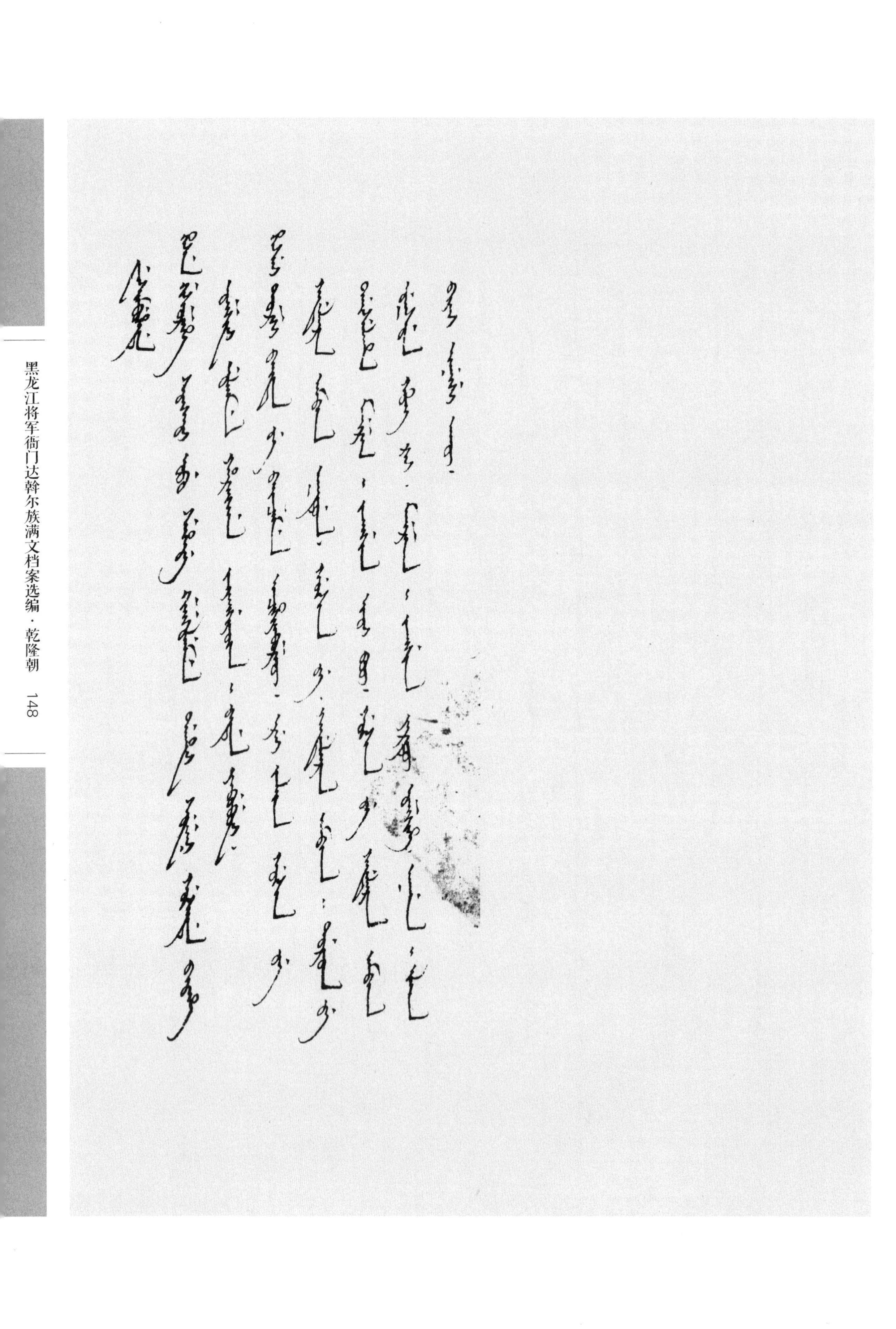

[illegible]

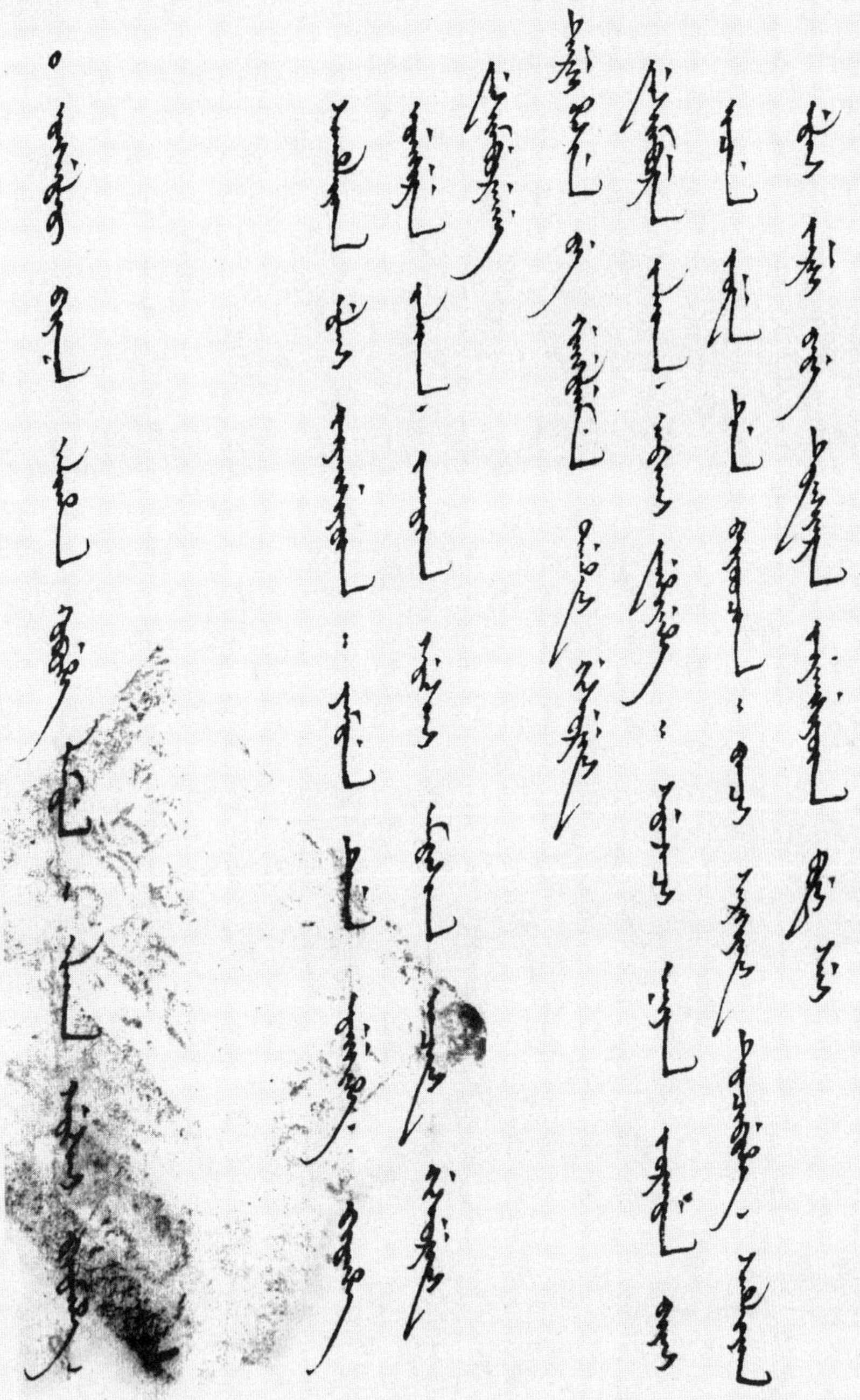

四〇七 值月镶蓝三旗为布特哈正白旗达斡尔托多尔凯等承袭世管佐领解送源流册家谱事咨黑龙江将军衙门文

乾隆十一年七月二十一日

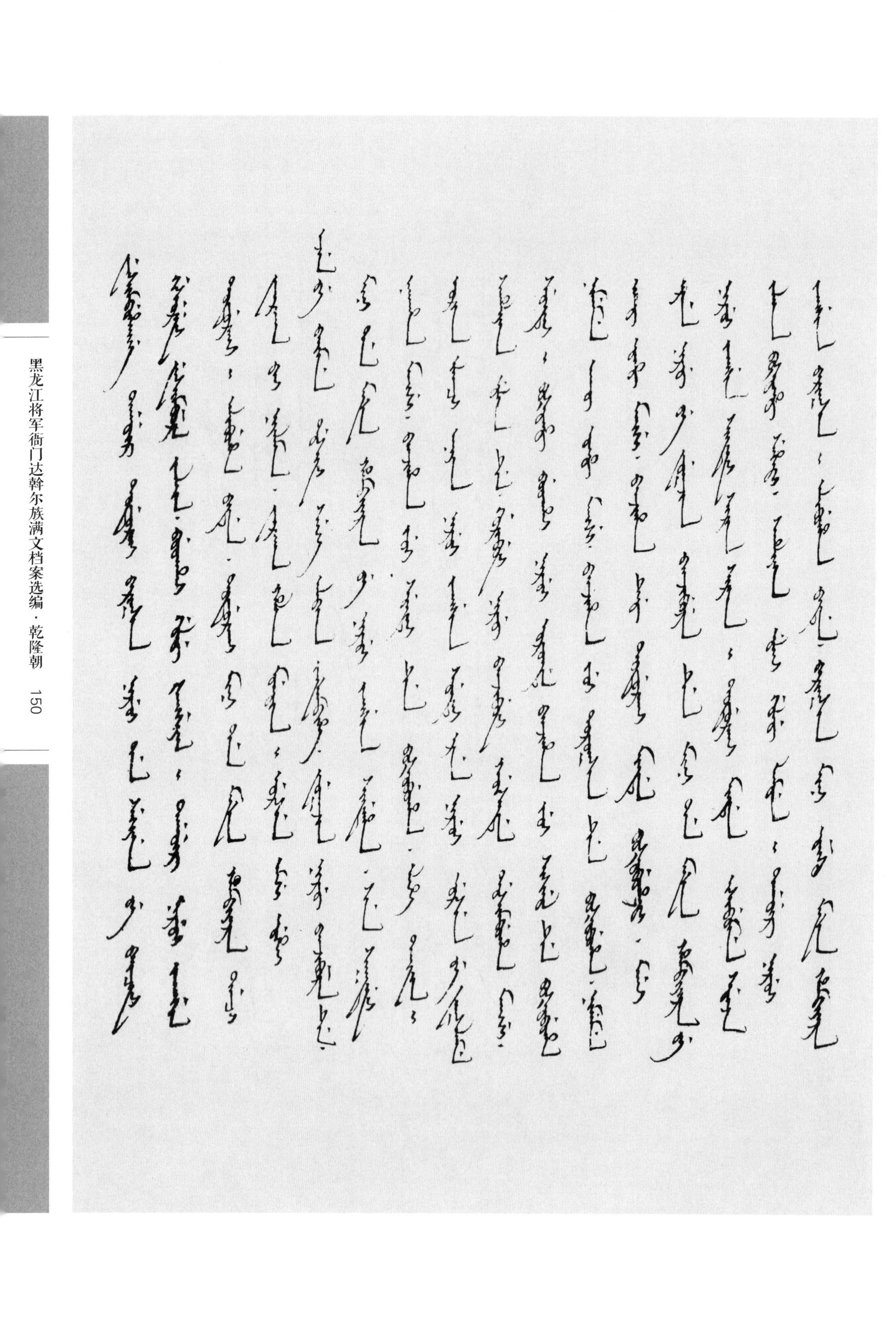

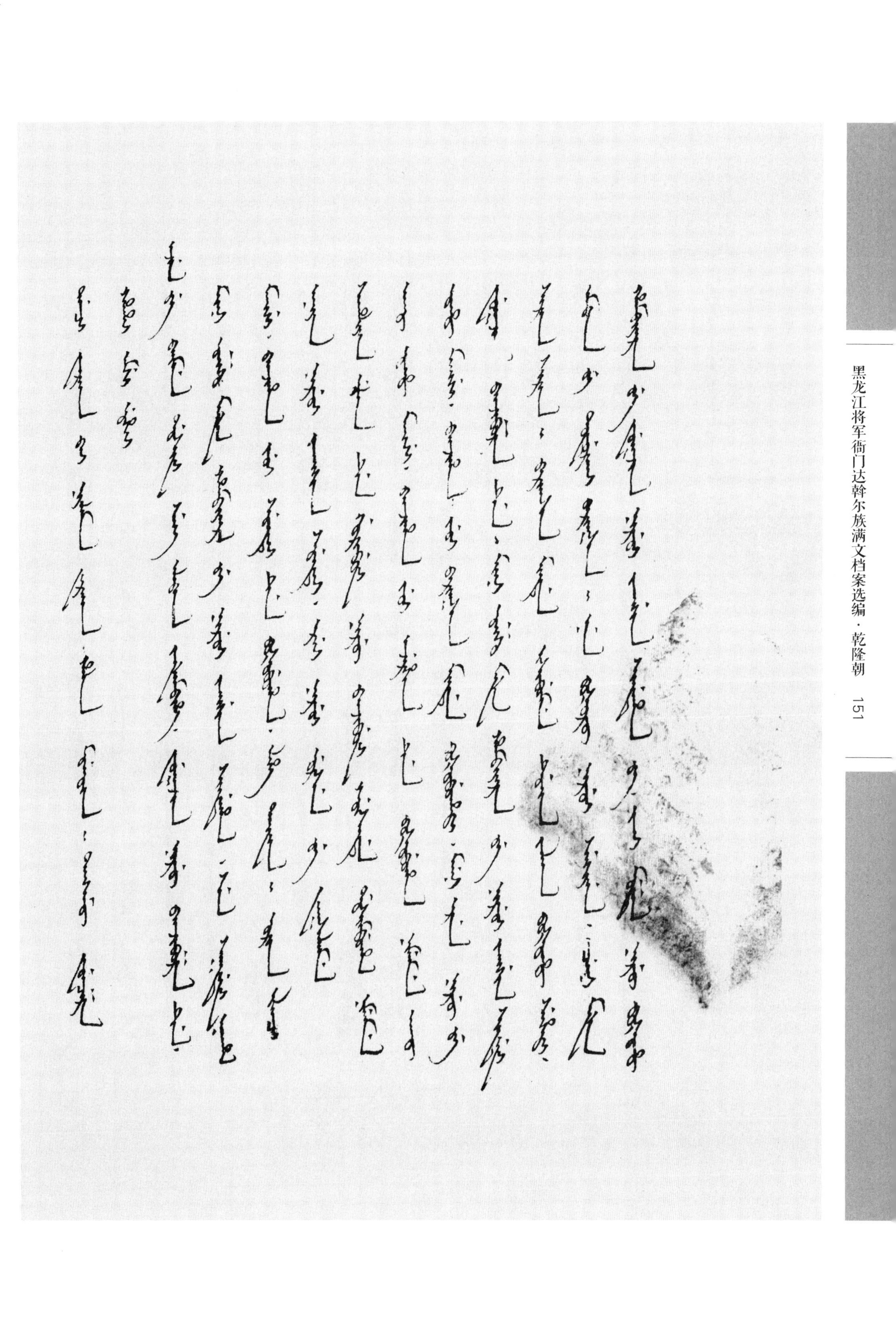

[illegible]

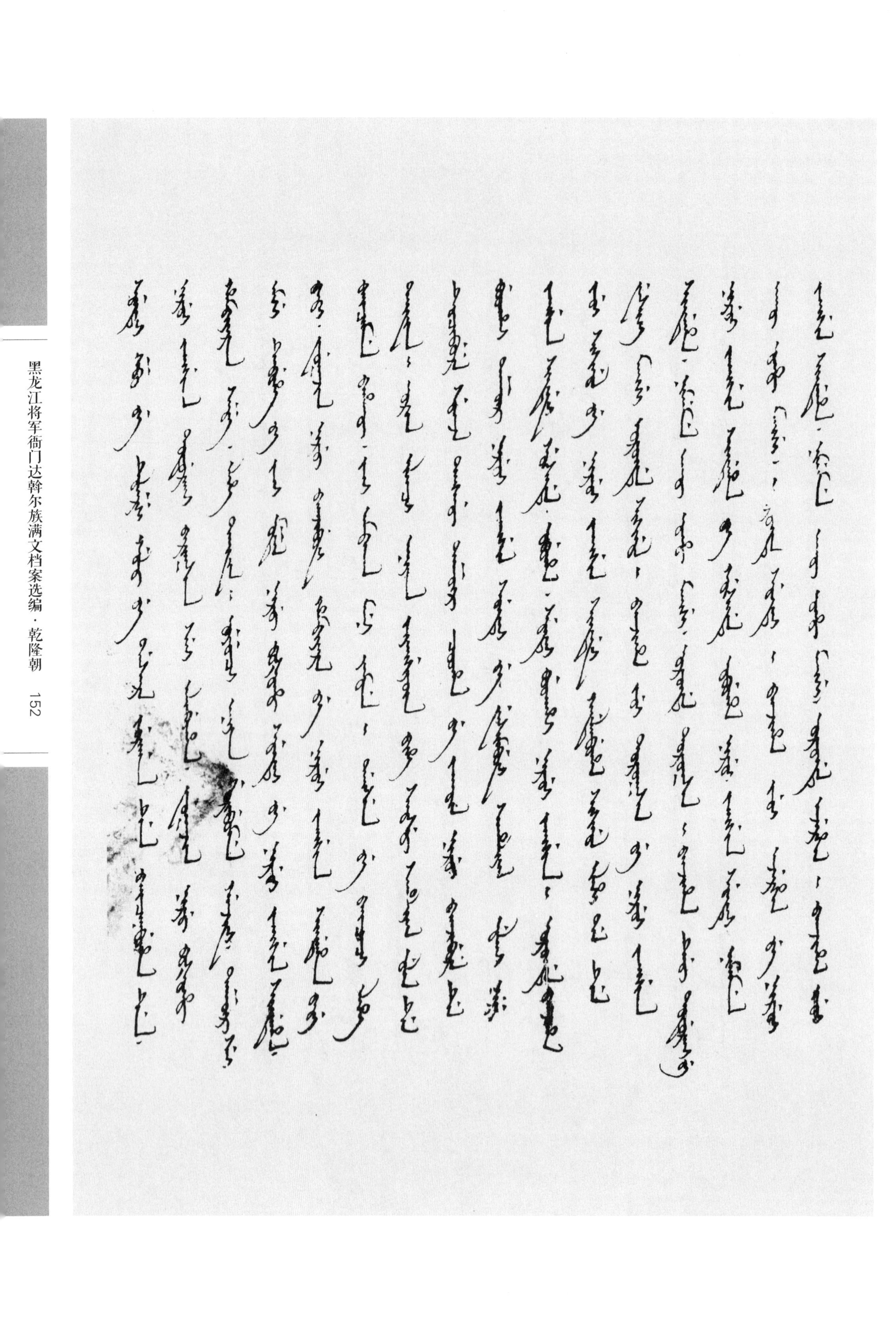

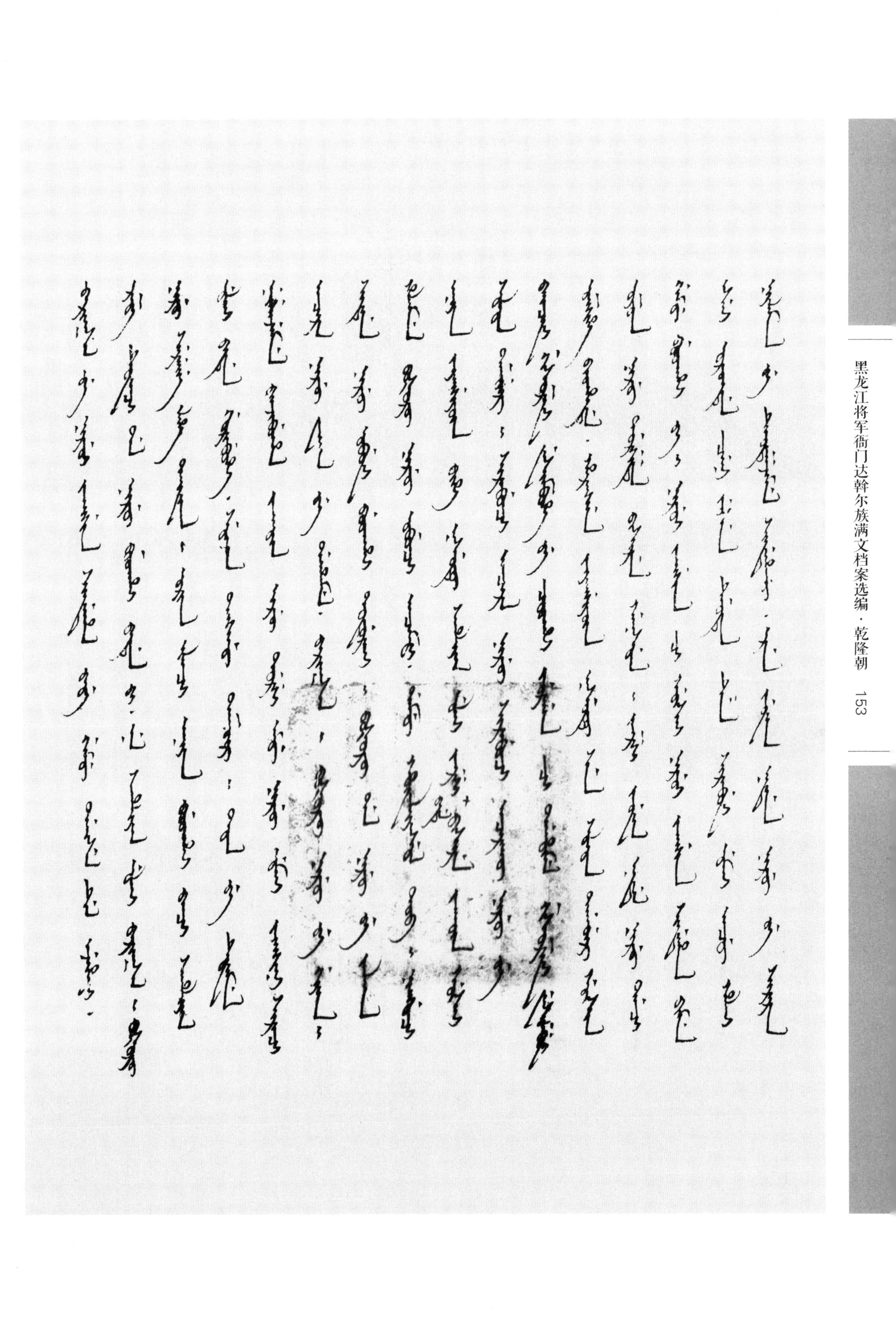

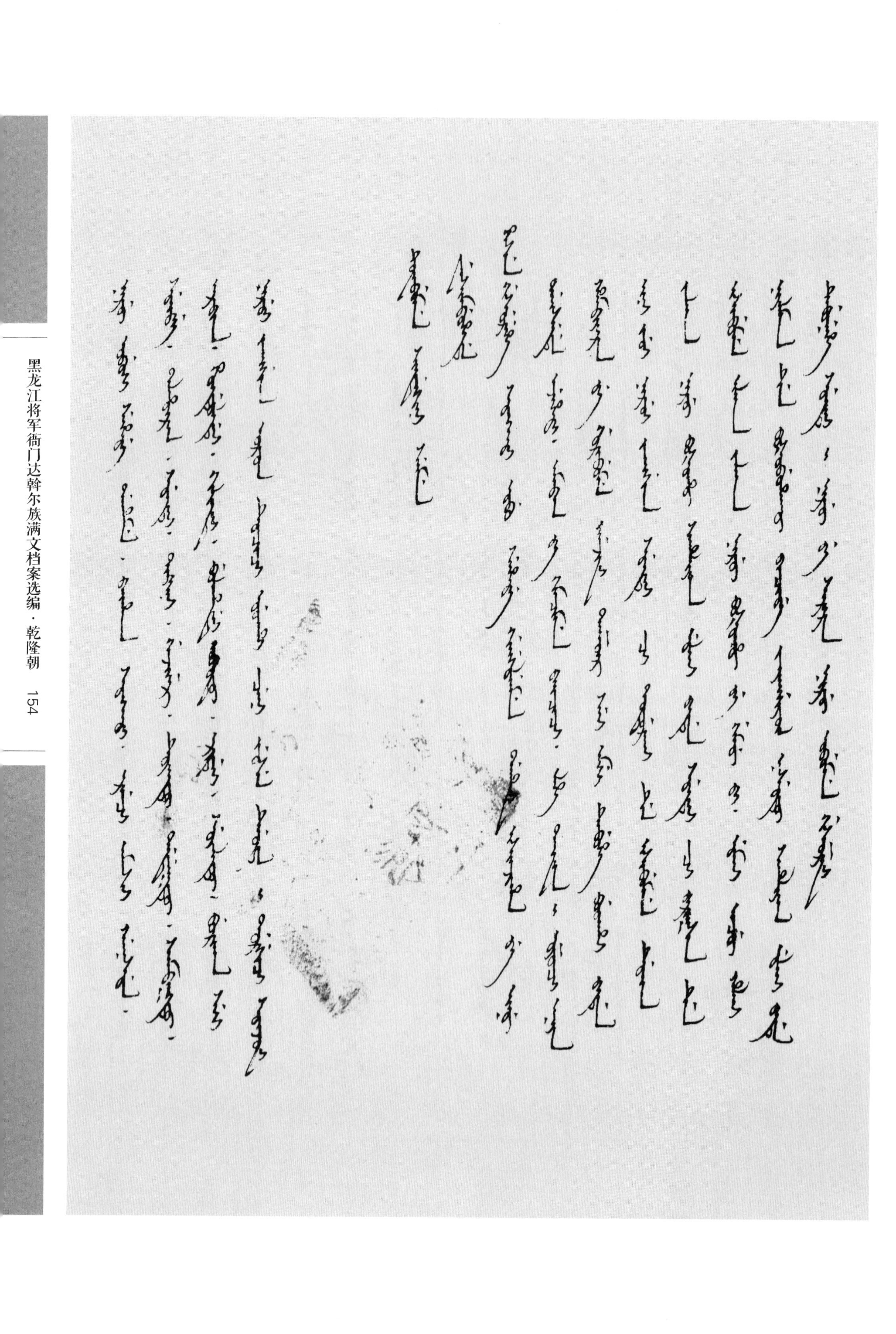

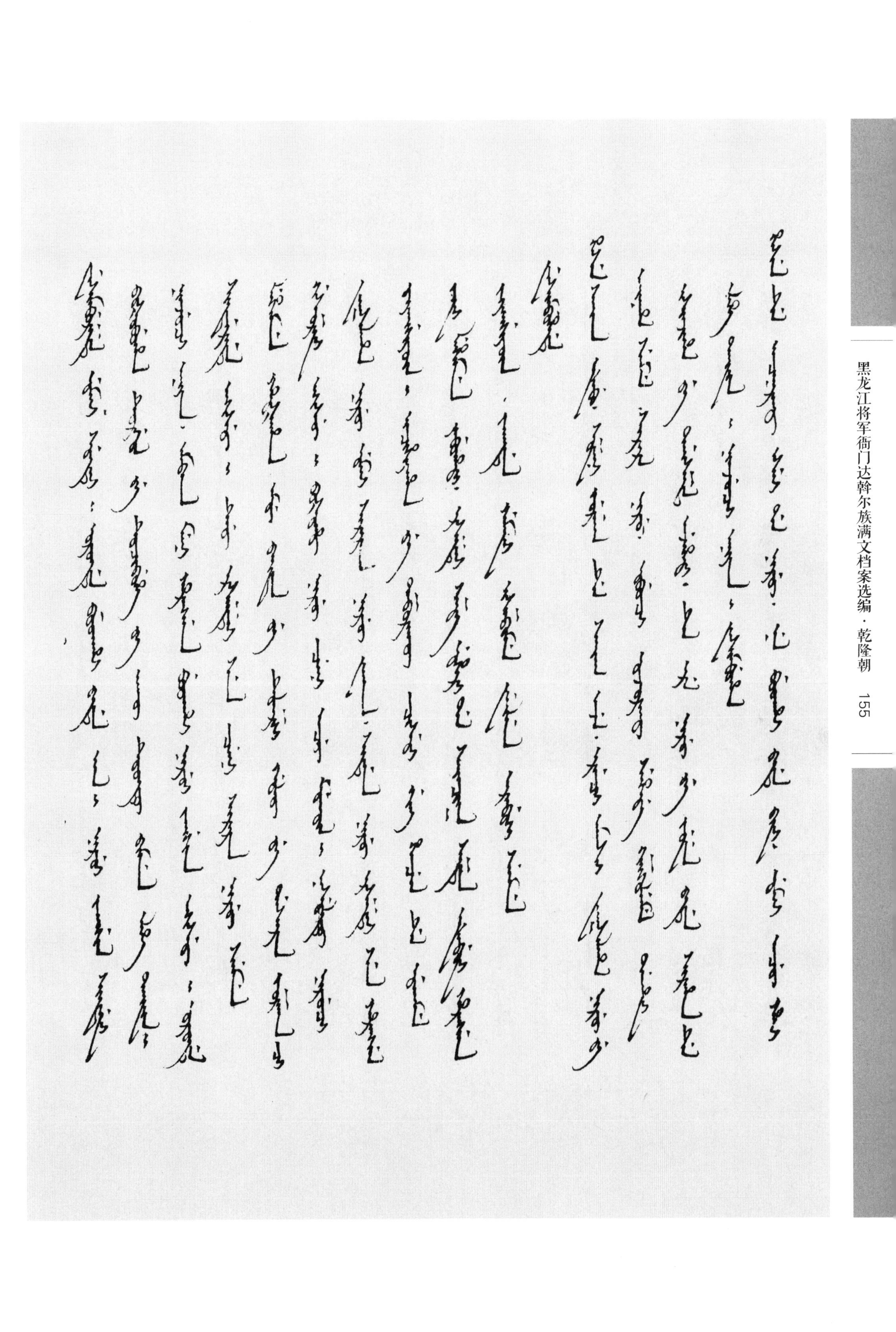

[illegible]

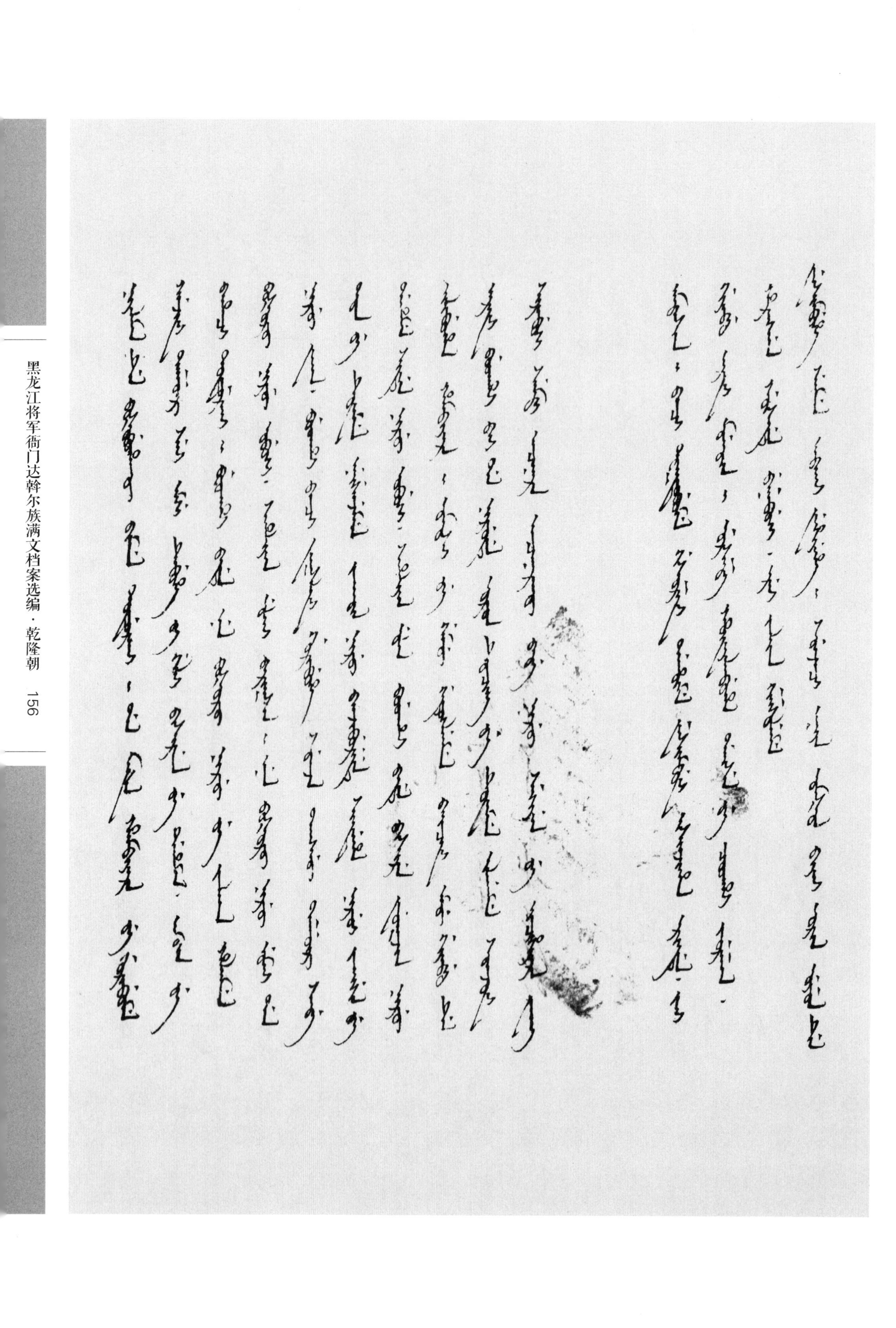

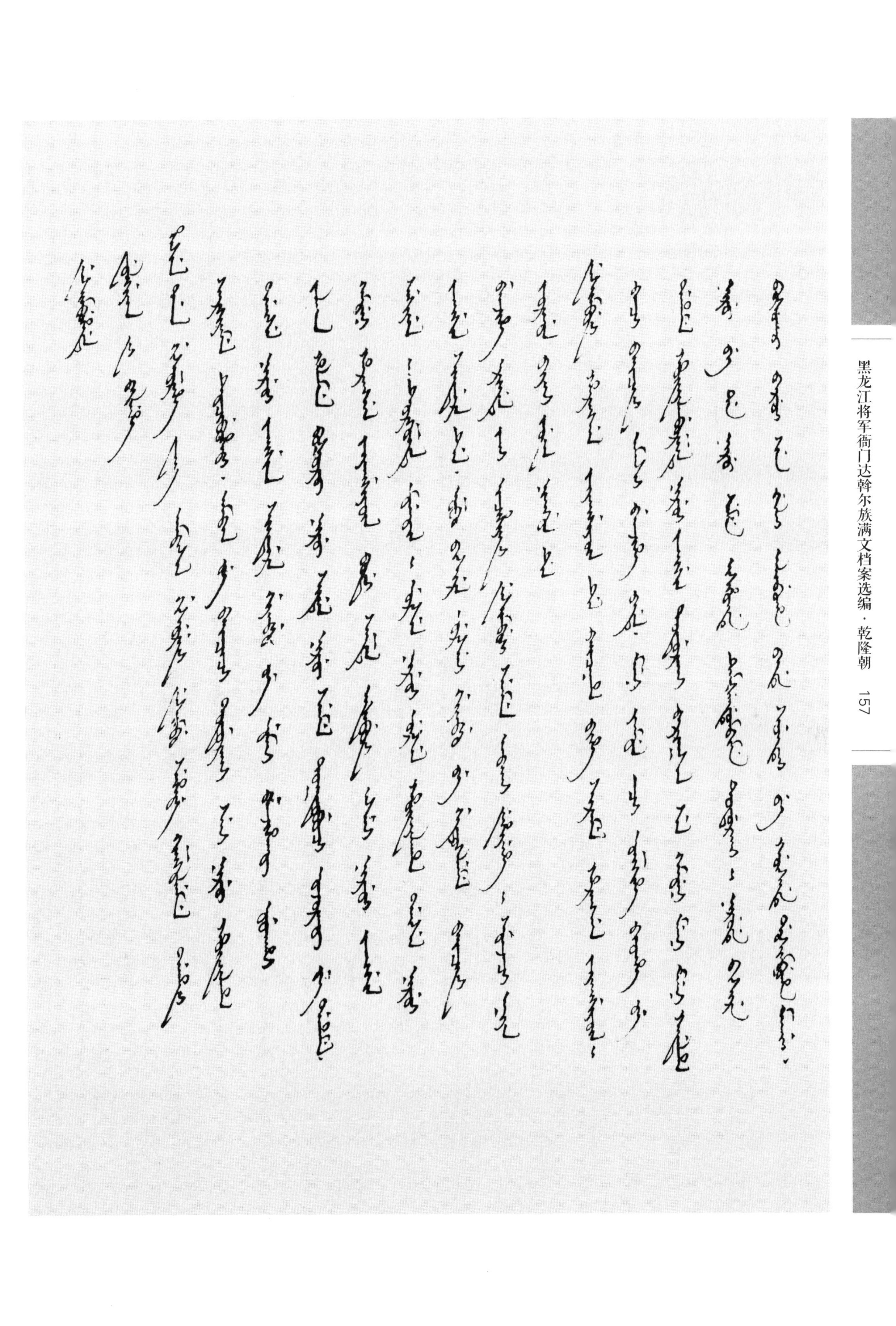

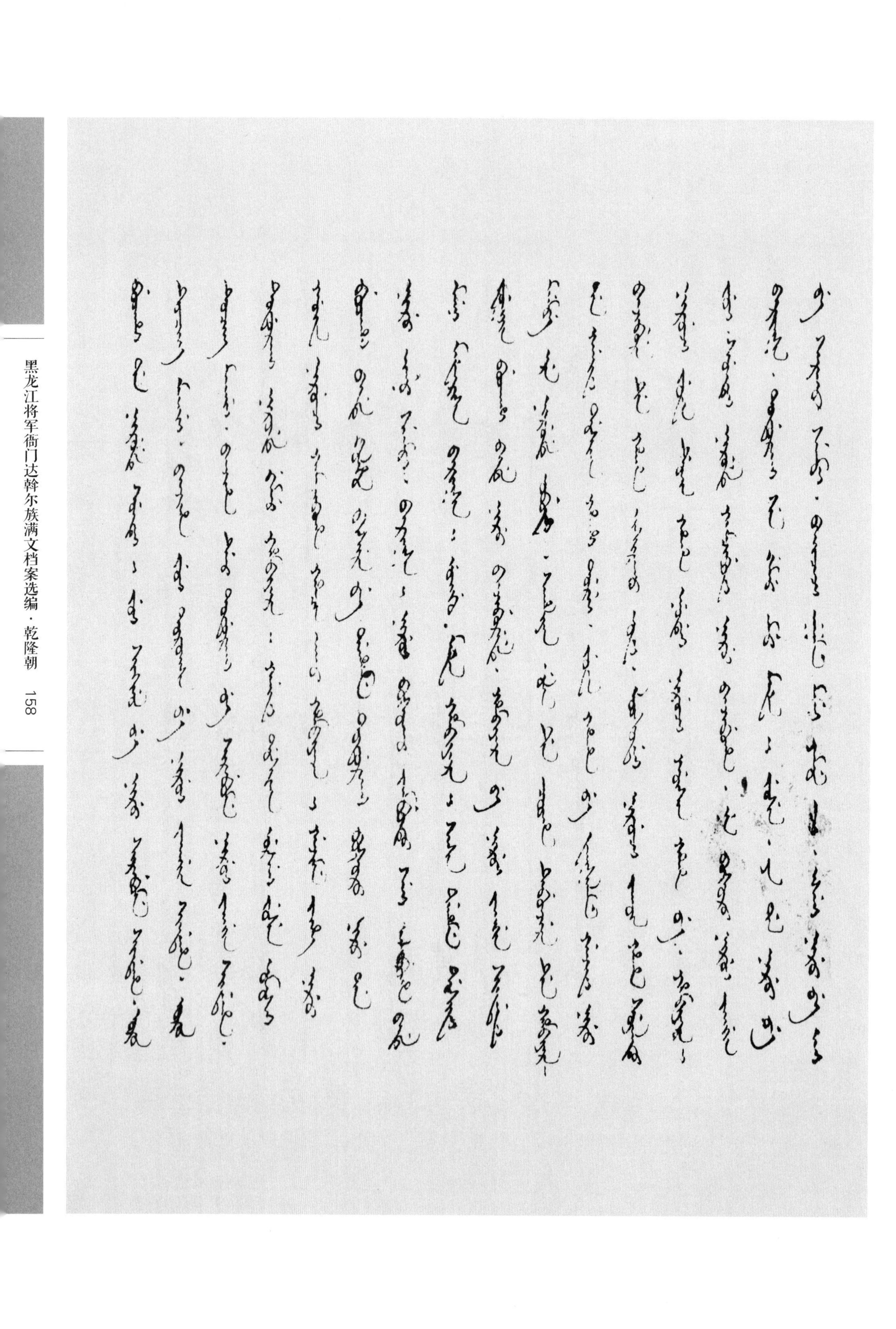

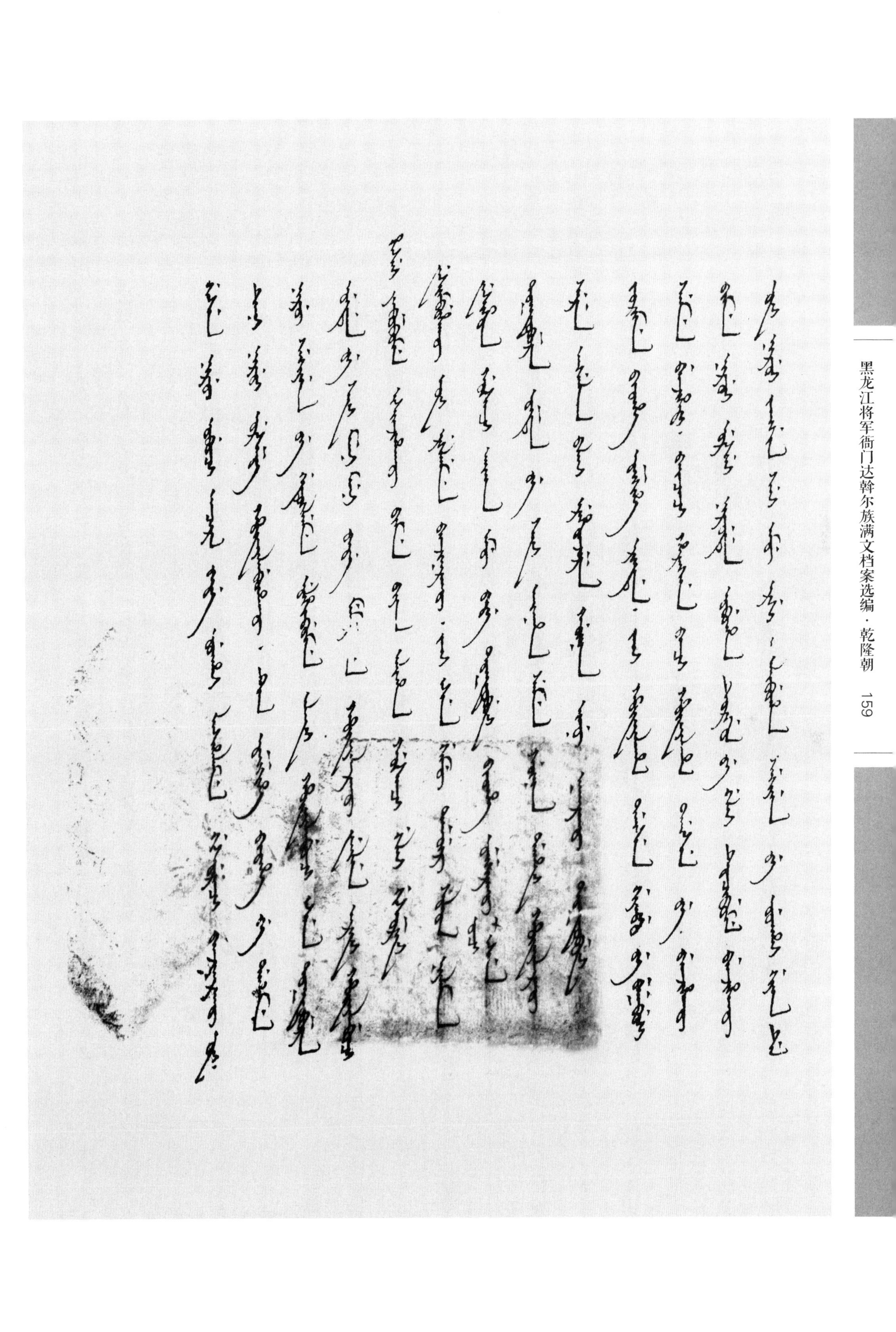

[illegible]

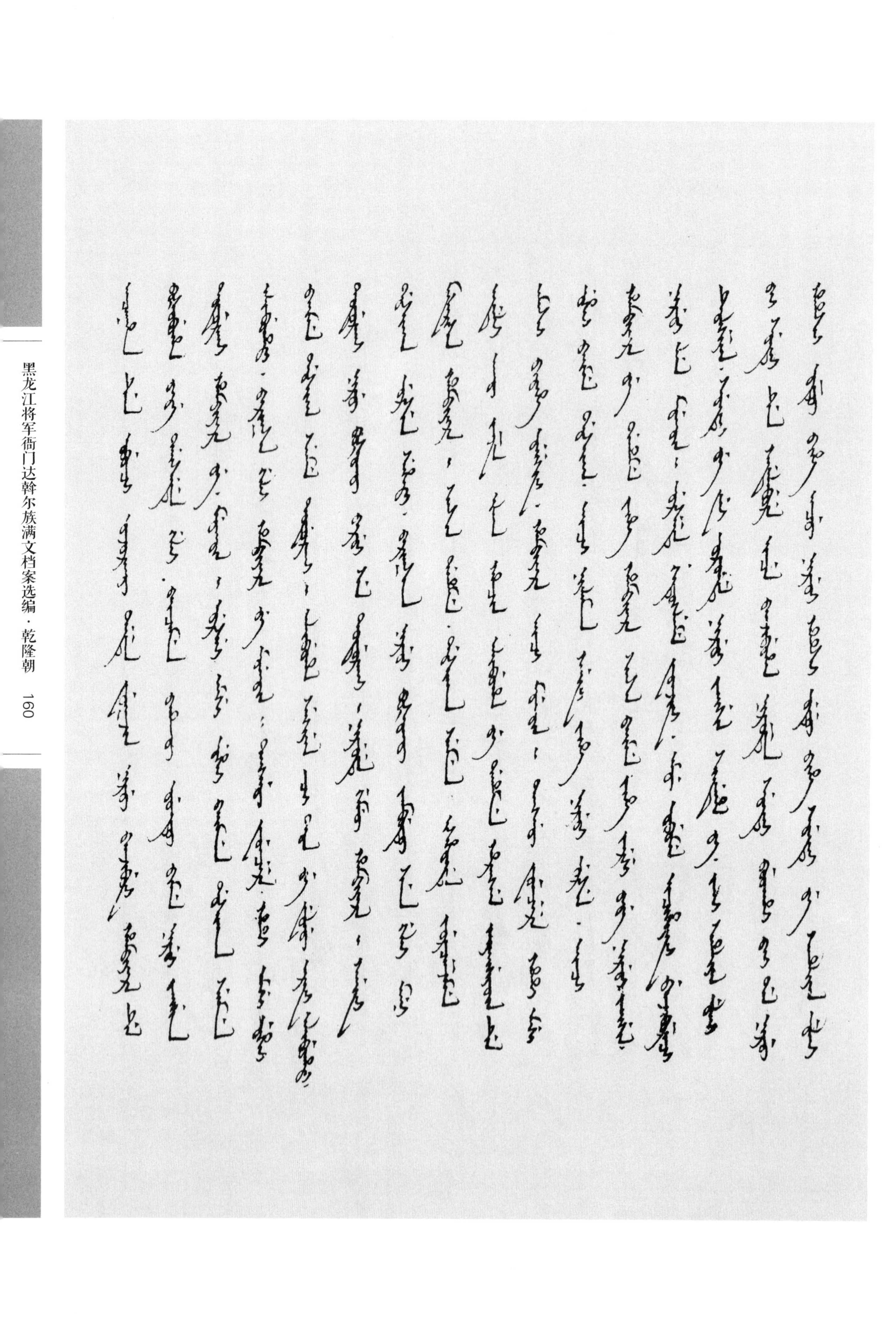

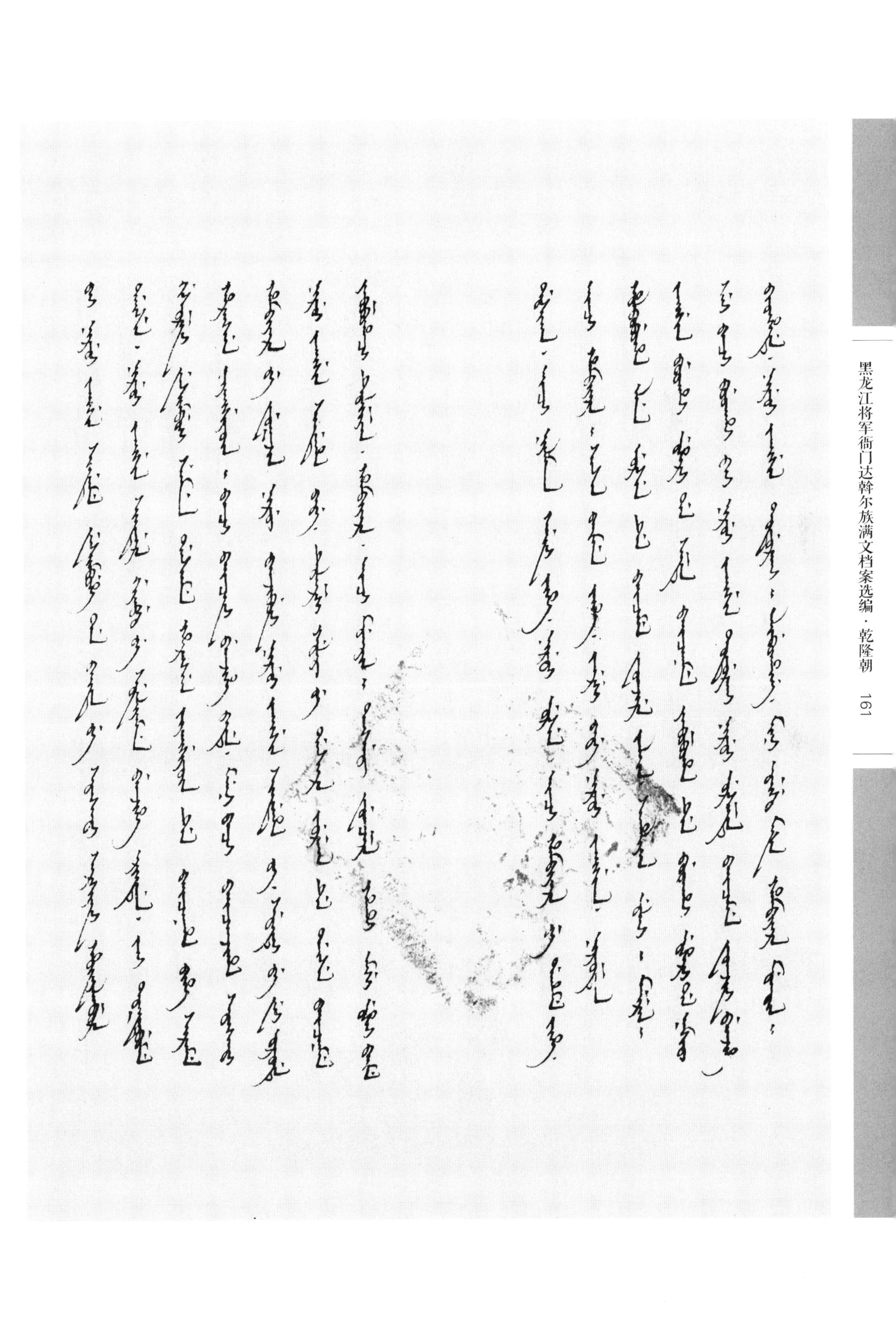

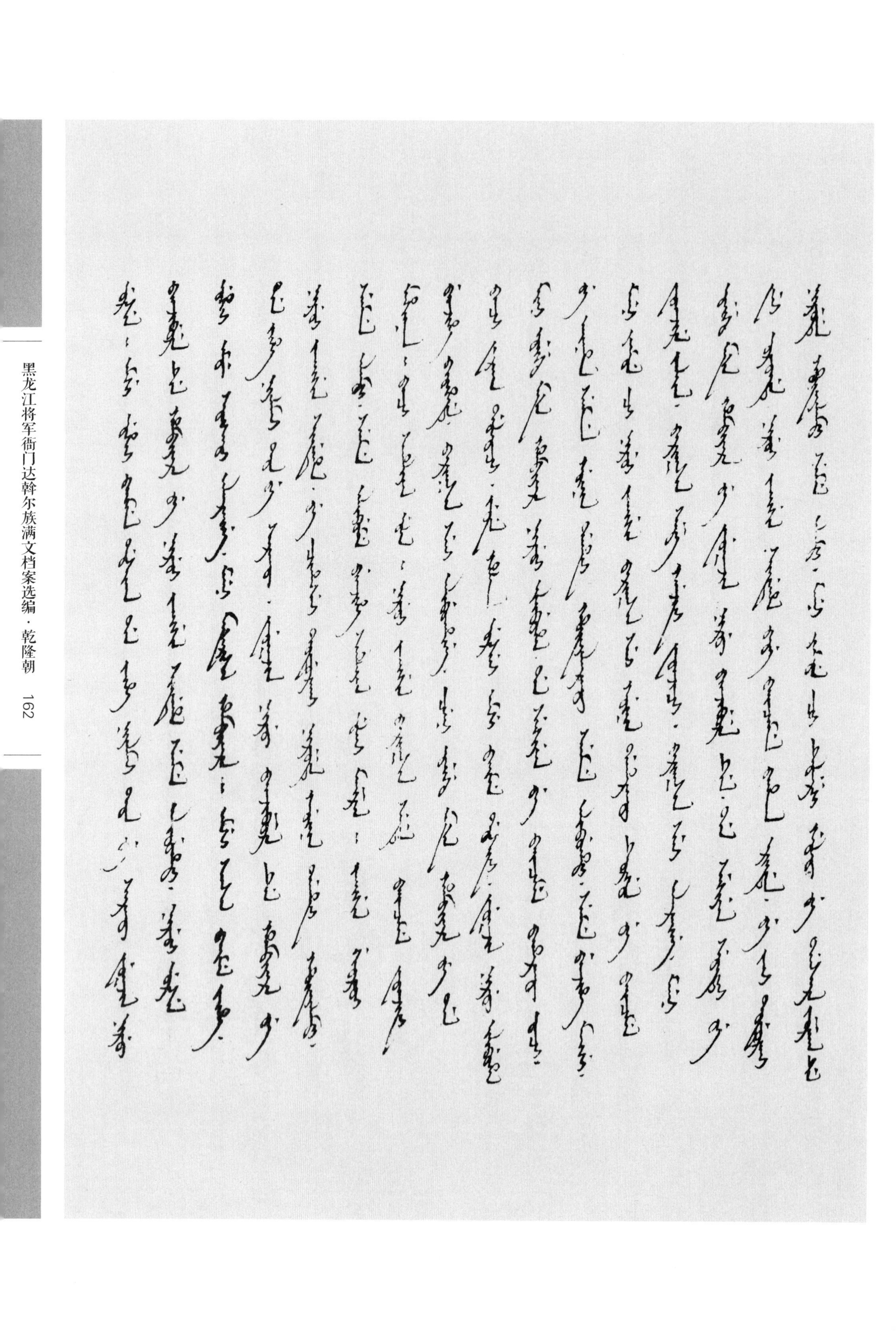

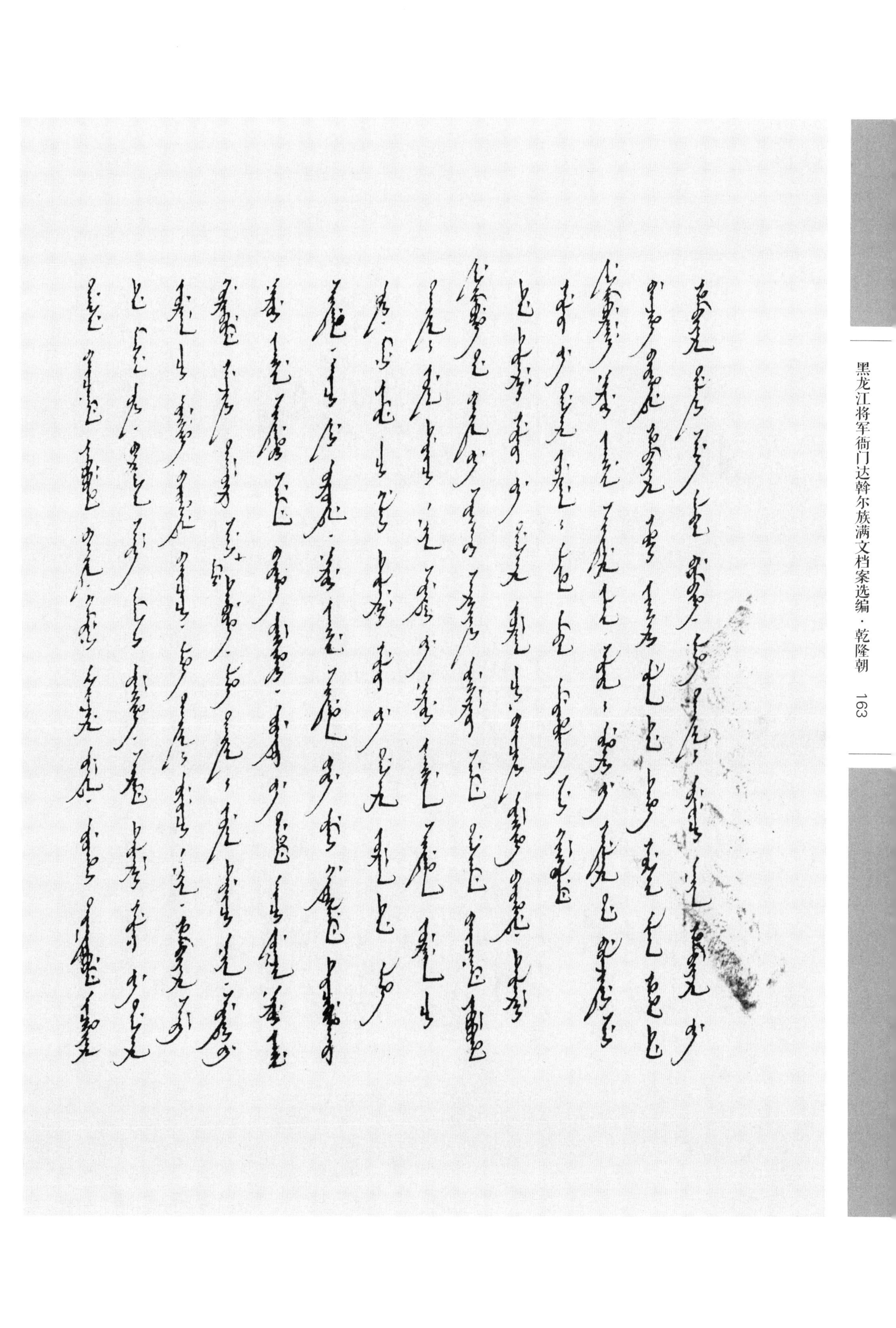

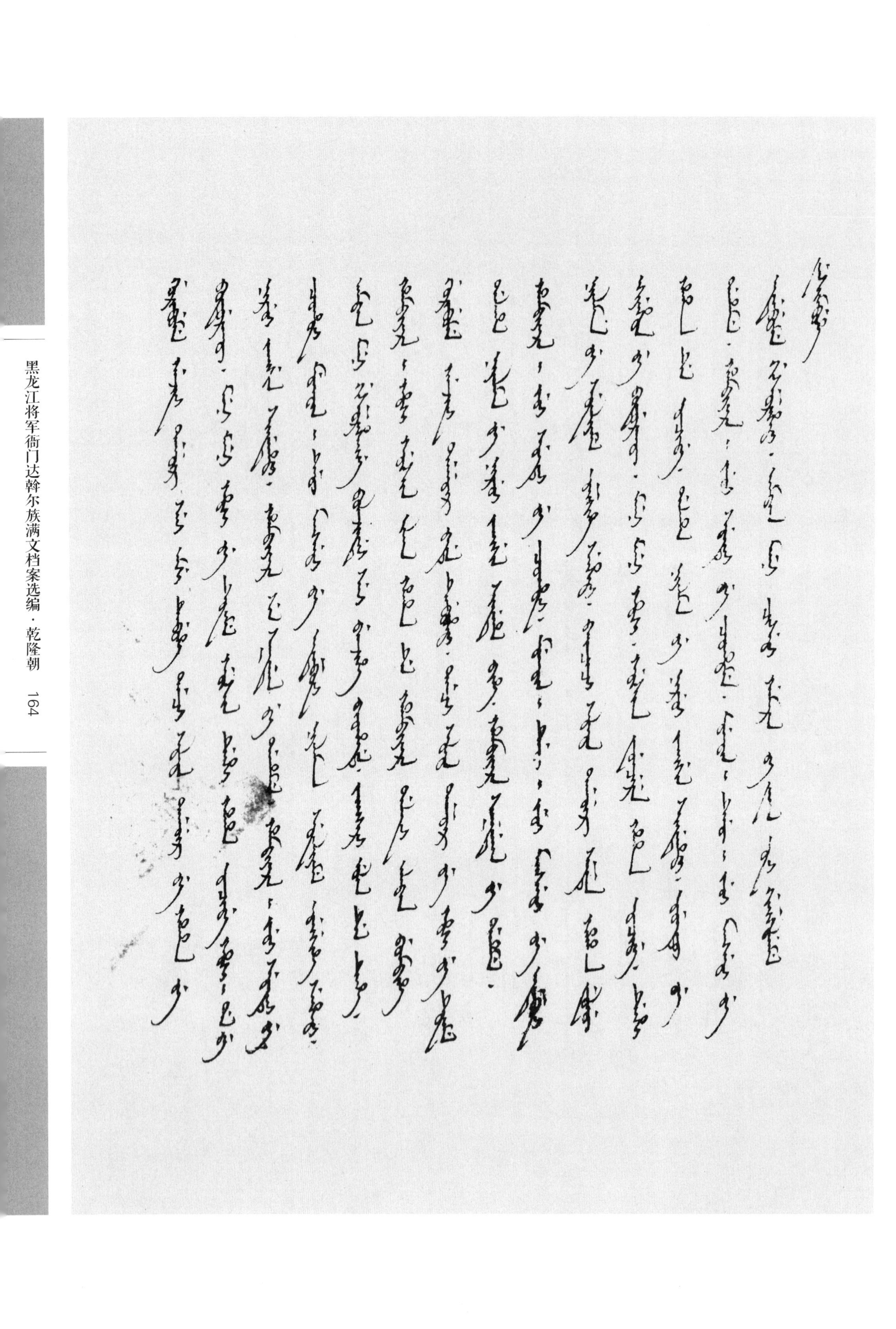

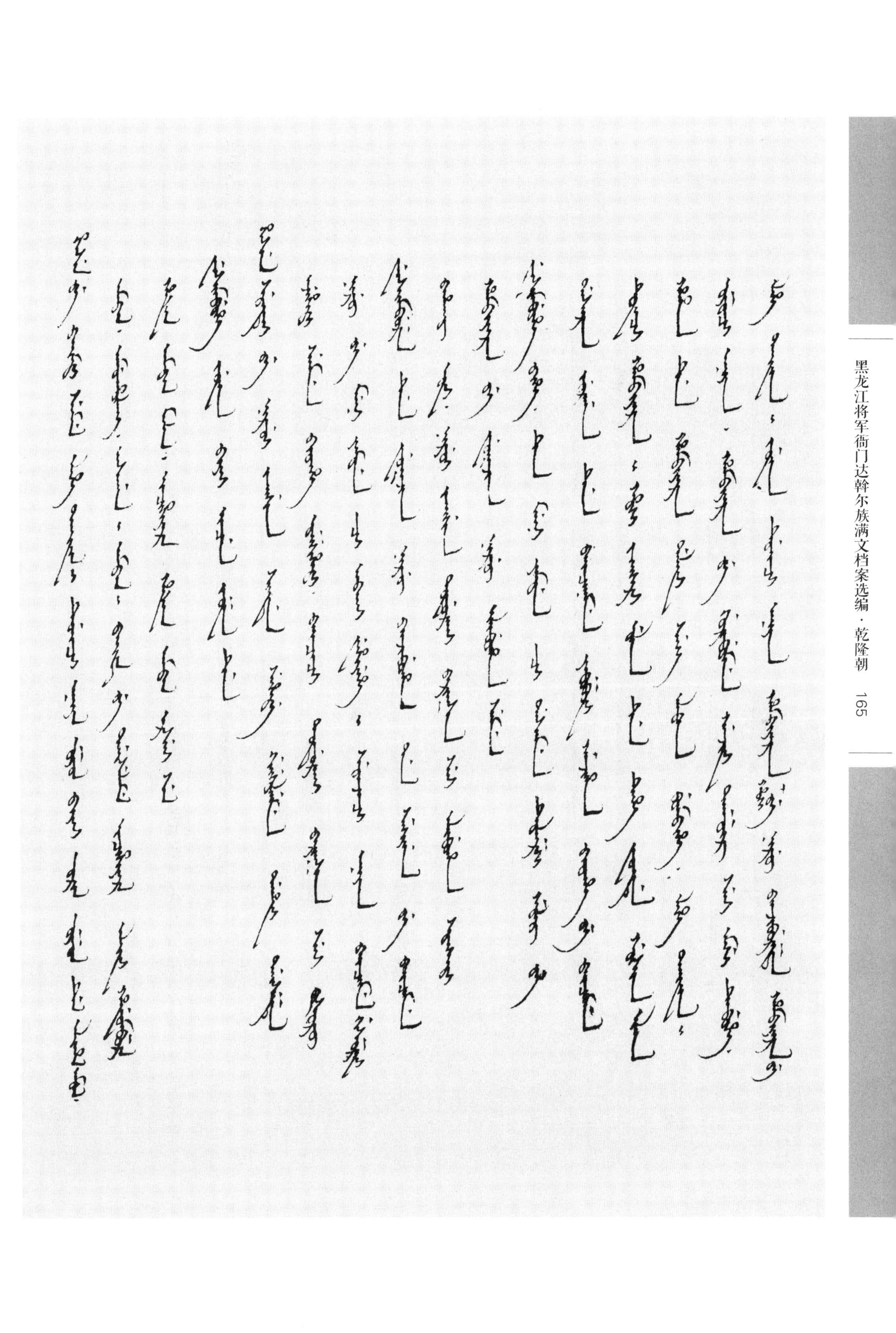

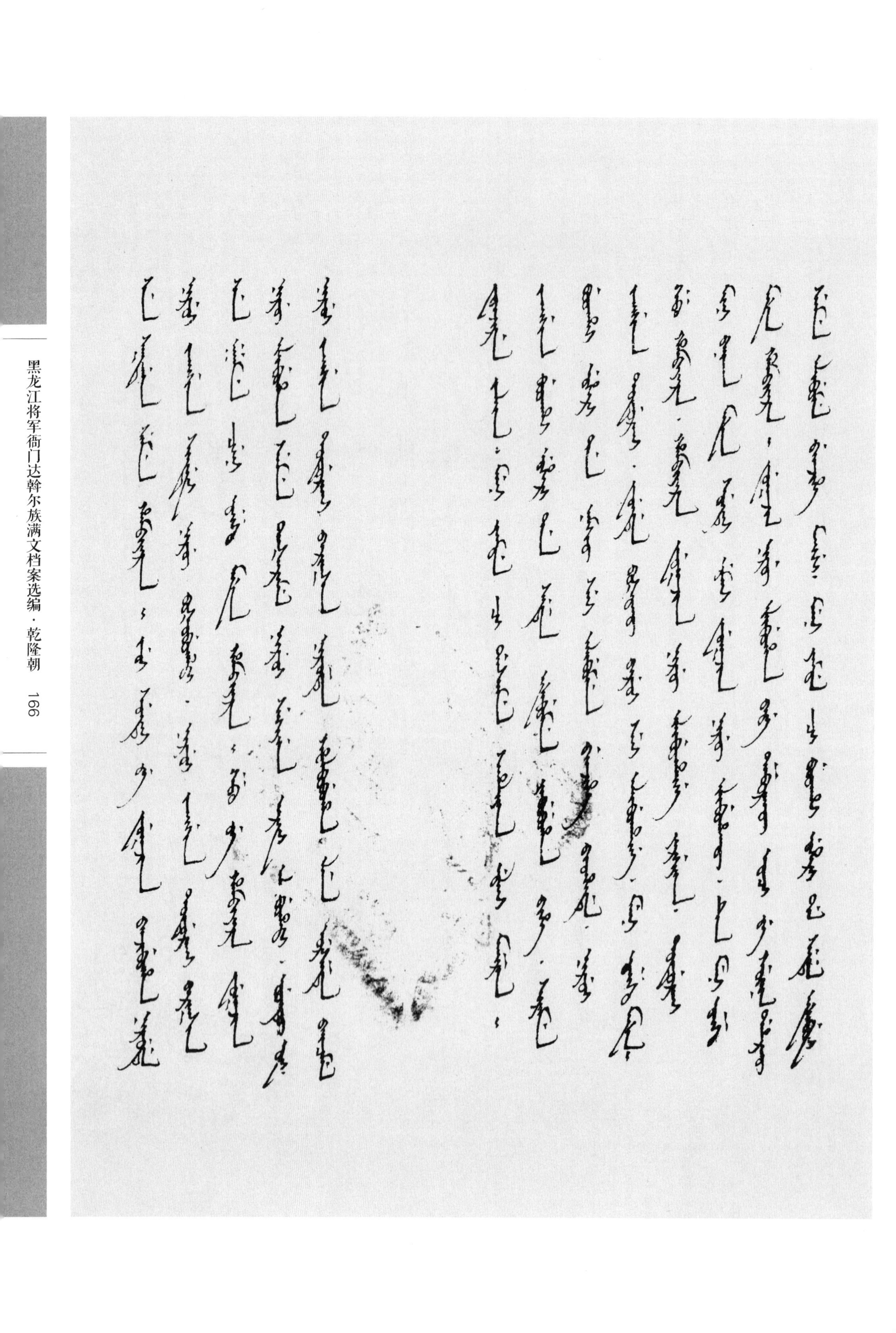

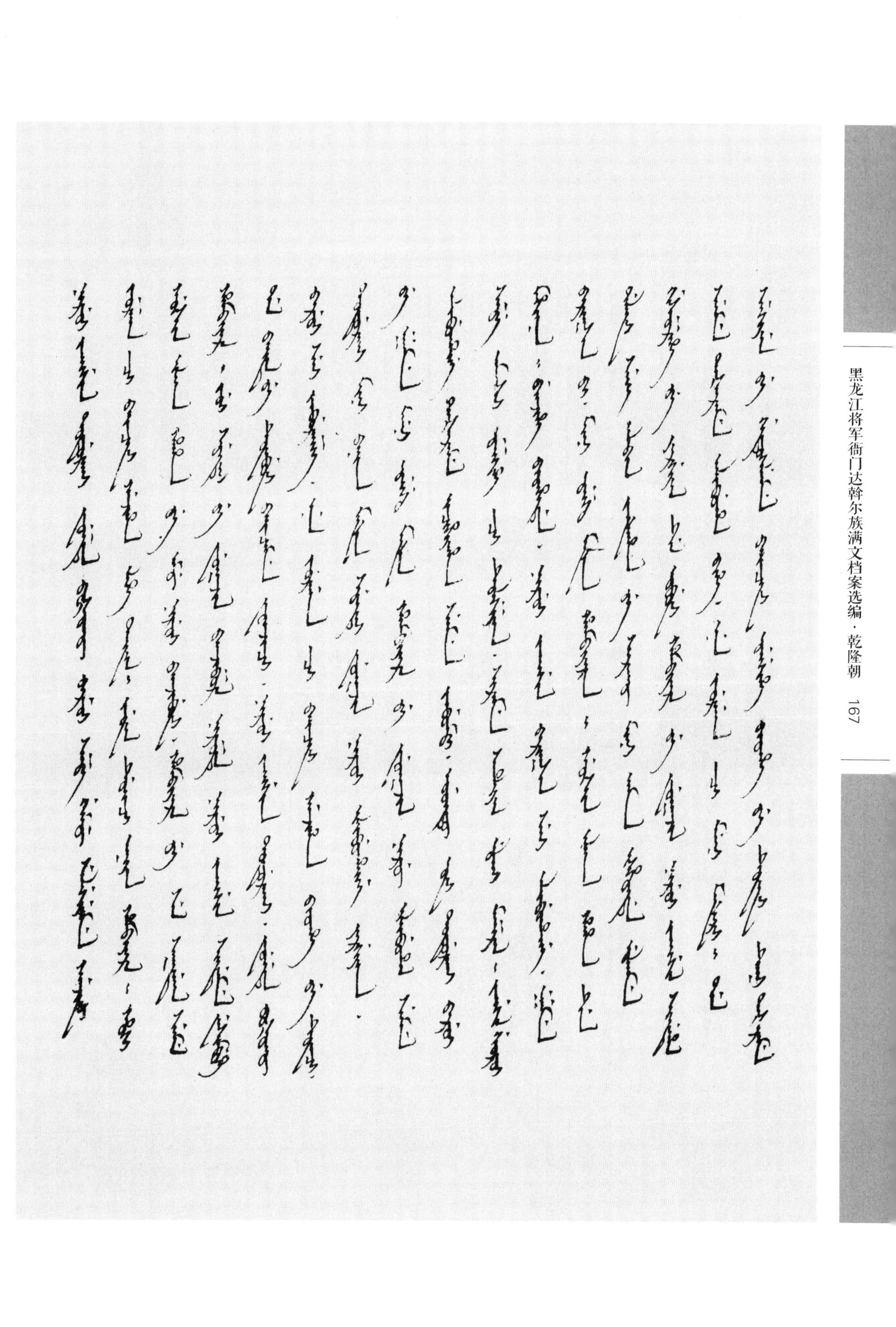

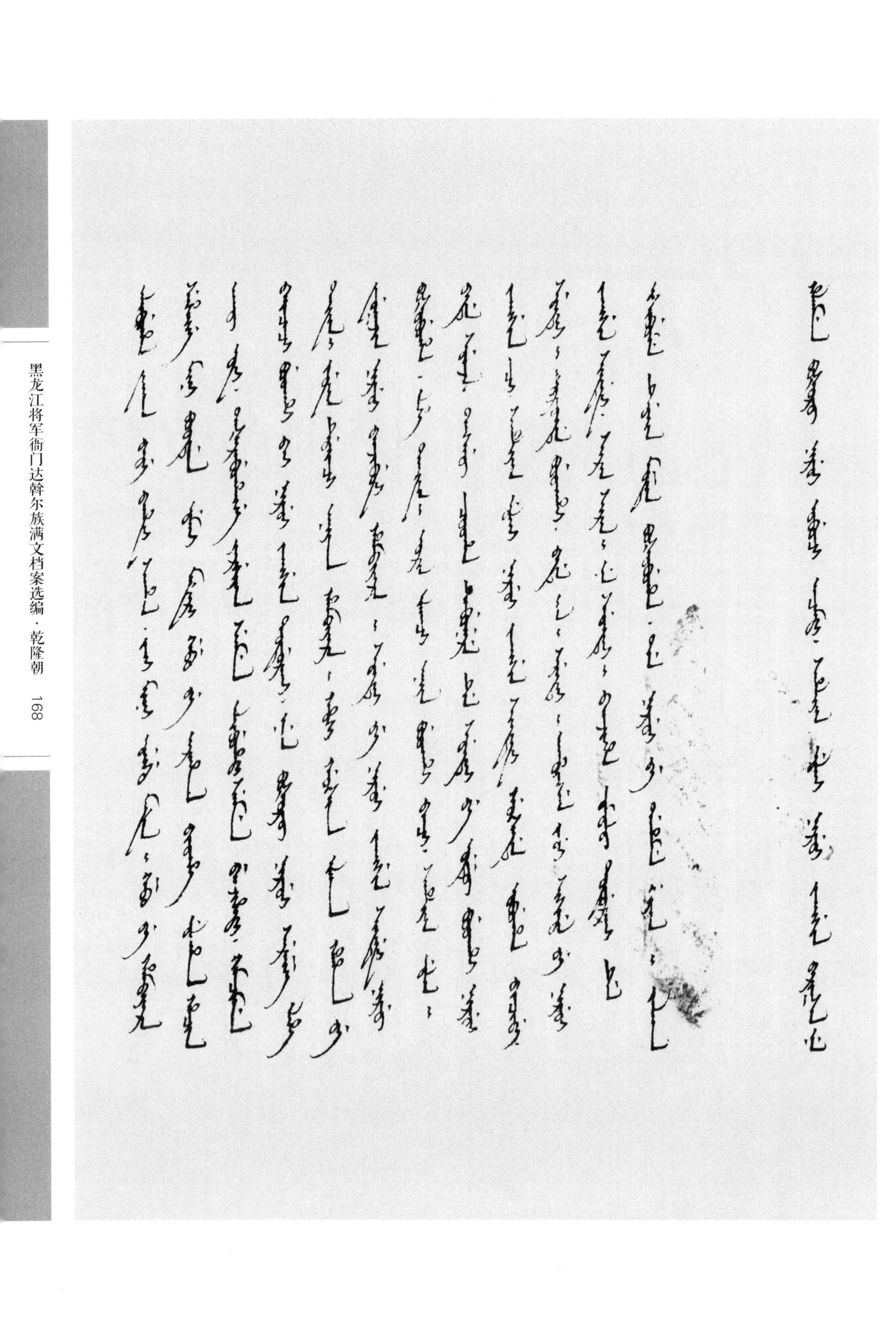

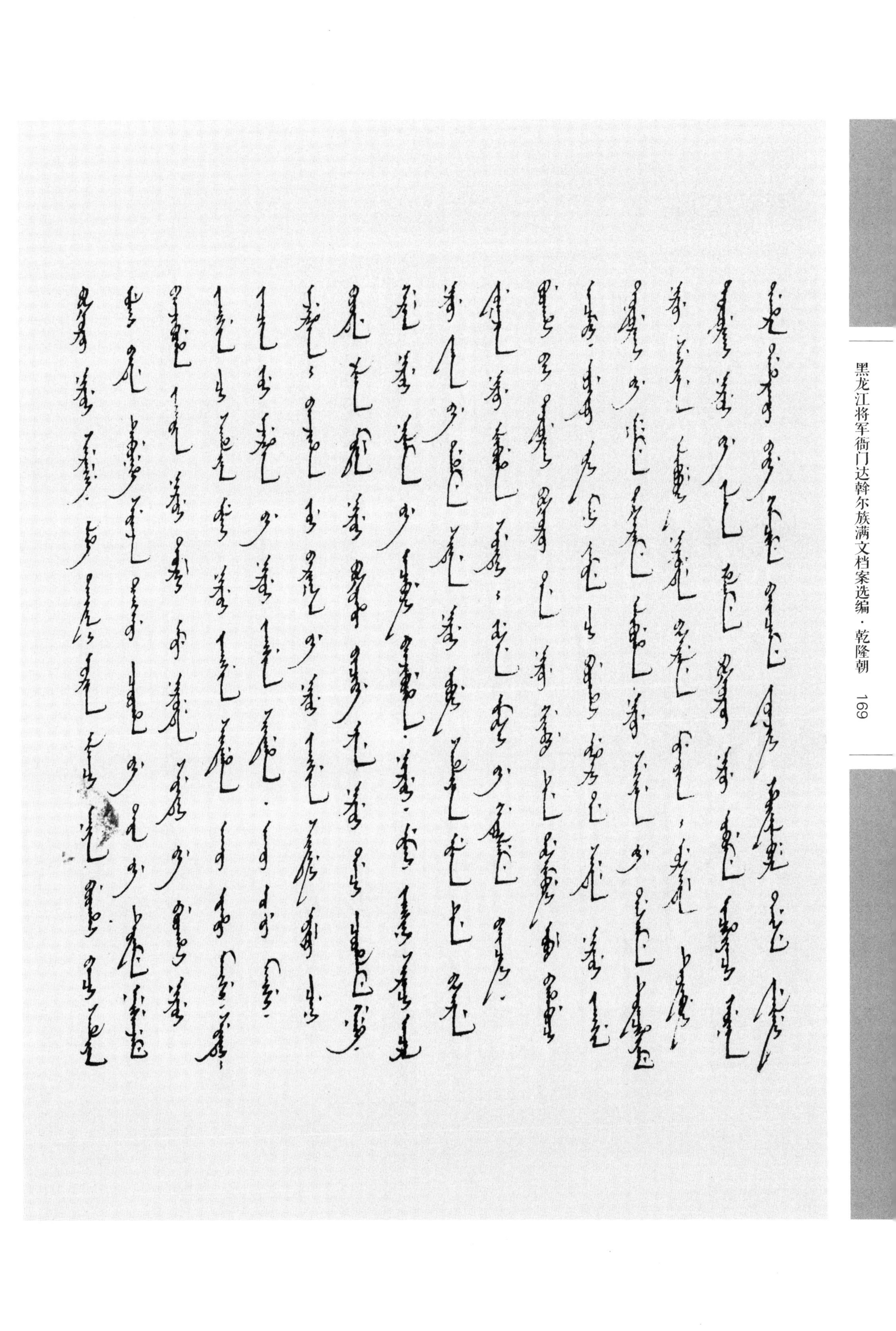

[illegible]

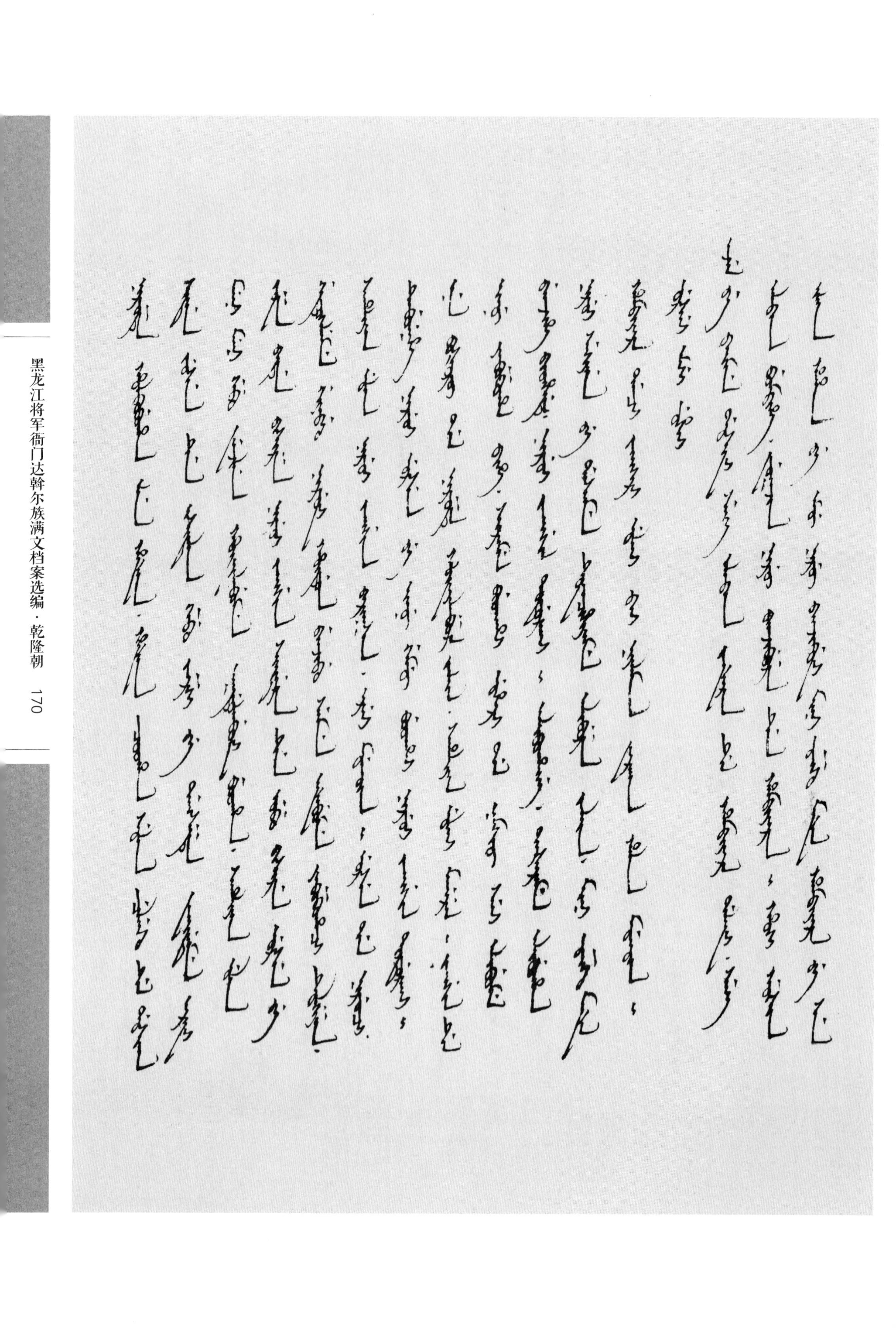

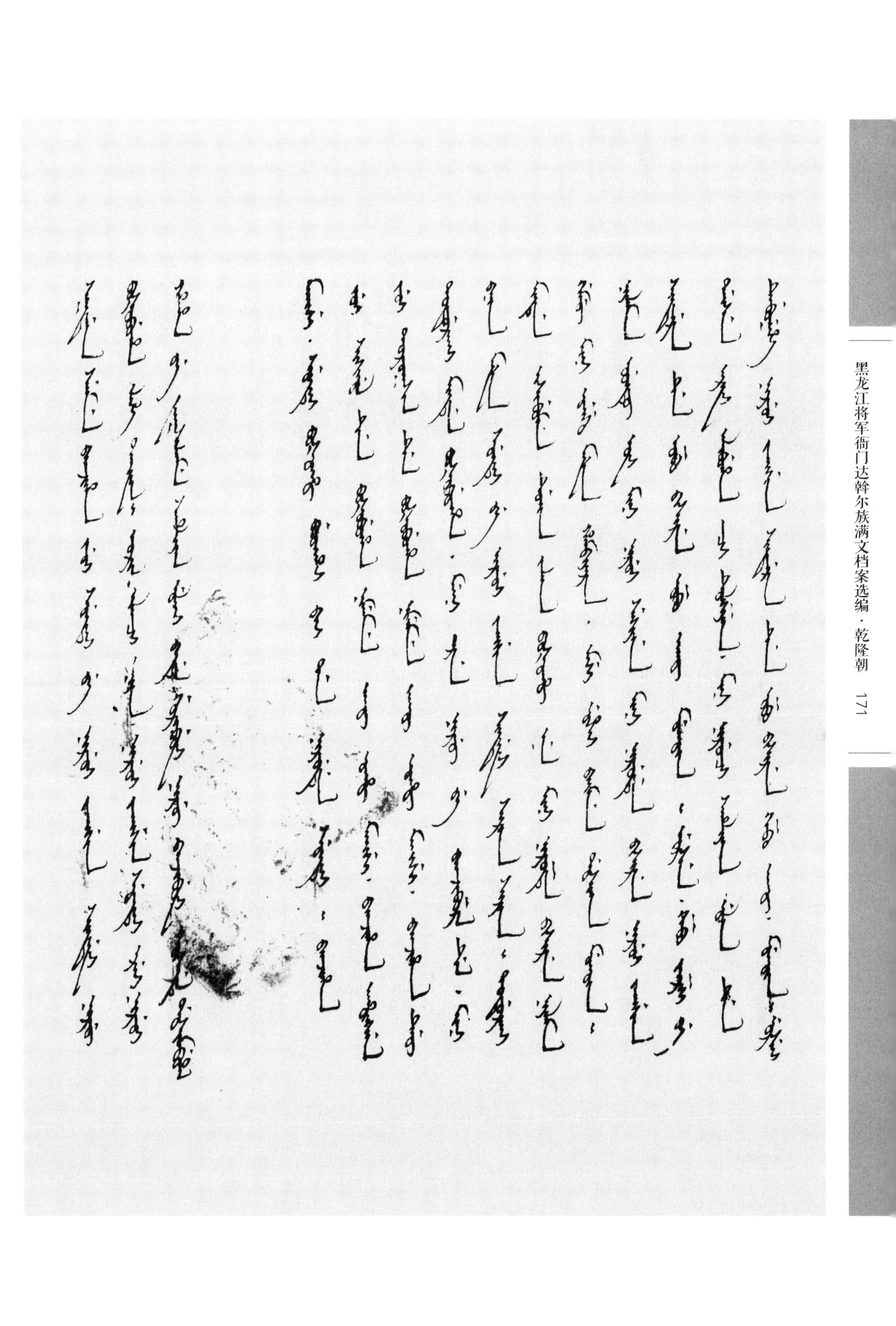

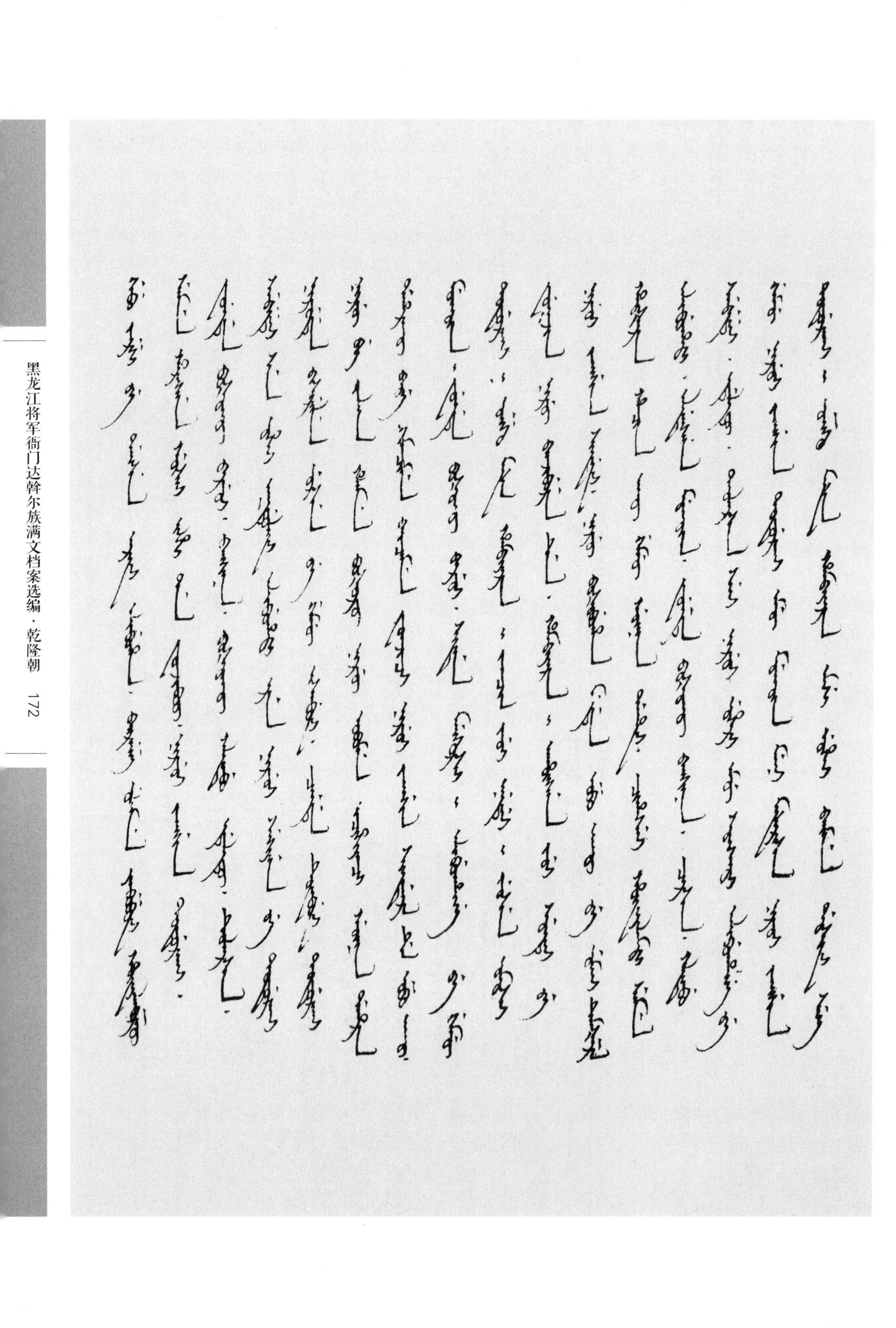

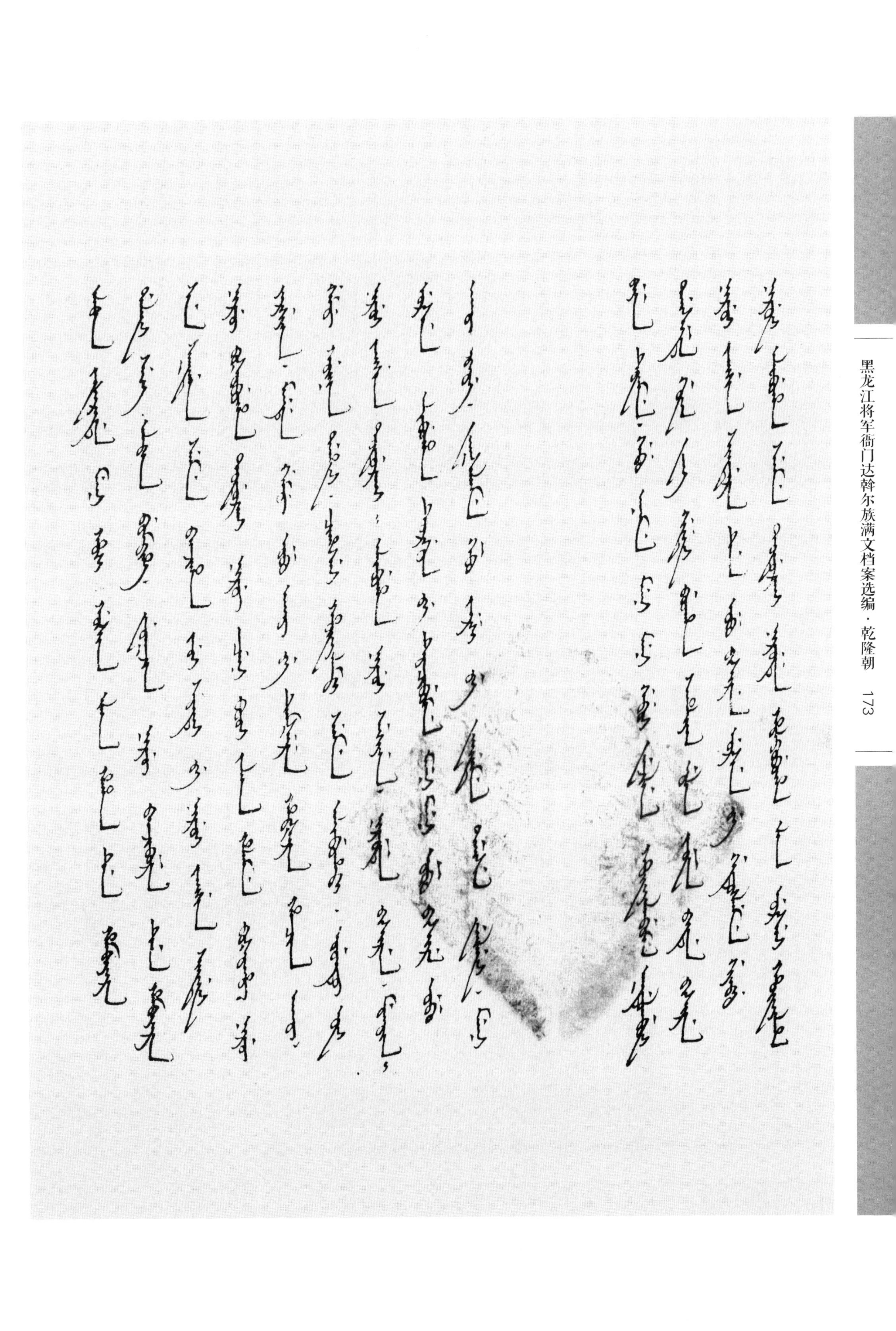

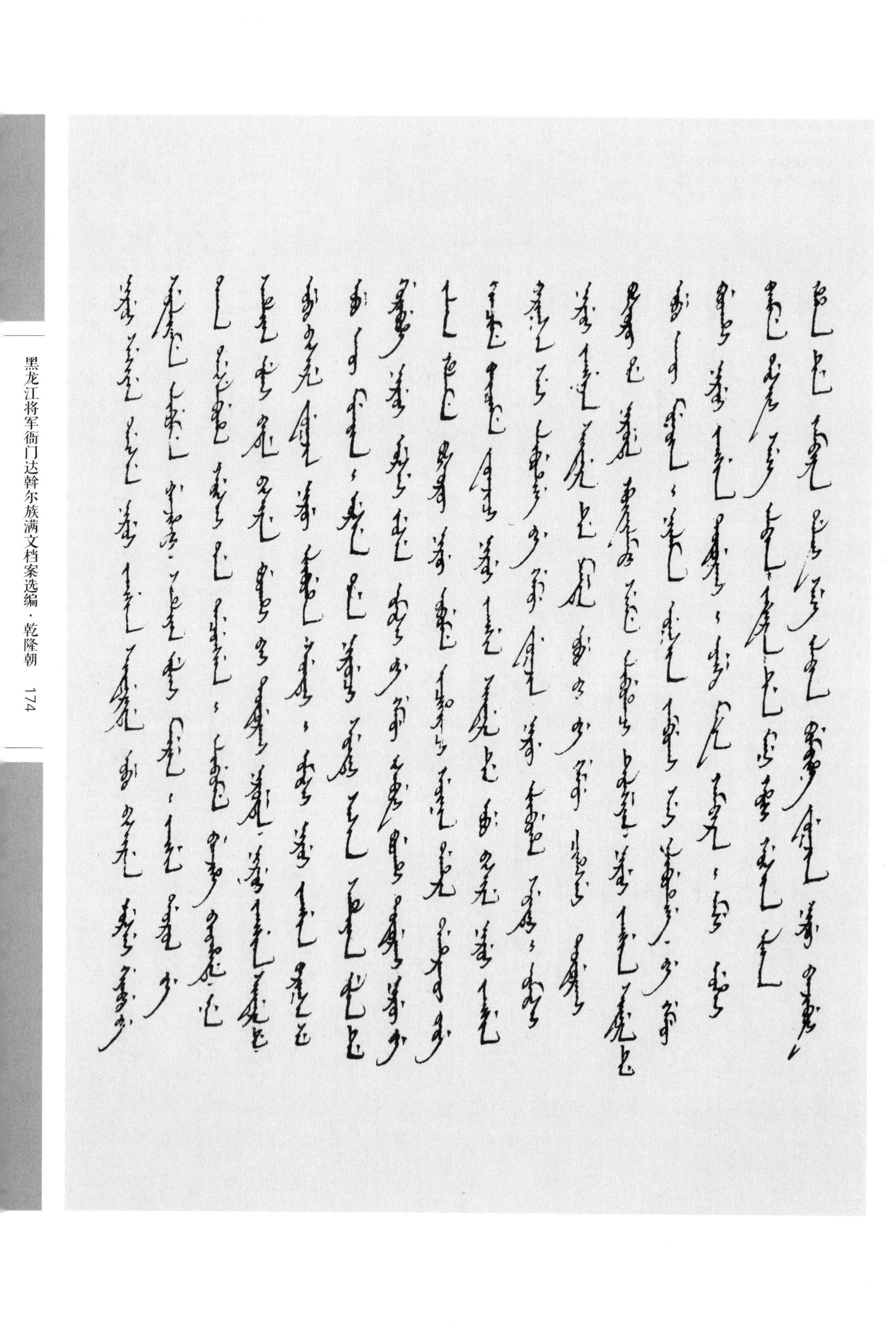

[illegible]

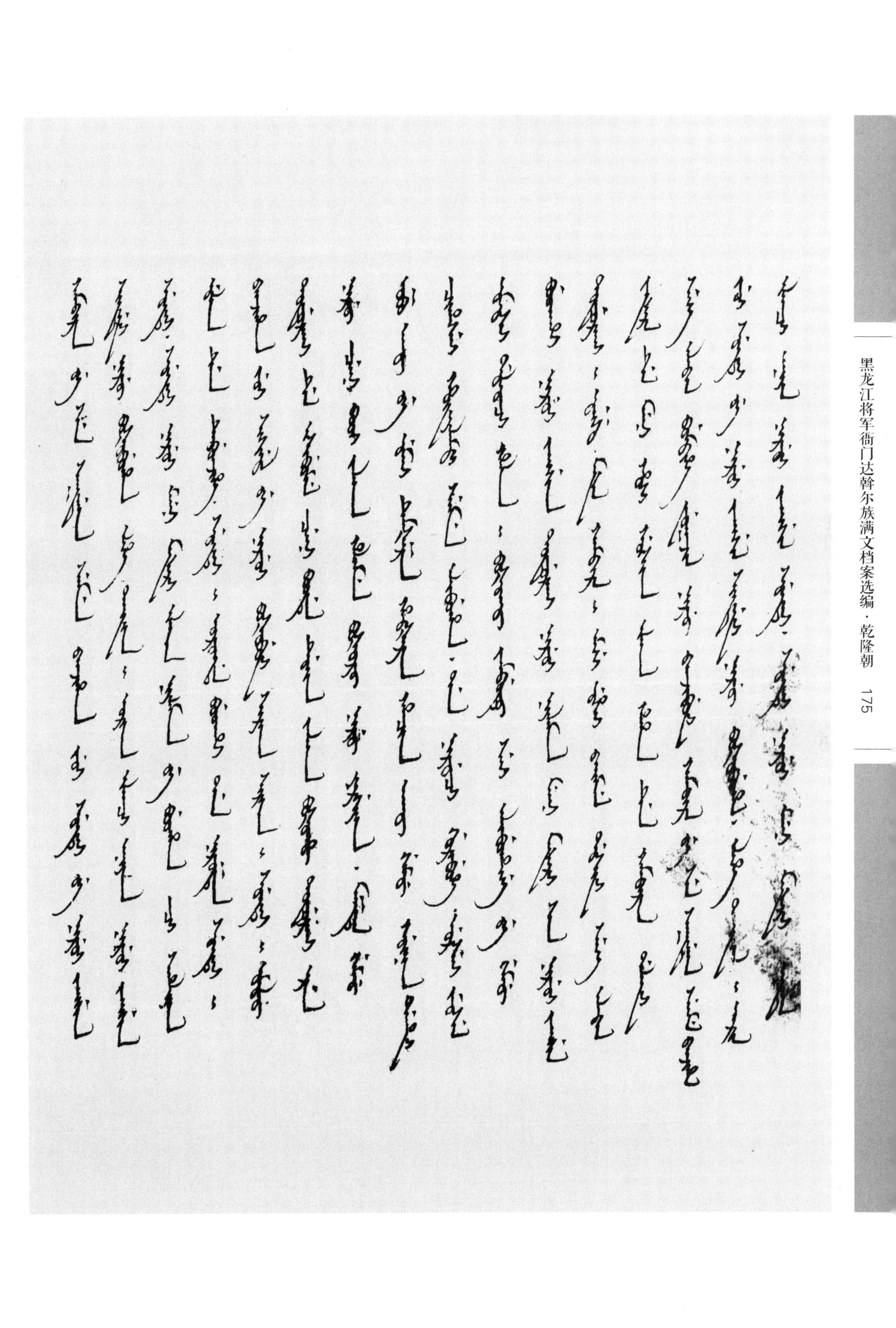

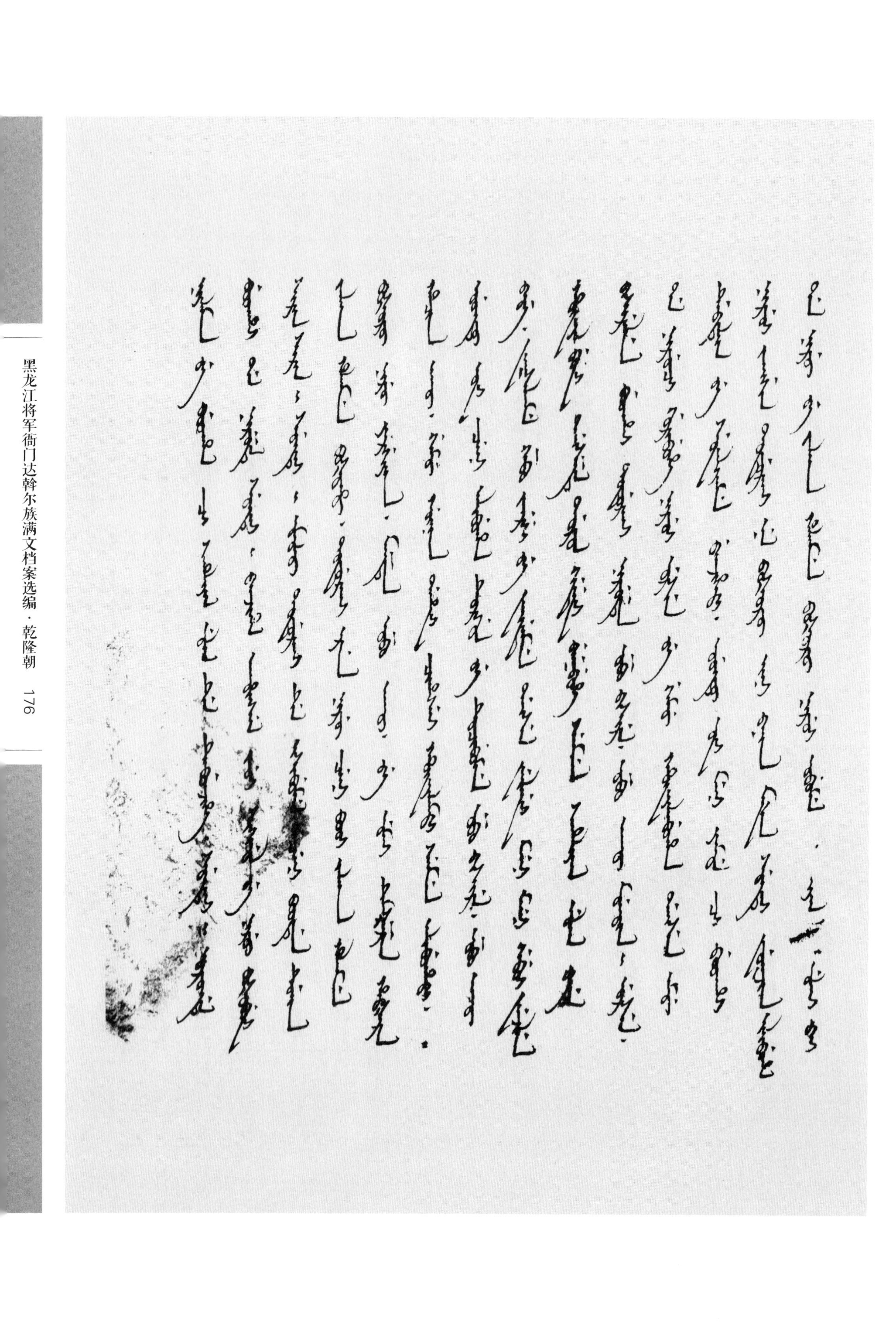

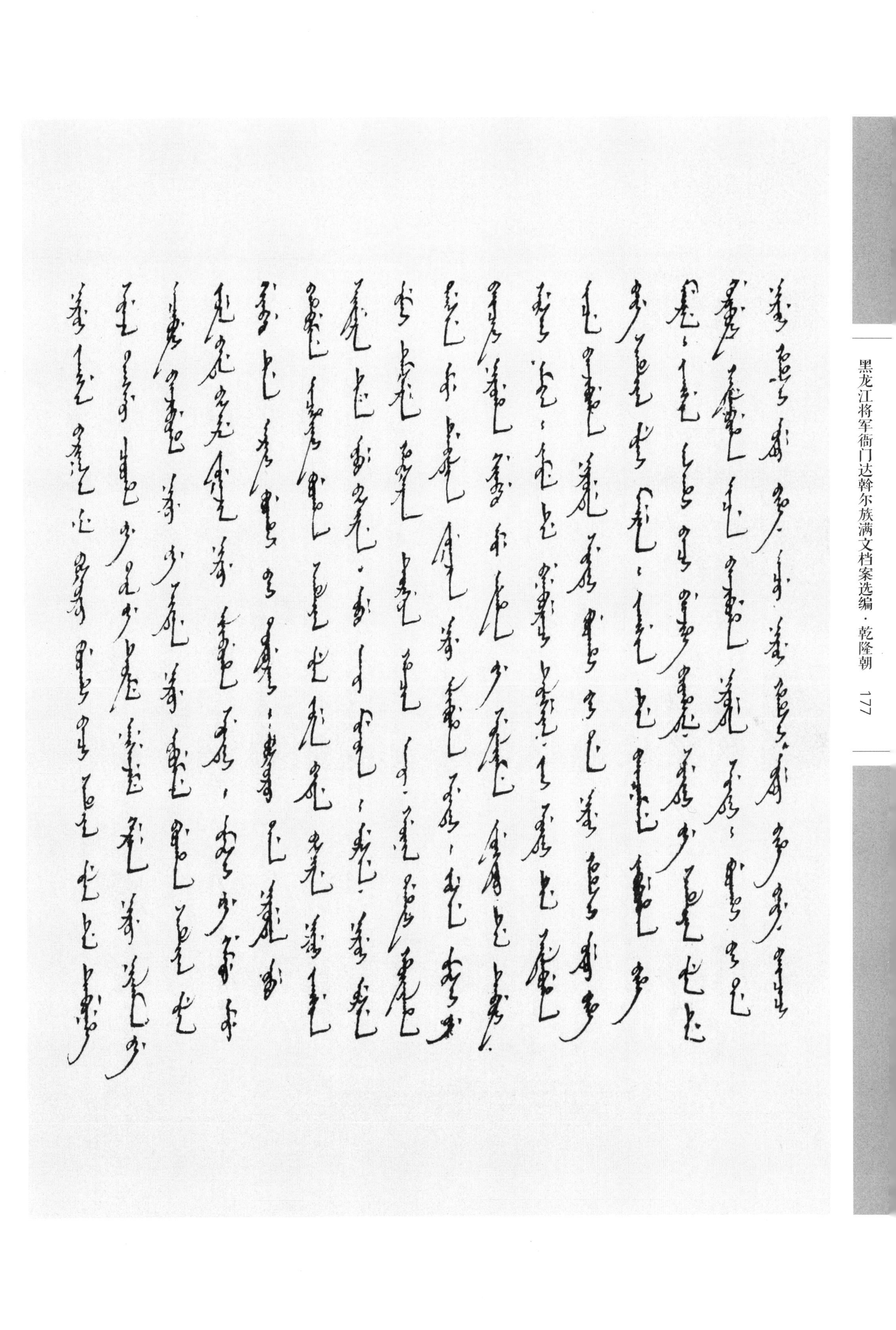

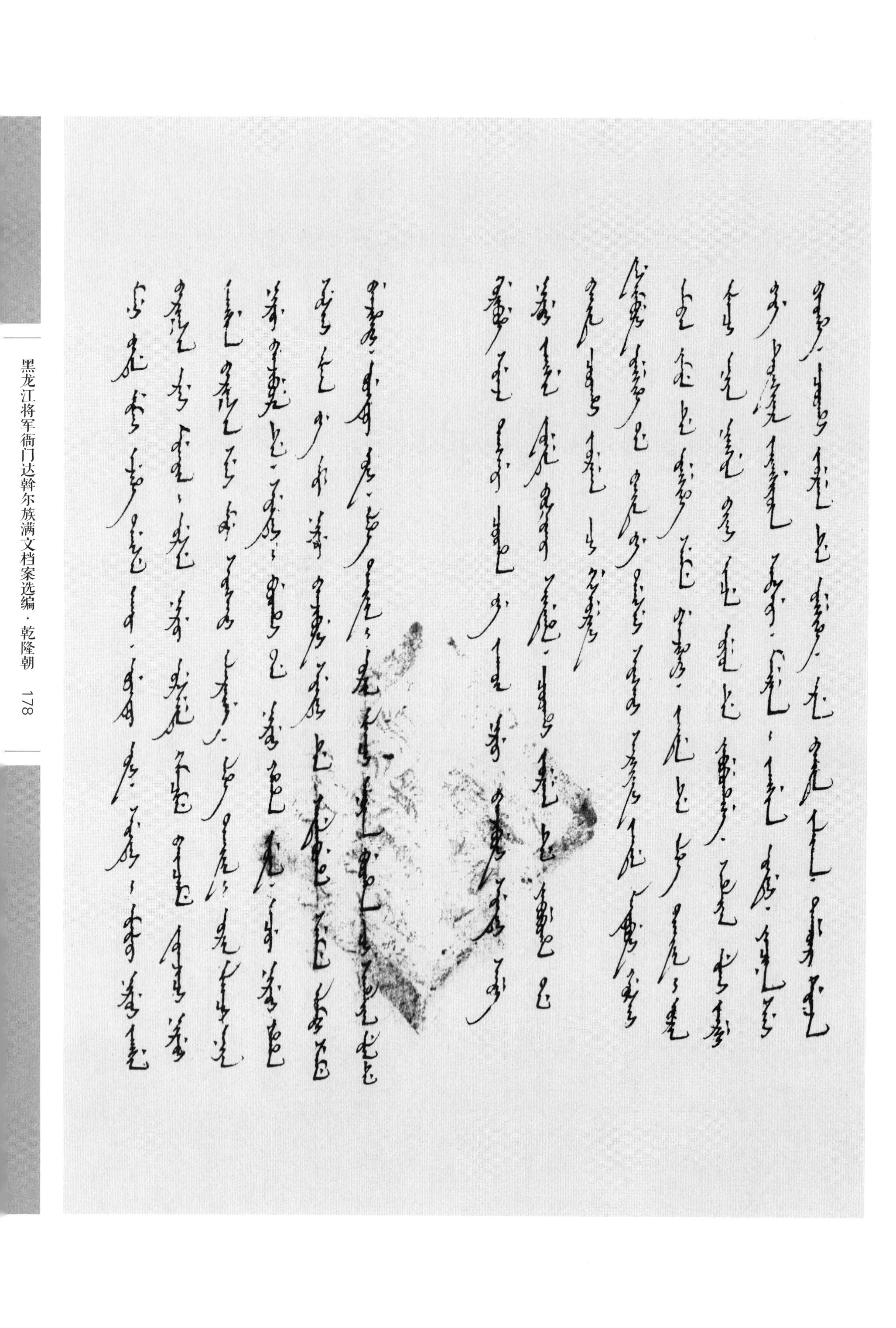

[illegible]

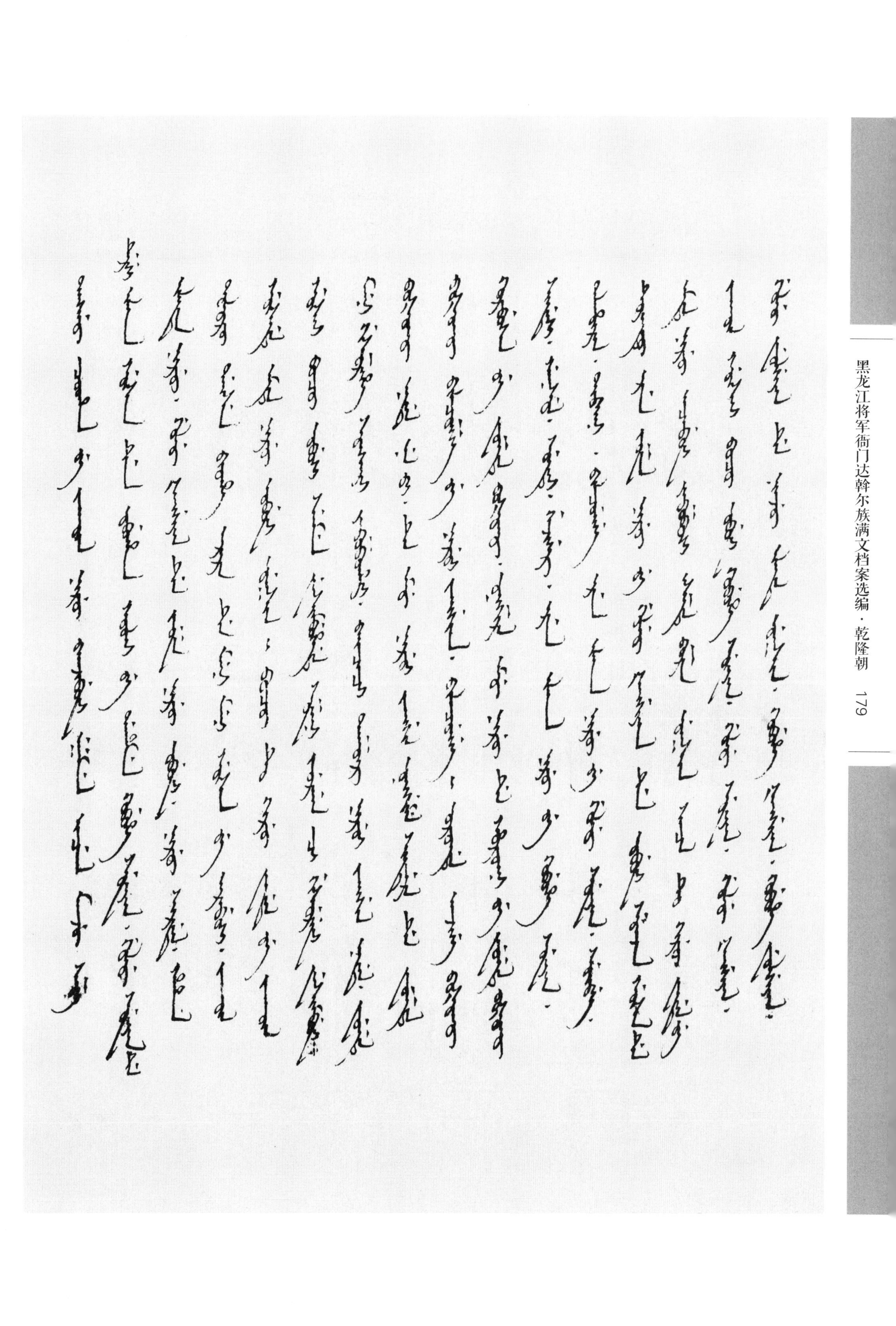

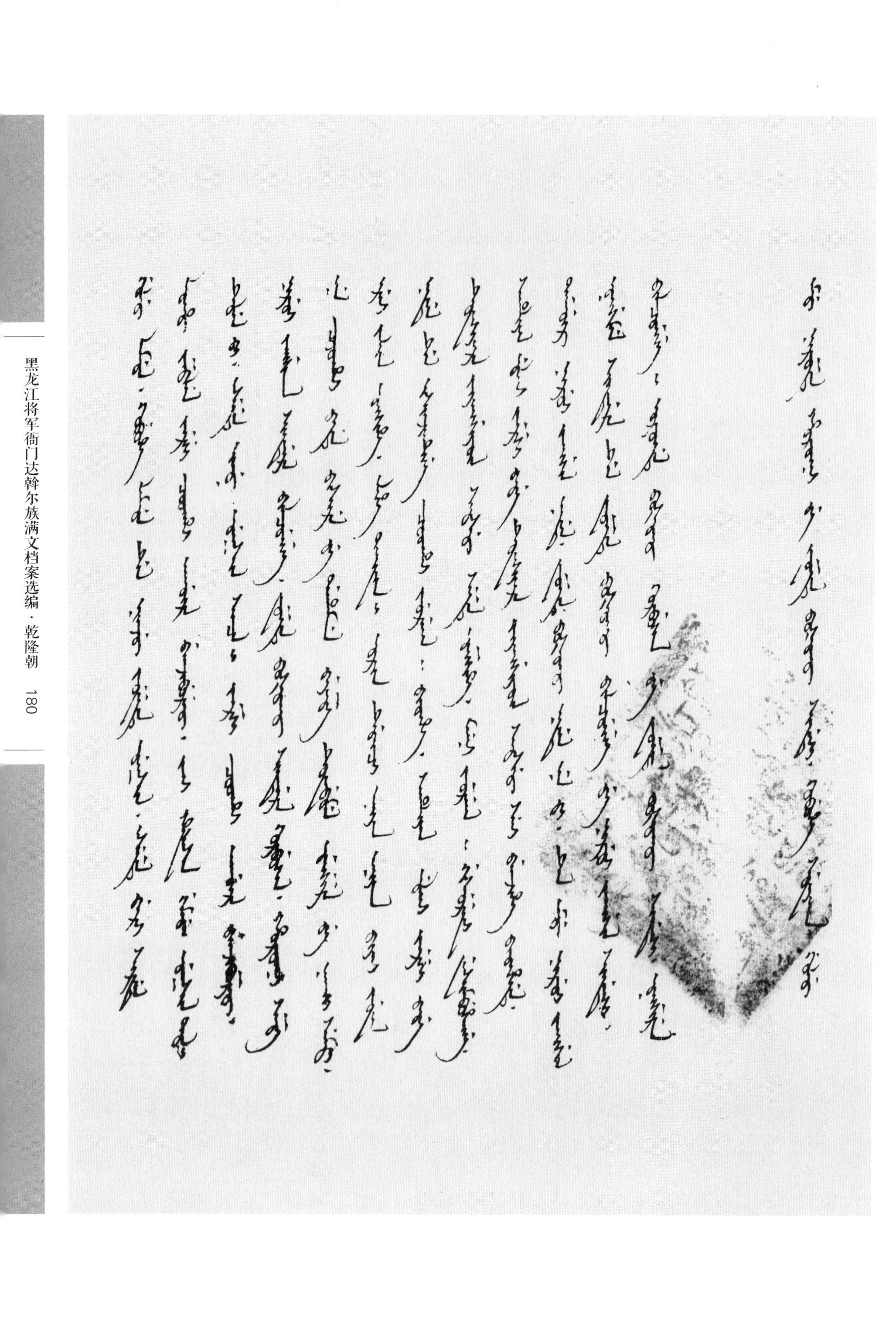

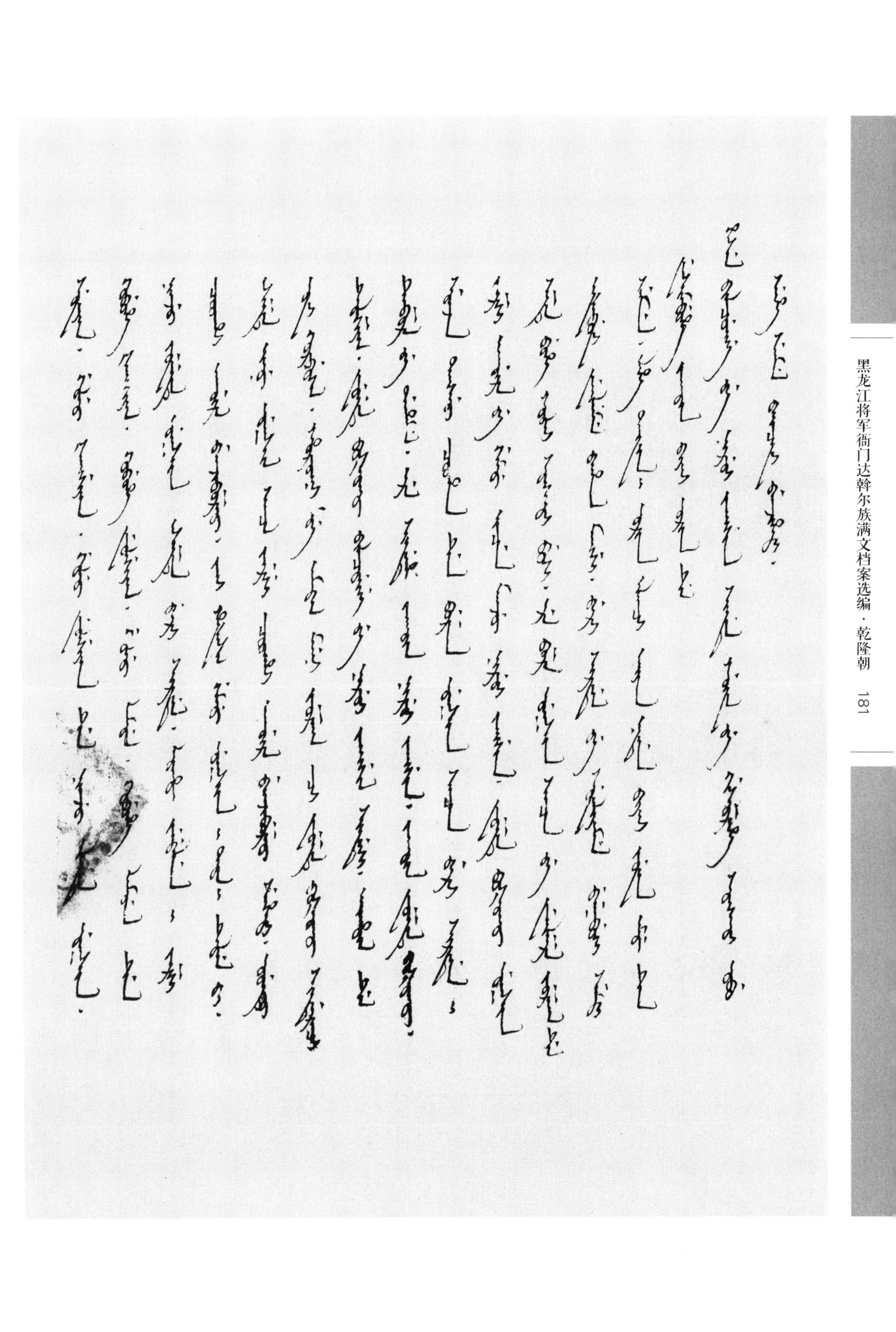

[illegible]

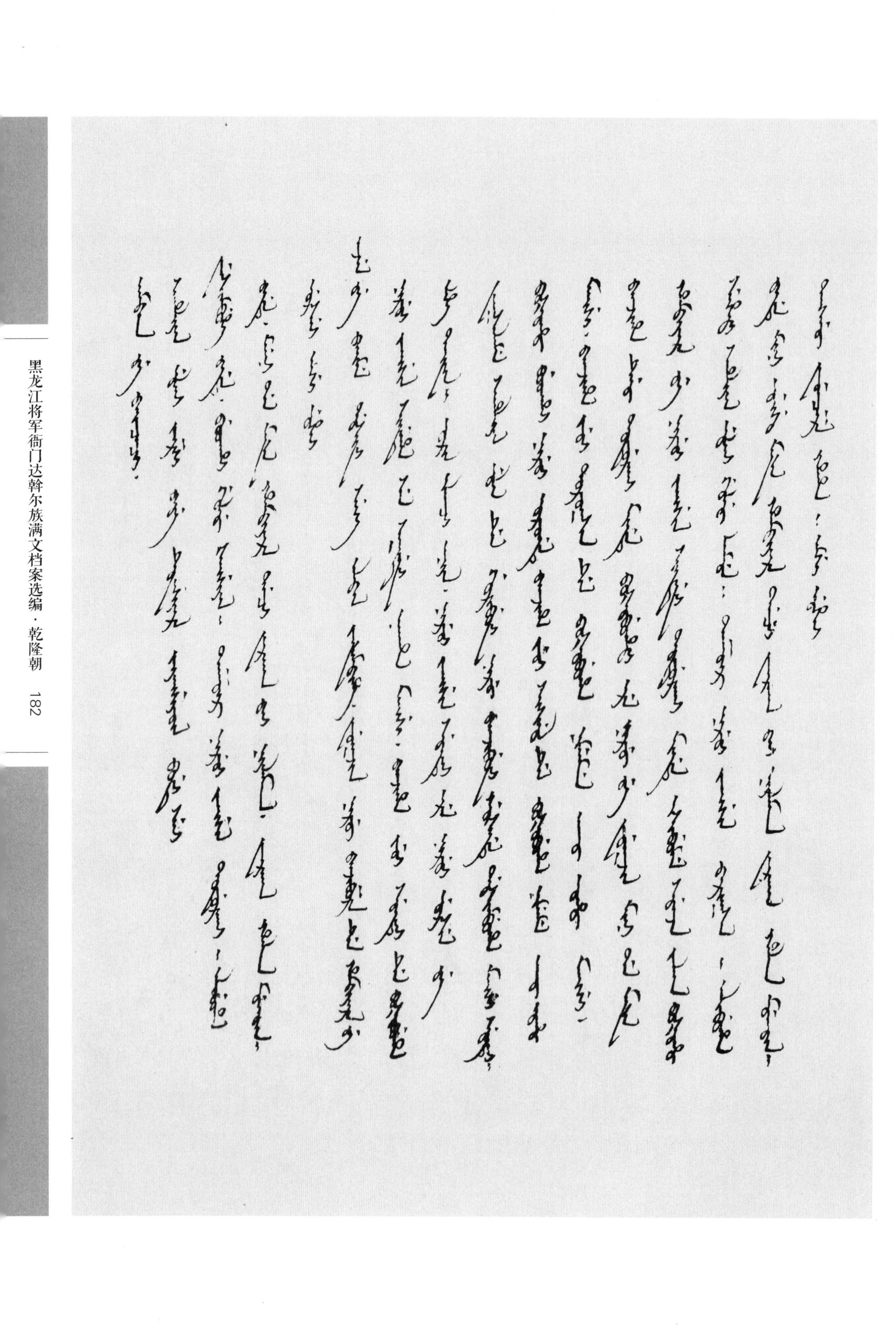

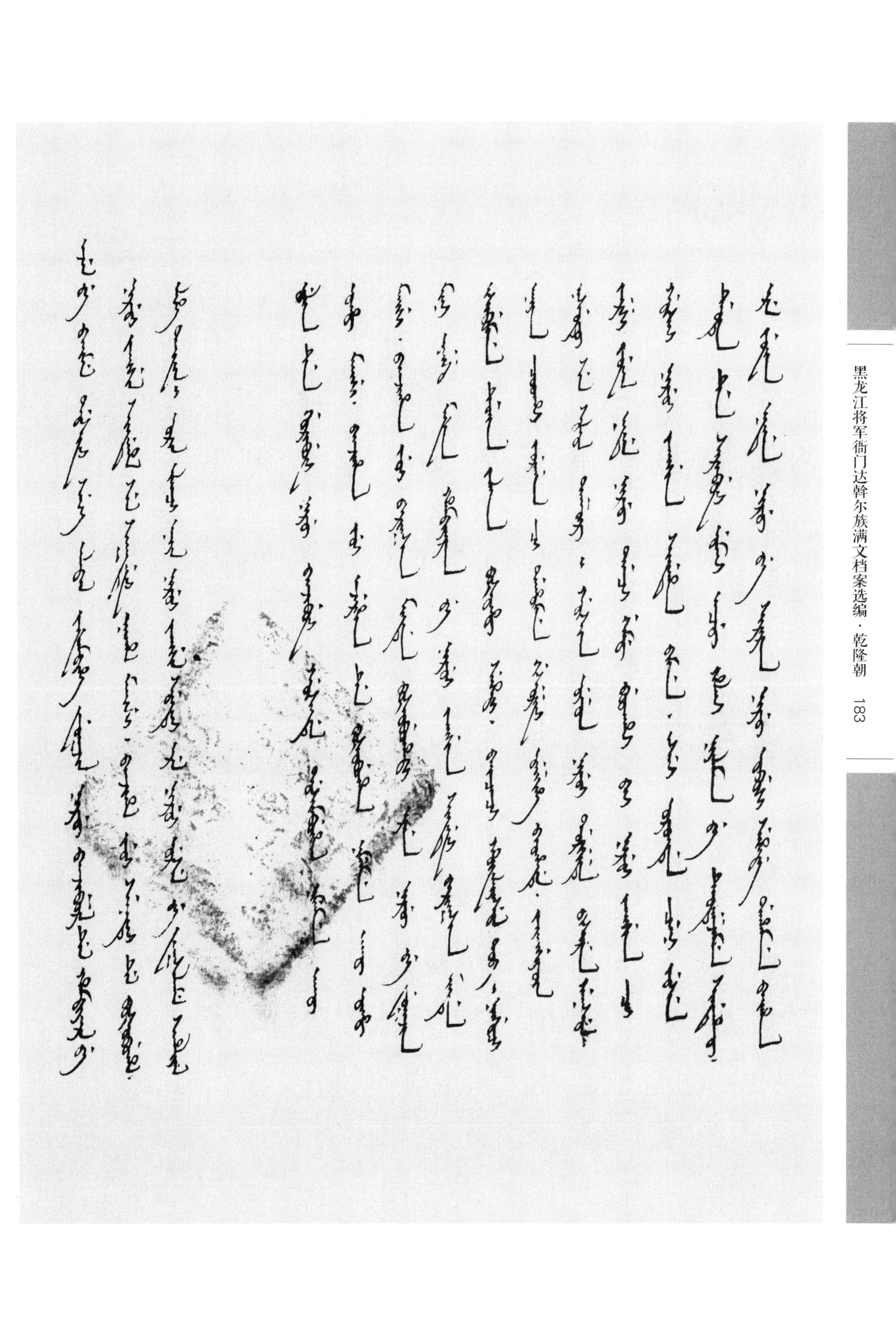

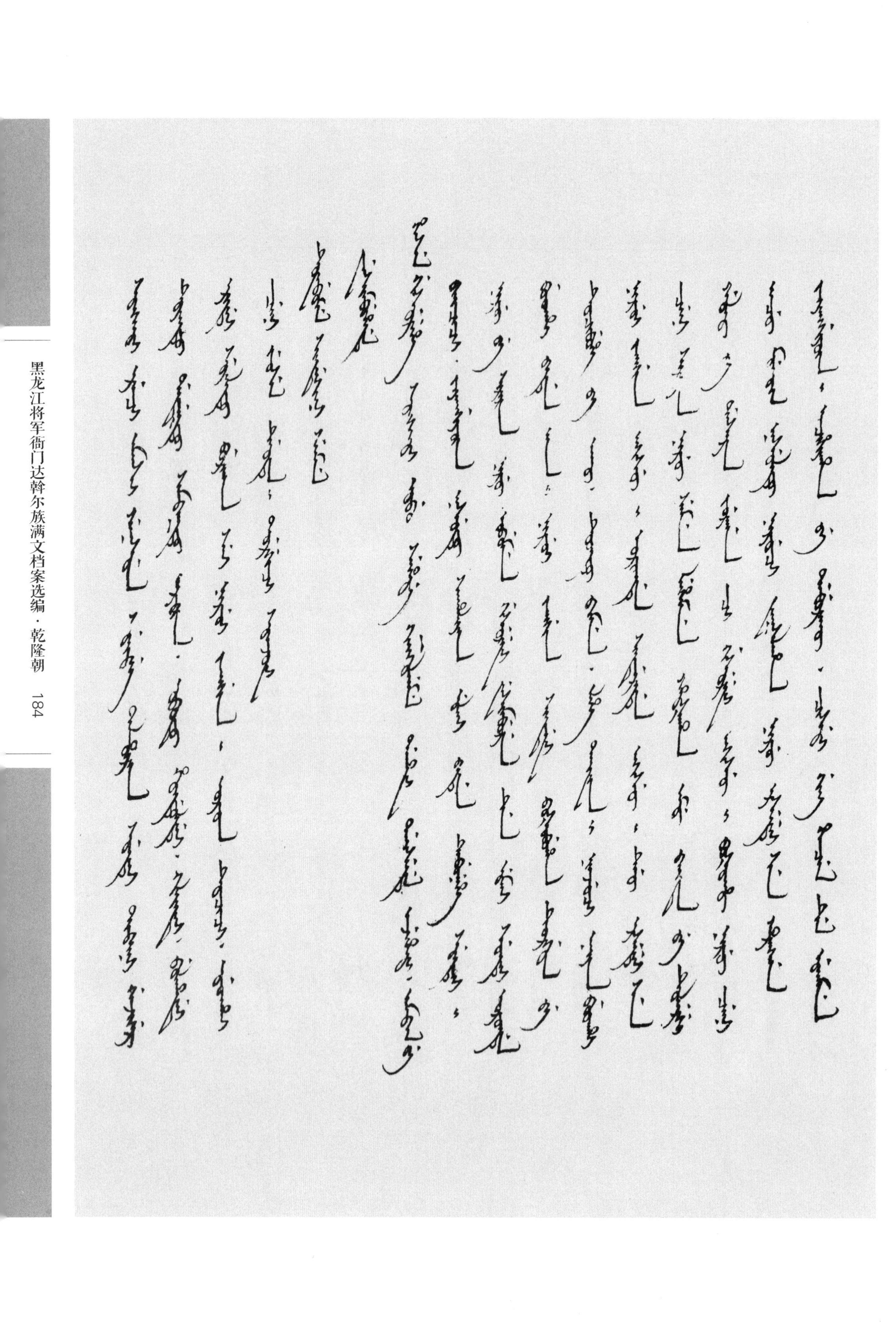

[illegible]

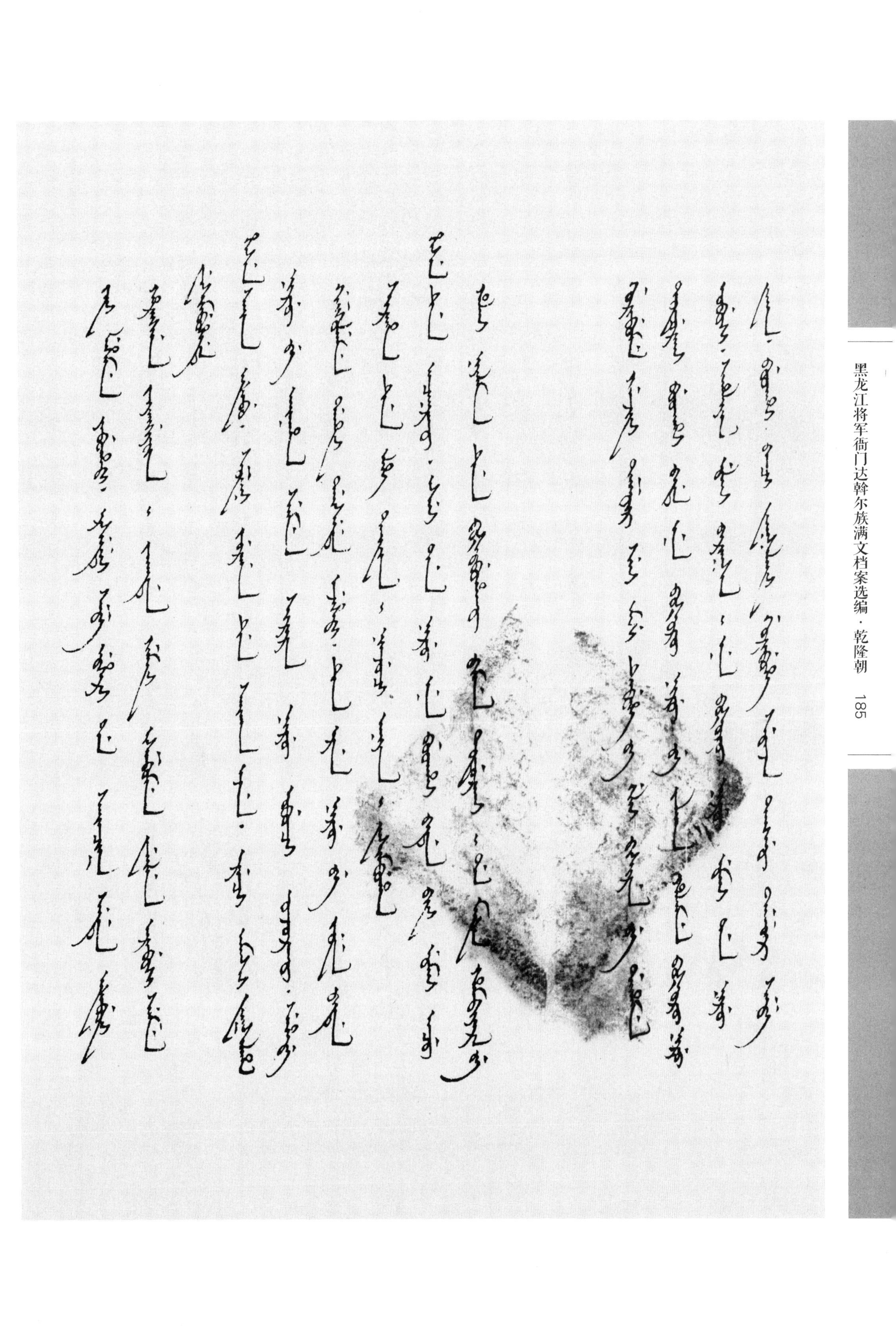

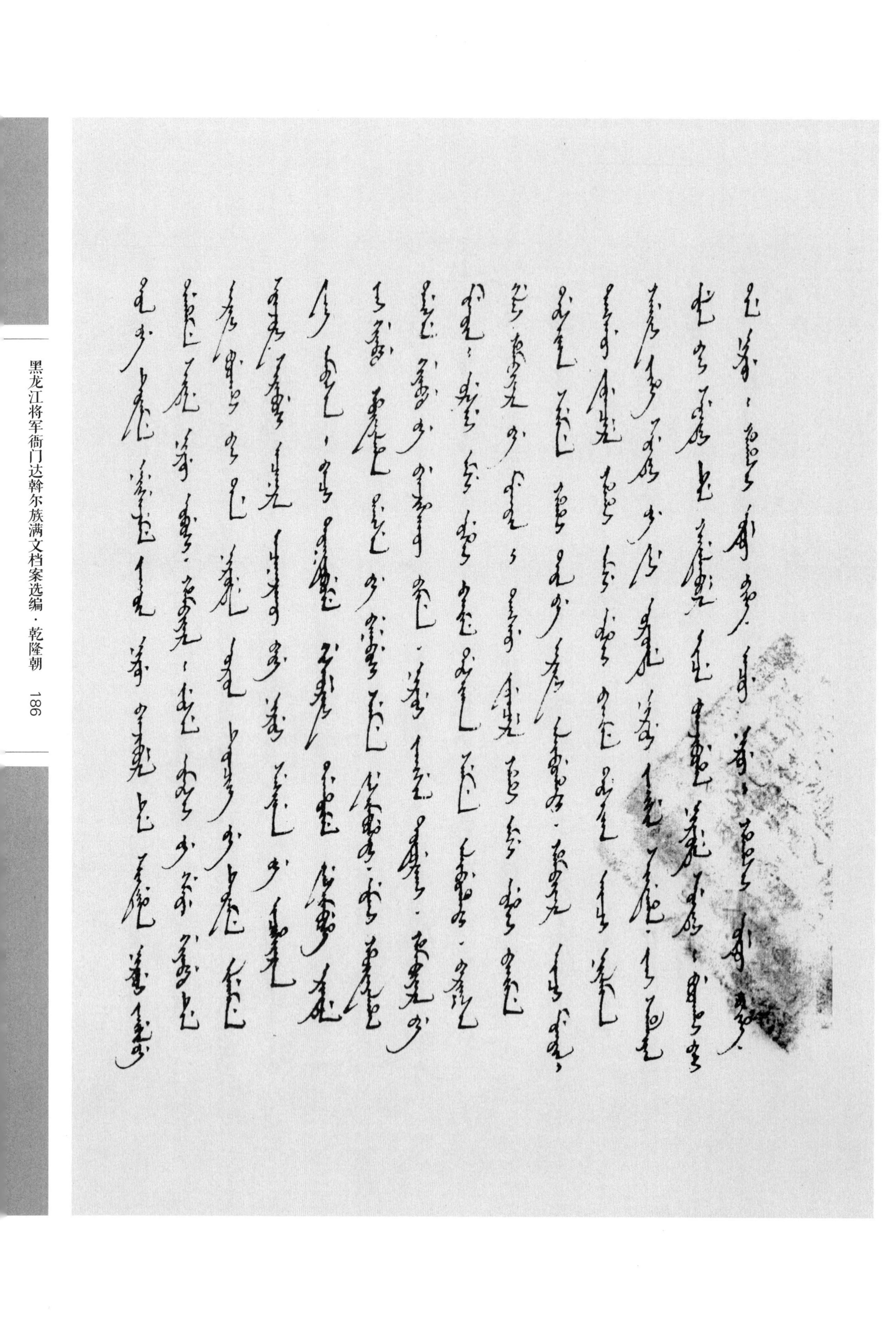

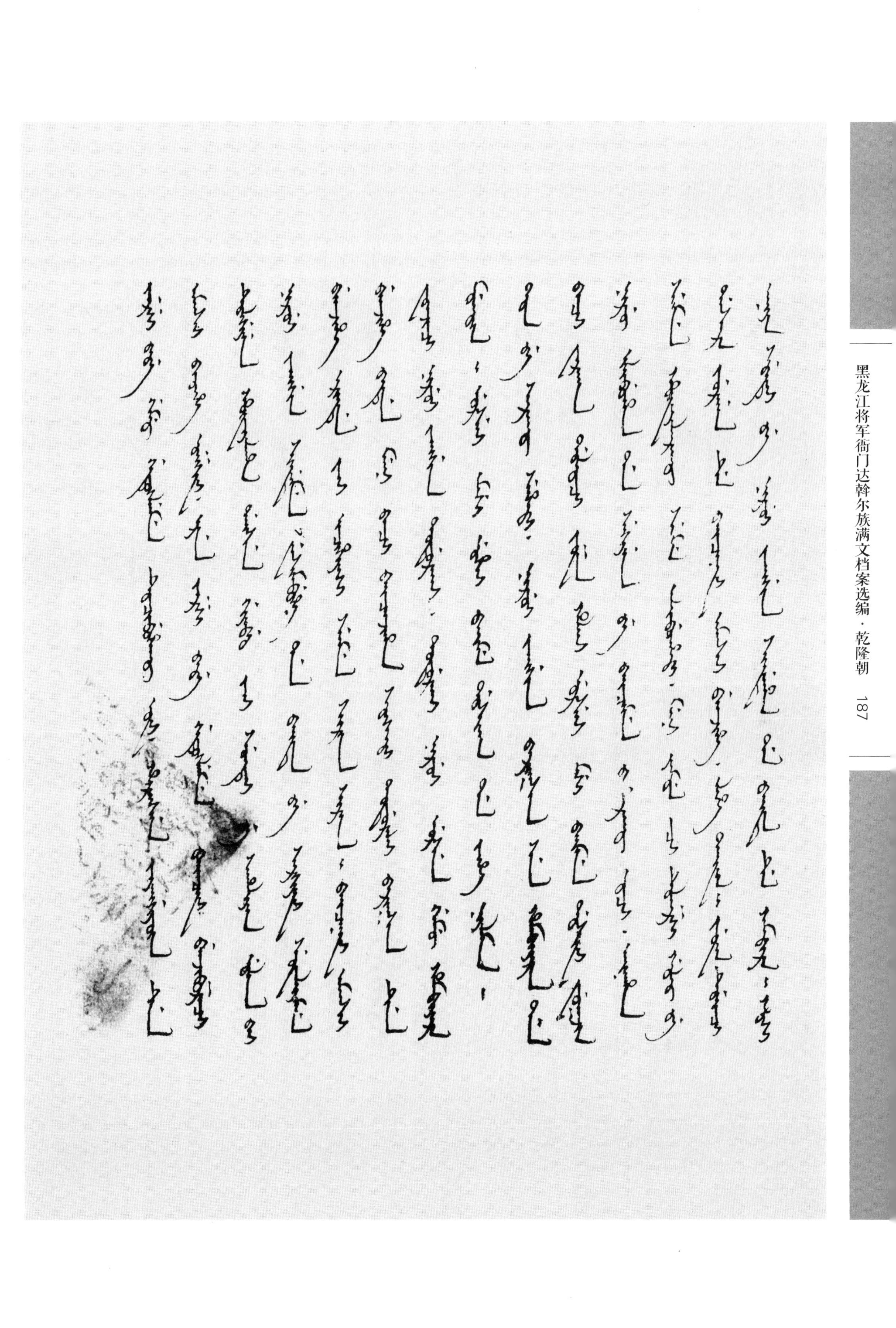

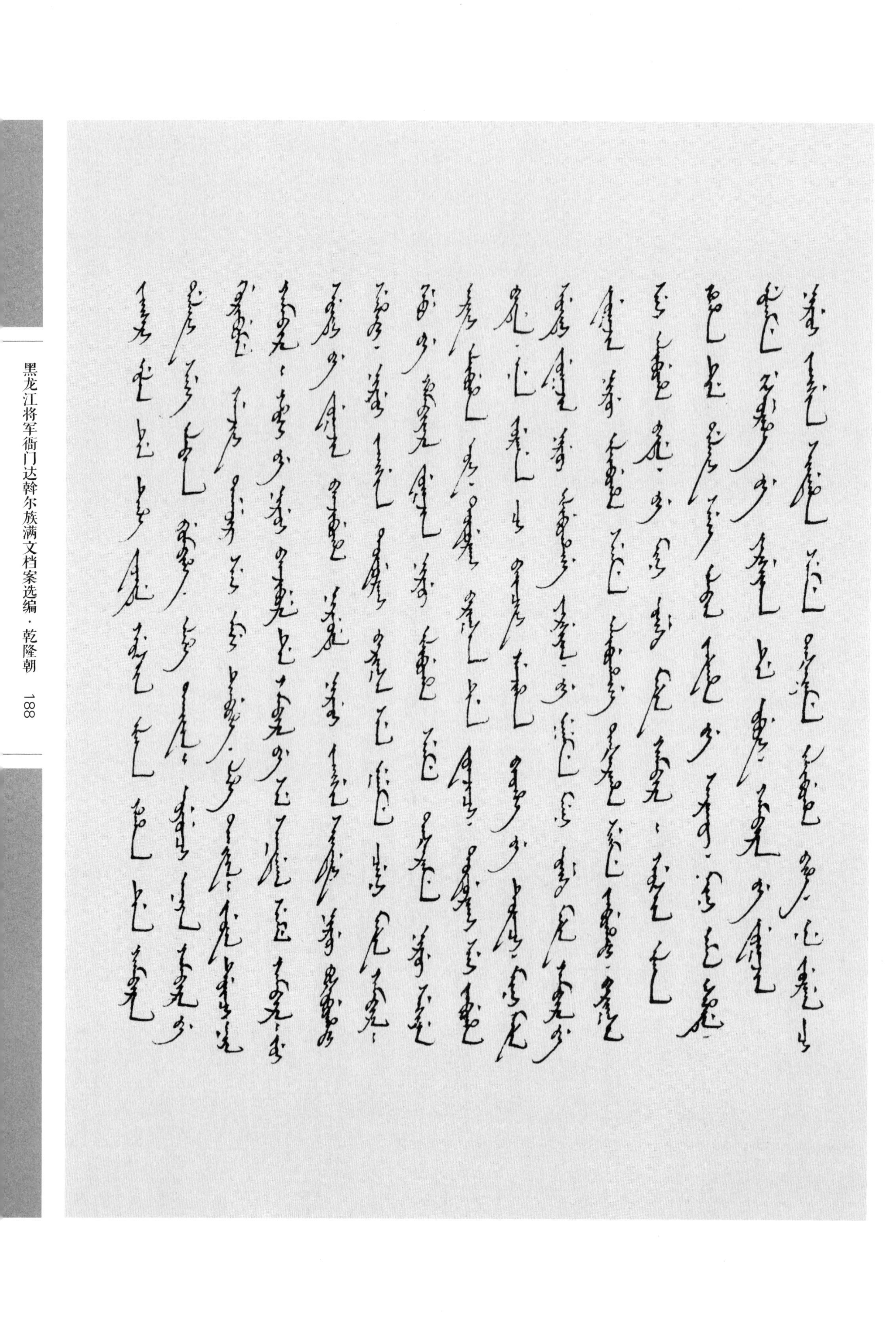

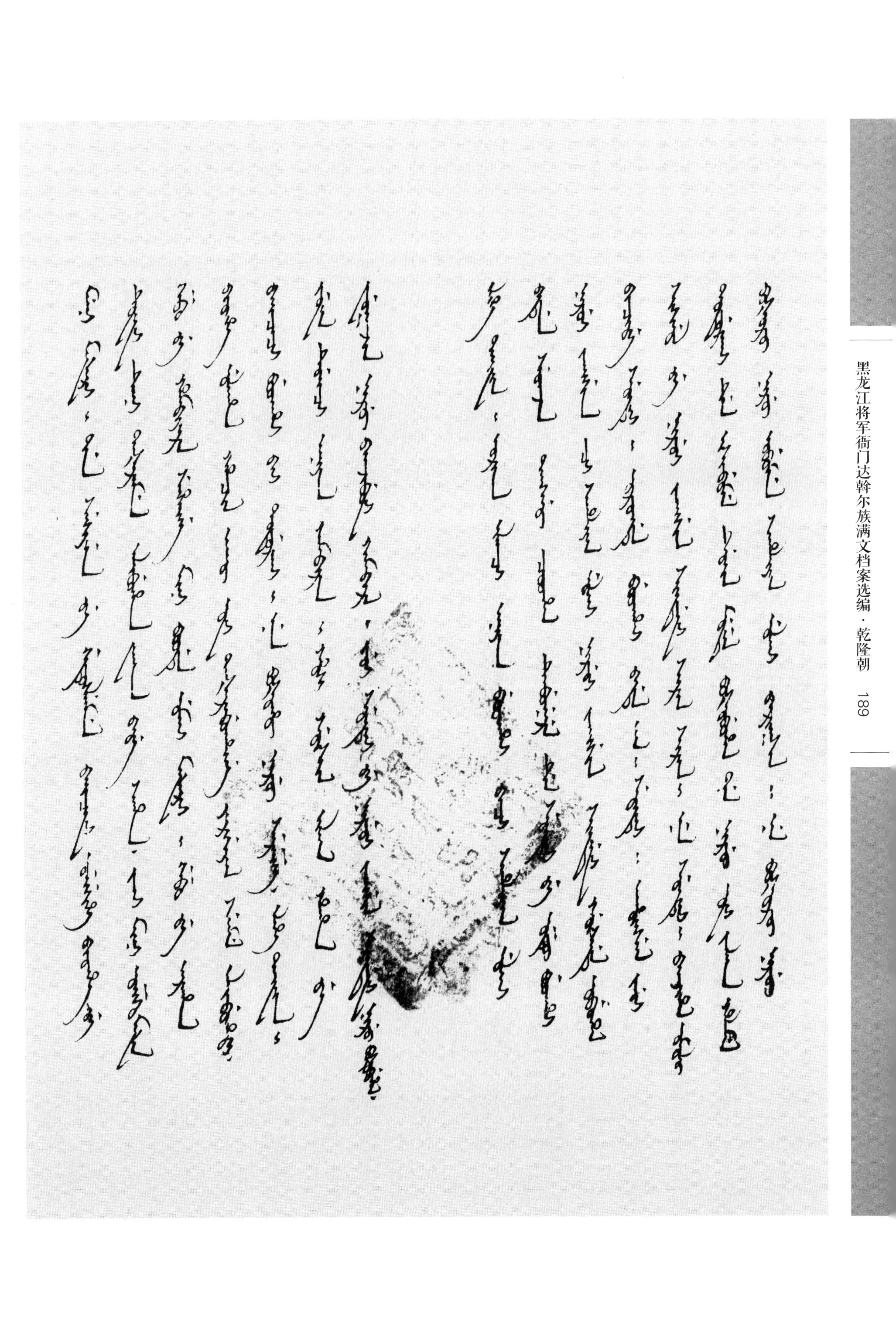

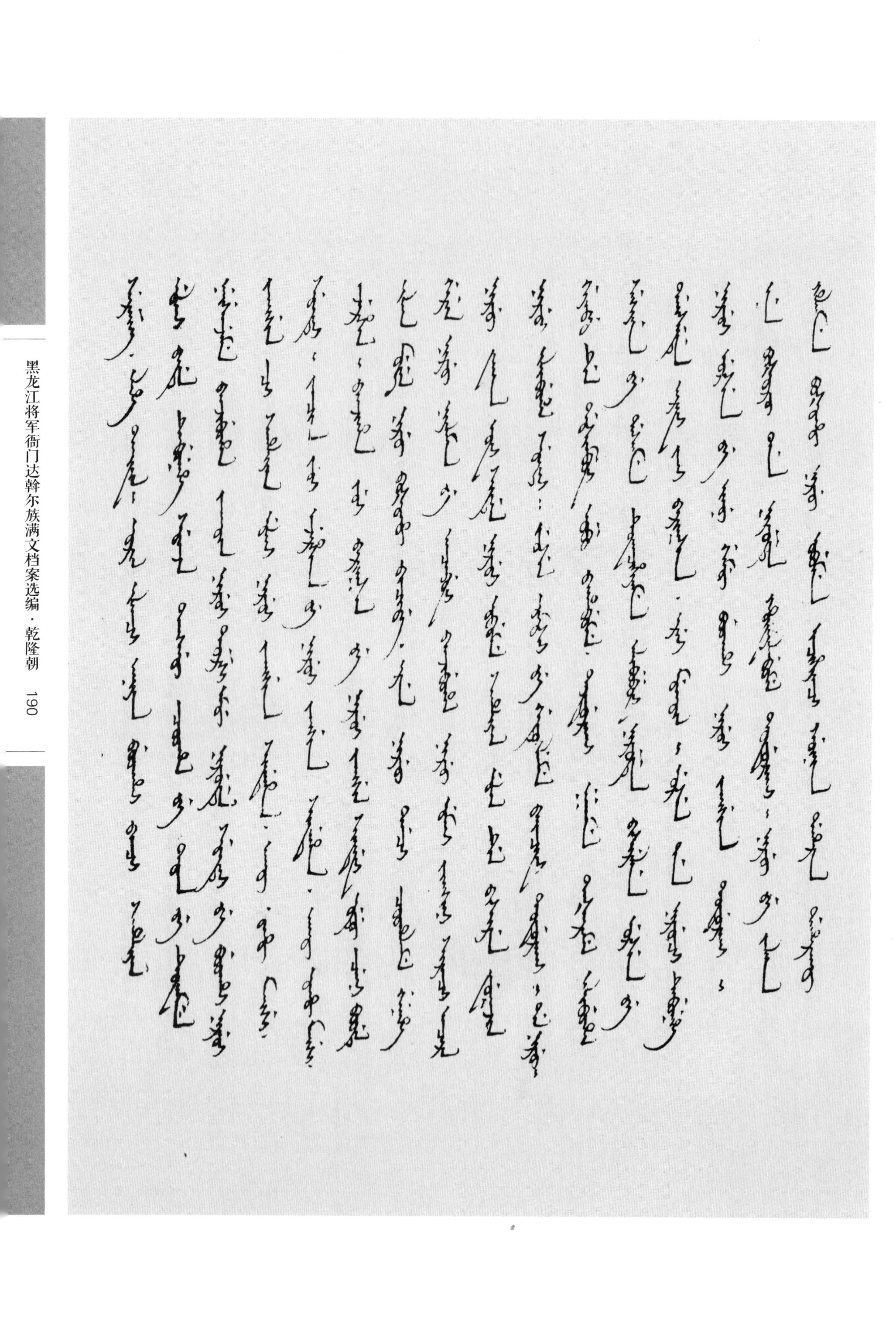

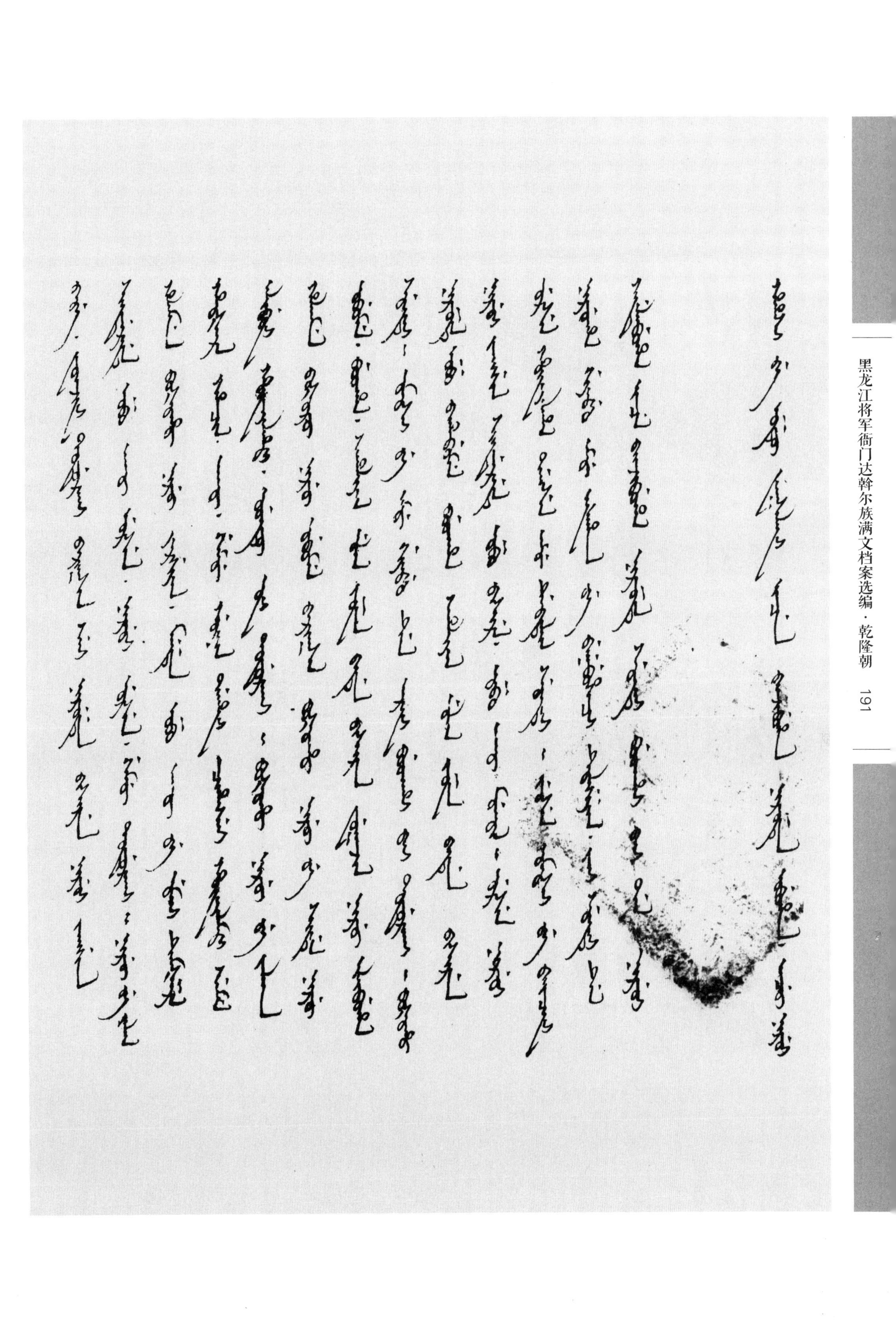

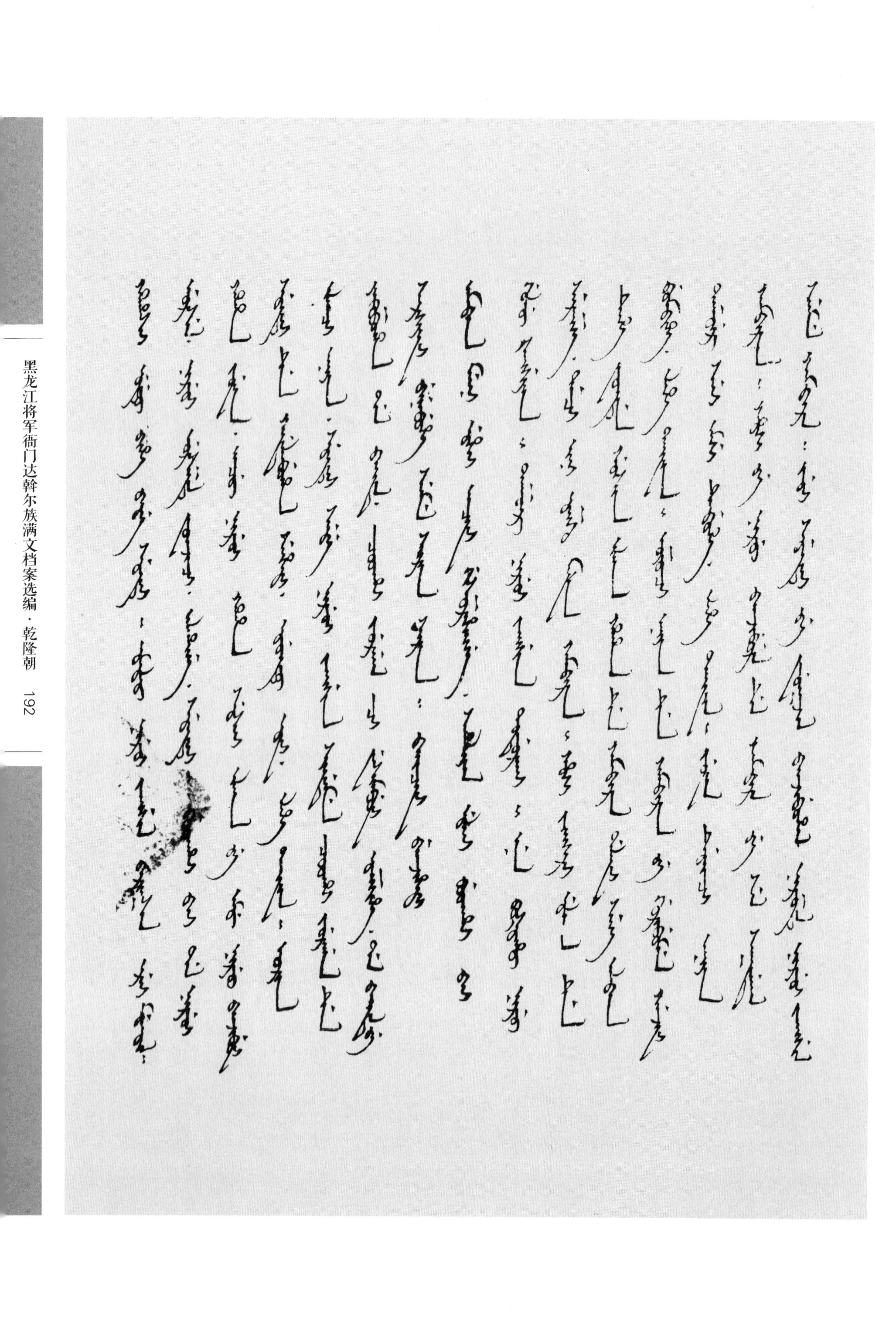

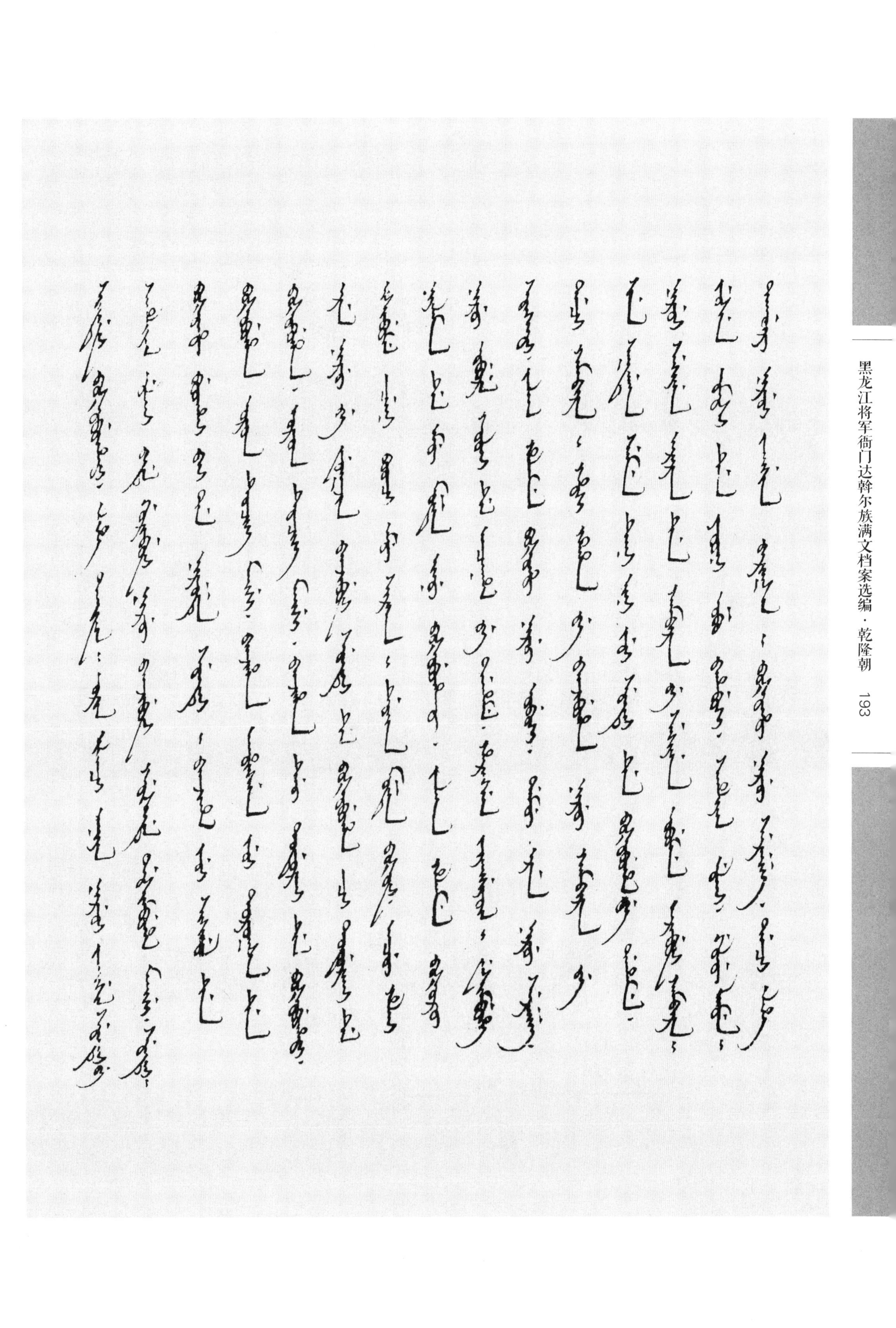

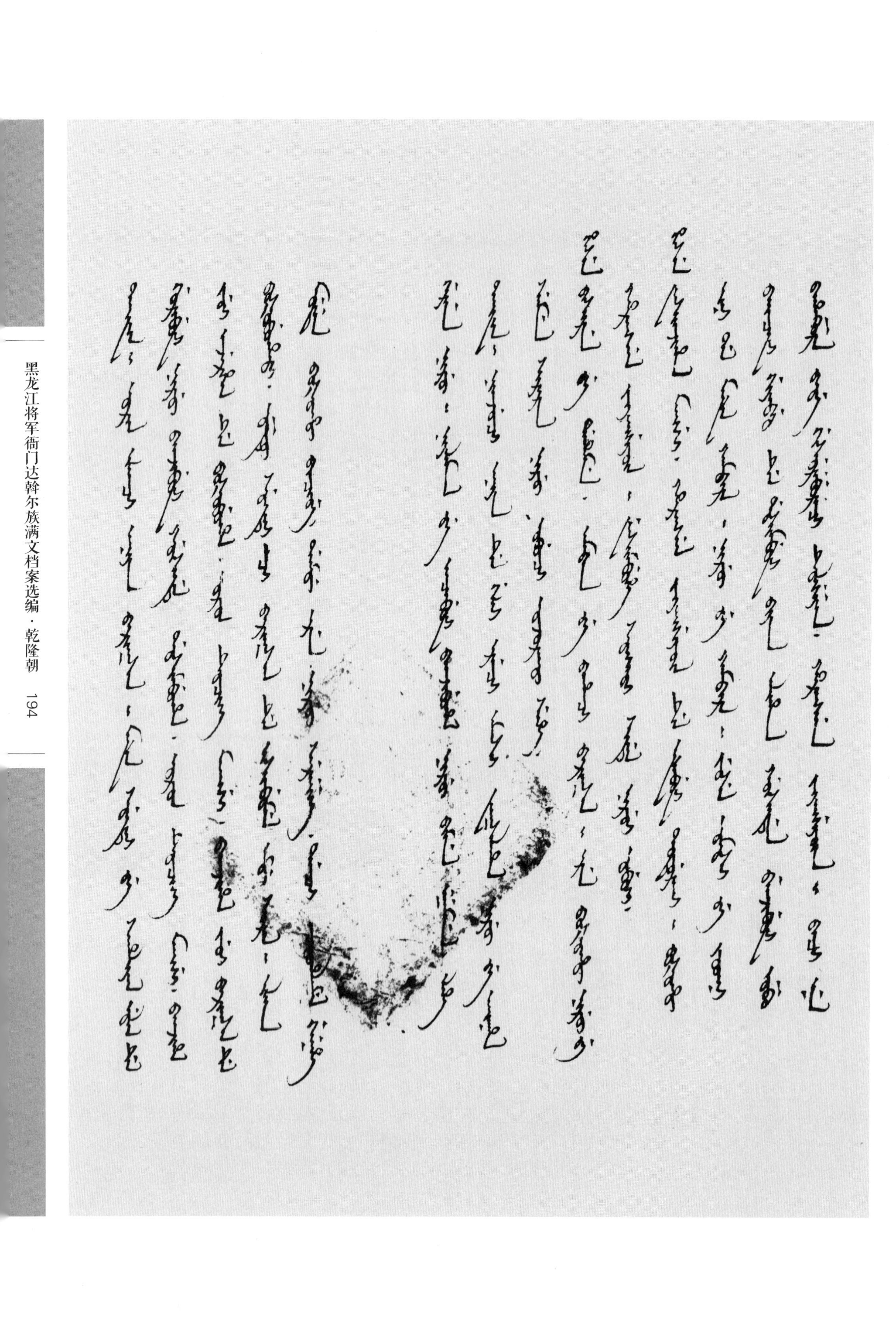

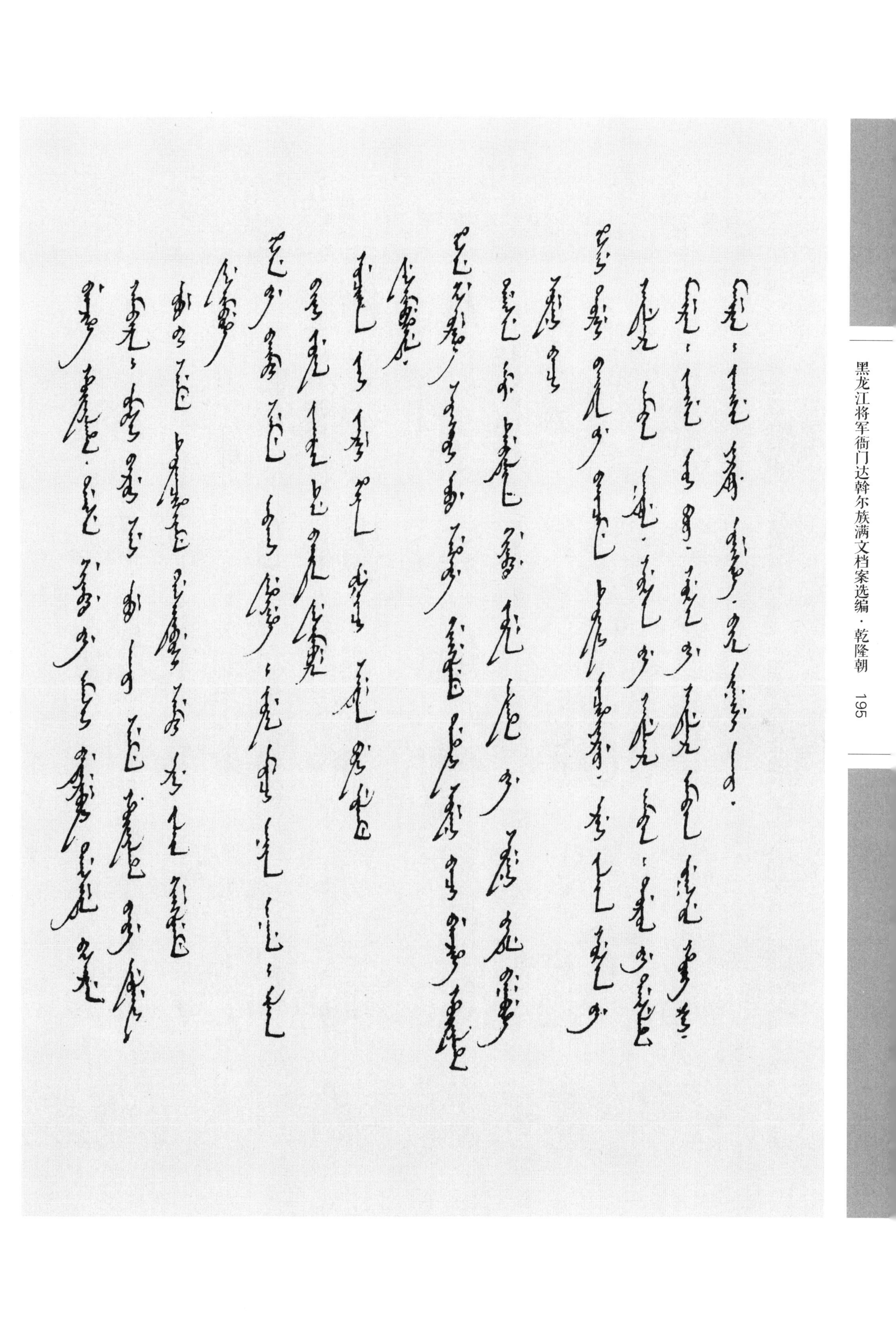

四〇八 黑龙江将军衙门为咨复解送黑龙江布特哈正白旗达斡尔佐领托多尔凯等源流册家谱事咨值月镶蓝三旗都统衙门文

乾隆十一年七月二十五日

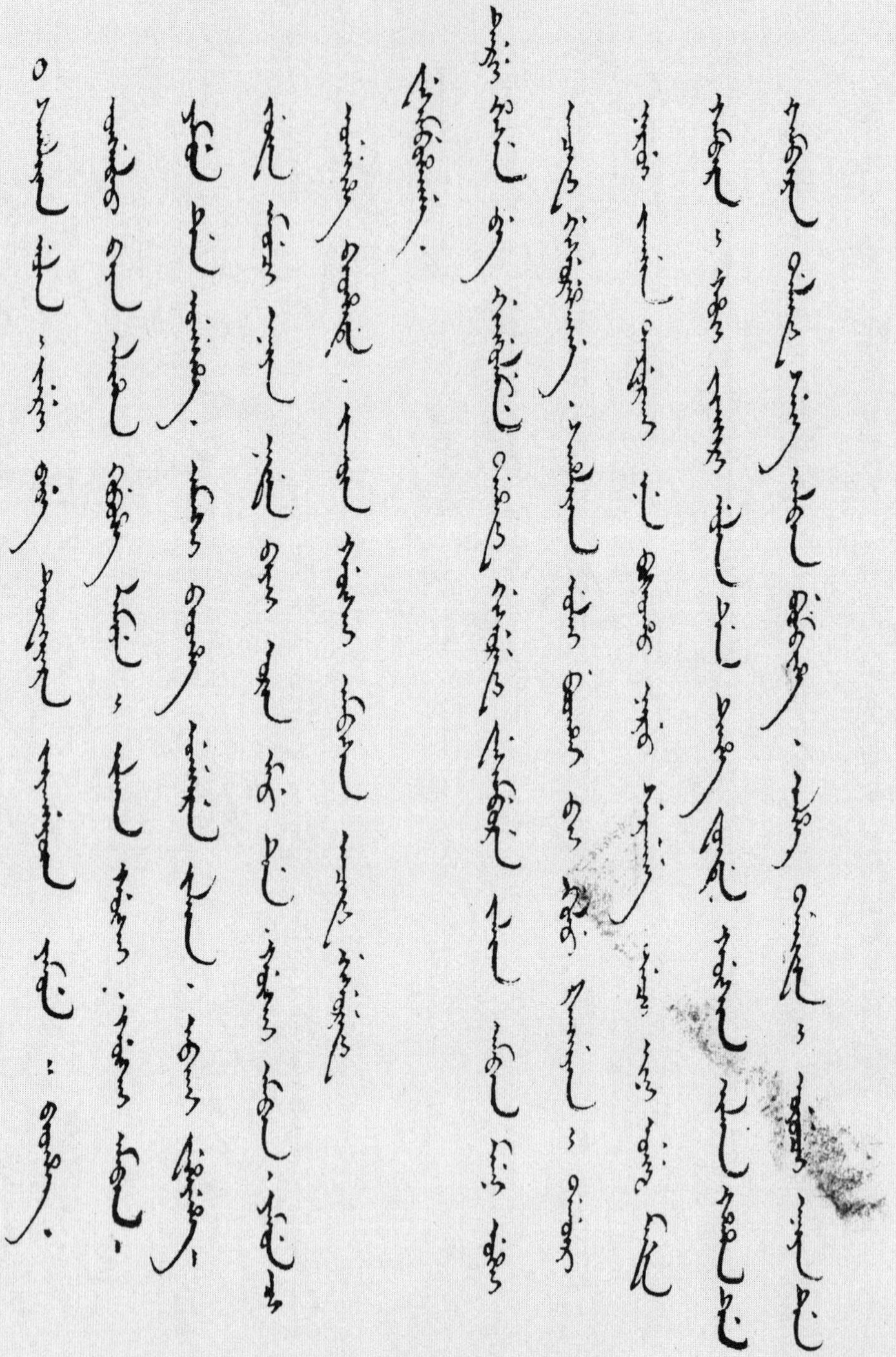

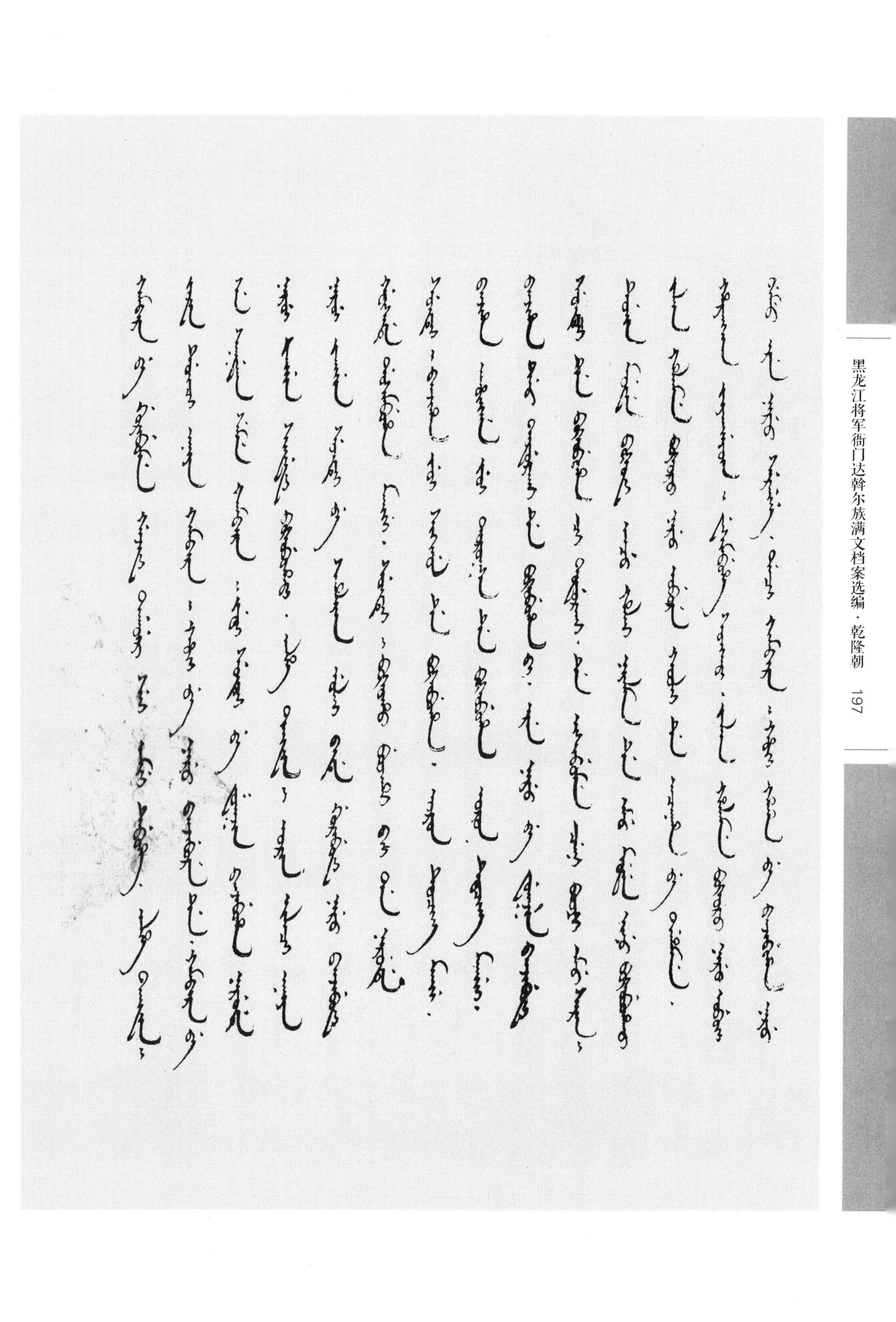

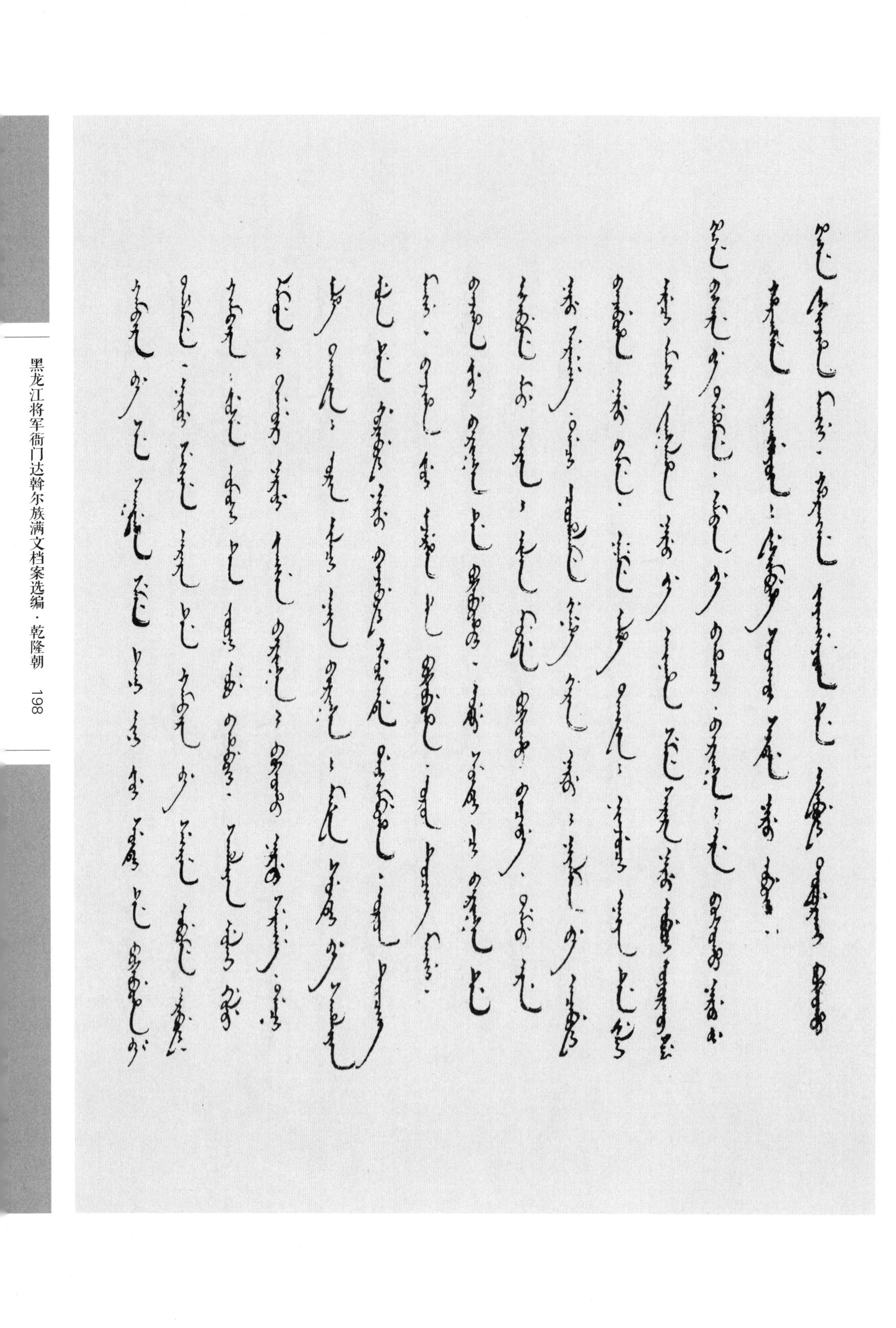

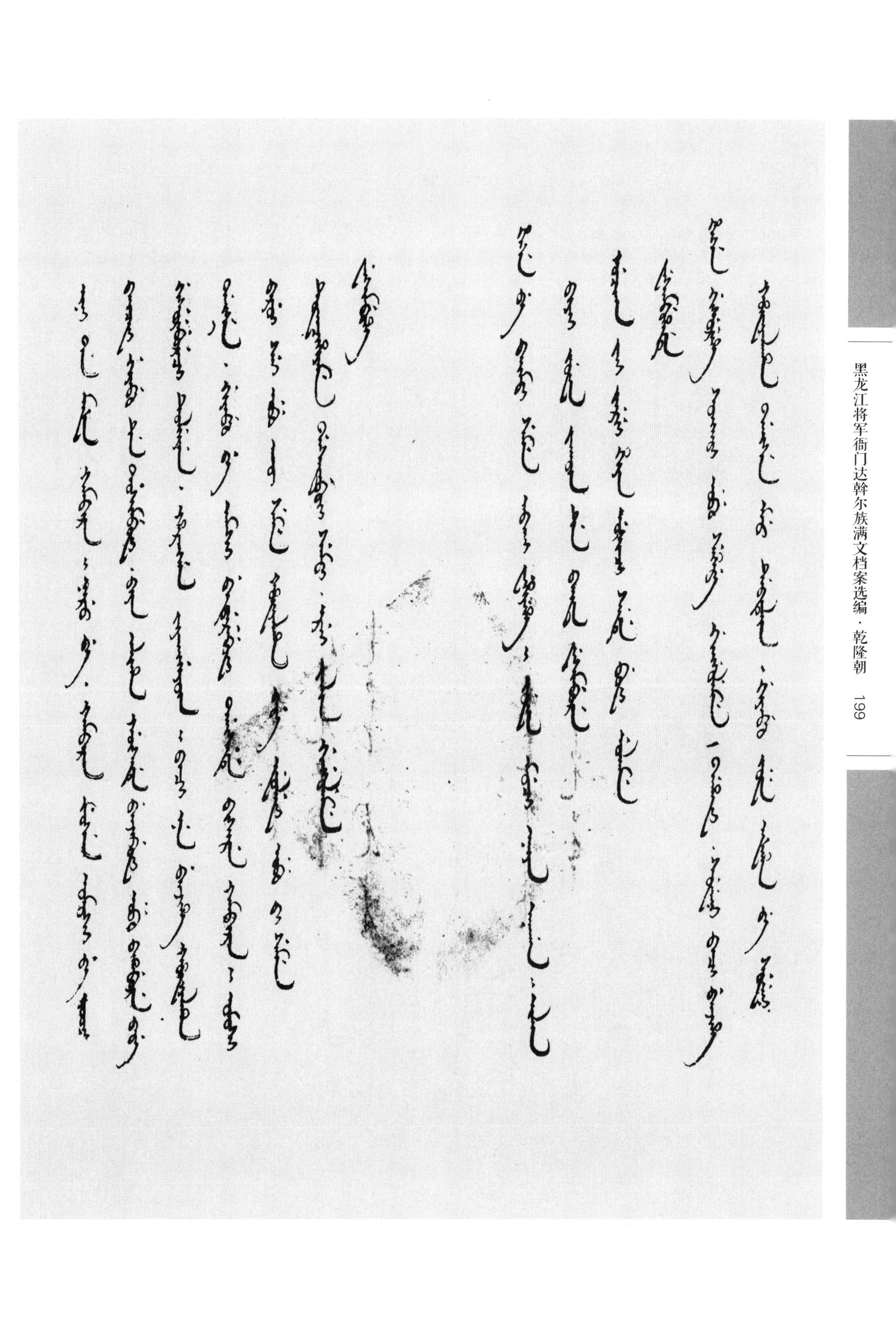

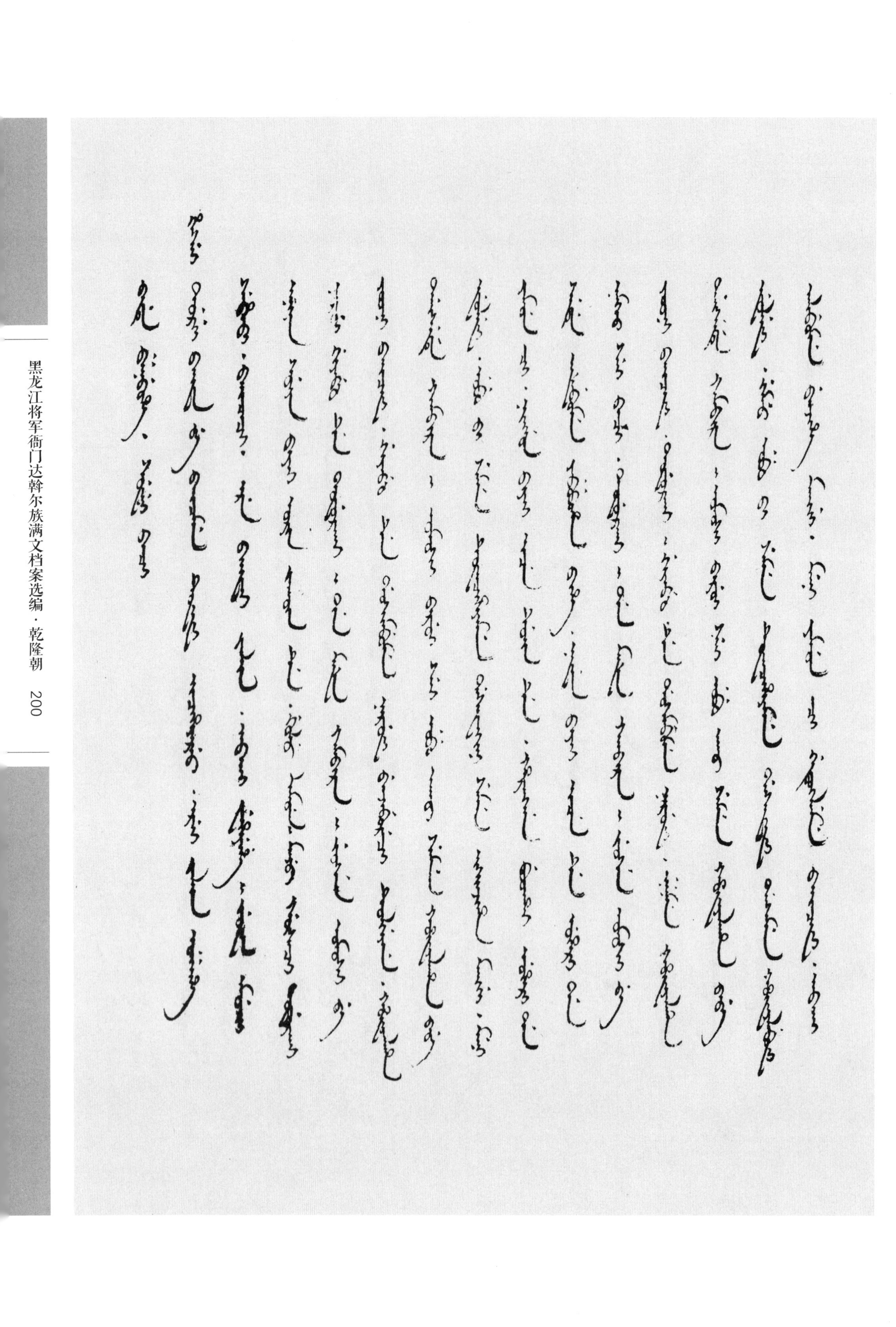

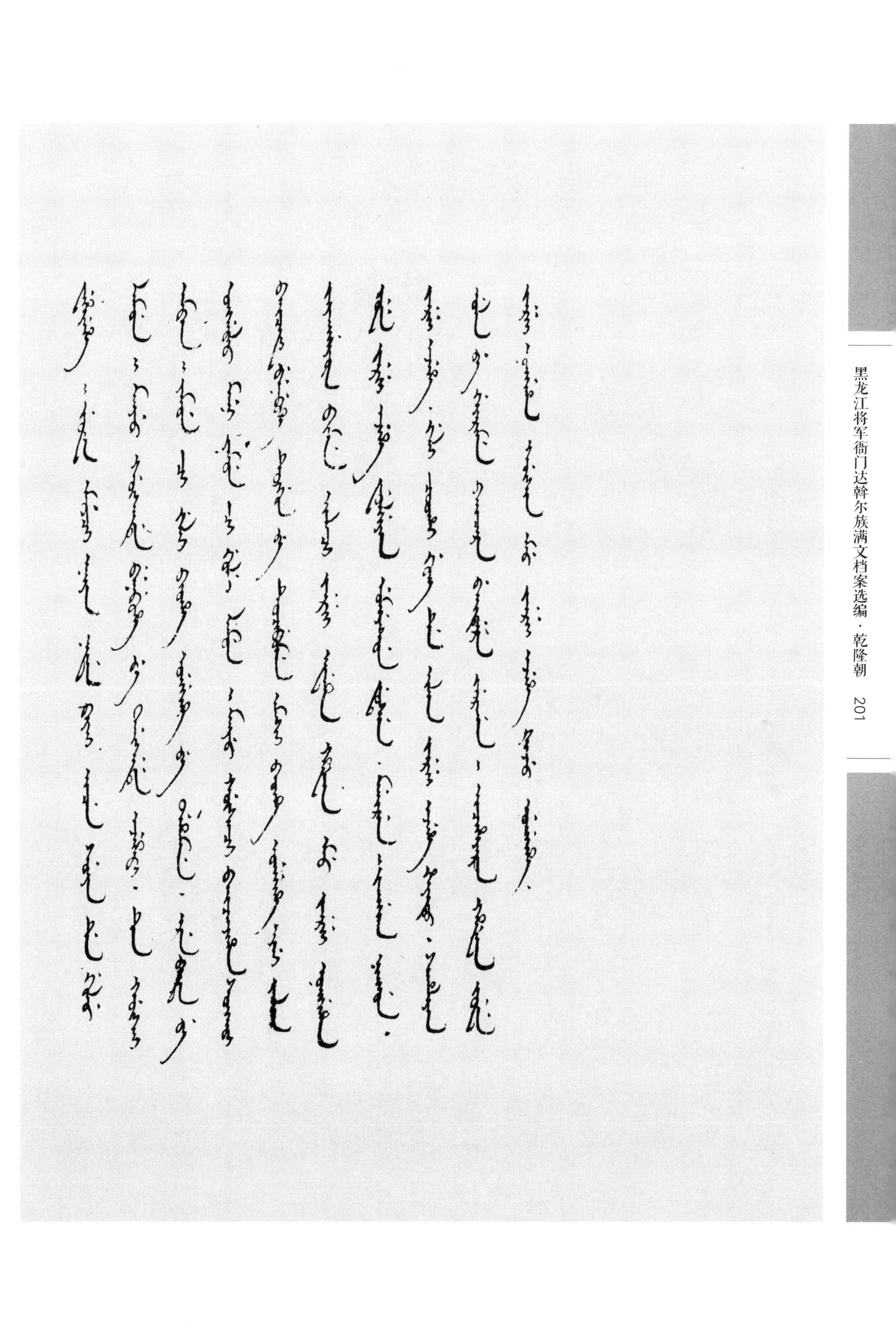

四〇九 正白满洲旗为知会已奏准齐齐哈尔正白旗达斡尔布拉尔佐领作为公中佐领承袭等情事咨黑龙江将军衙门文

乾隆十一年八月初八日

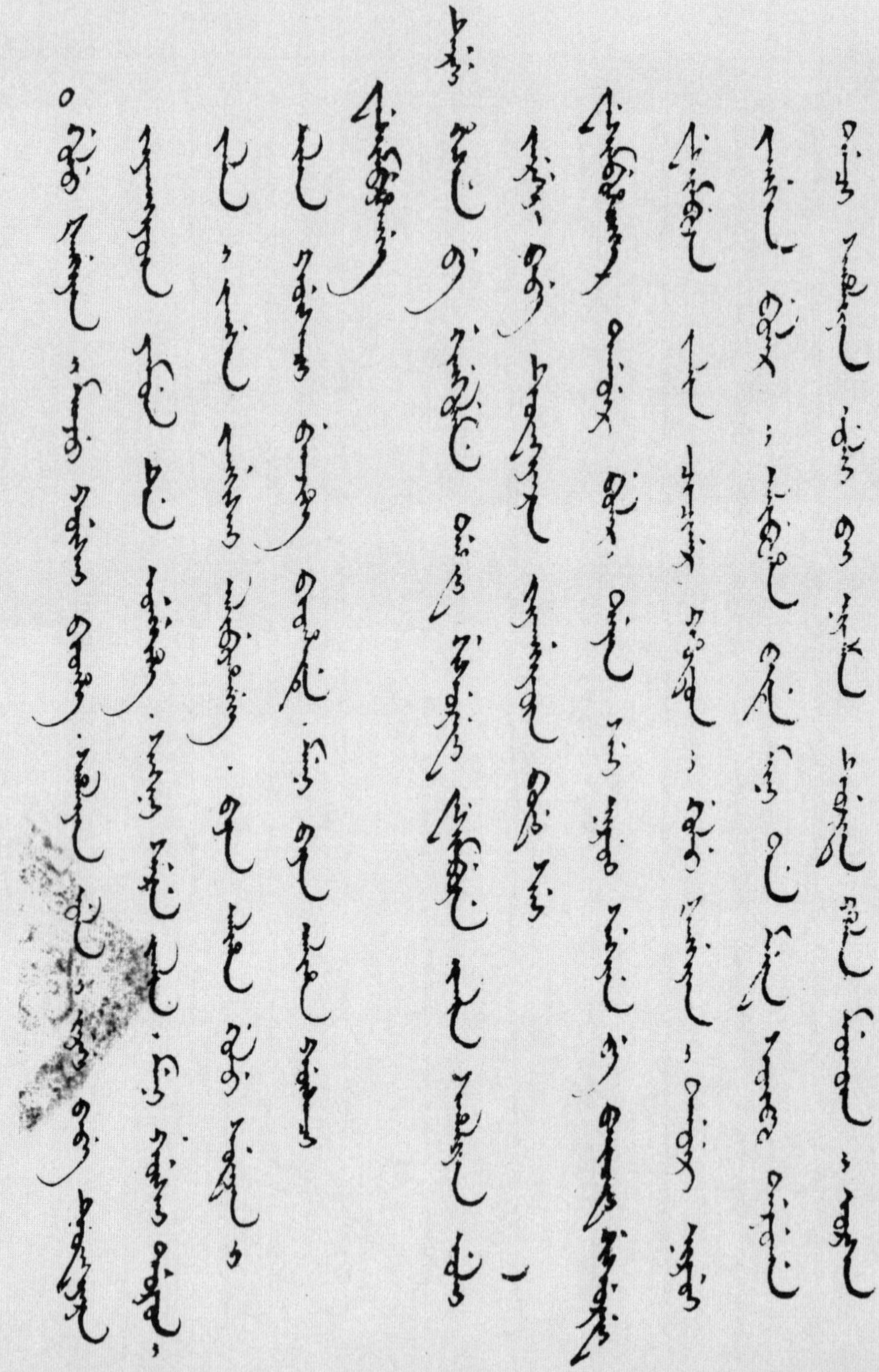

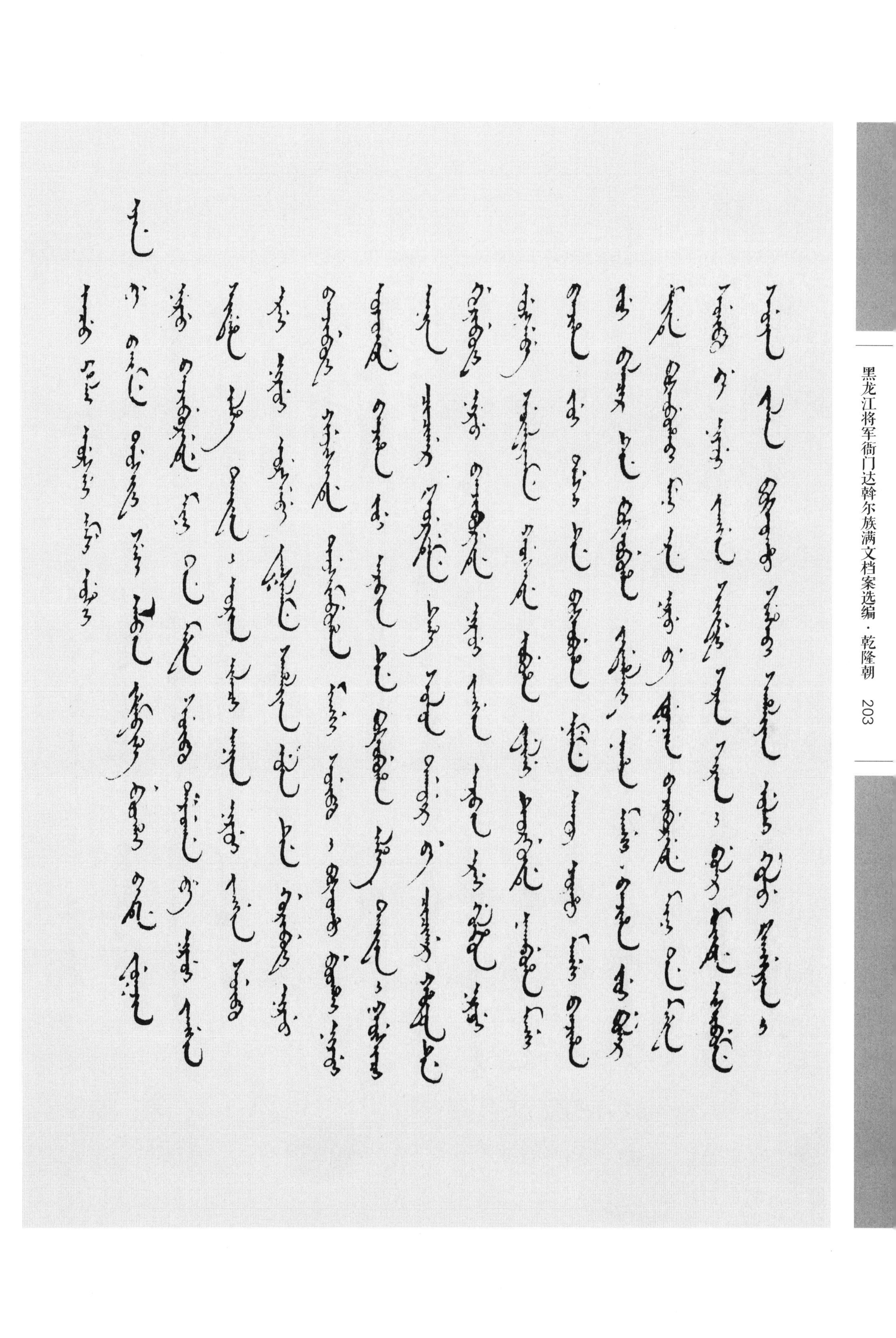

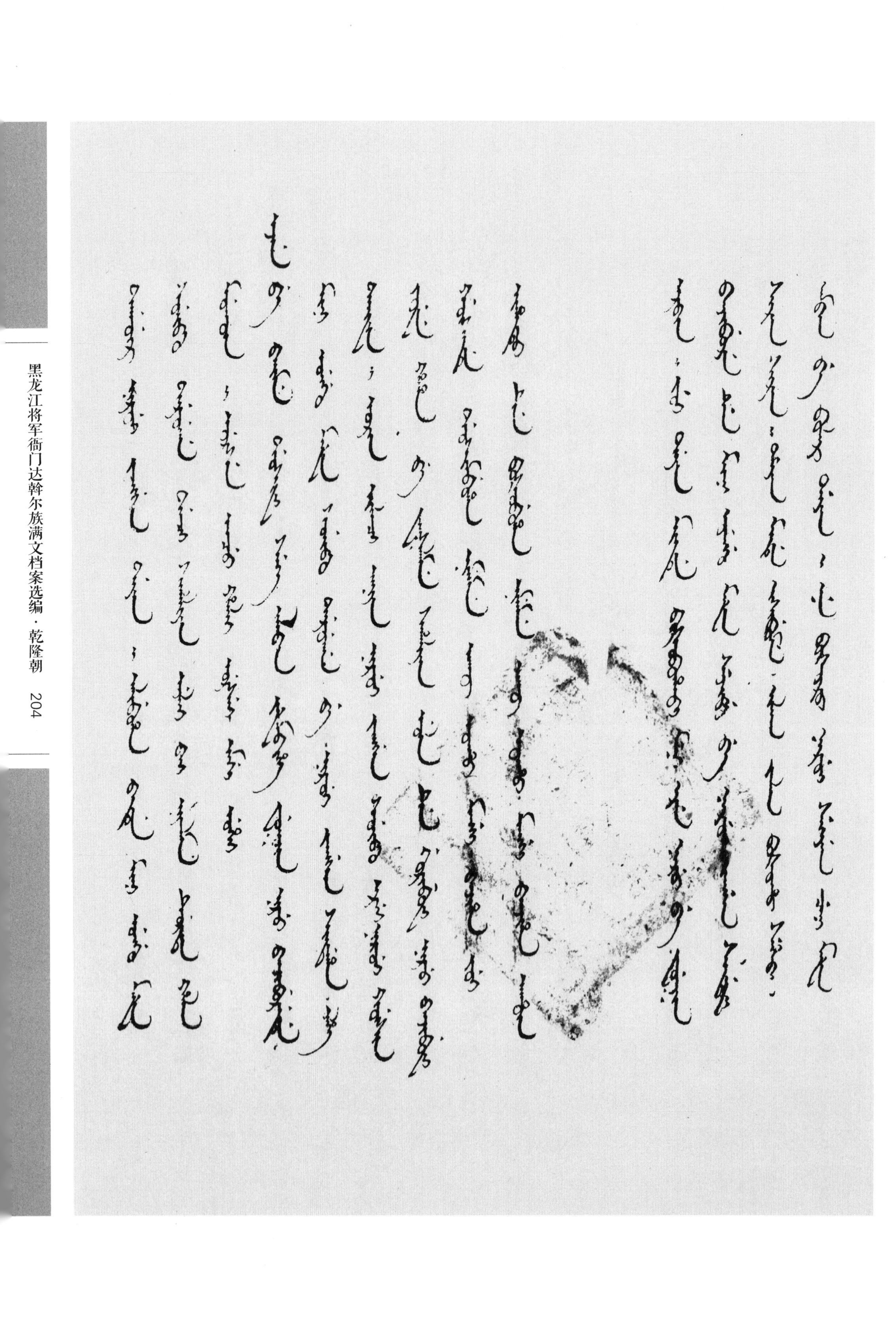

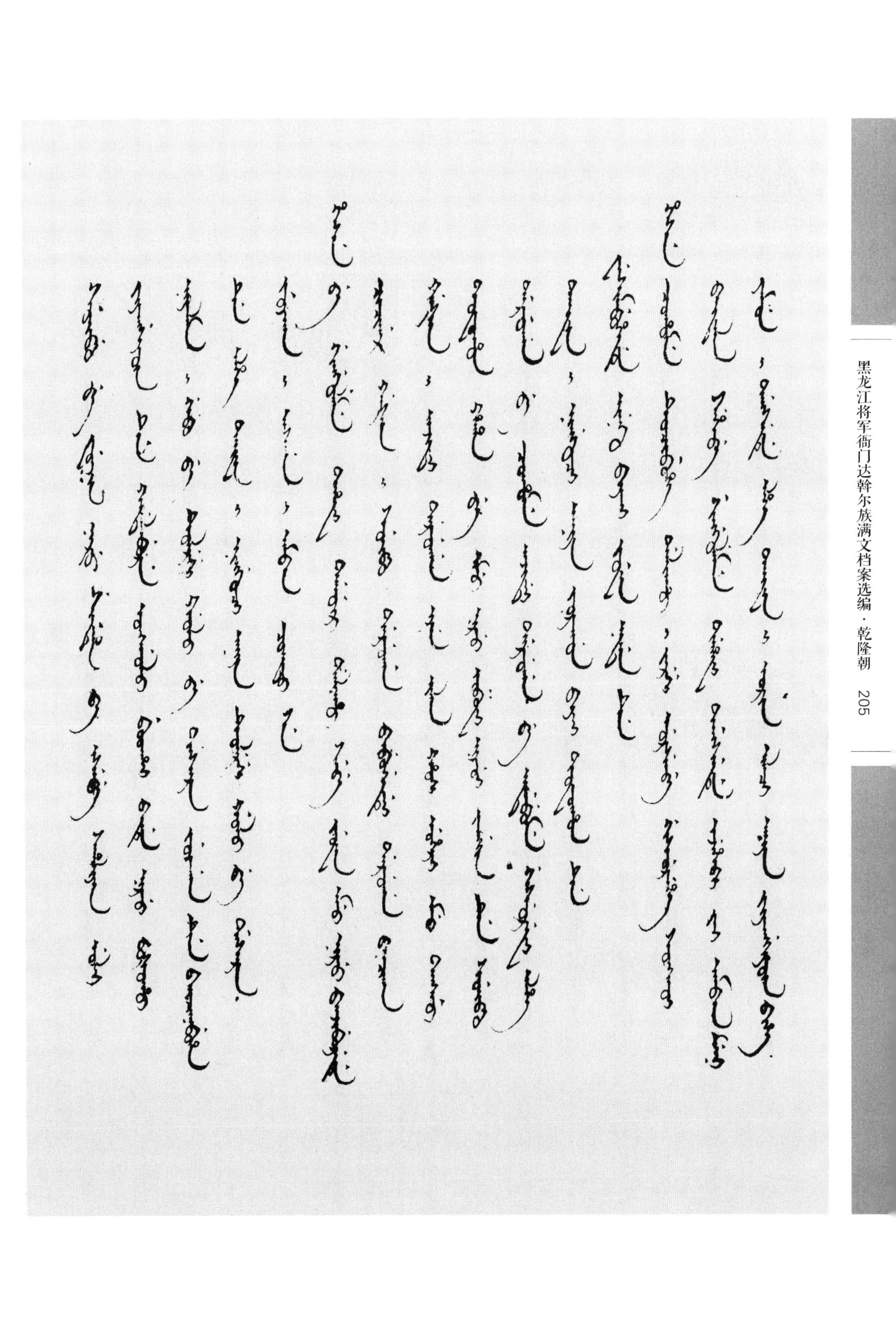

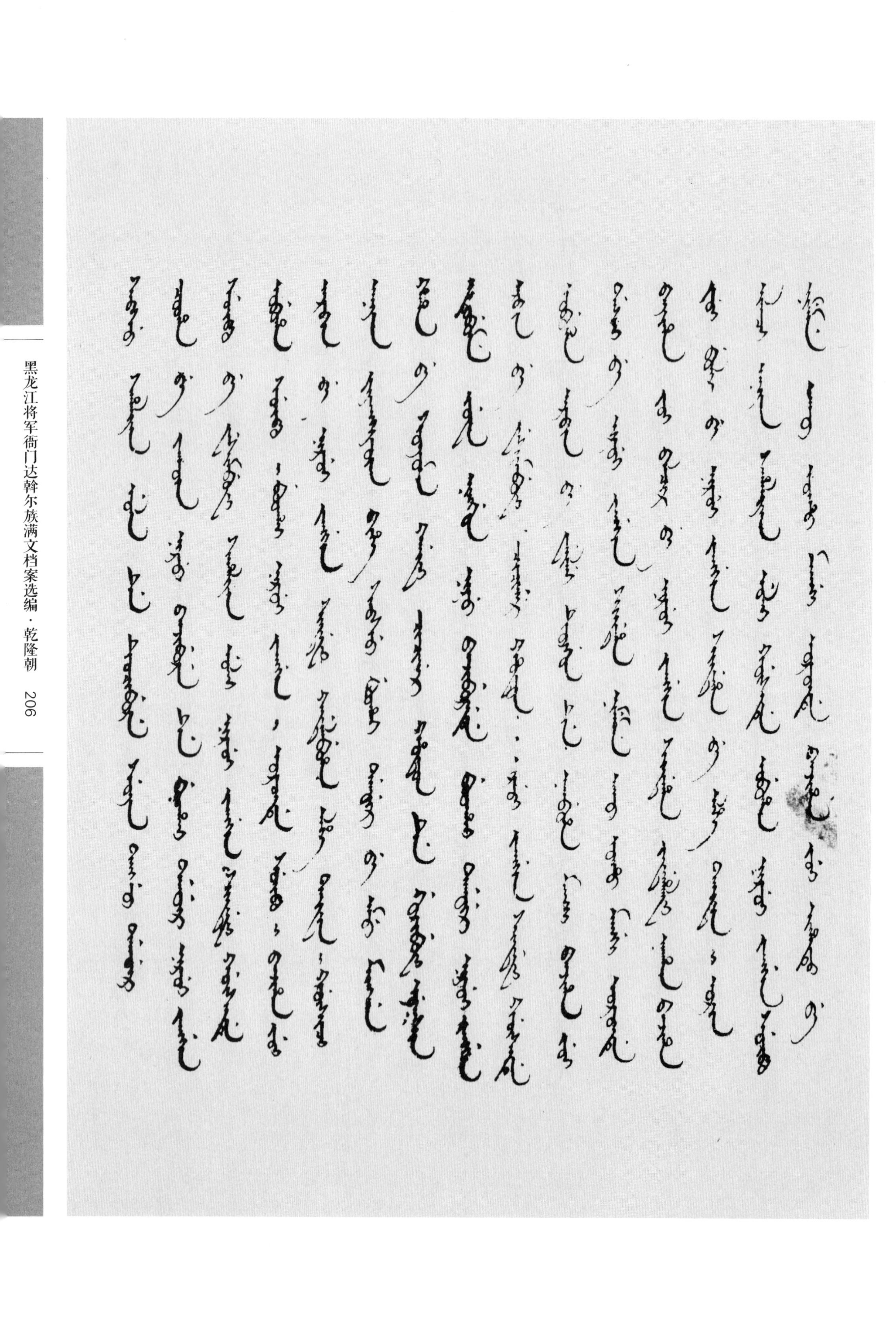

[illegible]

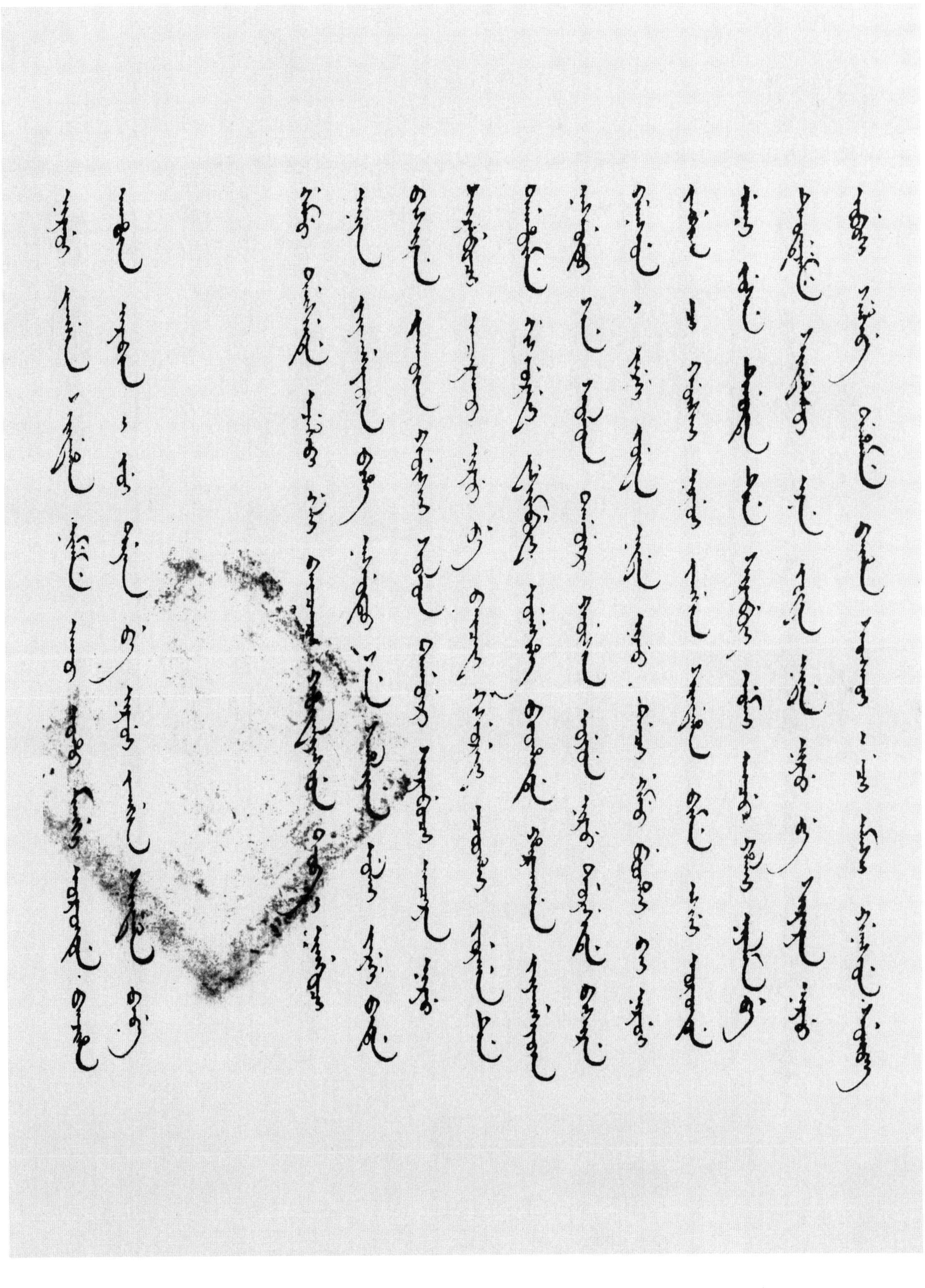

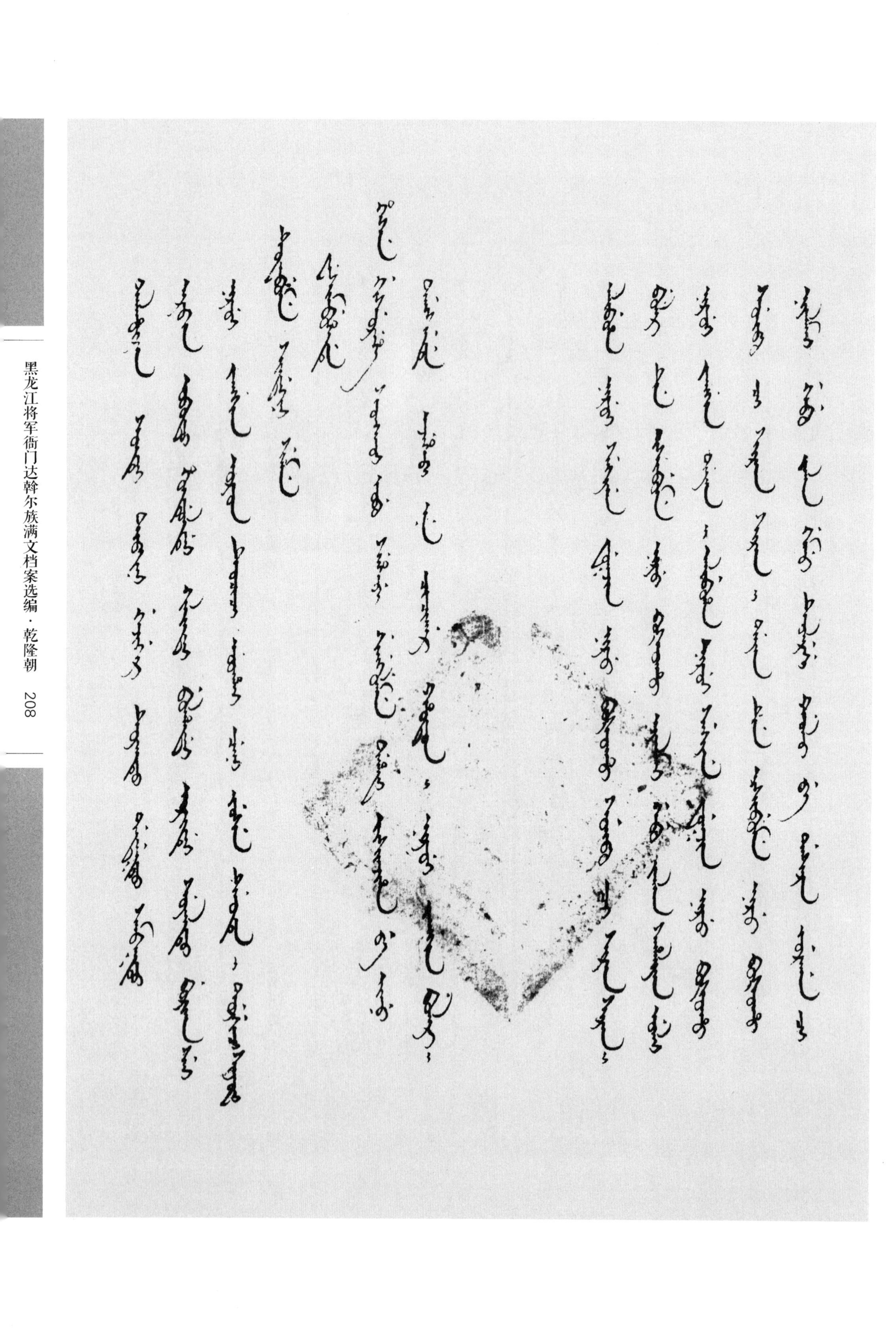

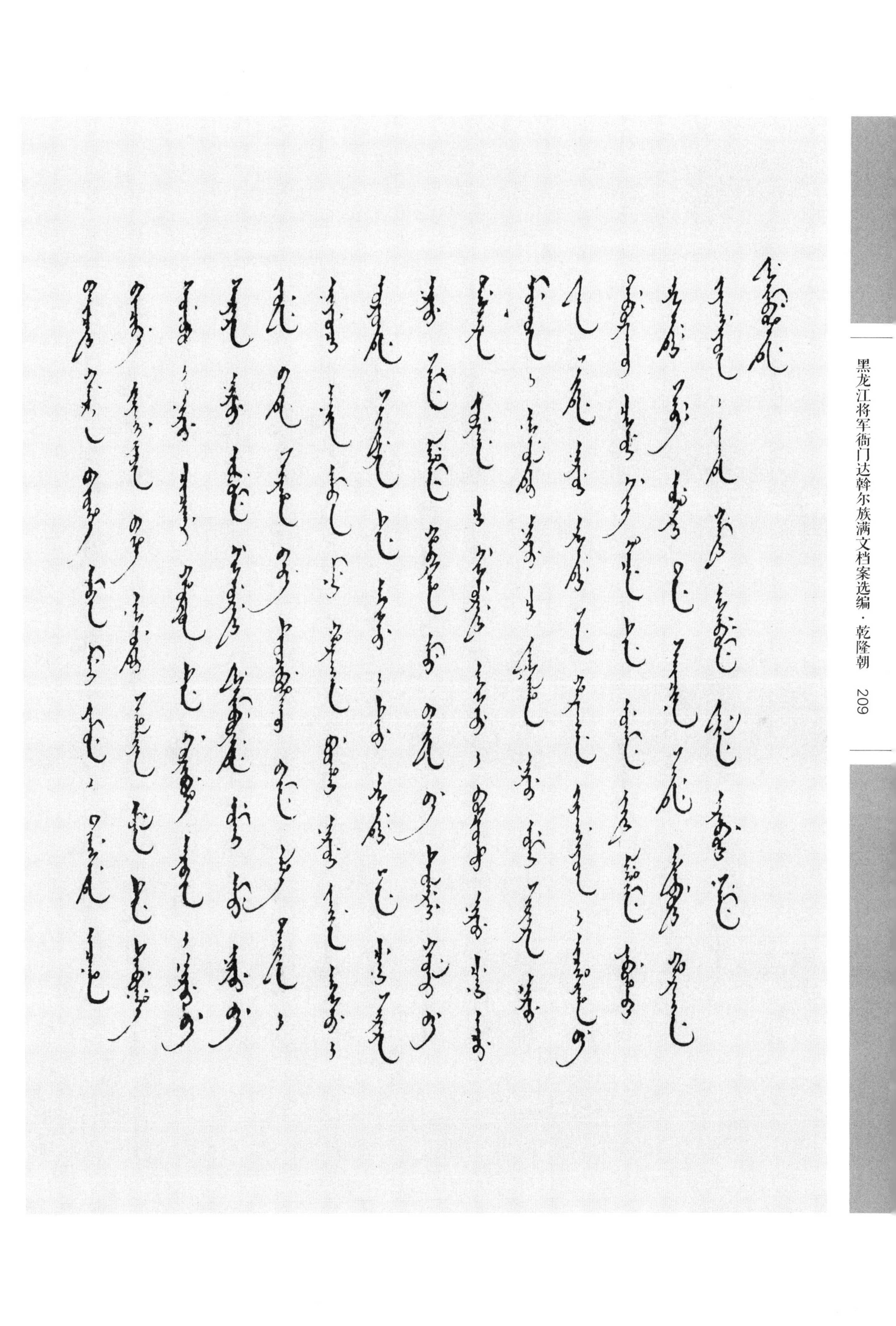

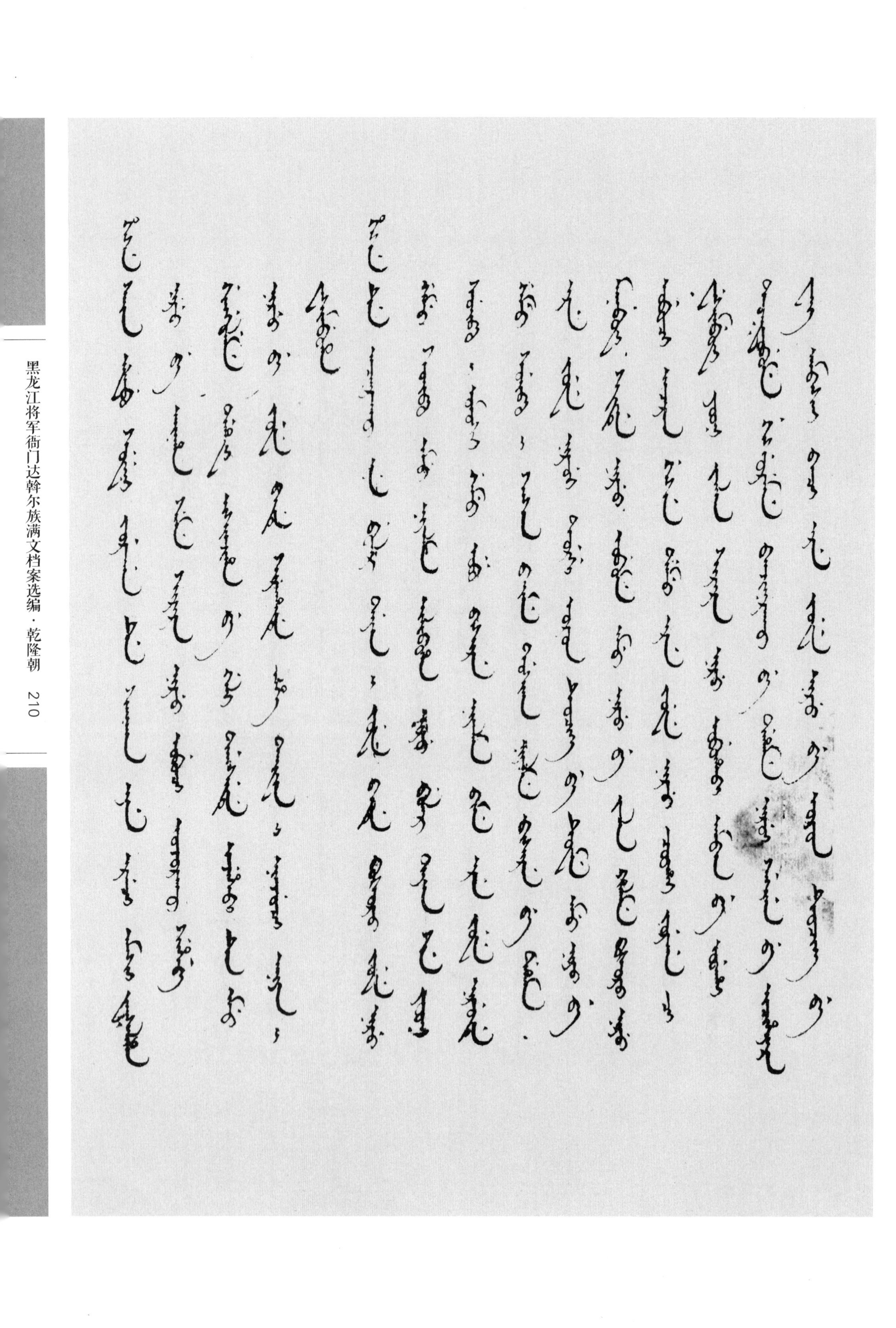

[illegible]

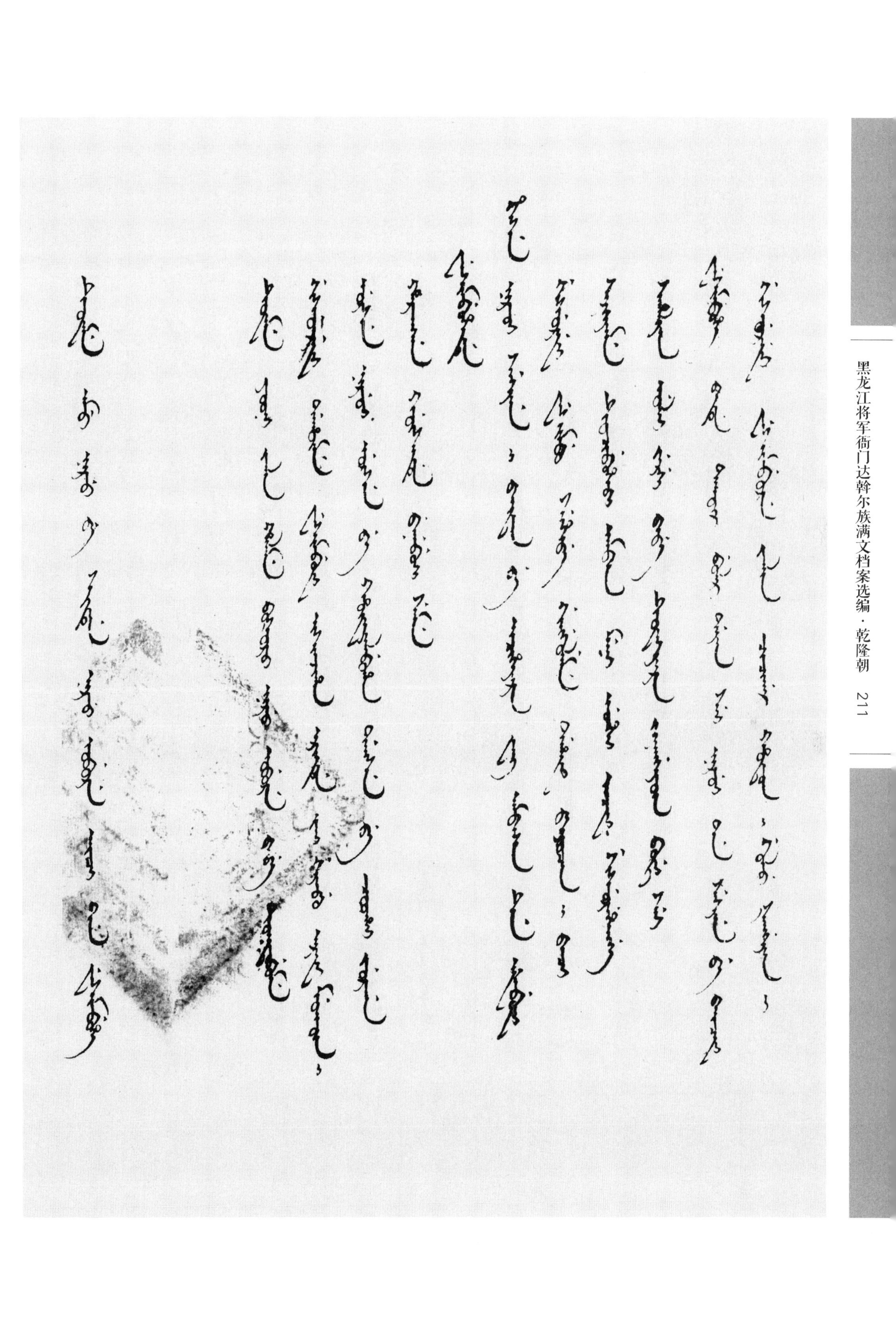

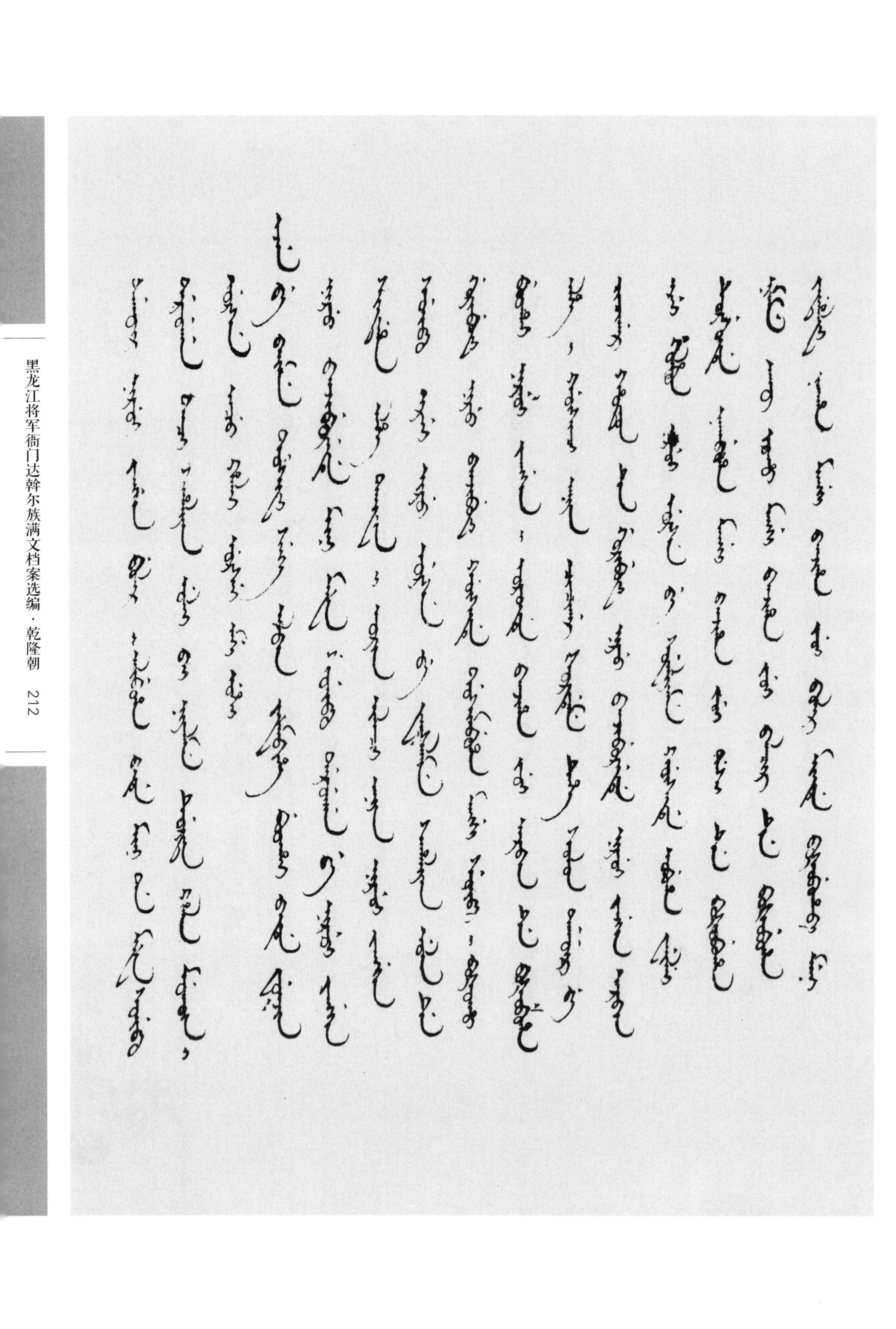

[illegible]

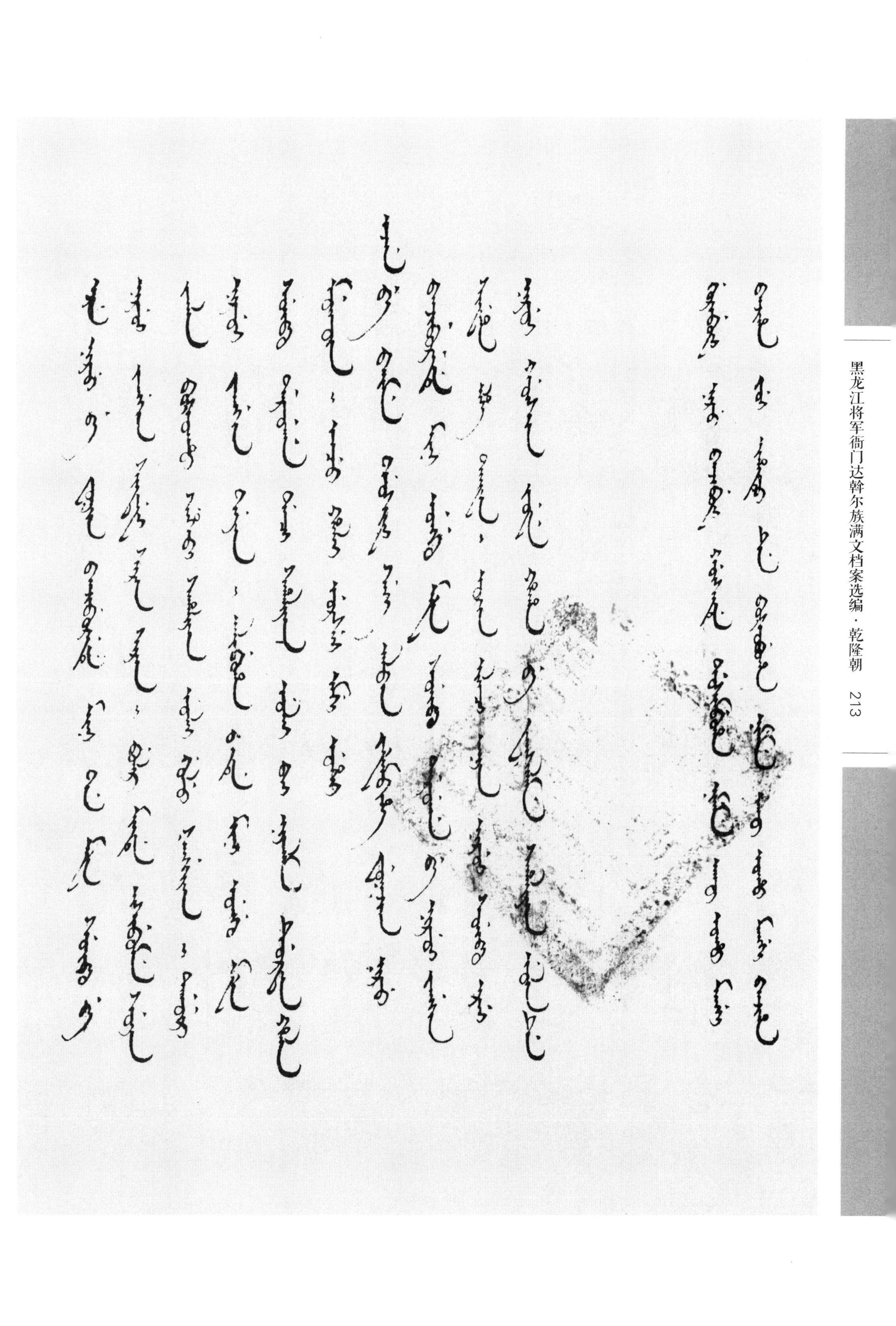

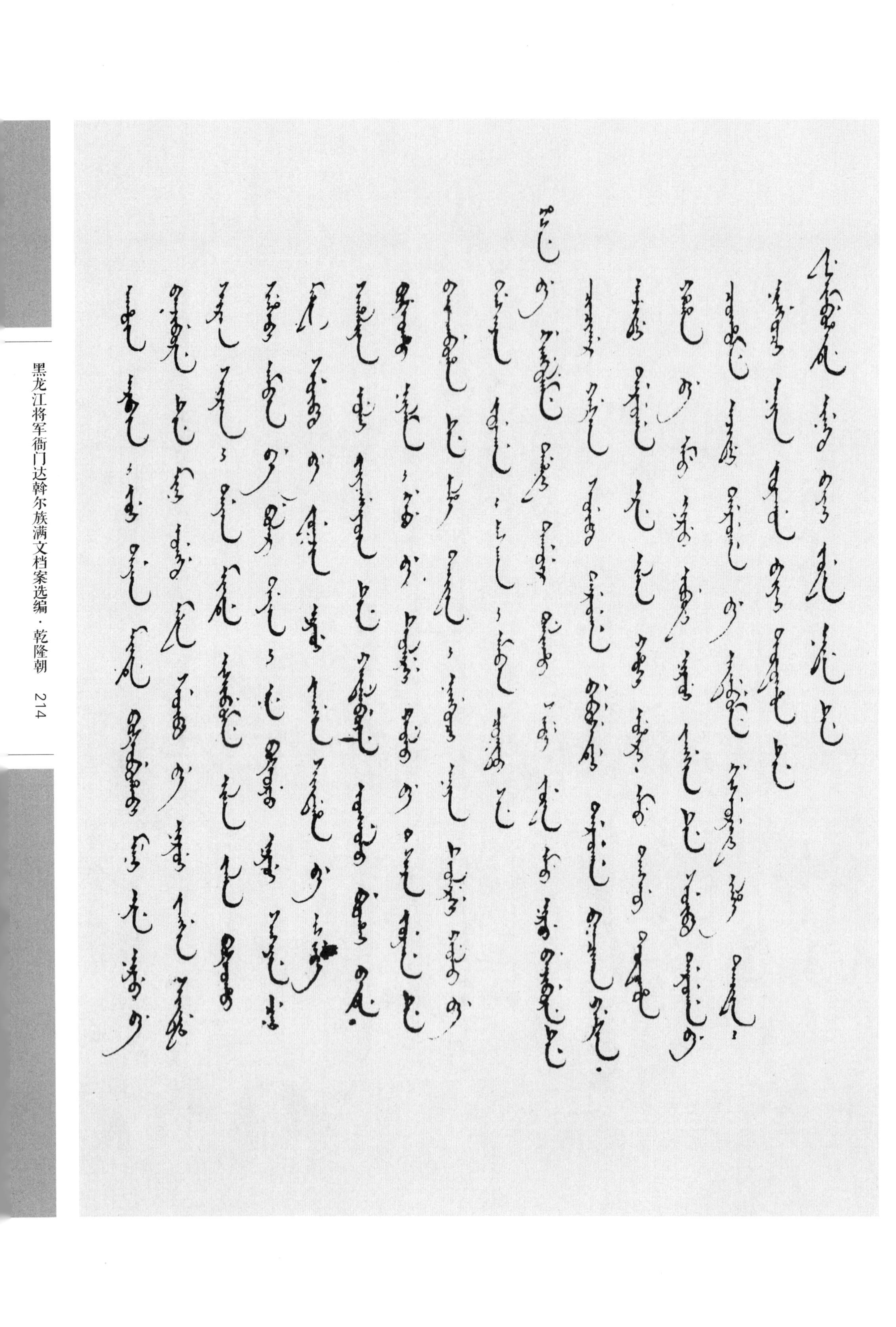

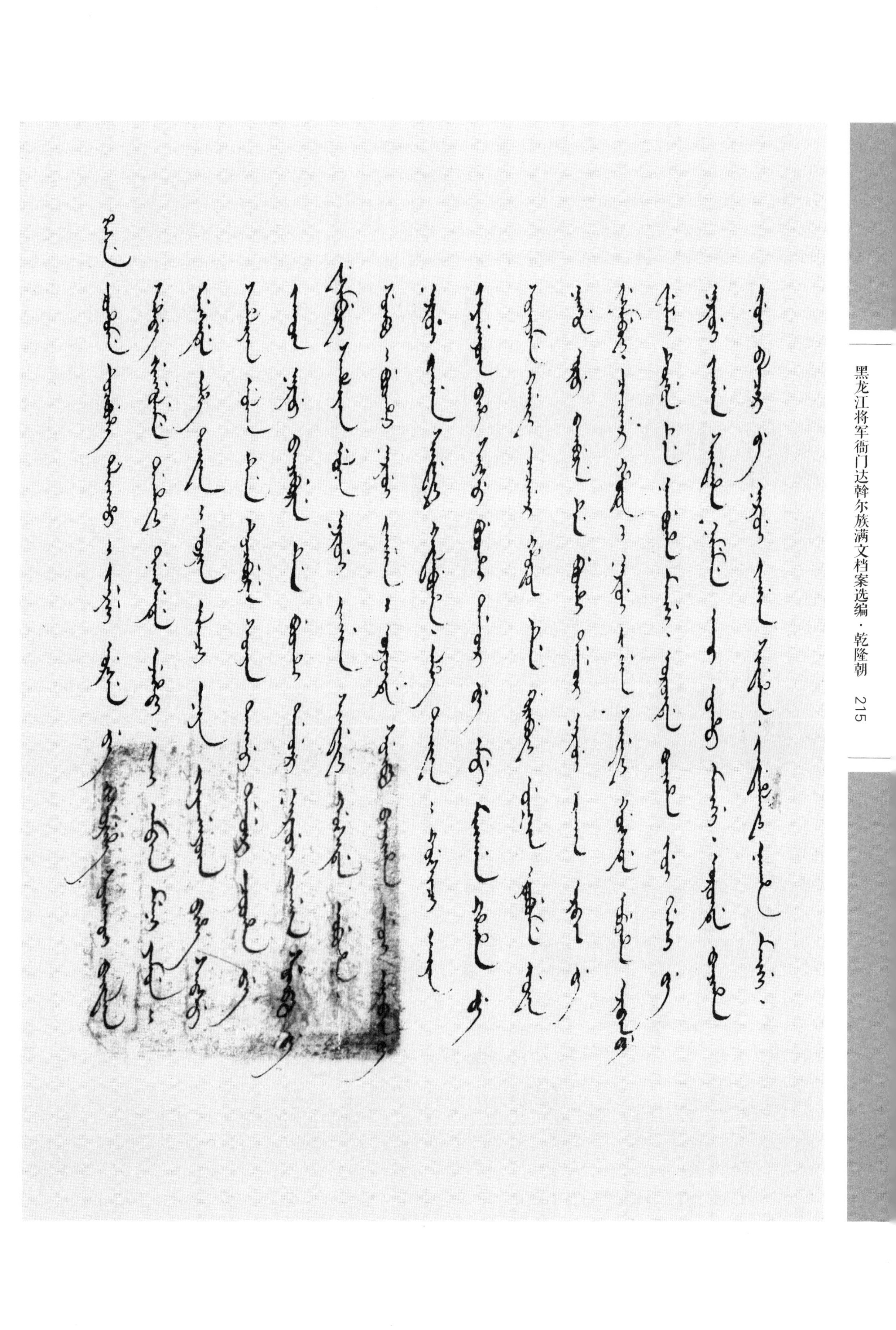

[illegible]

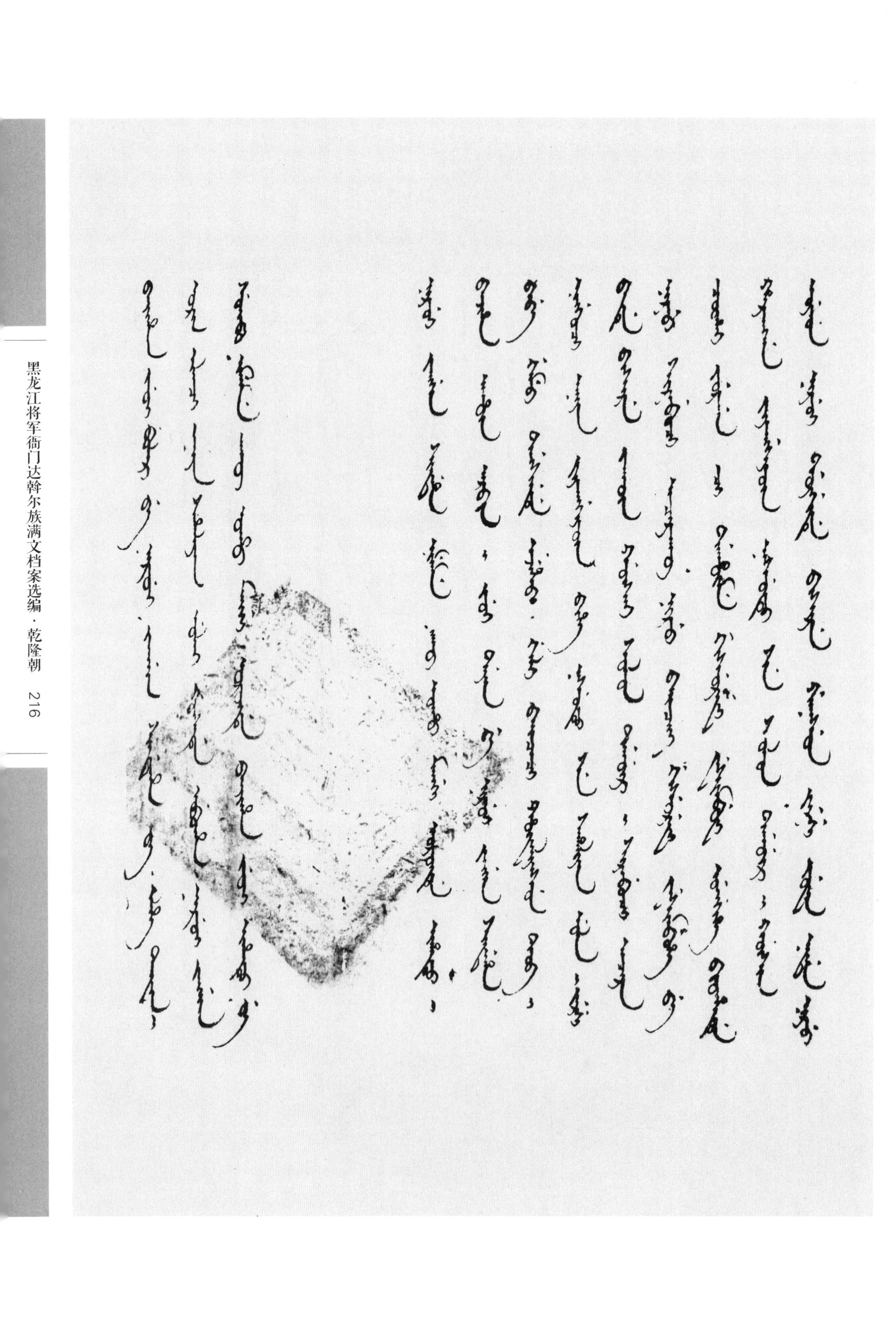

[illegible]

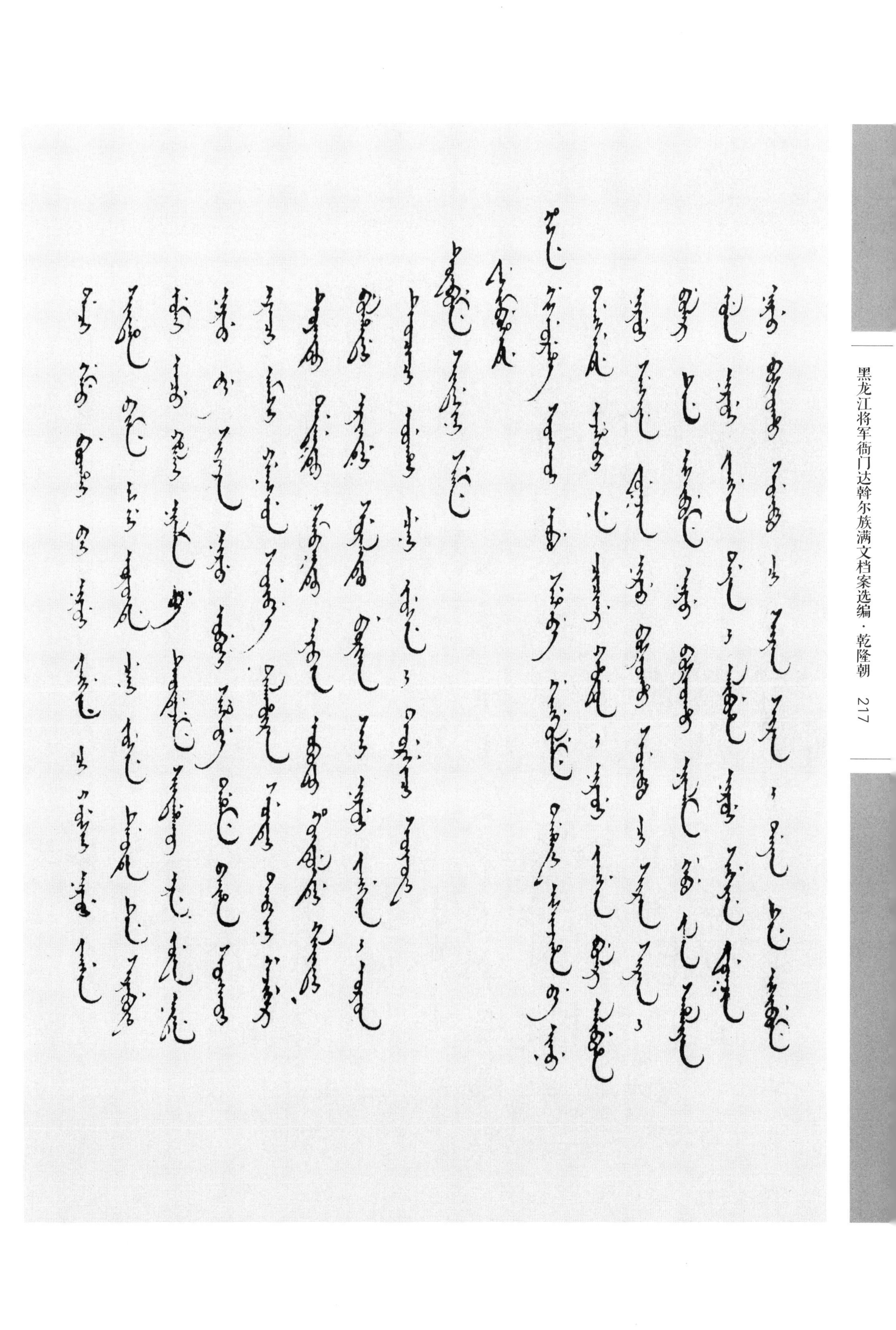

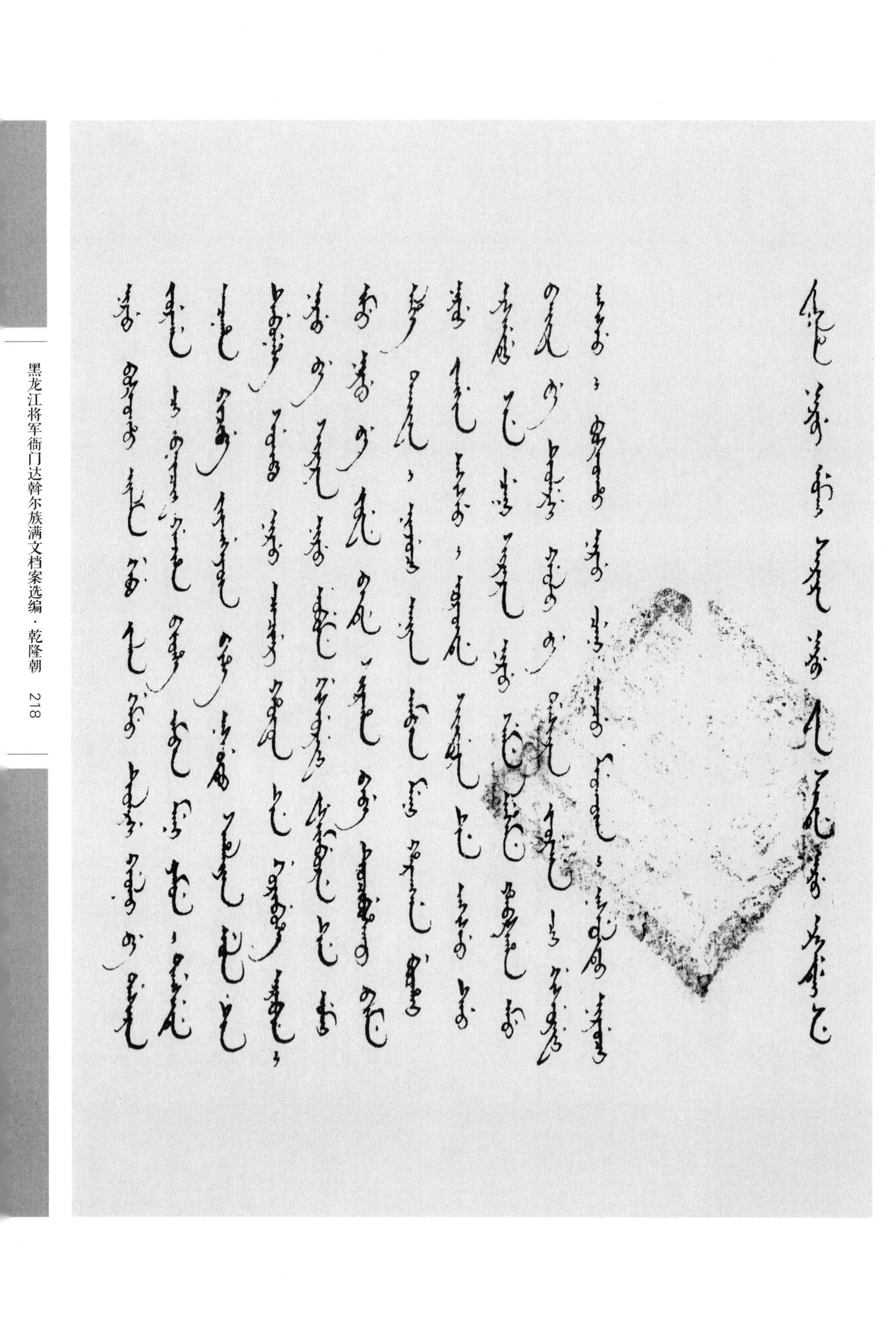

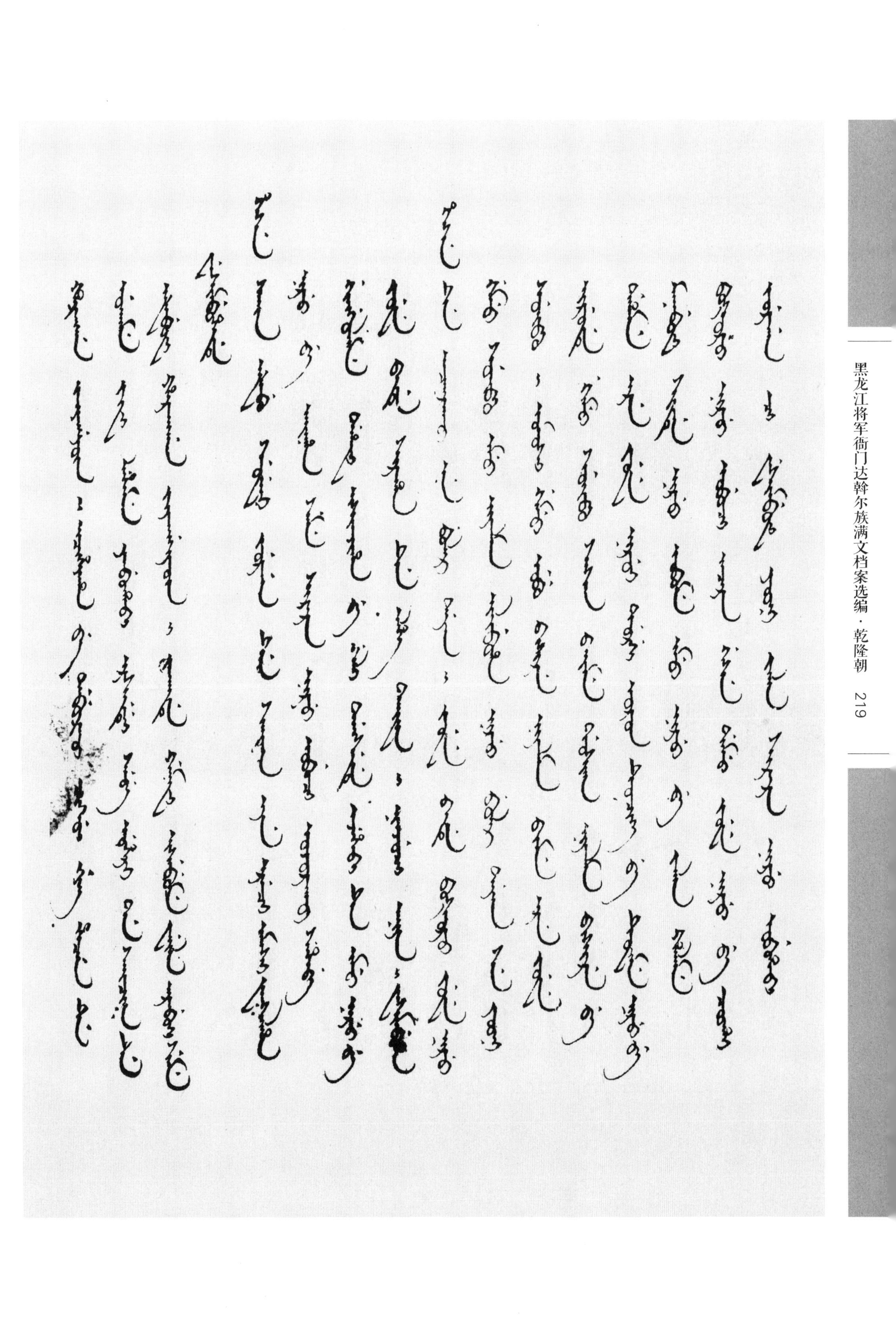

[illegible]

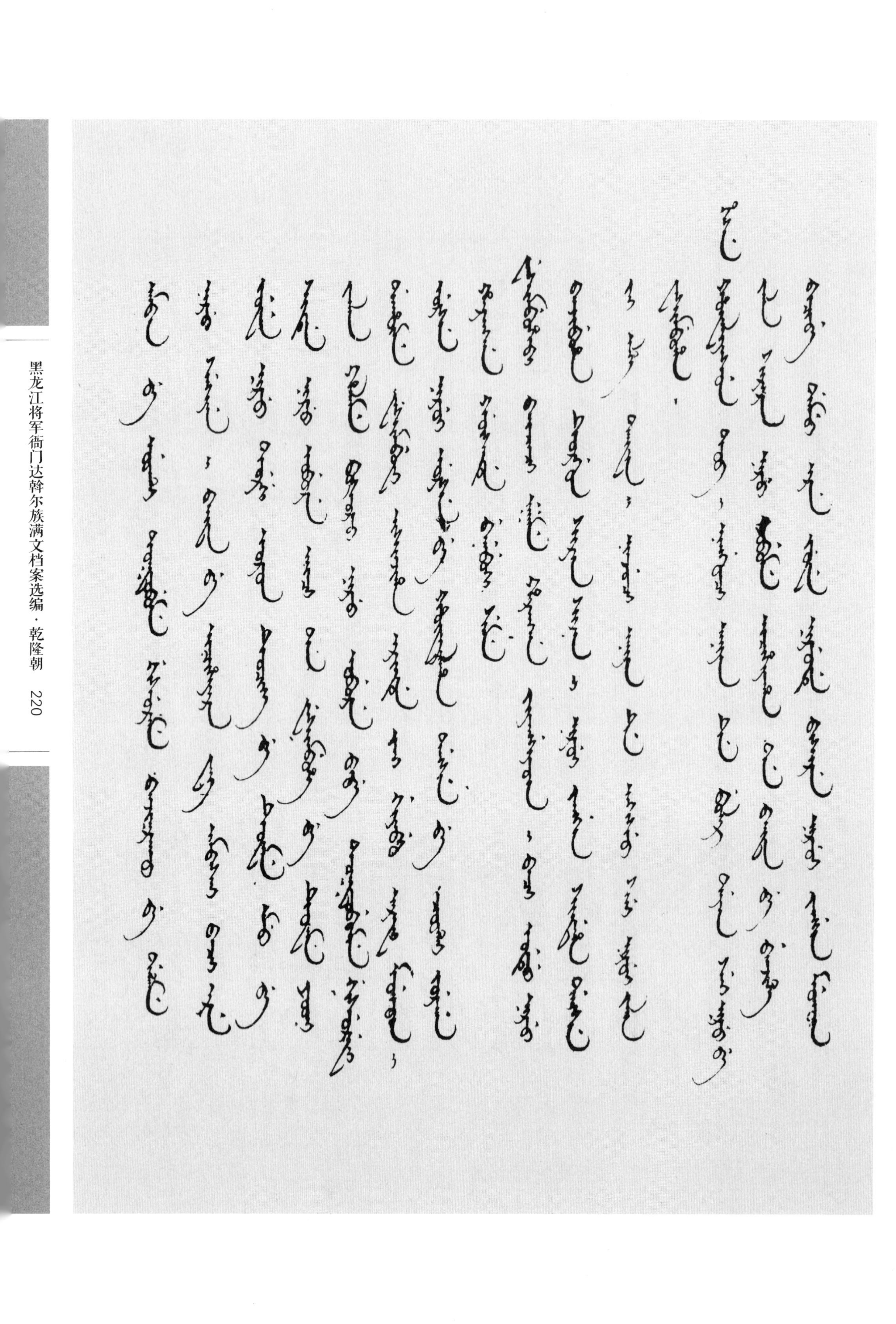

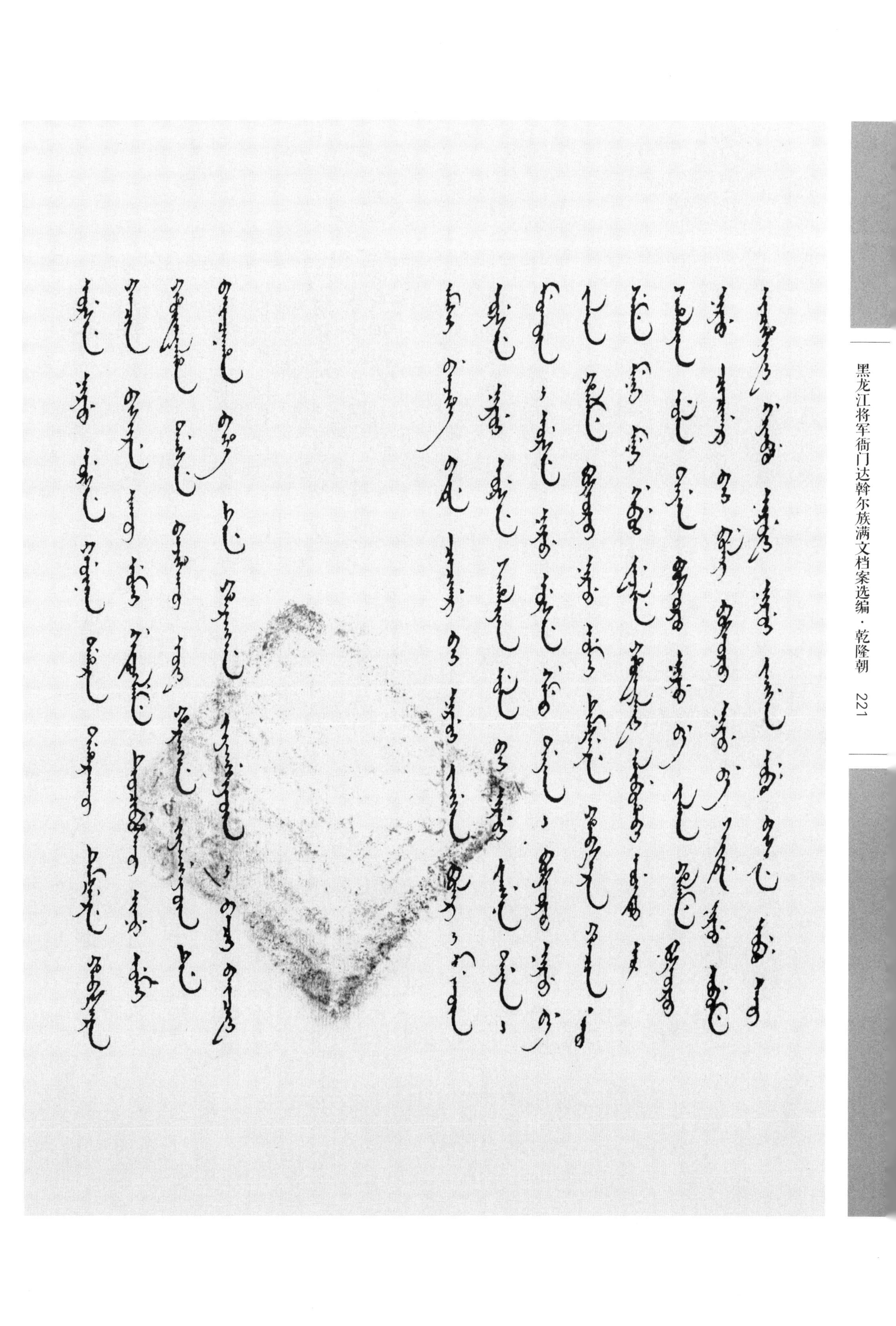

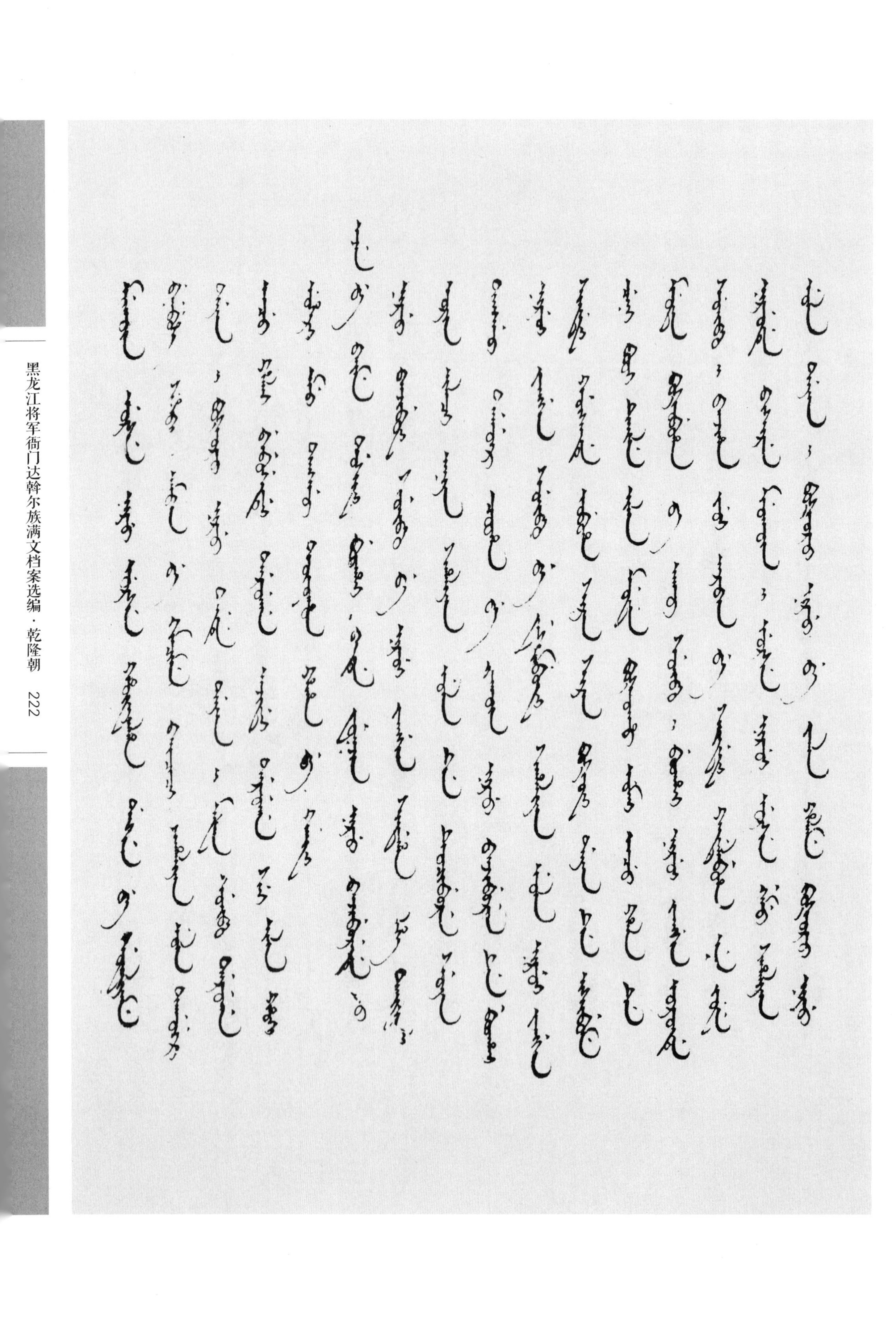

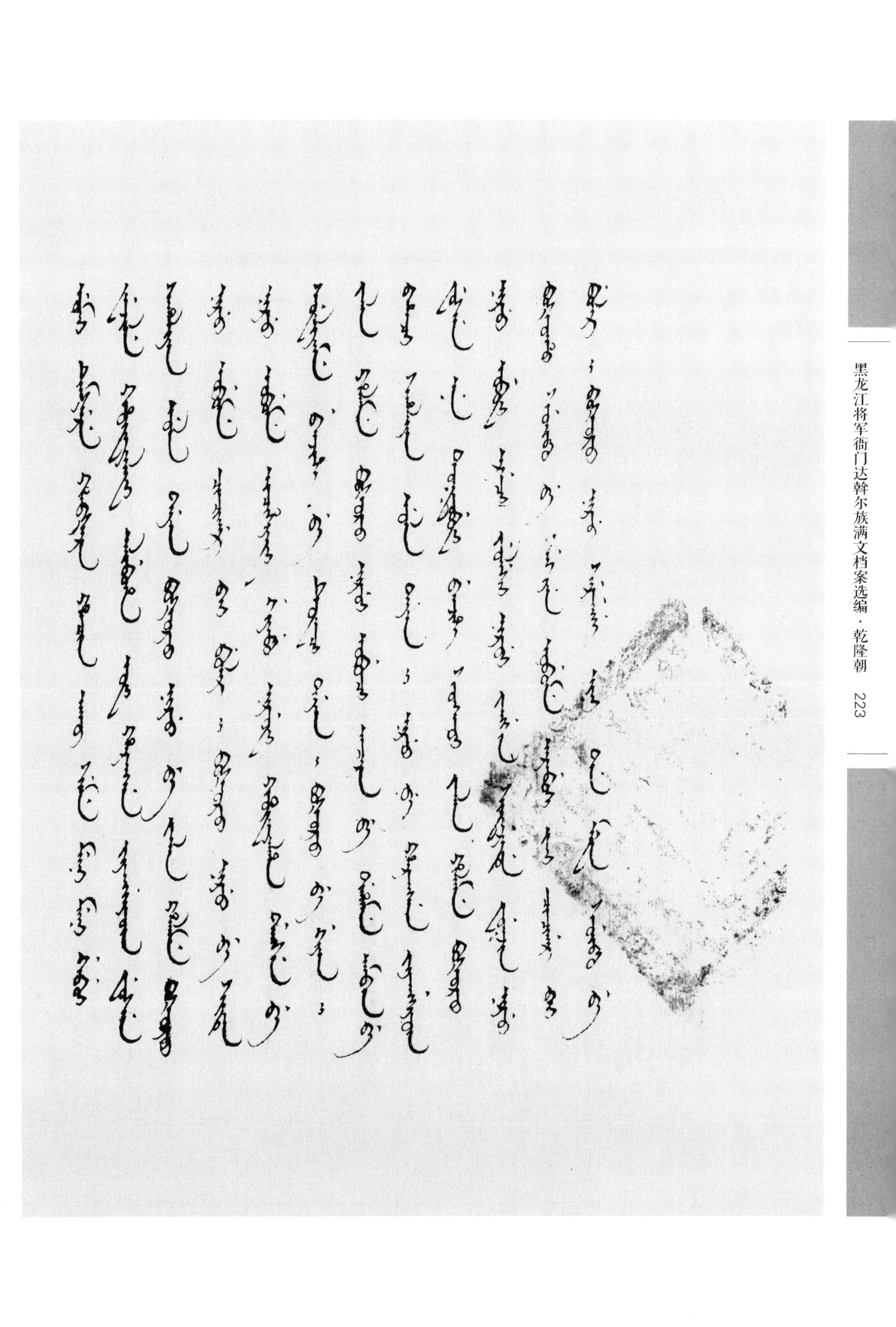

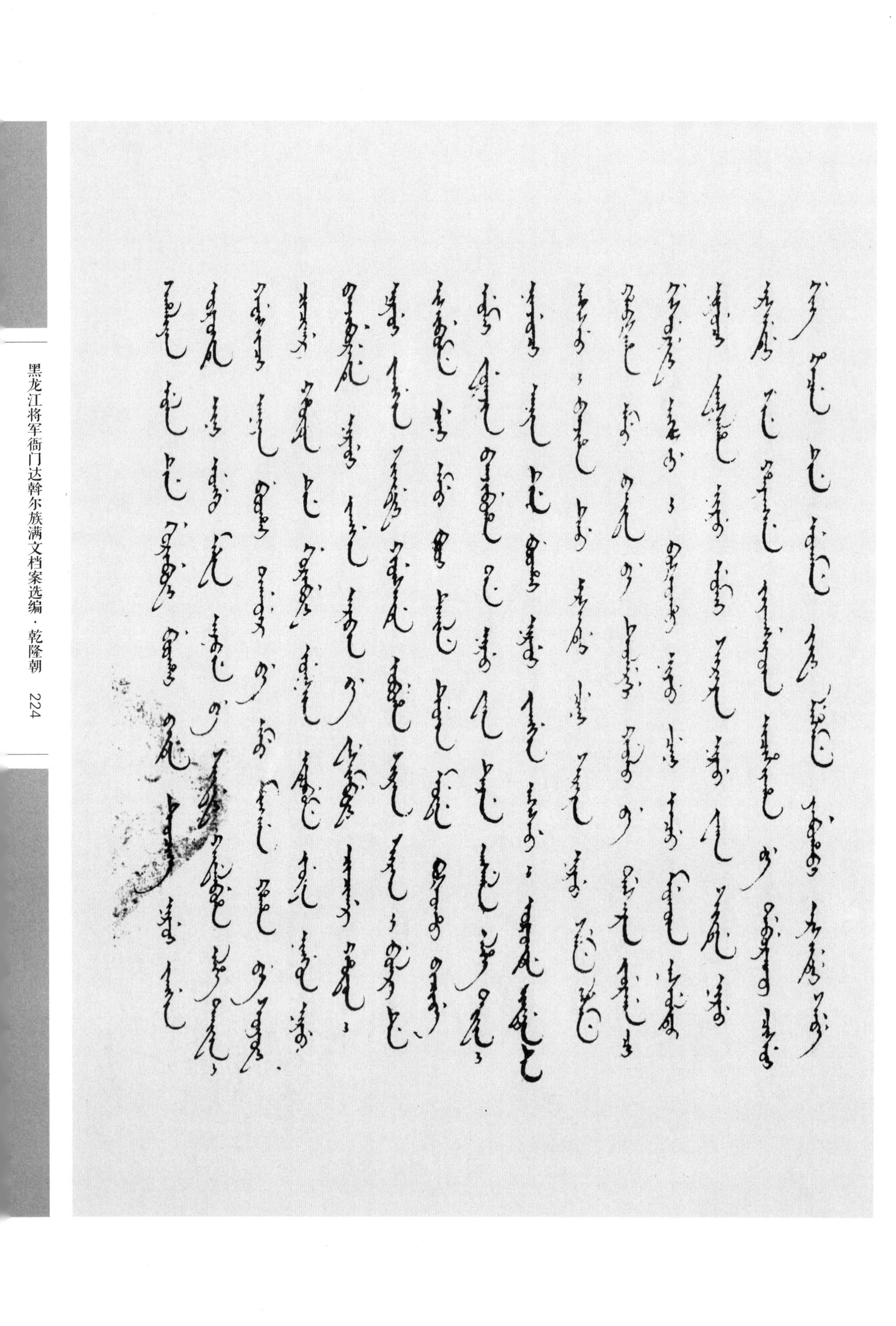

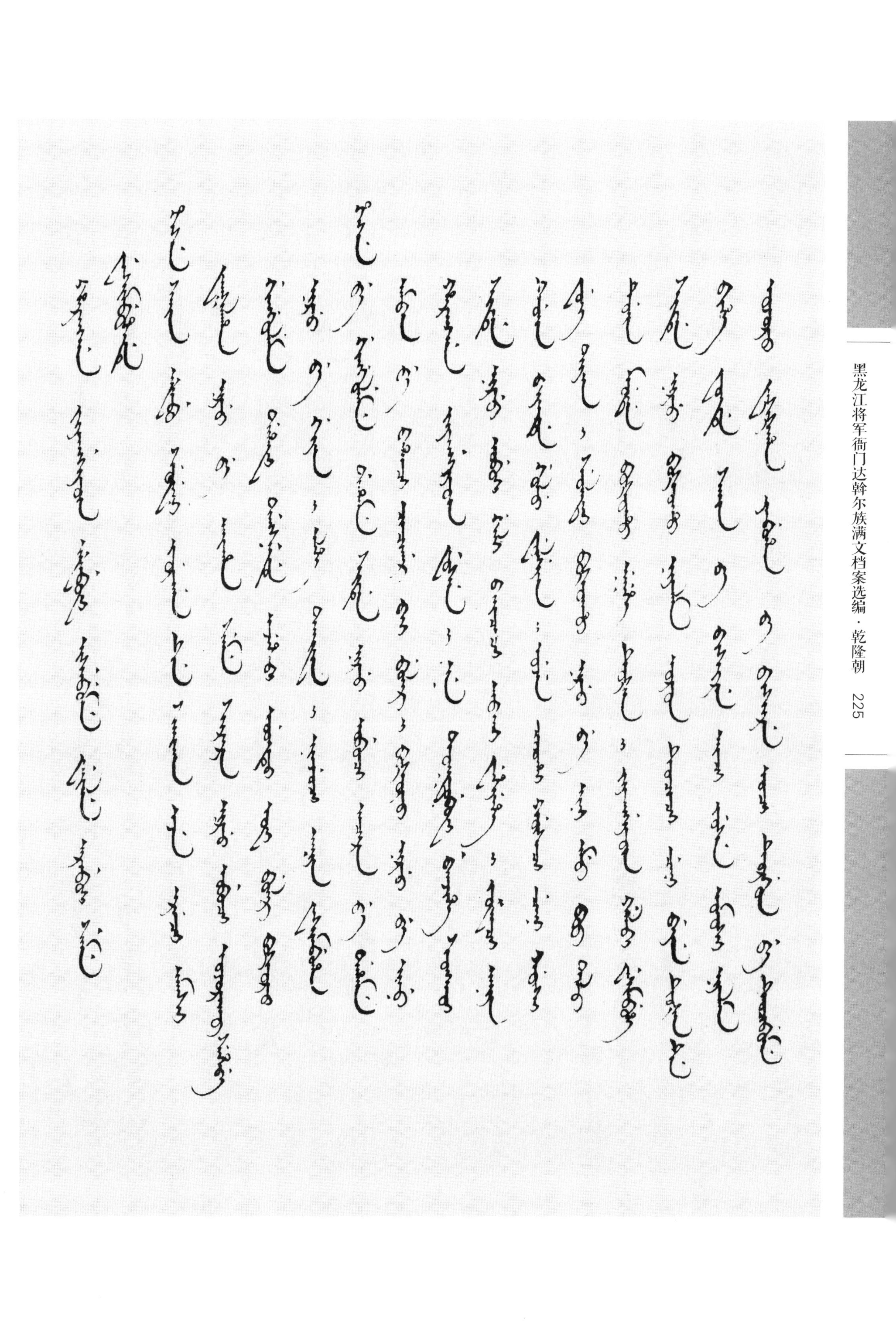

[illegible]

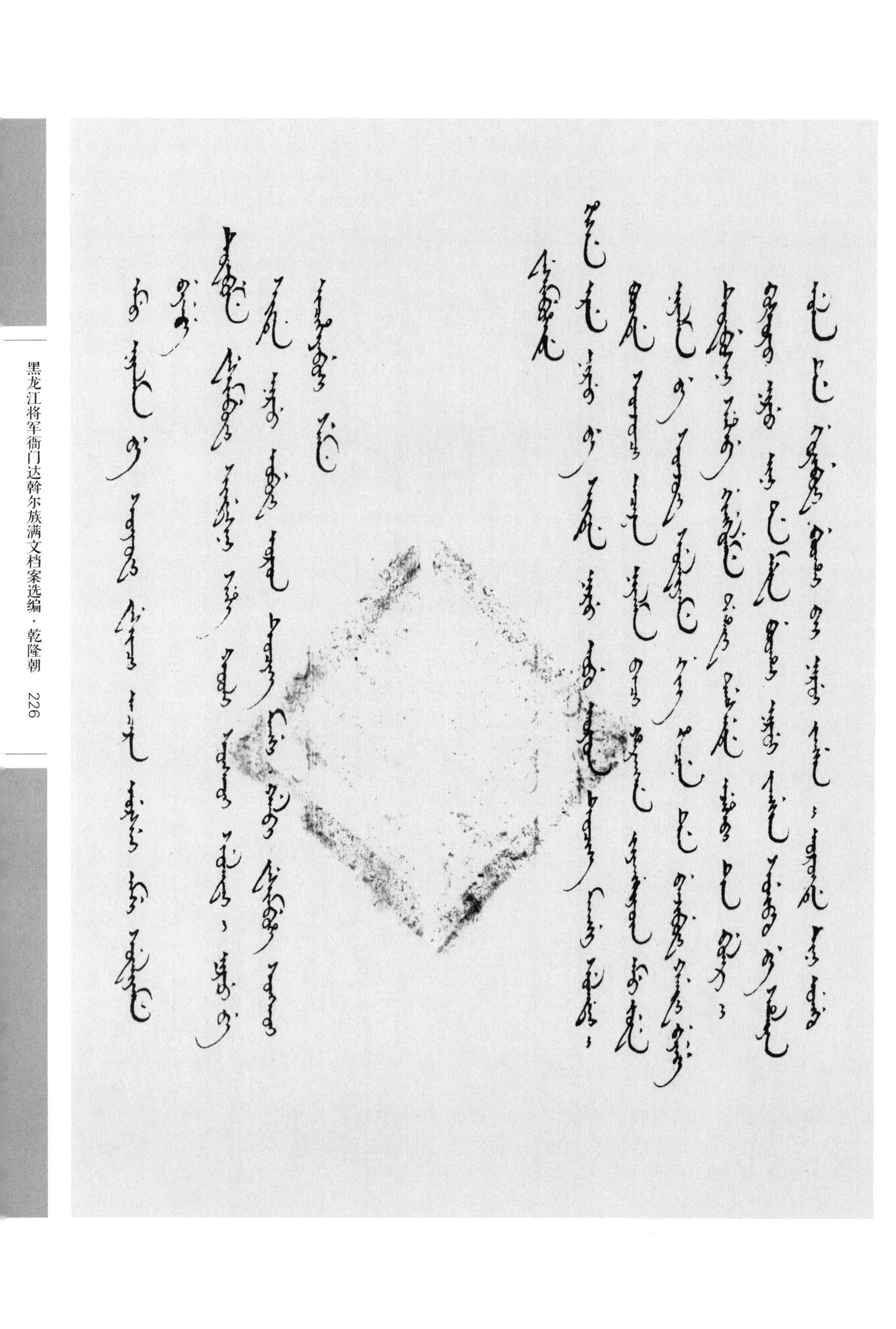

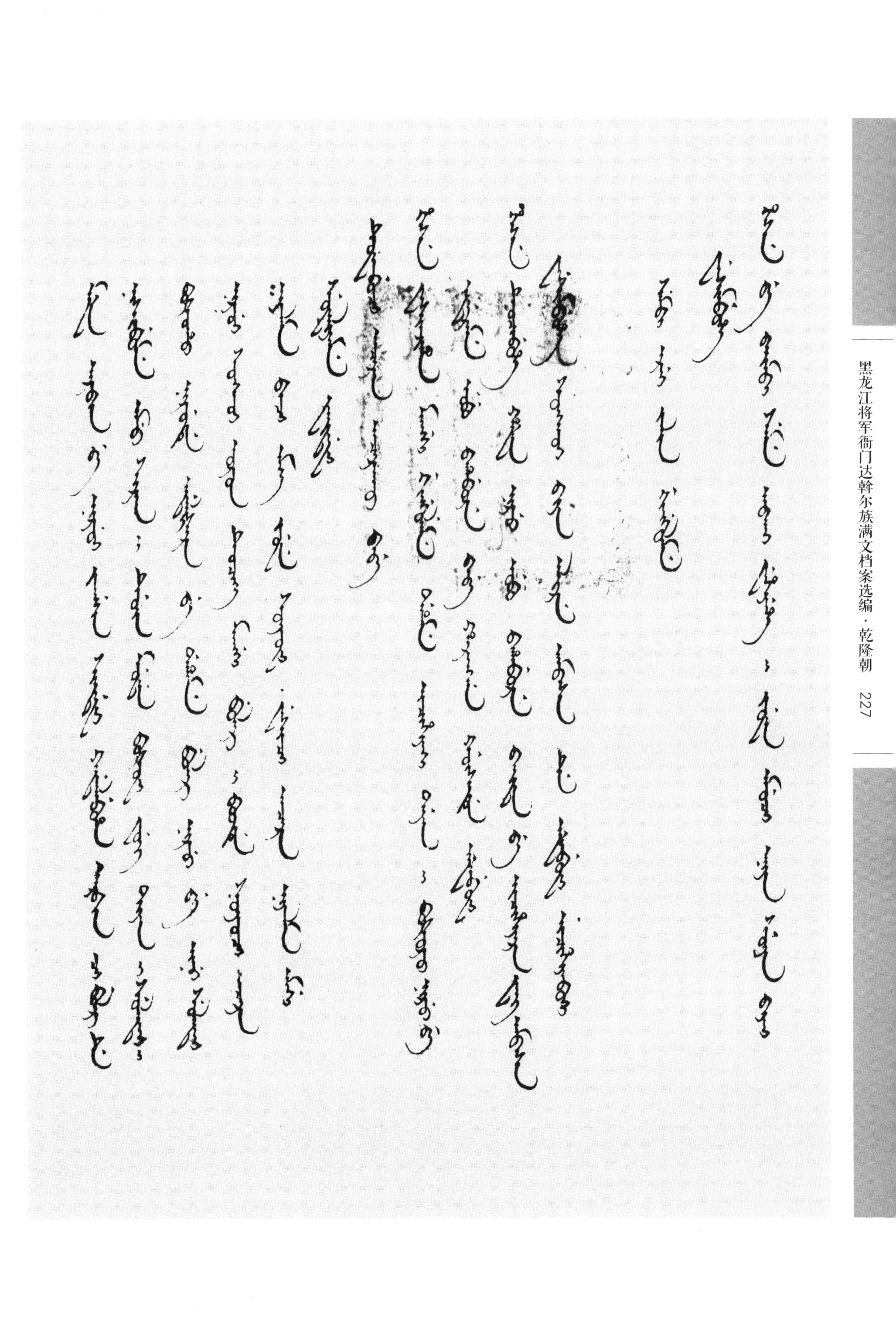

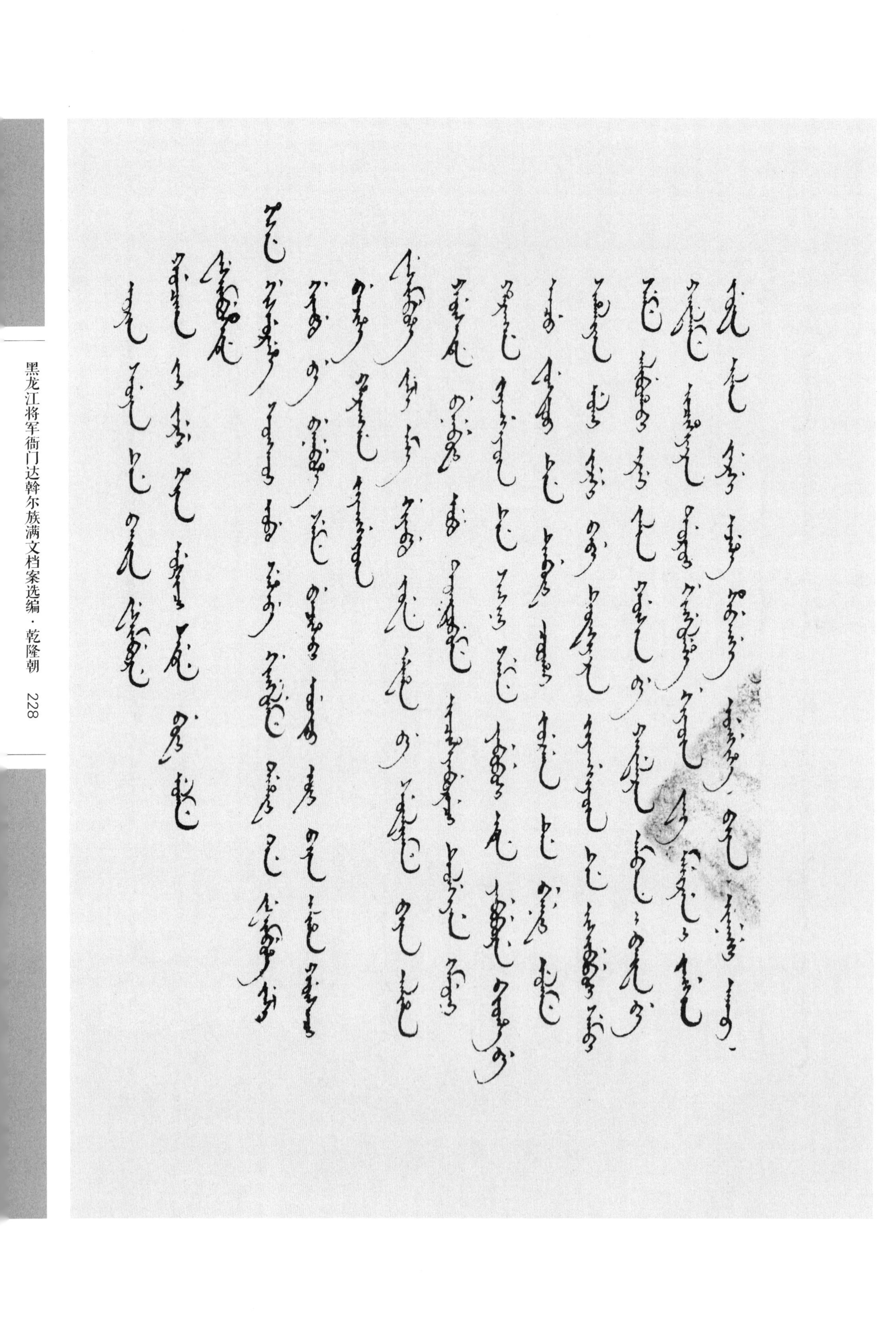

四一〇 正蓝满洲旗为遵旨办理齐齐哈尔正蓝旗达斡尔喀勒扎承袭世管佐领事宜事咨黑龙江将军衙门文

乾隆十一年八月初八日

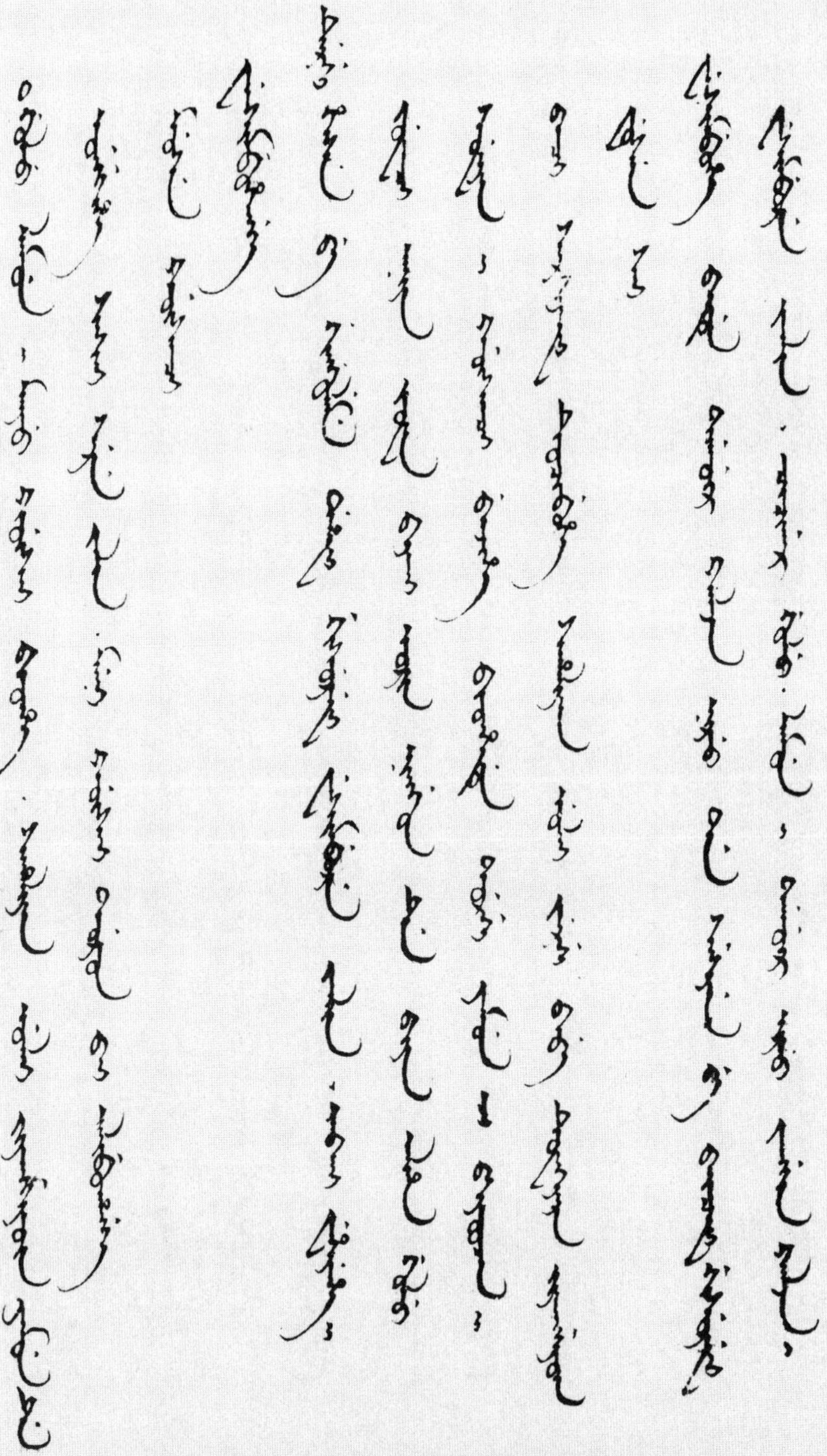

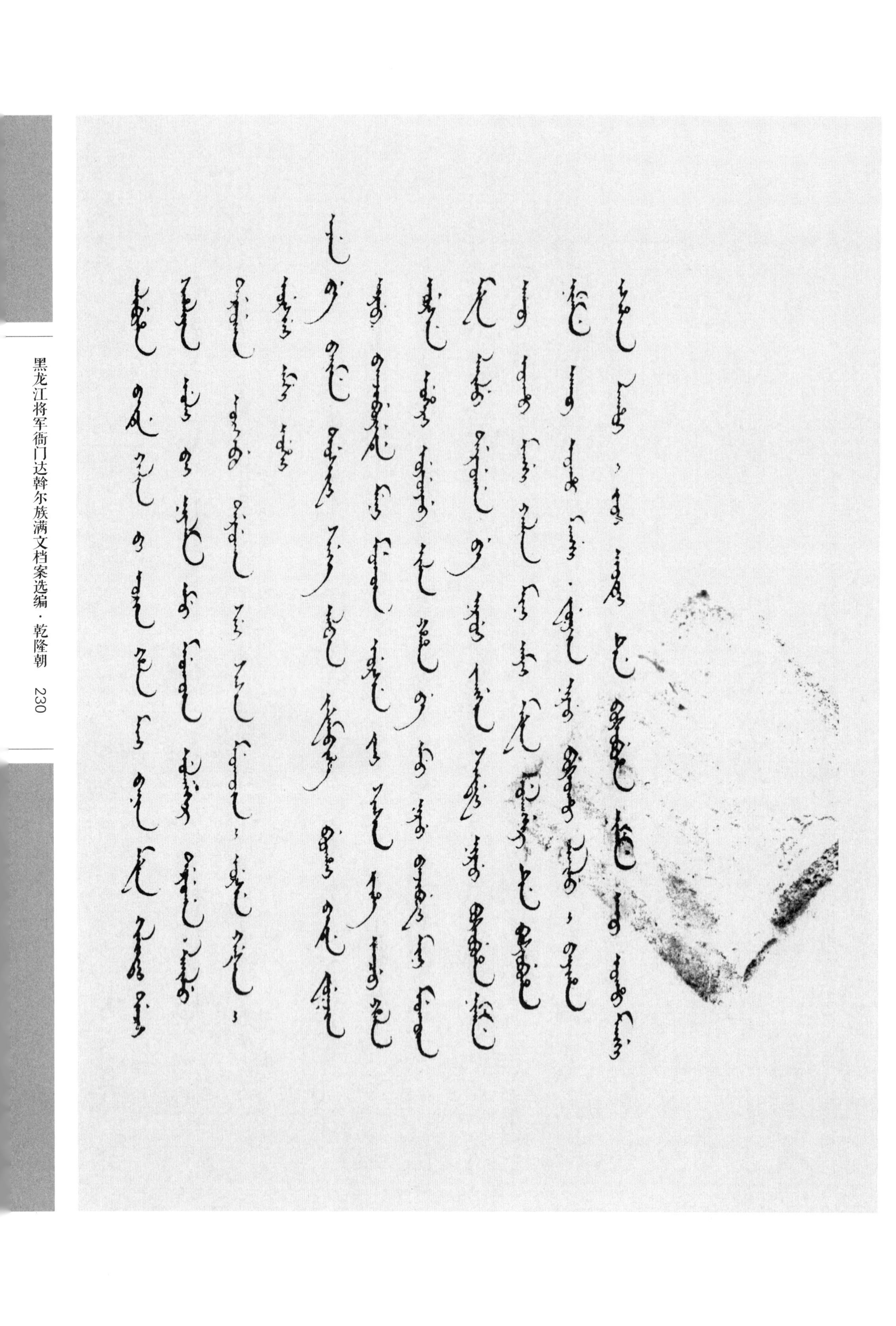

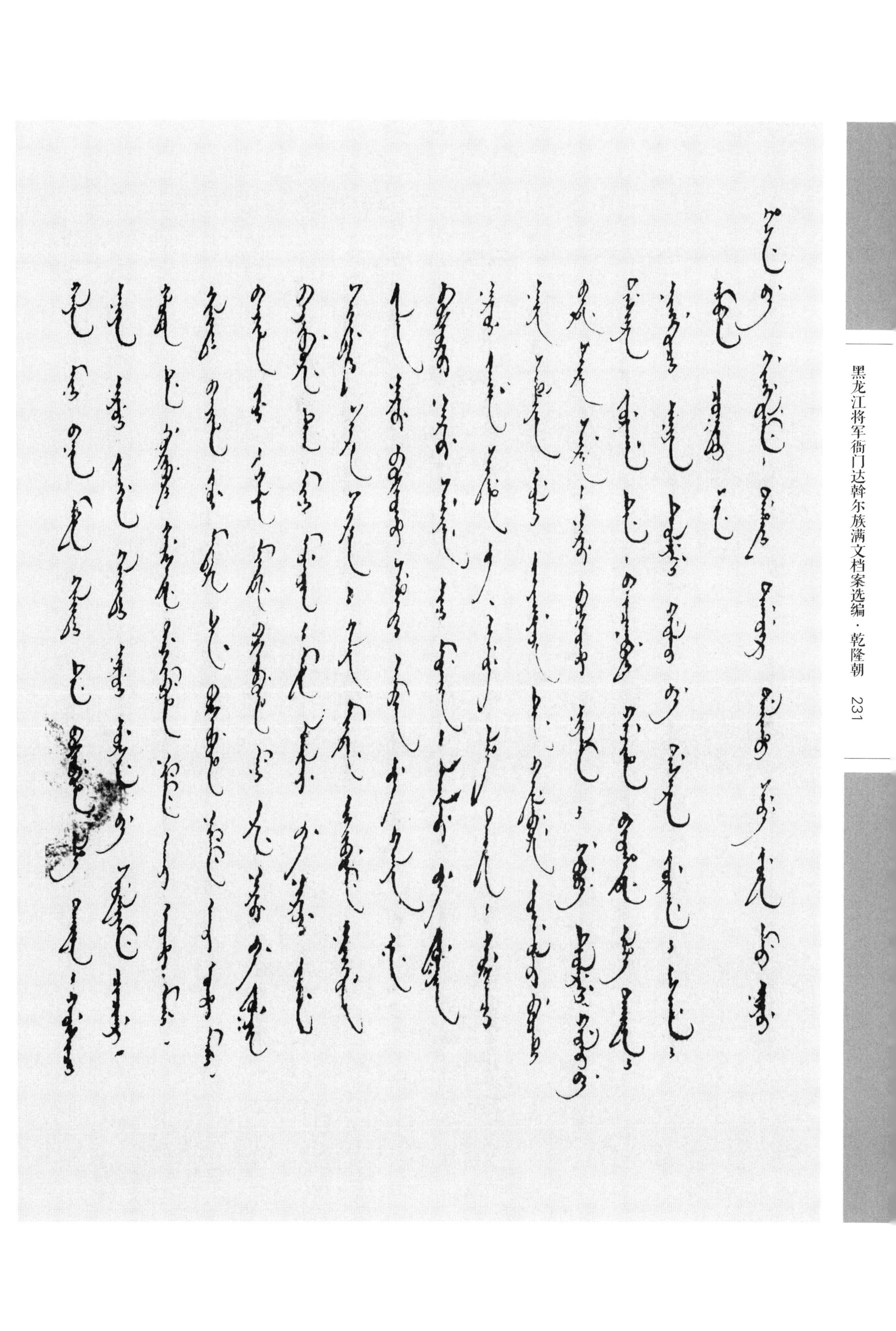

[illegible]

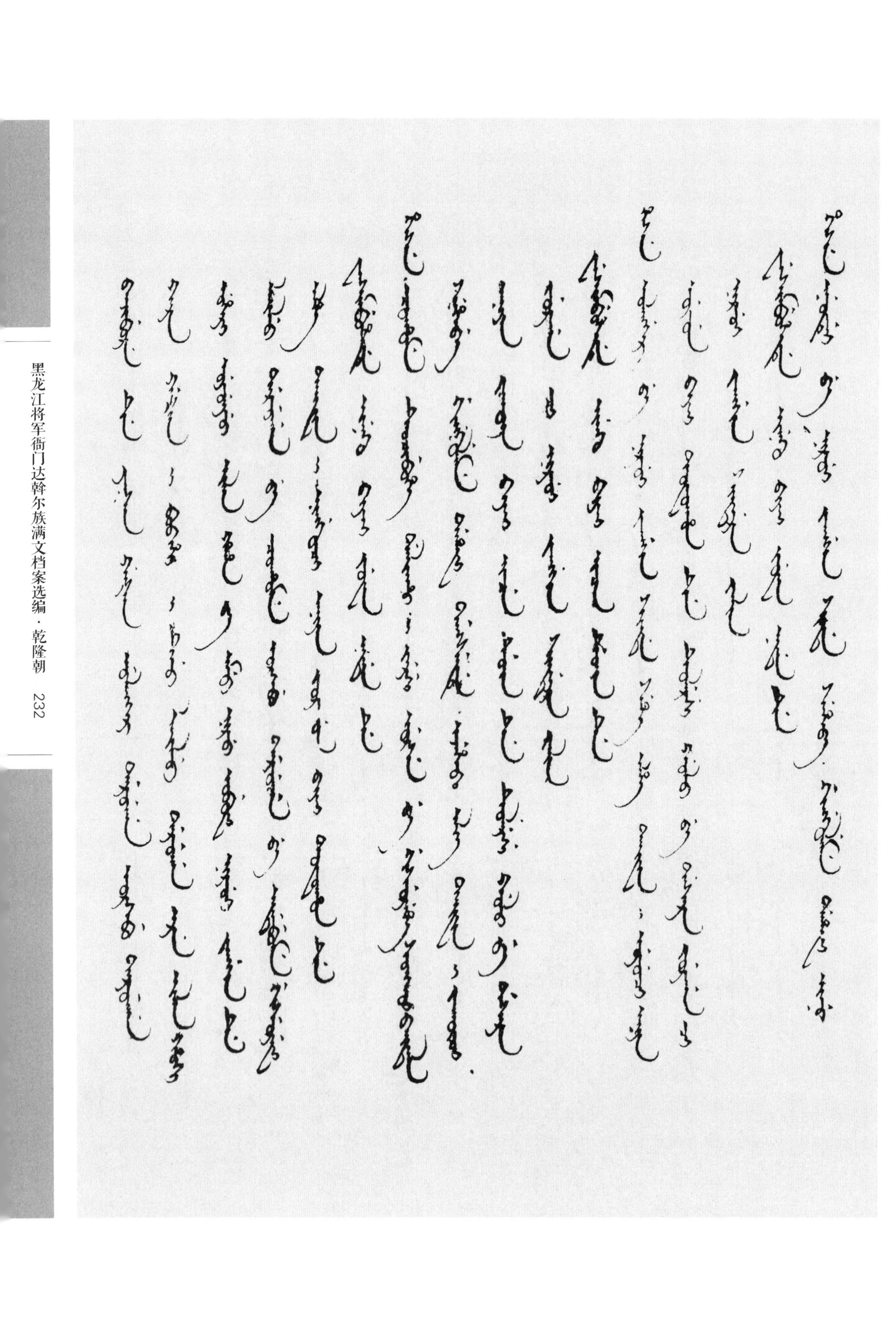

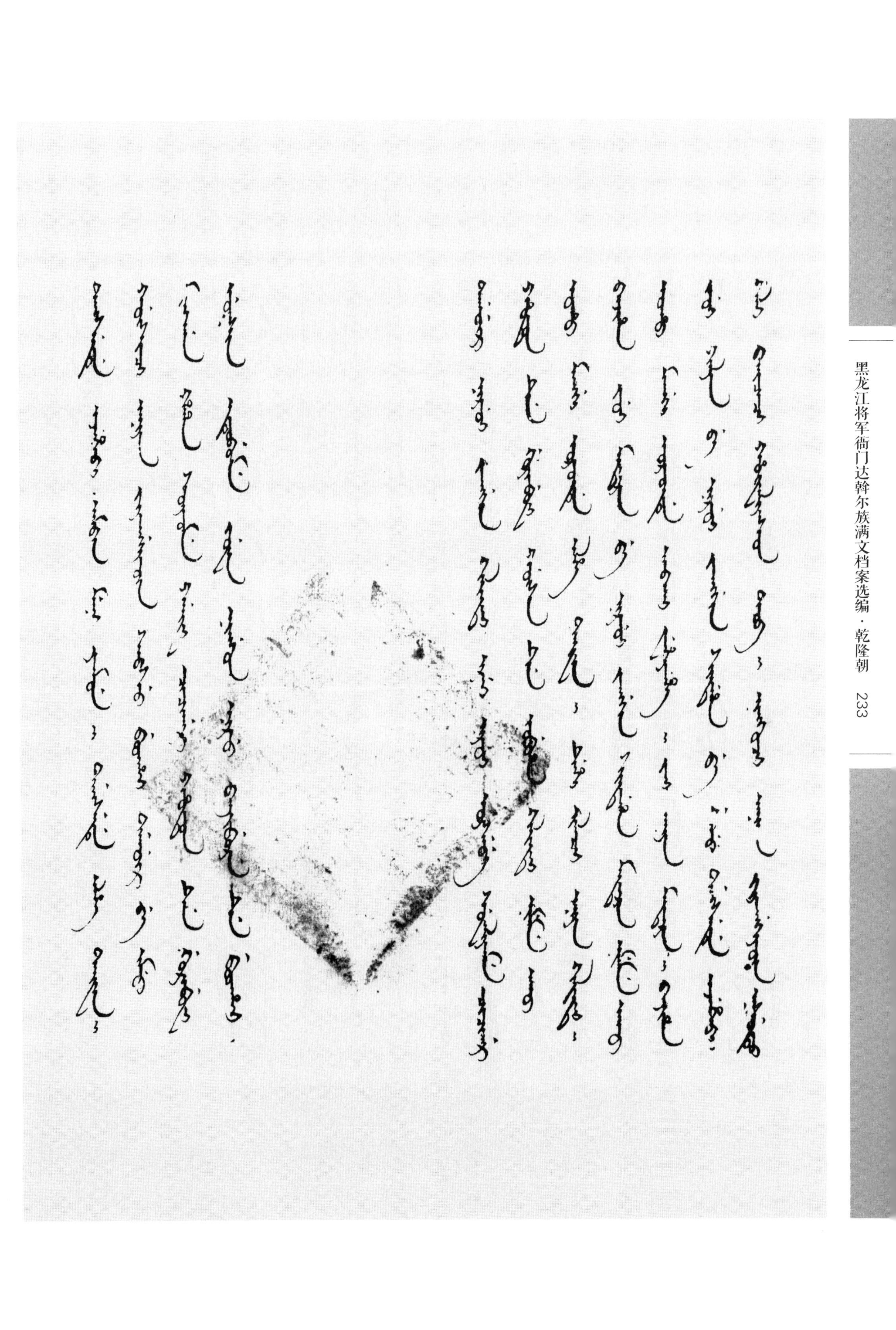

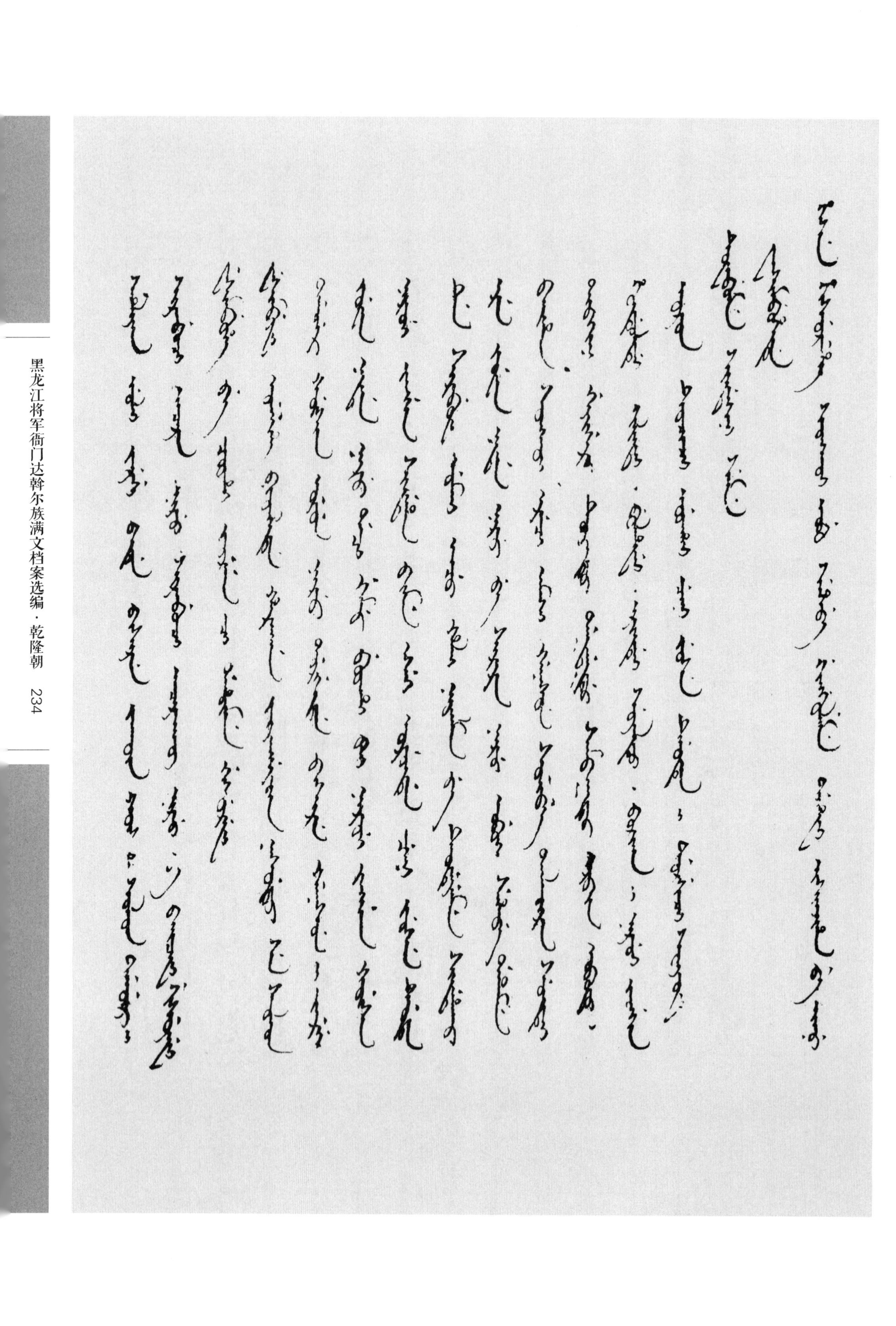

[illegible]
[illegible]
[illegible]
[illegible]
[illegible]
[illegible]
[illegible]
[illegible]
[illegible]
[illegible]
[illegible]
[illegible]
[illegible]
[illegible]
[illegible]

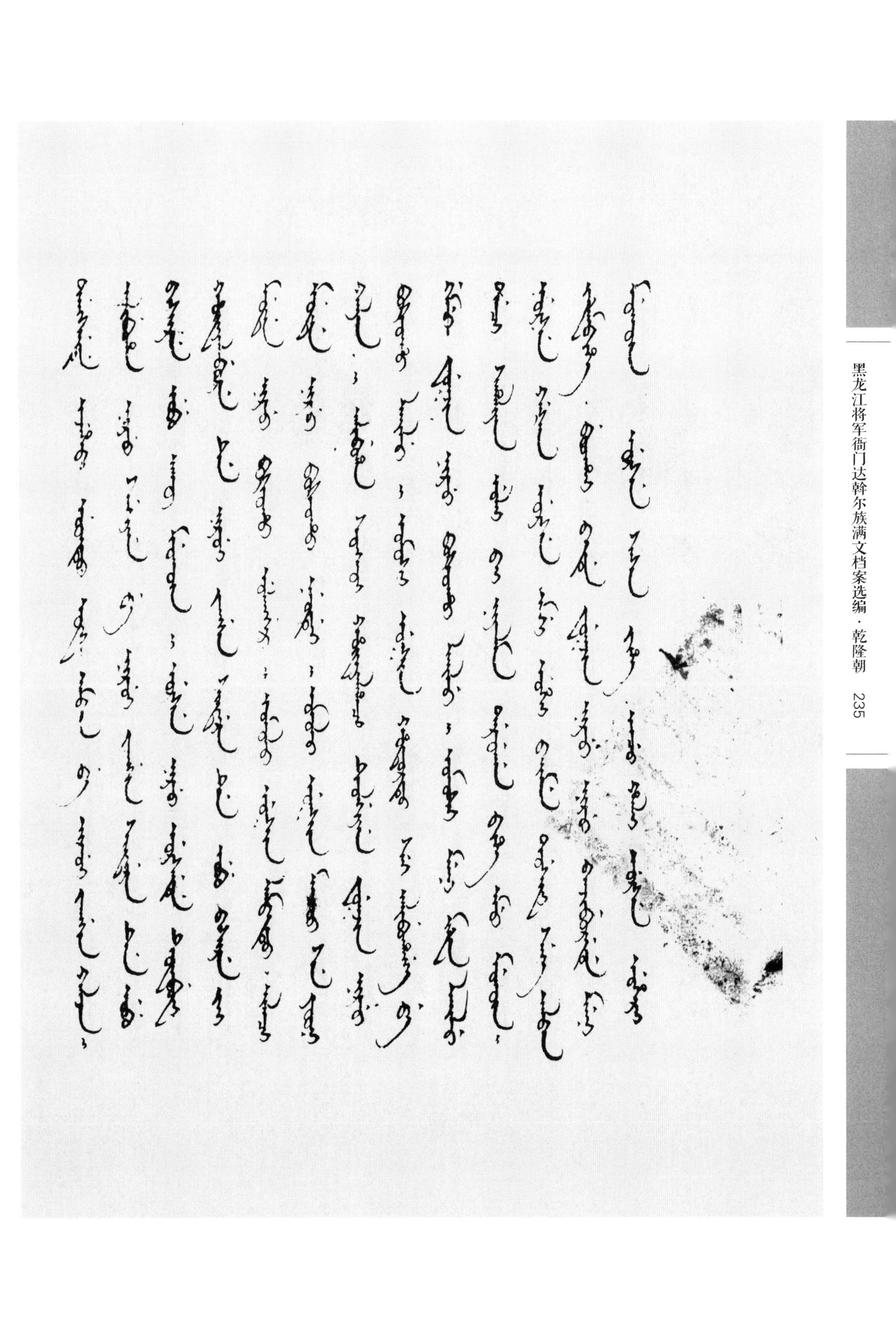

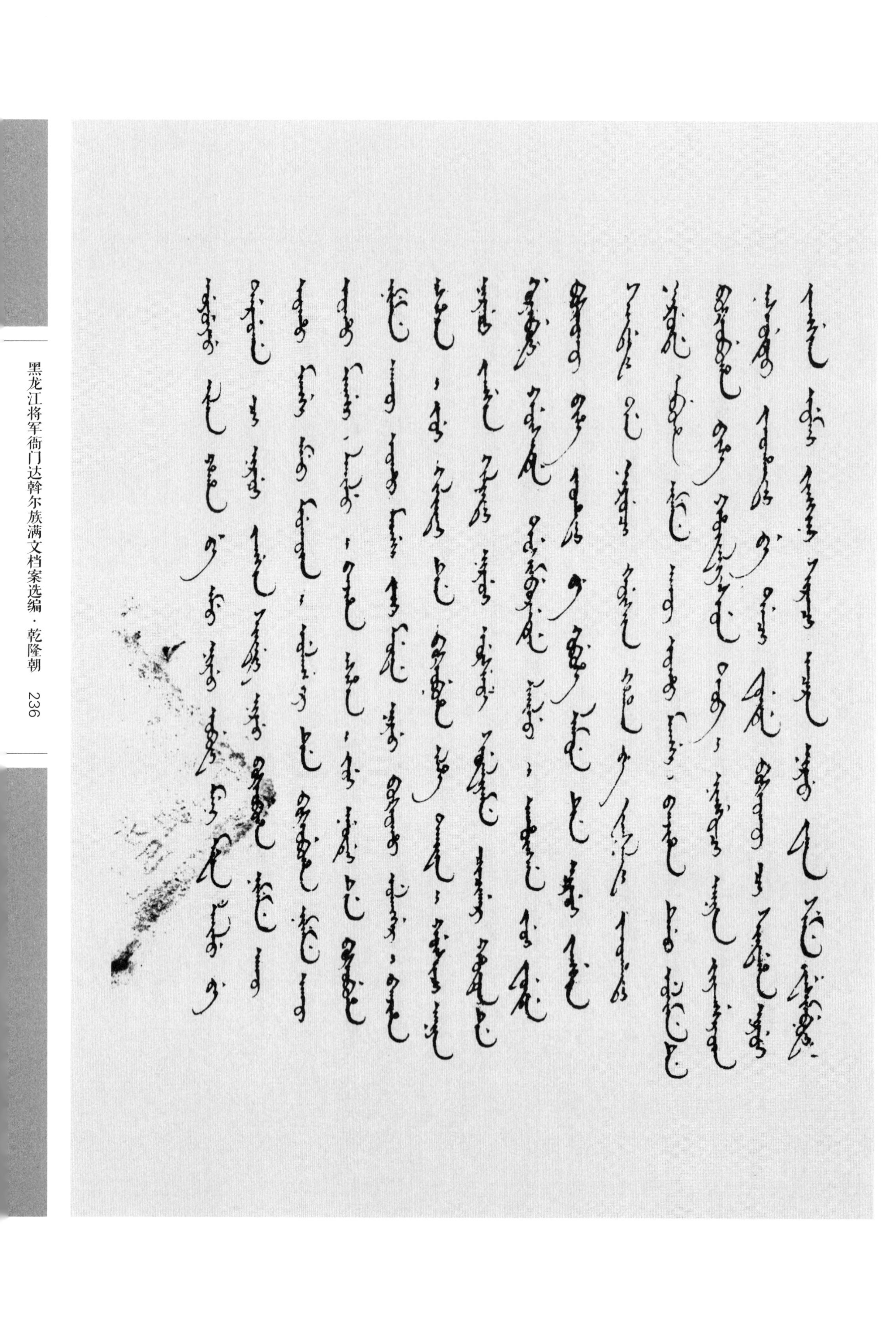

[illegible]

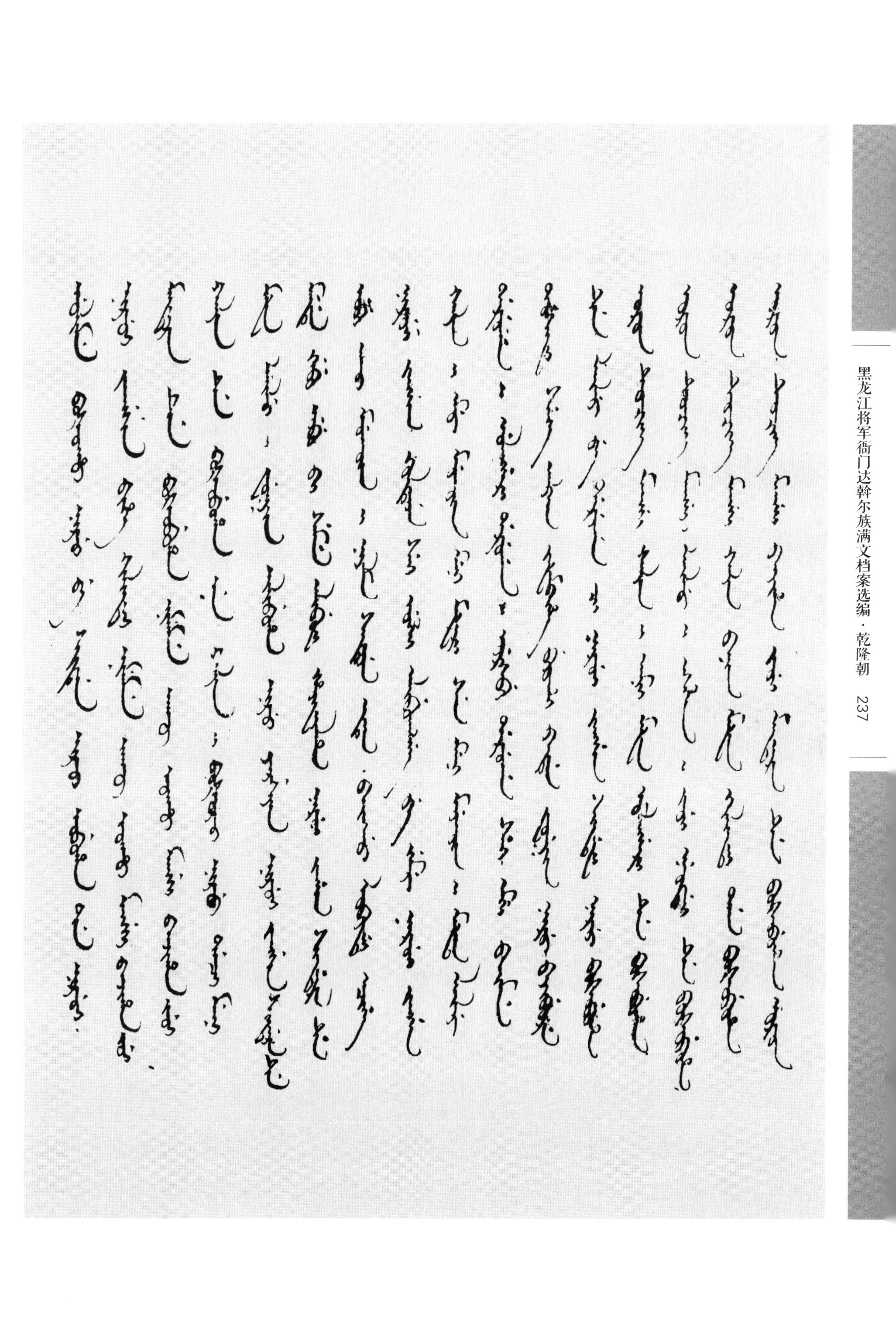

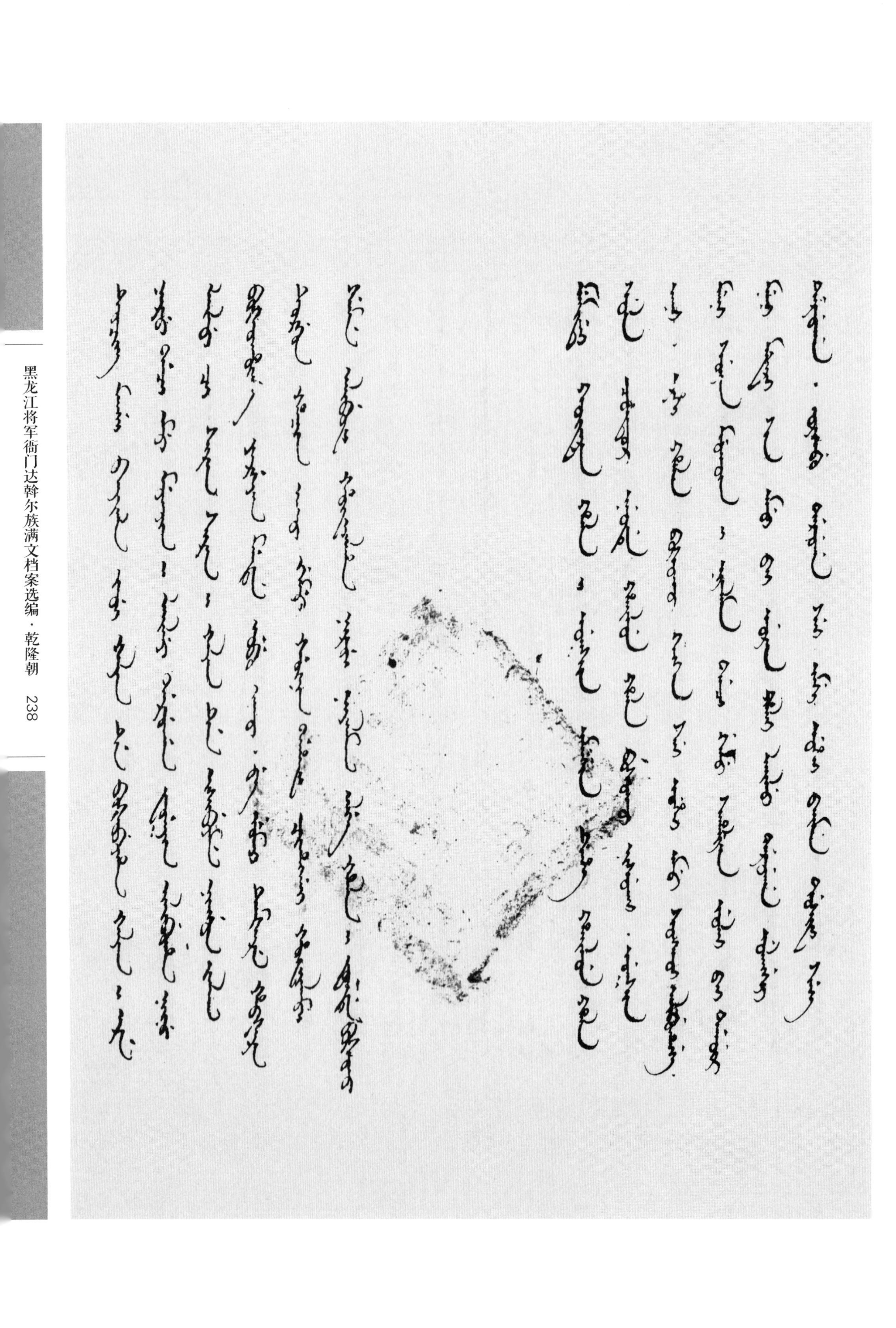

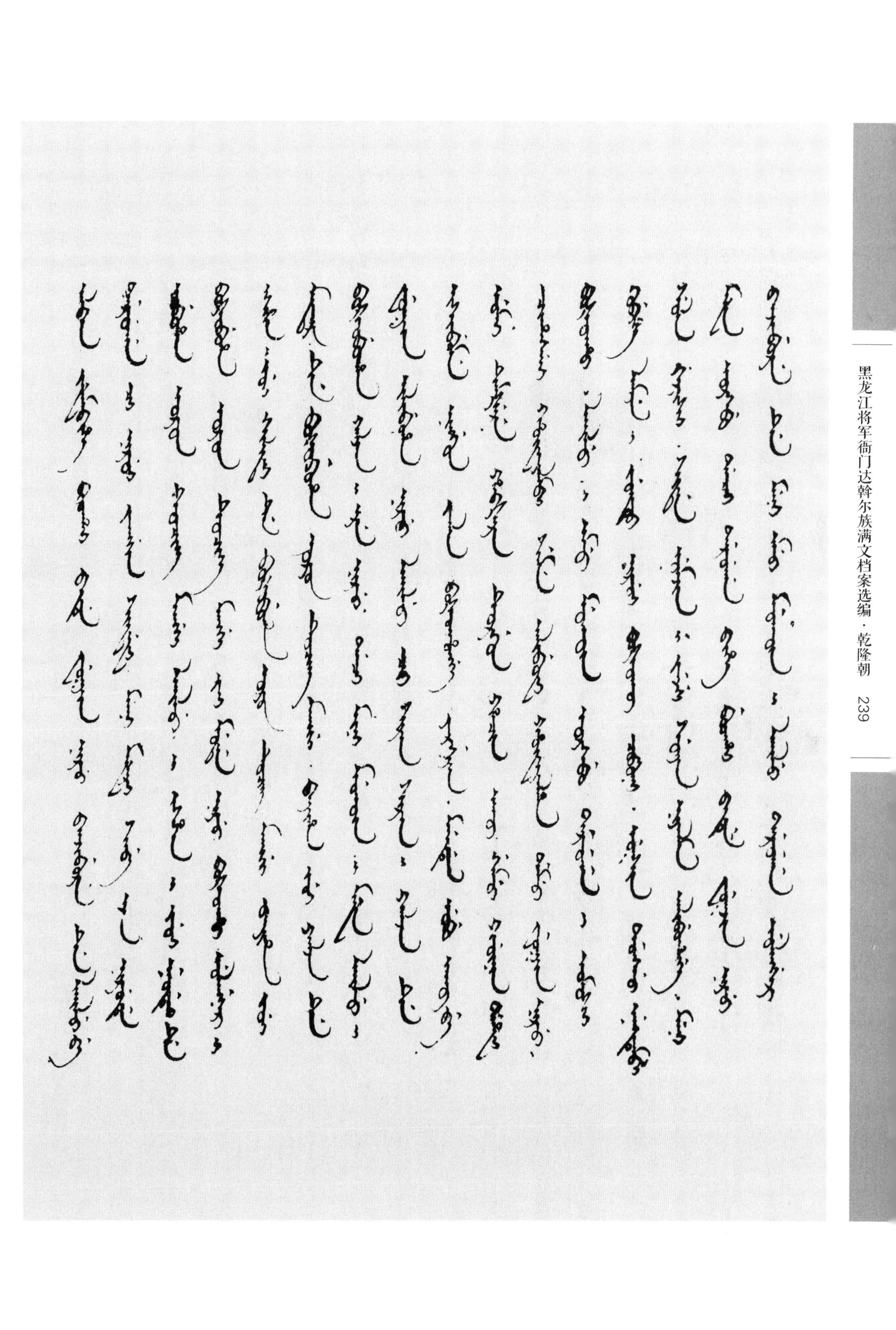

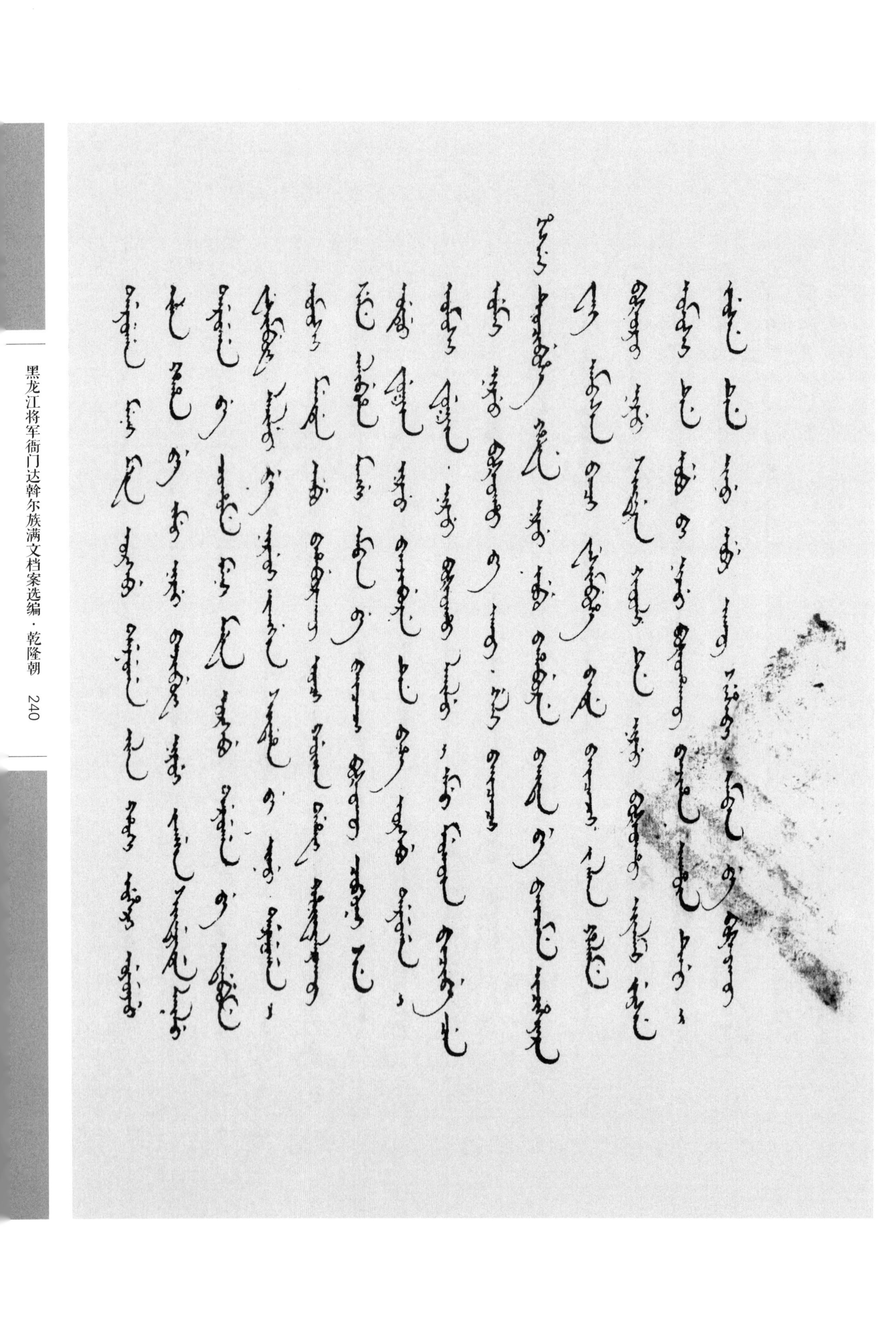

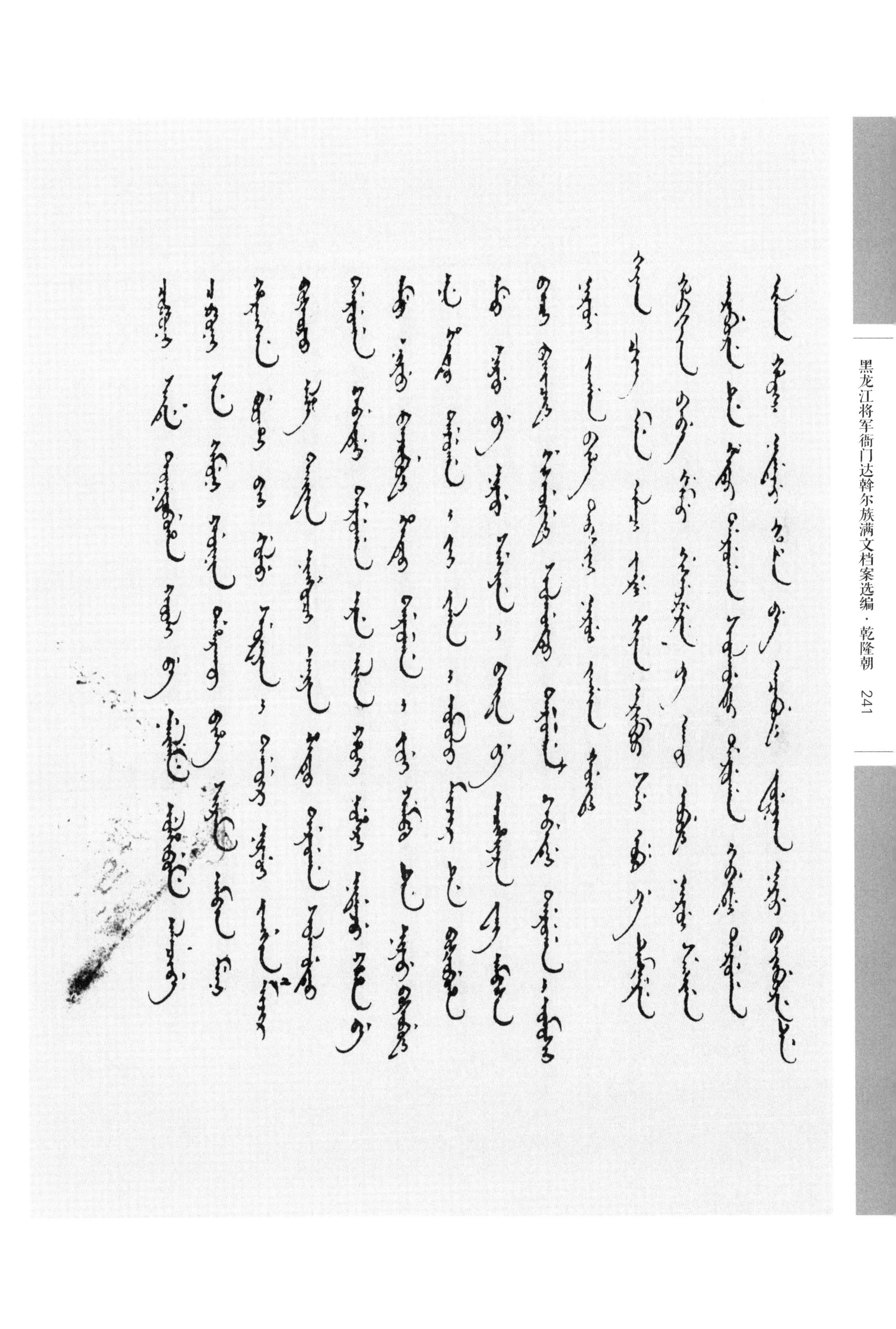

[illegible]

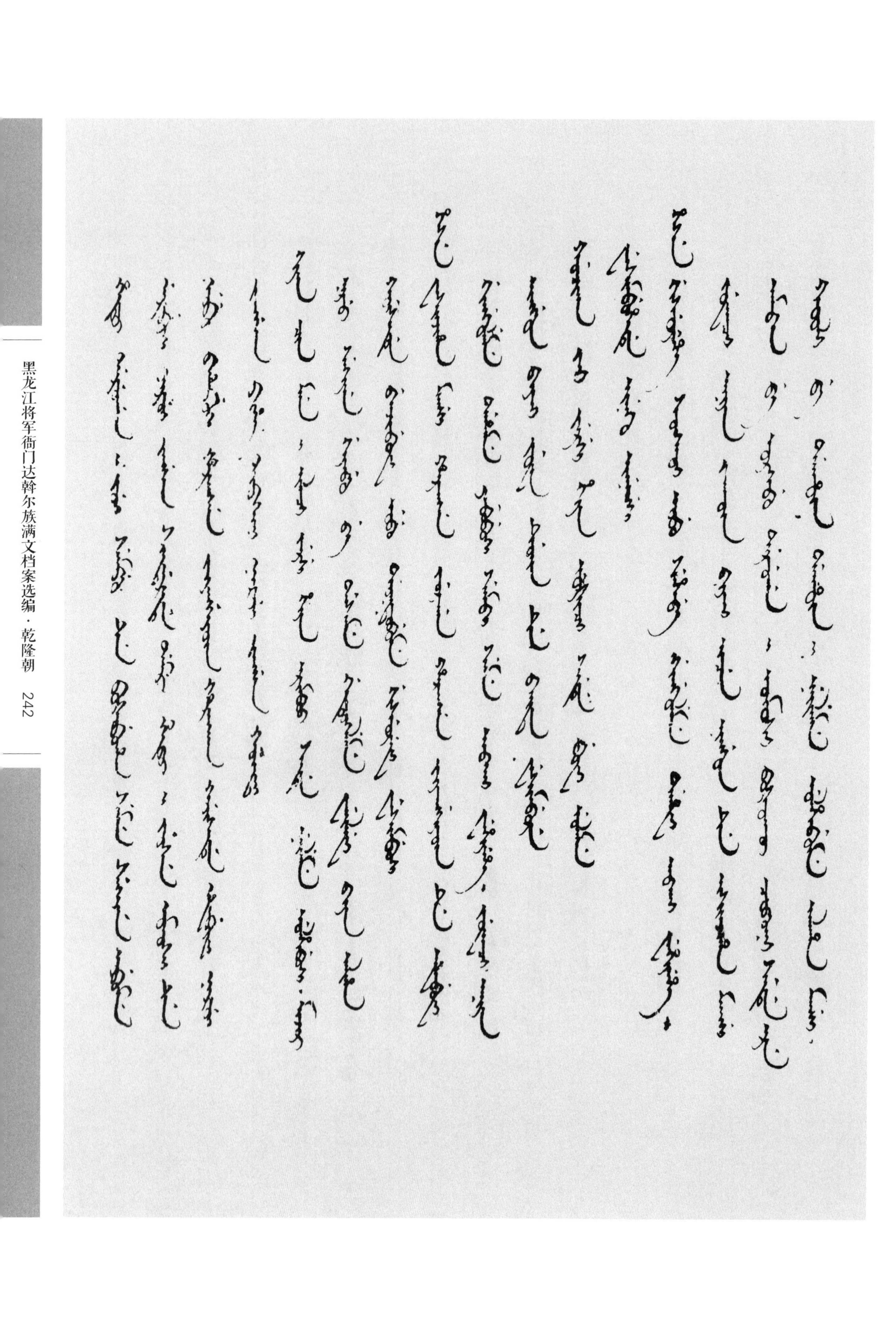

[illegible]

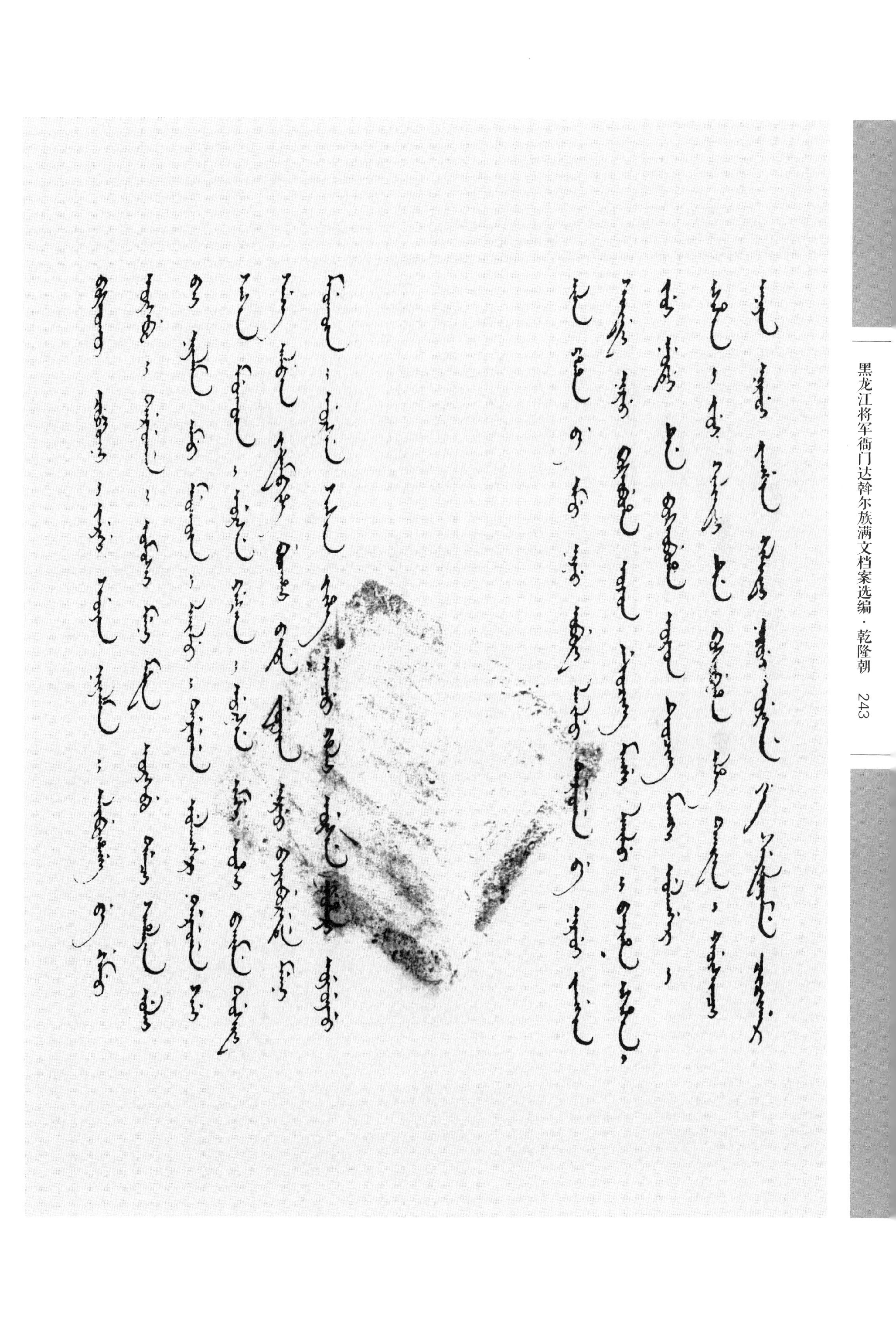

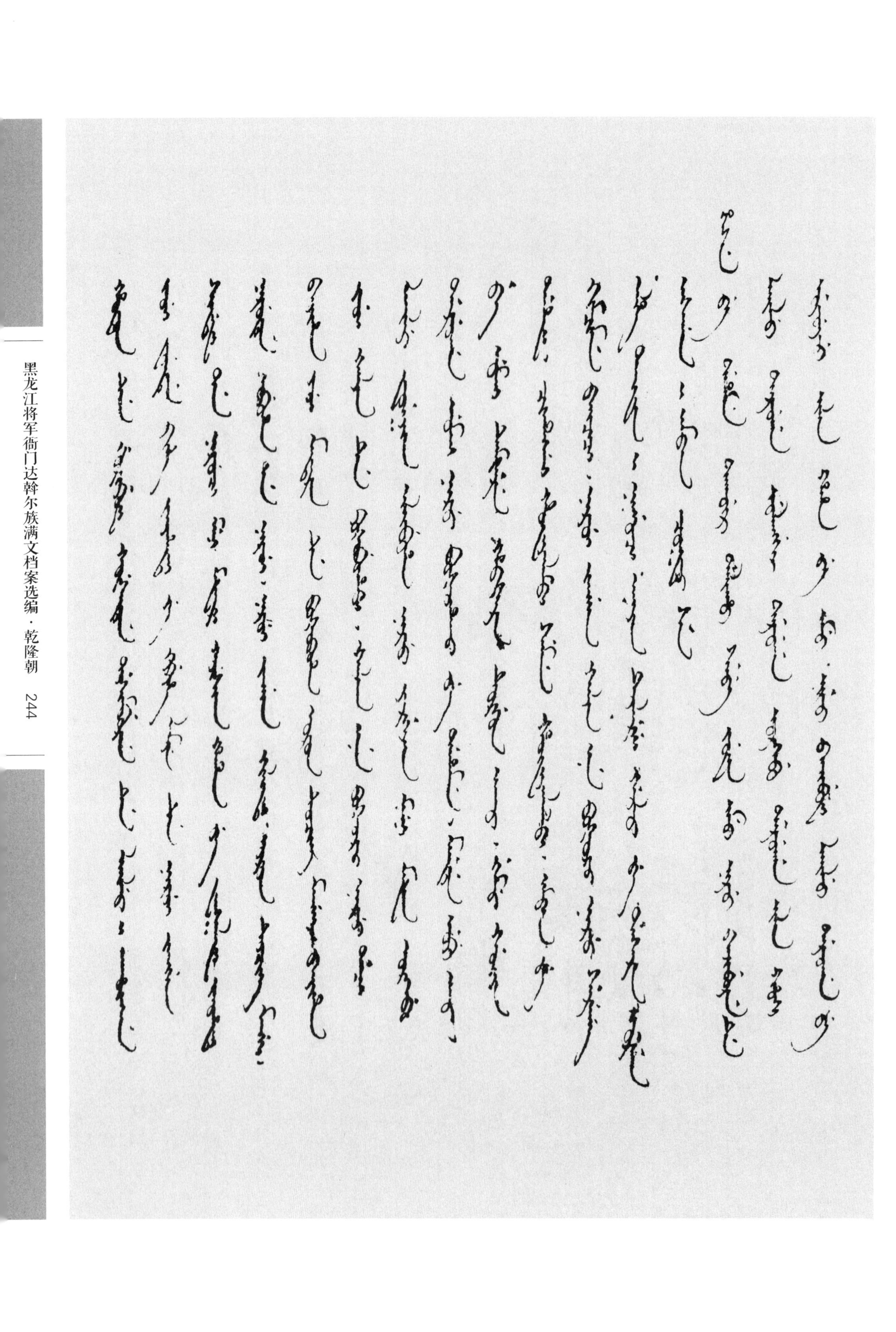

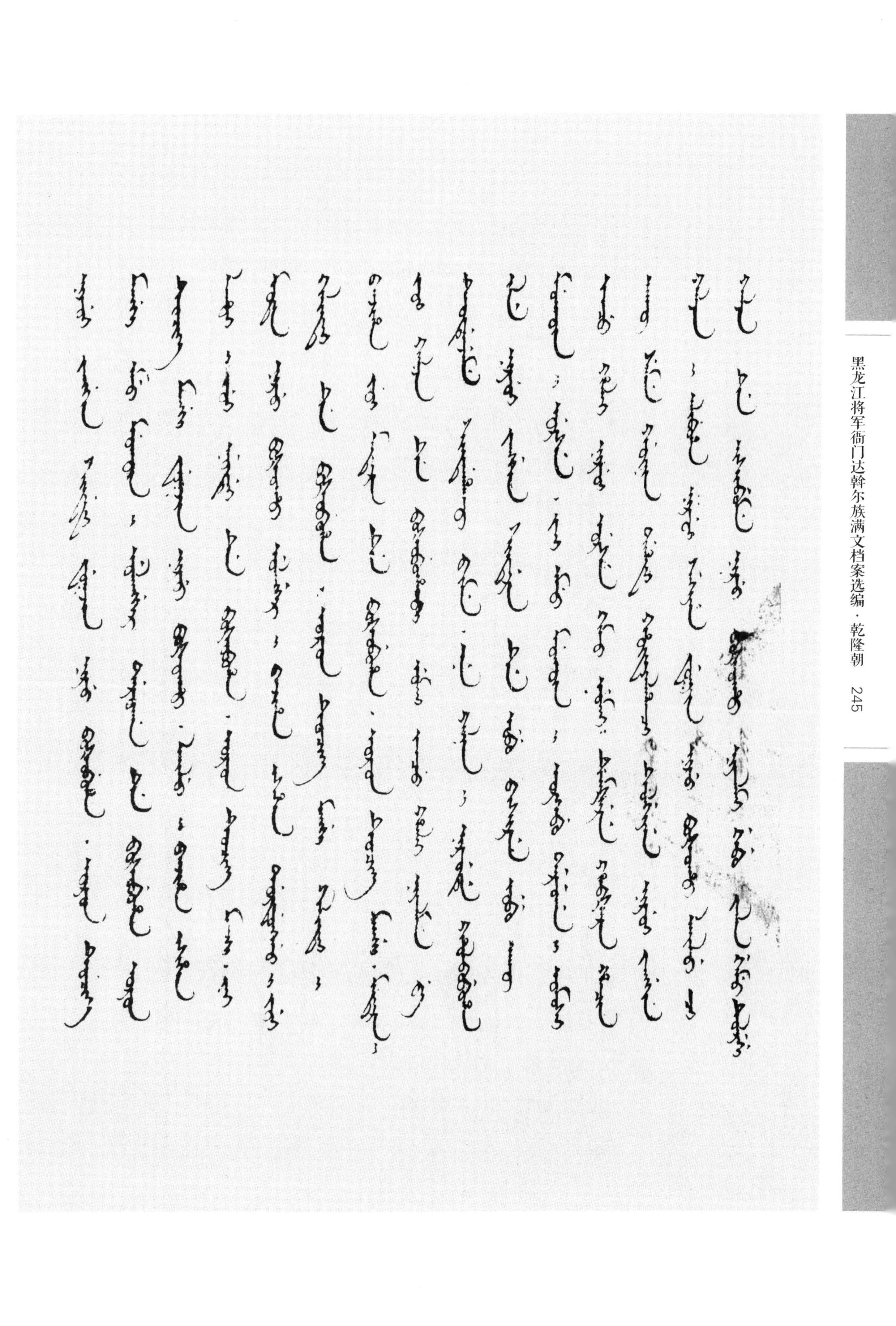

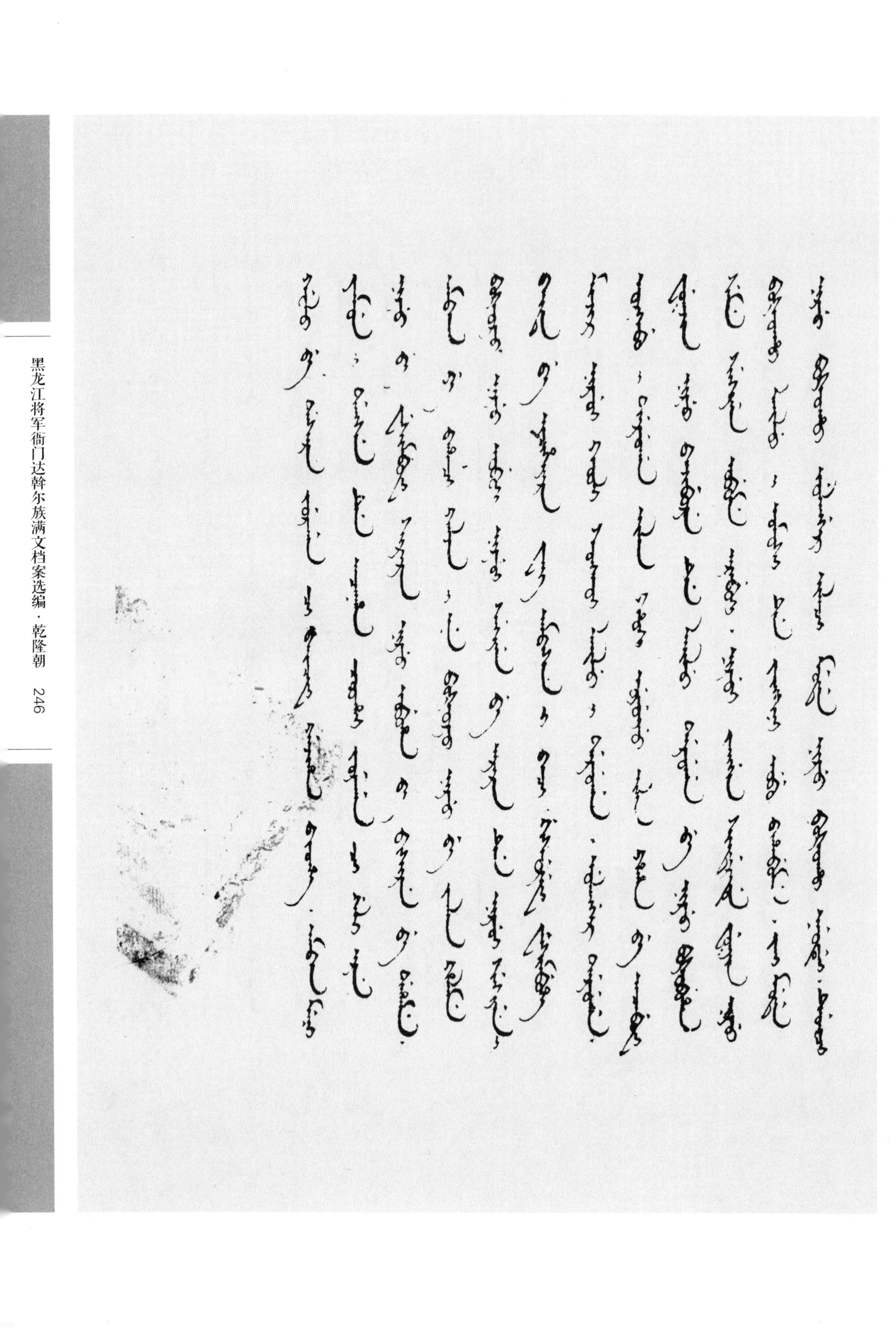

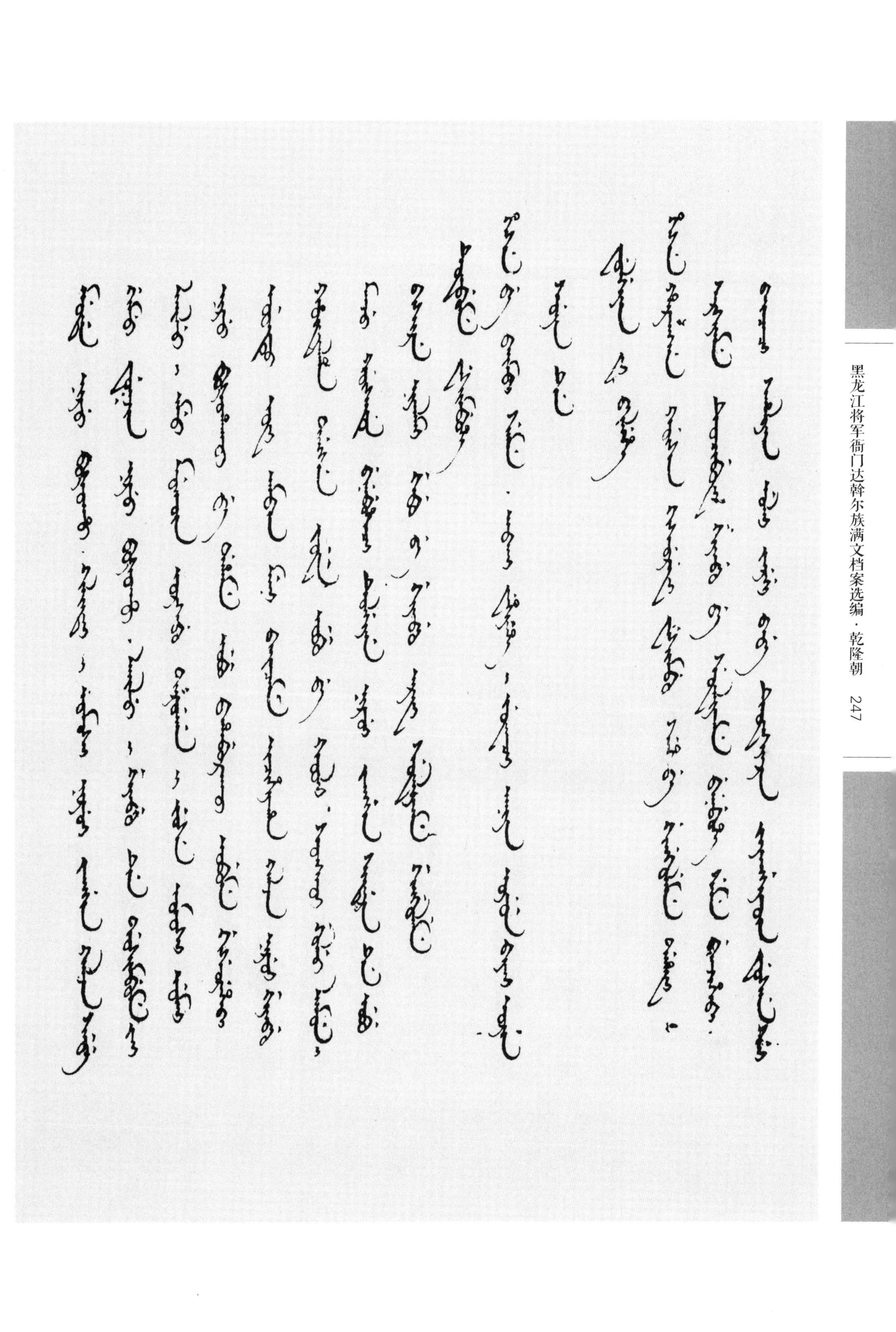

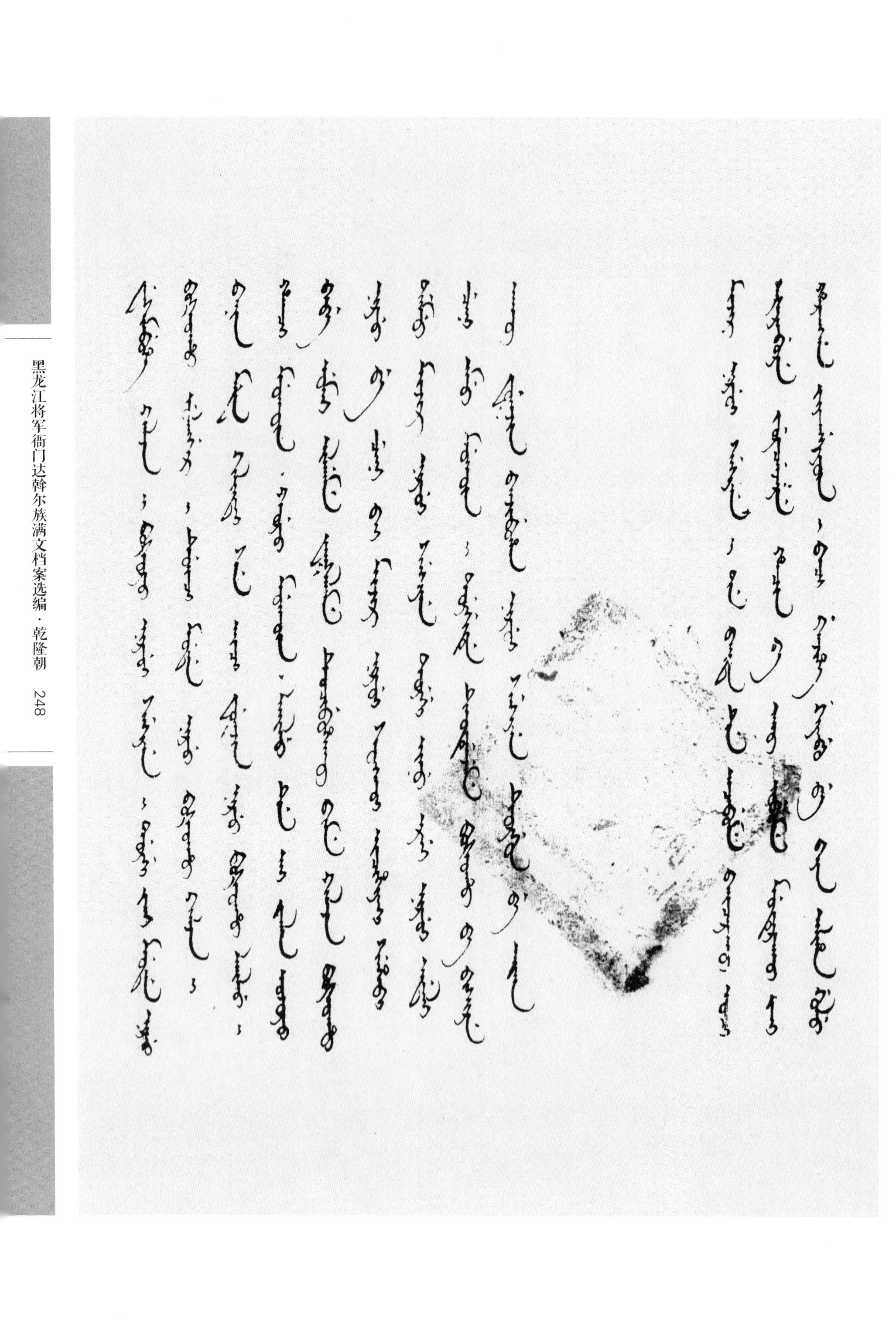

[illegible]

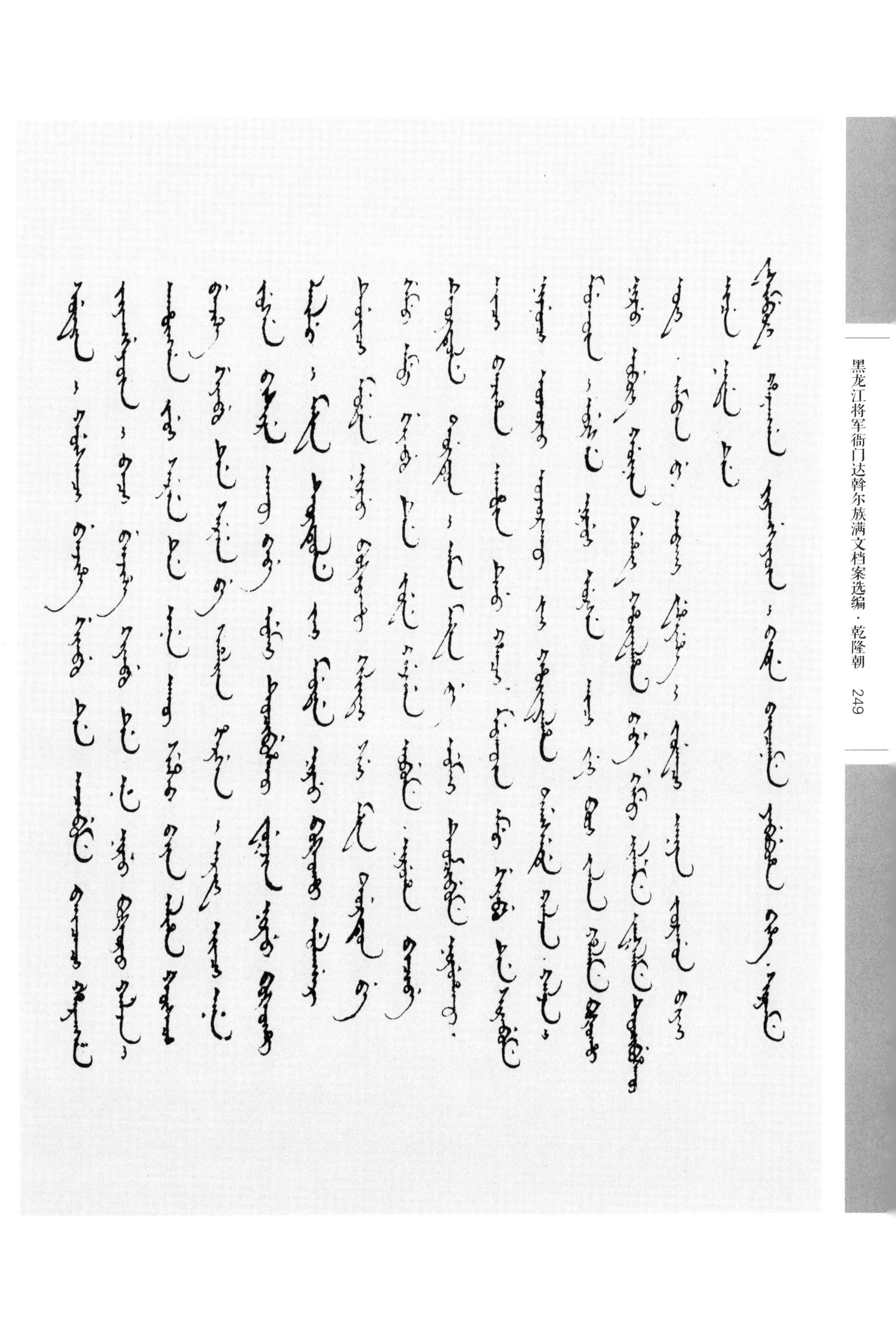

[illegible]

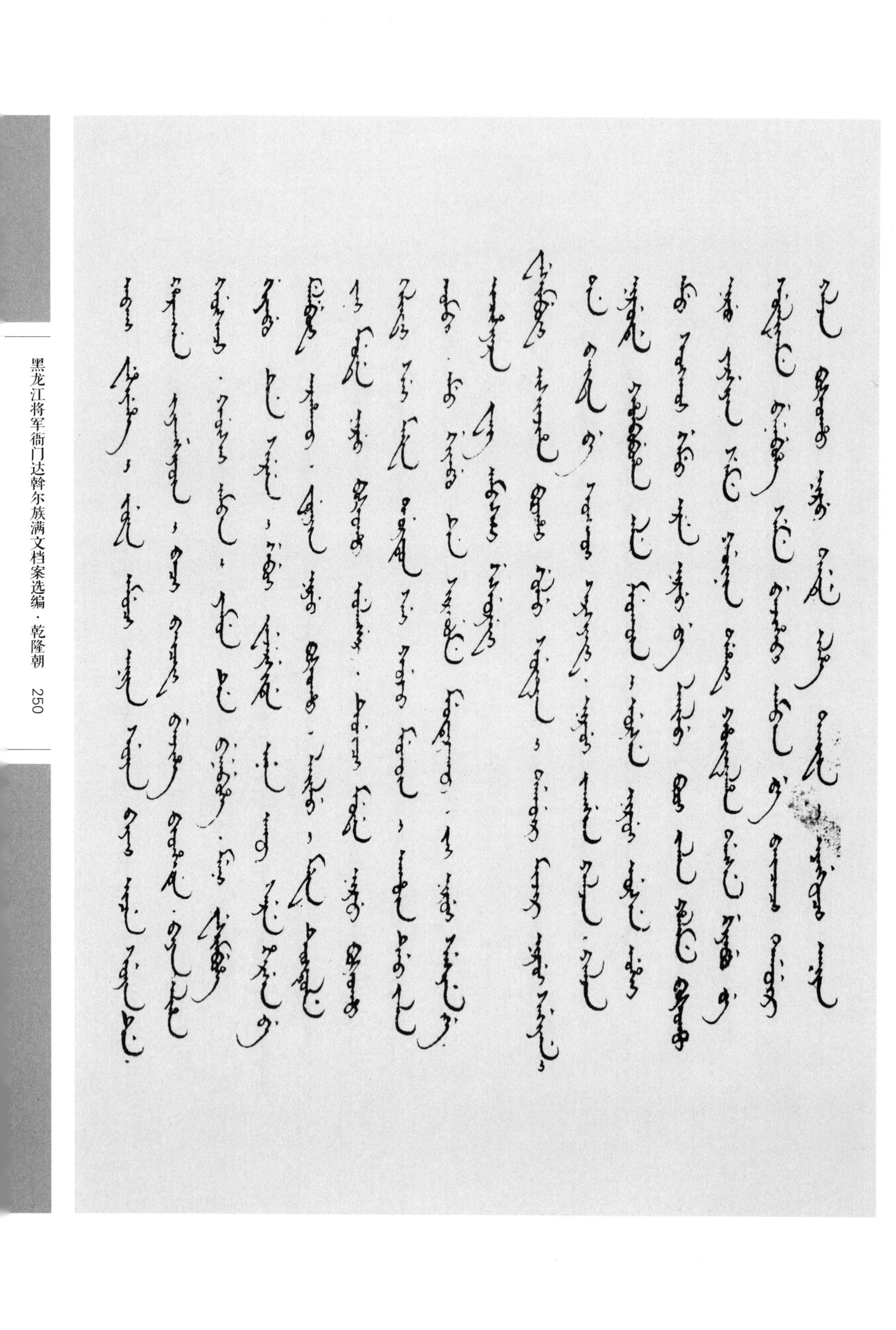

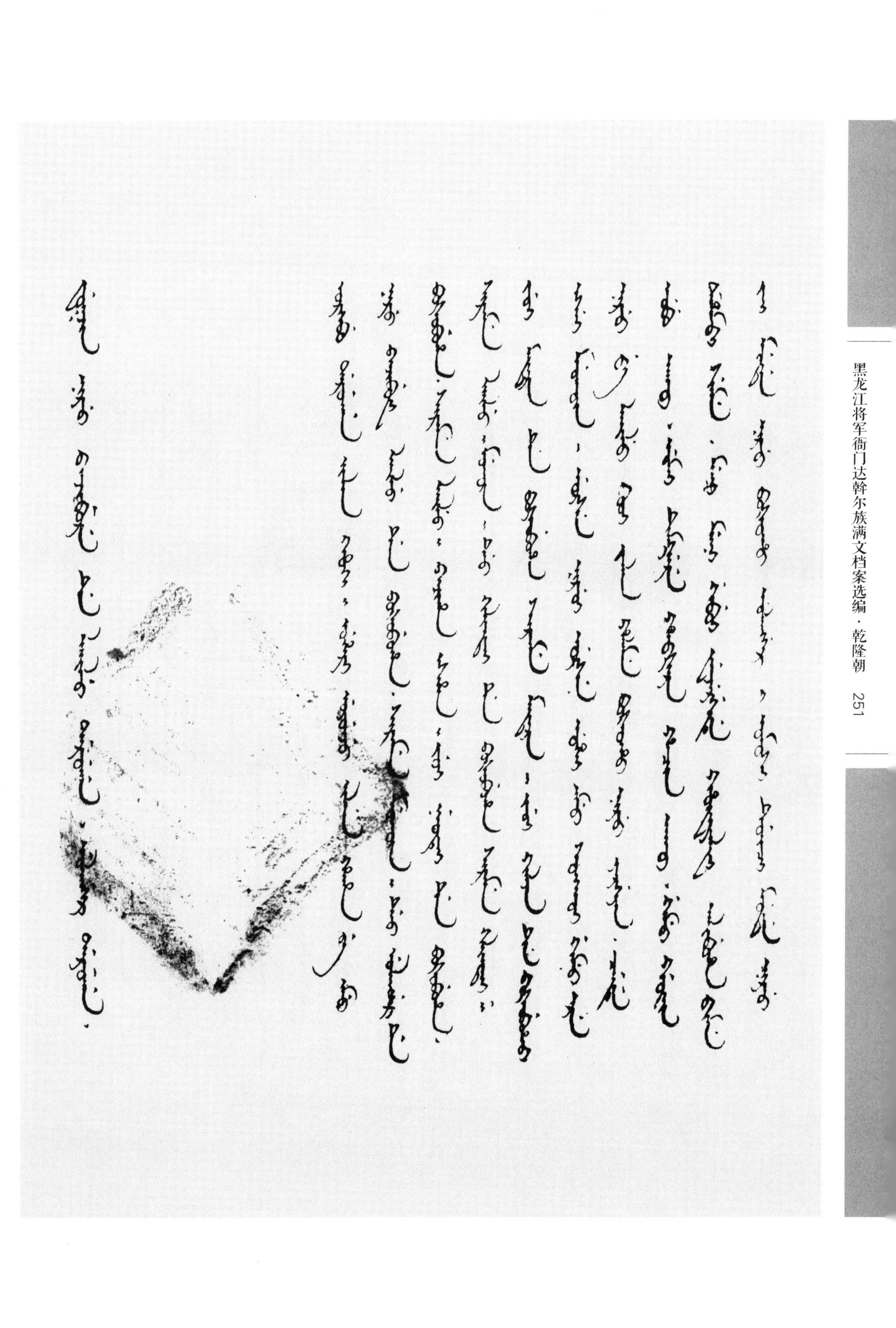

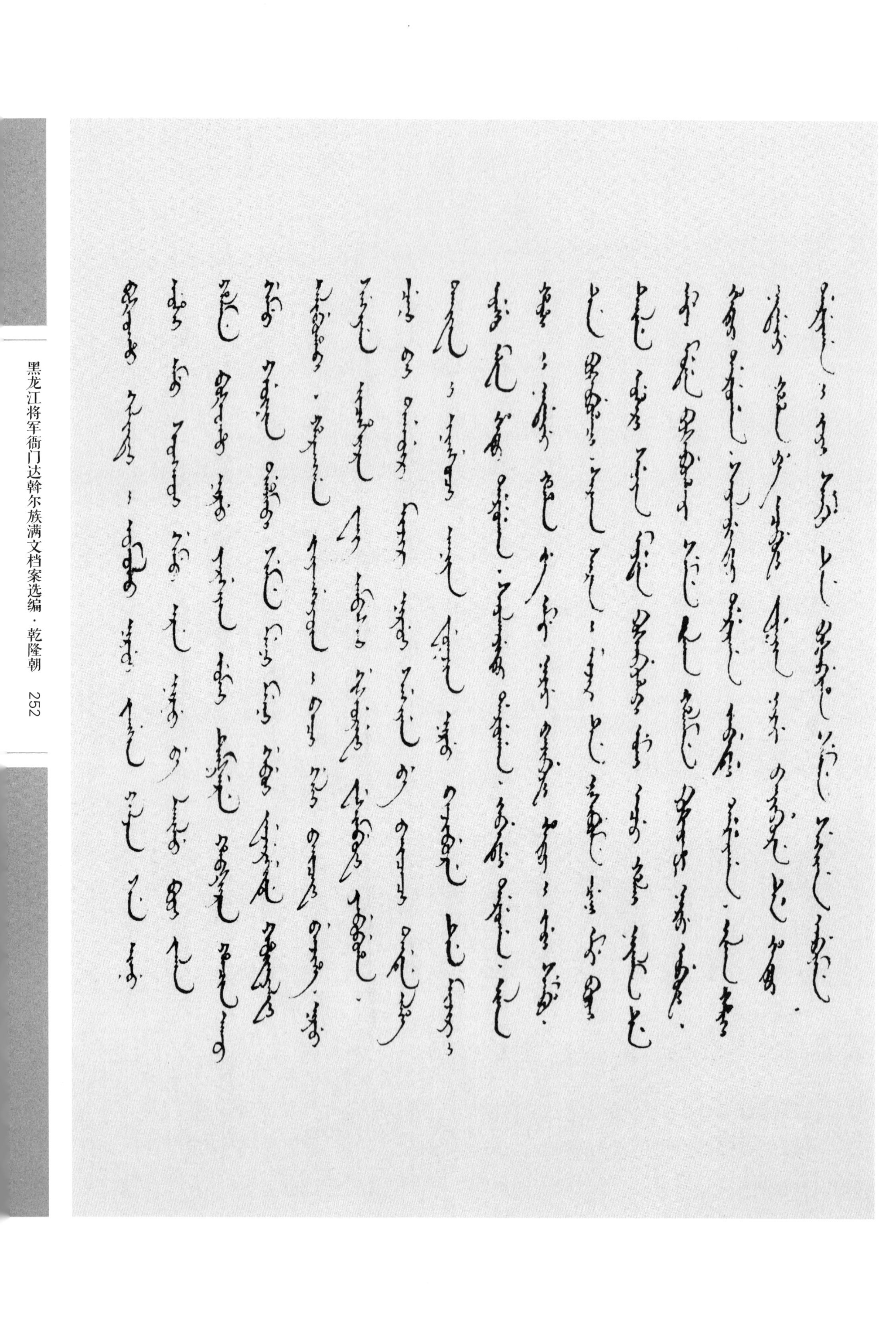

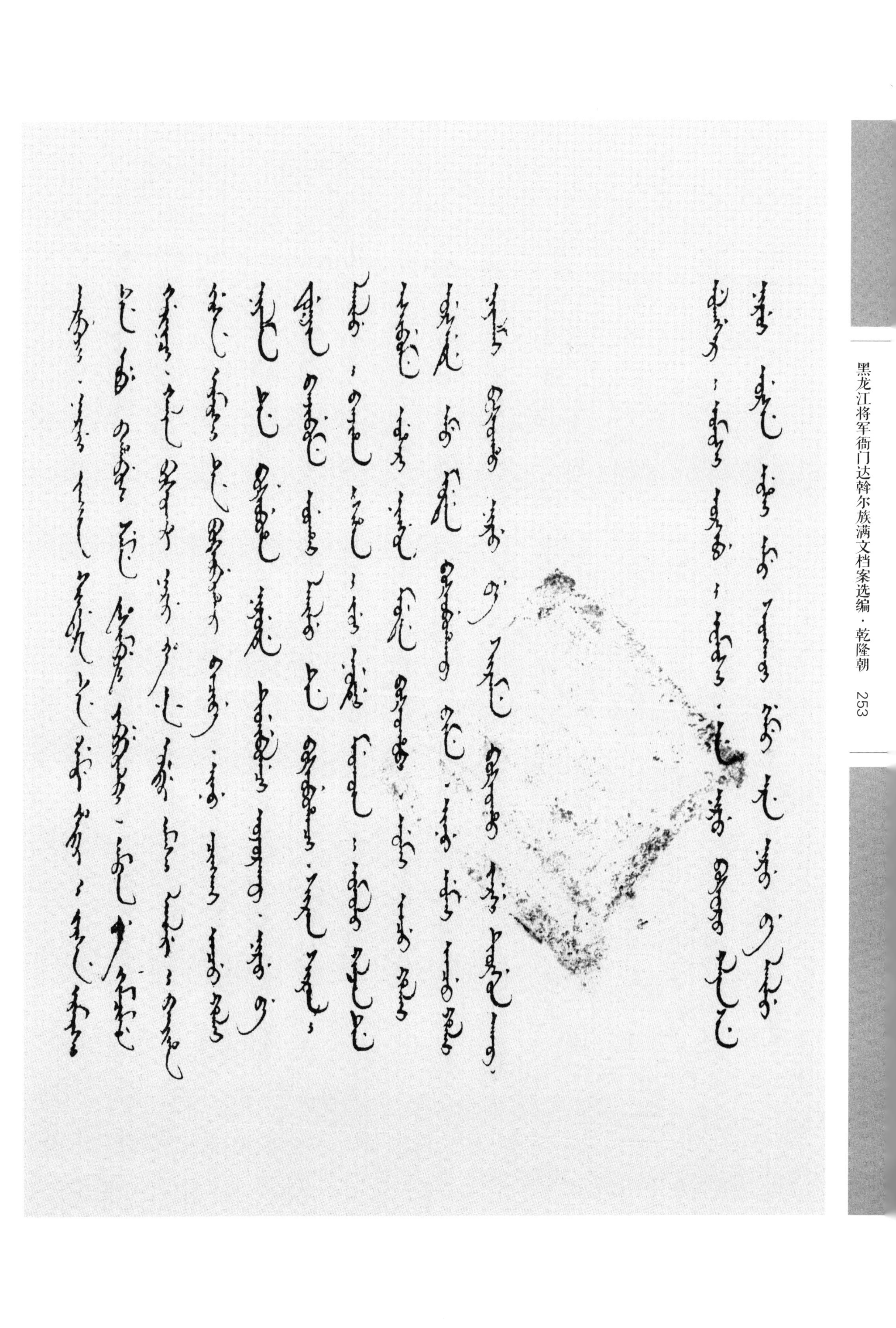

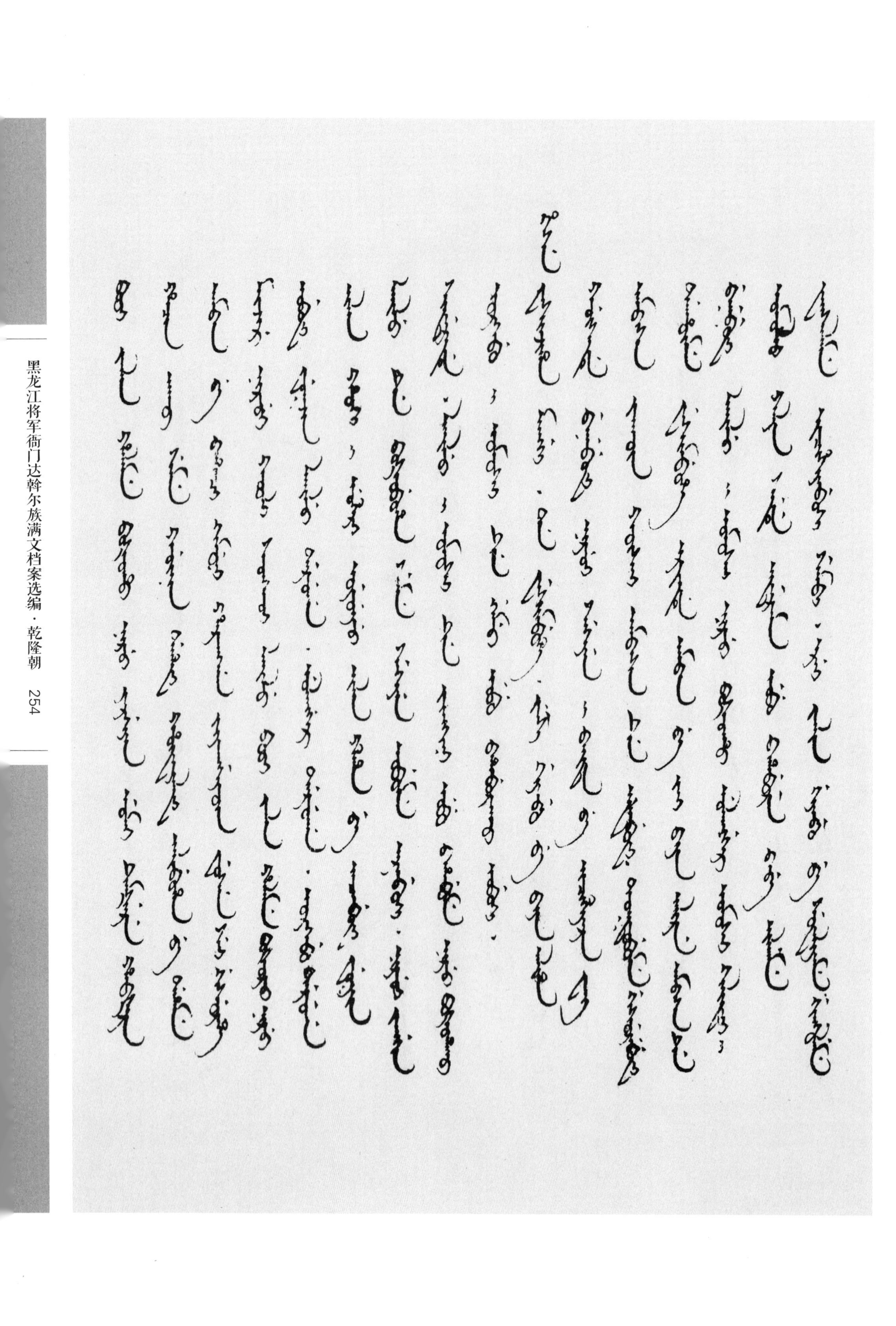

[illegible]

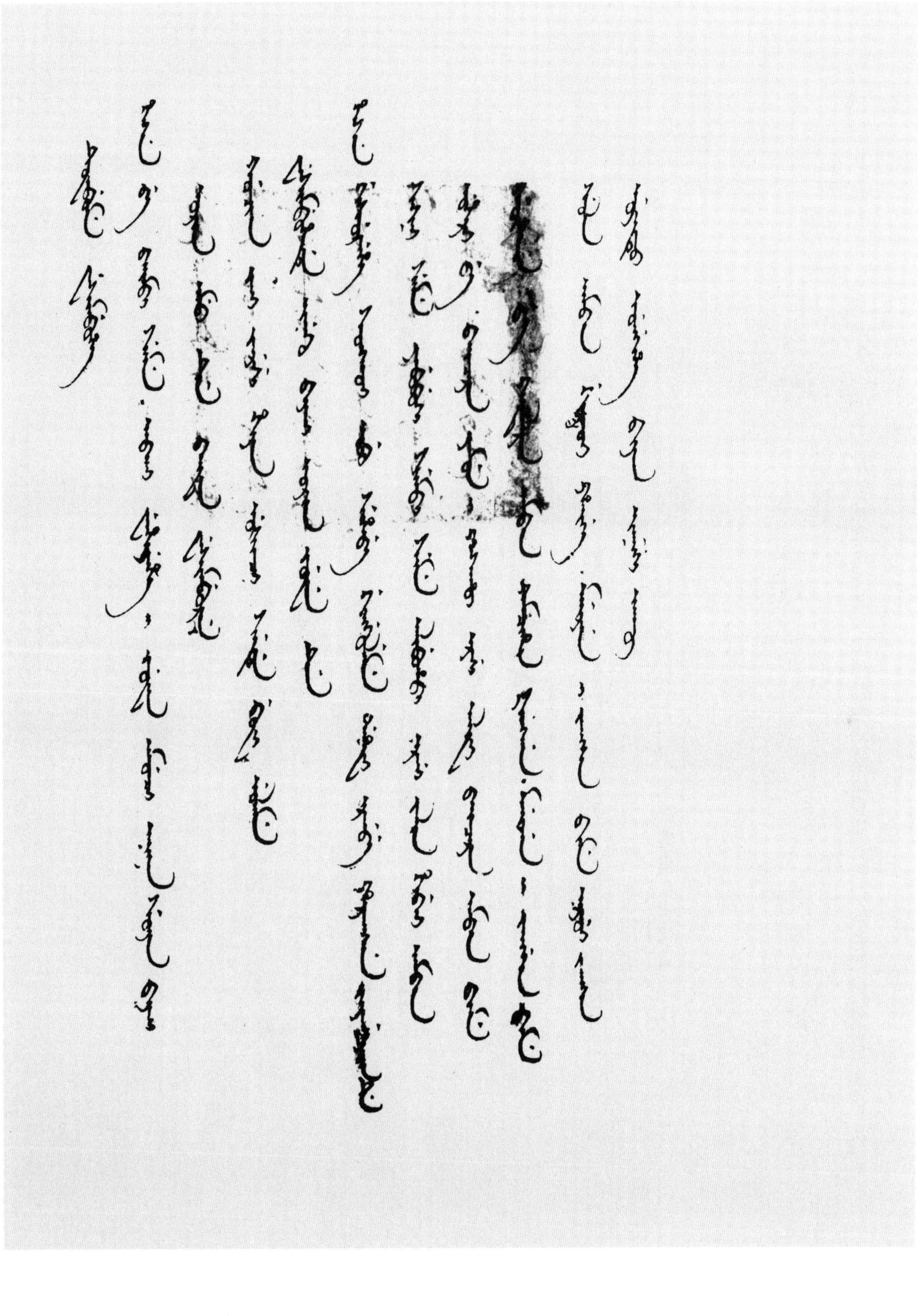

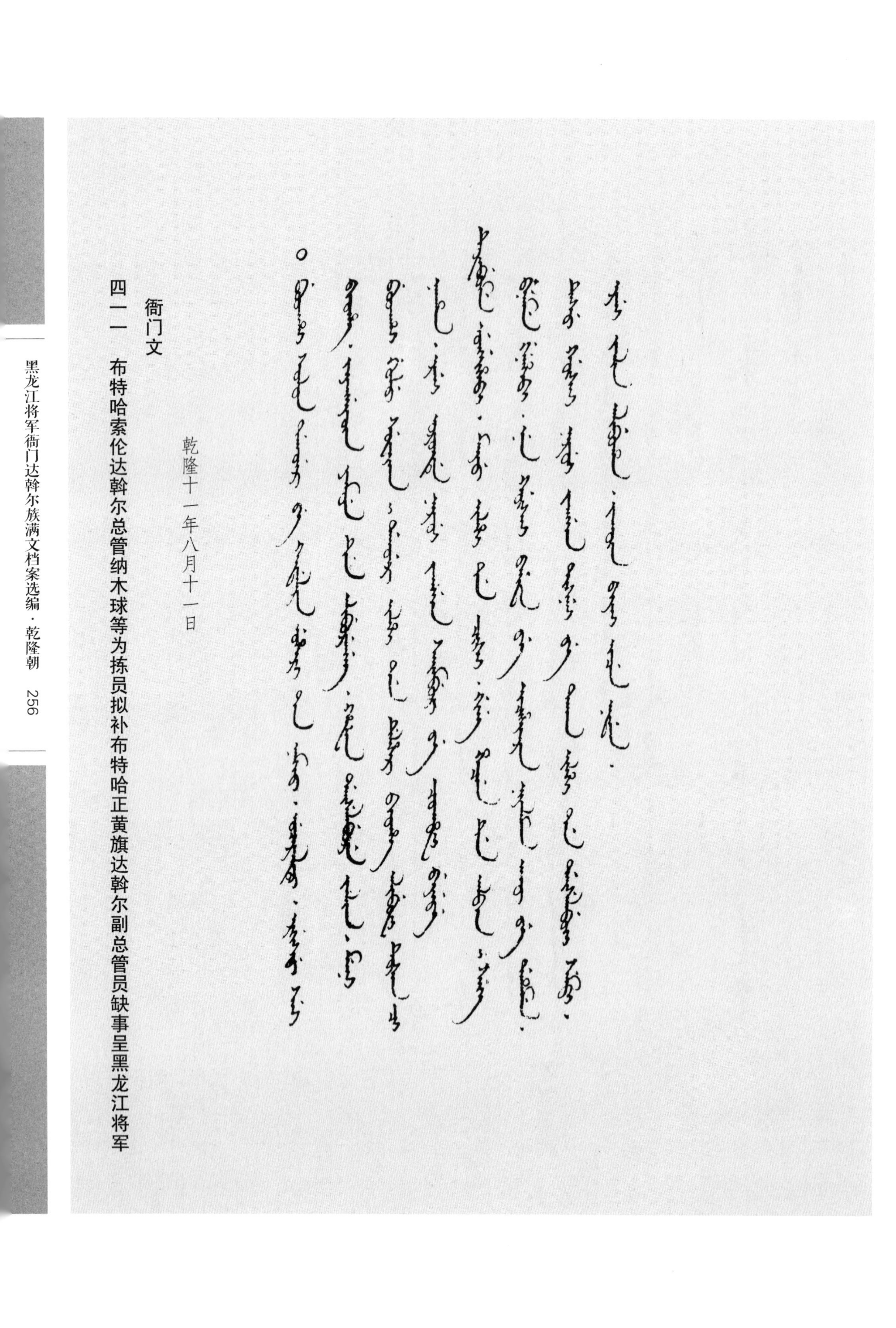

四一一 布特哈索伦达斡尔总管纳木球等为拣员拟补布特哈正黄旗达斡尔副总管员缺事呈黑龙江将军衙门文

乾隆十一年八月十一日

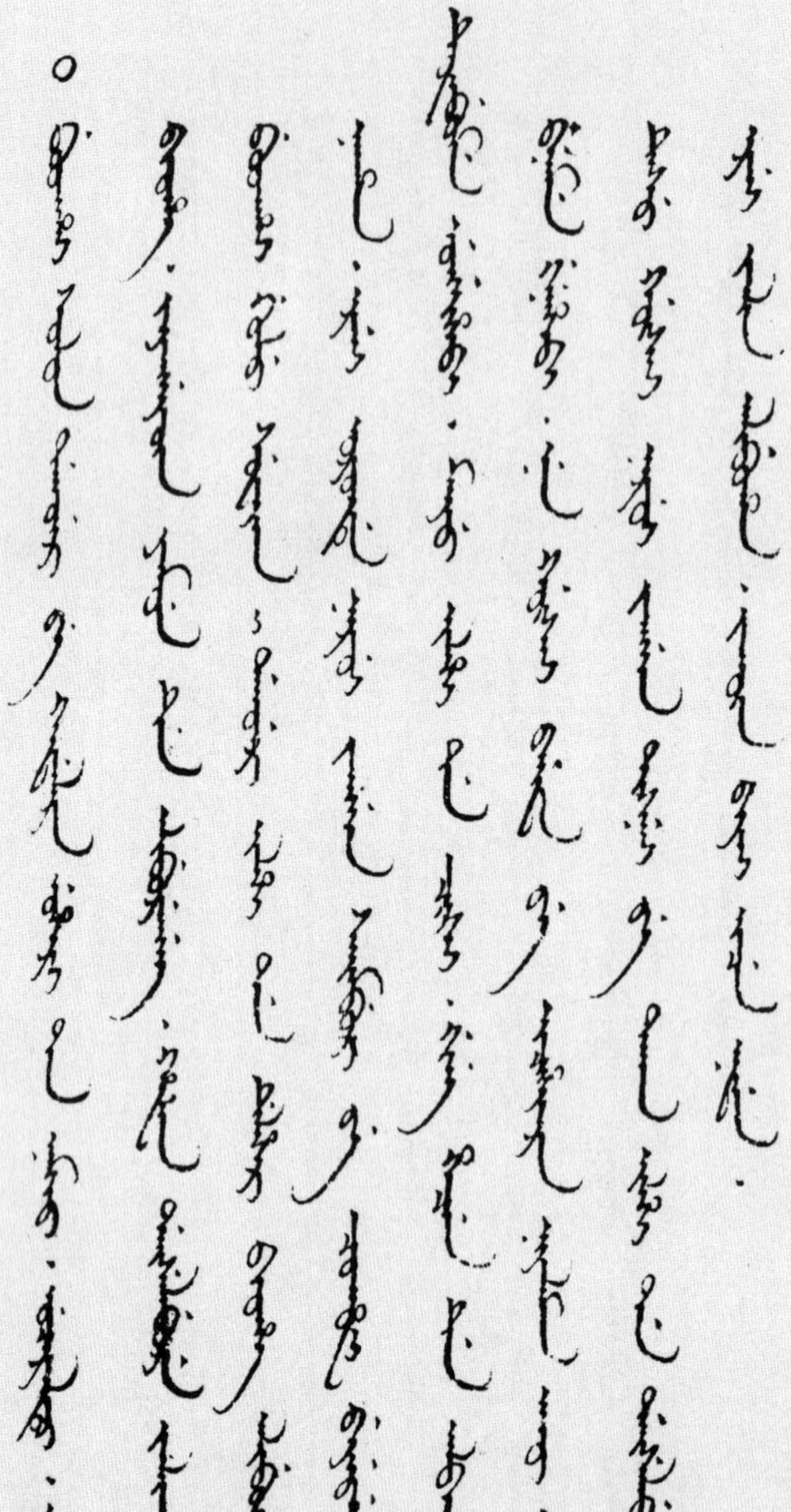

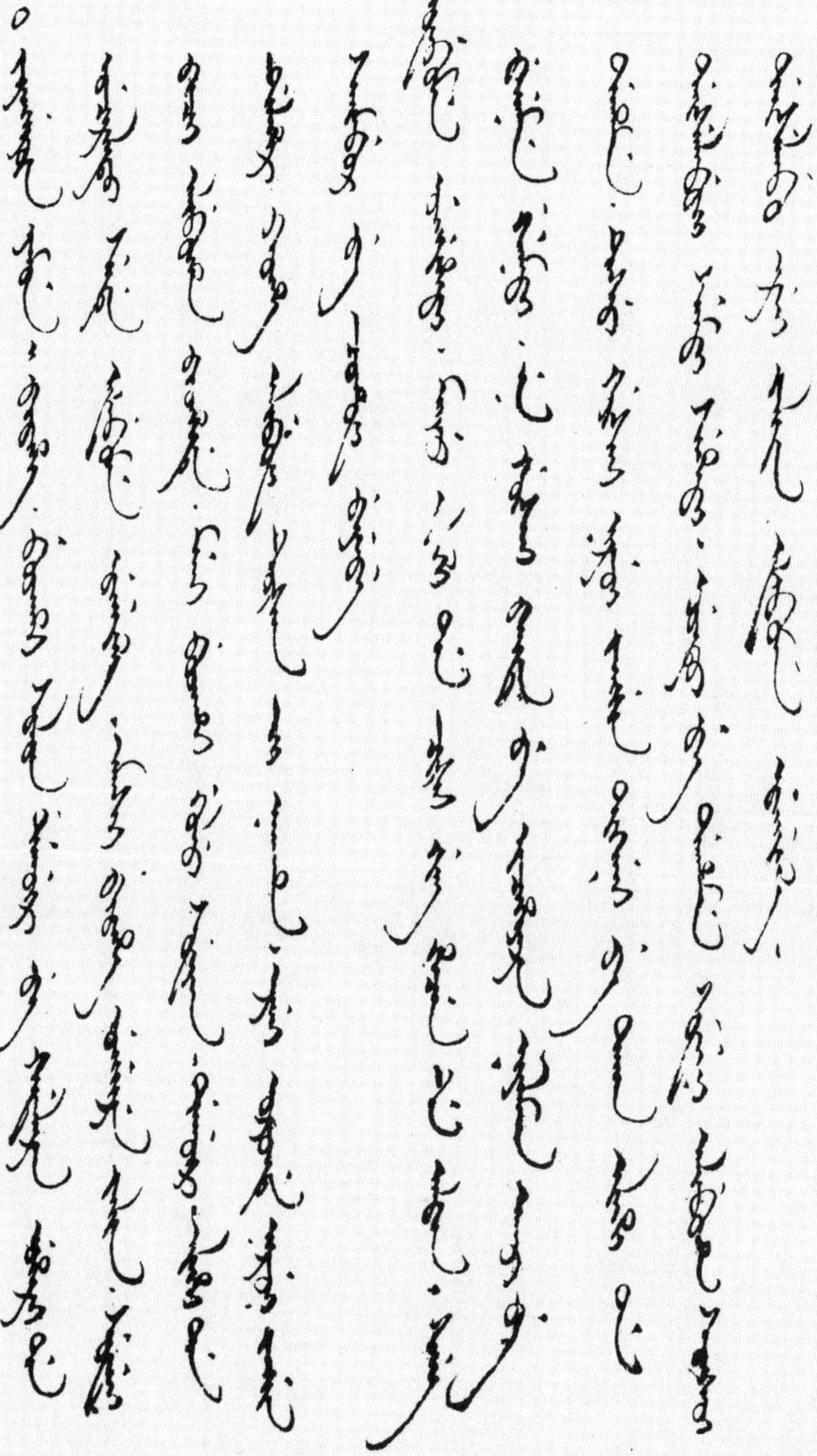

乾隆十一年八月十八日

四一二　黑龙江将军衙门为令佐领提克内暂护索伦达斡尔副总管事札布特哈索伦达斡尔总管乌察喇勒图等文

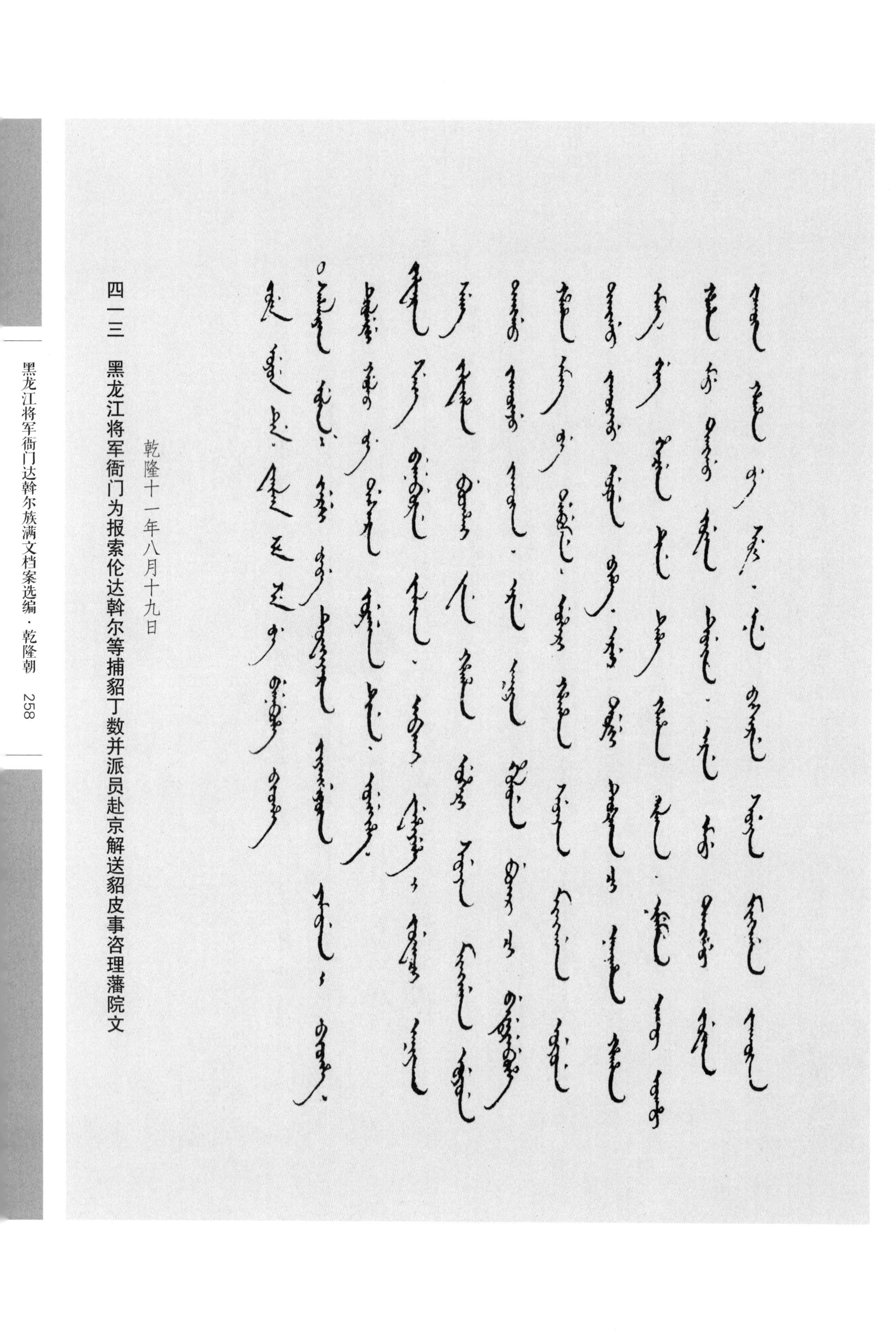

四一三 黑龙江将军衙门为报索伦达斡尔等捕貂丁数并派员赴京解送貂皮事咨理藩院文

乾隆十一年八月十九日

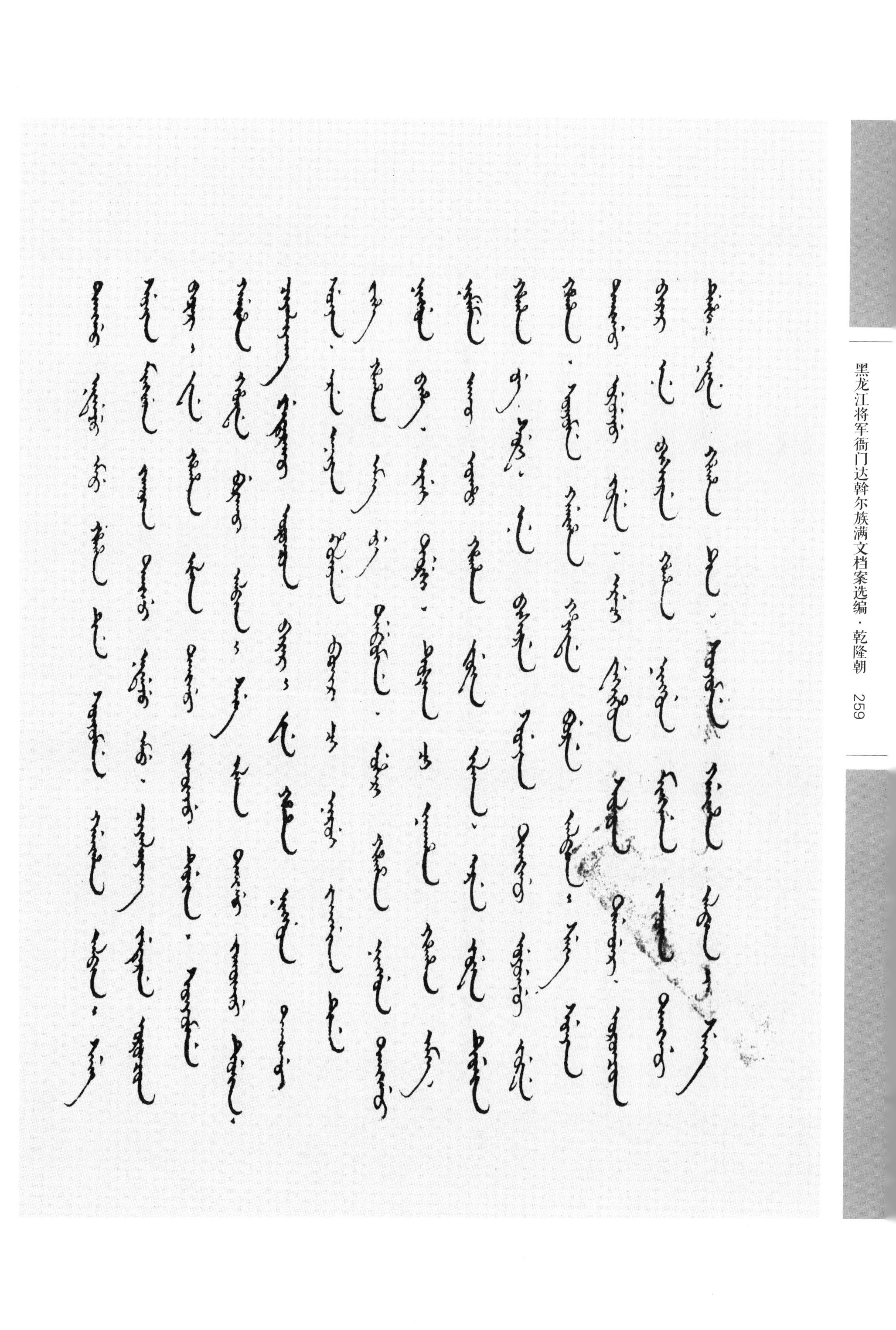

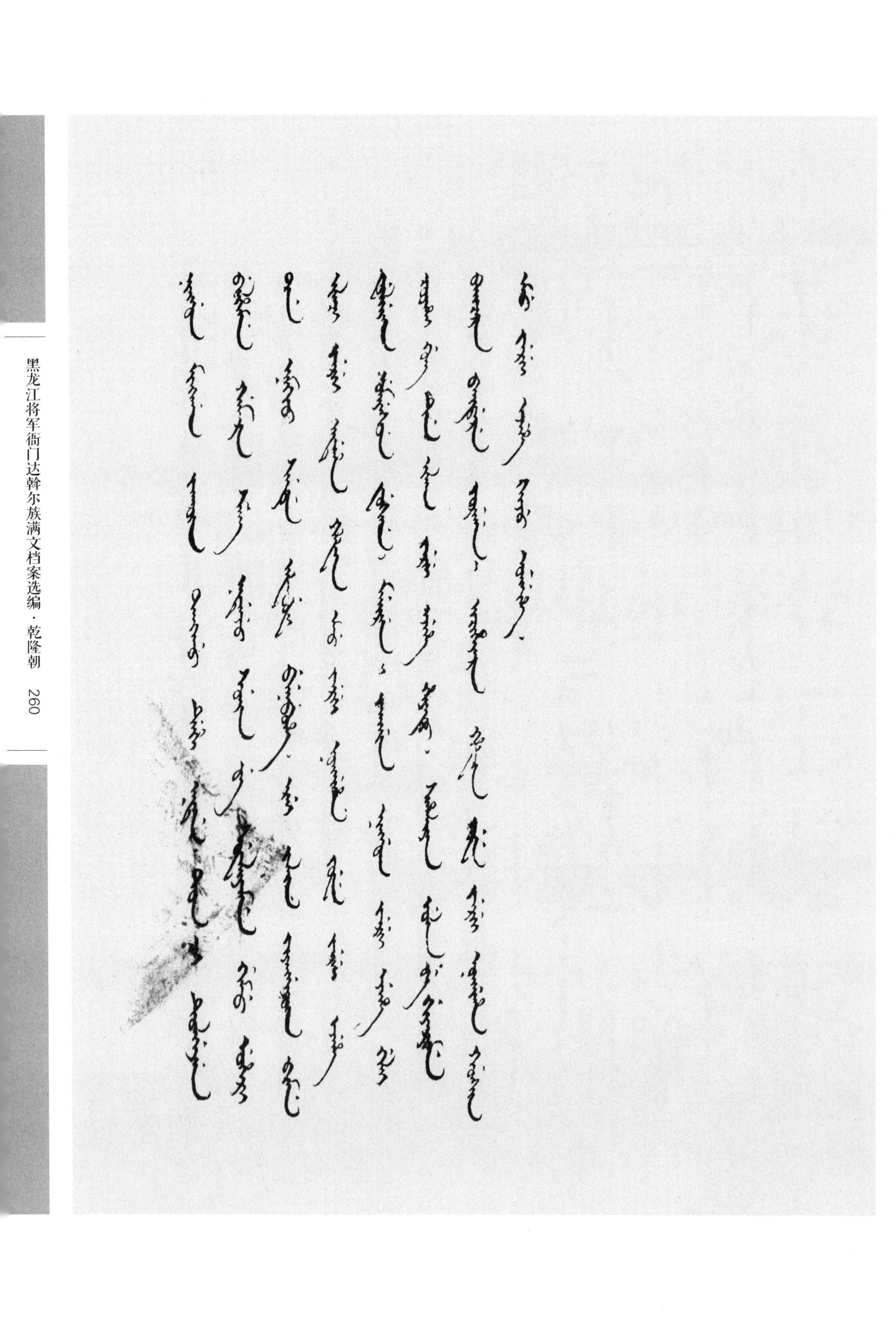

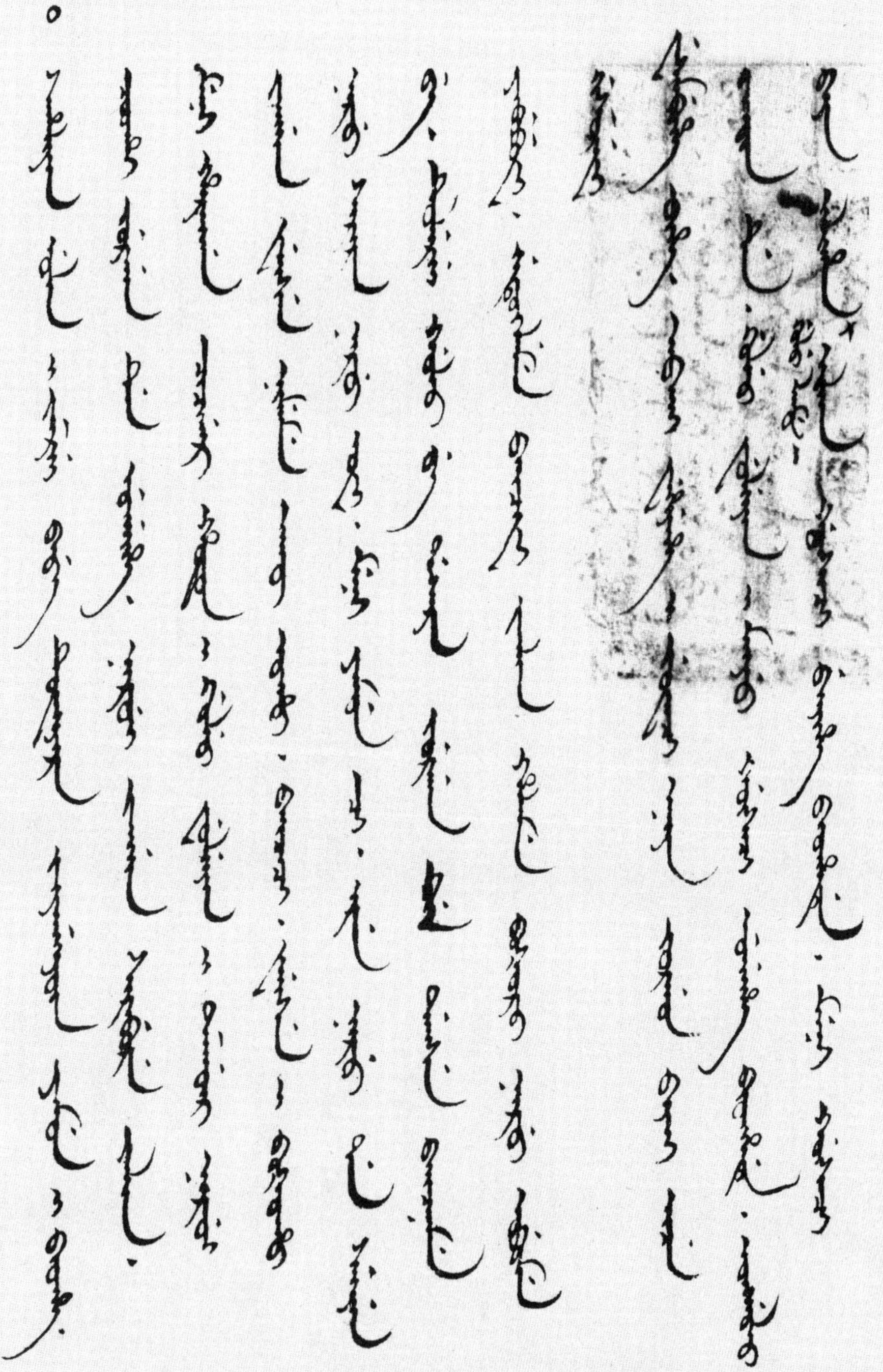

四一四 黑龙江将军衙门为齐齐哈尔正红旗达斡尔佐领斐色遗缺拣选拟定正陪人员事咨兵部文

乾隆十一年九月十一日

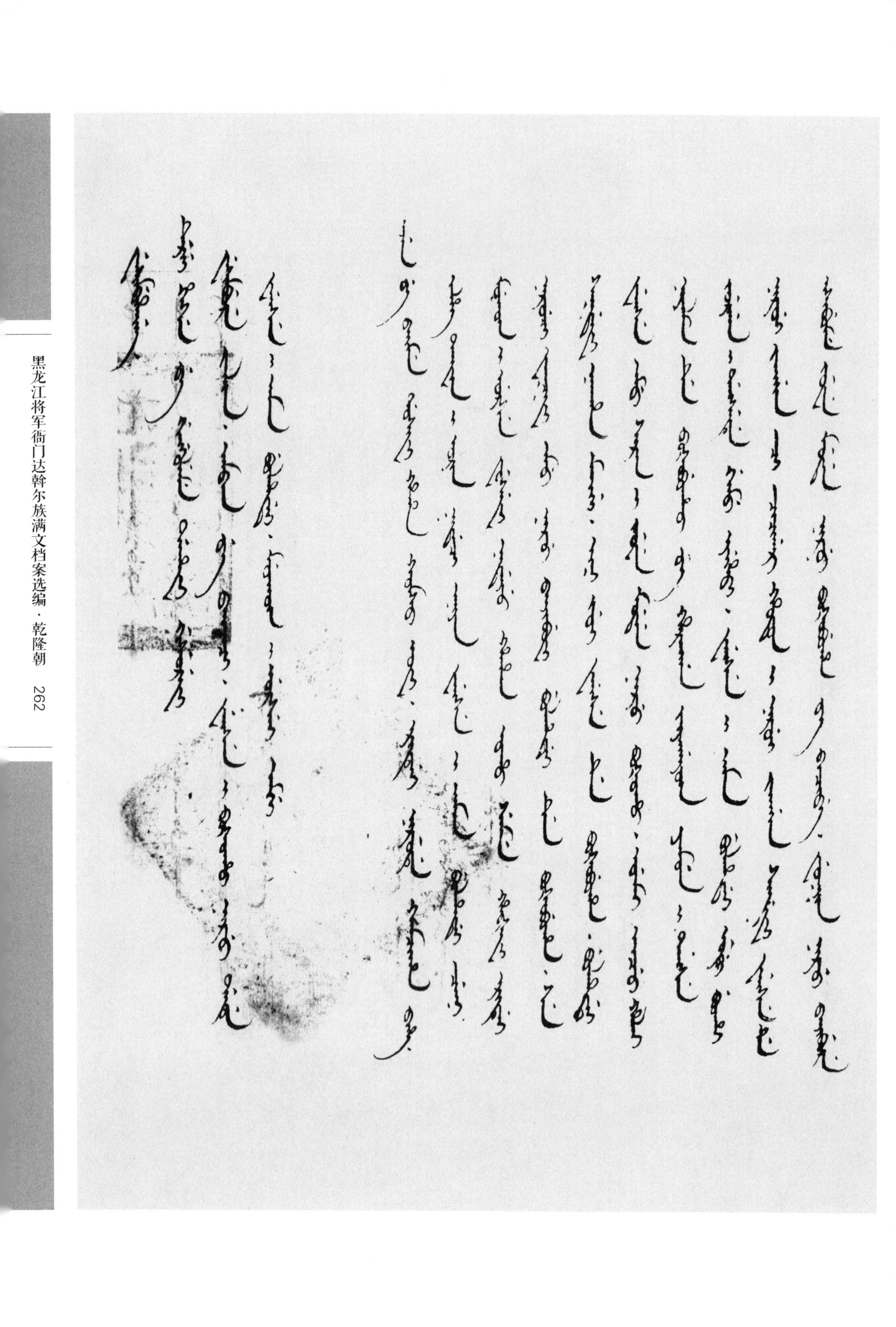

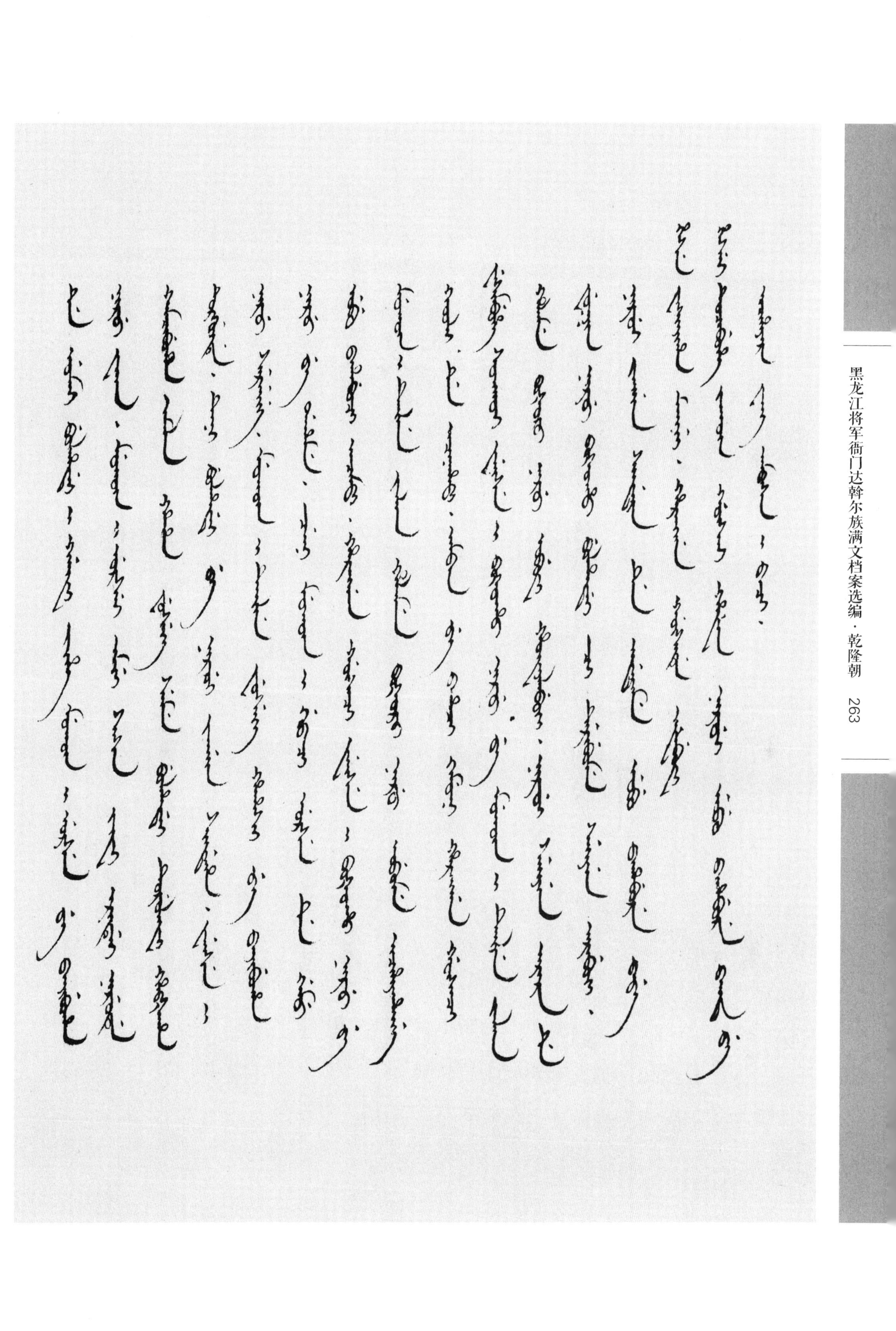

[illegible]

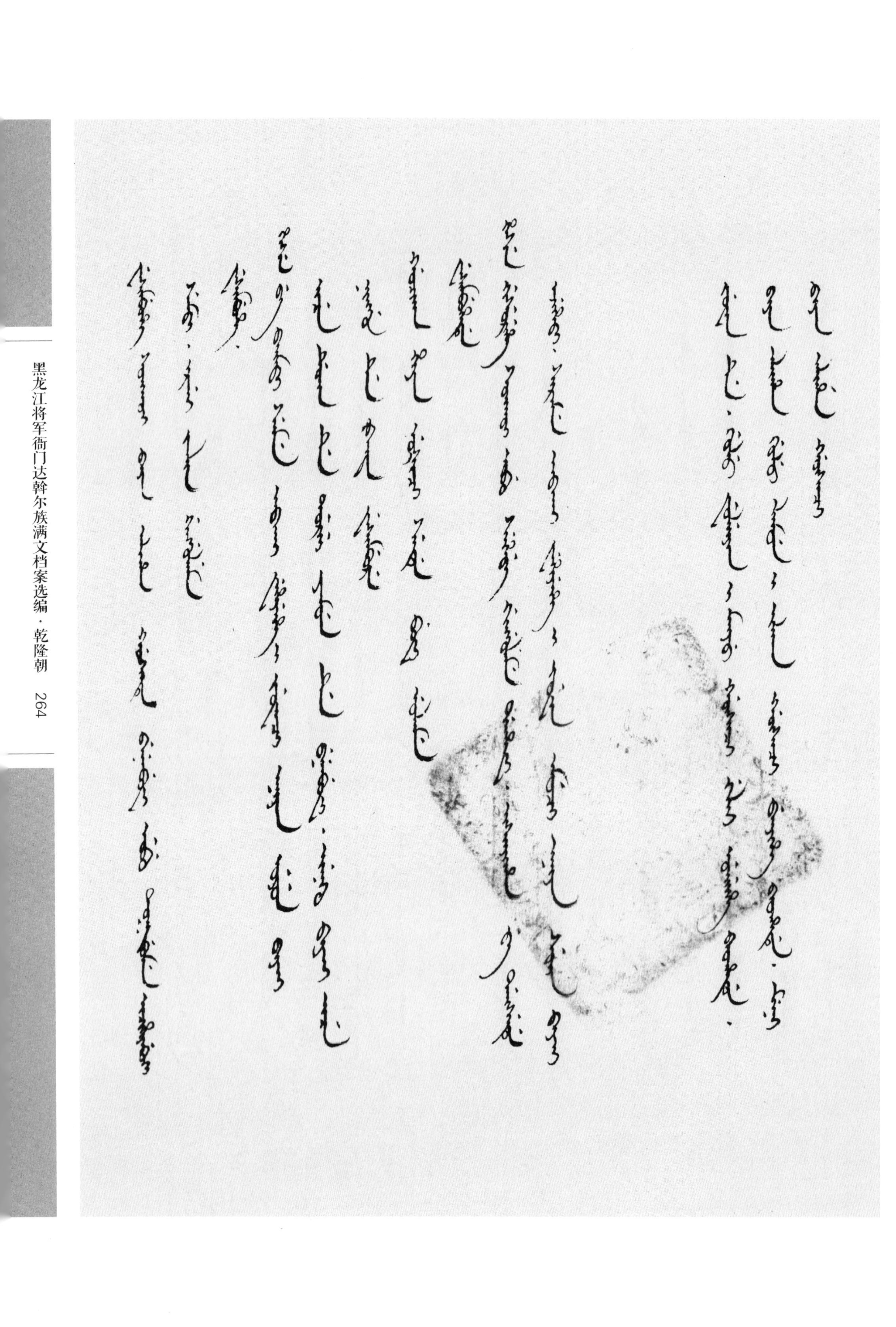

[illegible]

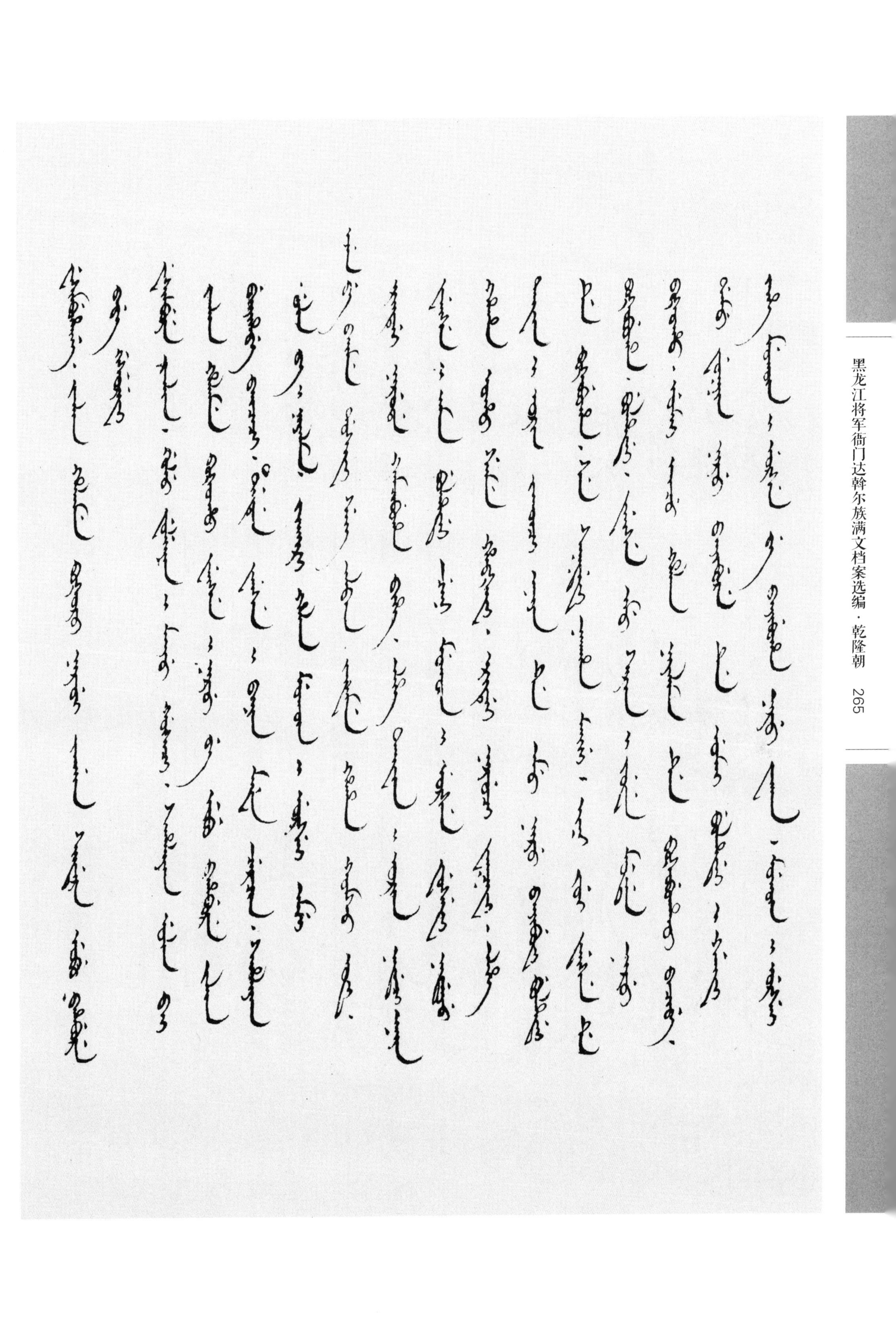

[illegible]

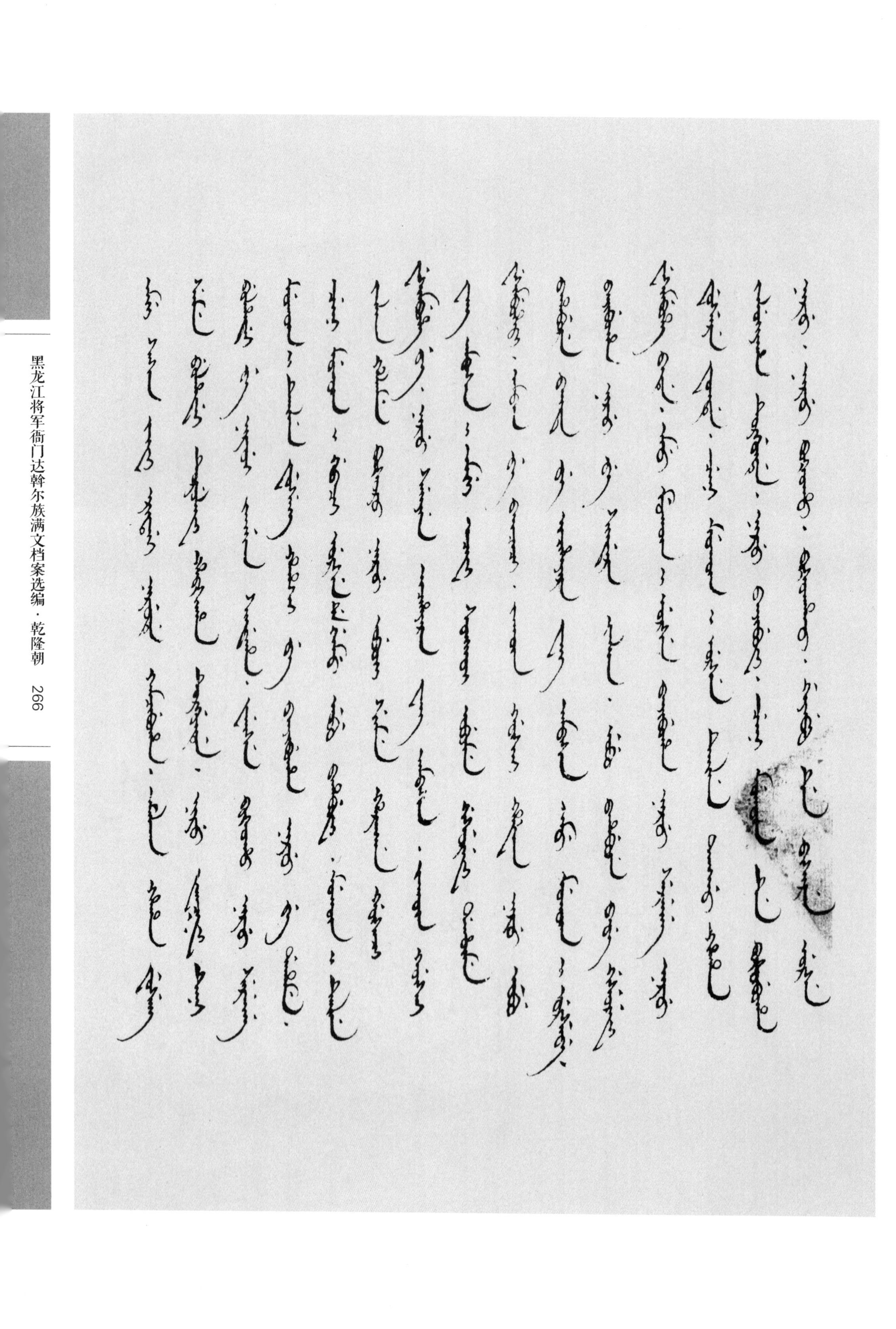

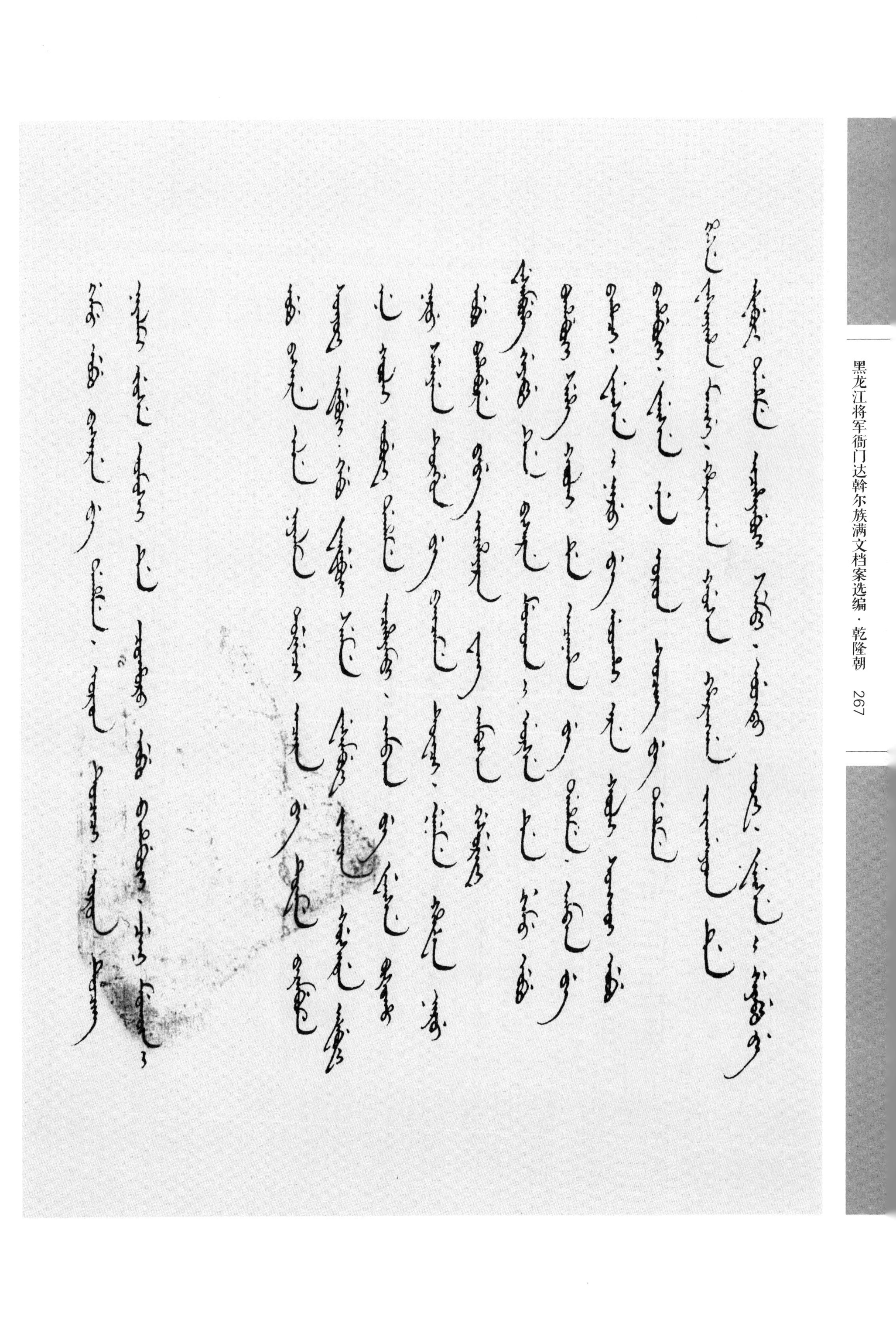

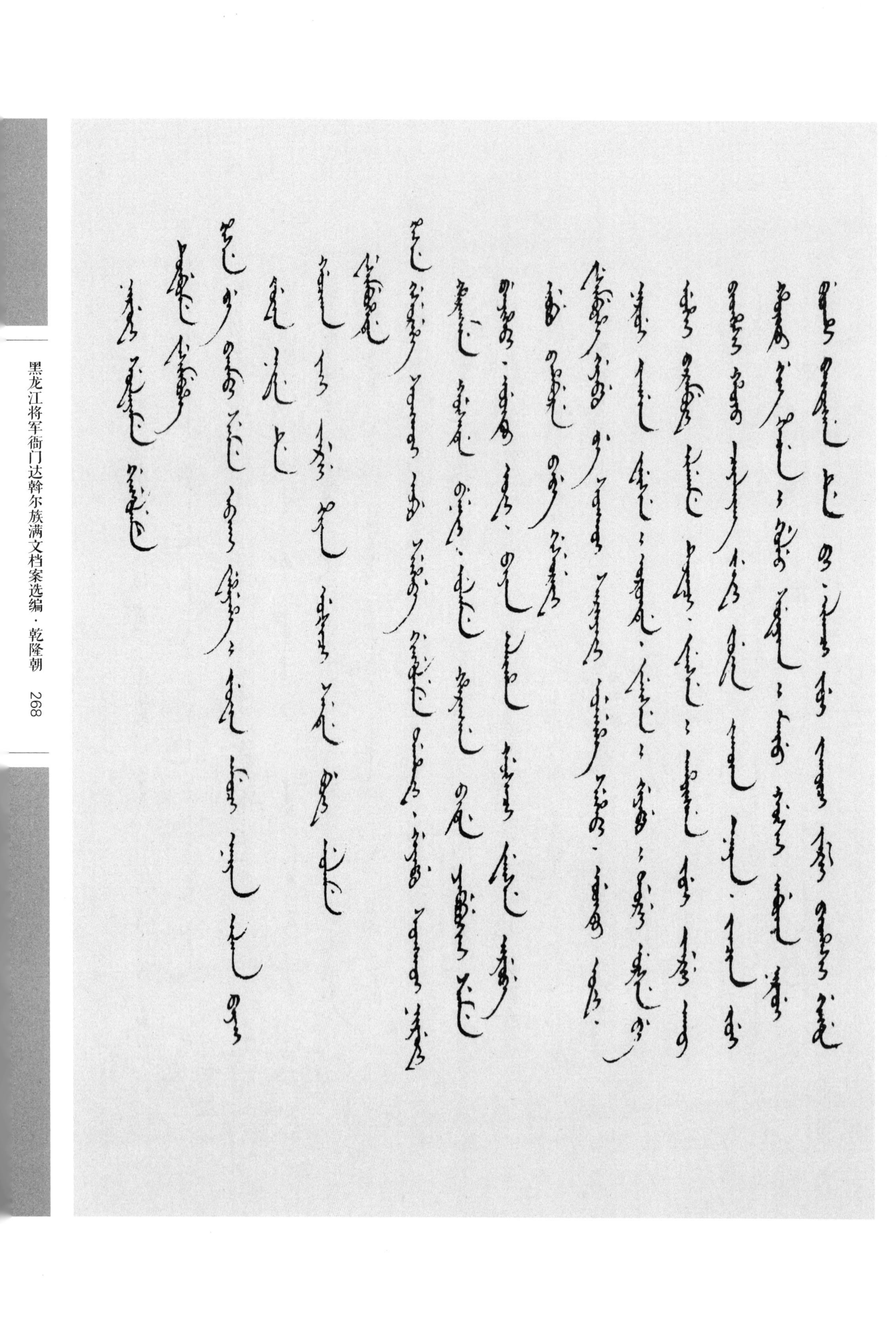

[illegible]

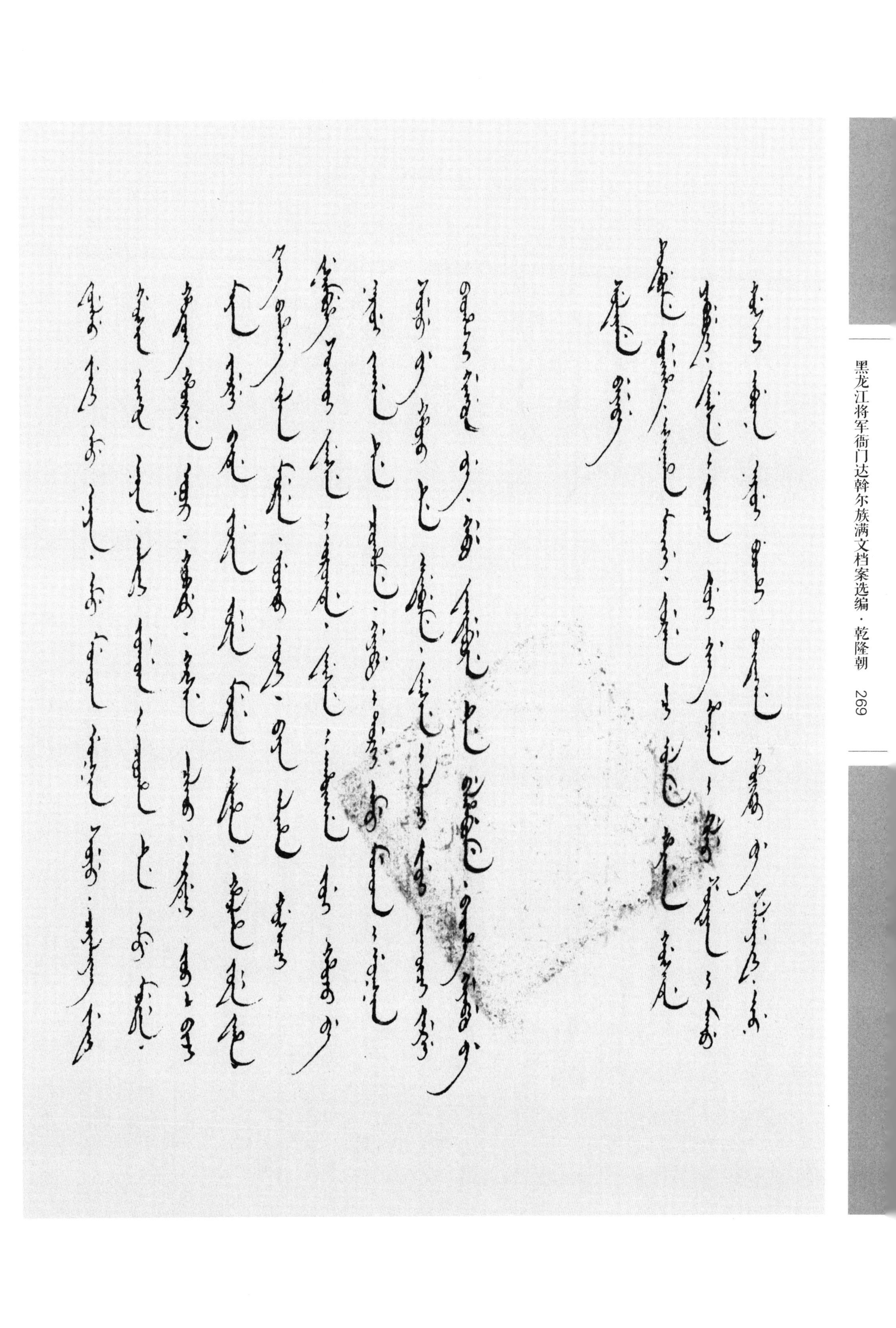

[illegible]

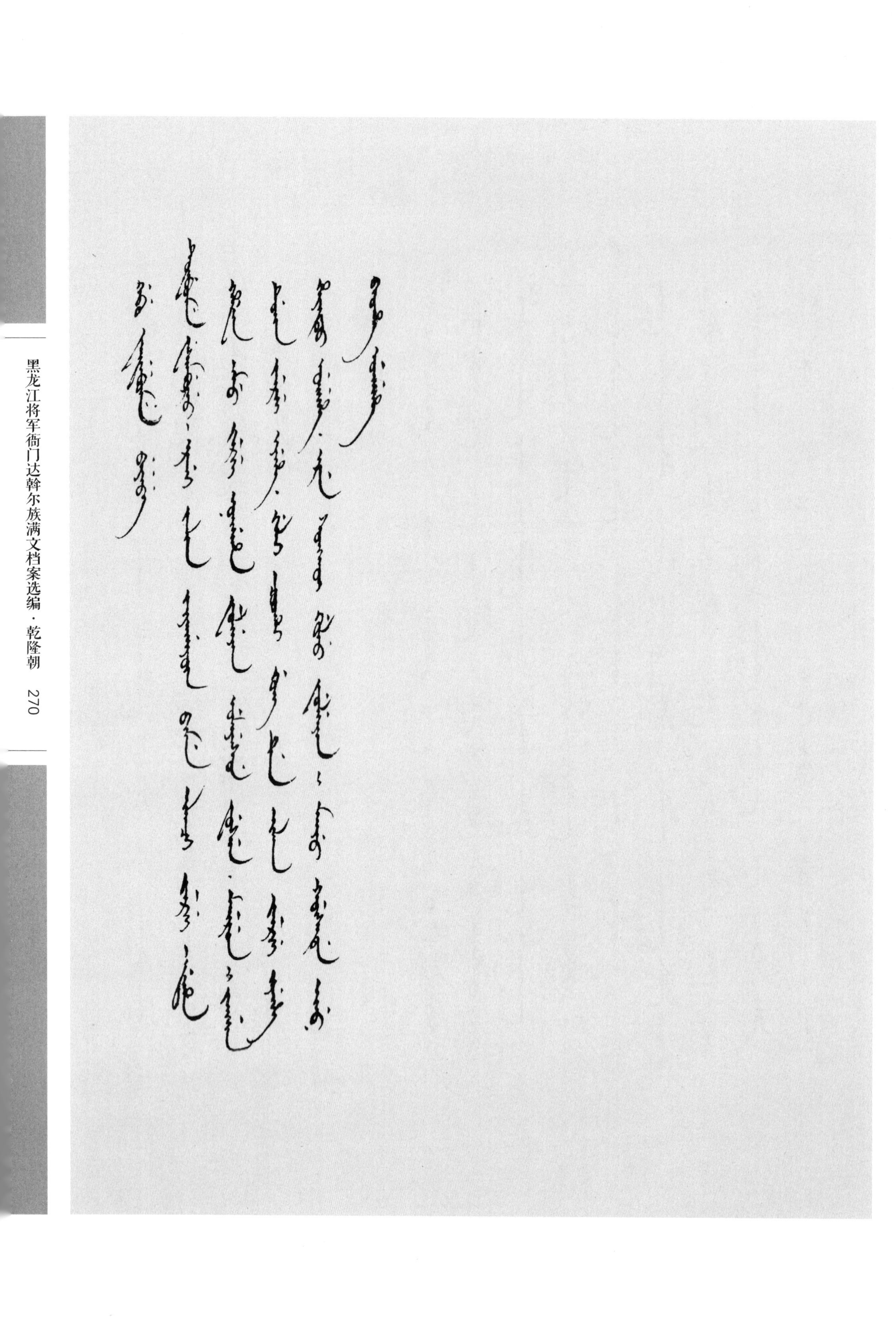

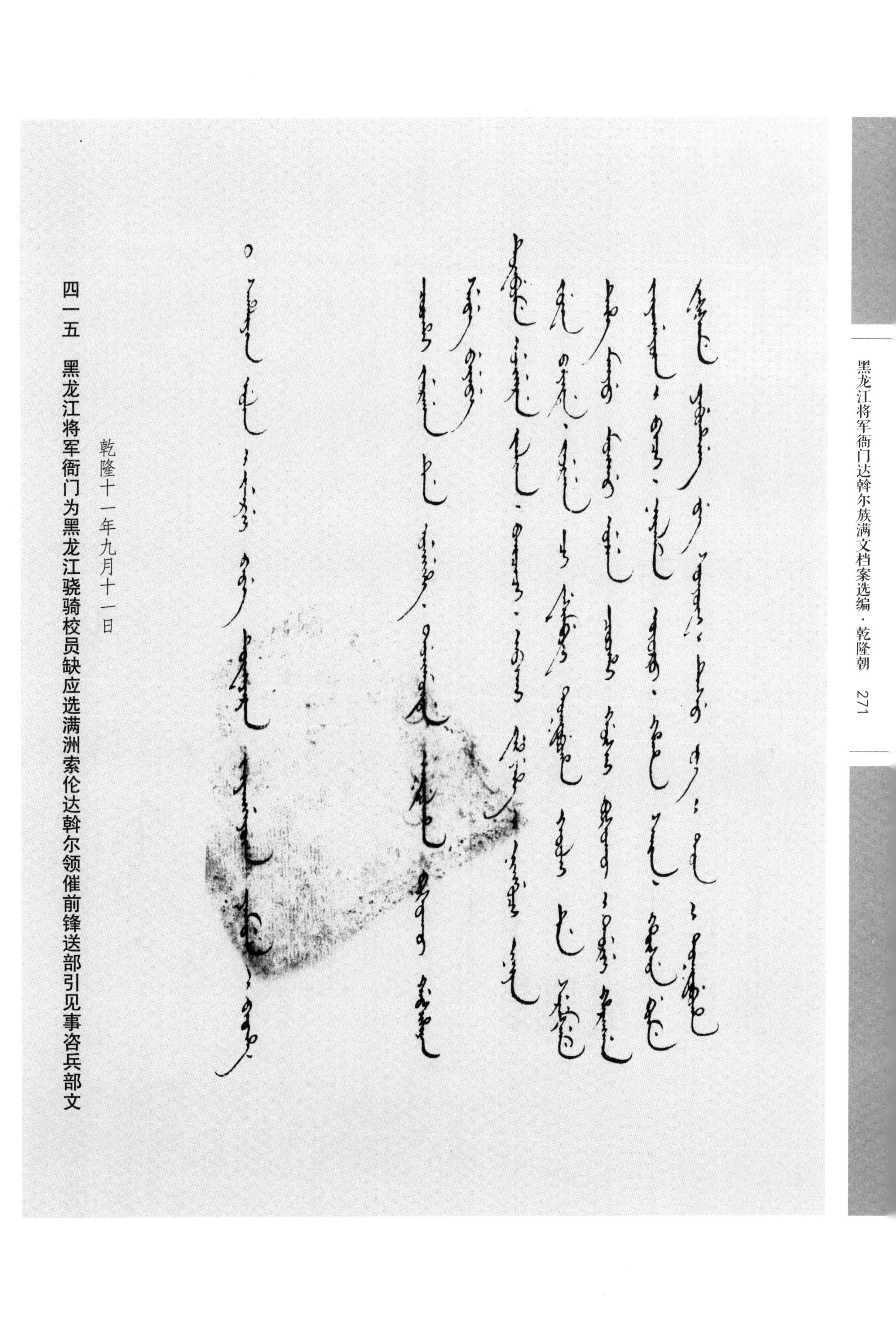

四一五 黑龙江将军衙门为黑龙江骁骑校员缺应选满洲索伦达斡尔领催前锋送部引见事咨兵部文

乾隆十一年九月十一日

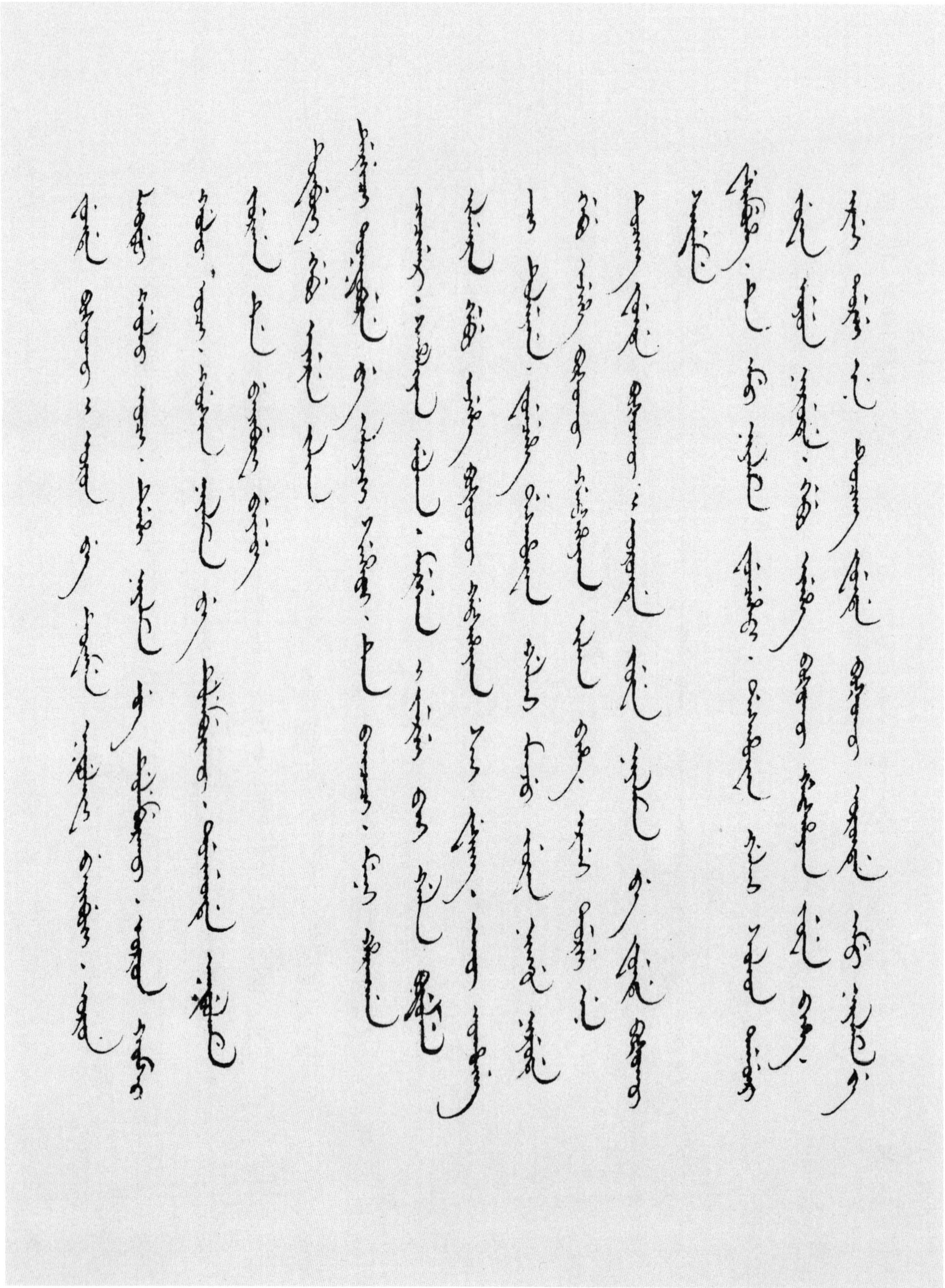

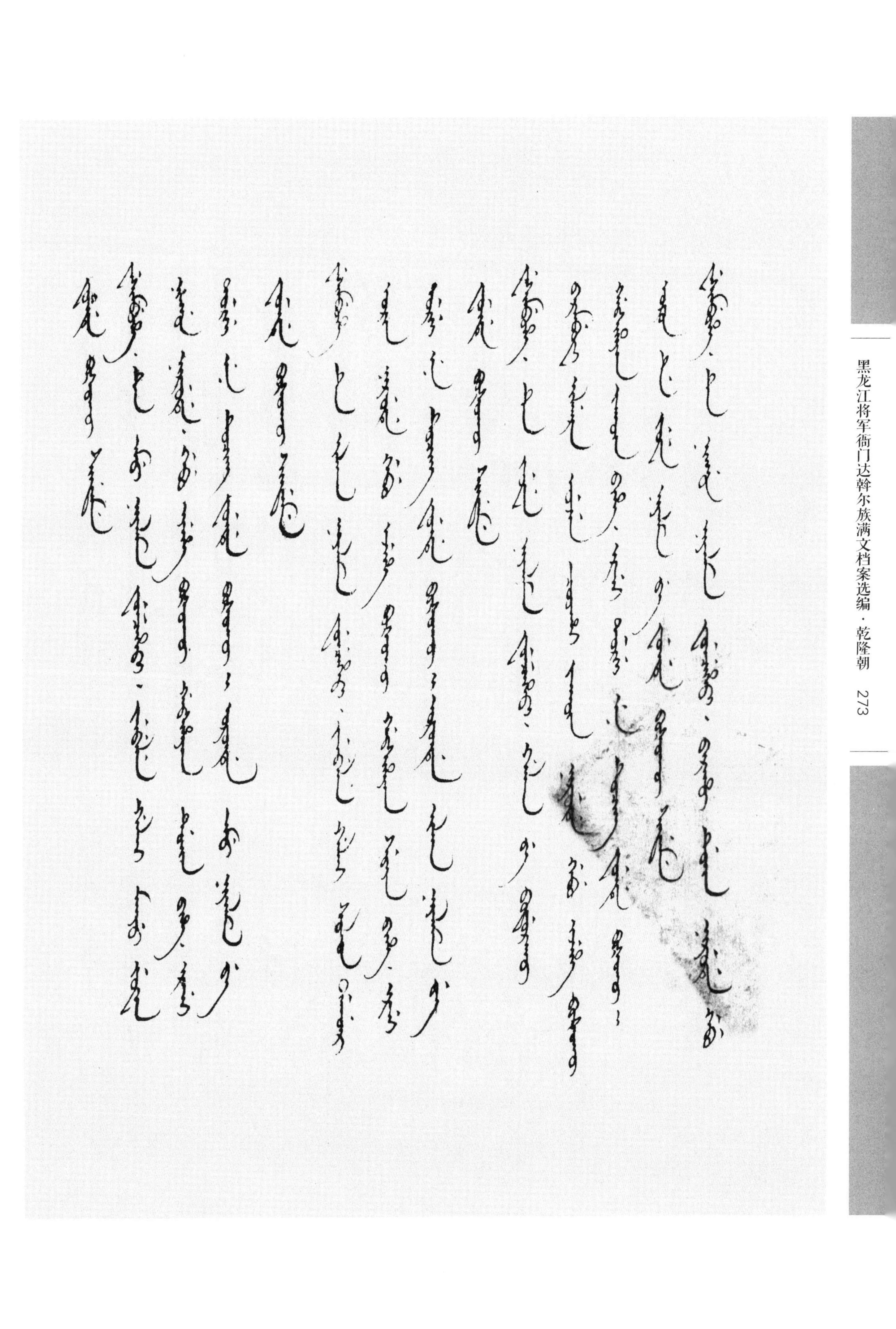

[illegible]

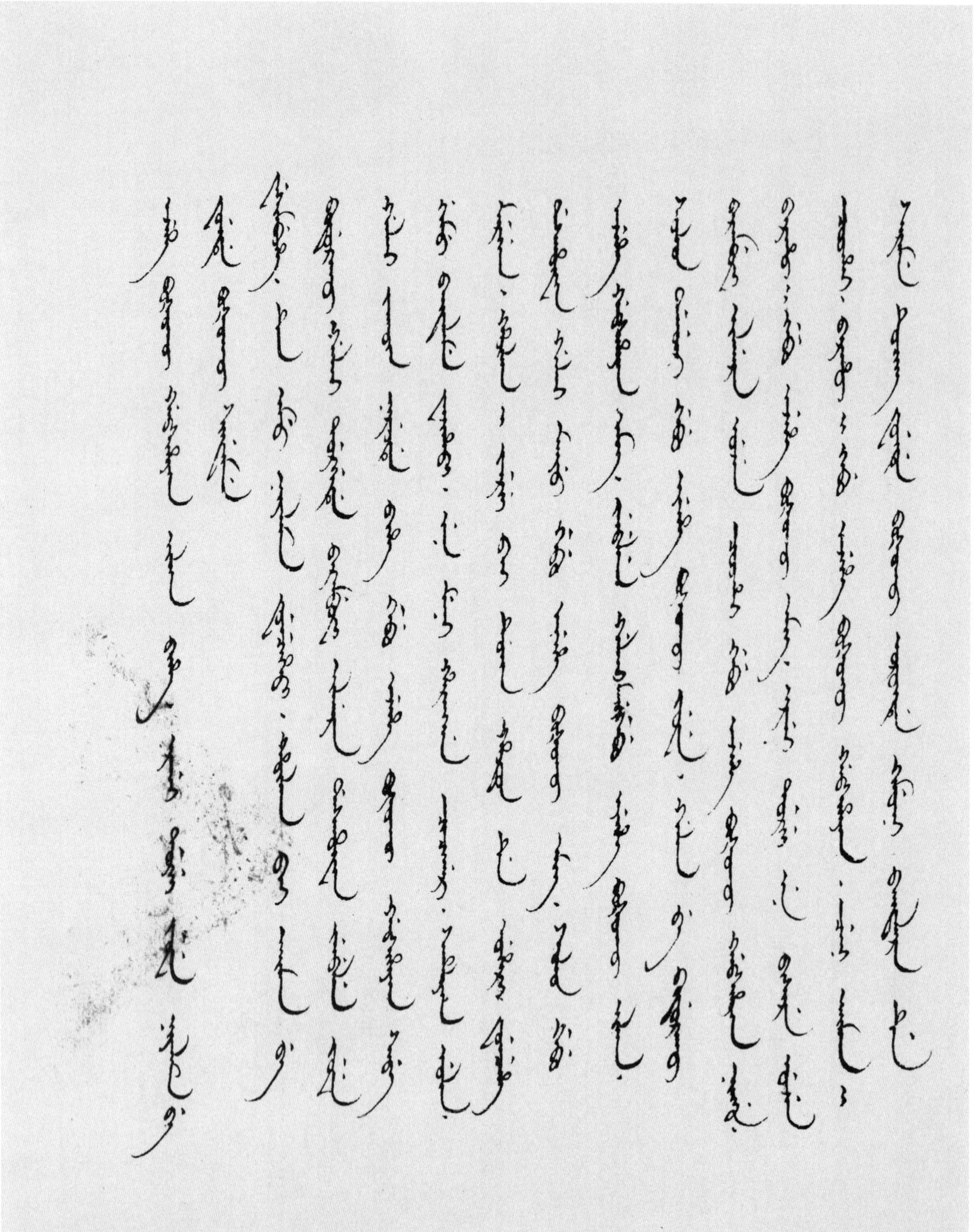

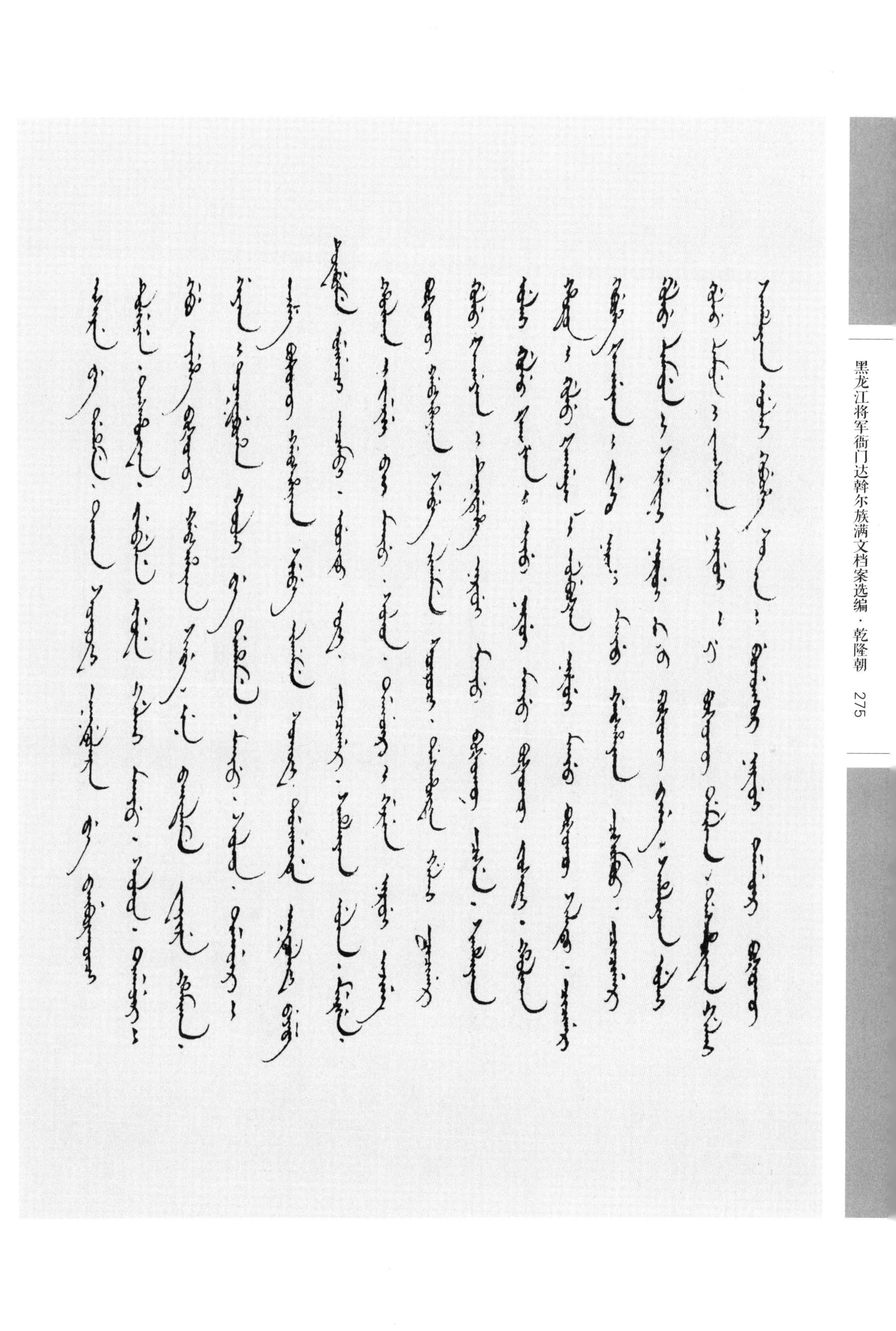

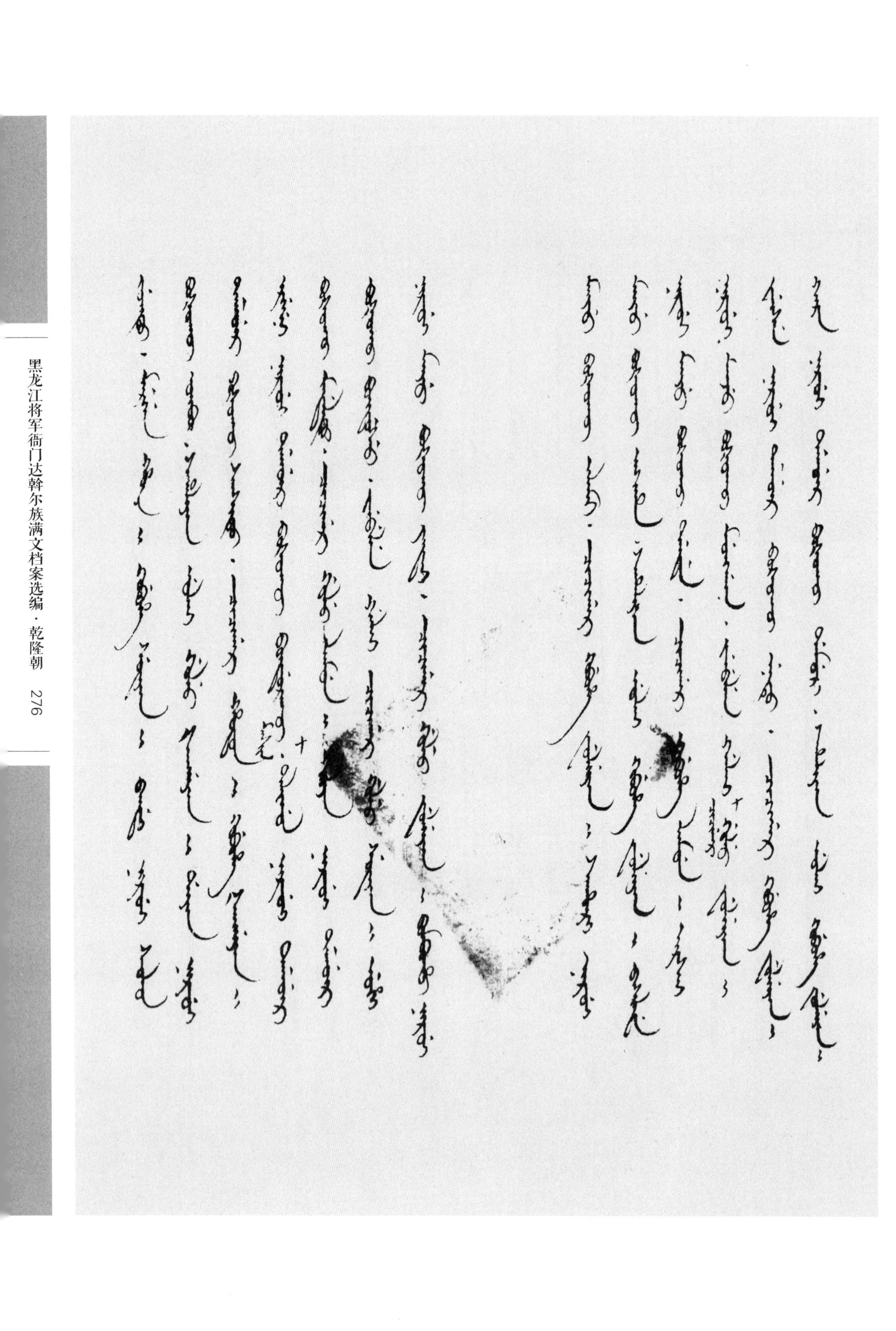

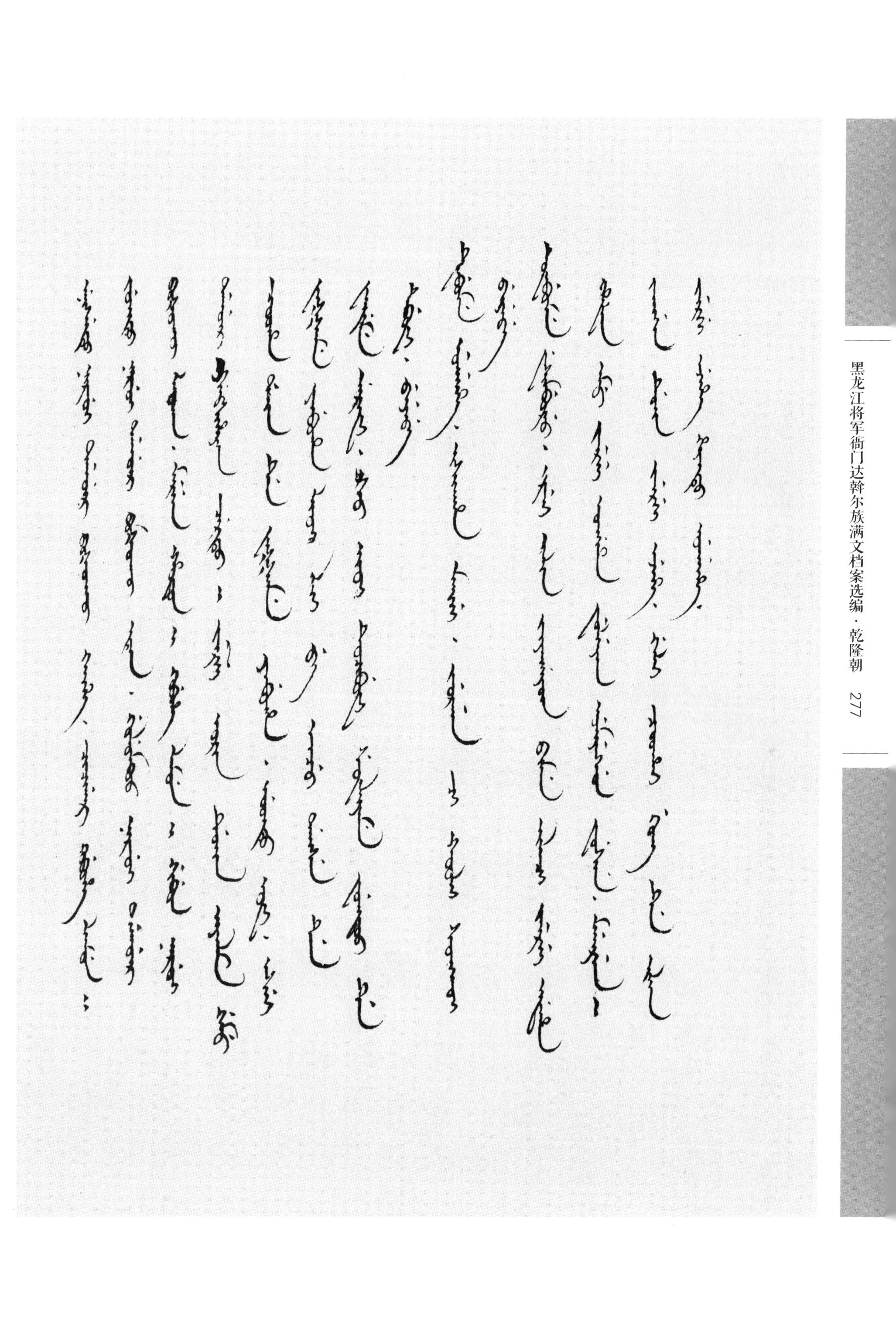

[illegible]

四一六 值月正红三旗为已奏准齐齐哈尔镶白旗达斡尔塔里乌勒世管佐领承袭源流事咨镶白满洲旗文

乾隆十一年十月初八日

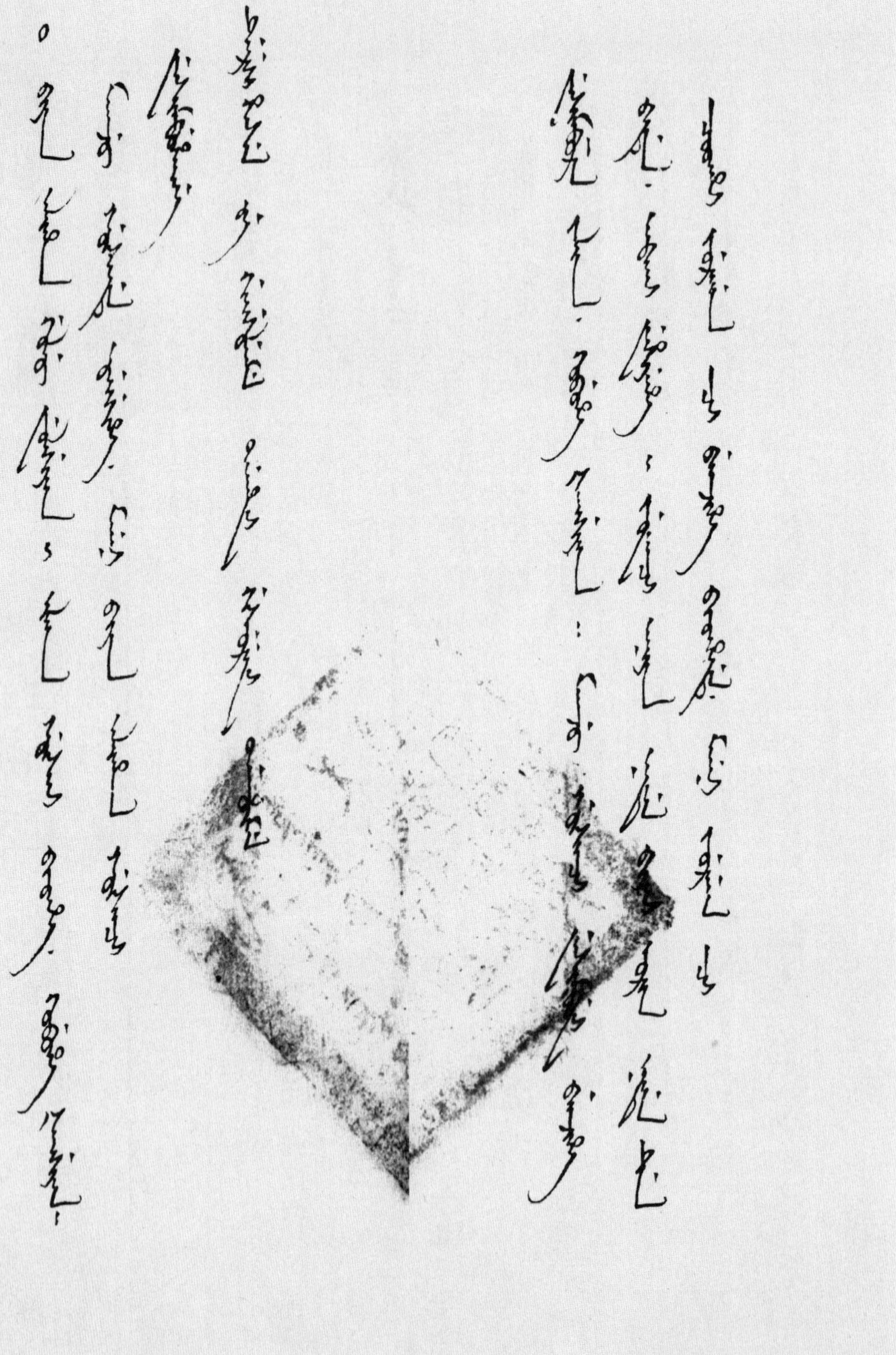

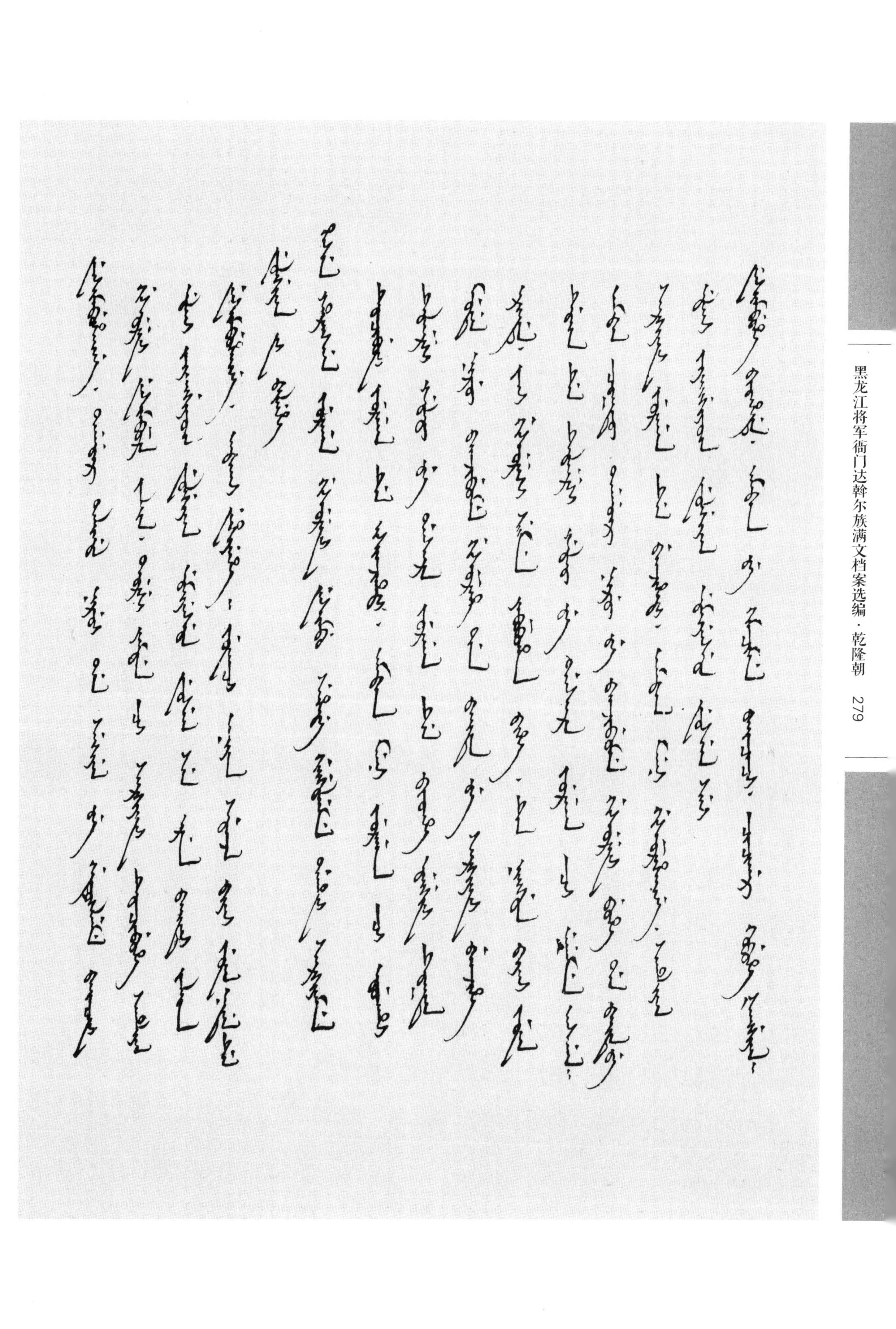

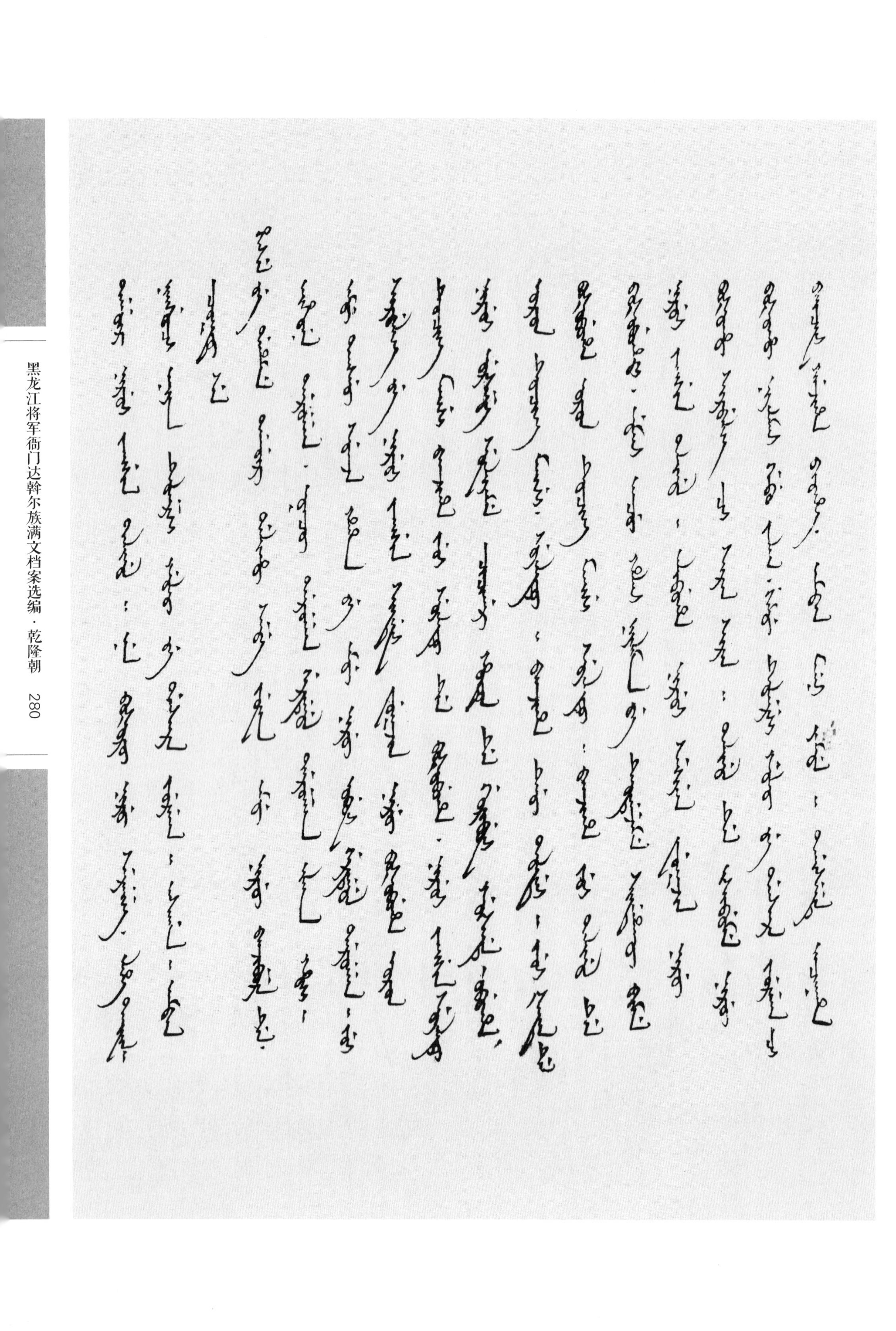

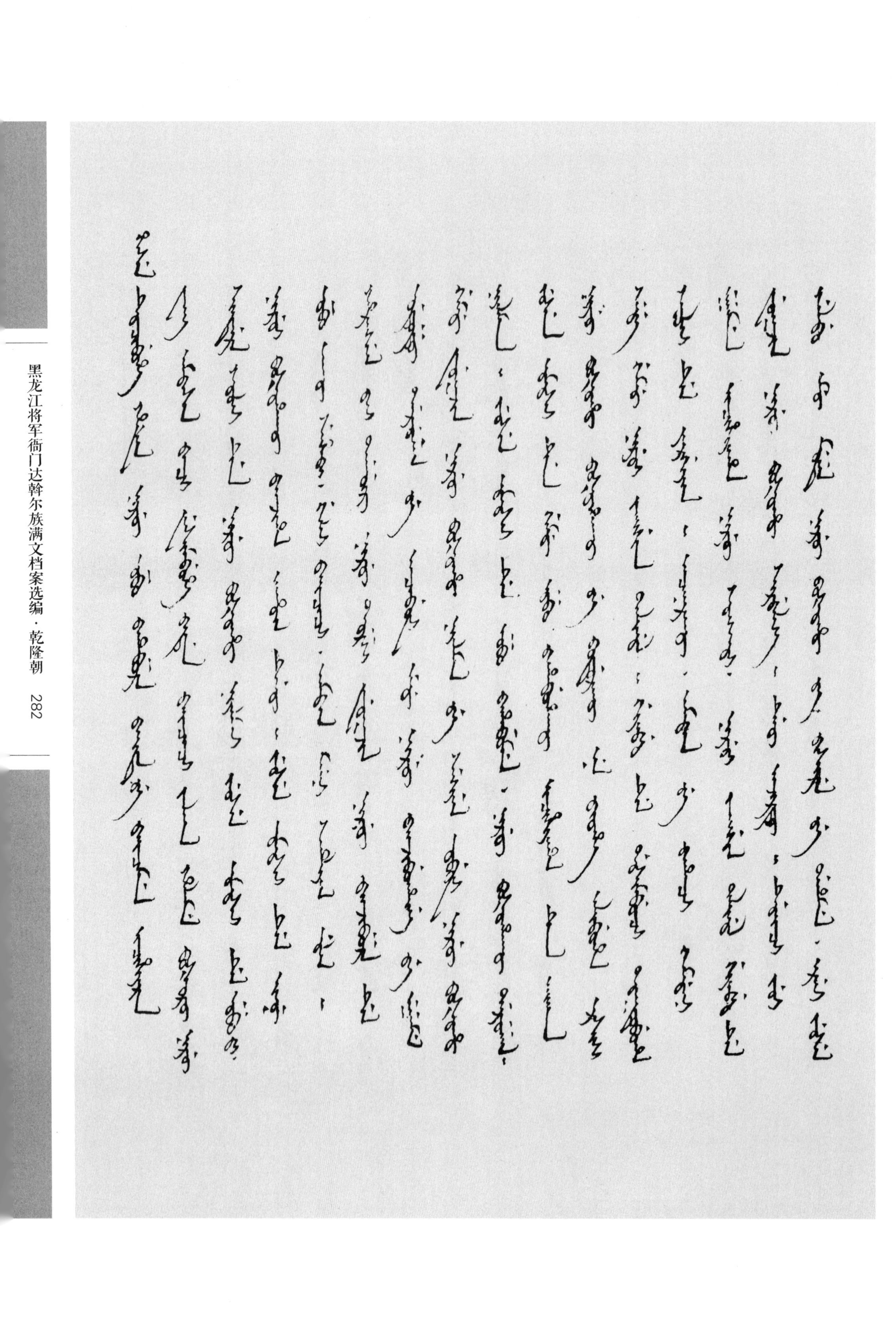

[illegible]

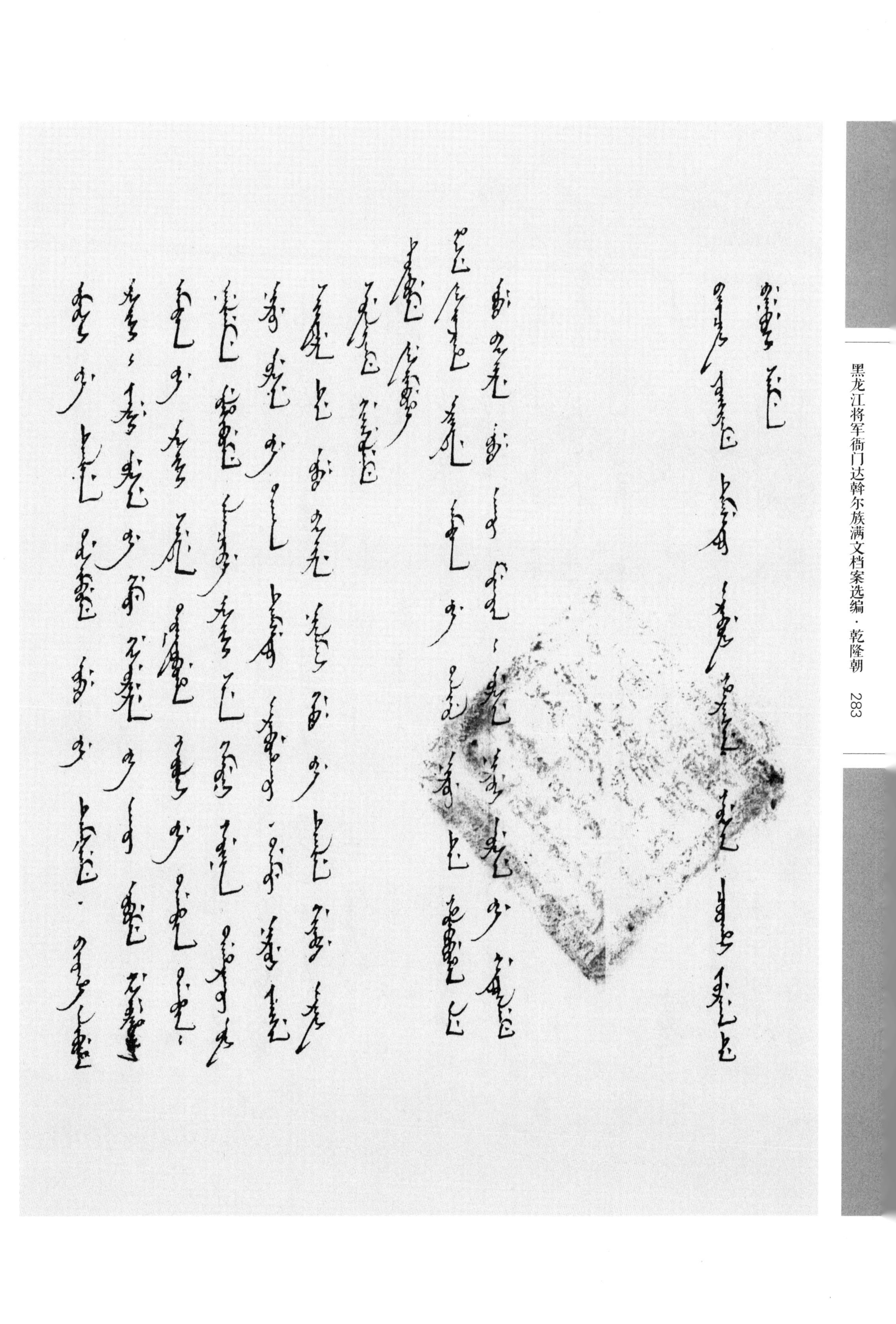

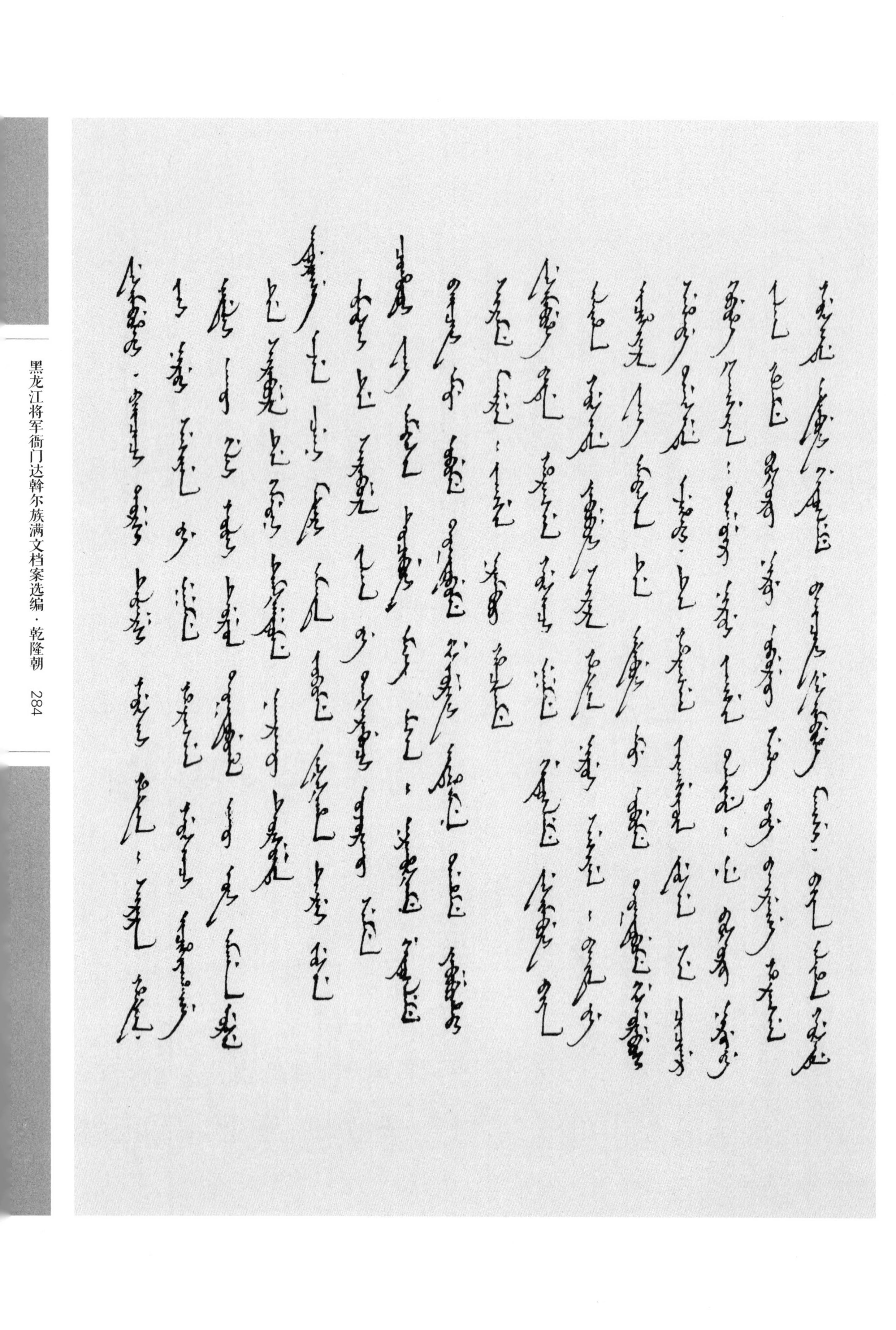

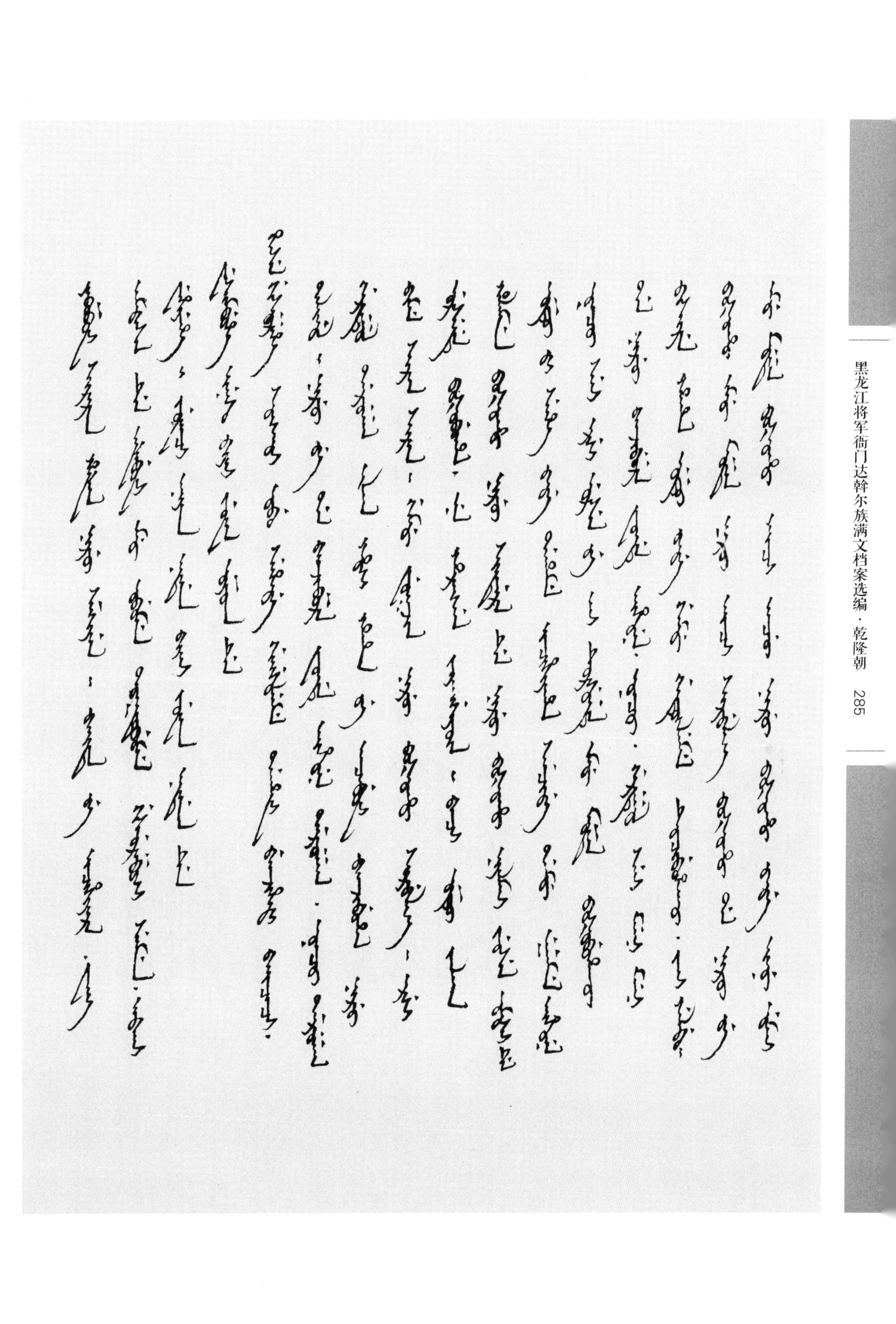

[illegible]

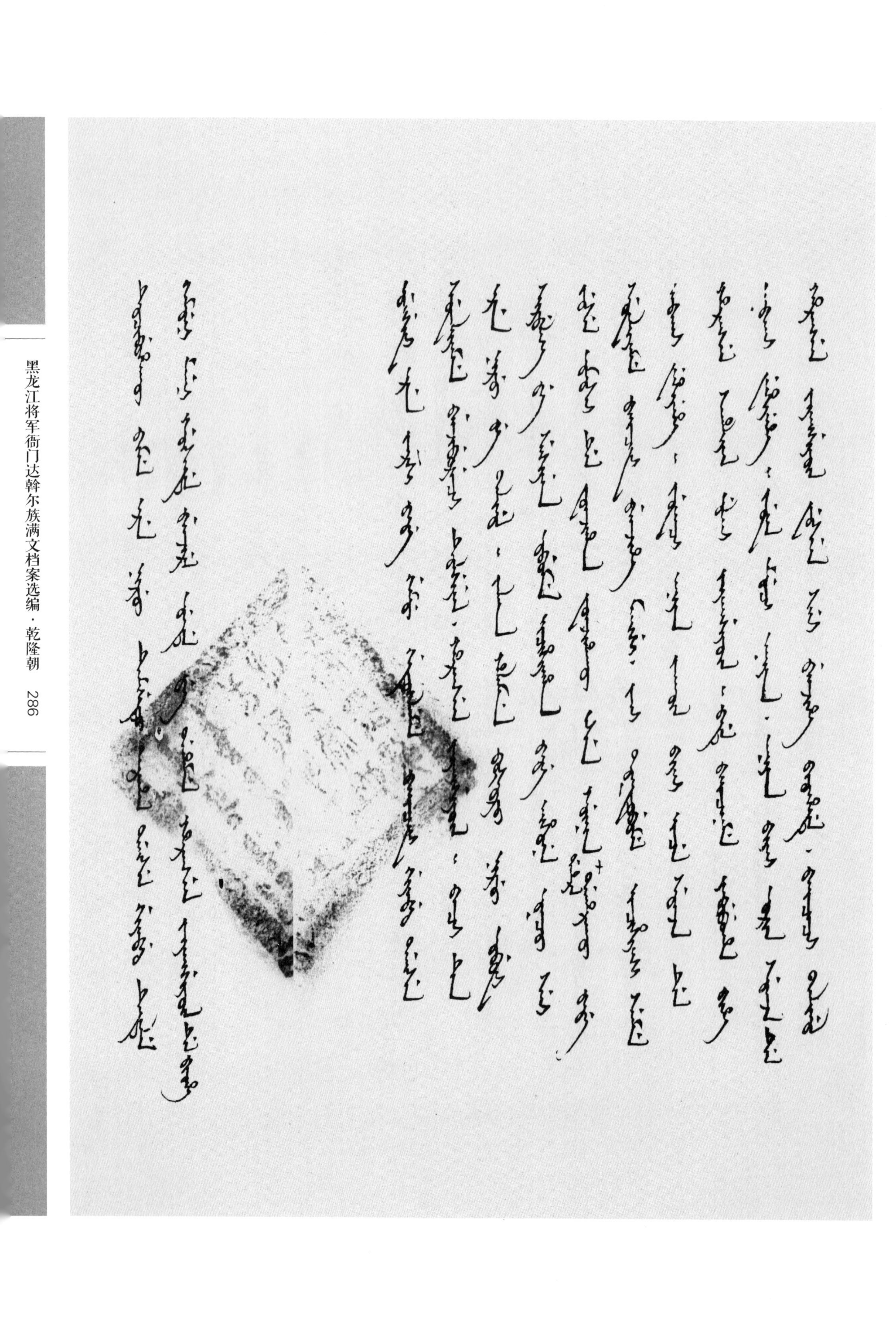

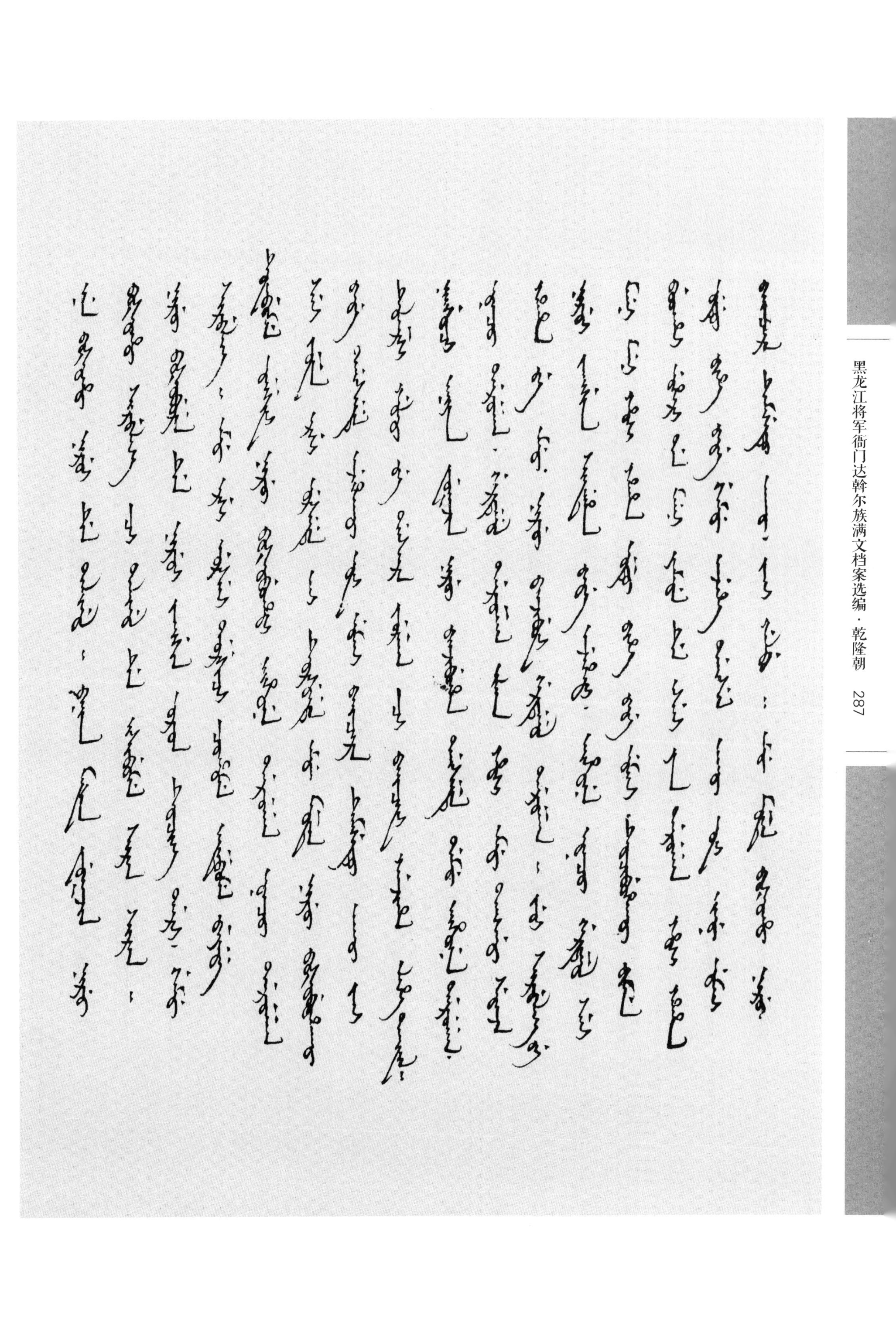

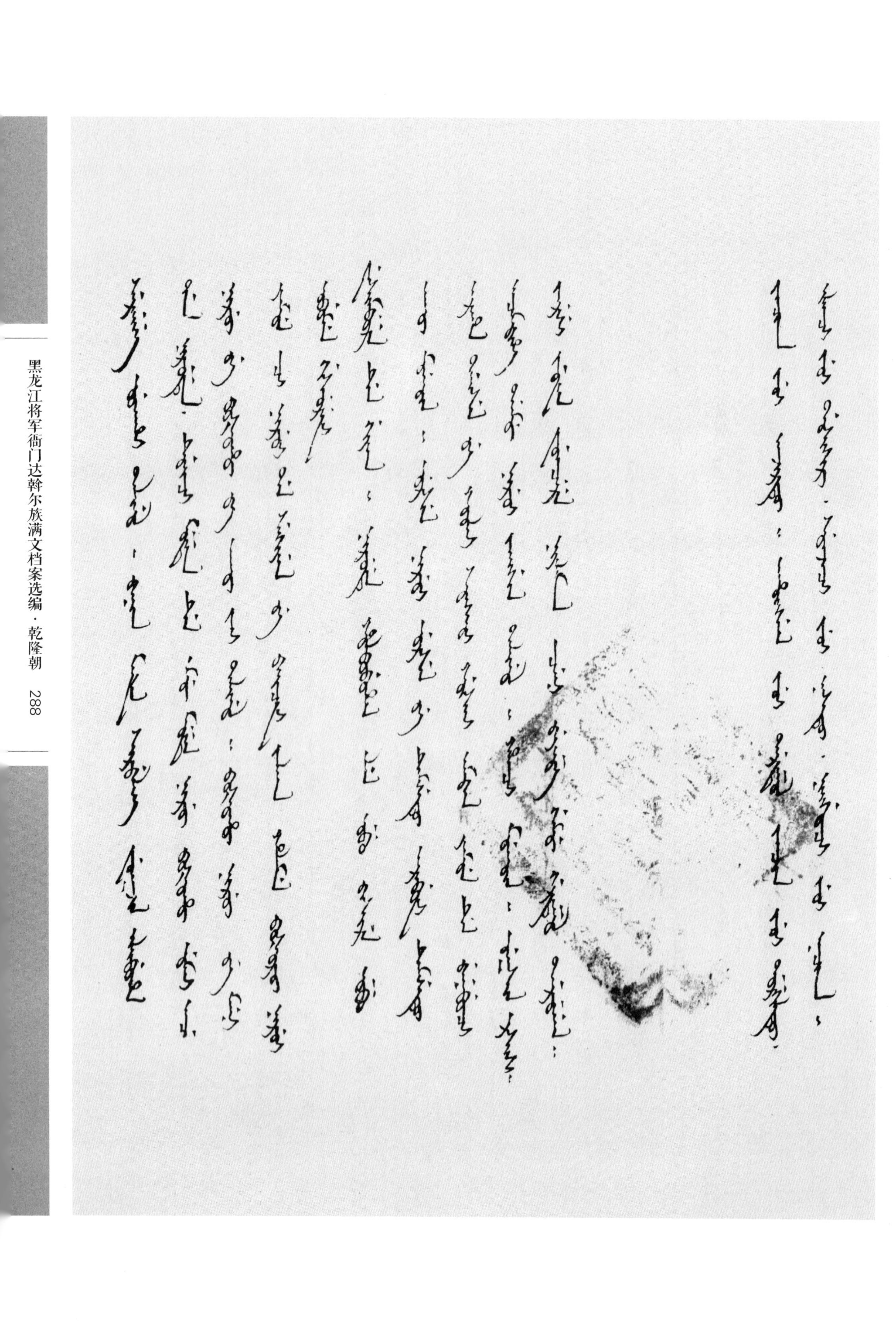

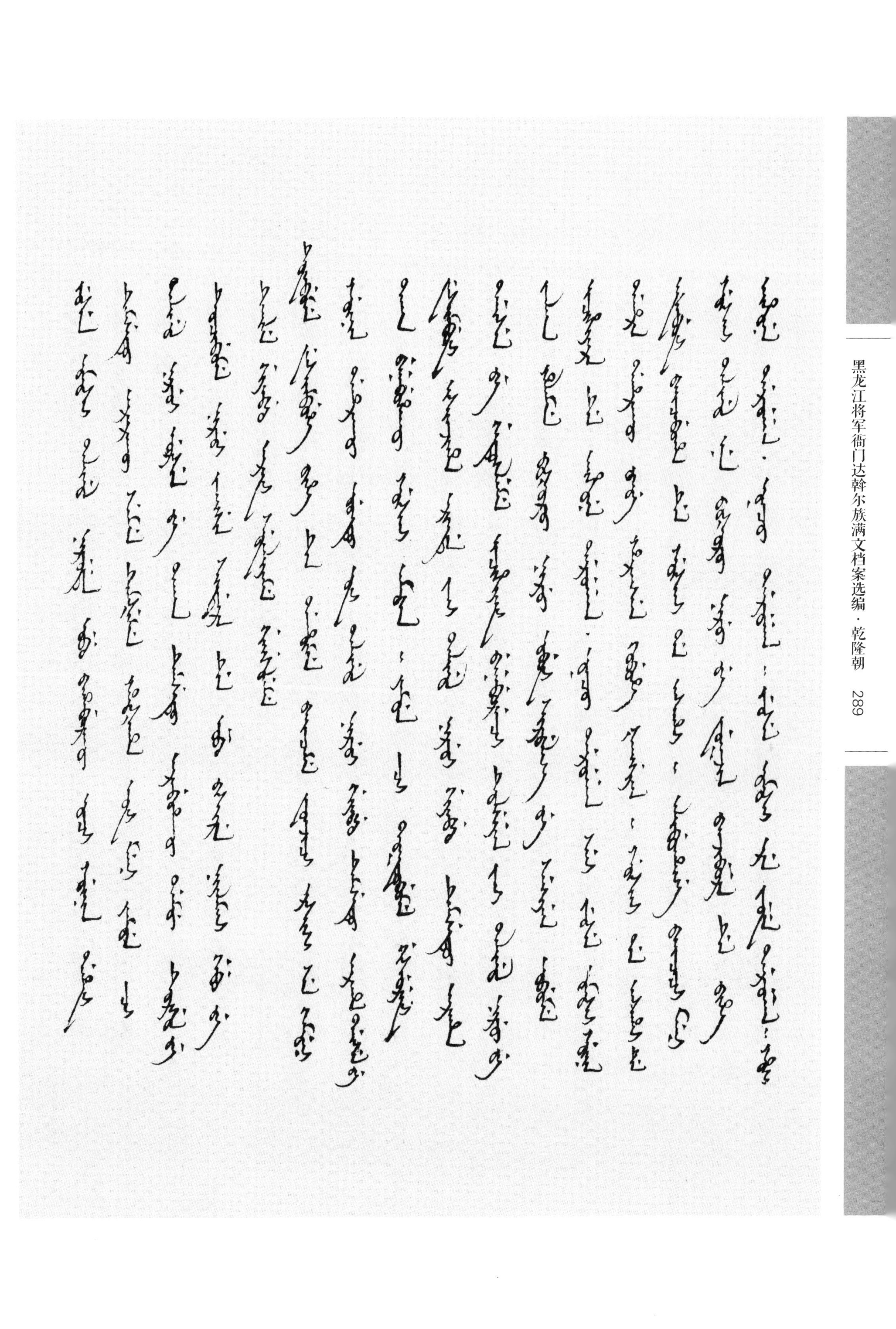

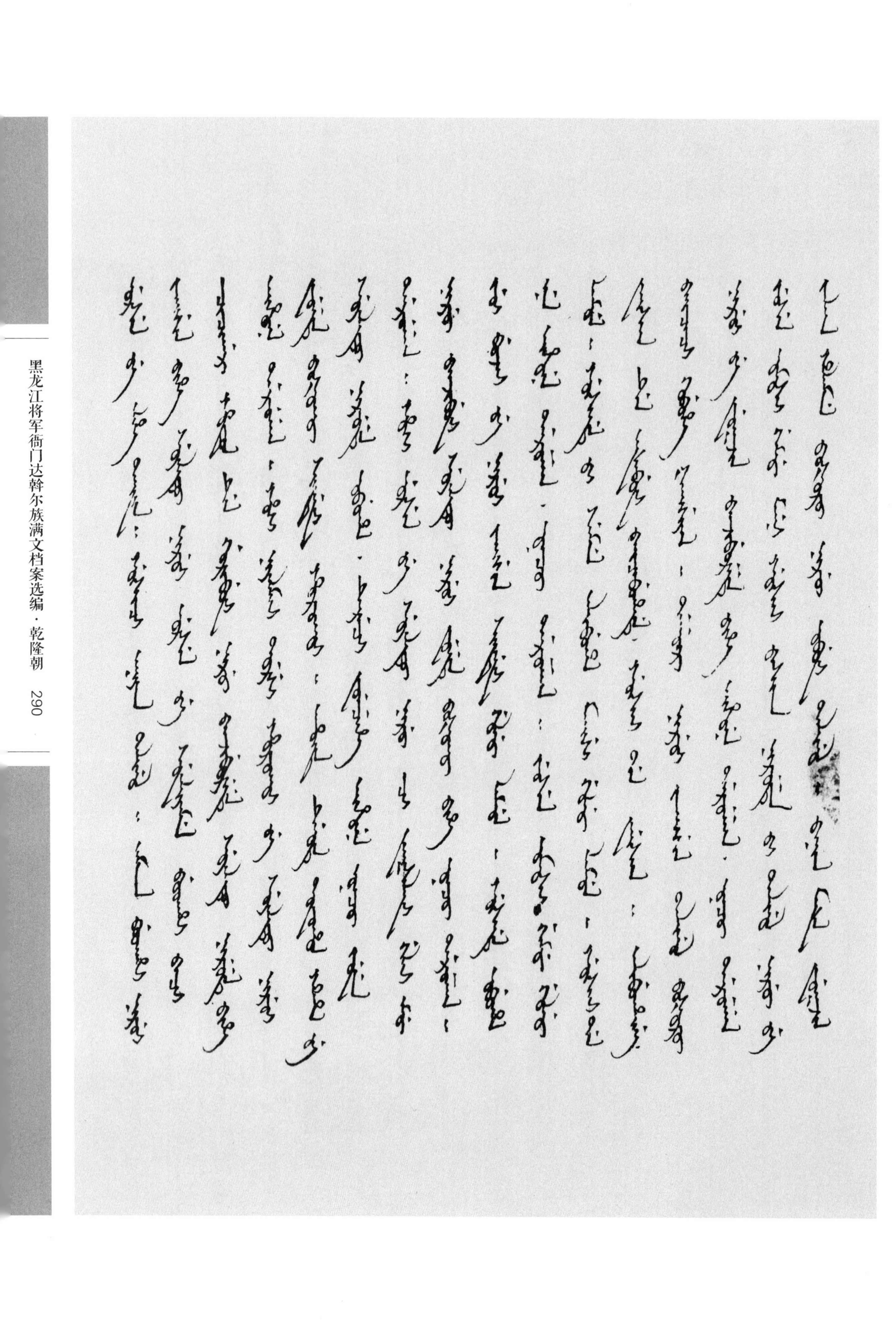

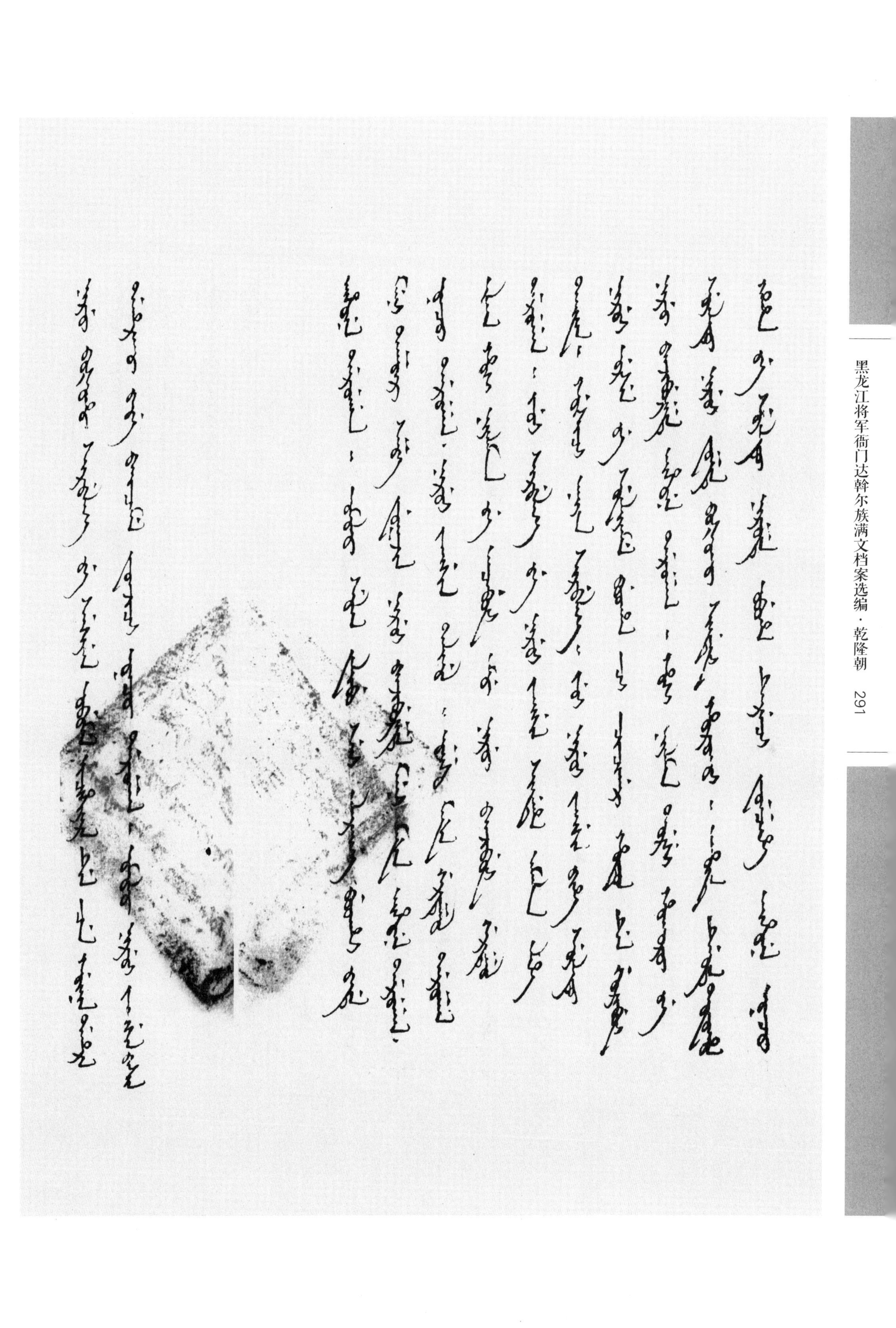

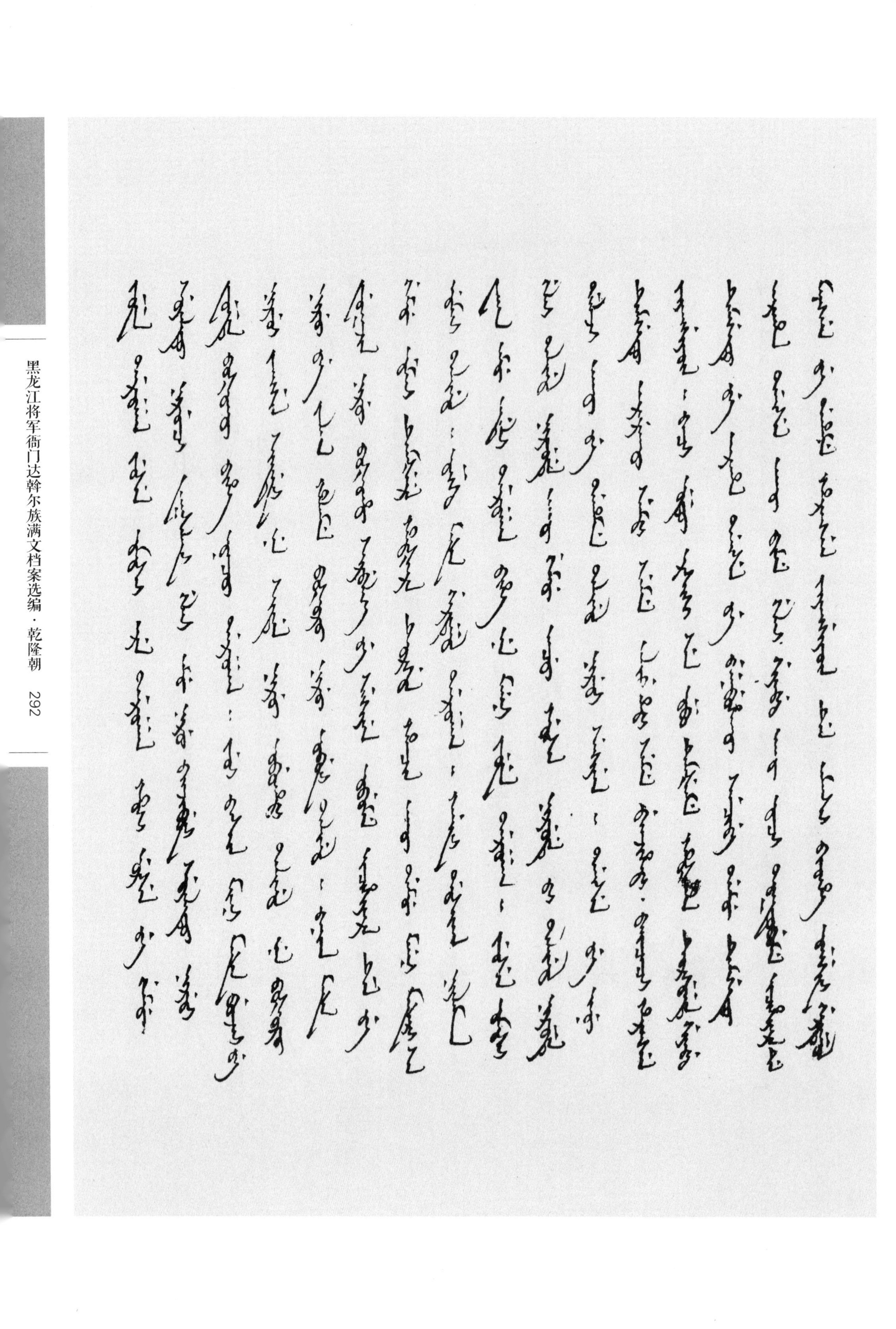

[illegible]

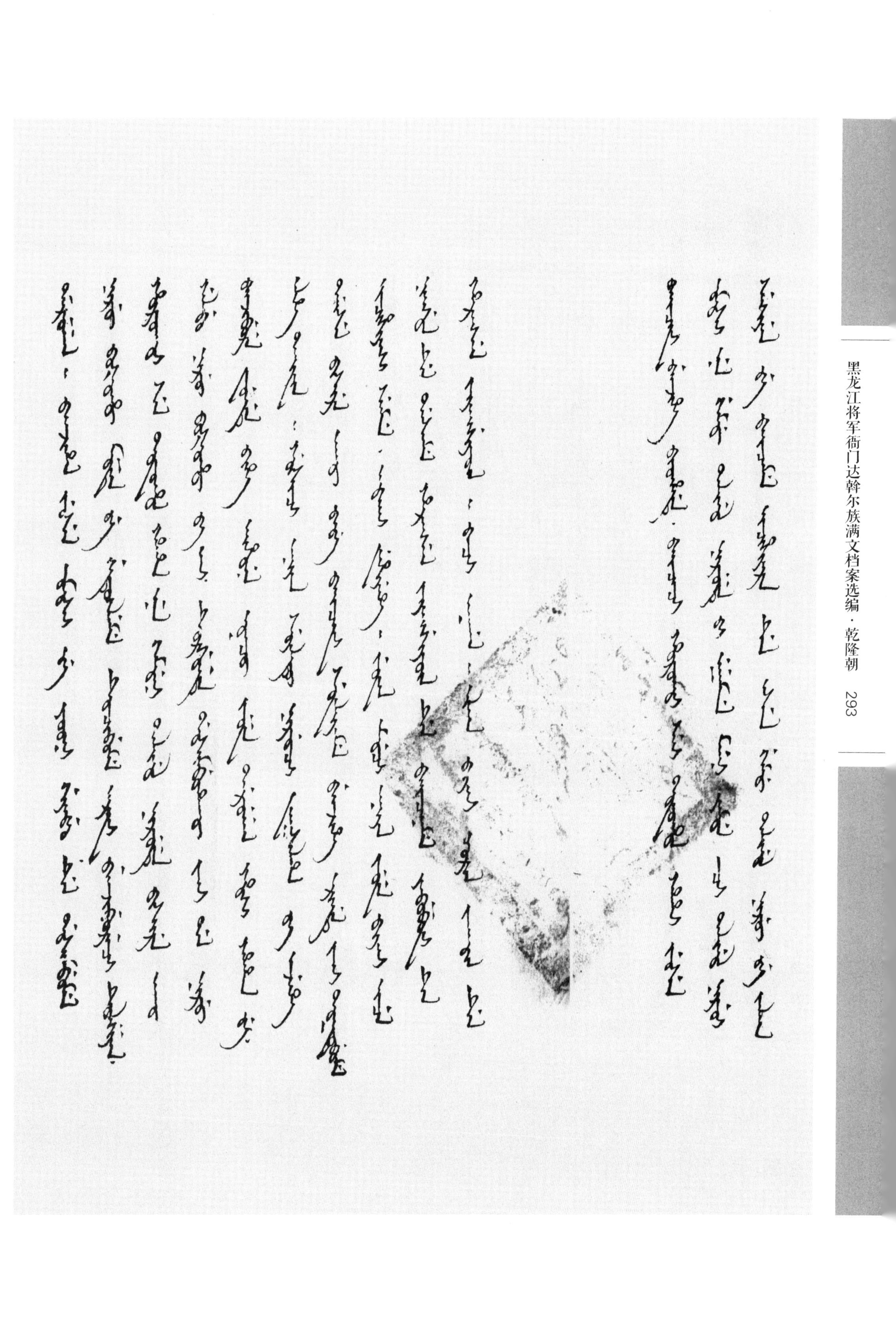

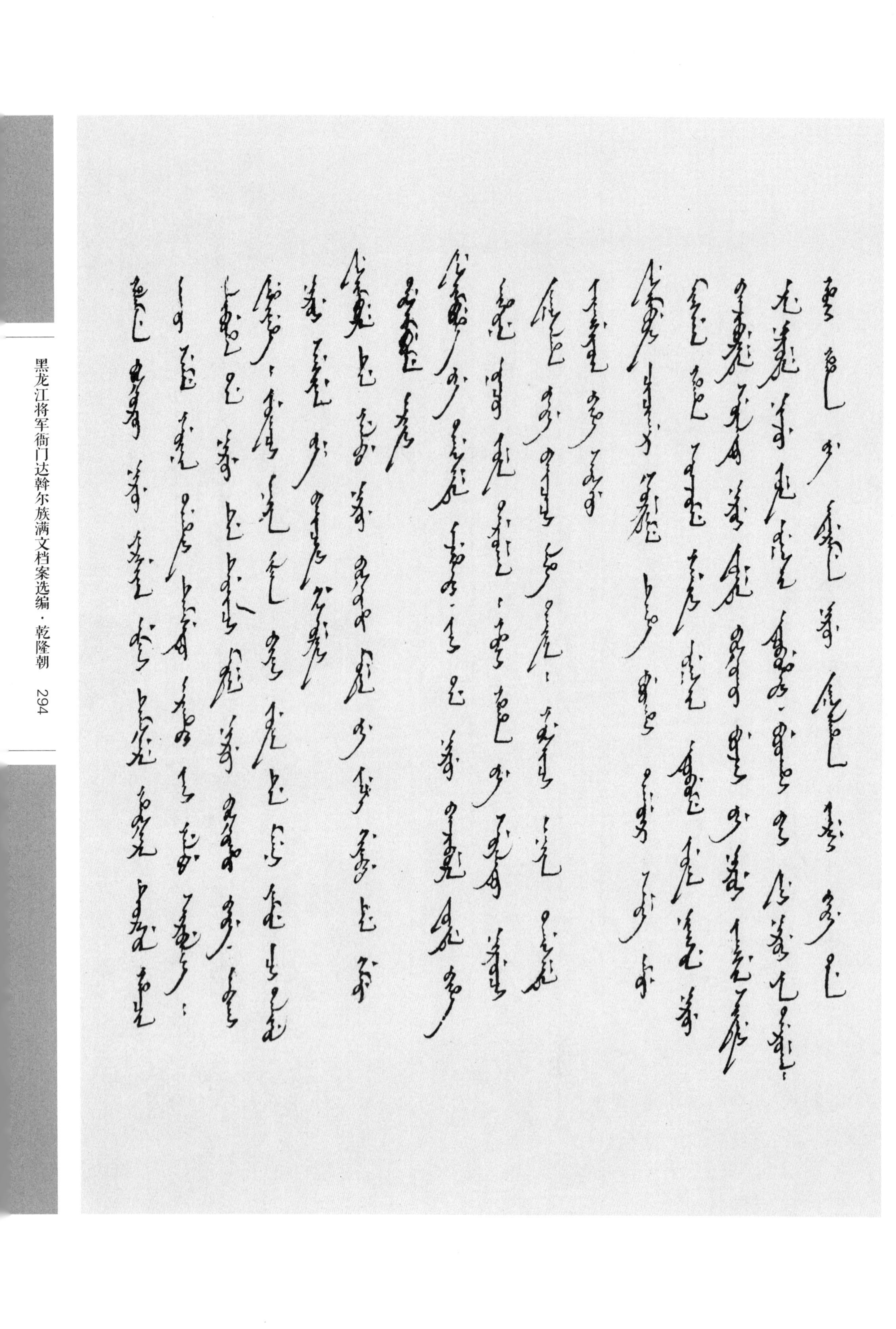

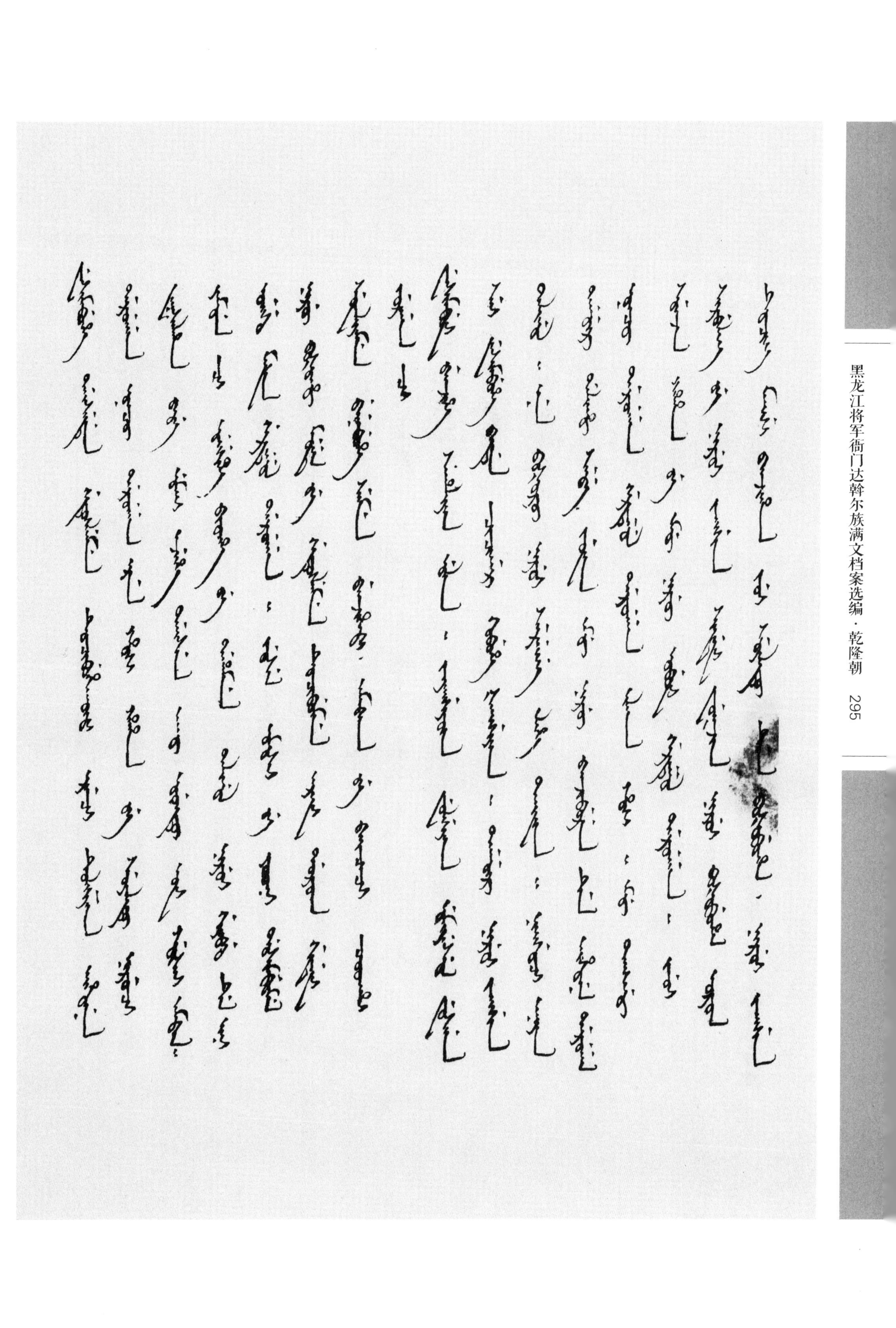

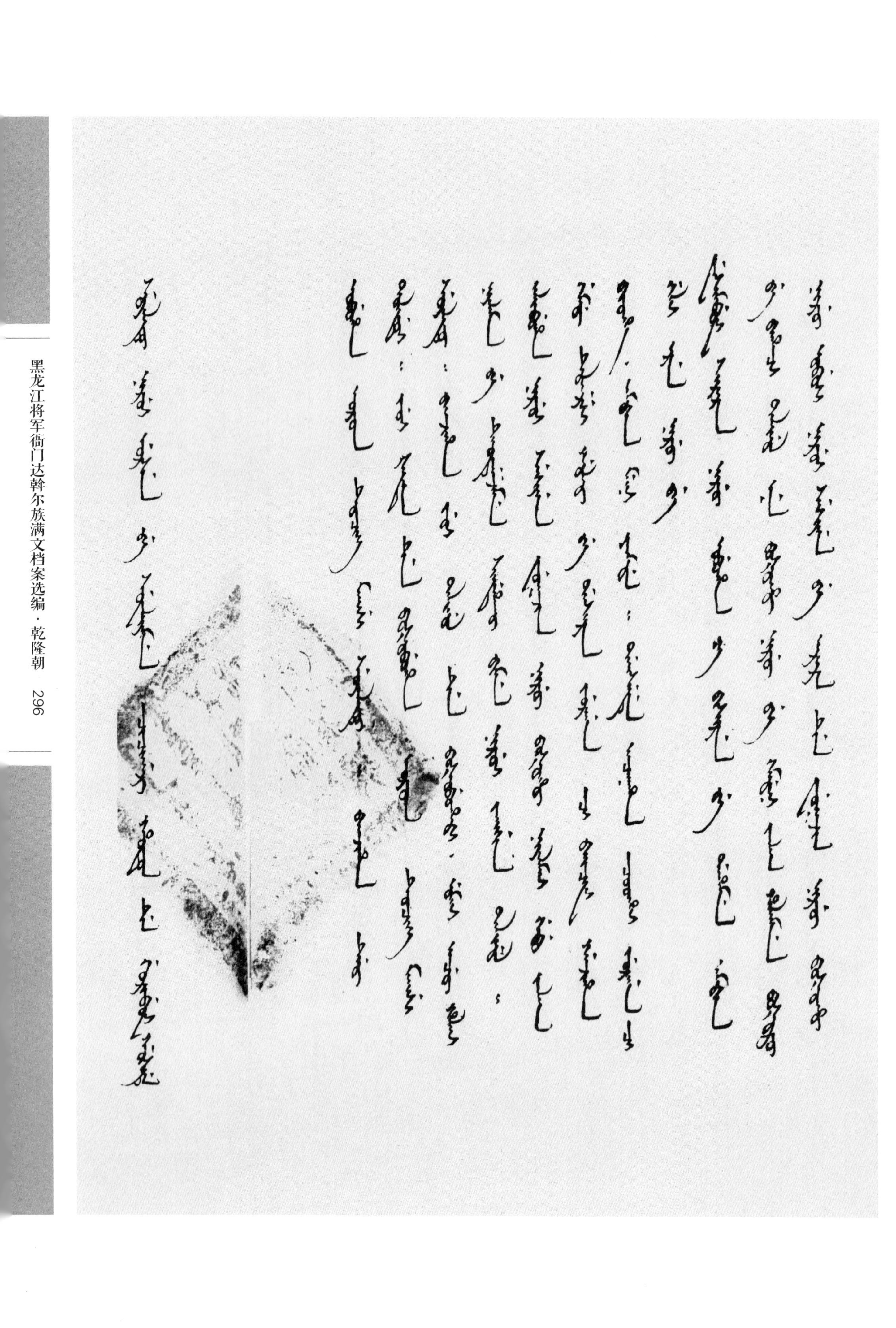

[illegible]

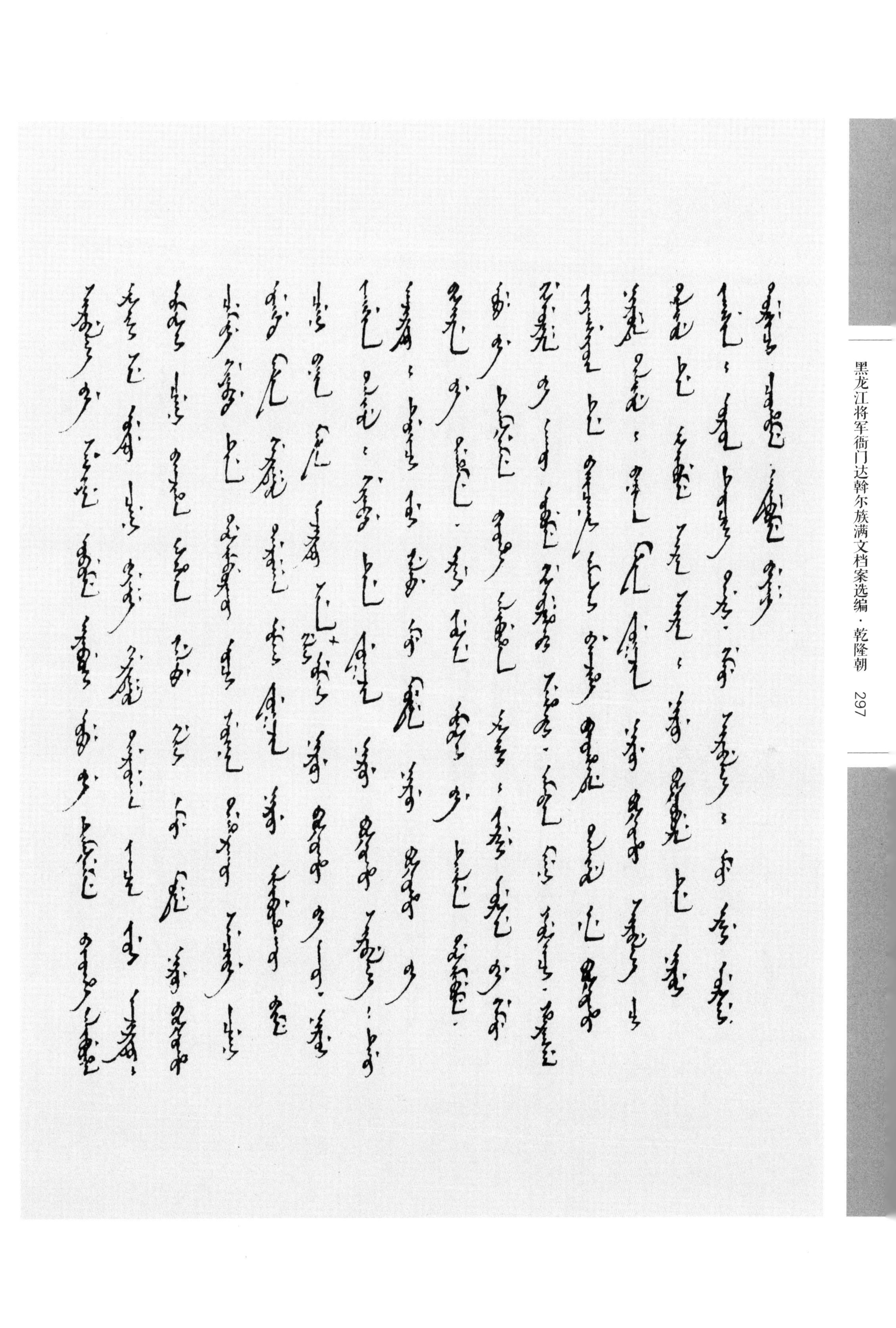

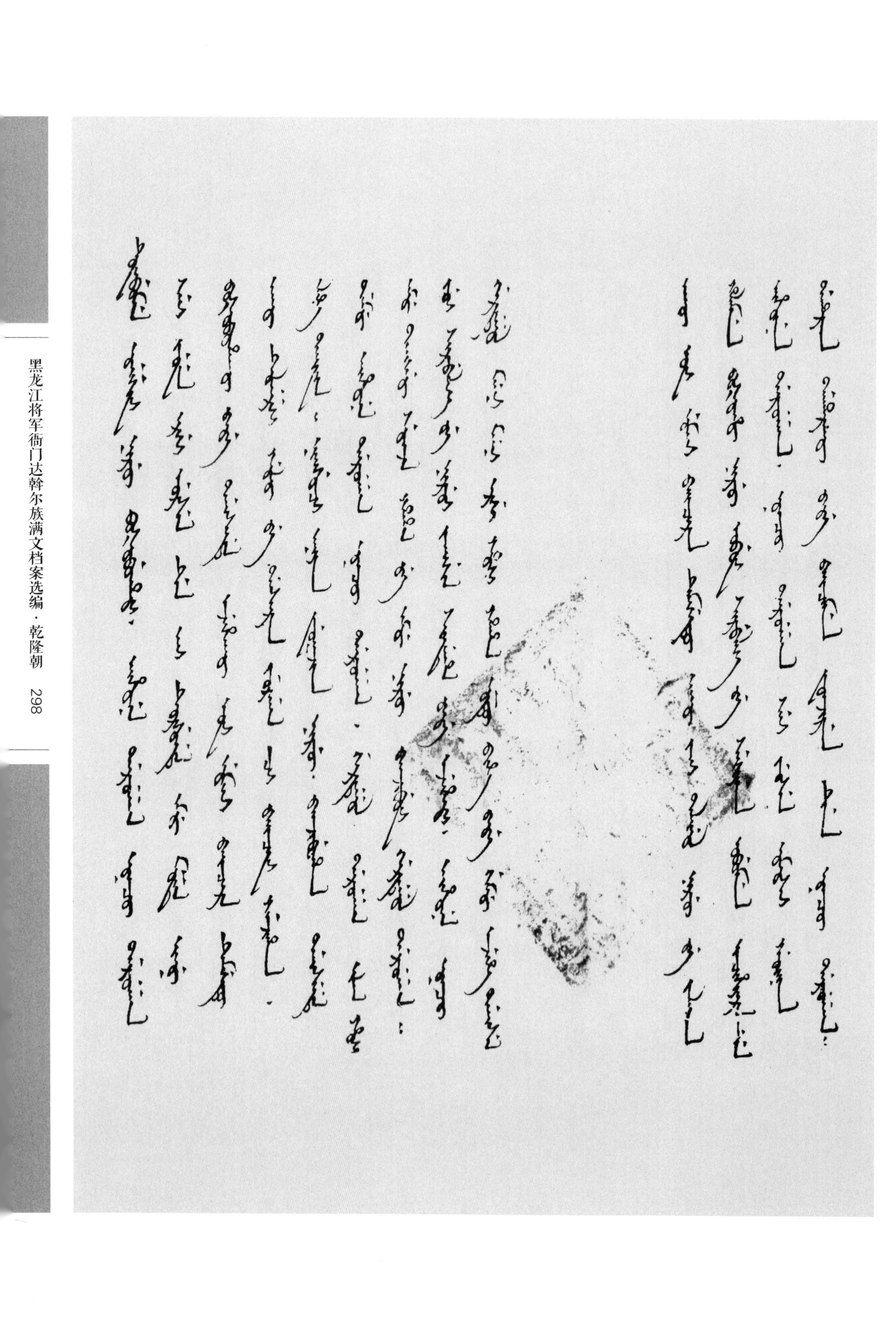

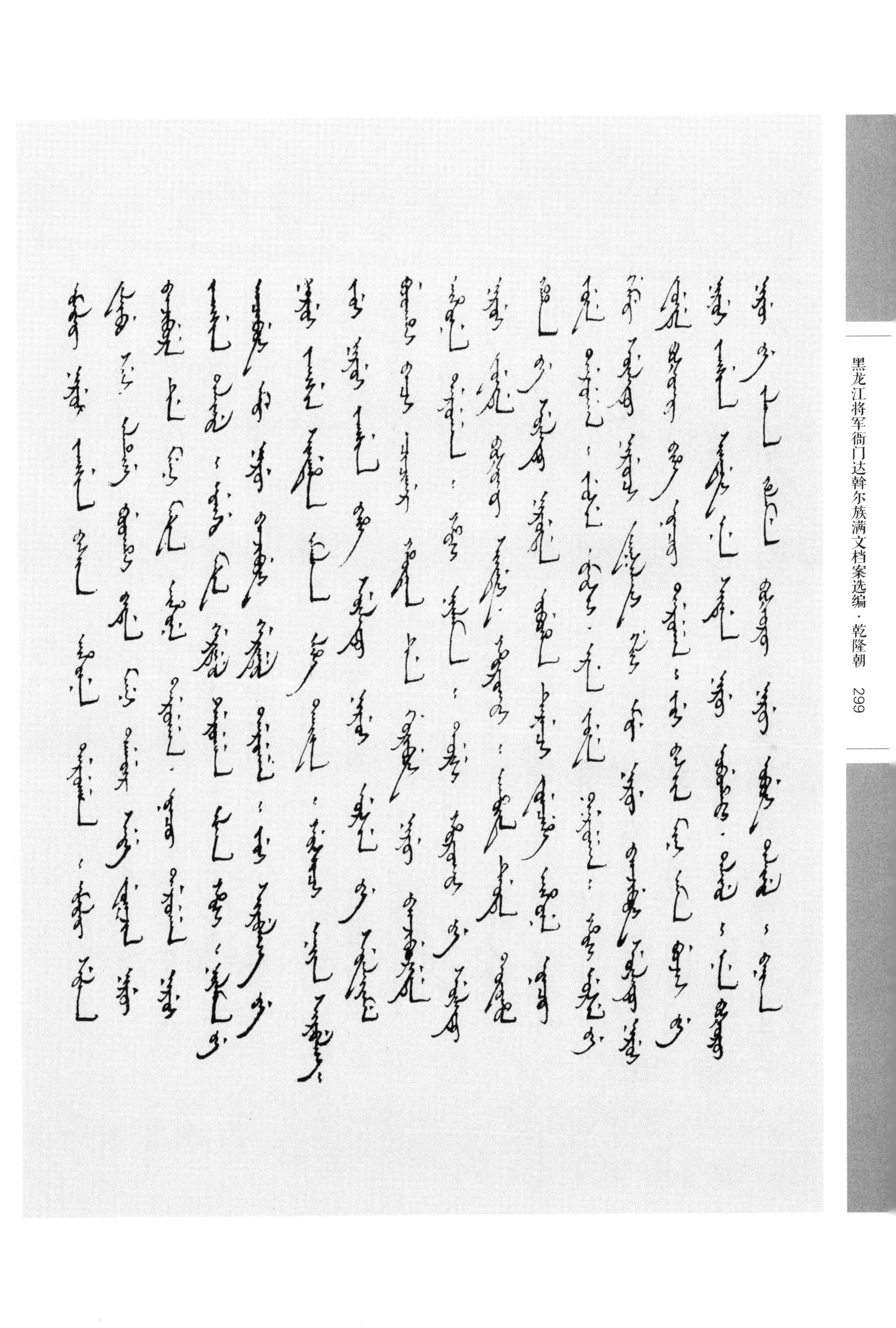

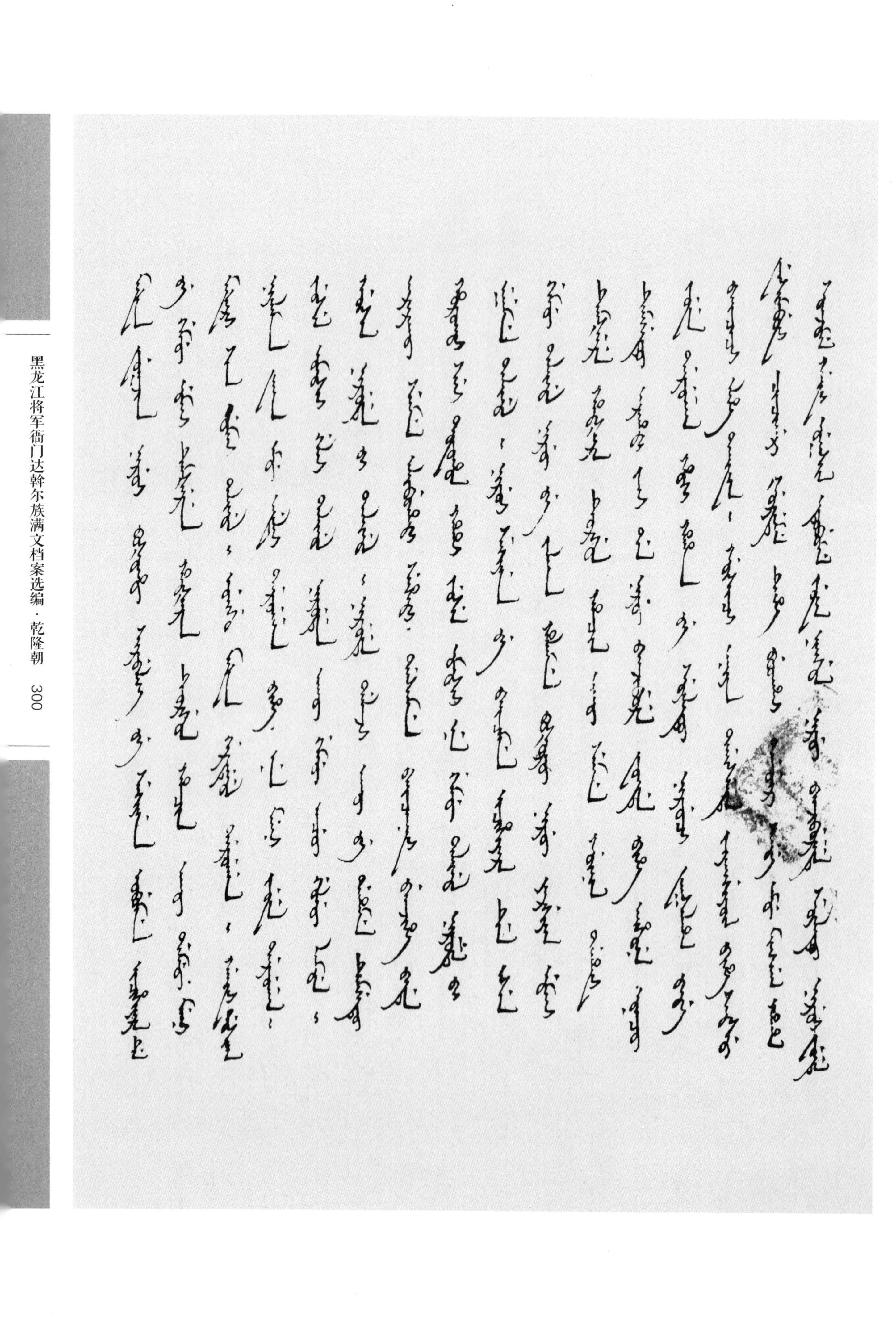

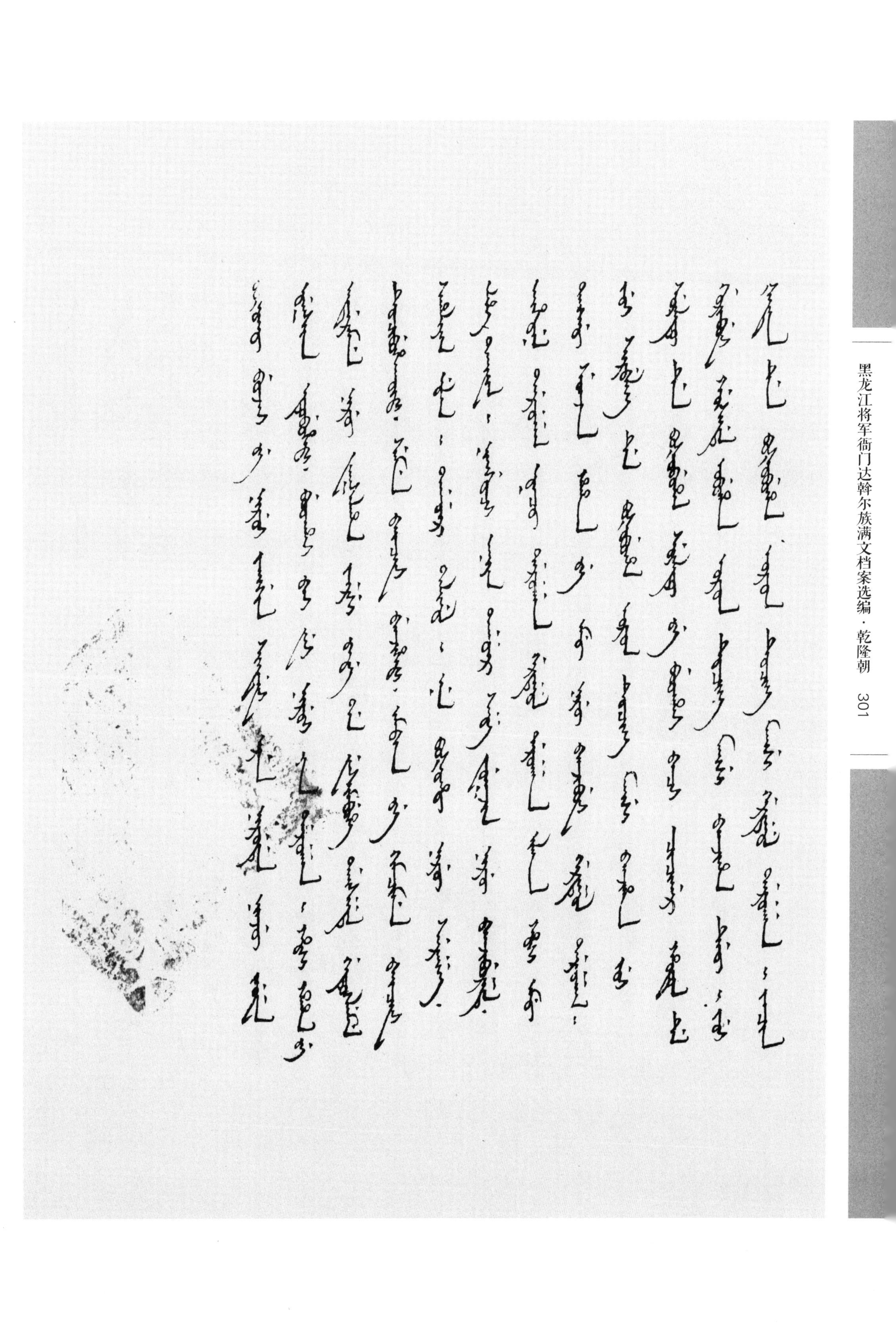

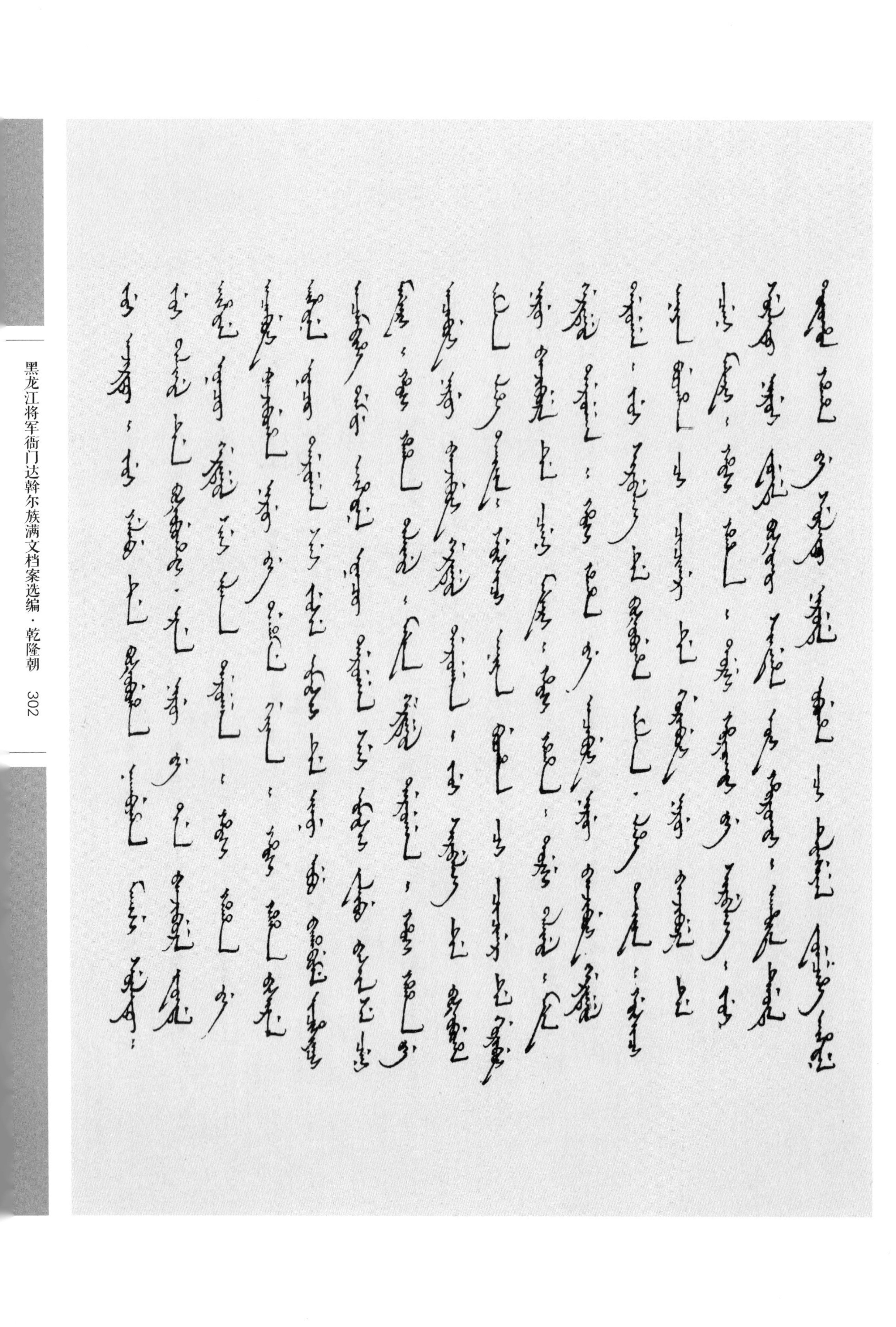

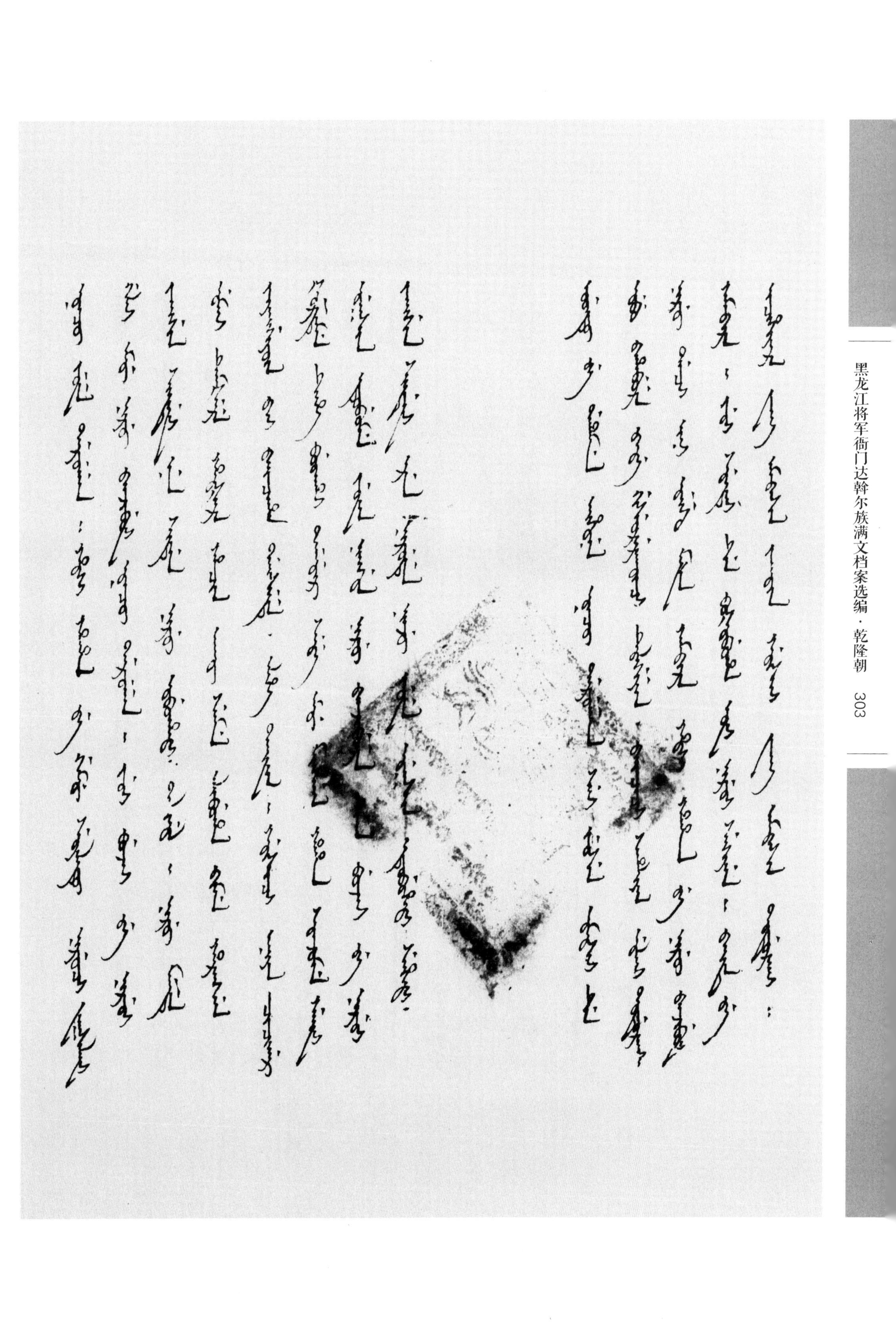

[illegible]

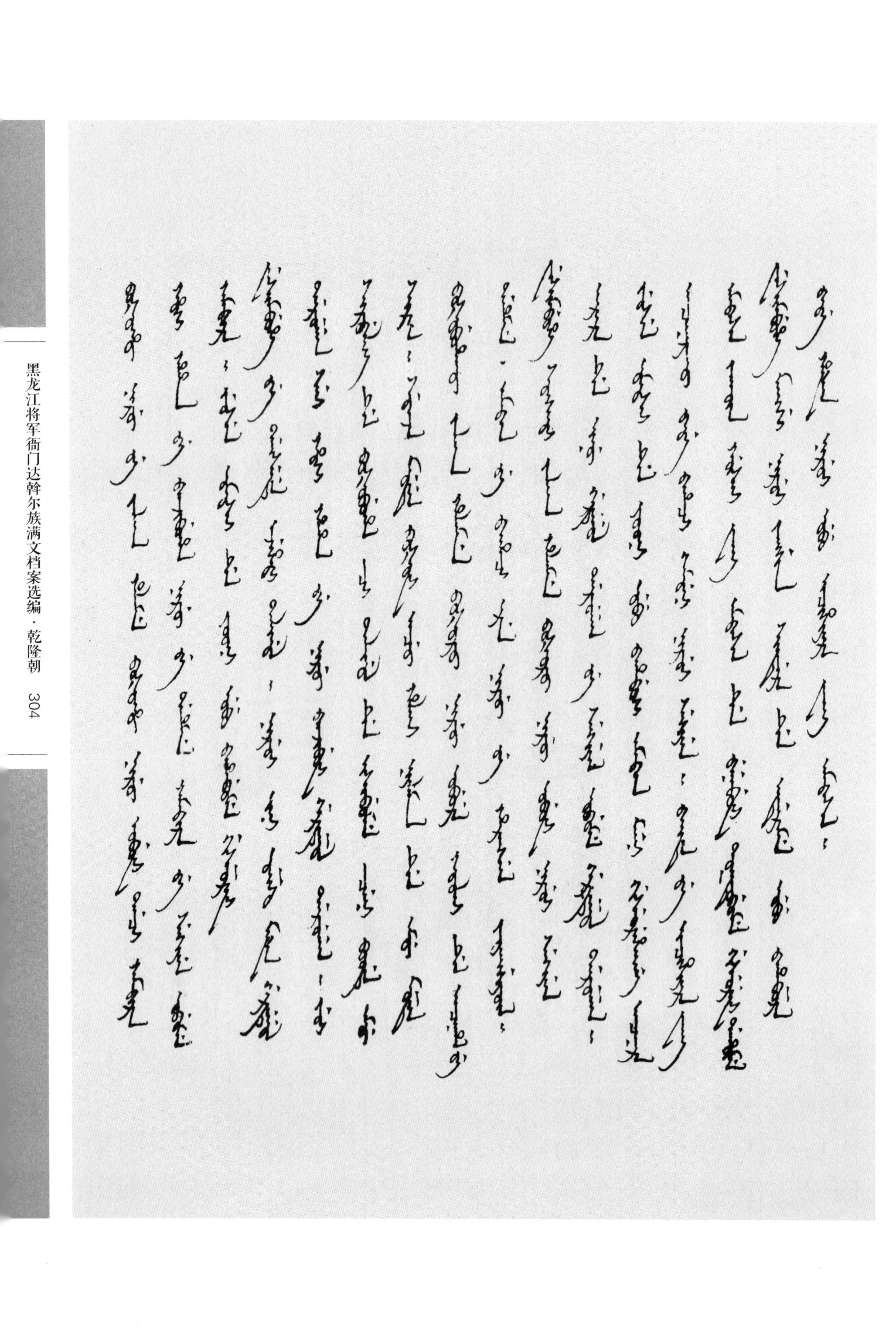

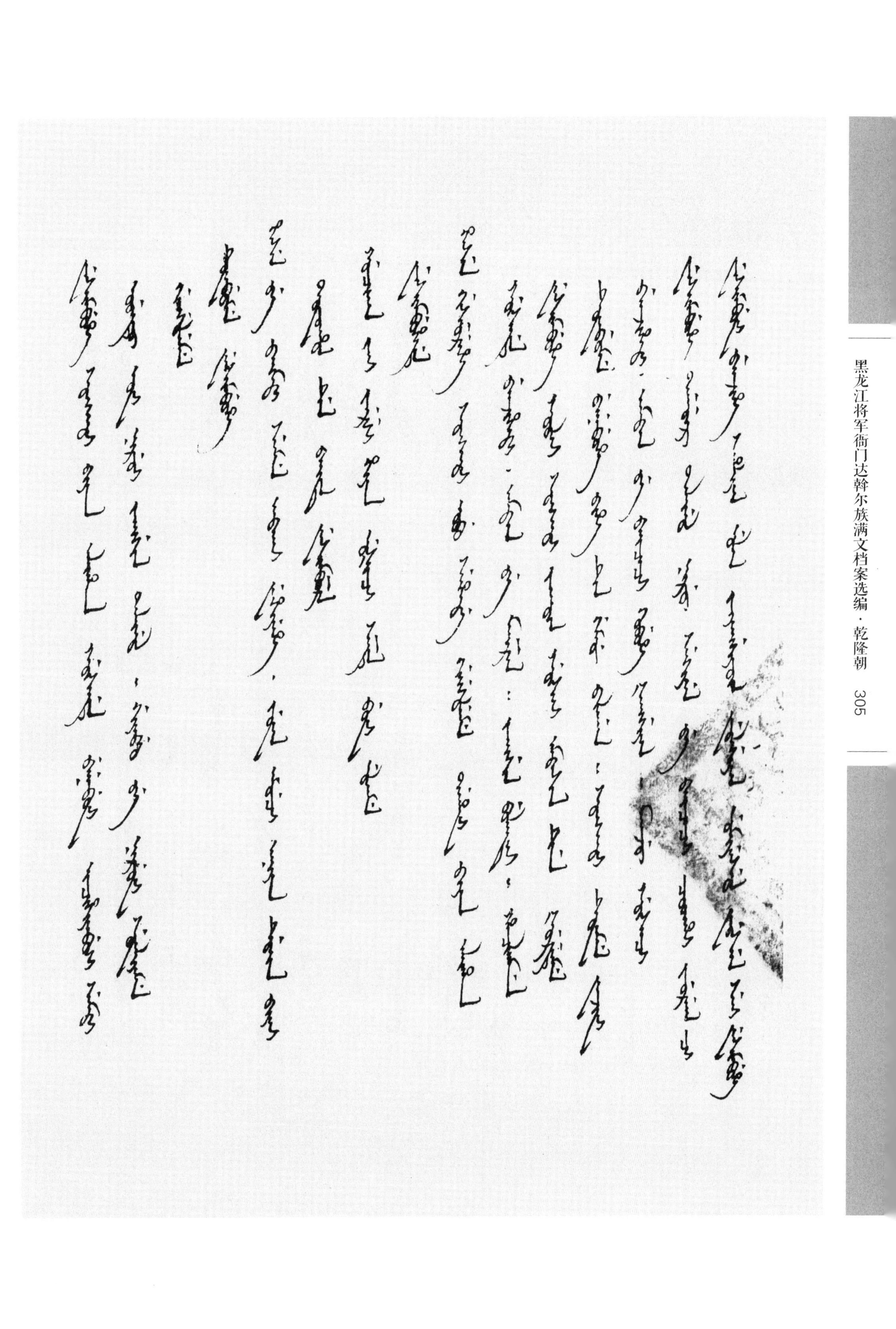

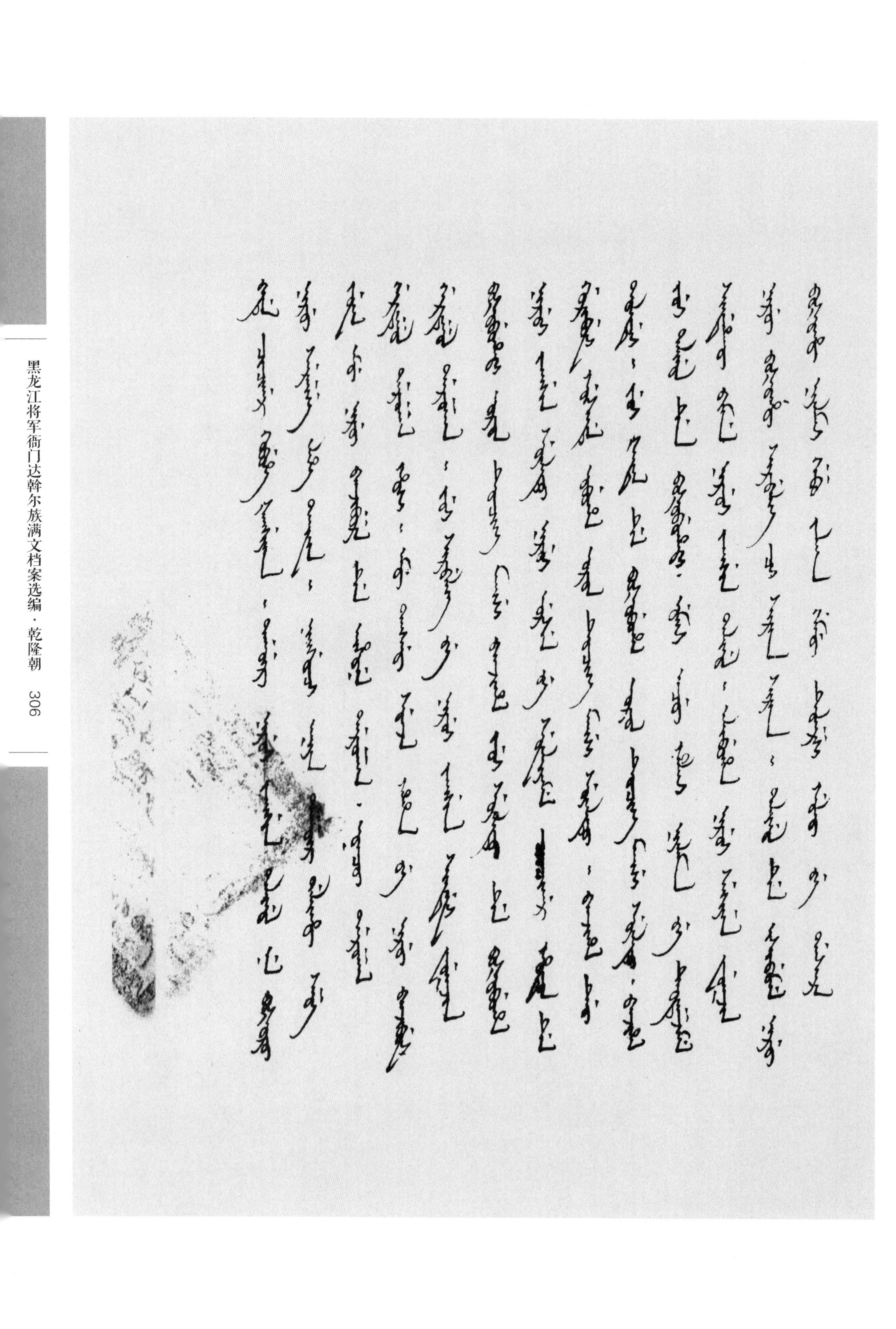

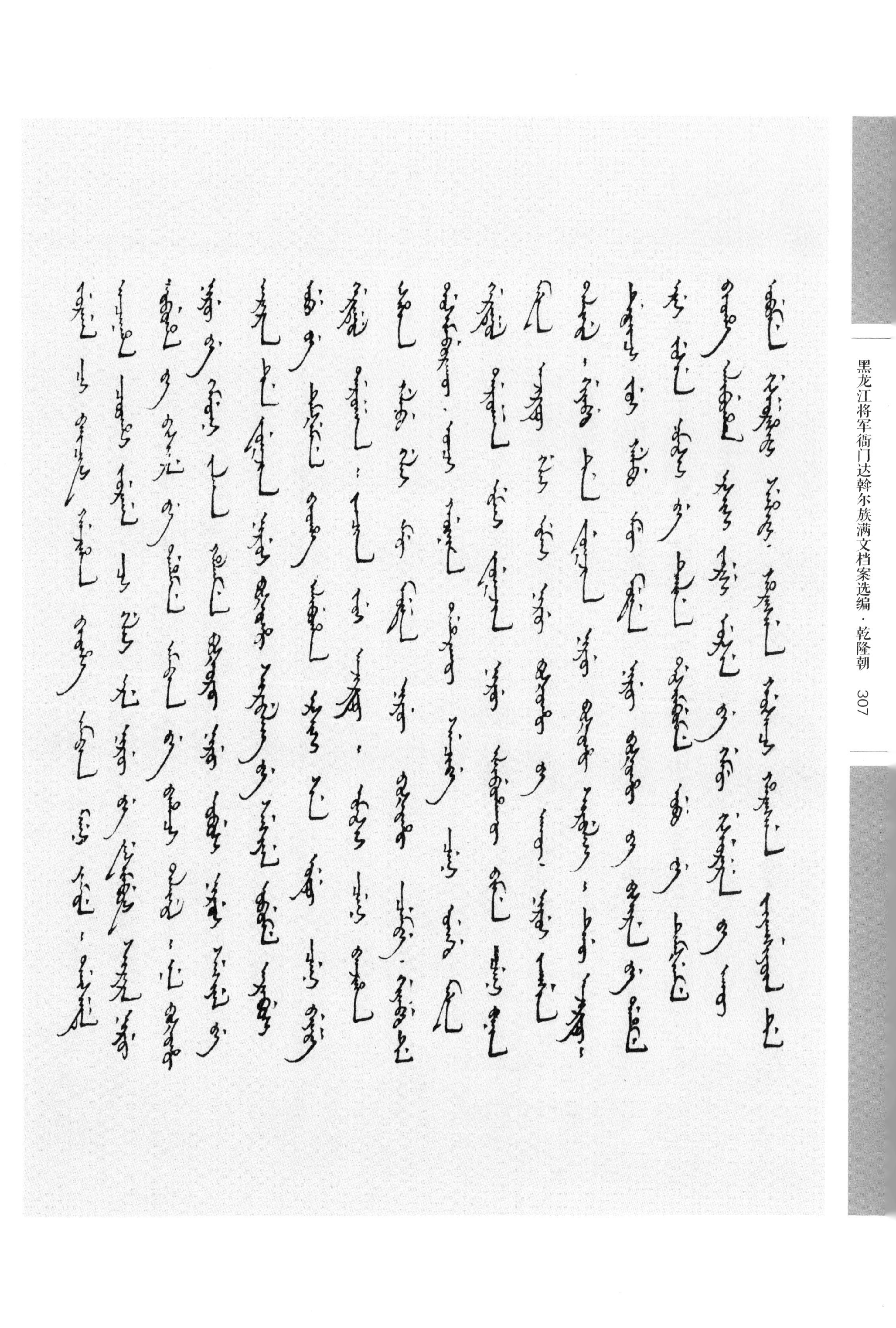

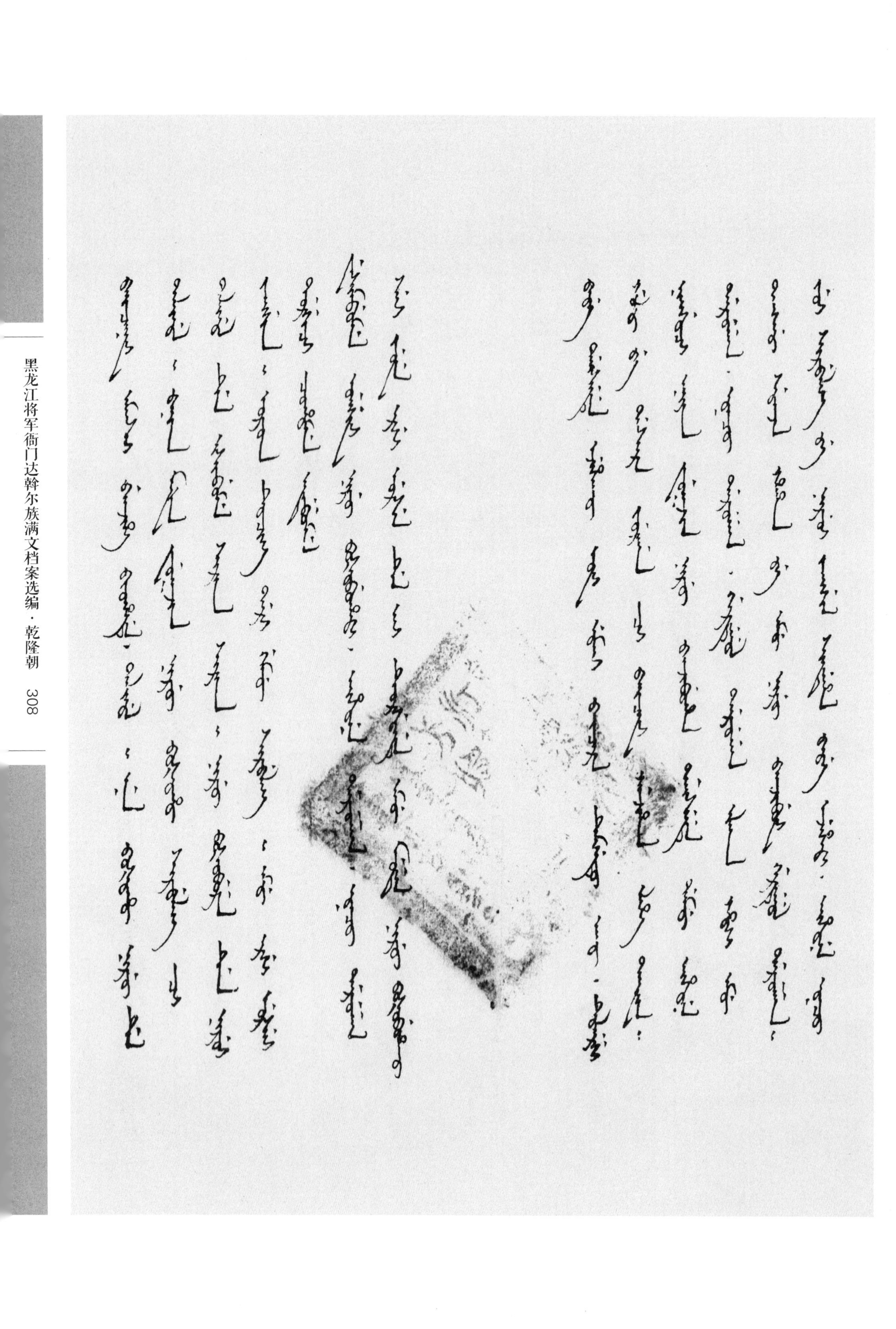

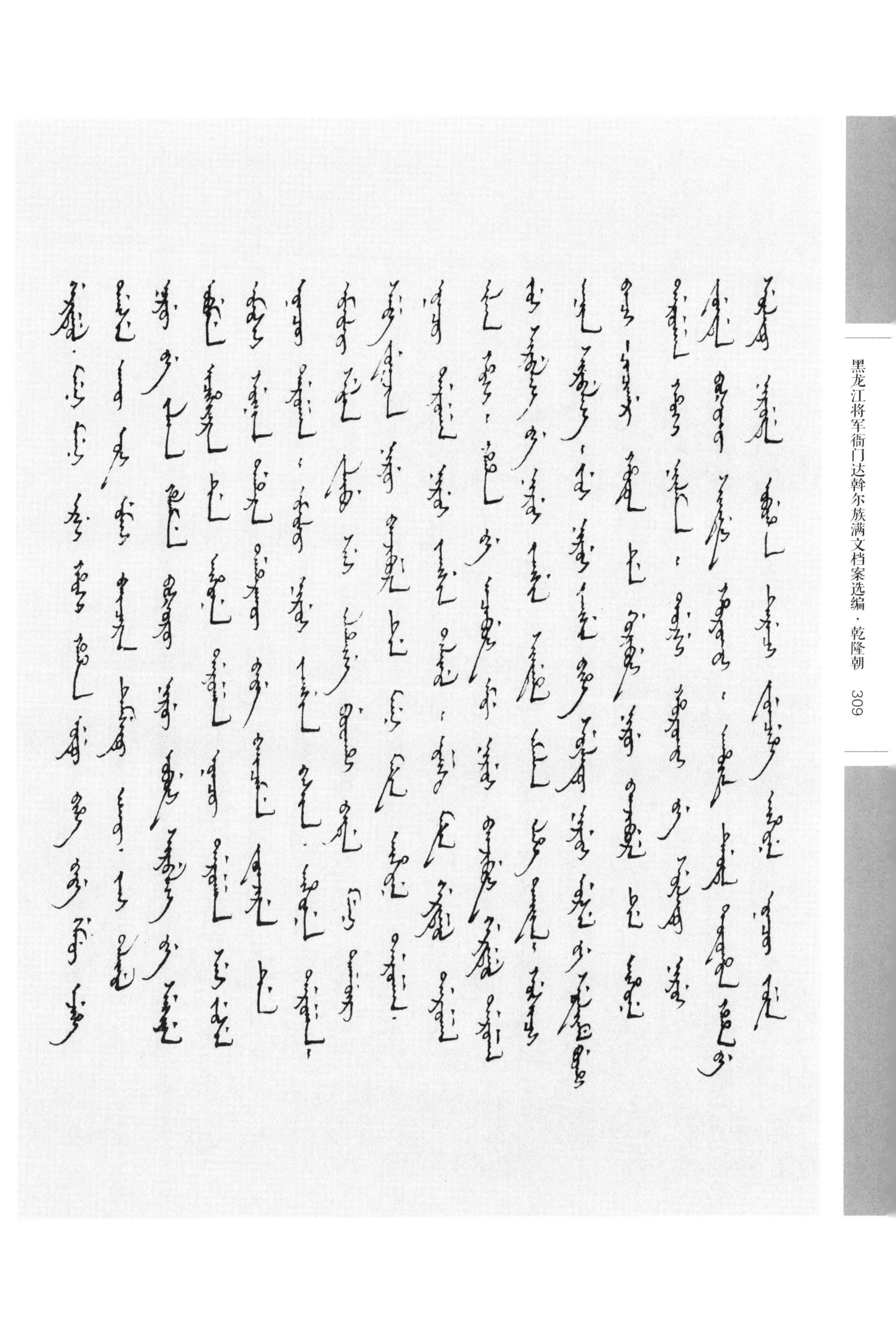

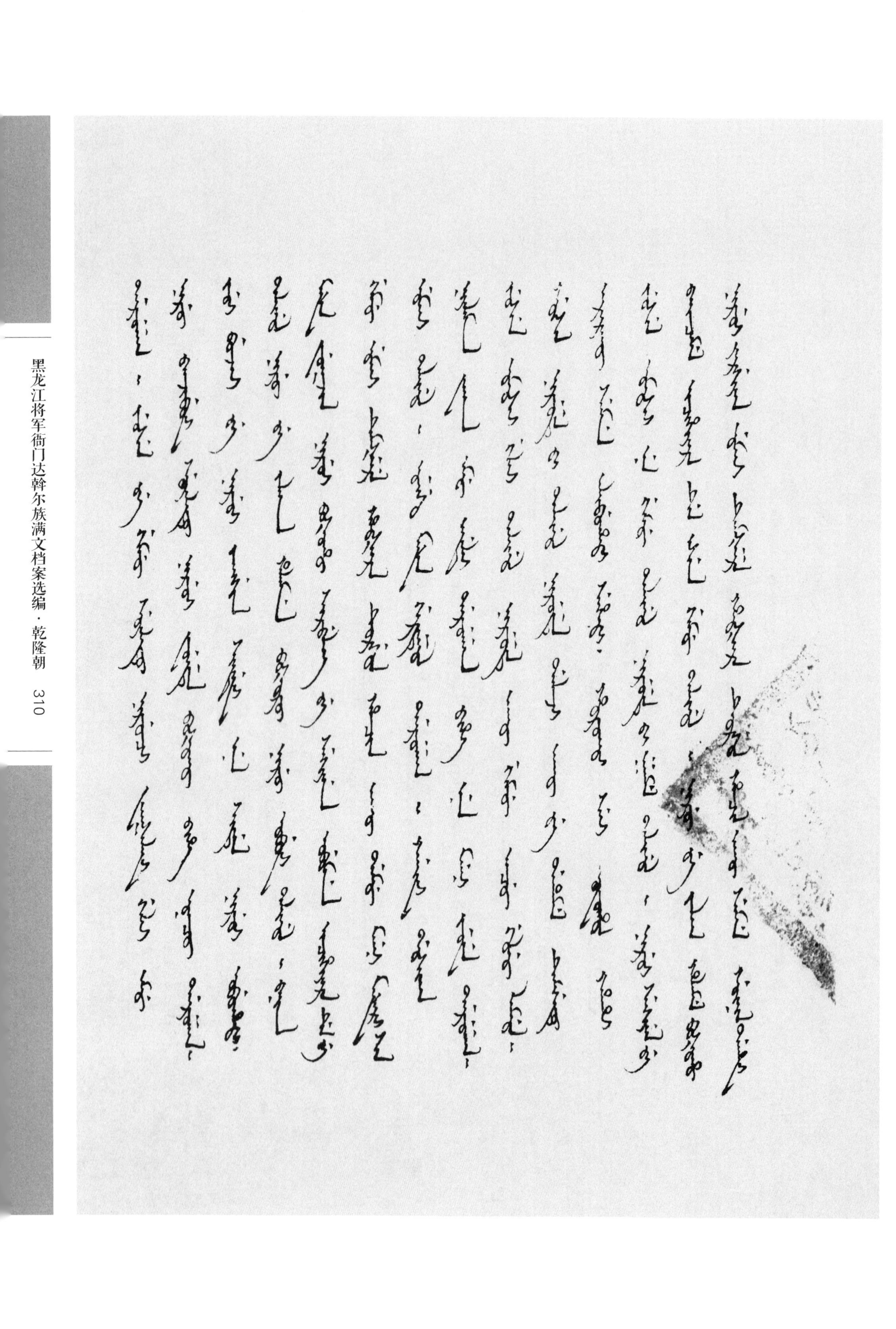

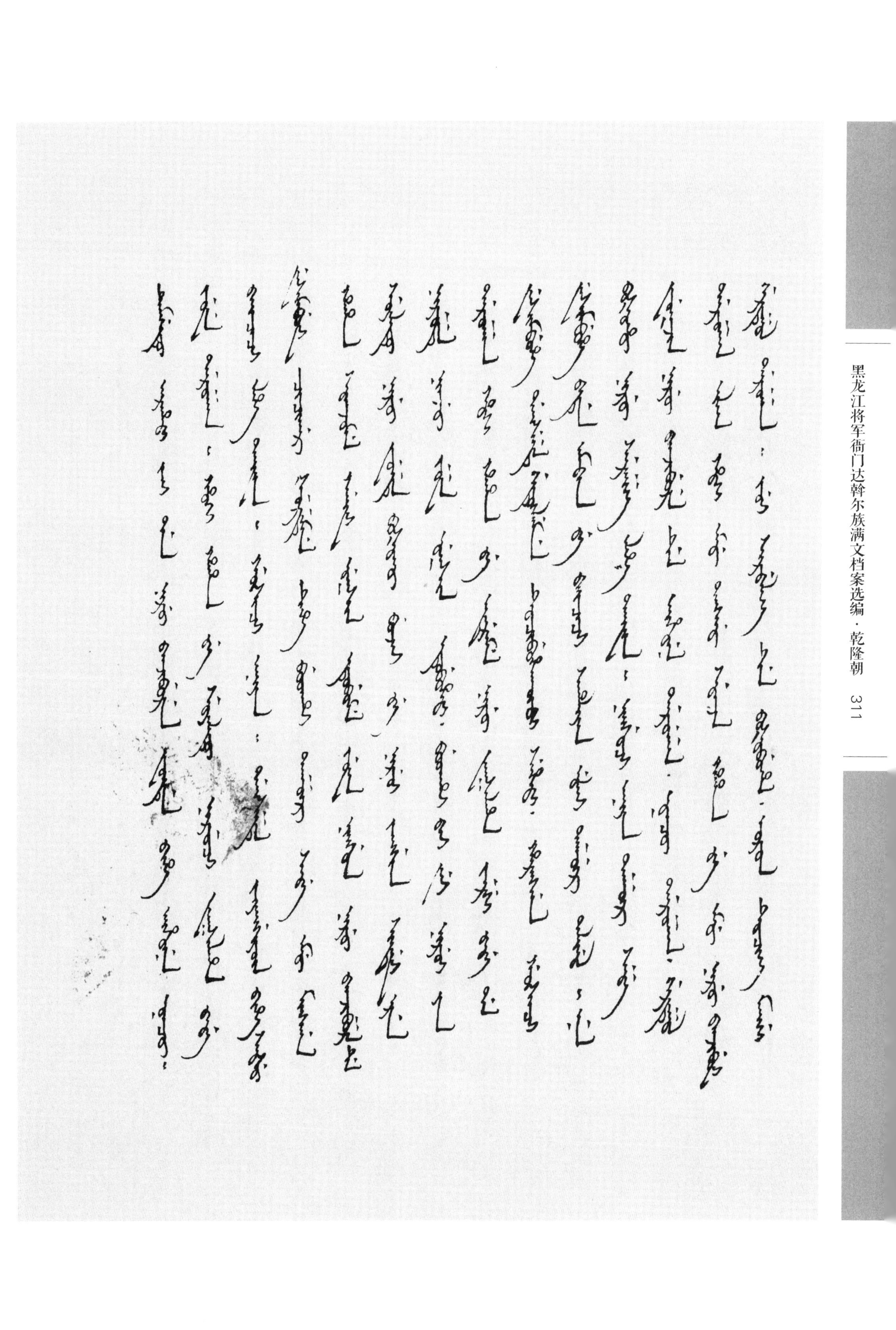

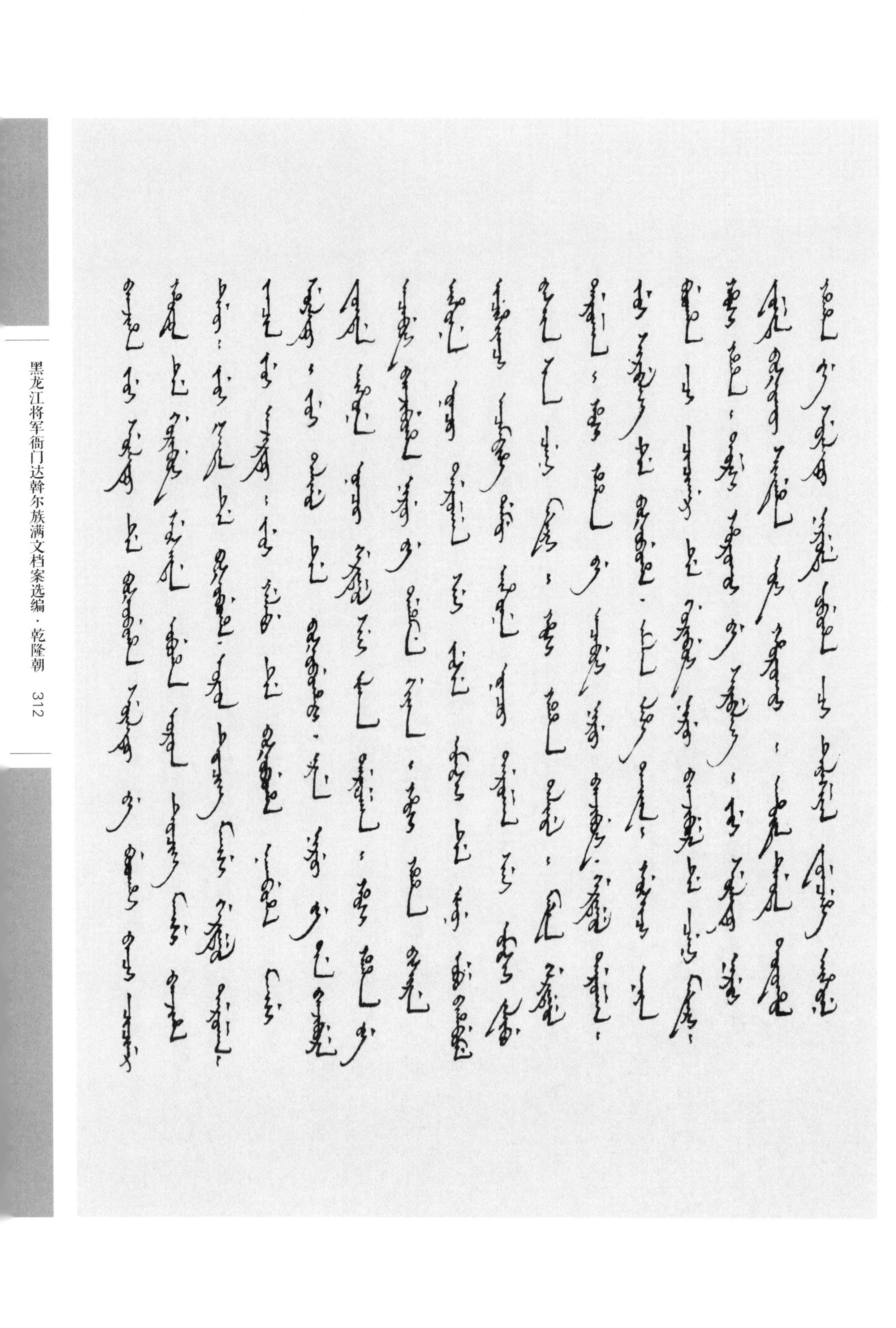

[illegible]

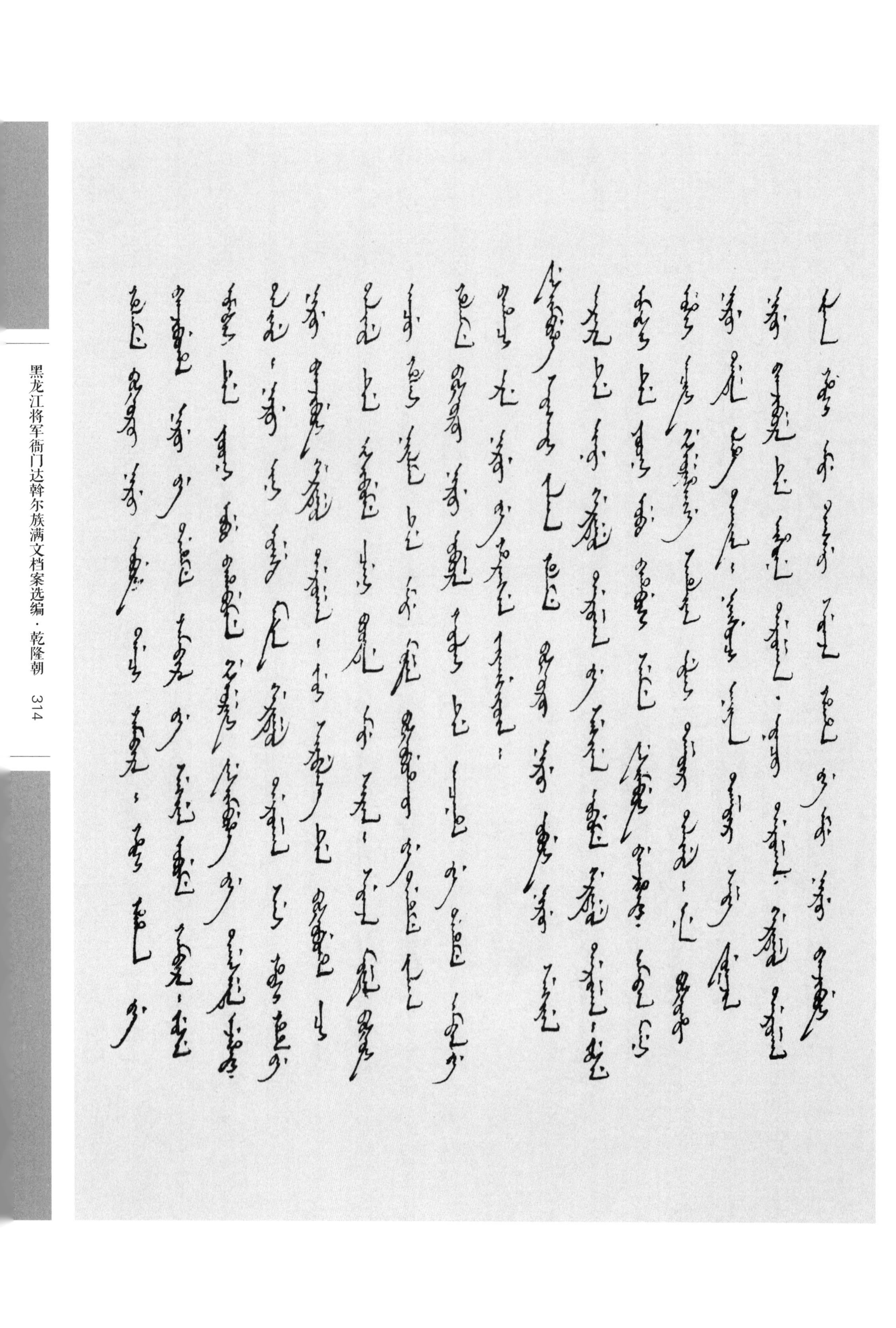

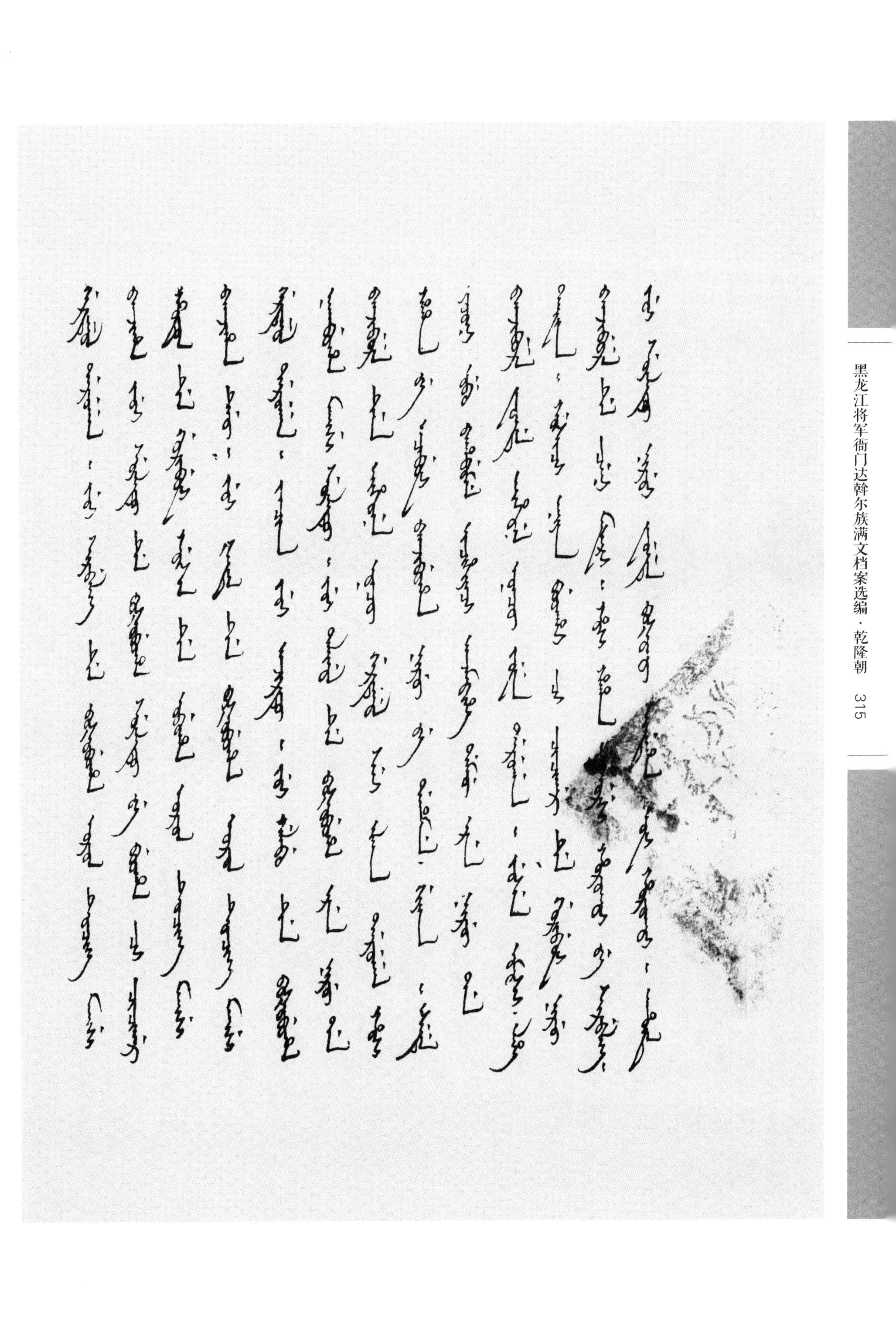

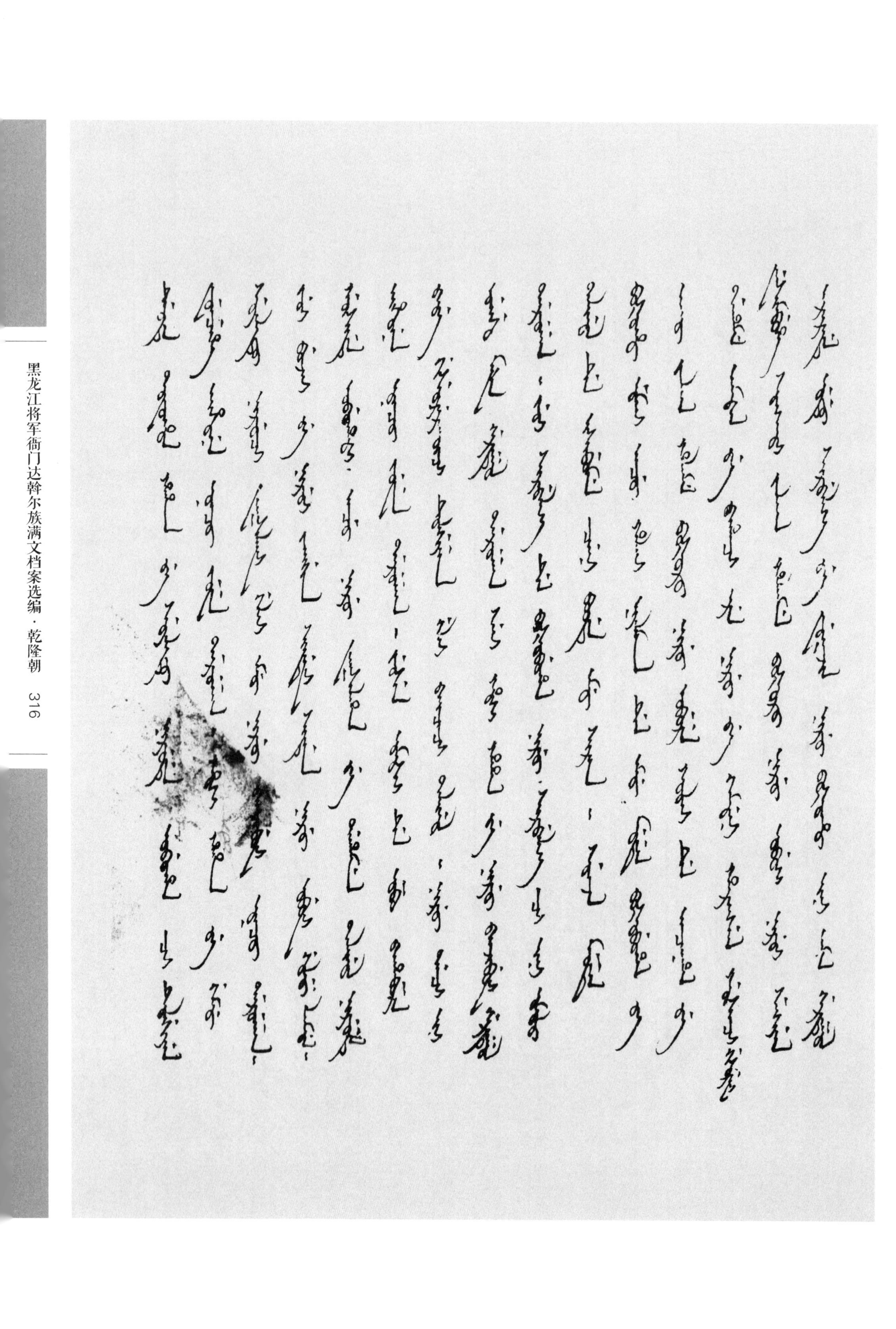

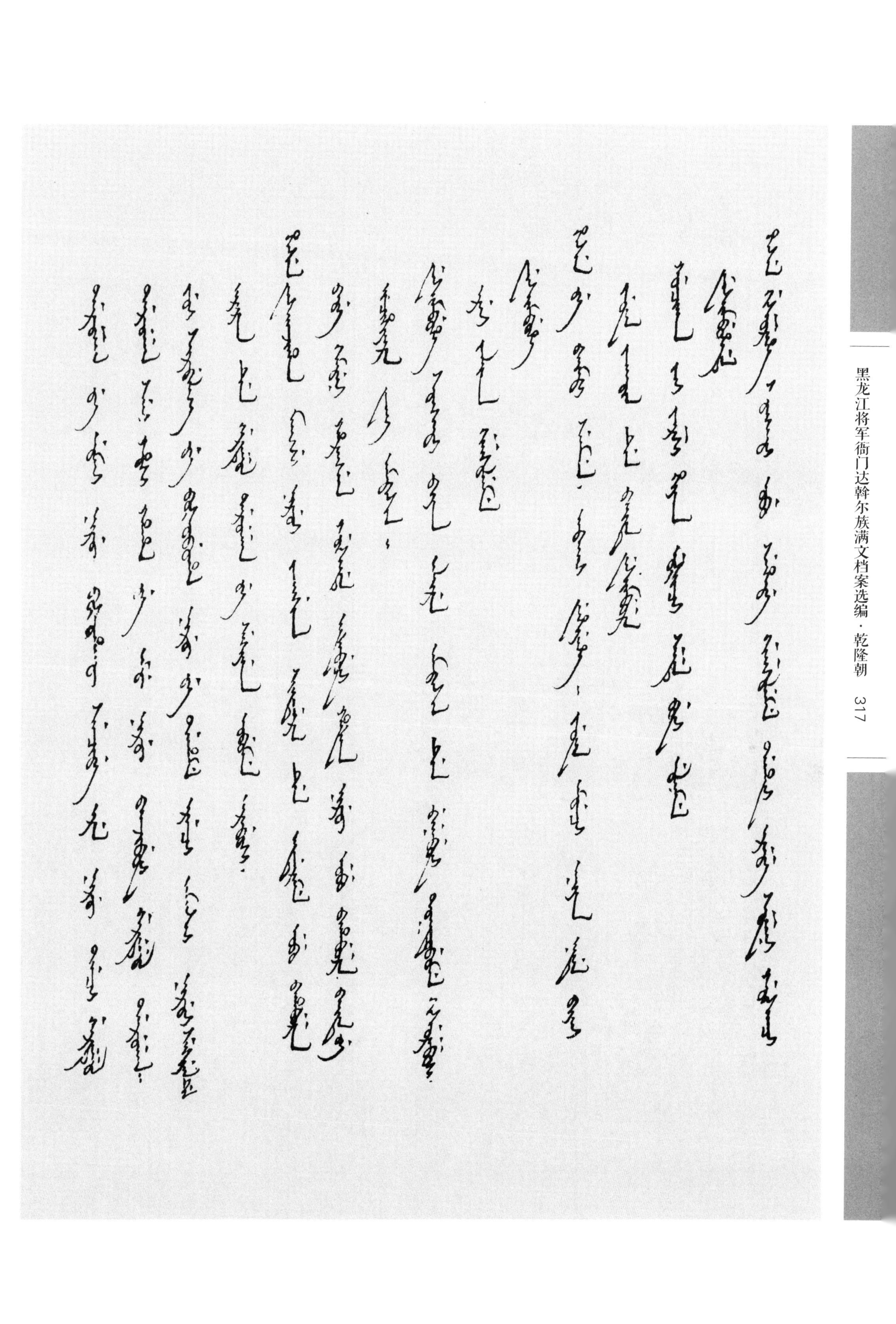

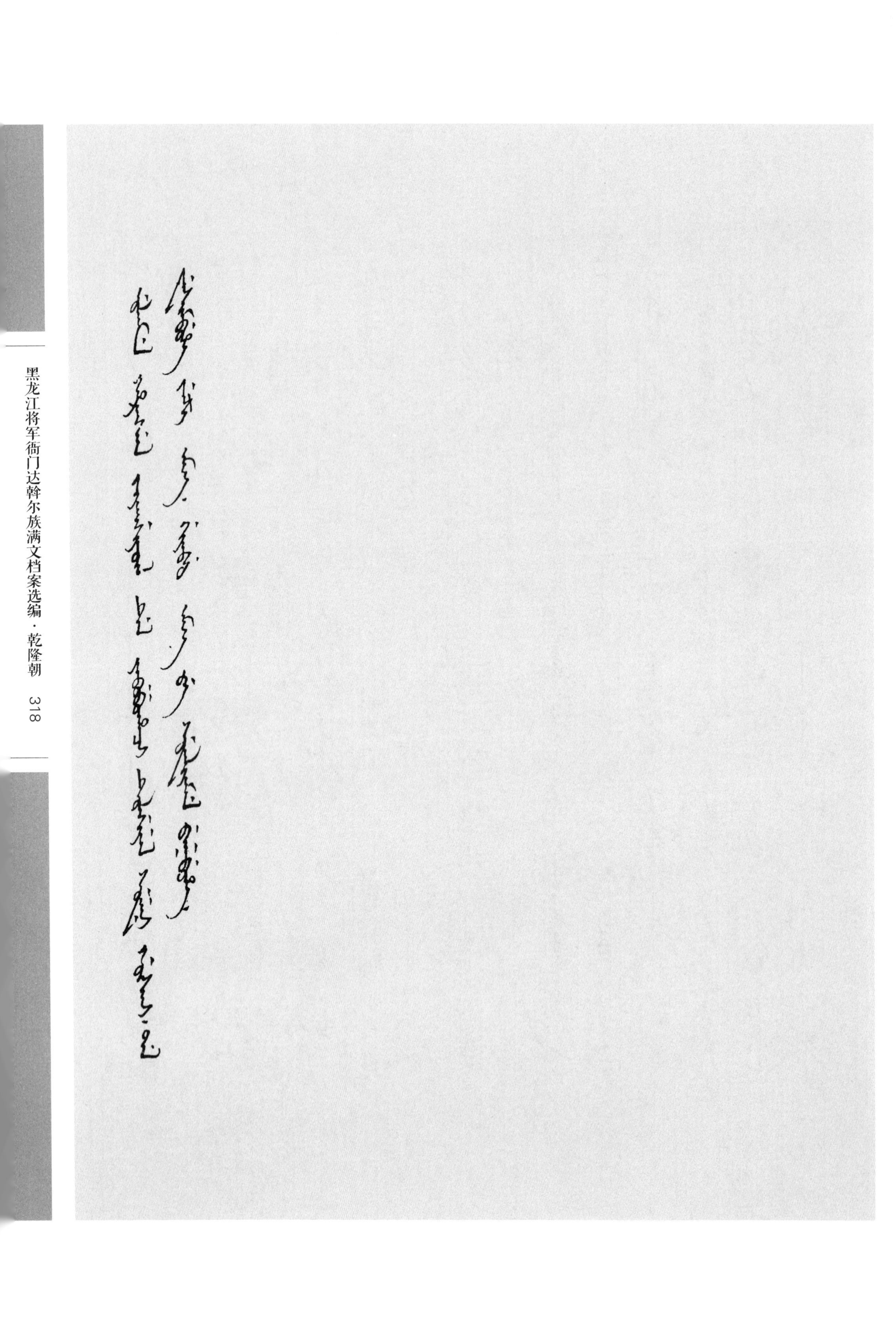

[illegible]

[illegible]

四一七 正蓝满洲旗为送回布特哈正白旗达斡尔托多尔凯佐领源流册家谱事咨黑龙江将军衙门文

乾隆十一年十月初八日

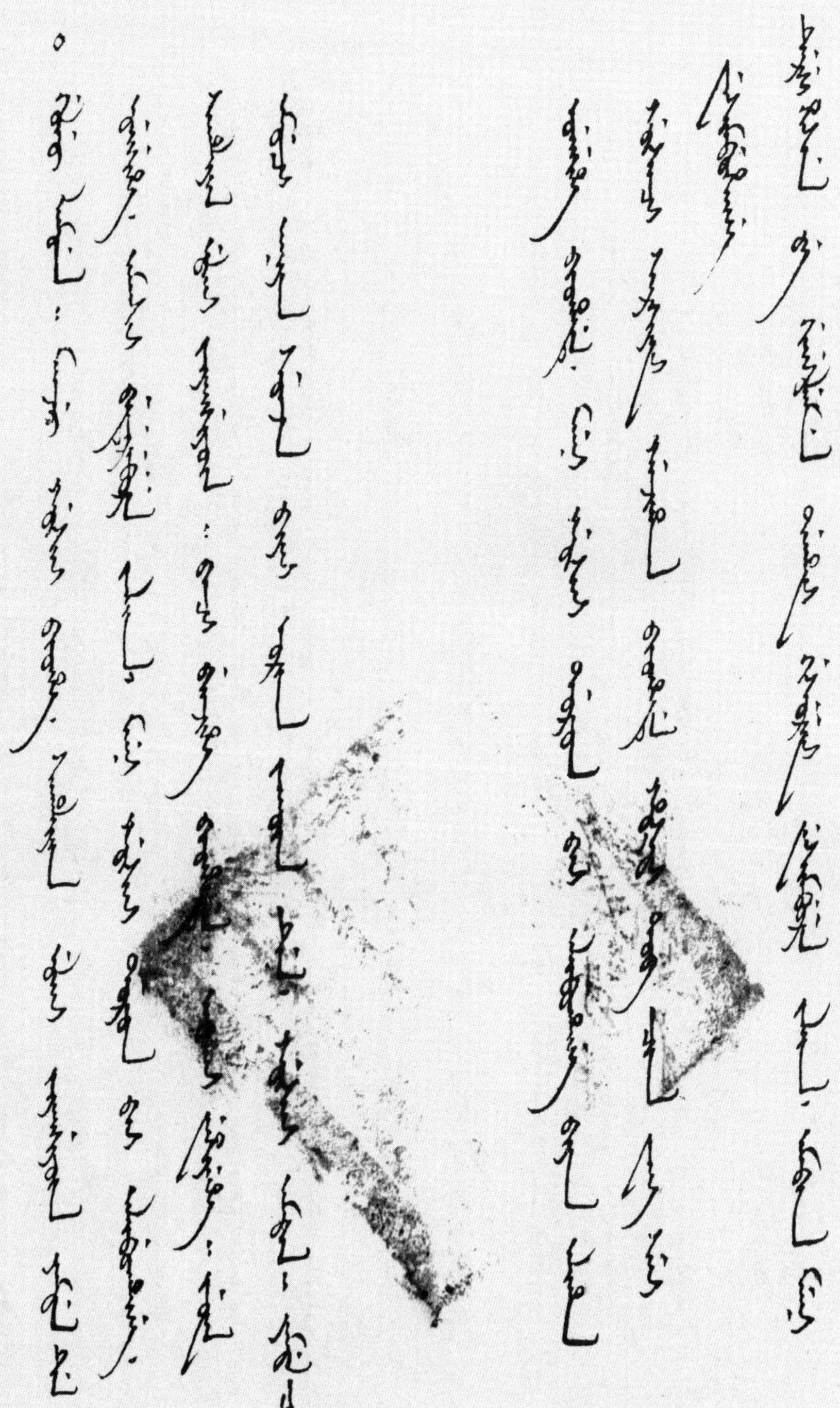

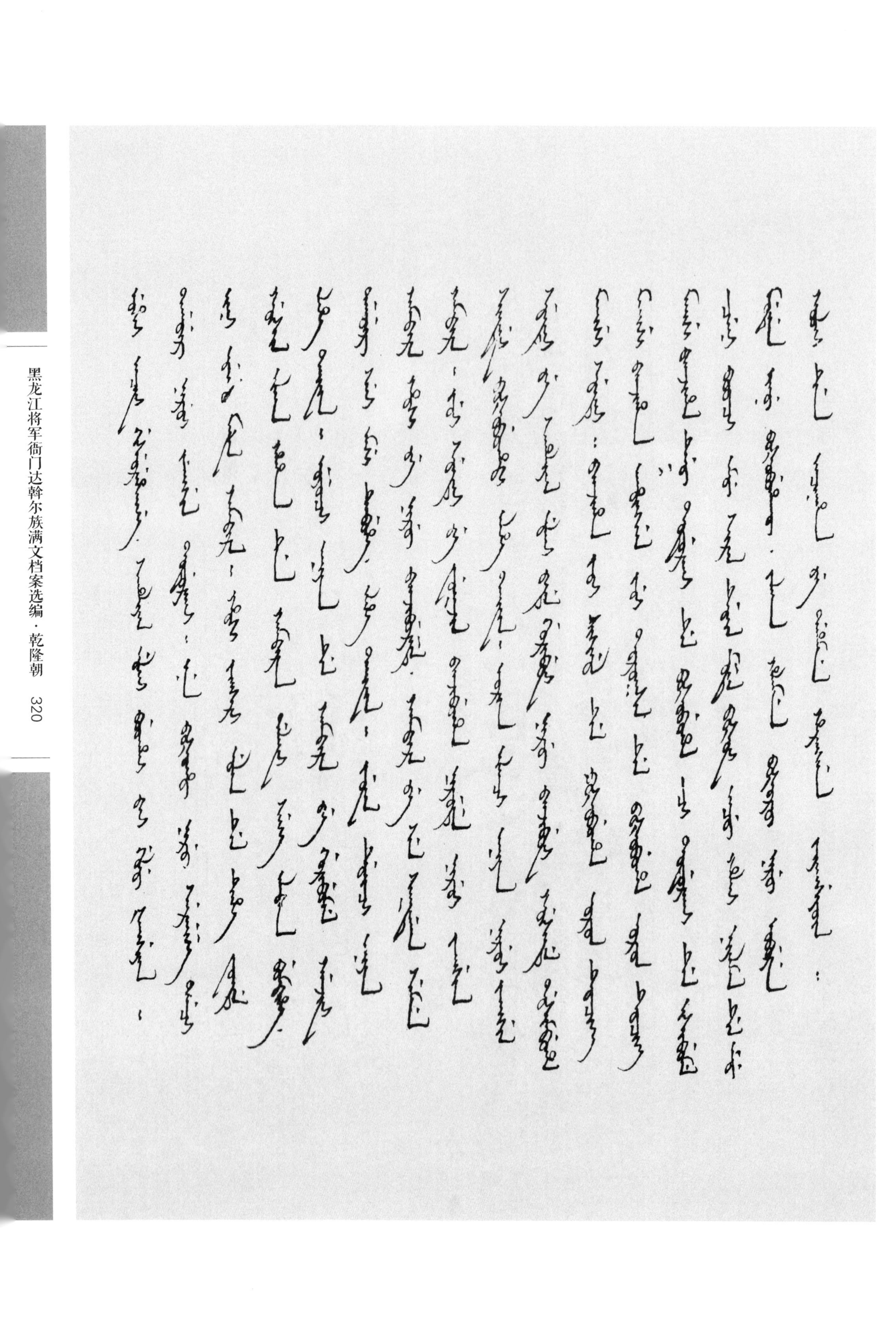

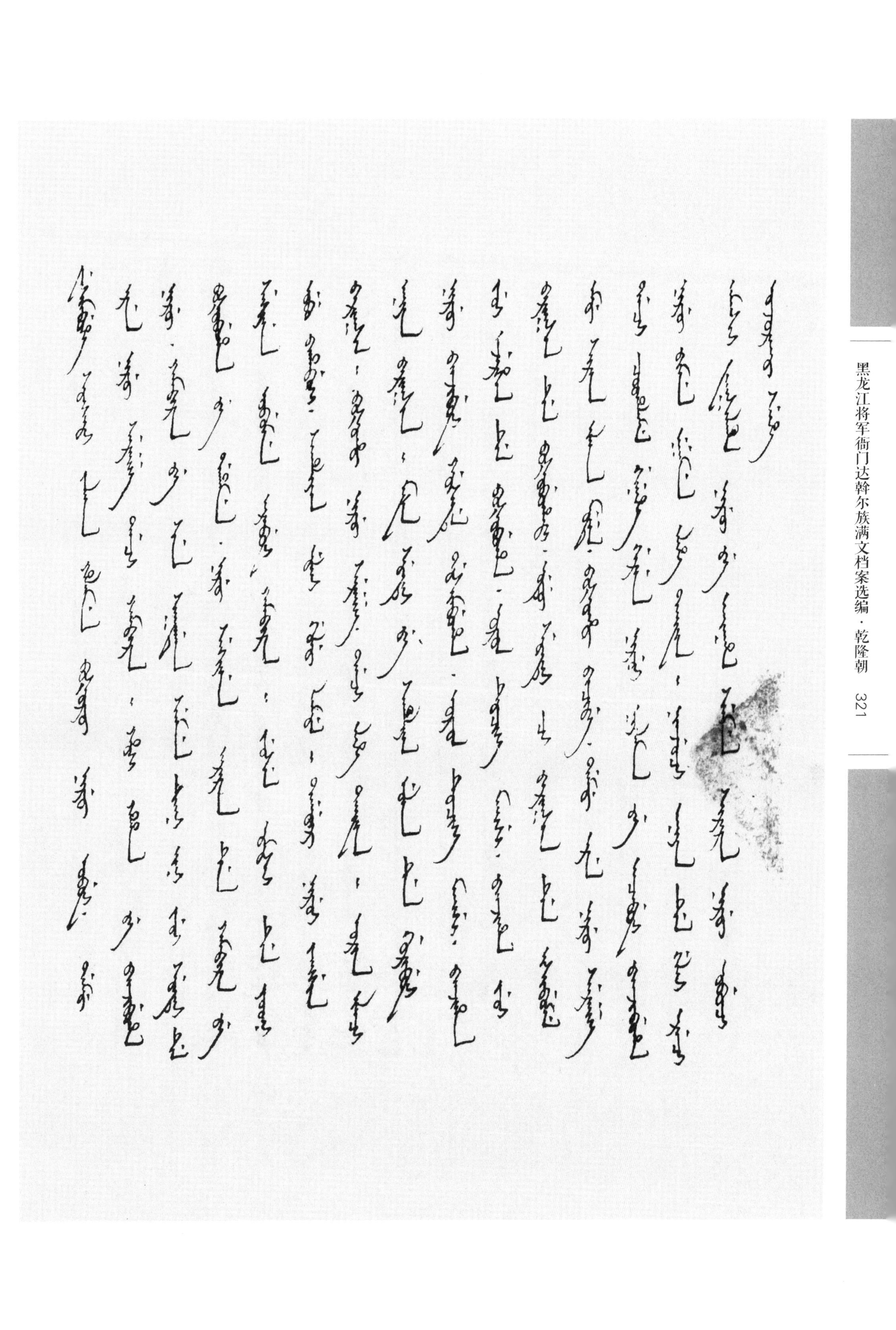

[illegible]

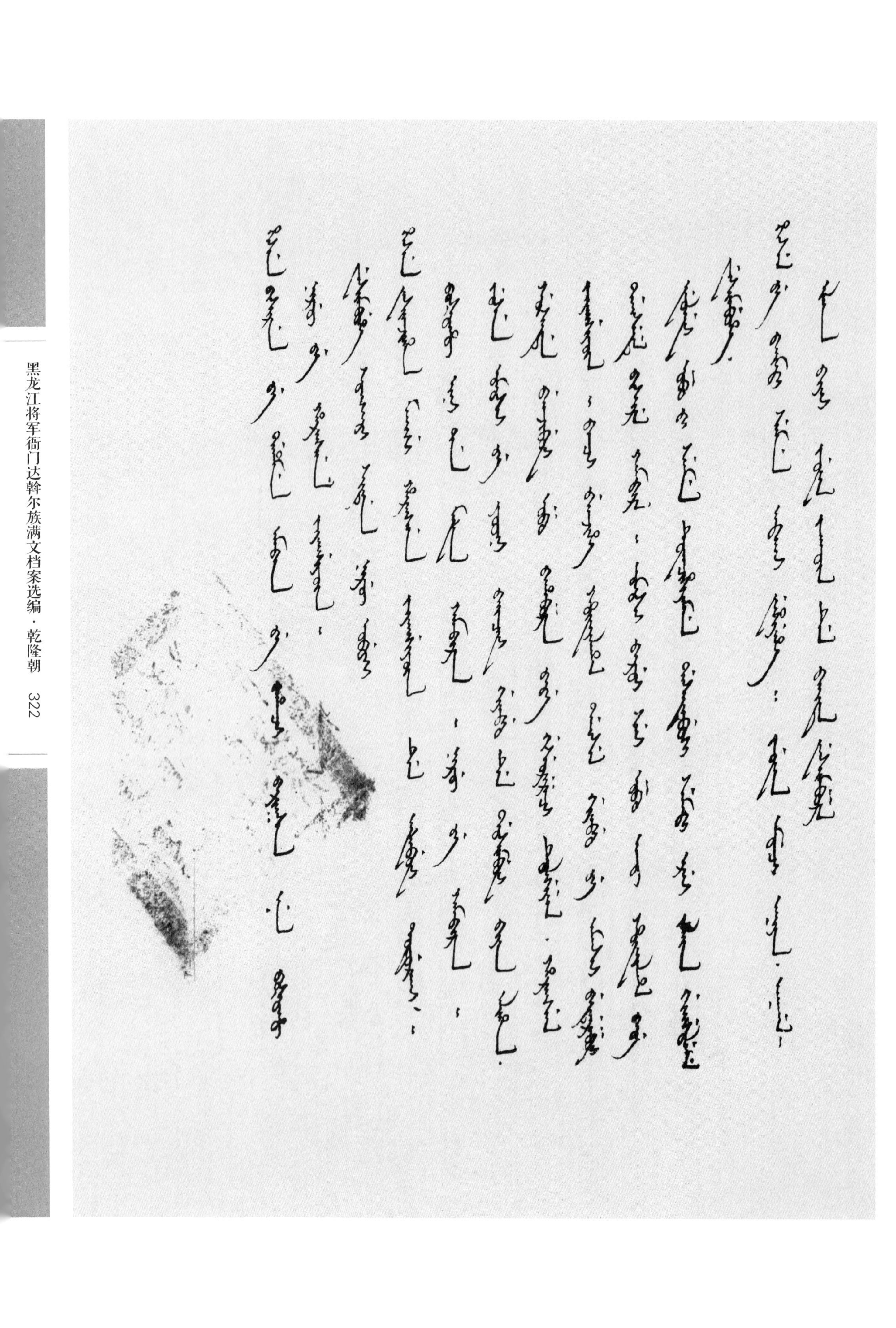

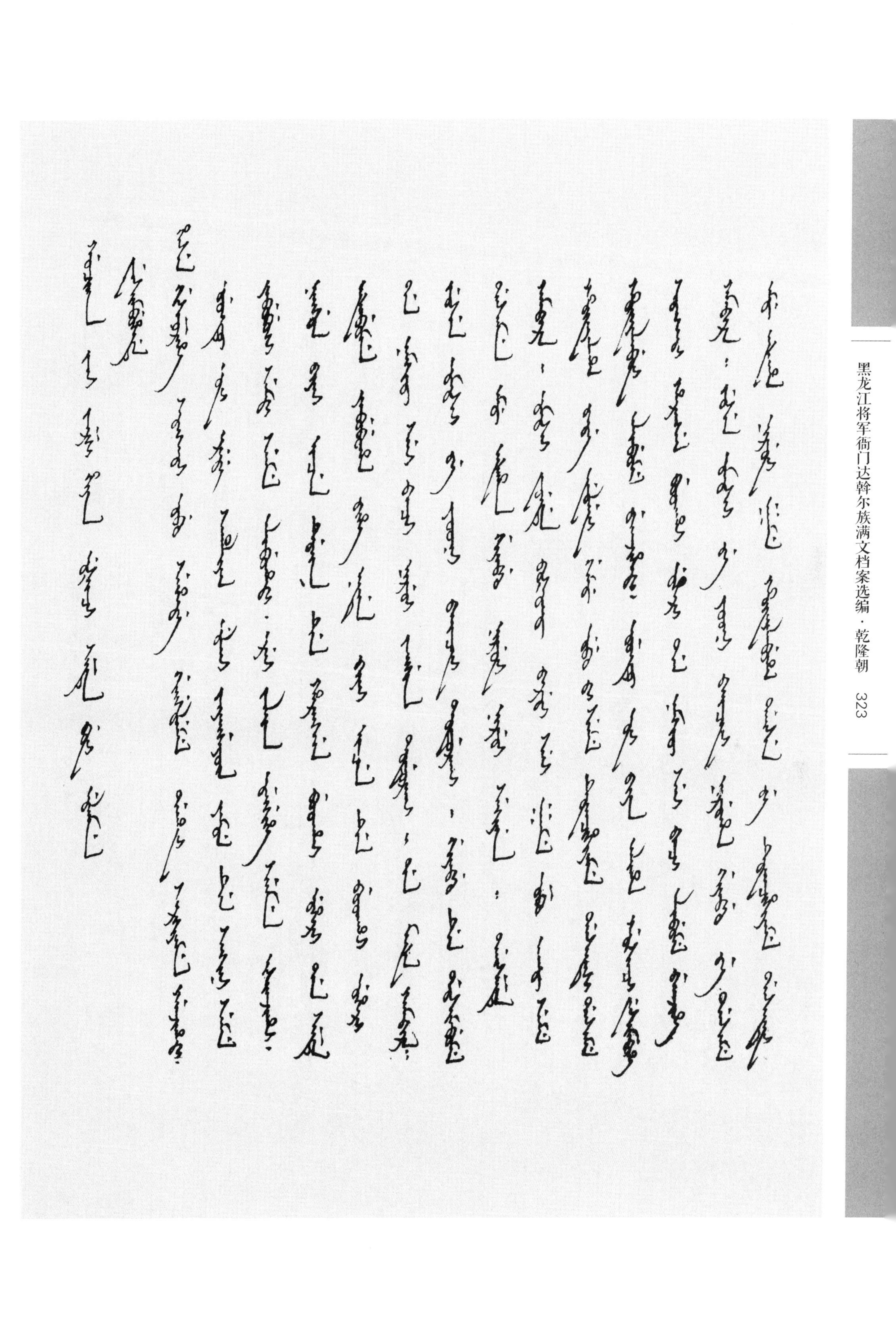

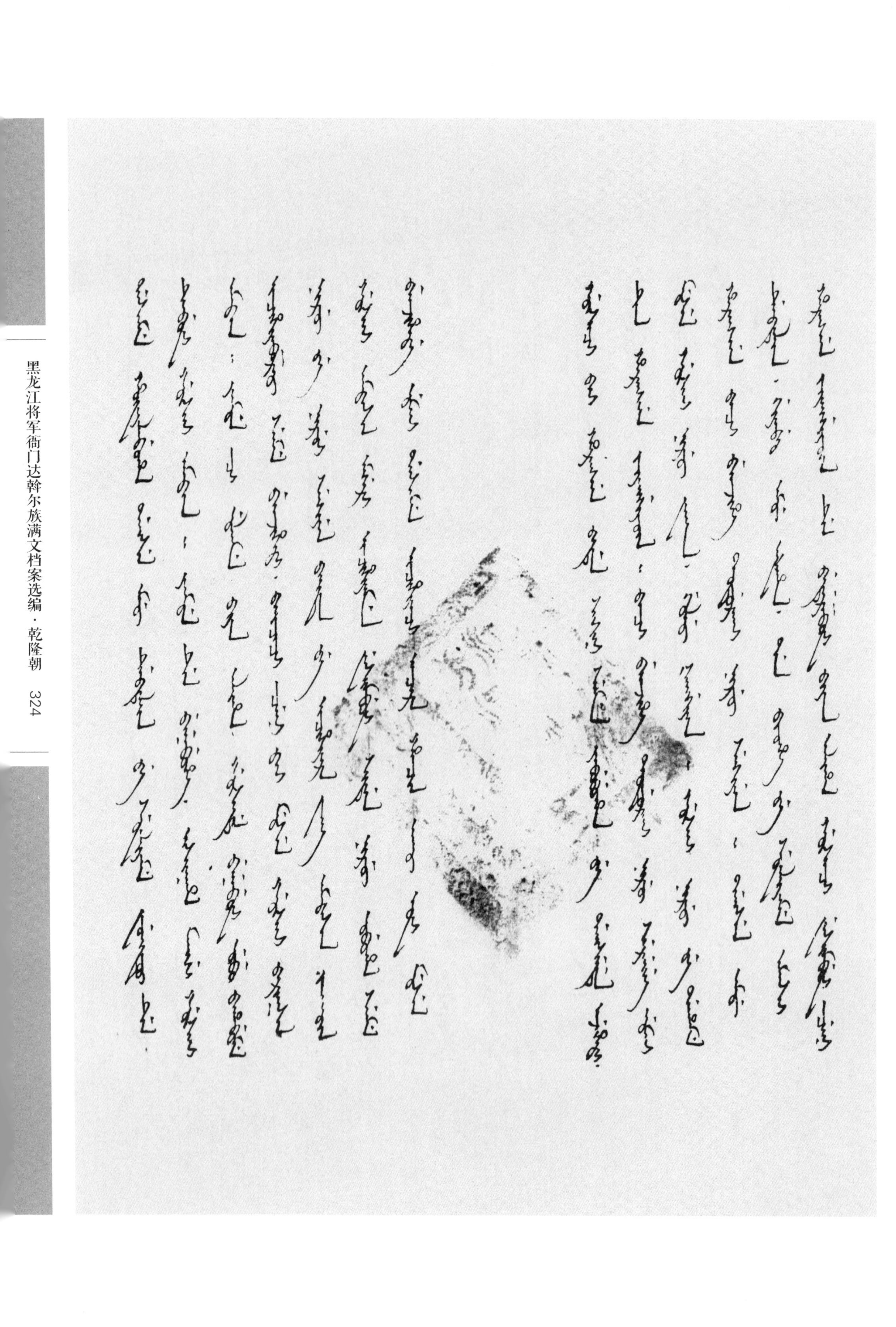

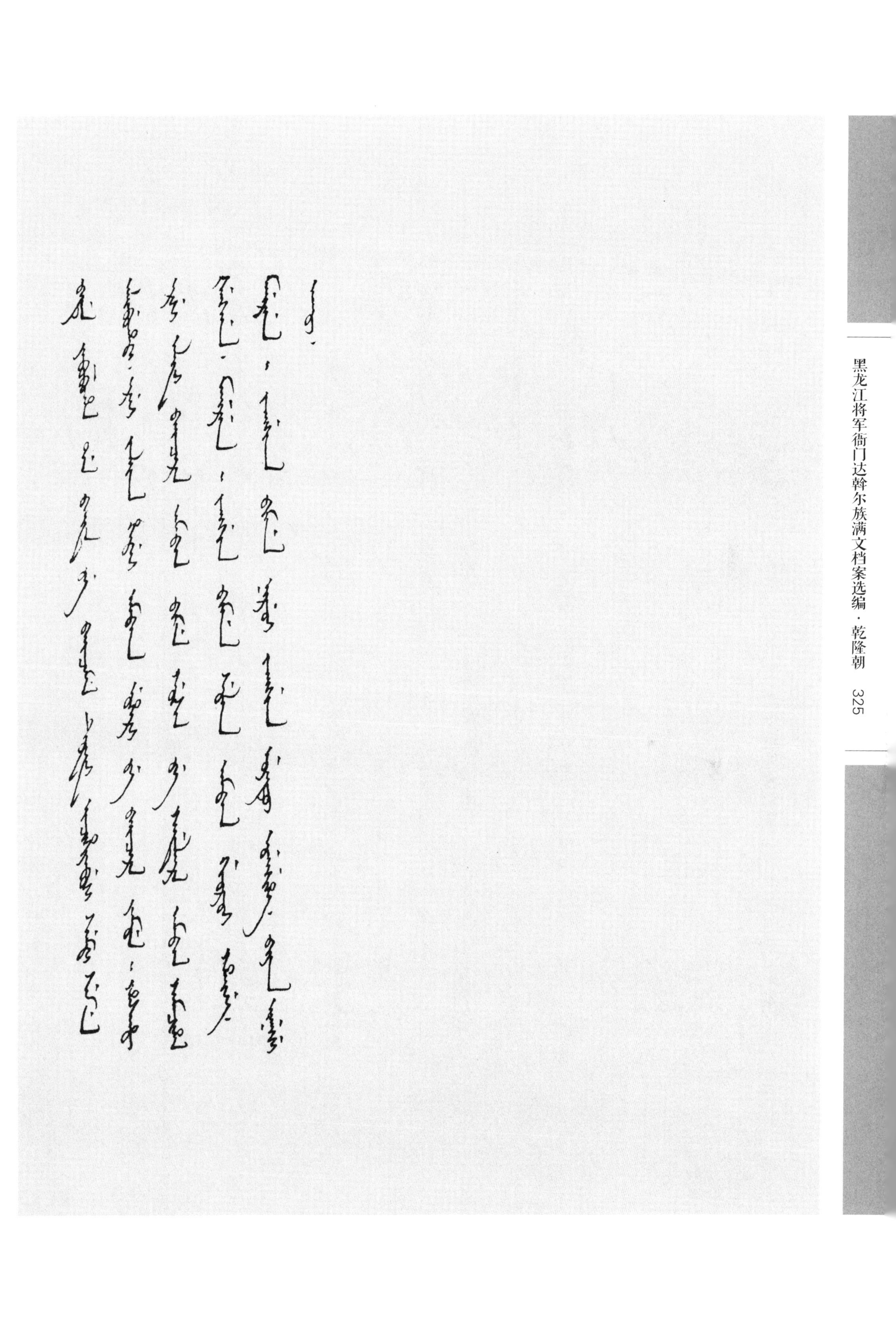

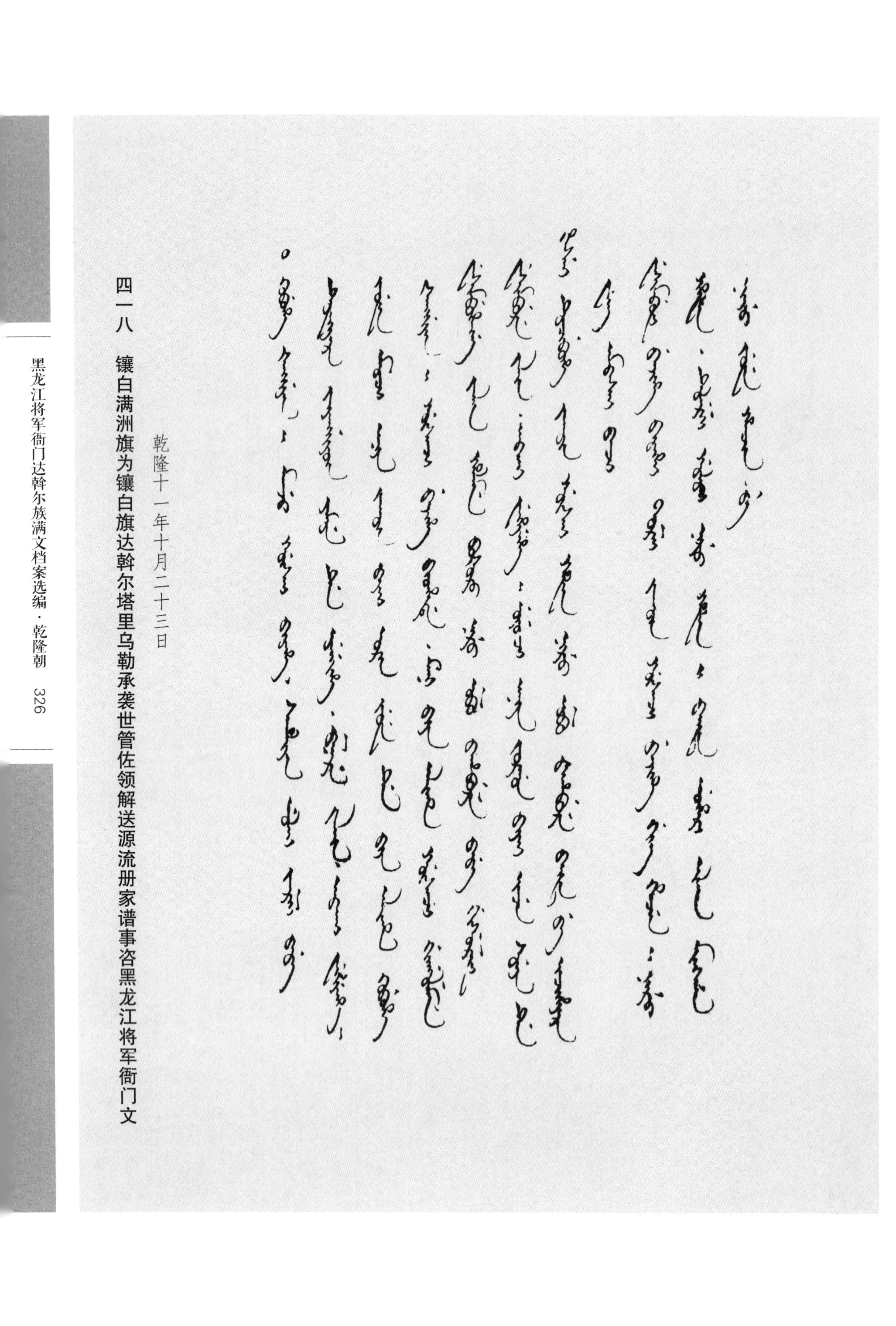

四一八 镶白满洲旗为镶白旗达斡尔塔里乌勒承袭世管佐领解送源流册家谱事咨黑龙江将军衙门文

乾隆十一年十月二十三日

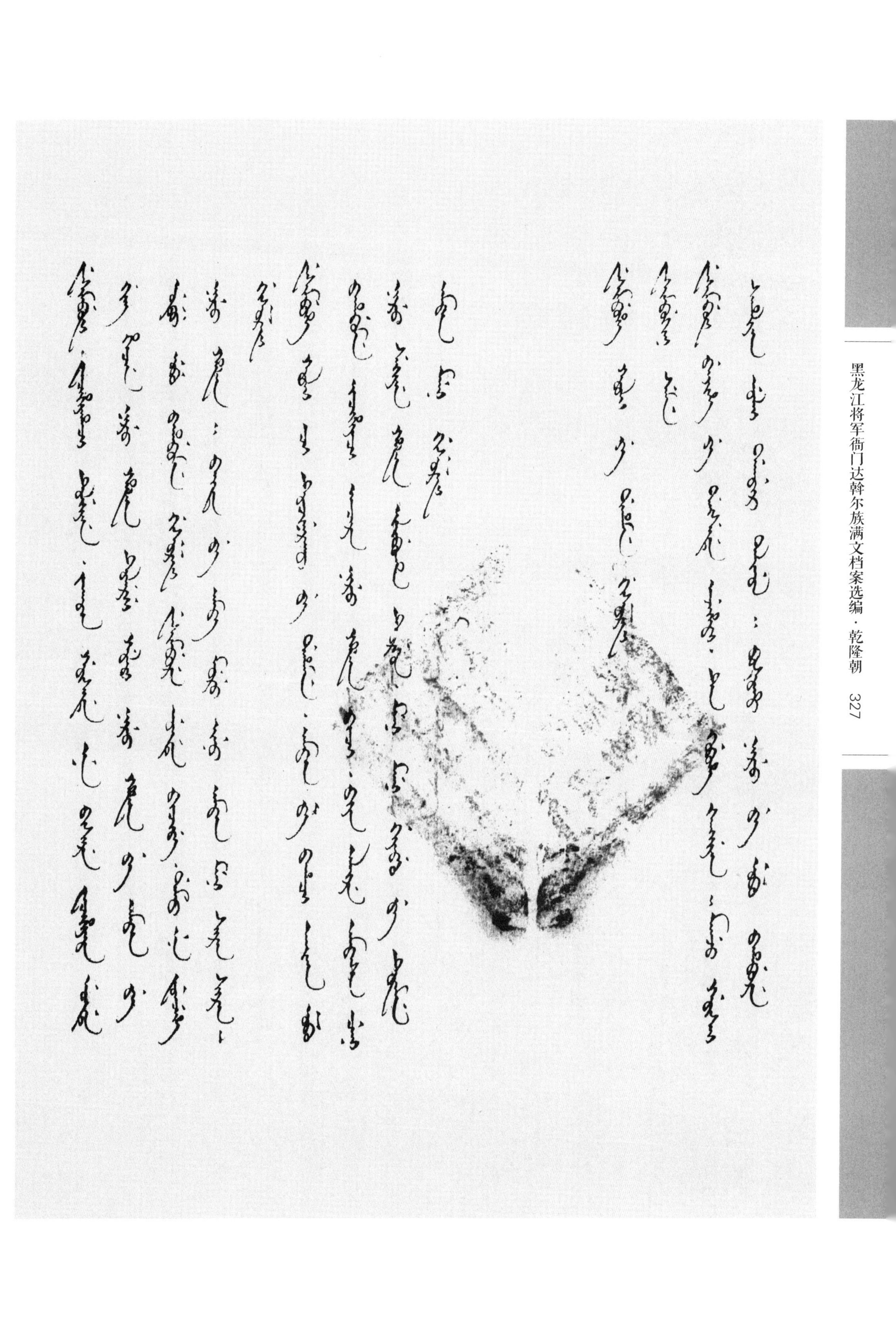

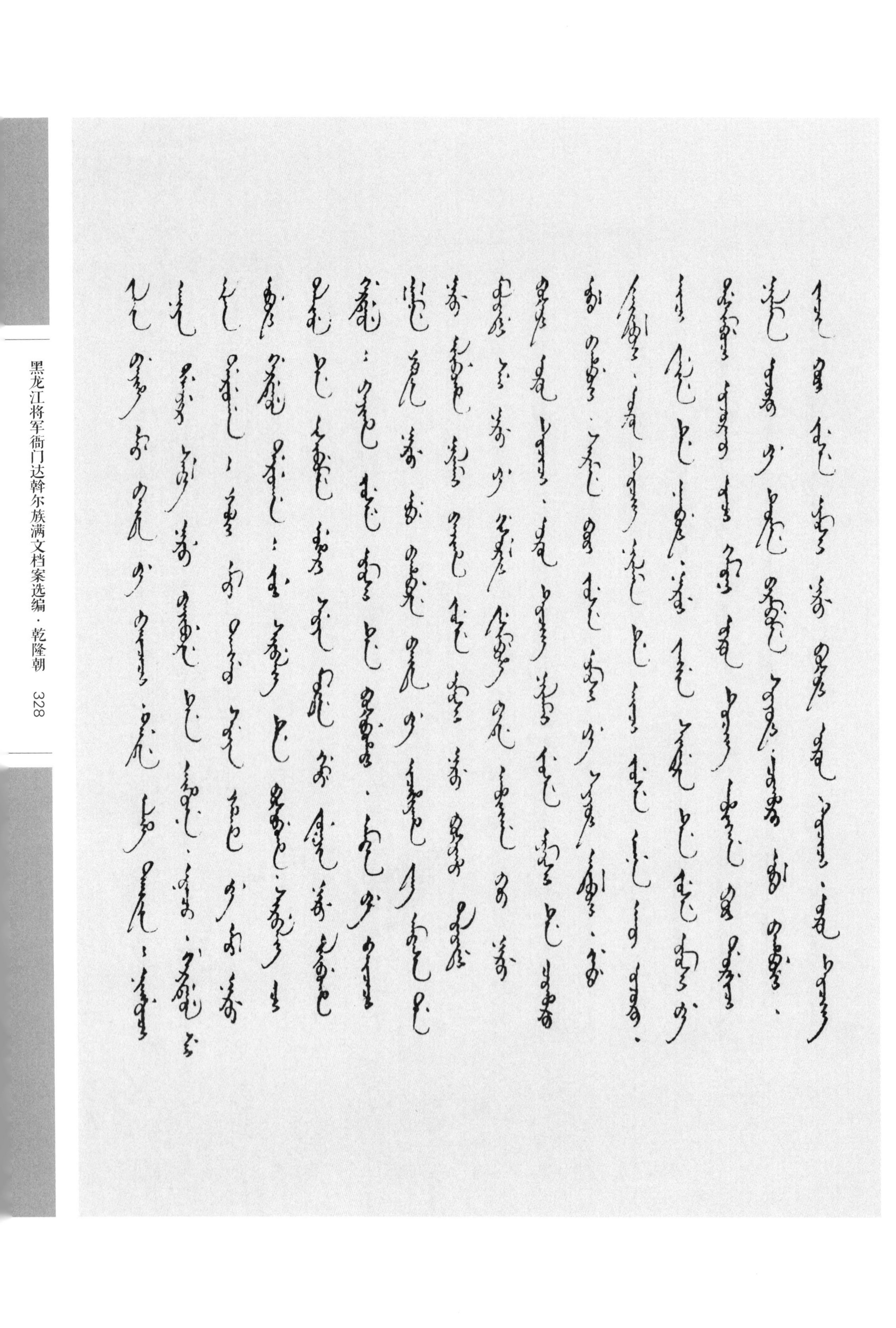

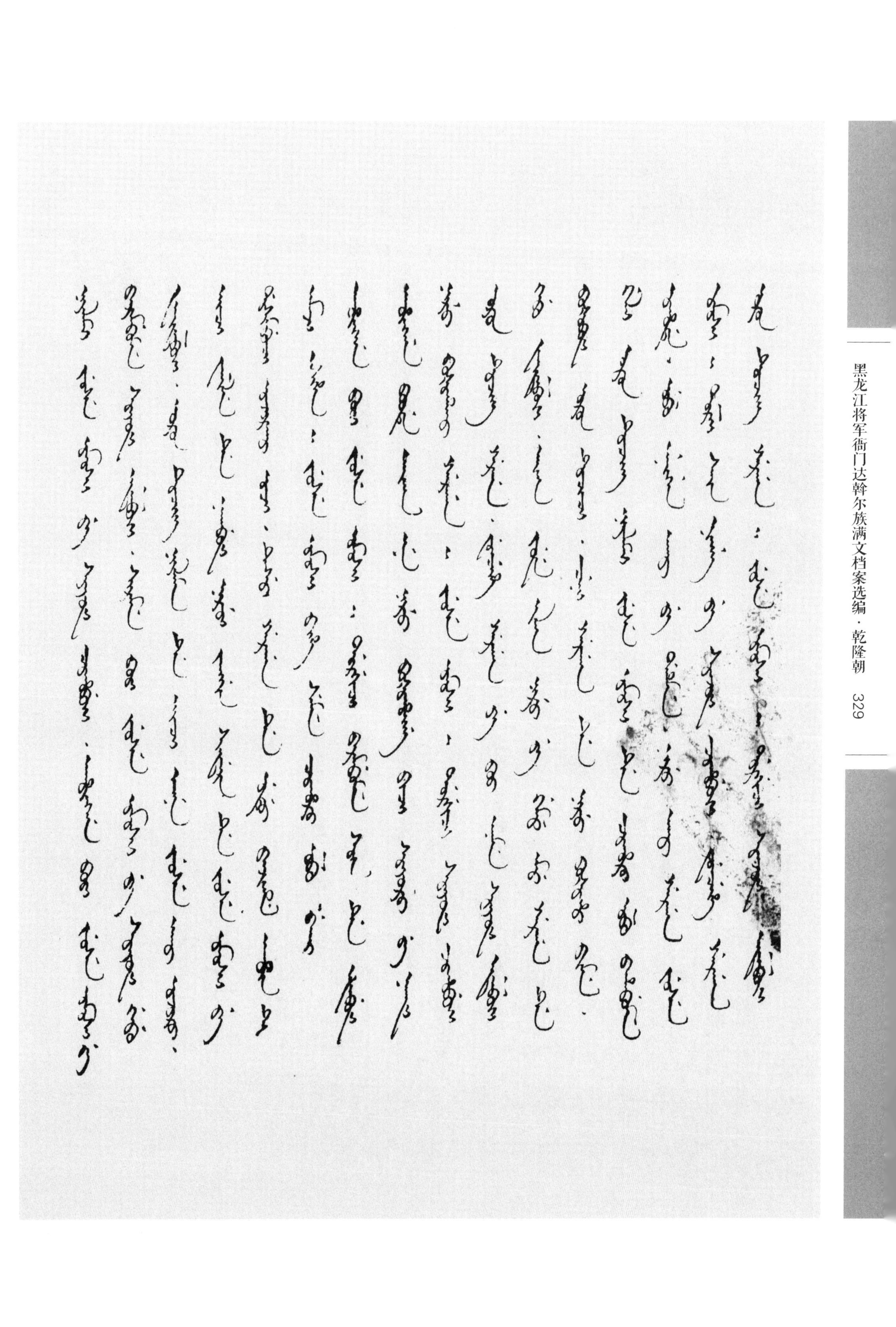

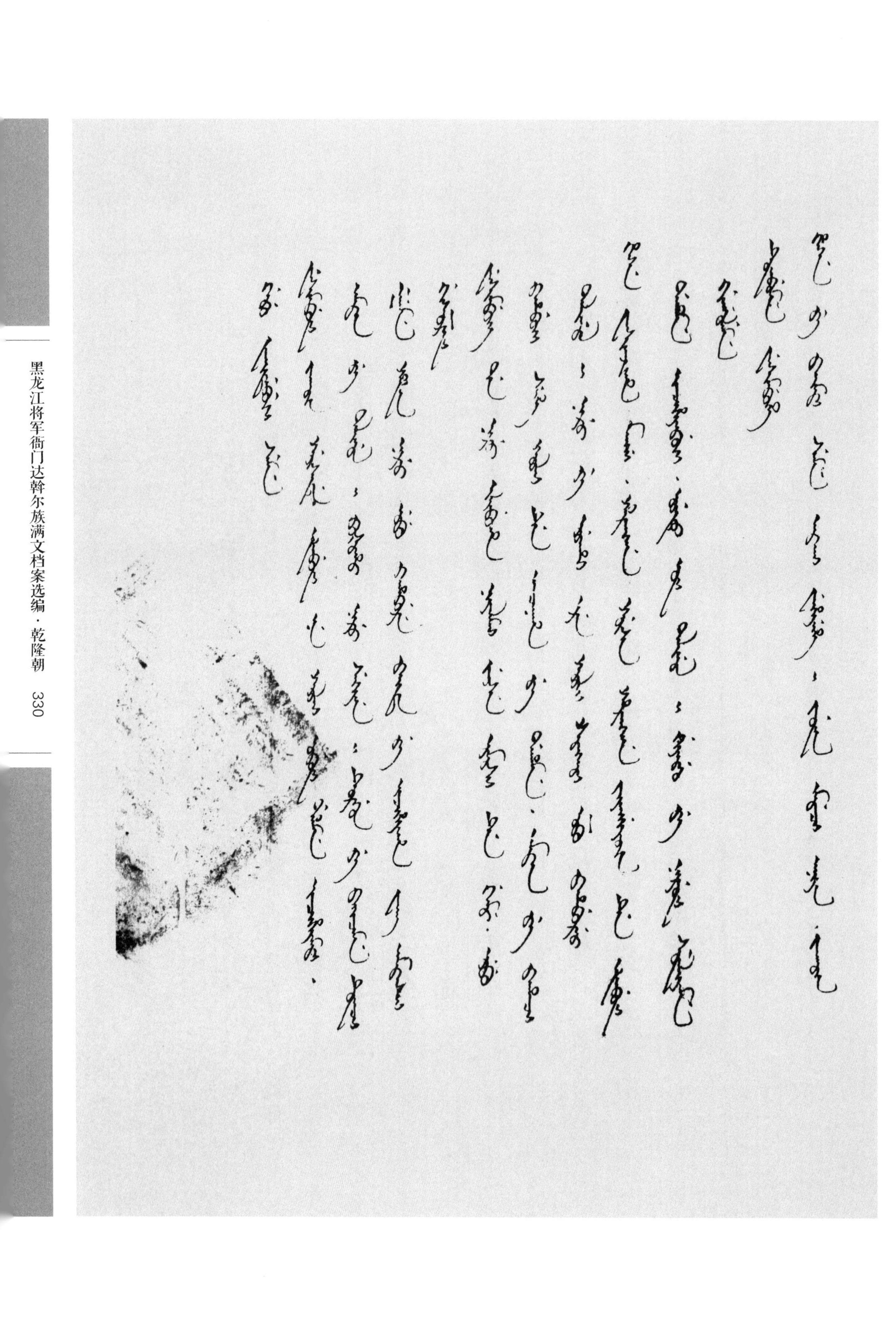

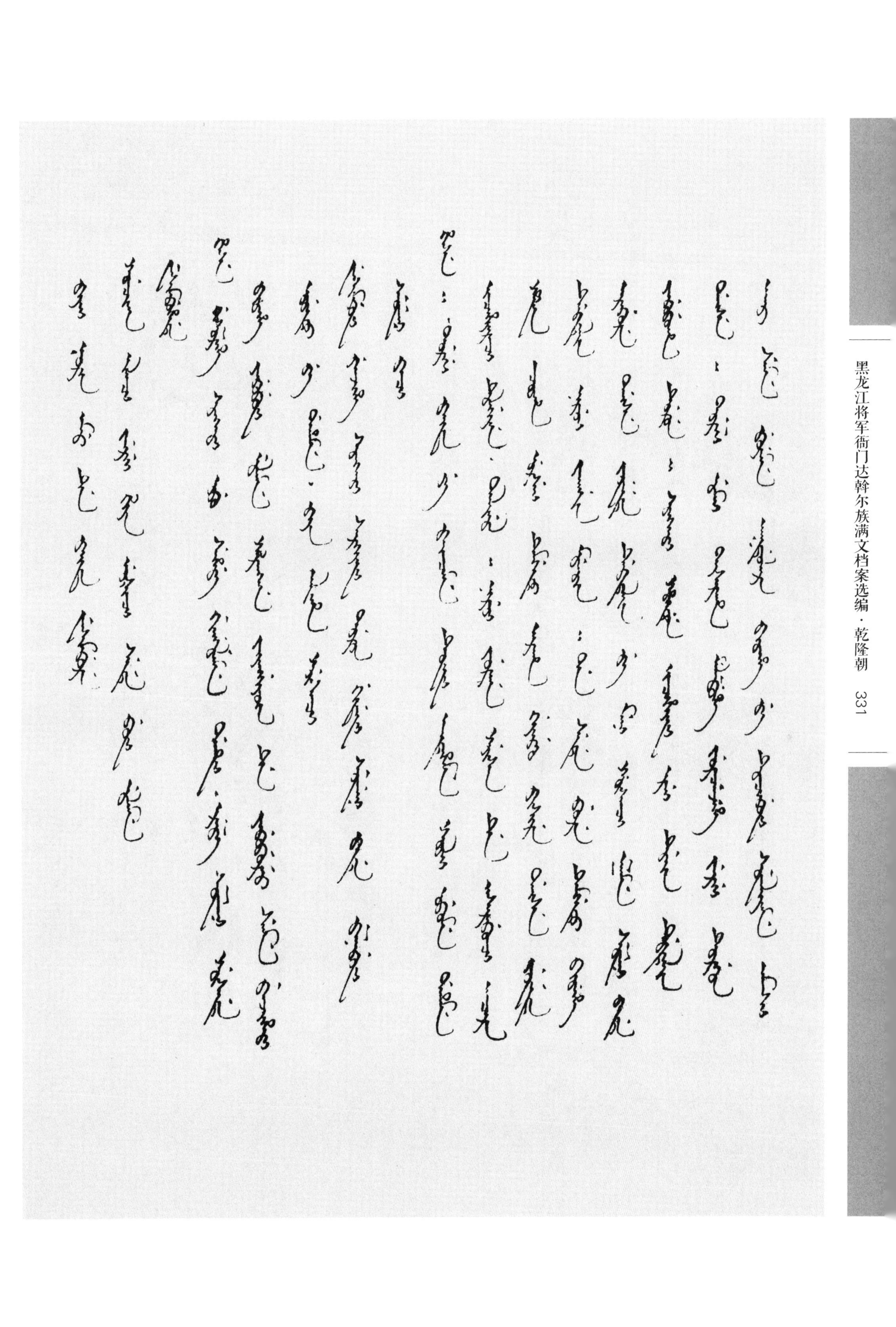

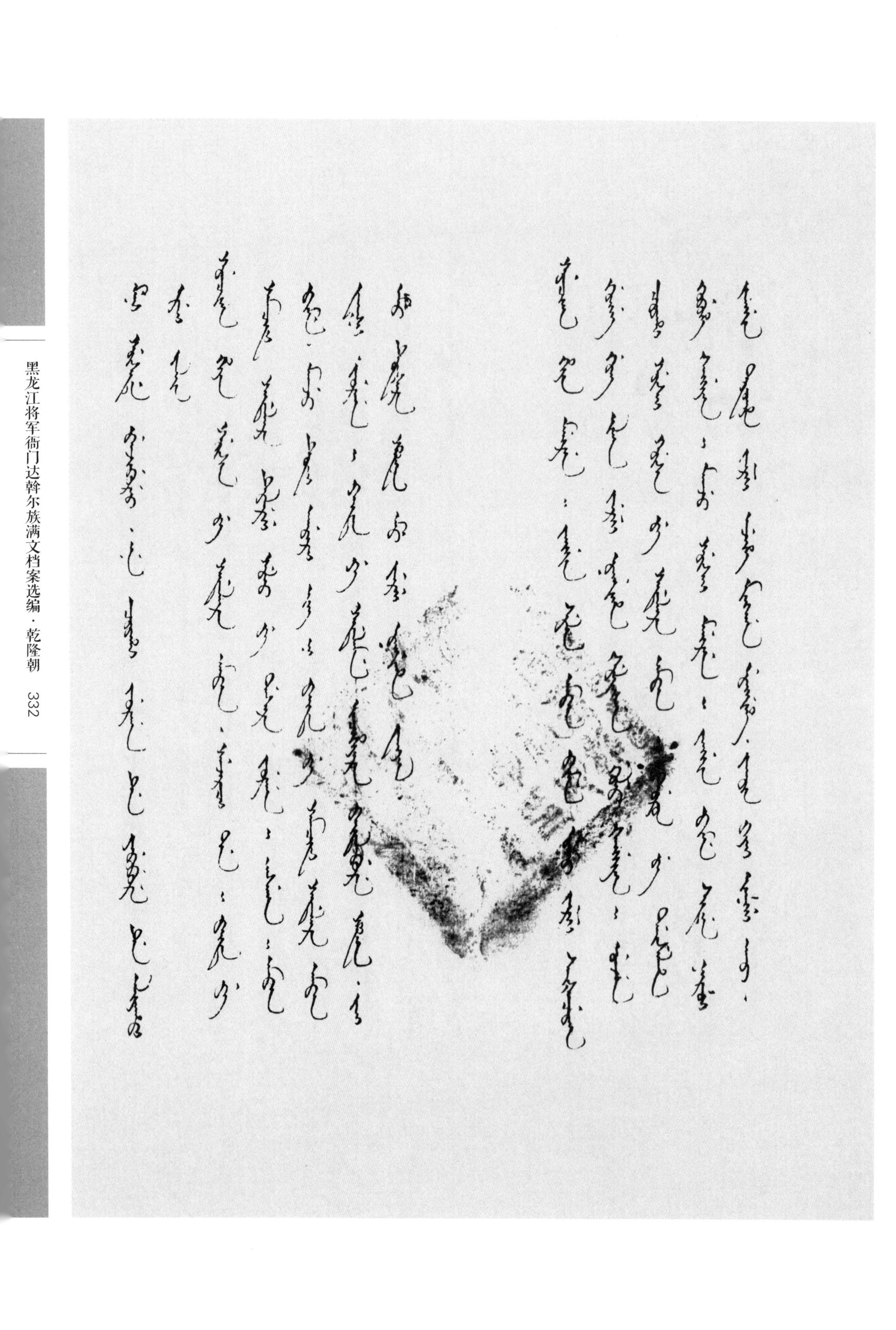

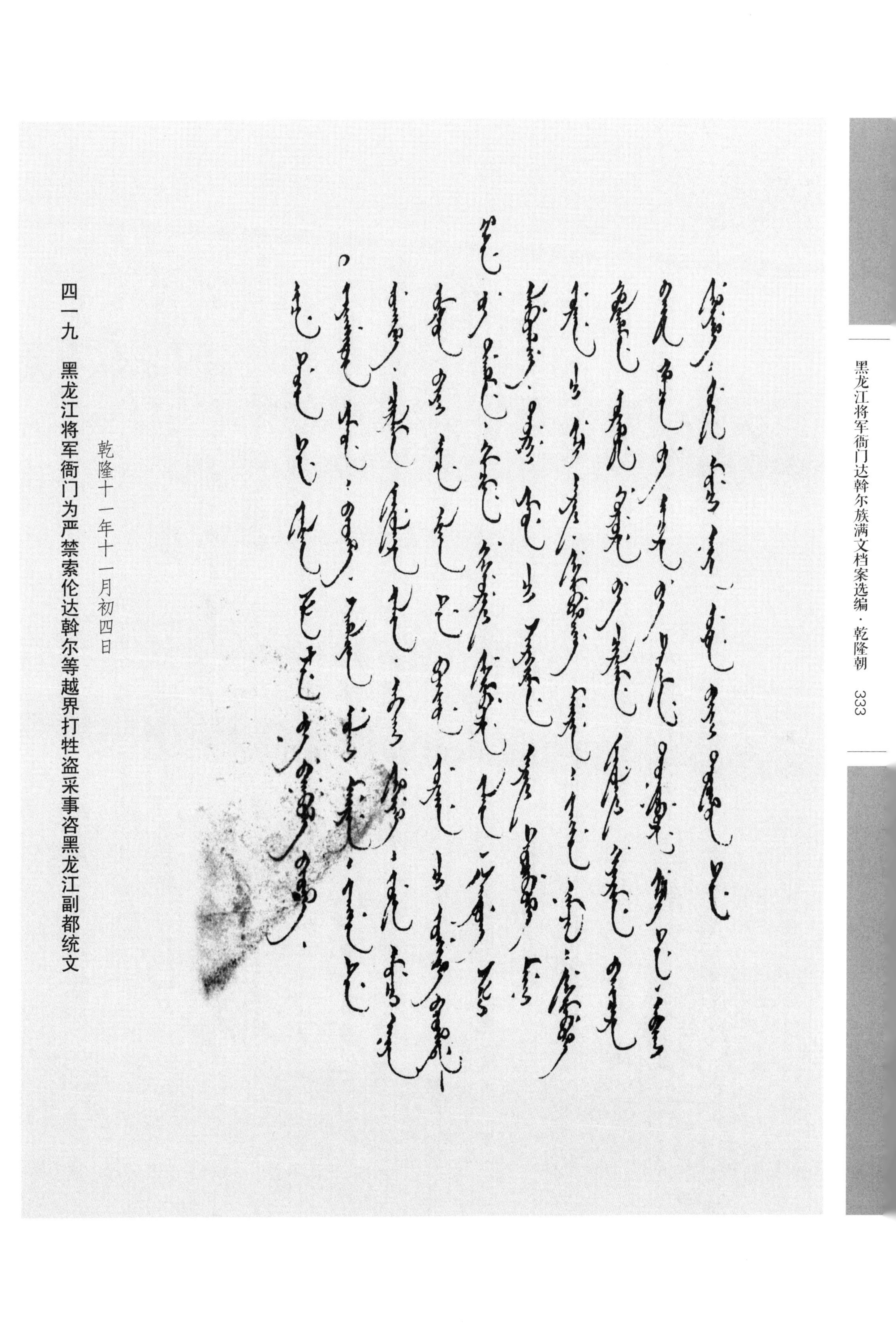

四一九　黑龙江将军衙门为严禁索伦达斡尔等越界打牲盗采事咨黑龙江副都统文

乾隆十一年十一月初四日

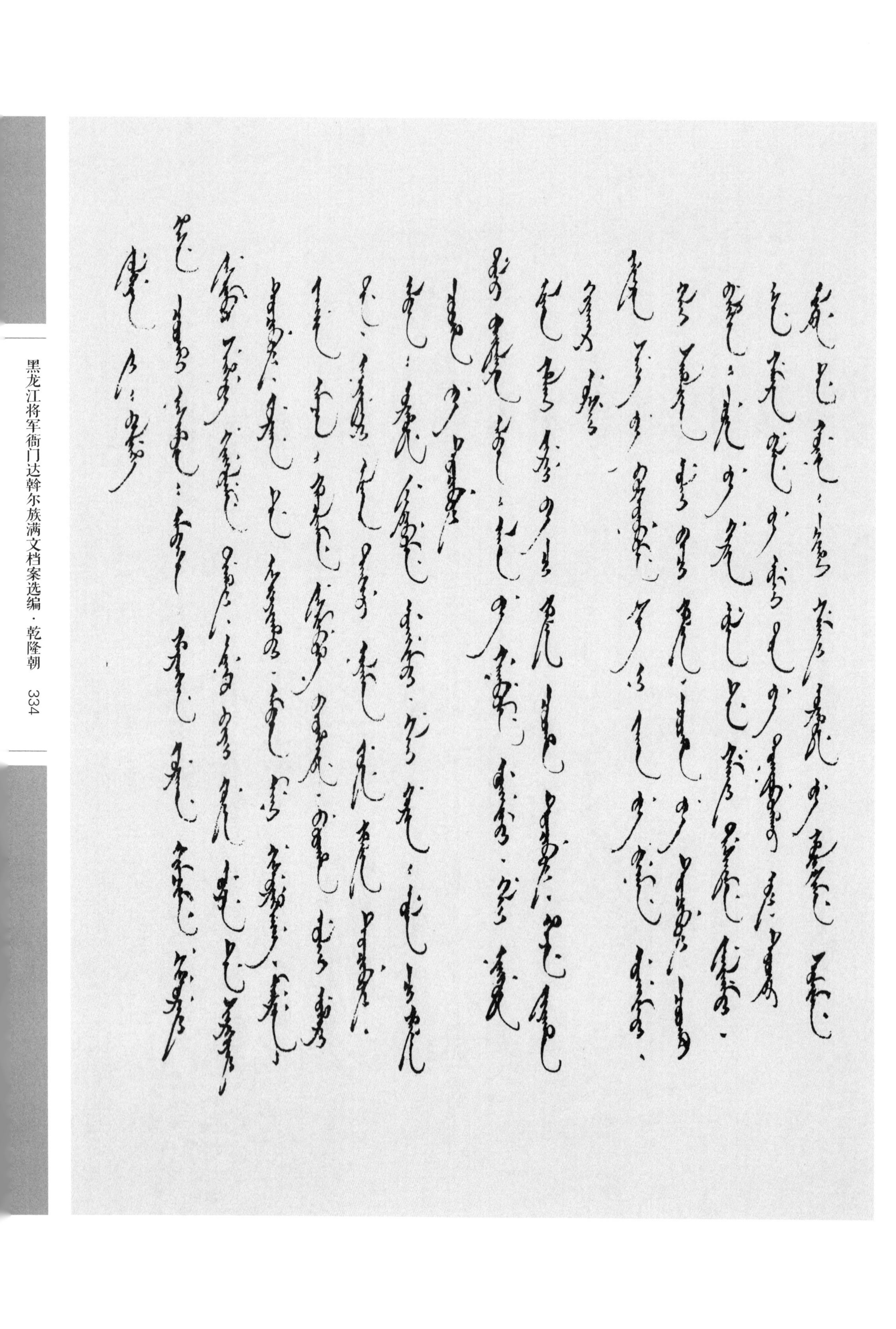

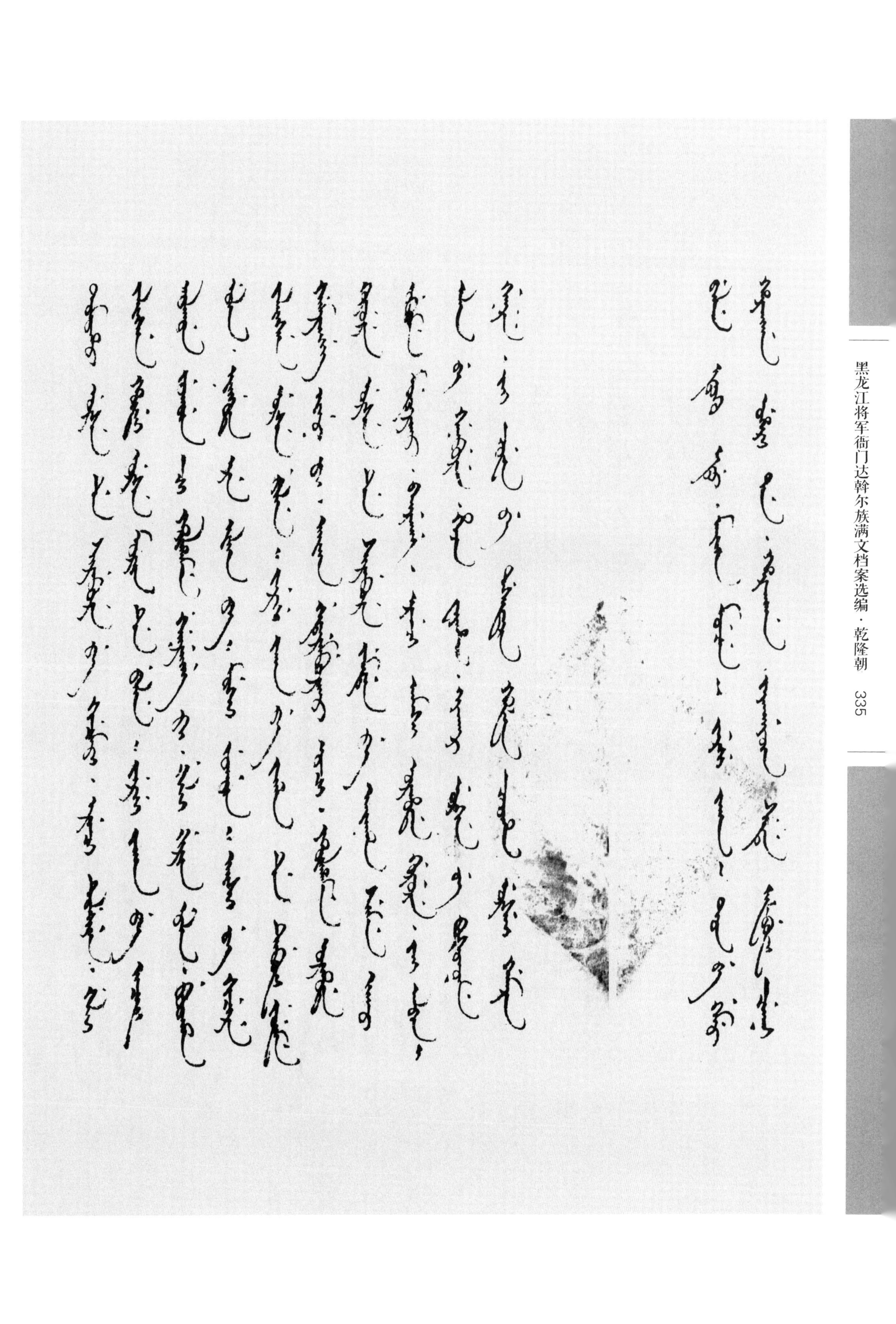

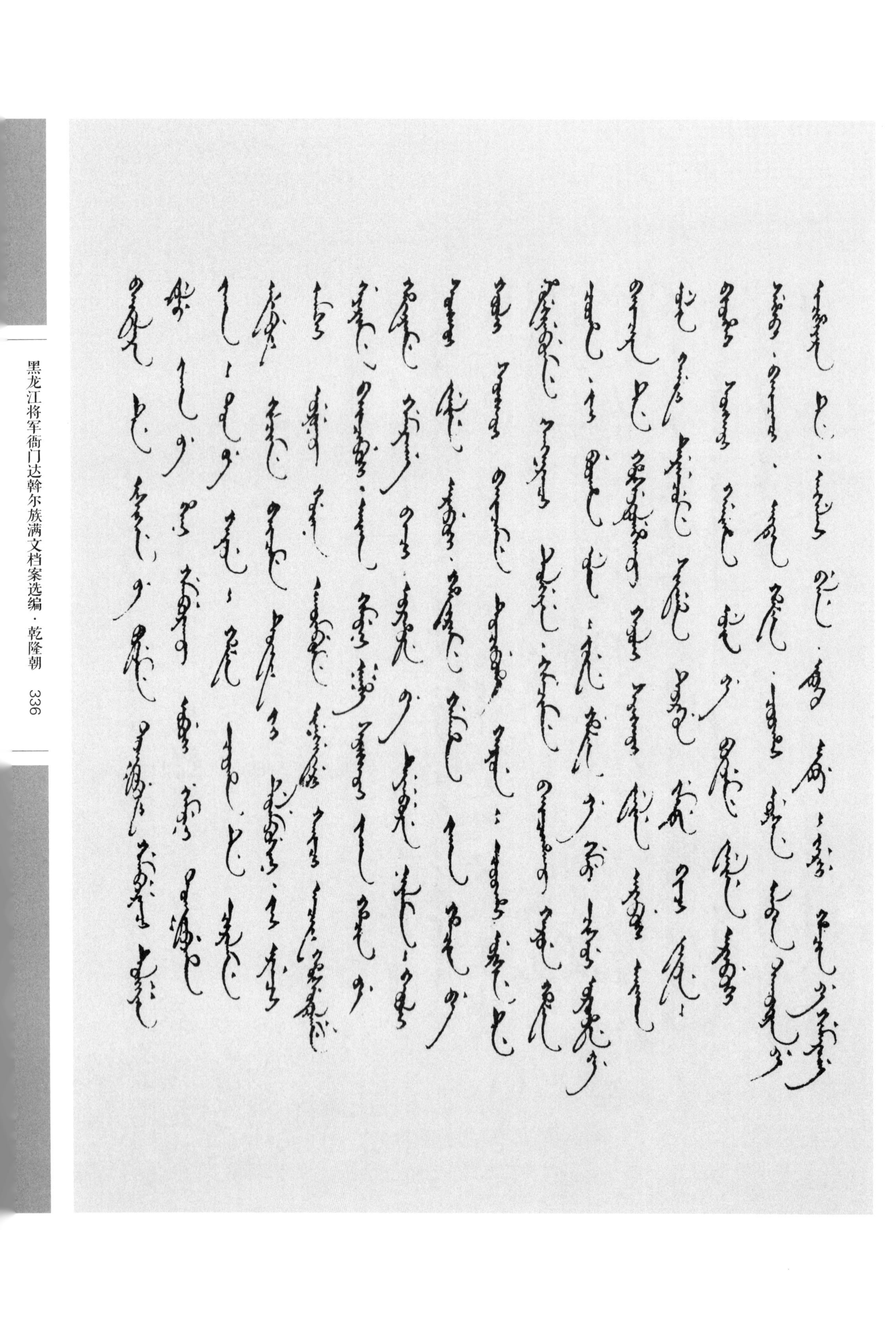

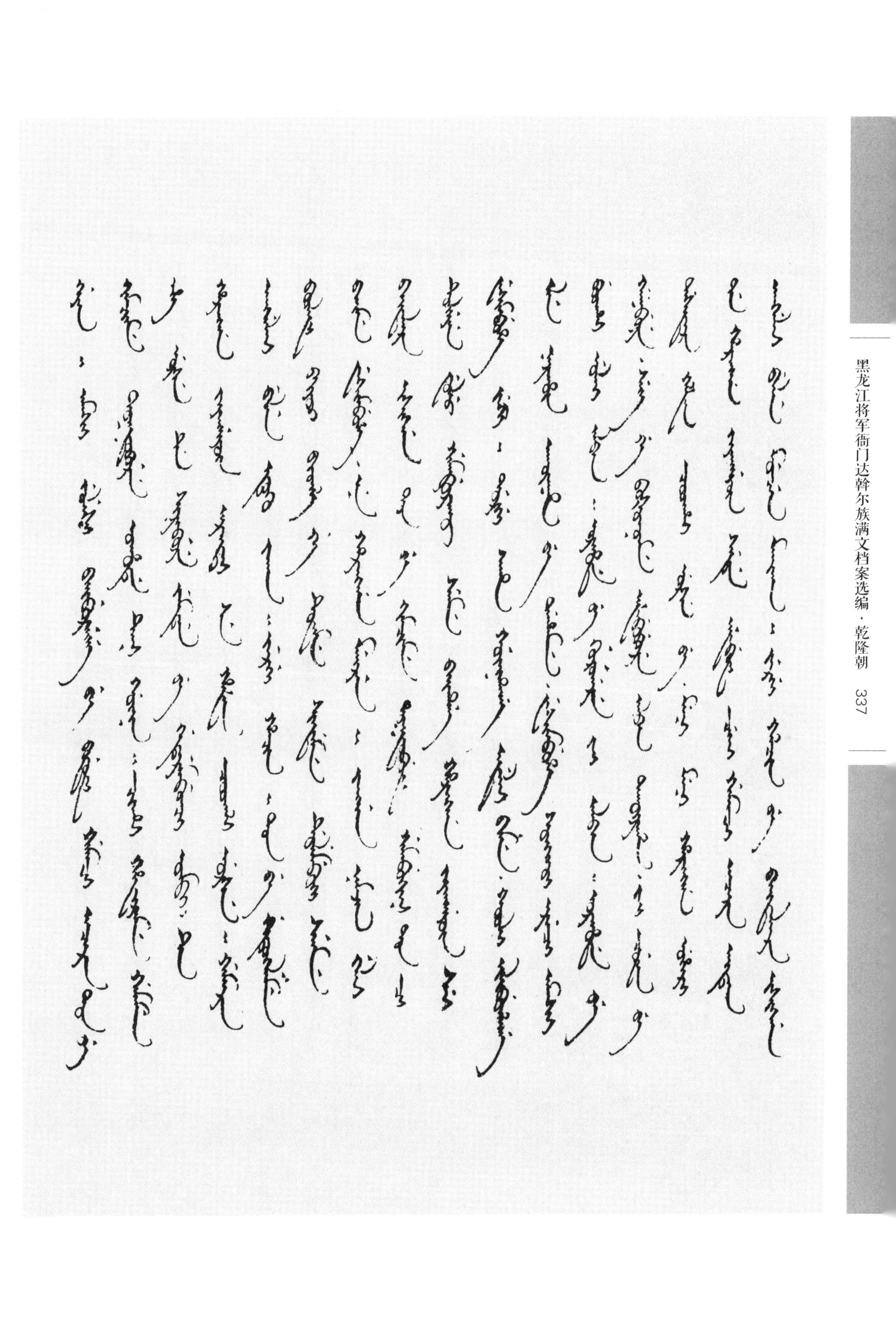

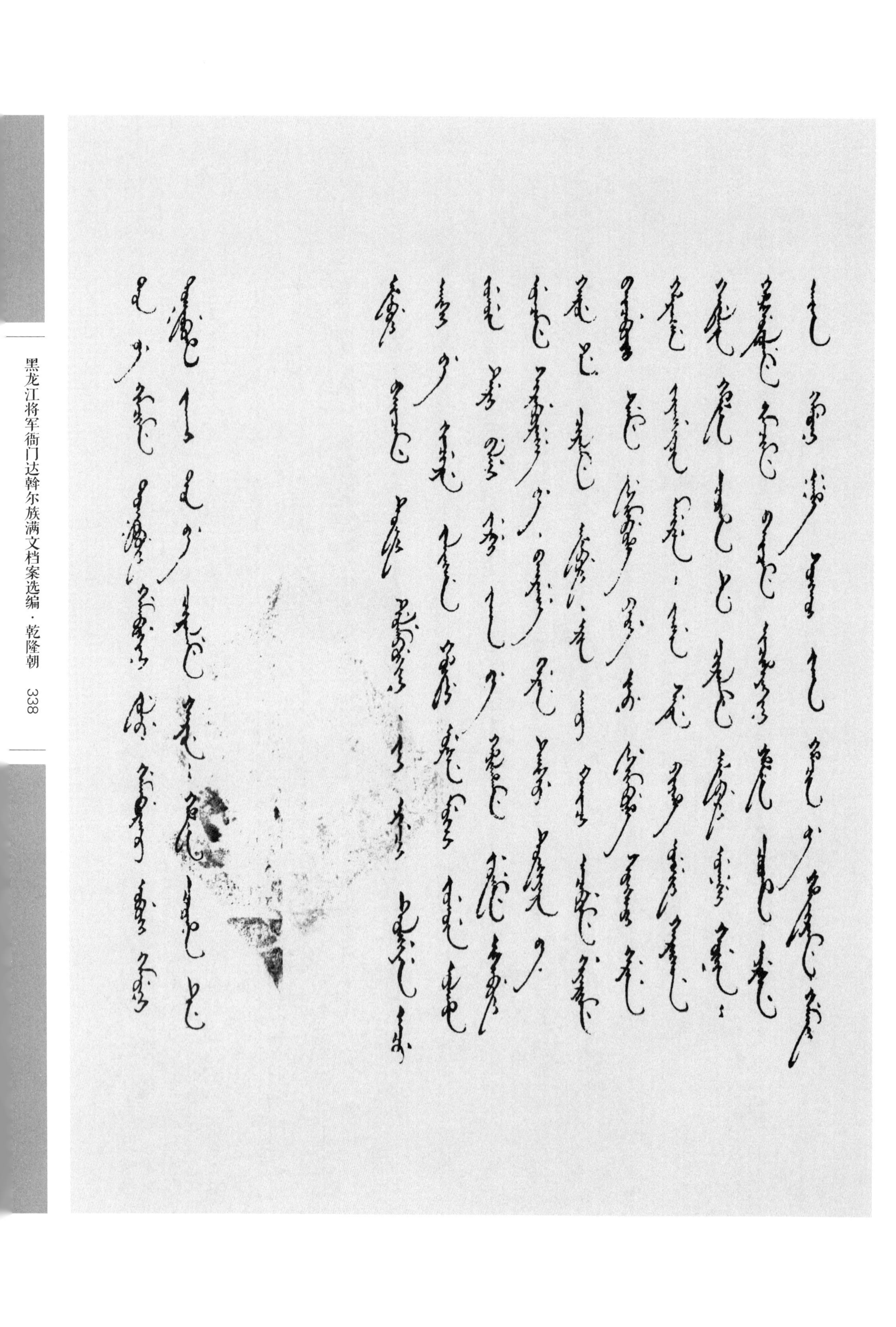

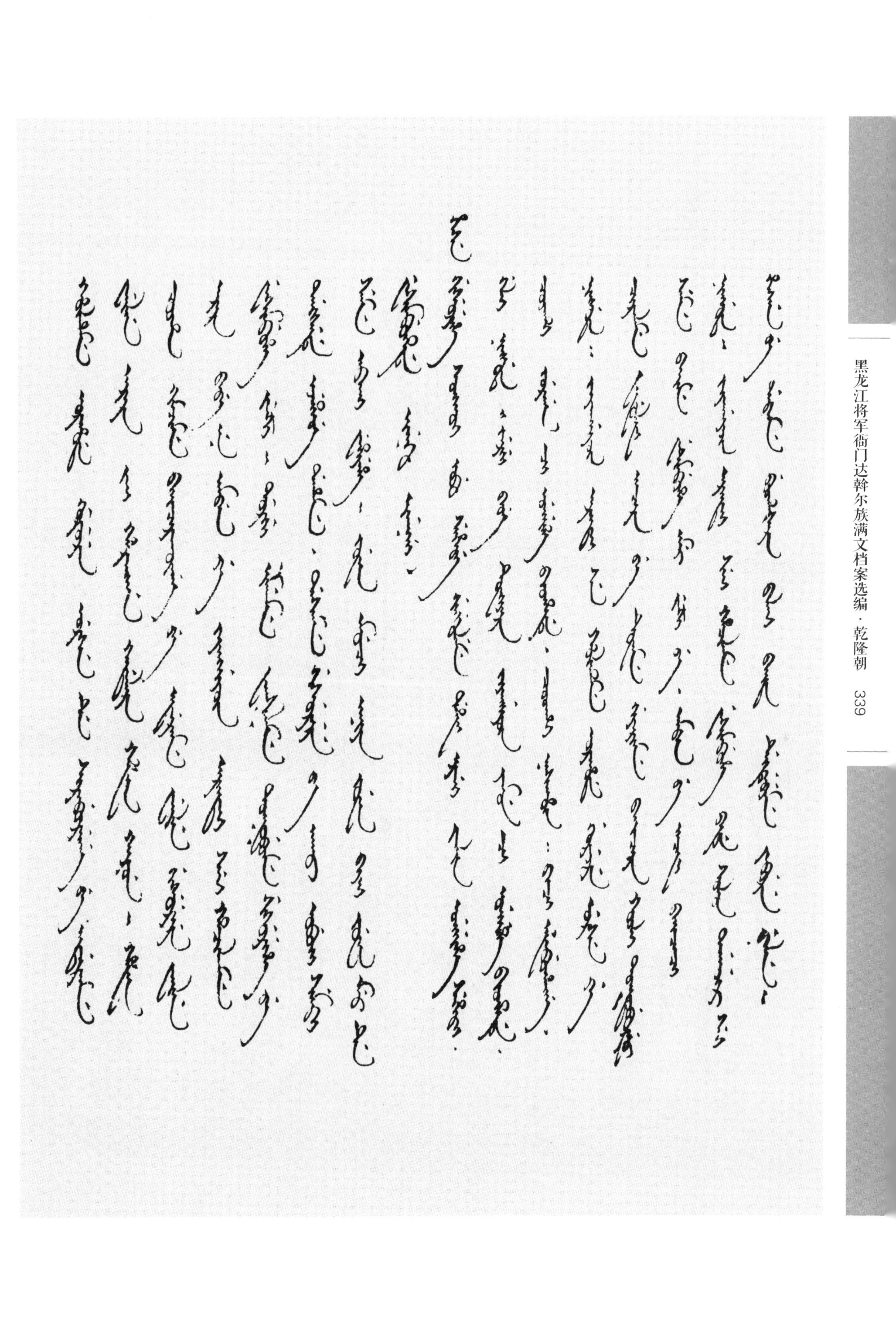

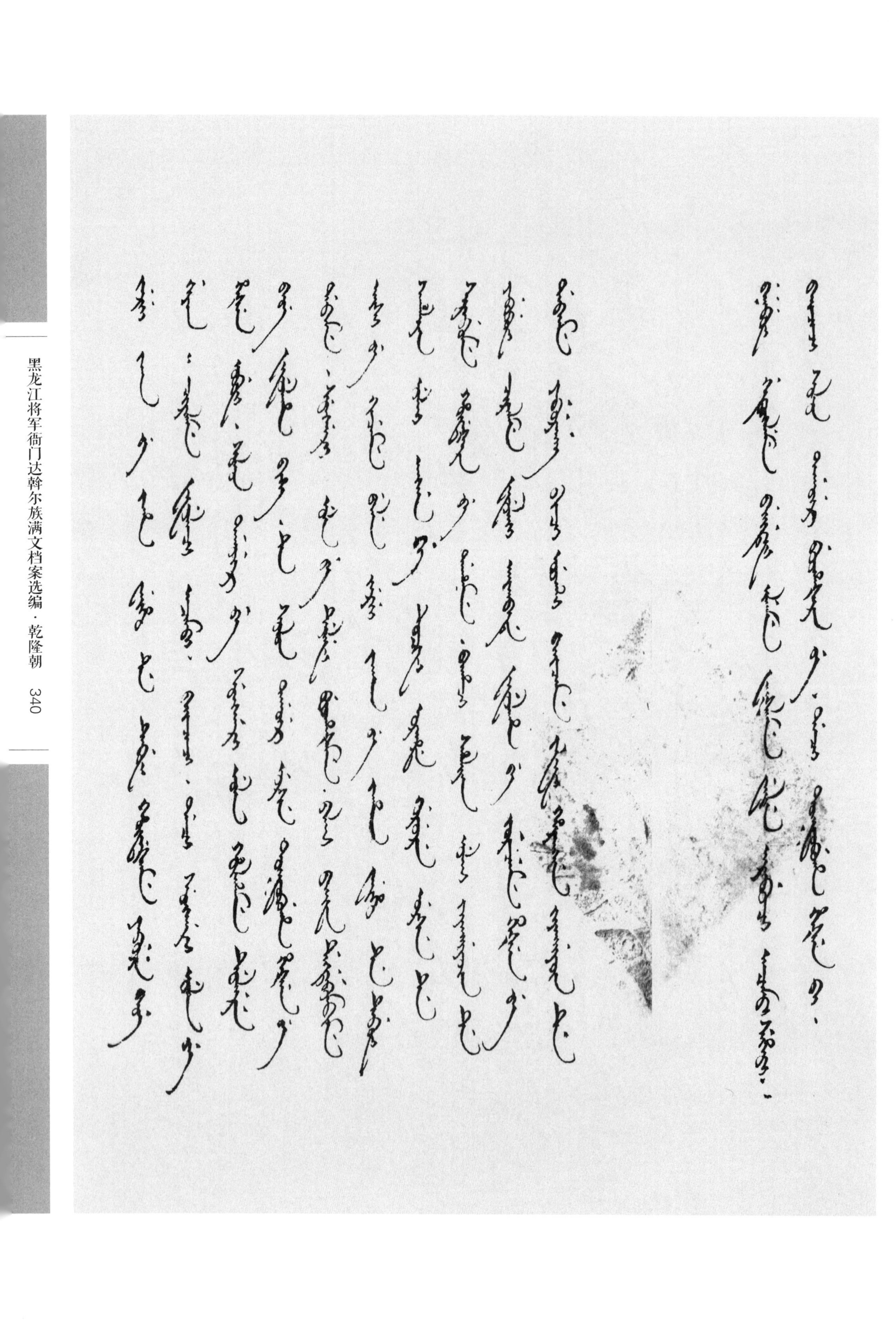

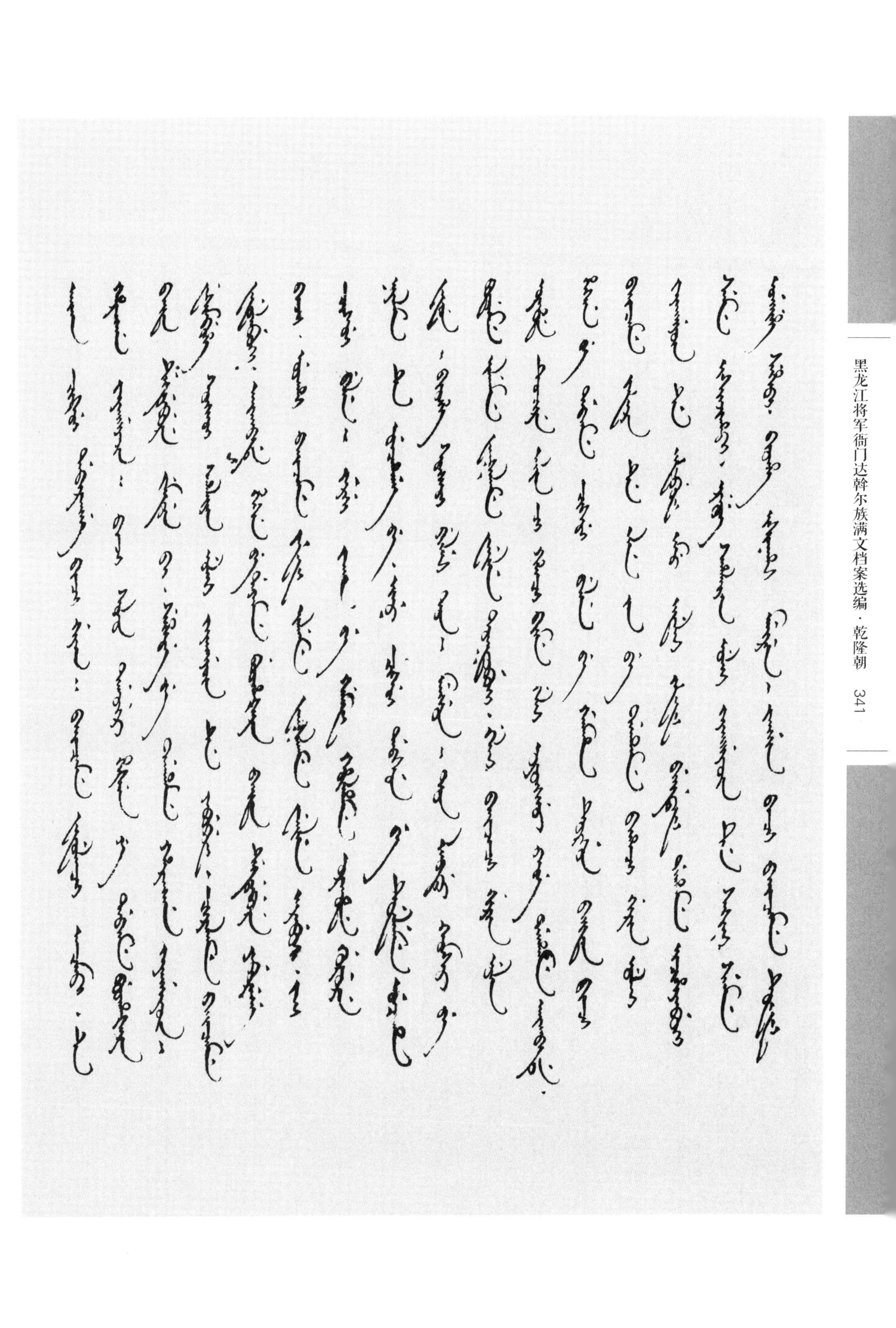

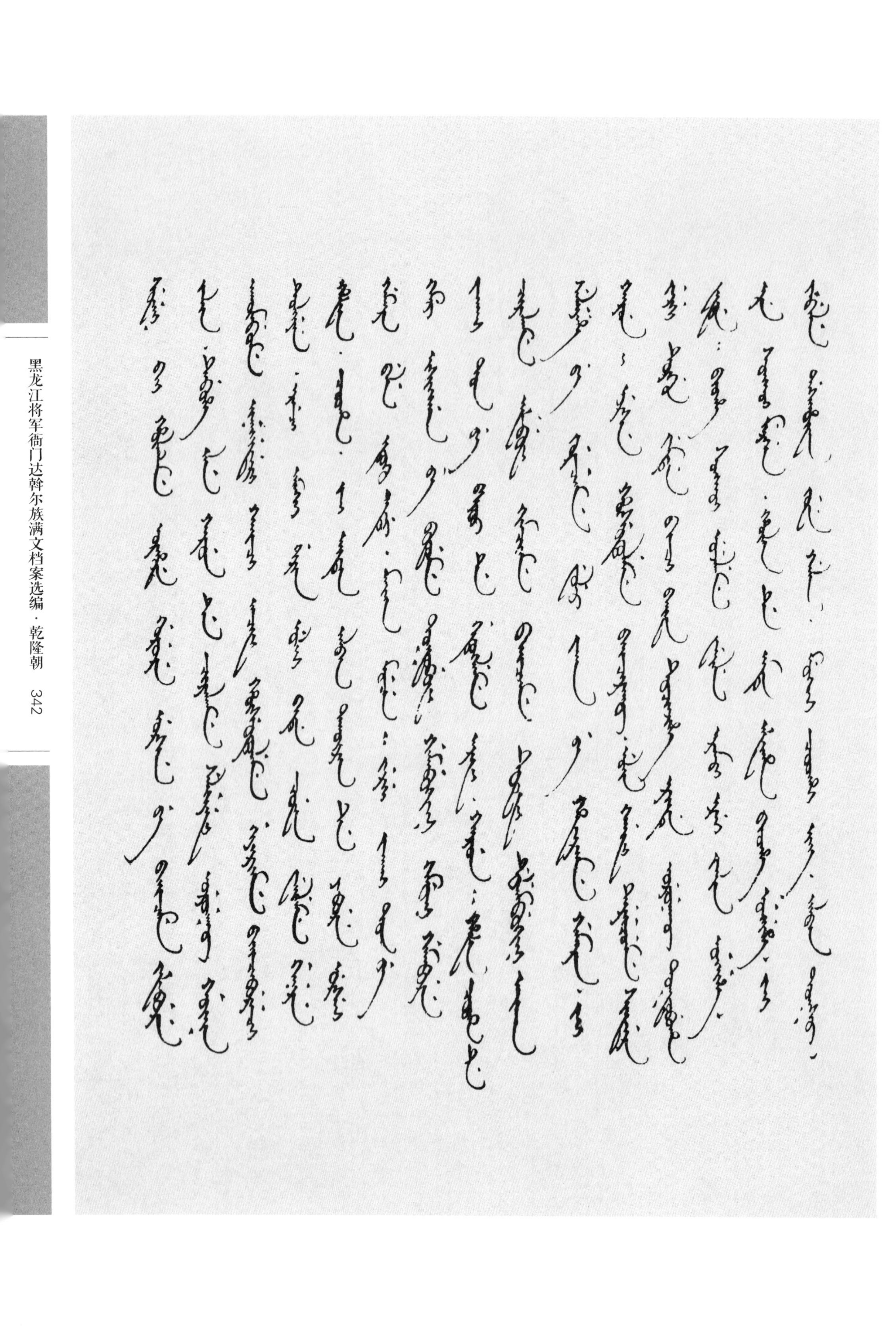

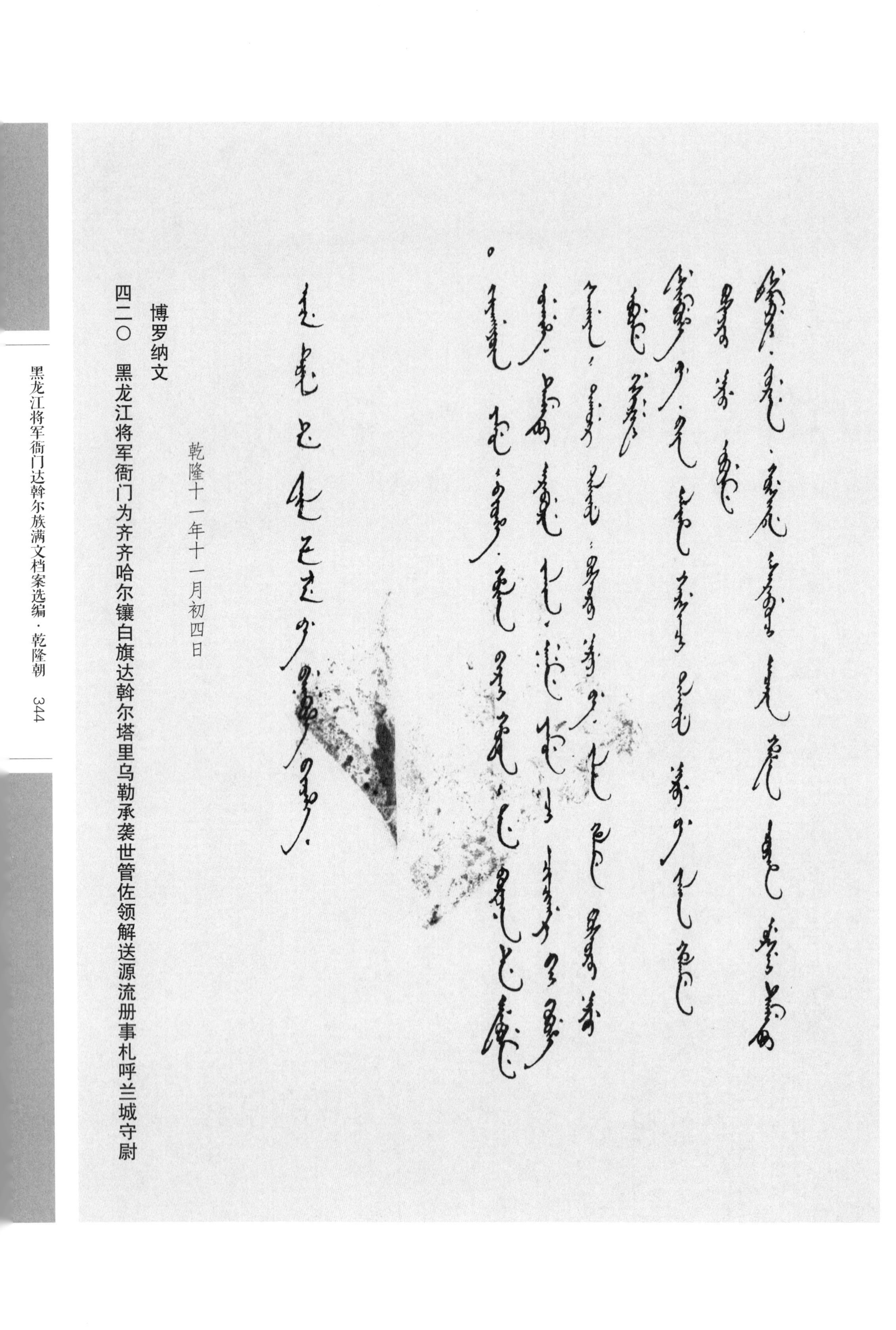

乾隆十一年十一月初四日

博罗纳文

四二〇　黑龙江将军衙门为齐齐哈尔镶白旗达斡尔塔里乌勒承袭世管佐领解送源流册事札呼兰城守尉

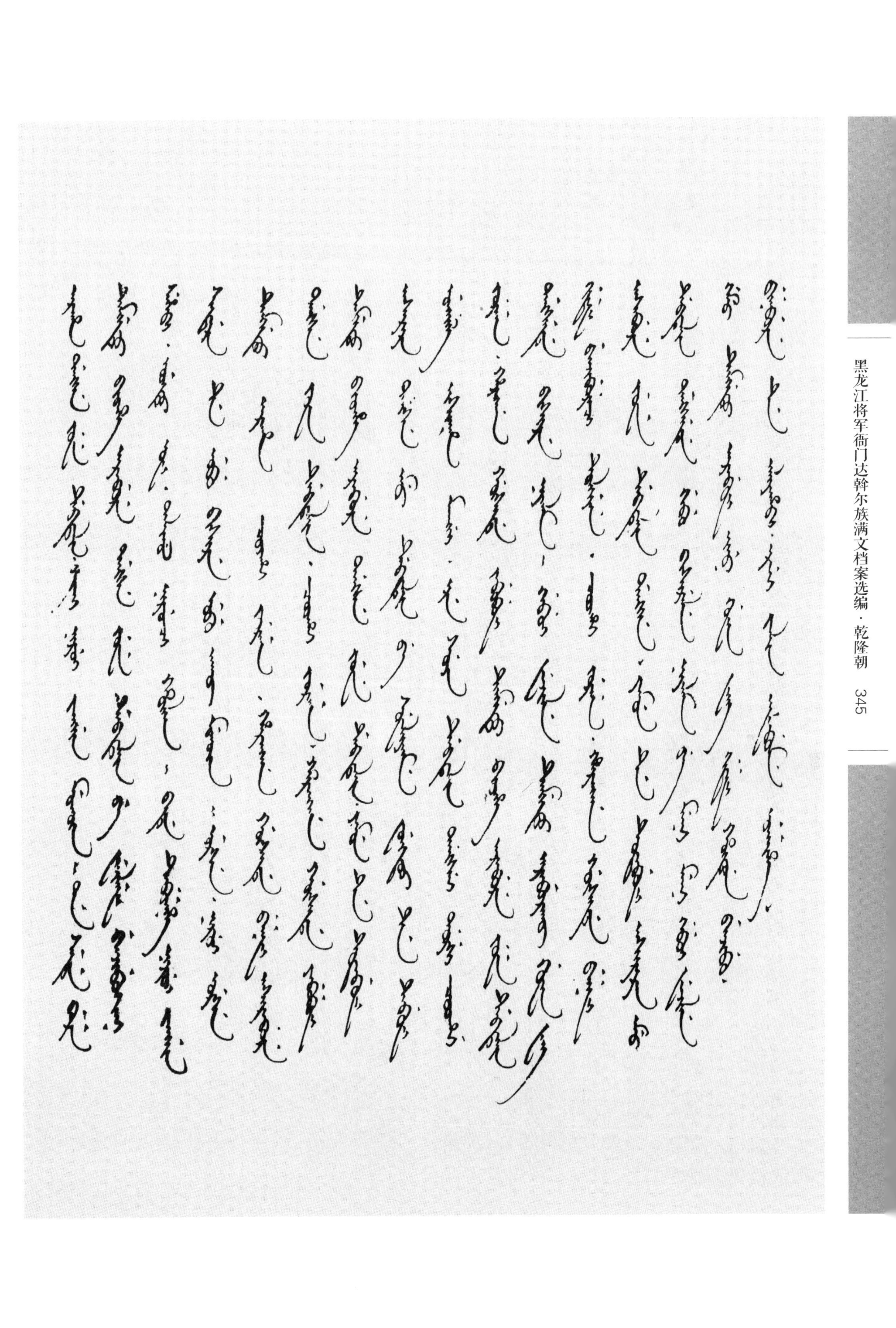

[illegible]

四二一　黑龙江将军衙门为严禁索伦达斡尔等越界打牲盗采人参事札布特哈索伦达斡尔总管乌察喇勒图等文

乾隆十一年十一月初四日

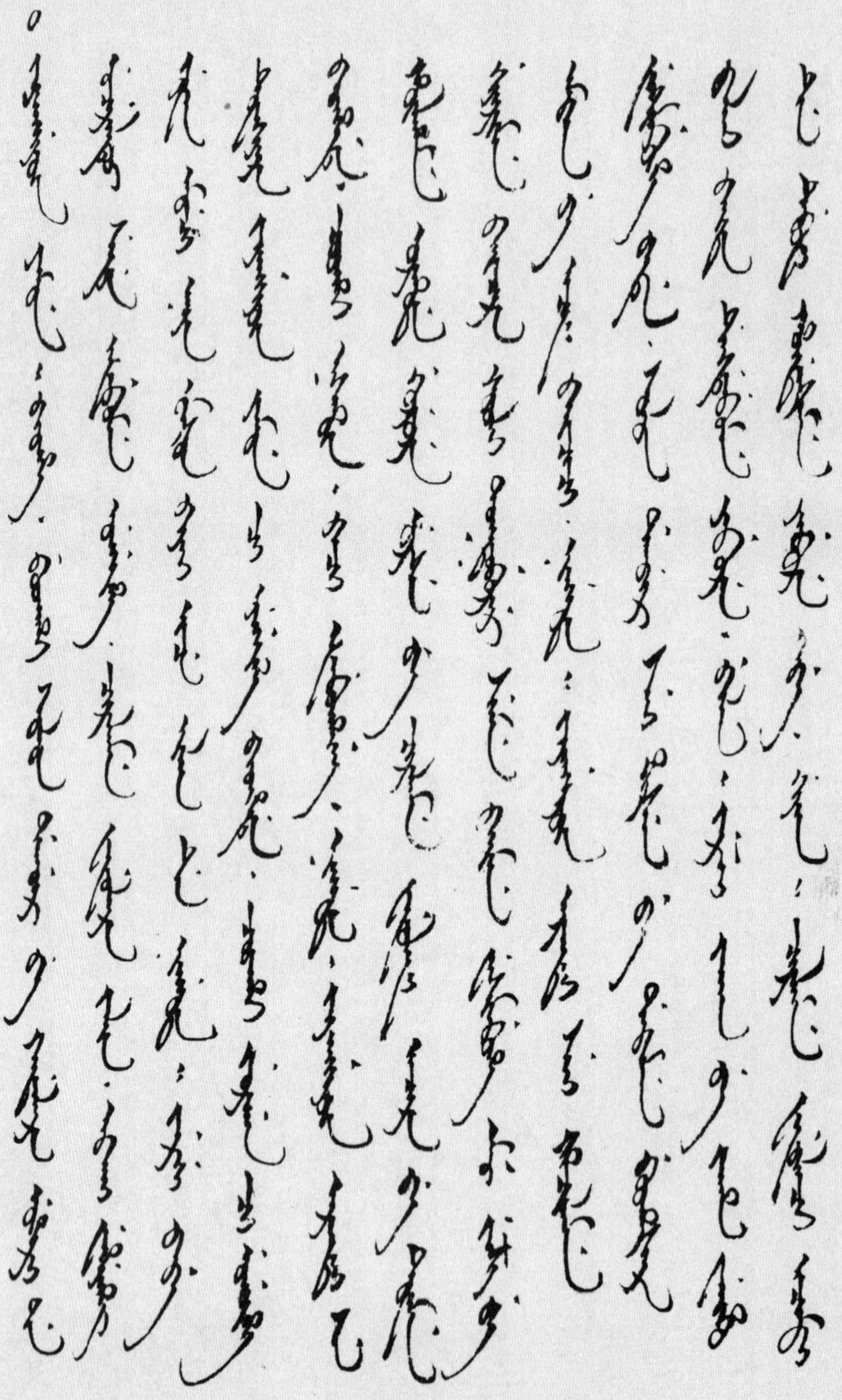

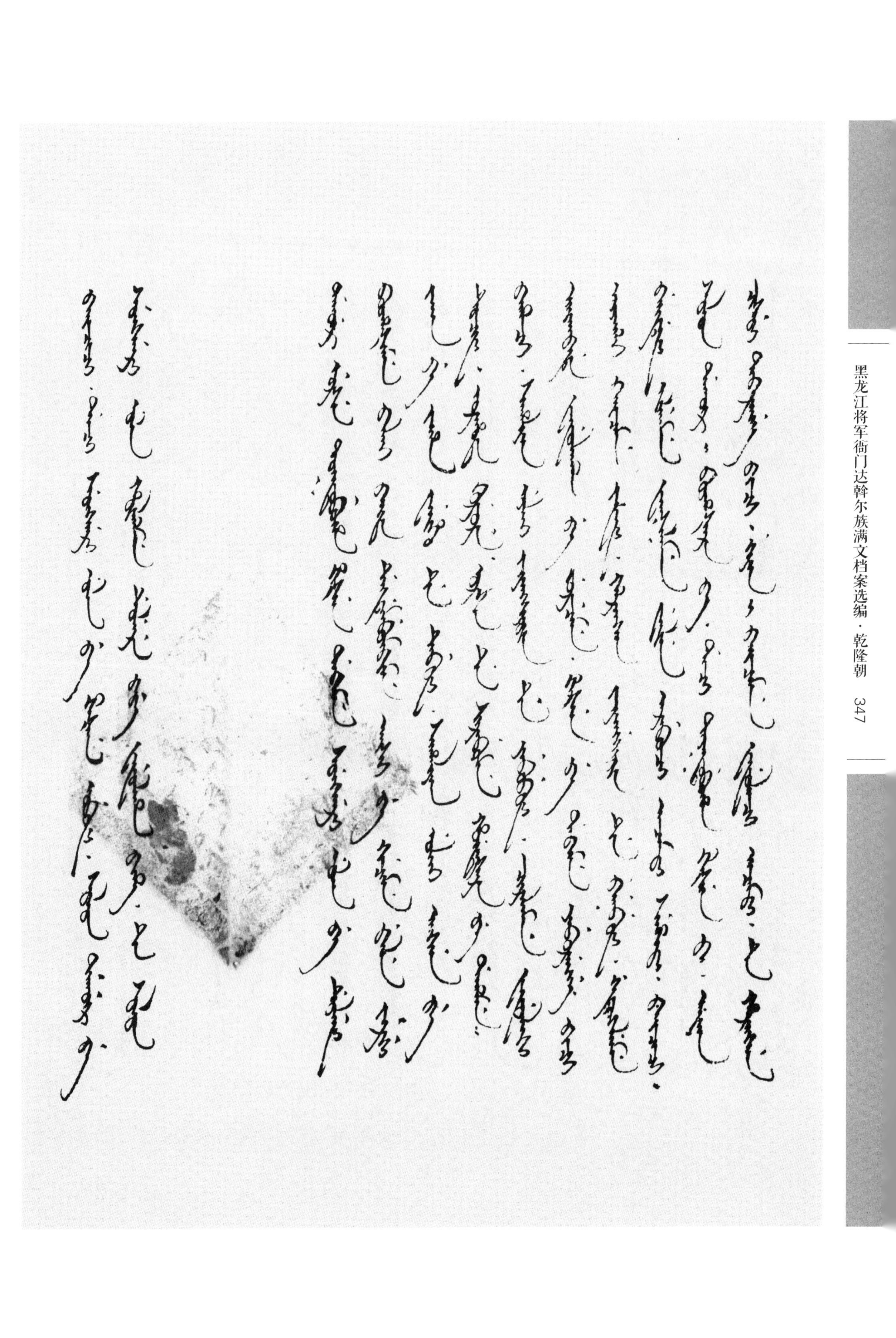

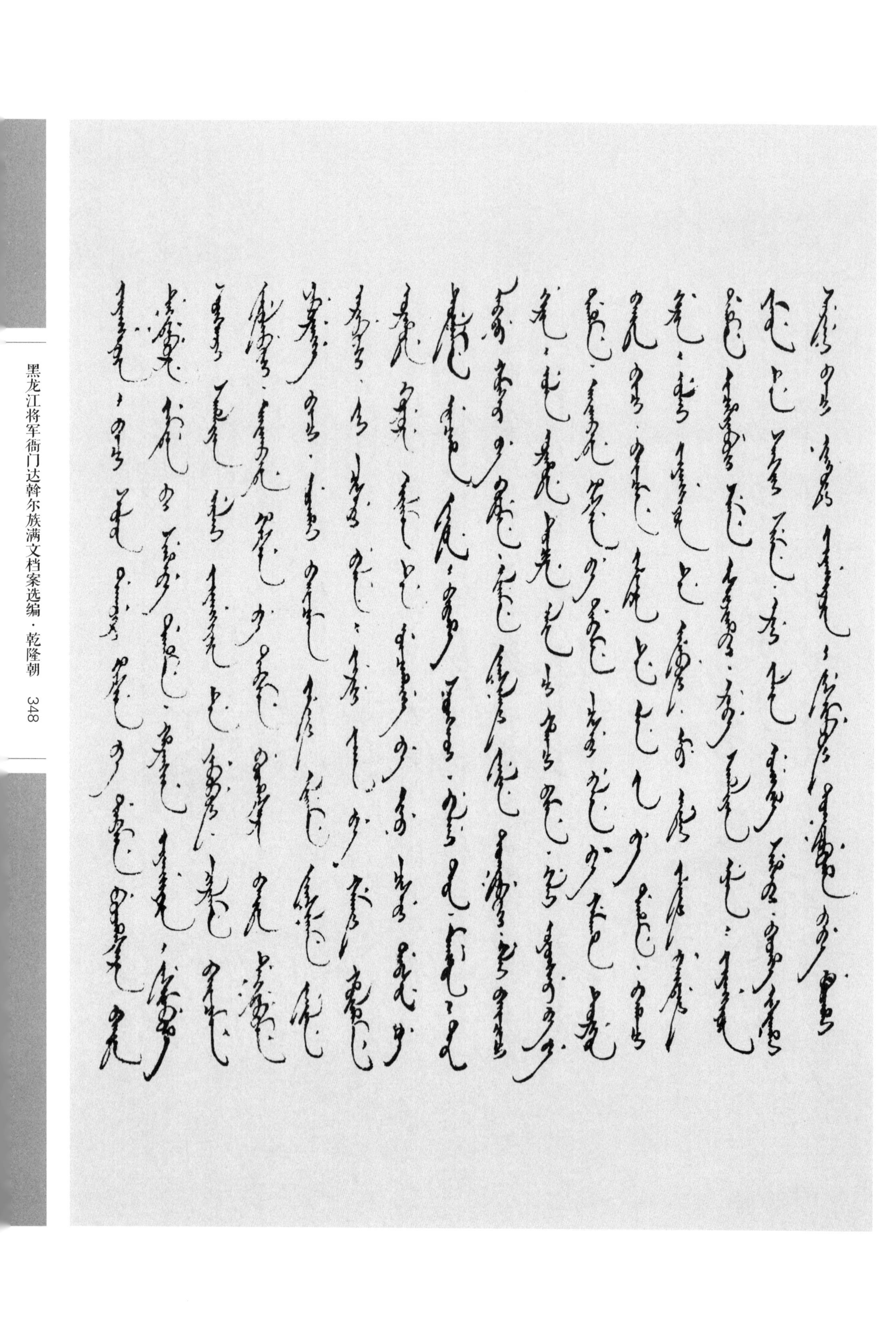

[illegible]

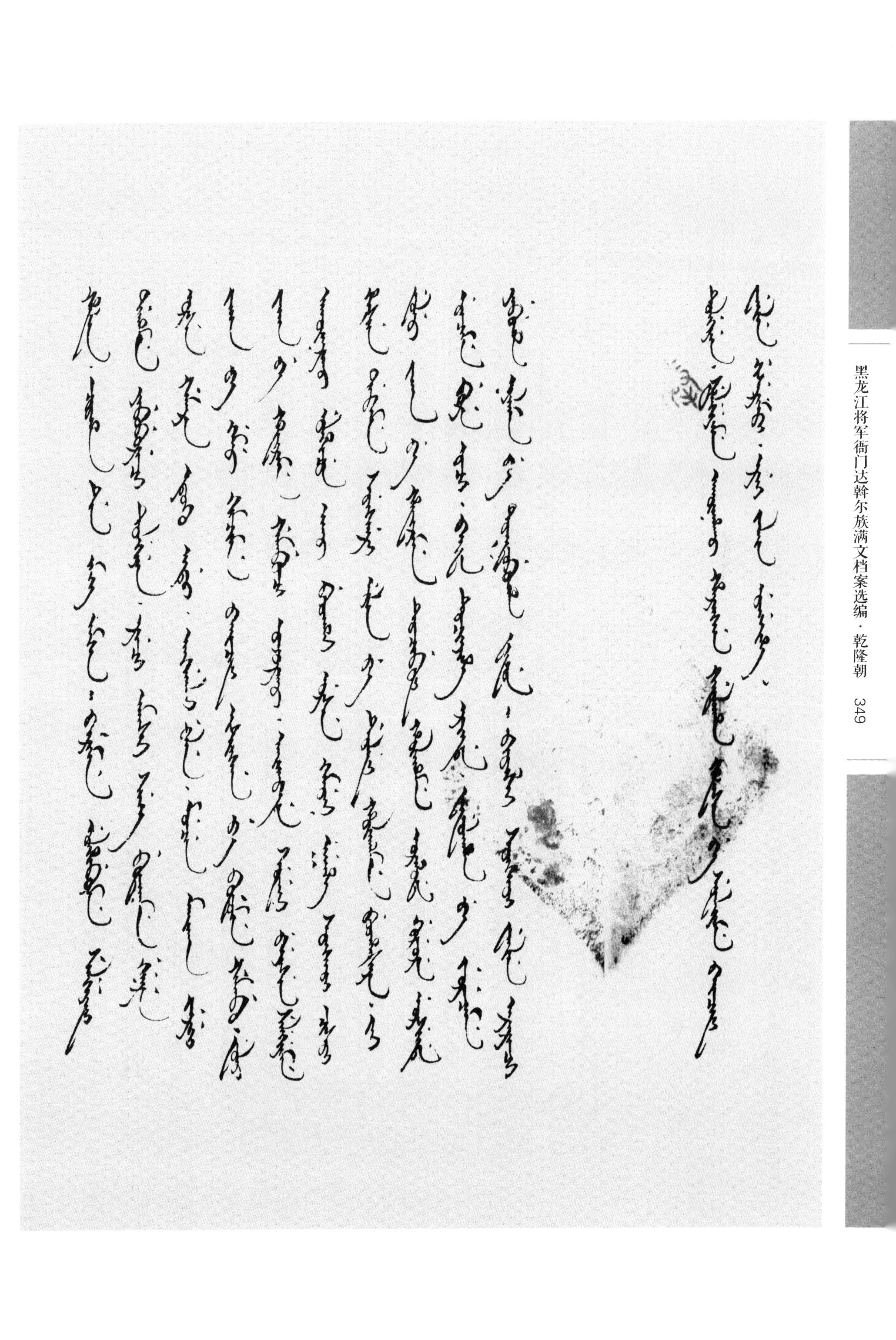

四二二 黑龙江将军衙门为镶白旗达斡尔塔里乌勒承袭世管佐领解送源流册事咨正黄旗满洲都统衙门文

乾隆十一年十一月初六日

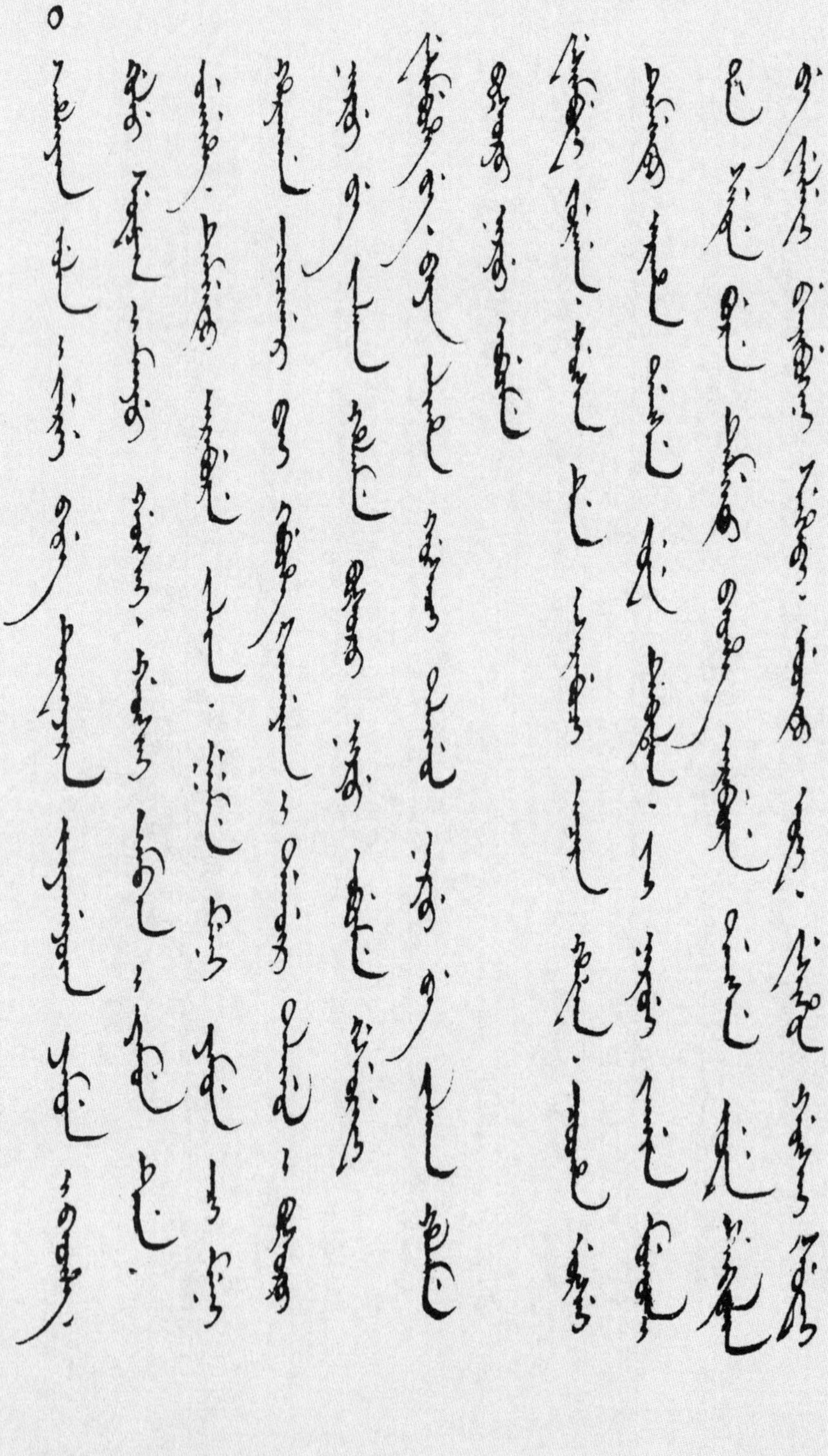

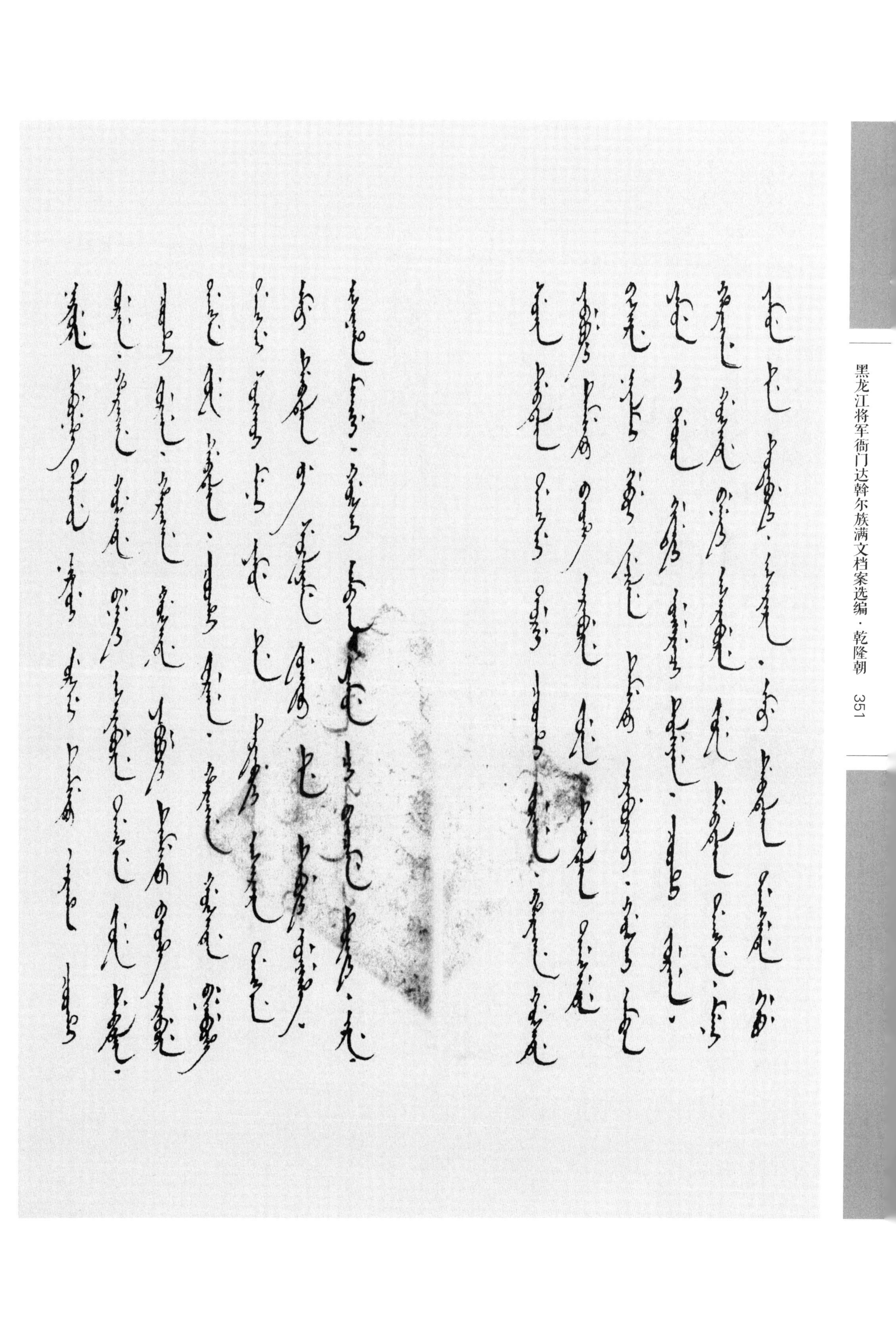

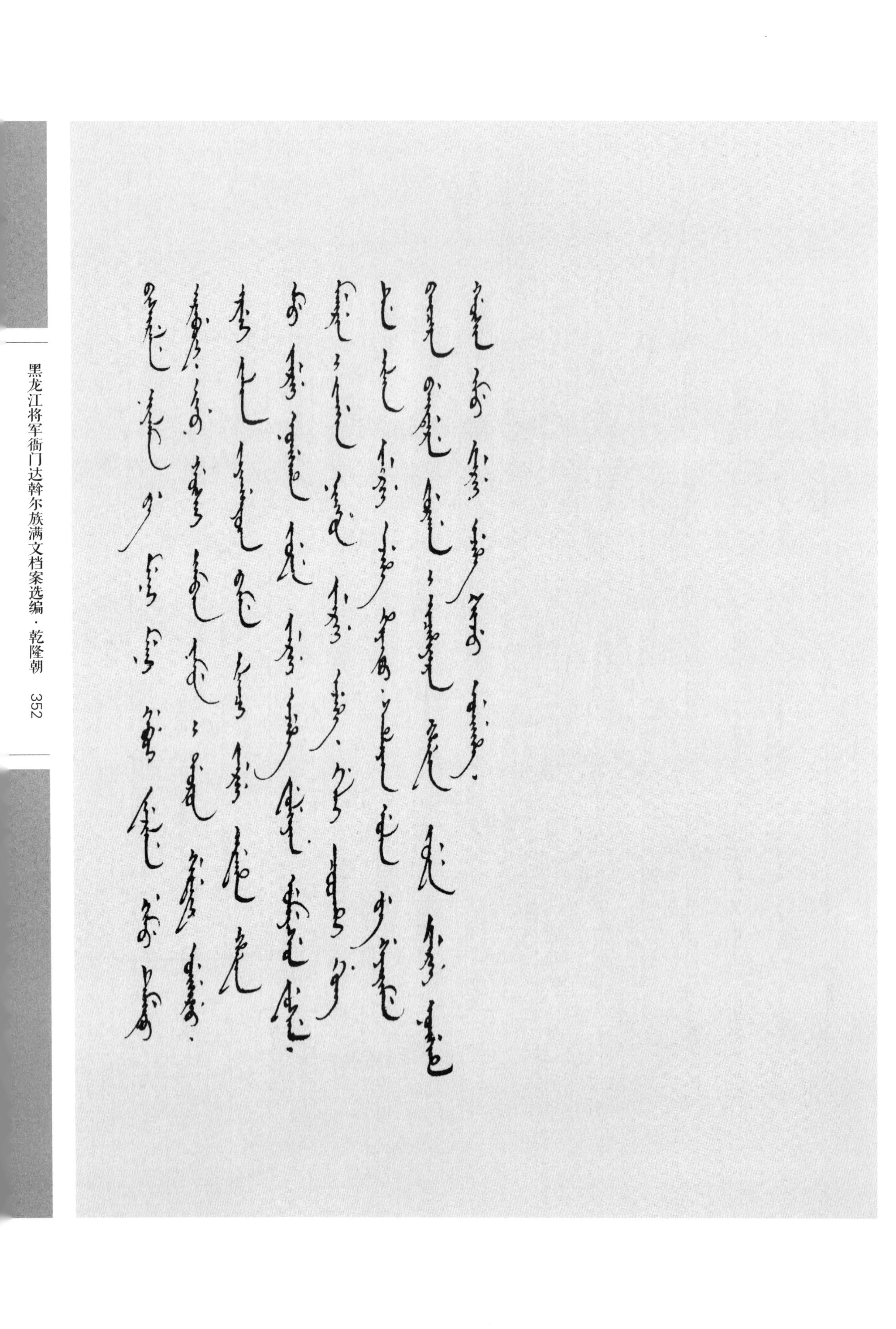

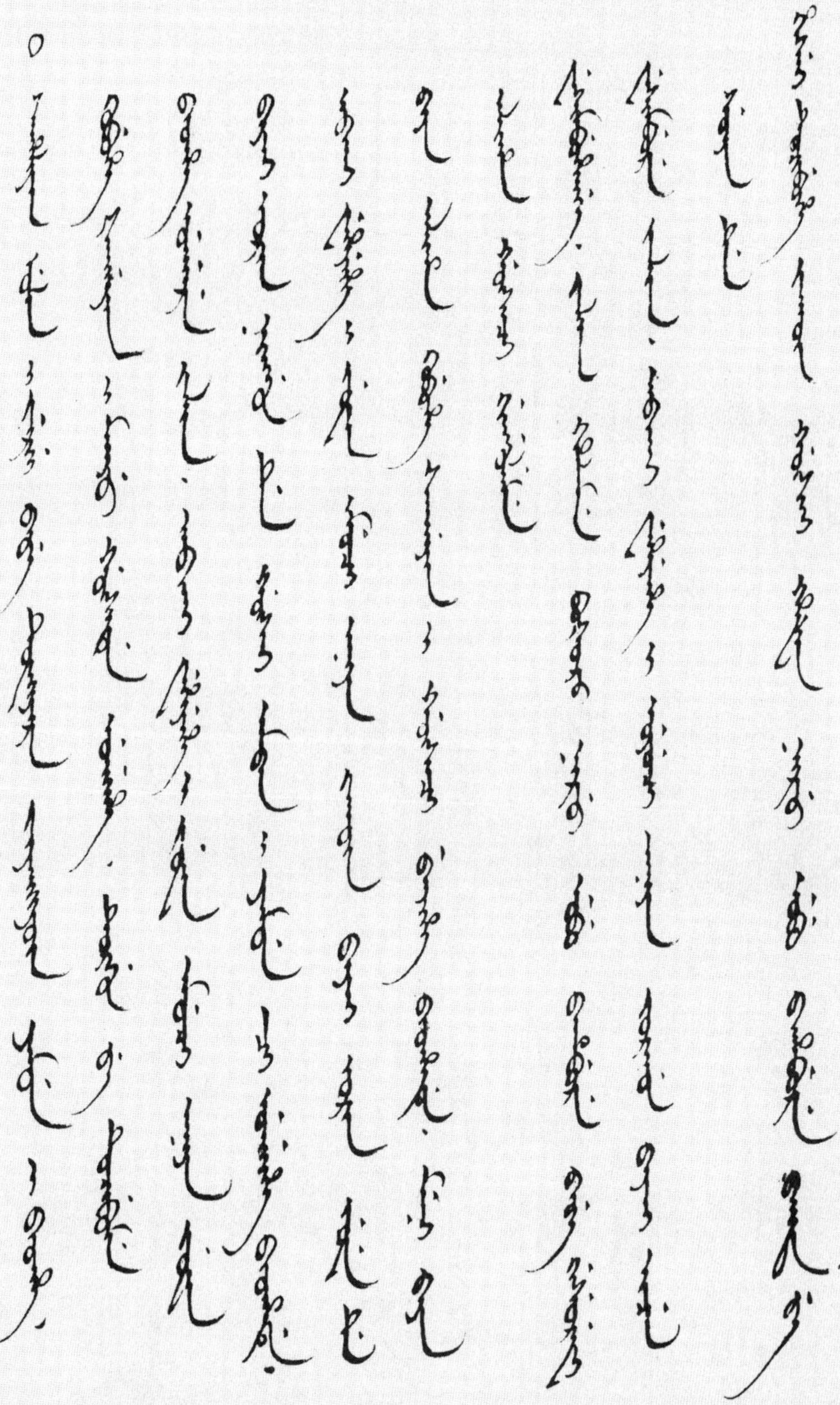

乾隆十一年十一月初六日

四二三　黑龙江将军衙门为令从速解送镶白旗达斡尔塔里乌勒佐领源流册家谱事咨镶白满洲旗文

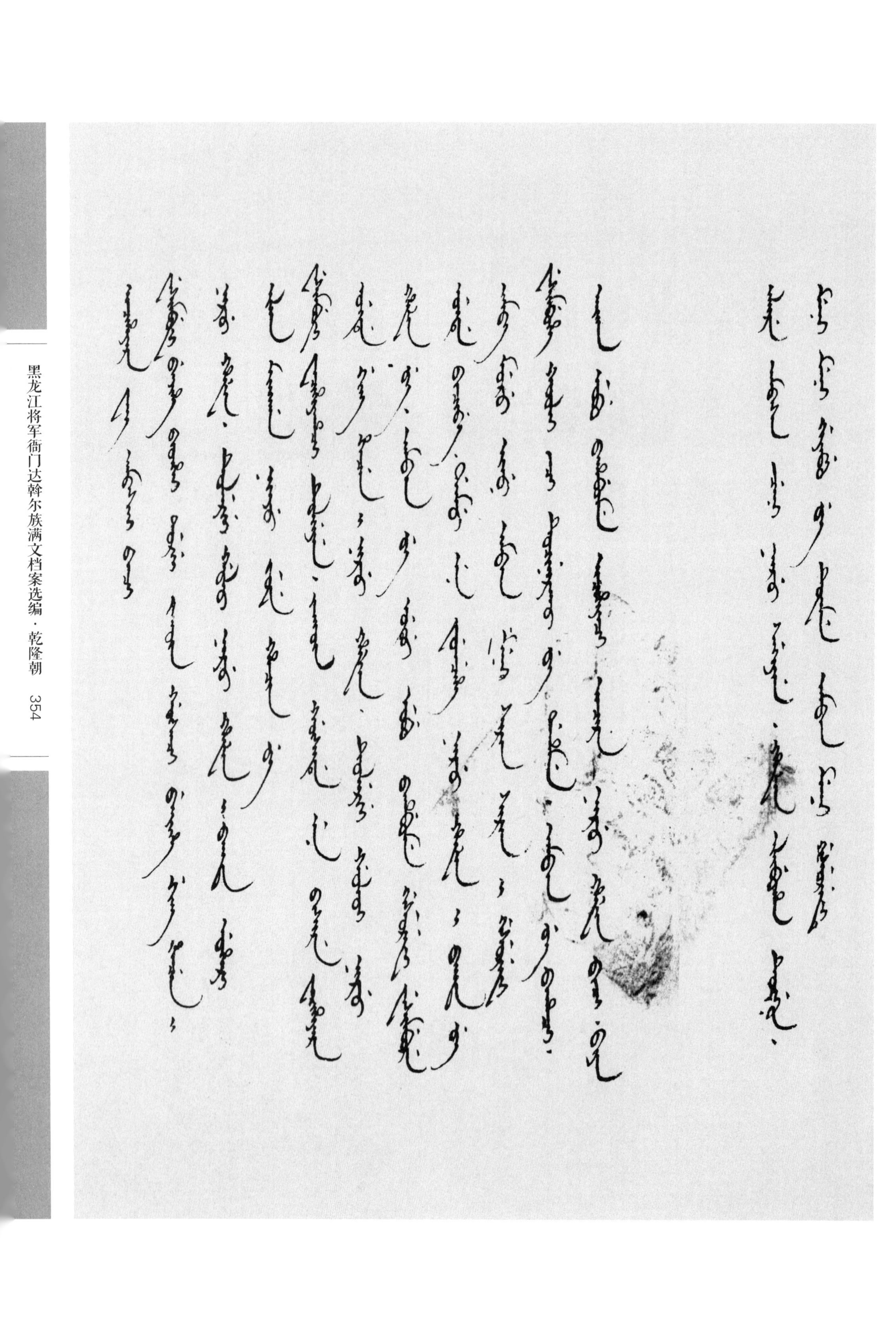

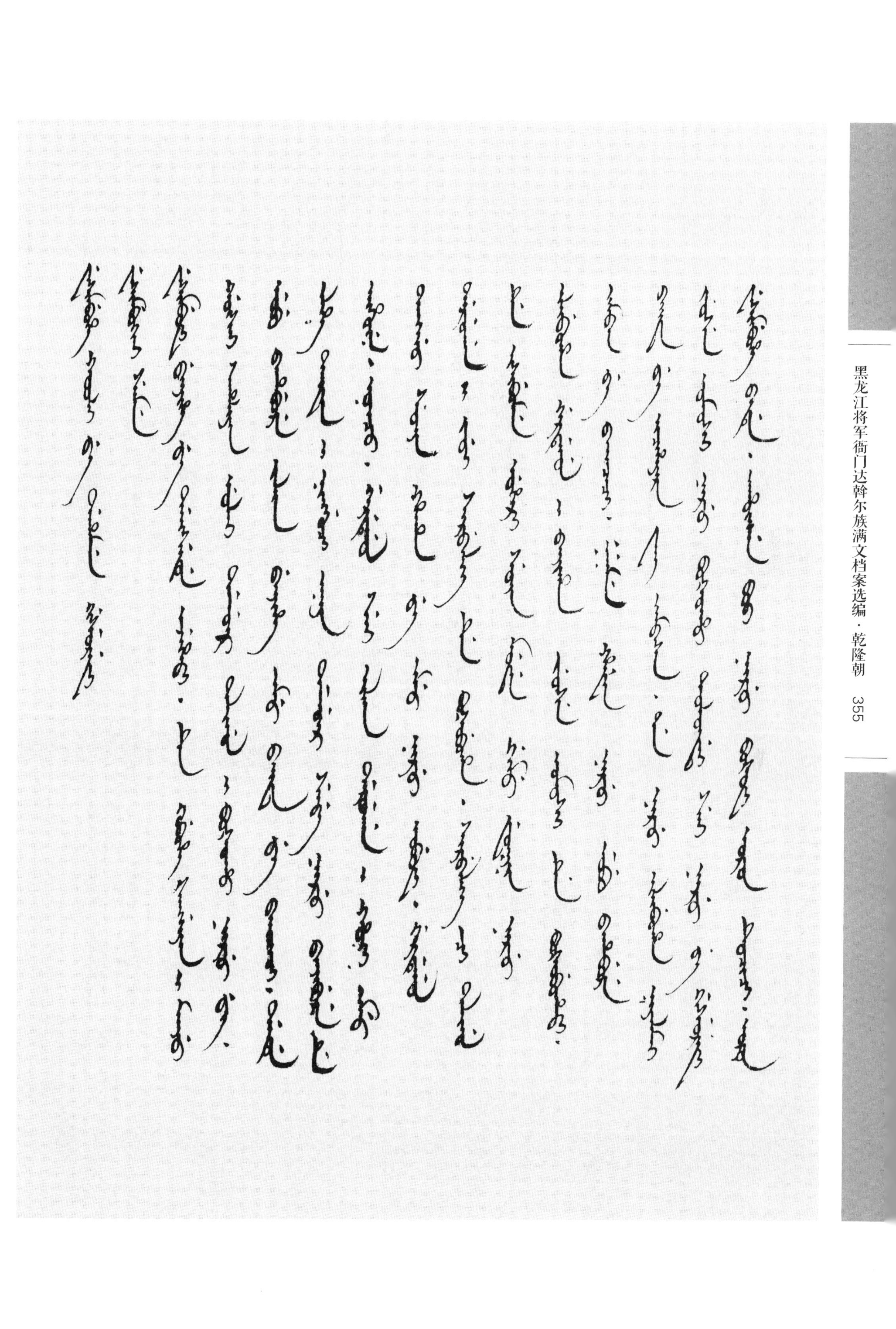

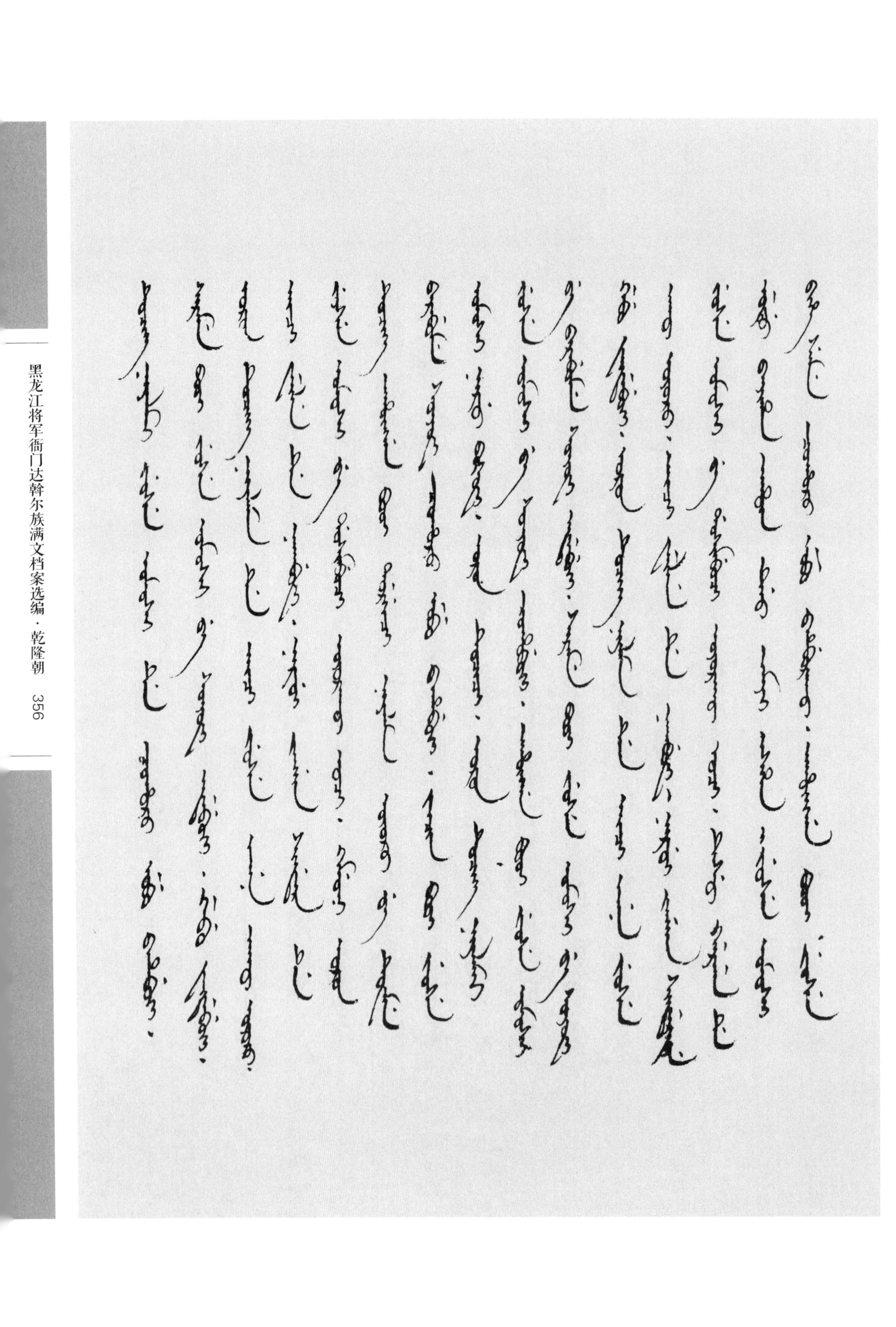

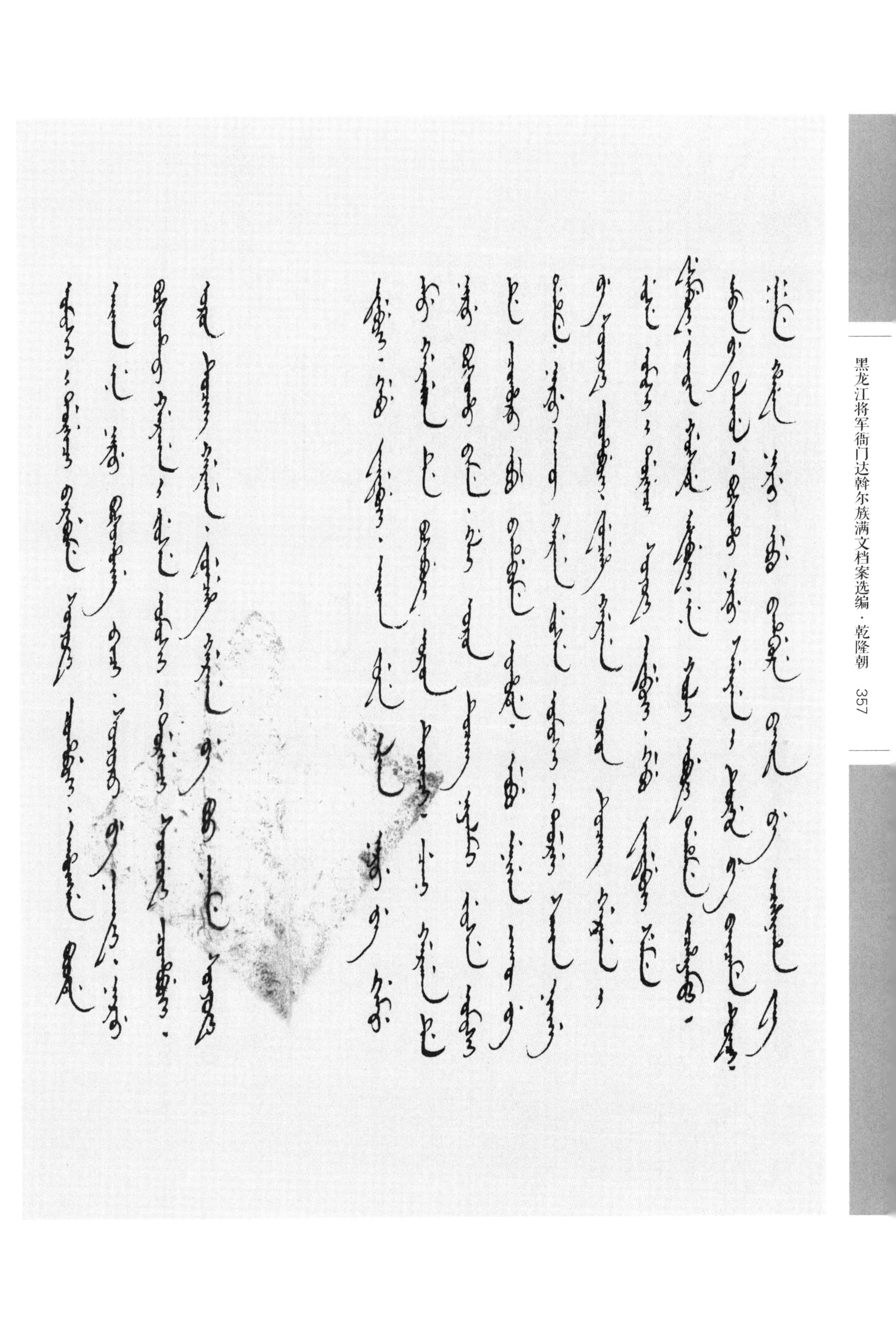

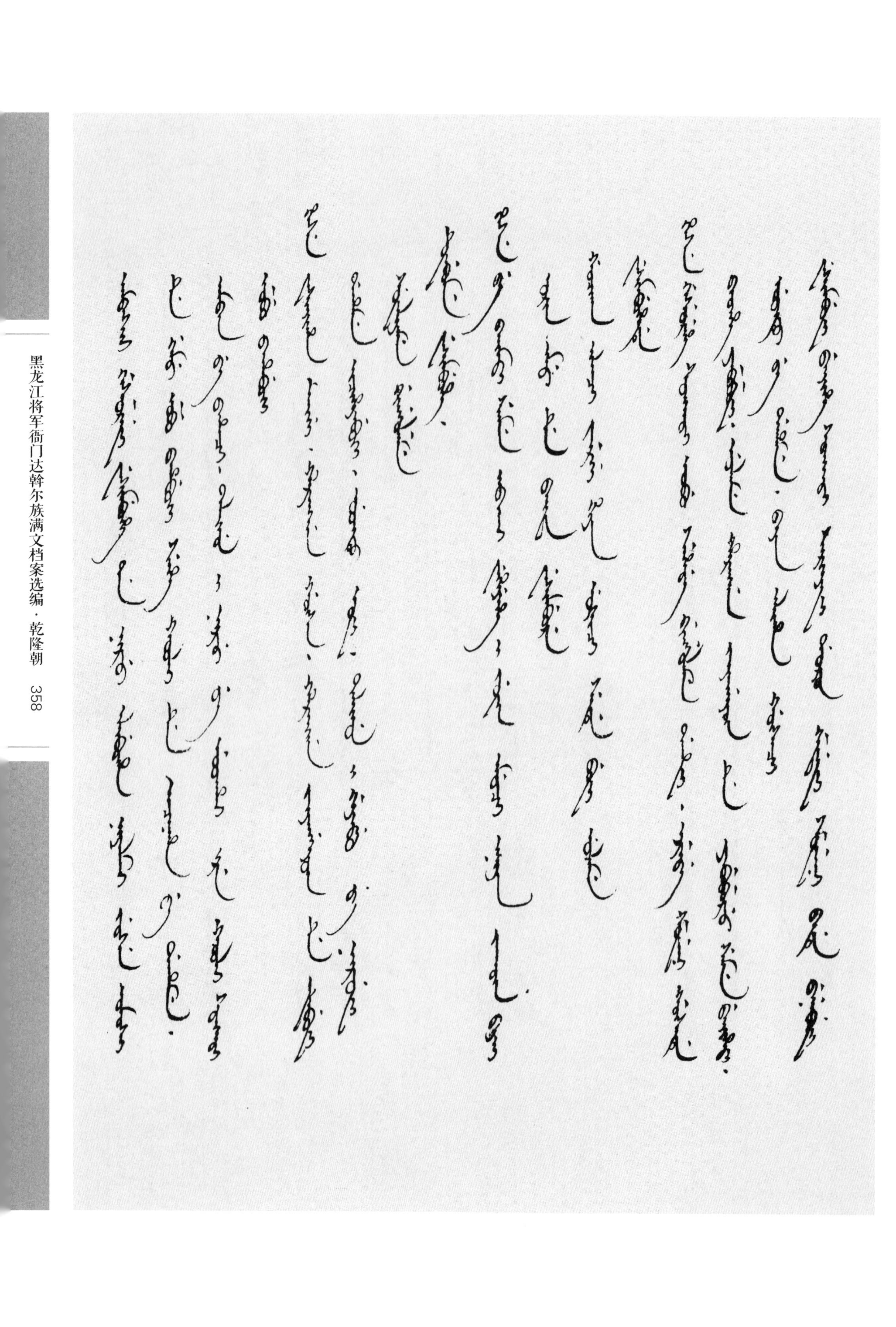

[illegible]

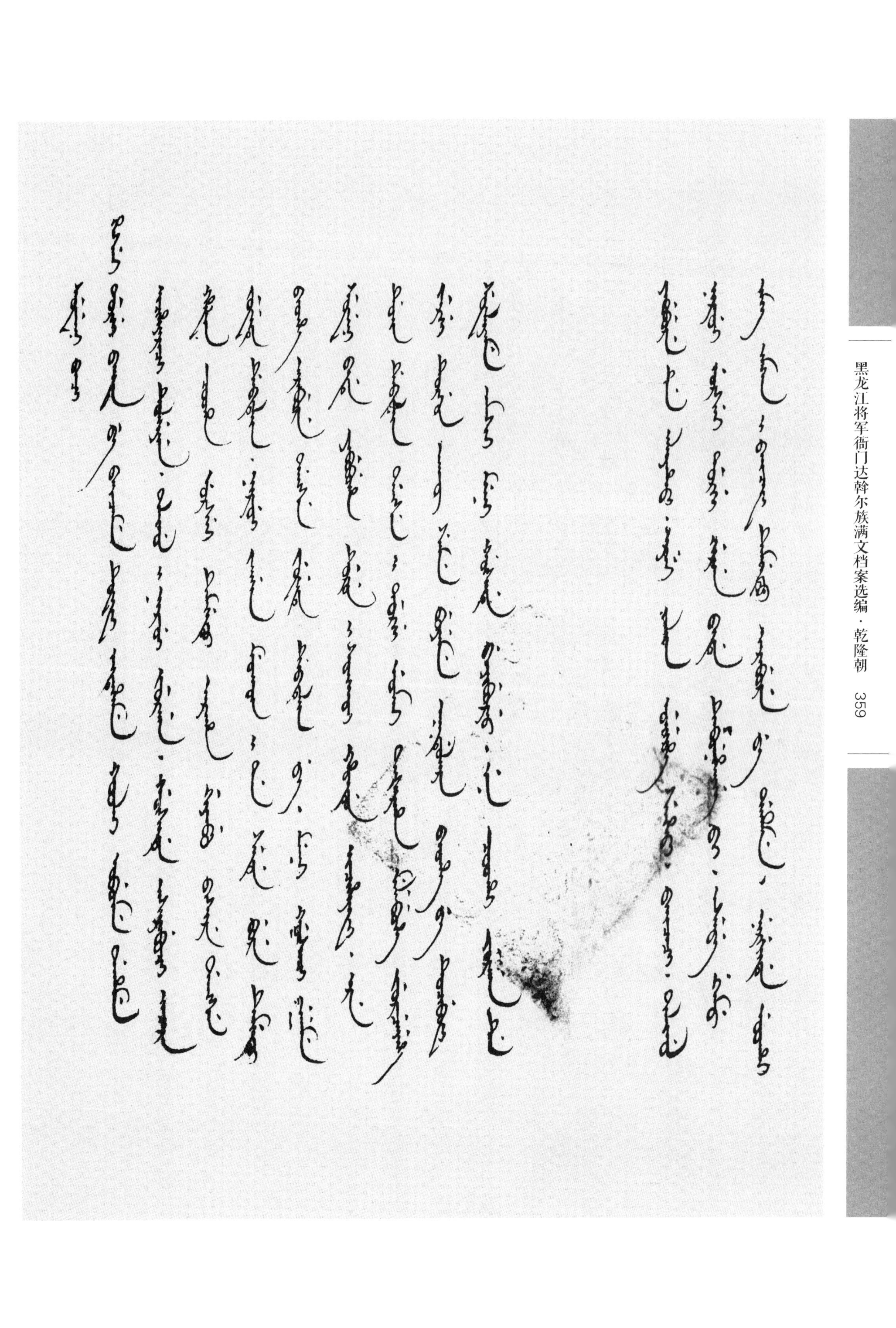

[illegible]

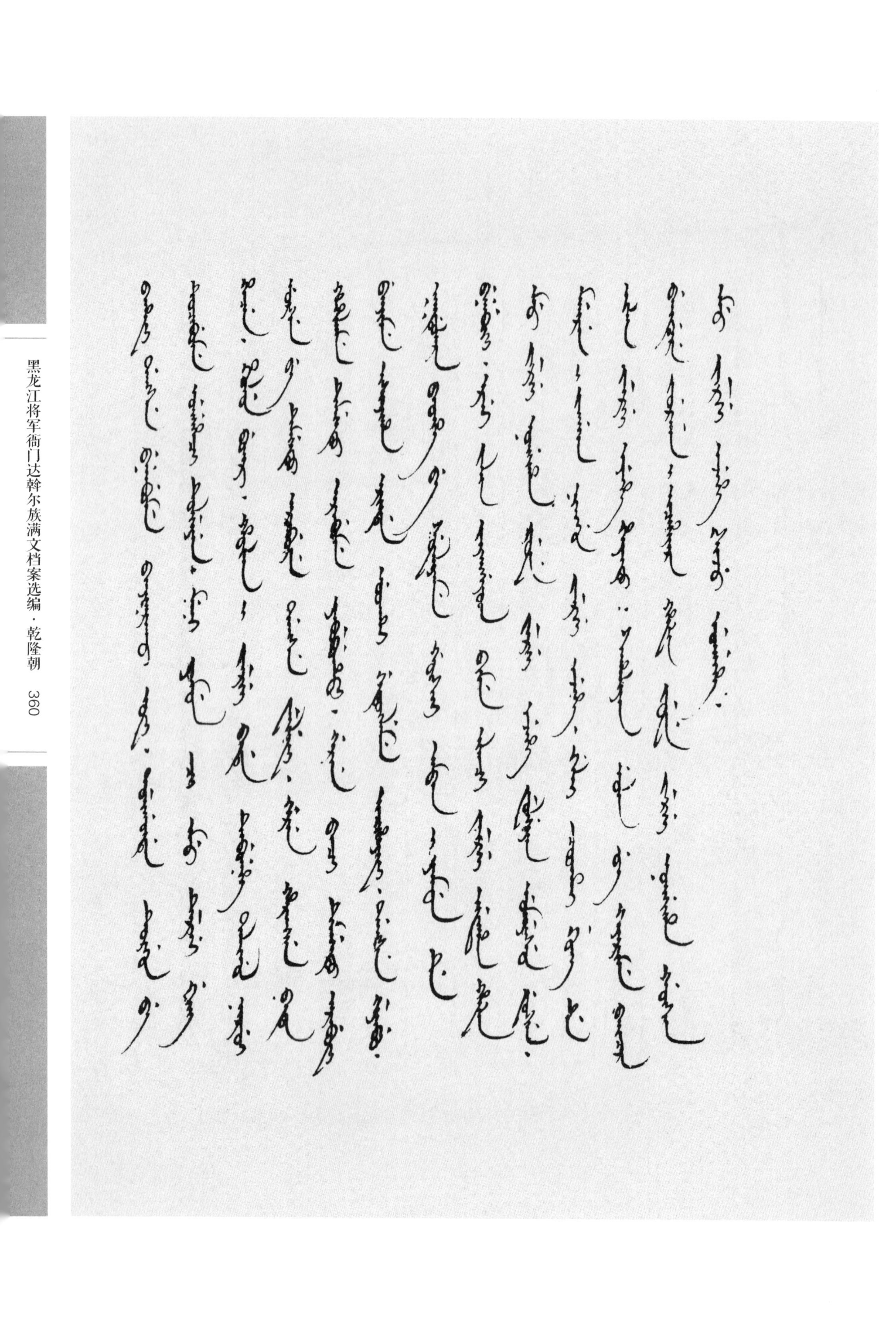

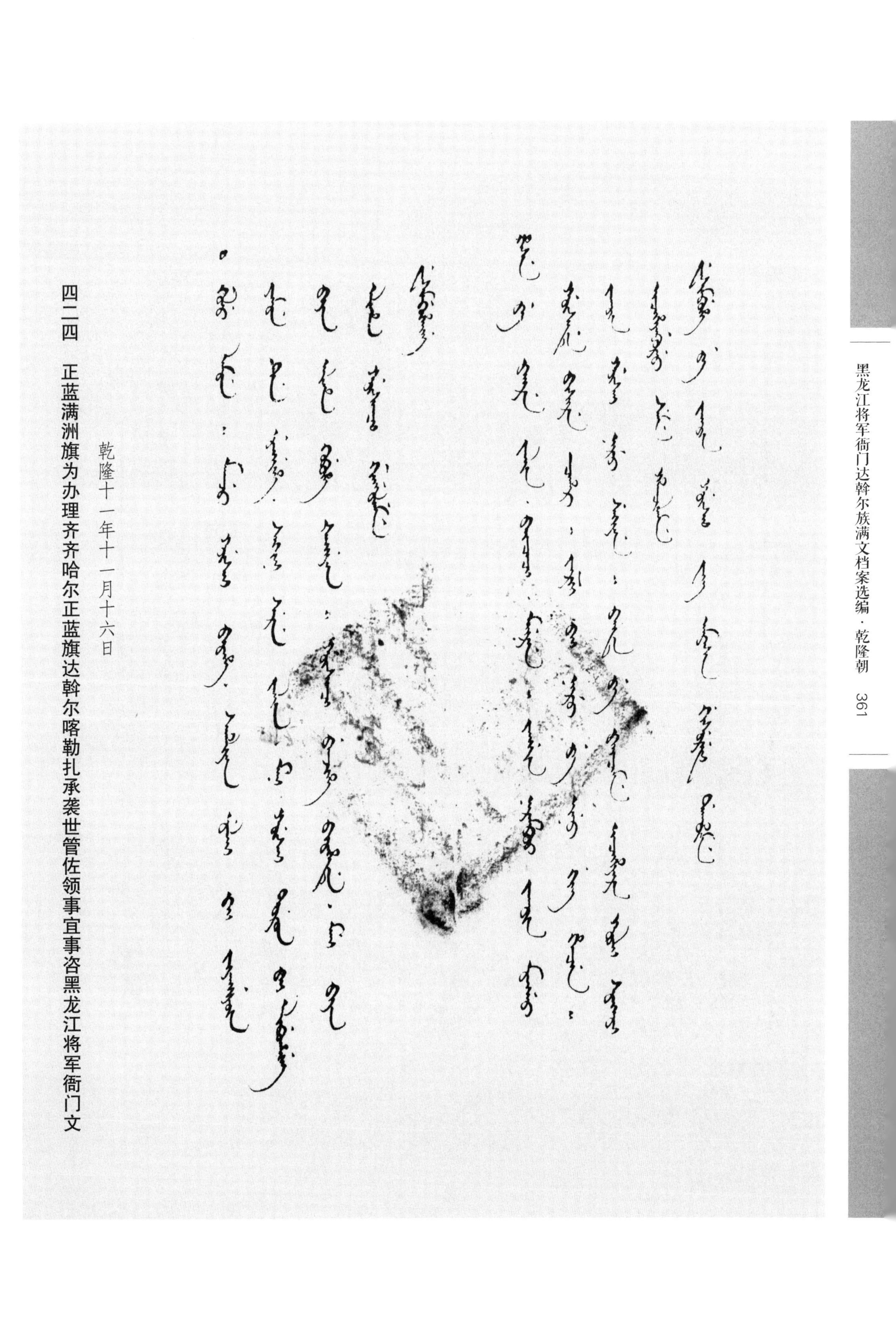

乾隆十一年十一月十六日

四二四 正蓝满洲旗为办理齐齐哈尔正蓝旗达斡尔喀勒扎承袭世管佐领事宜事咨黑龙江将军衙门文

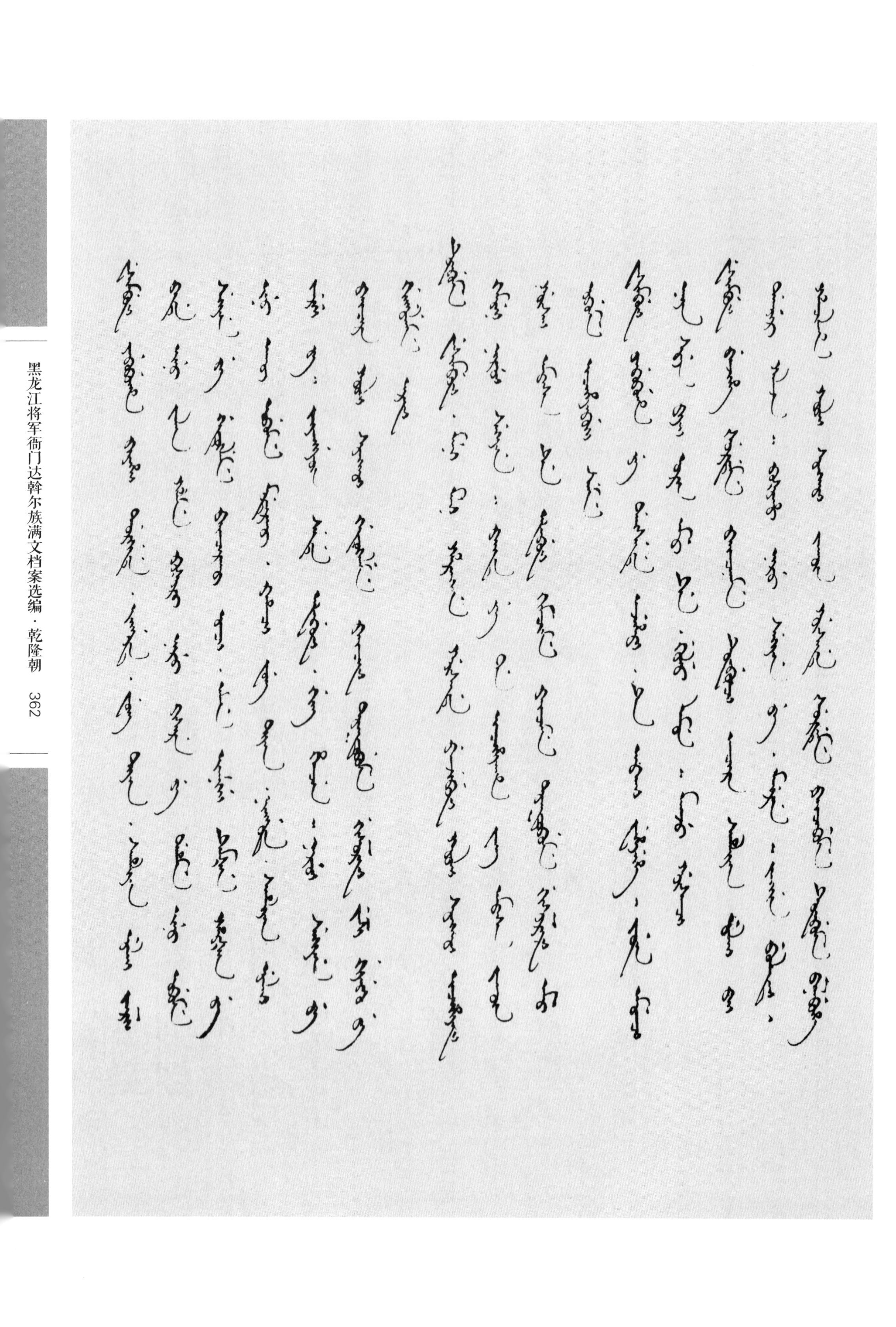

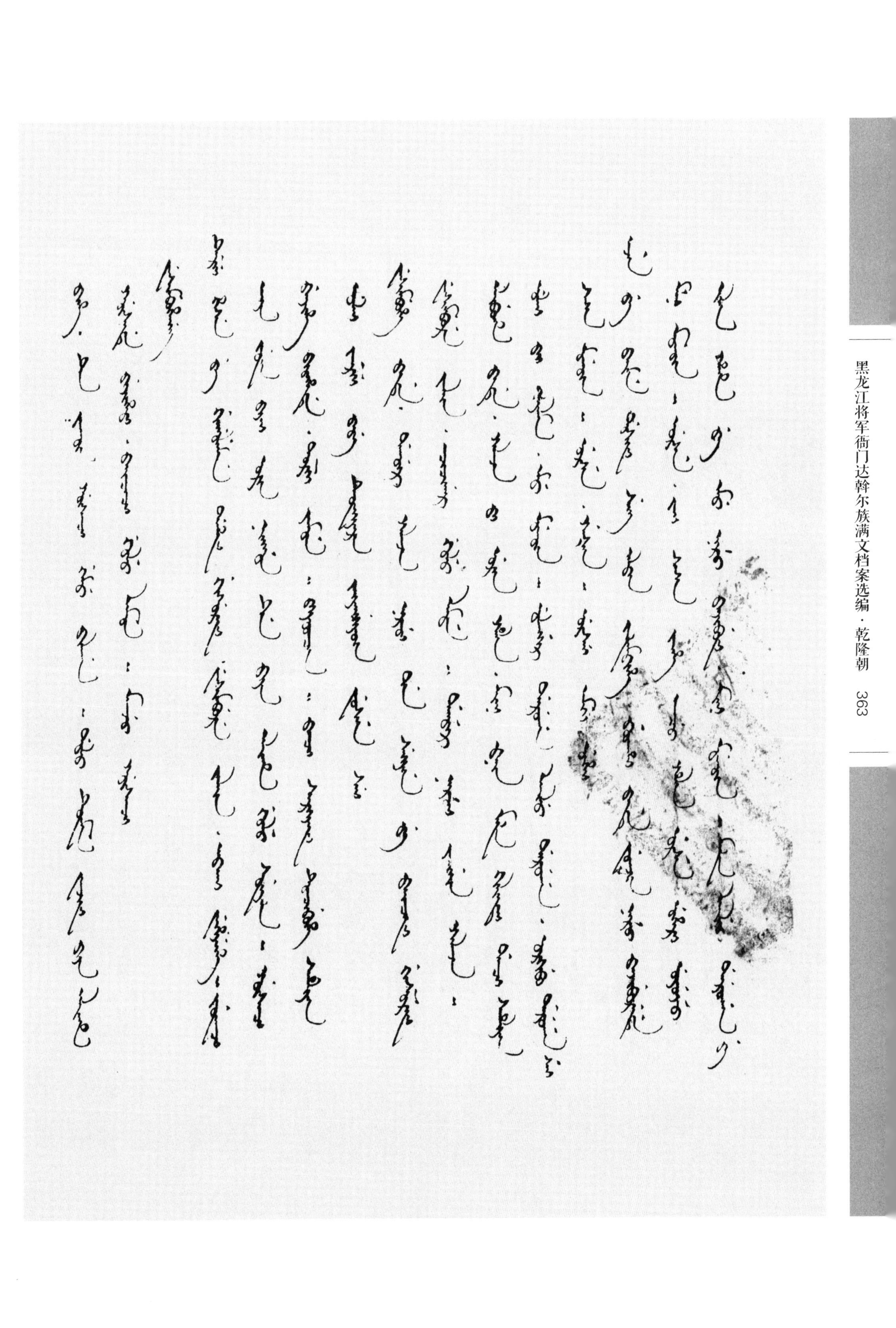

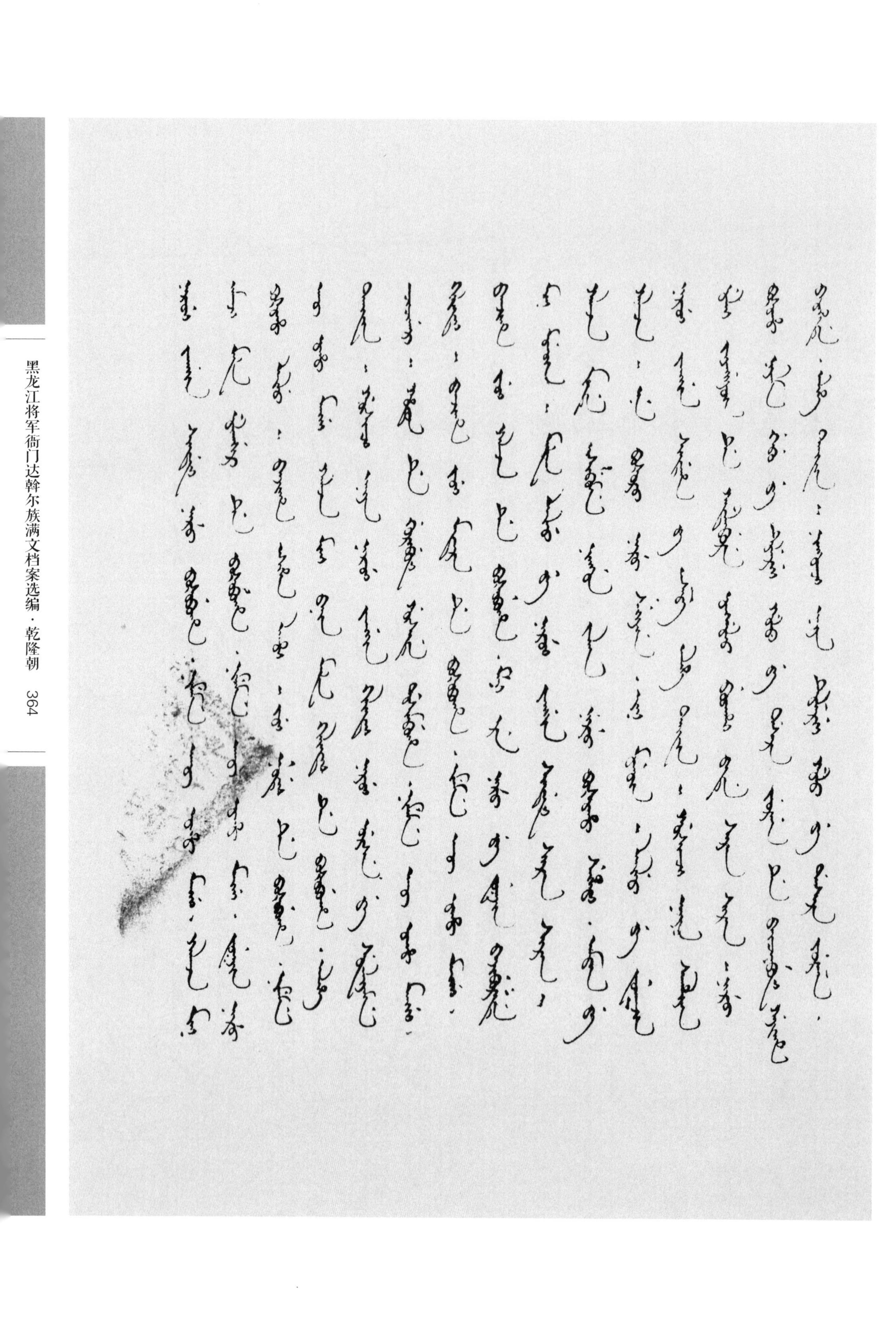

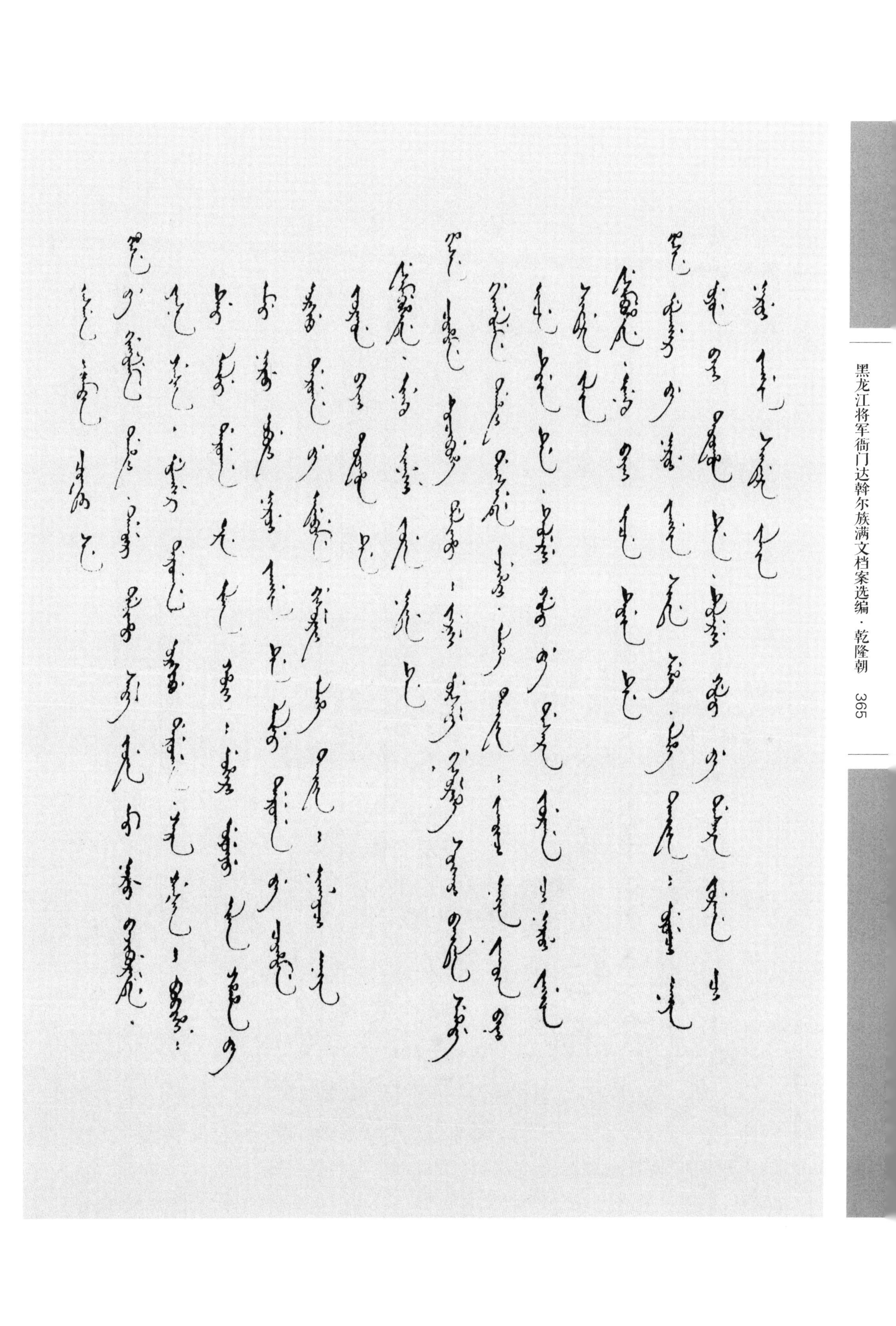

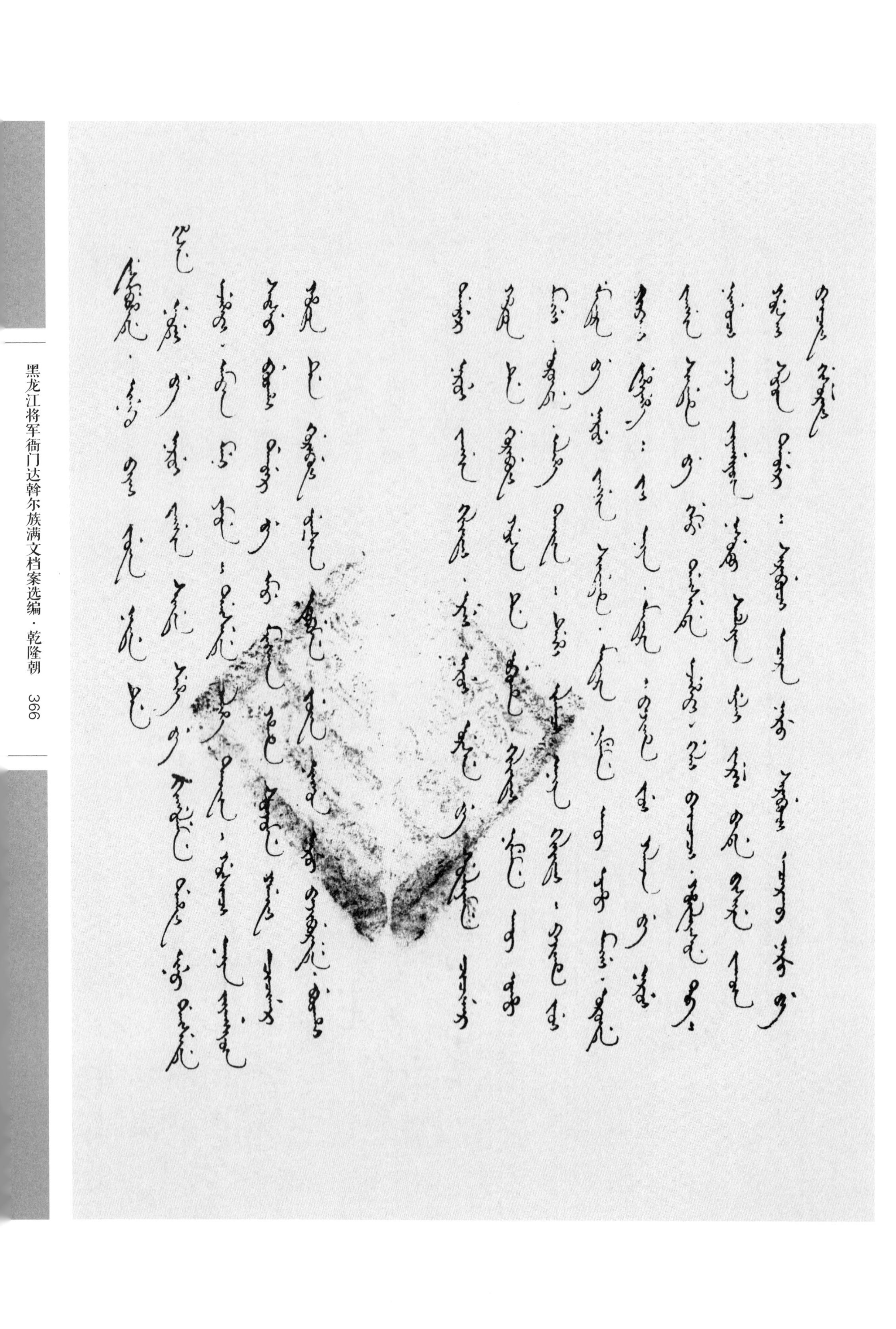

[illegible]

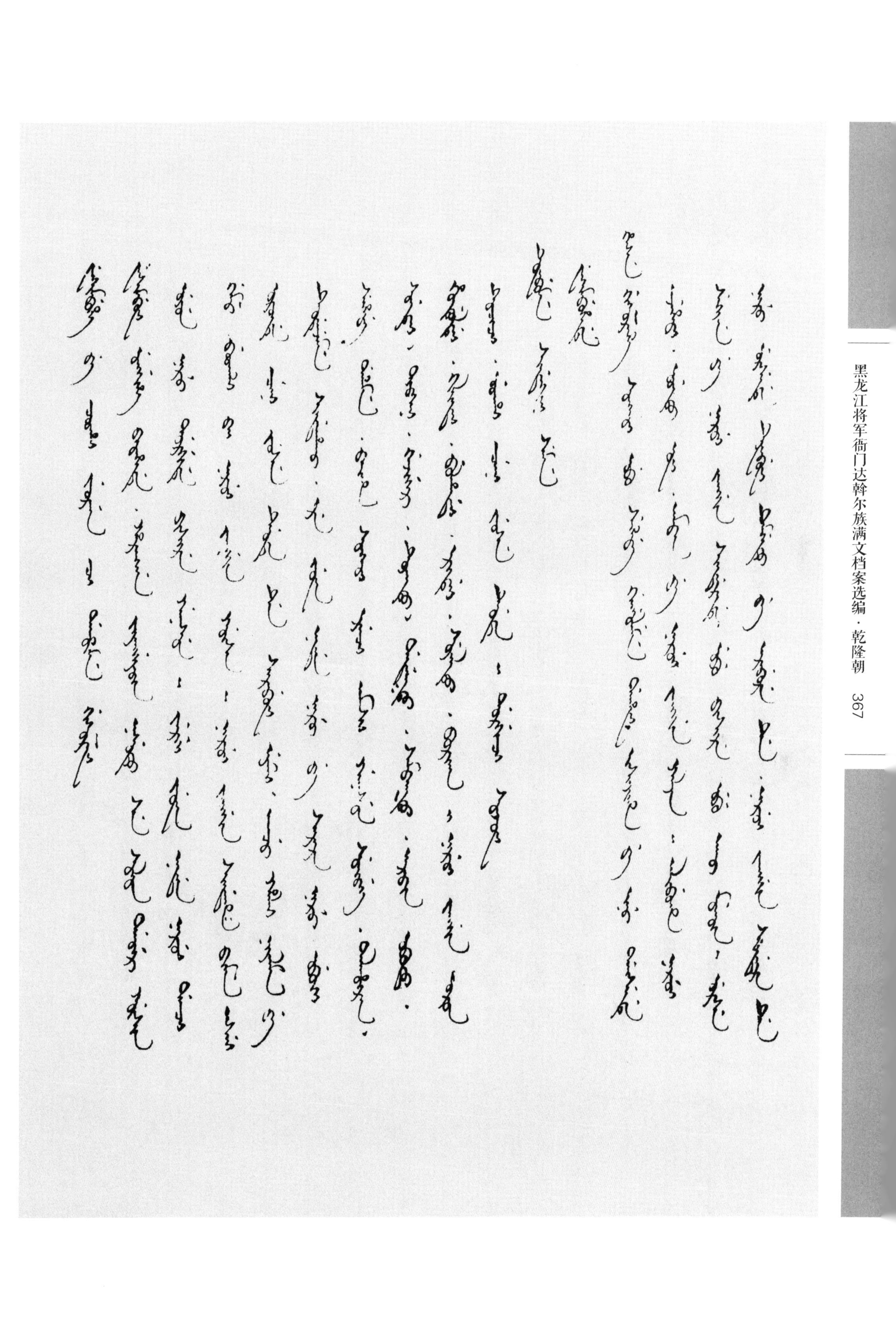

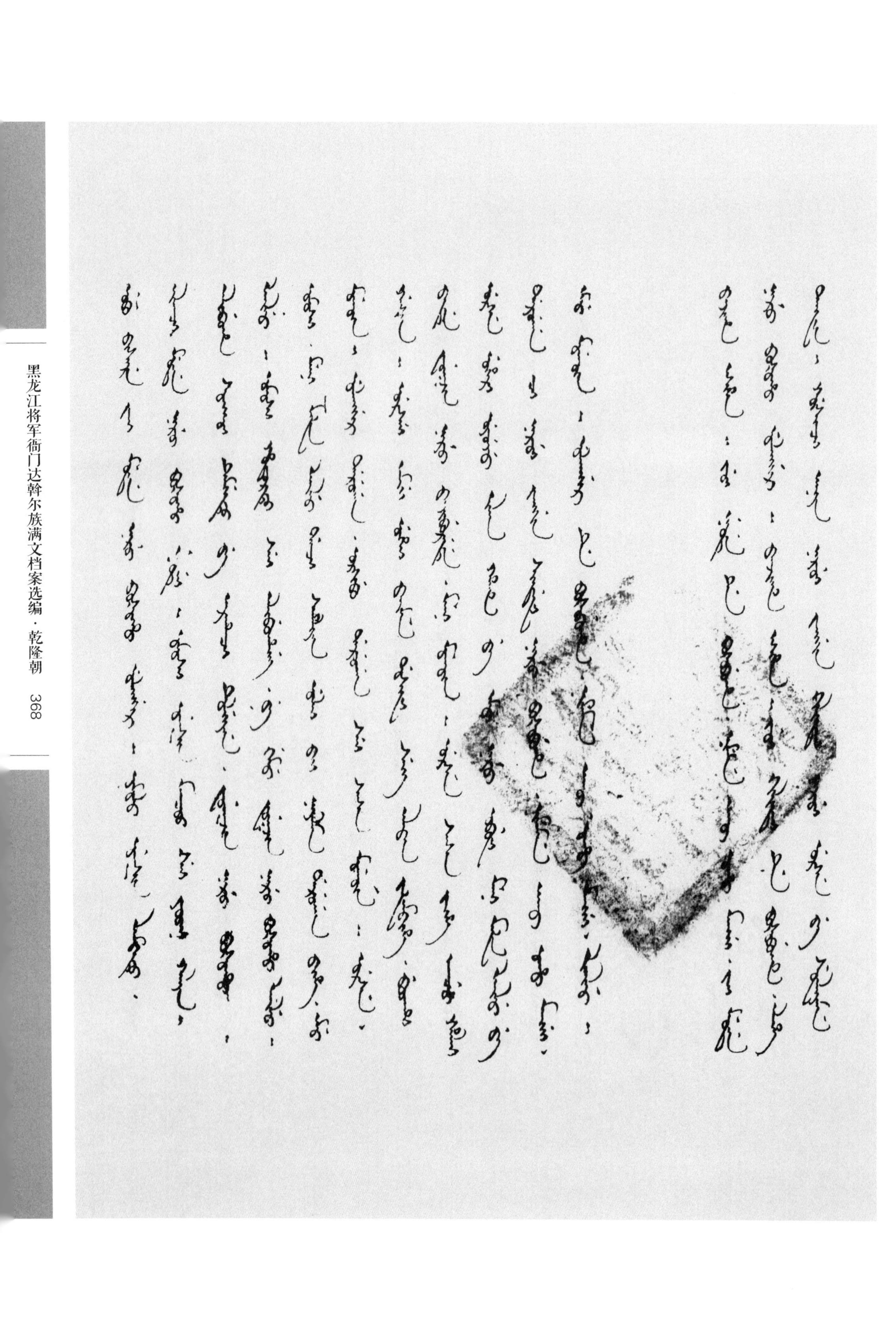

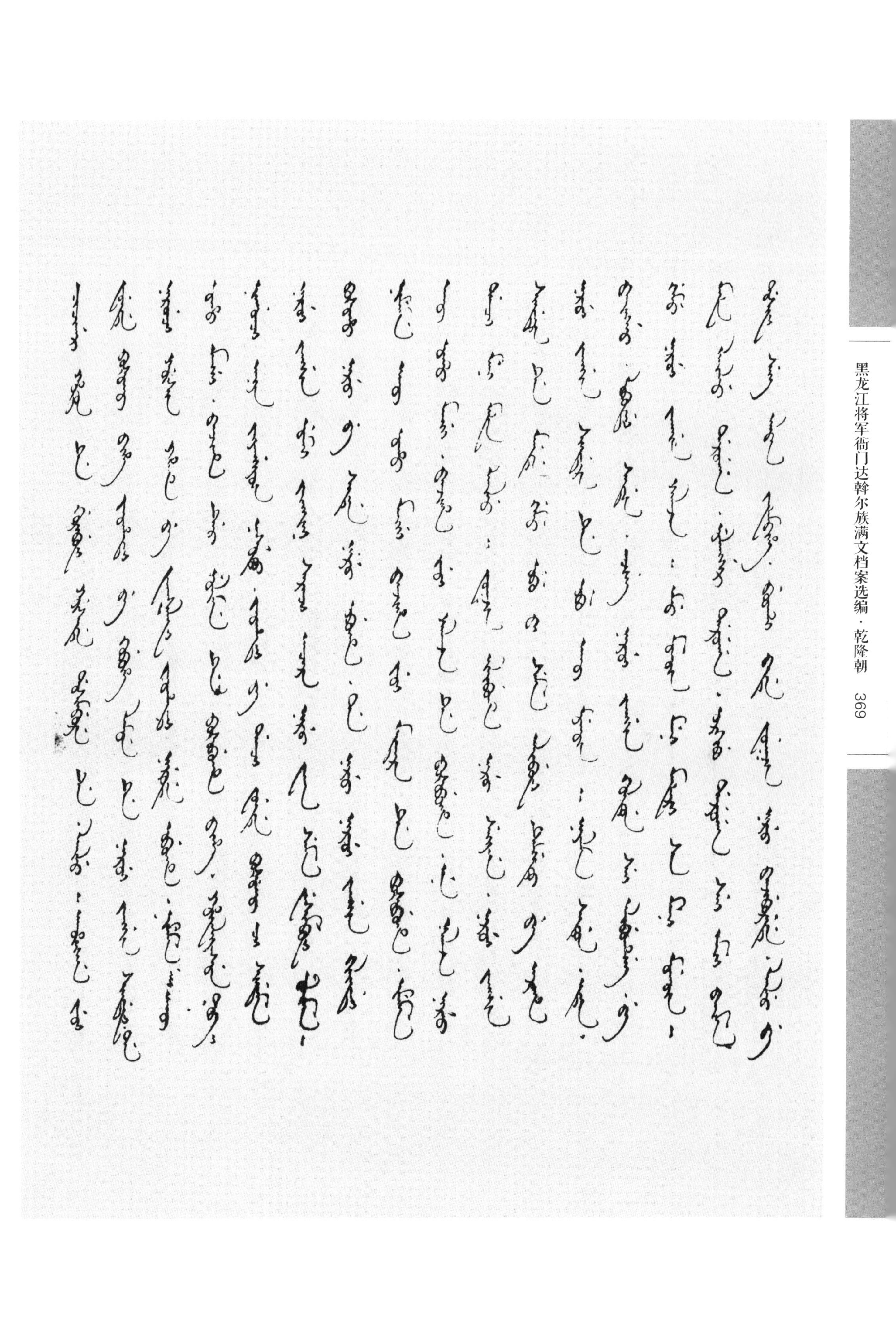

[illegible]

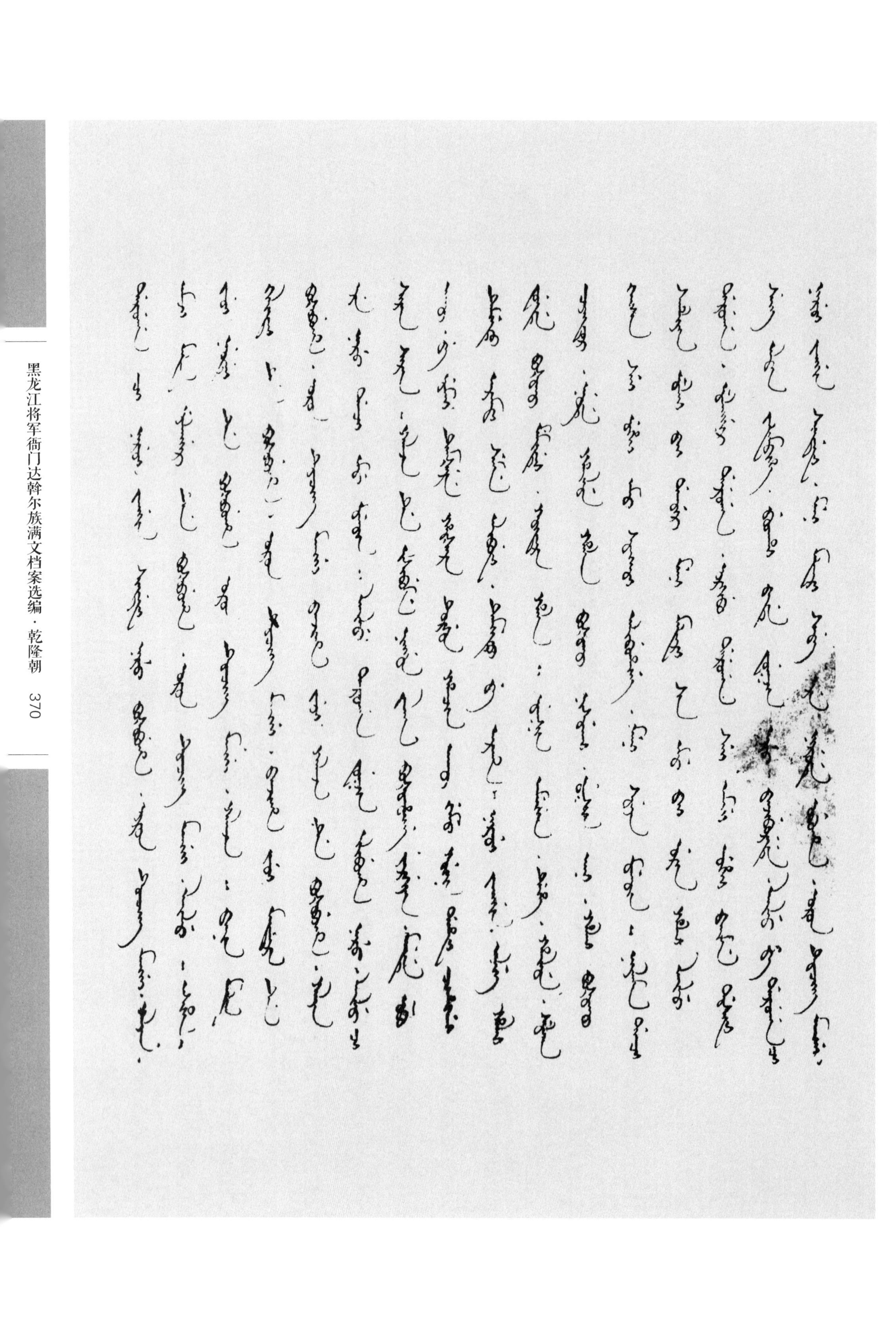

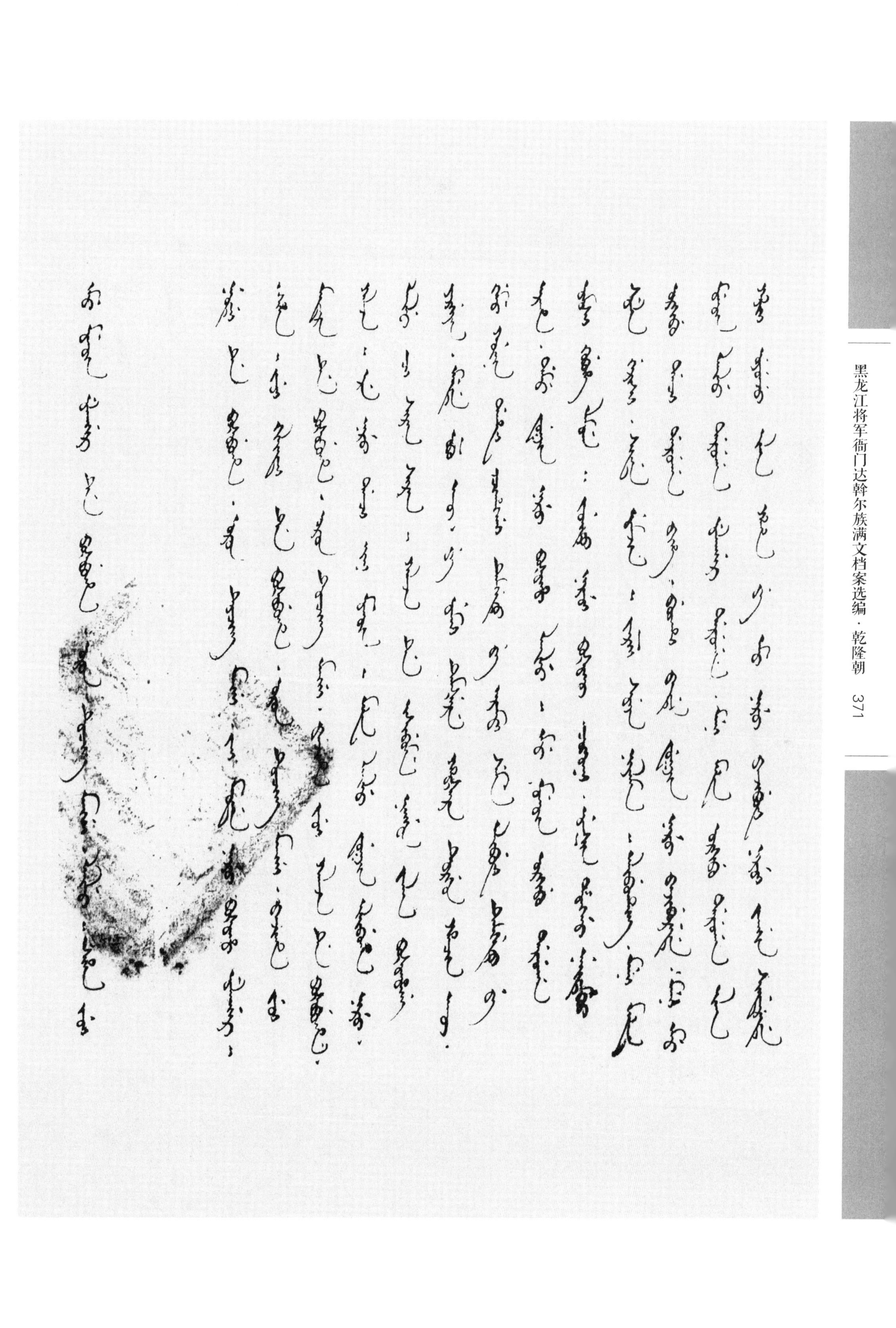

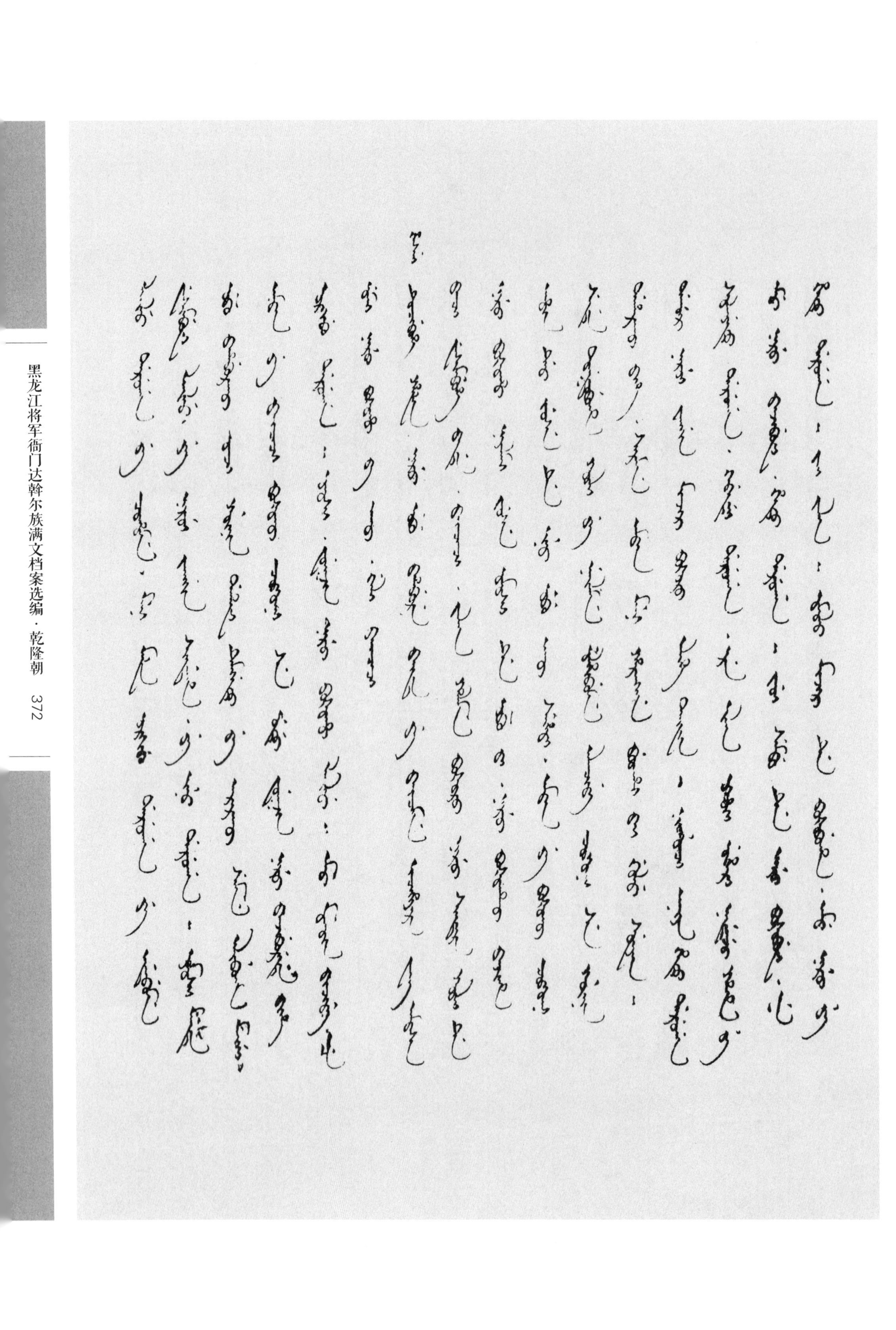

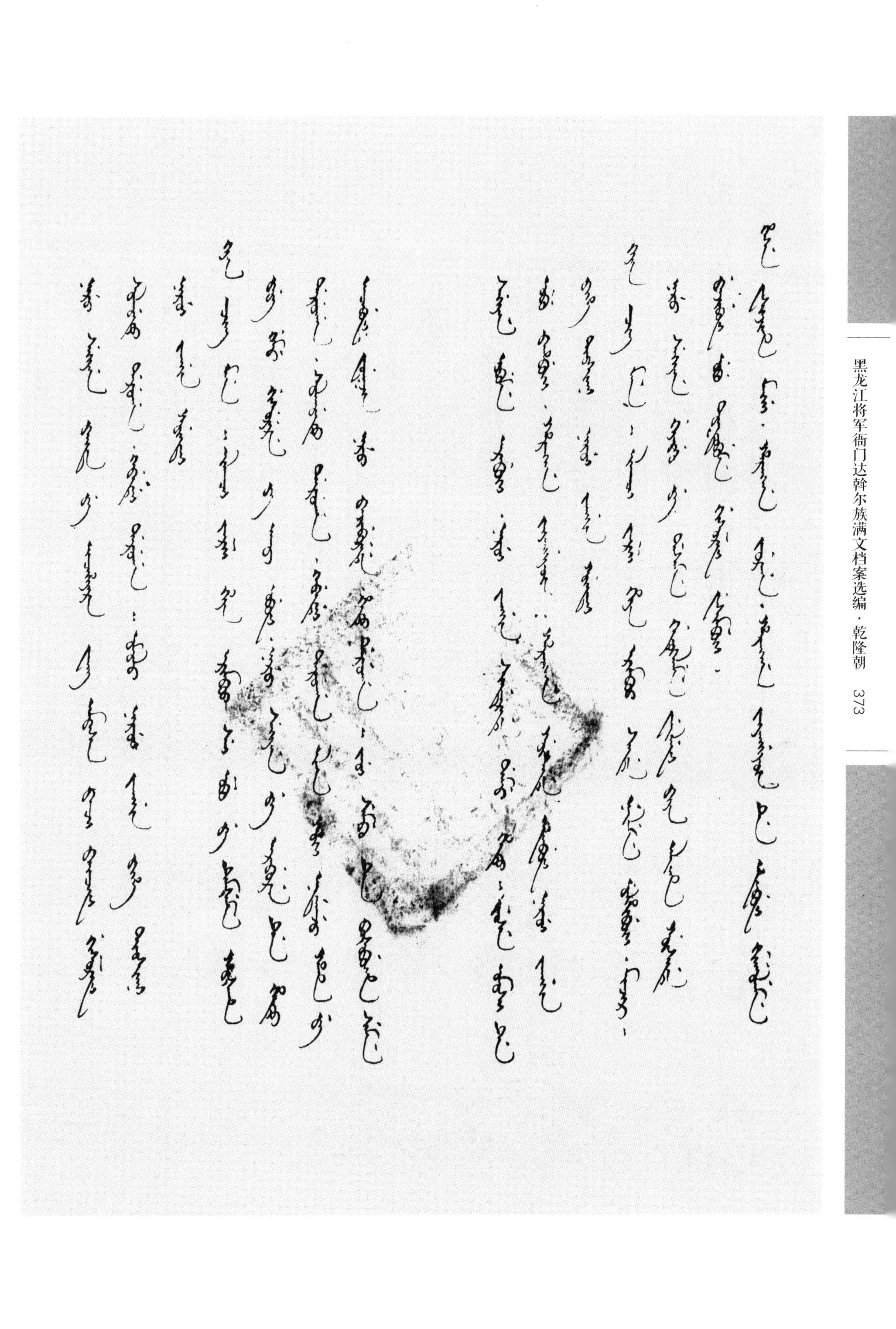

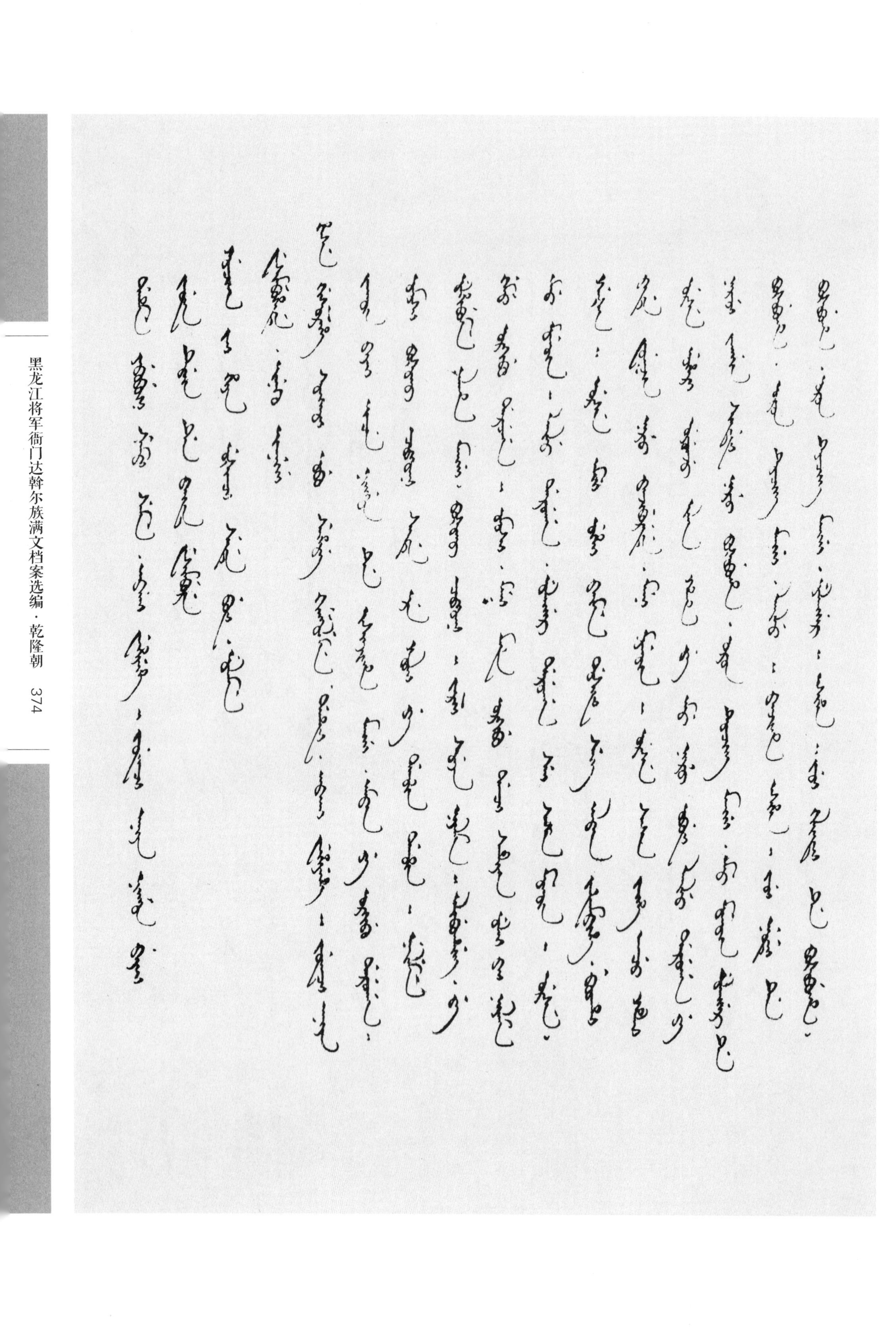

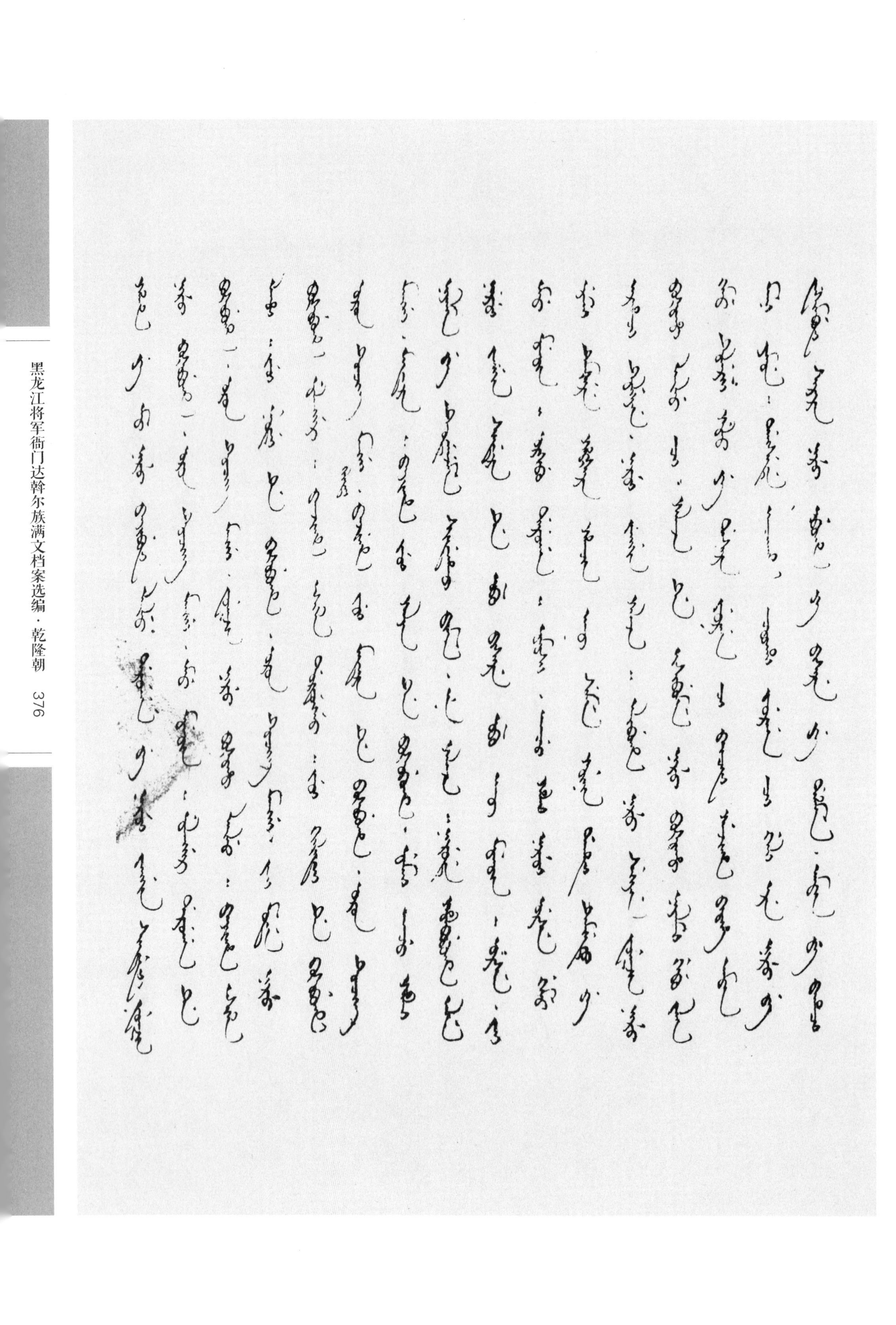

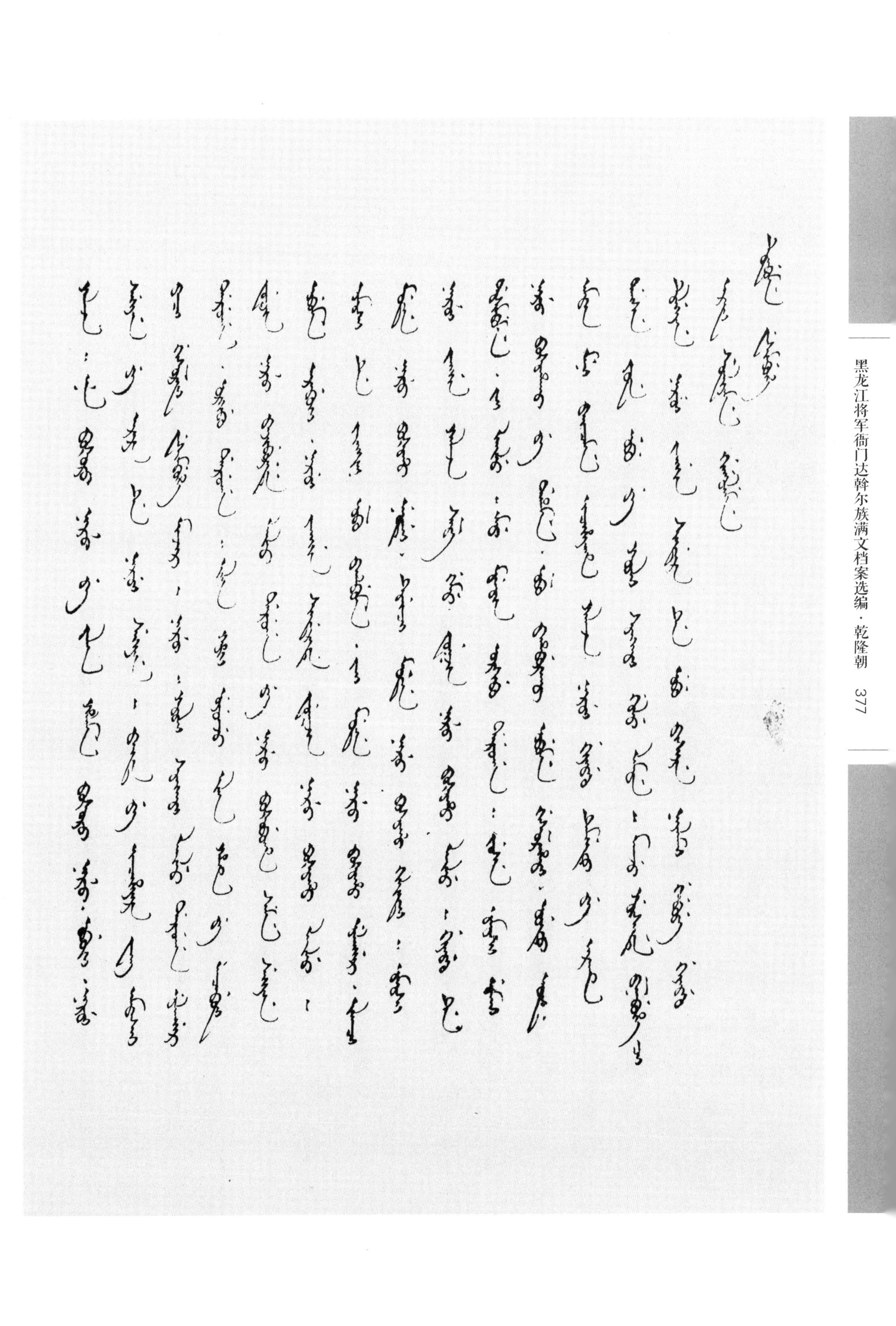

[illegible]

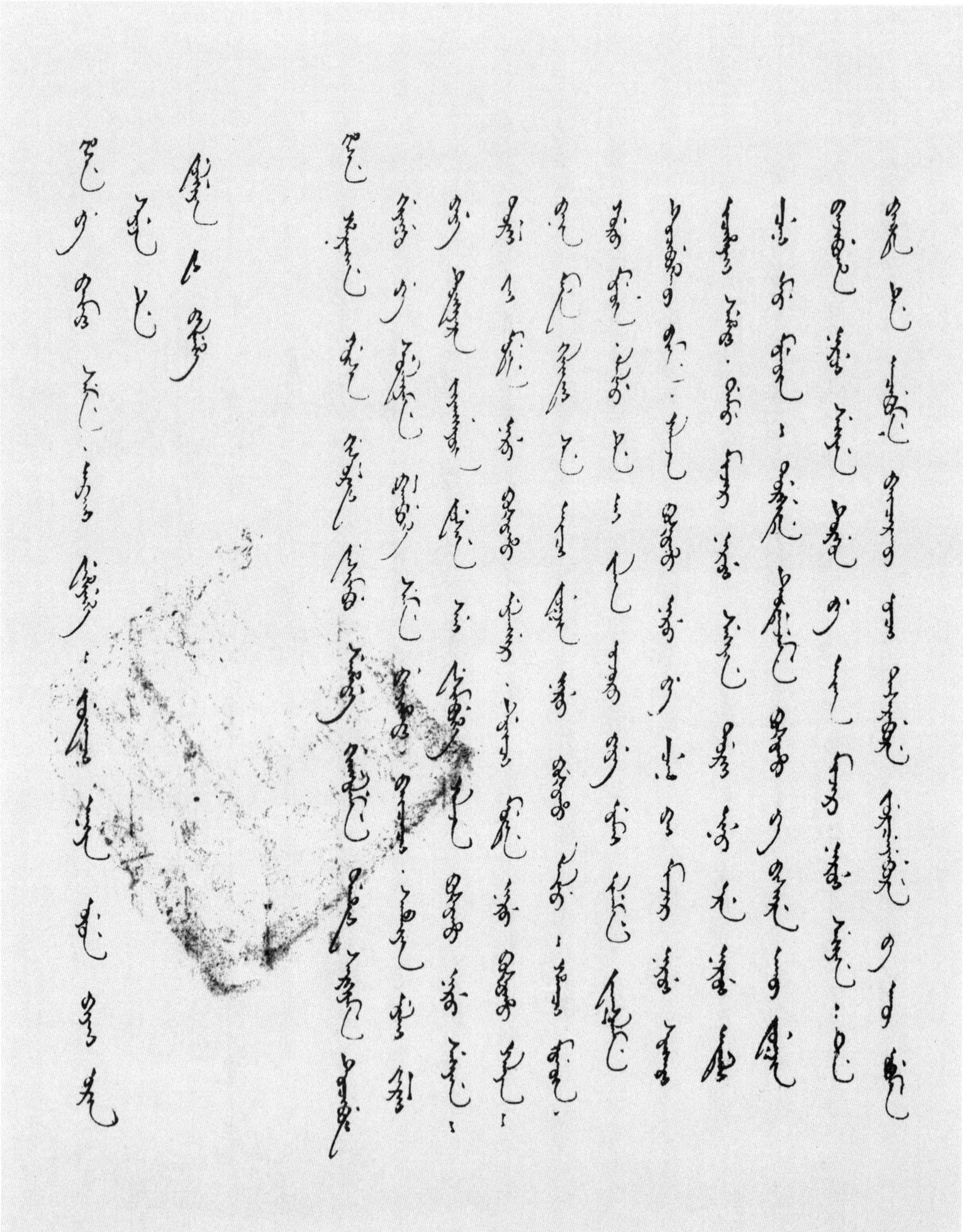

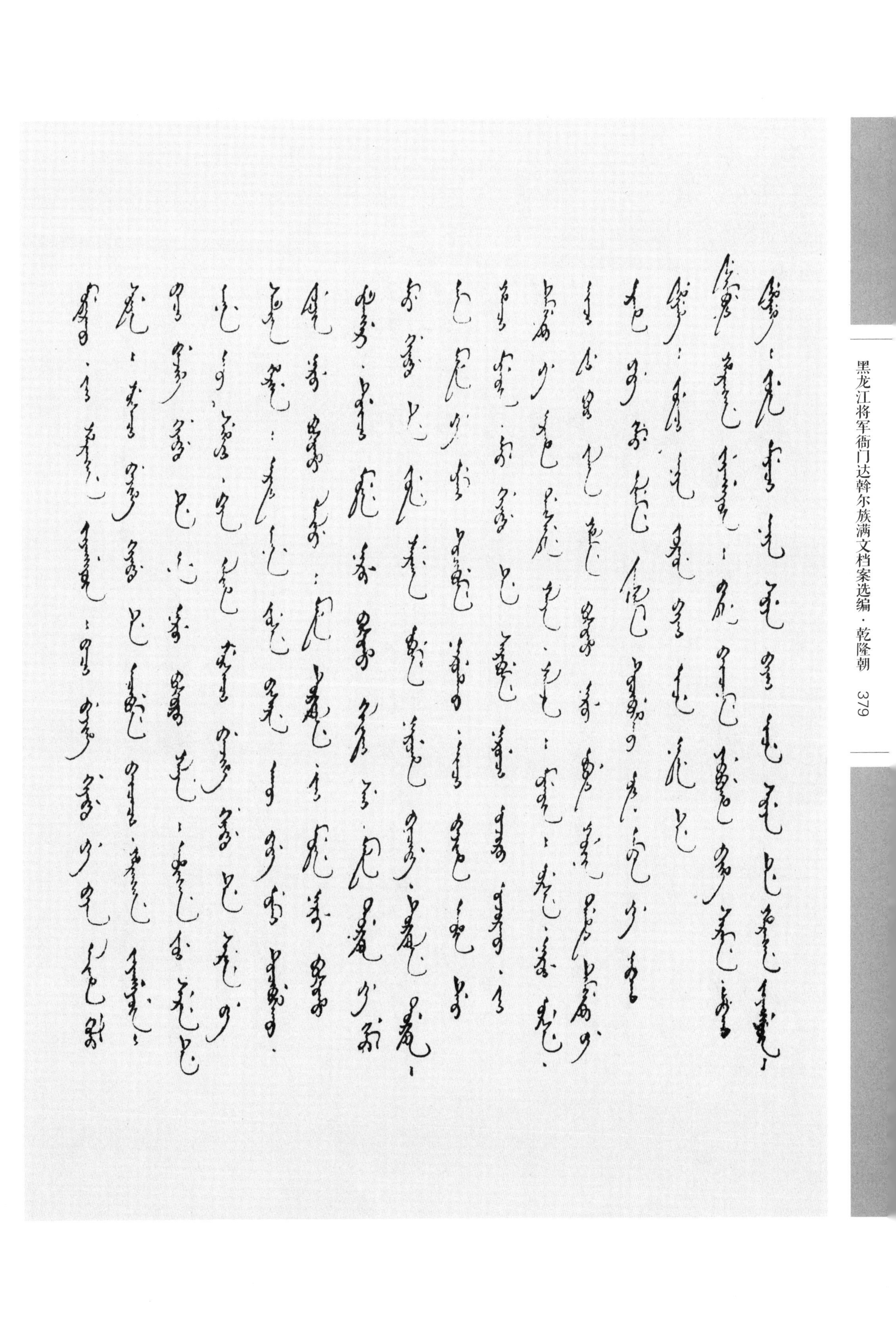

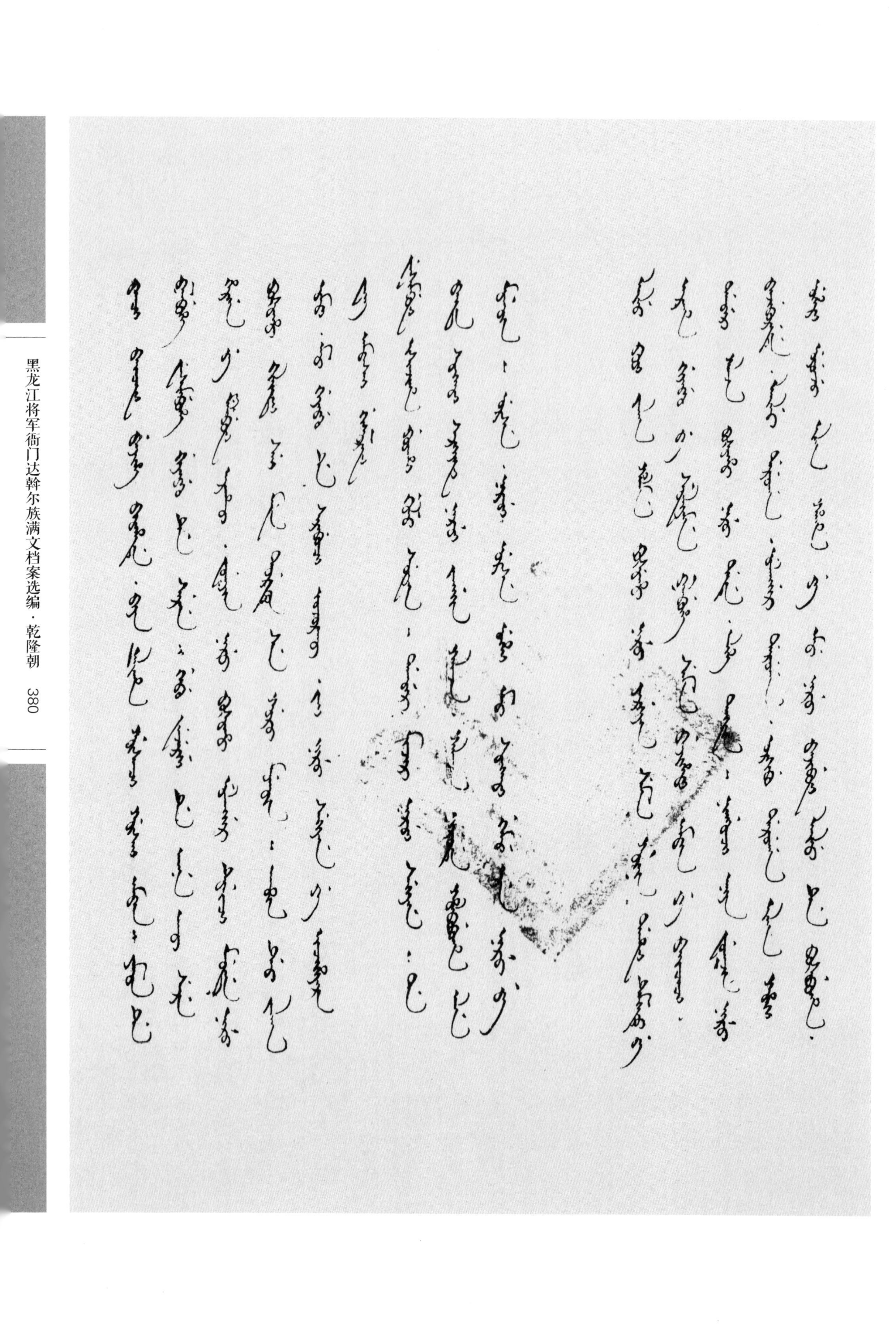

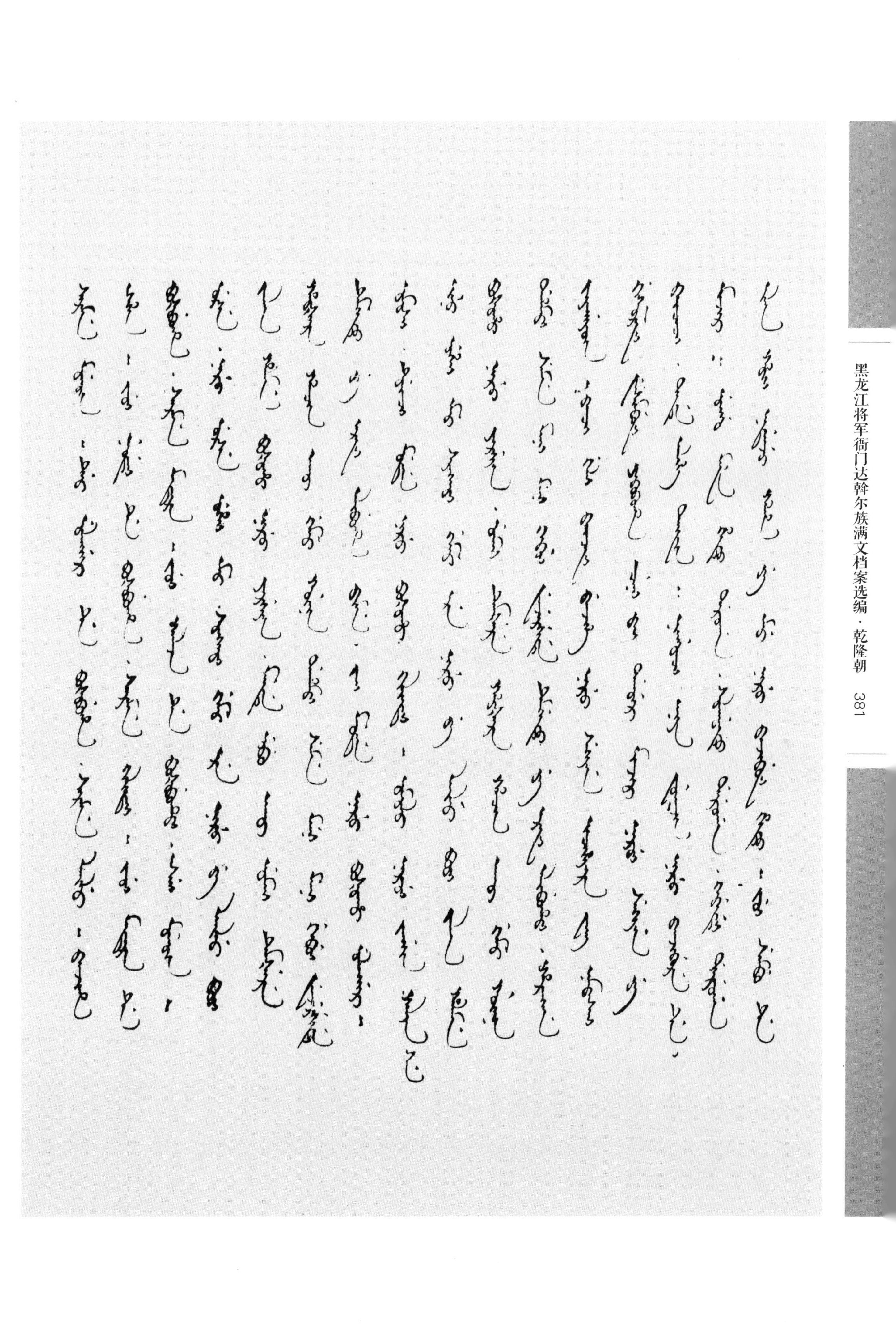

[illegible]

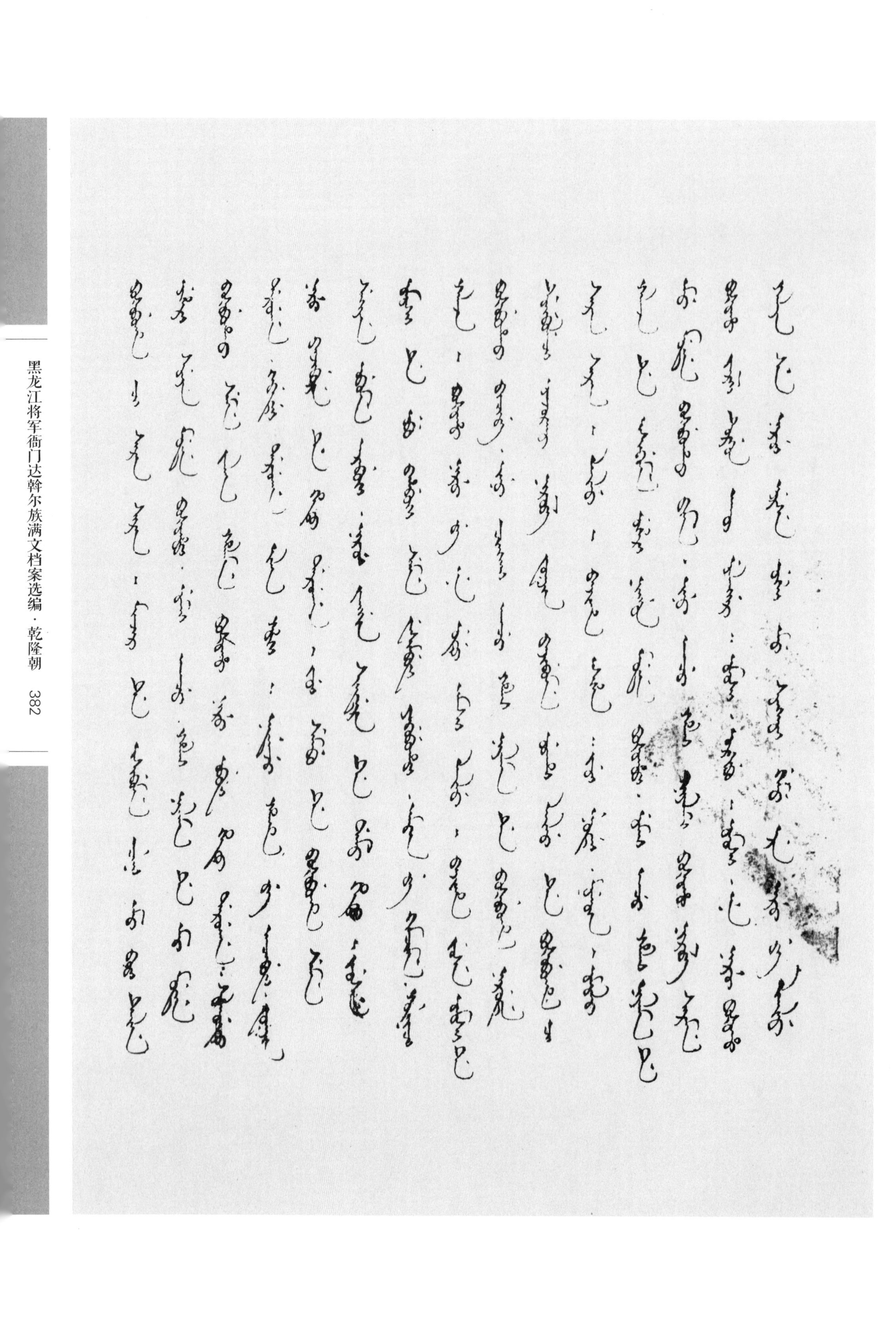

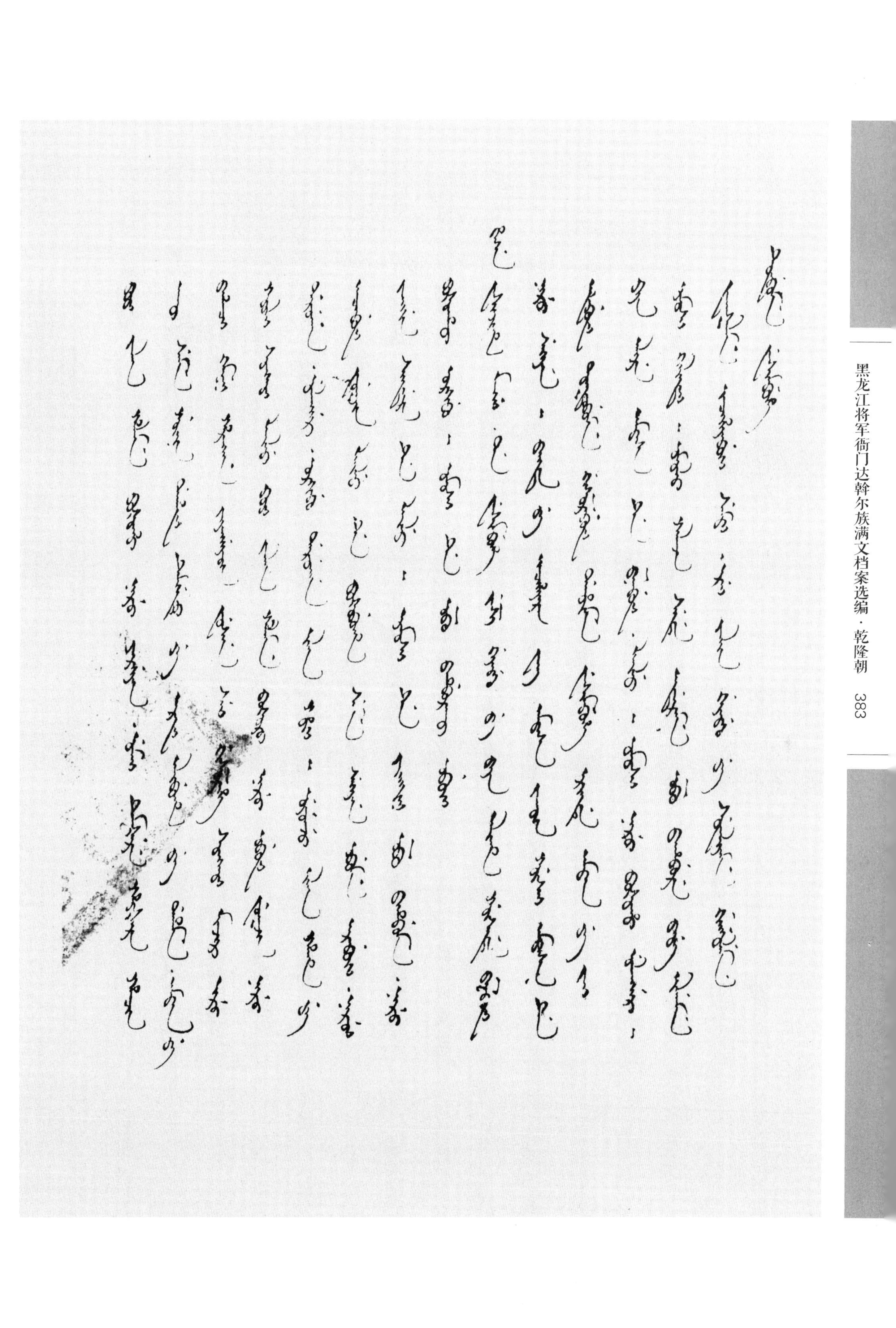

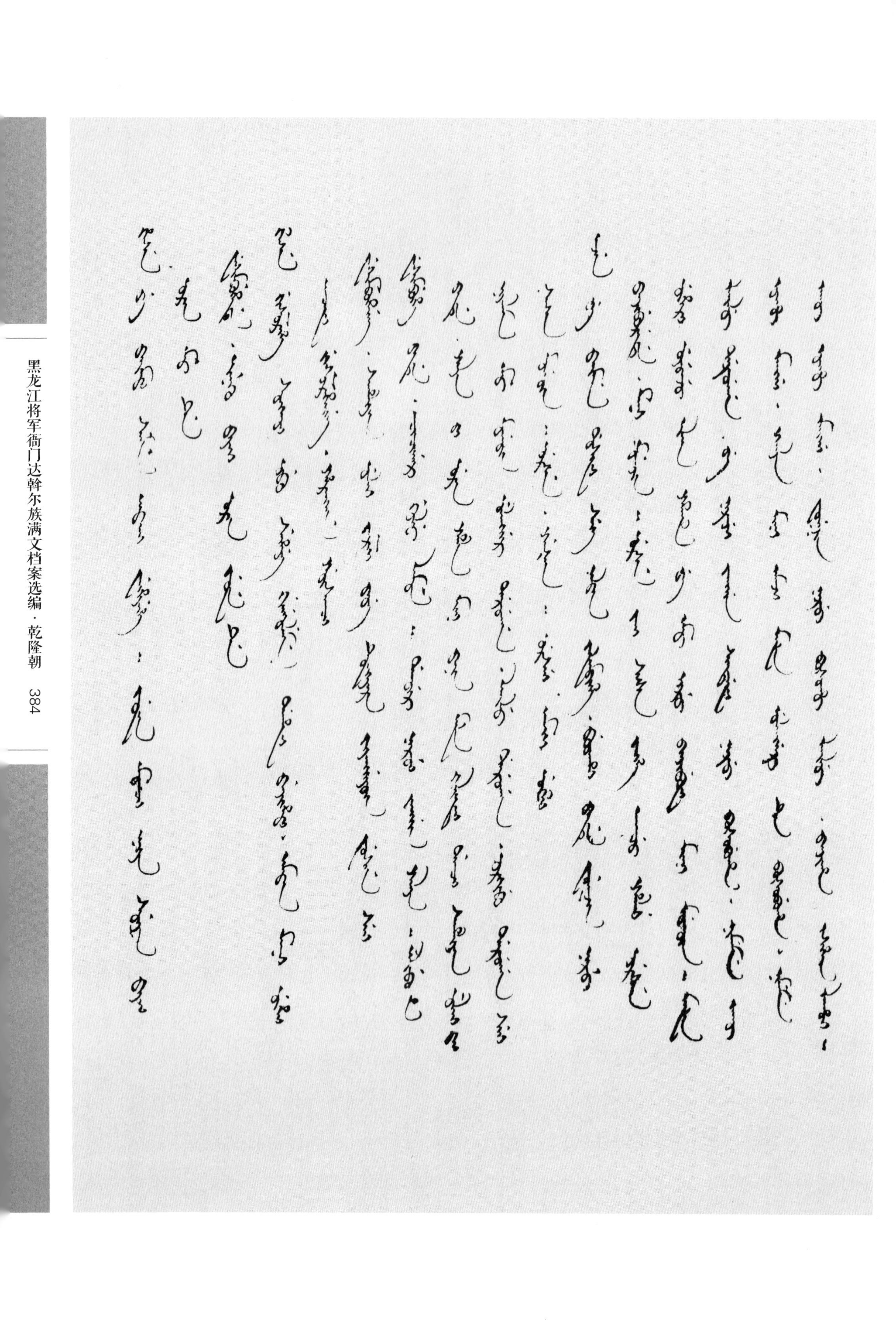

[illegible]

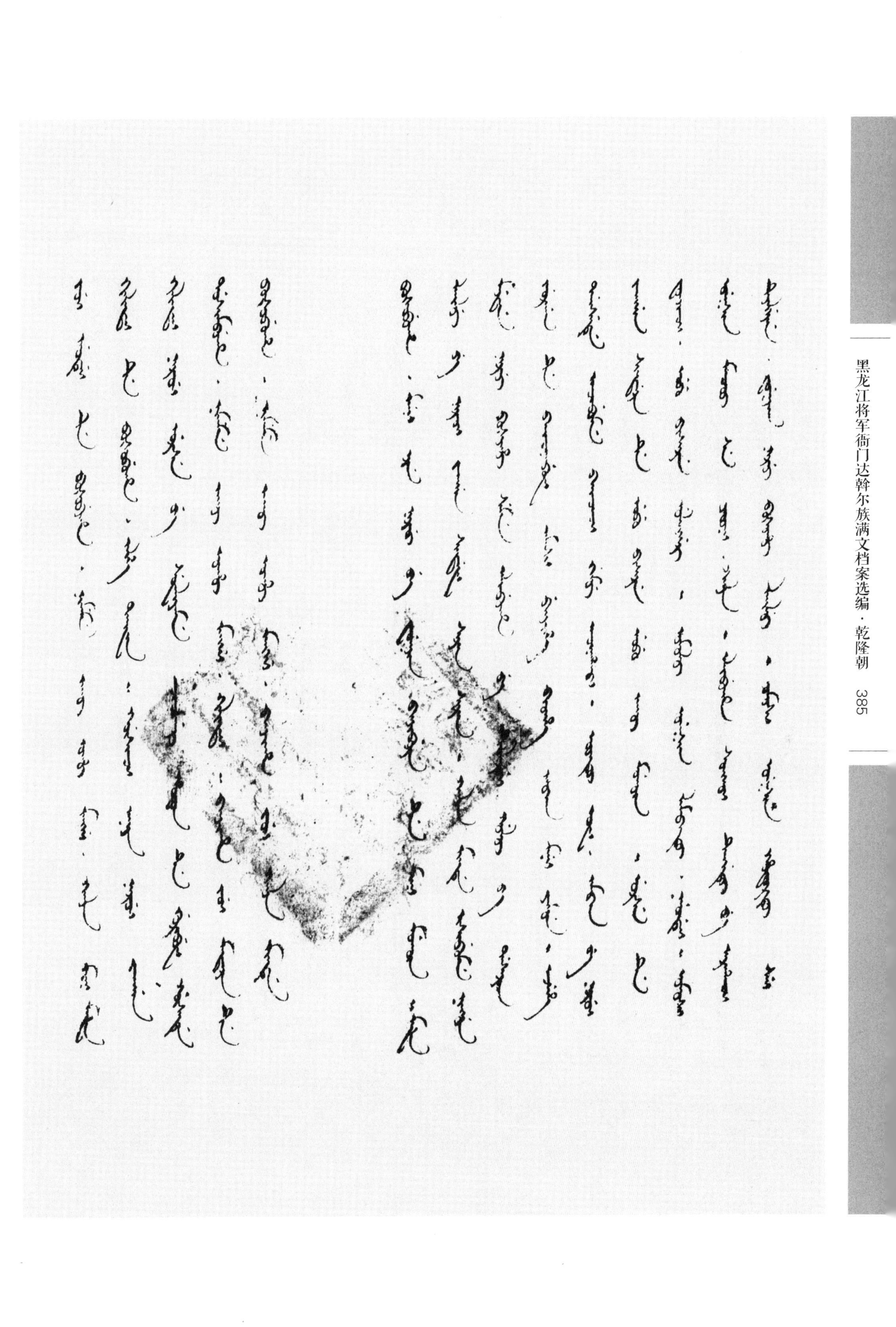

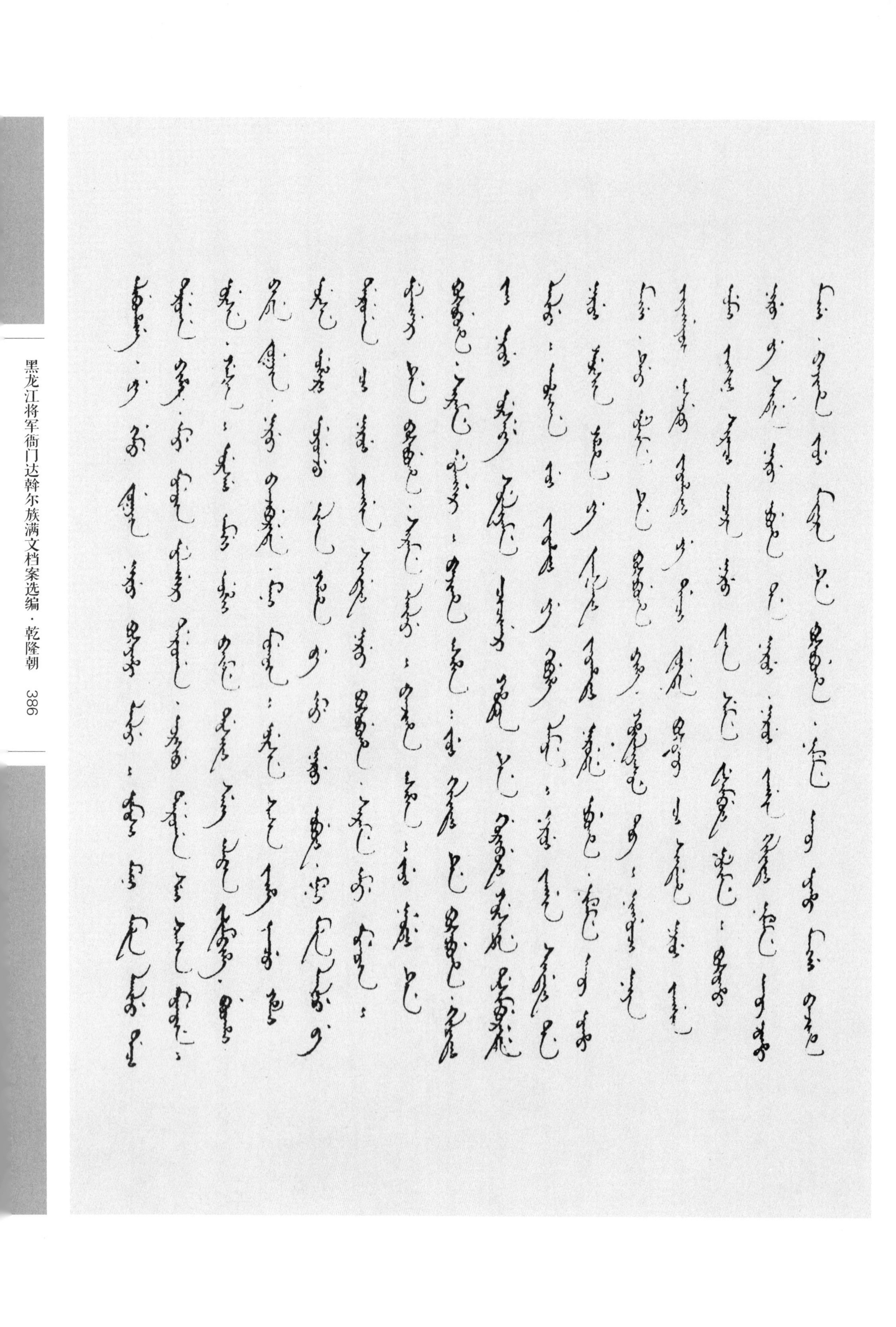

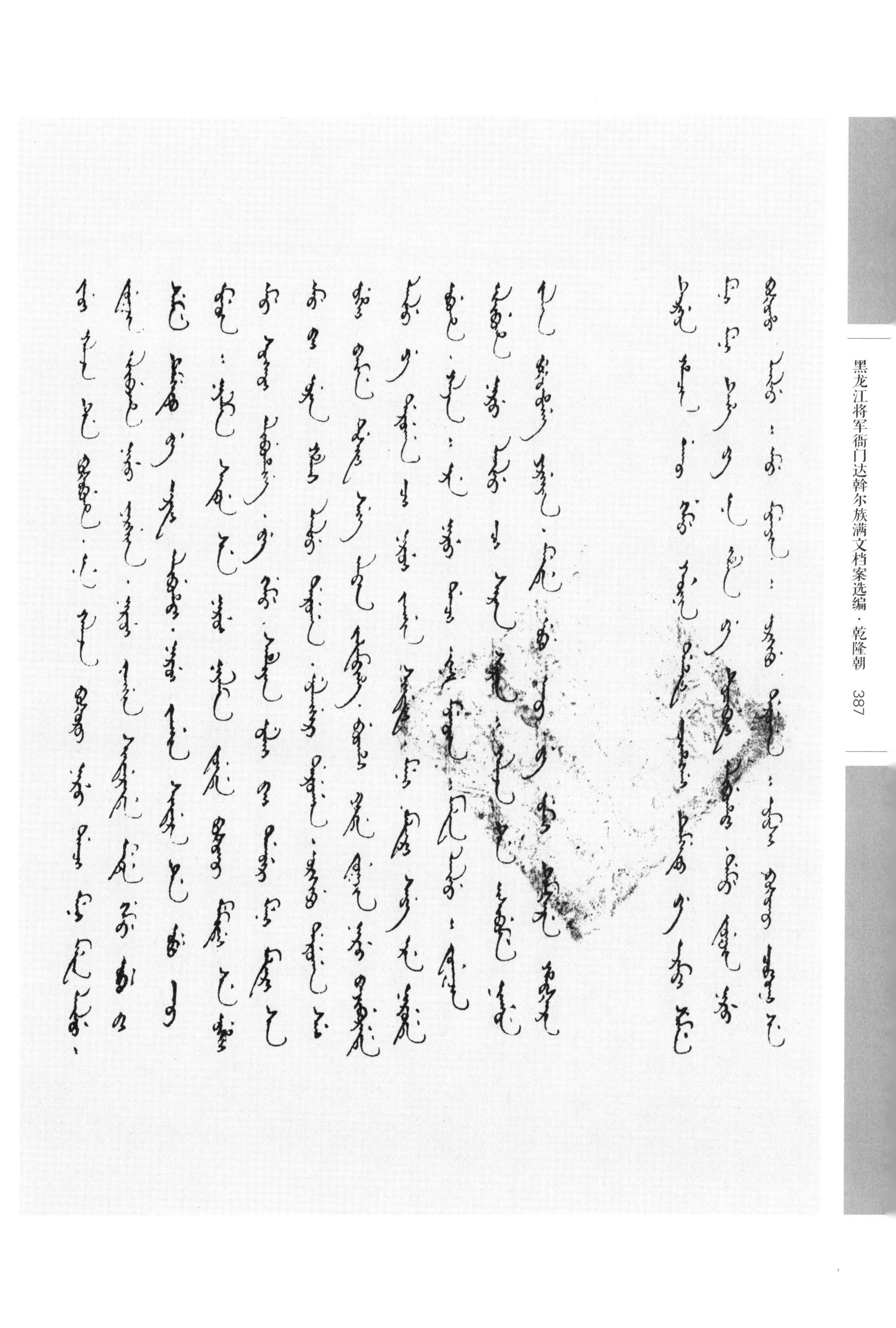

[illegible]

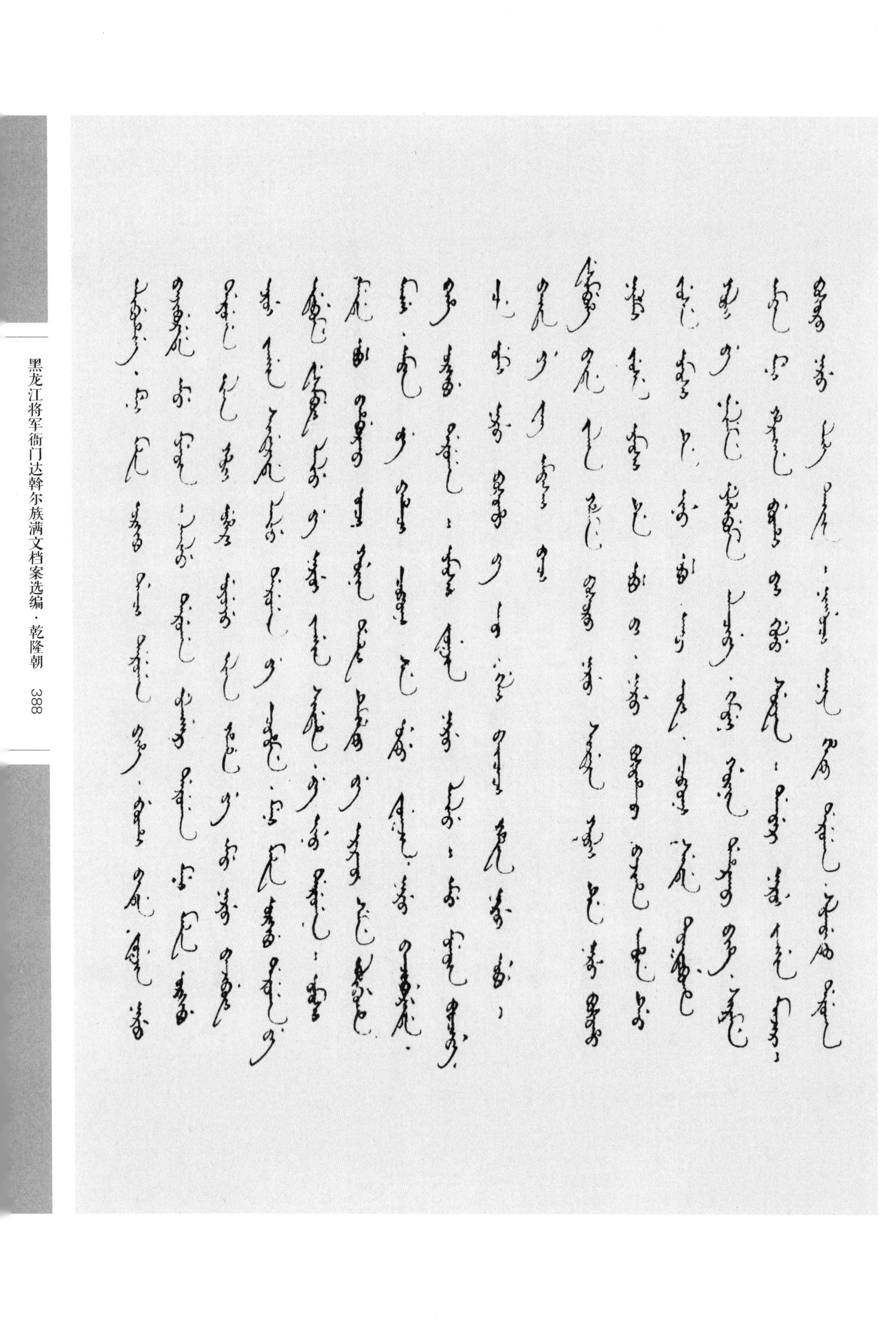

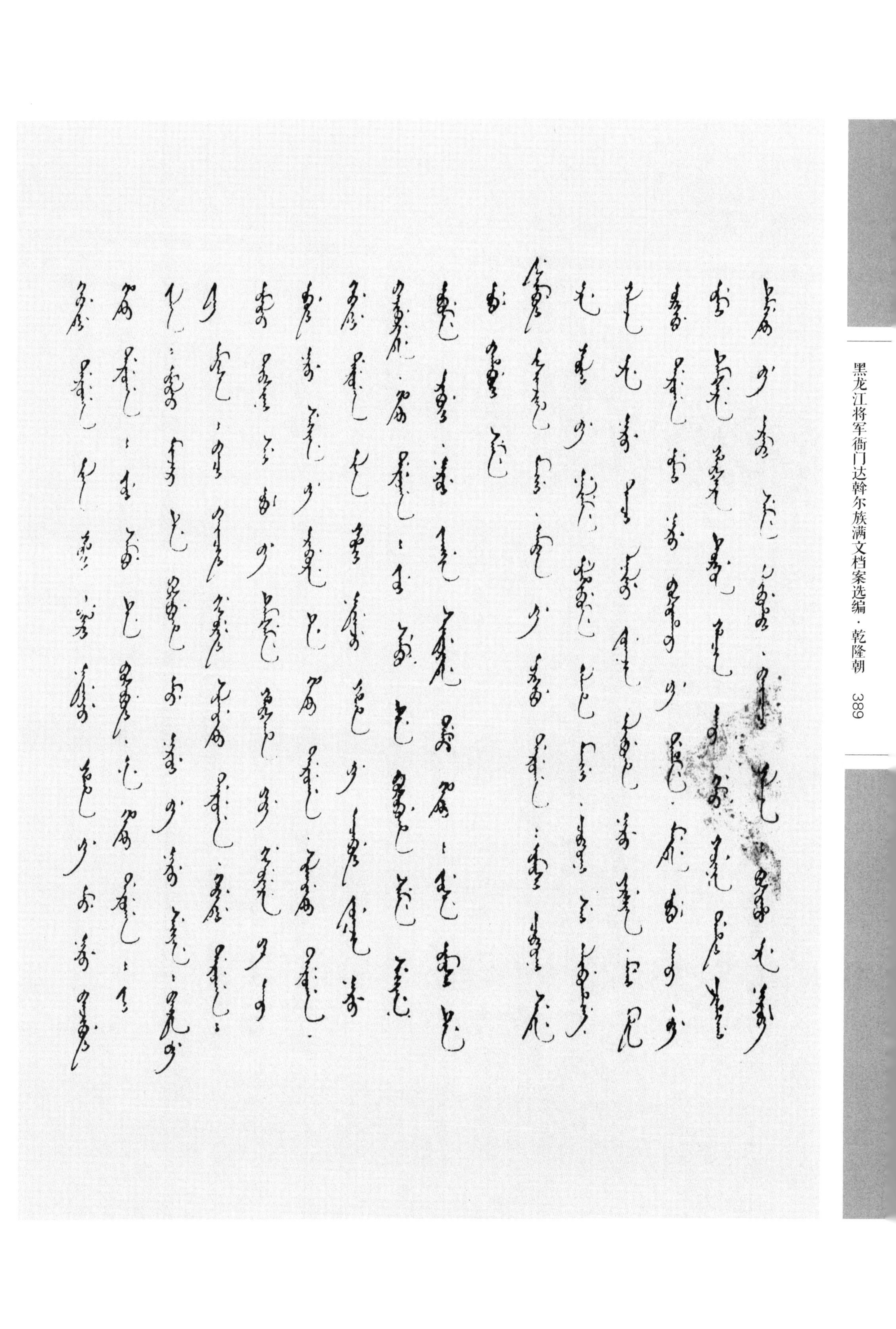

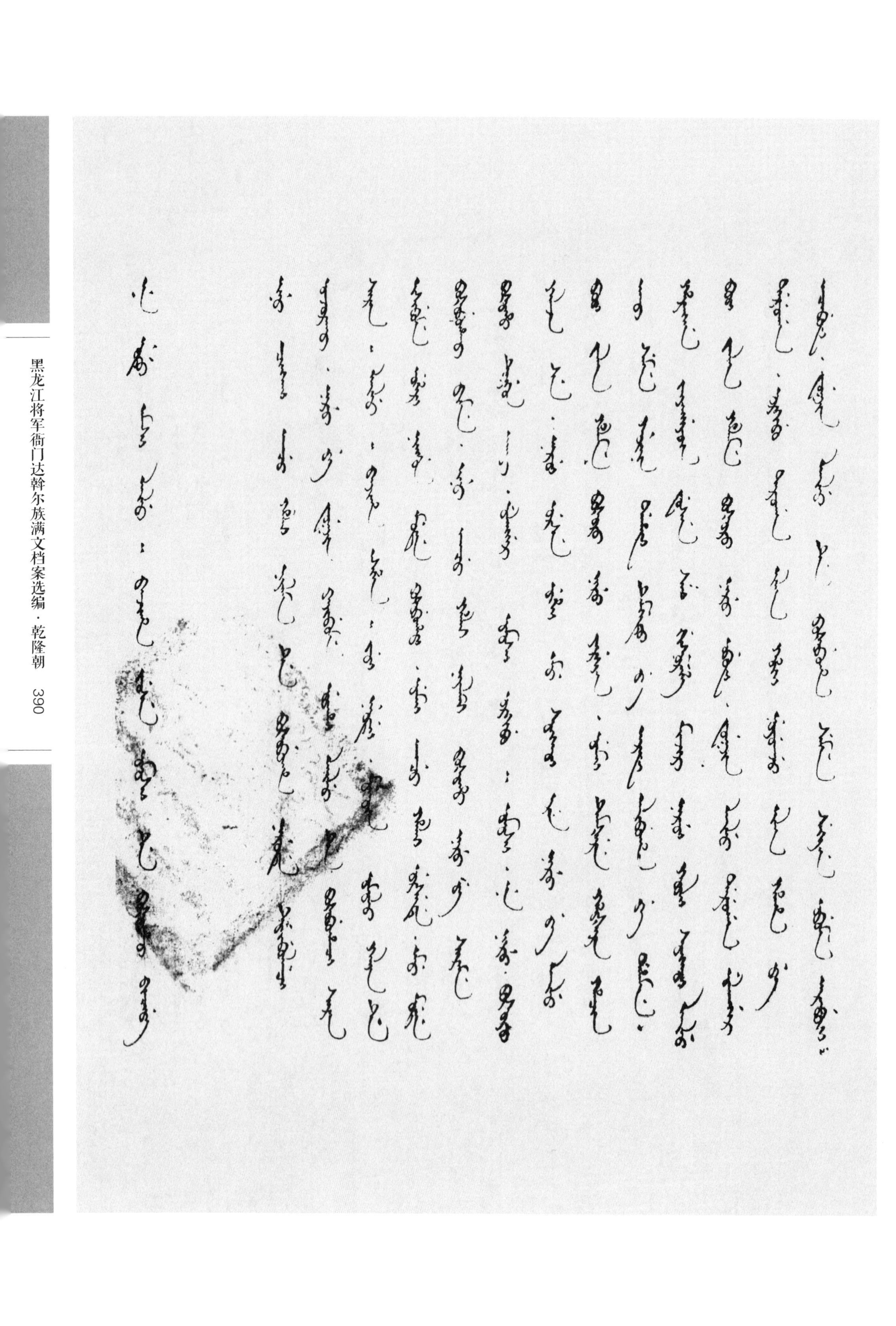

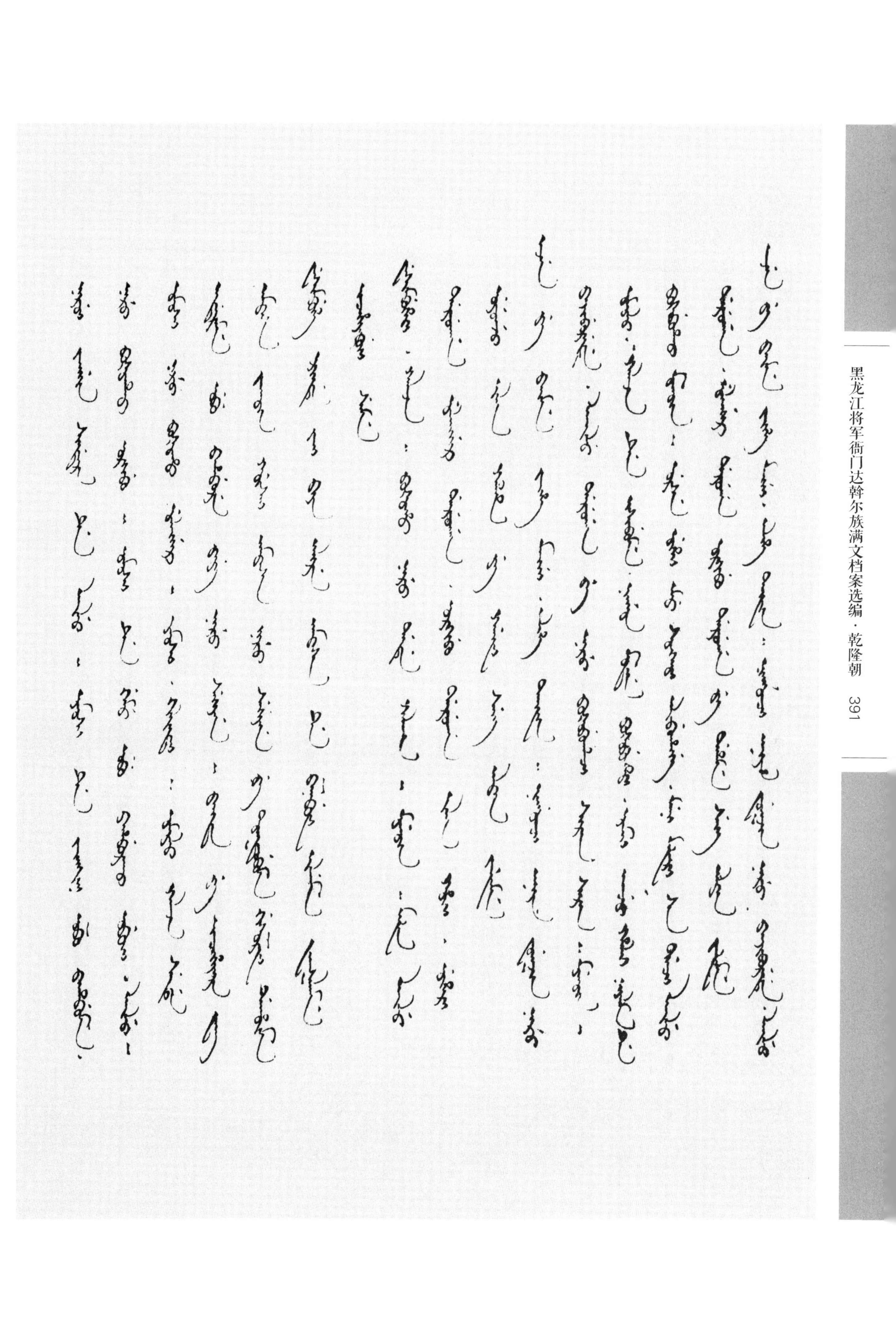

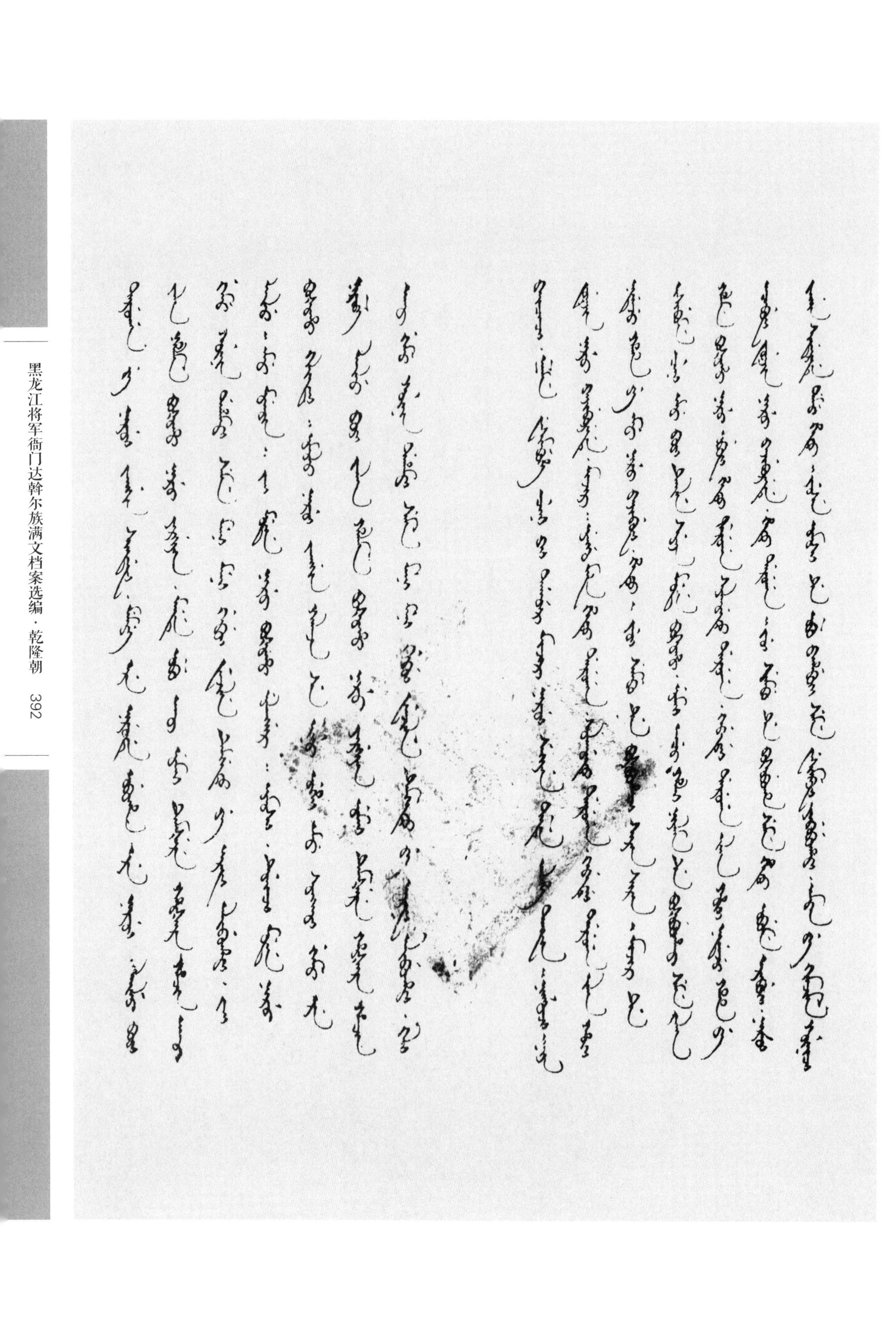

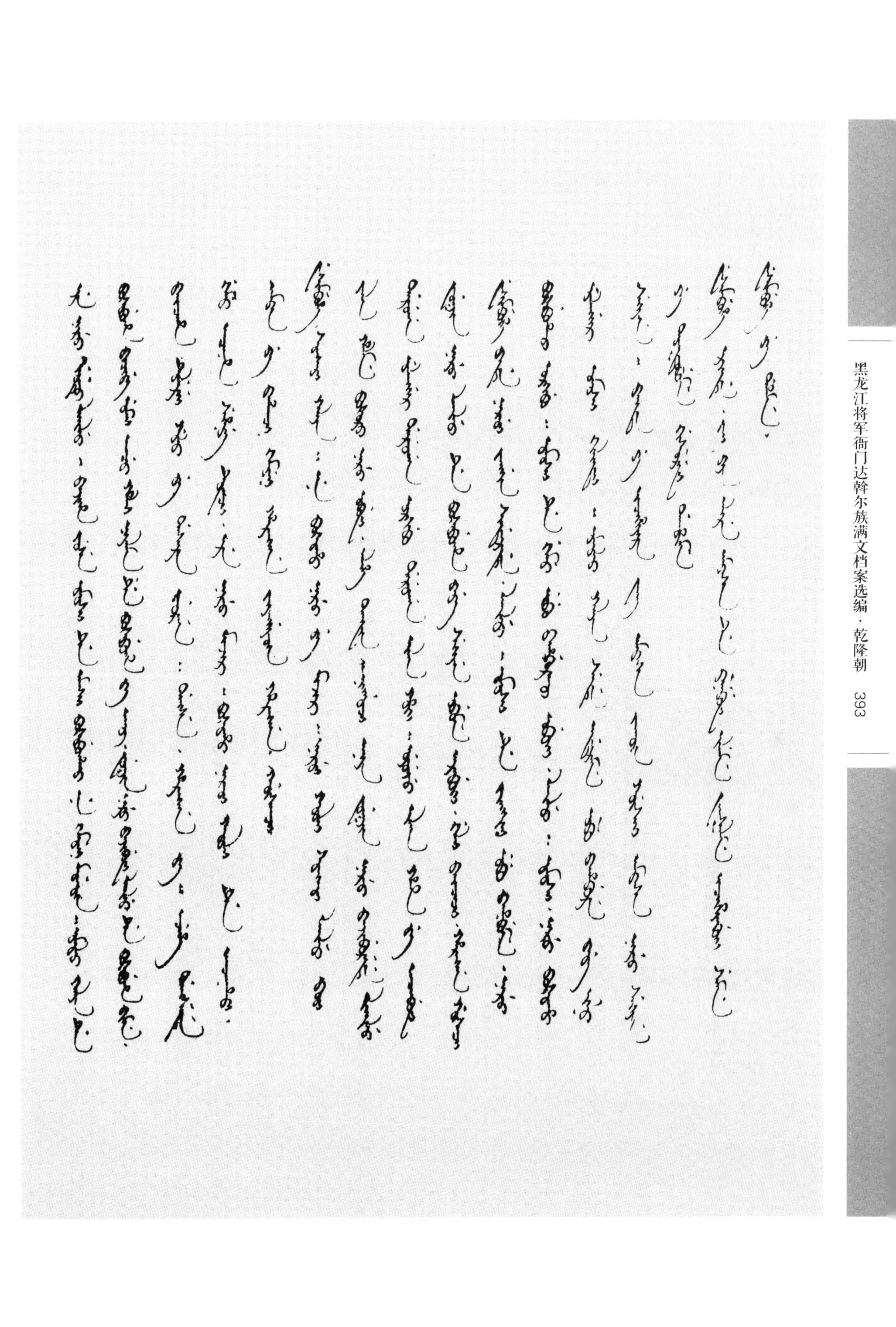

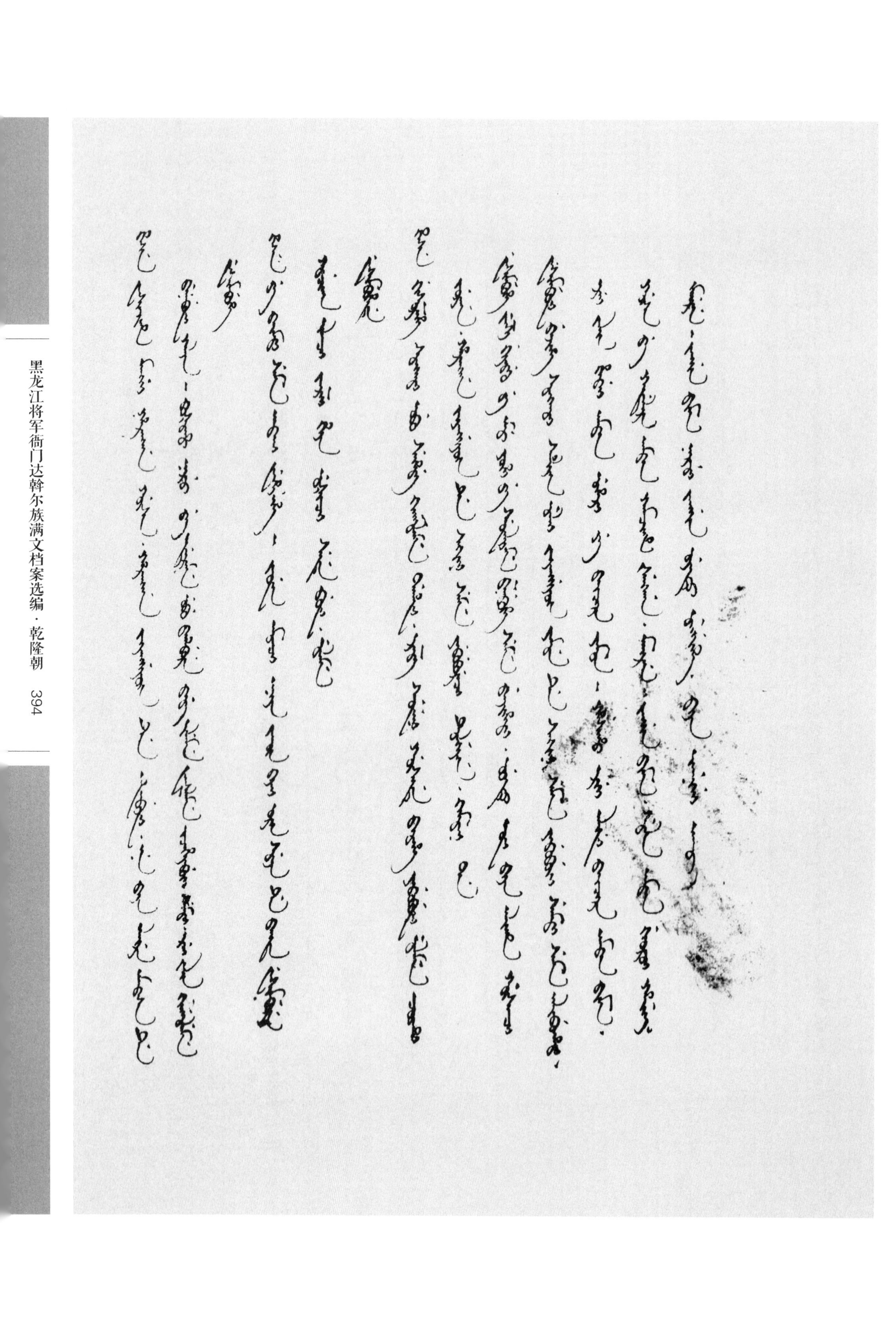

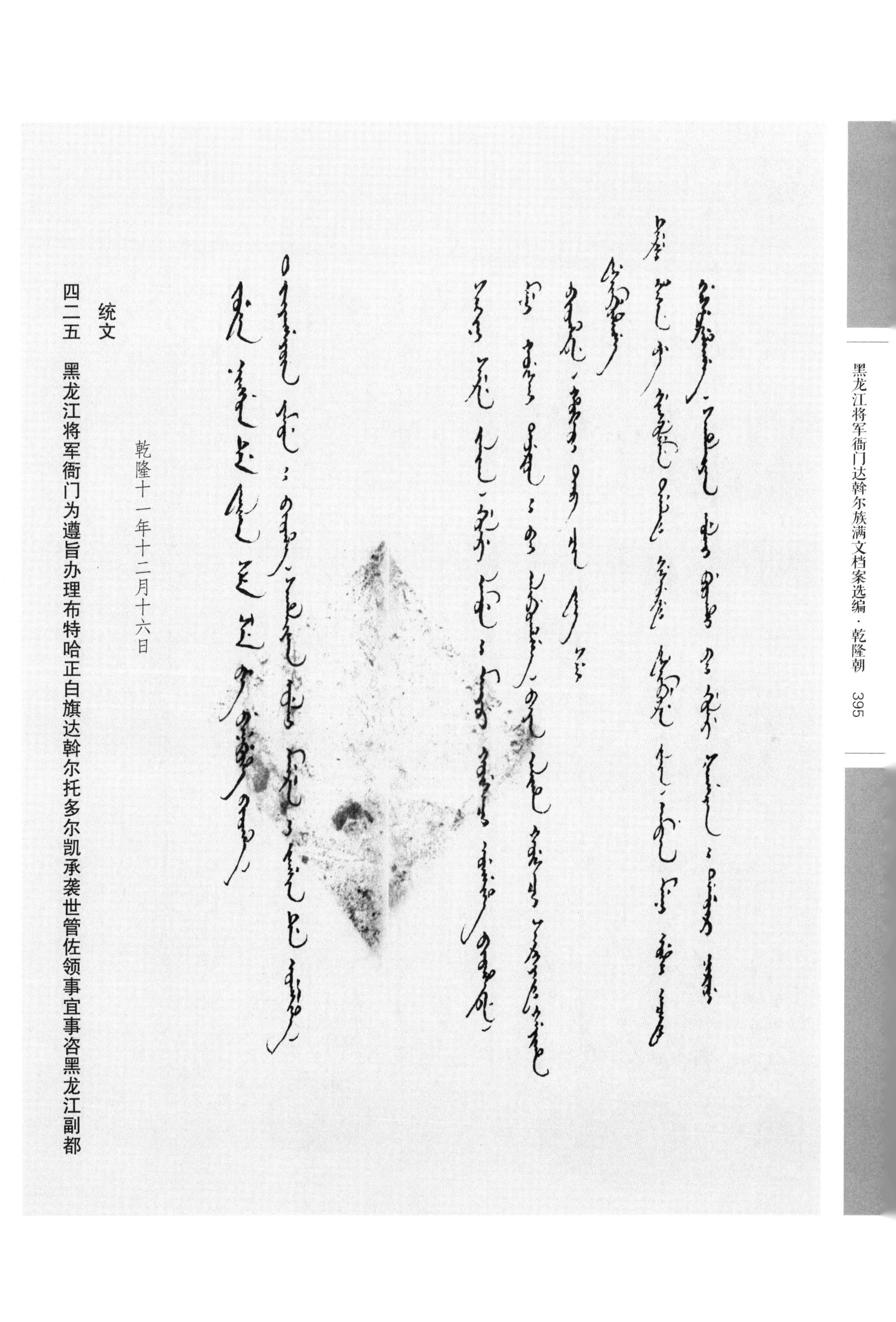

乾隆十一年十二月十六日

统文

四二五 黑龙江将军衙门为遵旨办理布特哈正白旗达斡尔托多尔凯承袭世管佐领事宜事咨黑龙江副都

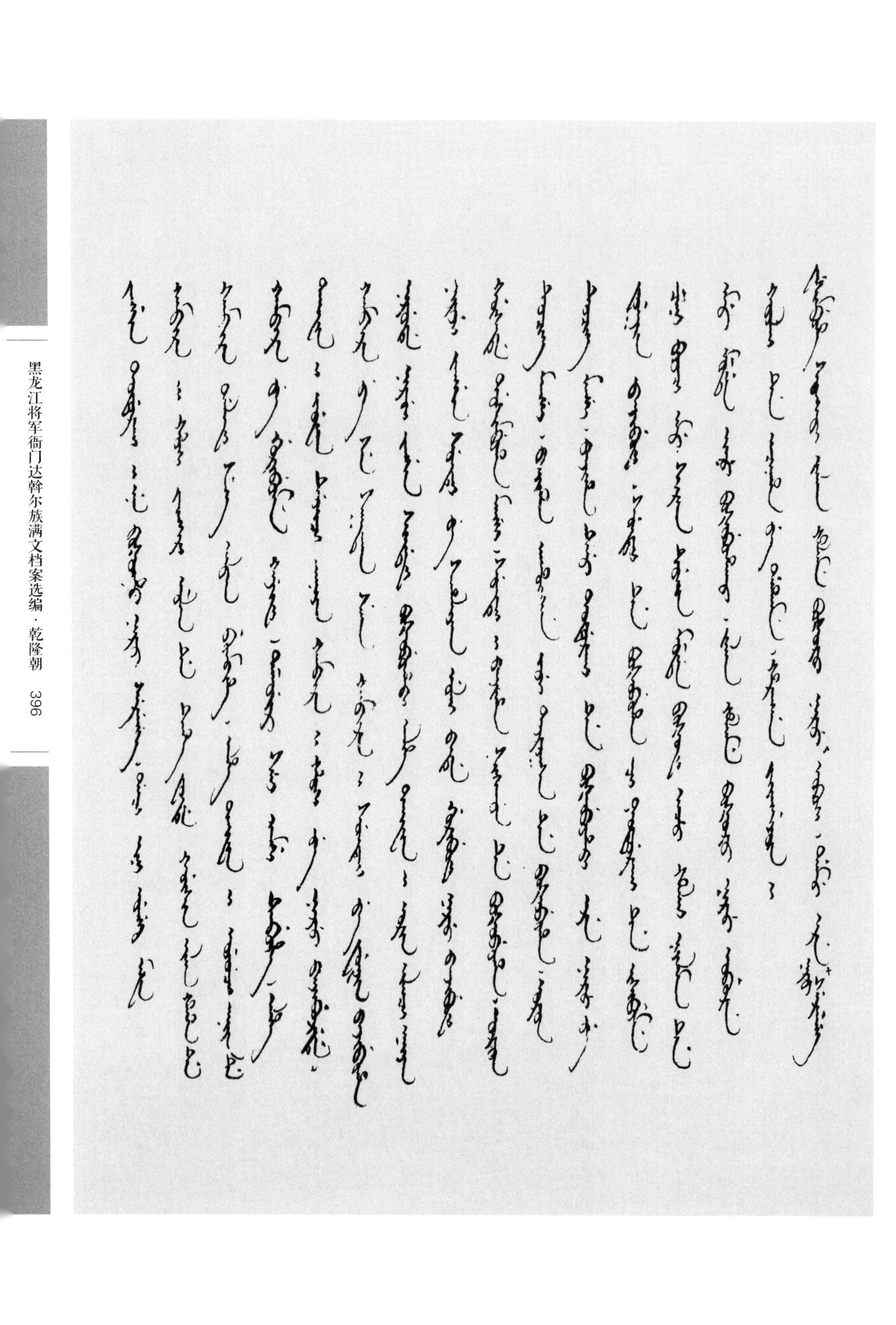

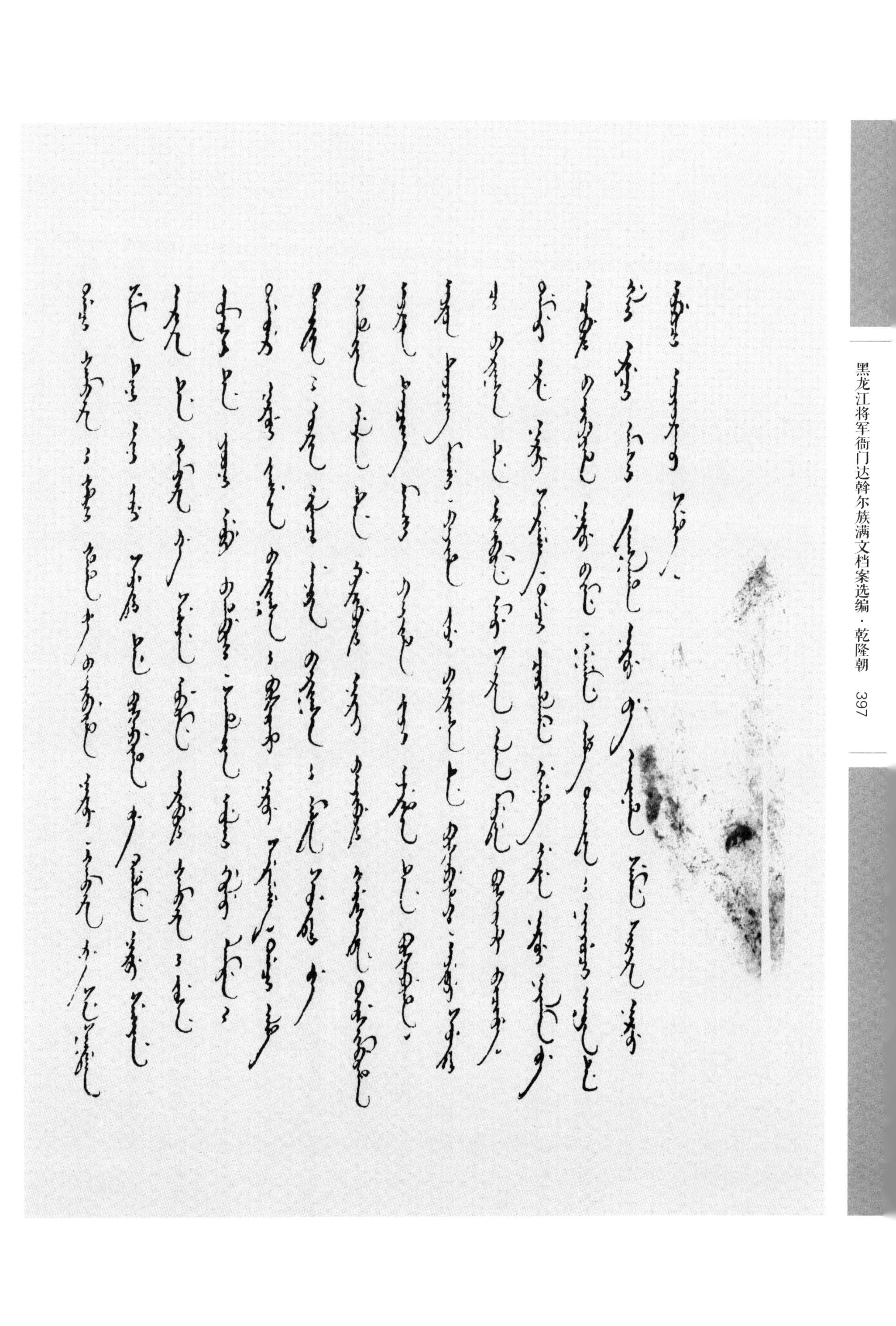

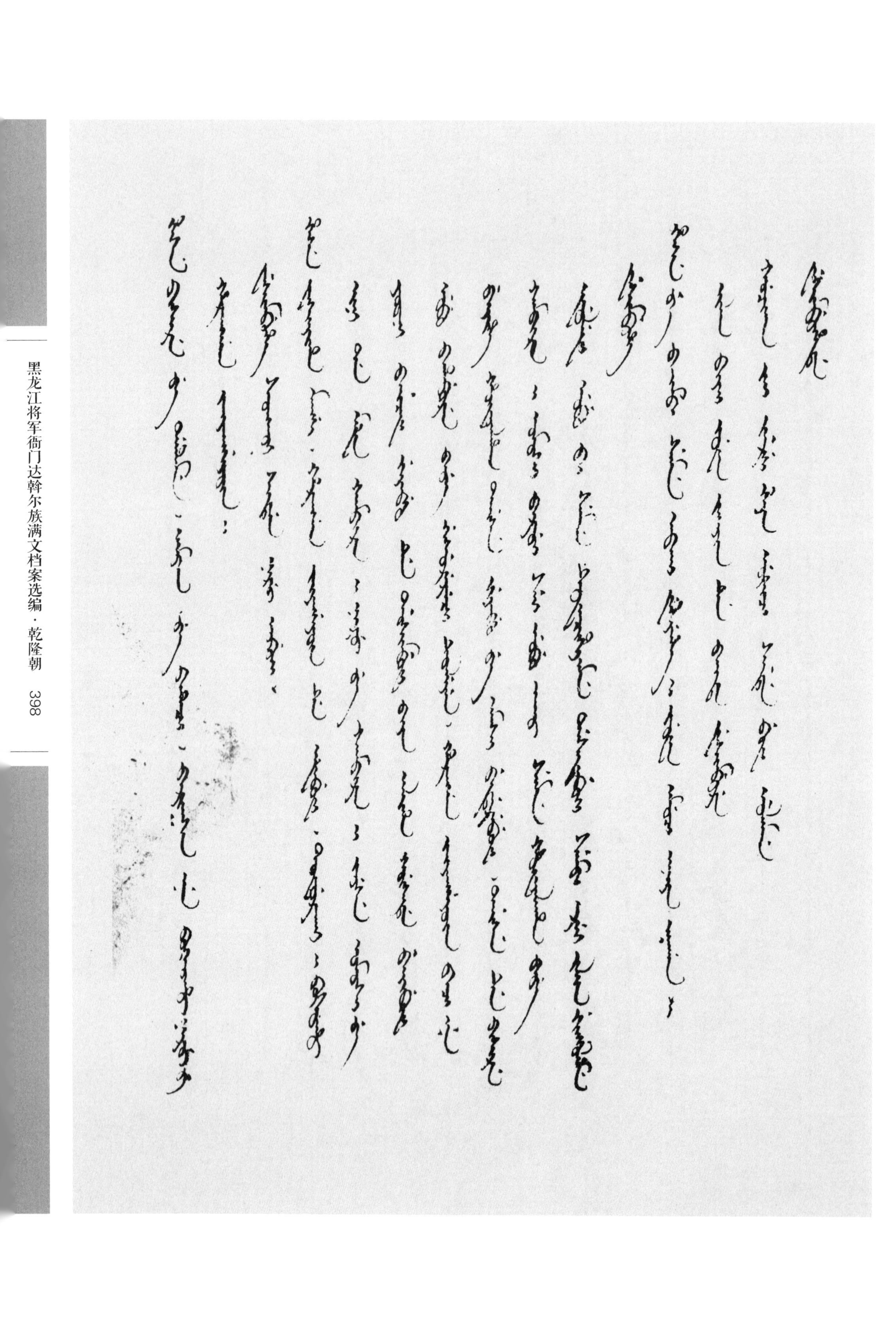

四二六　正红满洲旗为齐齐哈尔正红旗达斡尔佐领斐色病故其所遗缺循例择员承袭事咨黑龙江将军衙门文

乾隆十二年正月初四日

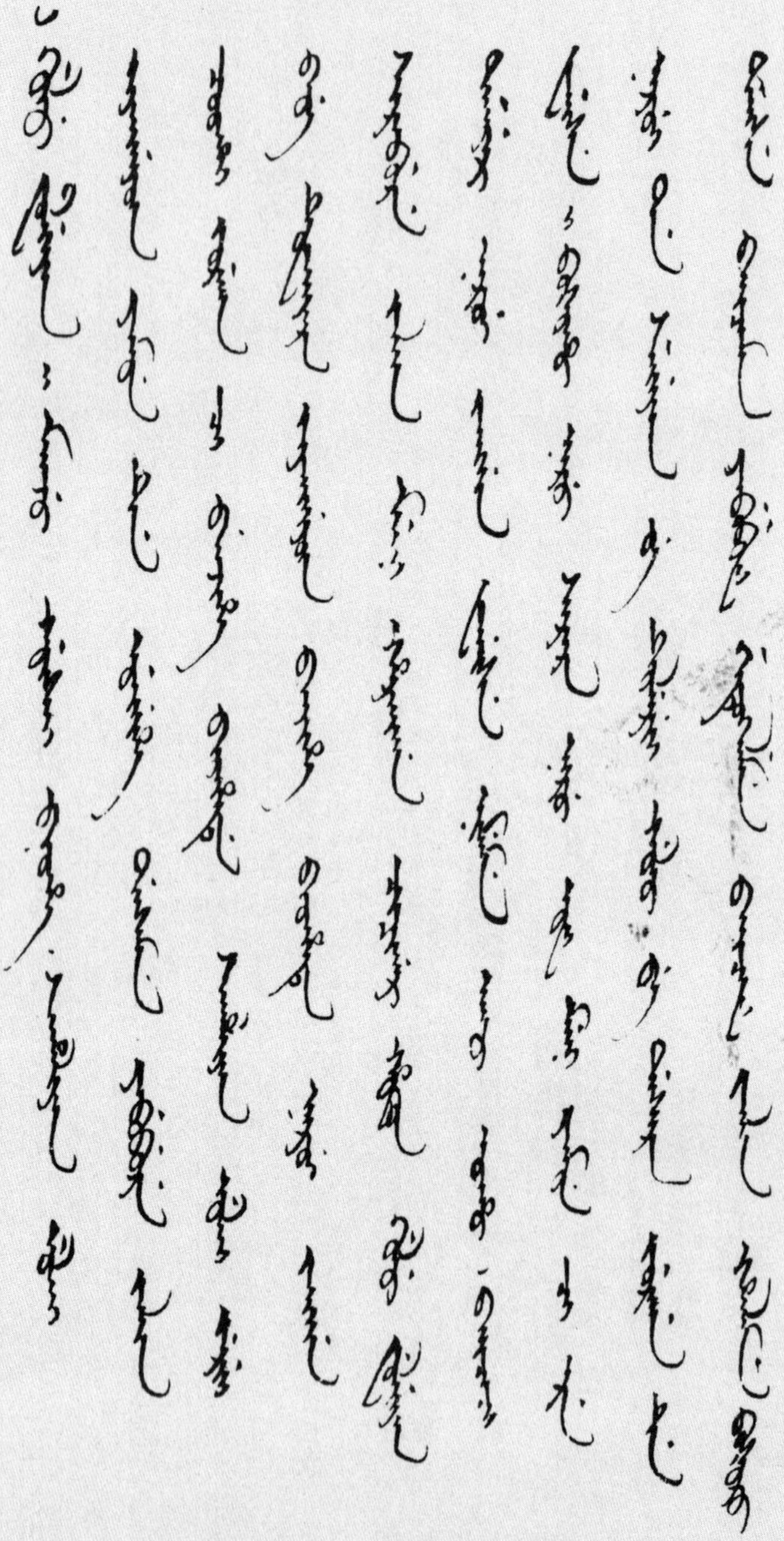

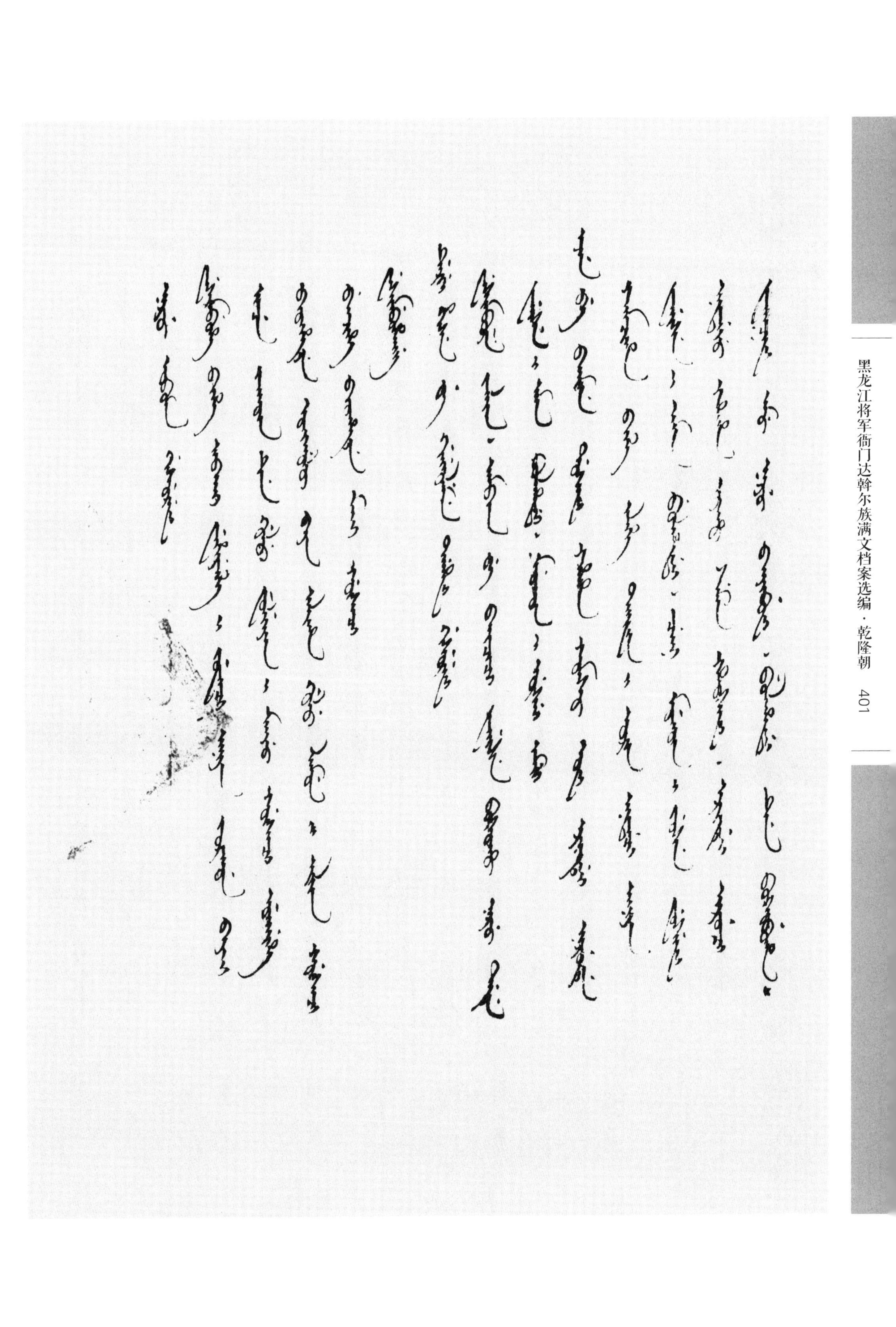

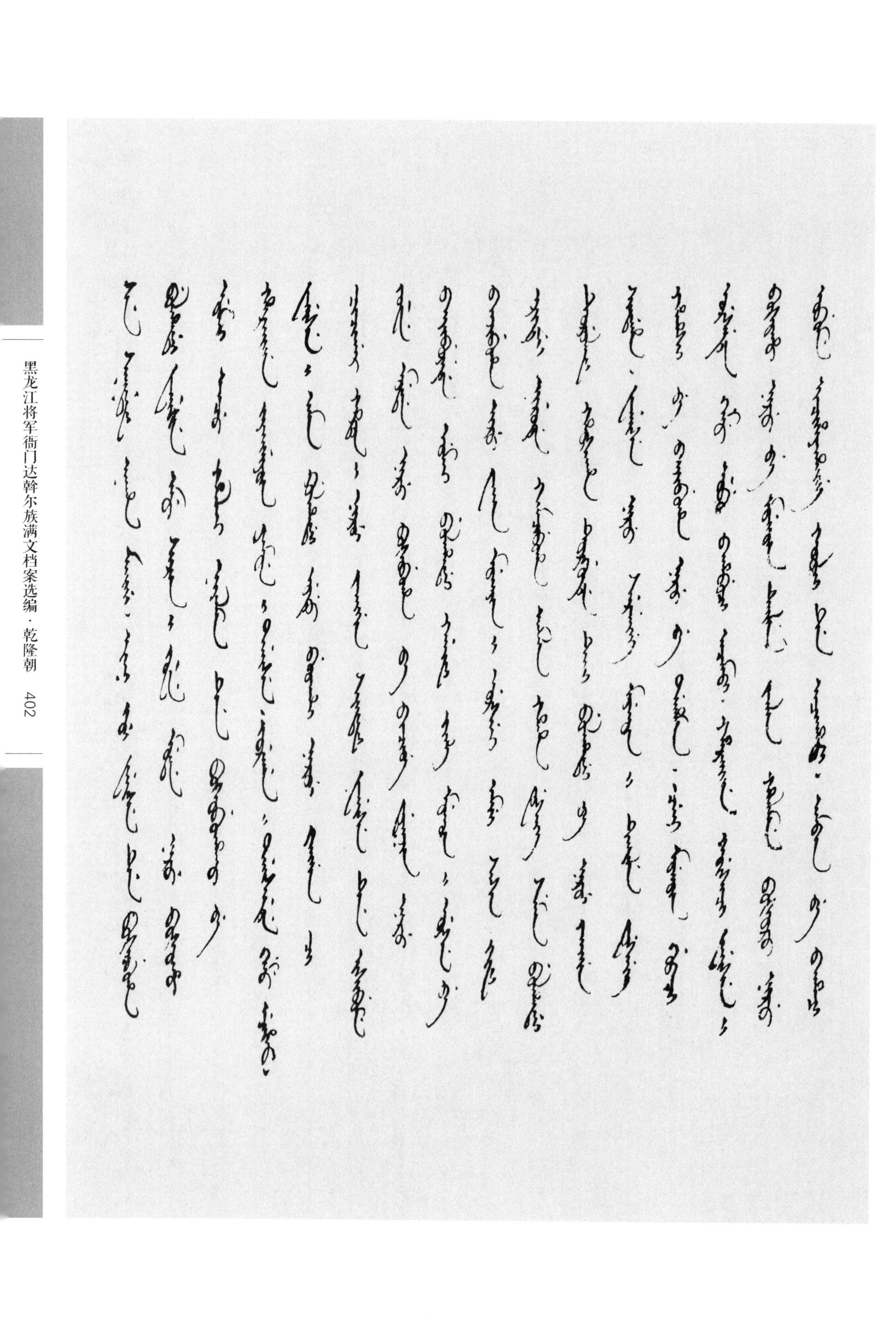

[illegible]

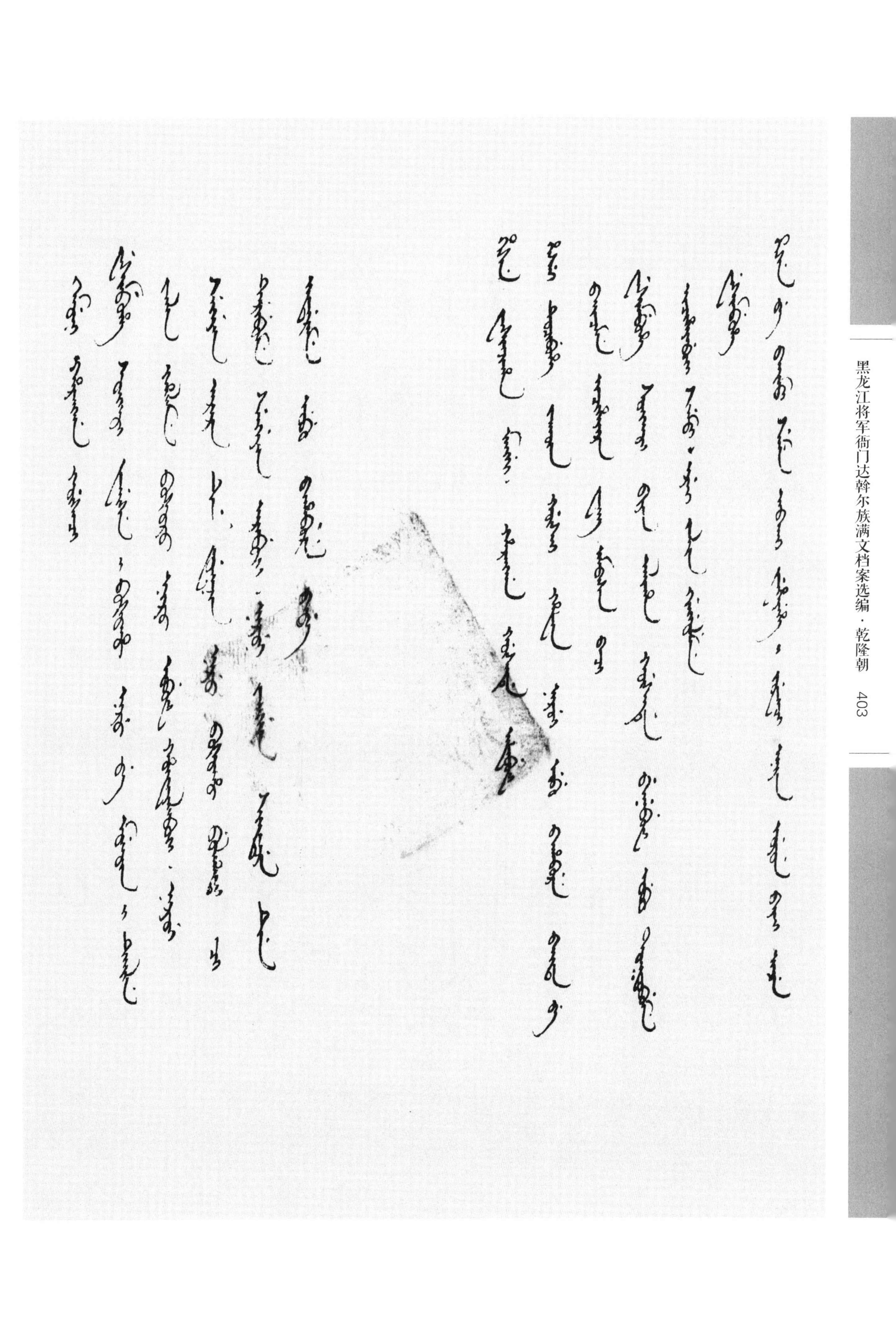

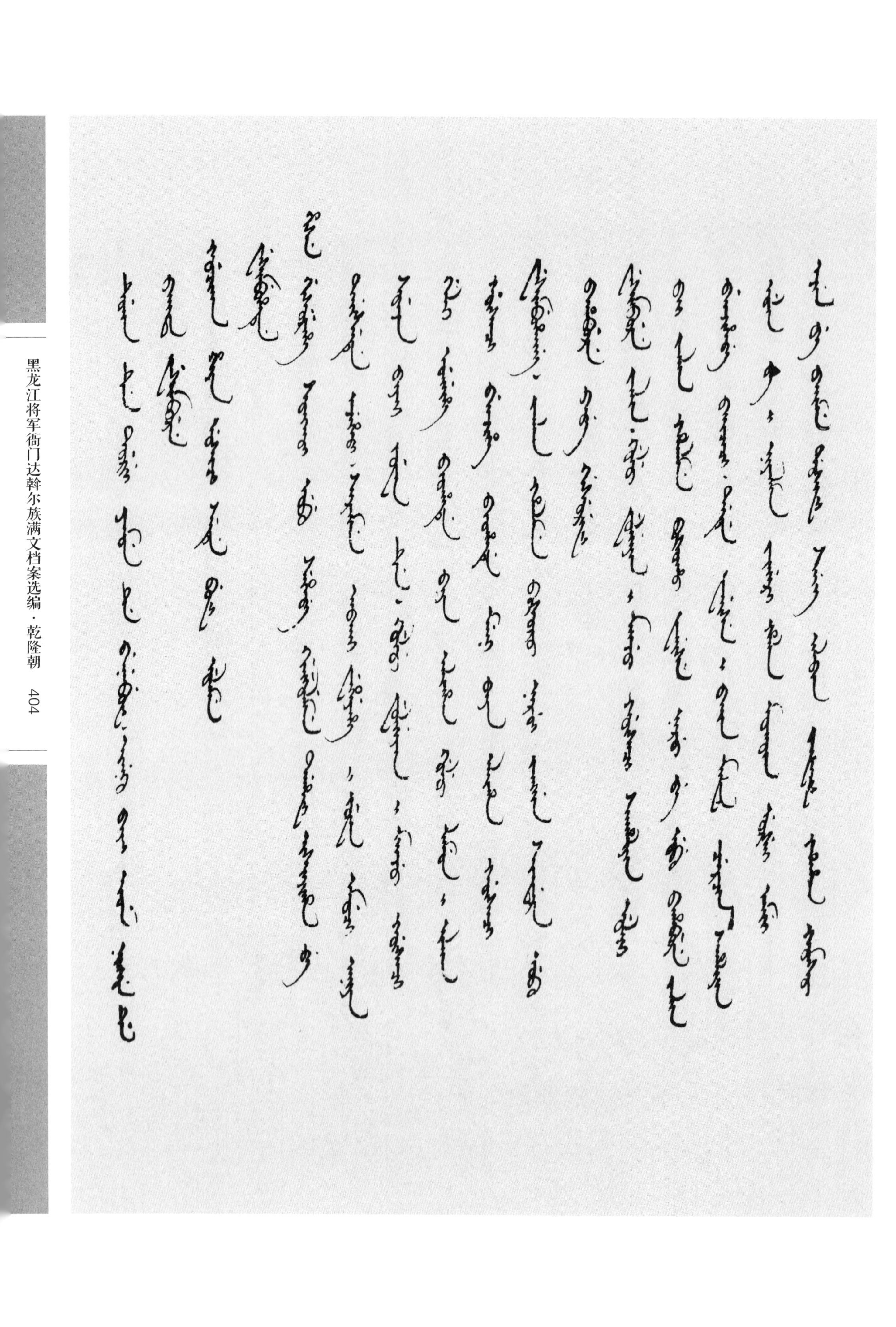

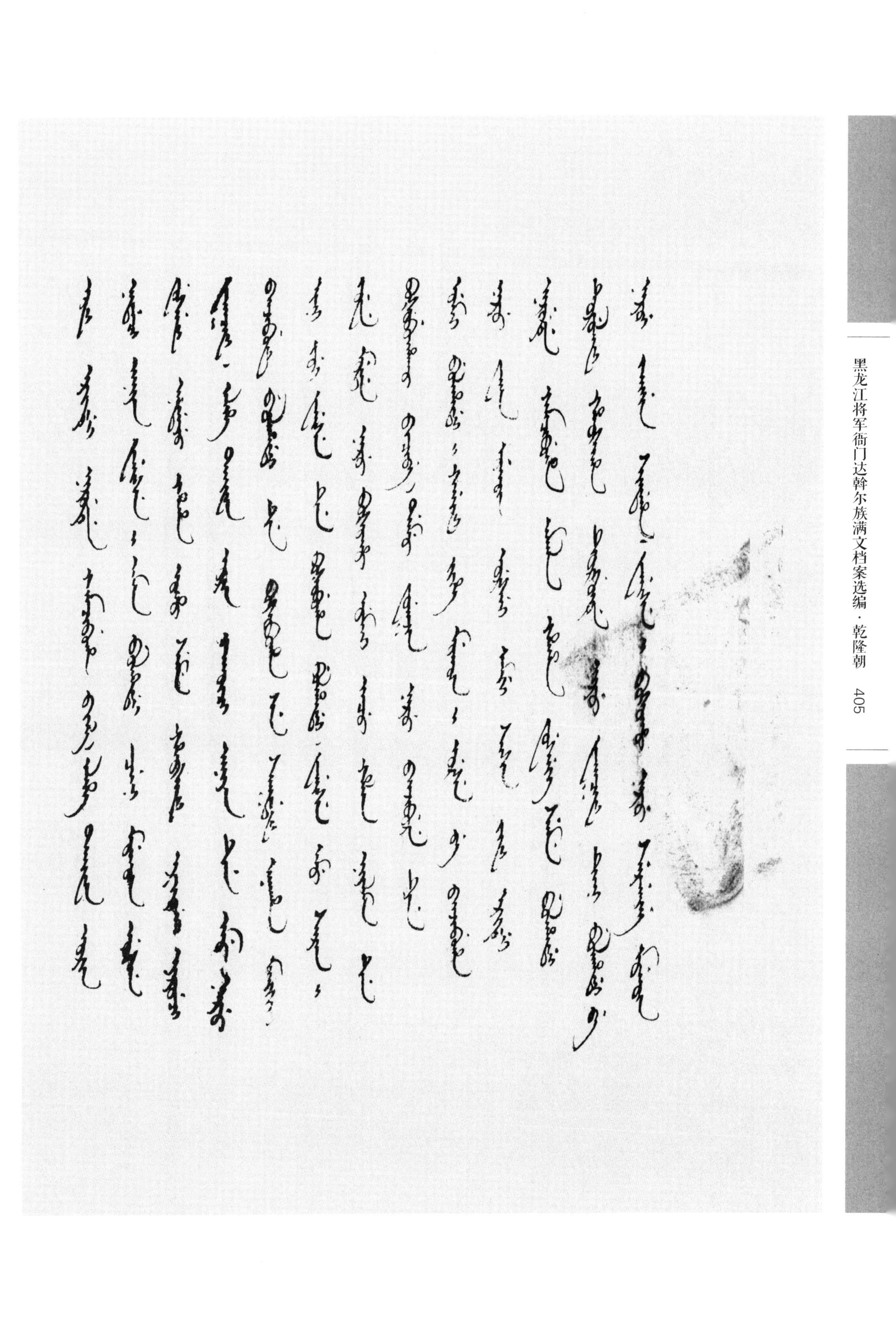

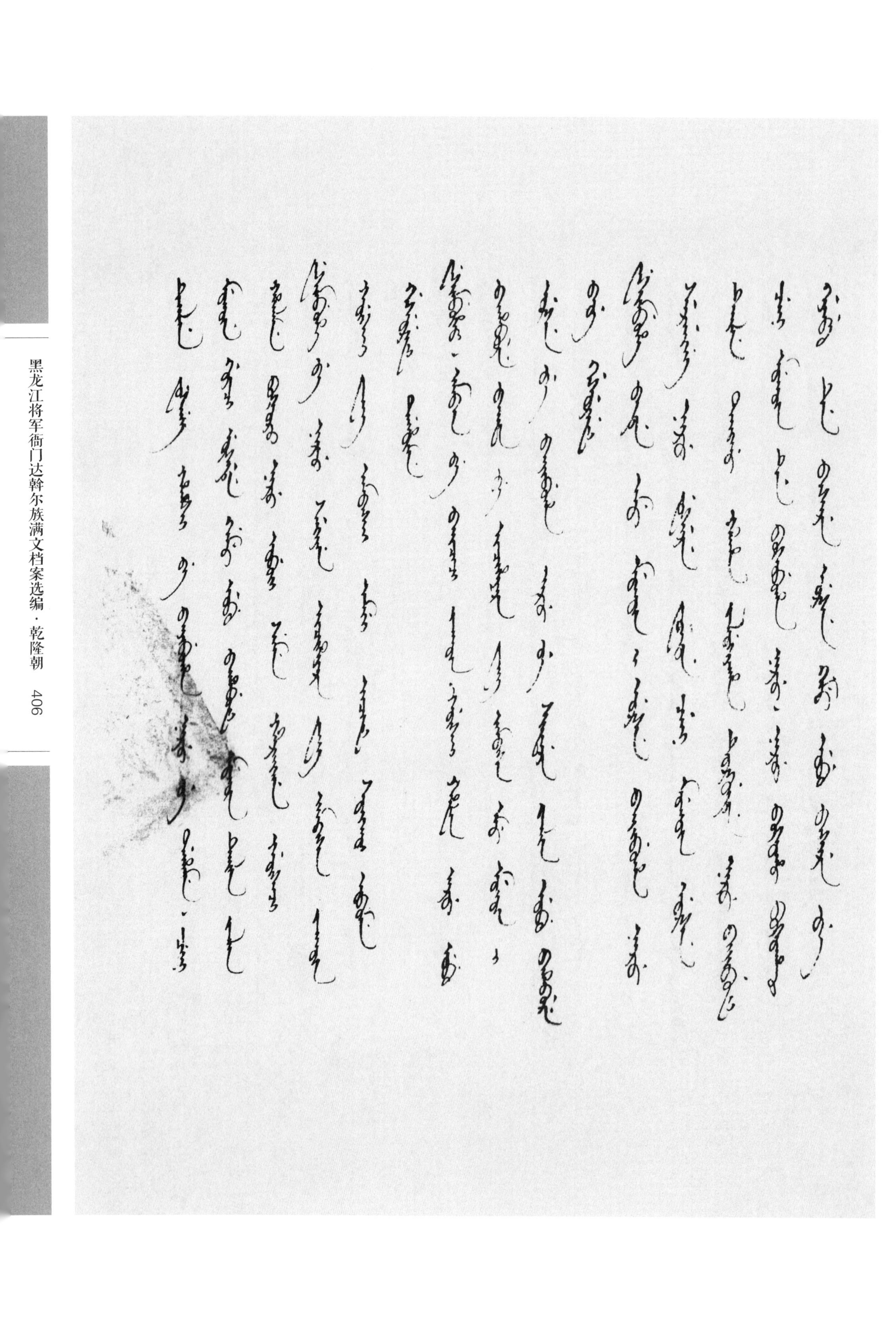

[illegible]

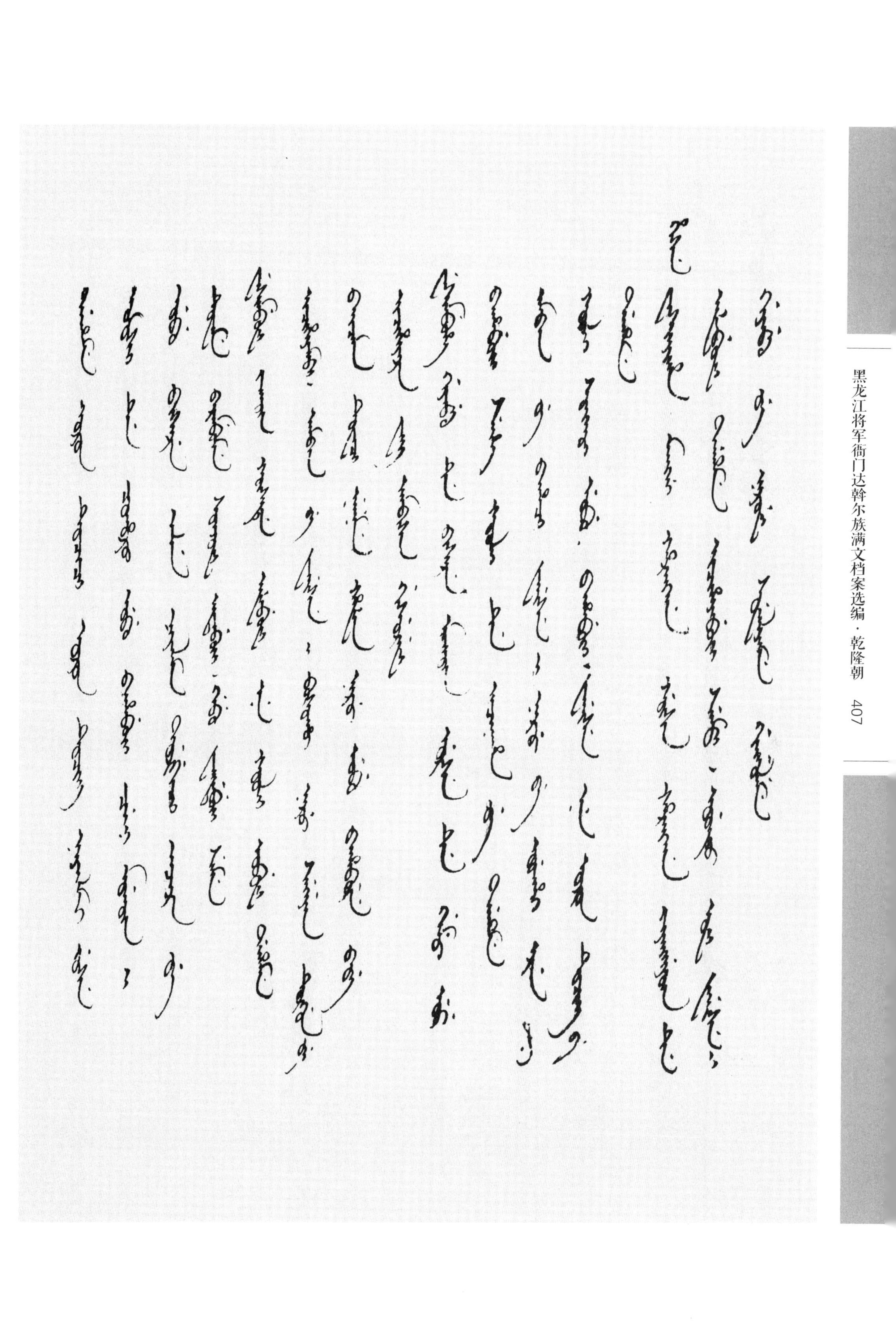

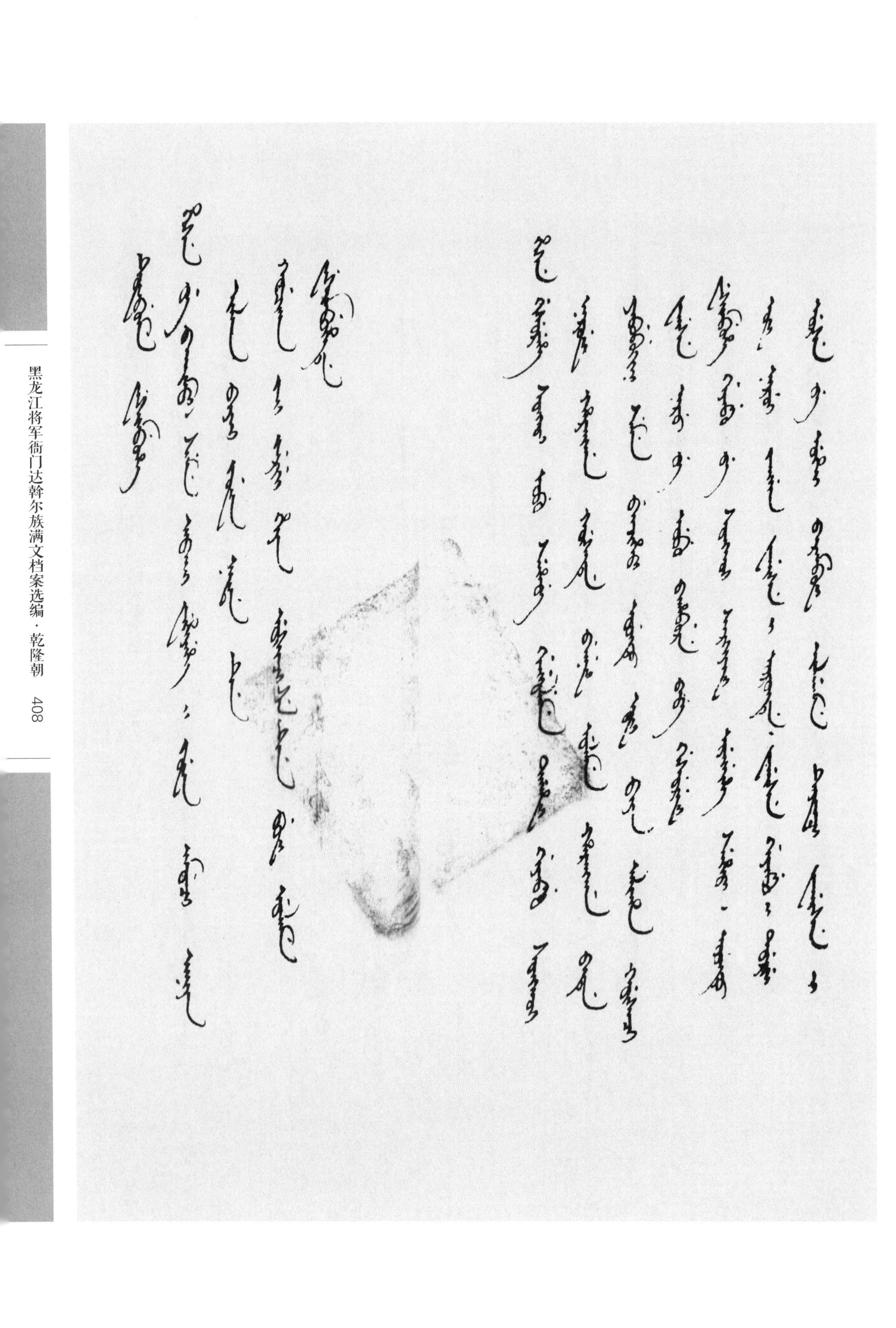

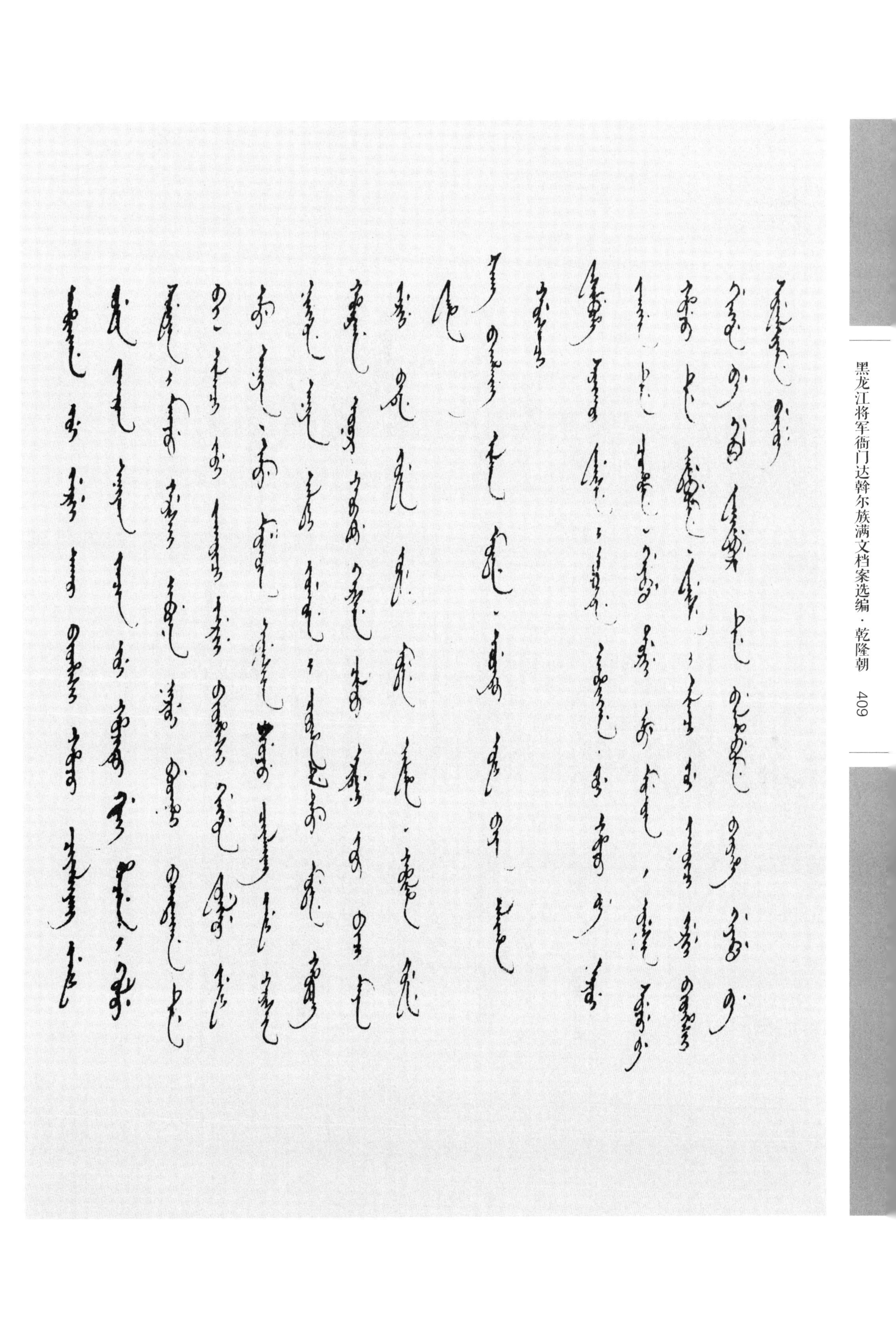

[illegible]

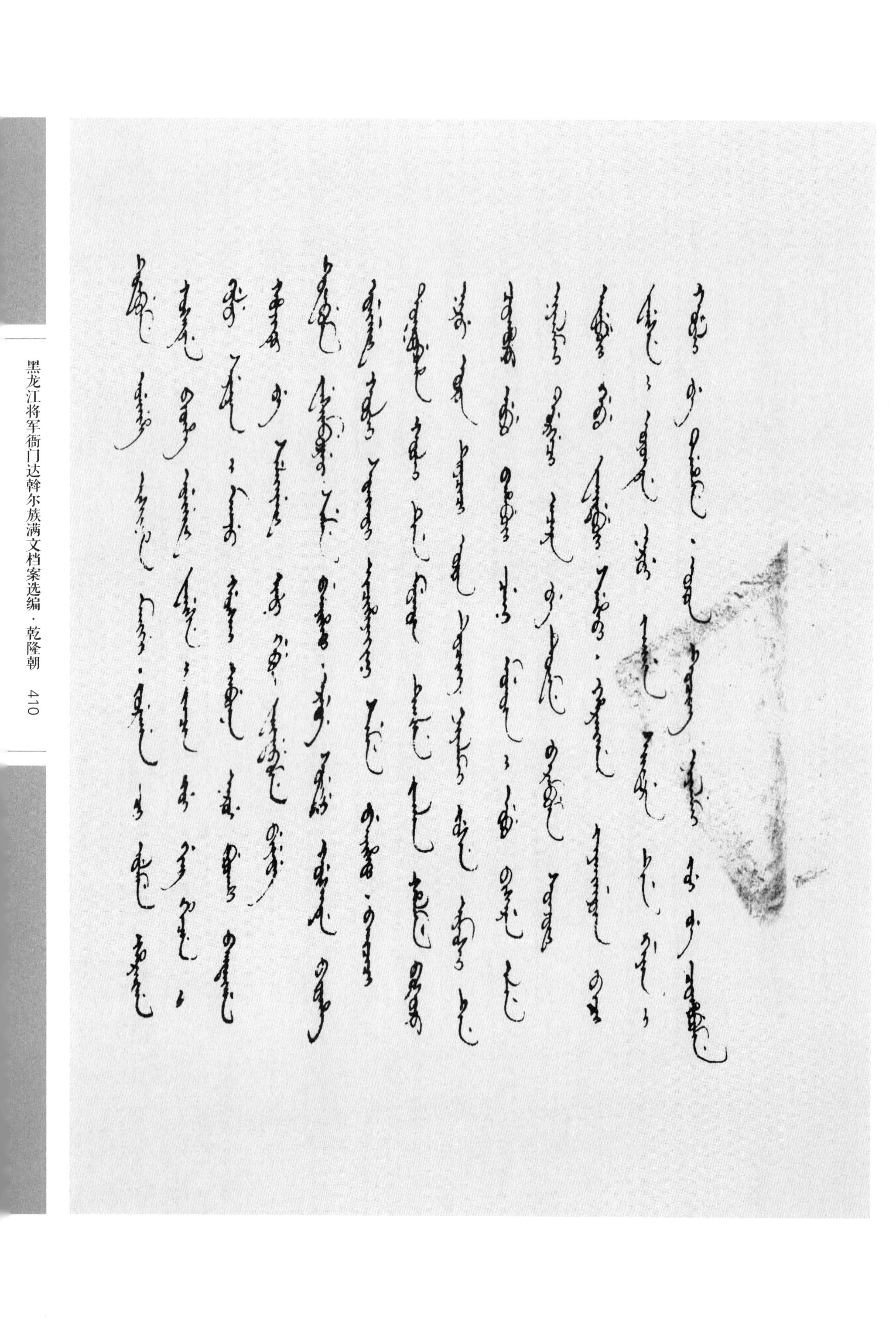

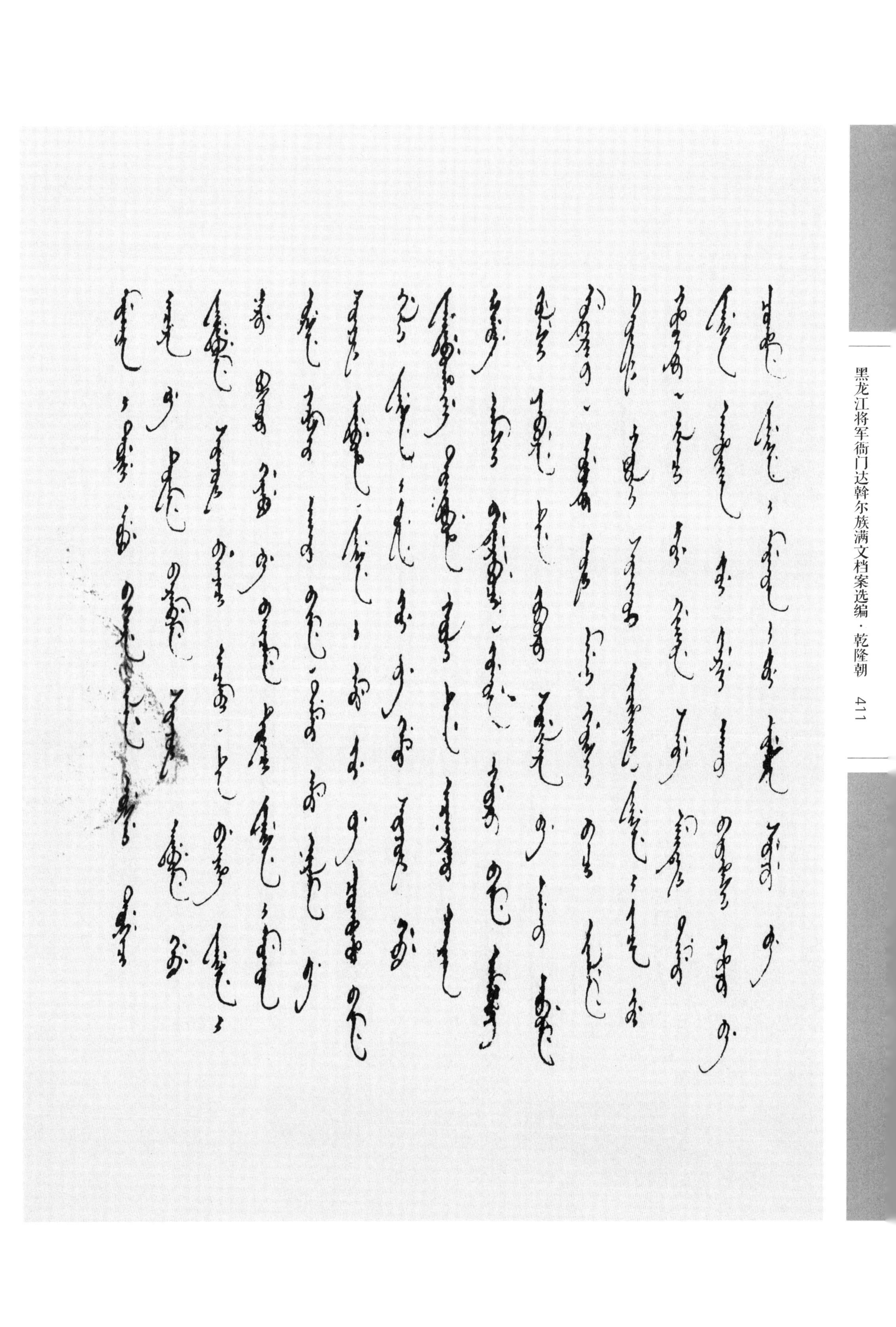

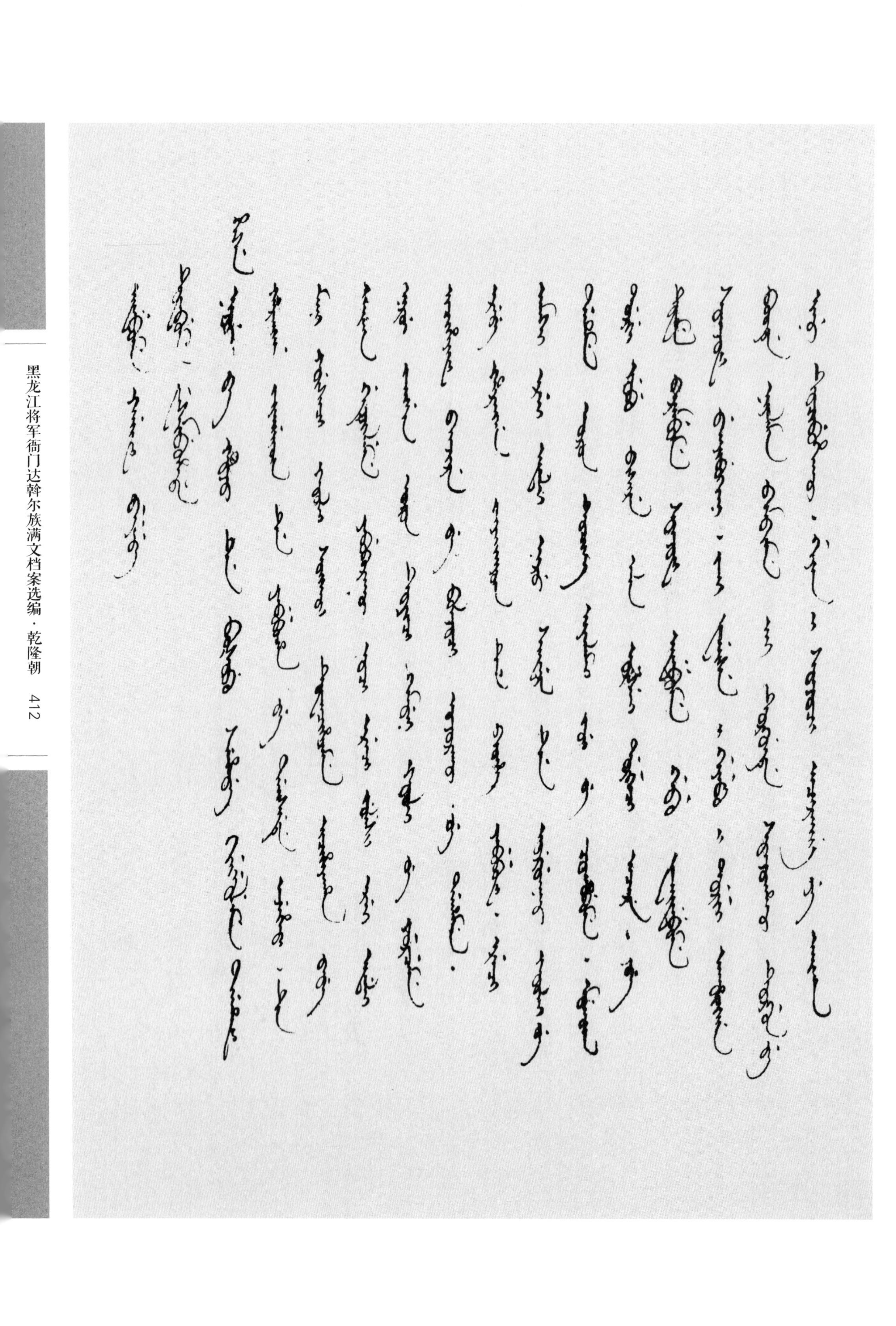

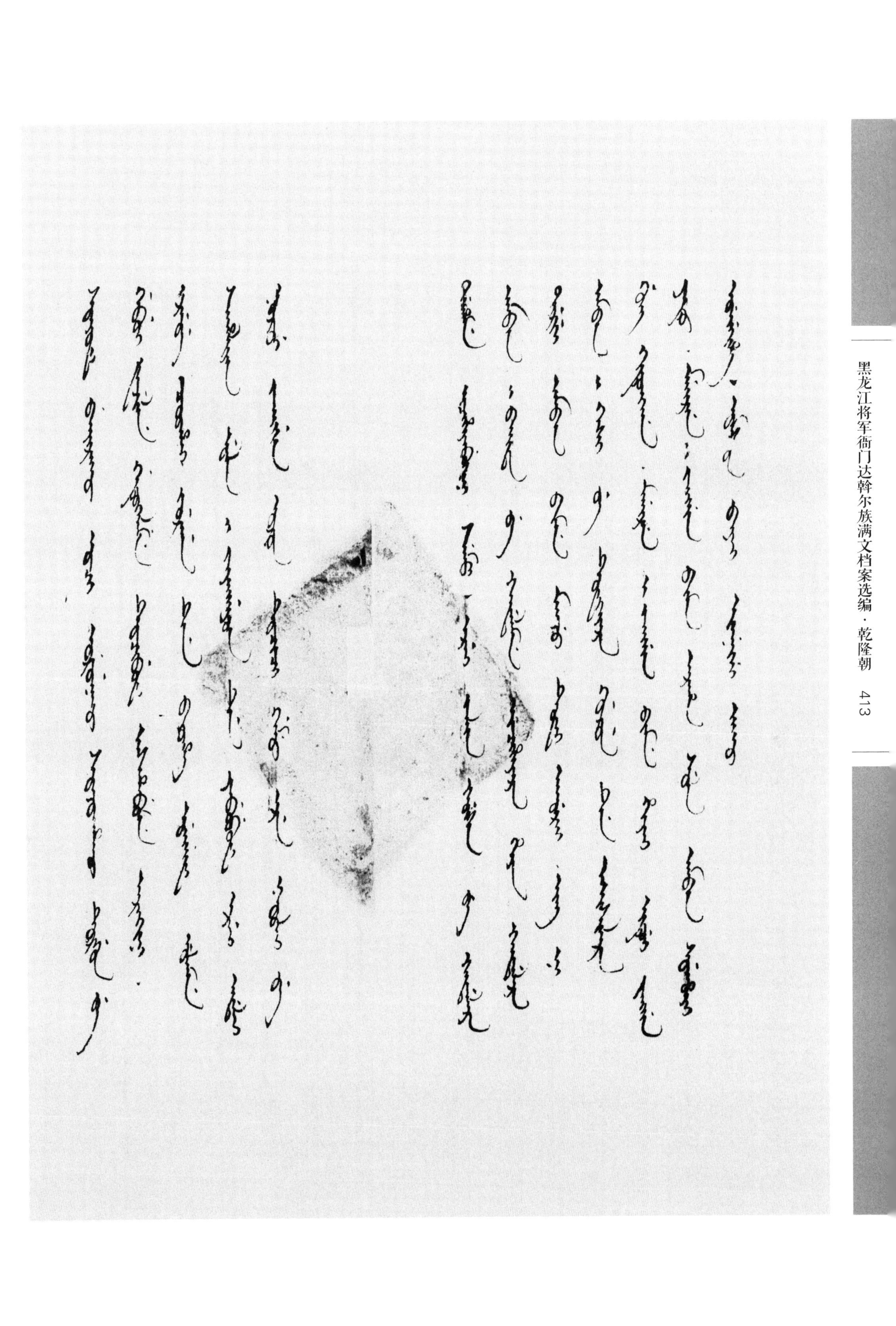

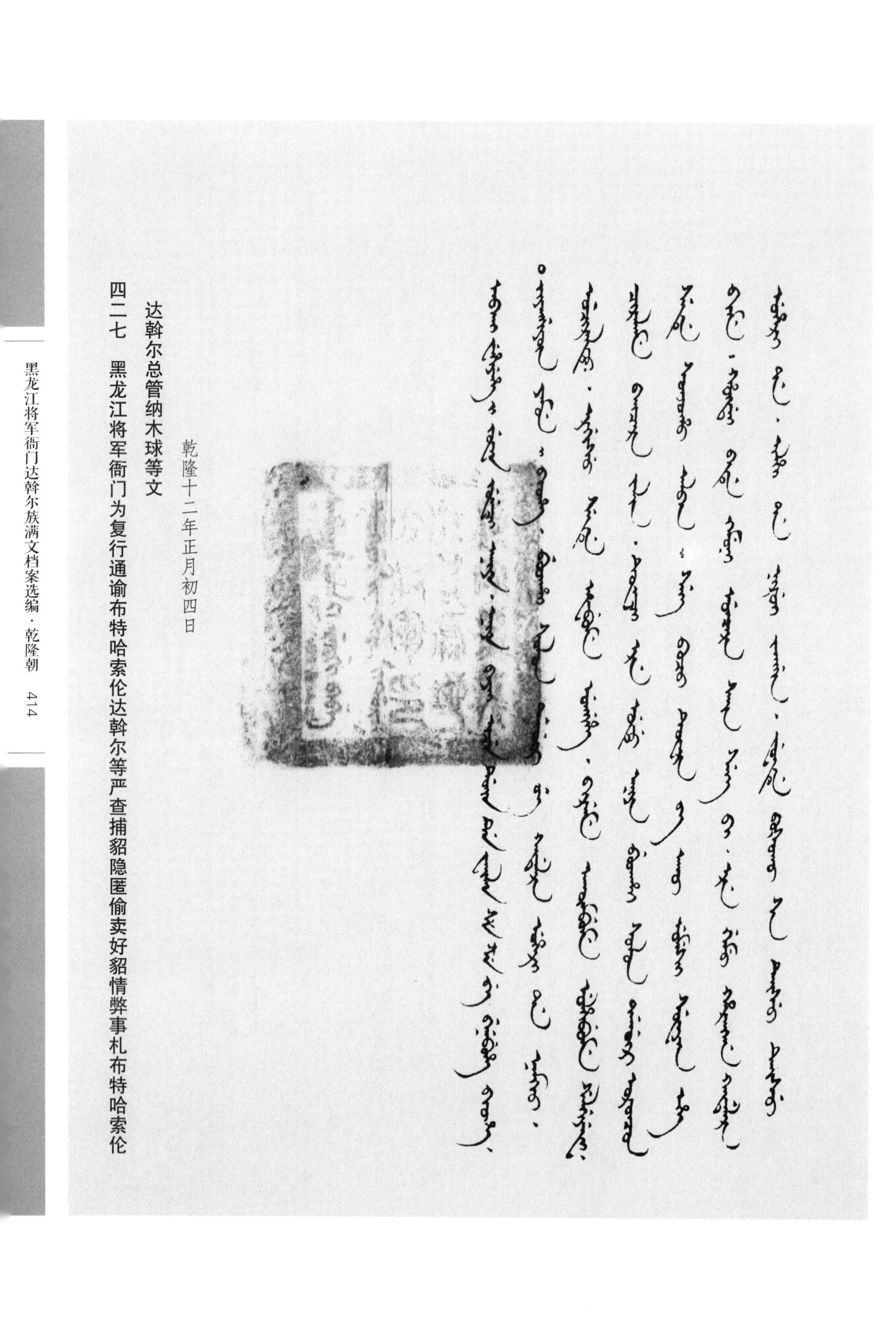

四二七 黑龙江将军衙门为复行通谕布特哈索伦达斡尔等严查捕貂隐匿偷卖好貂情弊事札布特哈索伦达斡尔总管纳木球等文

乾隆十二年正月初四日

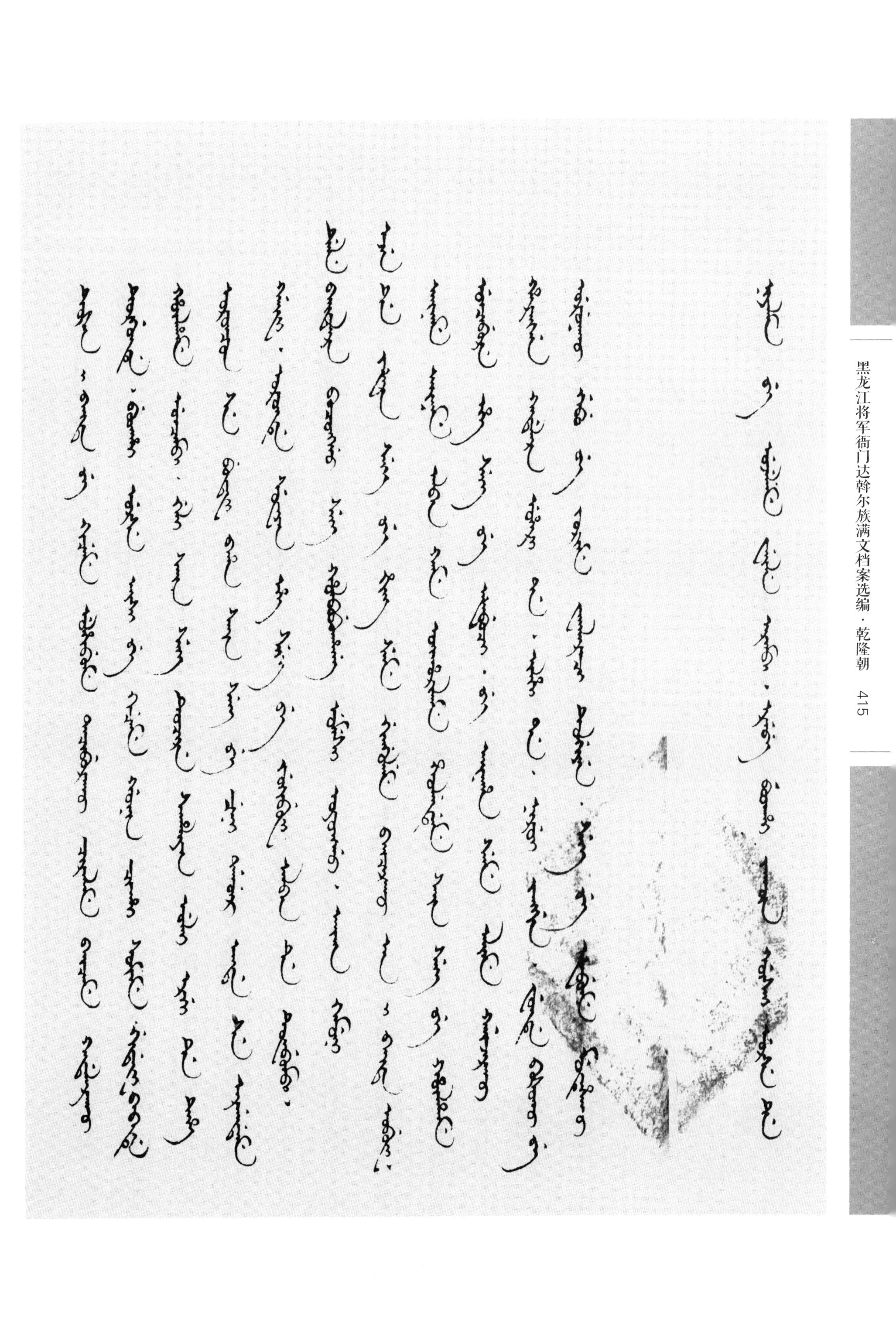

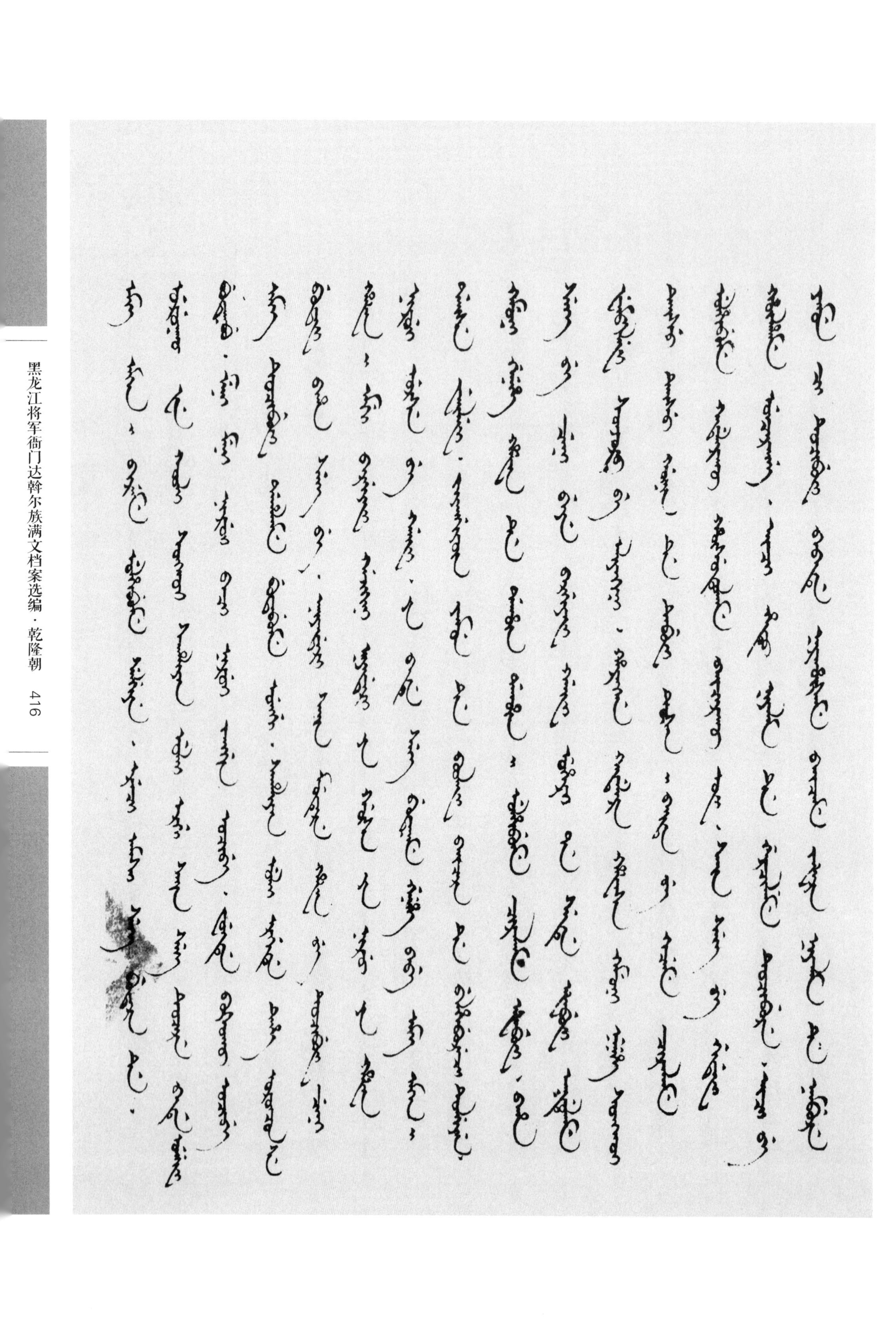

[illegible]

[illegible]

[illegible]

[illegible]

[illegible]

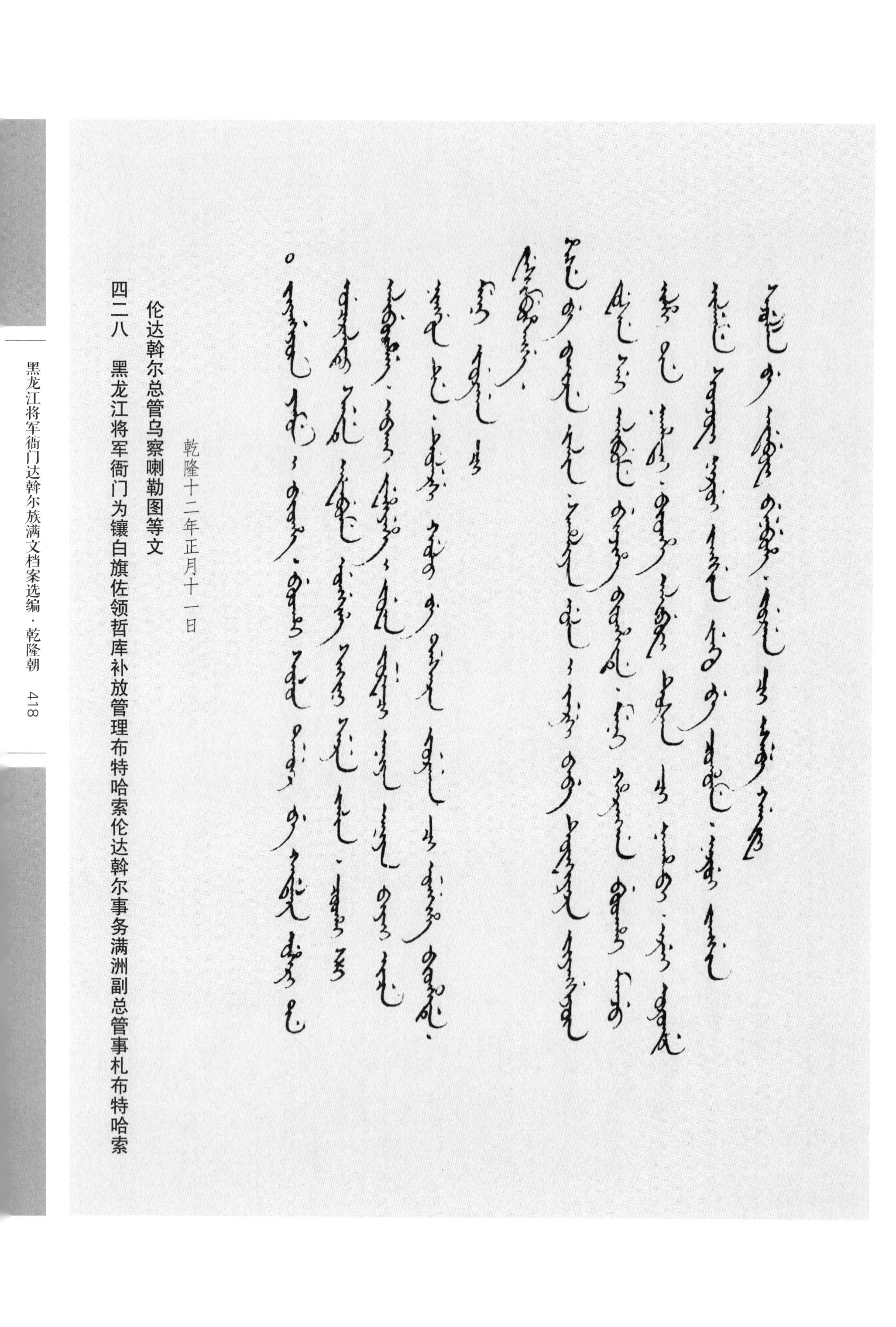

四二八 黑龙江将军衙门为镶白旗佐领哲库补放管理布特哈索伦达斡尔事务满洲副总管事札布特哈索伦达斡尔总管乌察喇勒图等文

乾隆十二年正月十一日

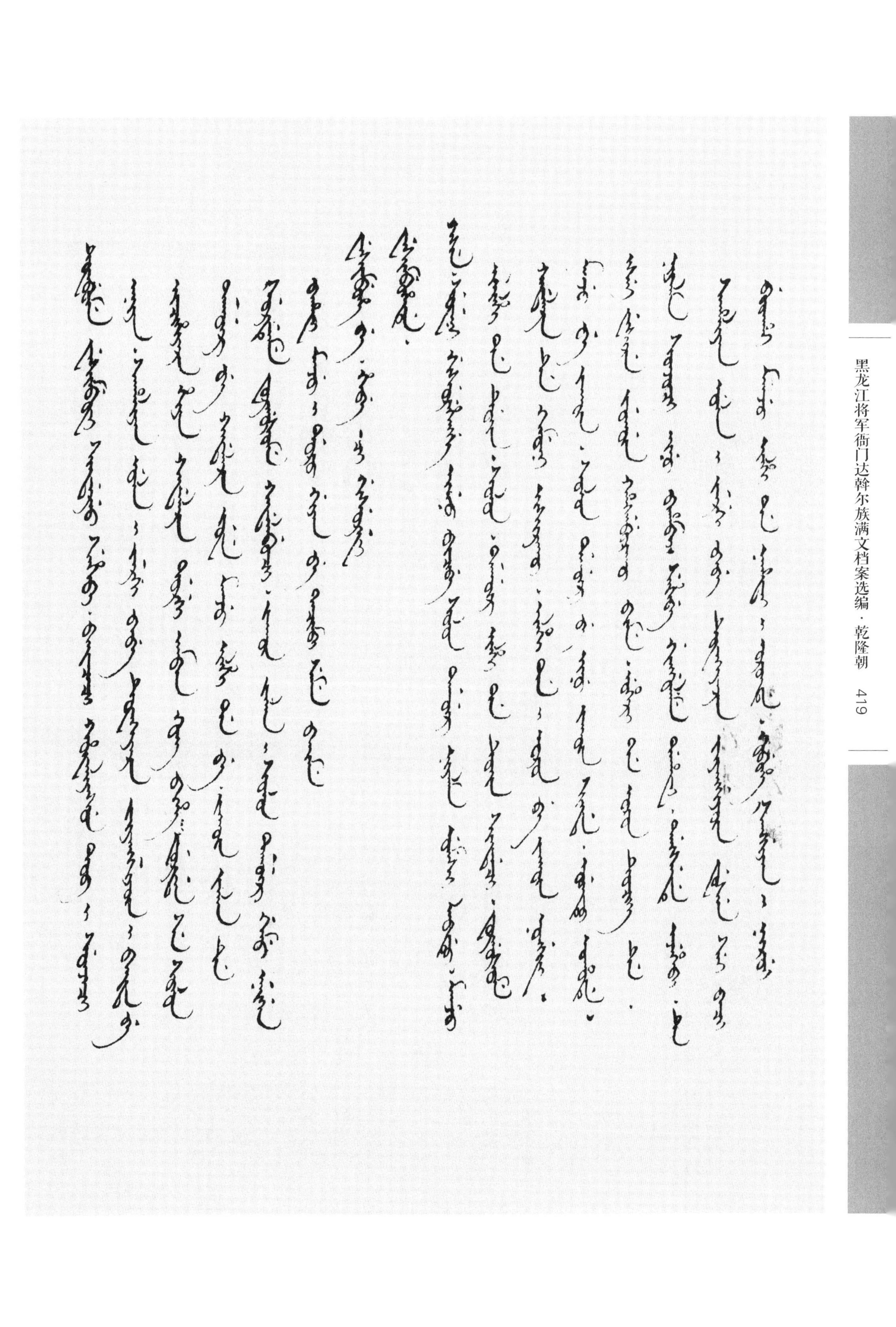

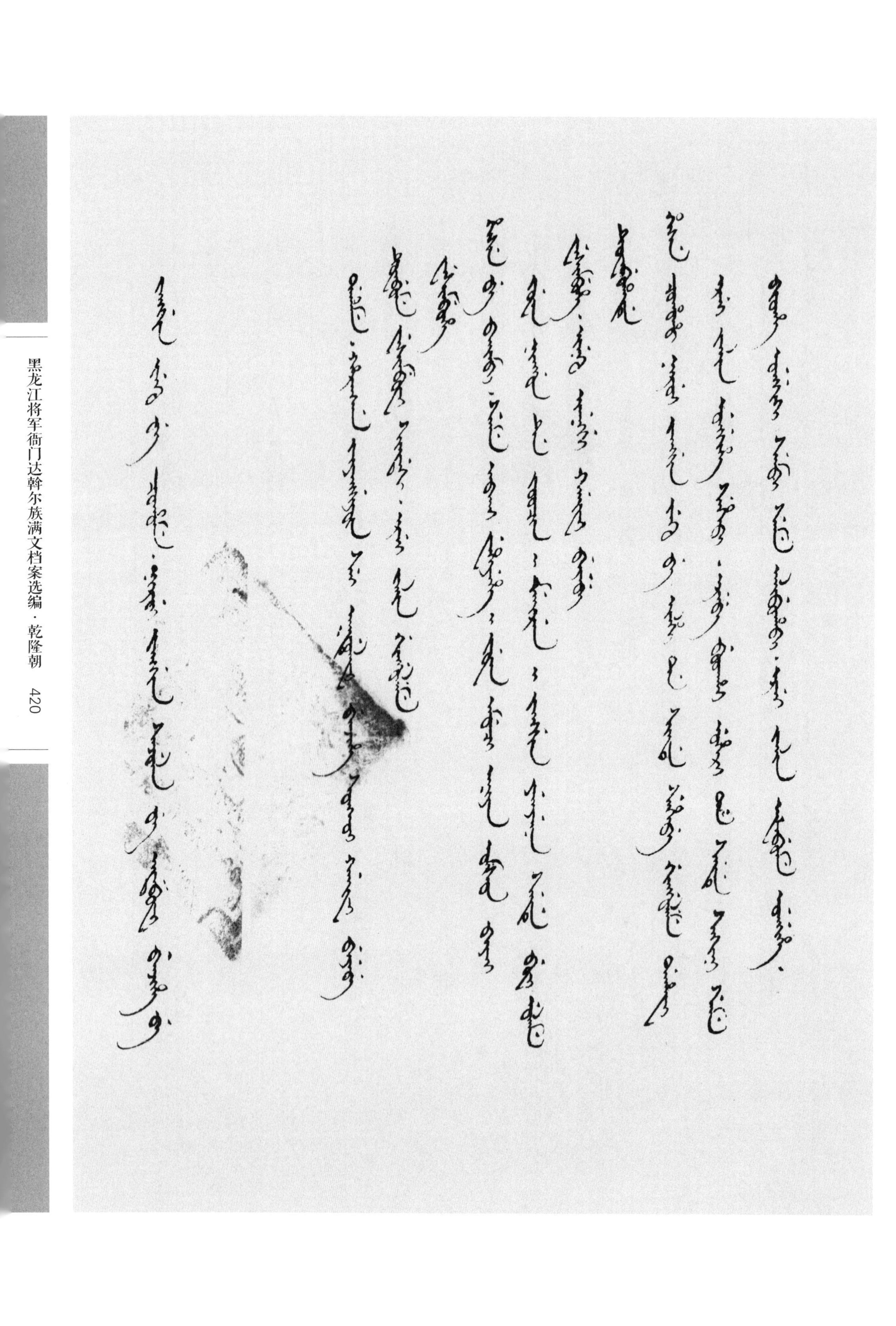

四二九　黑龙江将军衙门为黑龙江满洲达斡尔佐领骁骑校出缺拣员送来事咨黑龙江副都统文（附名单一件）

乾隆十二年正月十一日

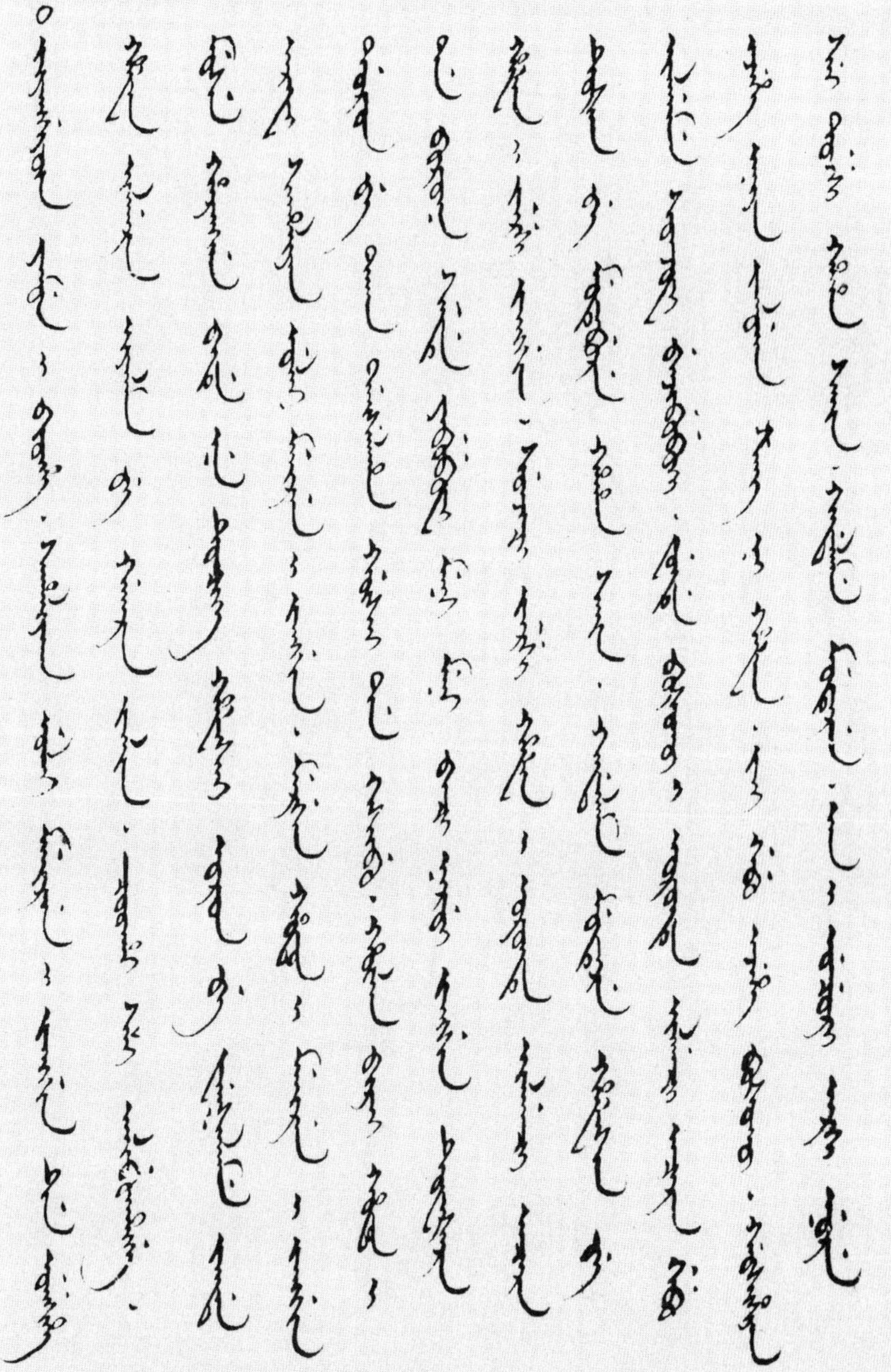

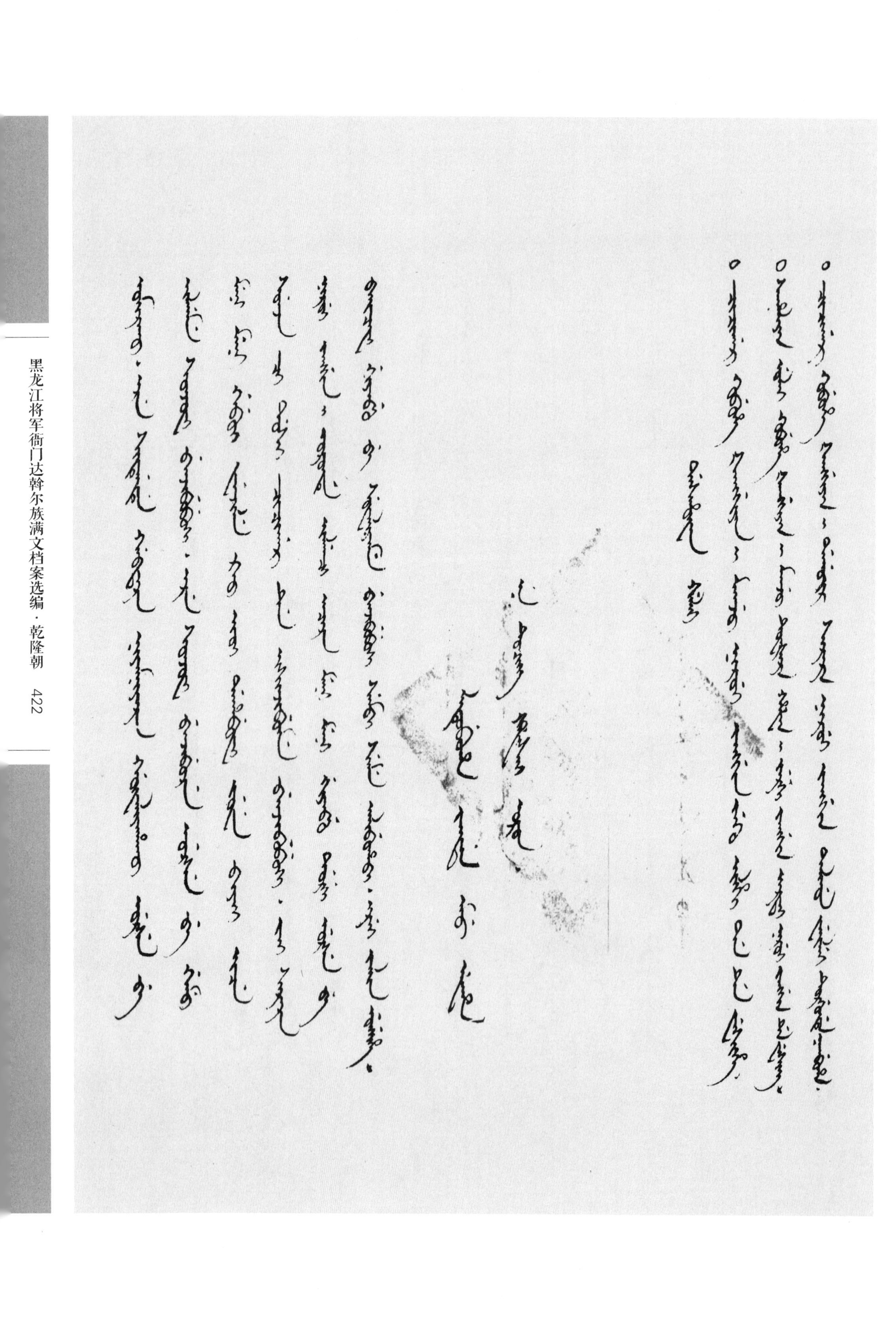

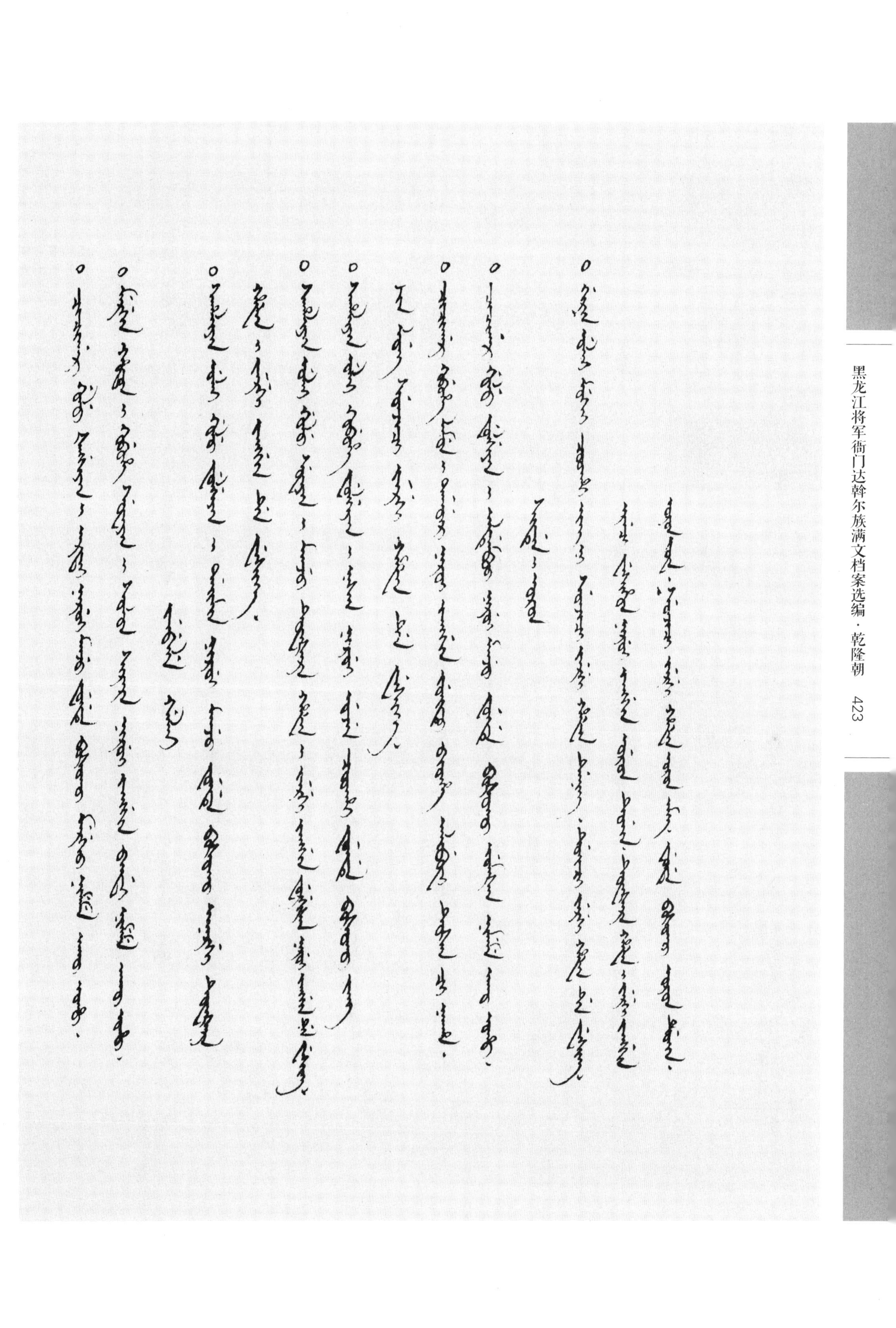

[illegible]

四三〇　黑龙江将军衙门为择派满洲索伦达斡尔副总管查禁偷卖貂皮事札布特哈索伦达斡尔总管纳木球等文

乾隆十二年正月初六日

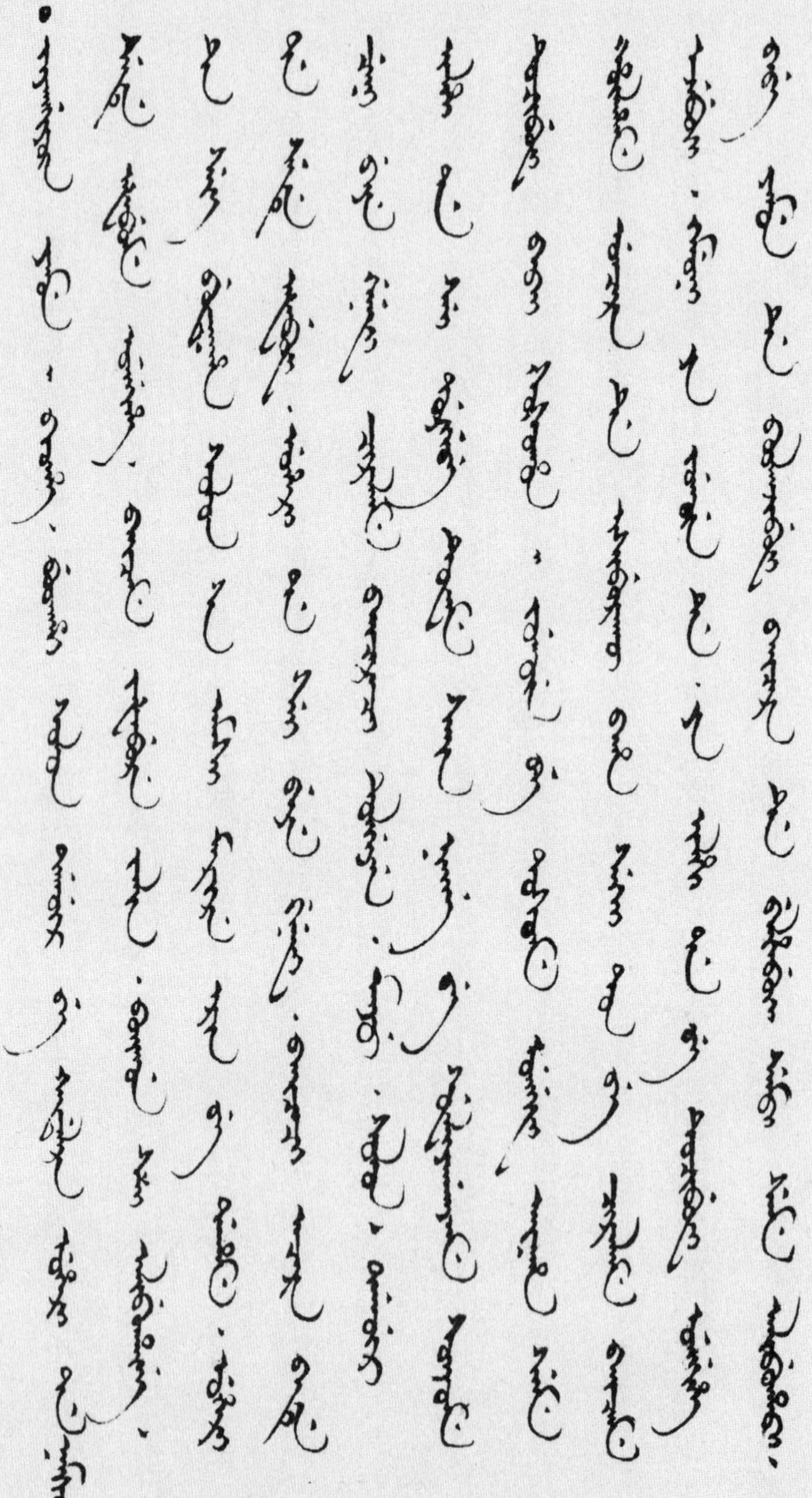

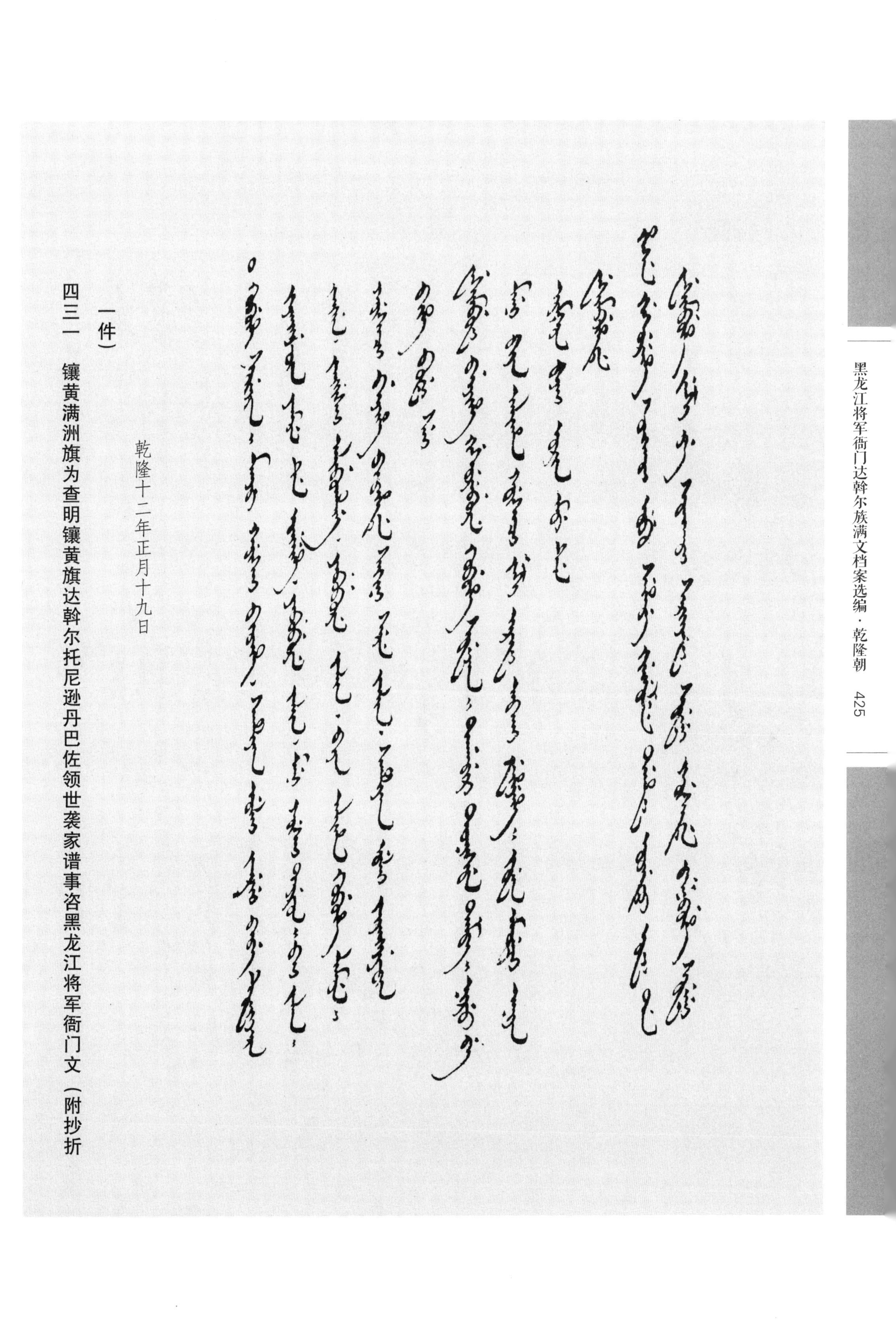

乾隆十二年正月十九日

四三一 镶黄满洲旗为查明镶黄旗达斡尔托尼逊丹巴佐领世袭家谱事咨黑龙江将军衙门文（附抄折一件）

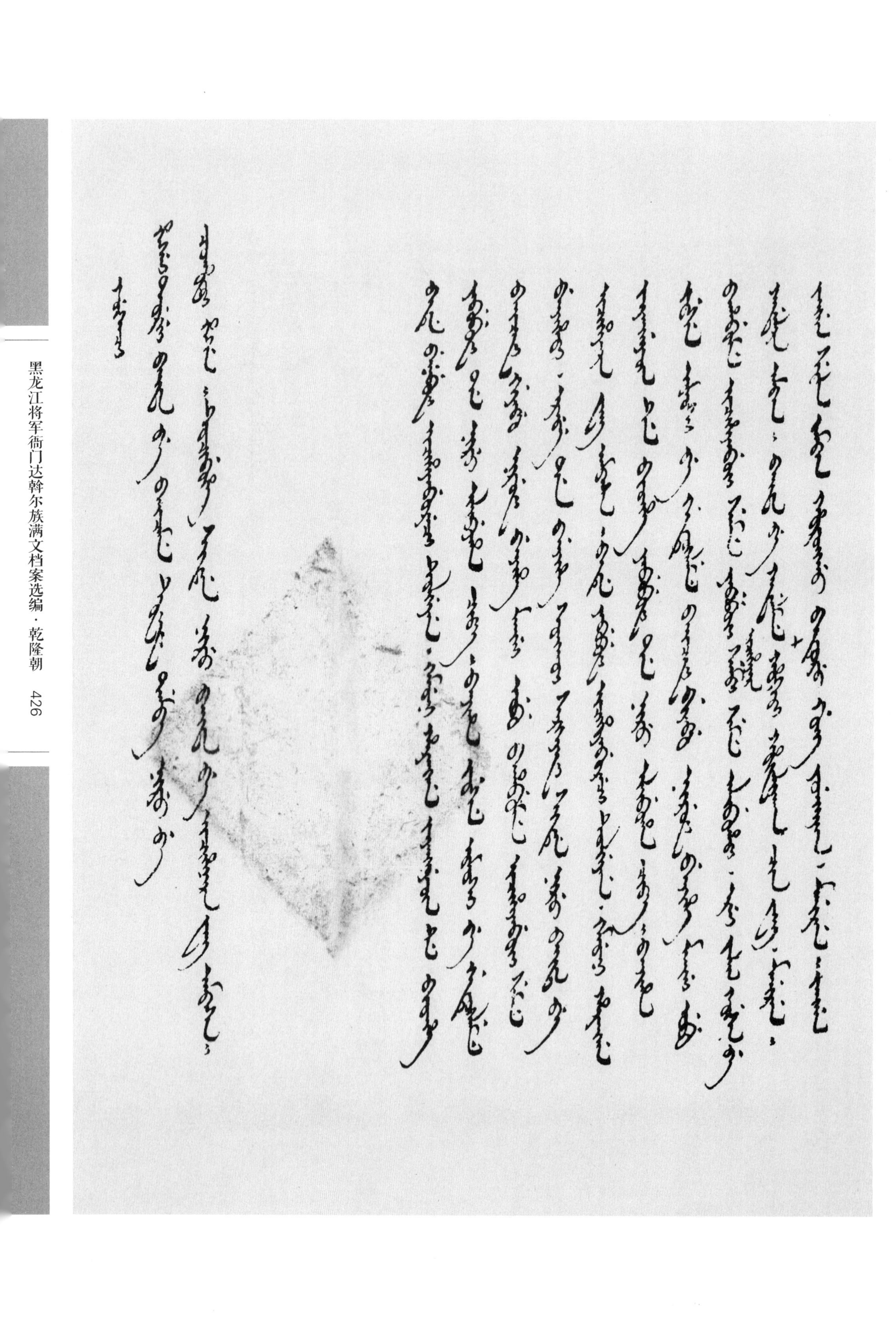

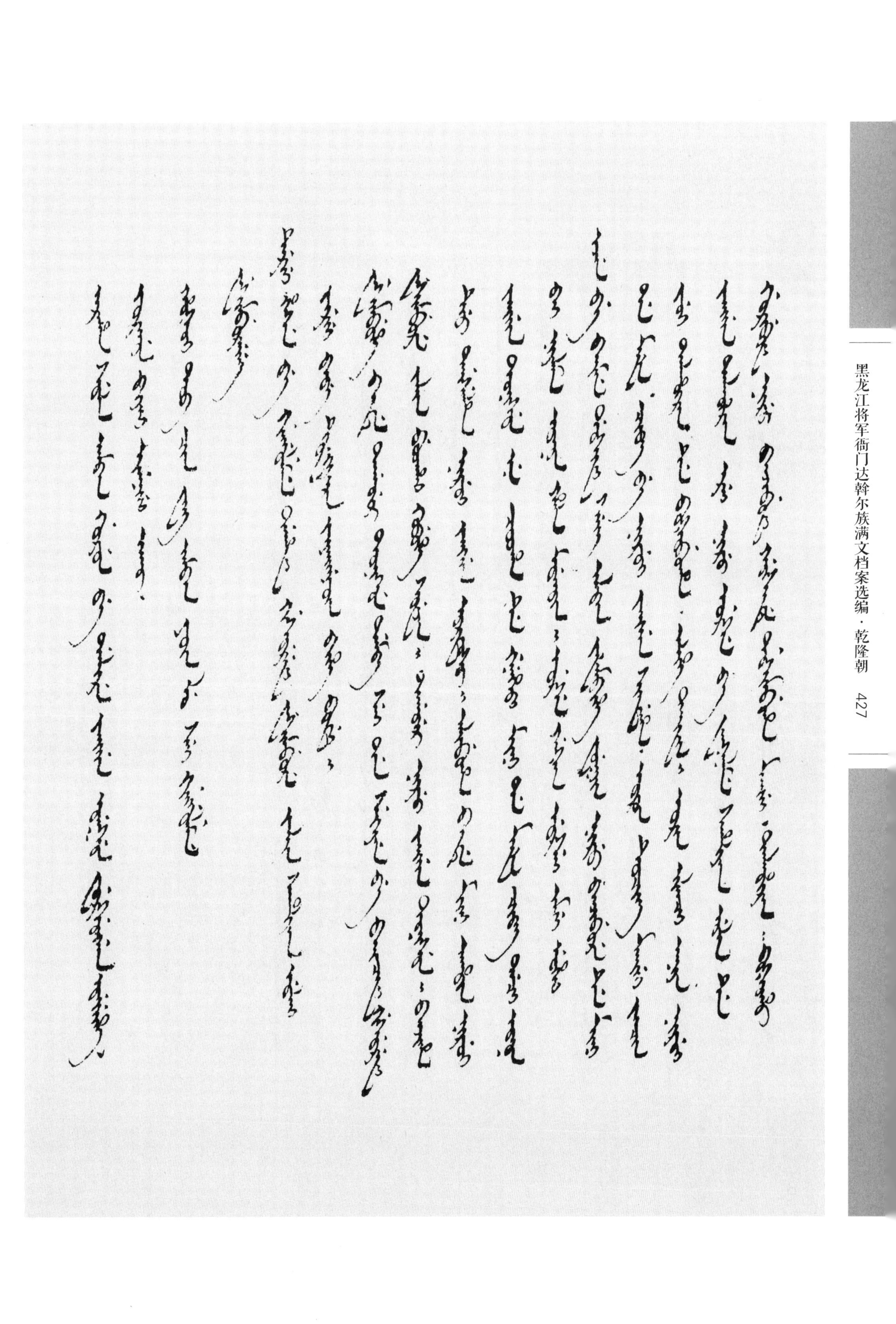

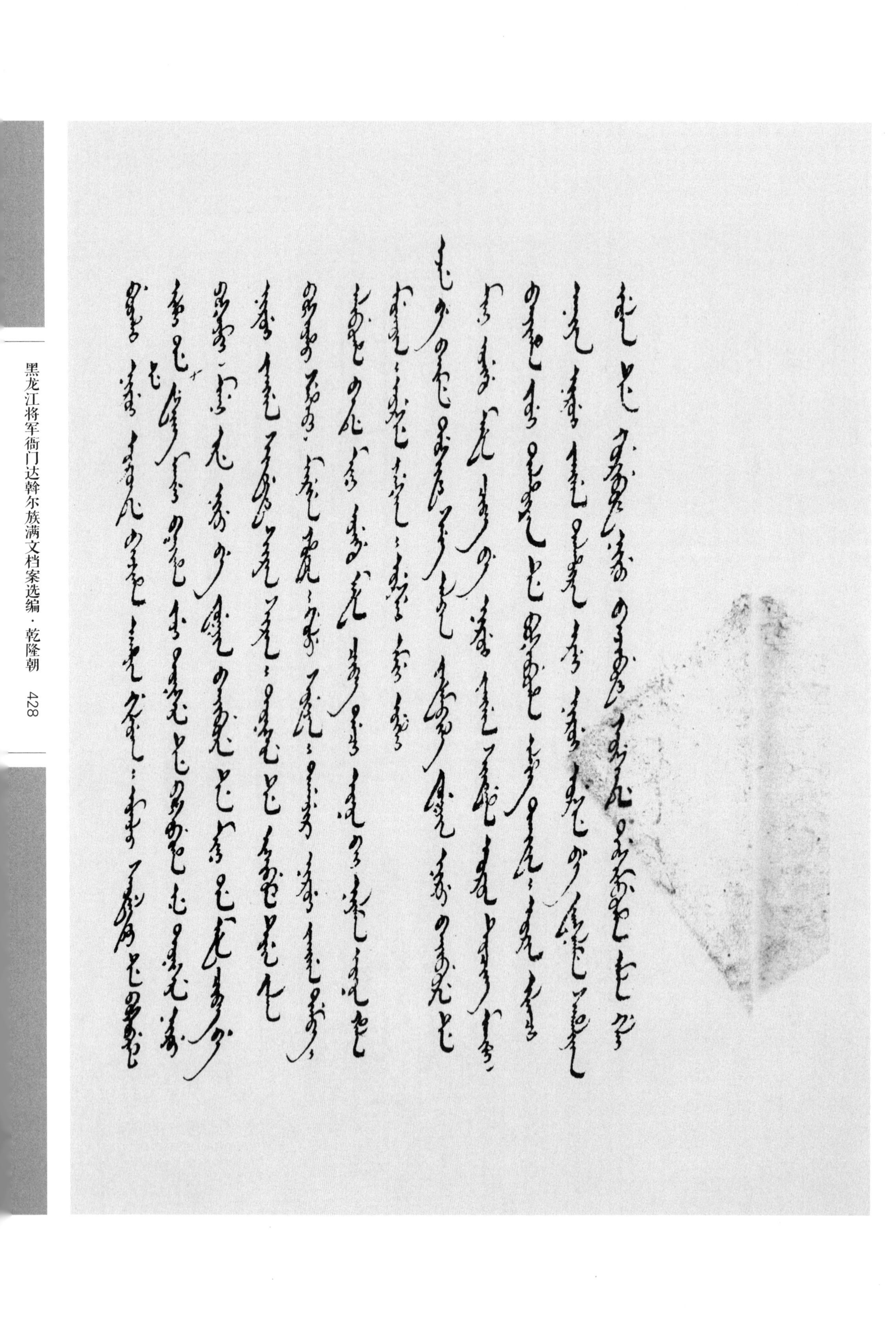

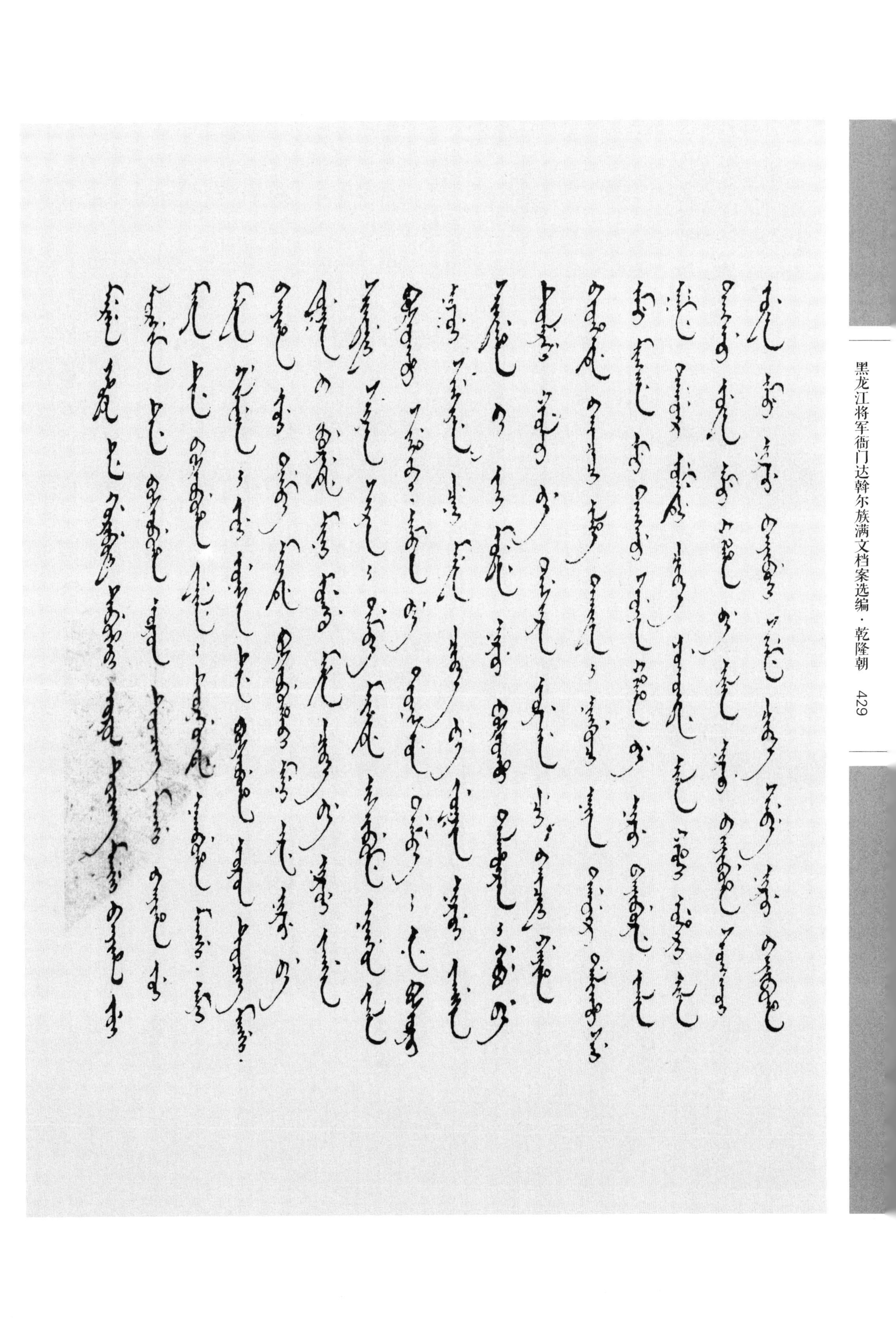

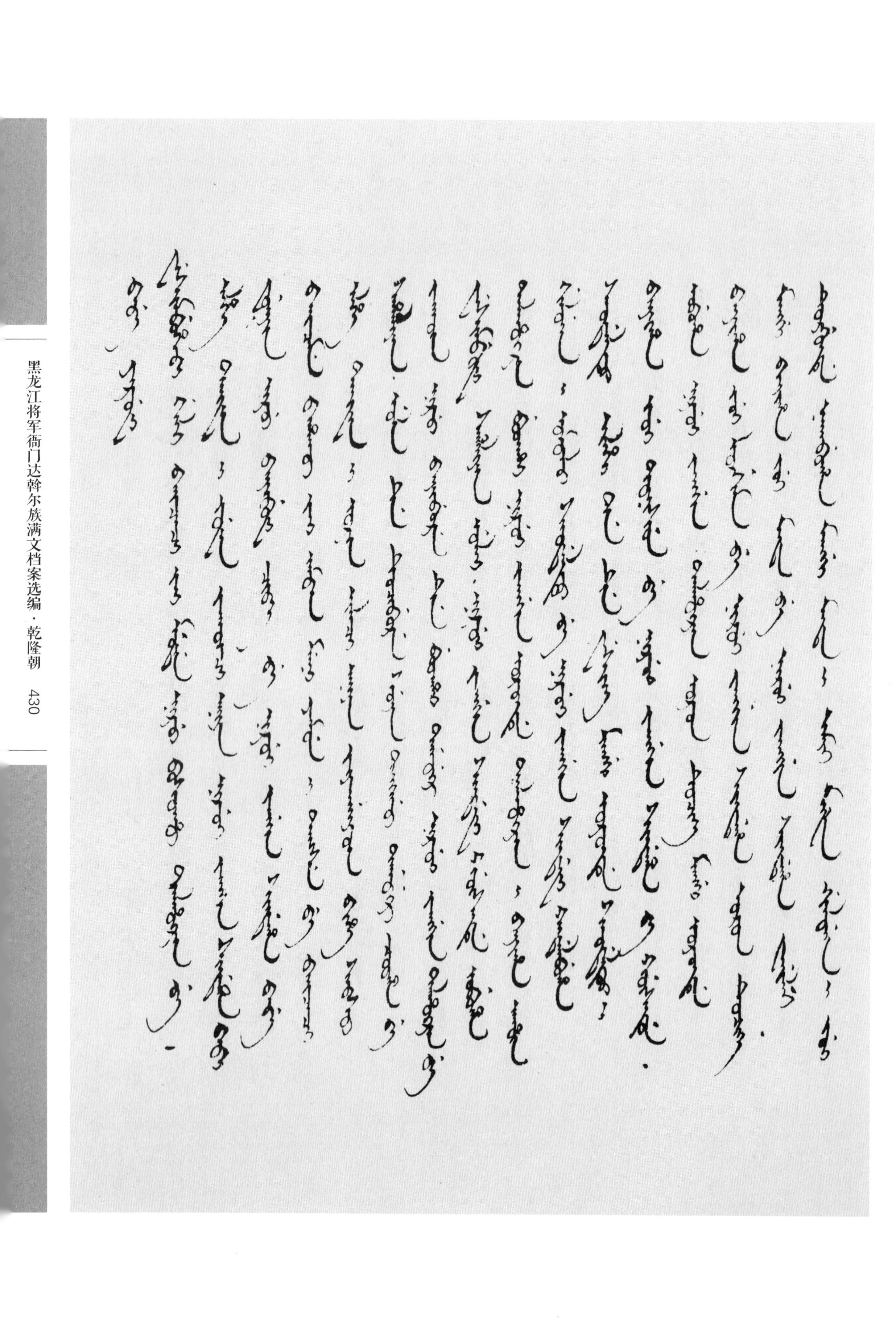

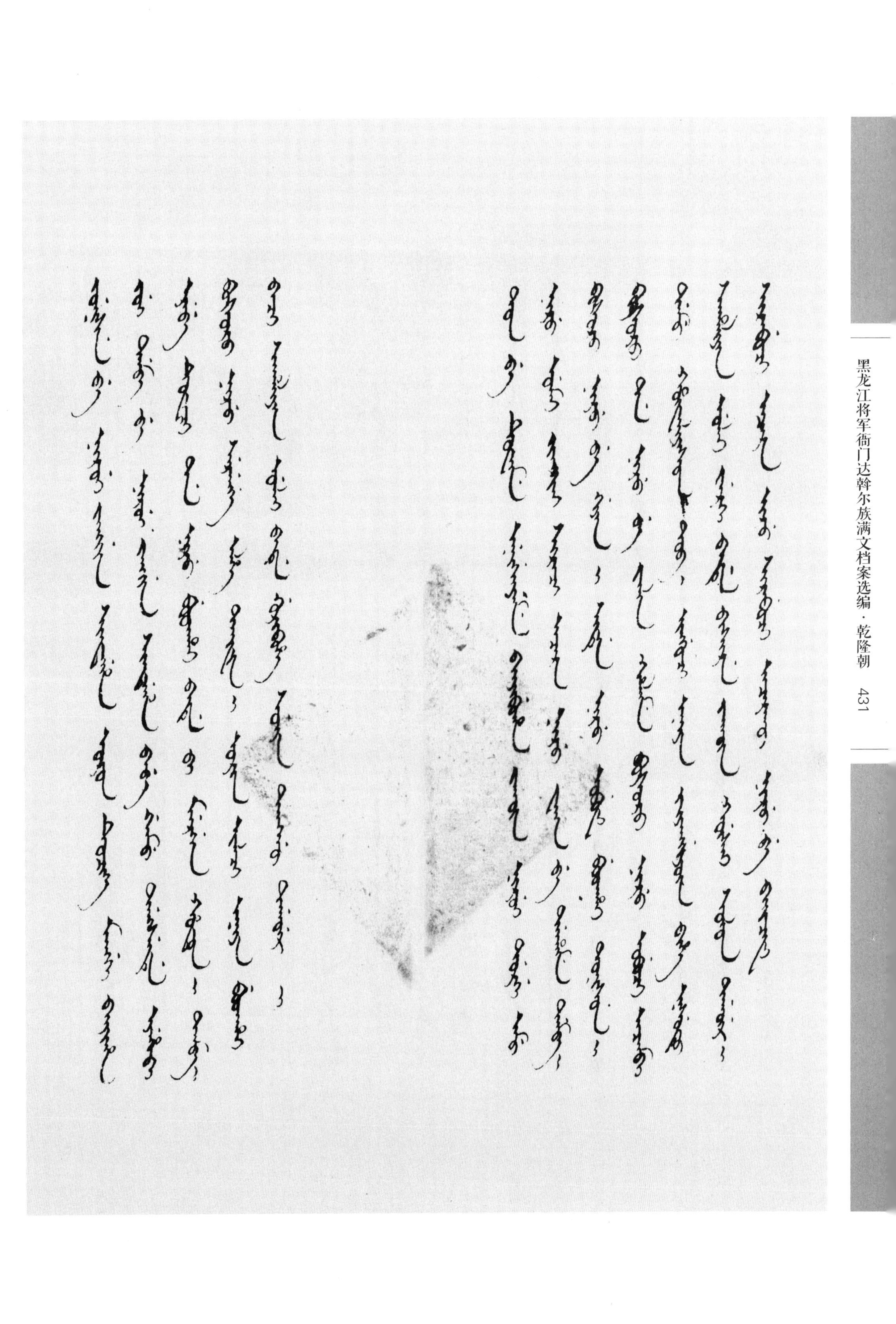

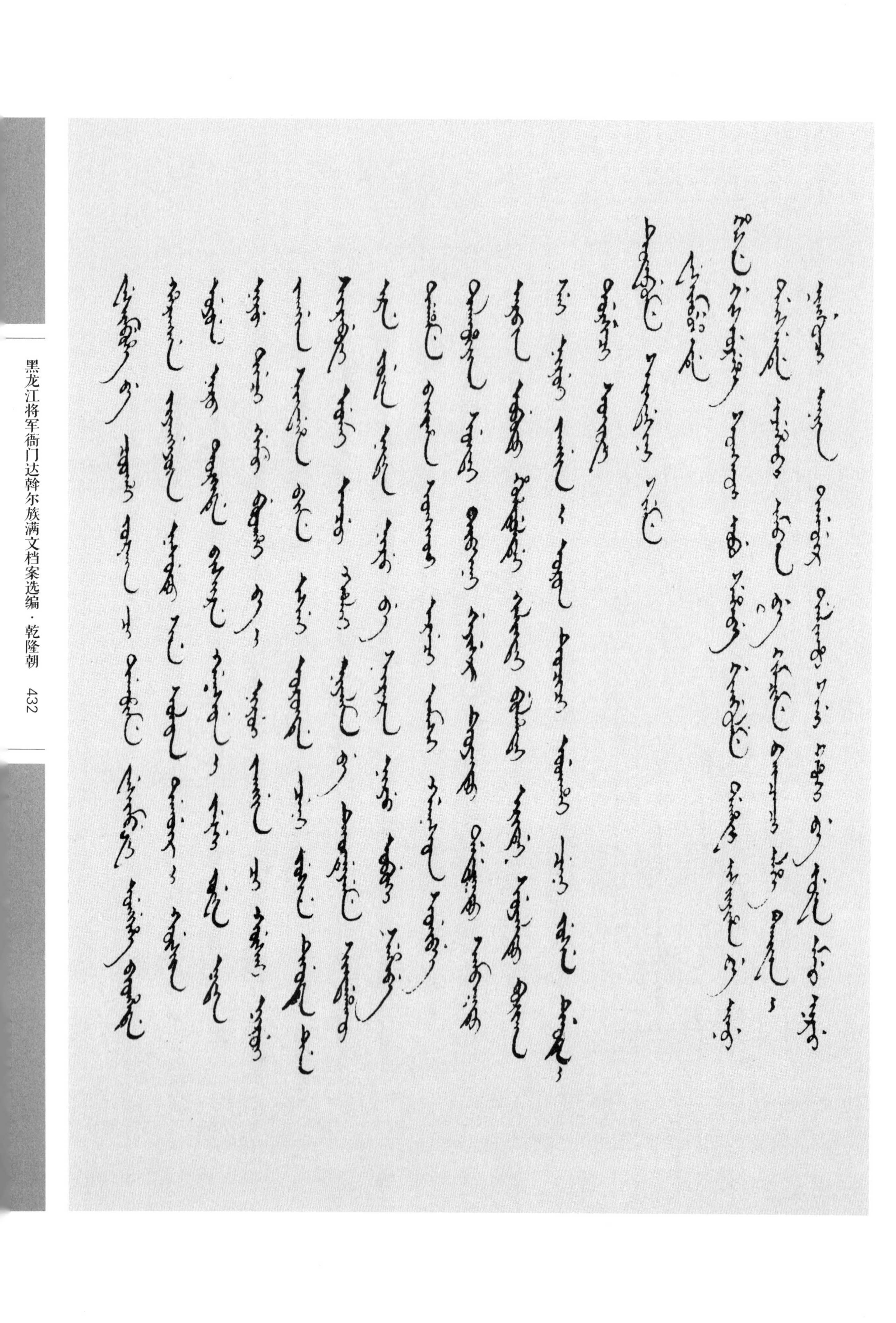

[illegible]

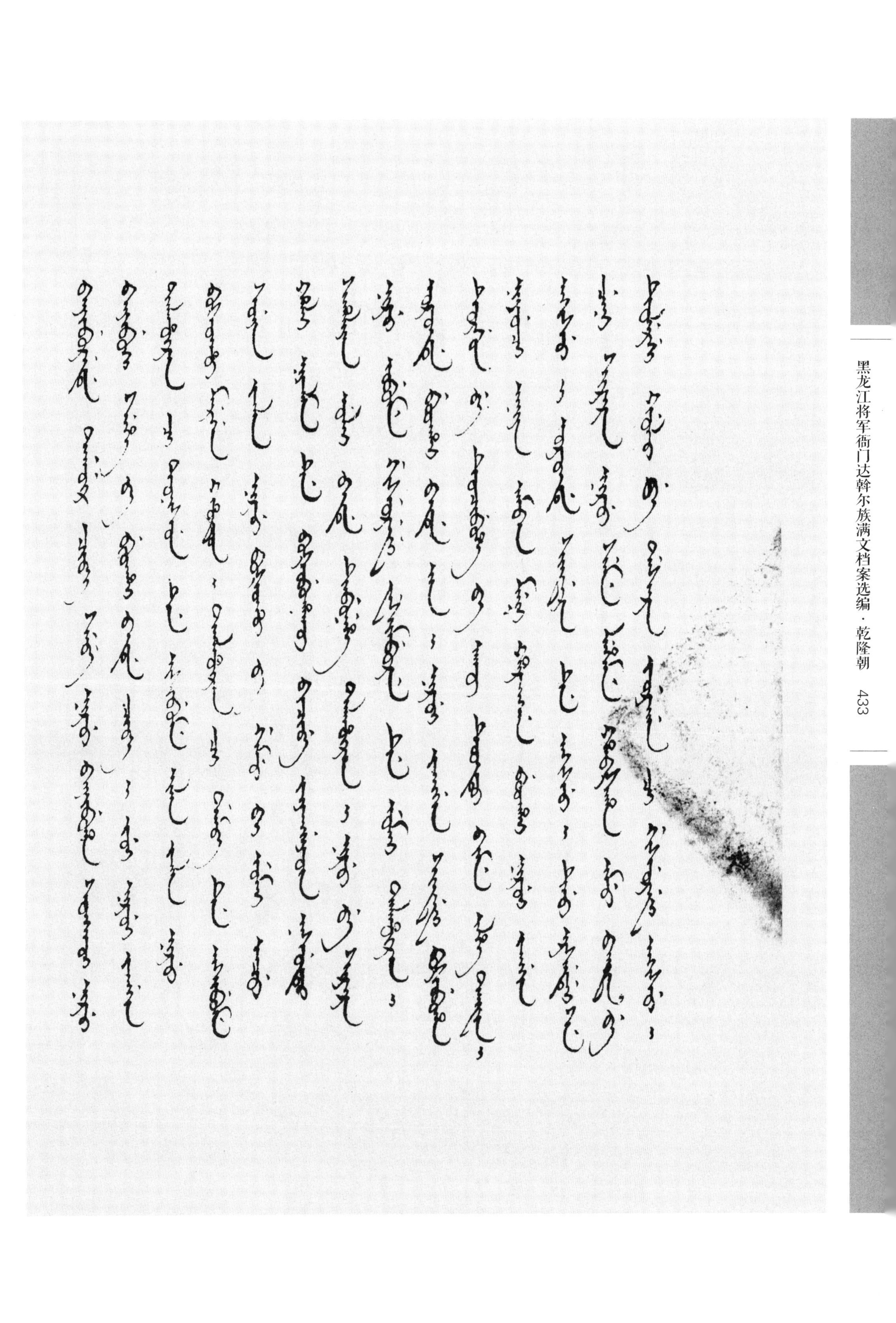

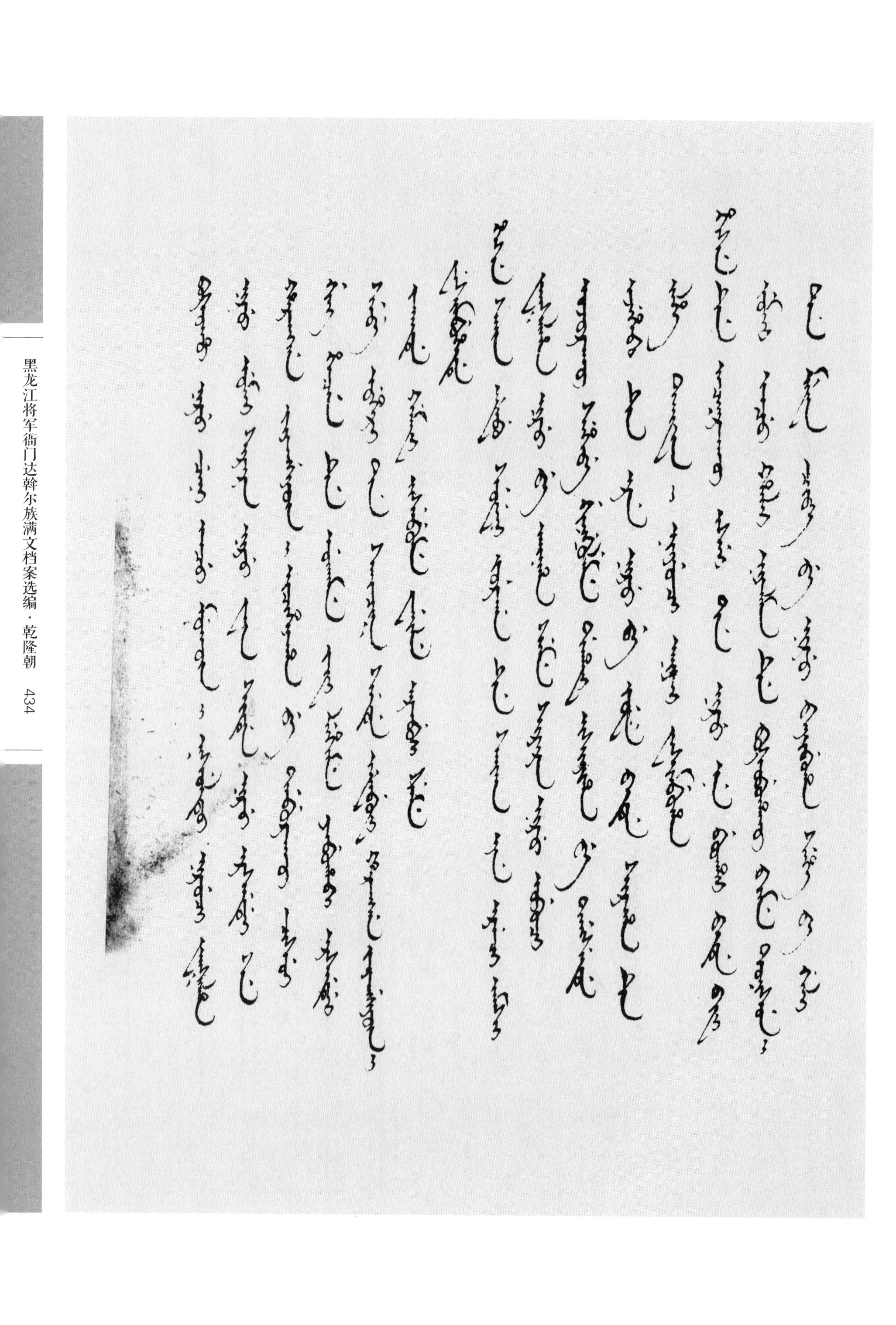

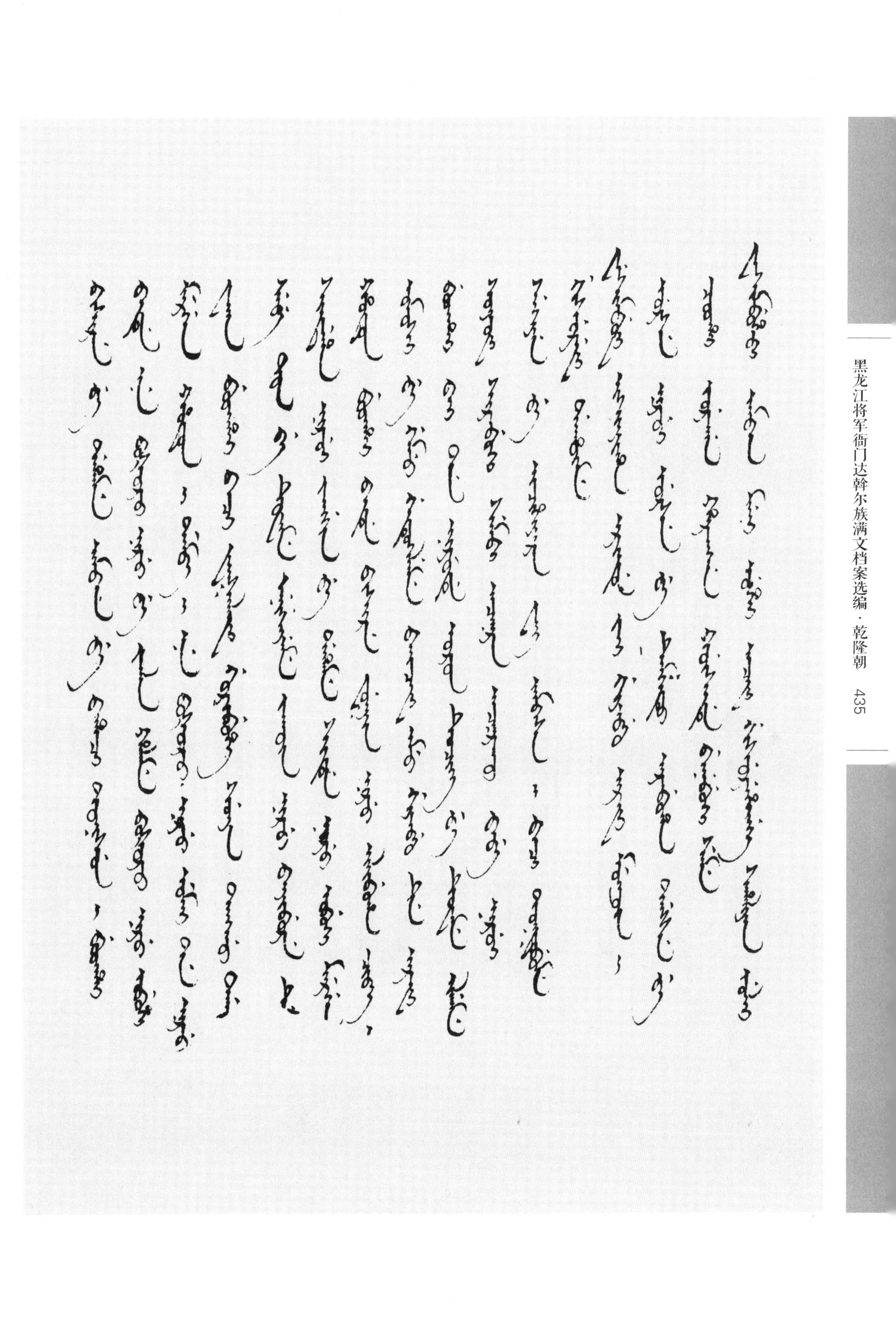

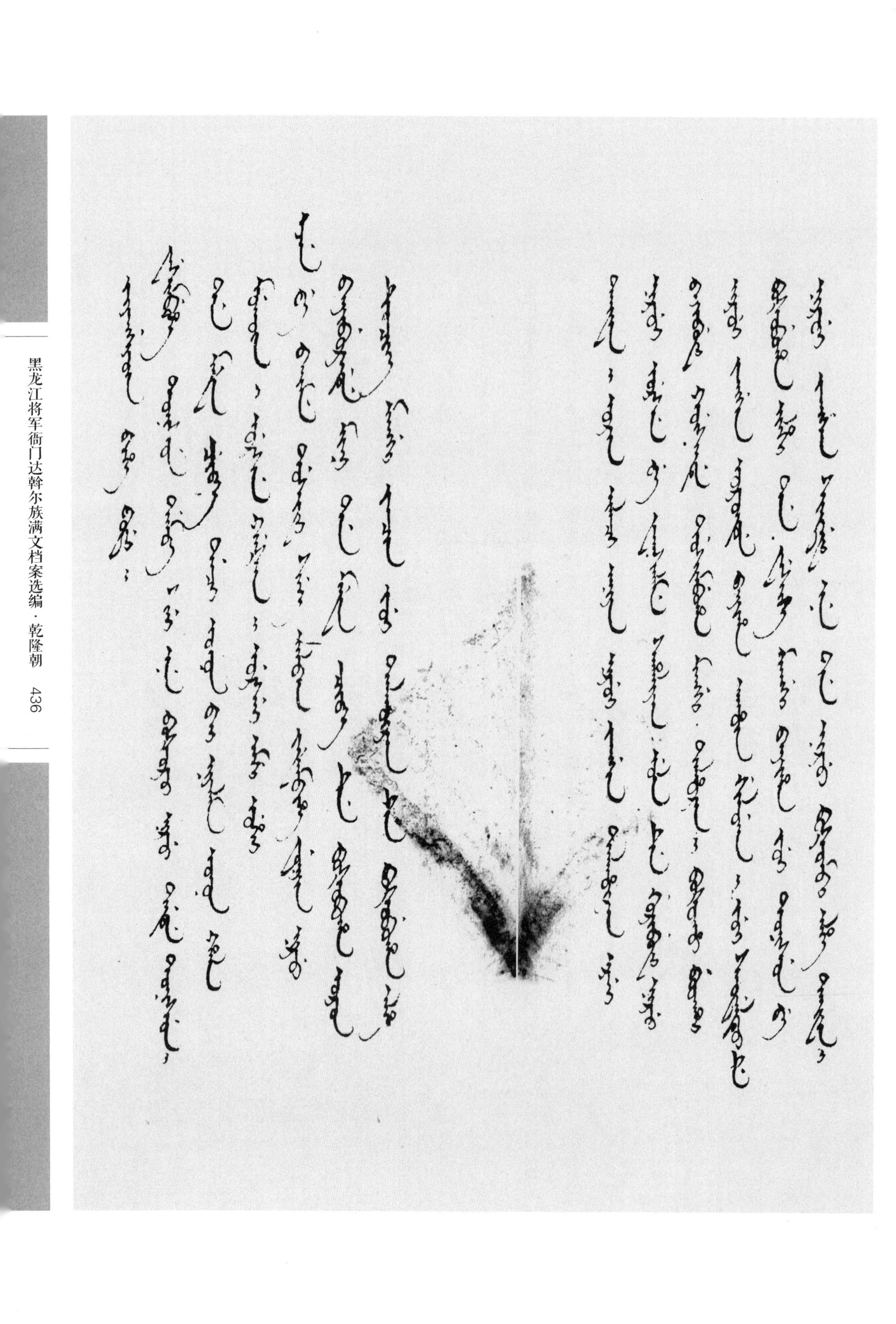

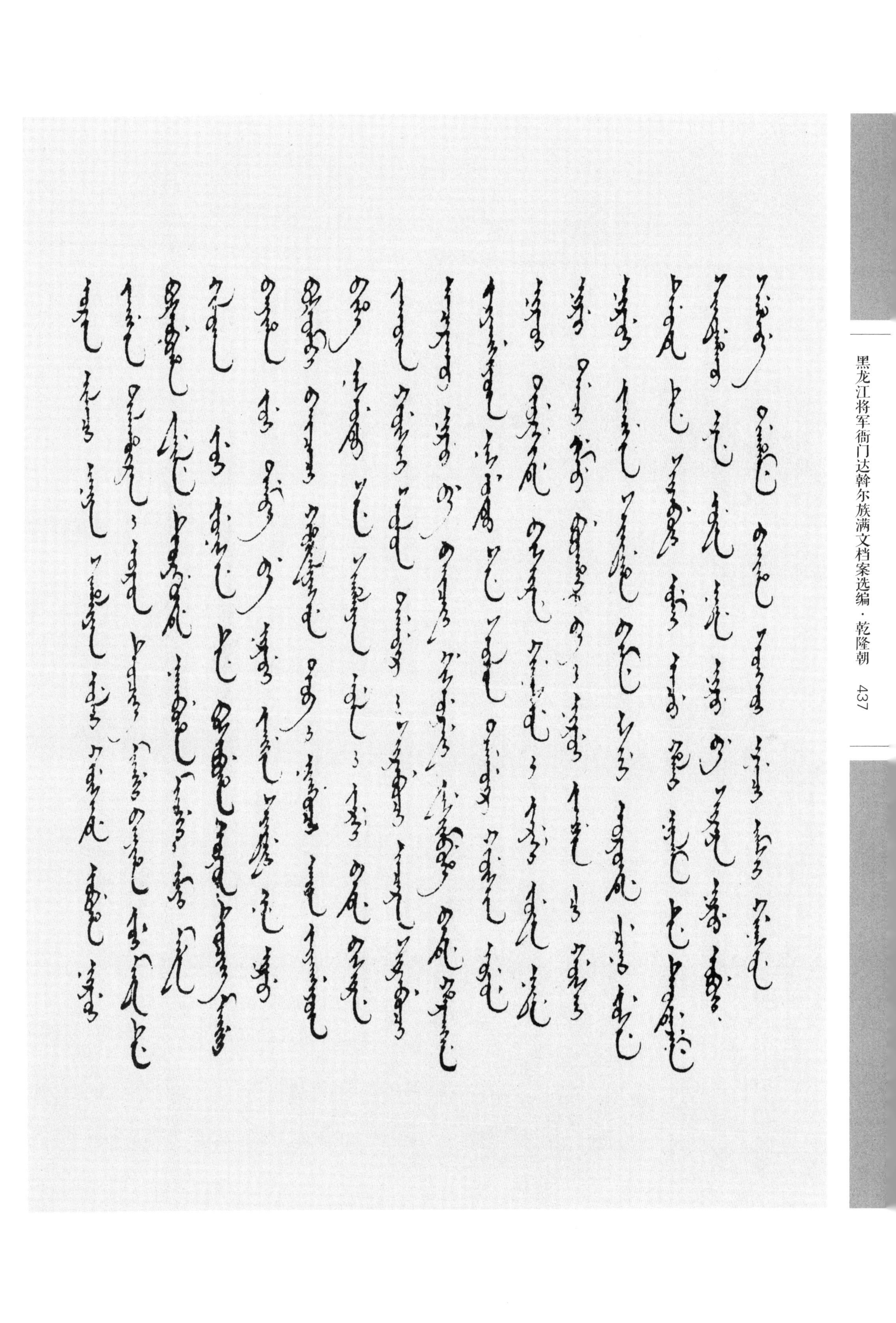

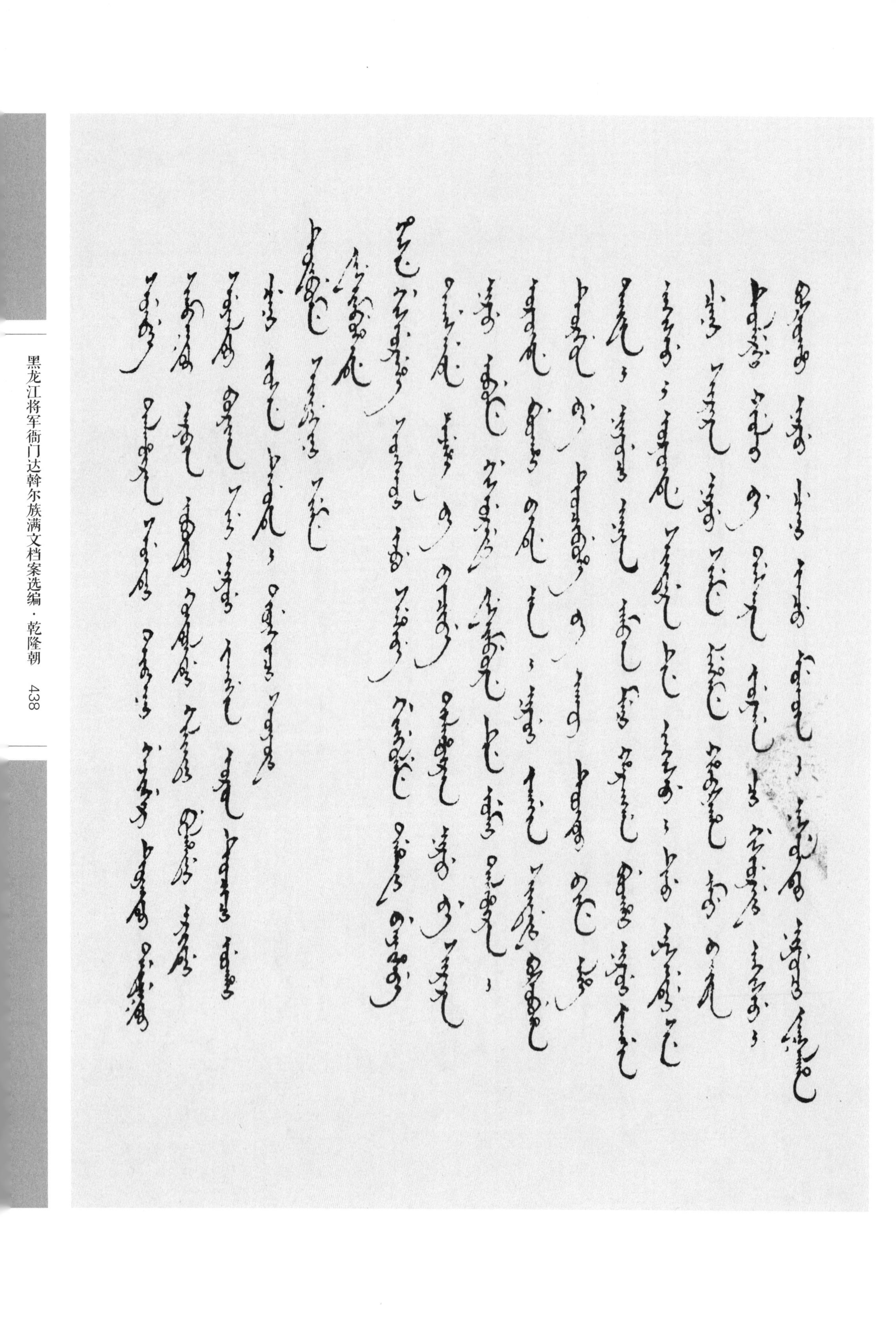

[illegible]

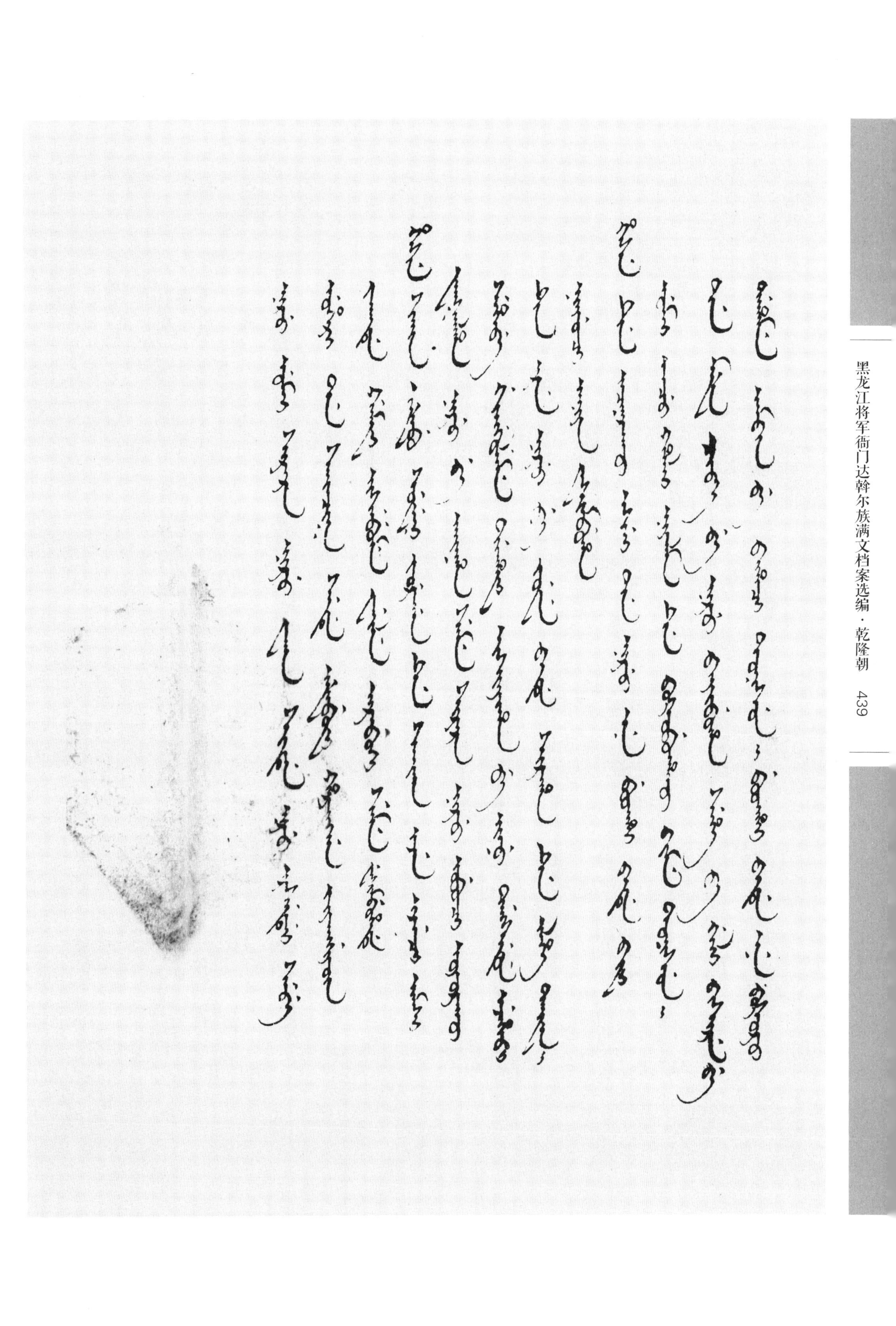

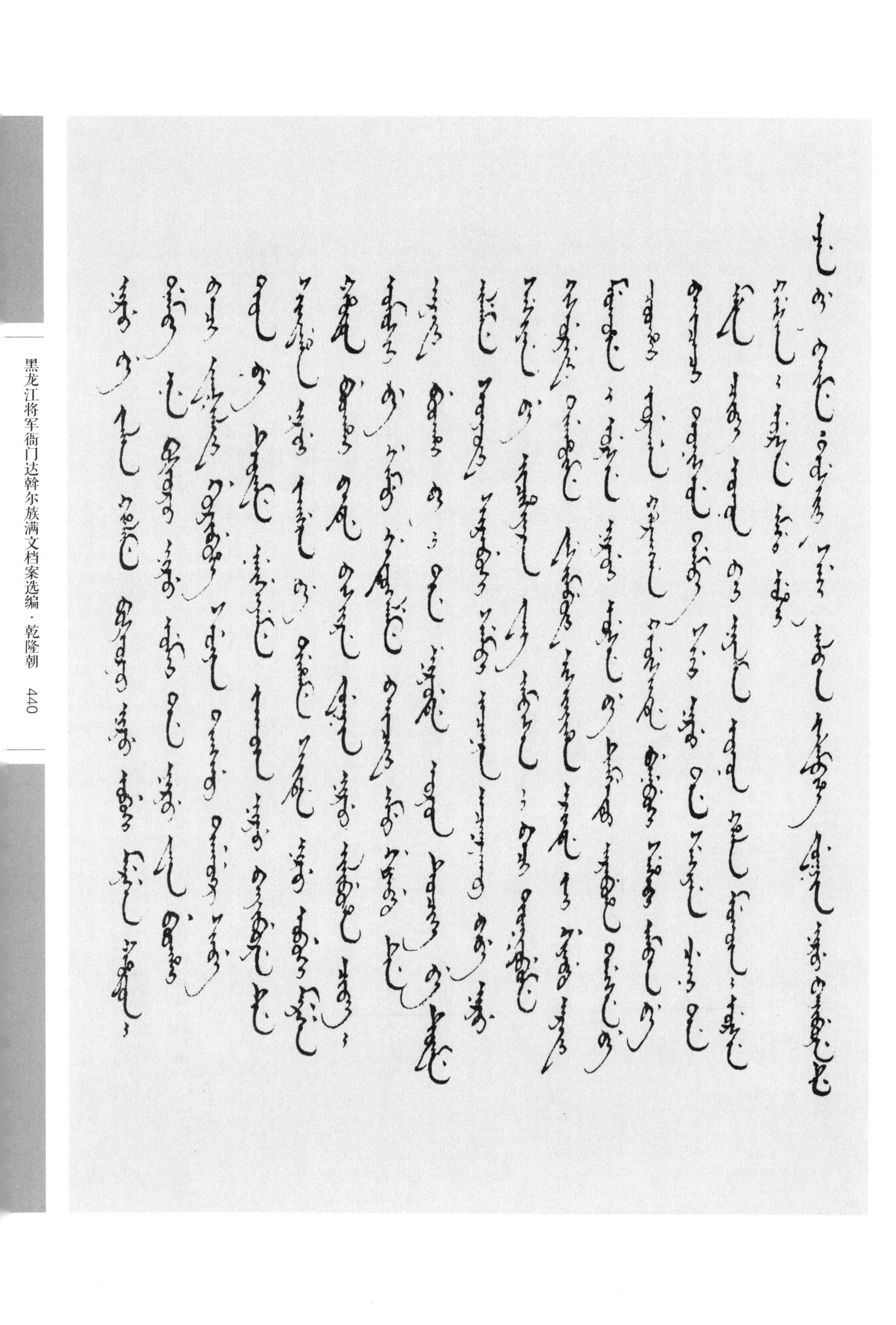

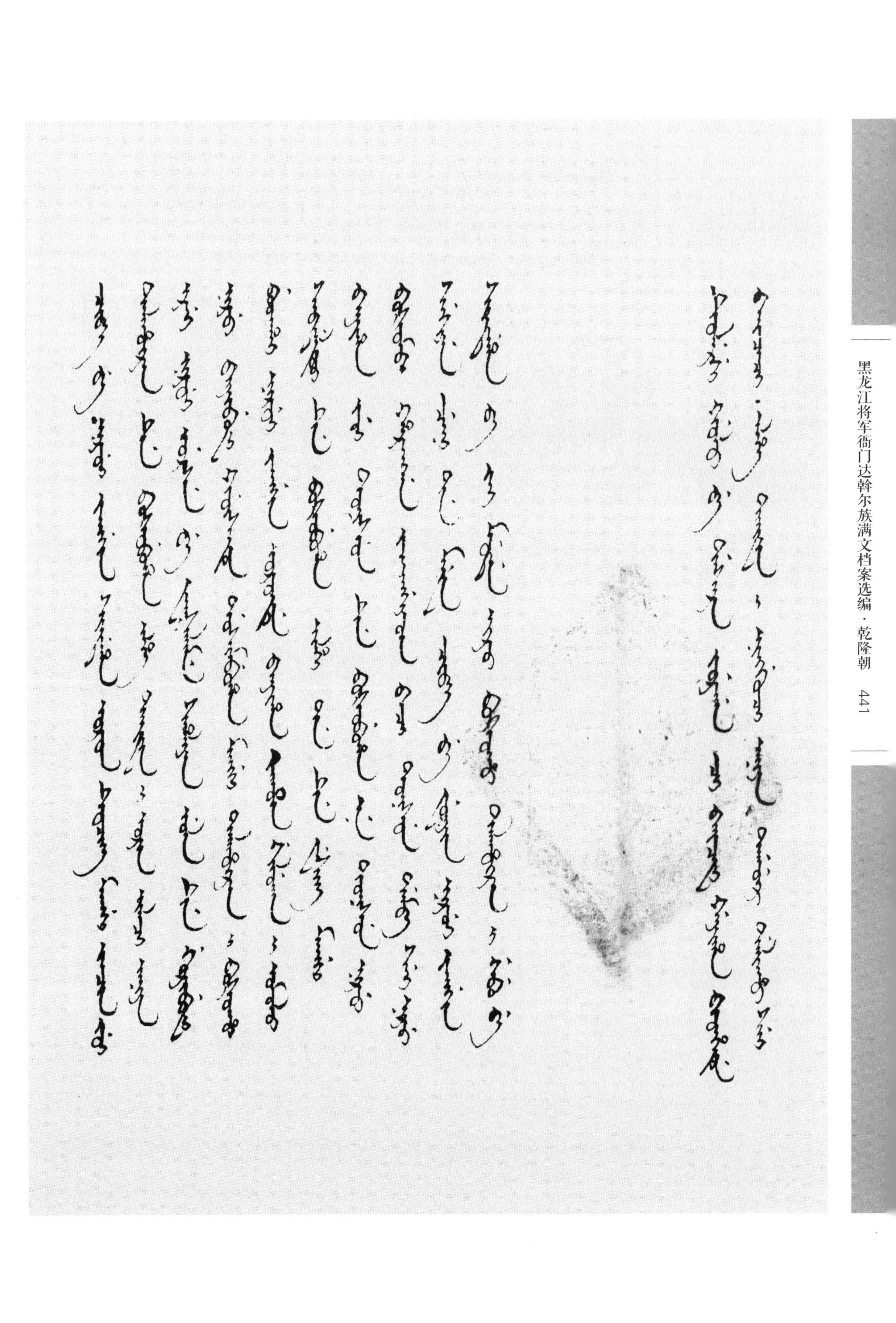

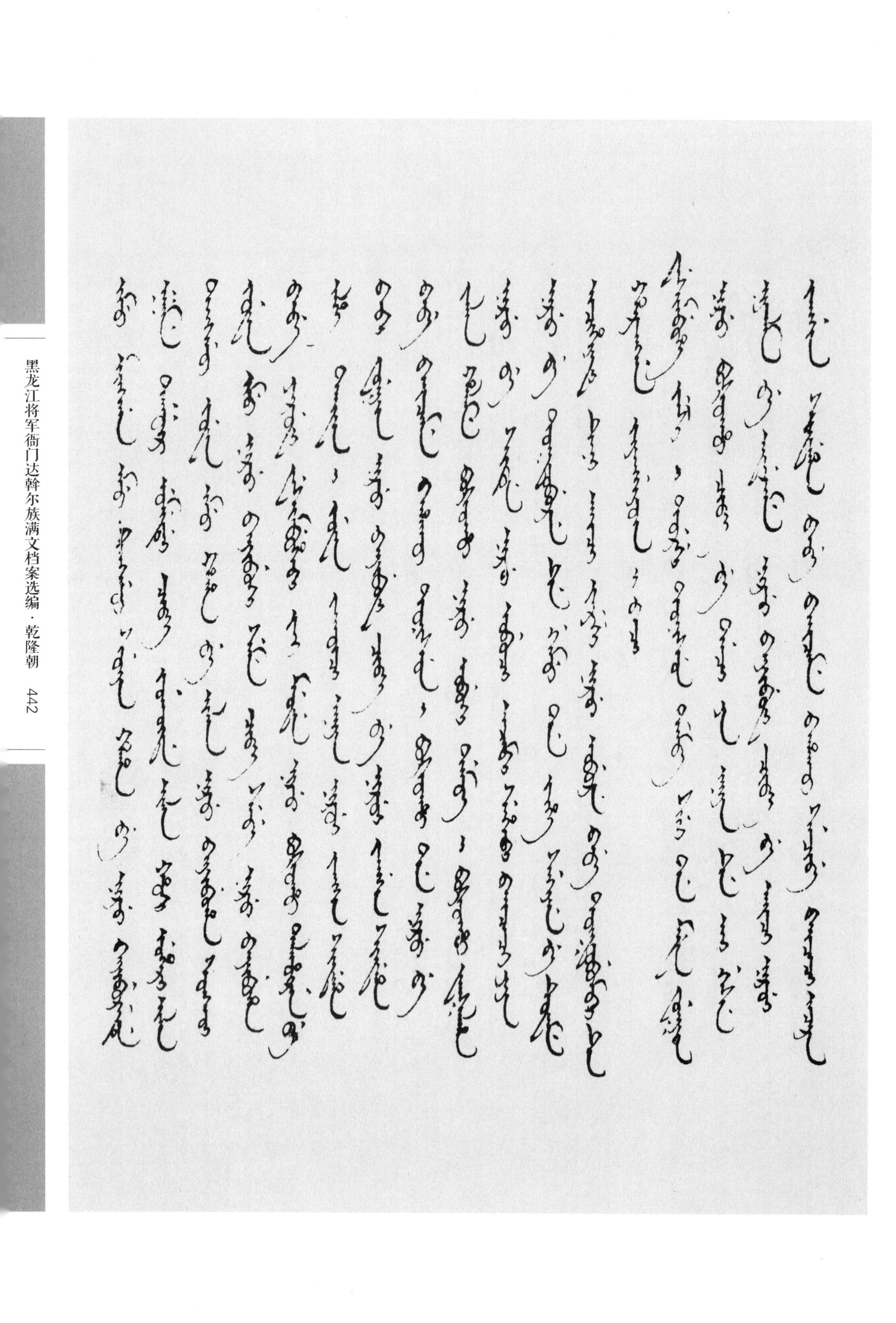

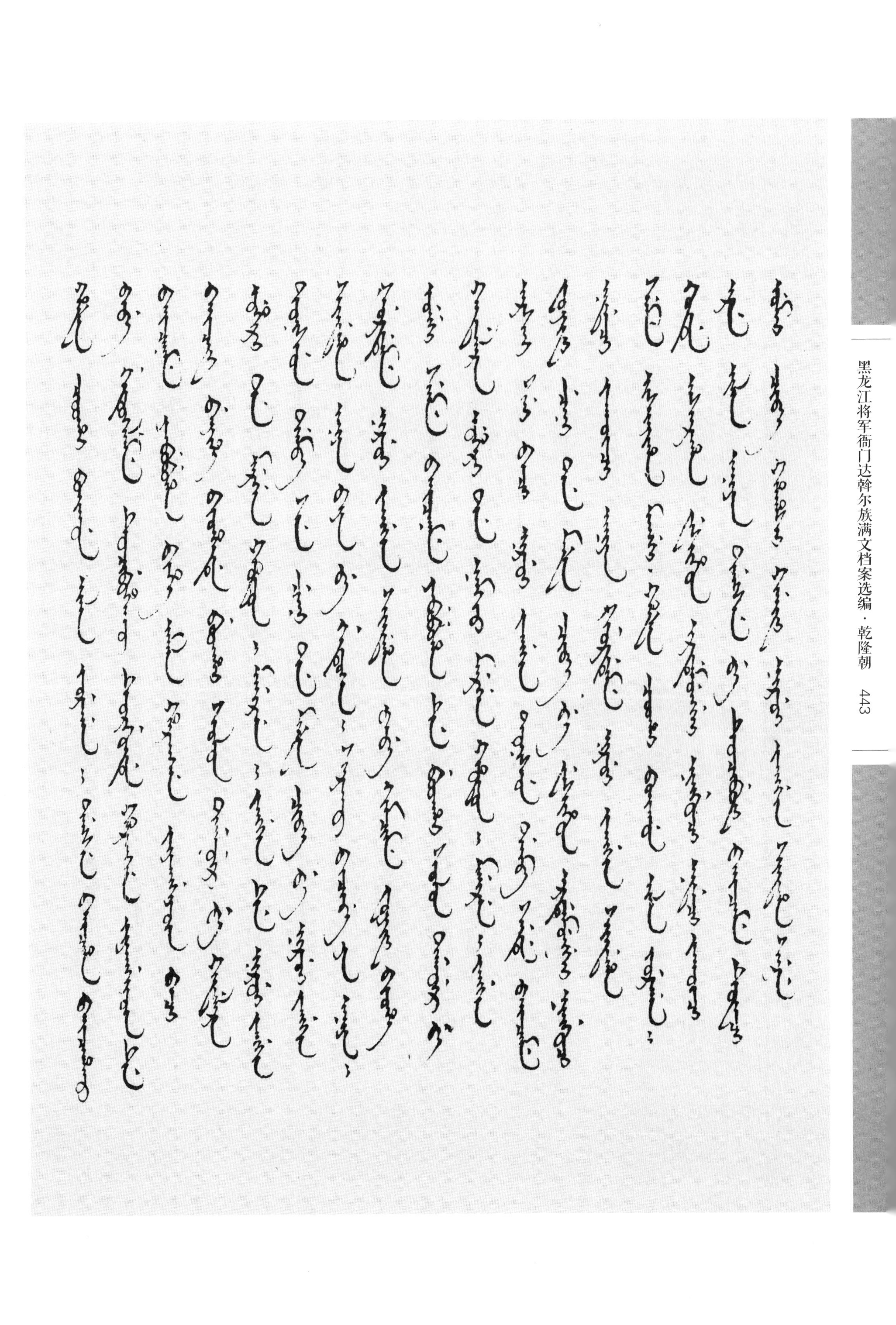

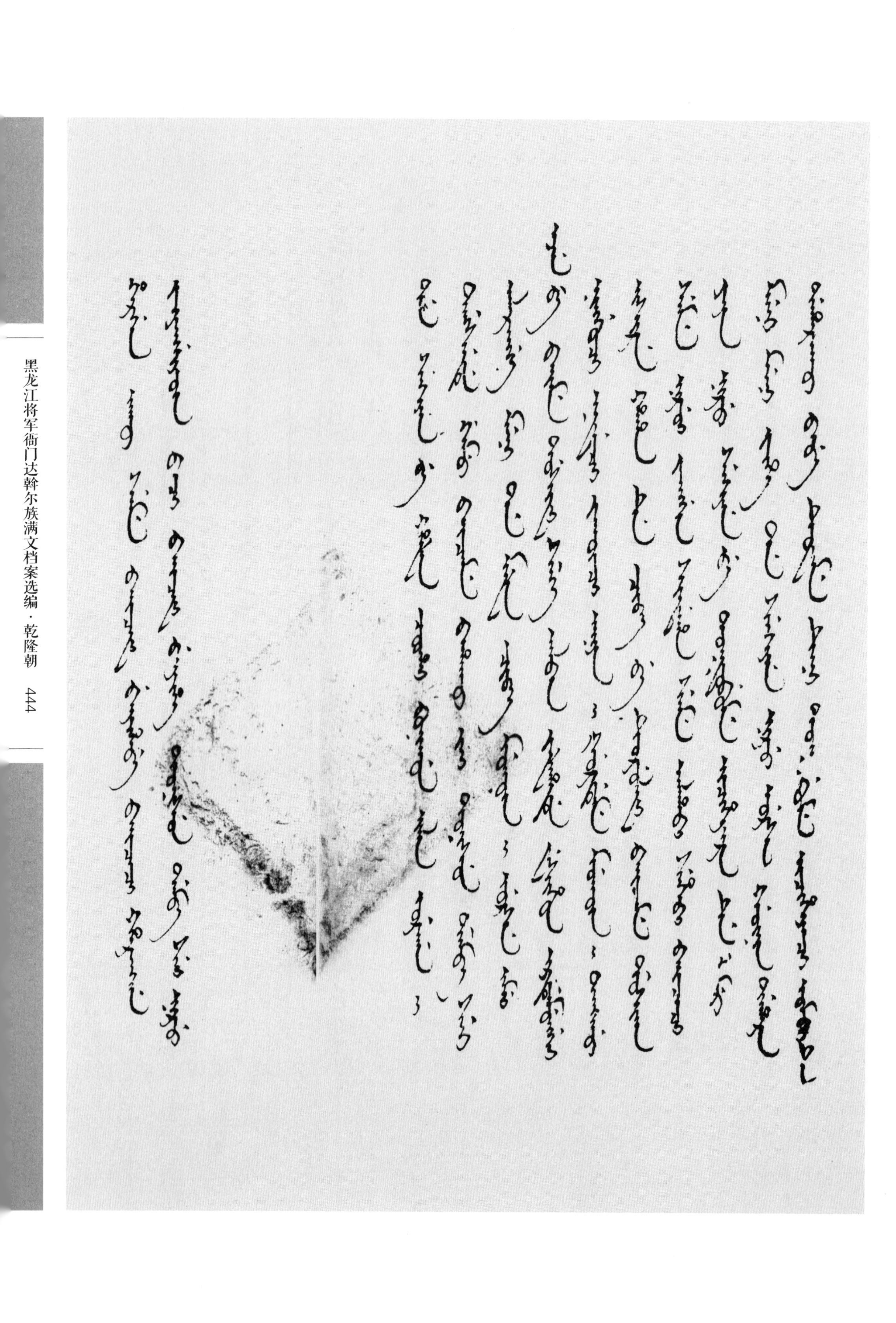

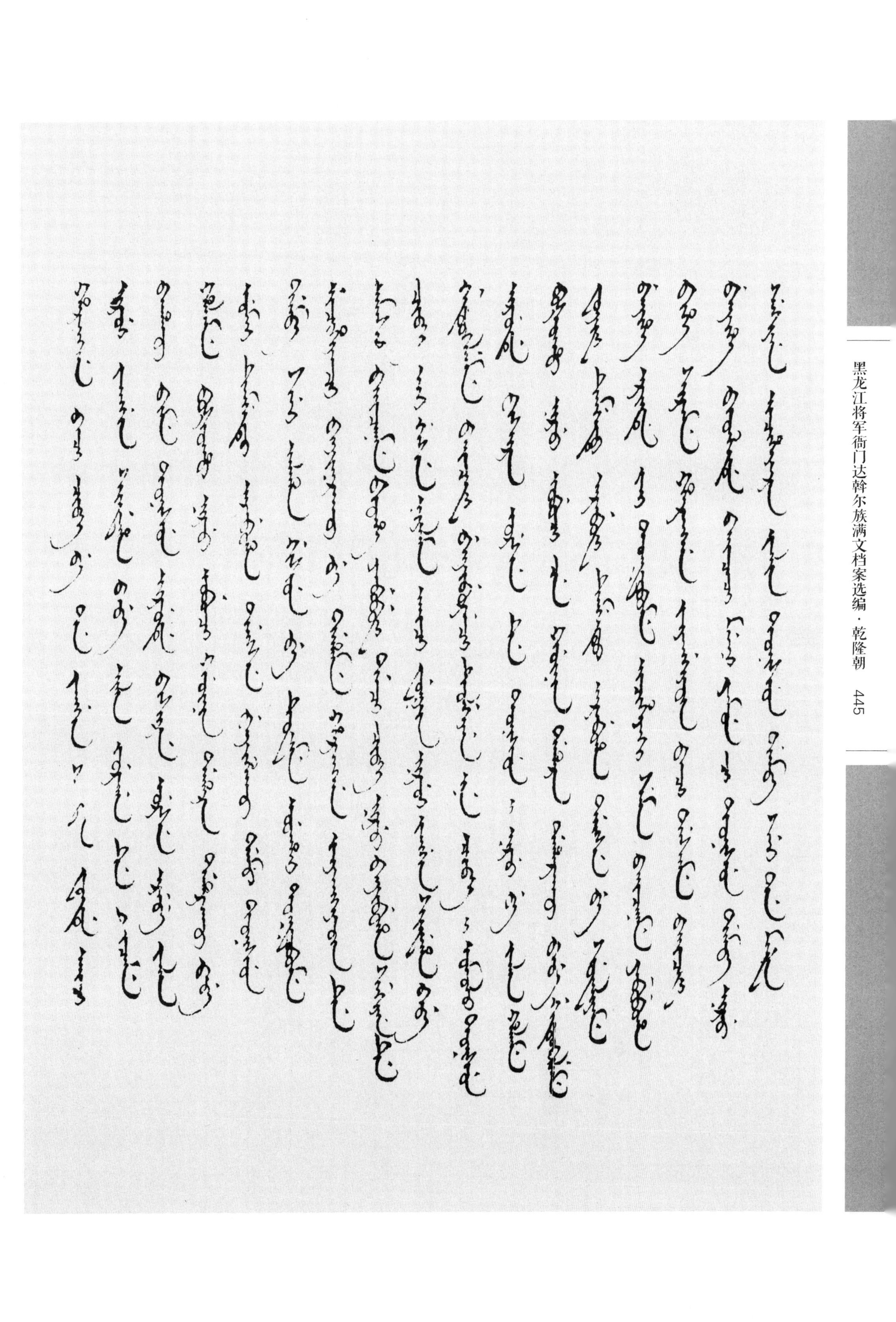

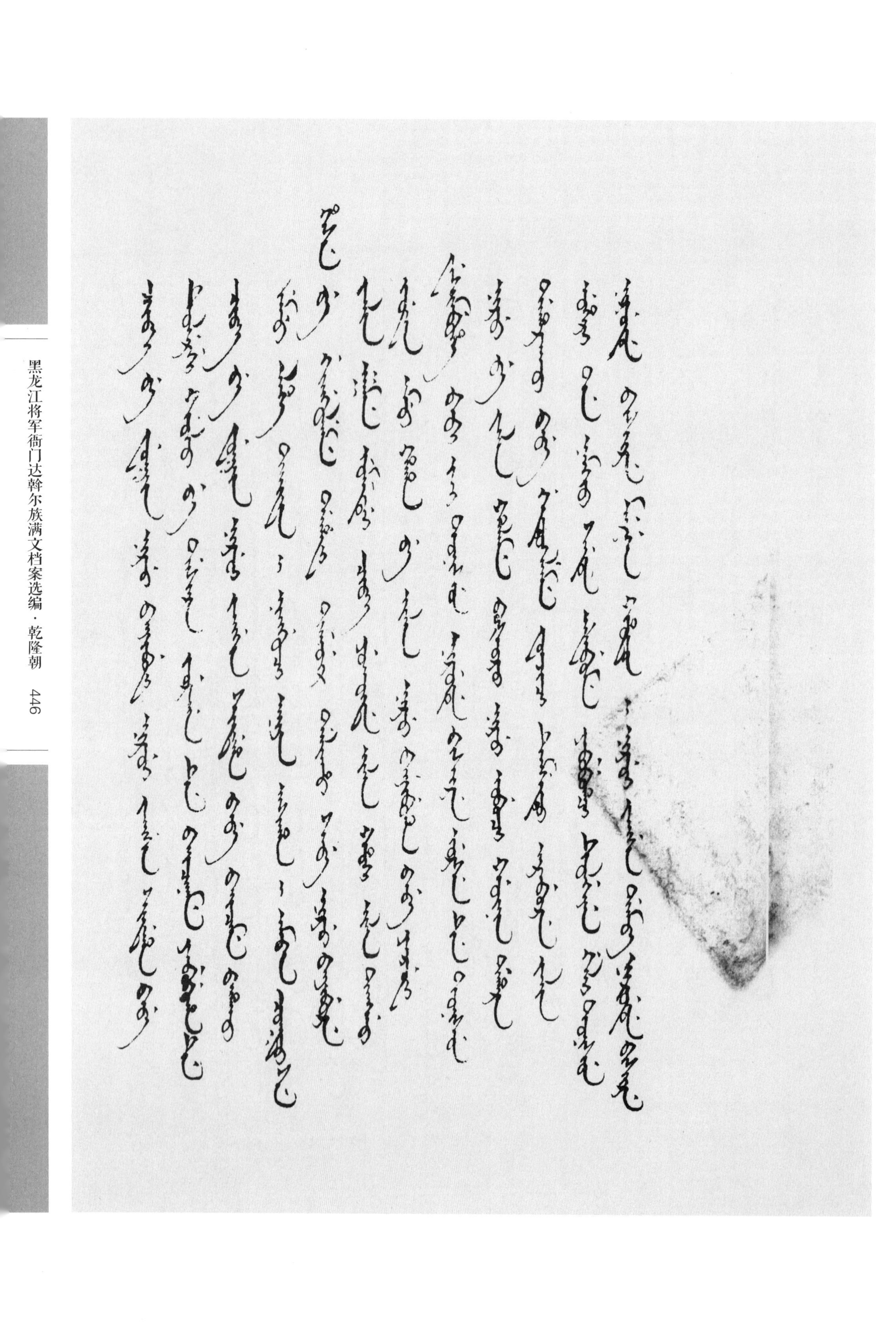

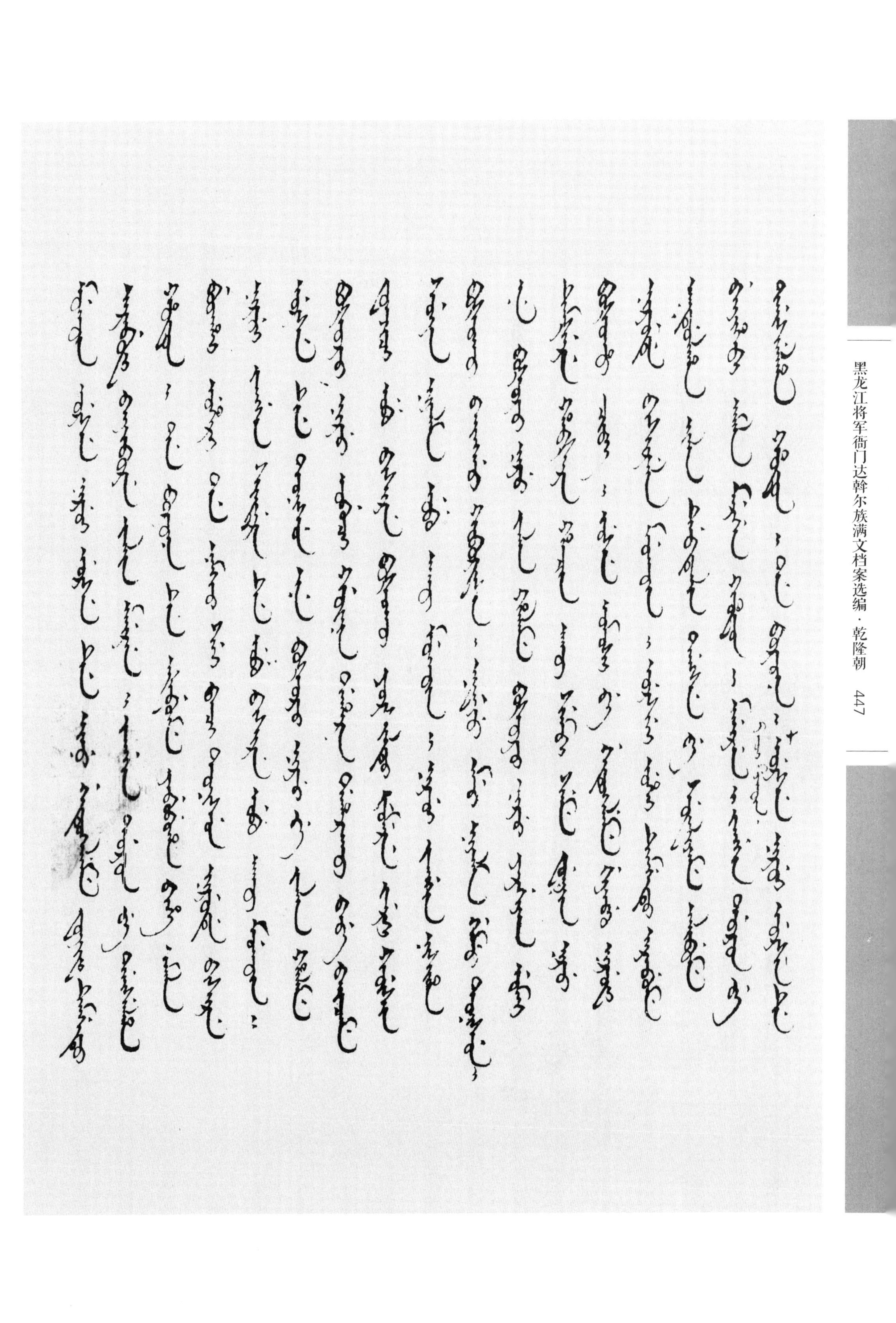

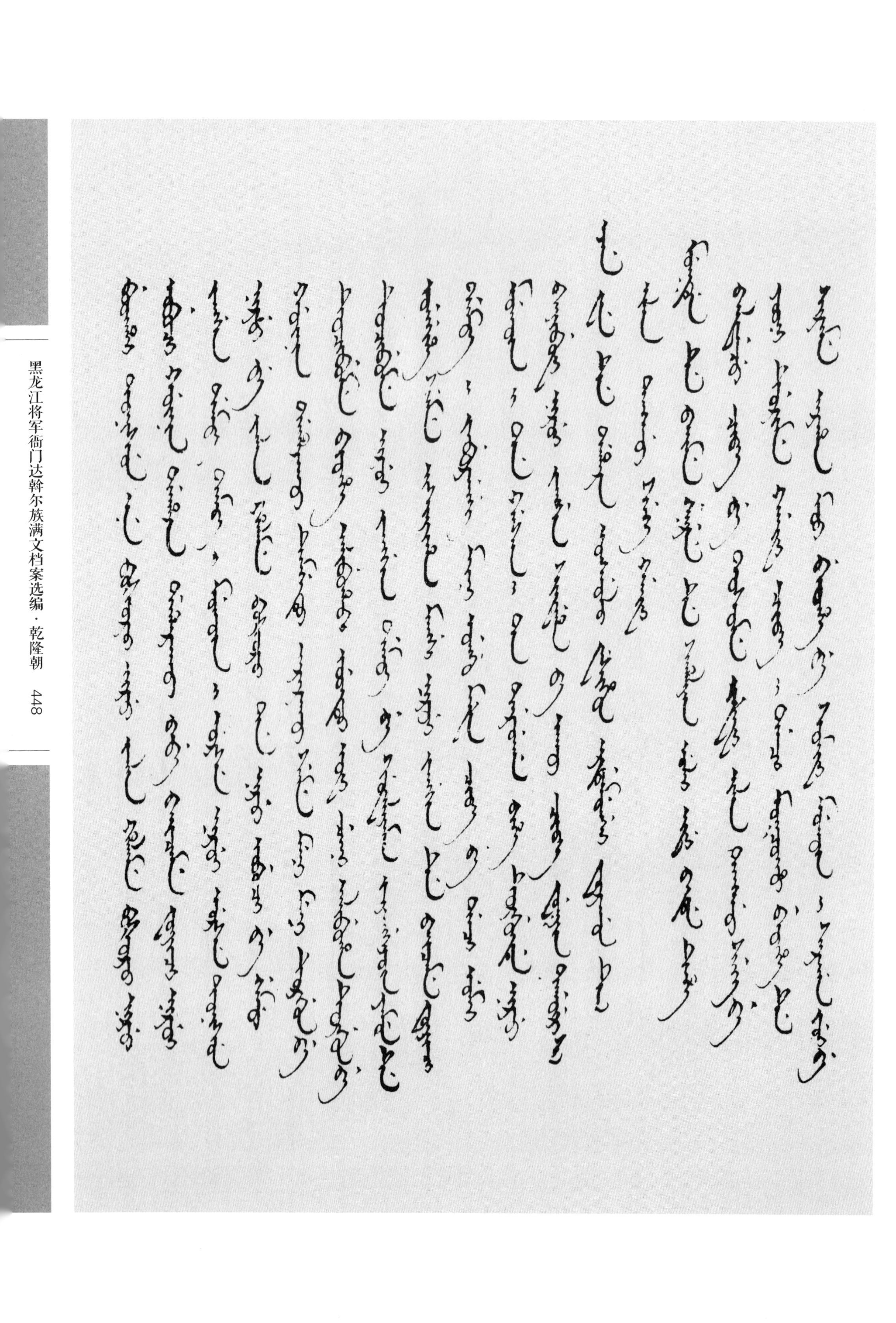

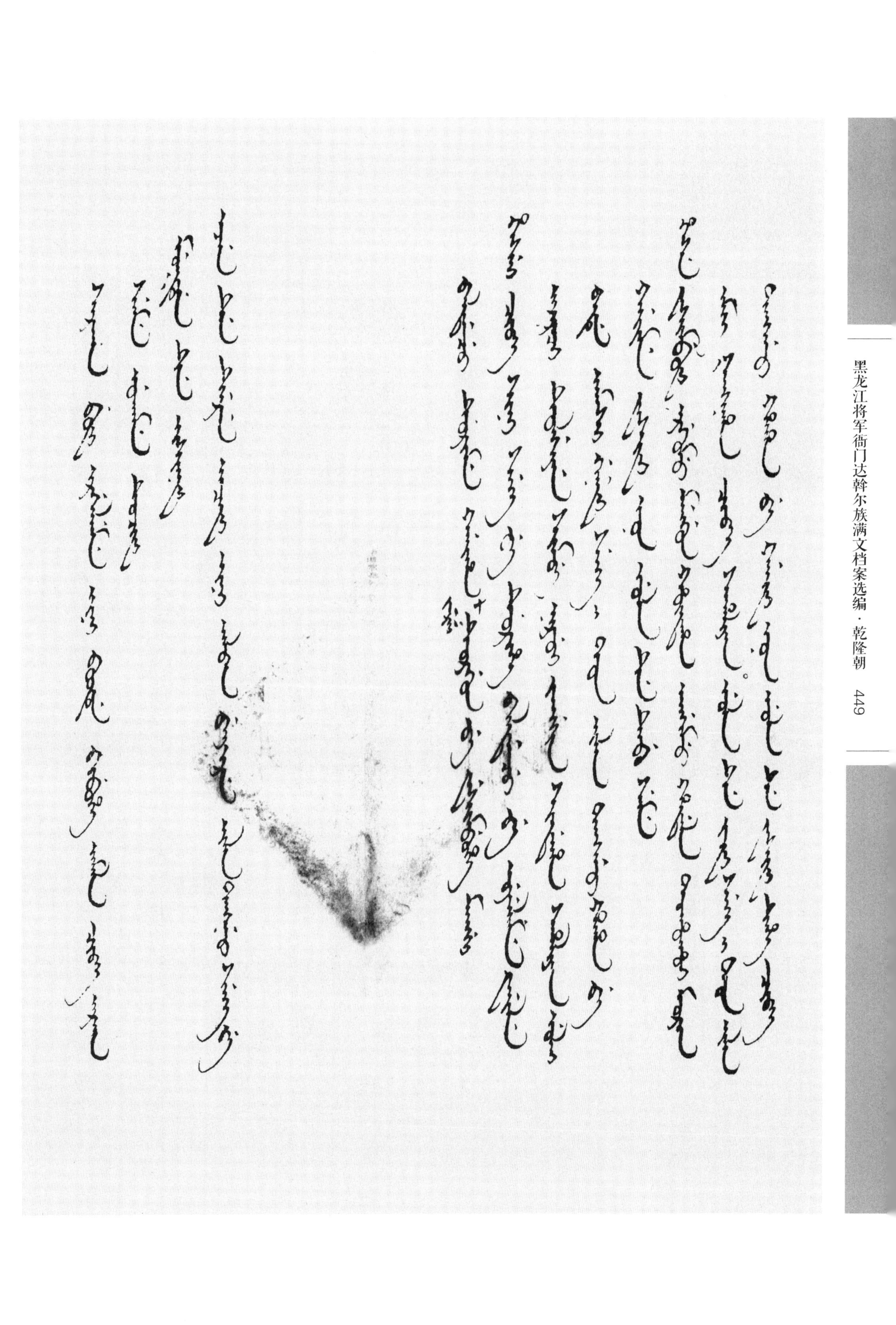

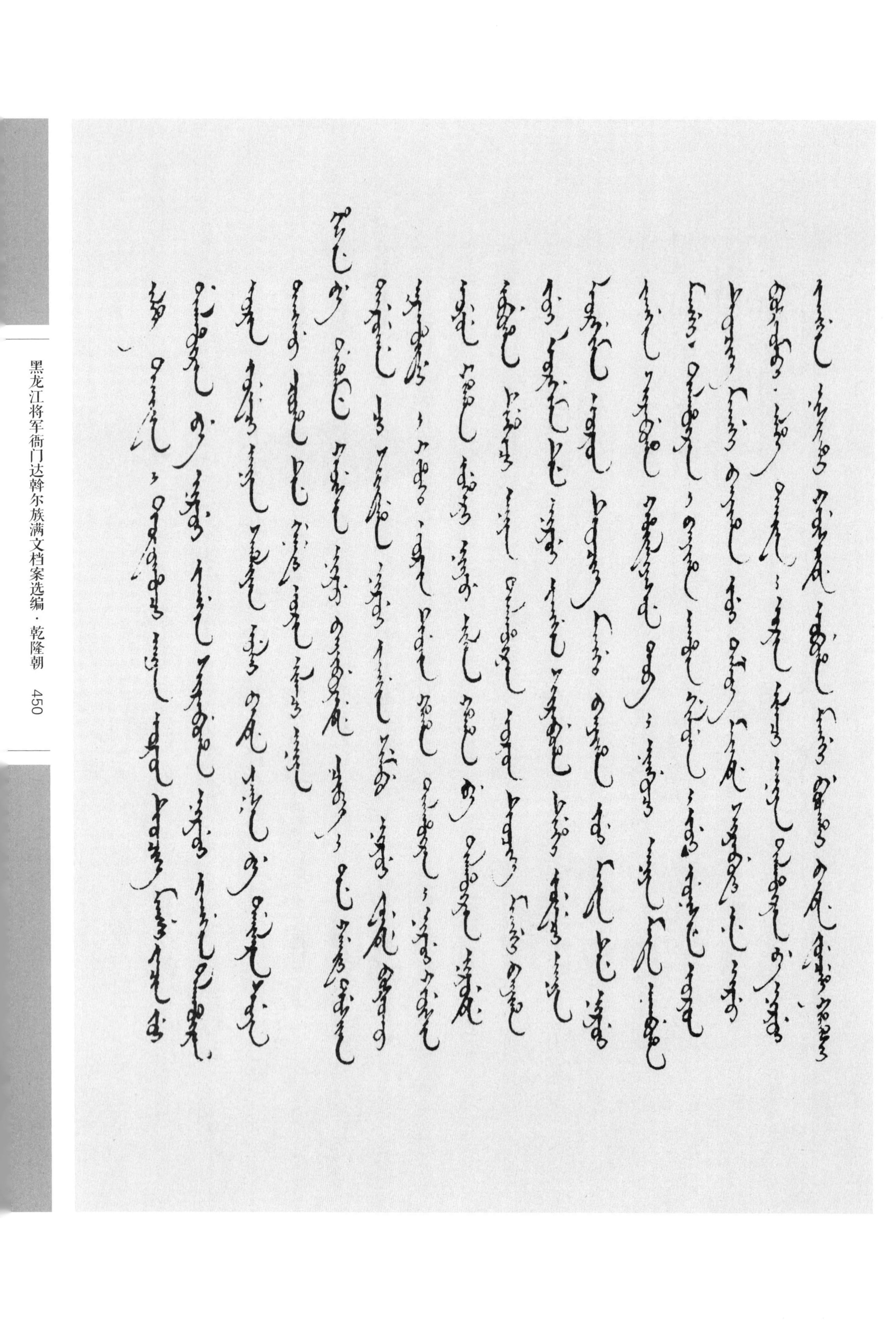

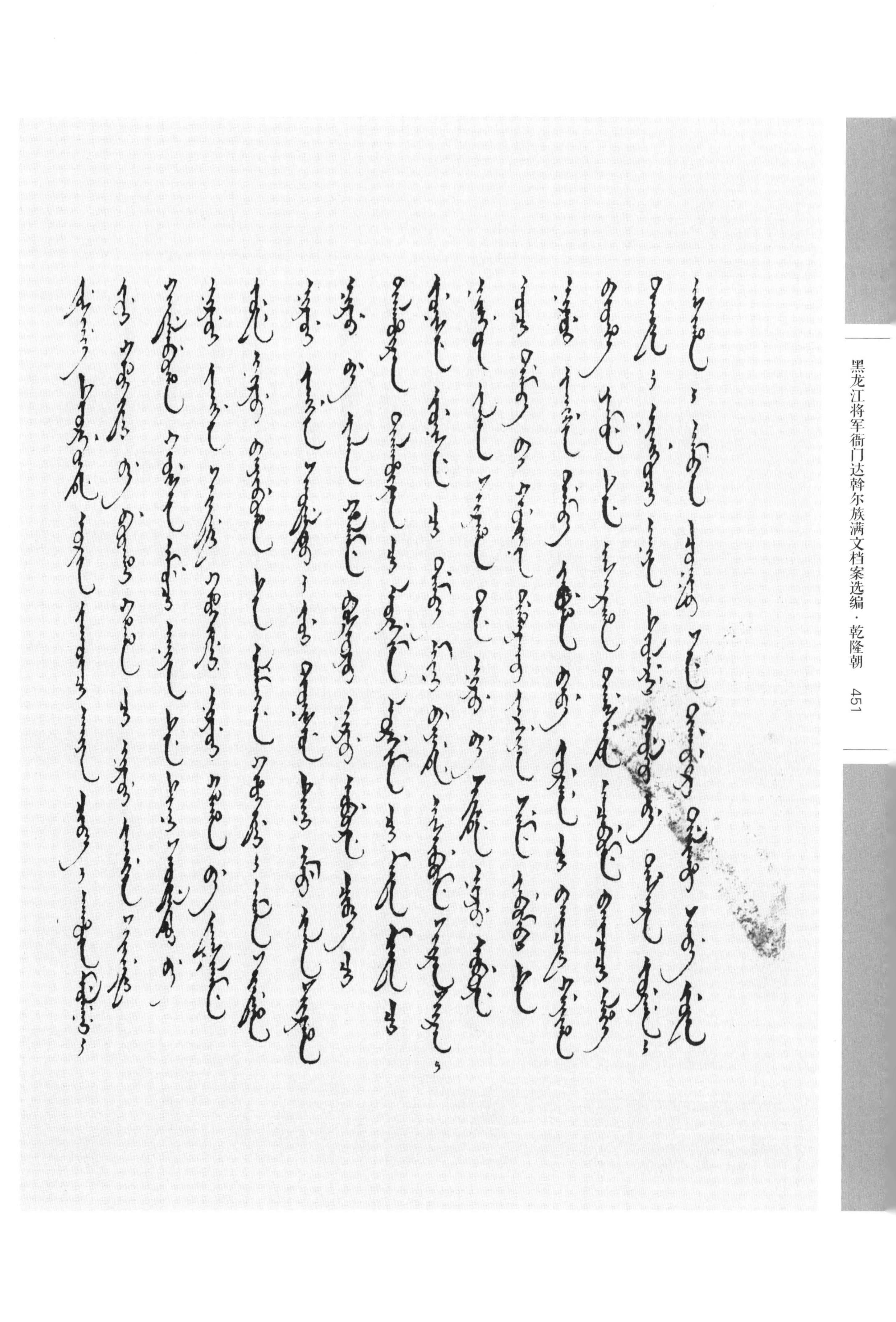

[illegible]

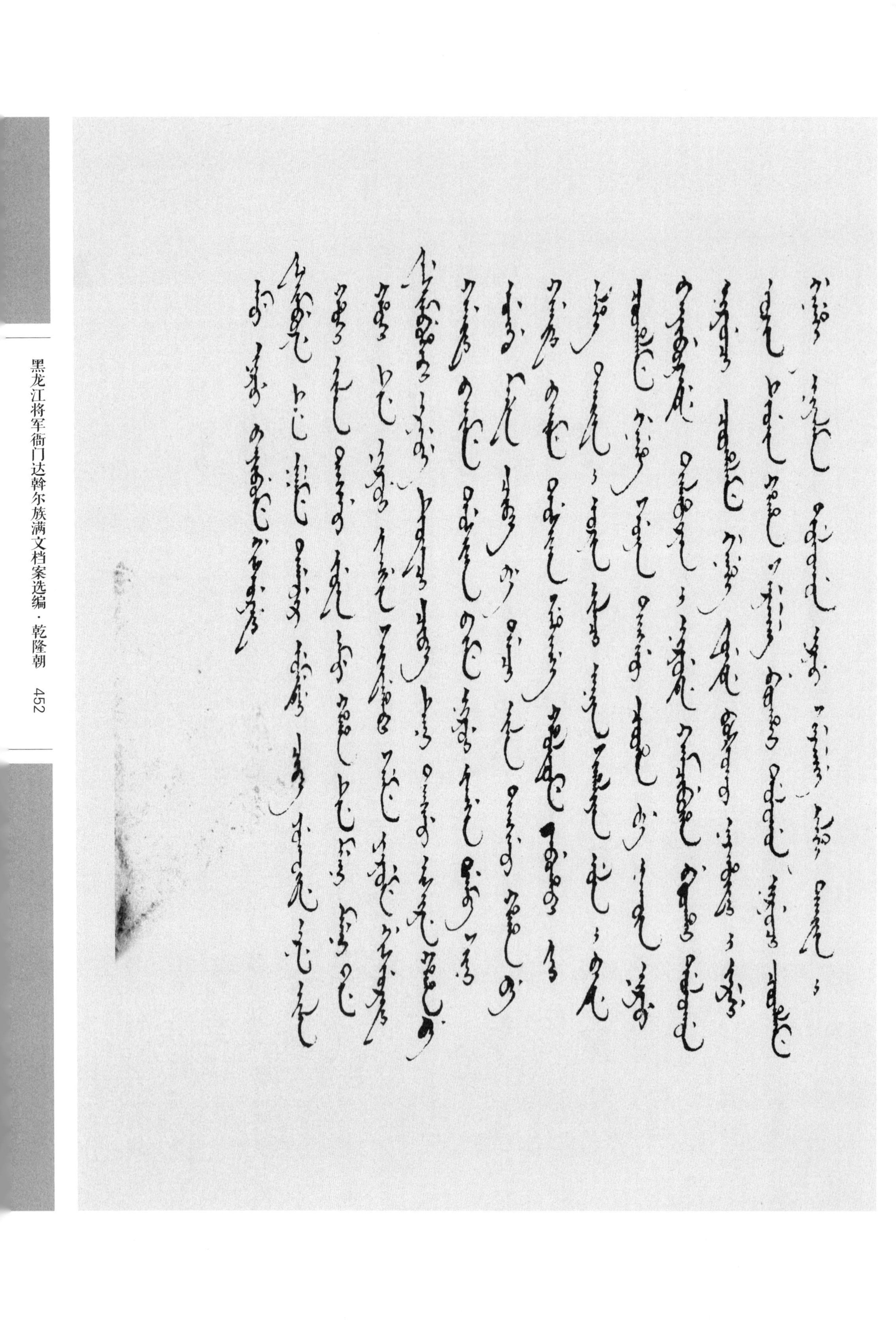

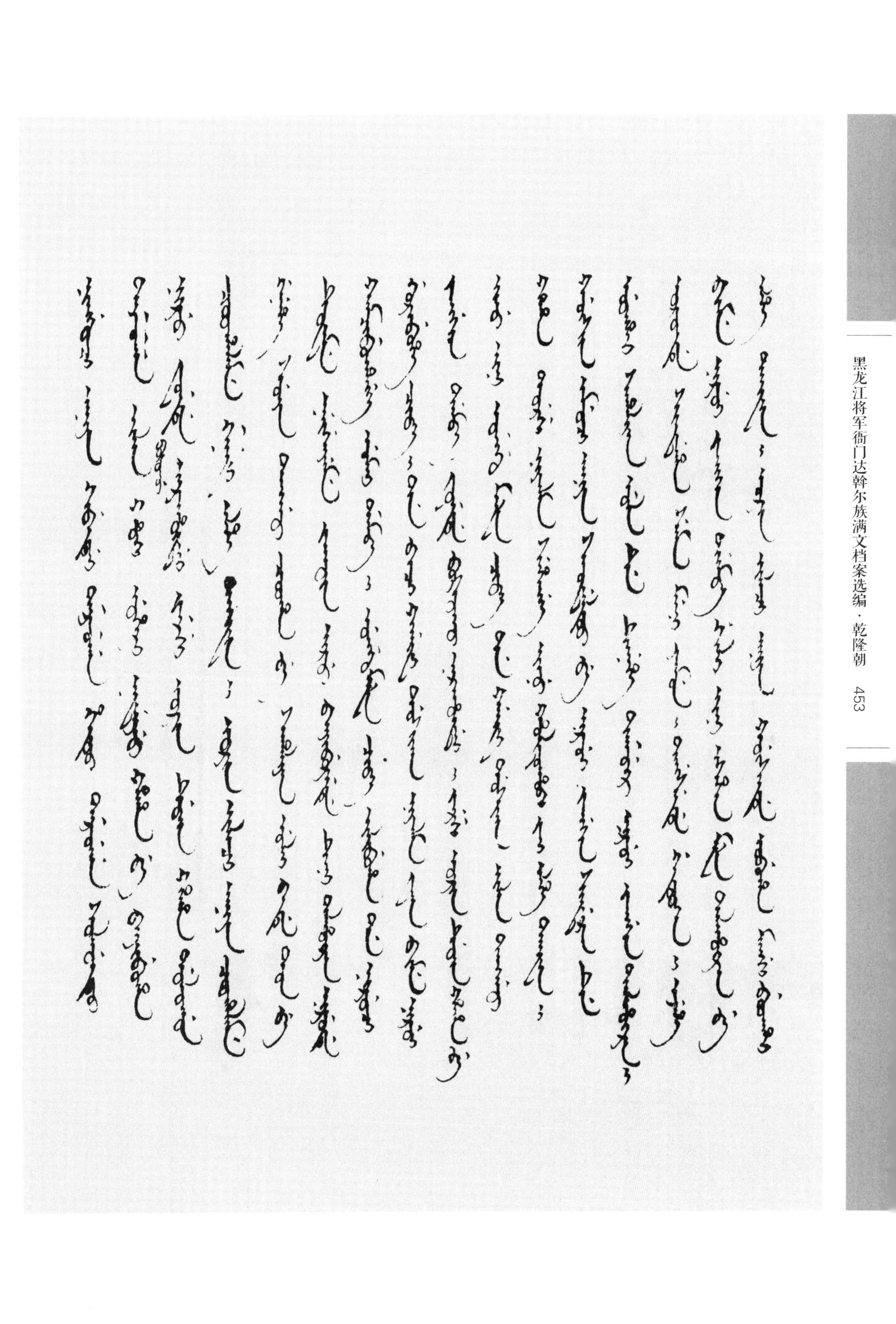

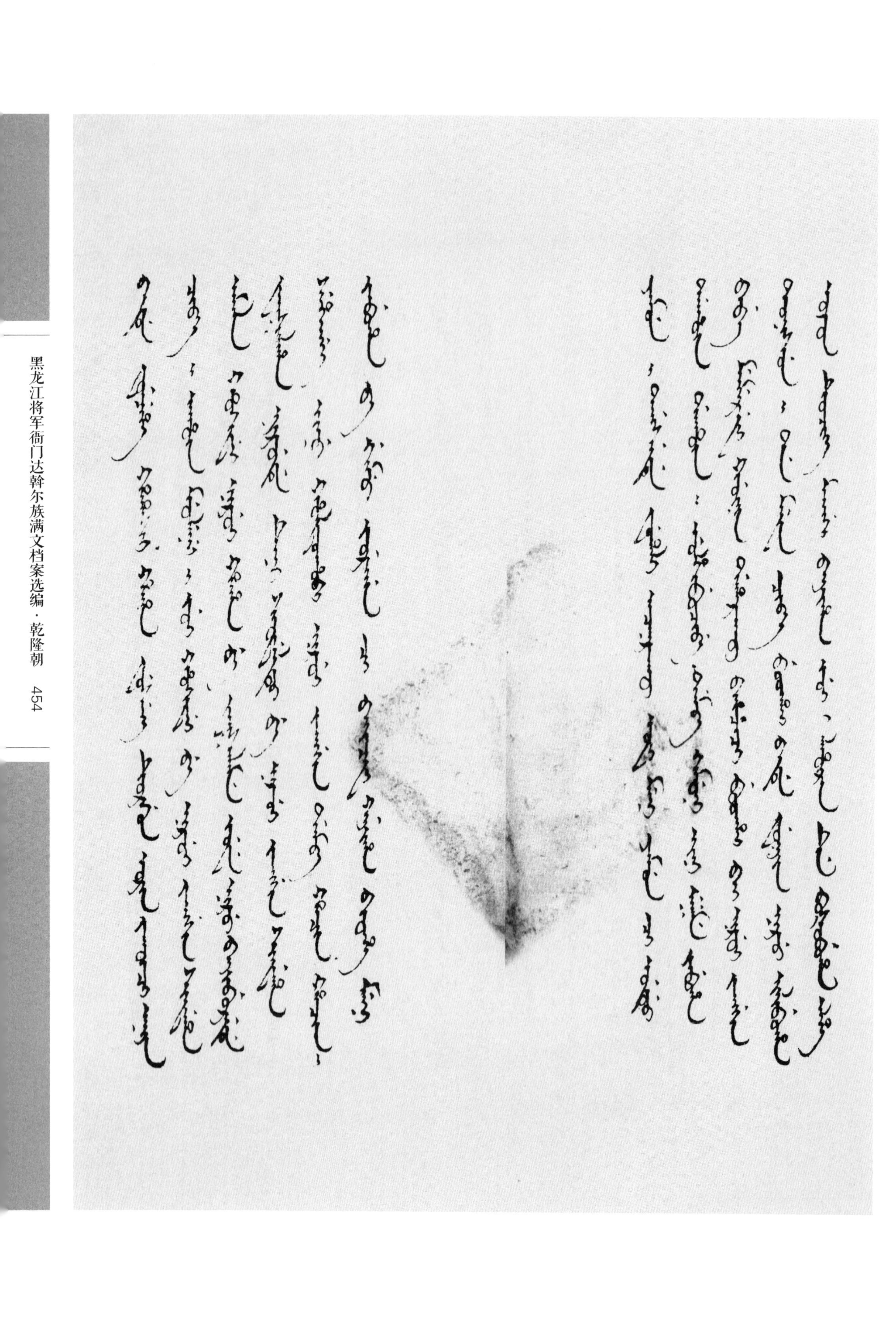

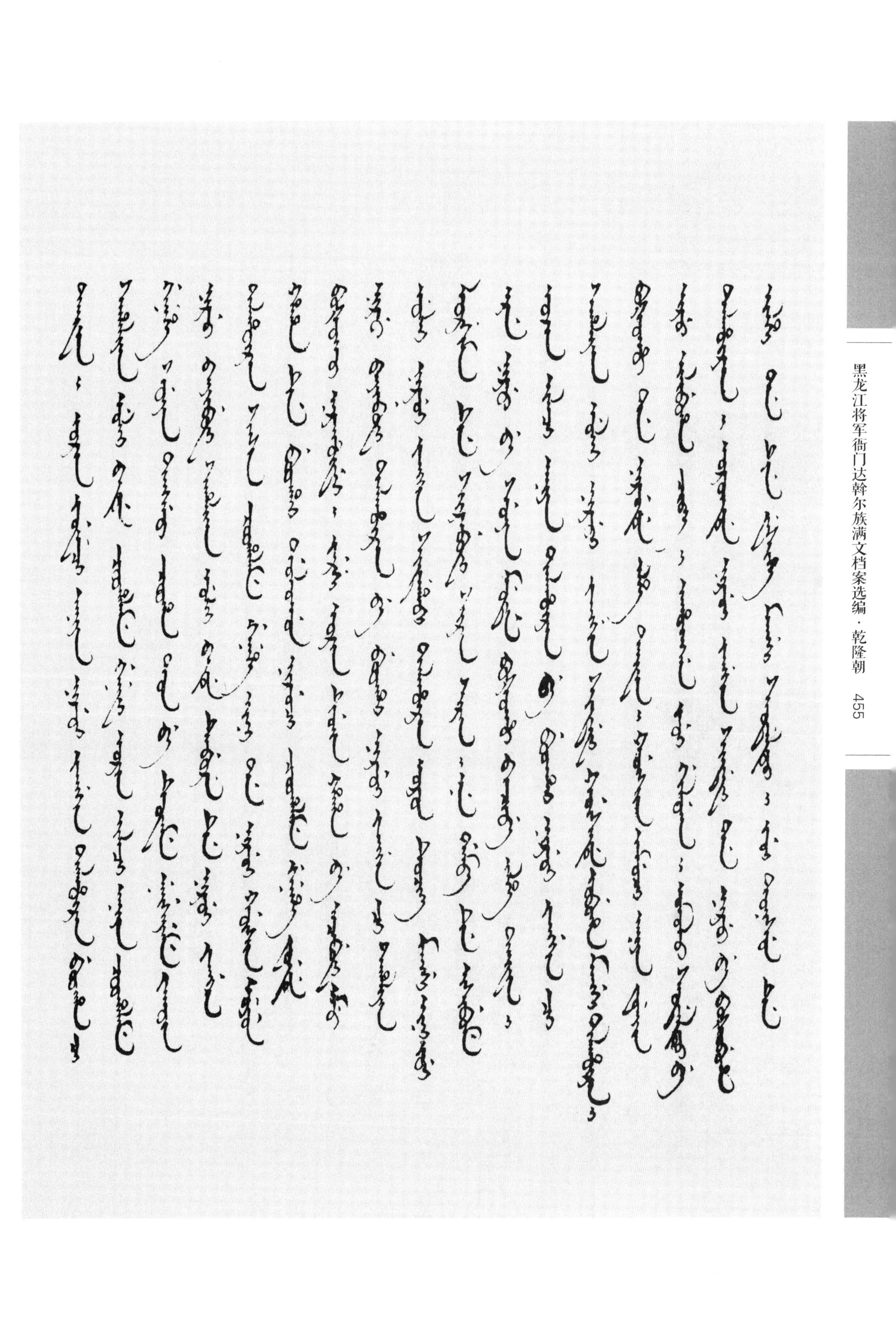

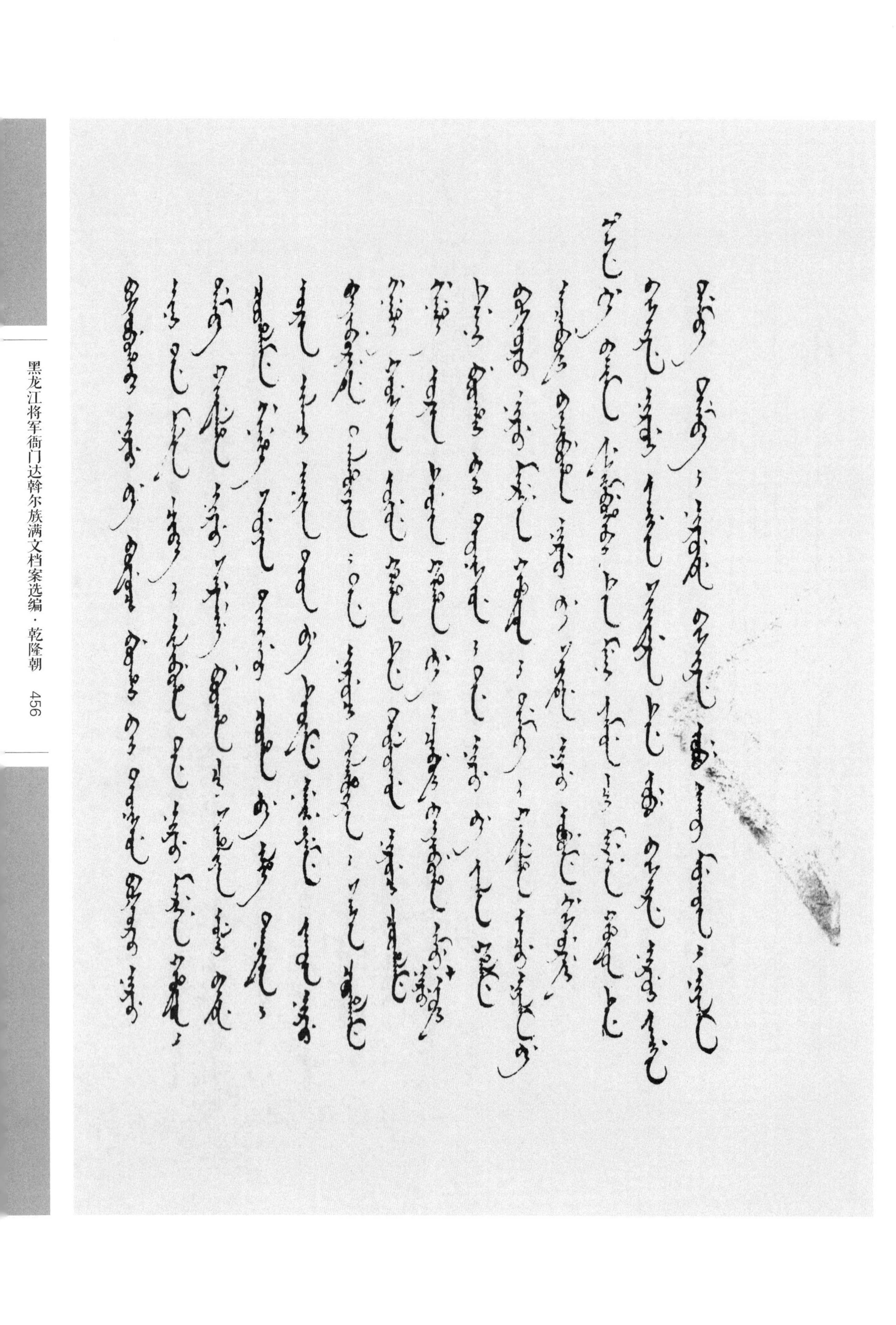

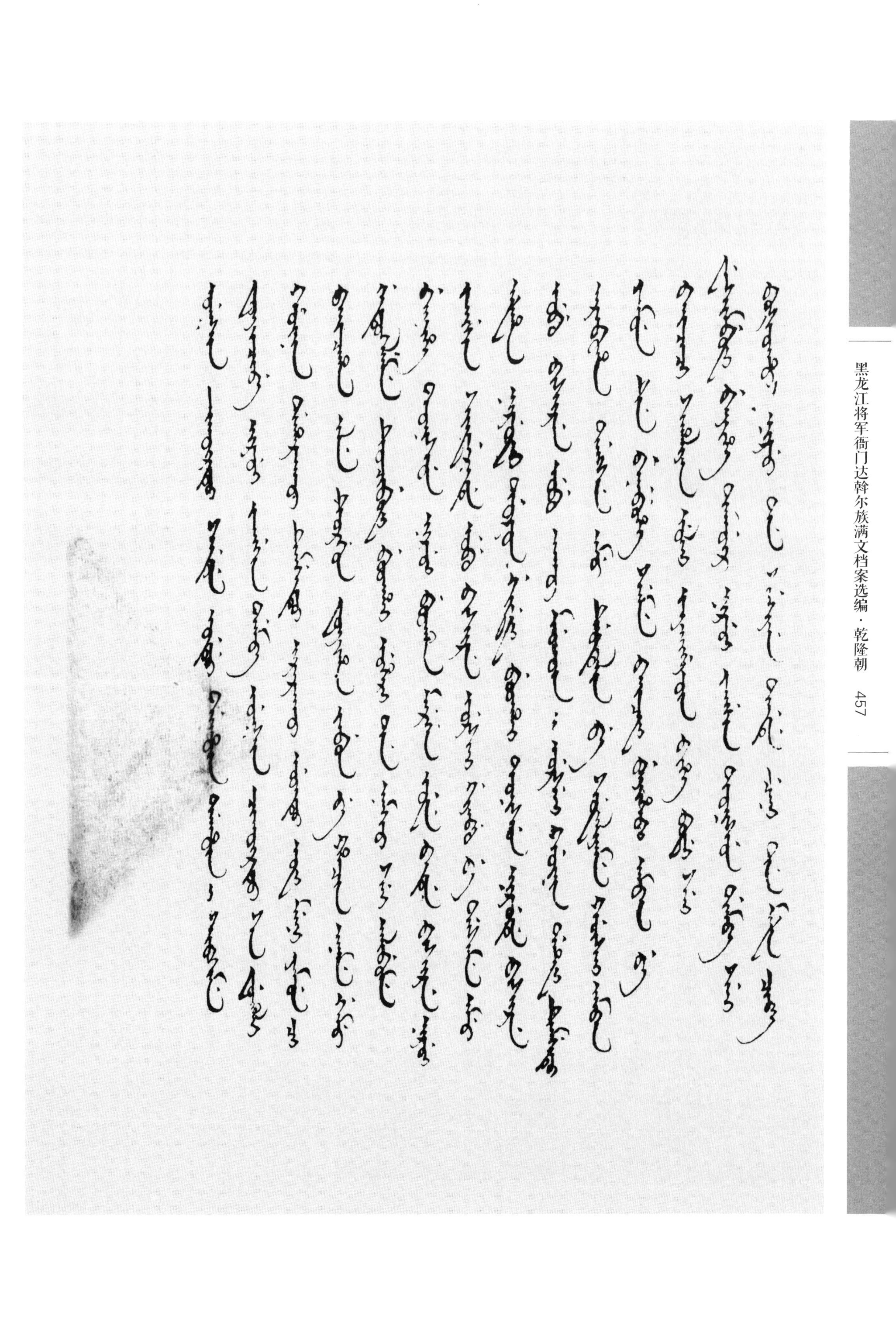

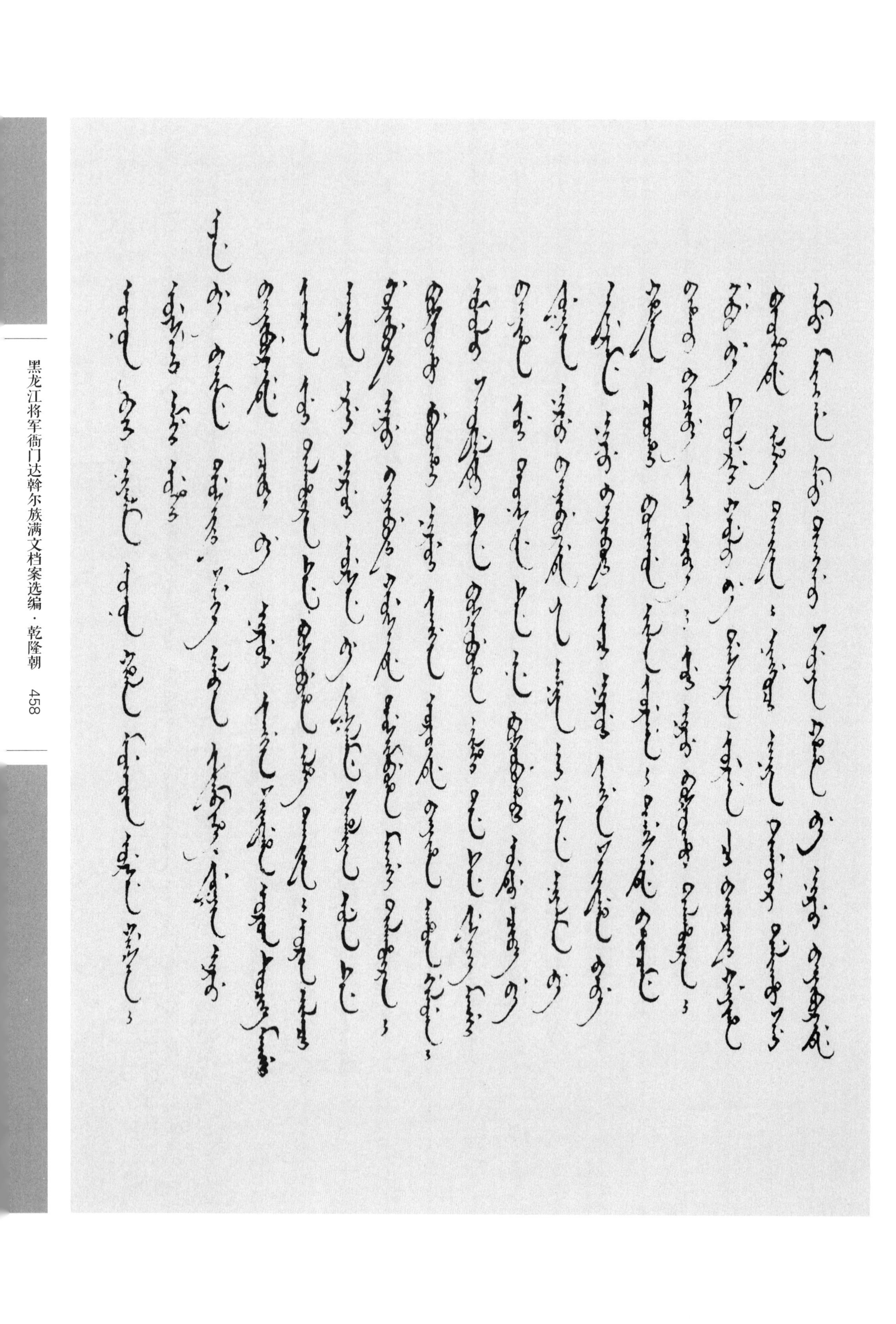

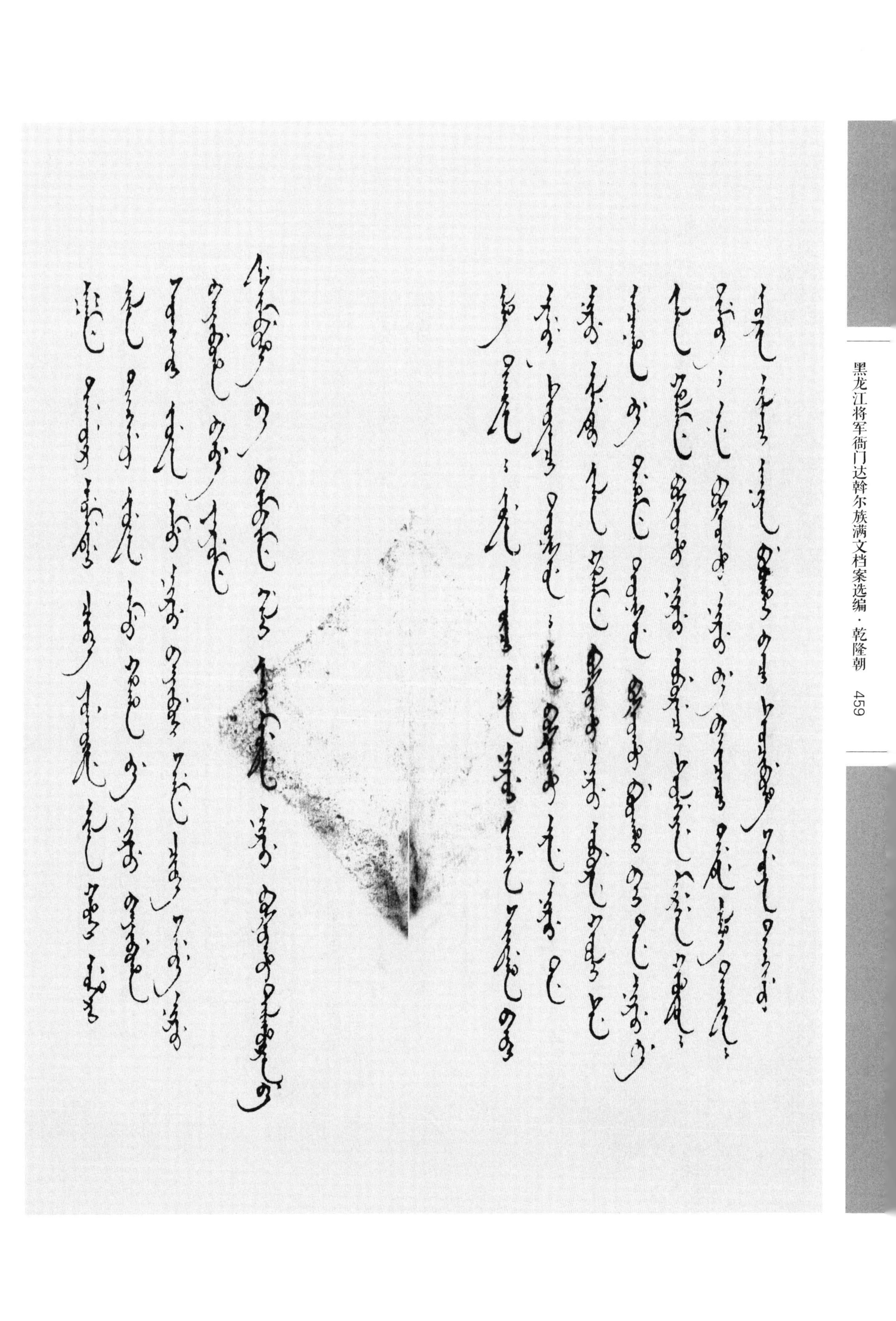

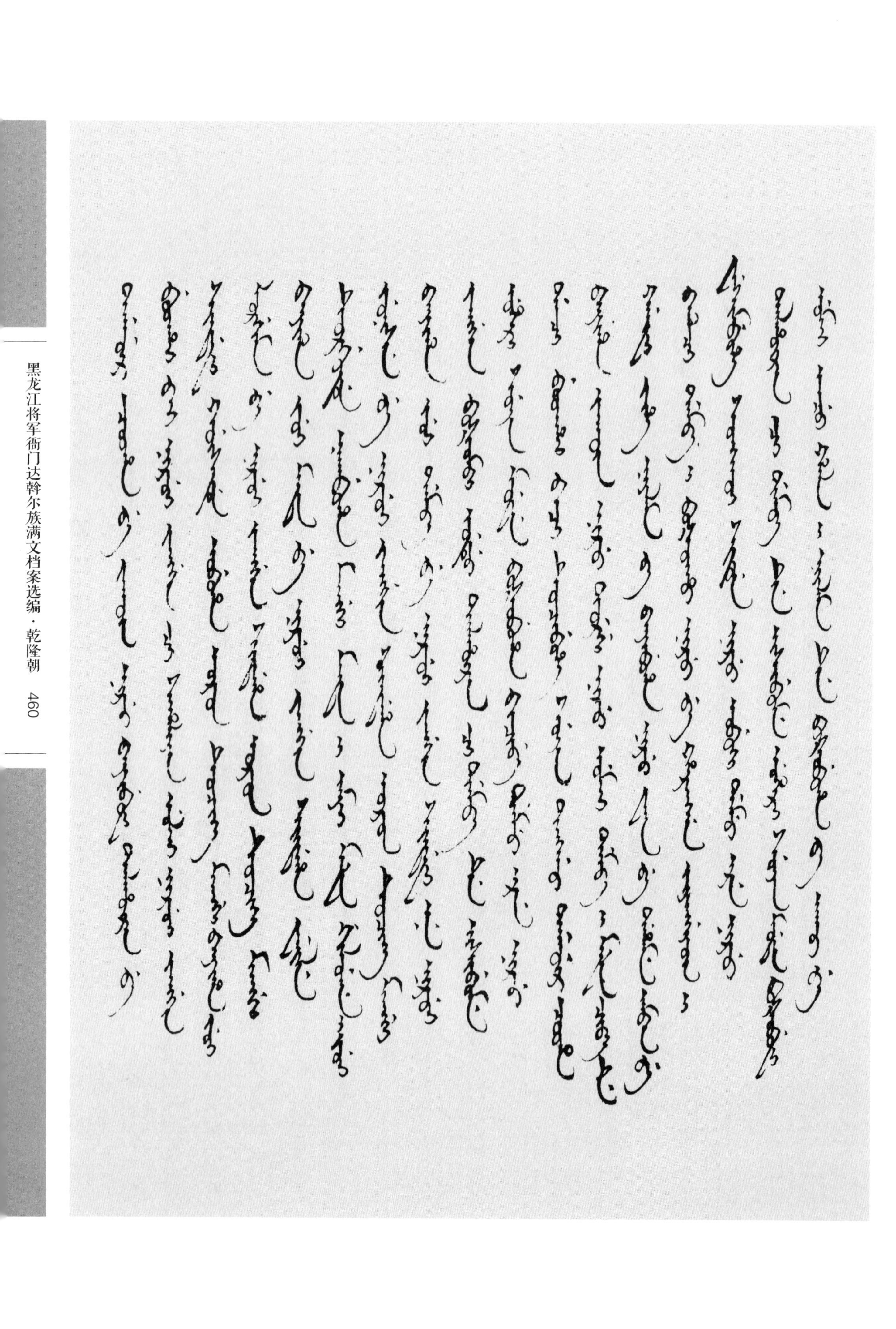

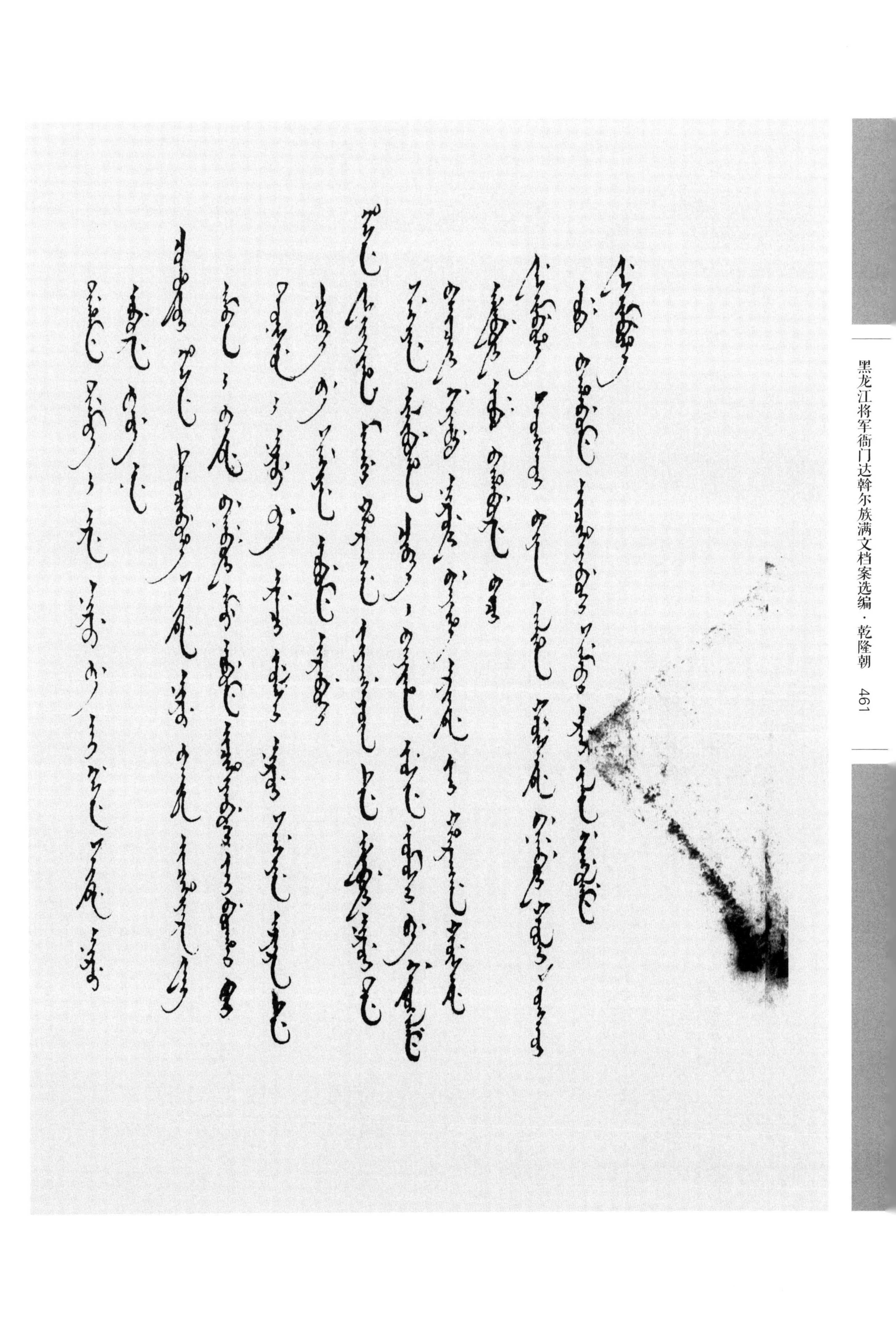

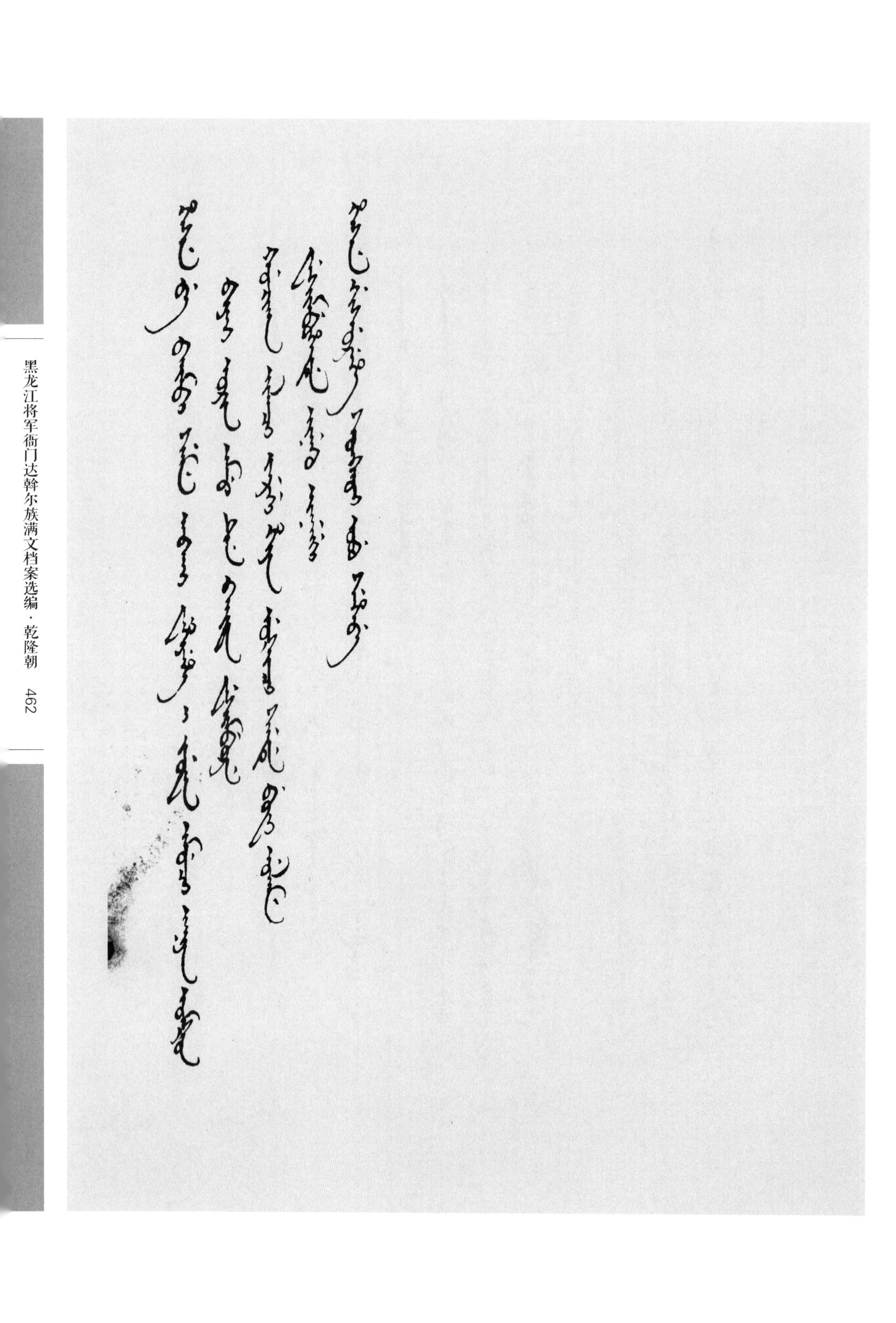

[illegible]

[illegible]

[illegible]

[illegible]

[illegible]

四三二 布特哈索伦达斡尔总管纳木球等为分派满洲索伦达斡尔副总管亲率官兵缉查禁卖貂皮事呈黑龙江将军衙门文

乾隆十二年正月二十五日

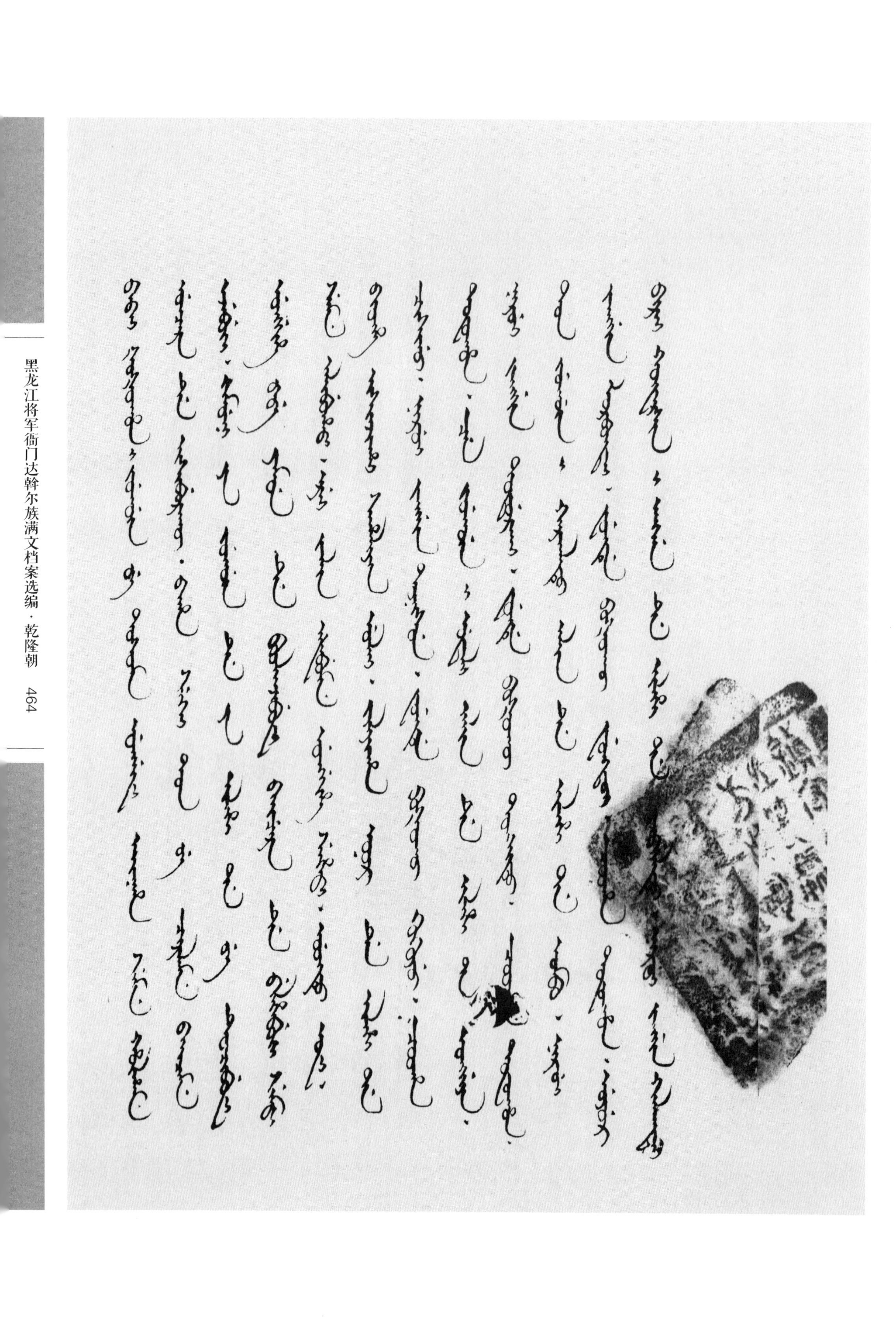

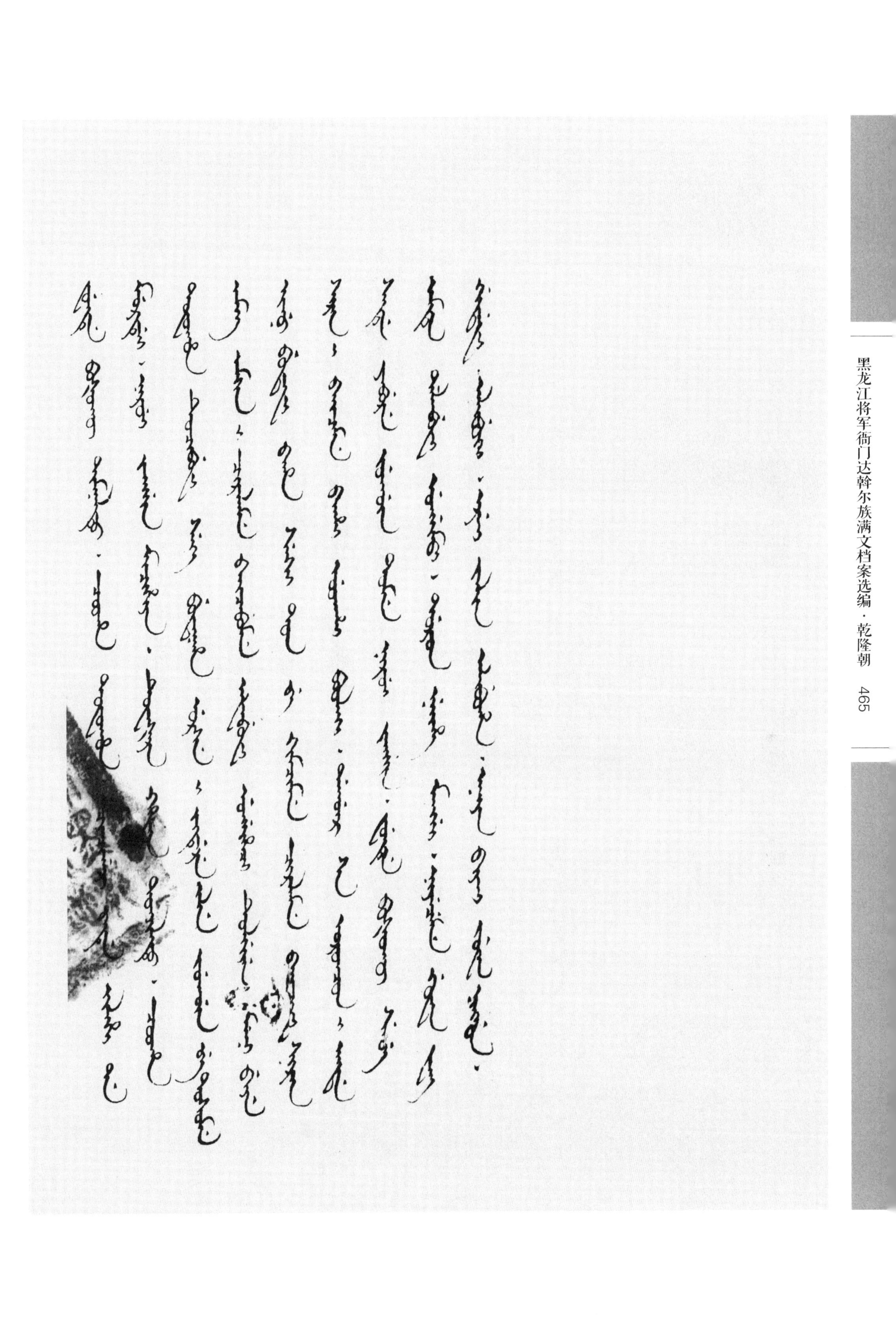

四三三 理藩院为查明镶黄旗达斡尔托尼逊丹巴世管佐领承袭家谱事咨黑龙江将军文

乾隆十二年正月二十九日

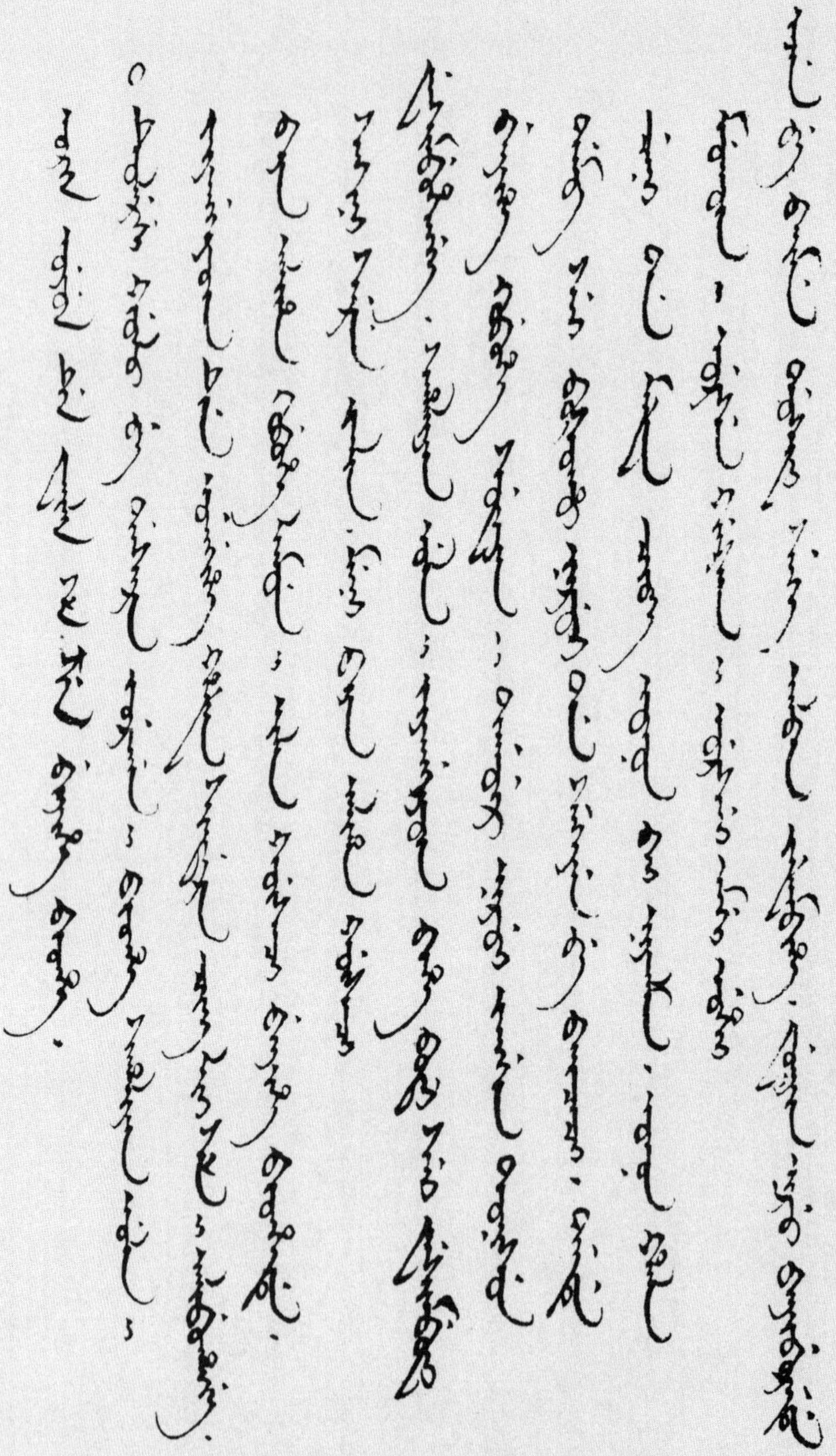

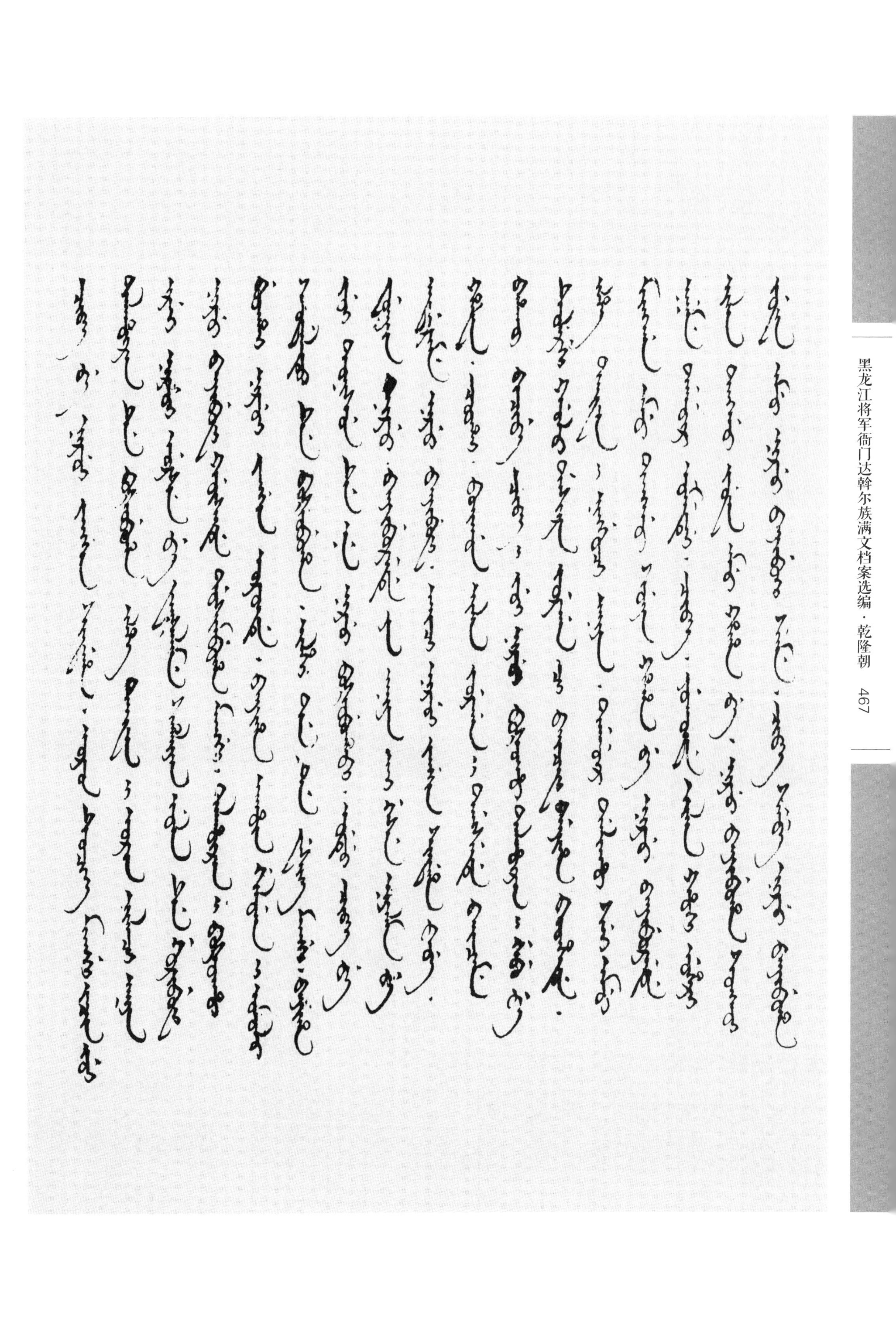

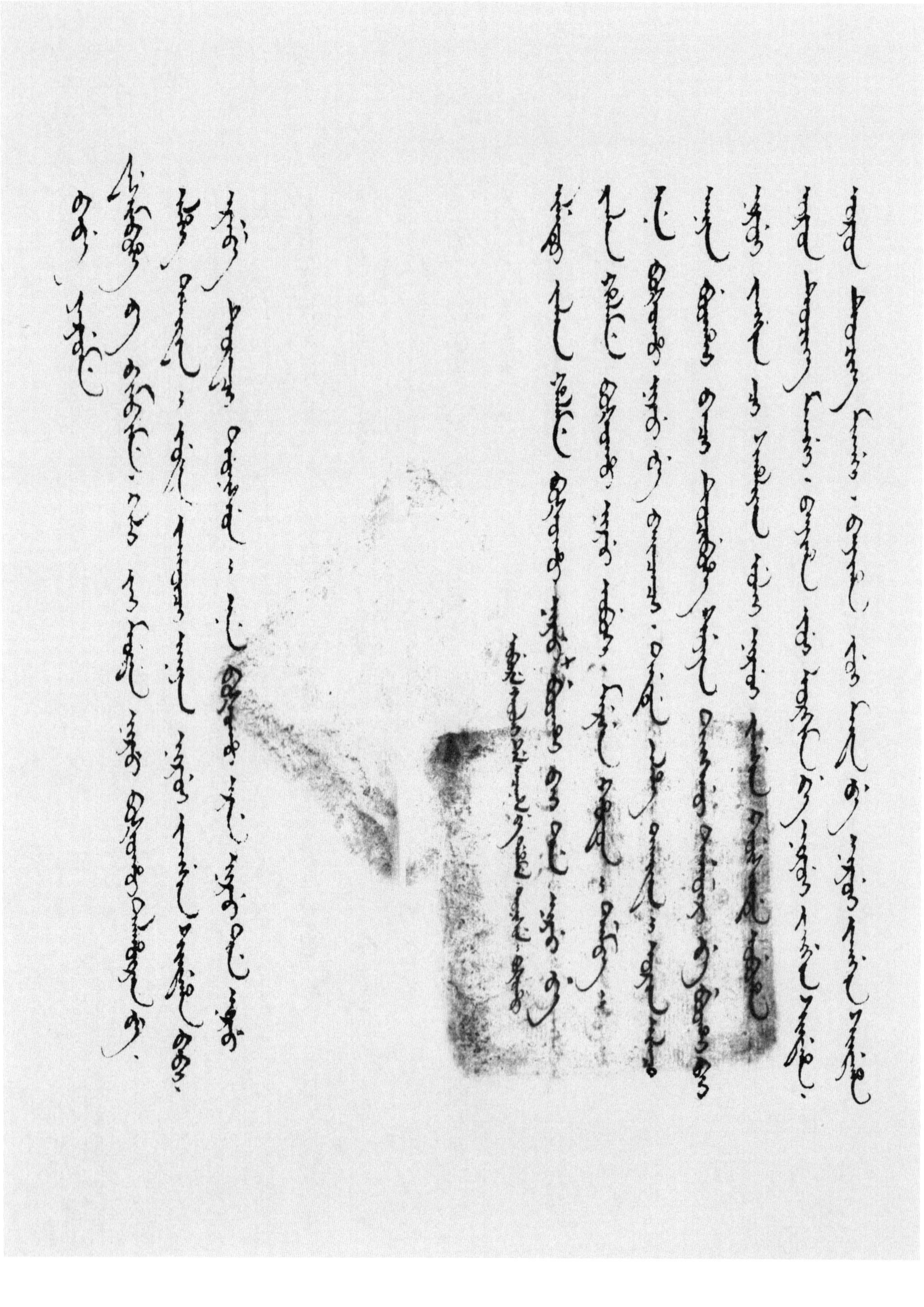

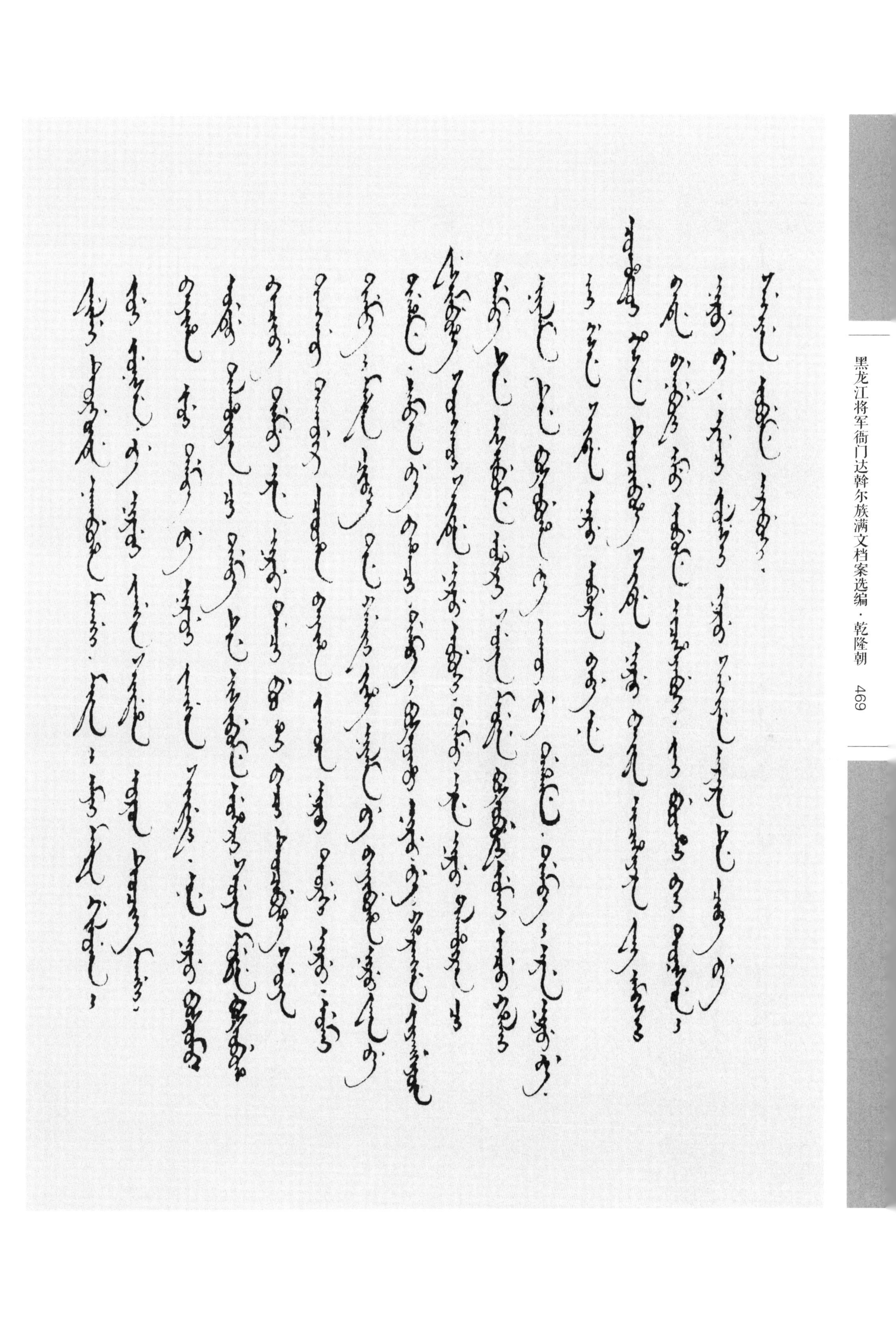

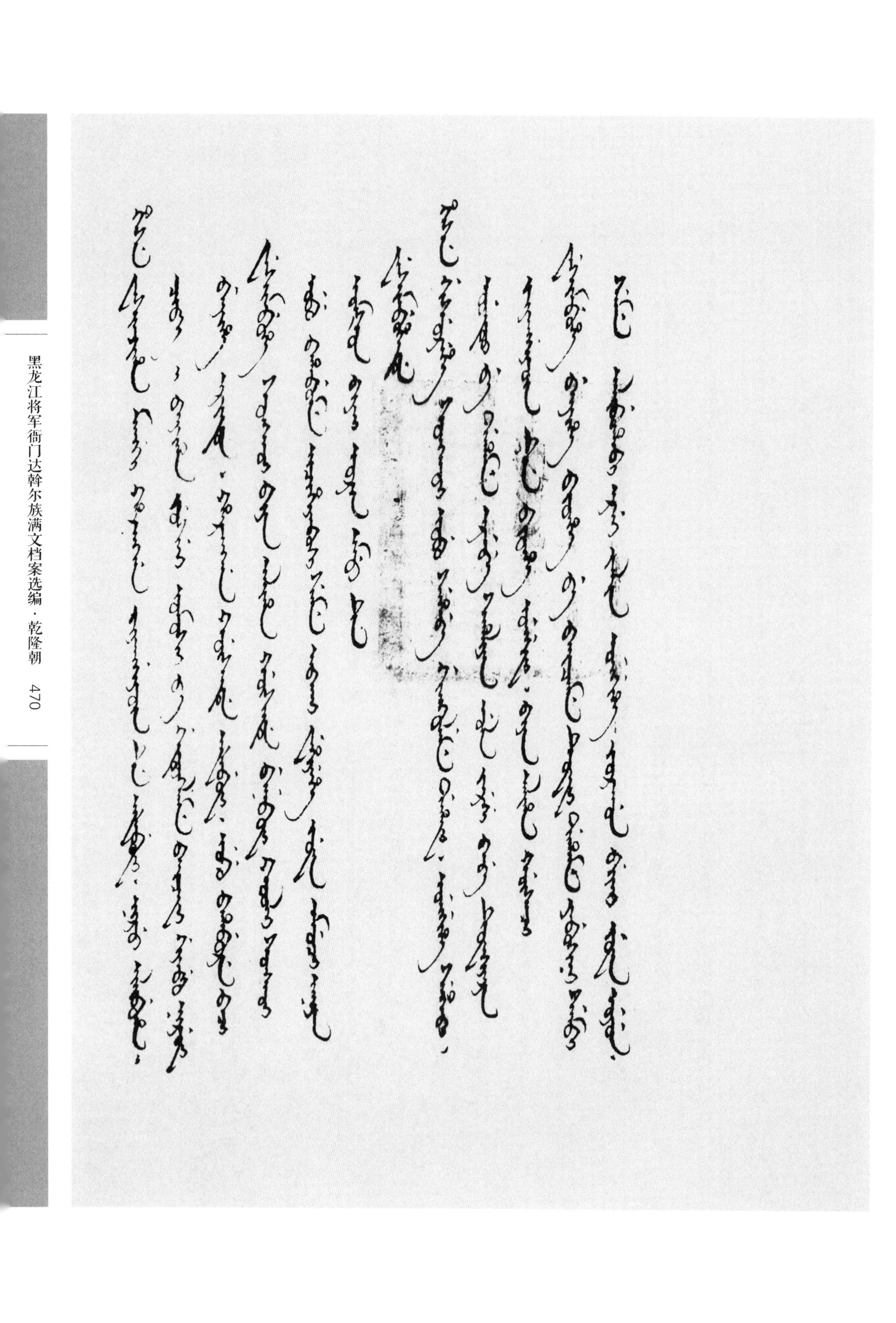

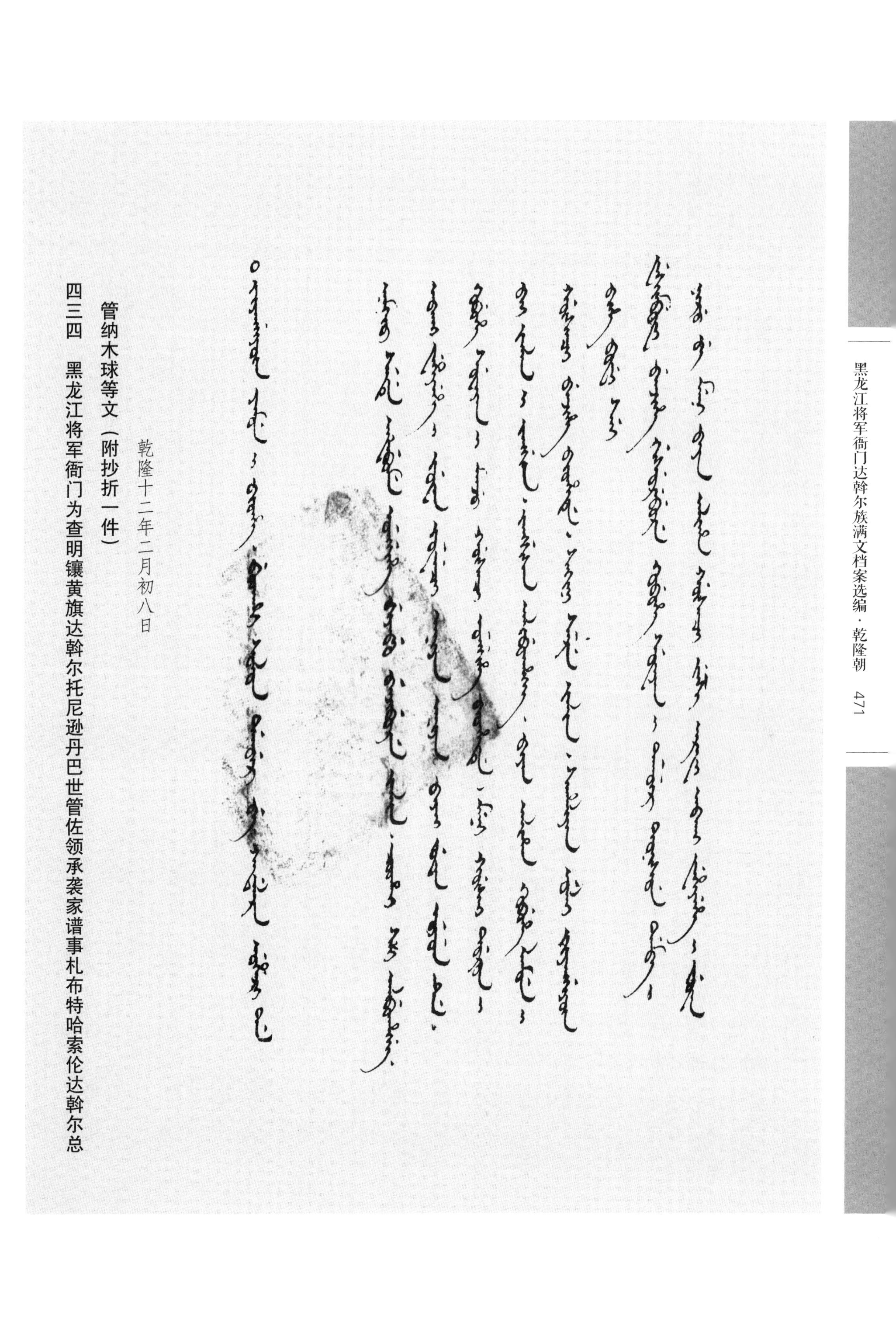

乾隆十二年二月初八日

四三四 黑龙江将军衙门为查明镶黄旗达斡尔托尼逊丹巴世管佐领承袭家谱事札布特哈索伦达斡尔总管纳木球等文（附抄折一件）

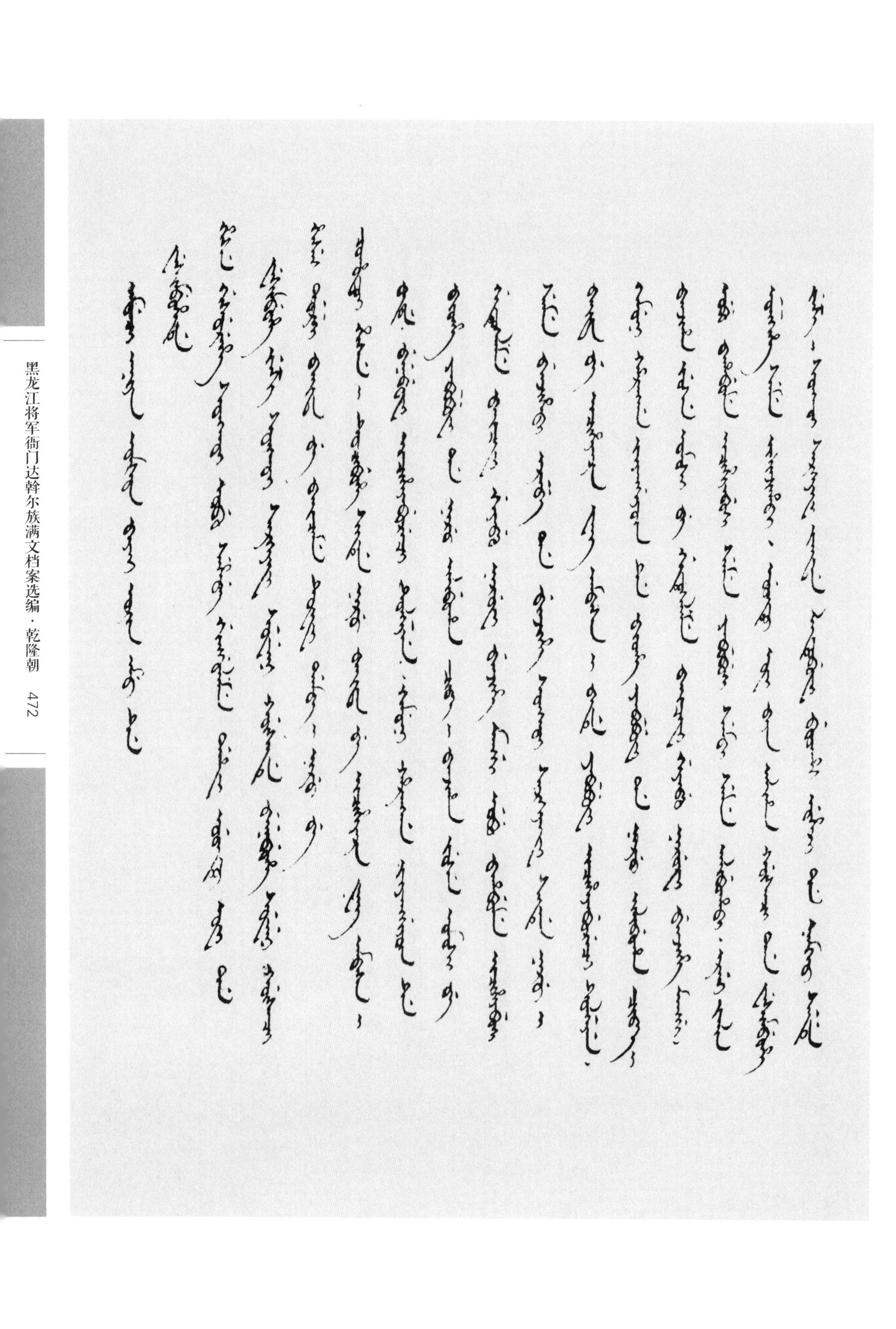

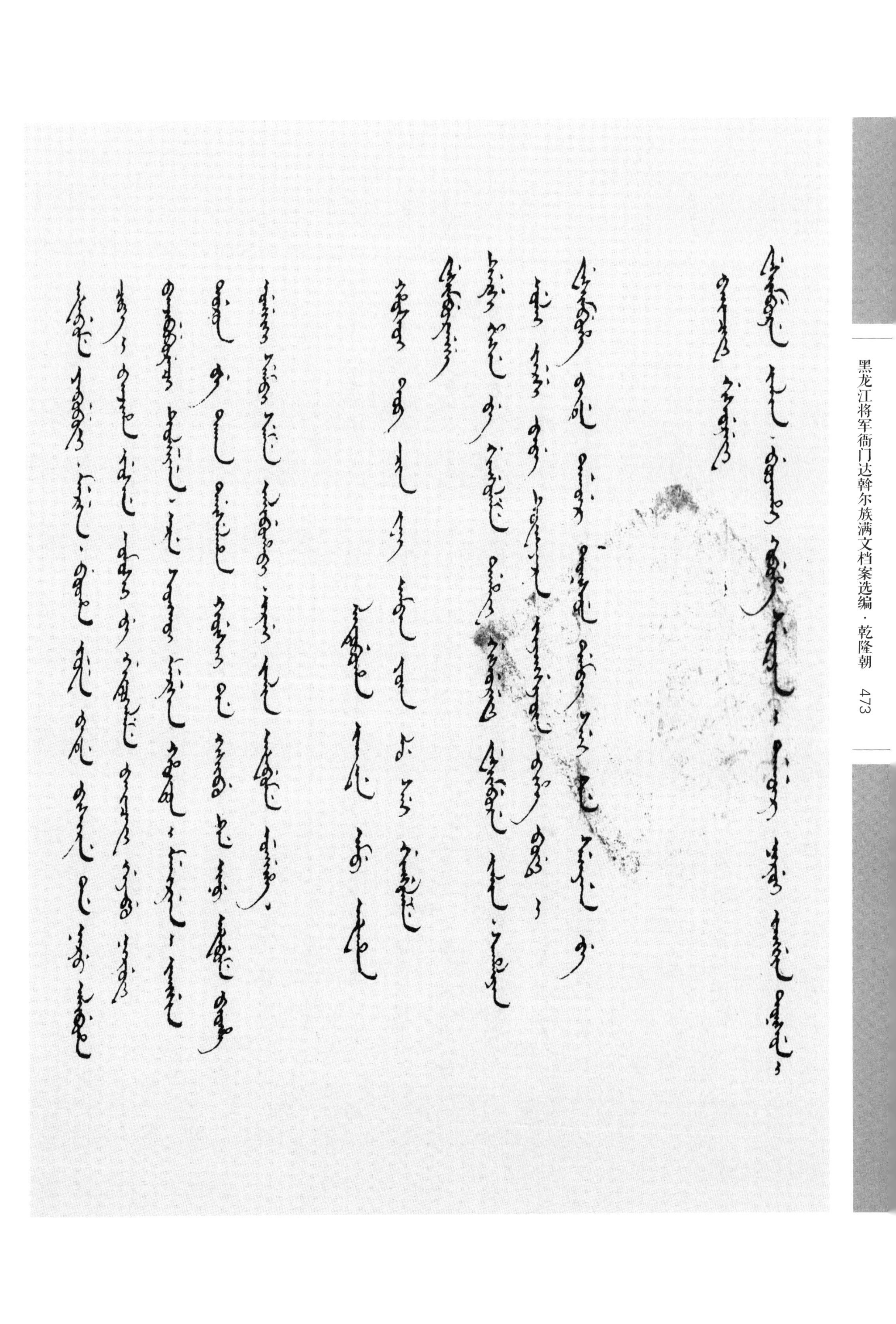

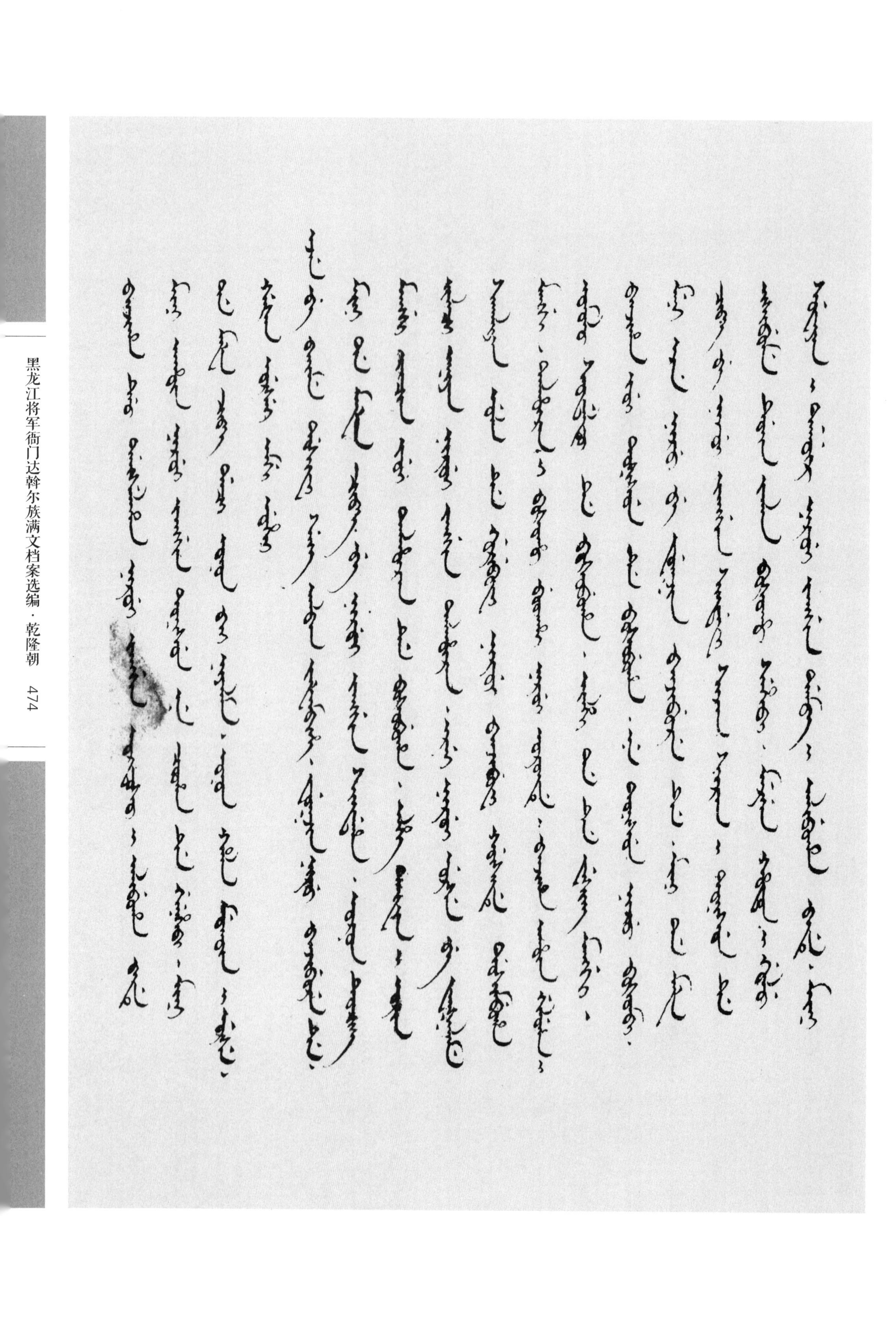

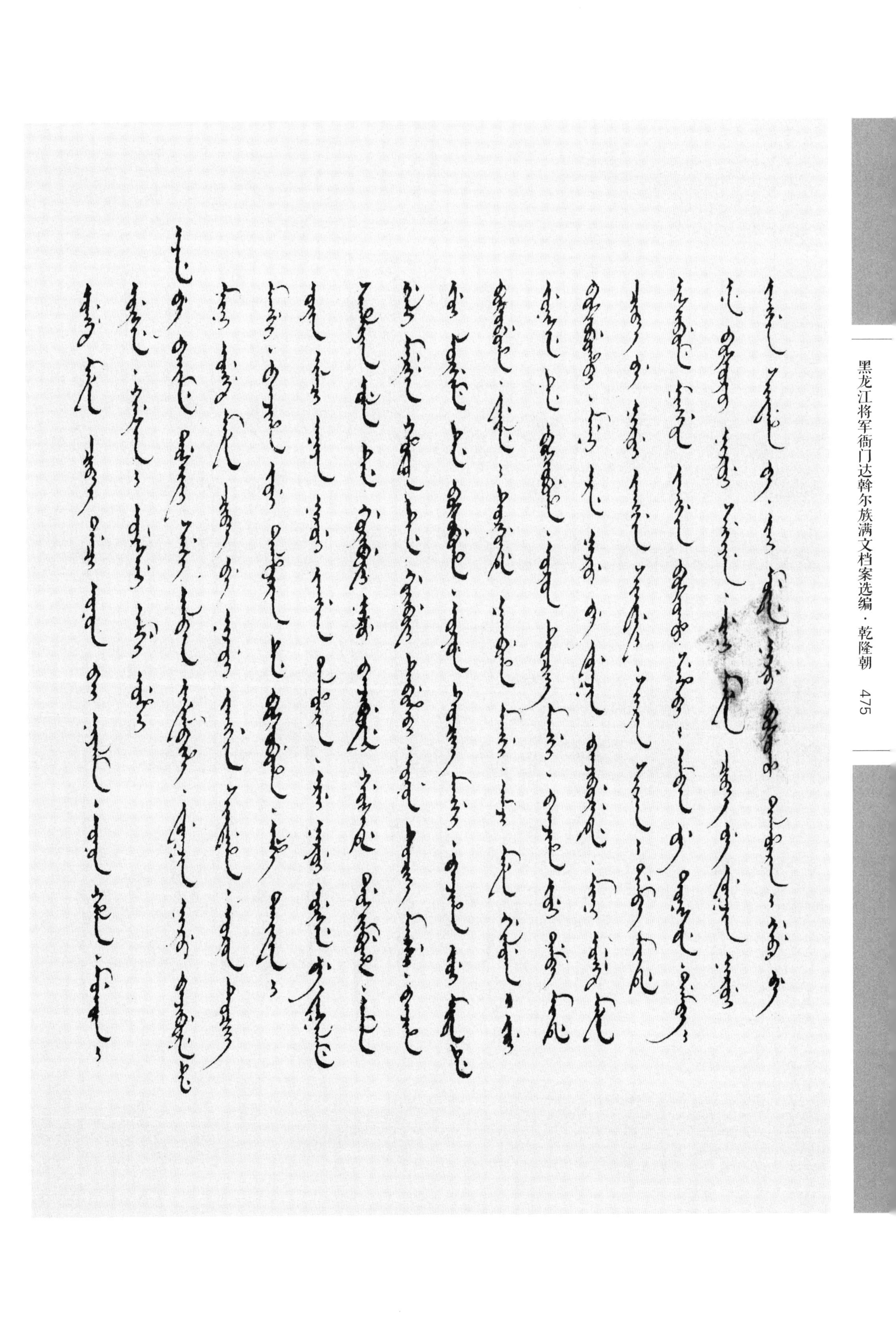

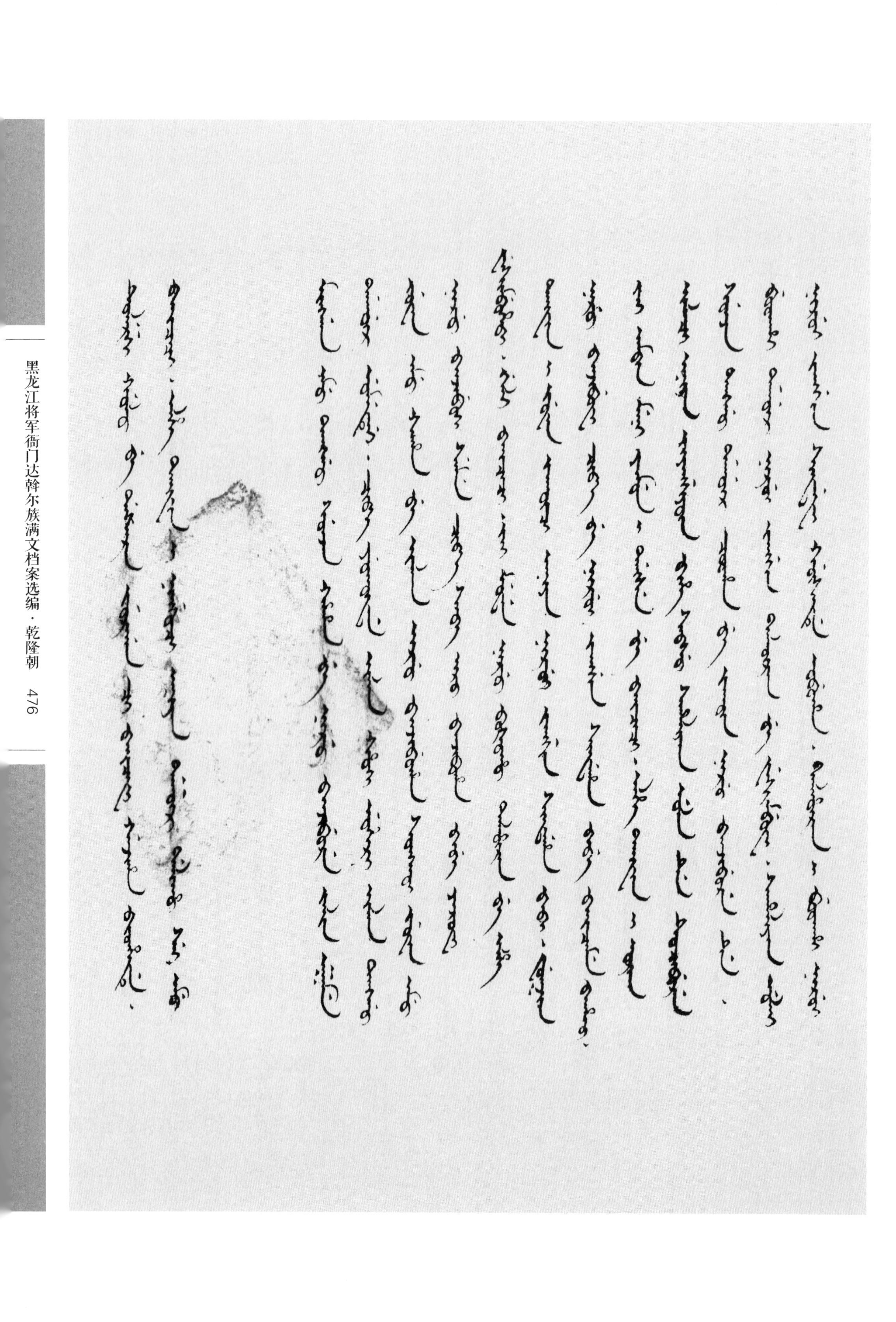

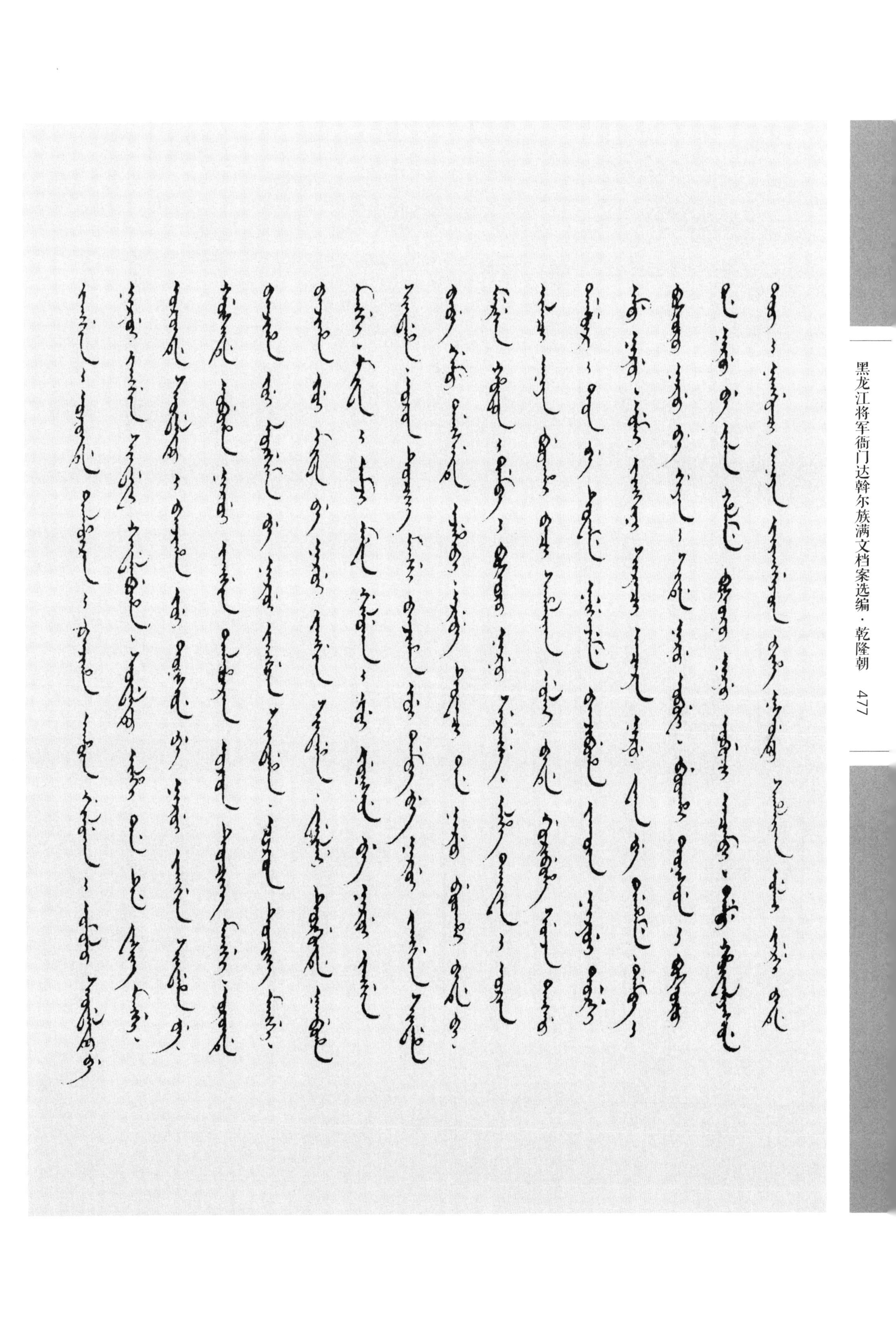

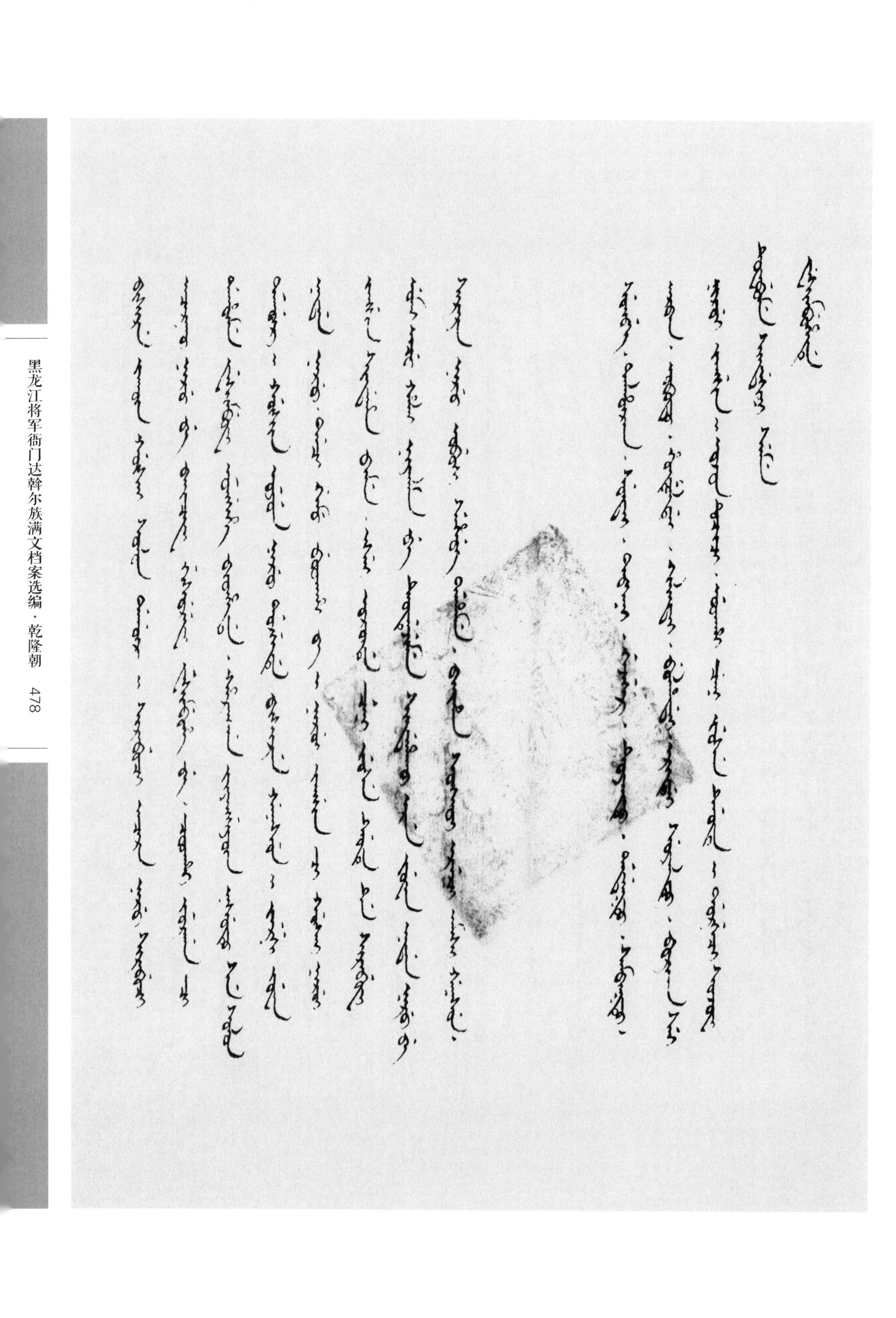

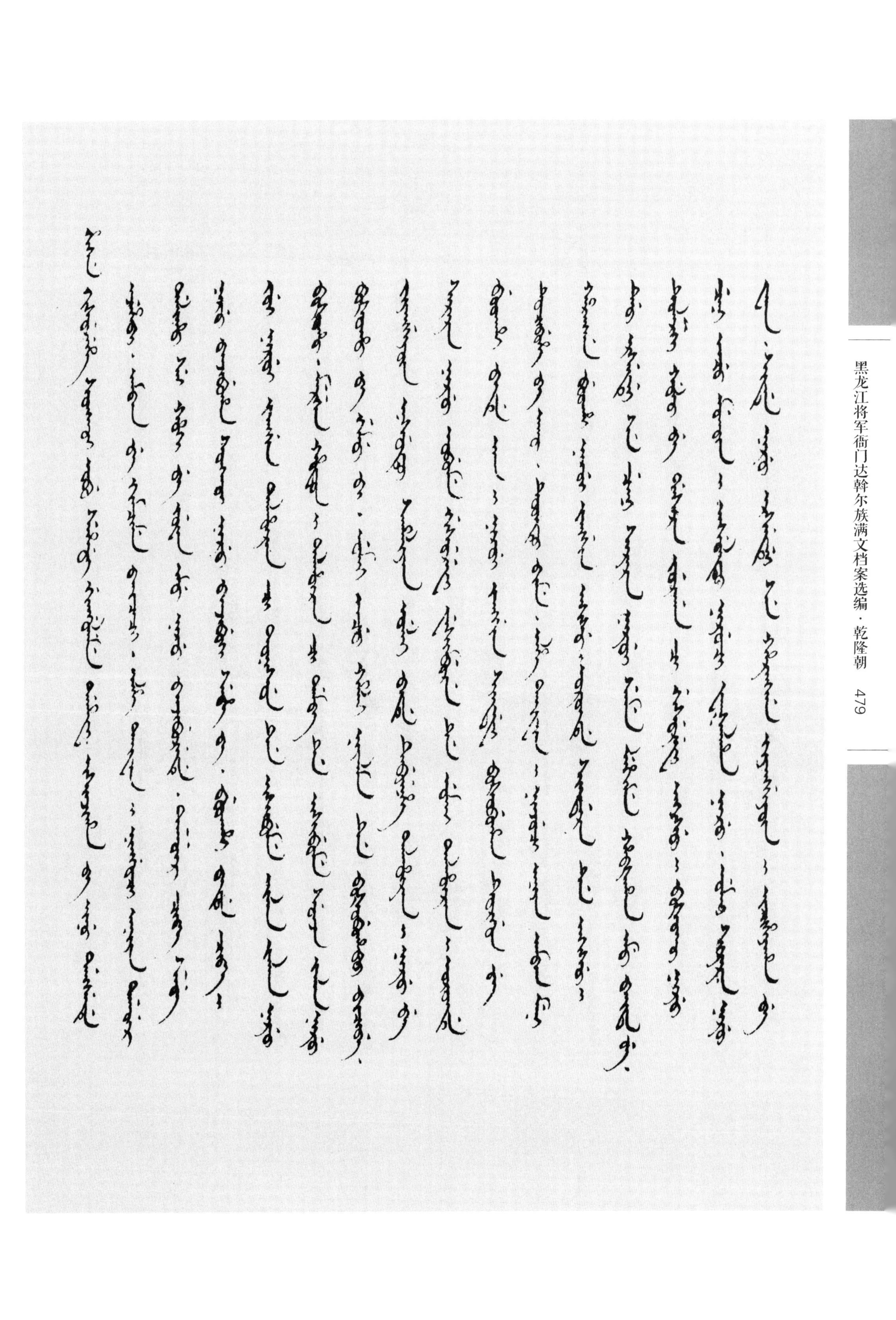

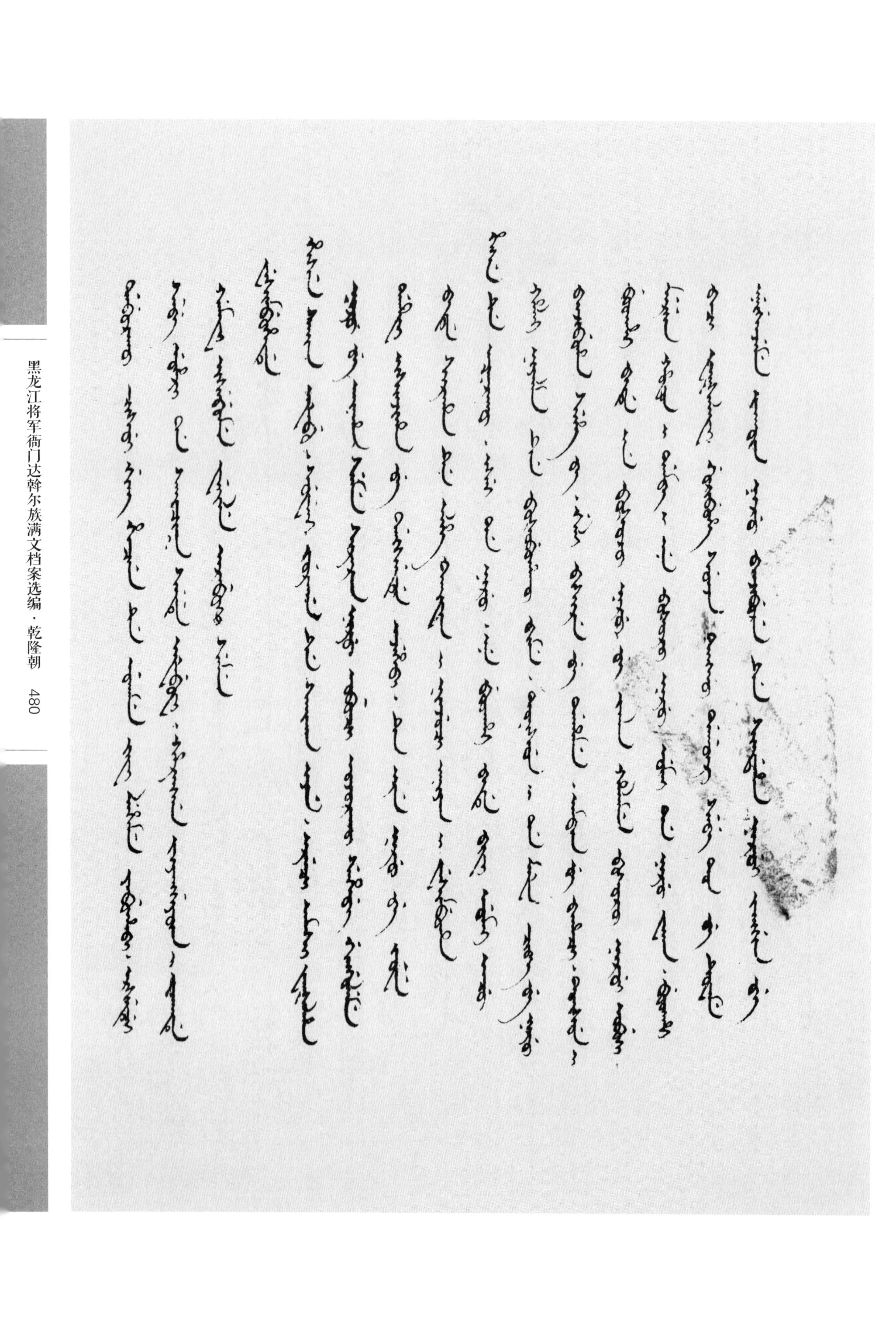

[illegible]

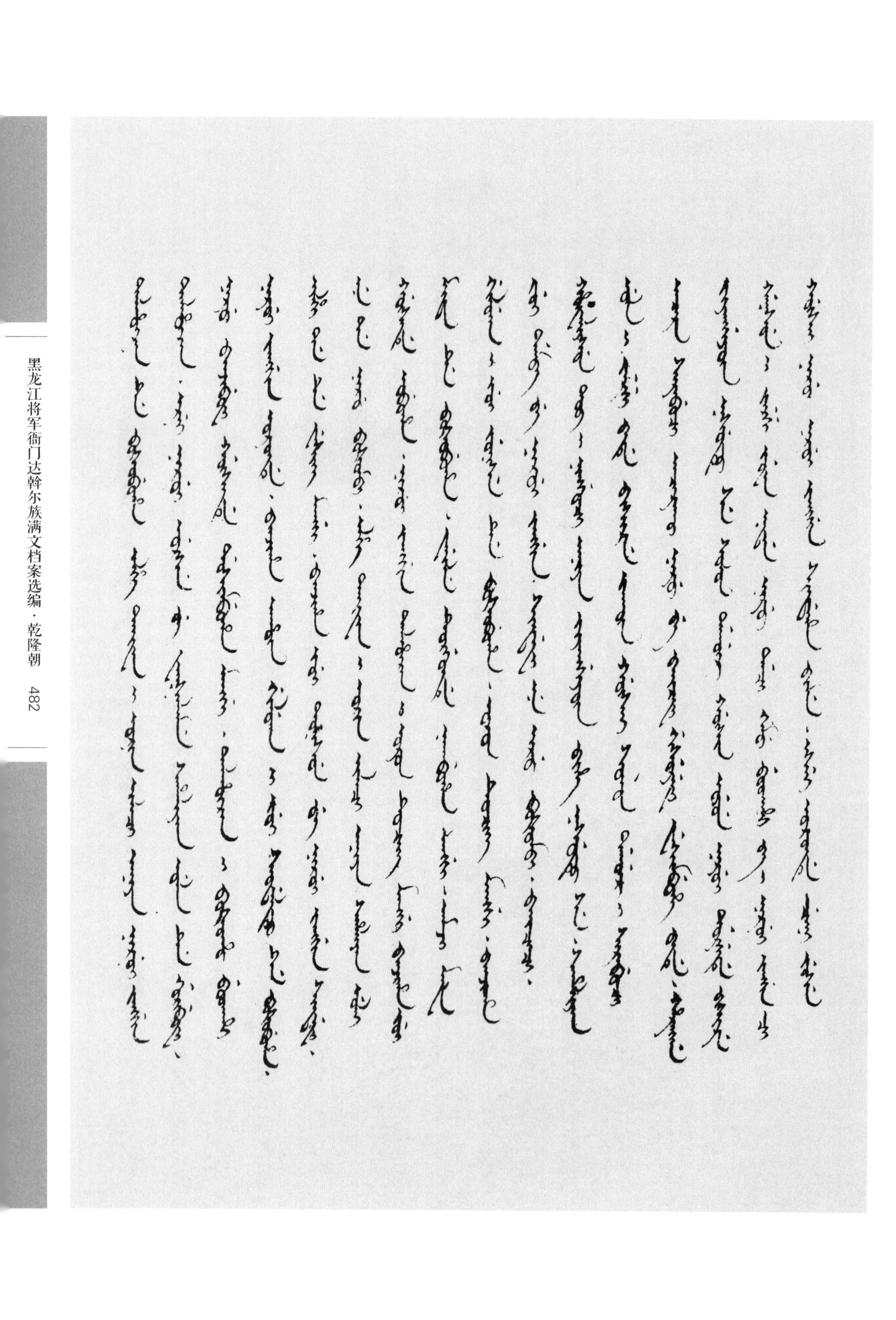

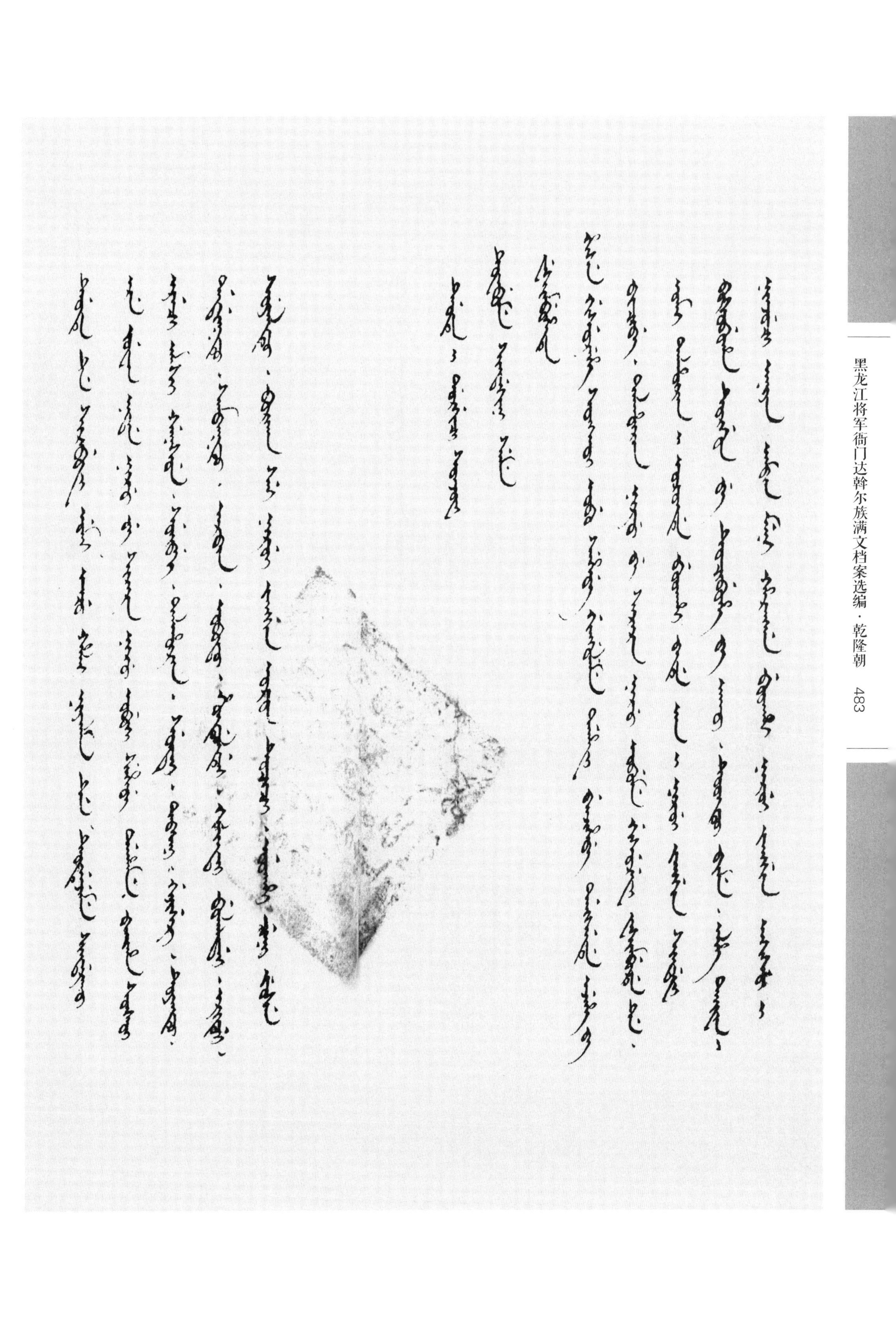

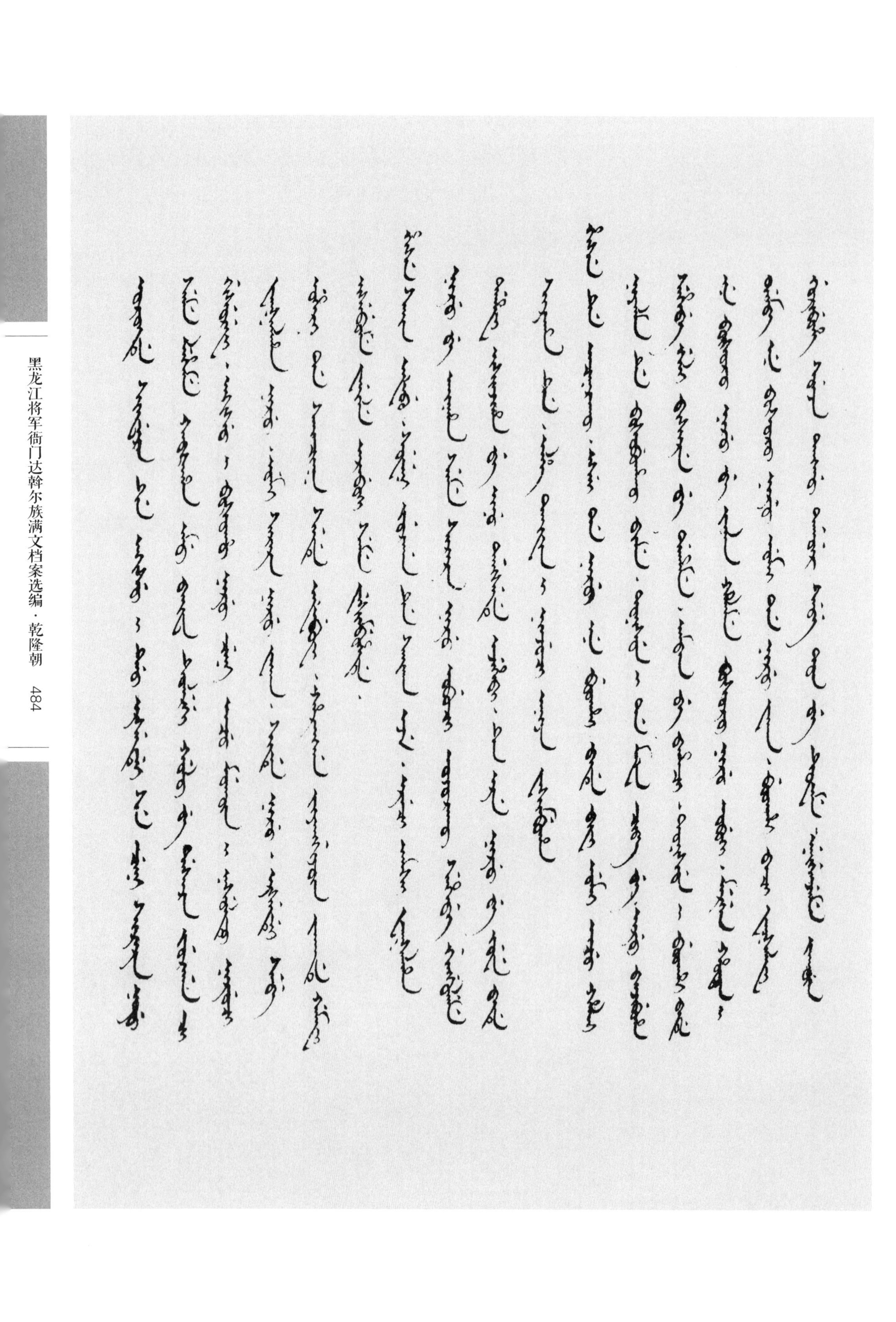

[illegible]

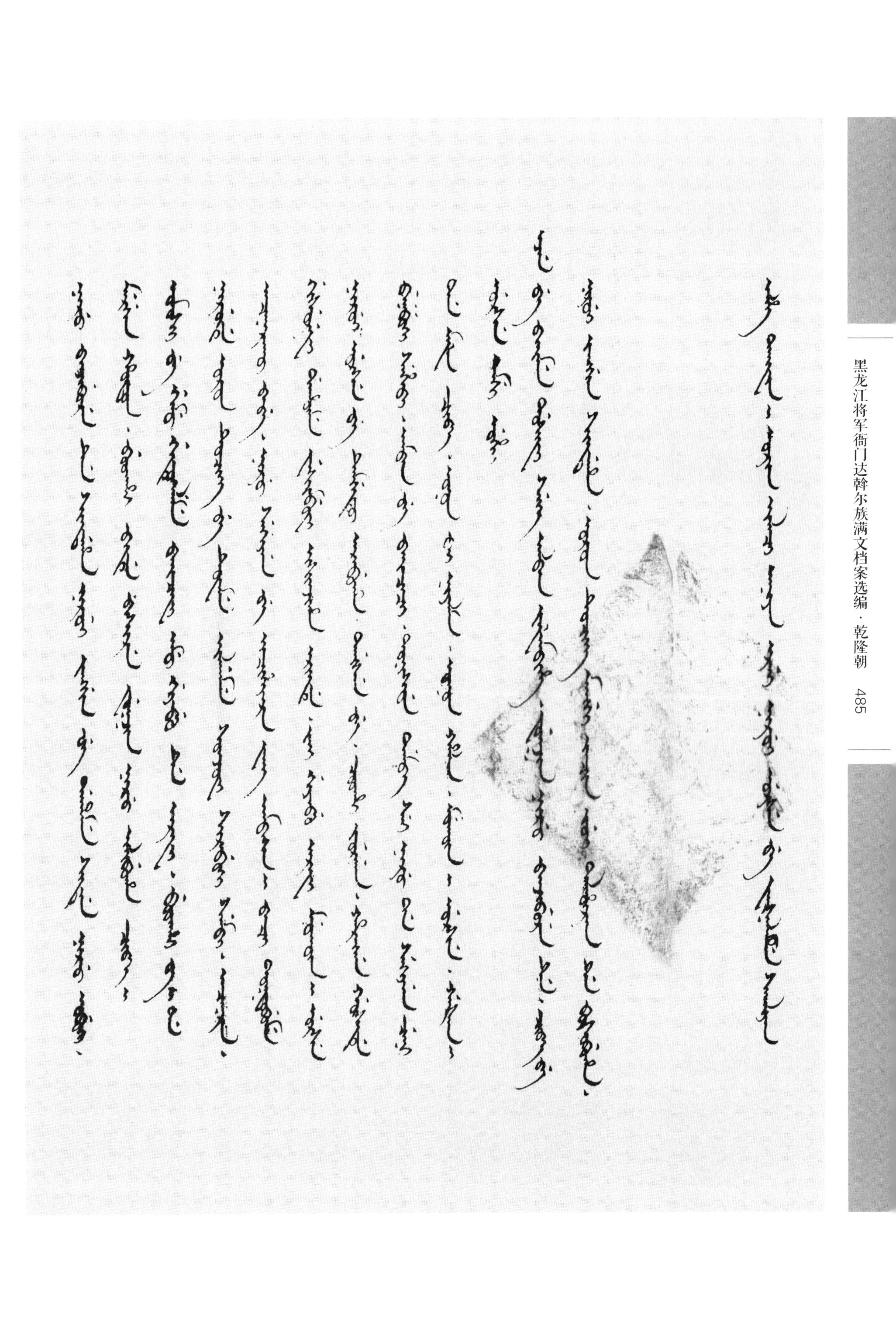

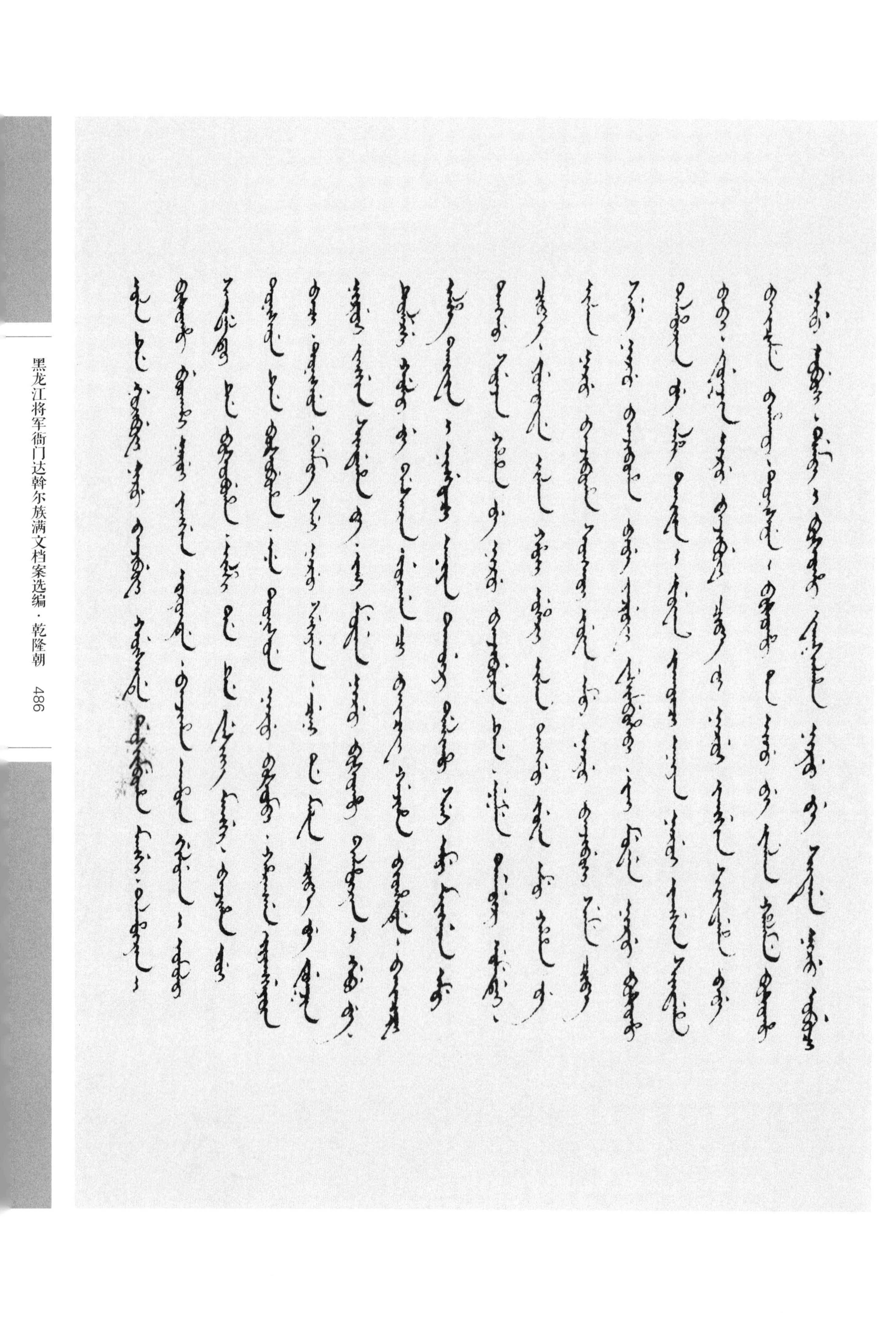

[illegible]

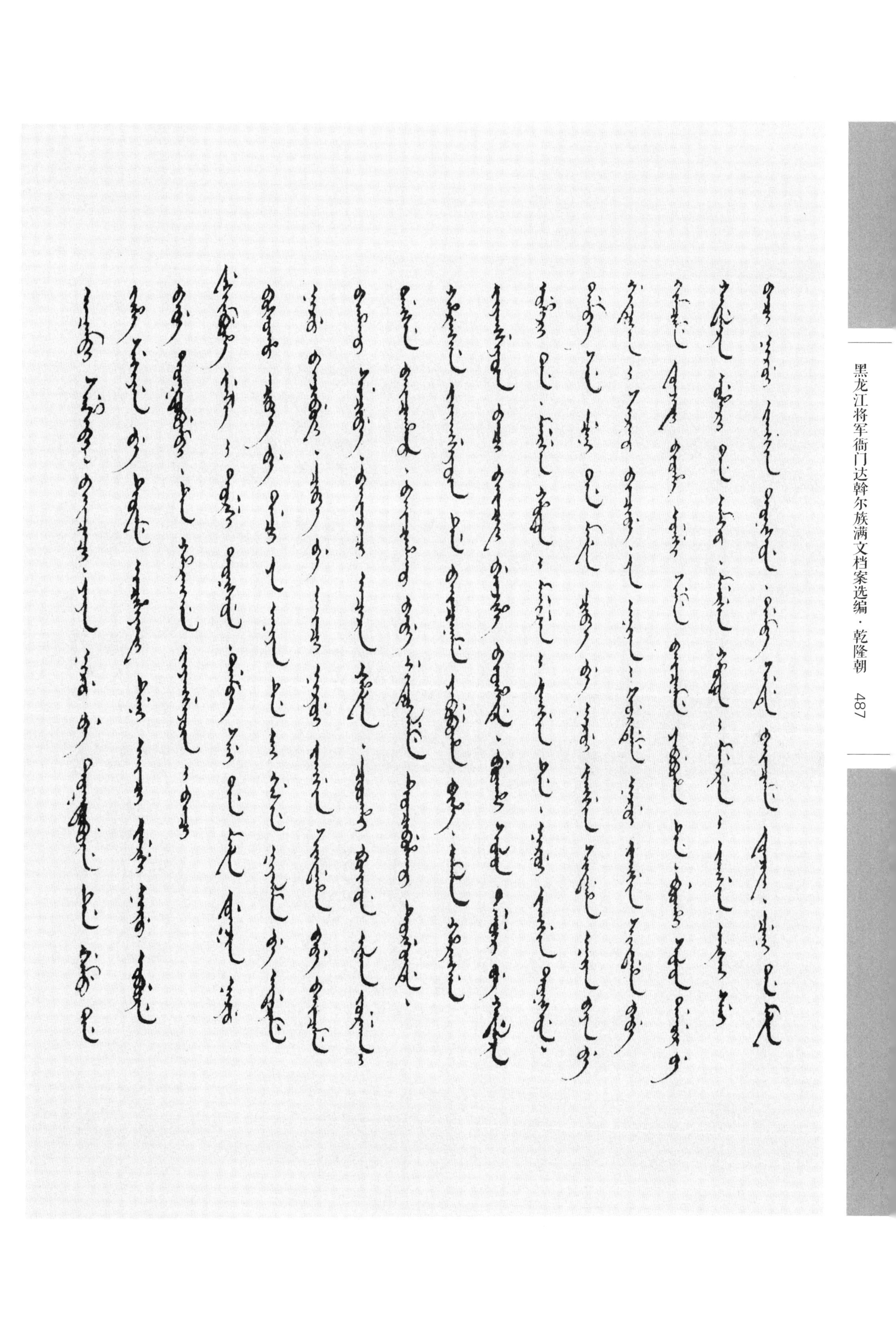

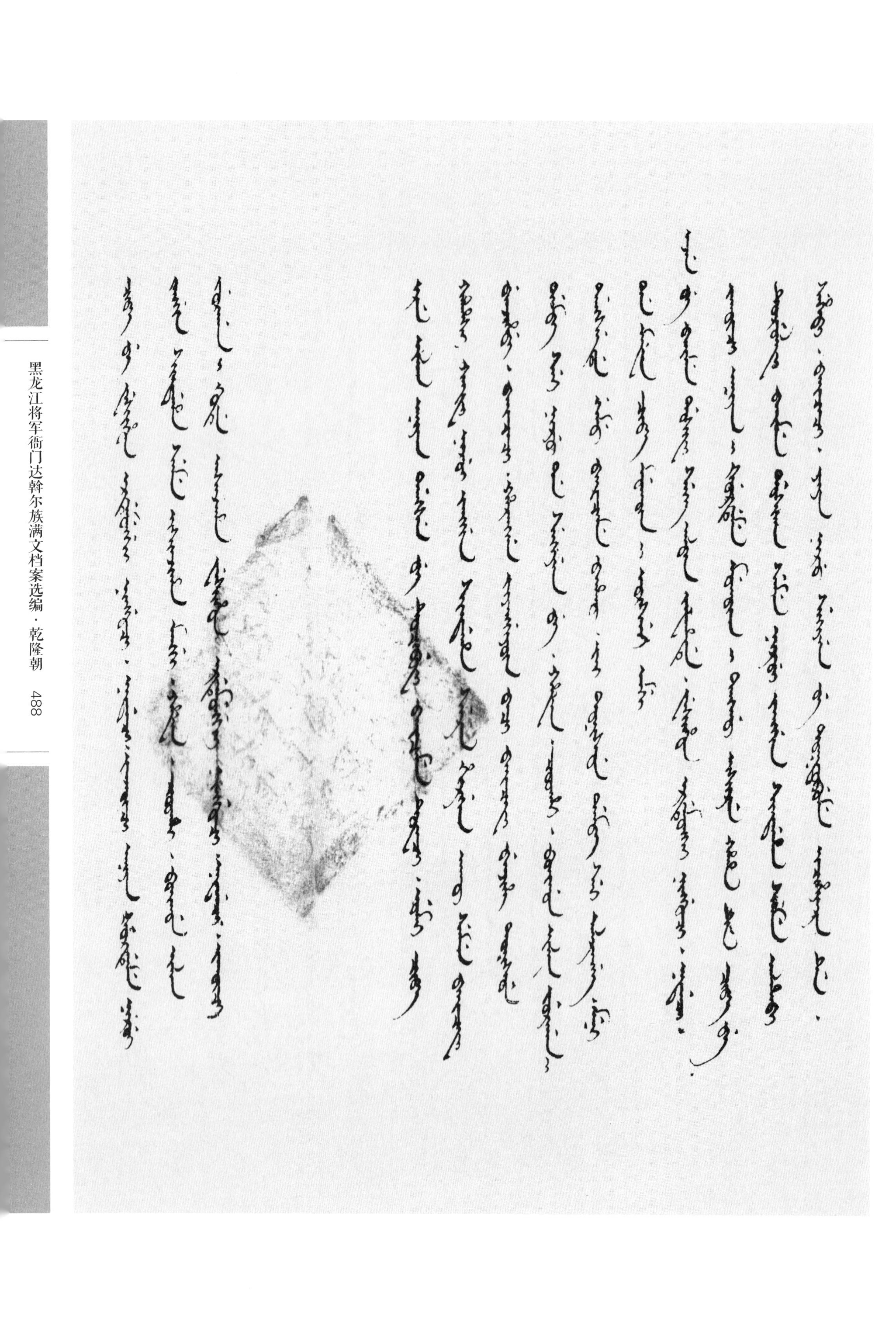

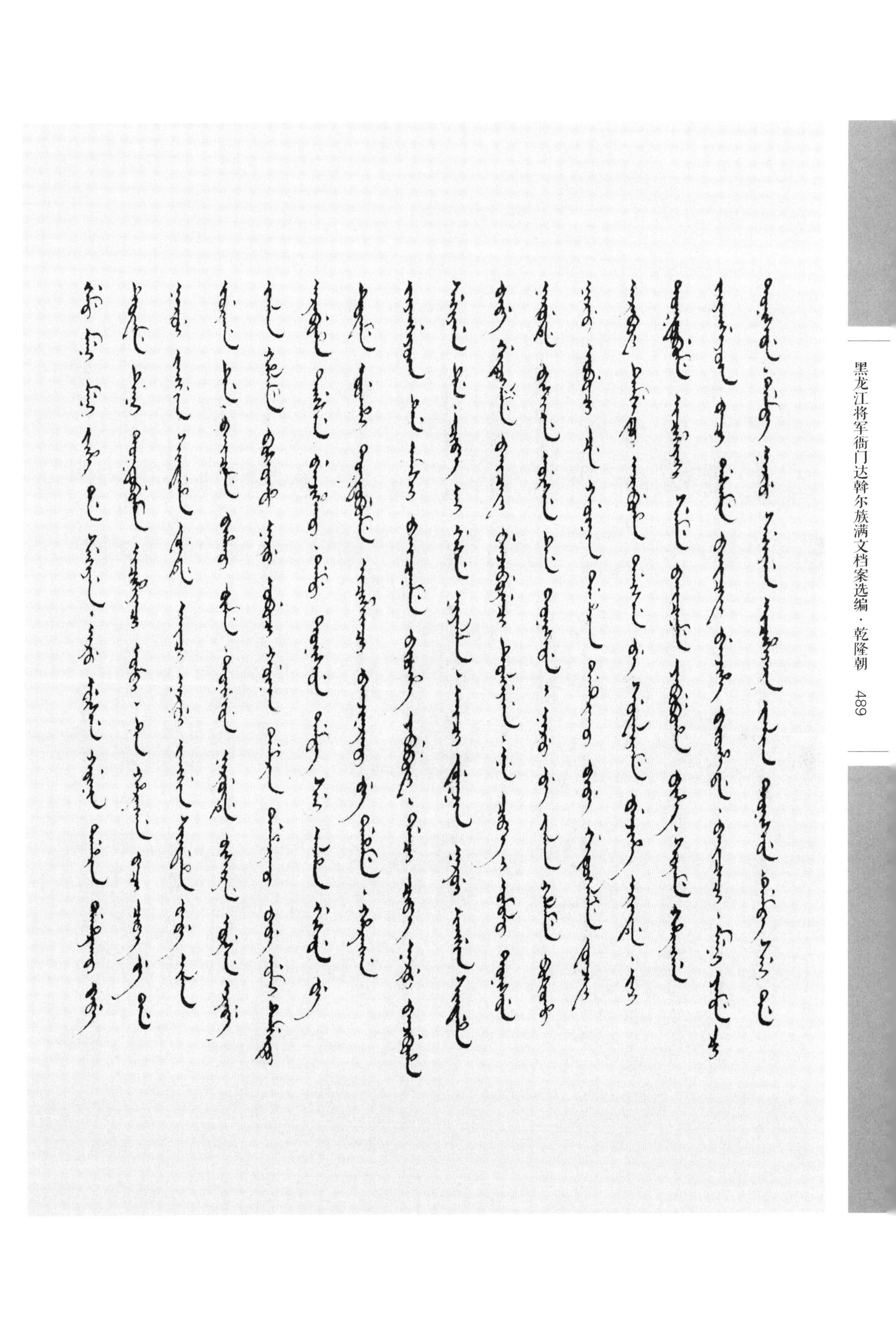

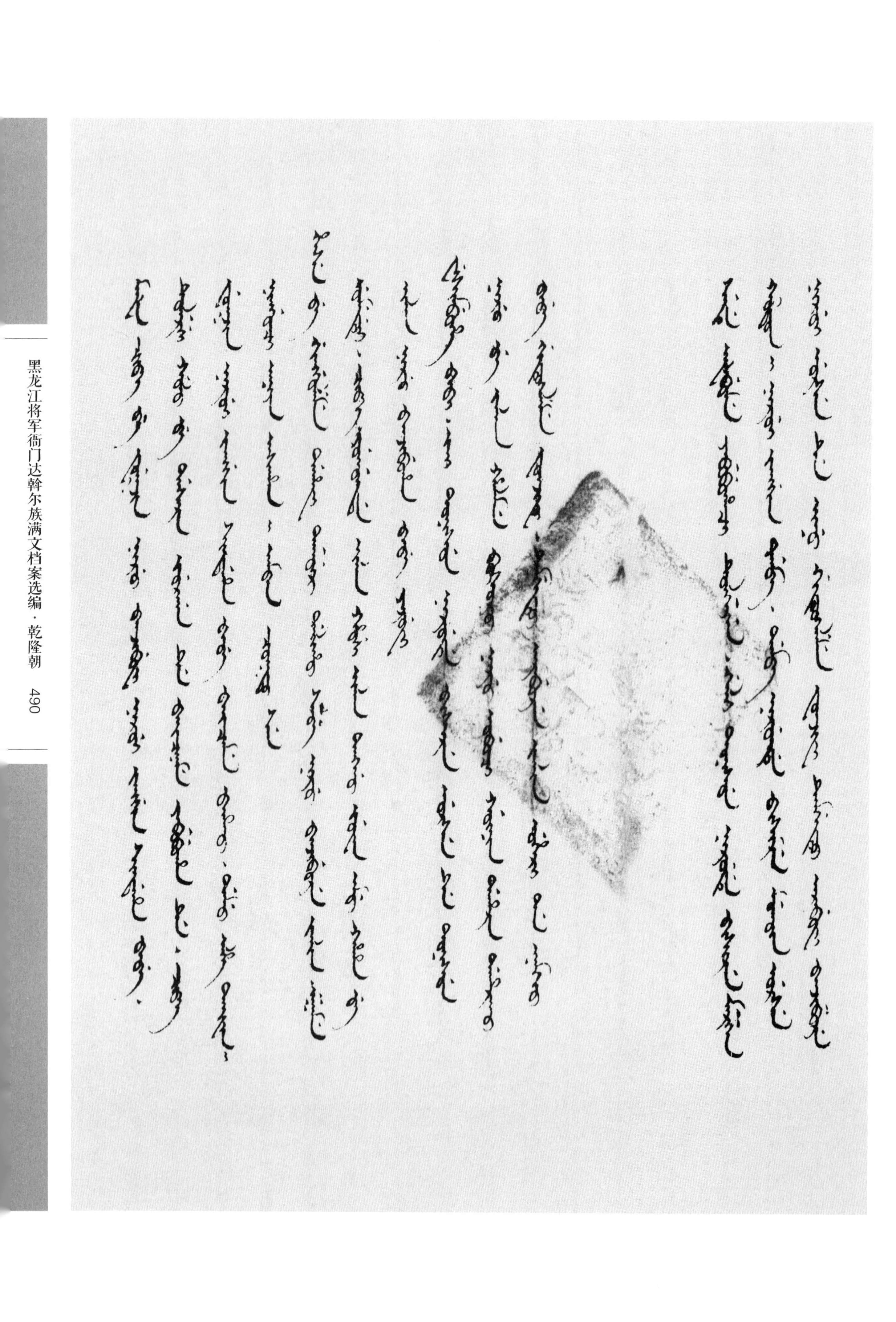

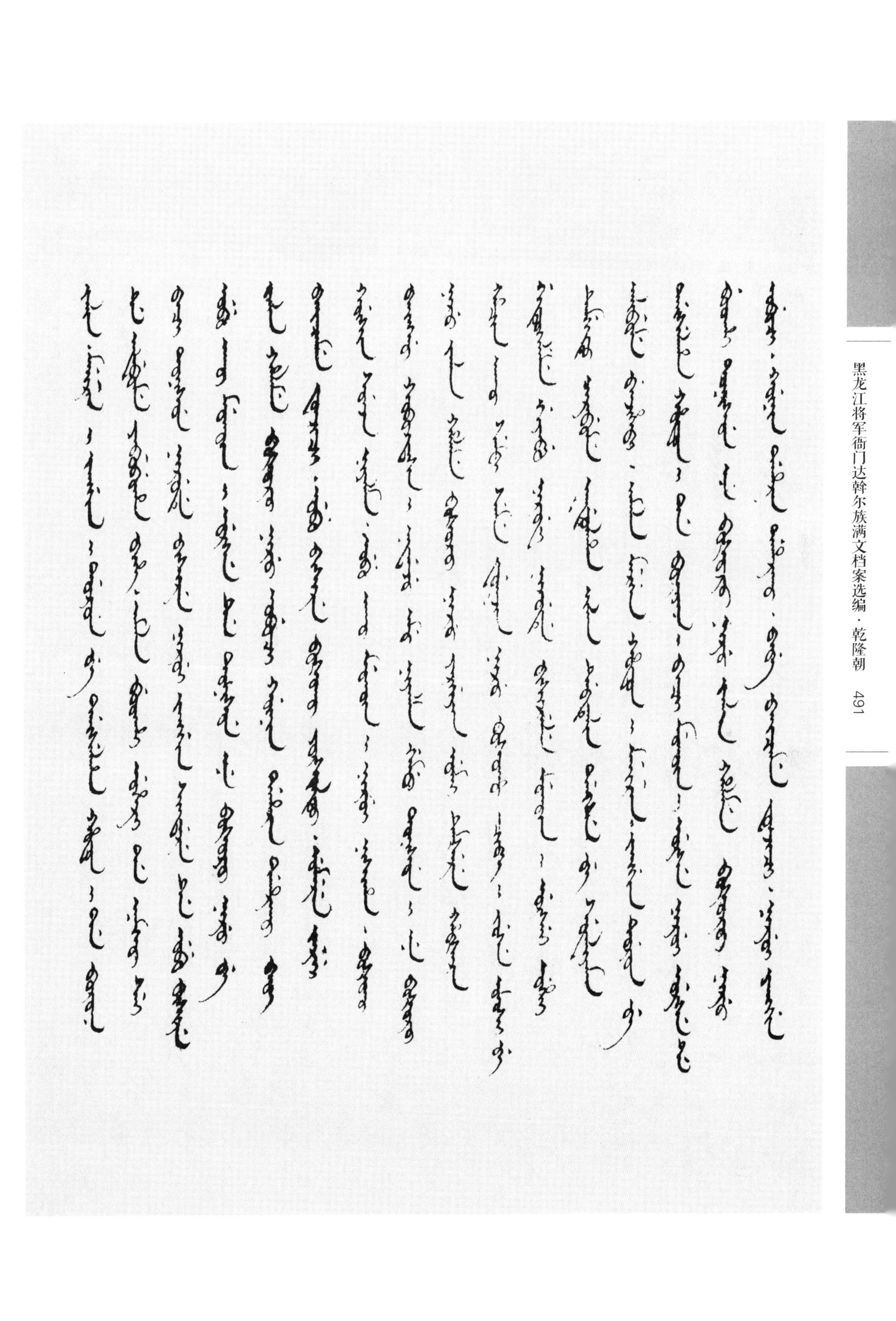

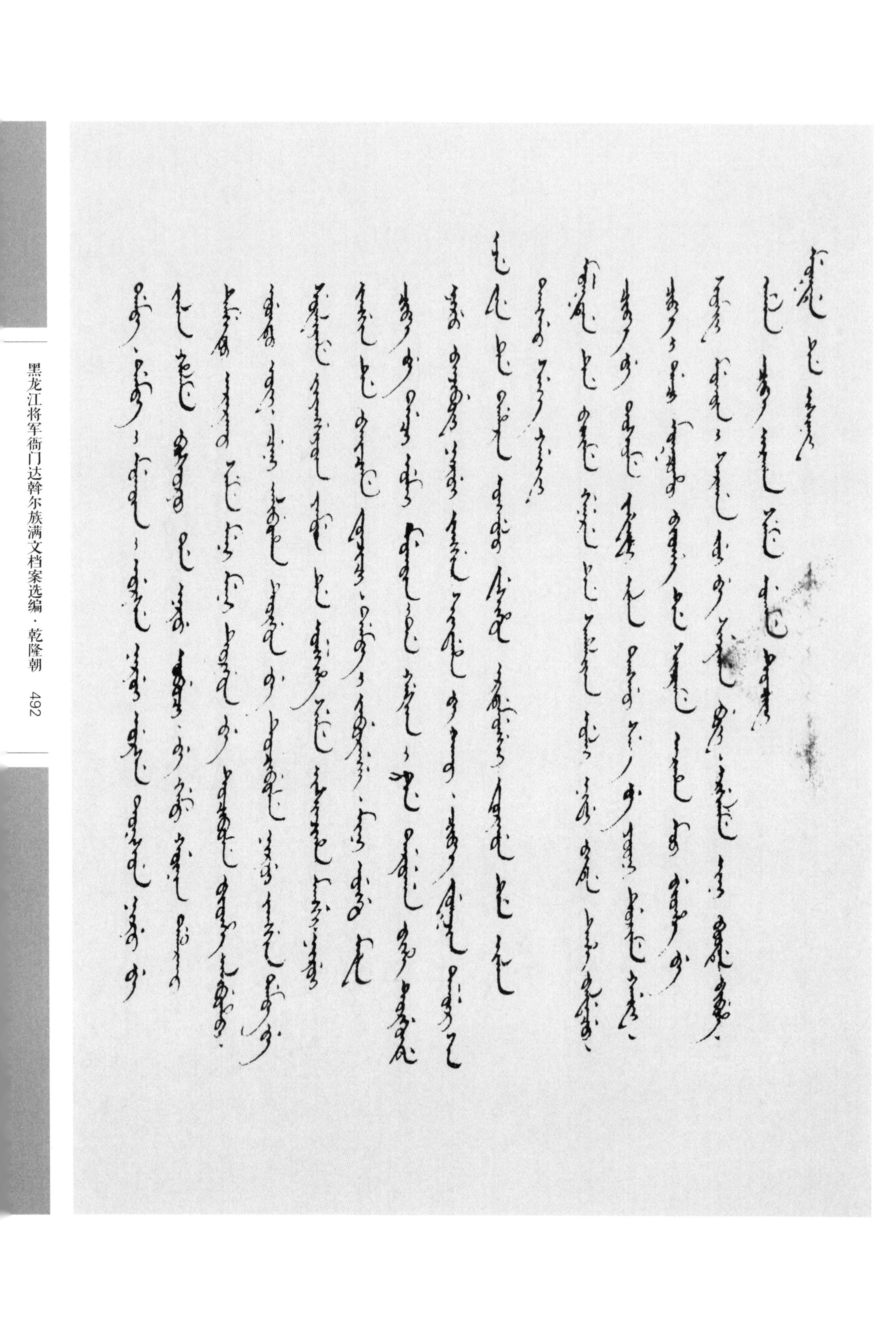

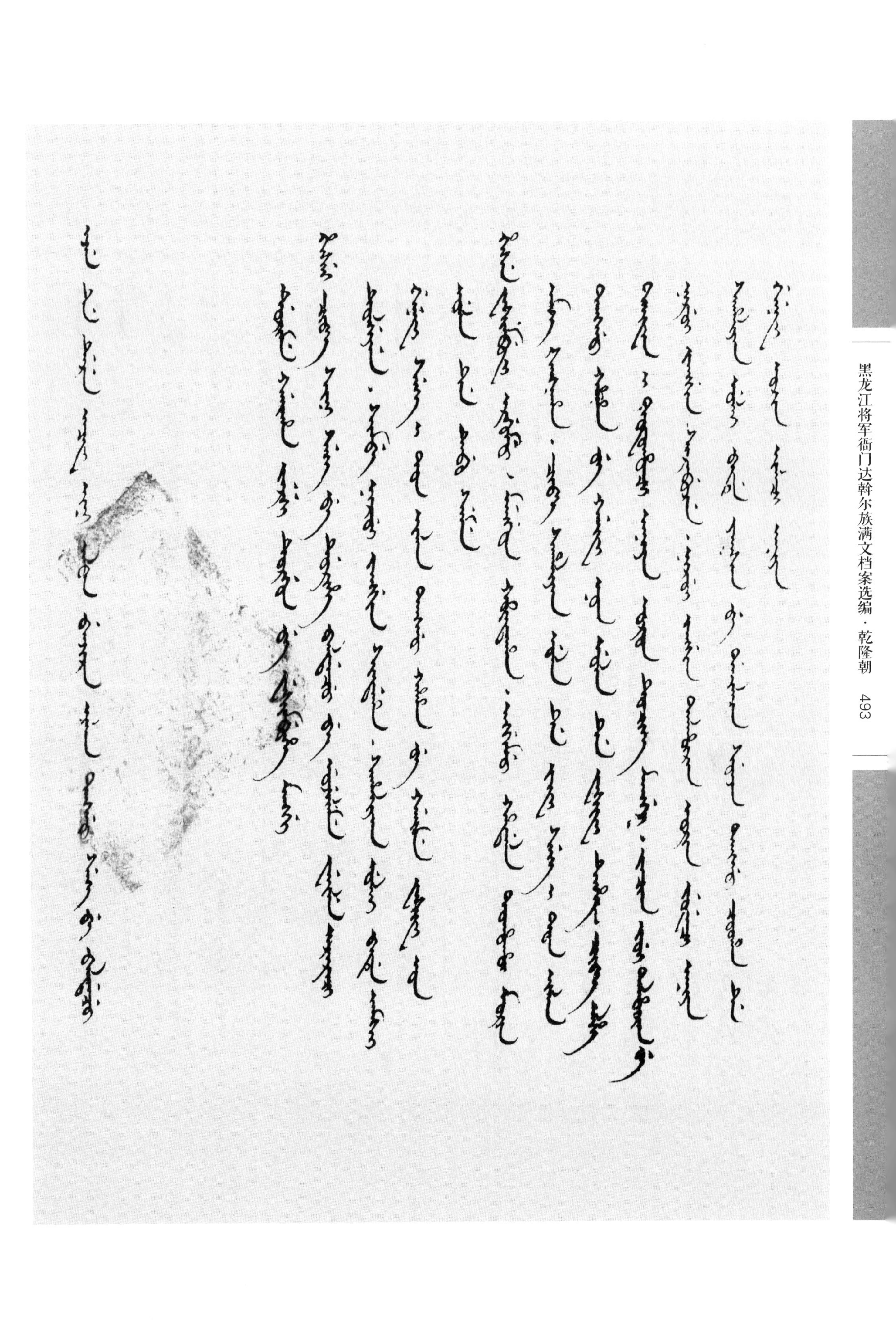

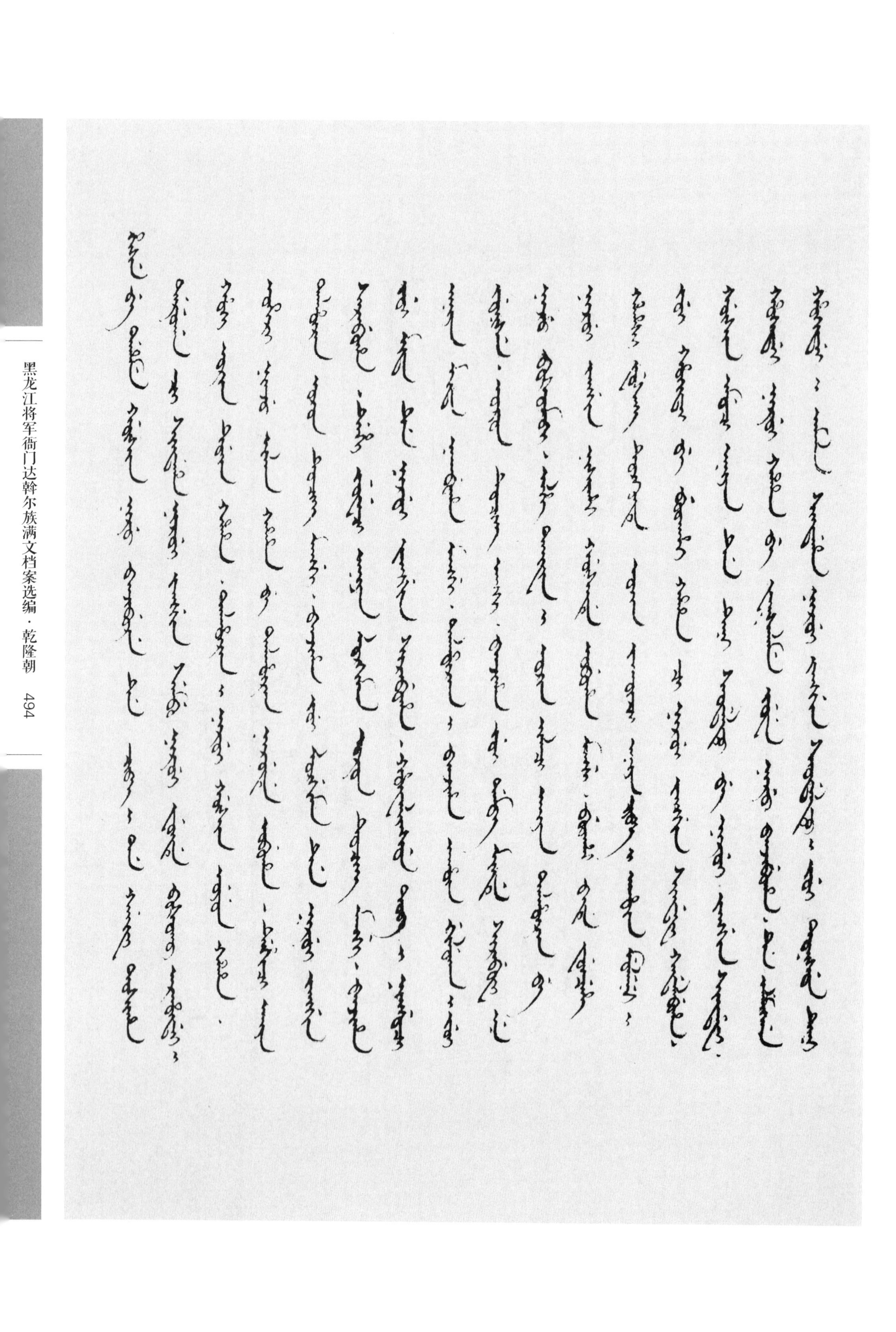

[illegible]

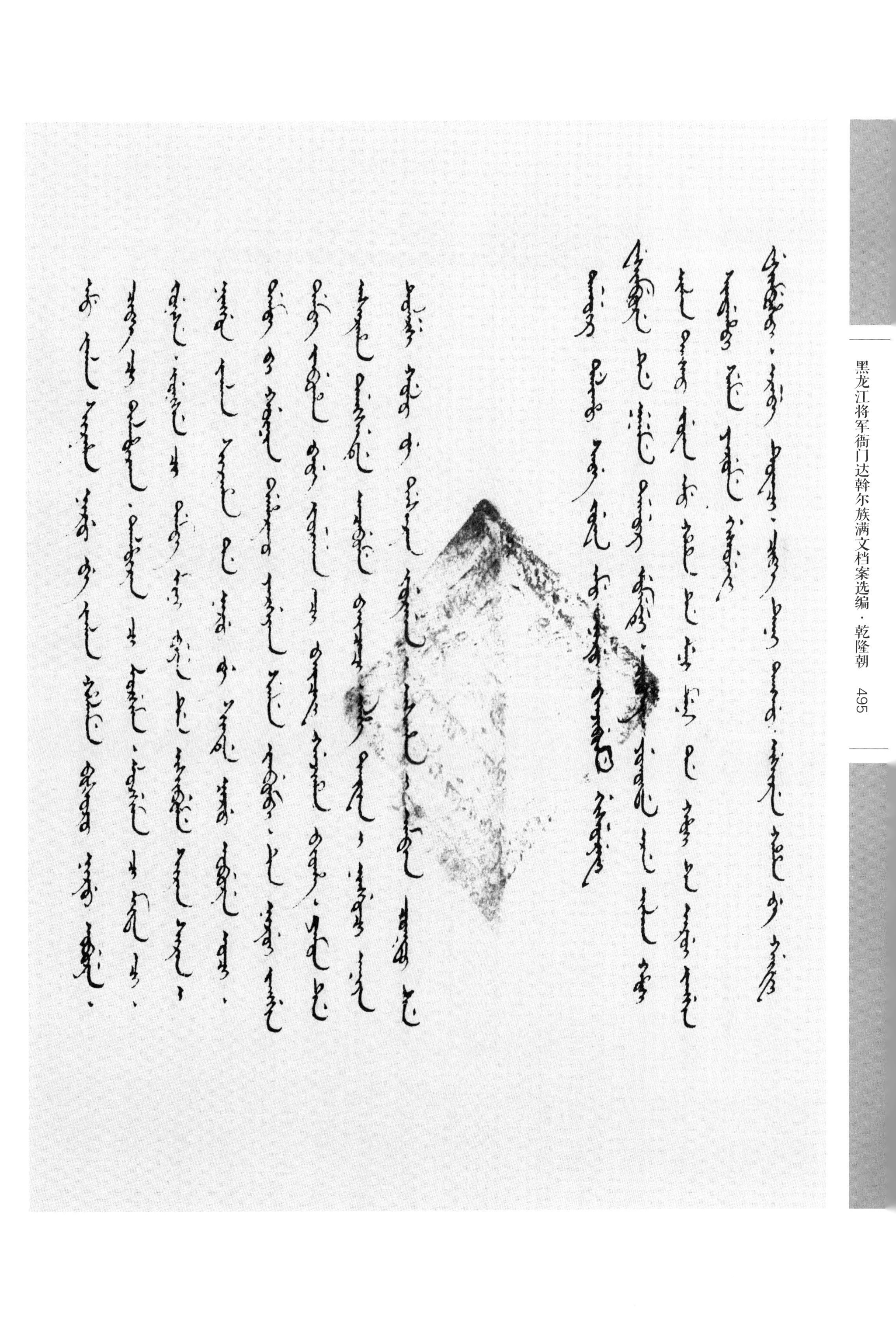

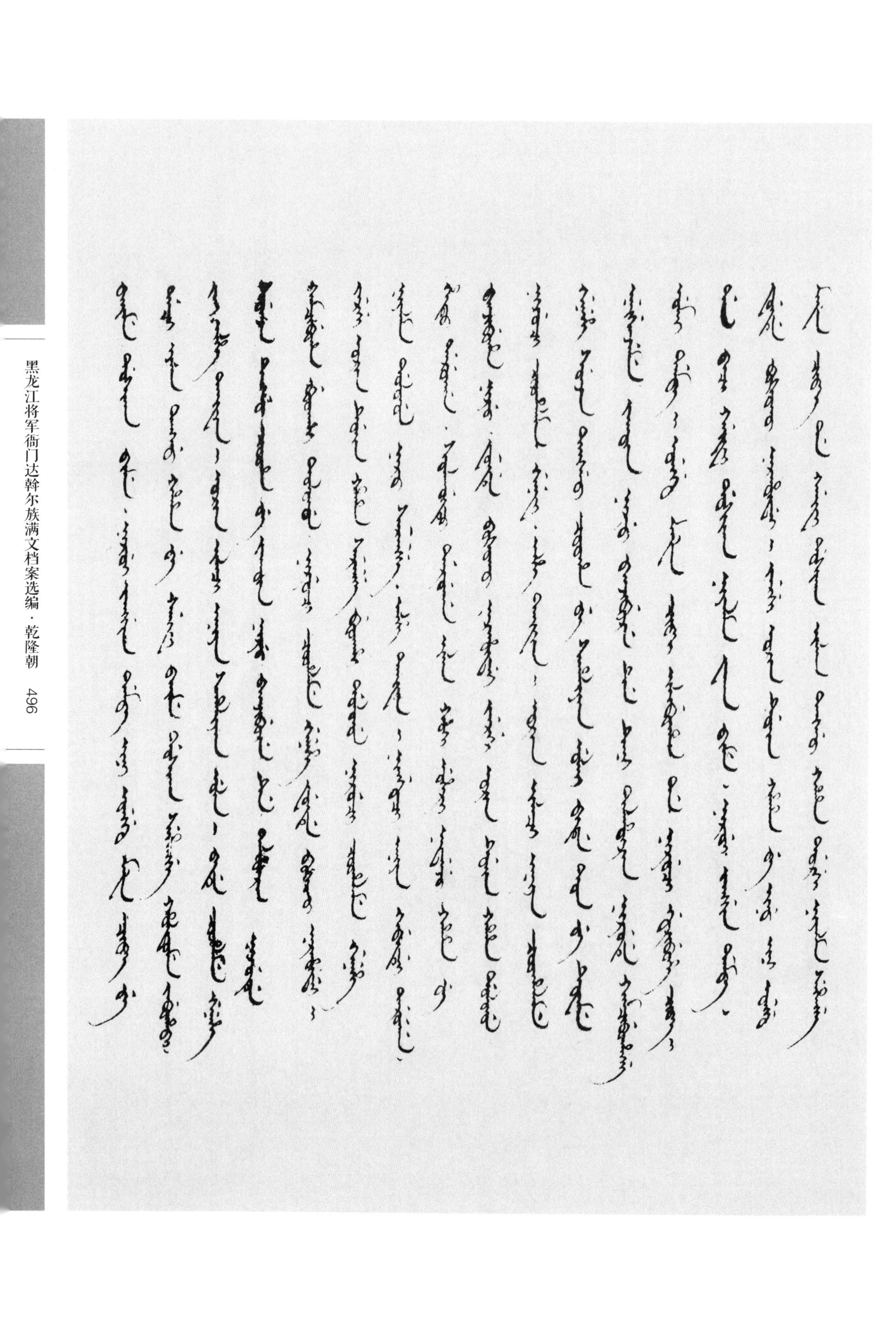

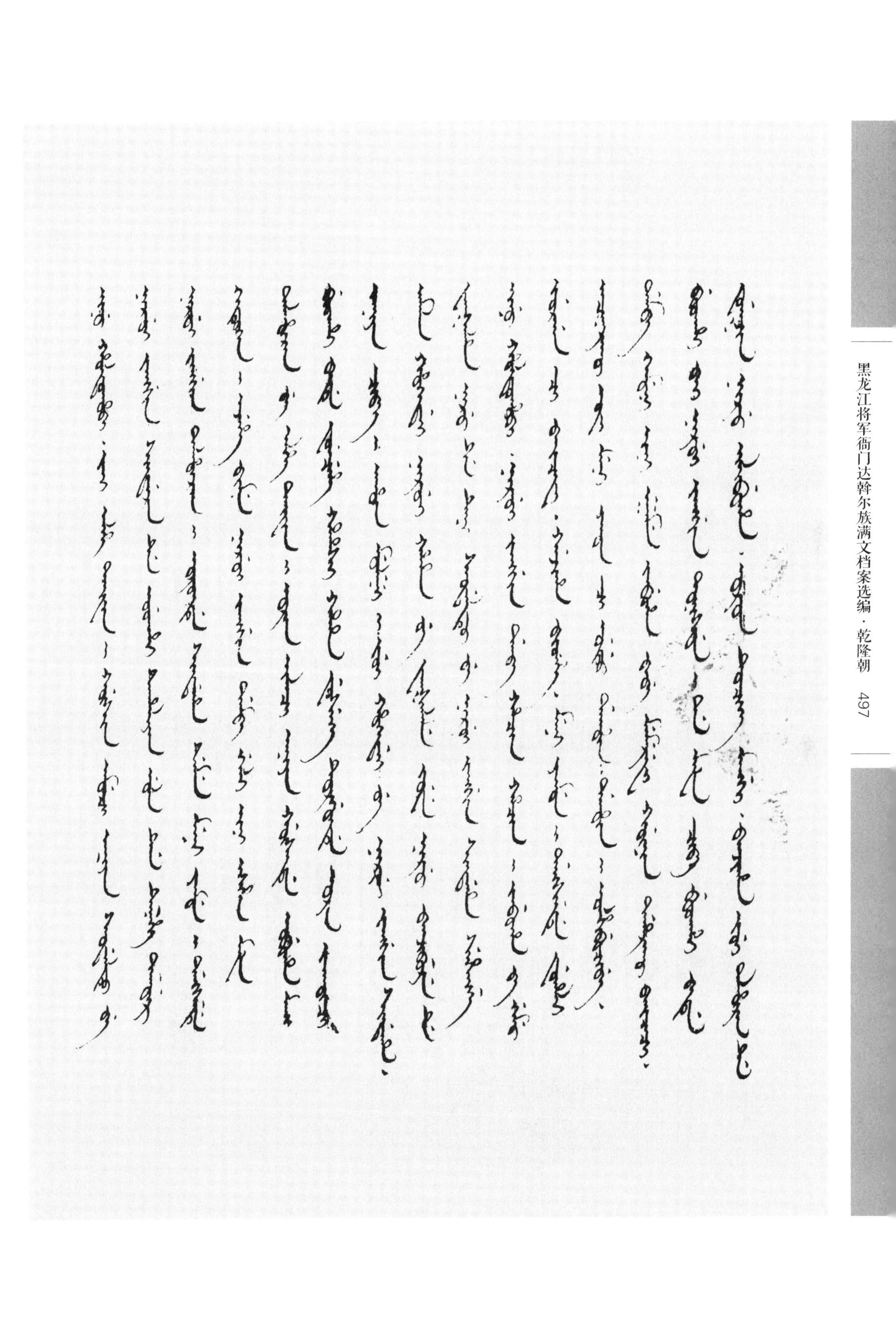

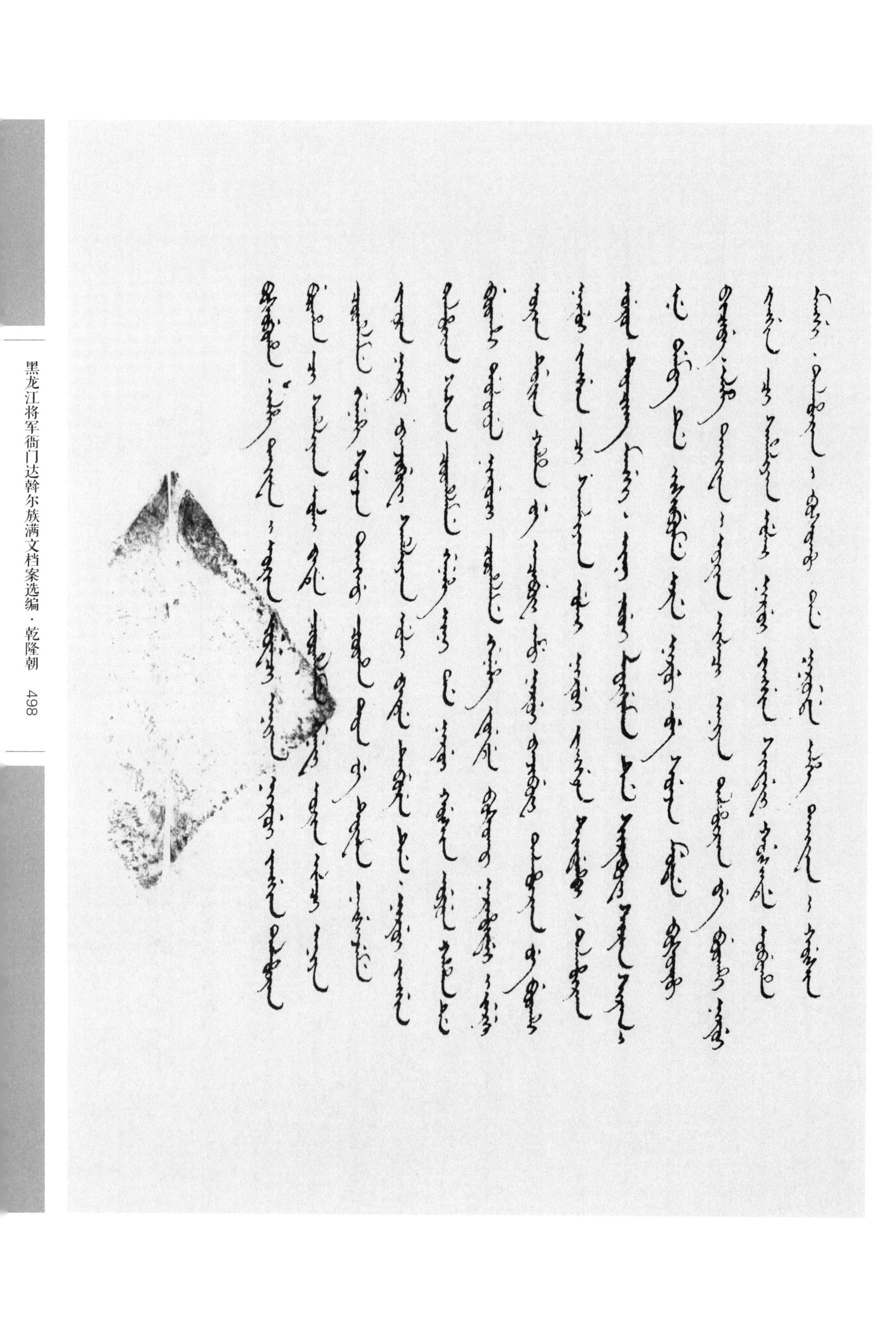

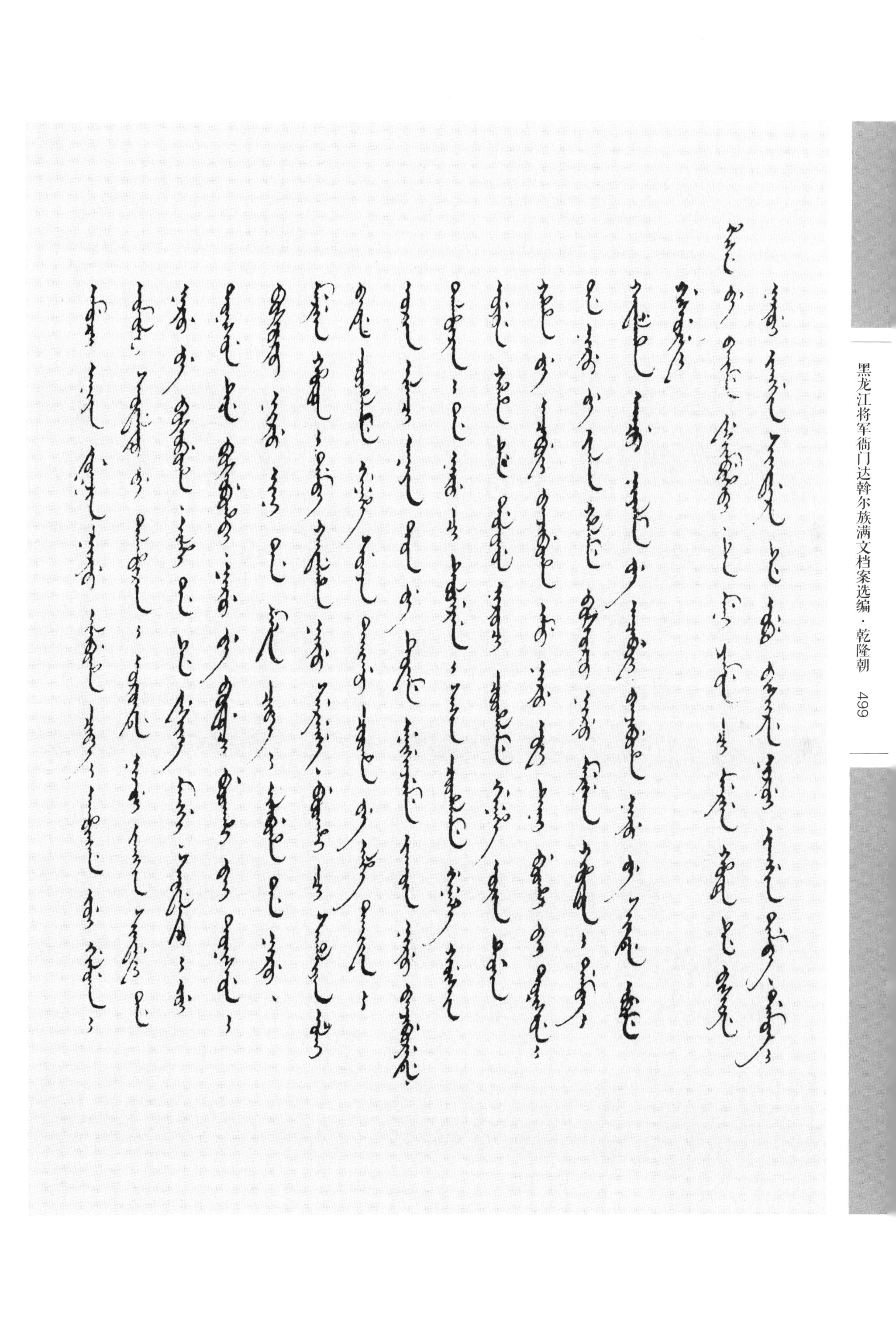

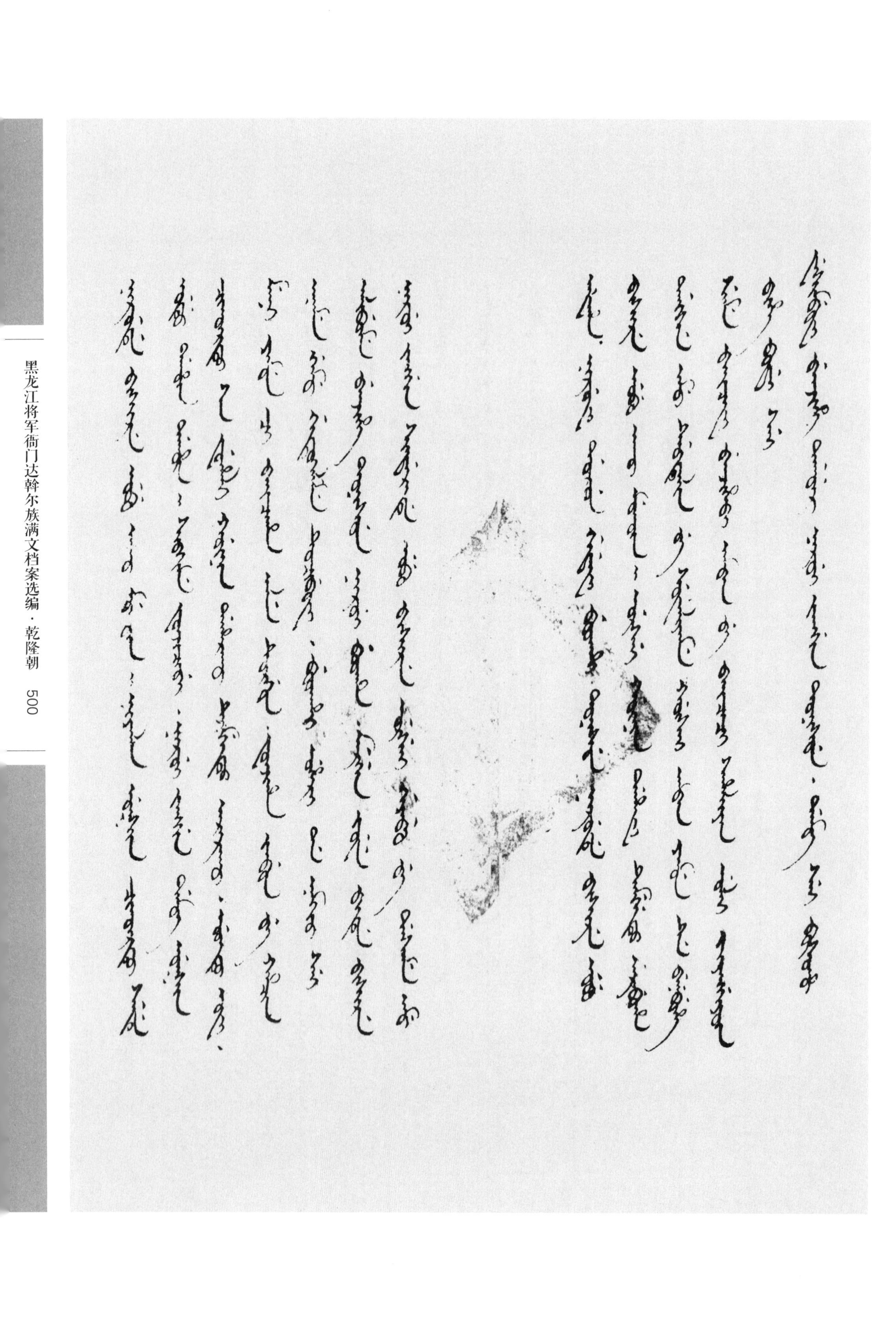

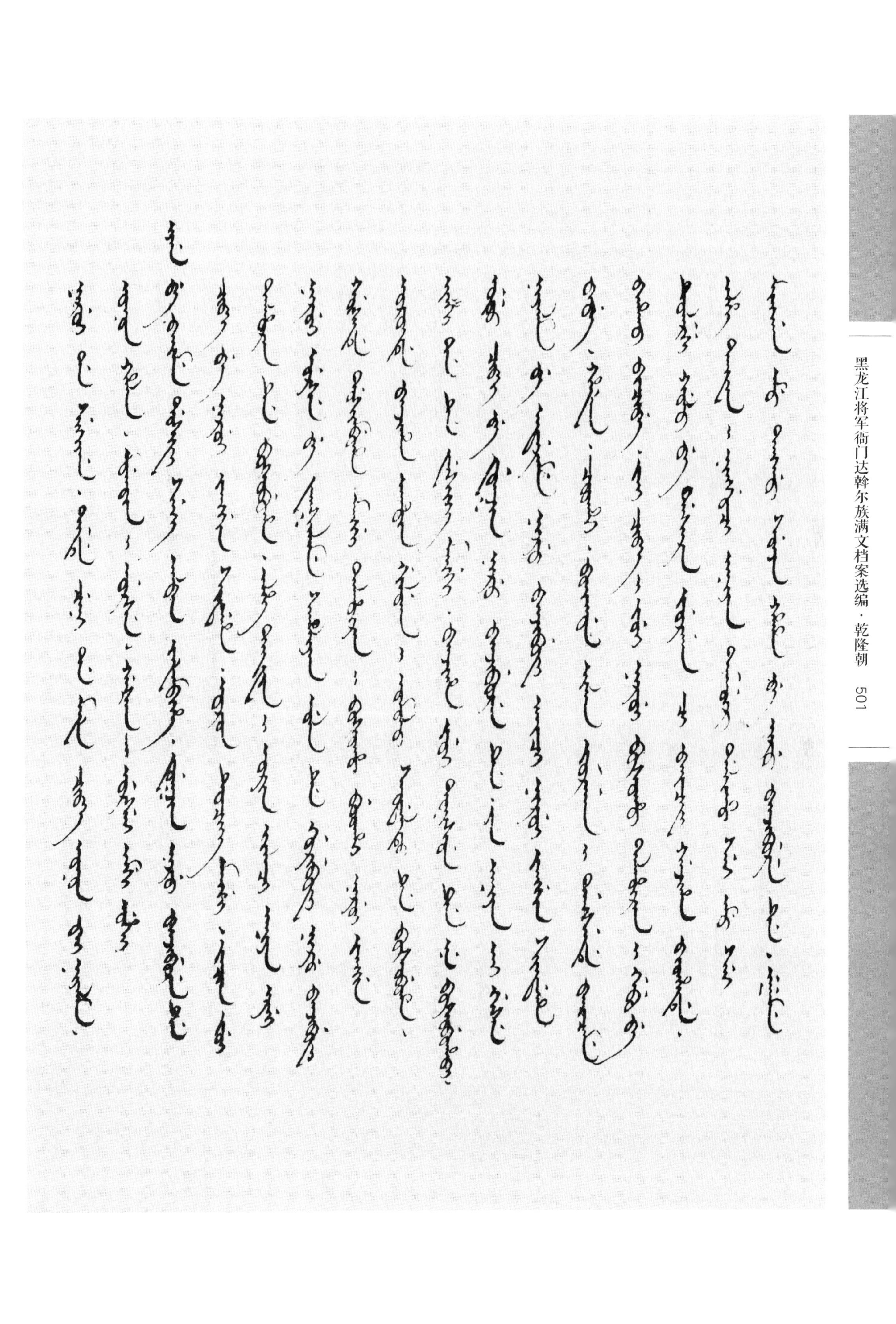

[illegible]

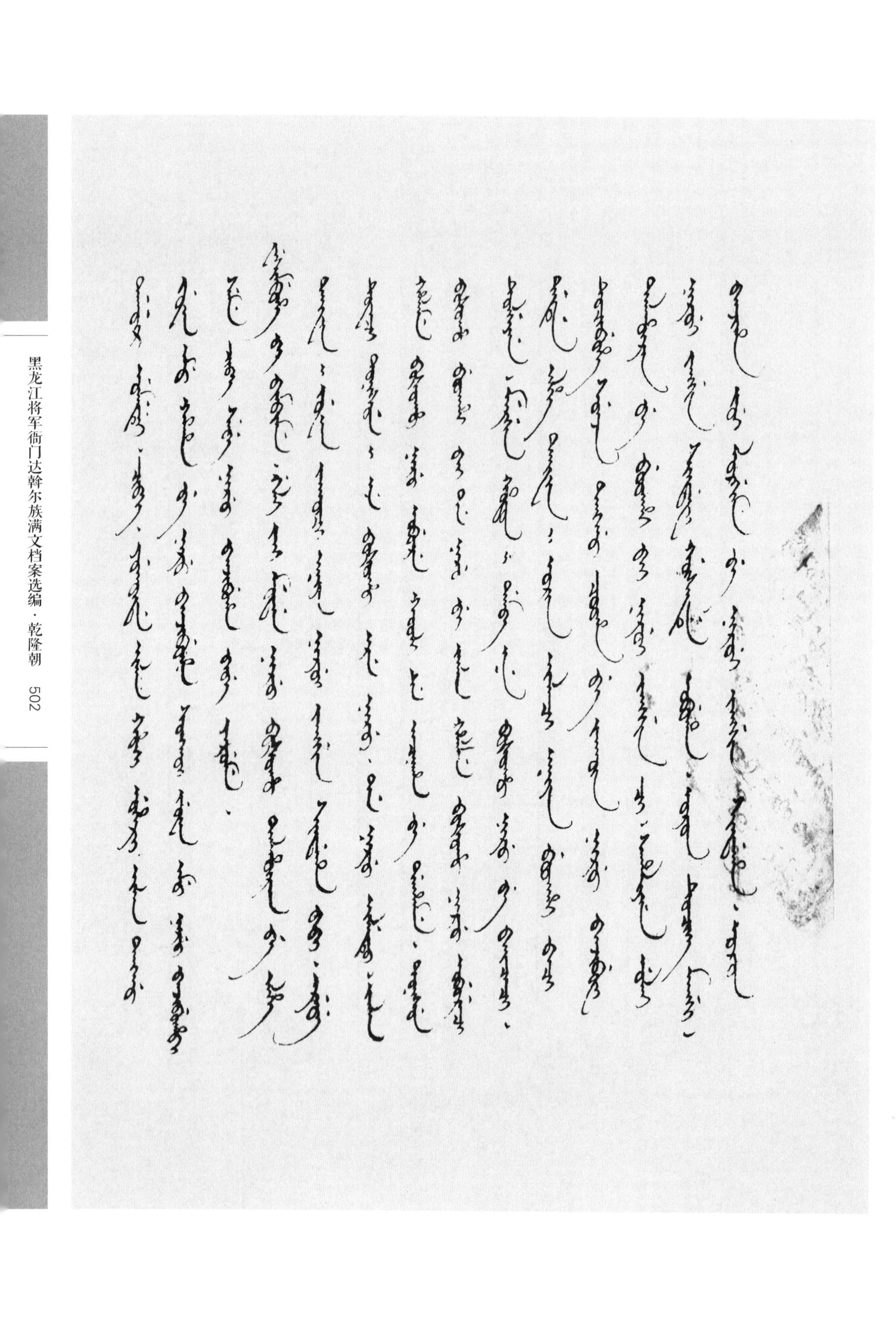

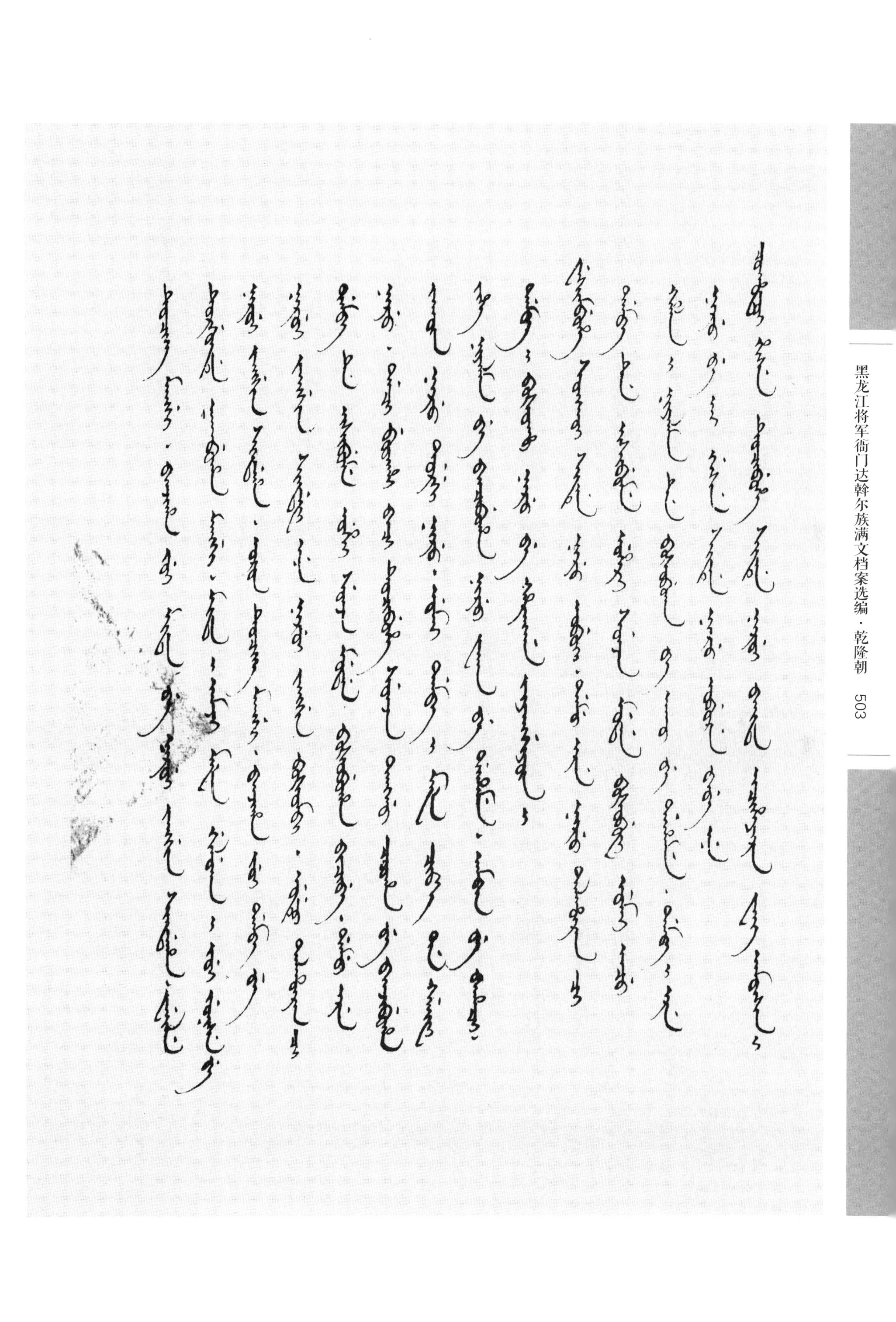

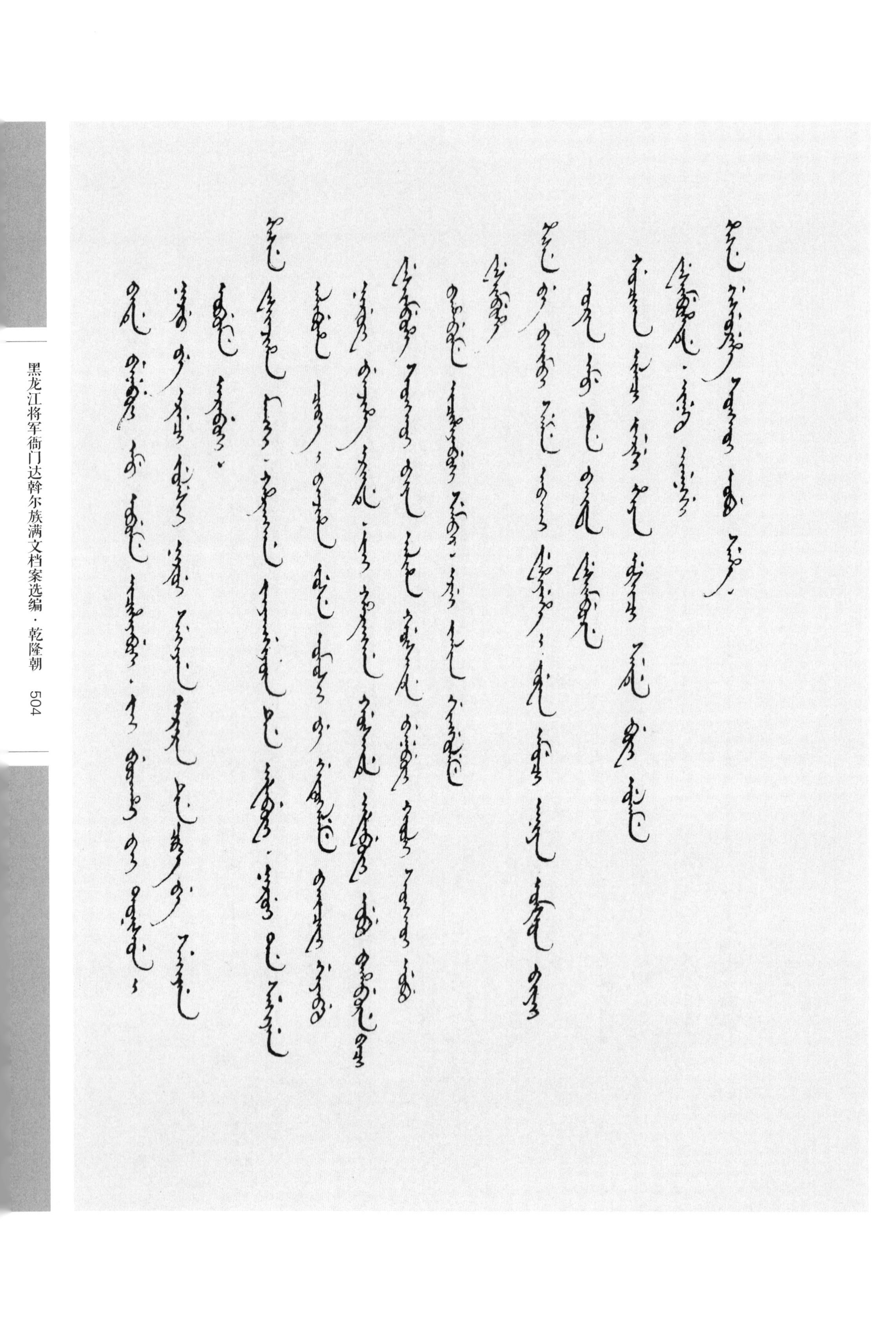

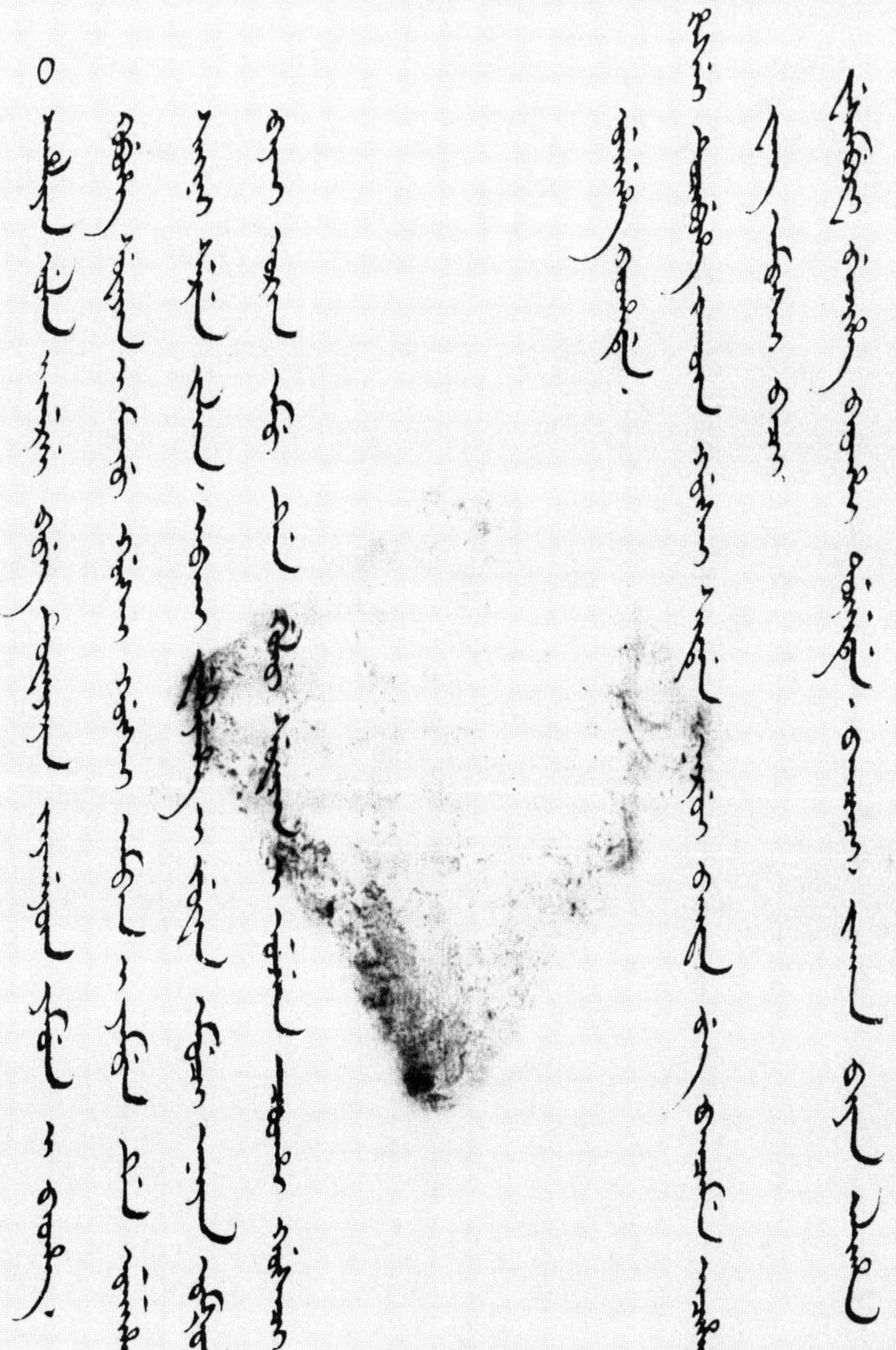

乾隆十二年二月二十日

衙门文

四三五 黑龙江将军衙门为查报齐齐哈尔镶黄旗达斡尔克图克依等公中佐领情形事咨镶黄旗满洲都统

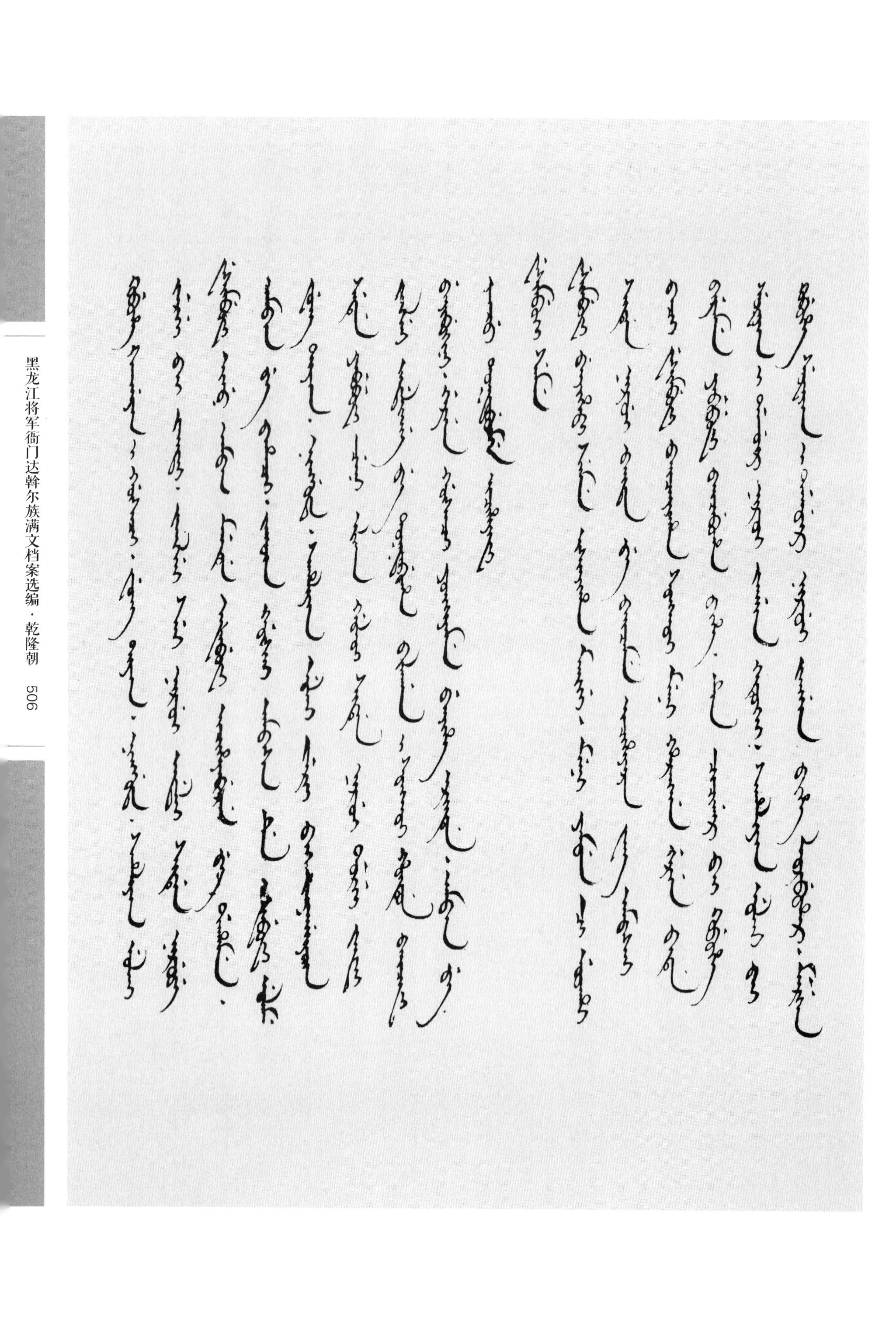

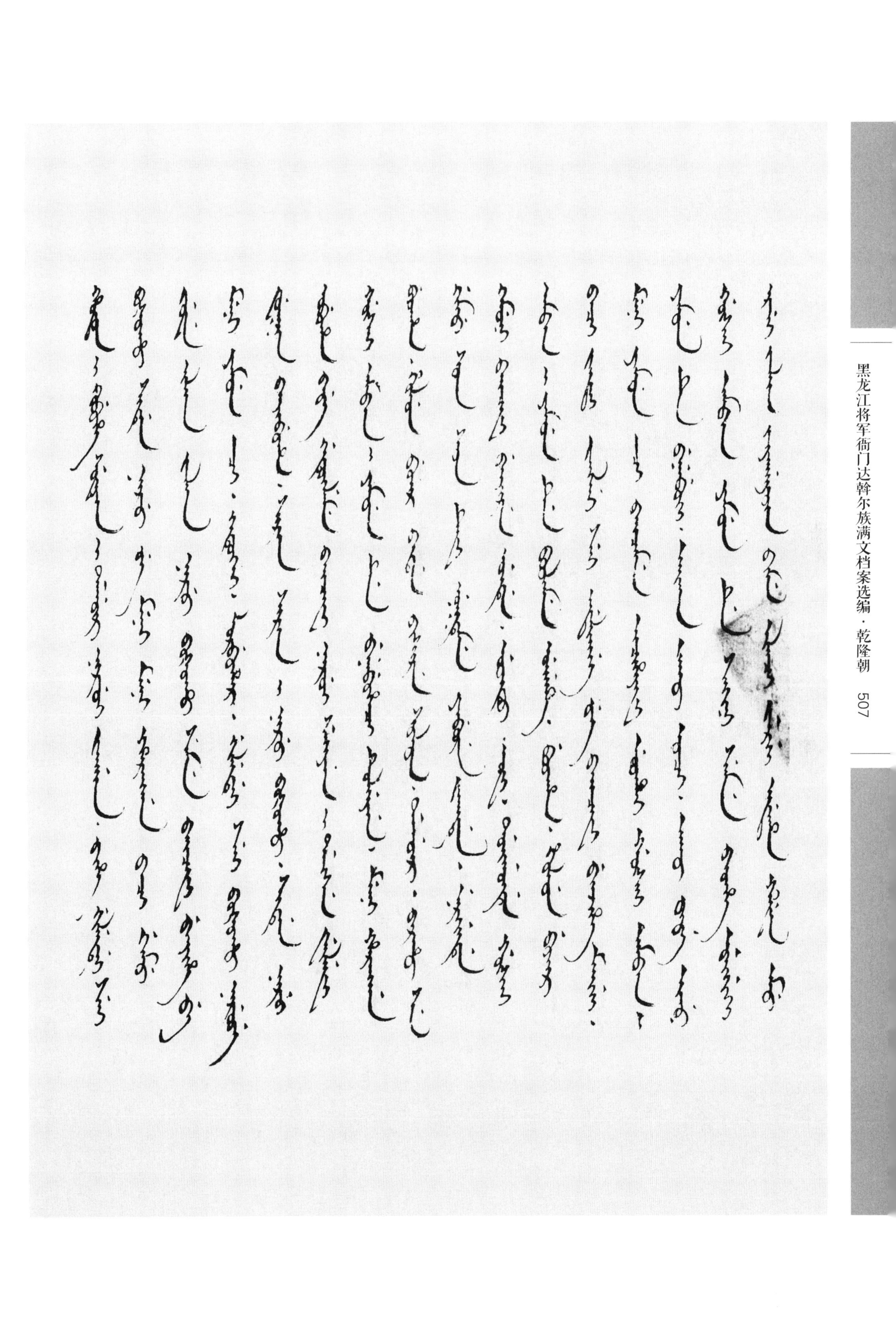

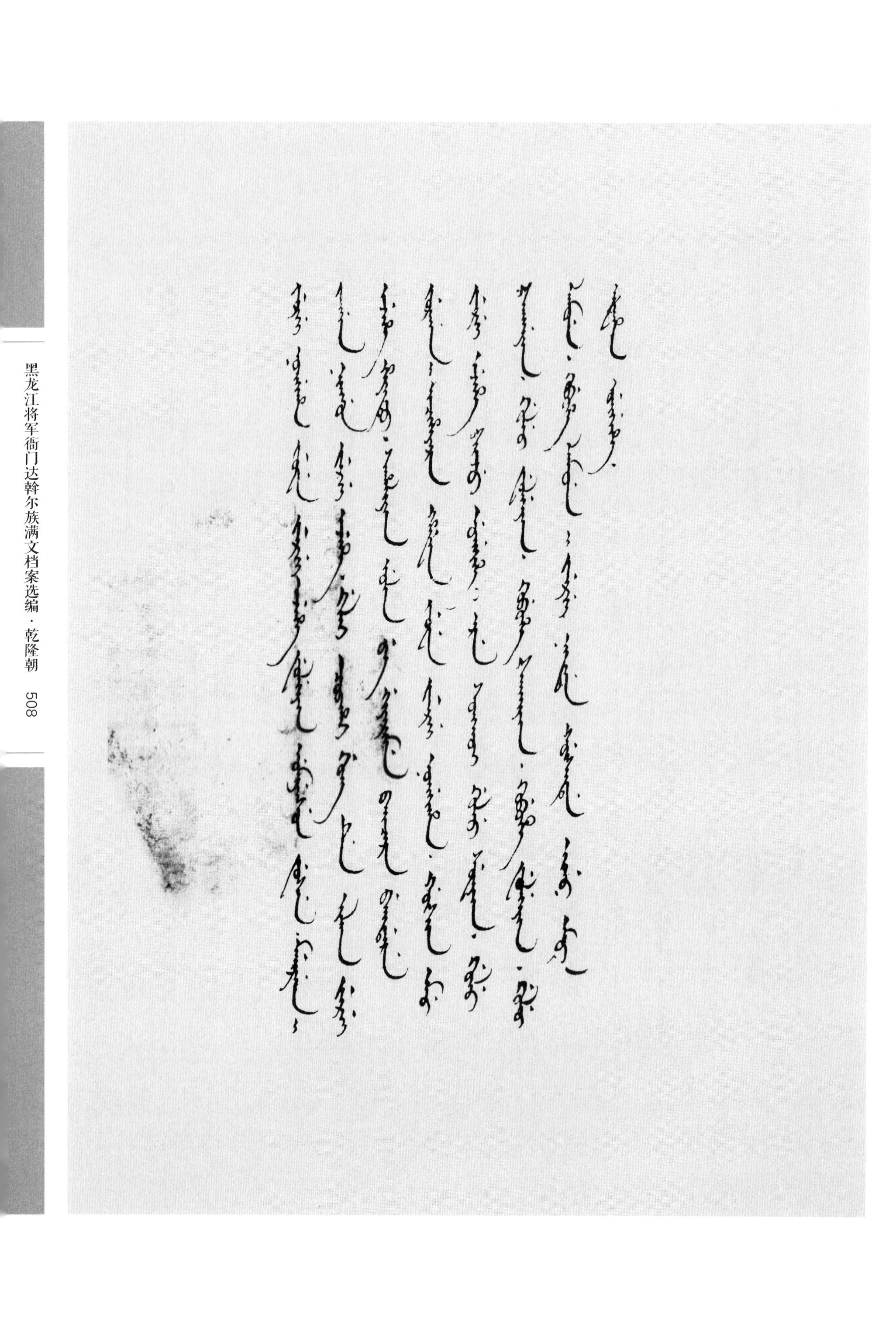

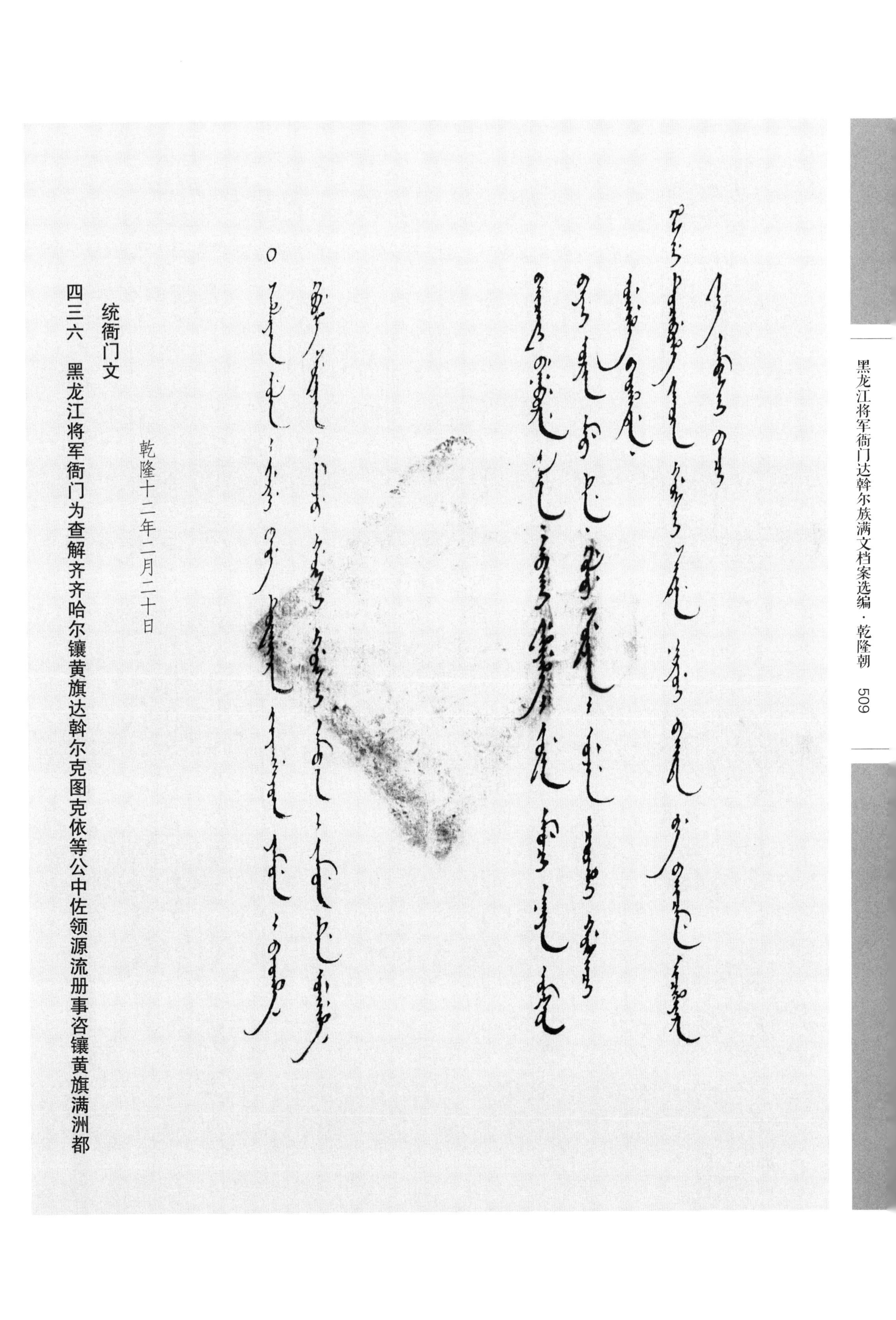

四三六　黑龙江将军衙门为查解齐齐哈尔镶黄旗达斡尔克图克依等公中佐领源流册事咨镶黄旗满洲都统衙门文

乾隆十二年二月二十日

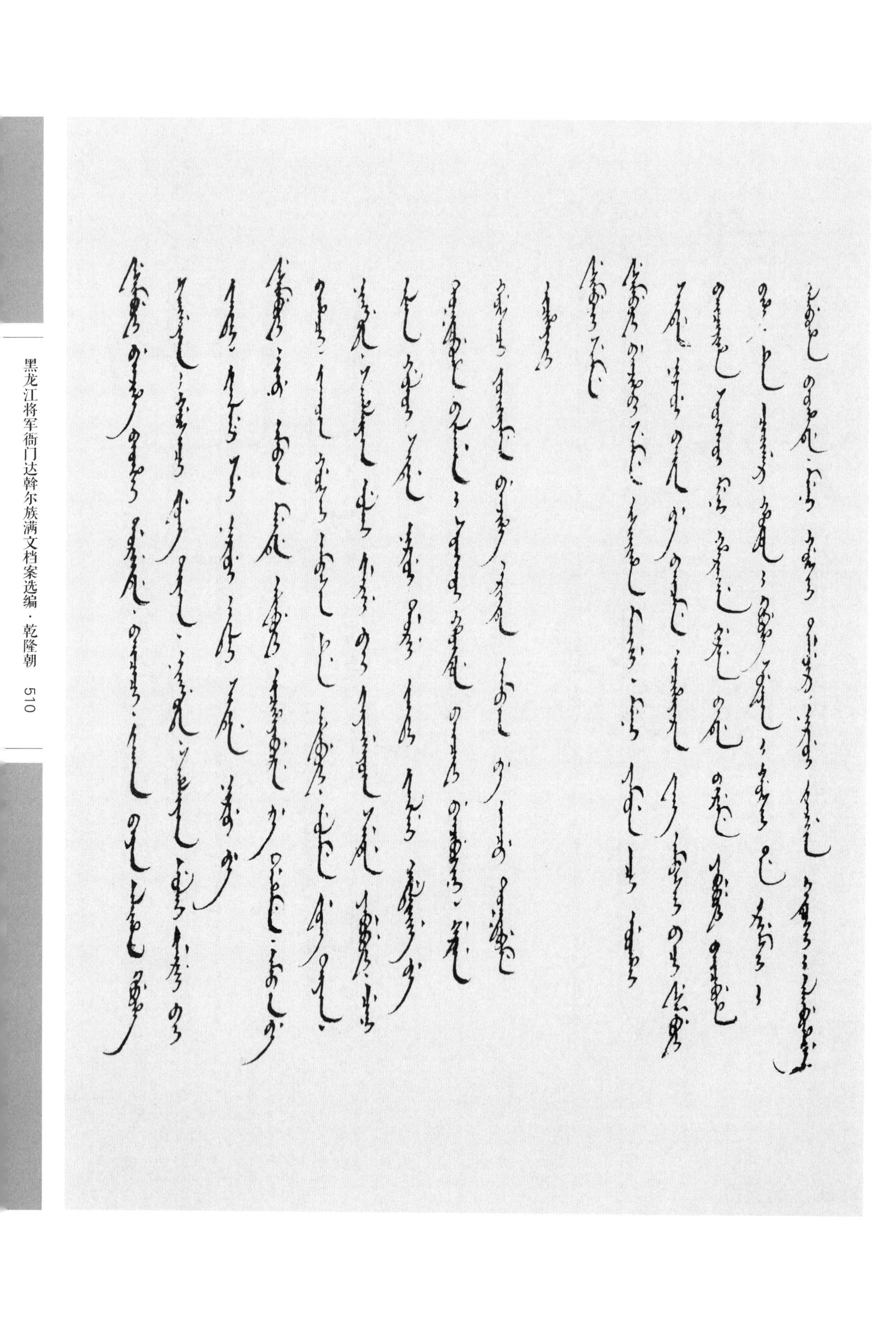

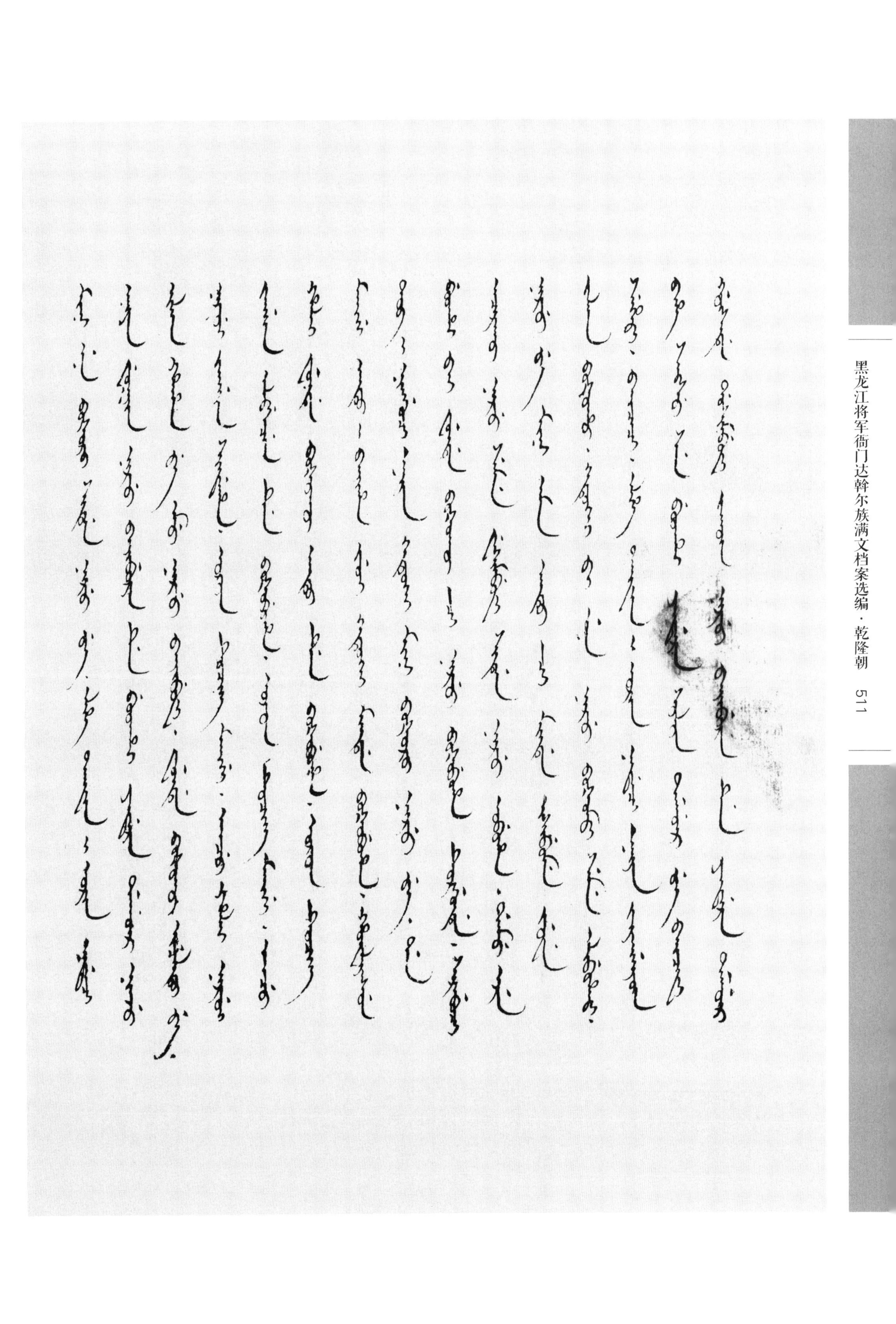

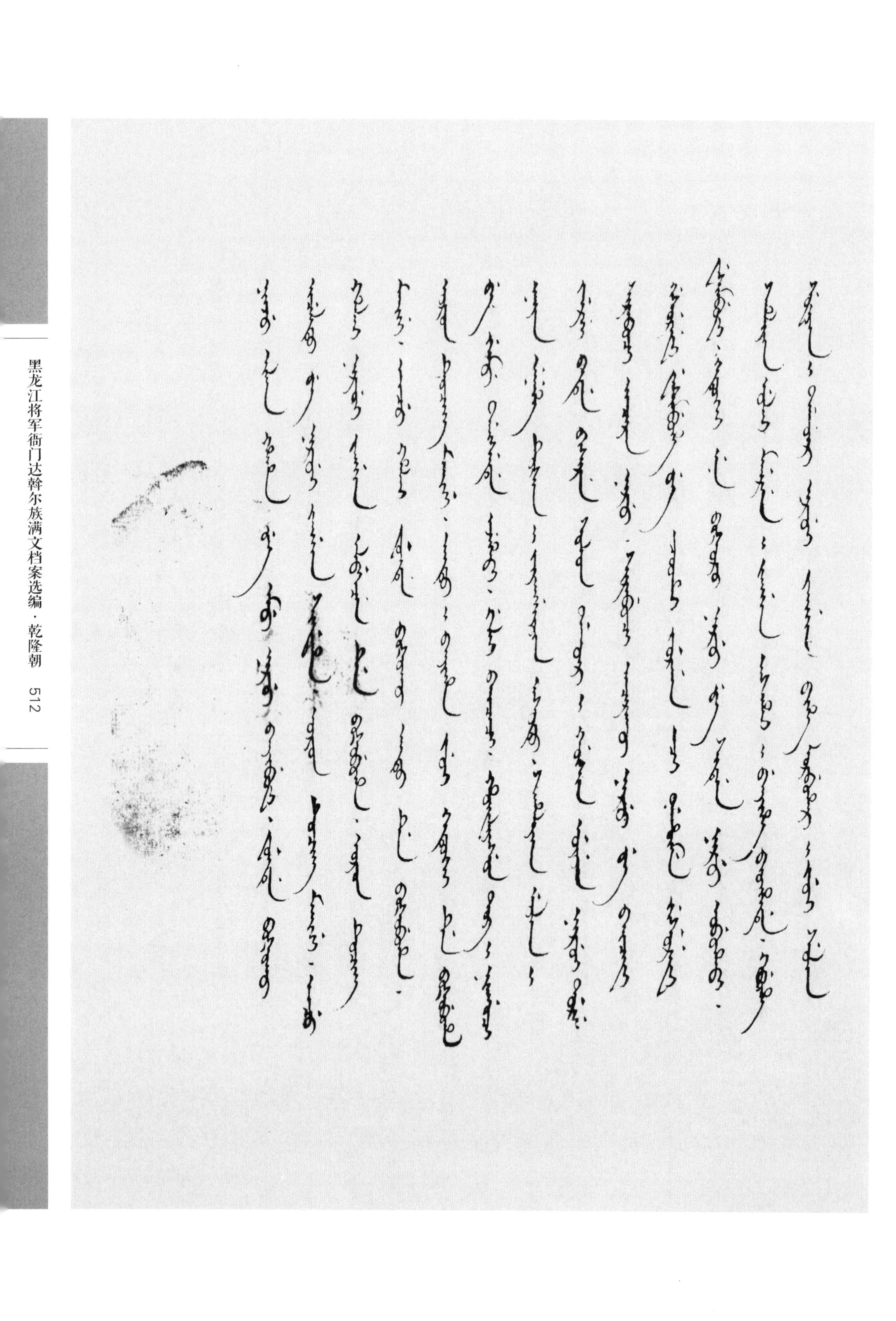

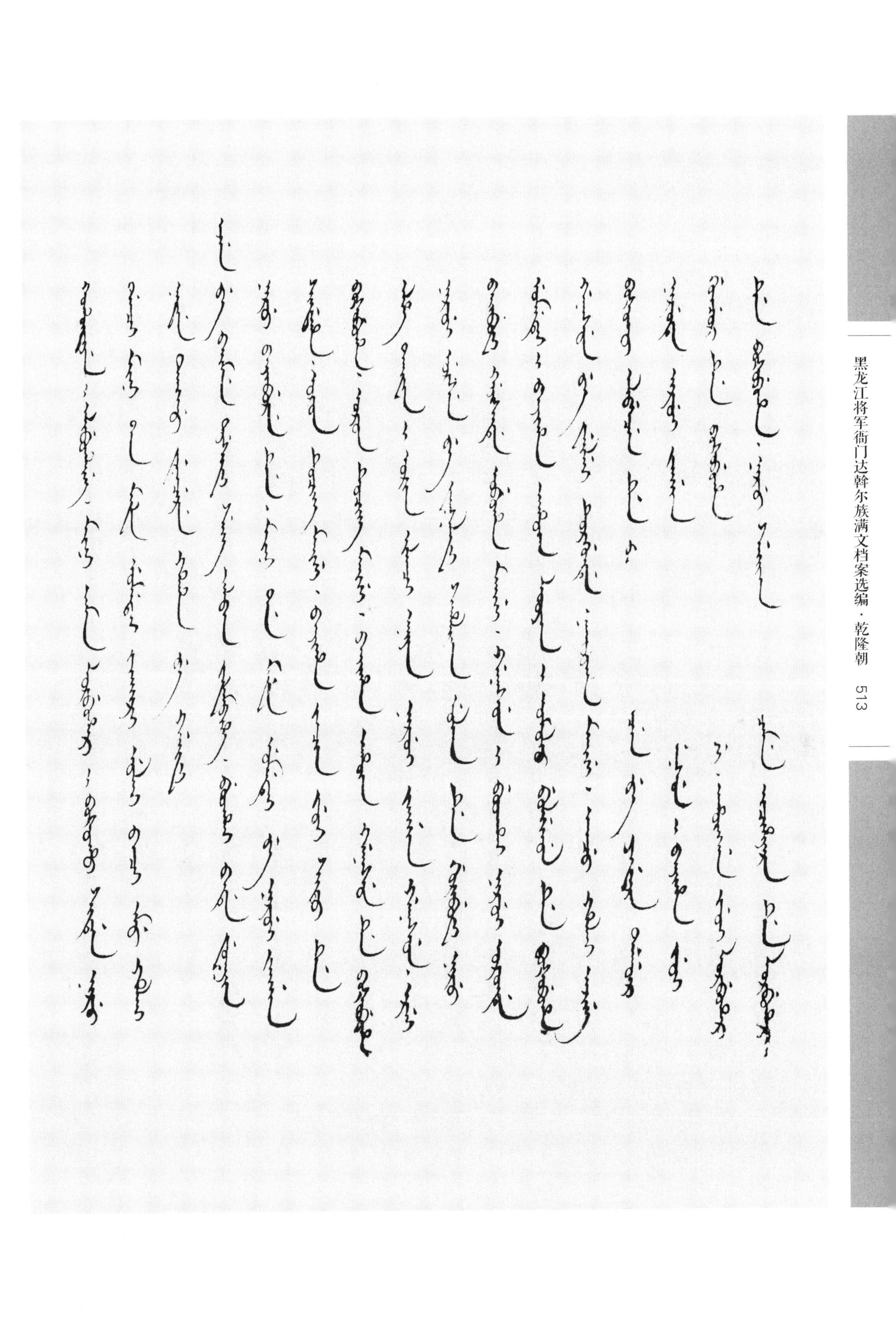

[illegible]

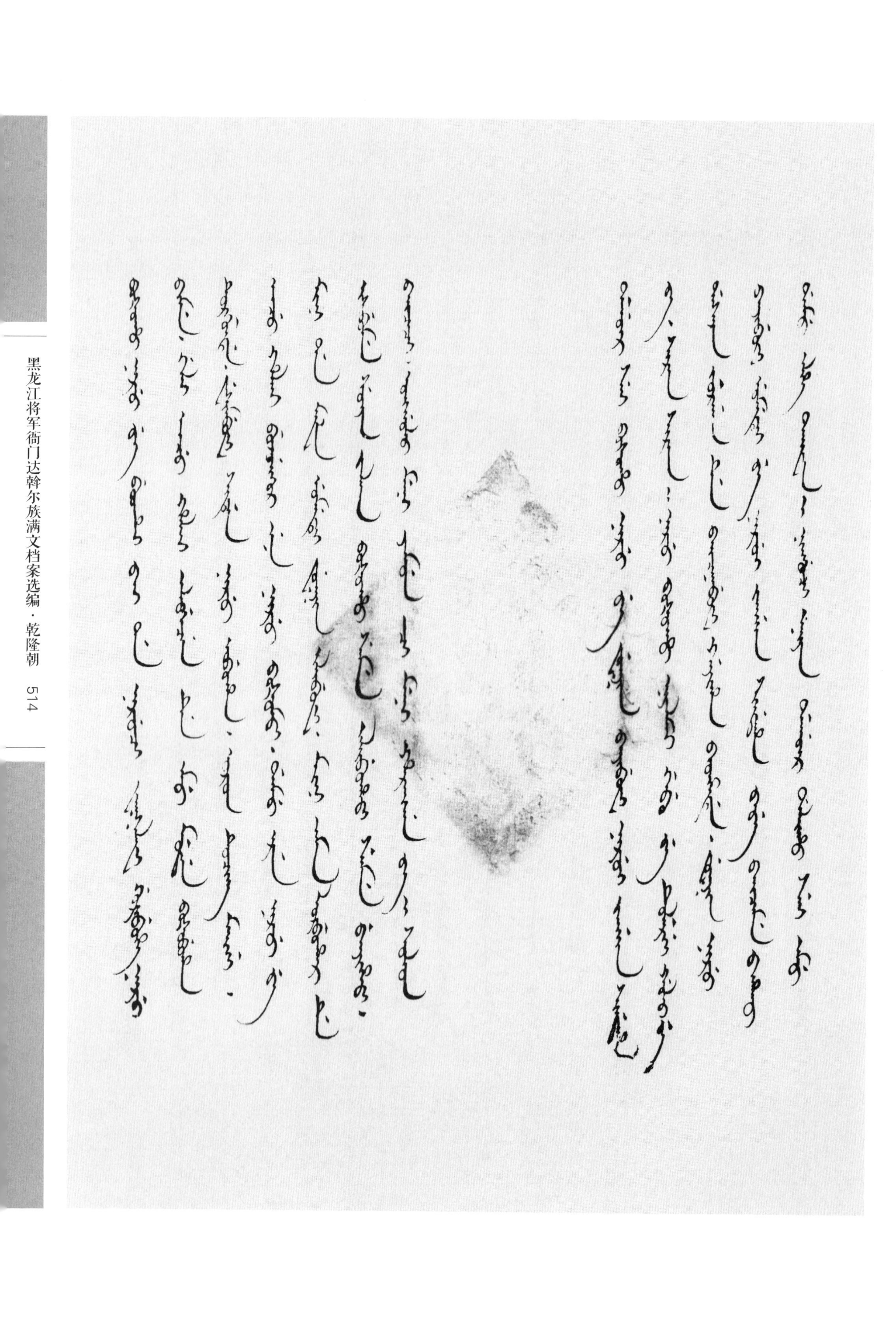

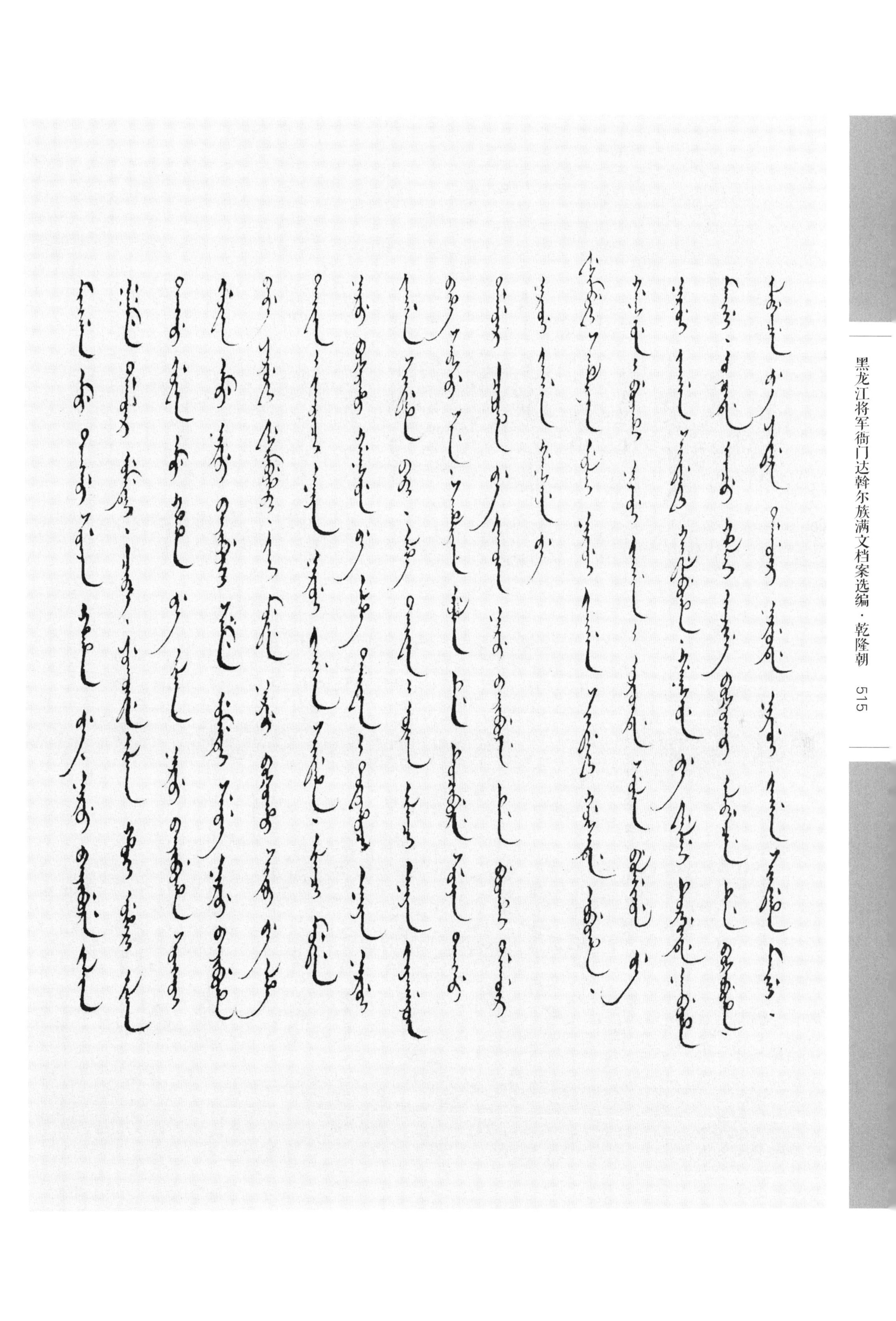

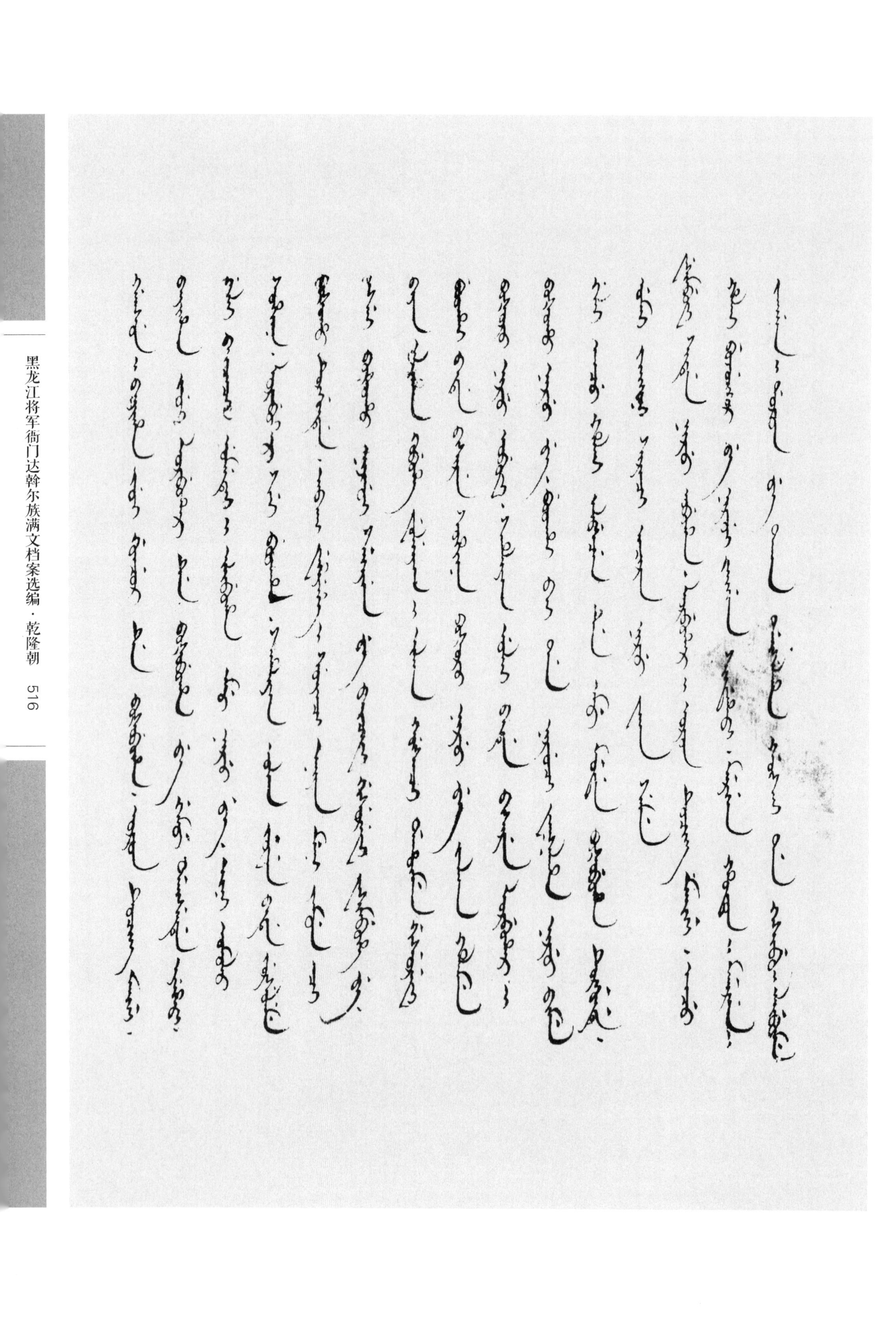

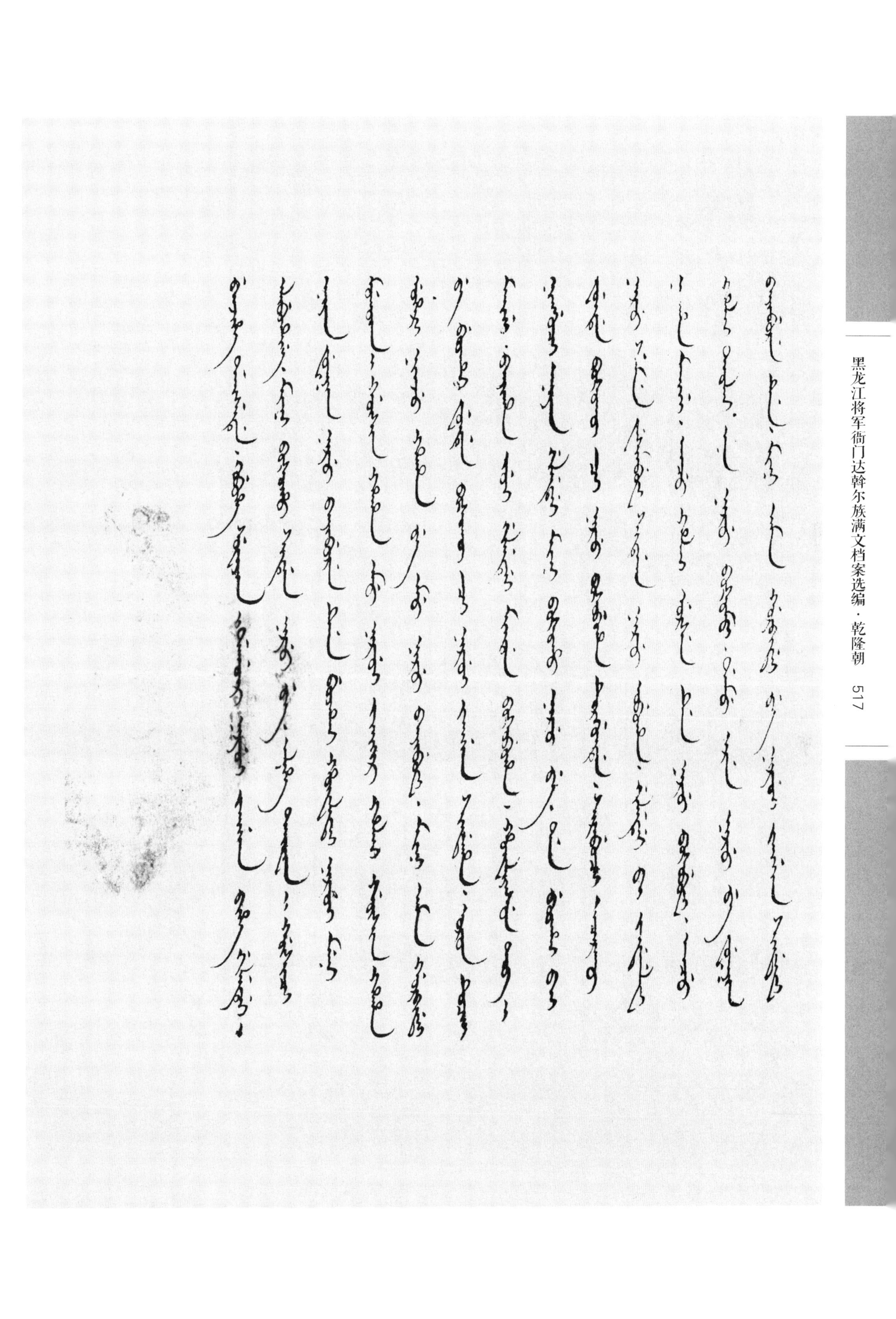

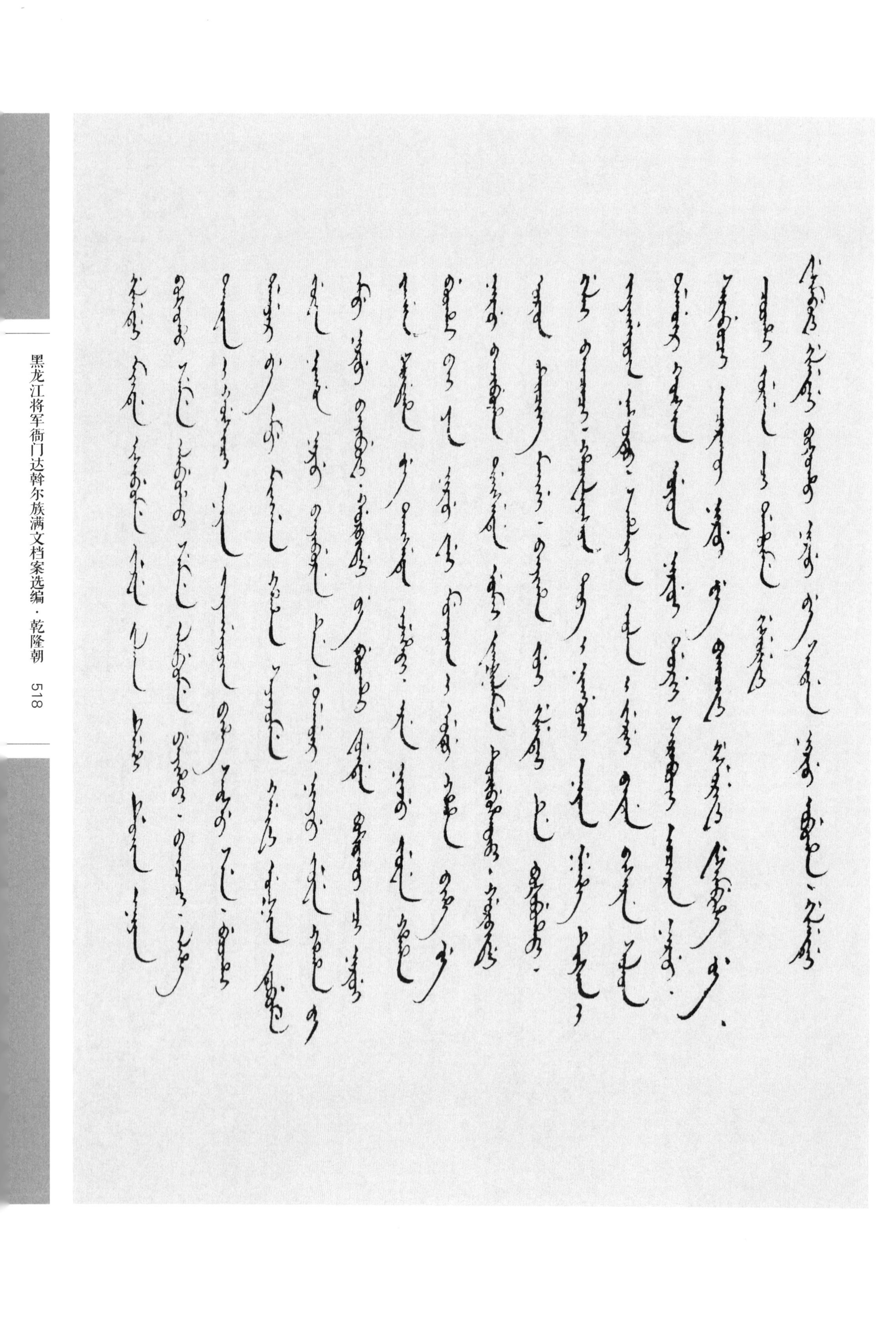

[illegible]

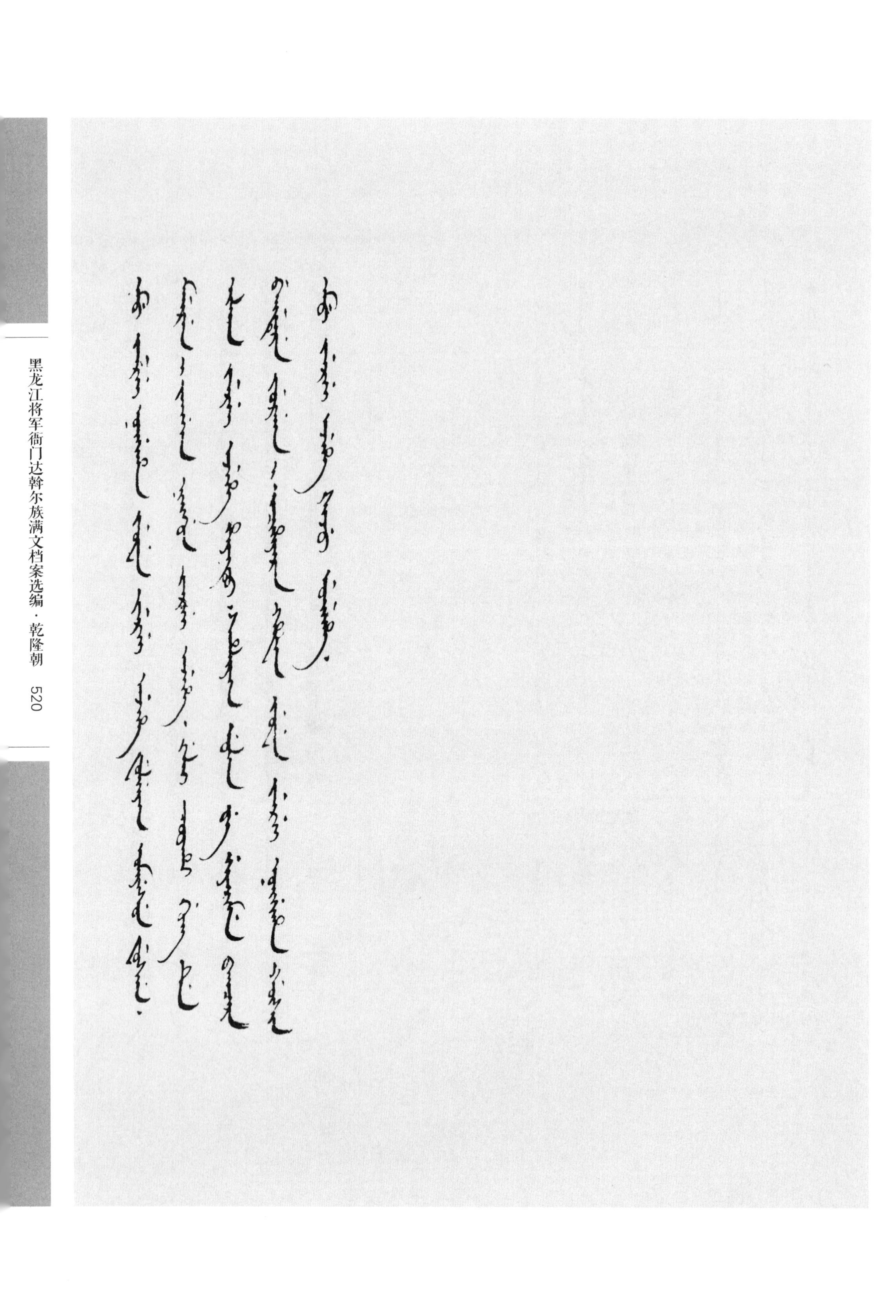

[illegible]

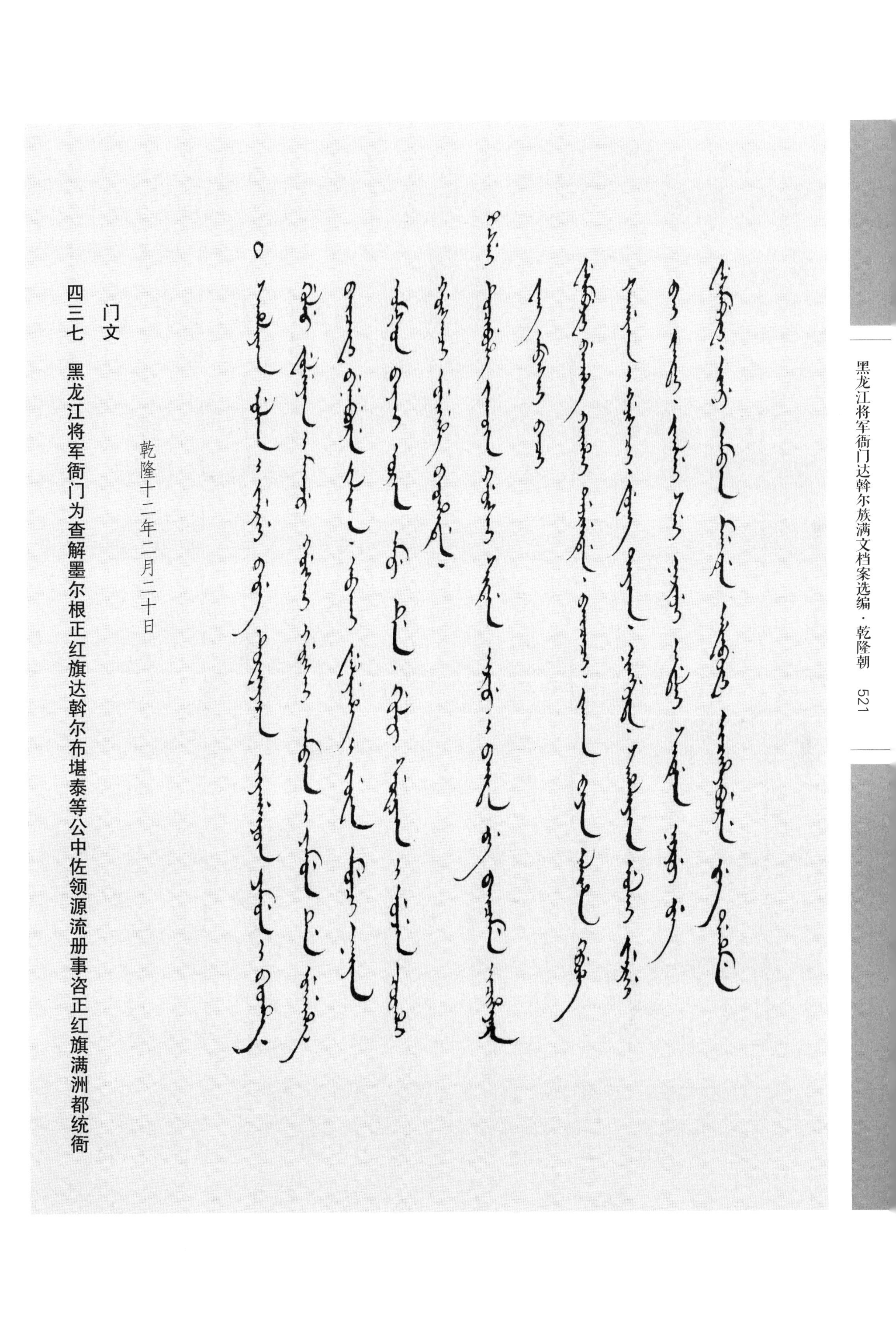

四三七 黑龙江将军衙门为查解墨尔根正红旗达斡尔布堪泰等公中佐领源流册事咨正红旗满洲都统衙门文

乾隆十二年二月二十日

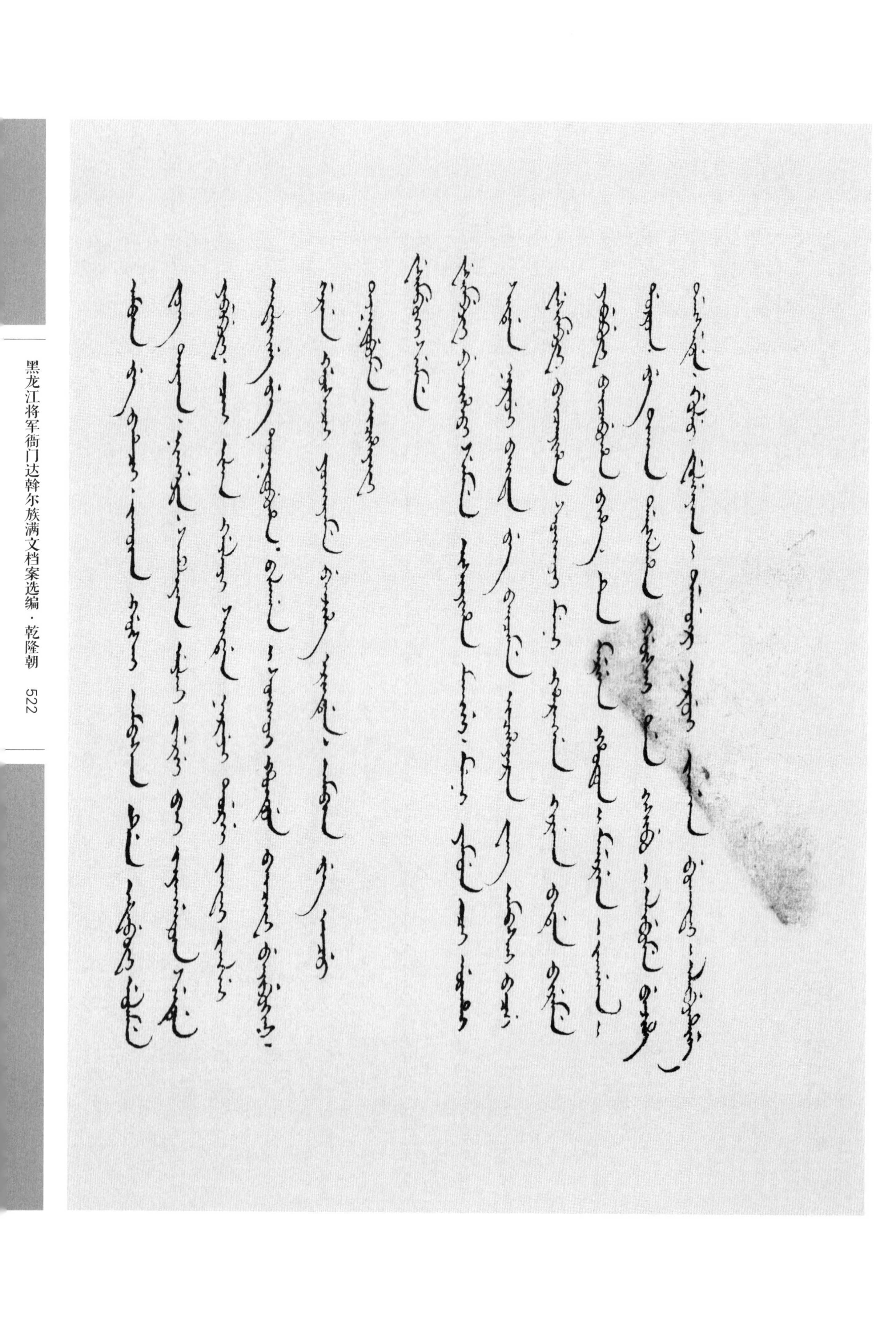

[illegible]

[illegible]

[illegible]

[illegible]

[illegible]

[illegible]

[illegible]

[illegible]

[illegible]

[illegible]

[illegible]

[illegible]

[illegible]

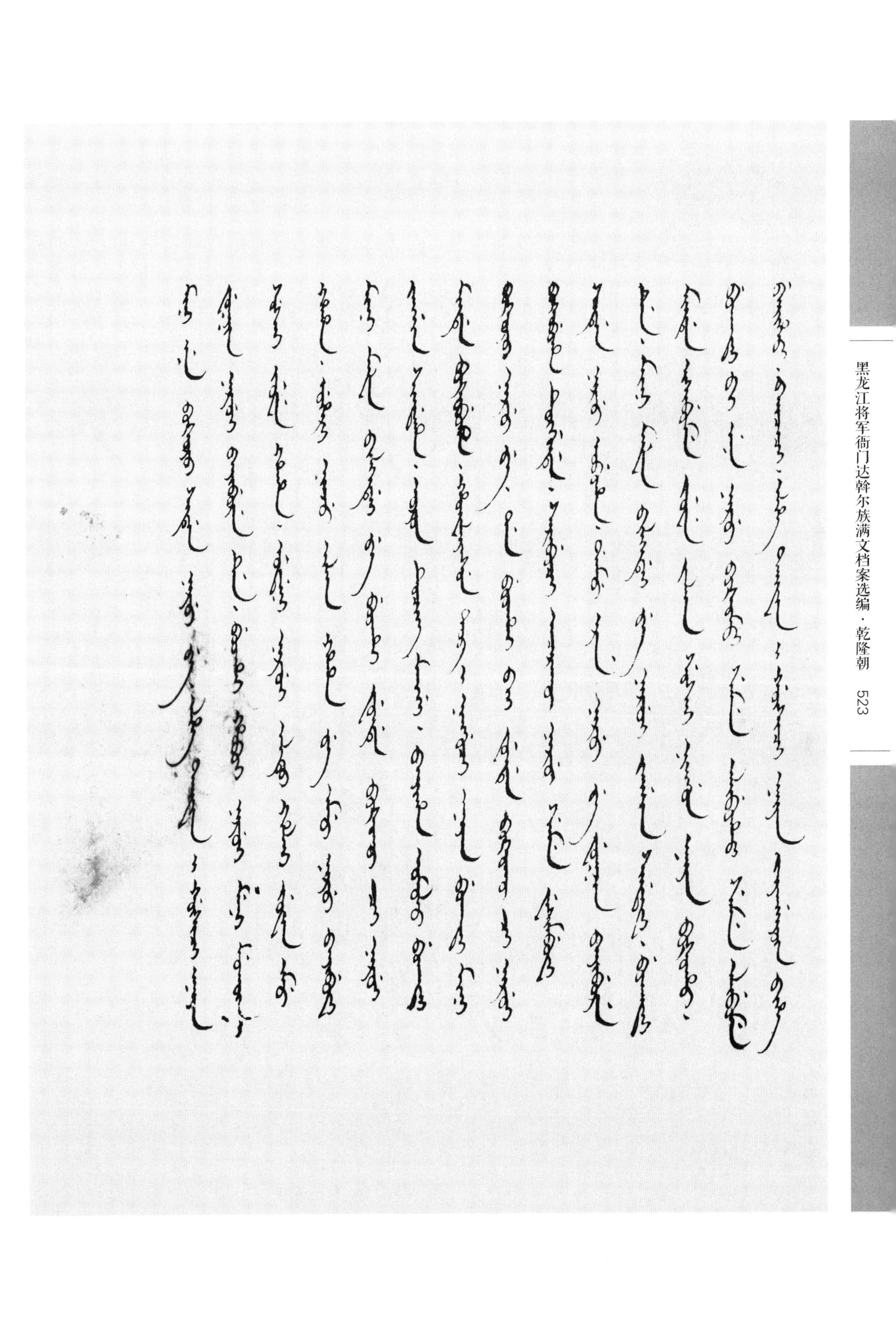

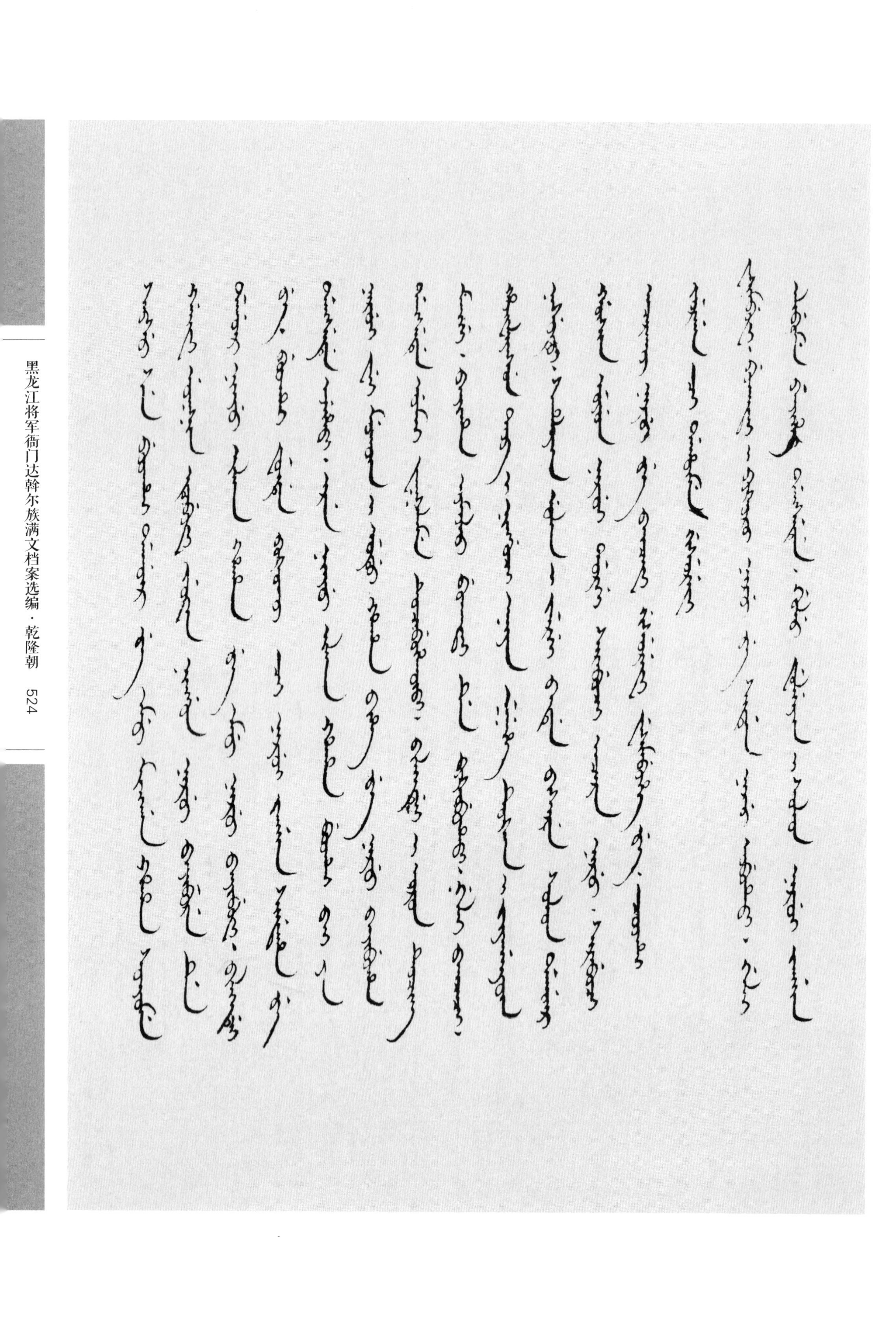

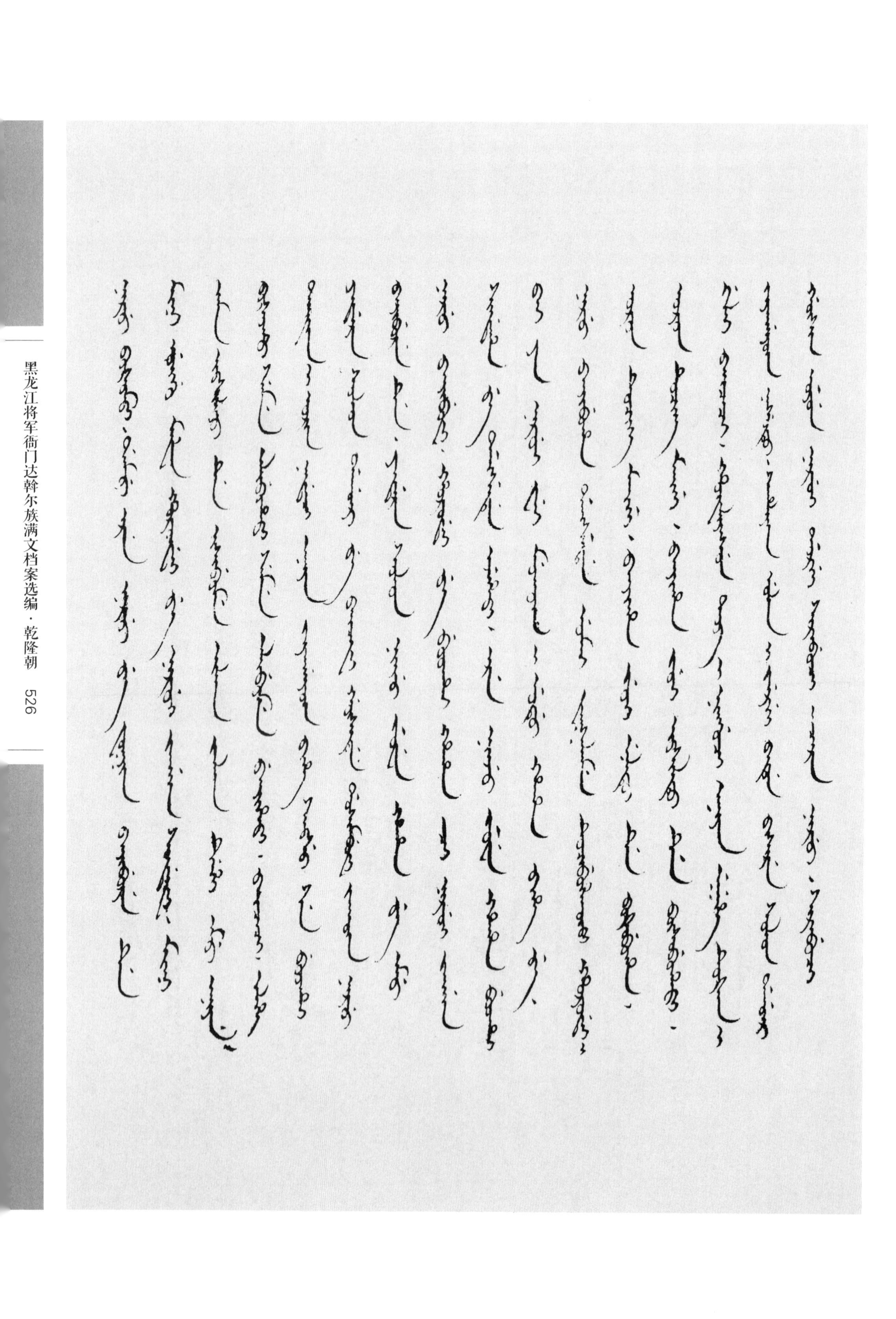

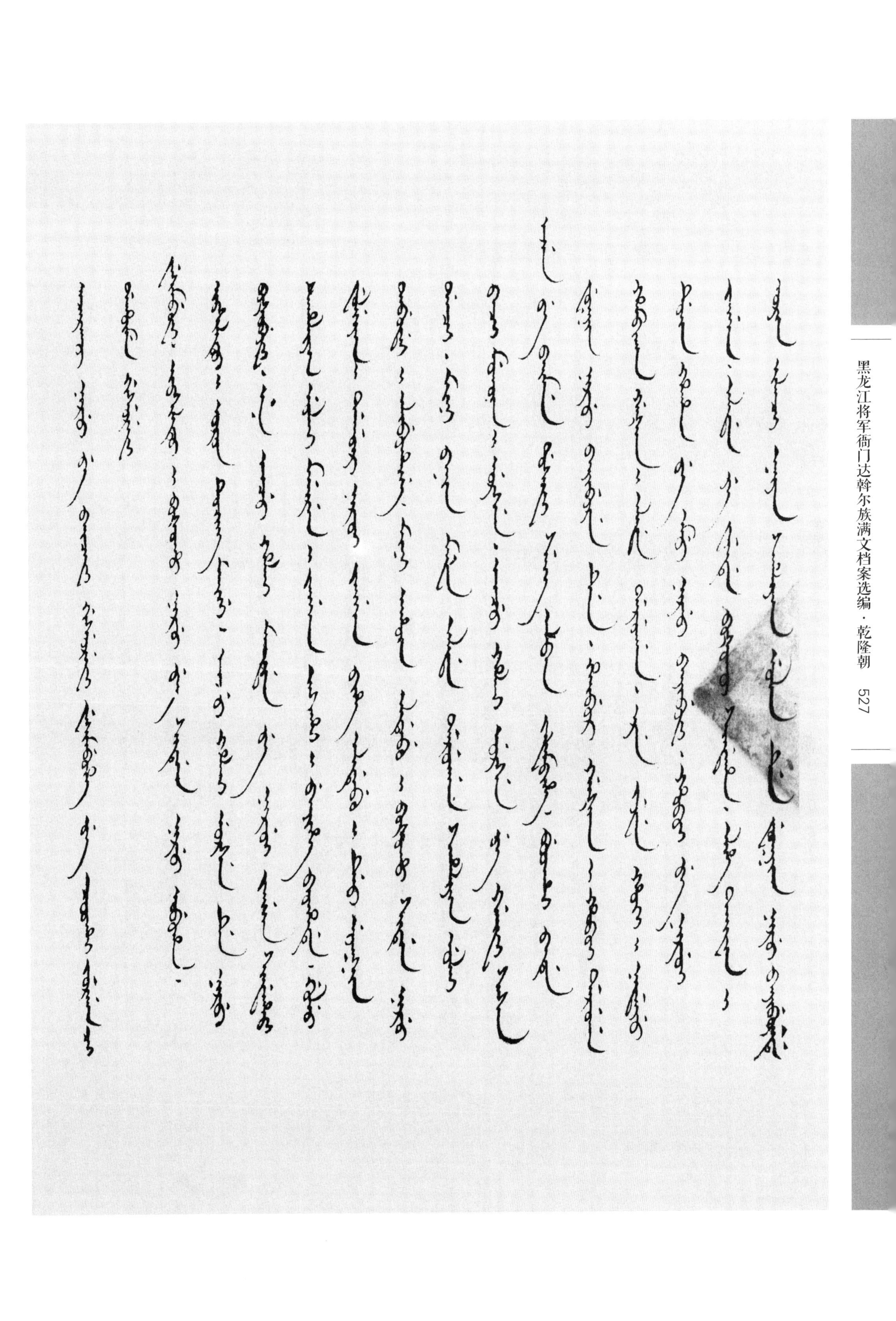

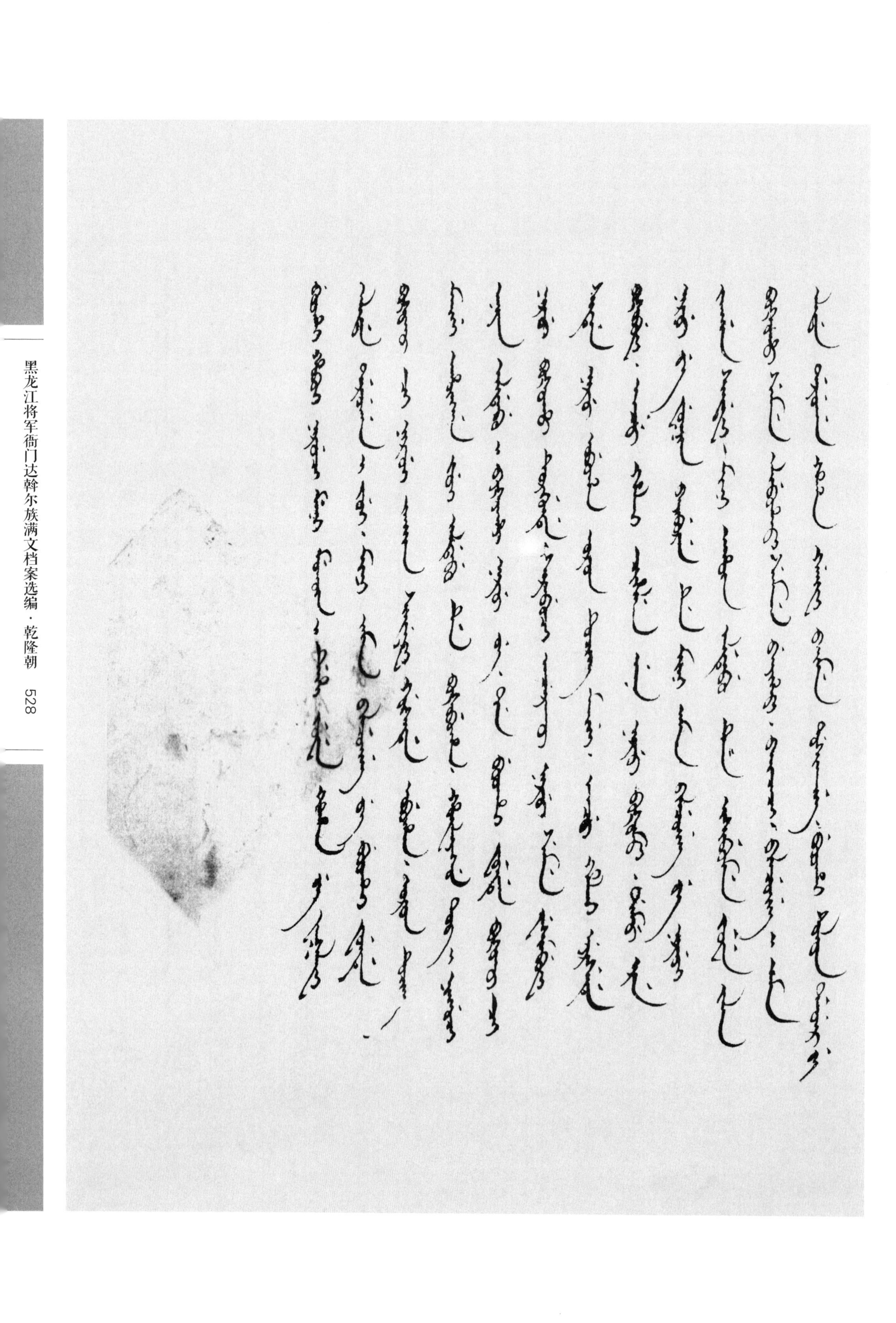

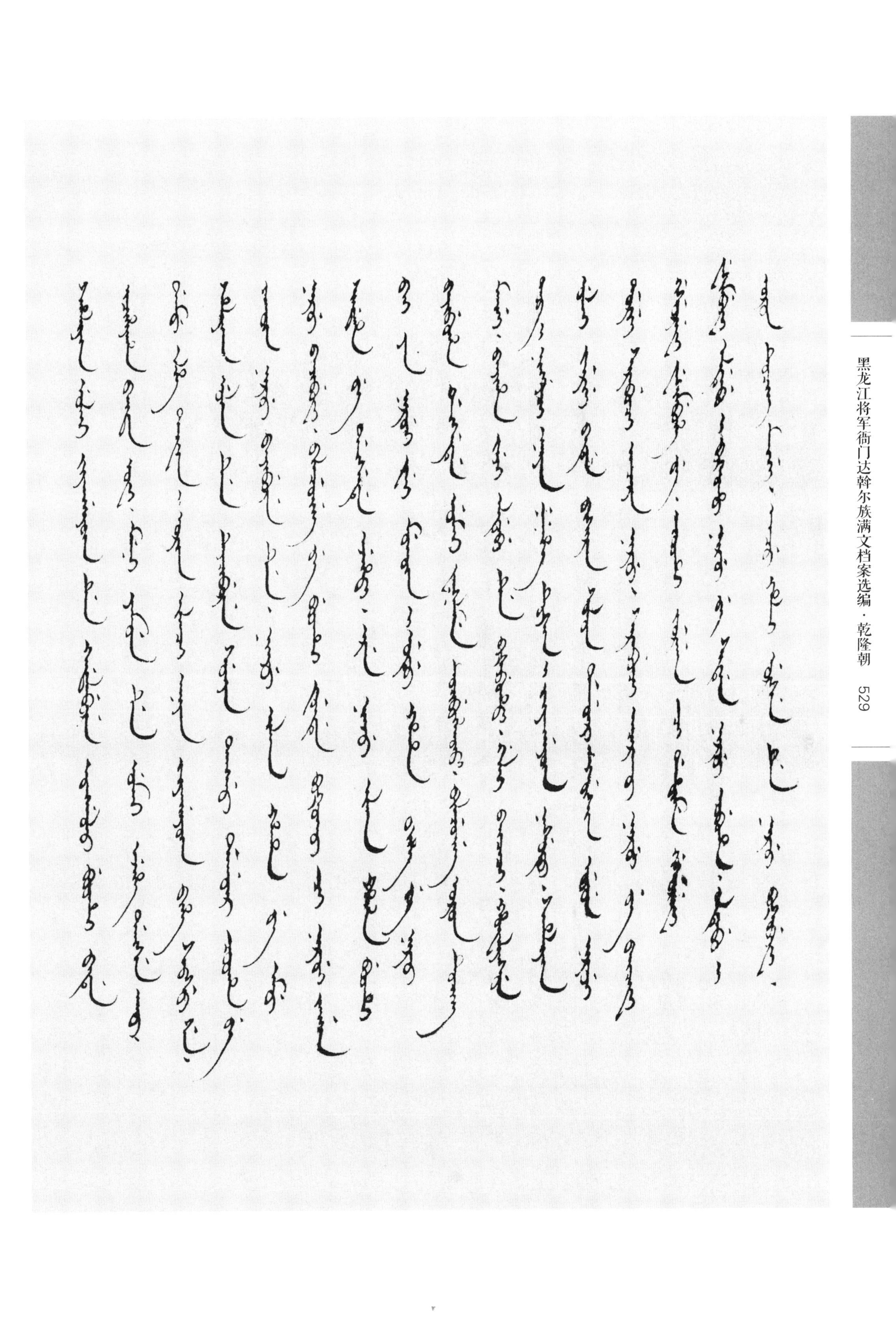

[illegible]

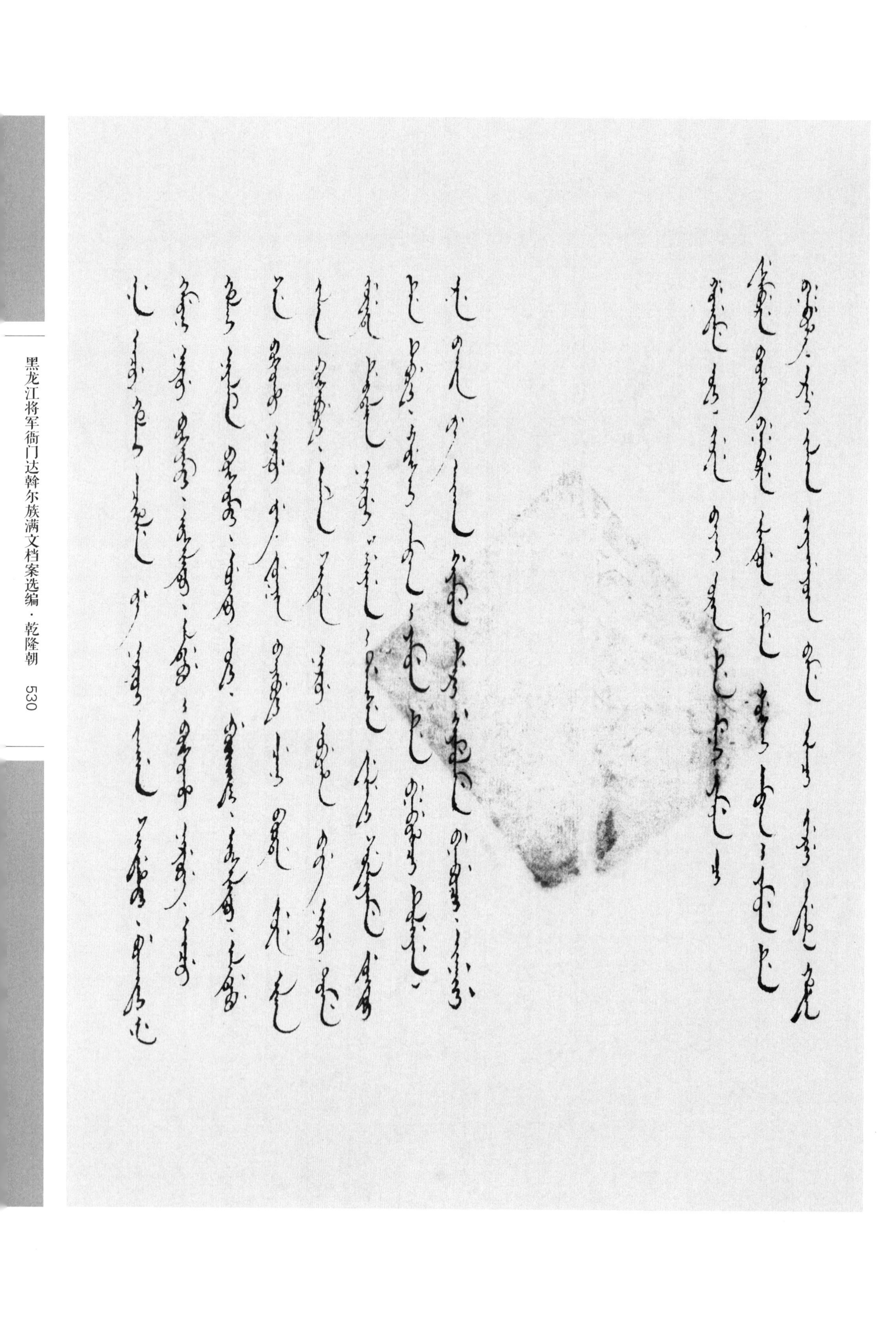

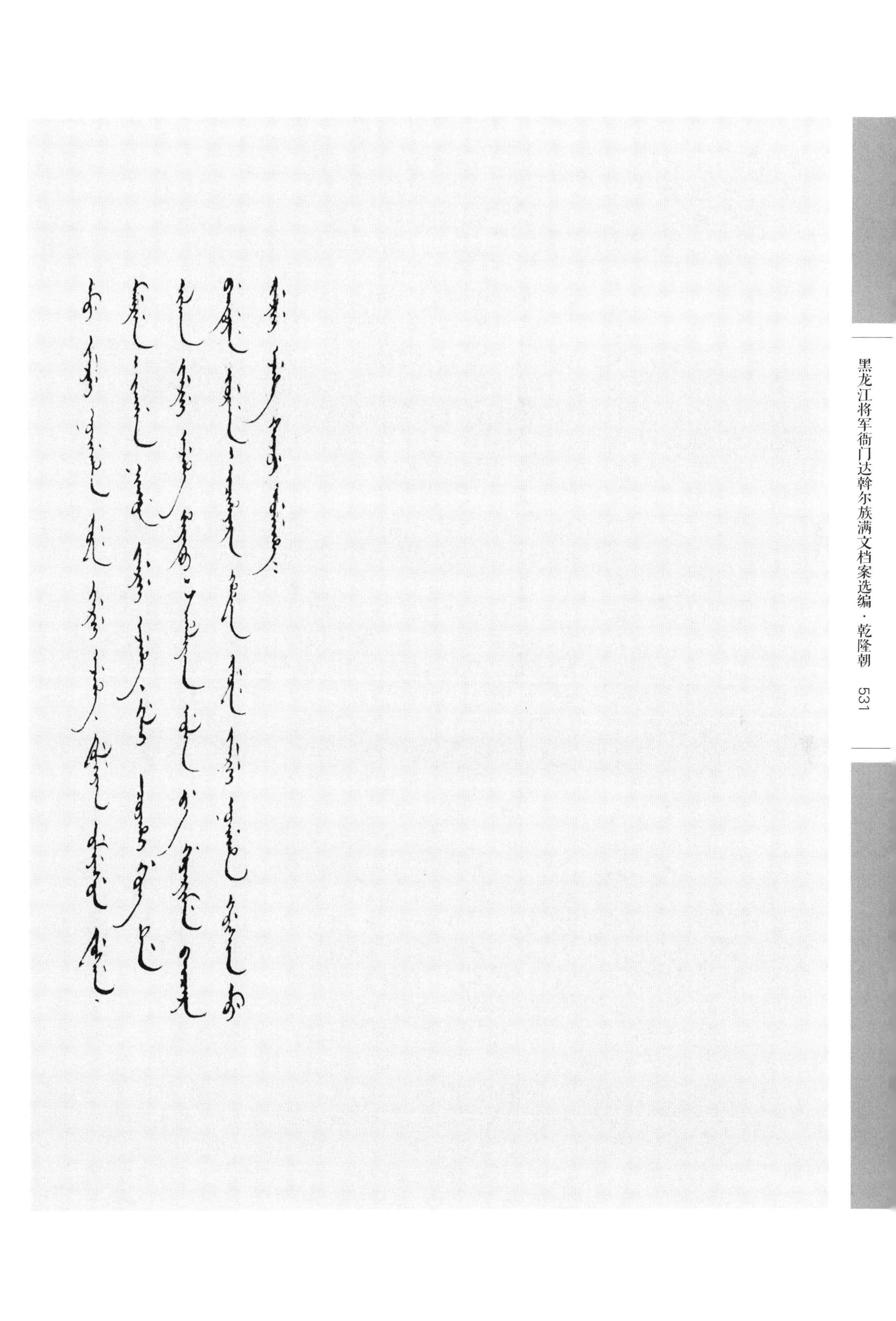

[illegible]

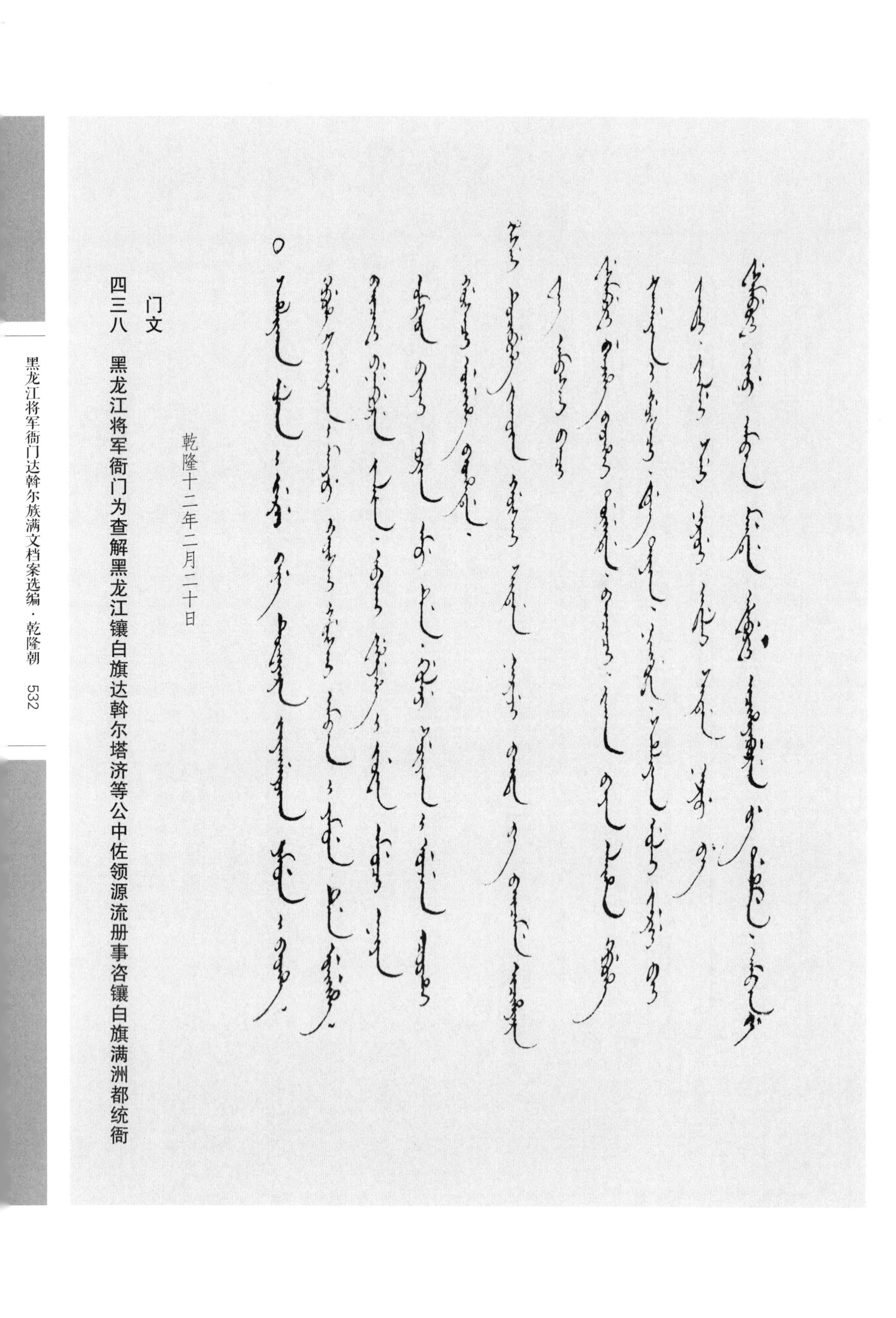

乾隆十二年二月二十日

四三八　黑龙江将军衙门为查解黑龙江镶白旗达斡尔塔济等公中佐领源流册事咨镶白旗满洲都统衙门文

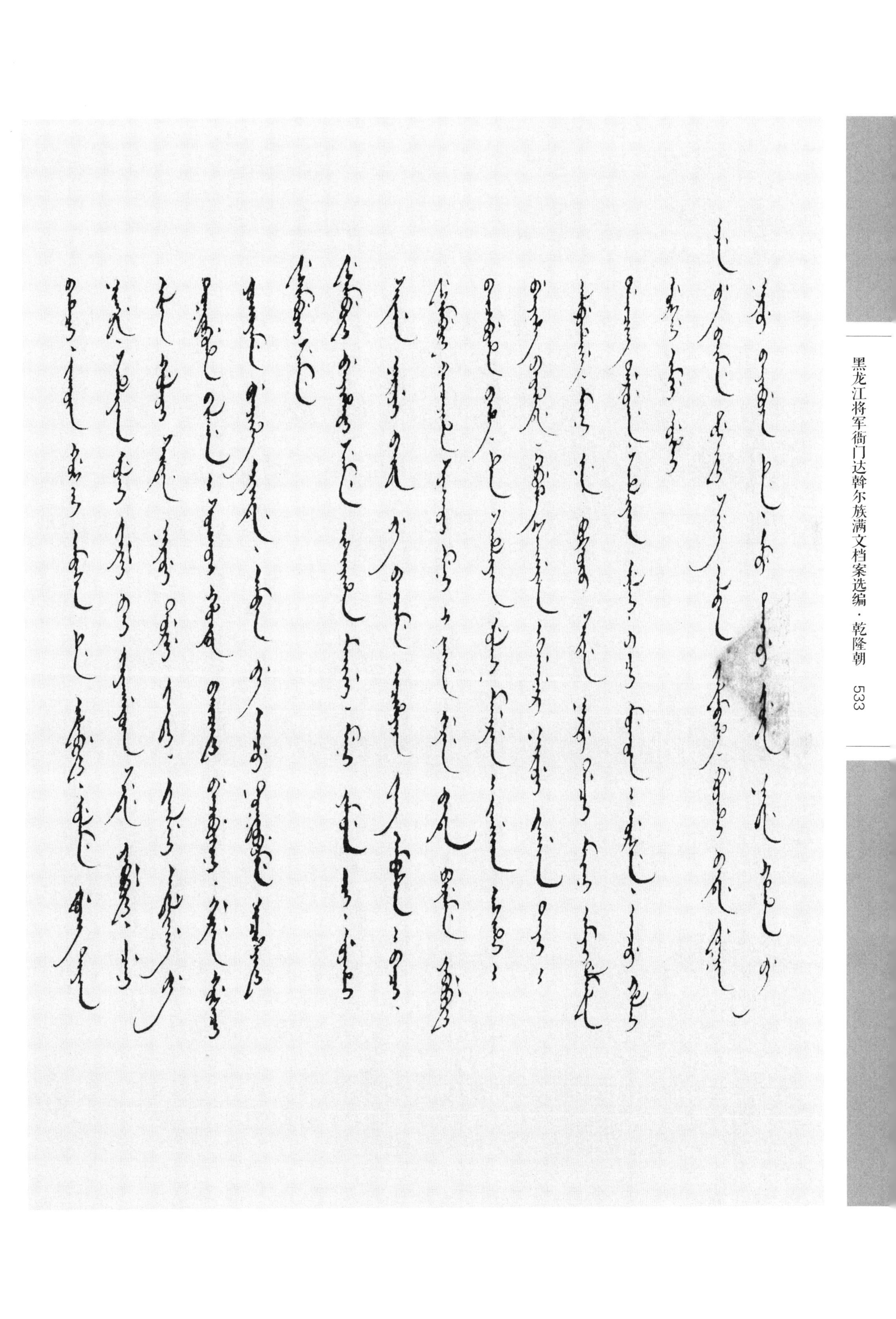

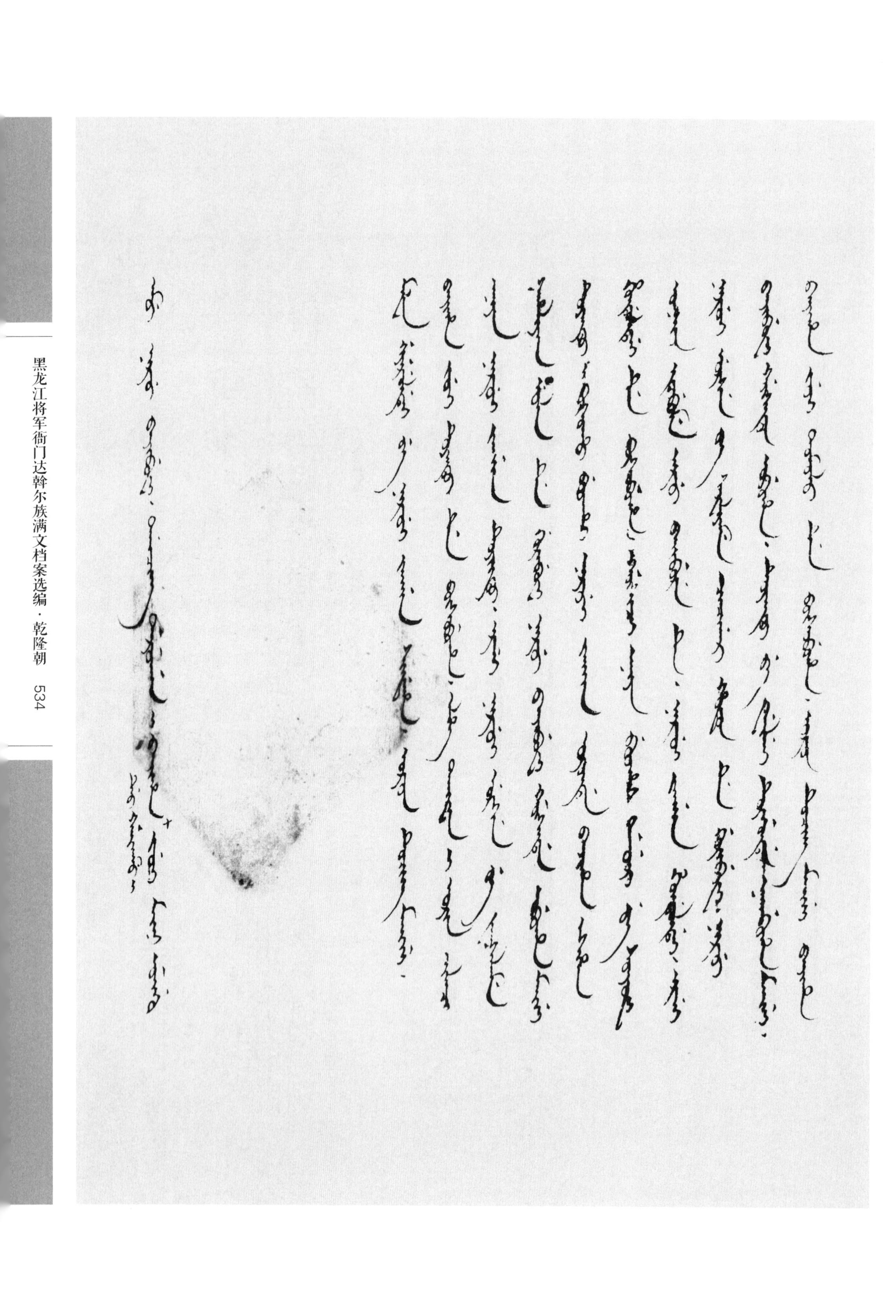

[illegible]

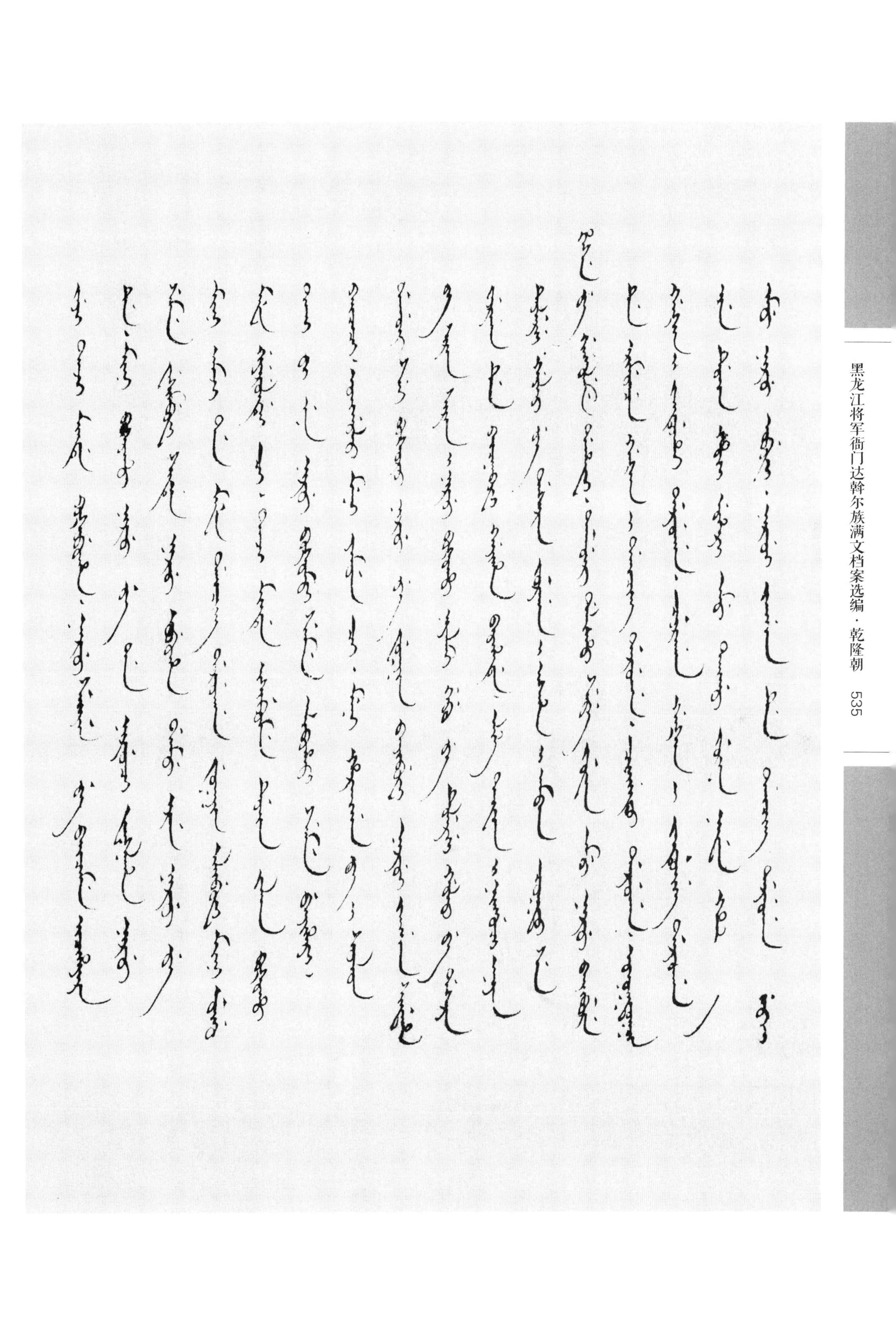

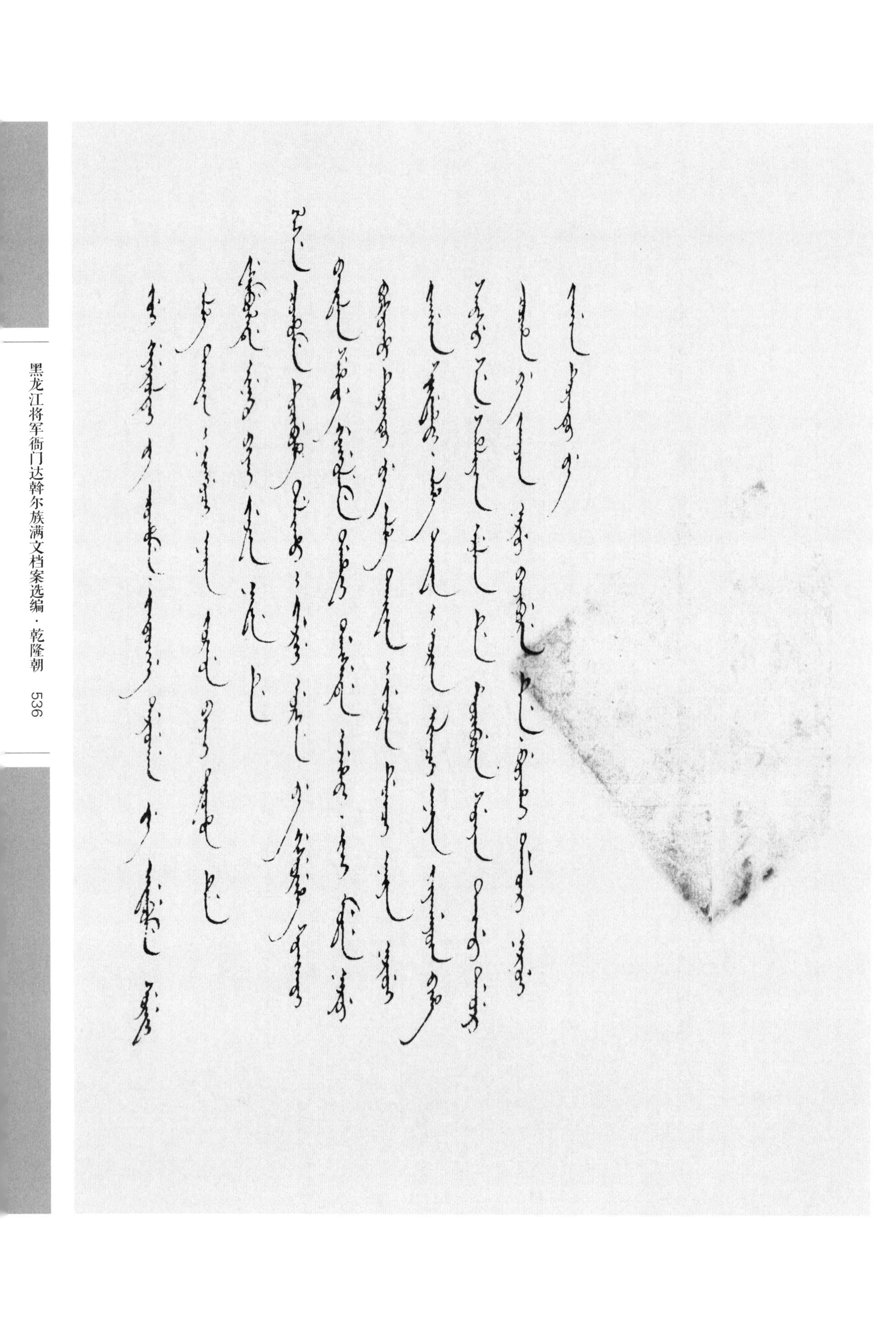

[illegible]
[illegible]
[illegible]
[illegible]
[illegible]
[illegible]
[illegible]
[illegible]
[illegible]

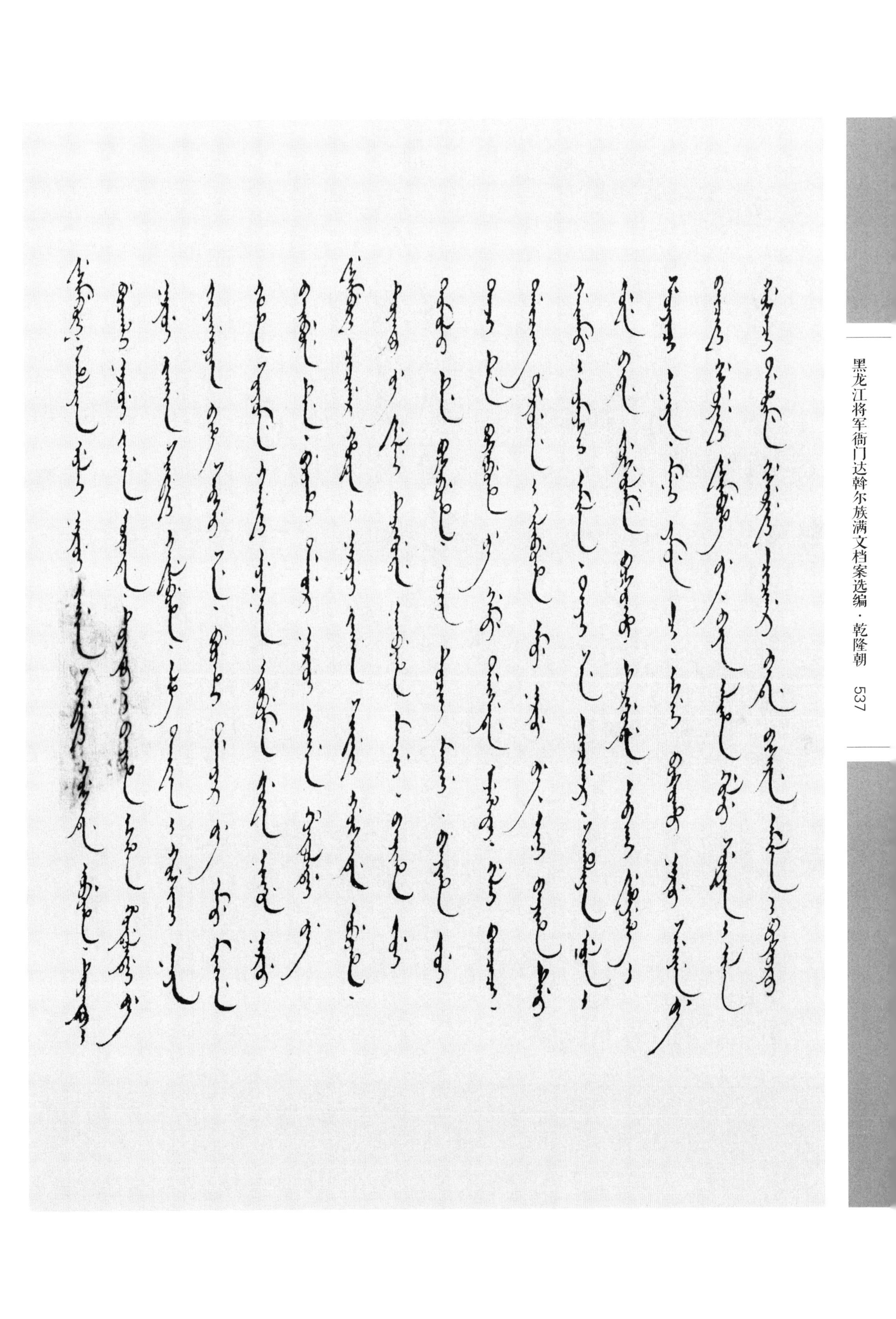

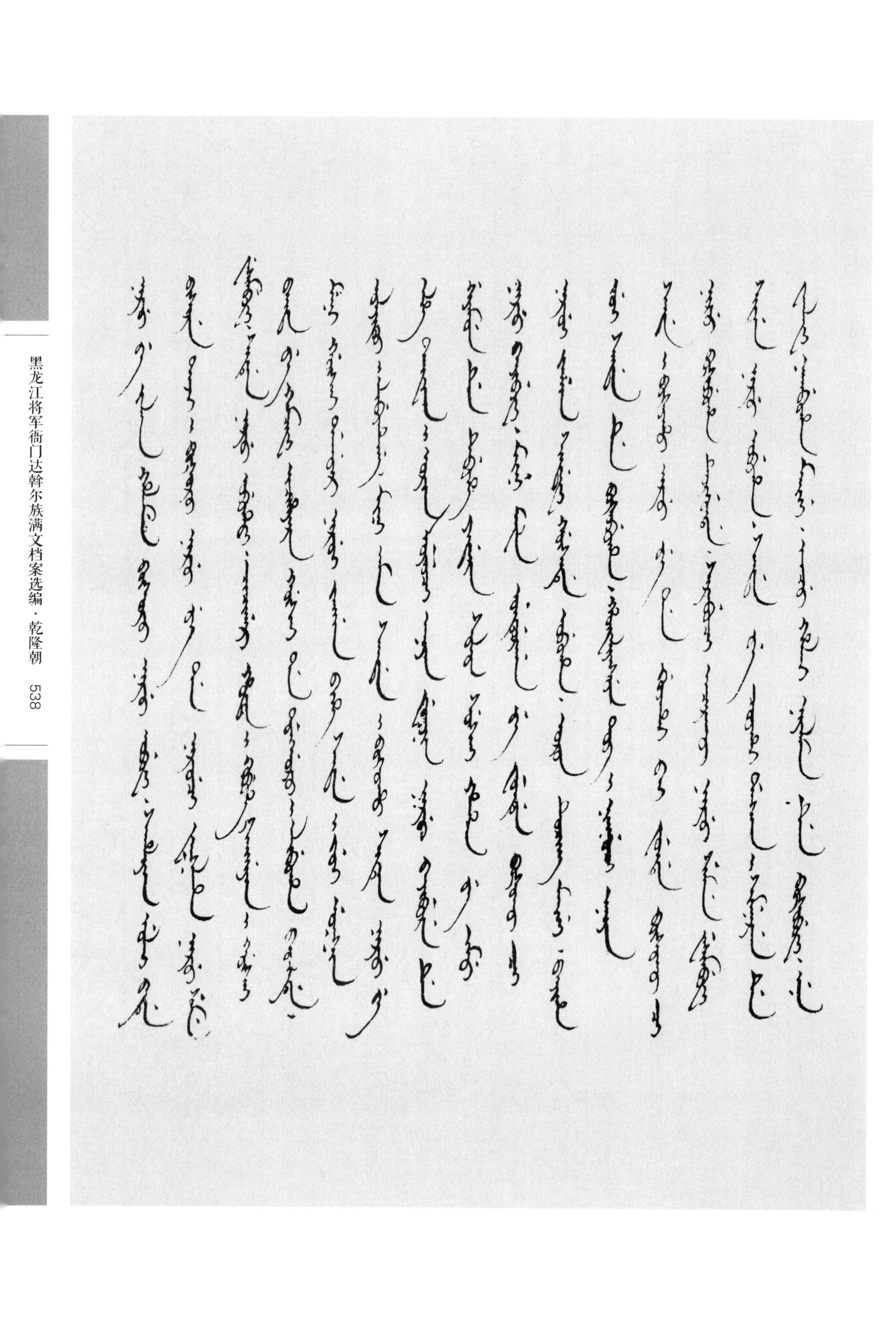

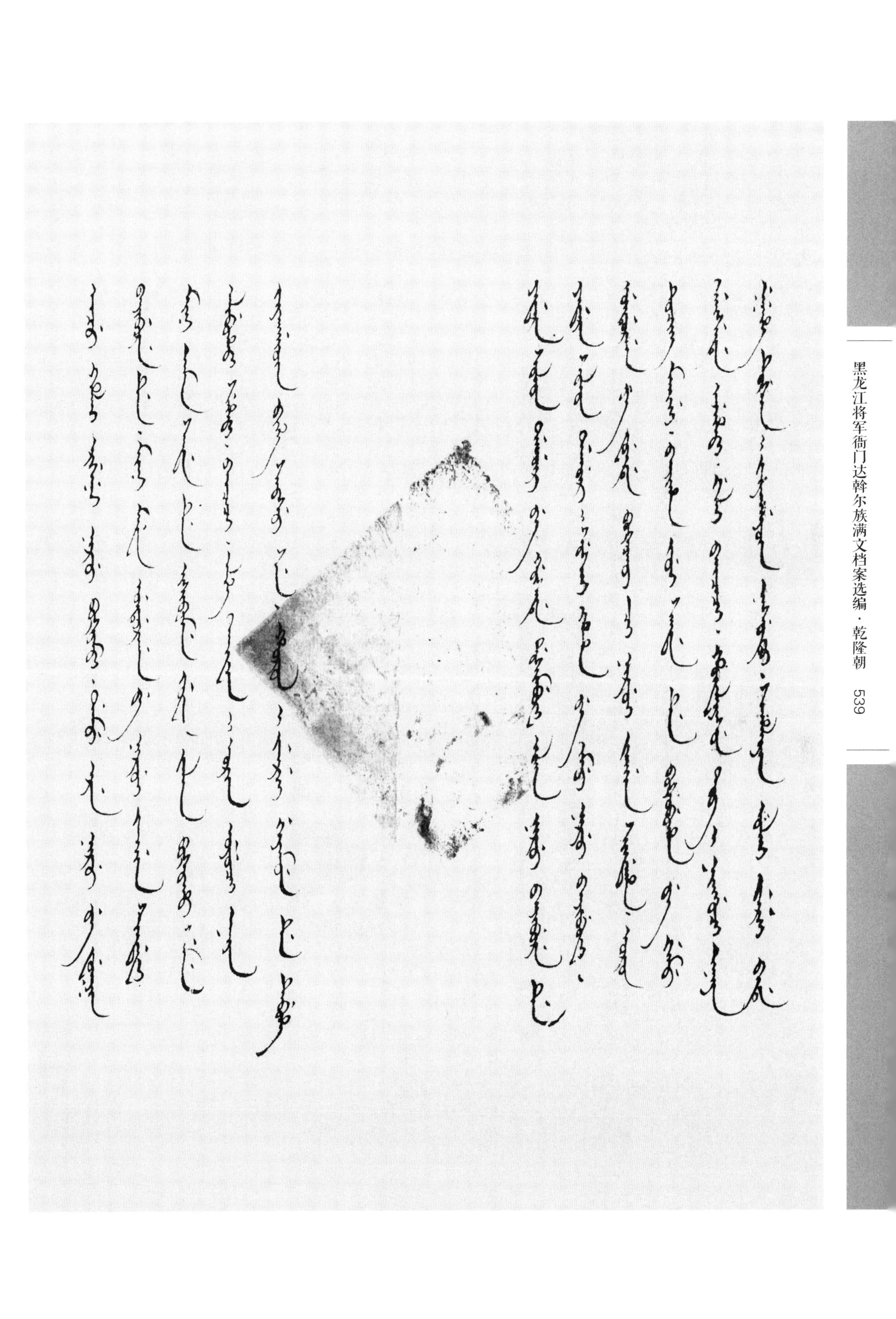

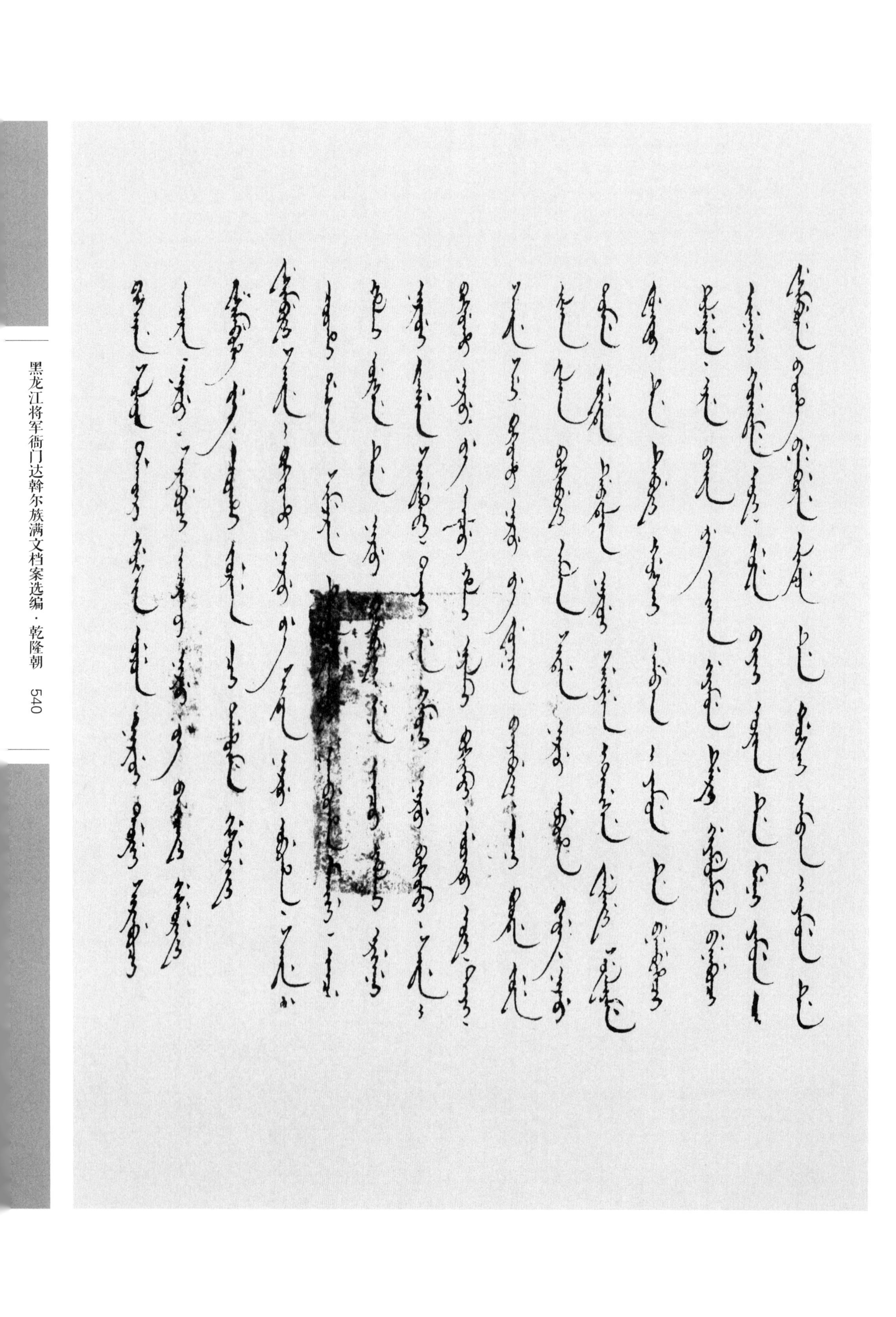

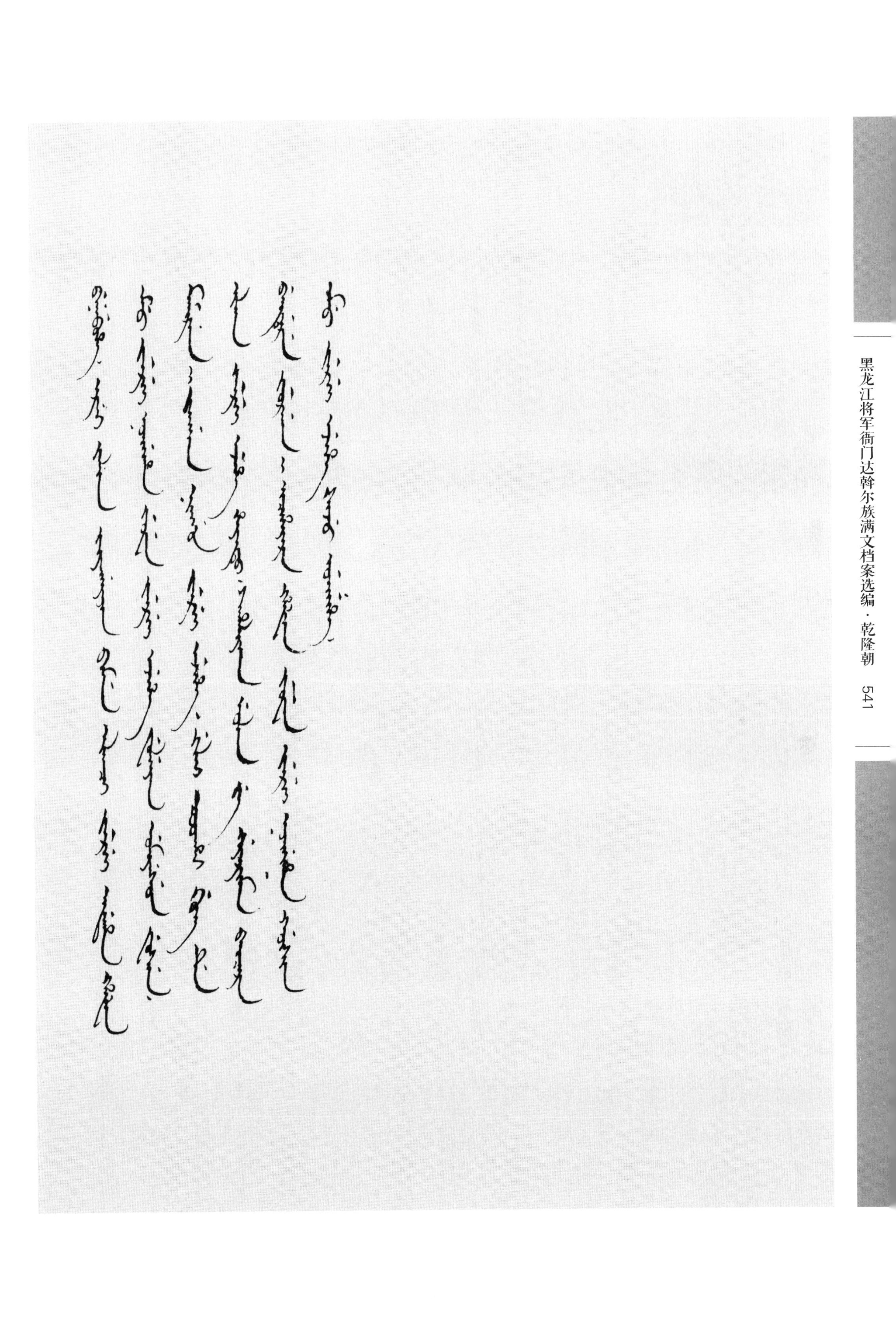

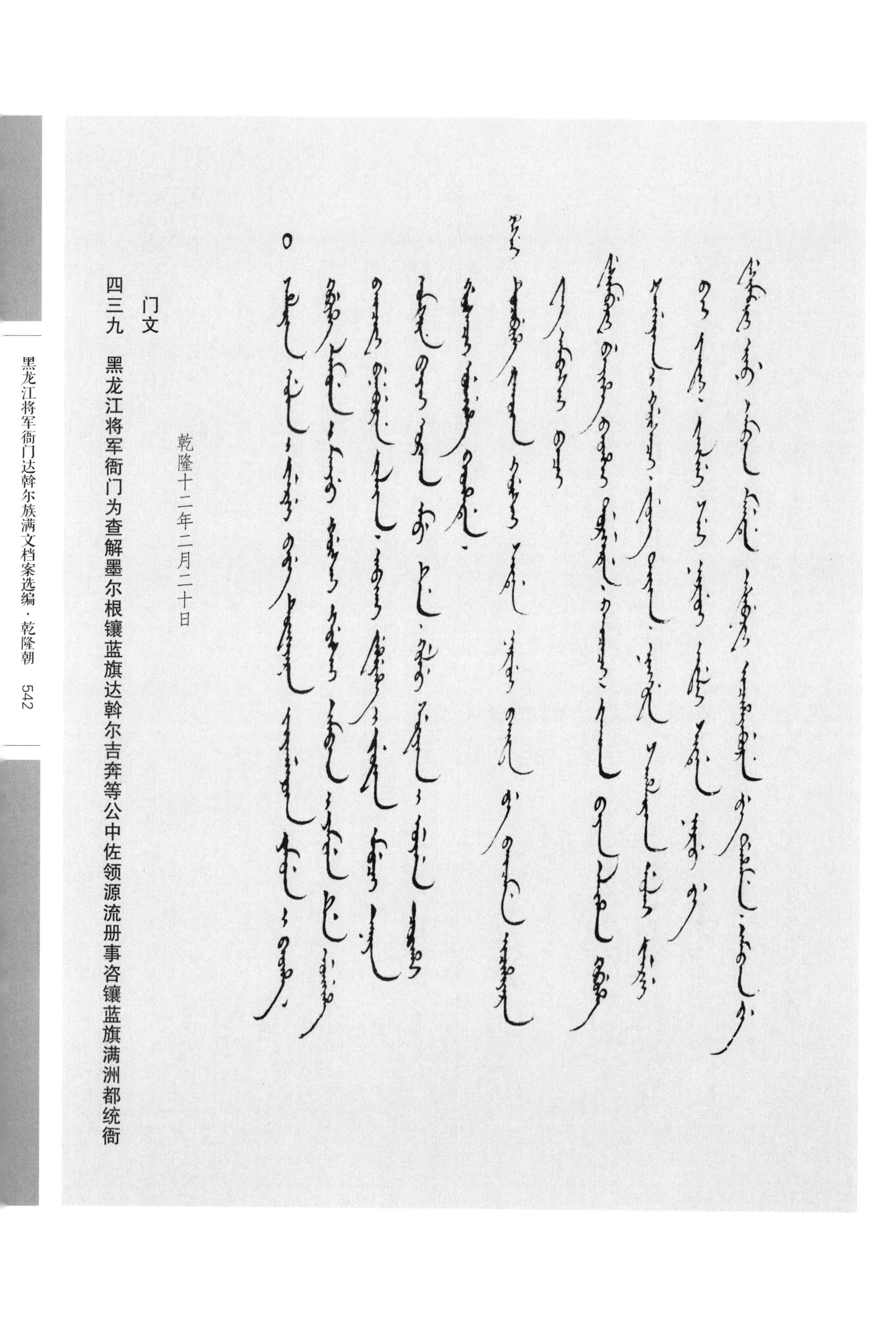

四三九 黑龙江将军衙门为查解墨尔根镶蓝旗达斡尔吉奔等公中佐领源流册事咨镶蓝旗满洲都统衙门

门文

乾隆十二年二月二十日

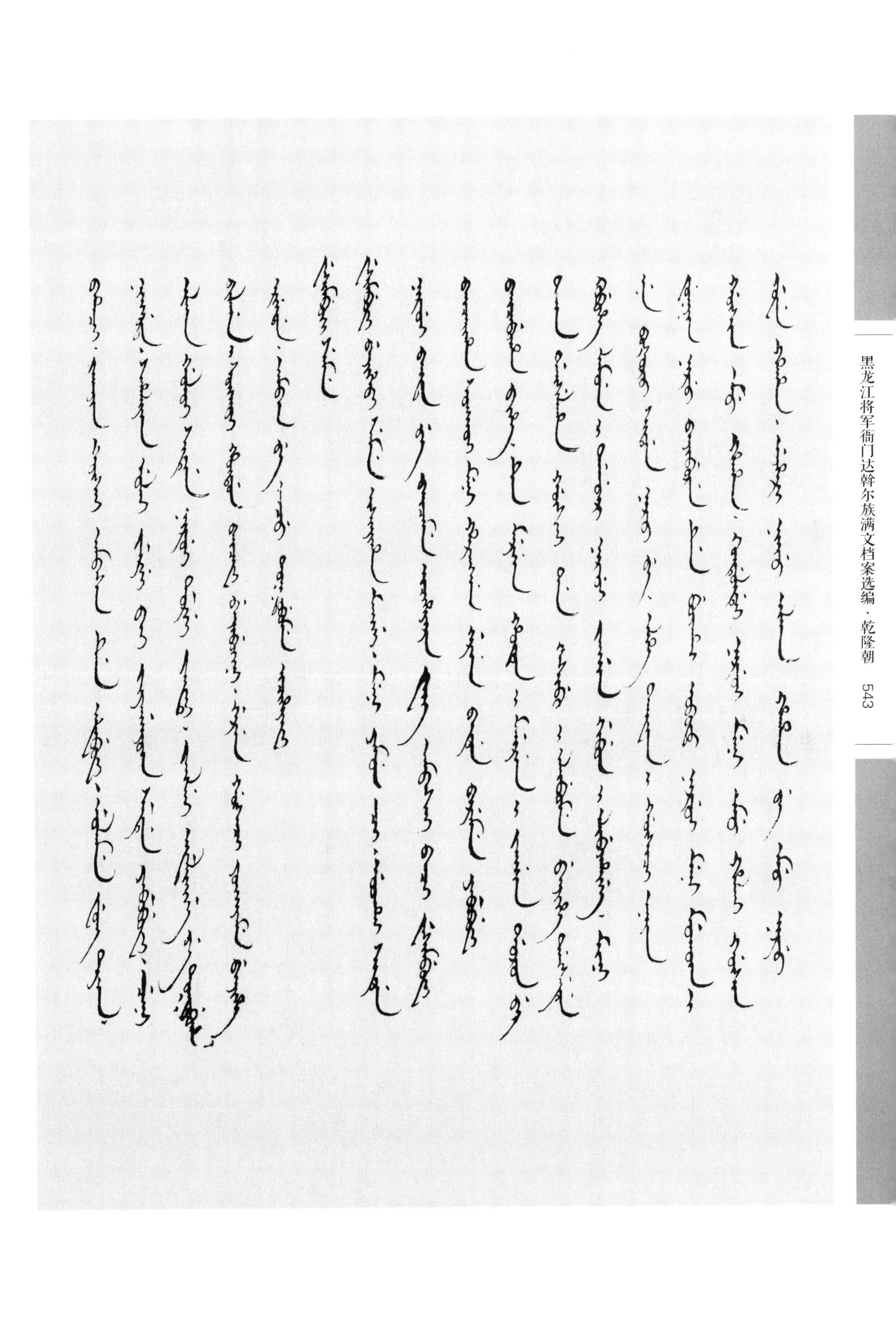

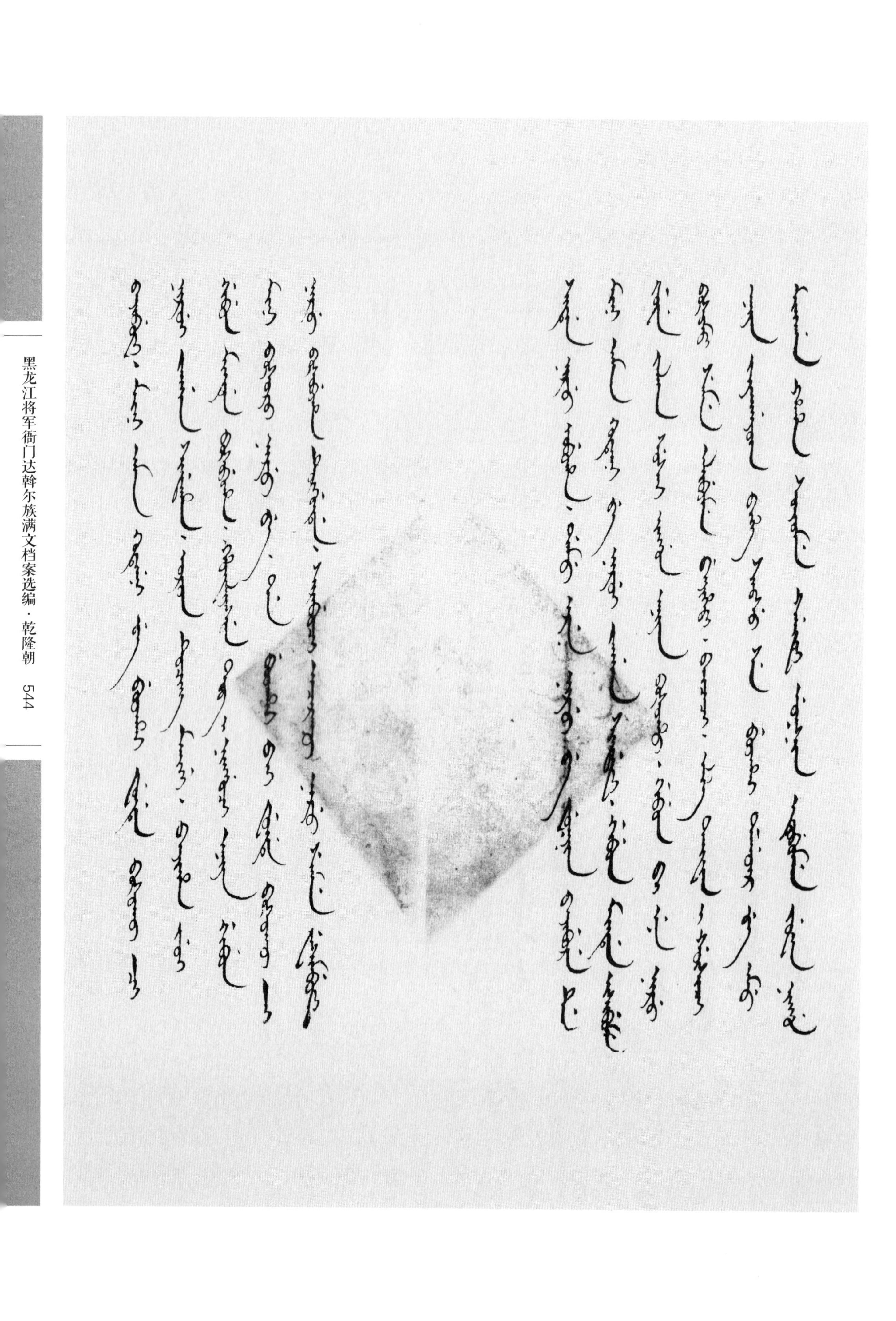

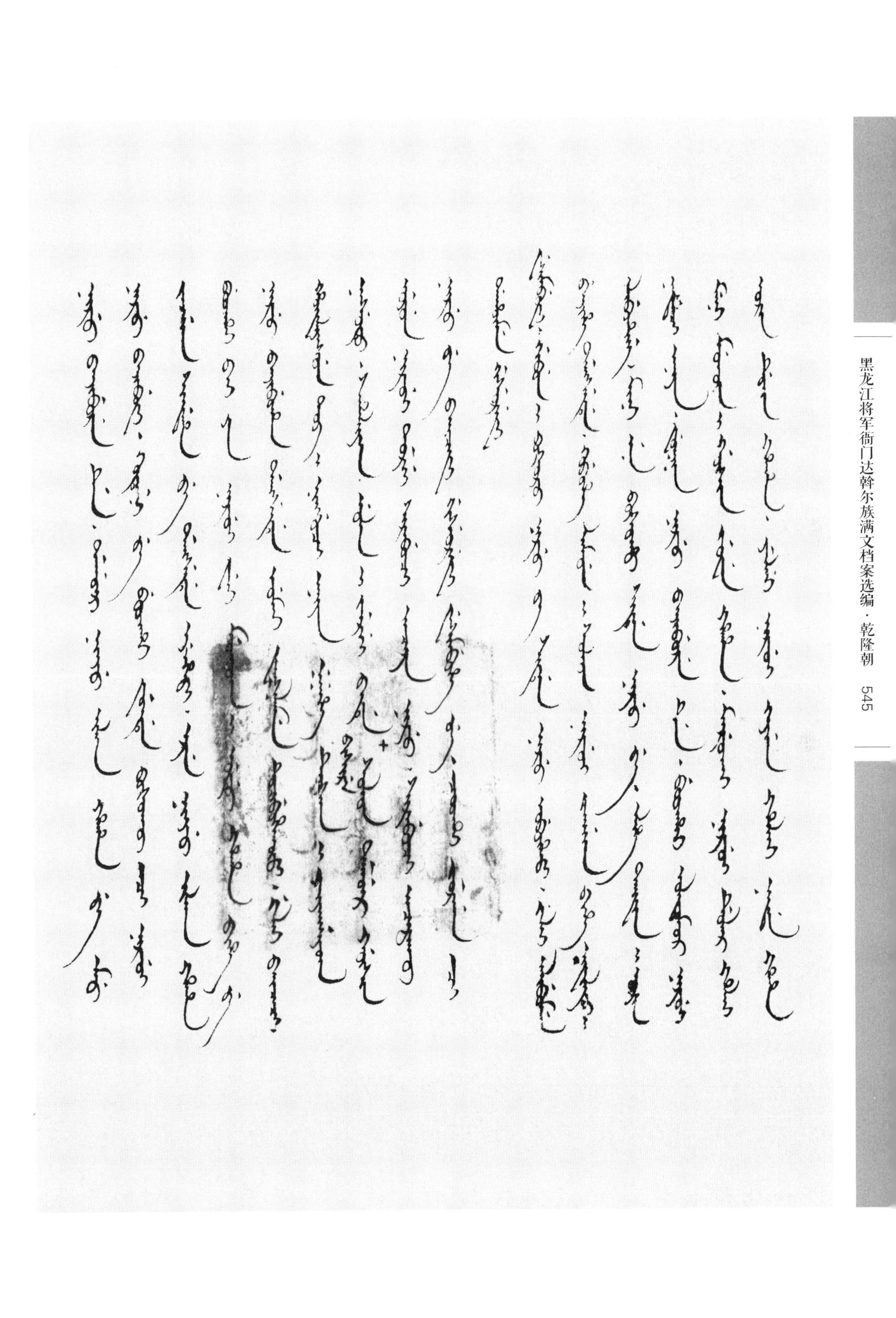

[illegible]

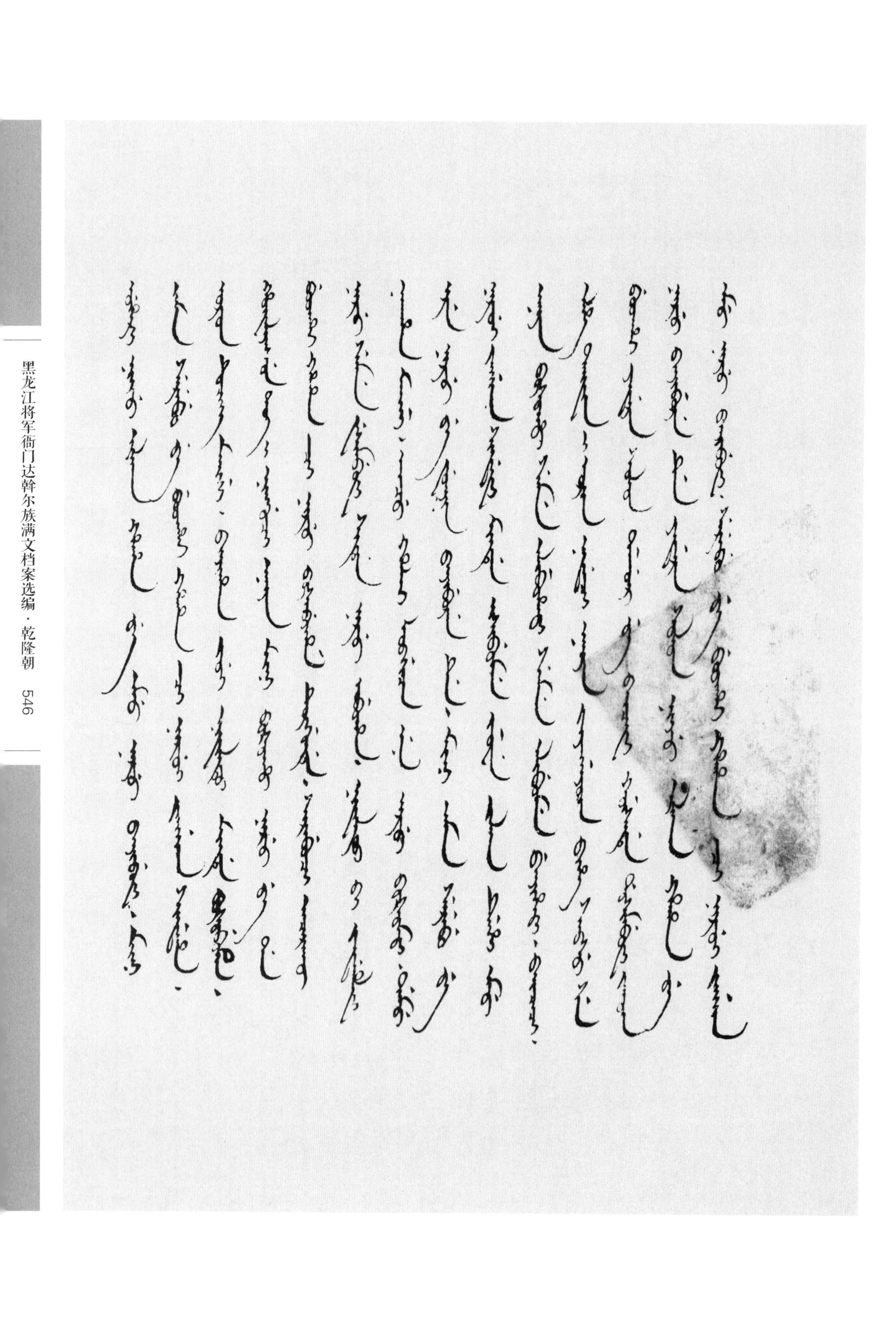

[illegible]
[illegible]
[illegible]
[illegible]
[illegible]
[illegible]
[illegible]
[illegible]
[illegible]
[illegible]
[illegible]
[illegible]
[illegible]
[illegible]

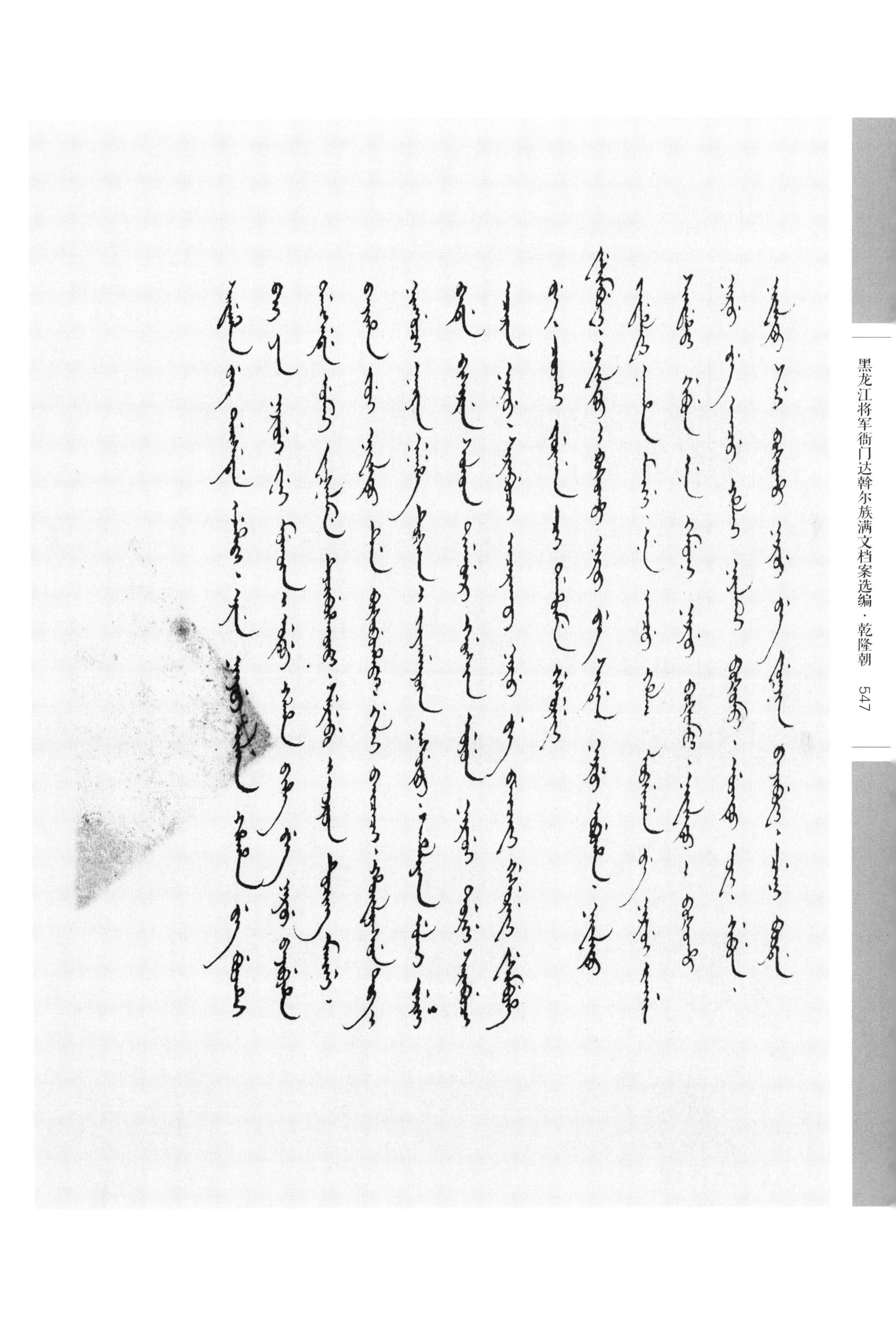

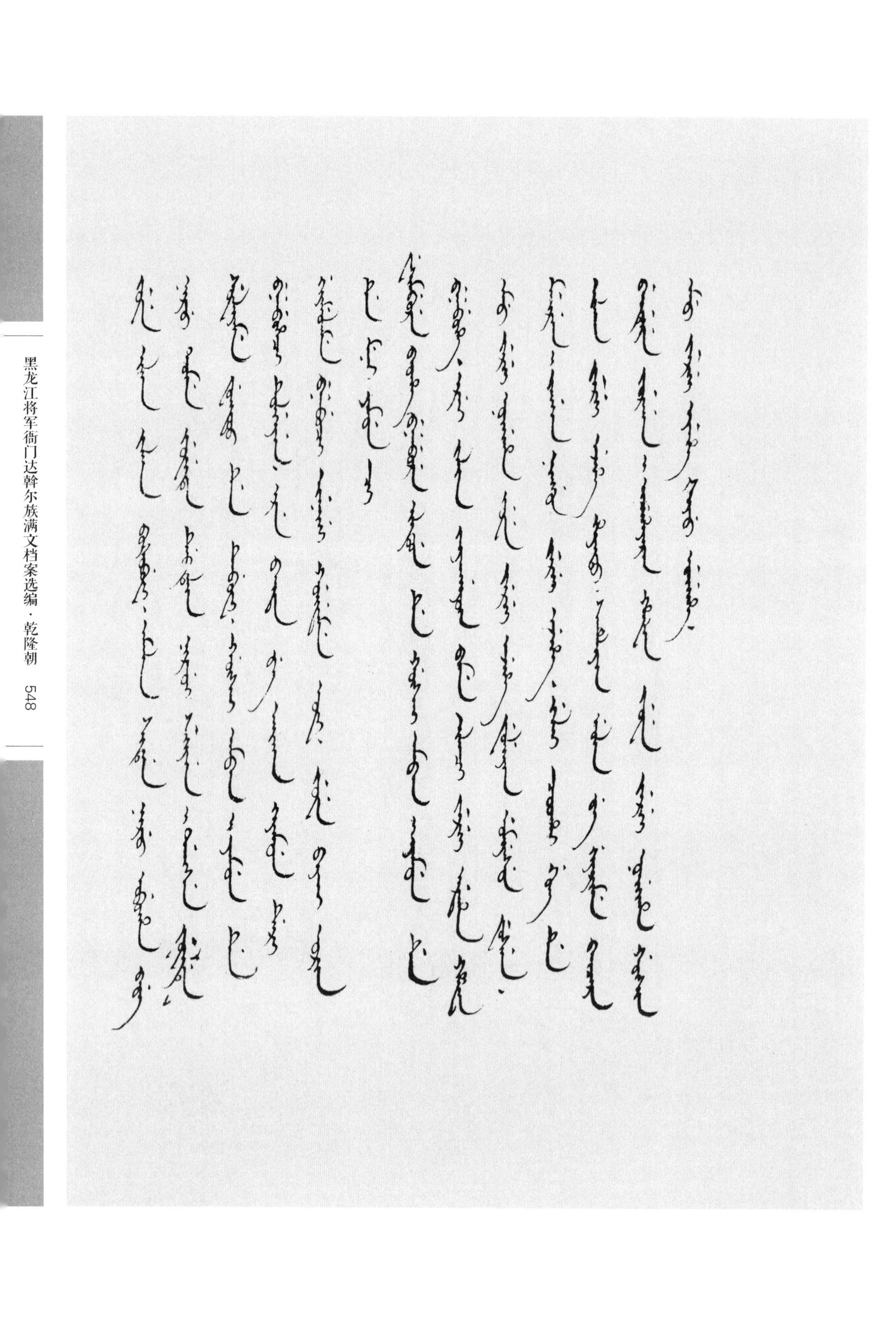

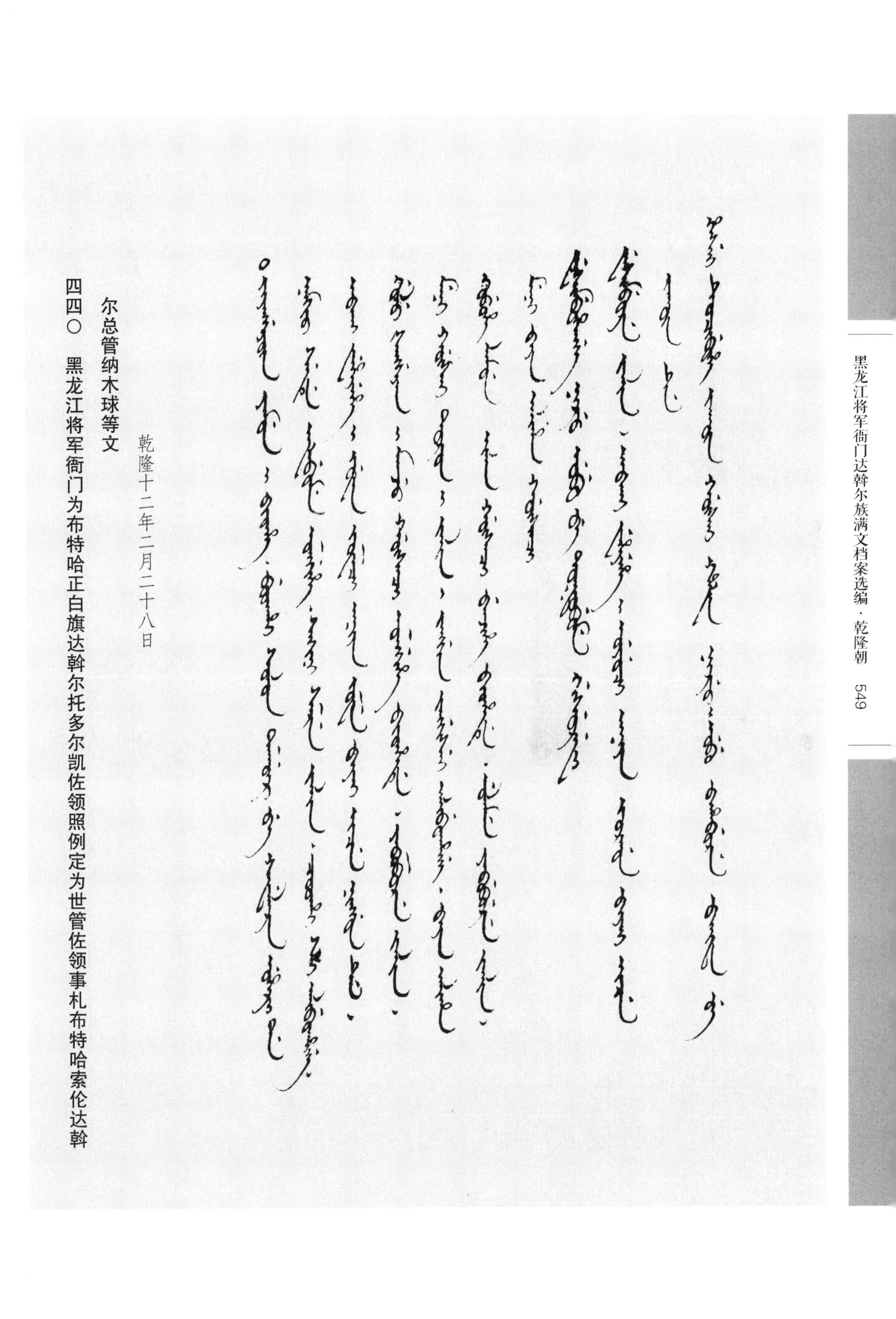

乾隆十二年二月二十八日

四四〇 黑龙江将军衙门为布特哈正白旗达斡尔托多尔凯佐领照例定为世管佐领事札布特哈索伦达斡尔总管纳木球等文

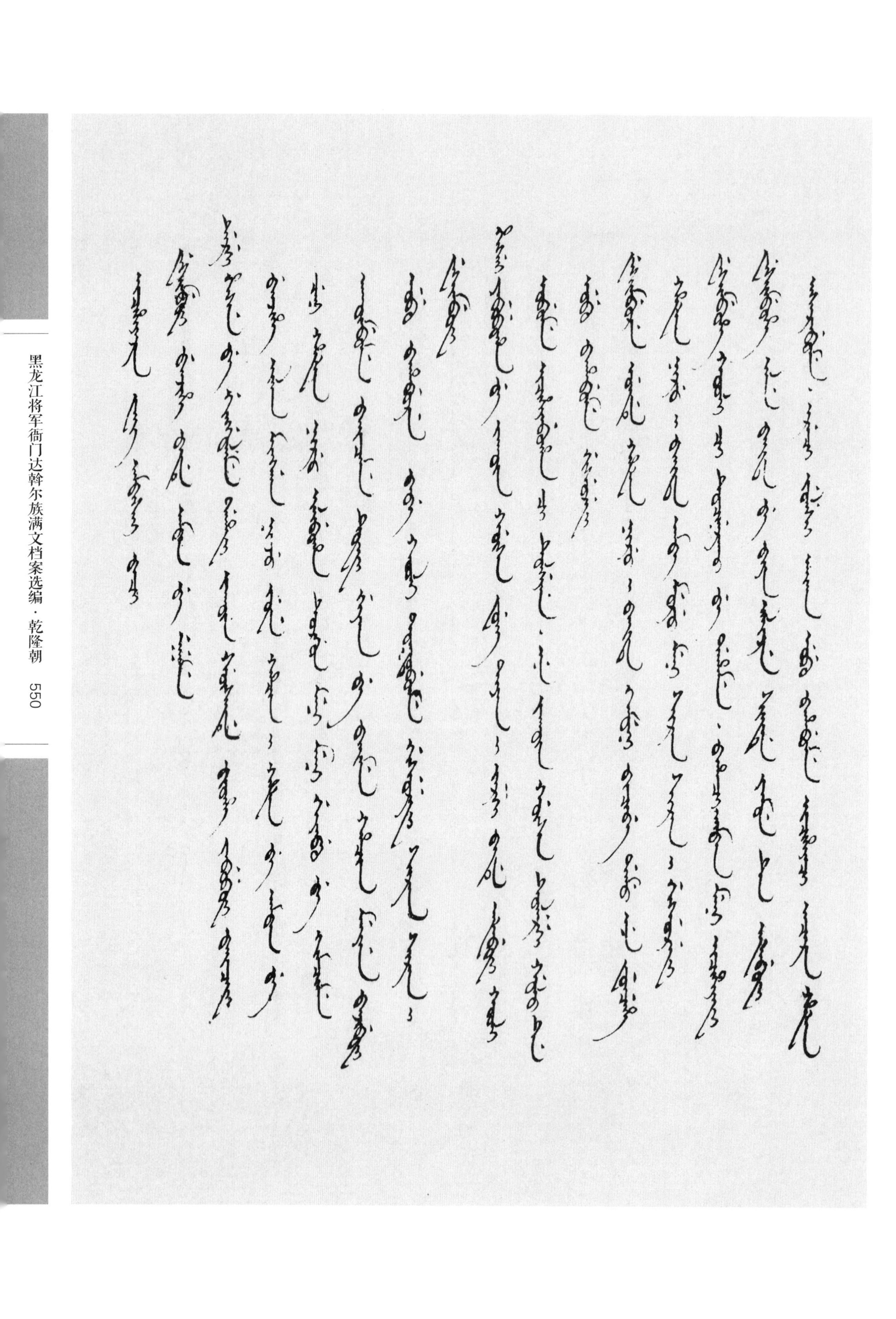

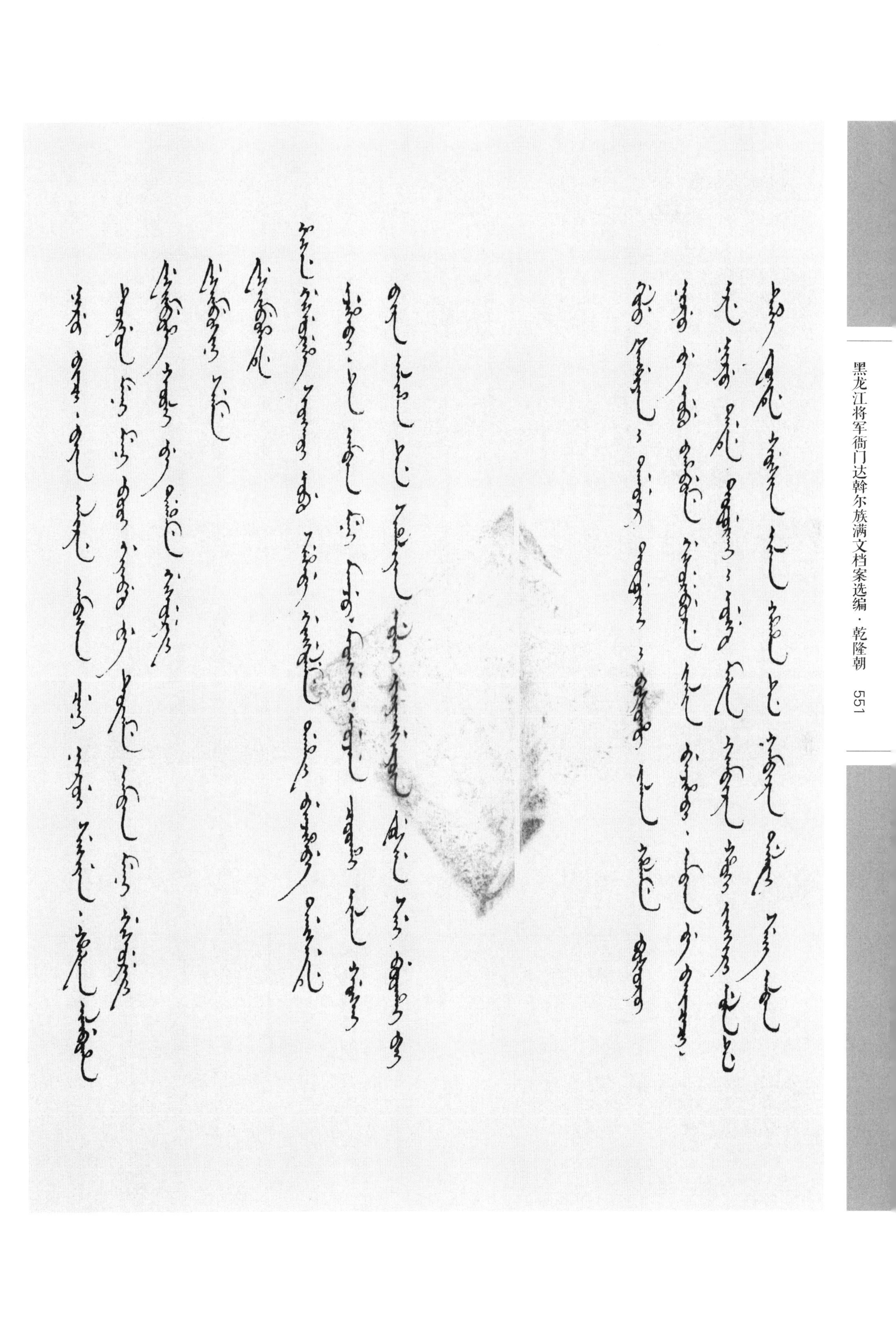

[illegible]

[illegible]

[illegible]

[illegible]

[illegible]

[illegible]

[illegible]

[illegible]

[illegible]

[illegible]

[illegible]

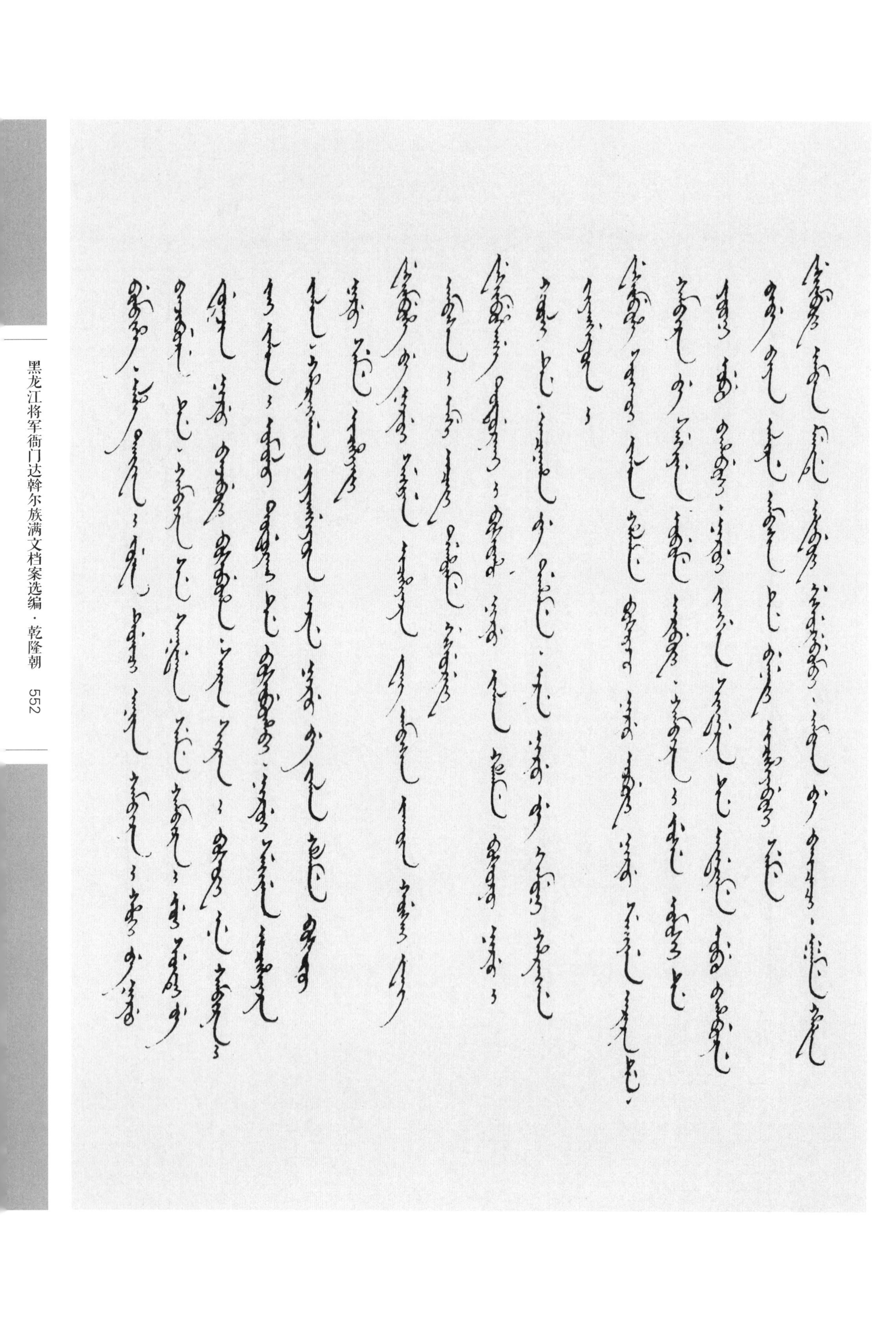

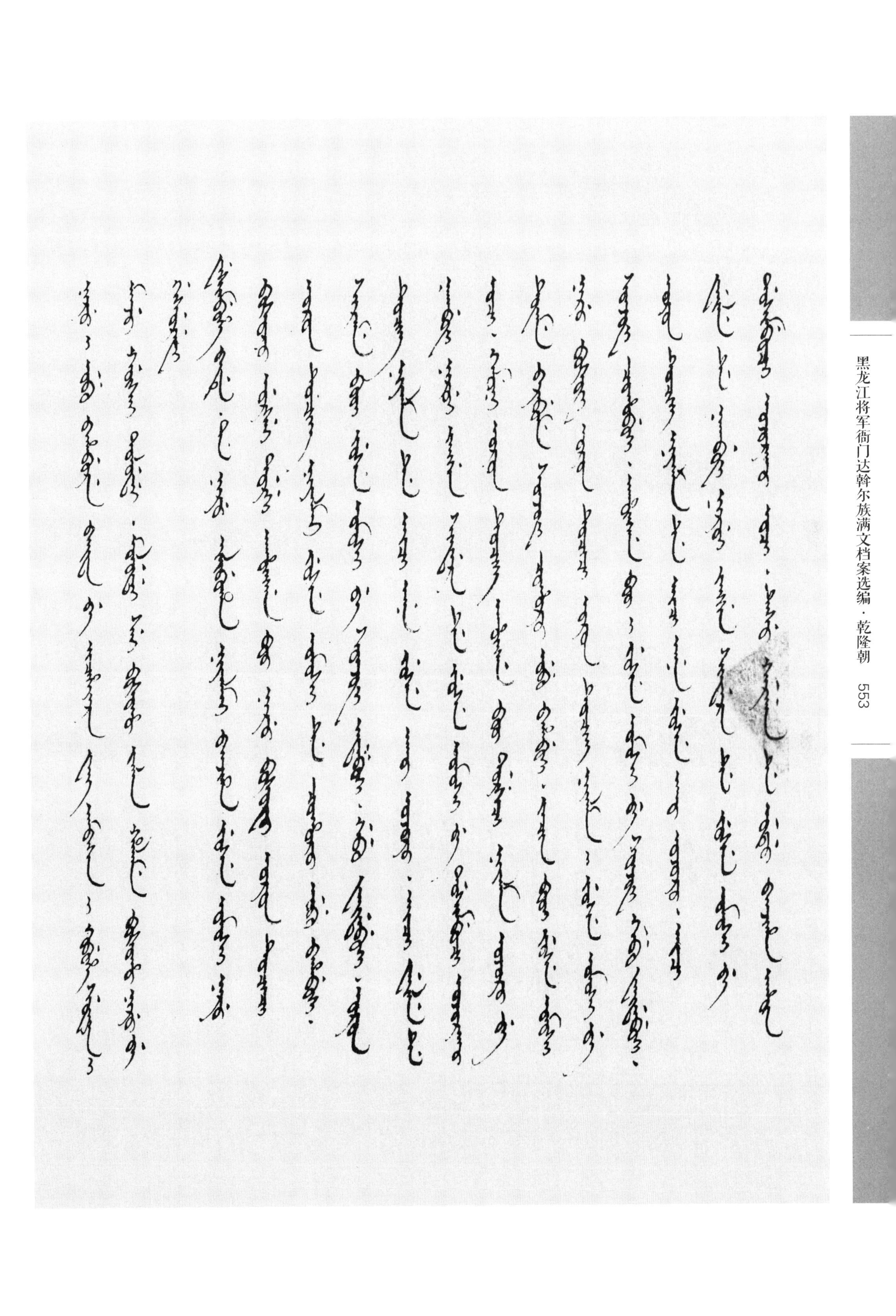

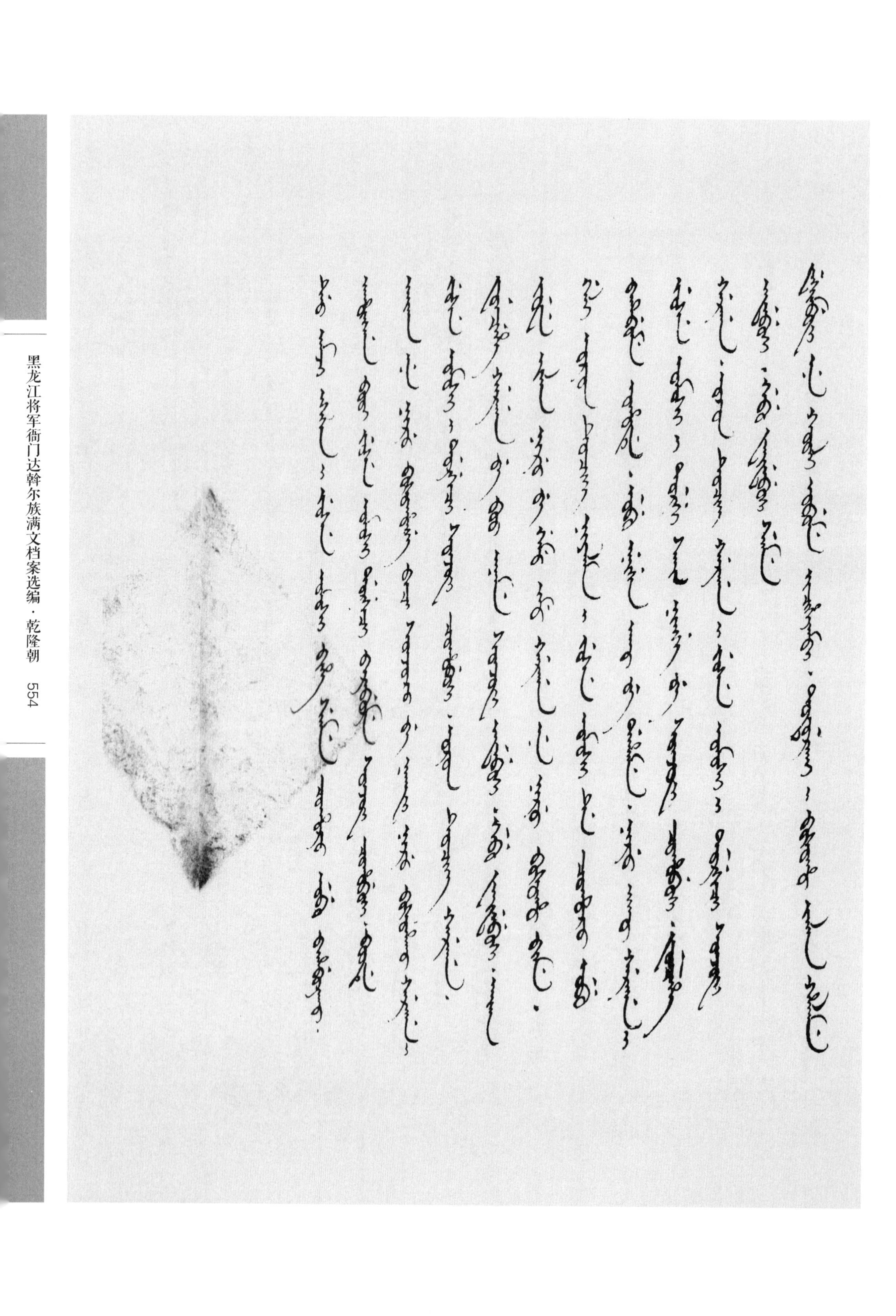

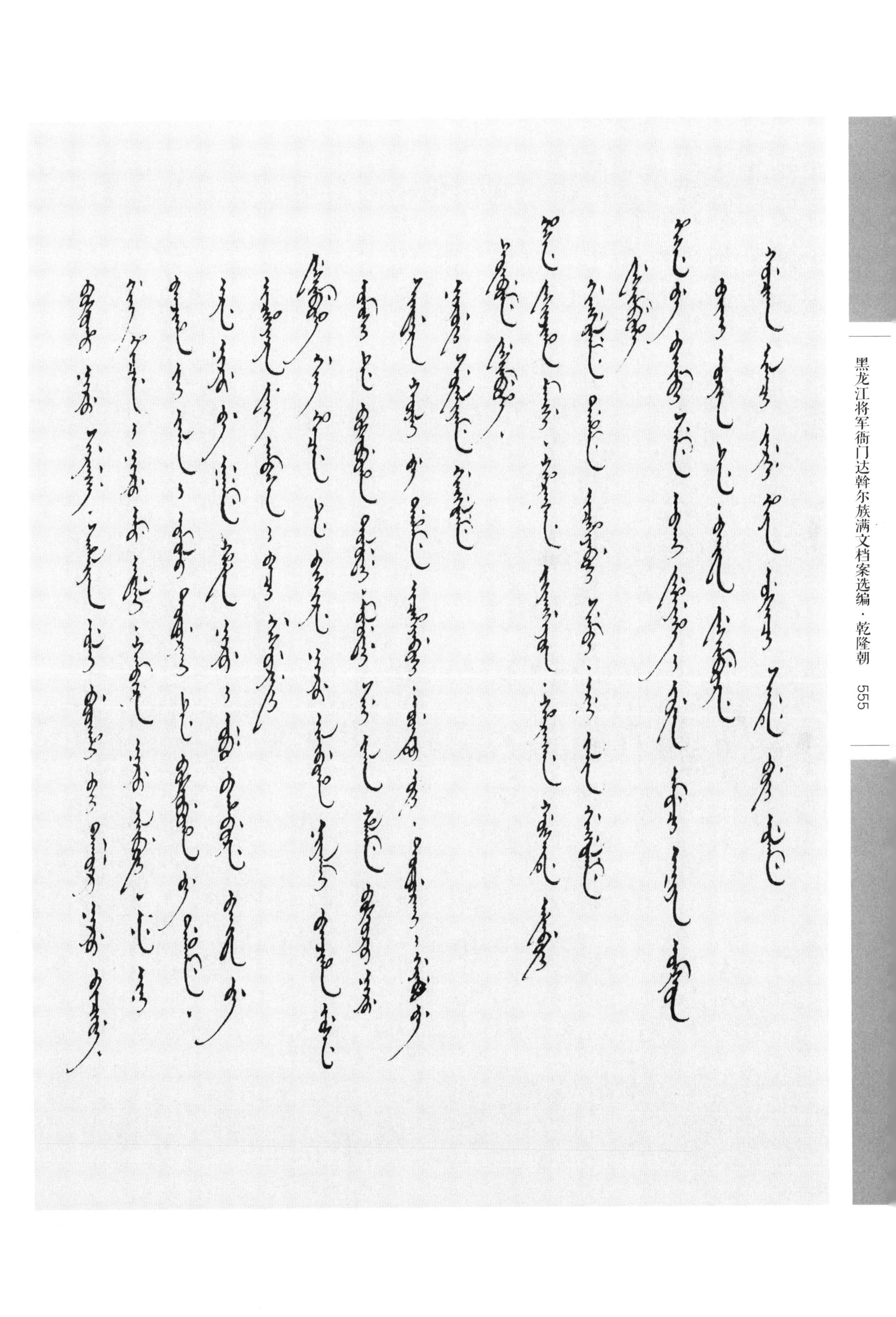

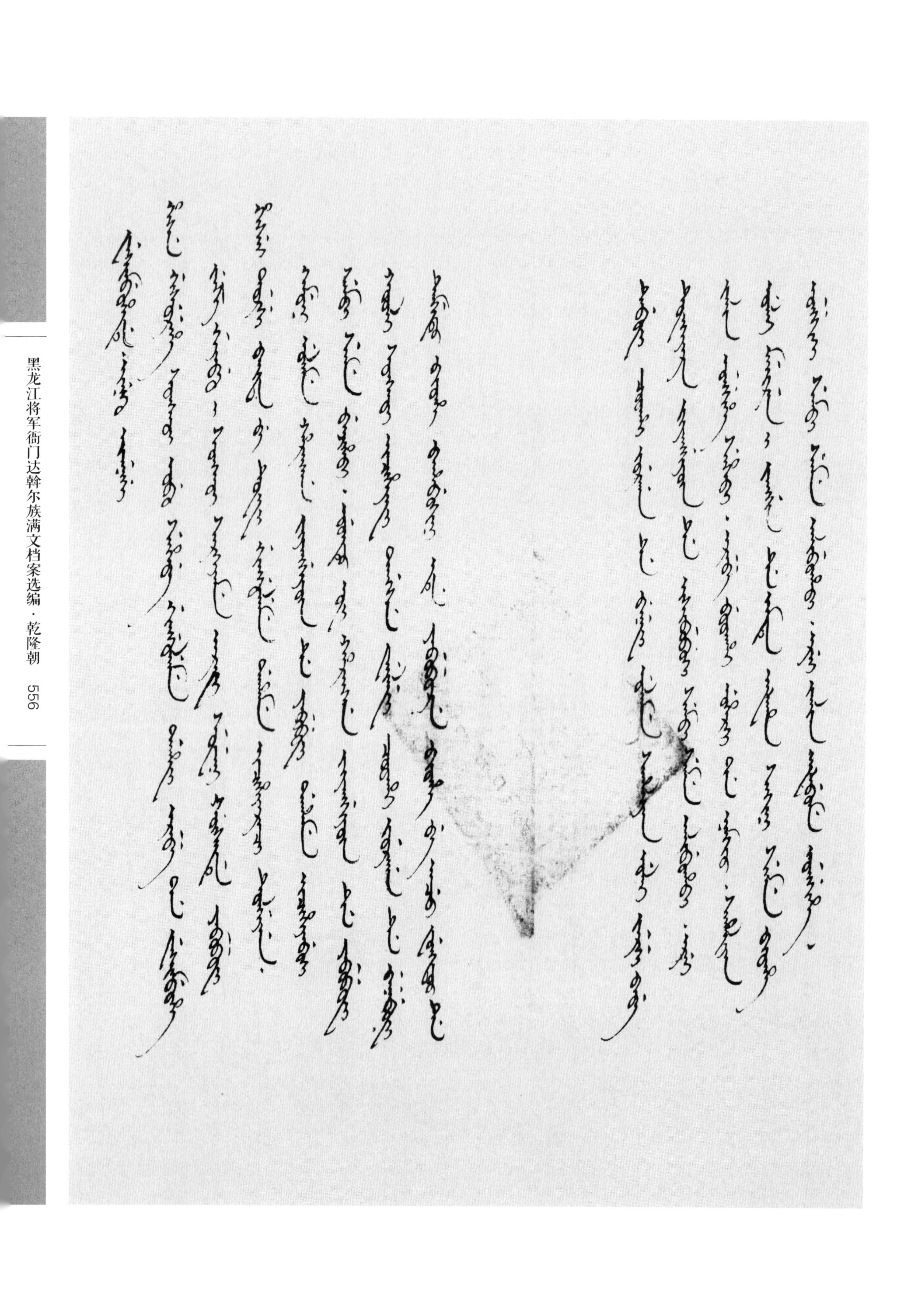

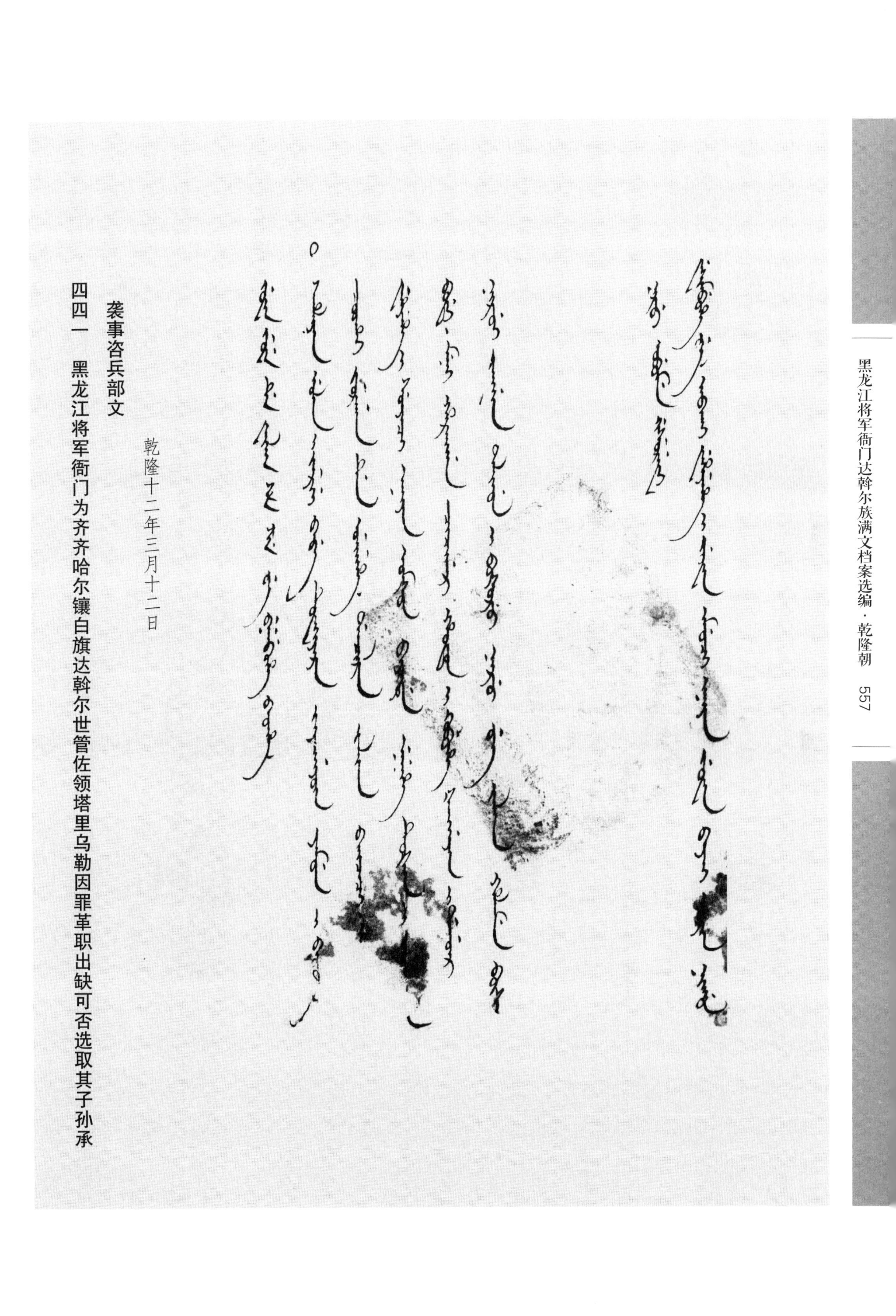

乾隆十二年三月十二日

四四一 黑龙江将军衙门为齐齐哈尔镶白旗达斡尔世管佐领塔里乌勒因罪革职出缺可否选取其子孙承袭事咨兵部文

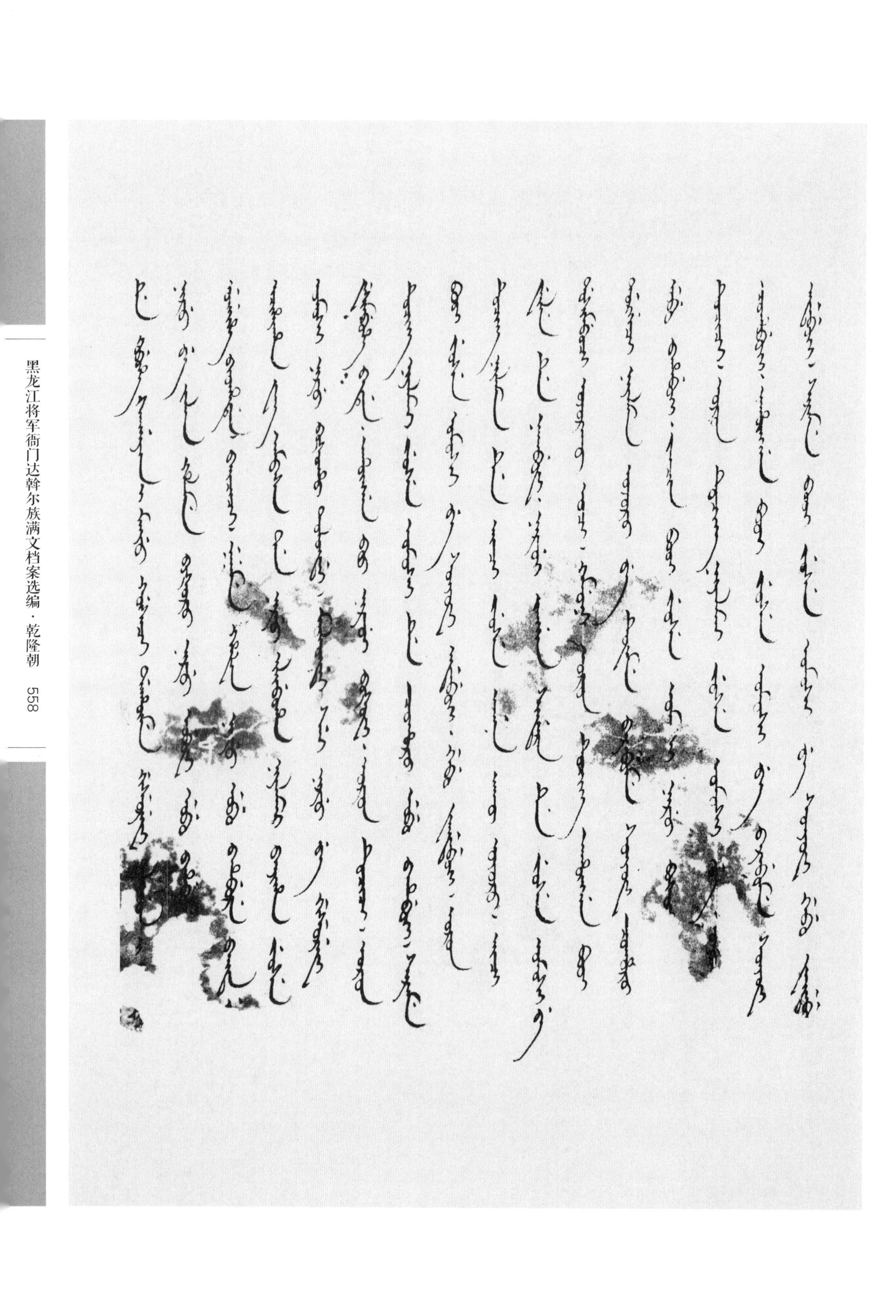

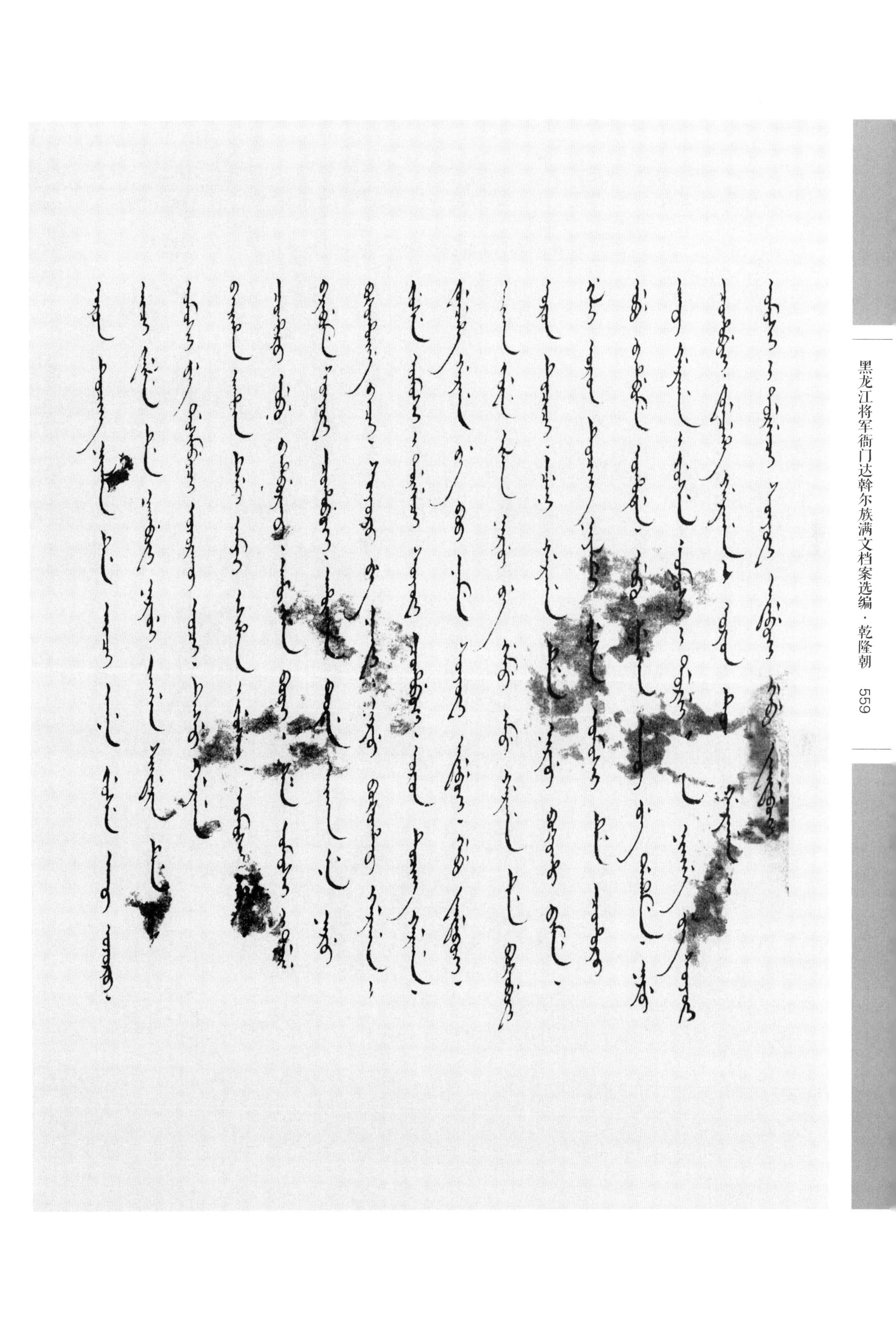

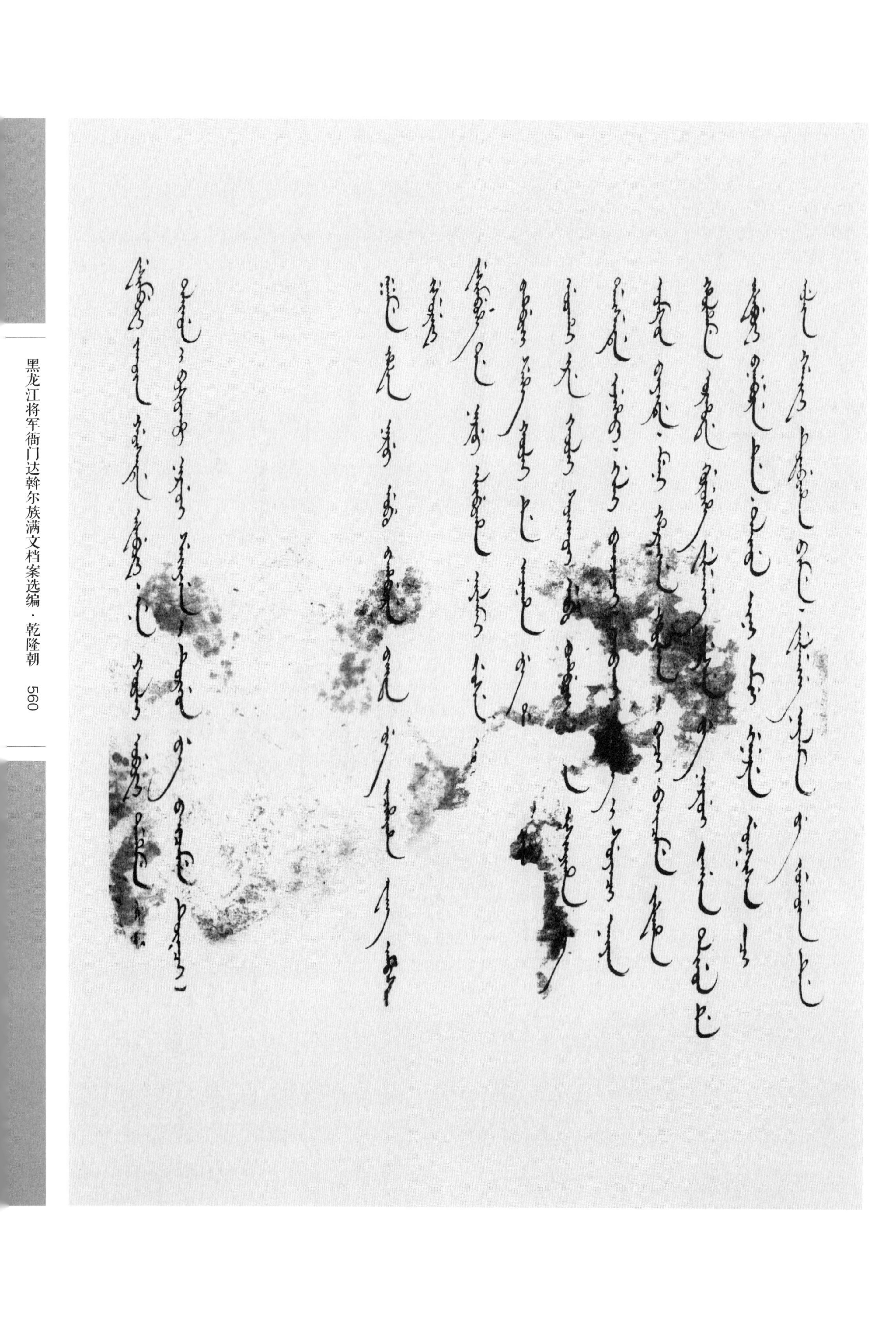

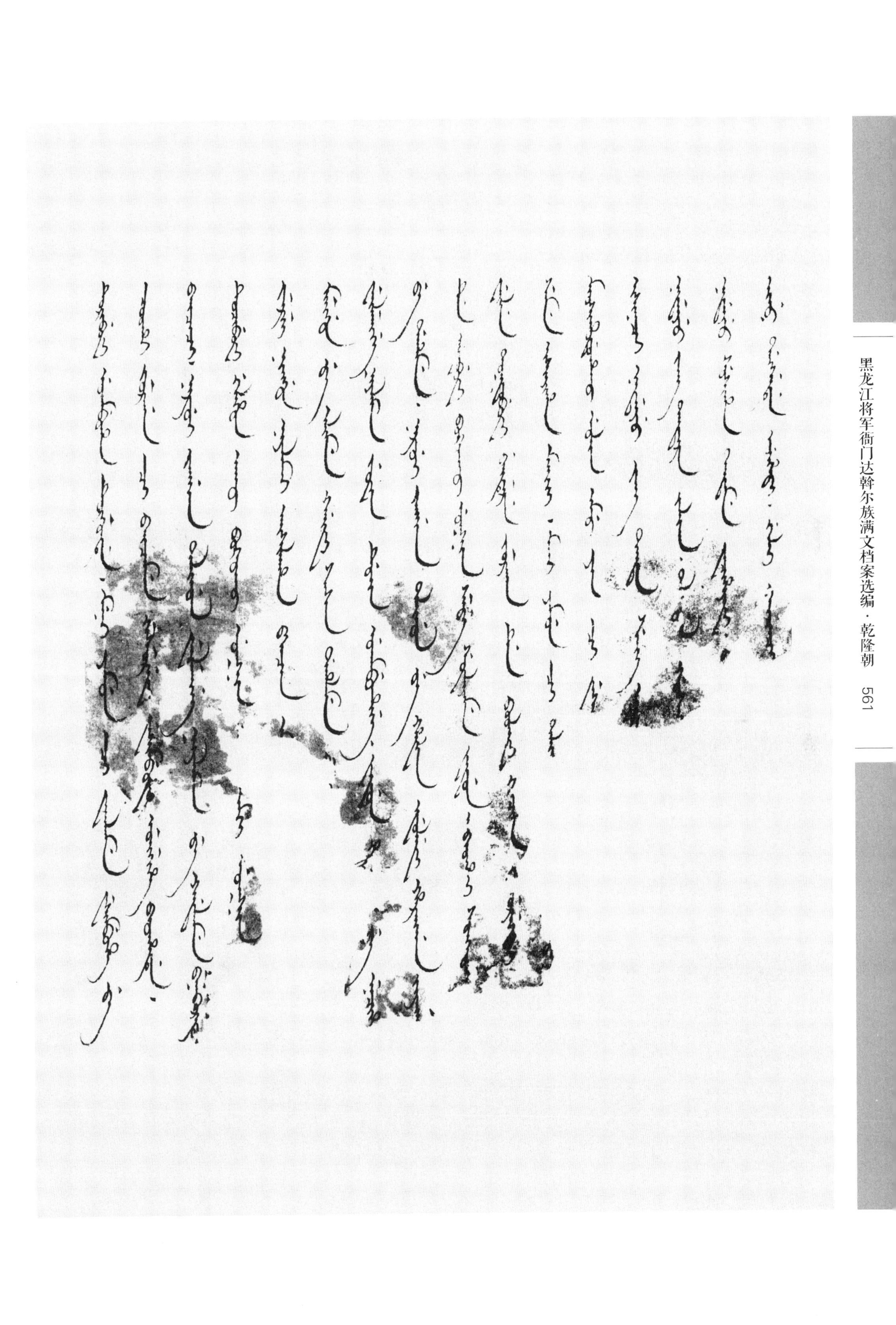

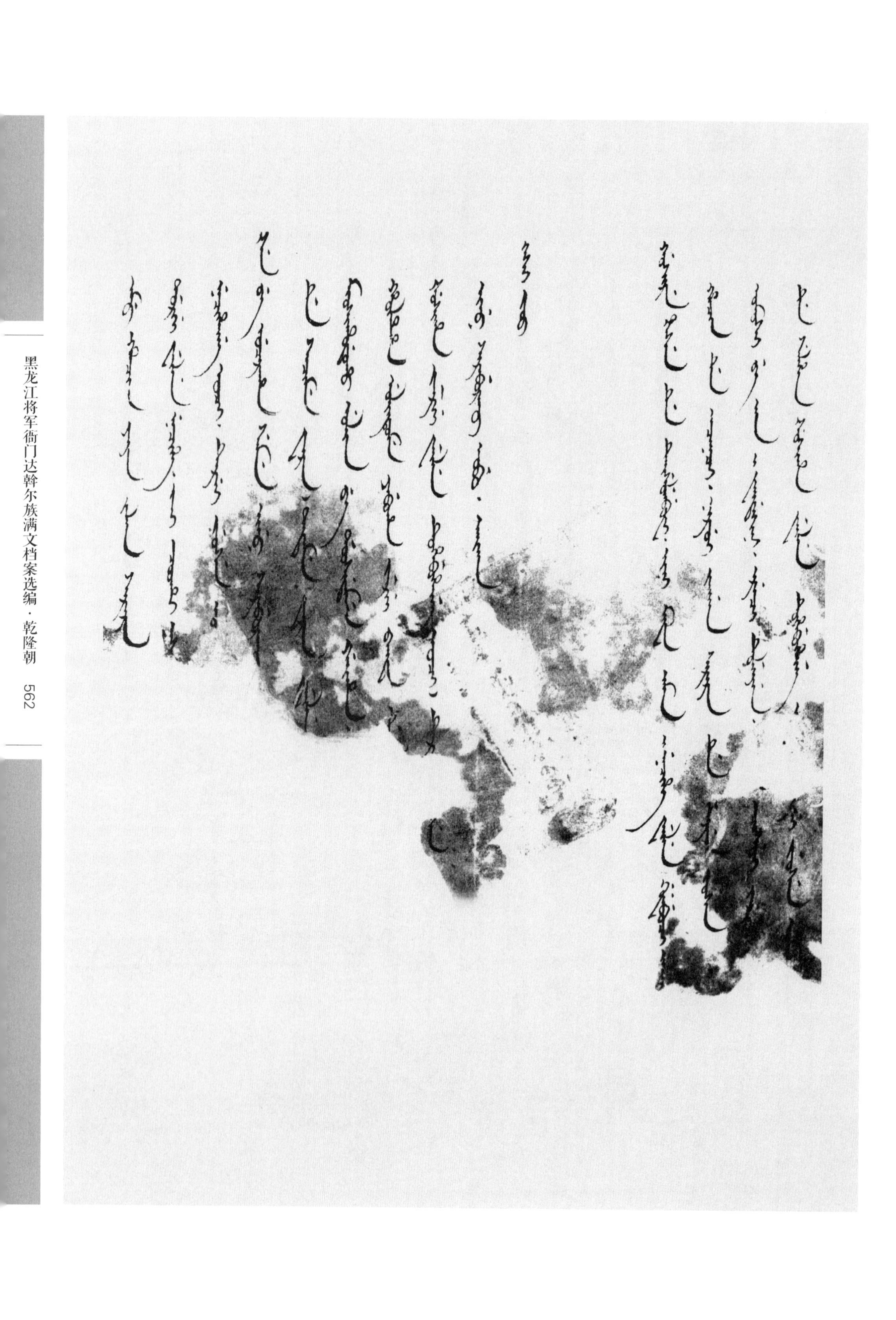

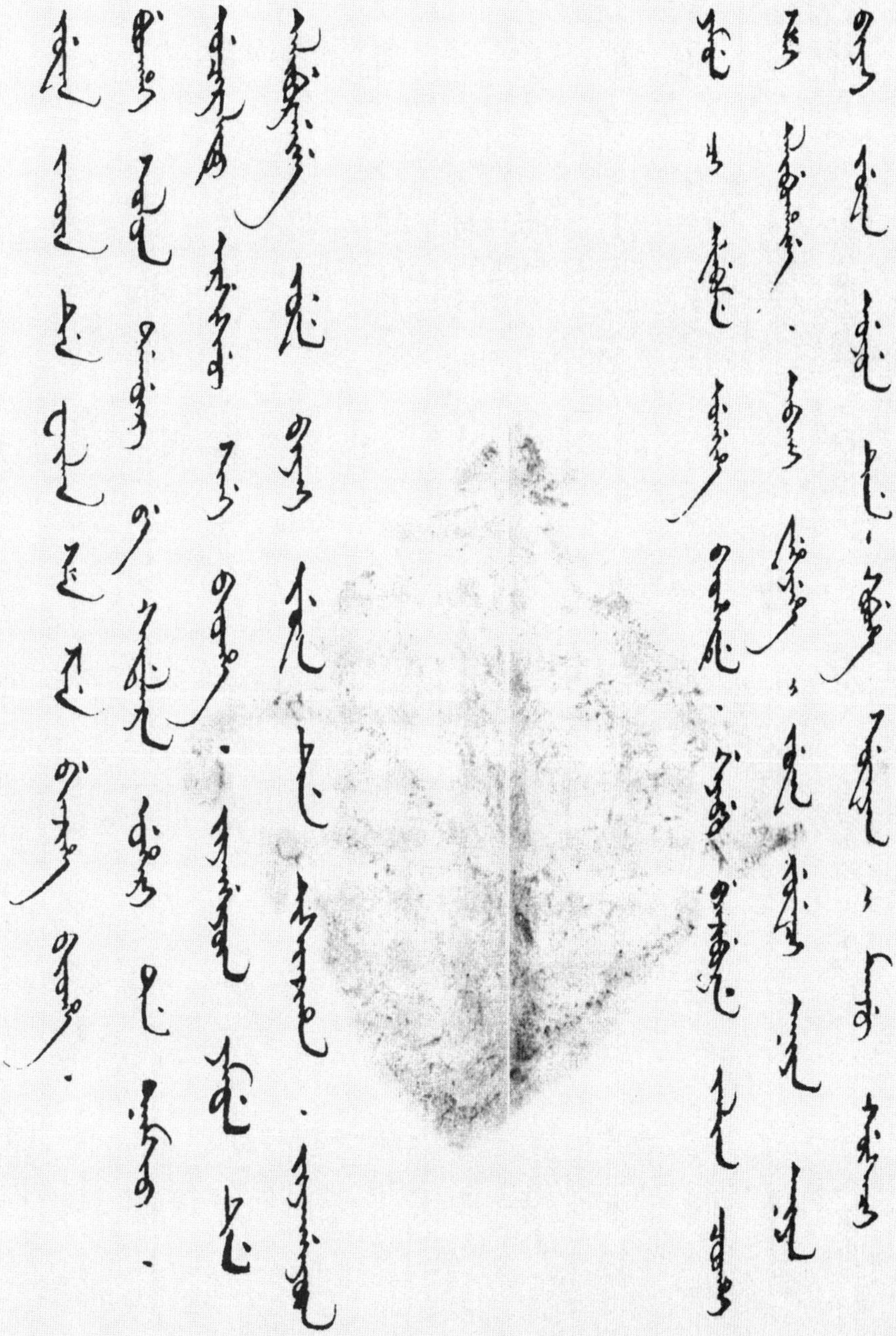

乾隆十二年三月十八日

门文

四四二 布特哈索伦达斡尔总管纳木球等为查解镶黄旗达斡尔托尼逊丹巴佐领家谱事呈黑龙江将军衙门文

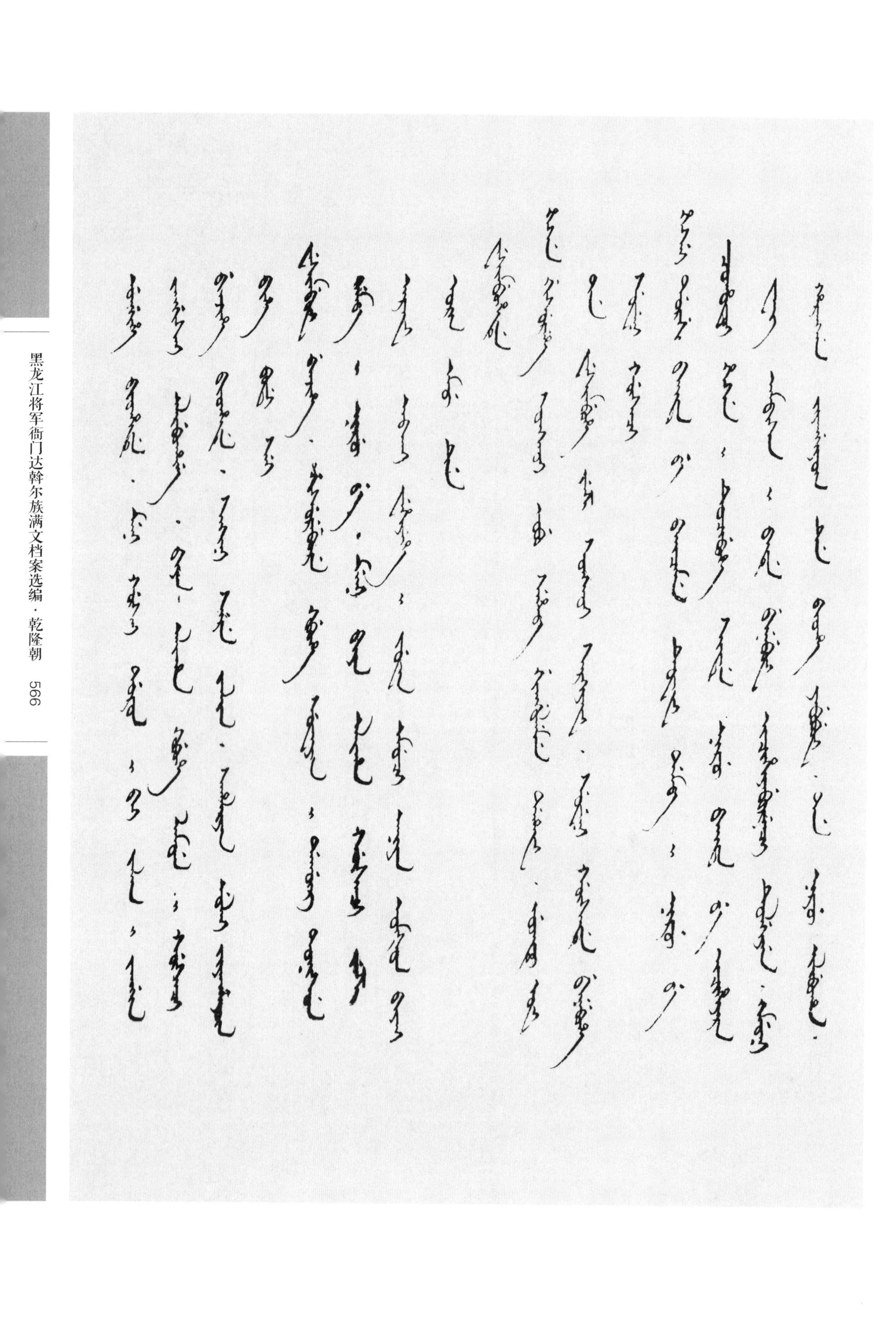

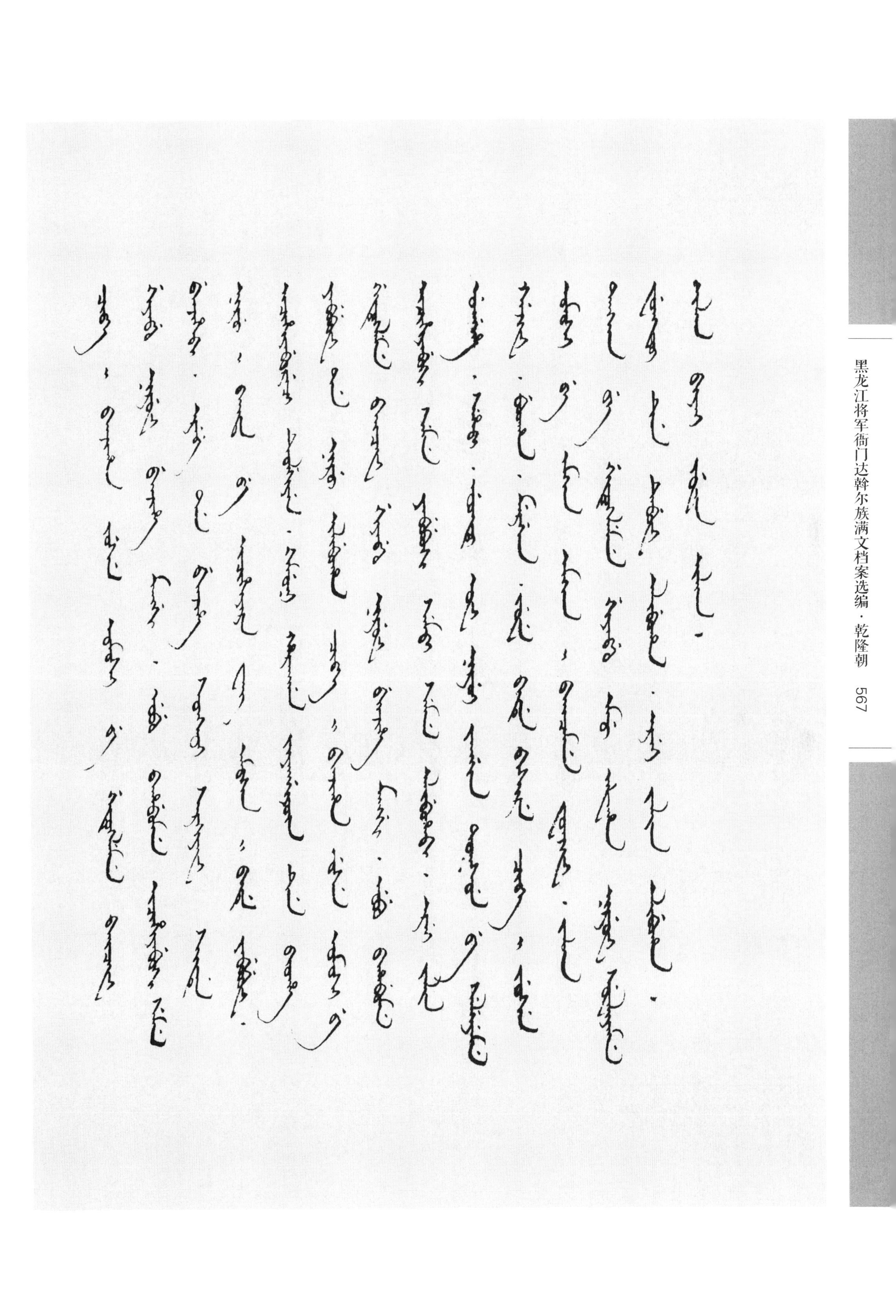

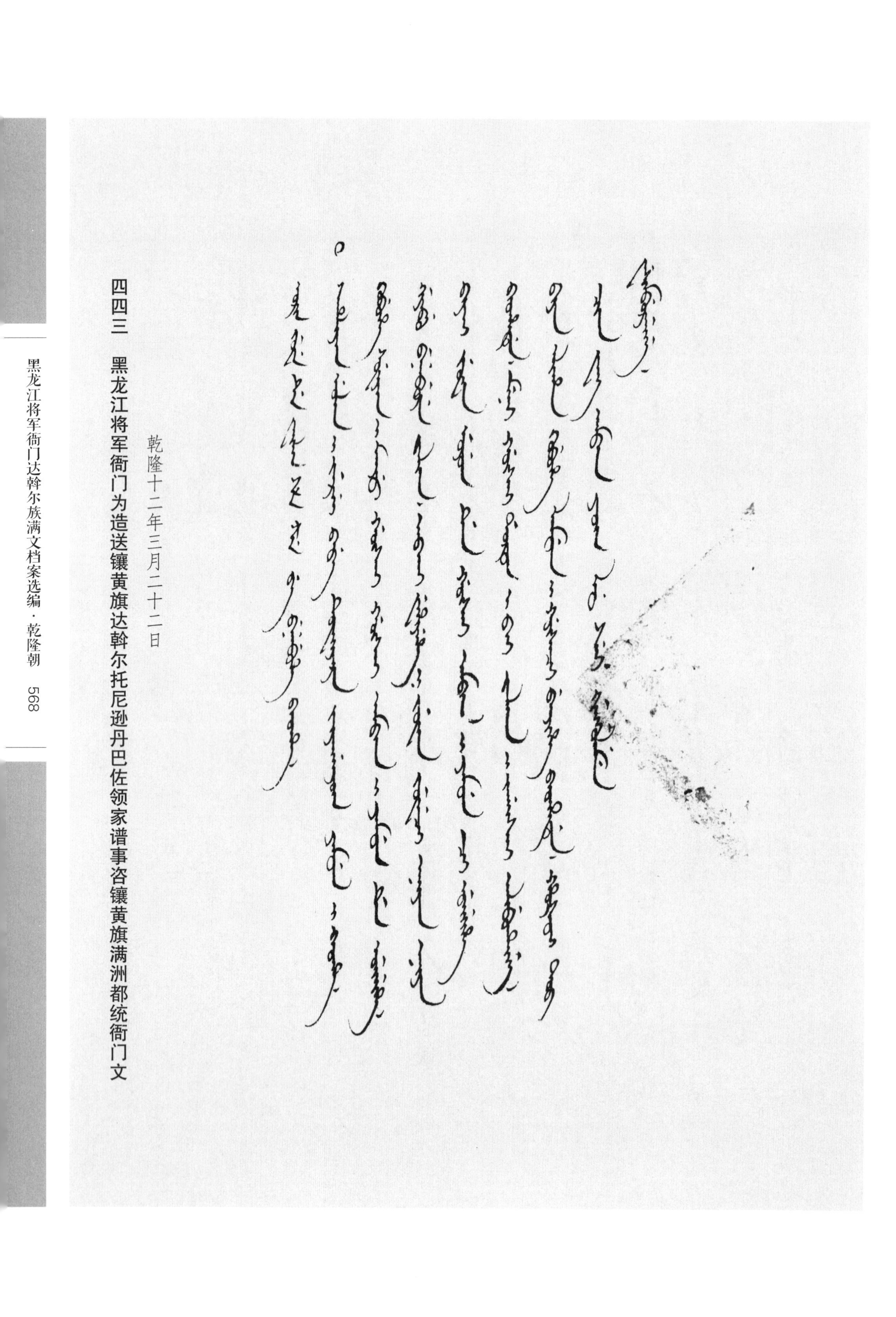

四四三 黑龙江将军衙门为造送镶黄旗达斡尔托尼逊丹巴佐领家谱事咨镶黄旗满洲都统衙门文

乾隆十二年三月二十二日

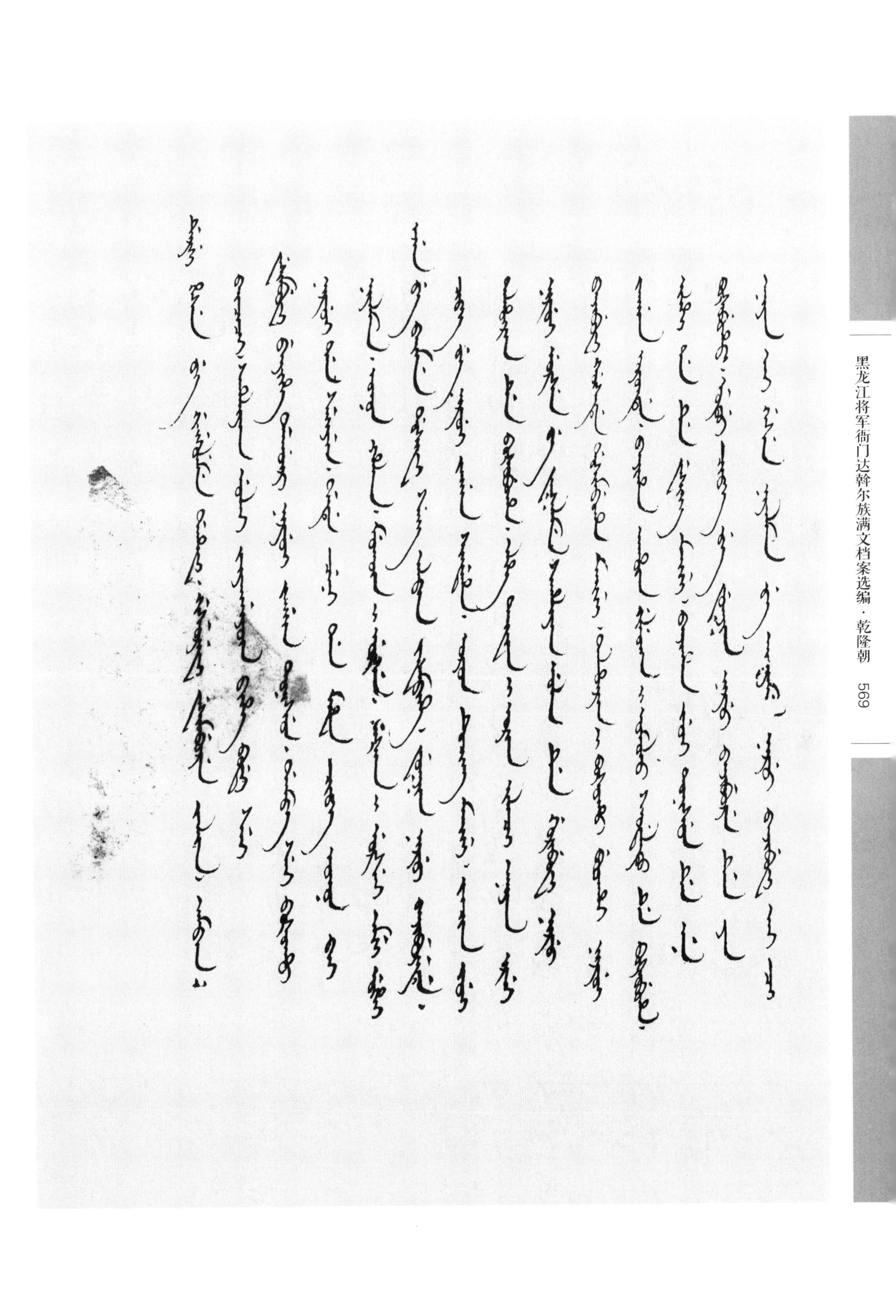

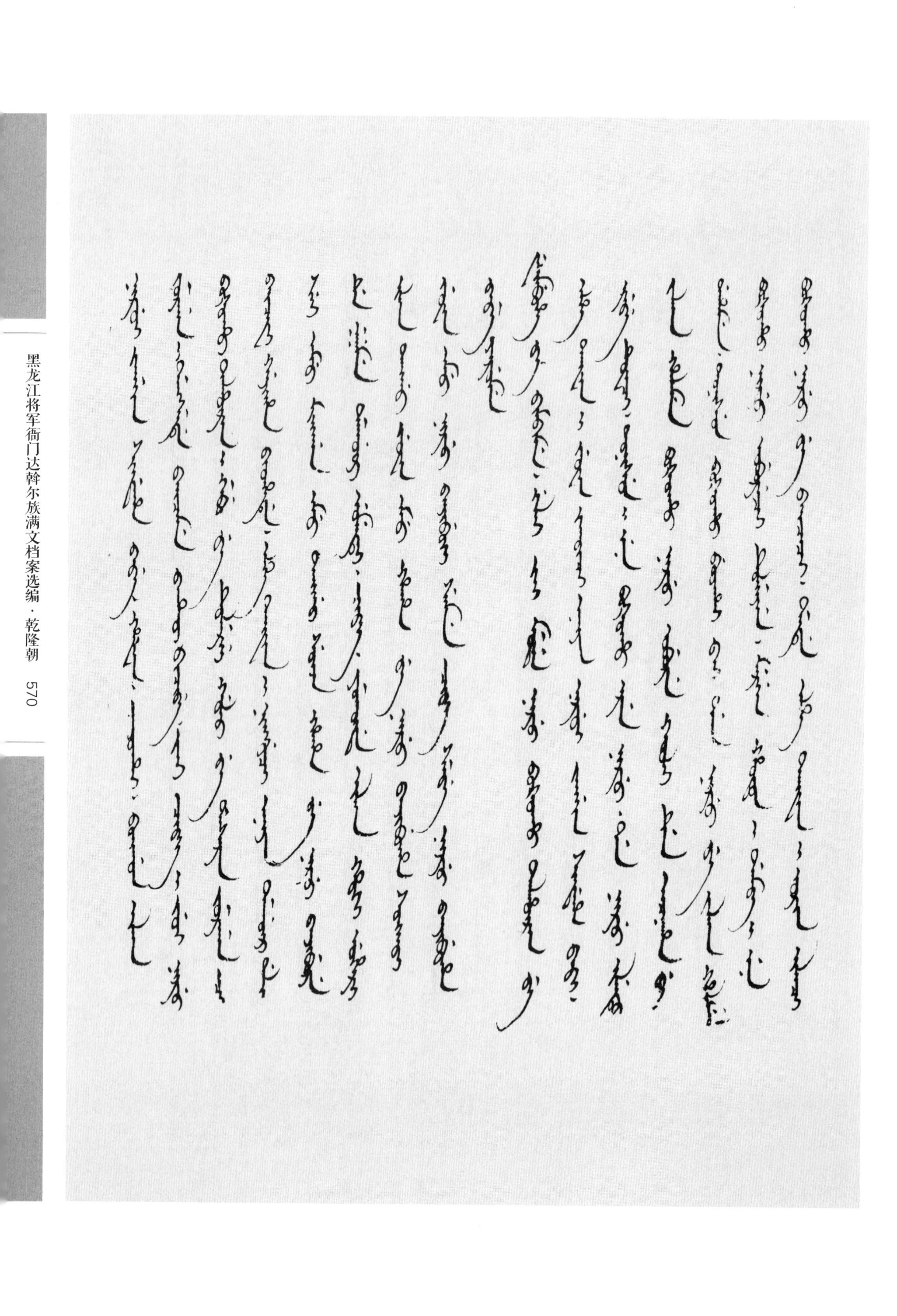

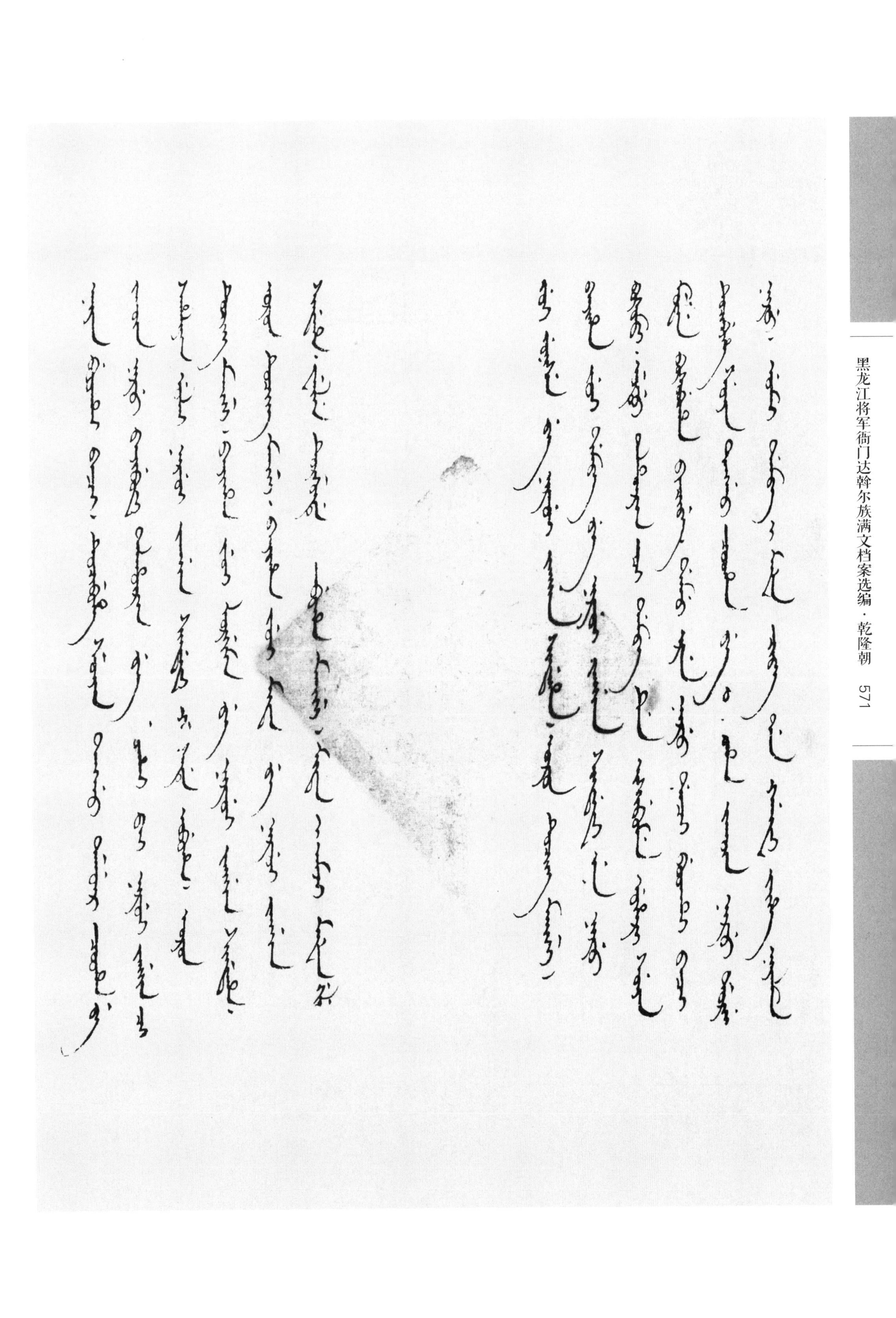

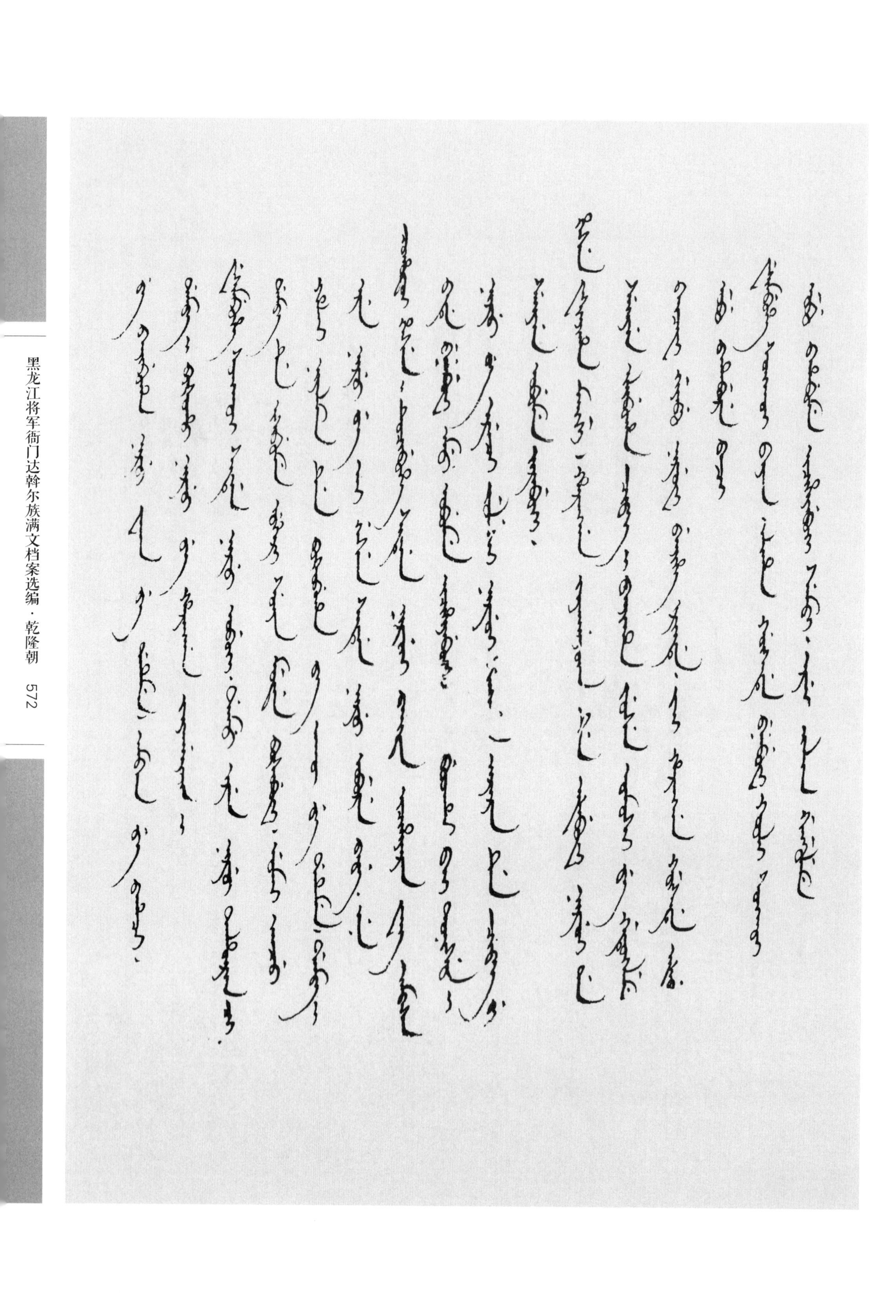

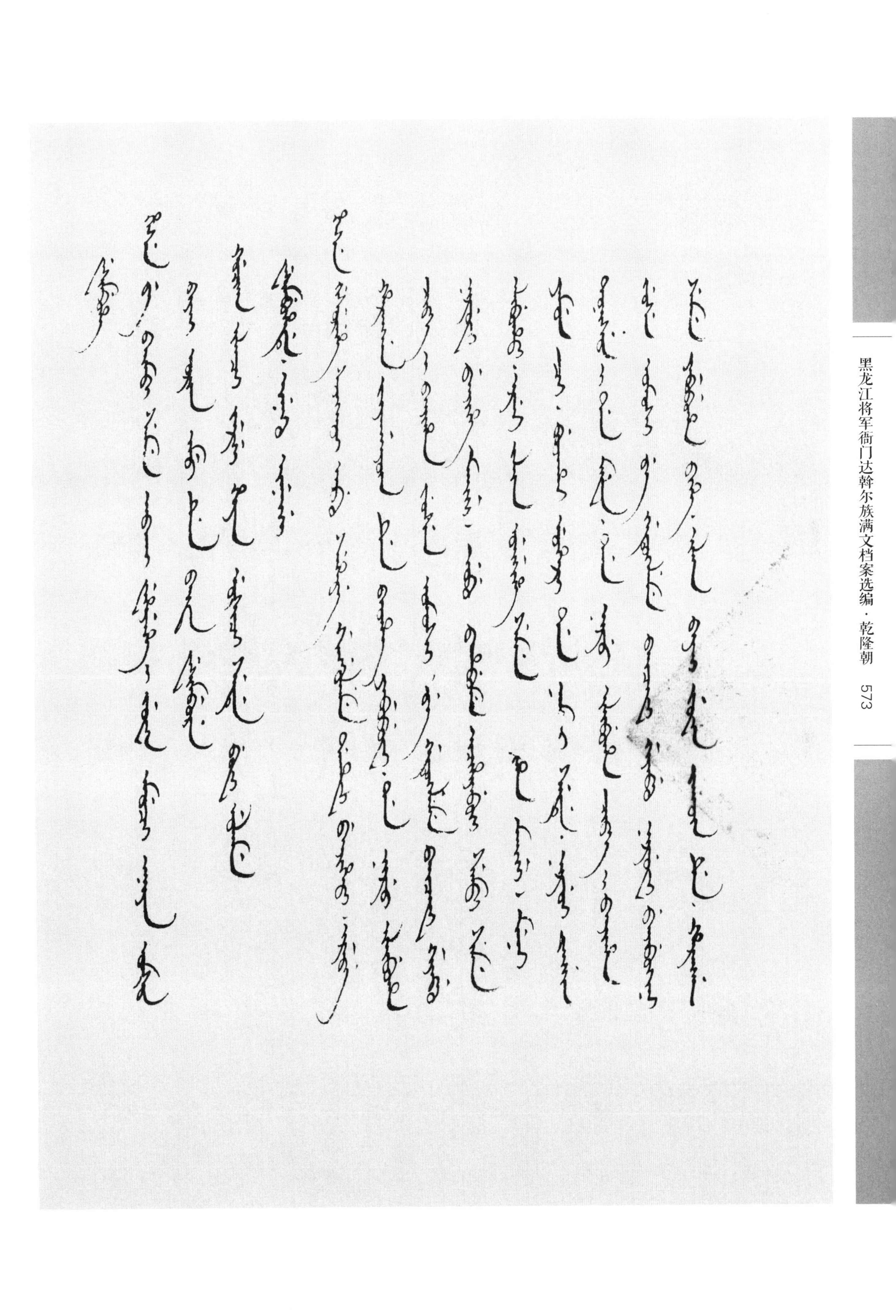

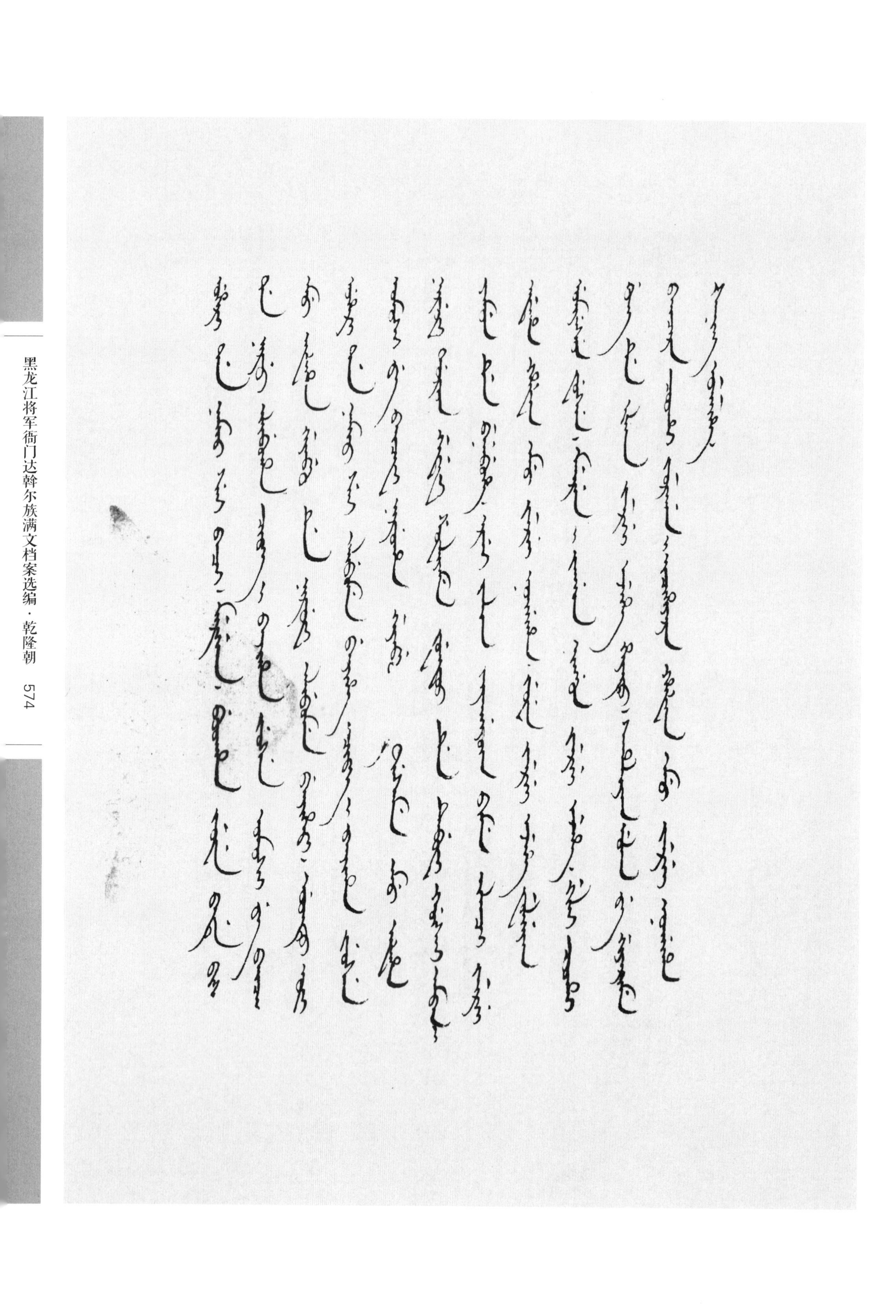

[illegible]

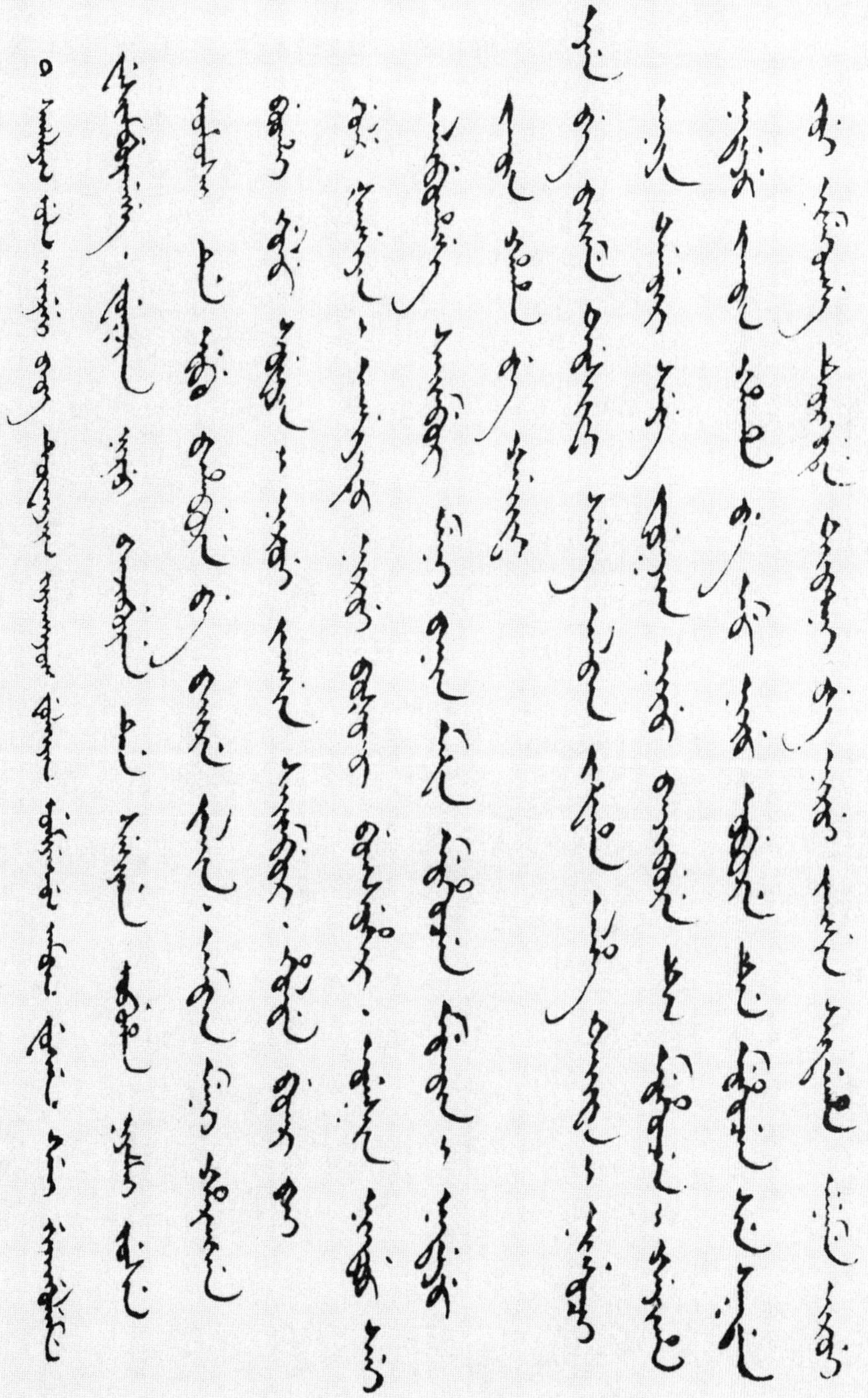

四四四　黑龙江将军傅森等题黑龙江达斡尔肯济锡佐领下穆呼辰子孙有份承袭请写入家谱本

乾隆十二年四月十一日

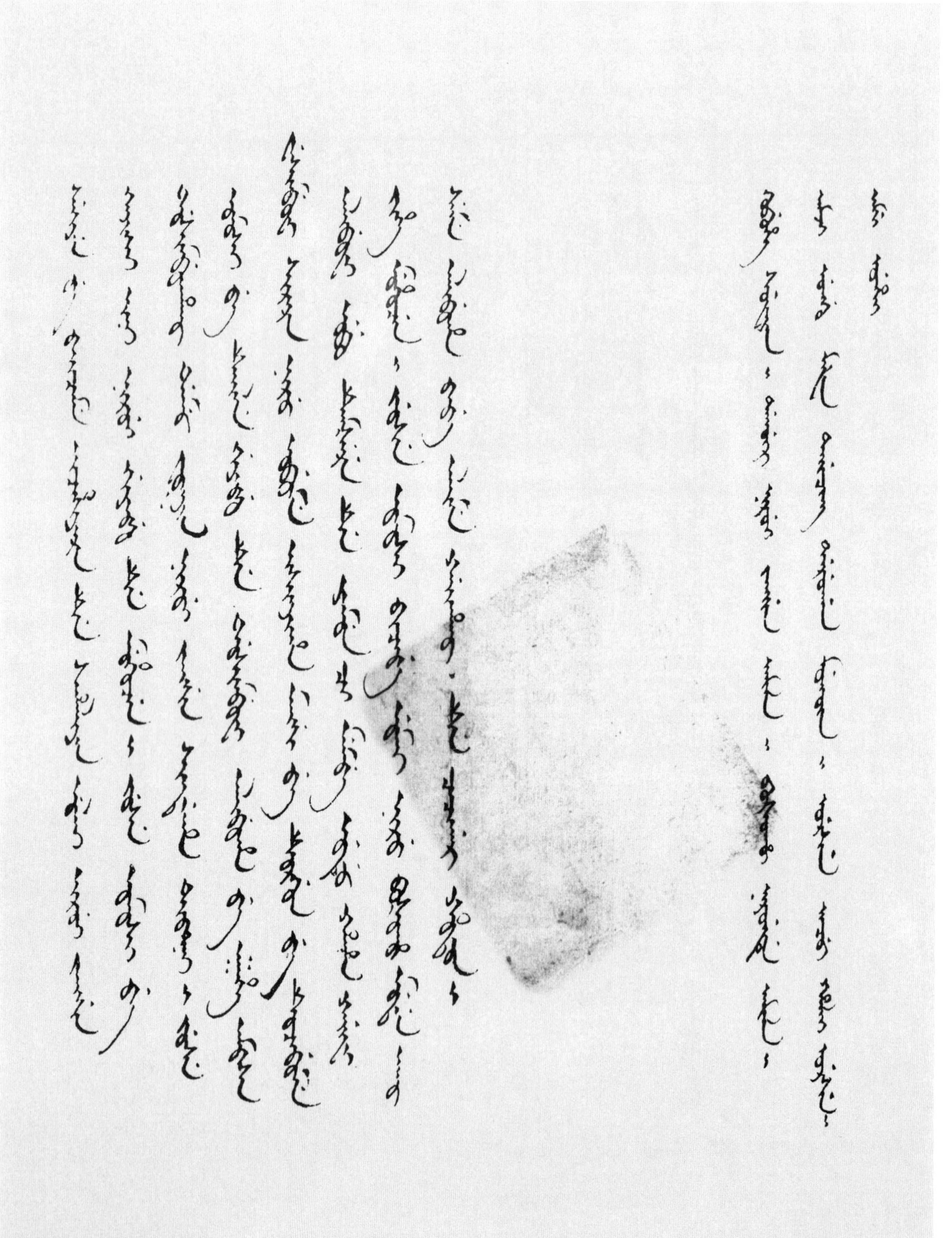

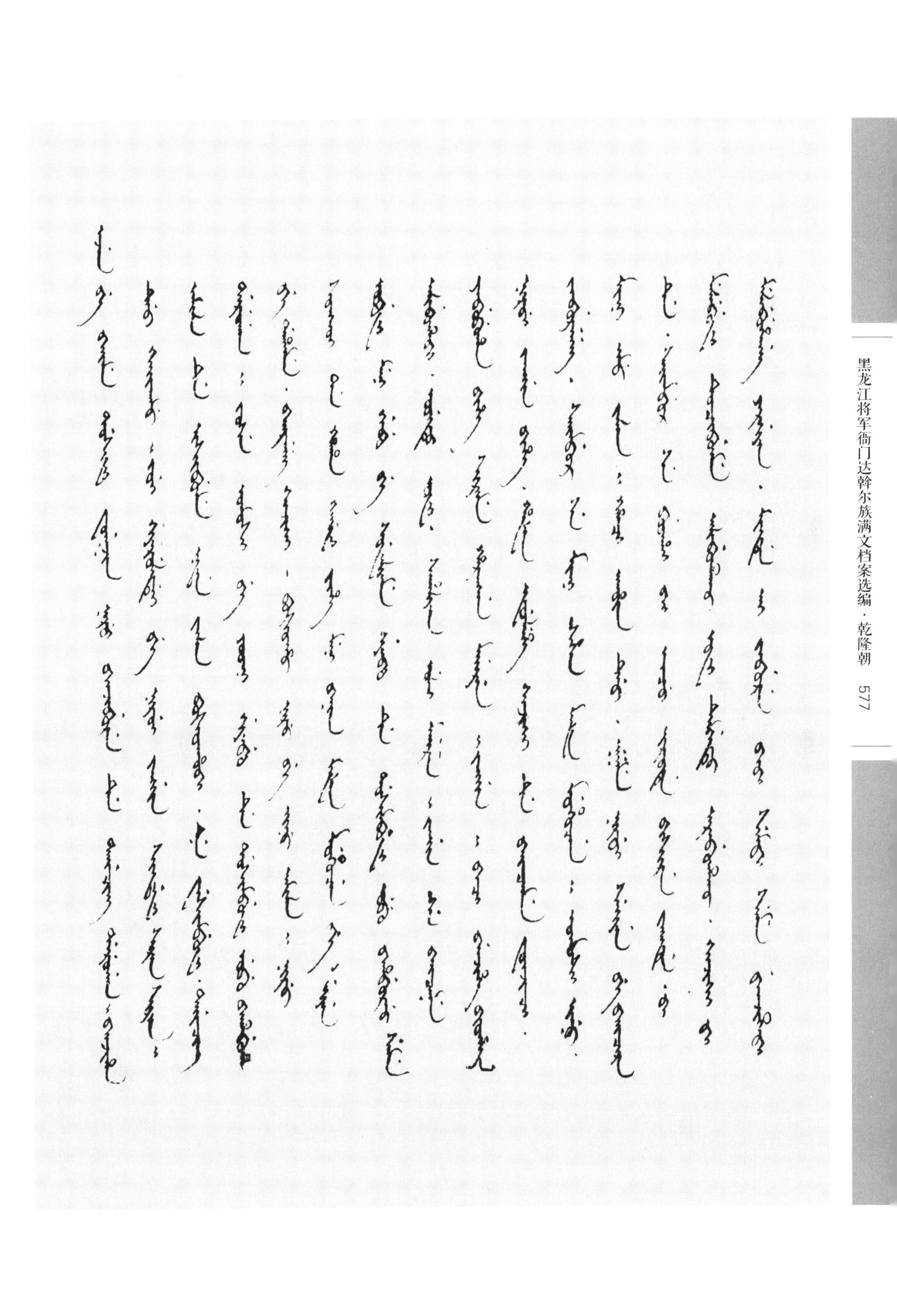

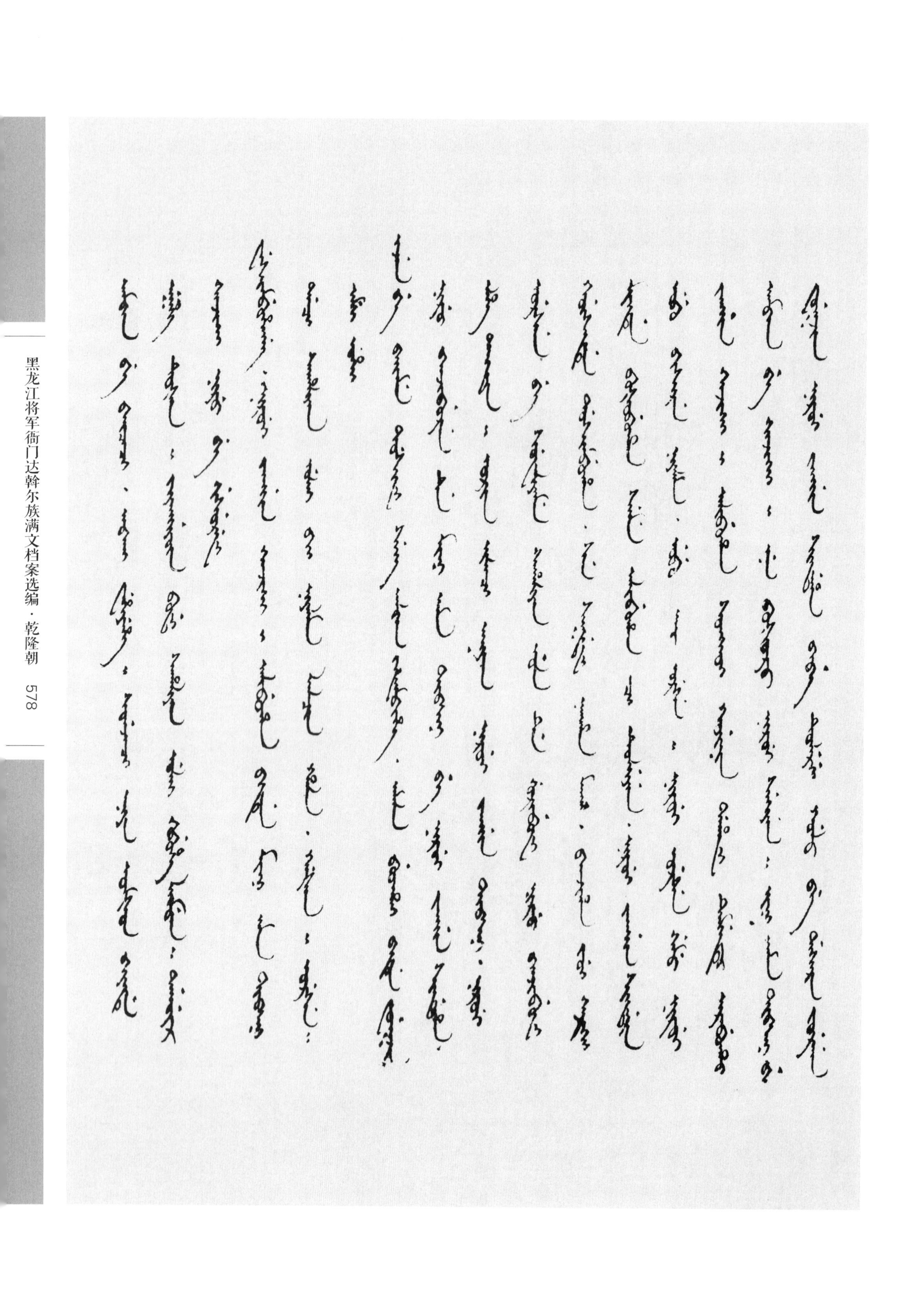

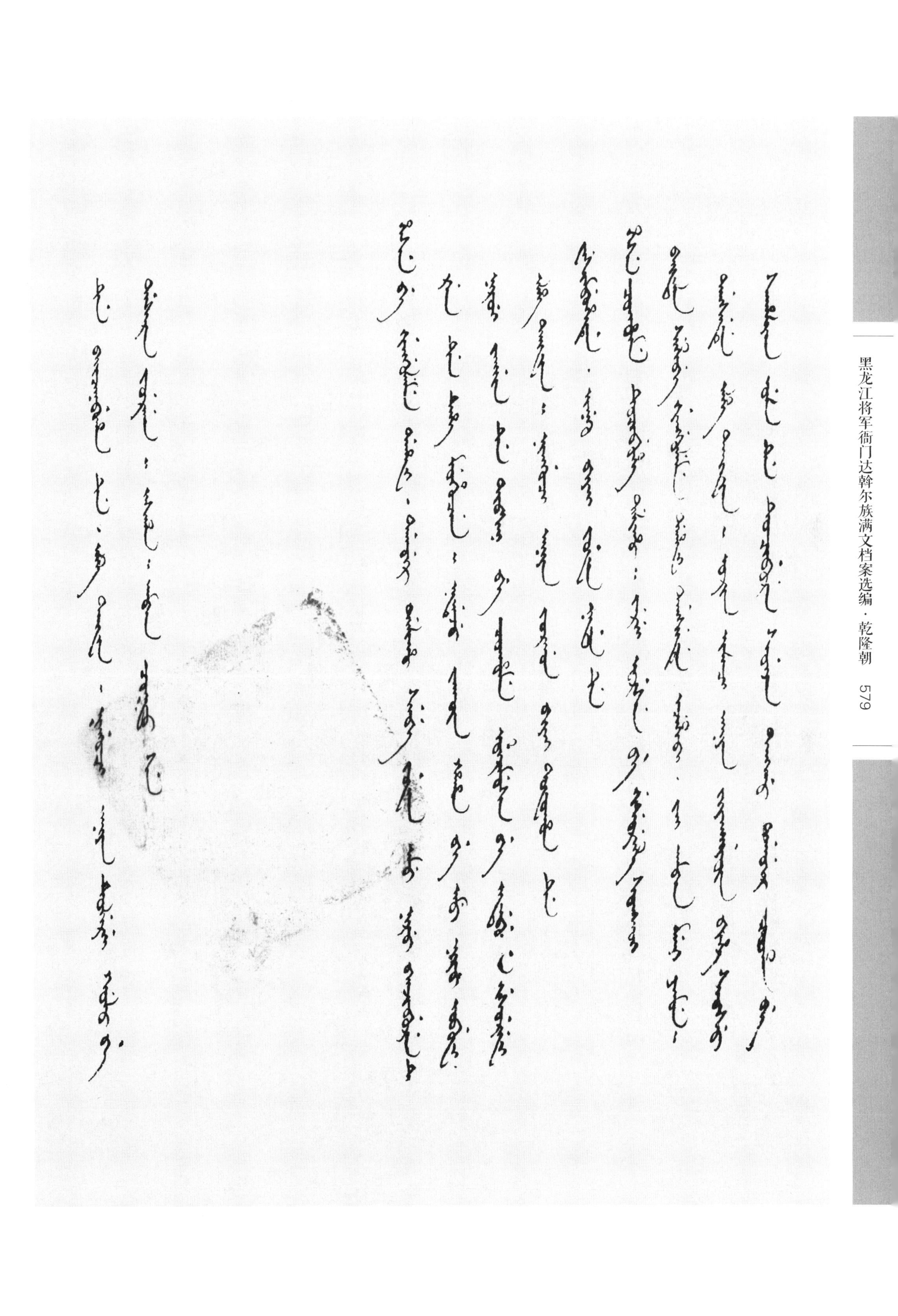

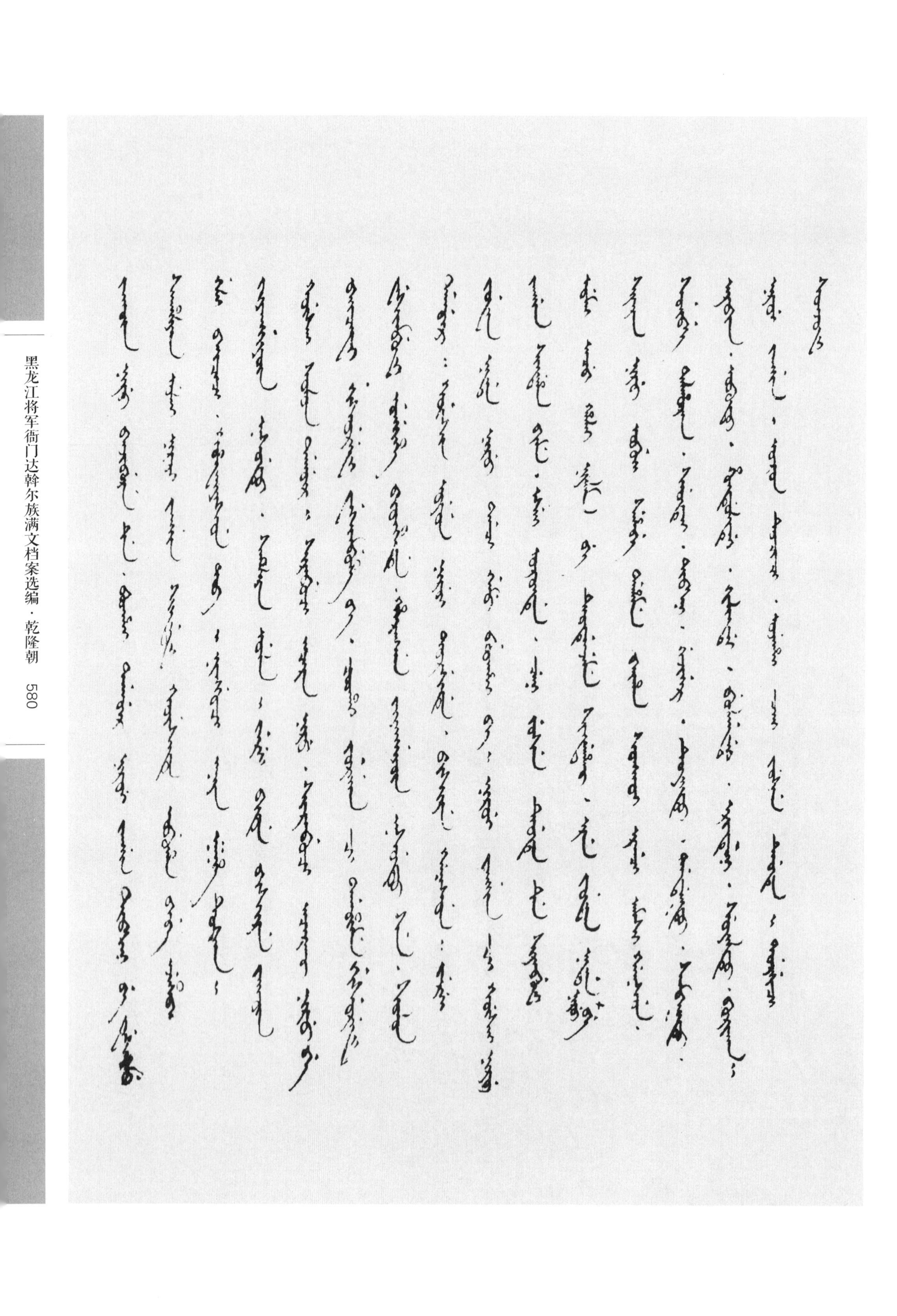

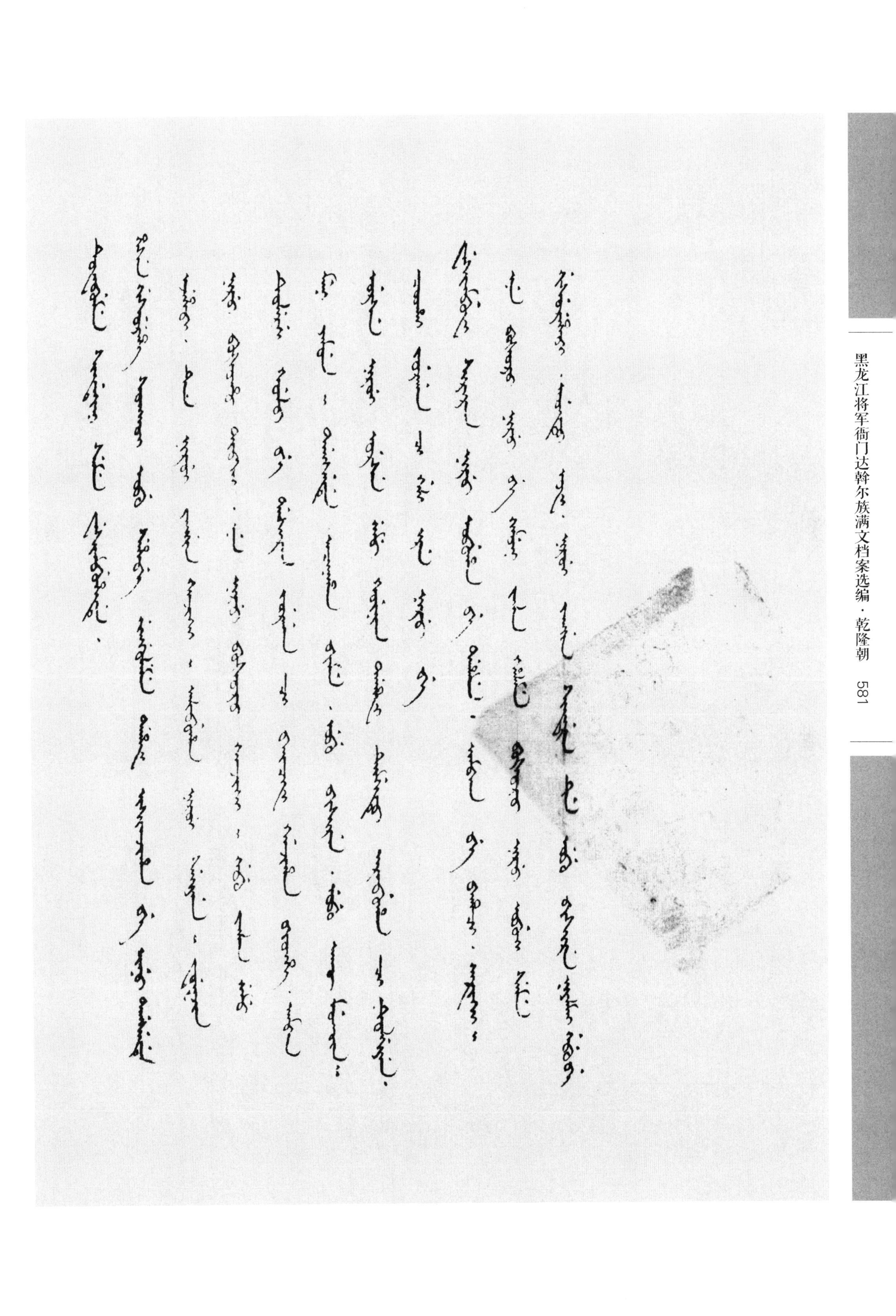

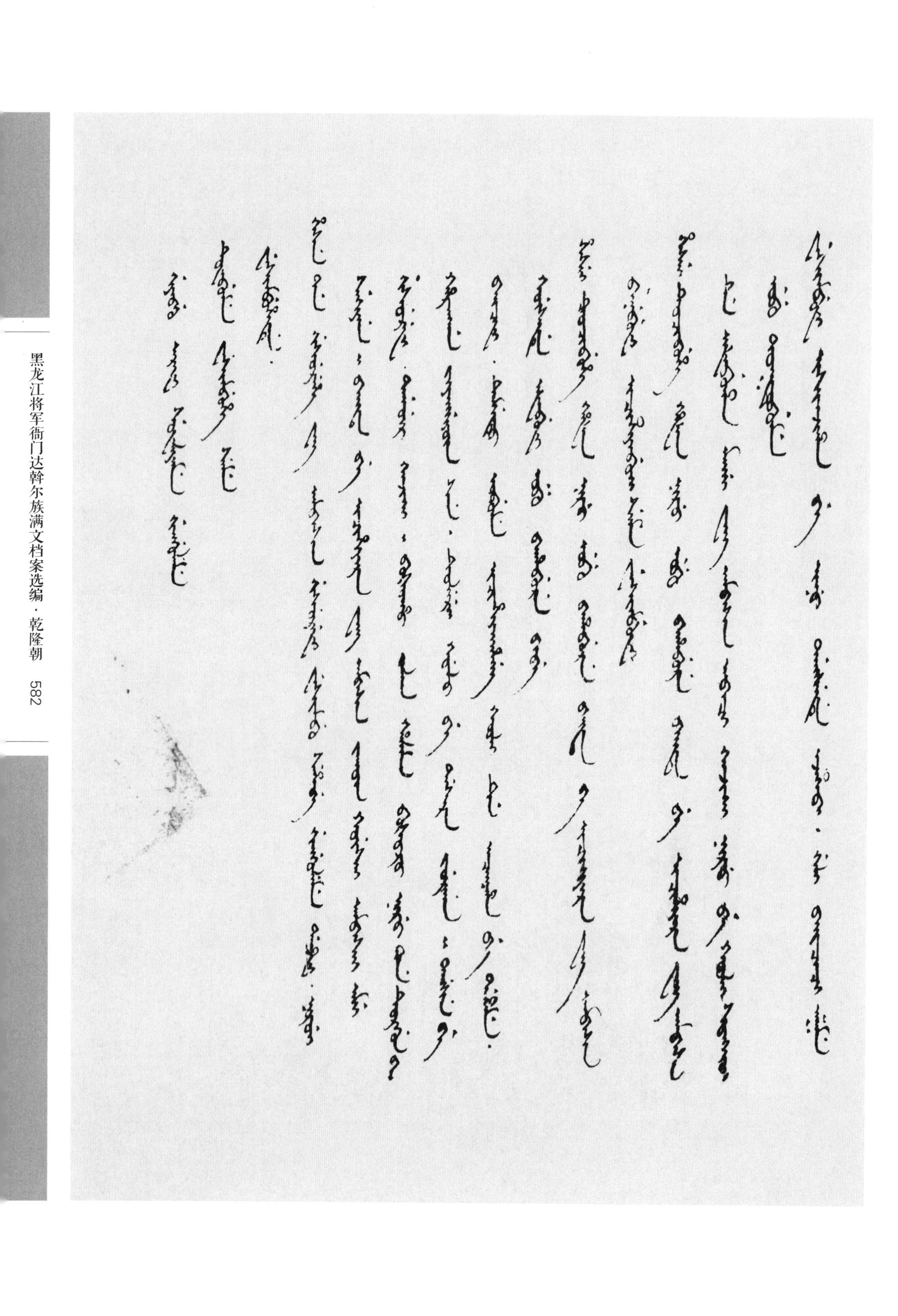

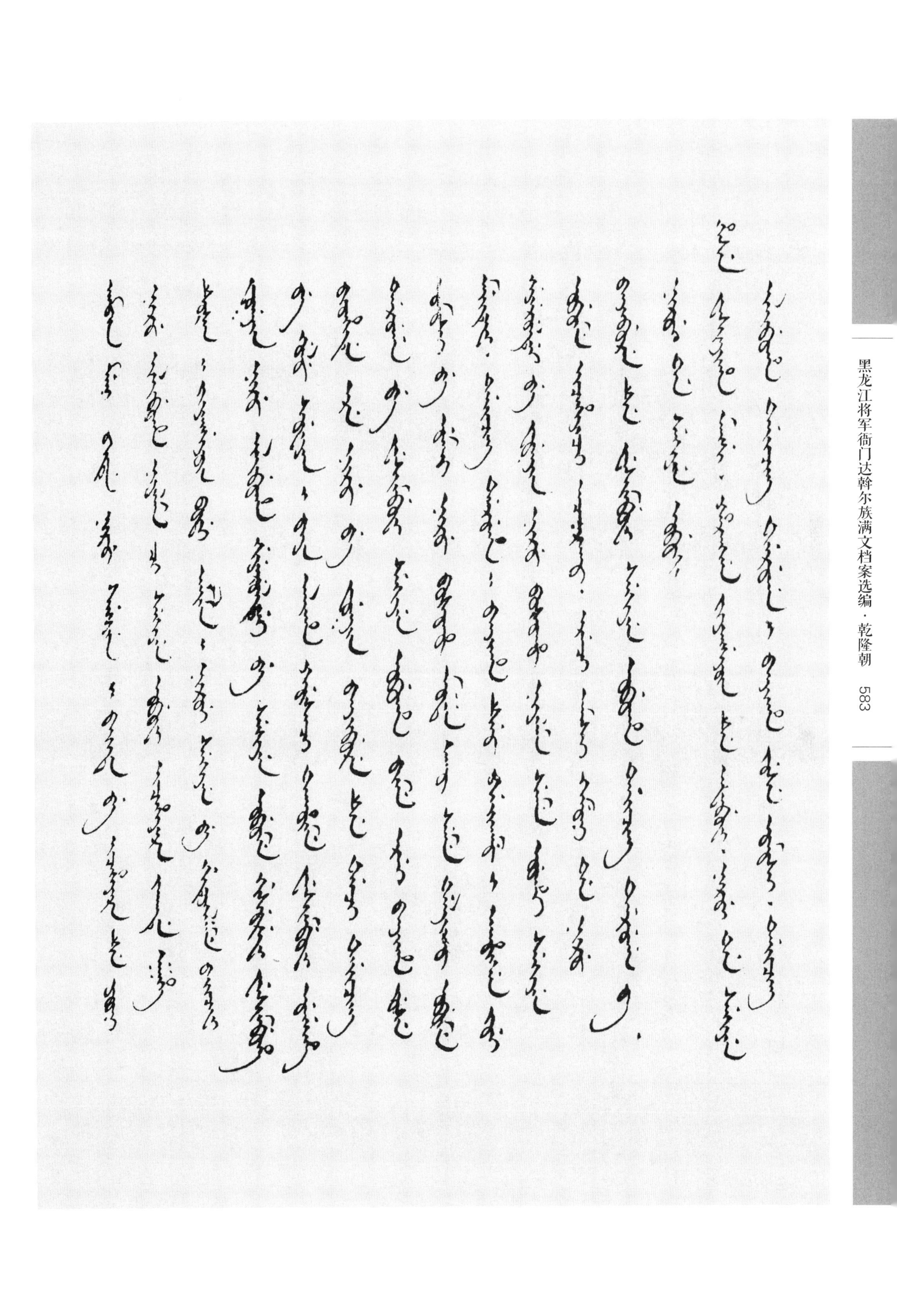

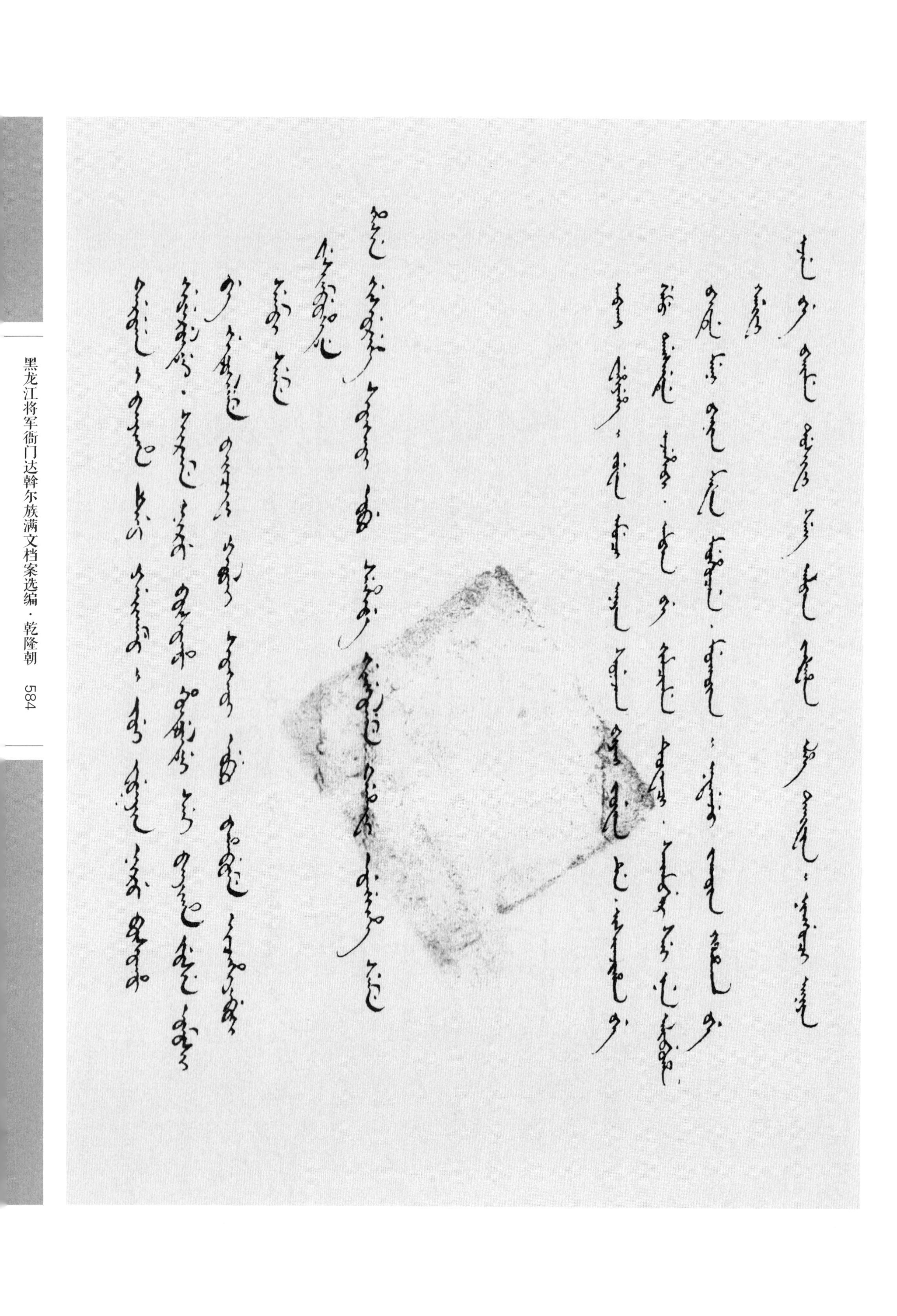

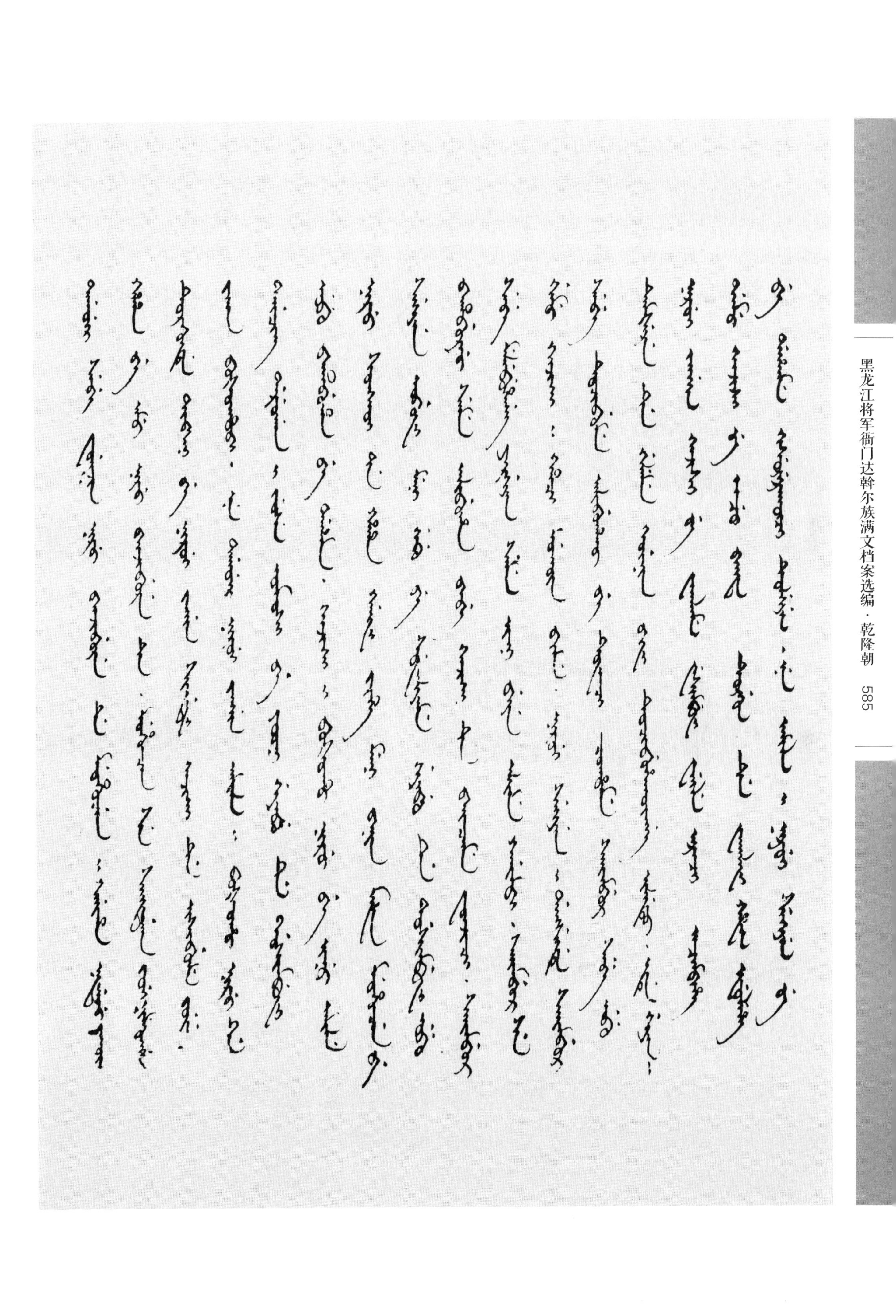

[illegible]

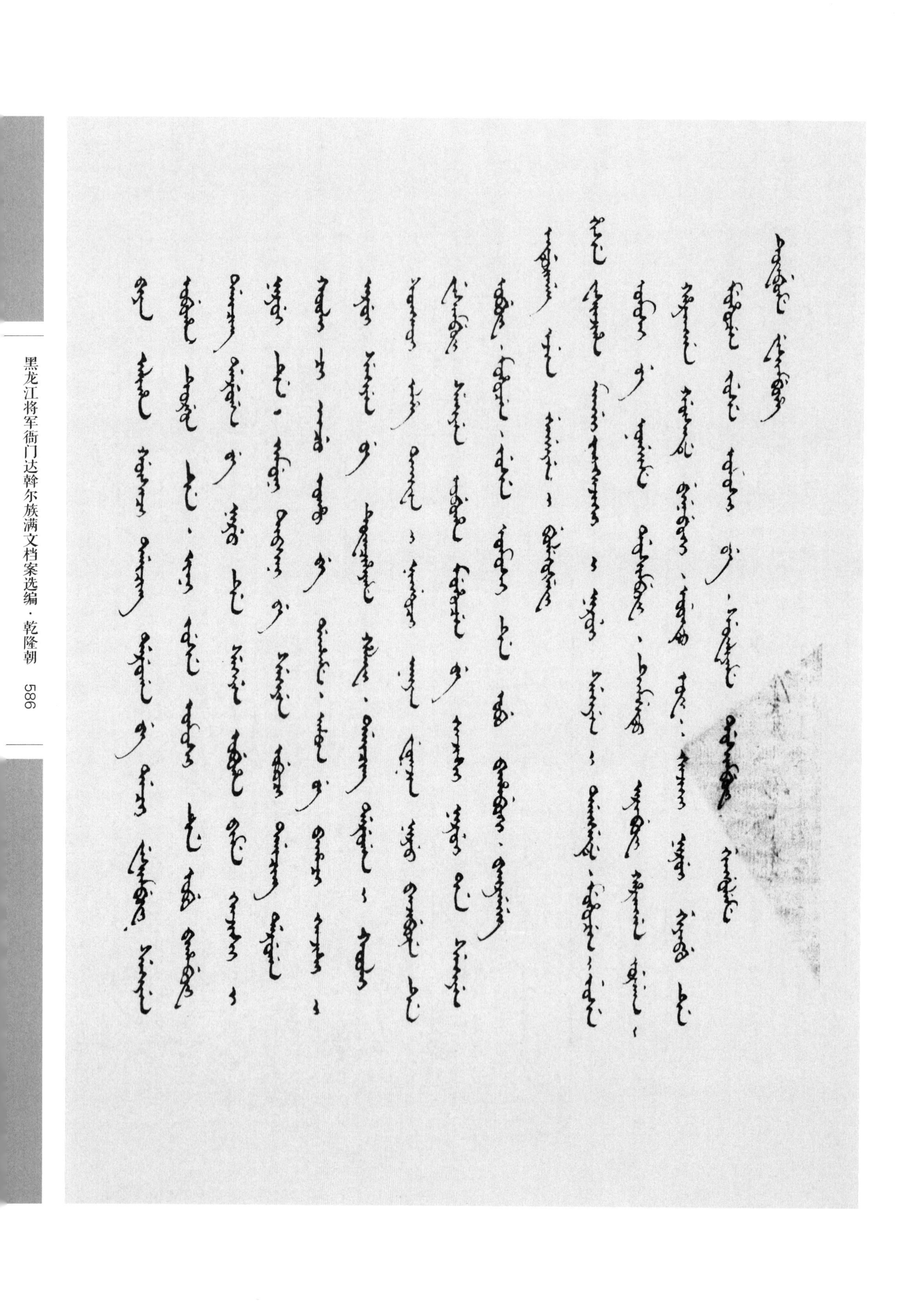

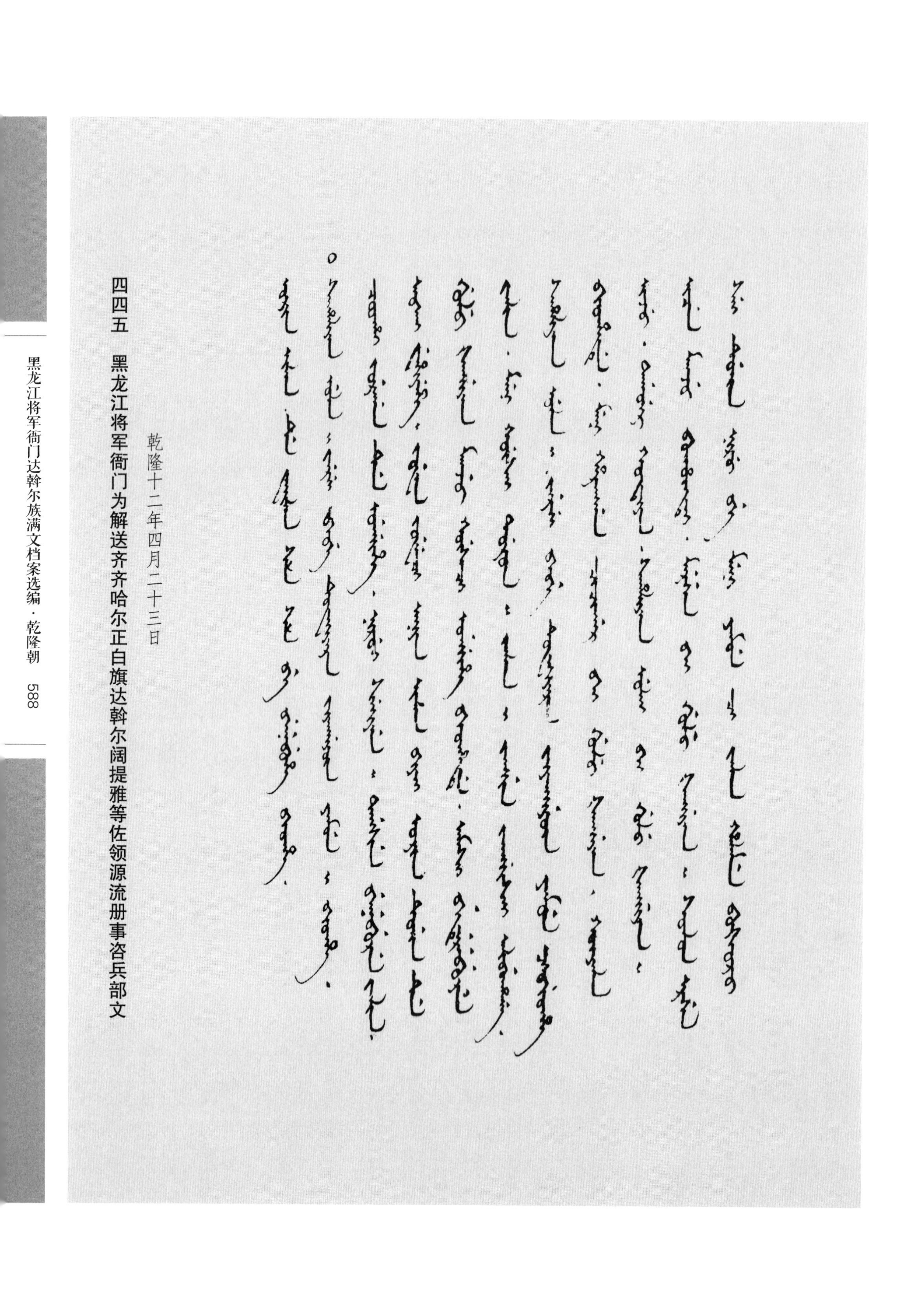

四四五 黑龙江将军衙门为解送齐齐哈尔正白旗达斡尔阔提雅等佐领源流册事咨兵部文

乾隆十二年四月二十三日

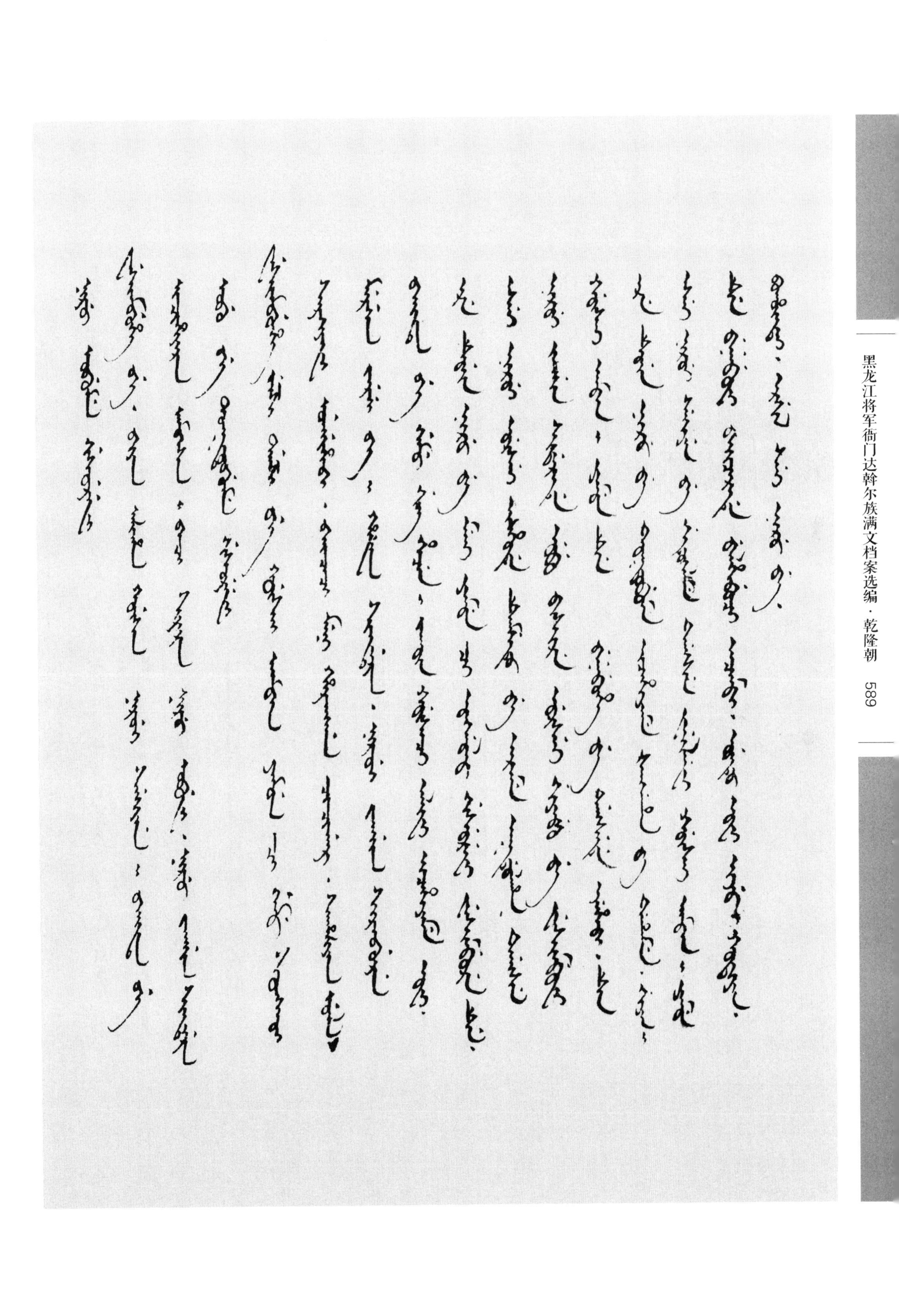

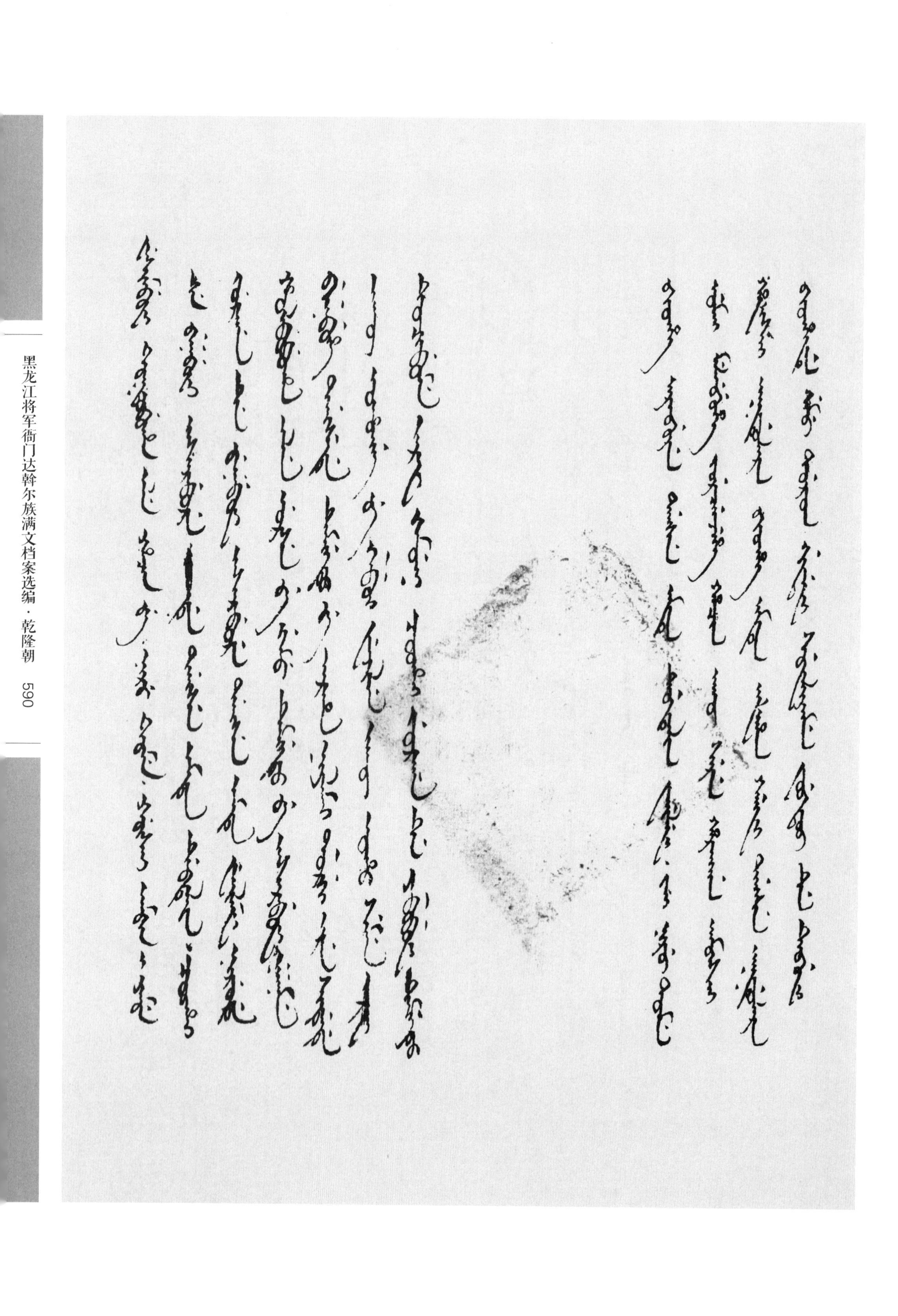

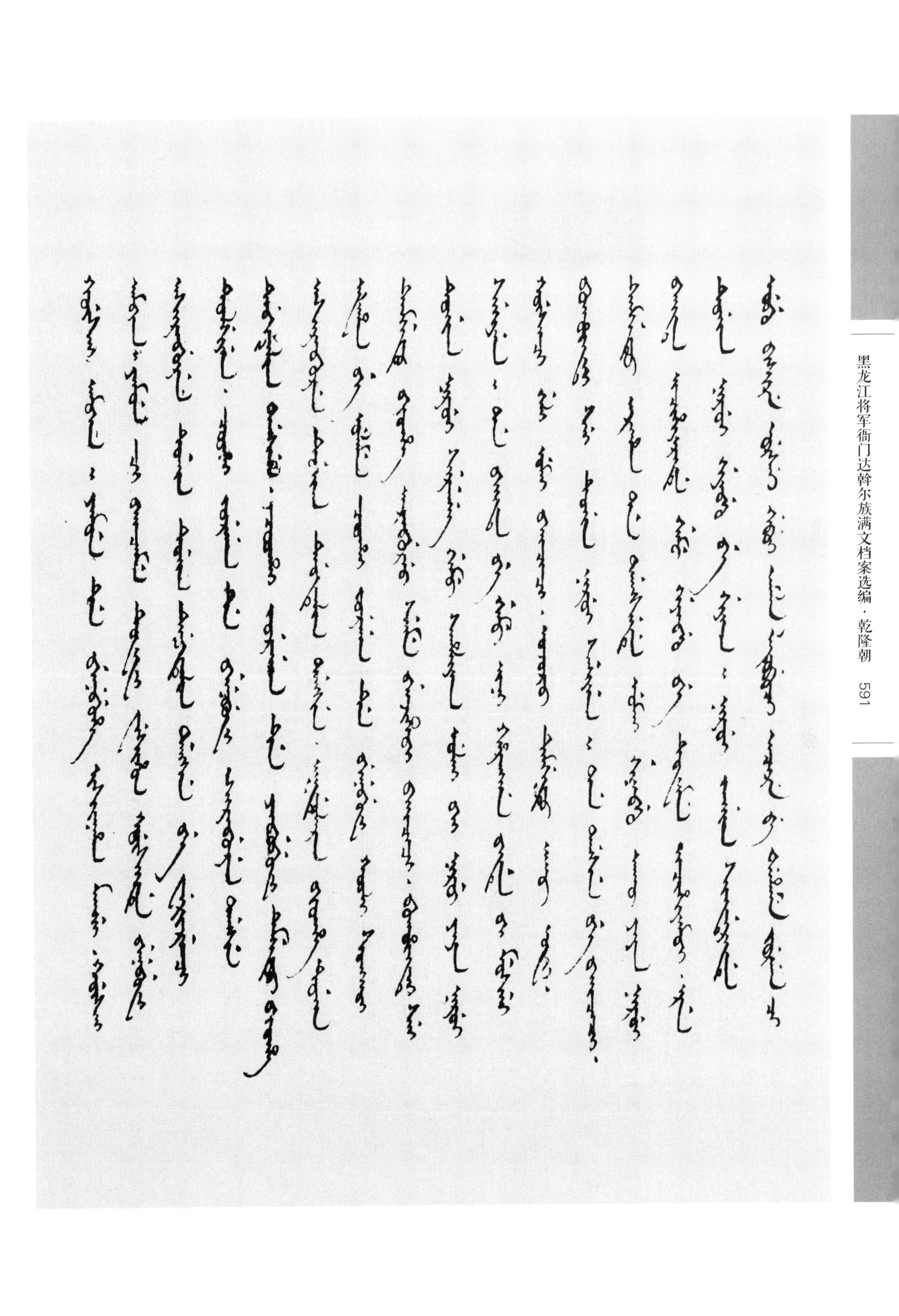

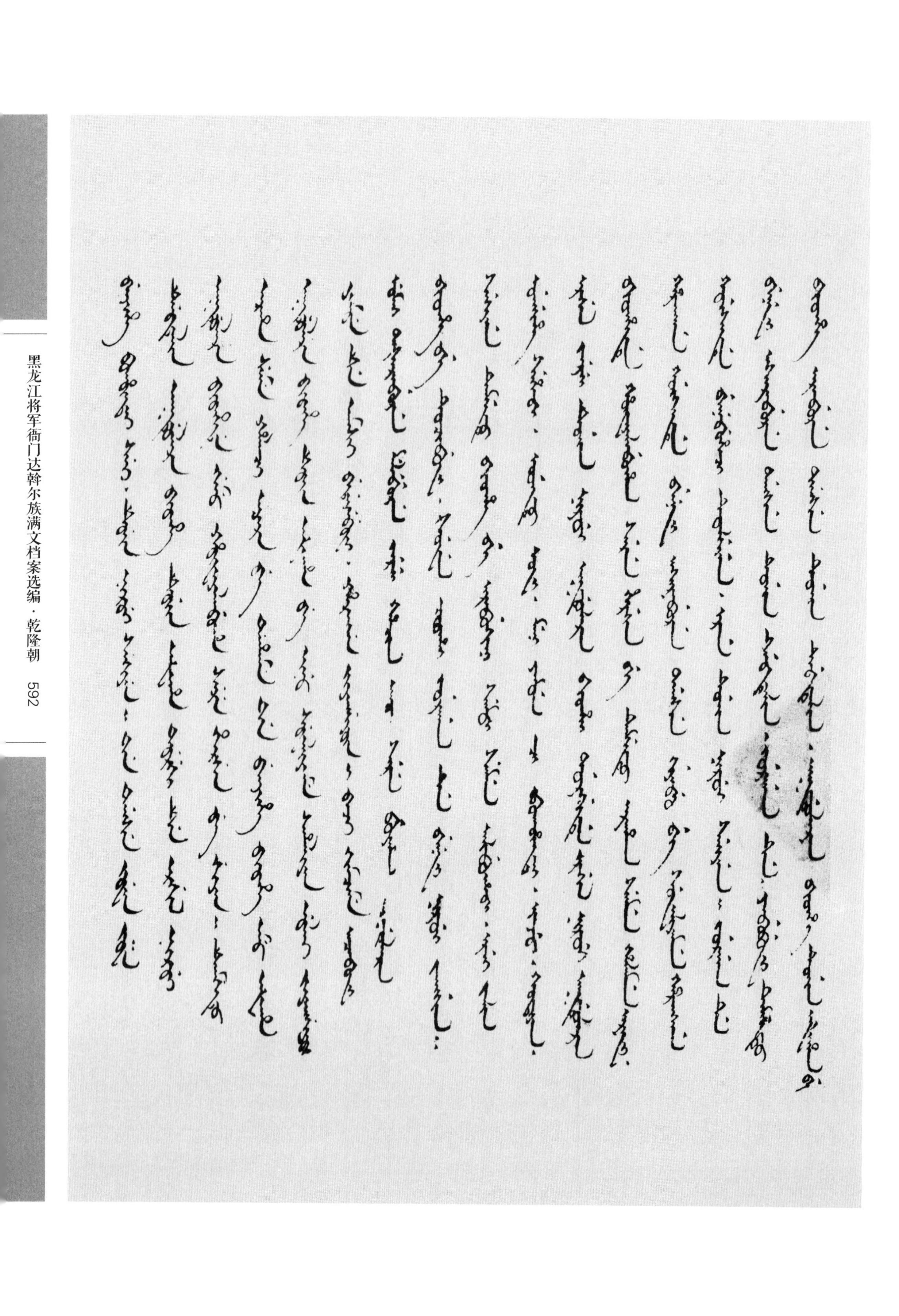

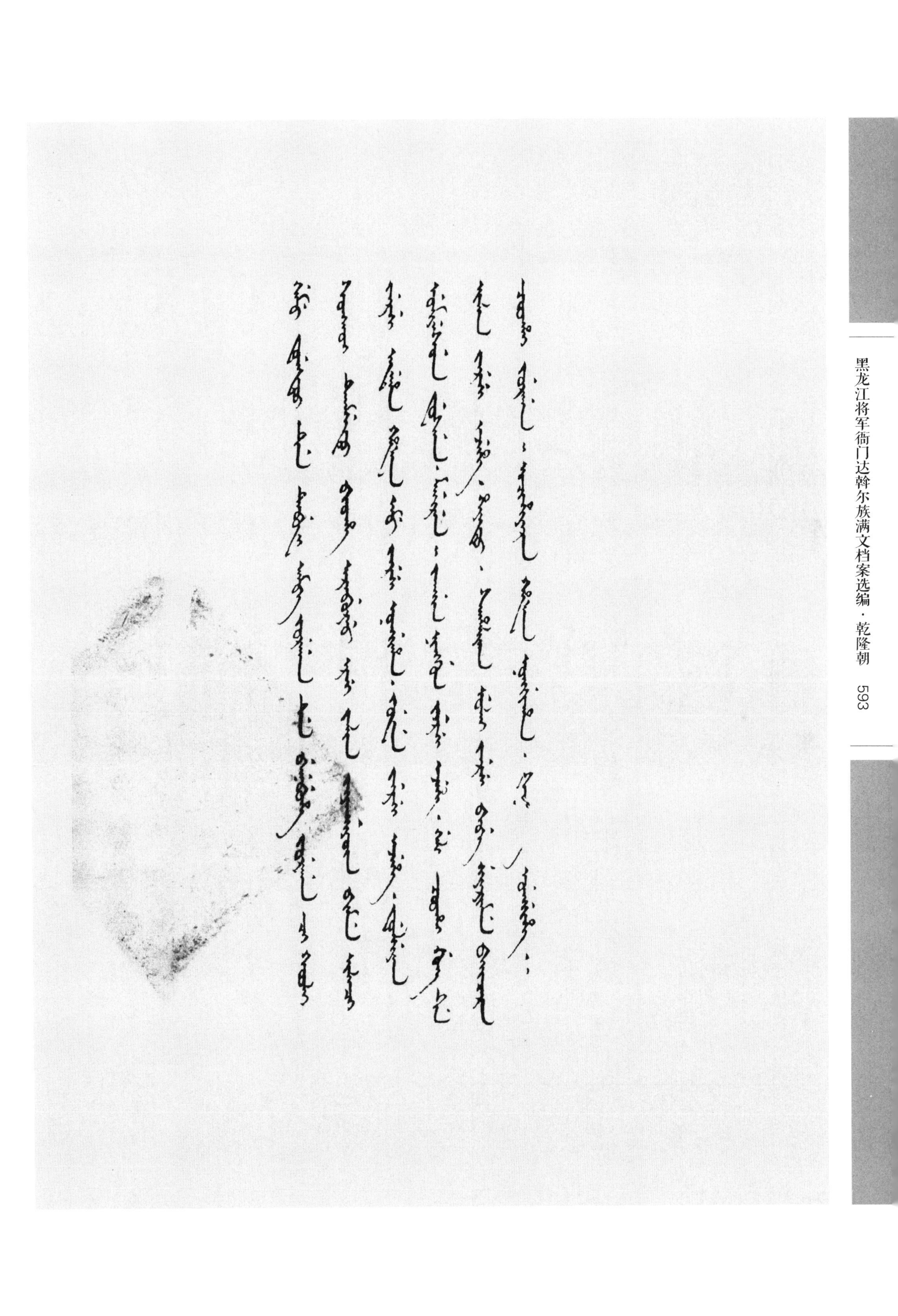

四四六 黑龙江将军衙门为解送齐齐哈尔正白旗达斡尔阔提雅等佐领源流册及家谱事咨正白满洲旗文

乾隆十二年四月二十三日

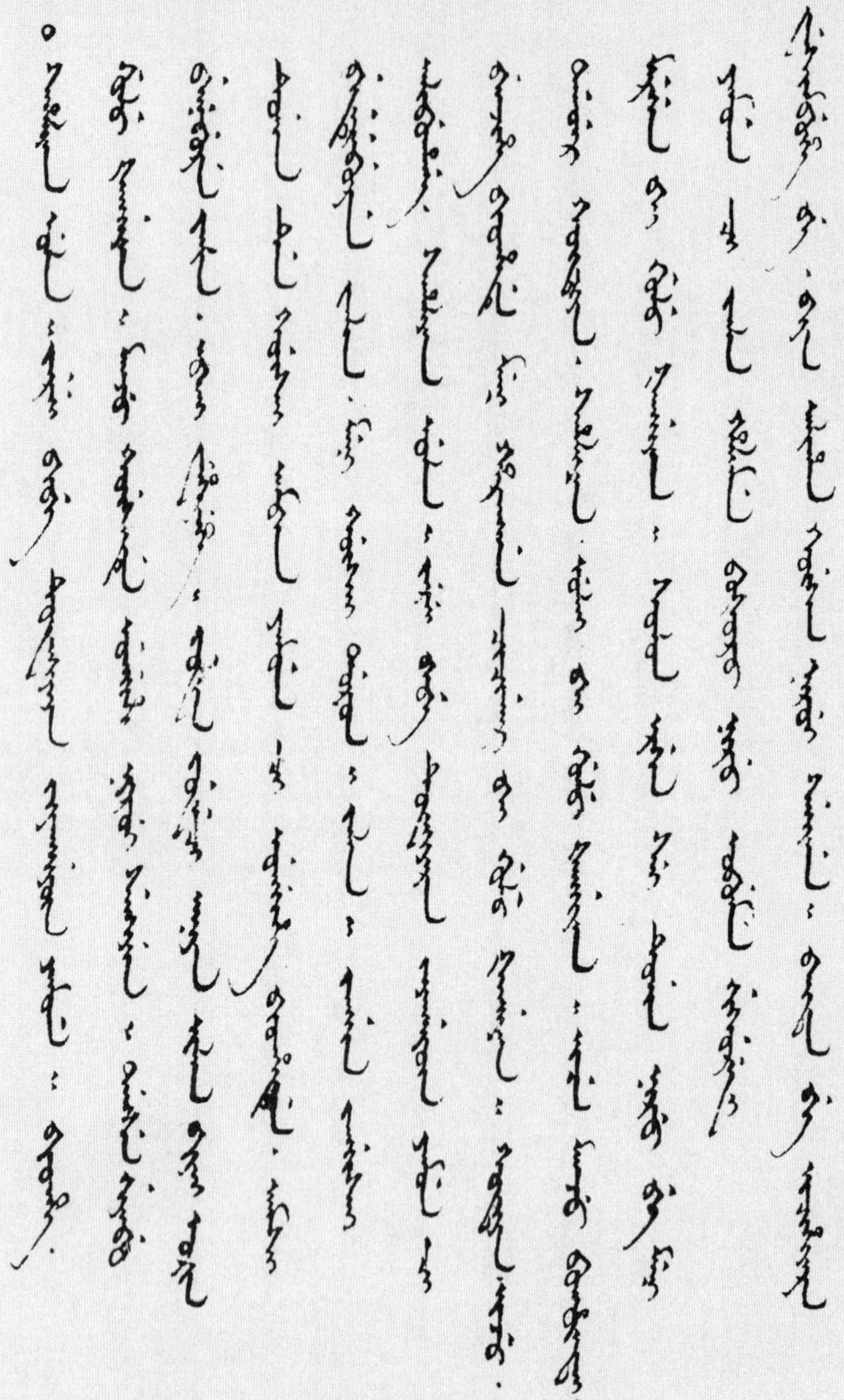

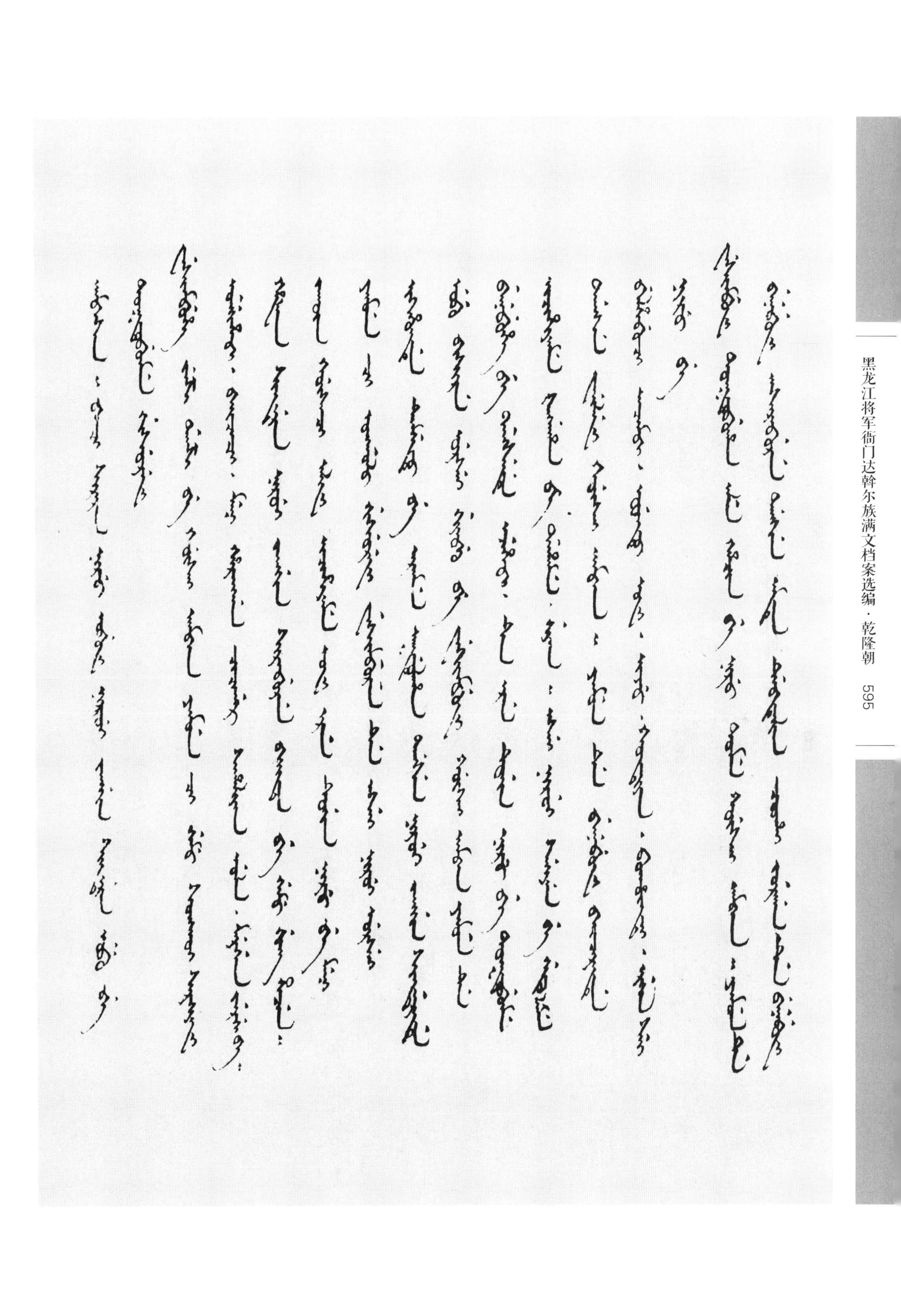

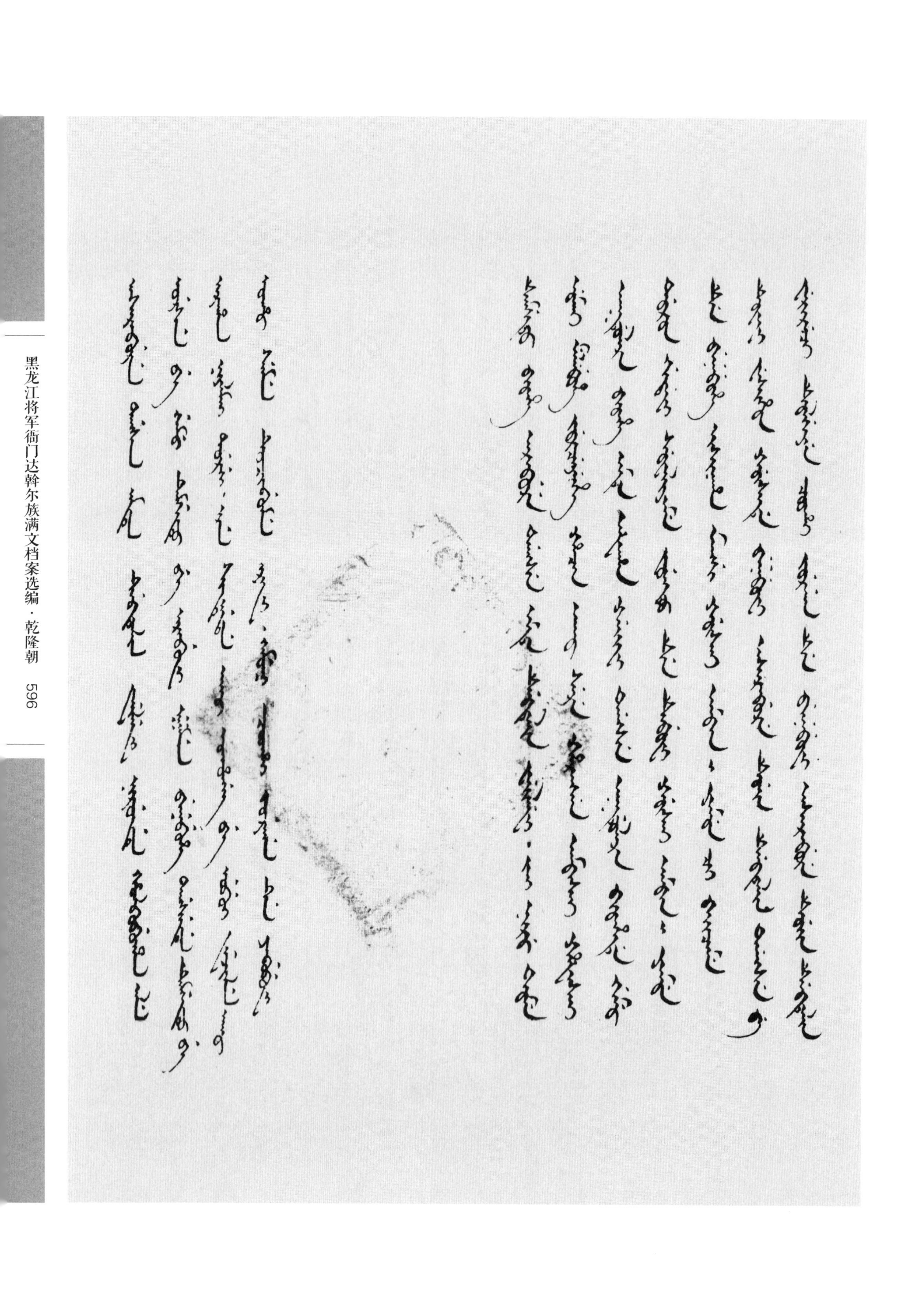

[illegible]

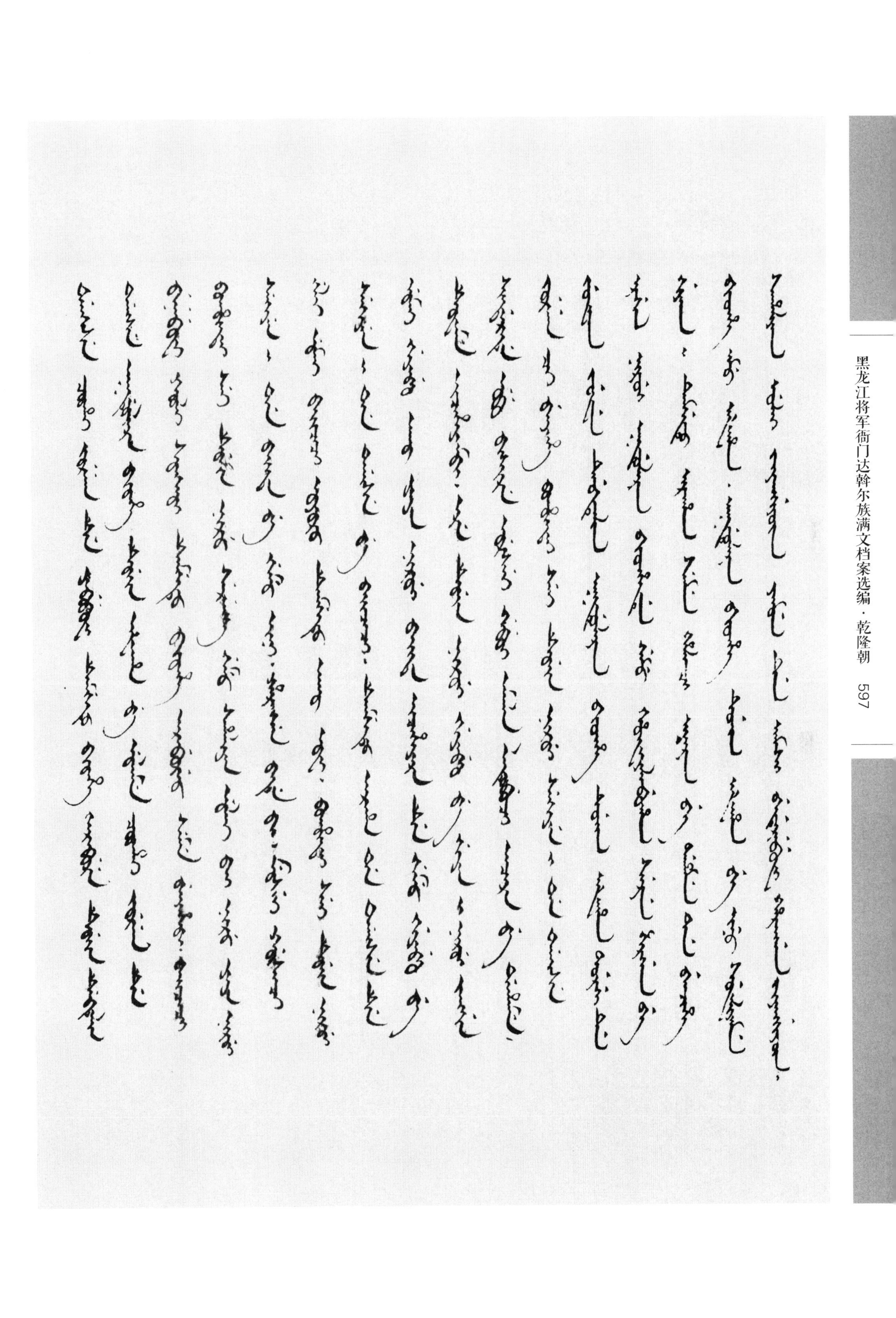

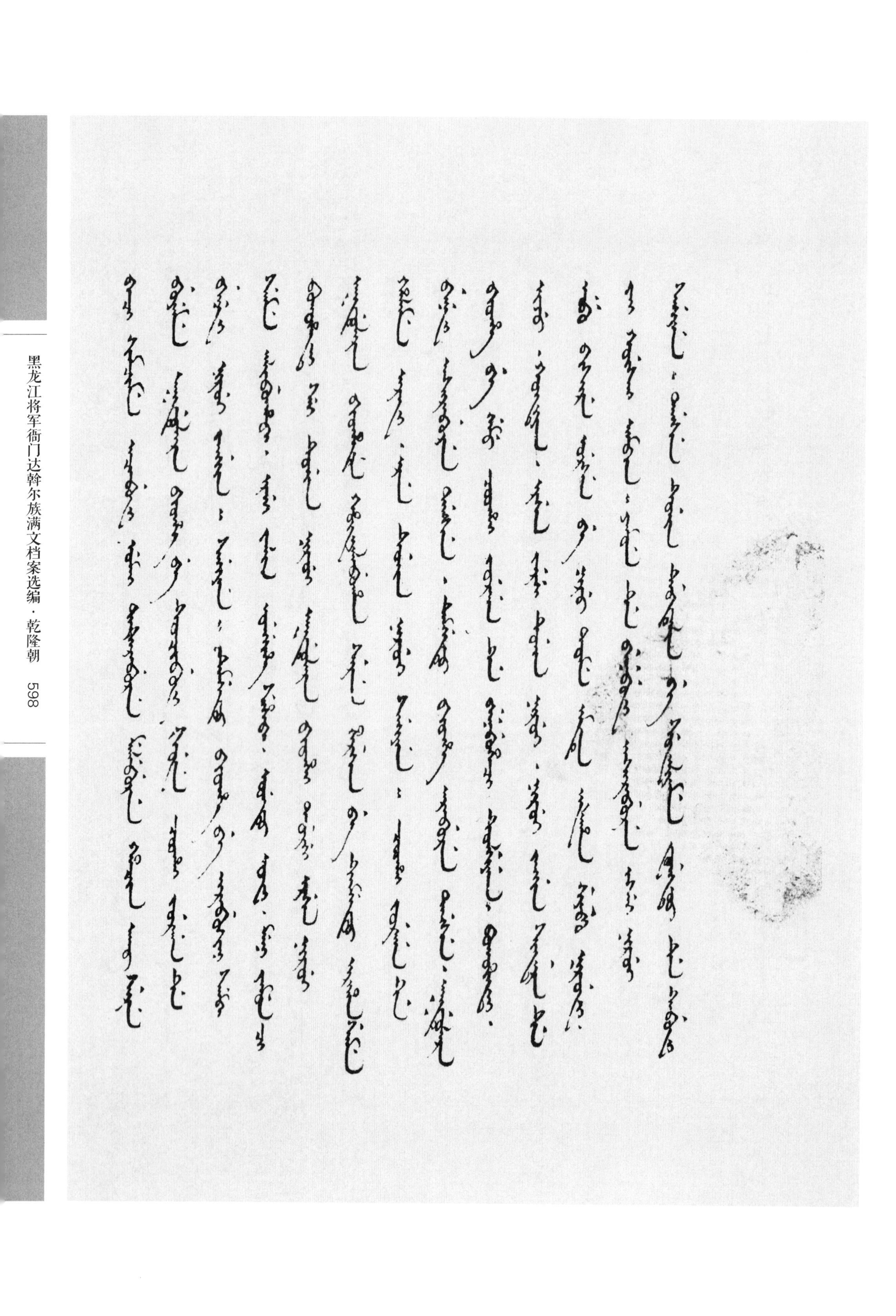

[illegible]

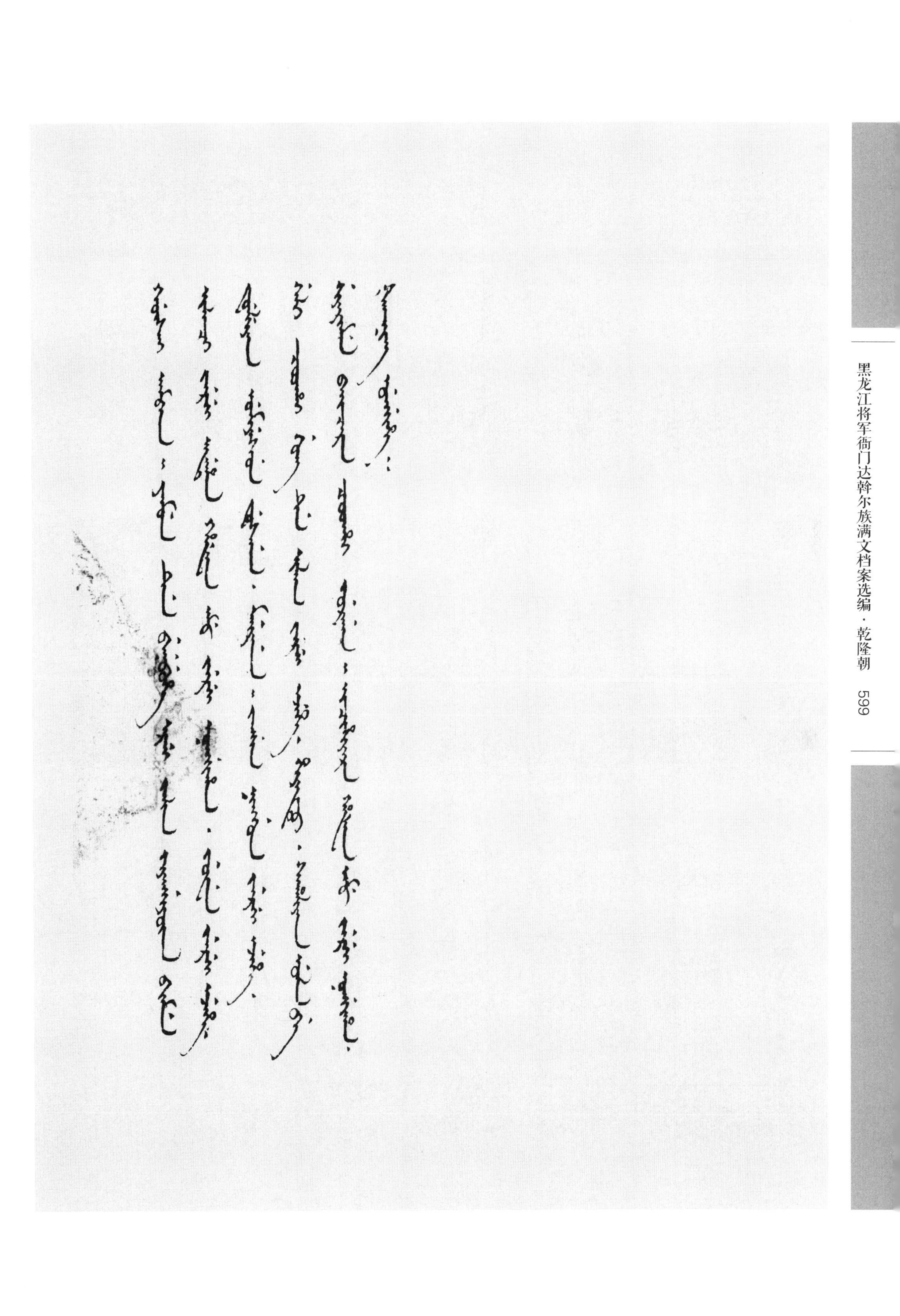

[illegible]

[illegible]

[illegible]

[illegible]

[illegible]

[illegible]

ᡤᡳᠩᡤᡠᠯᡝᠮᡝ ᠸᡝᠰᡳᠮᠪᡠᡥᡝ::

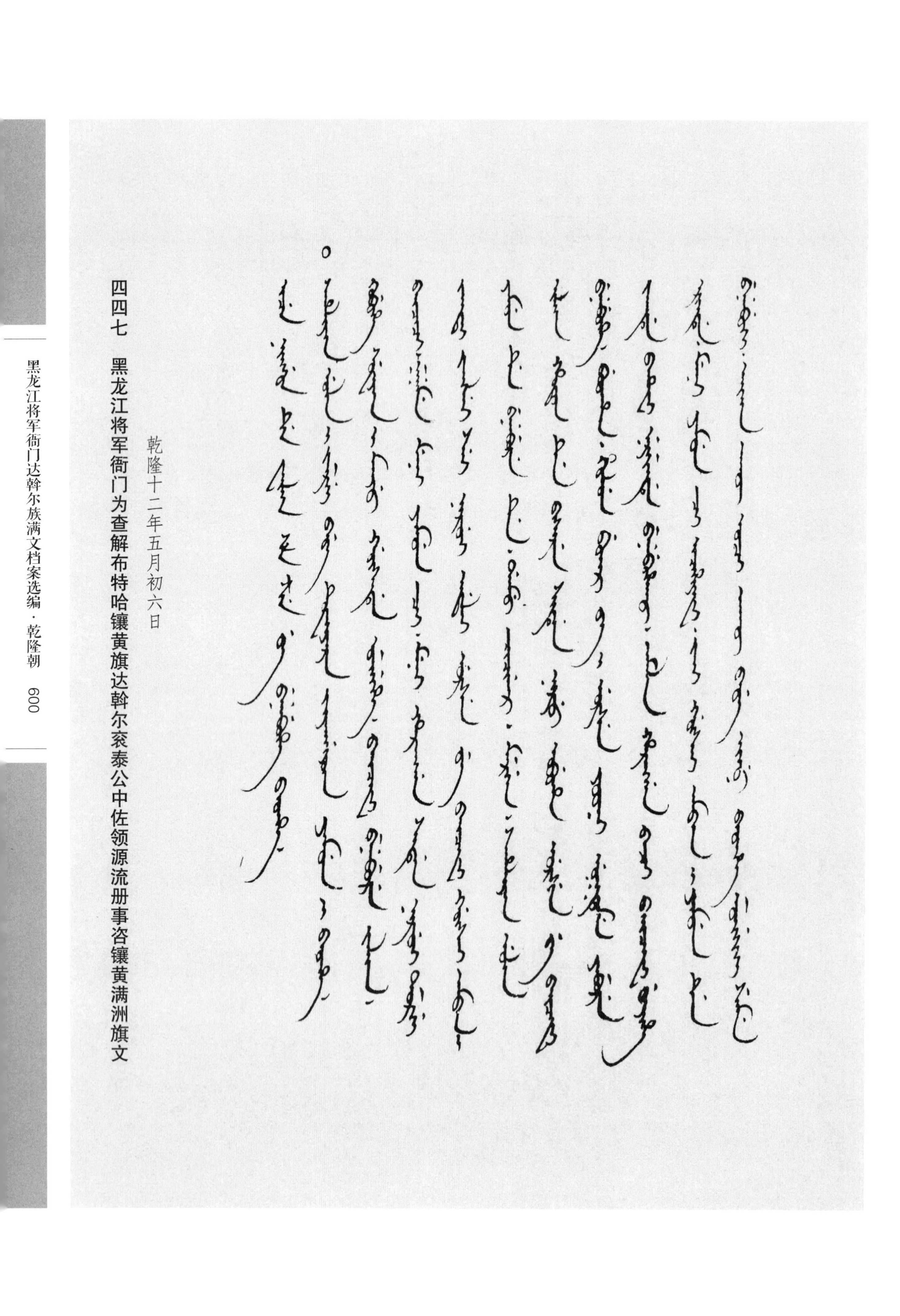

四四七　黑龙江将军衙门为查解布特哈镶黄旗达斡尔衮泰公中佐领源流册事咨镶黄满洲旗文

乾隆十二年五月初六日

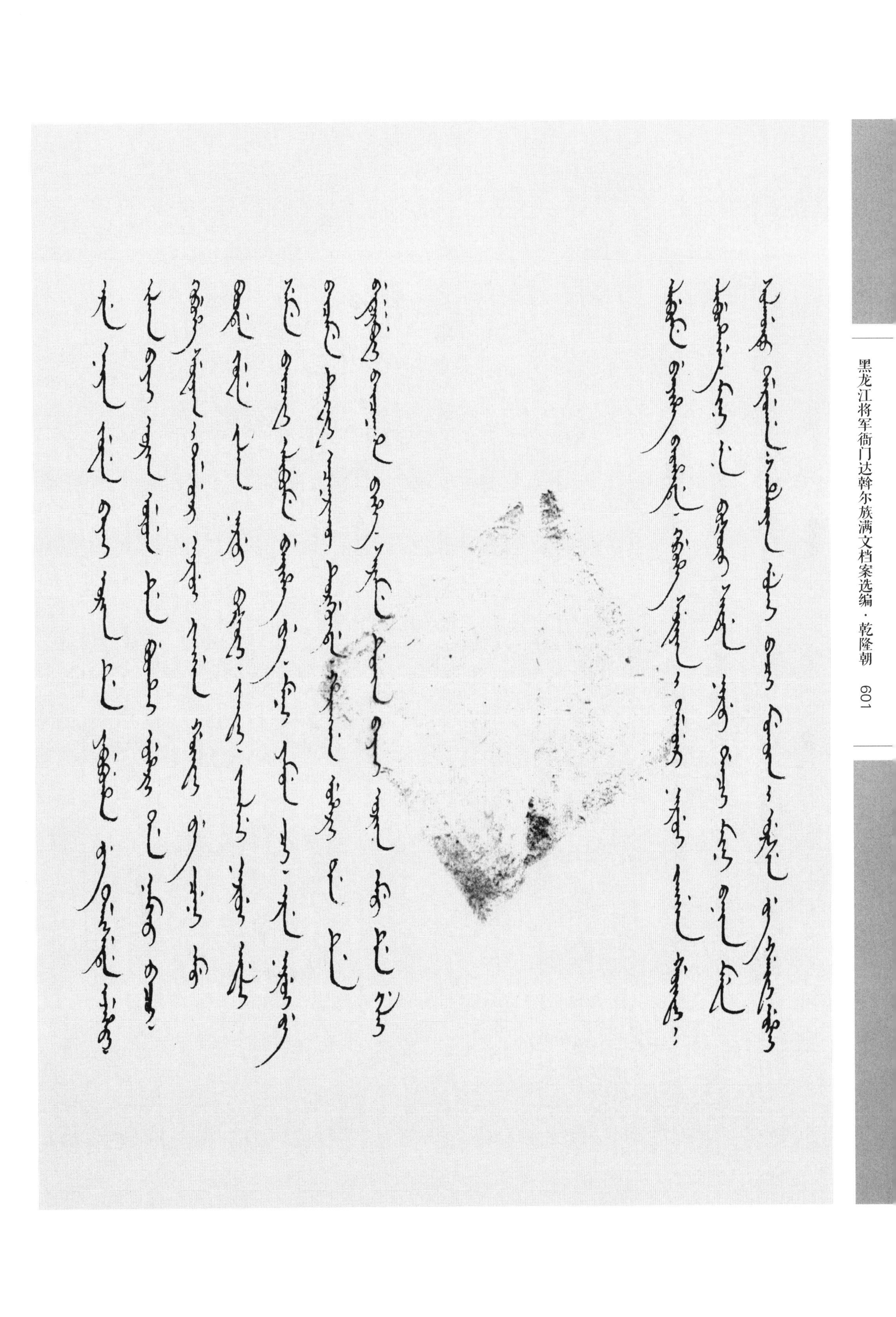

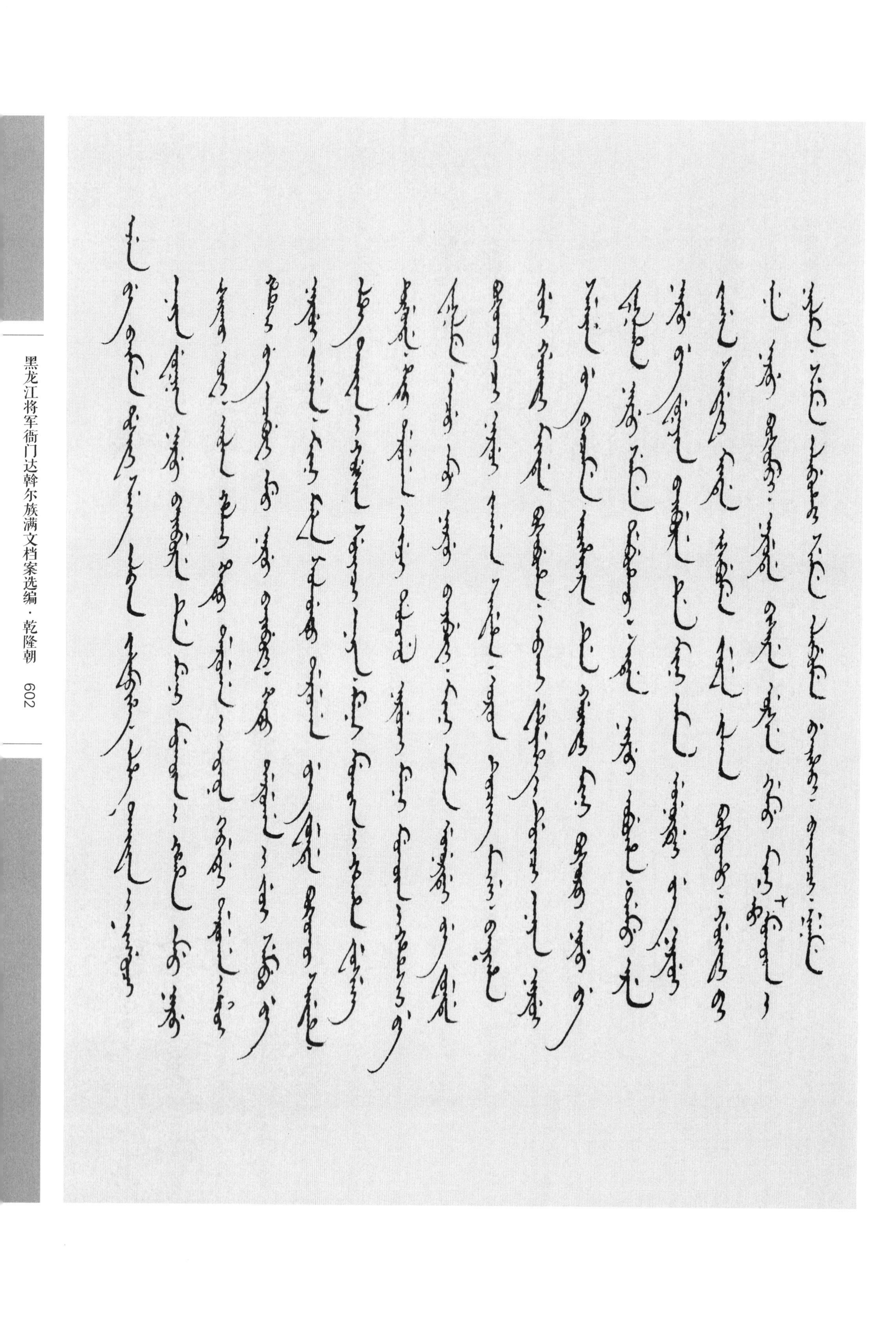

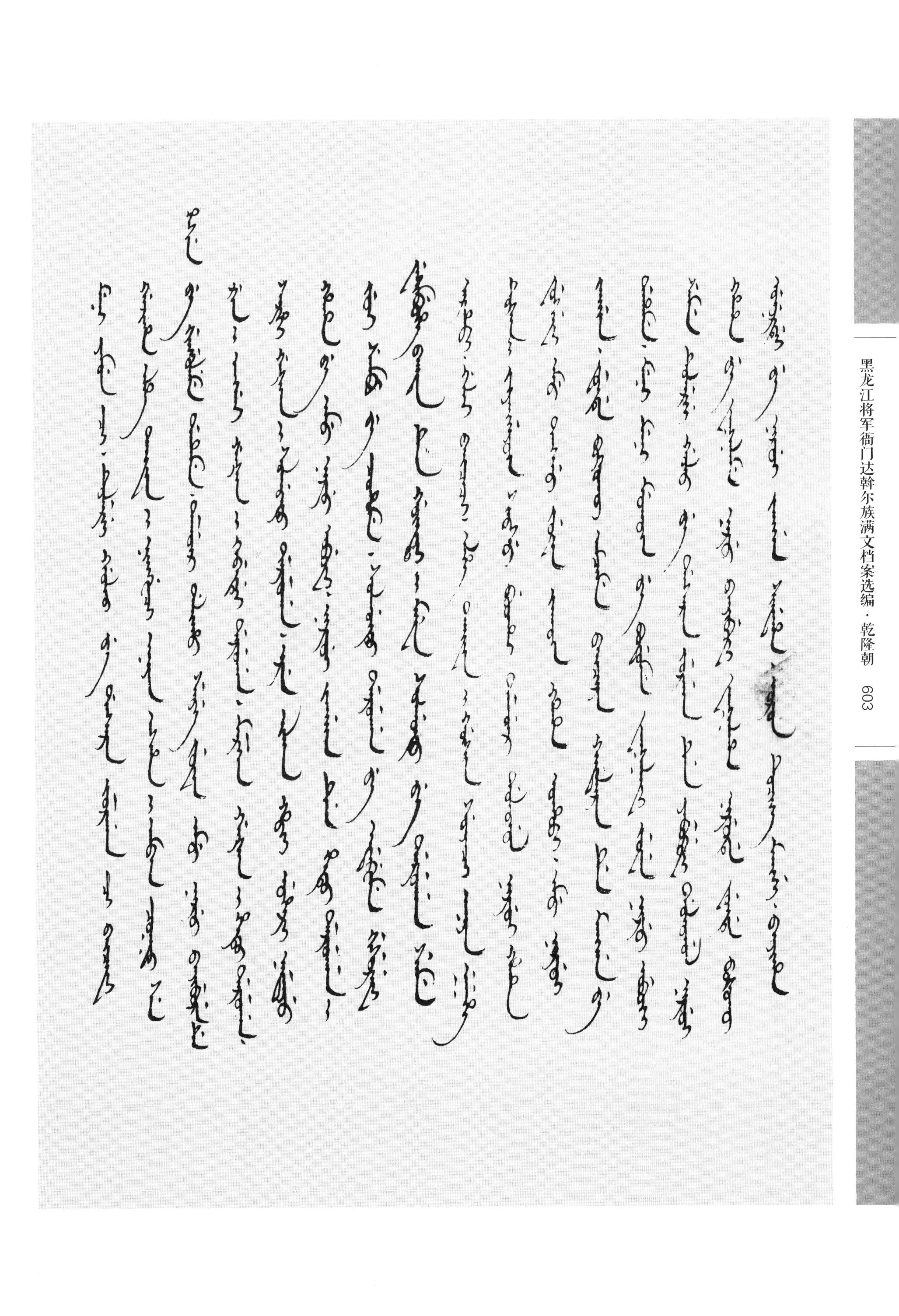

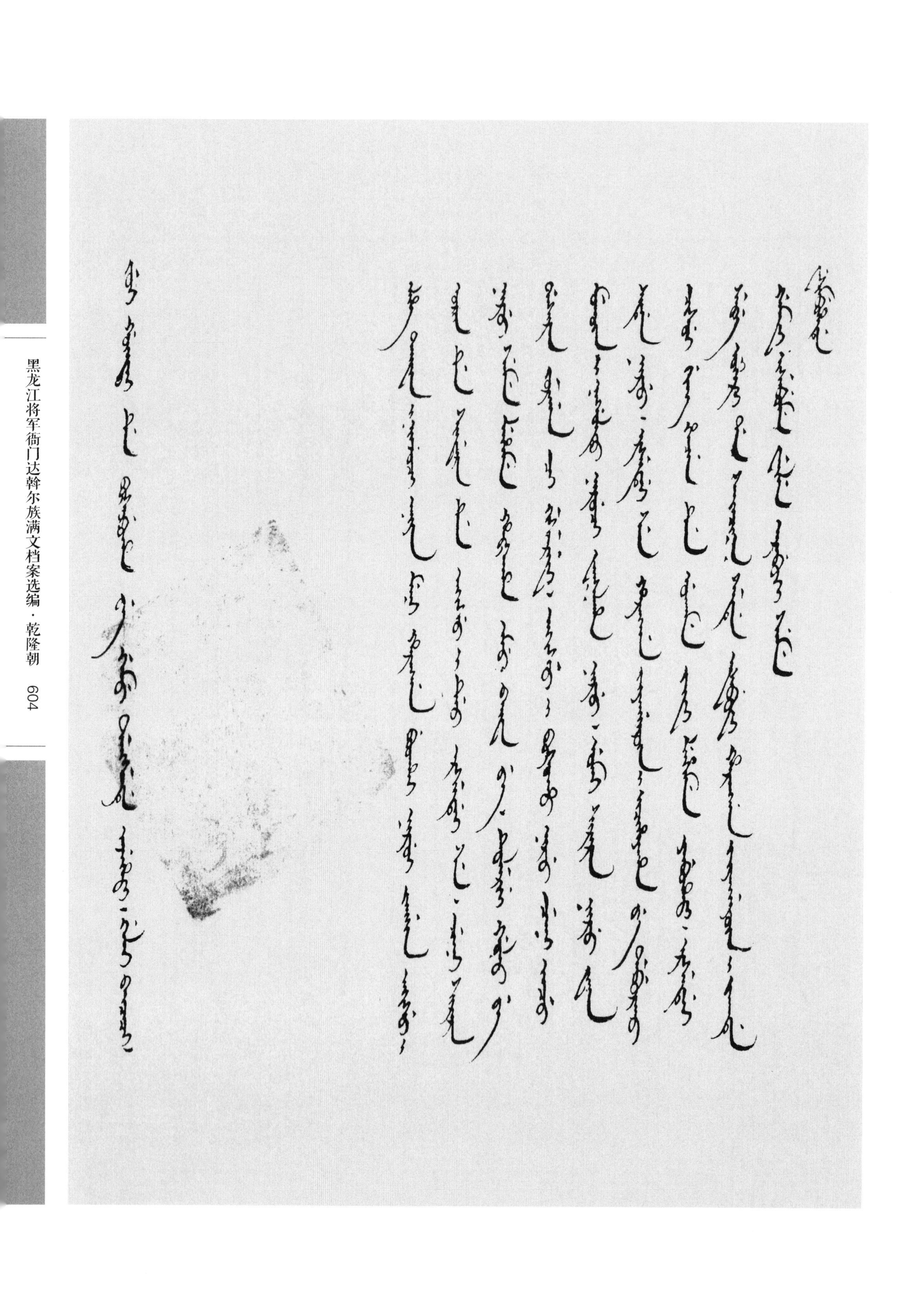

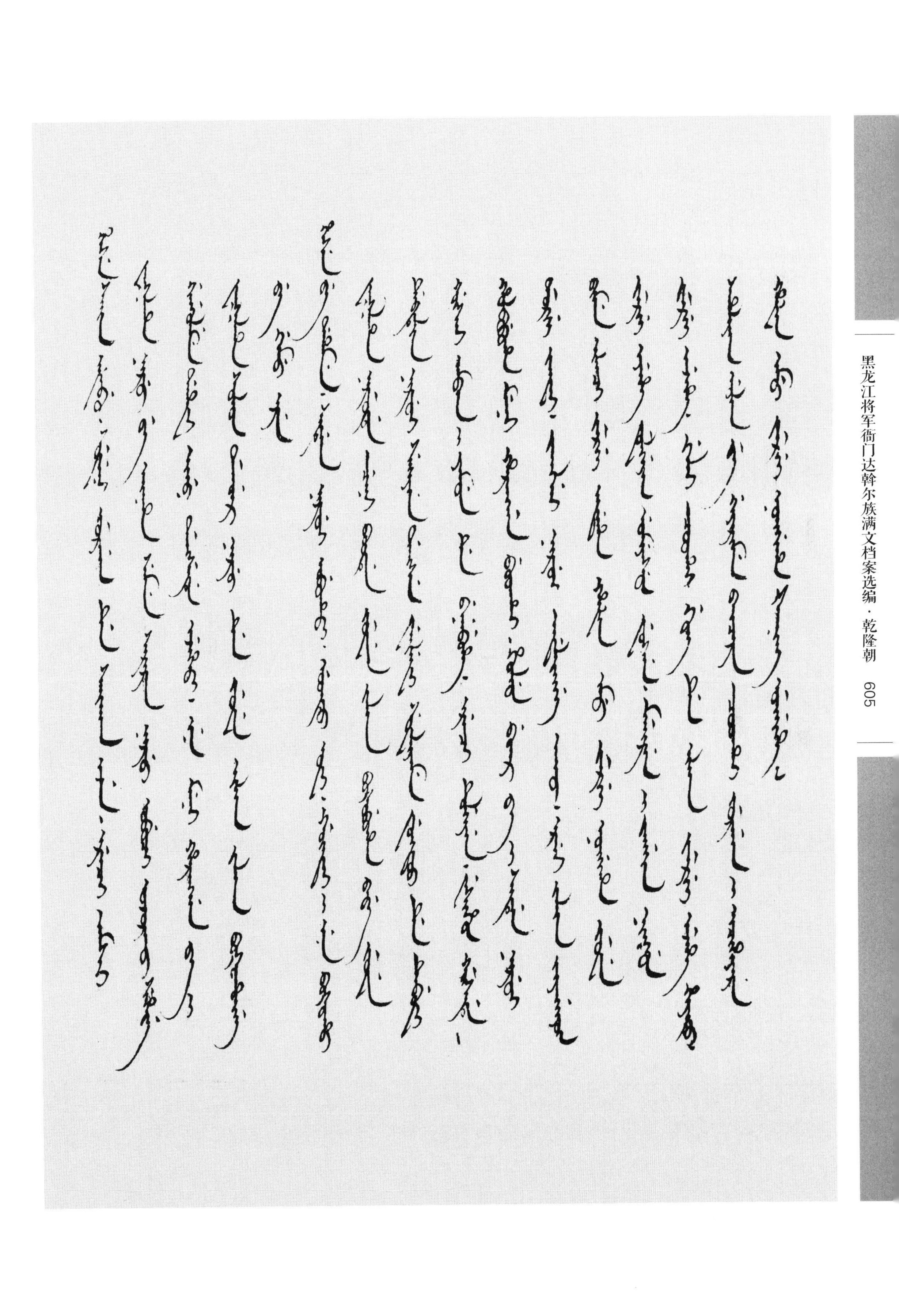

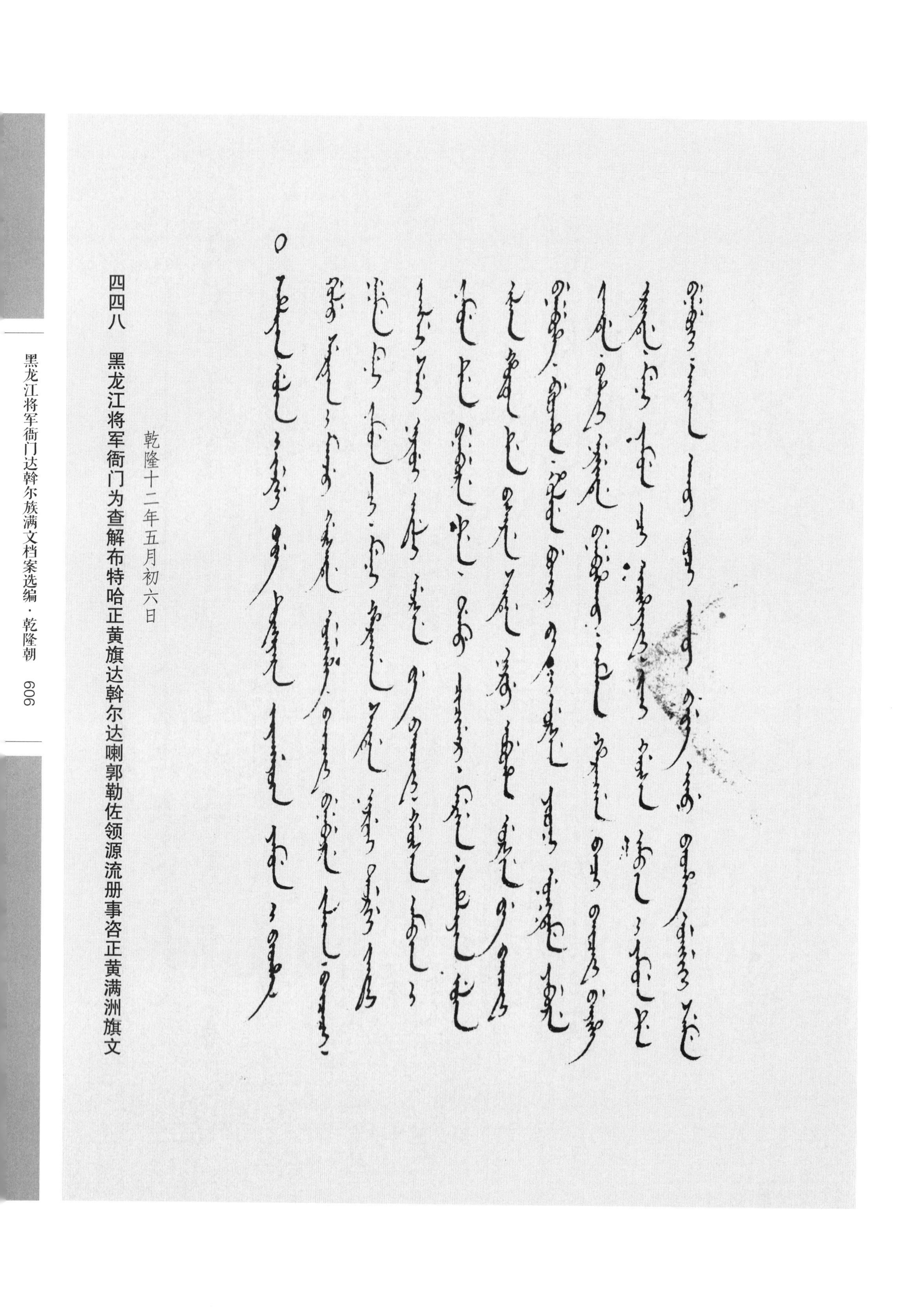

四四八 黑龙江将军衙门为查解布特哈正黄旗达斡尔达喇郭勒佐领源流册事咨正黄满洲旗文

乾隆十二年五月初六日

[illegible]

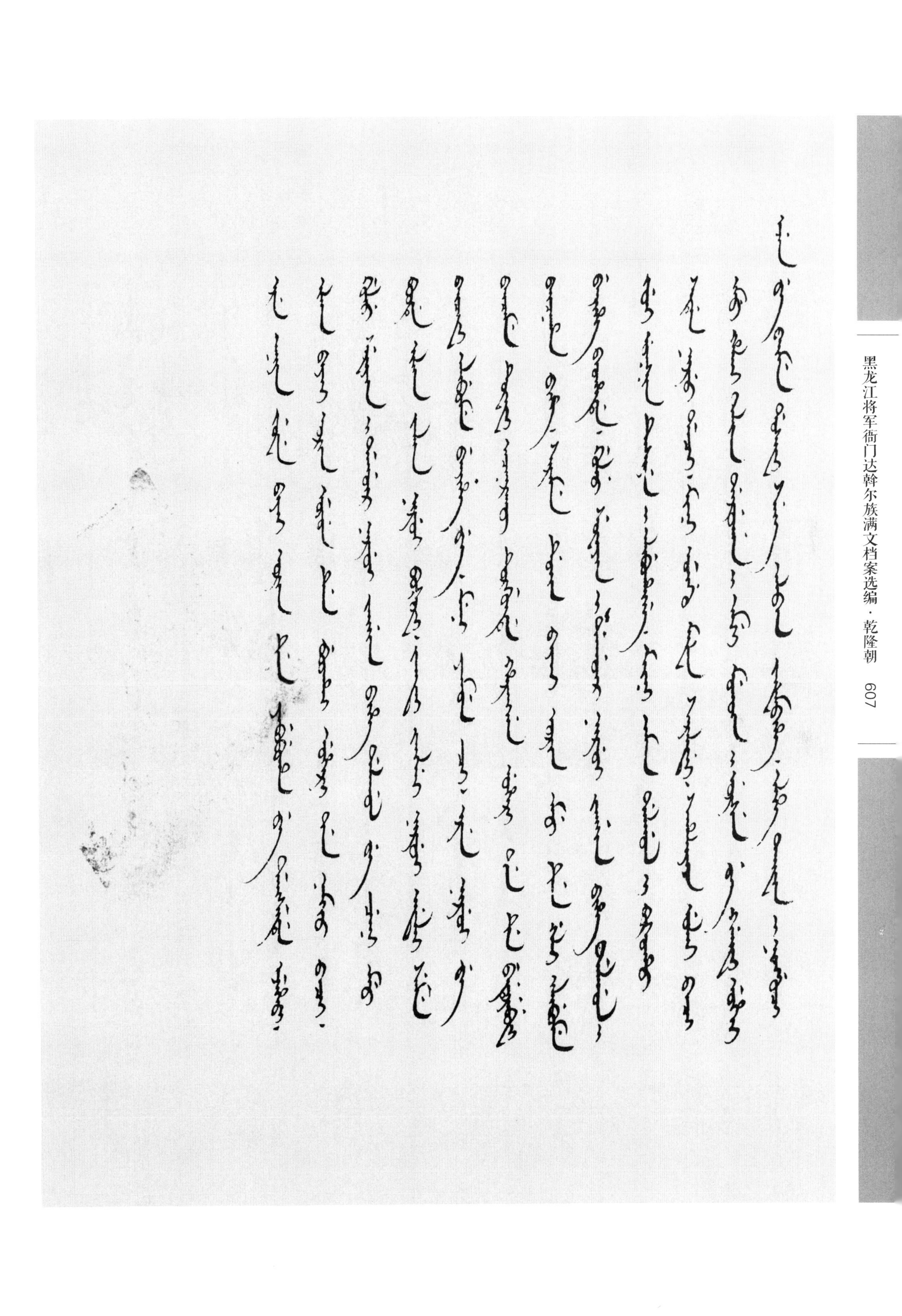

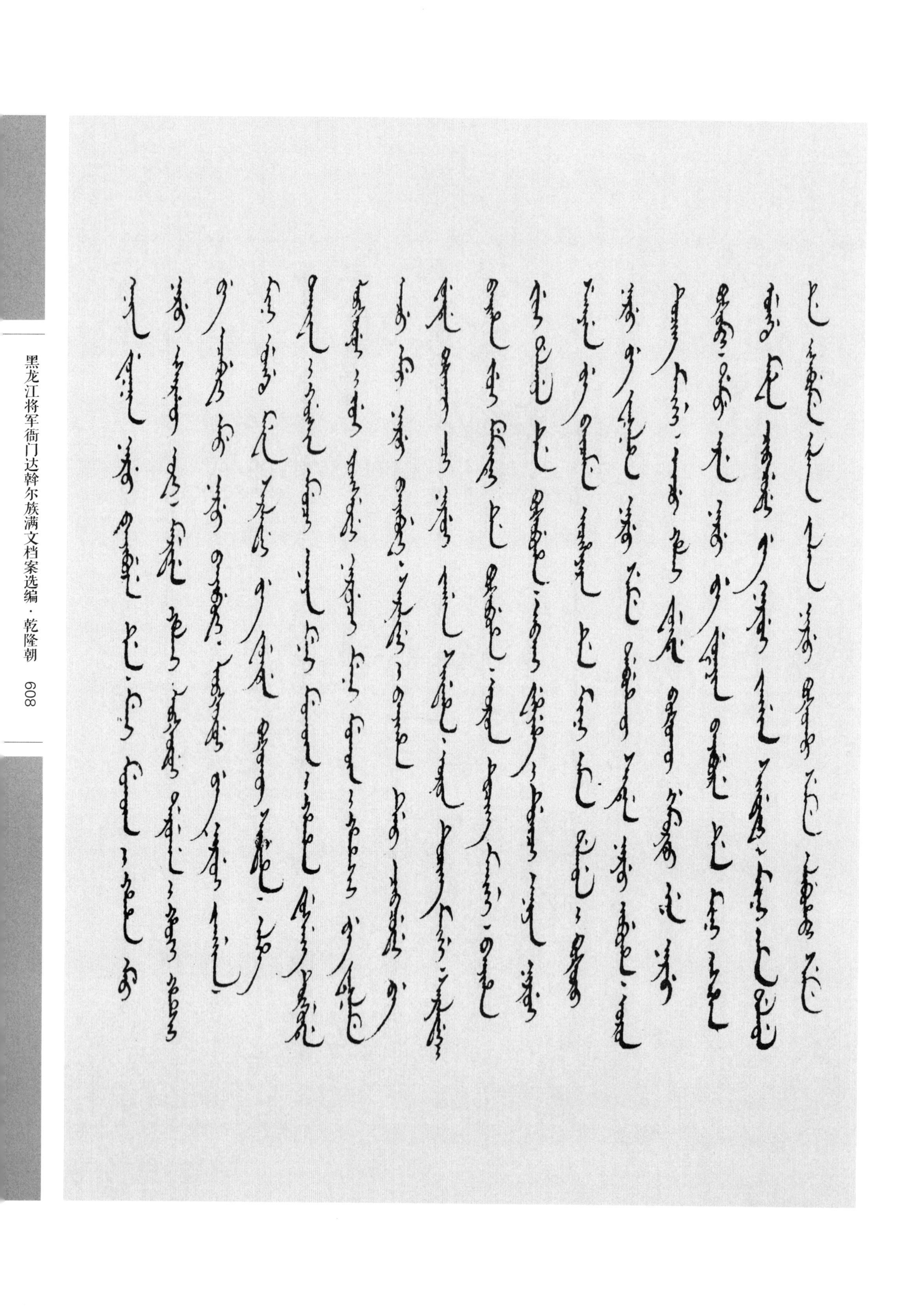

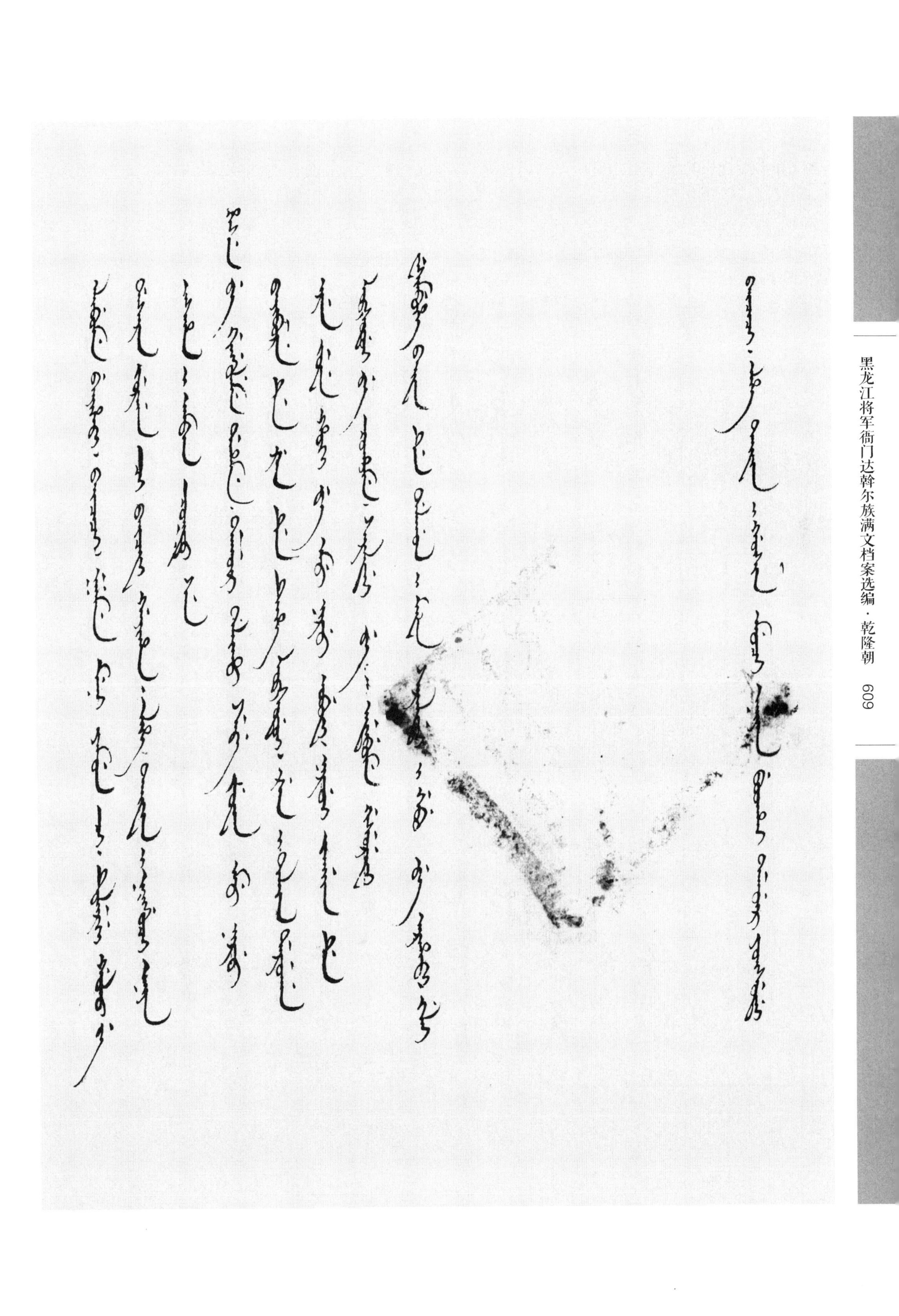

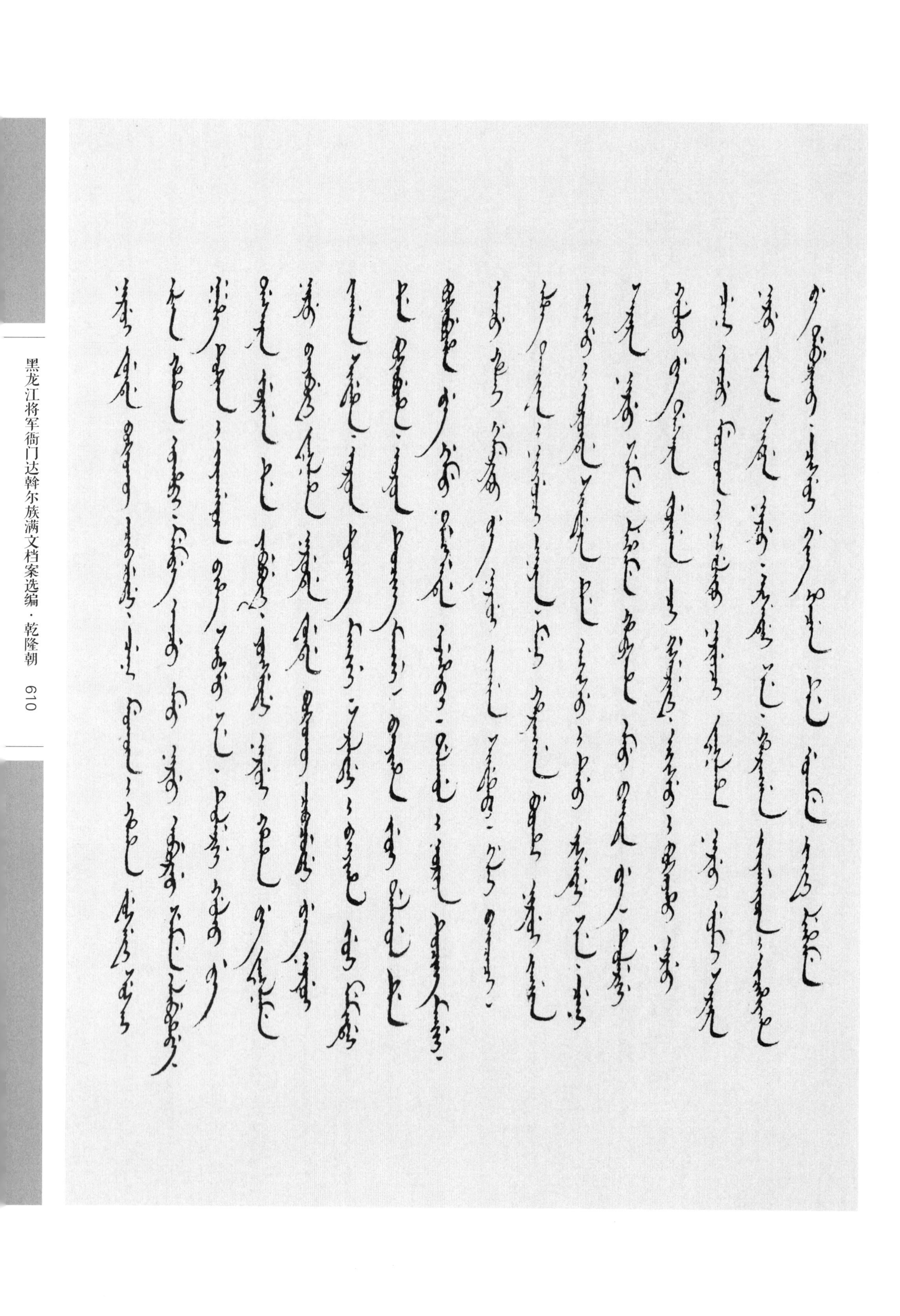

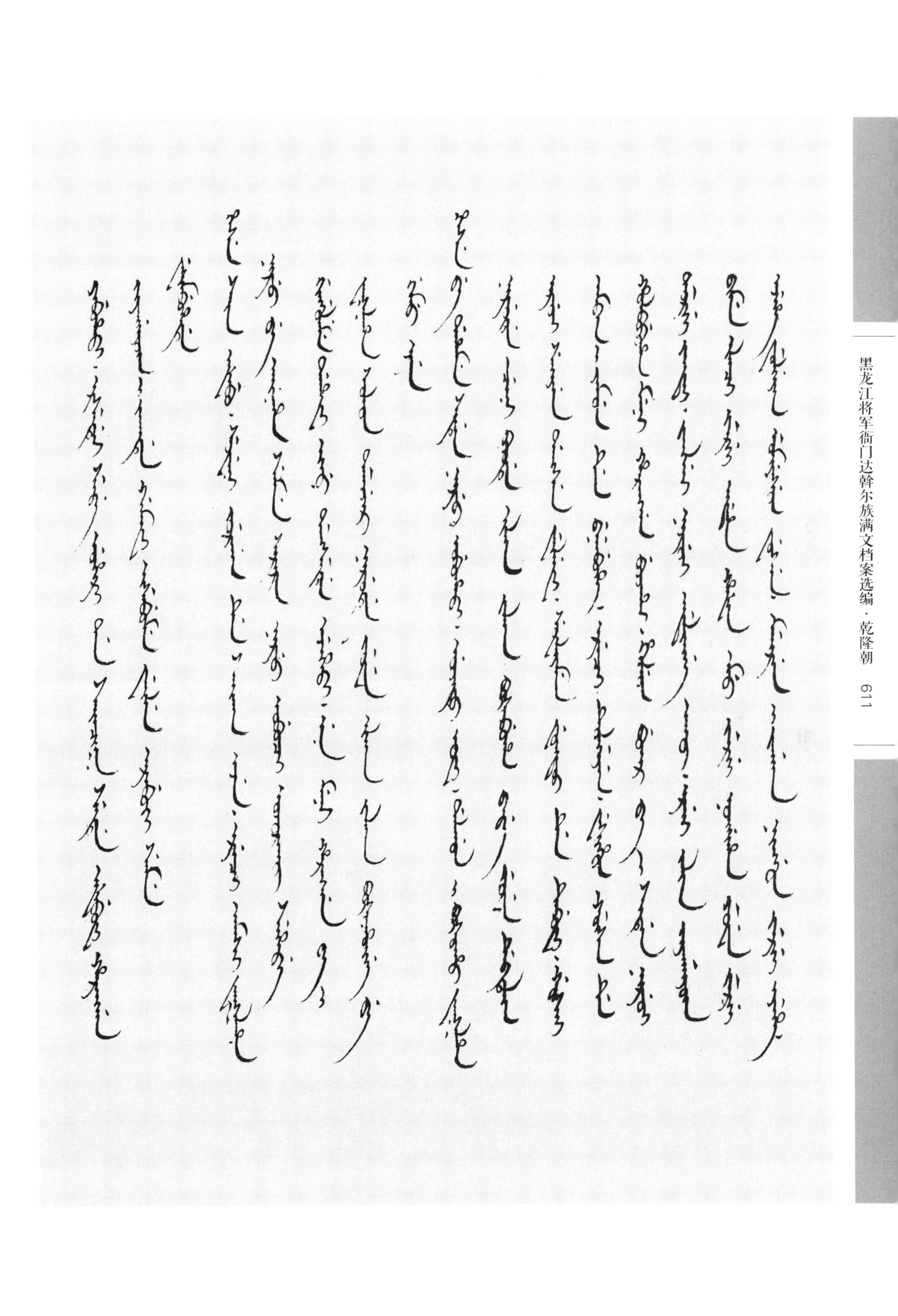

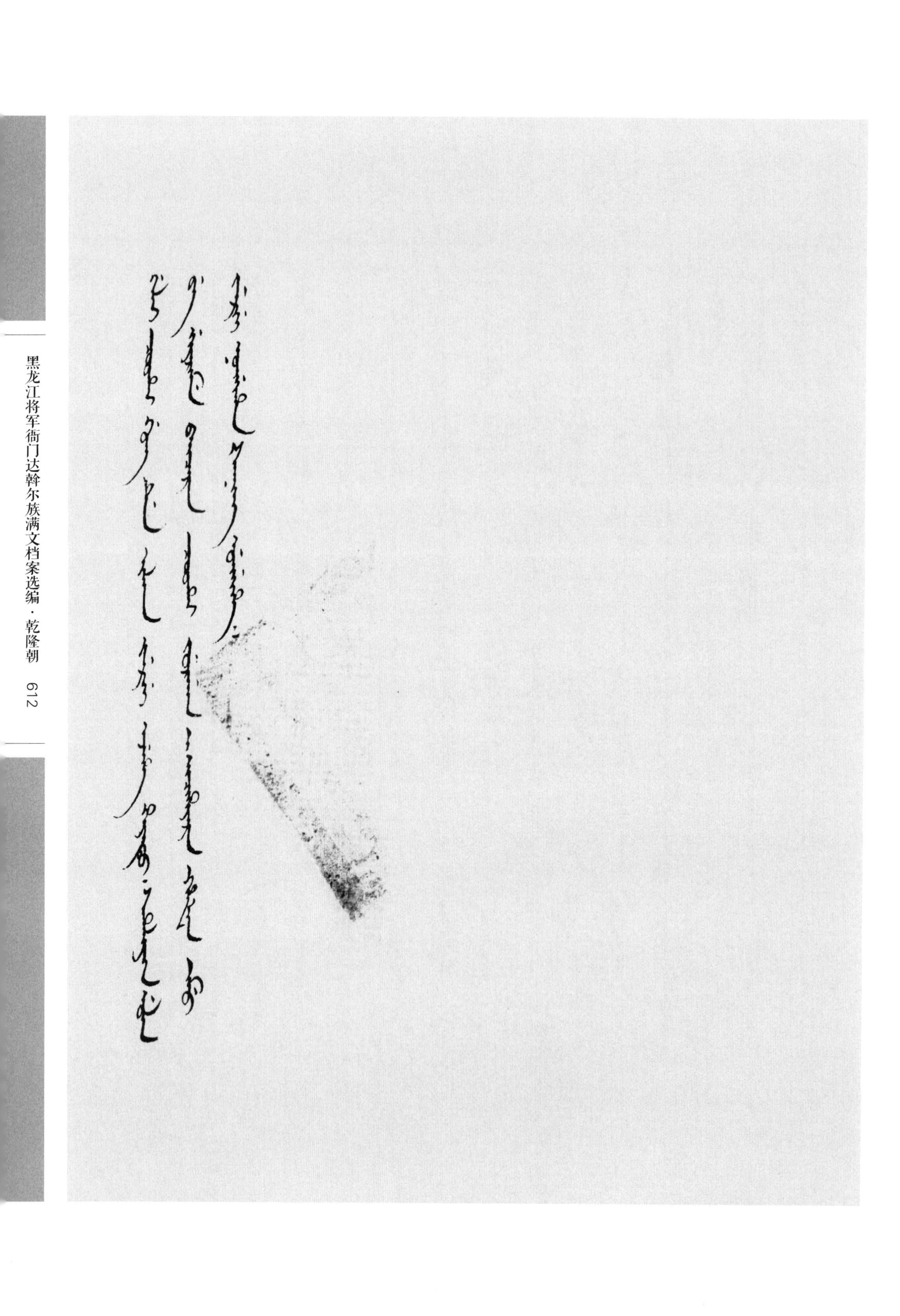

[illegible]

[illegible]

[illegible]

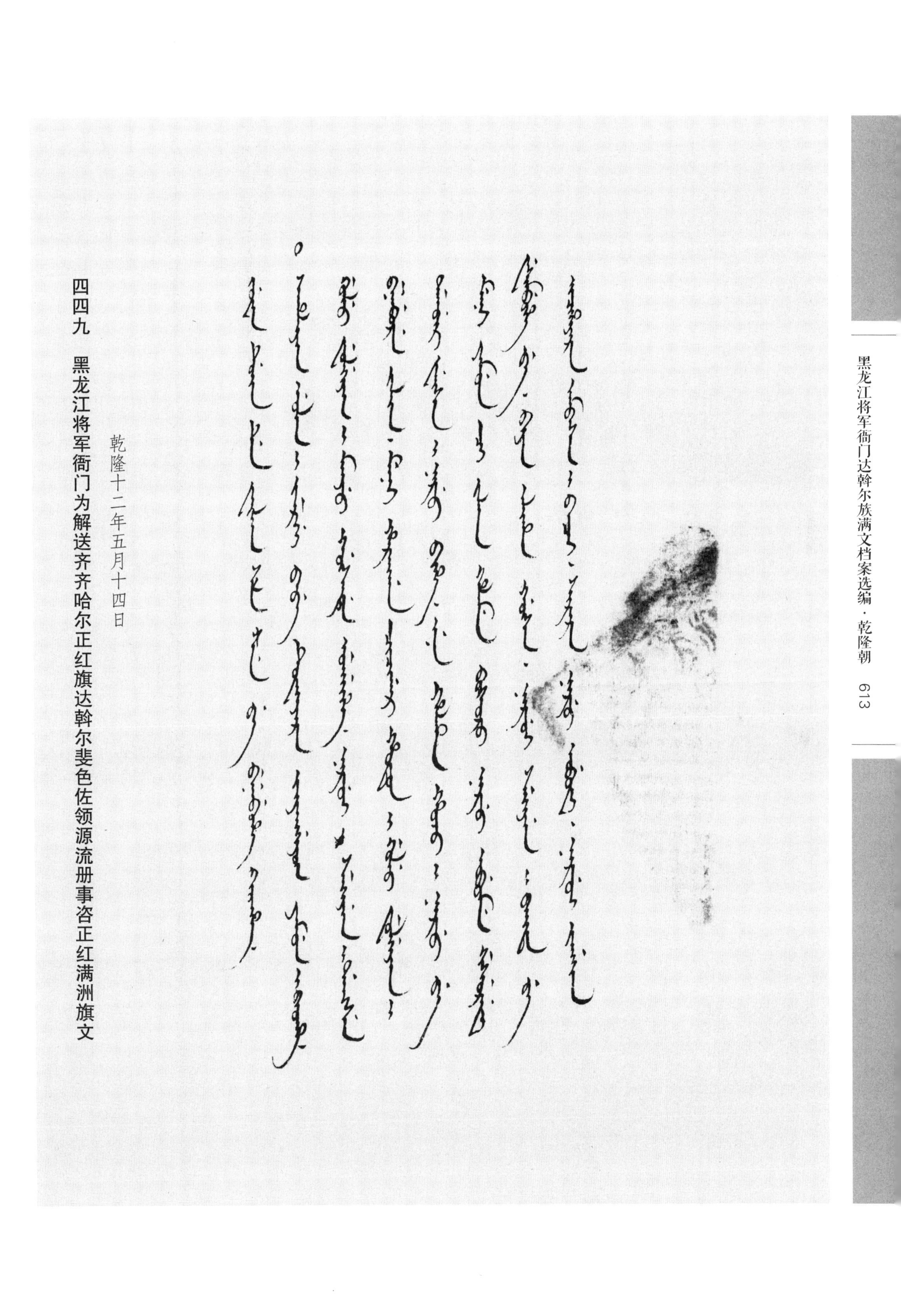

四四九 黑龙江将军衙门为解送齐齐哈尔正红旗达斡尔斐色佐领源流册事咨正红满洲旗文

乾隆十二年五月十四日

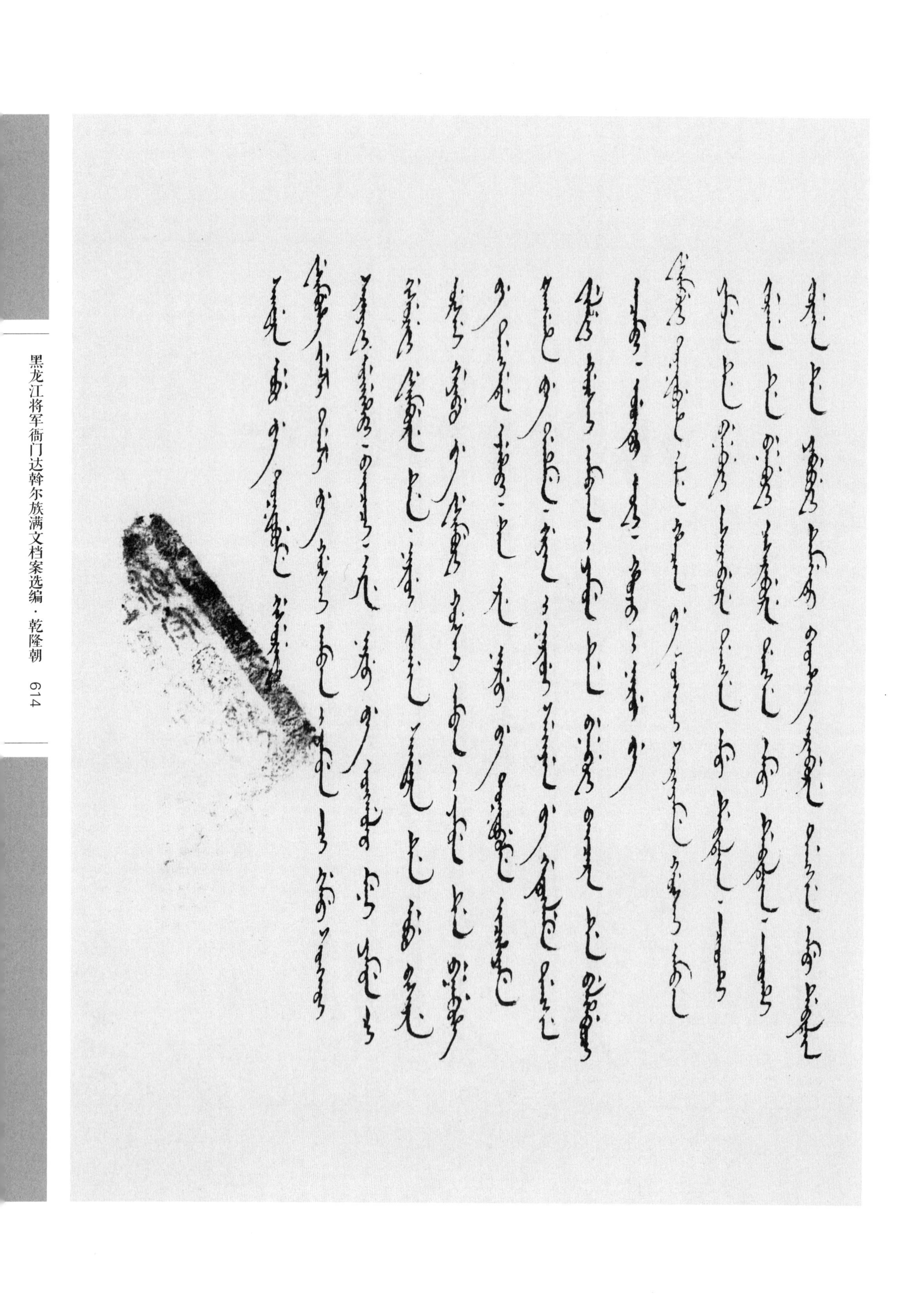

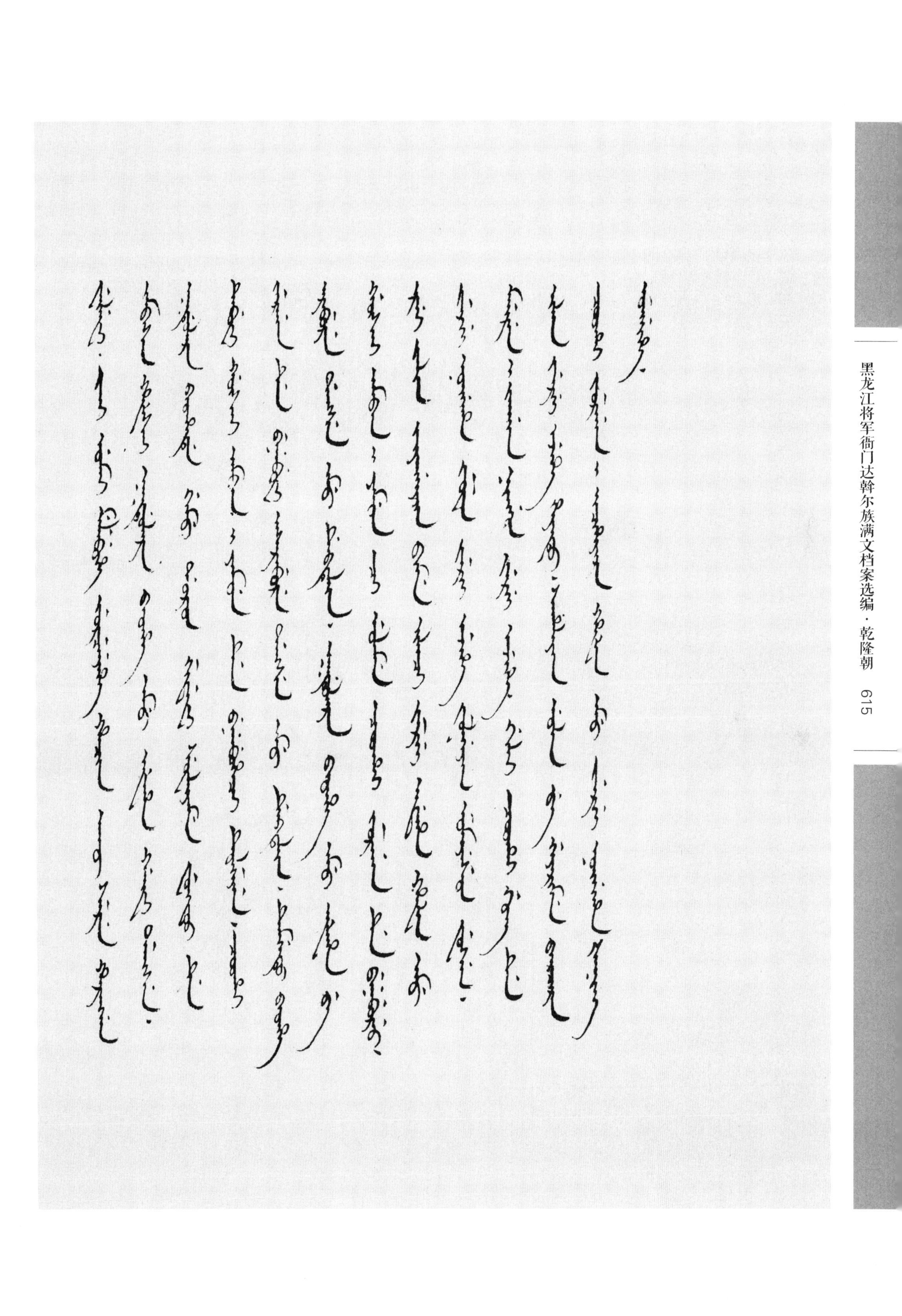

四五〇 黑龙江将军衙门为解送黑龙江镶白旗达斡尔塔里乌勒佐领源流册及家谱事咨镶白满洲旗文

乾隆十二年五月十四日

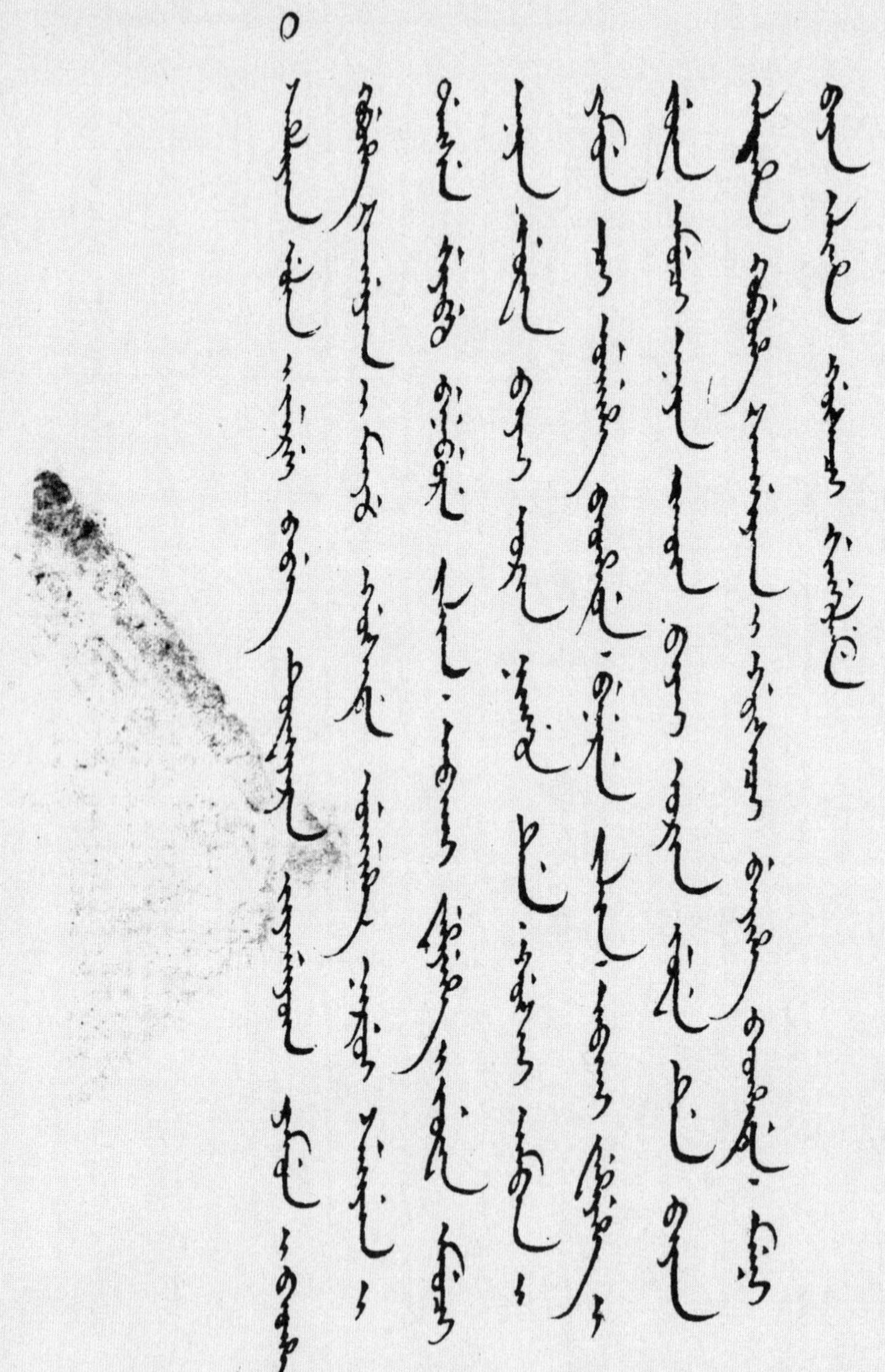

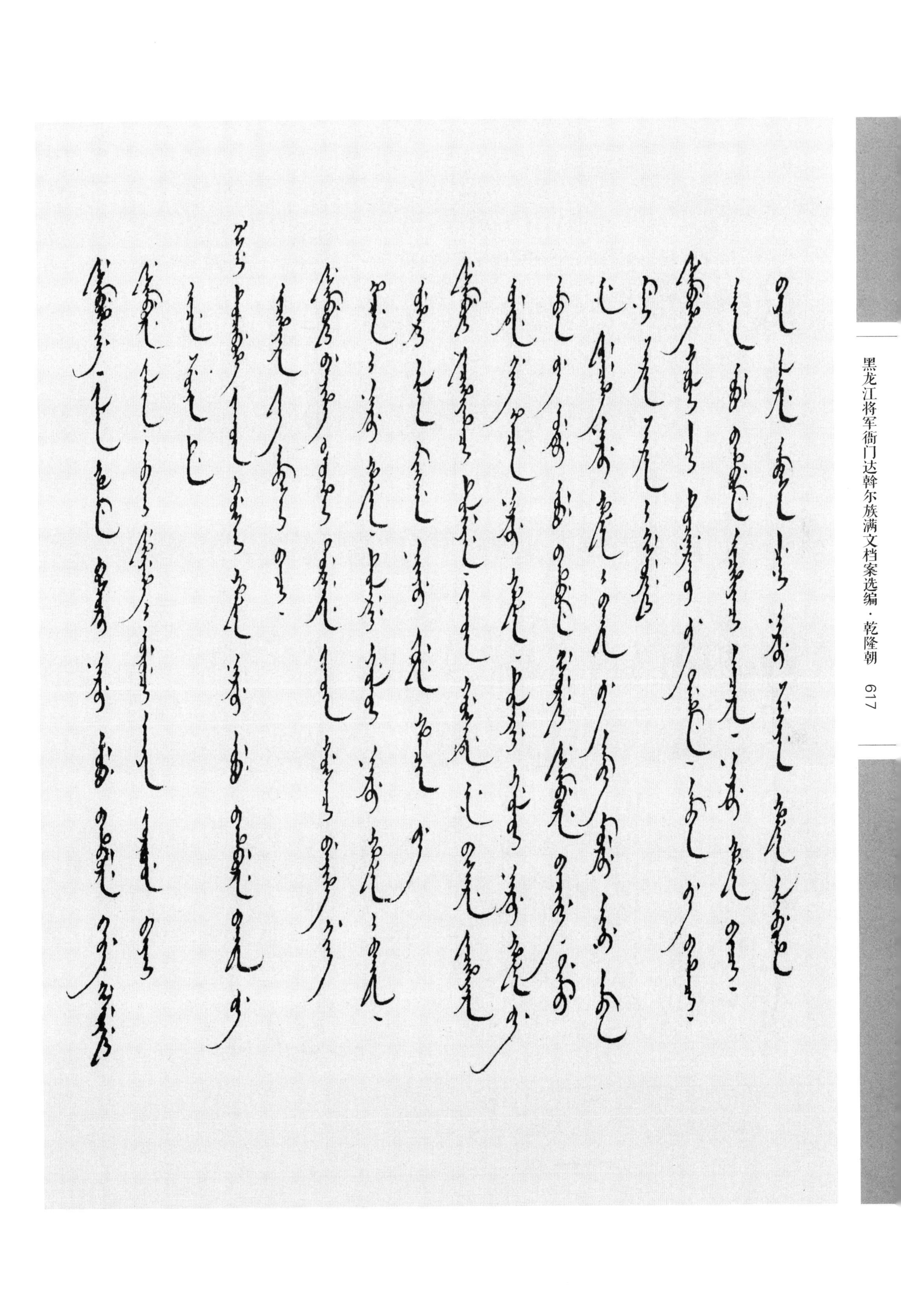

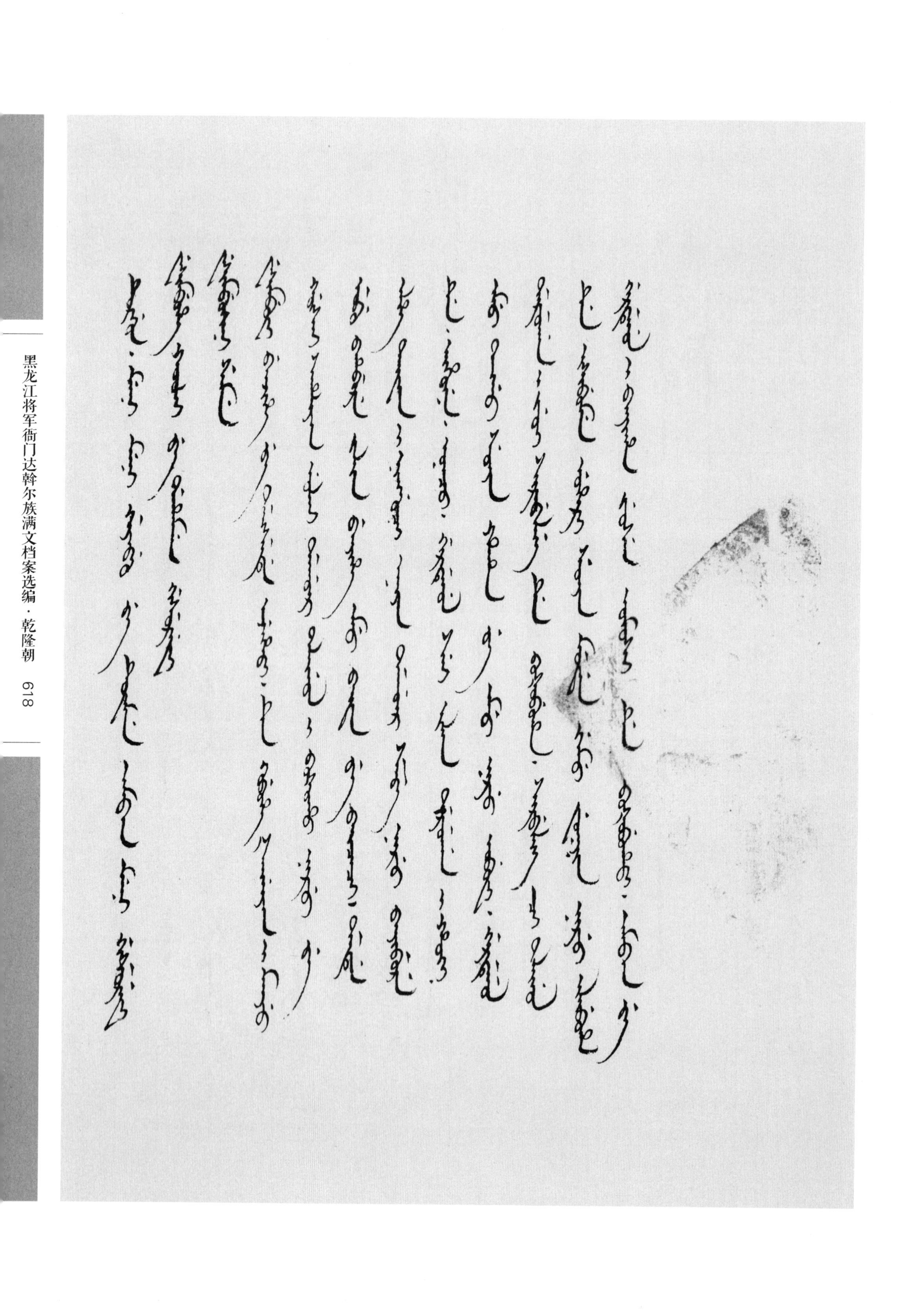

[illegible]

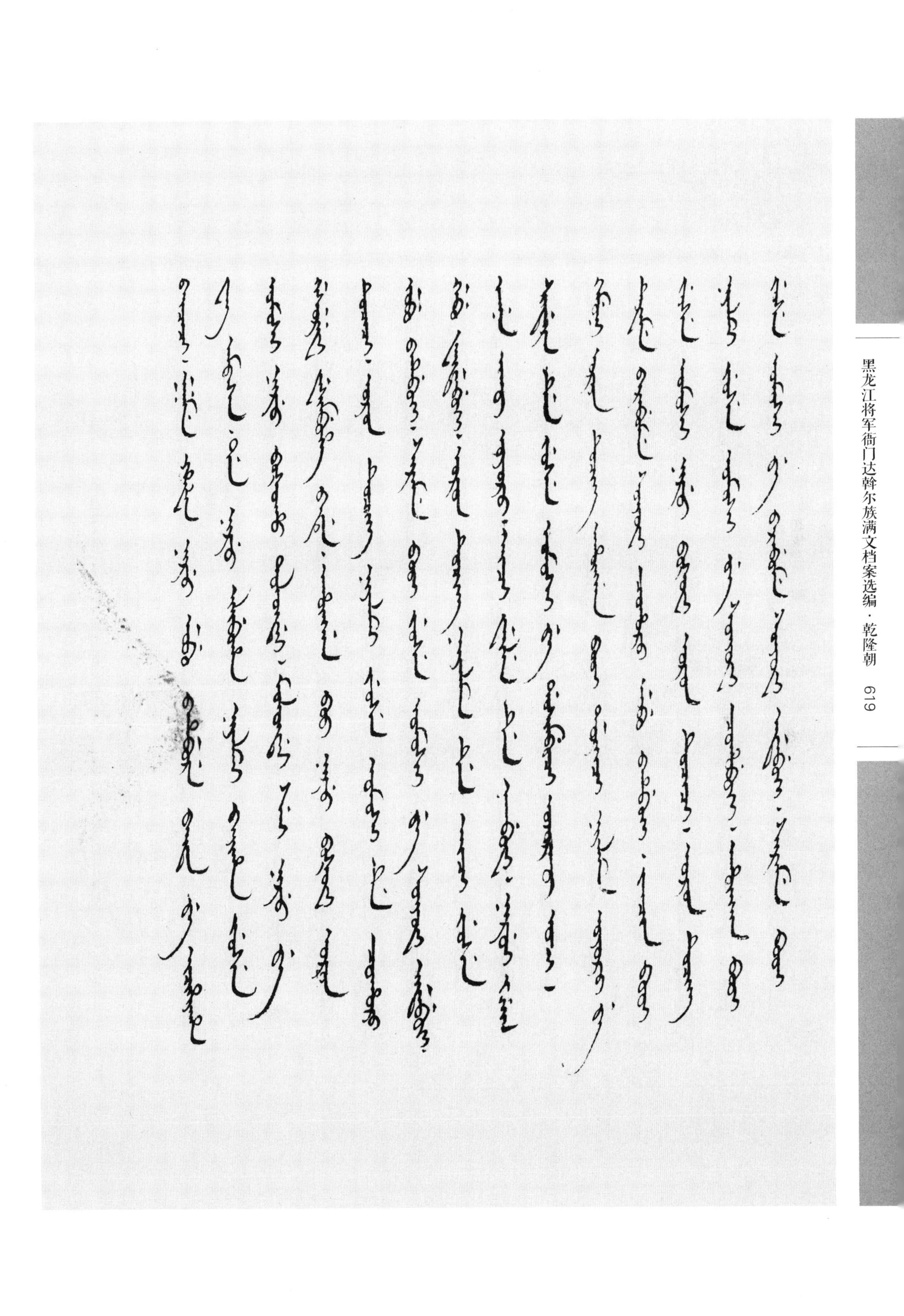

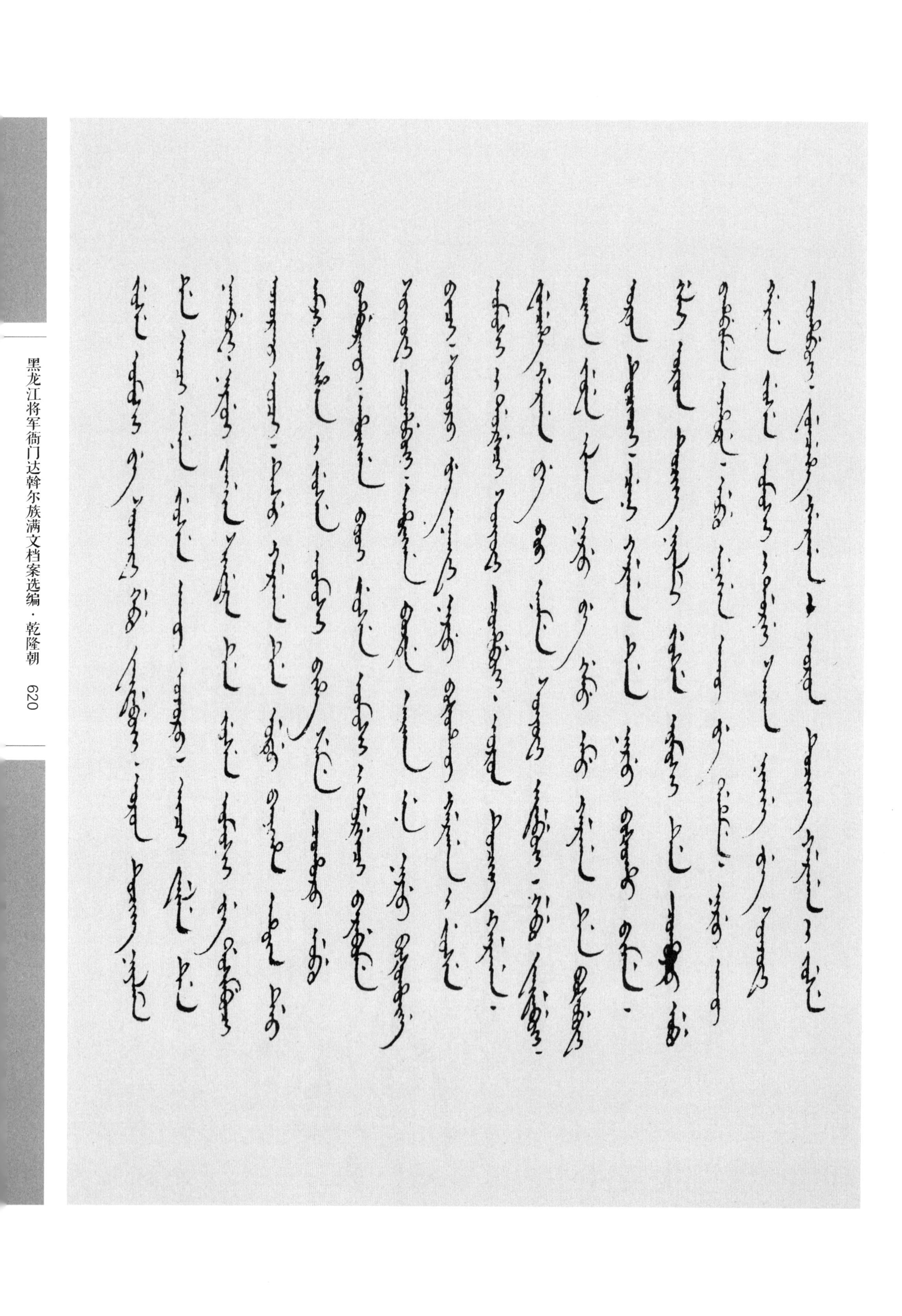

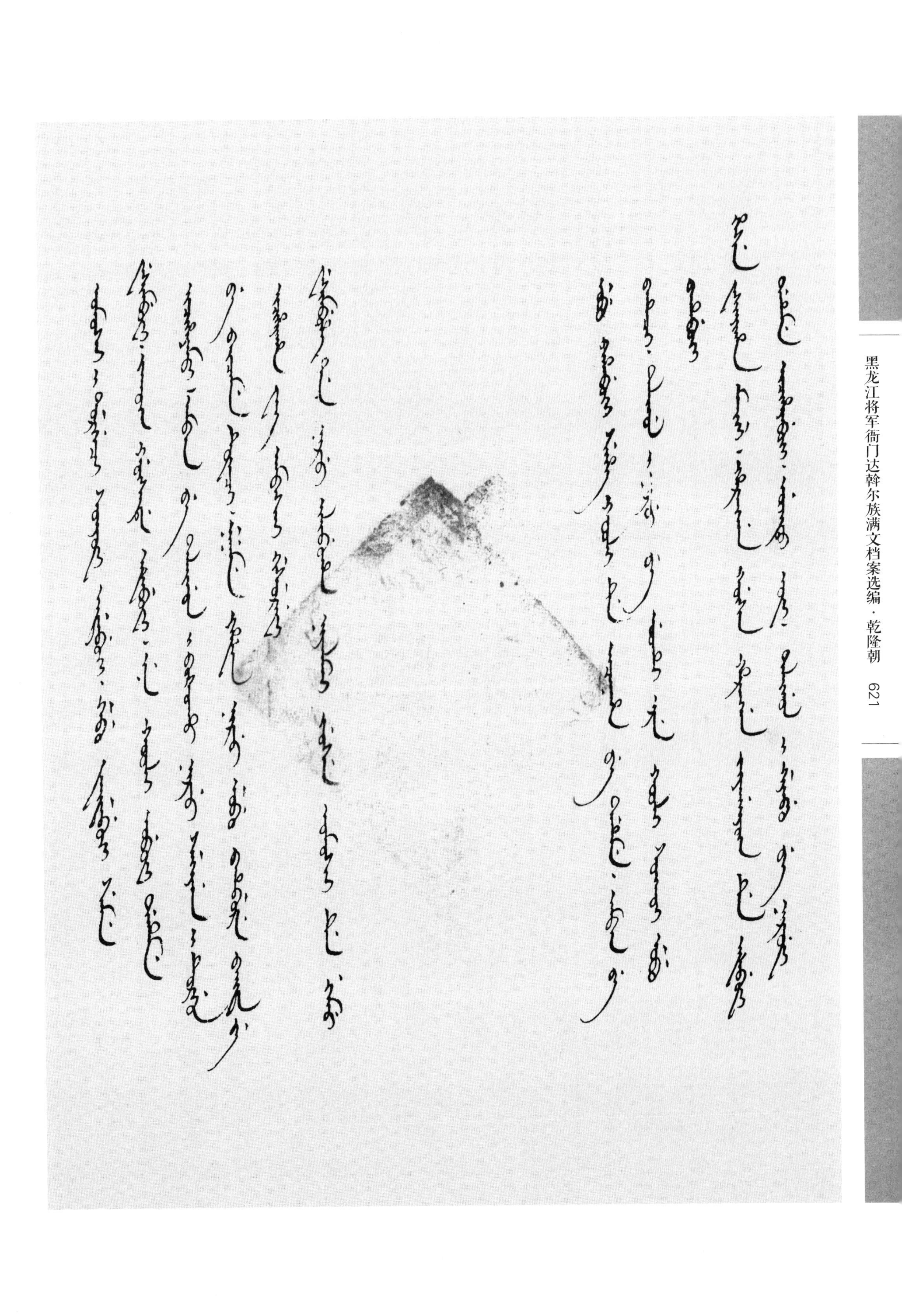

[illegible]

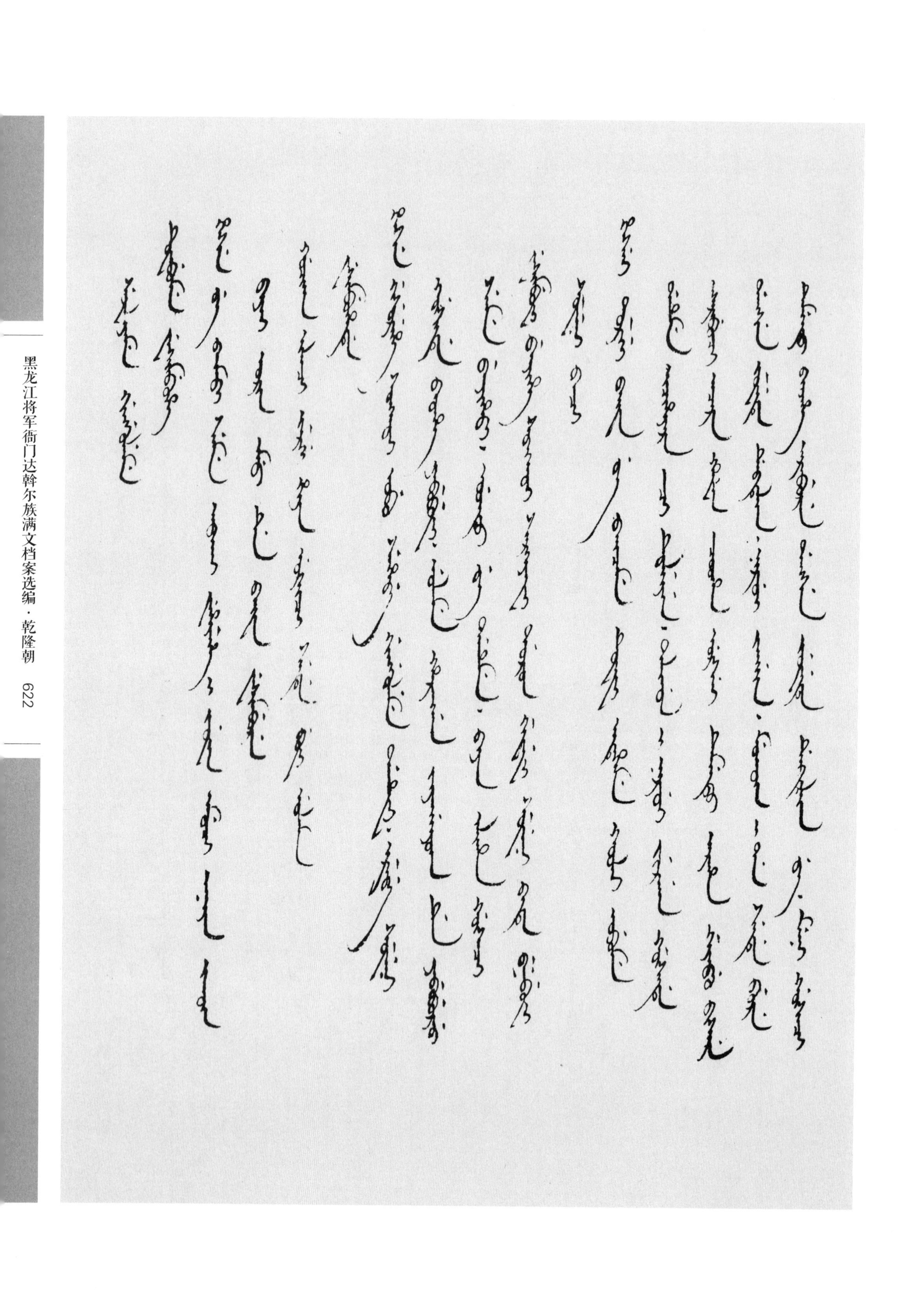

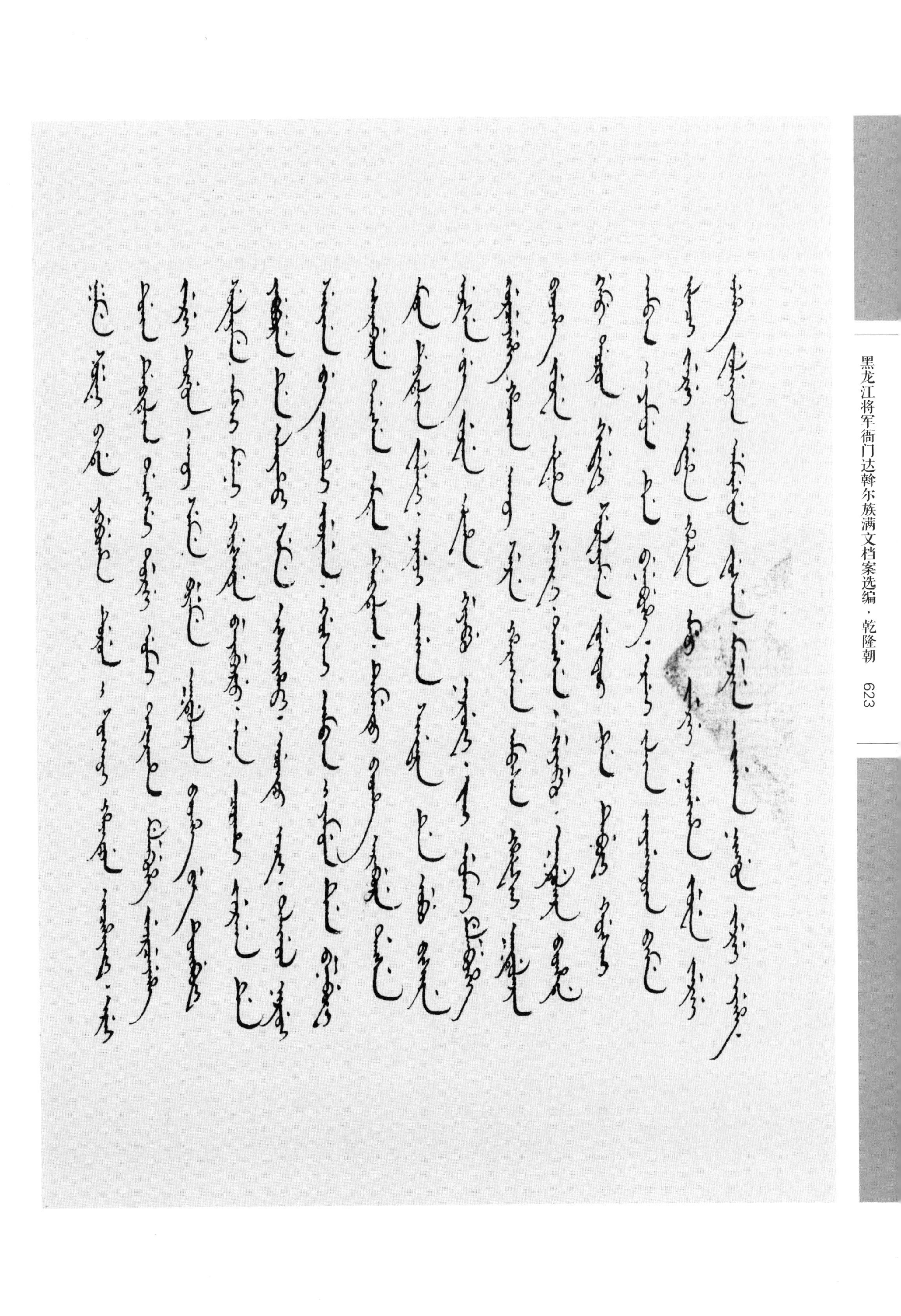

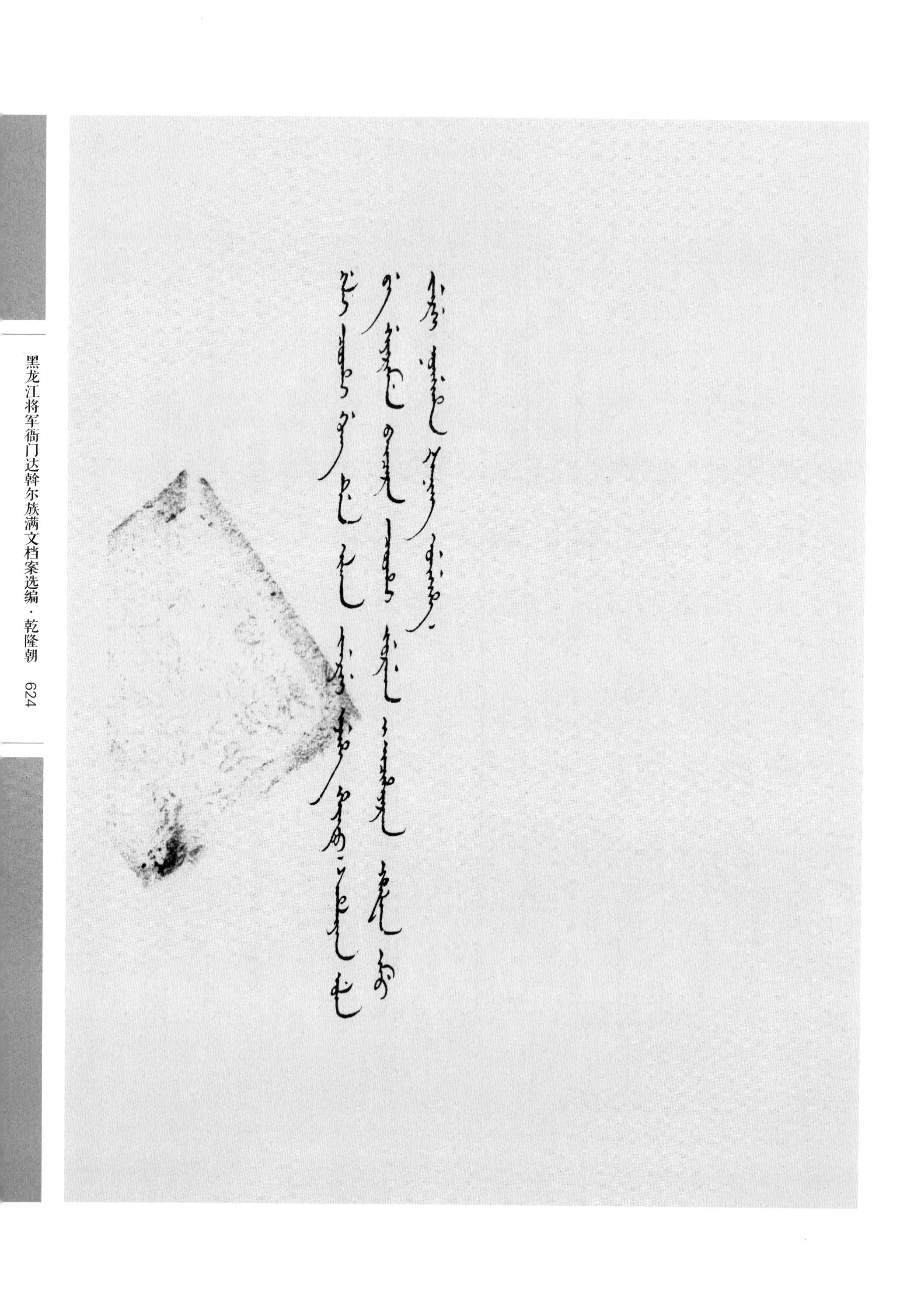

[illegible]

四五一 黑龙江将军衙门为解送齐齐哈尔正蓝旗达斡尔巴新等公中佐领源流册及家谱事咨正蓝满洲旗文

乾隆十二年六月初一日

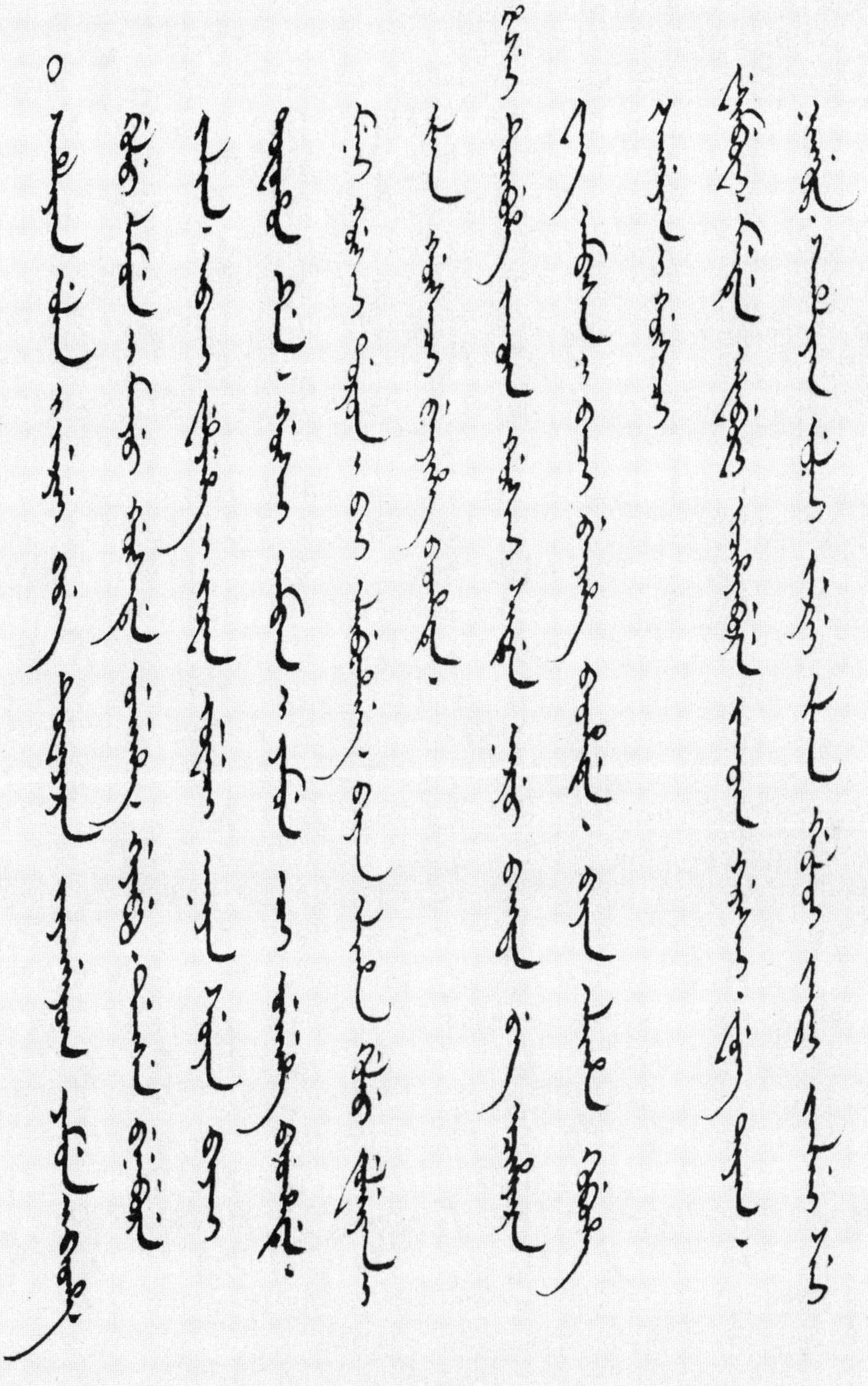

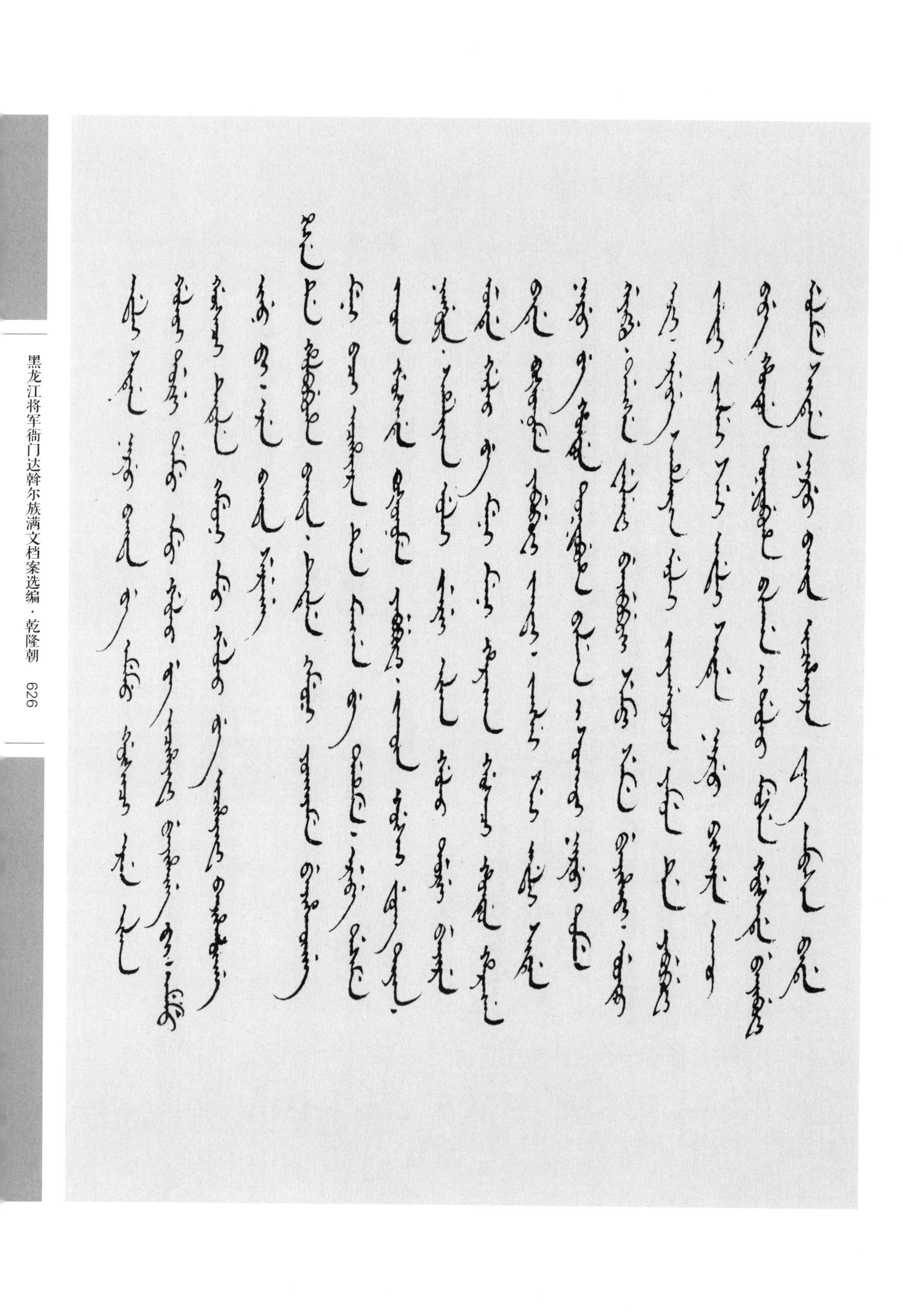

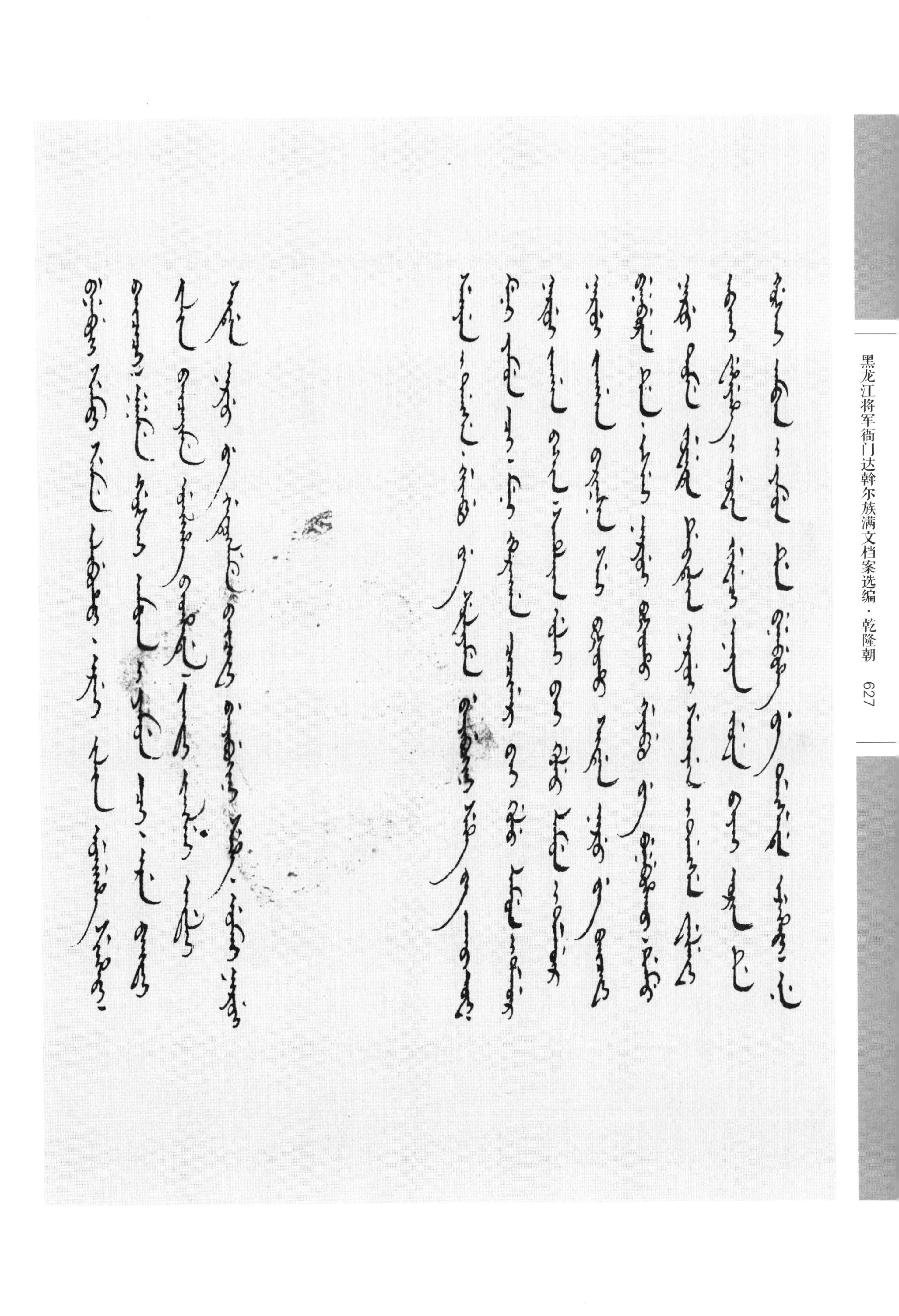

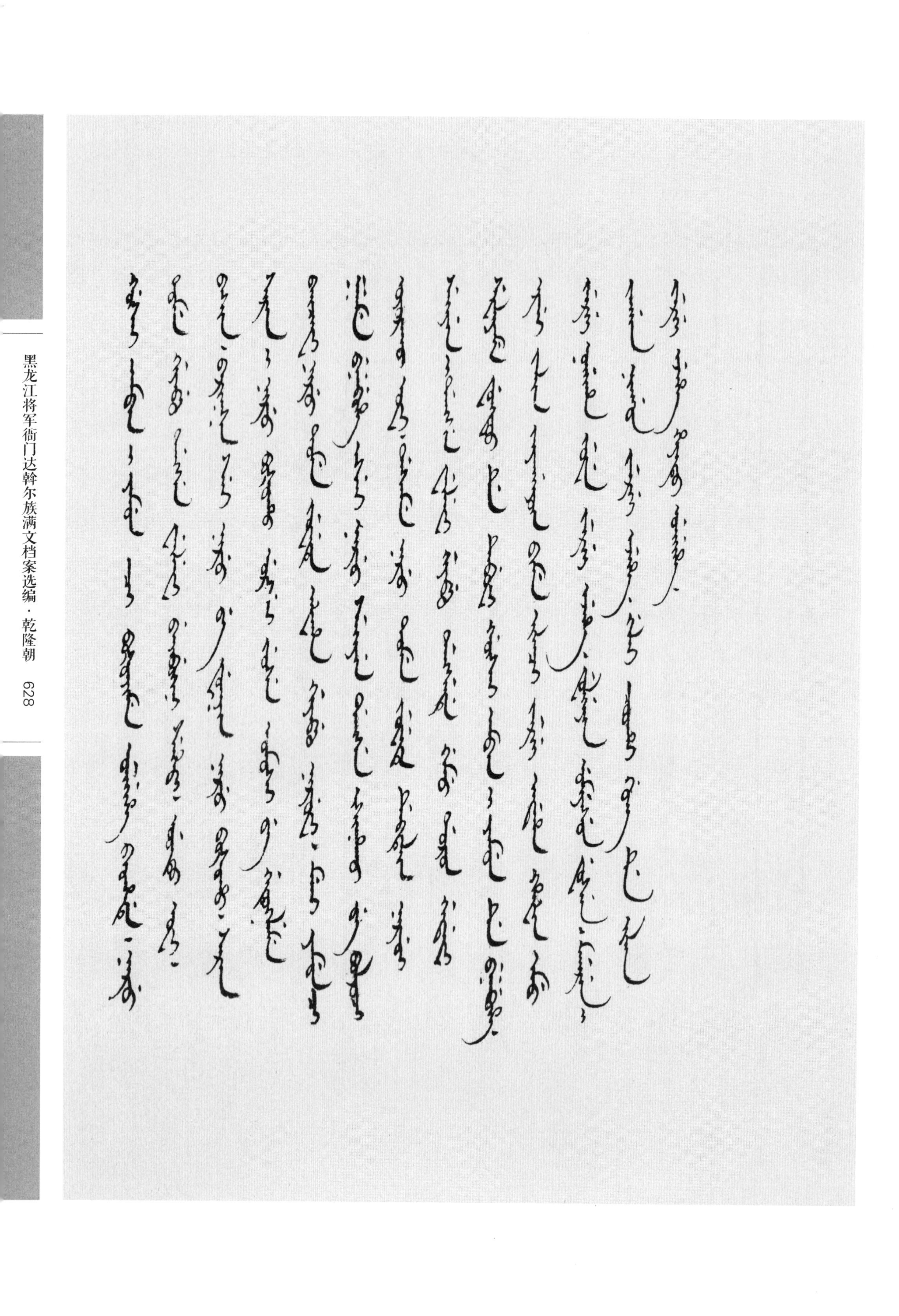

[illegible]

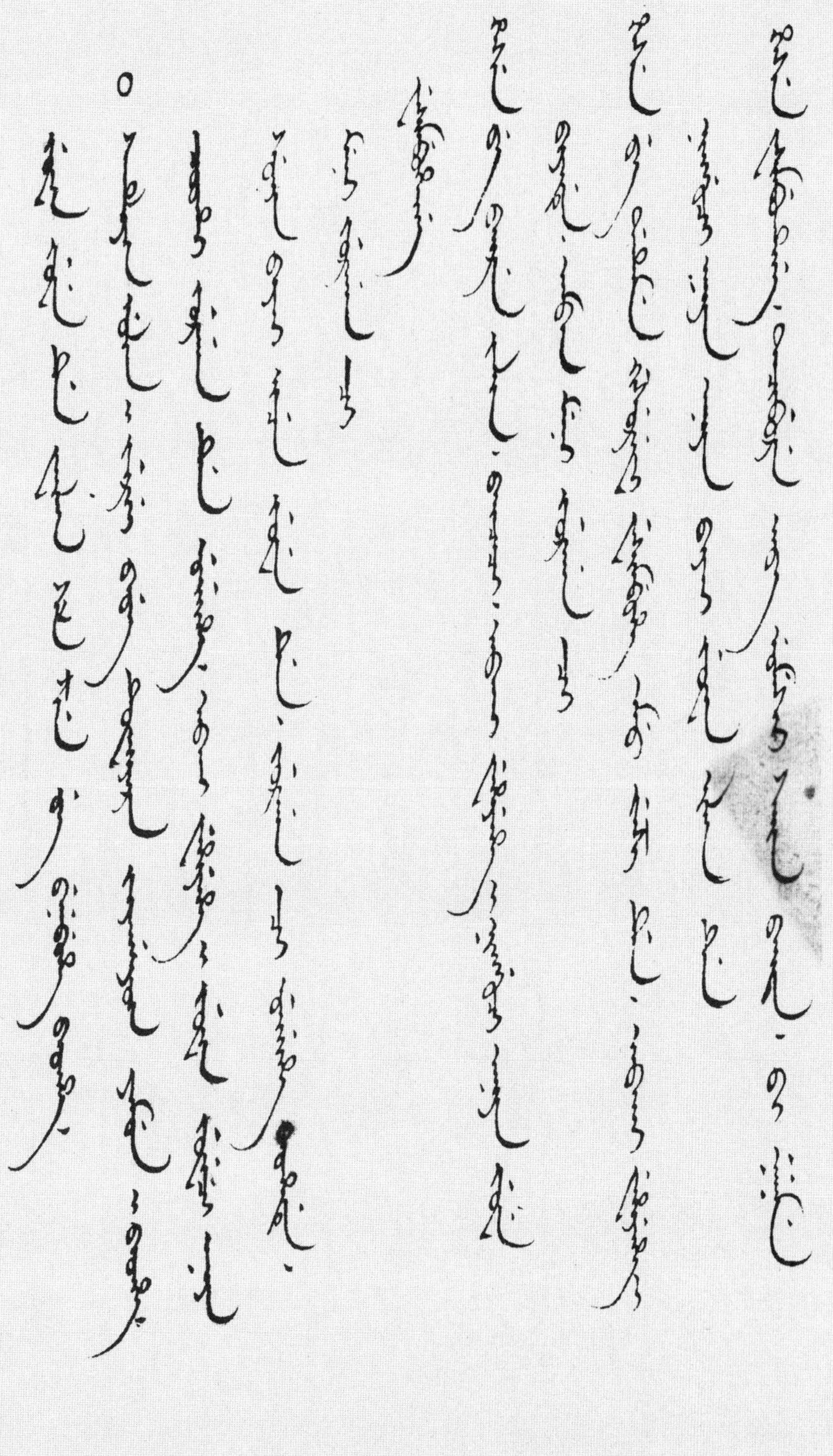

乾隆十二年六月十二日

四五二　黑龙江将军衙门为派遣随进木兰围布特哈索伦达斡尔等官兵花名及启程日期事咨兵部文

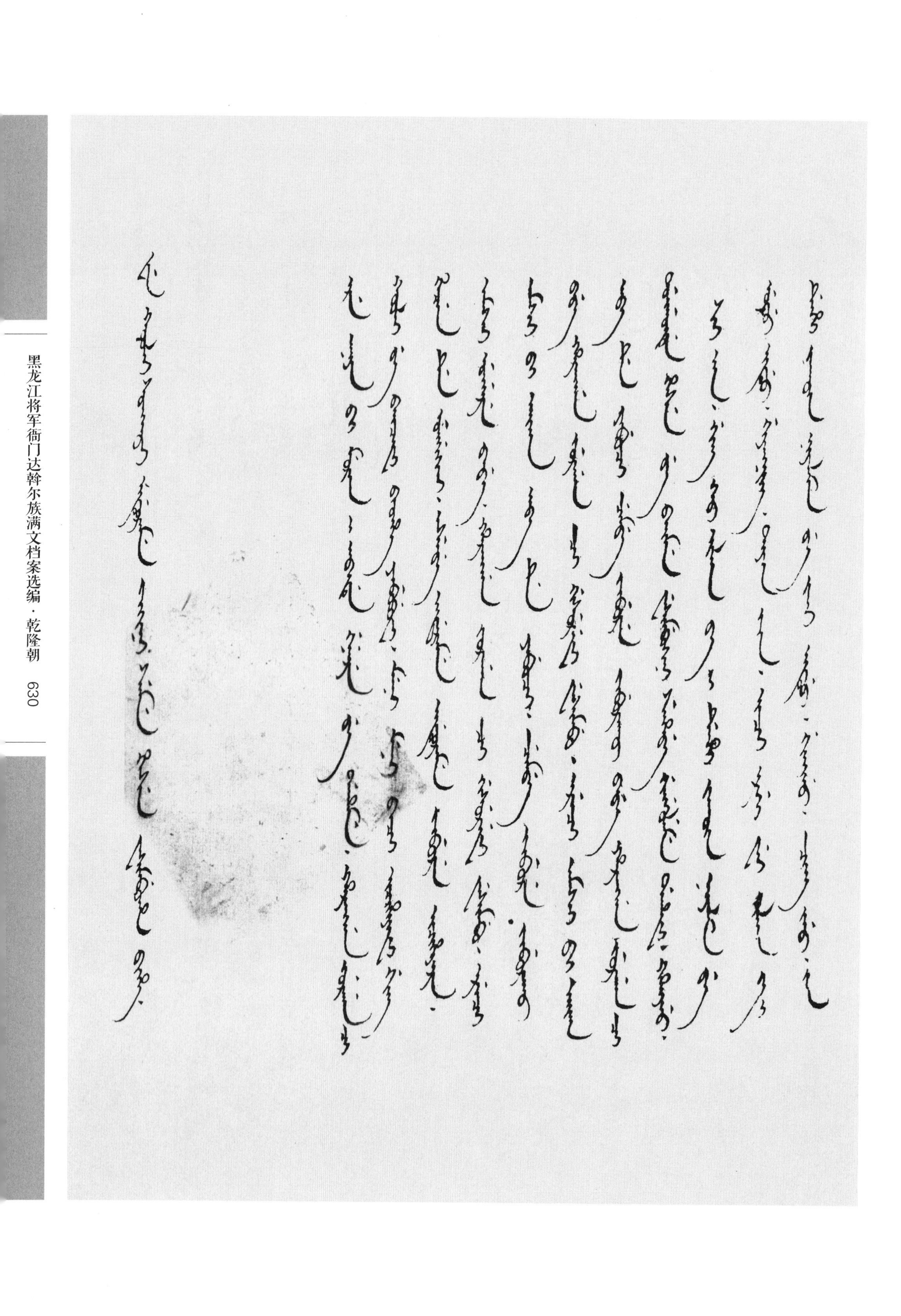

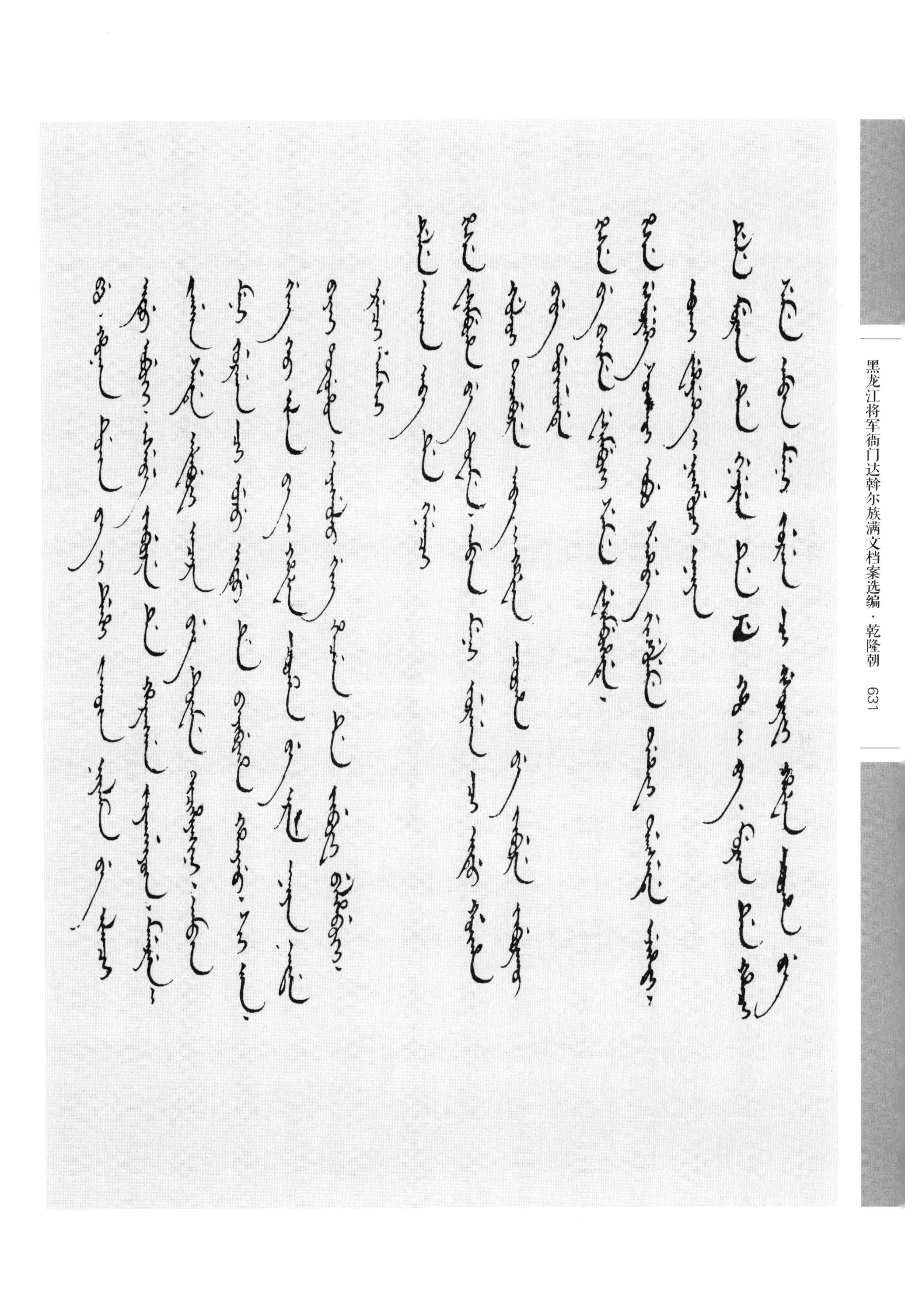

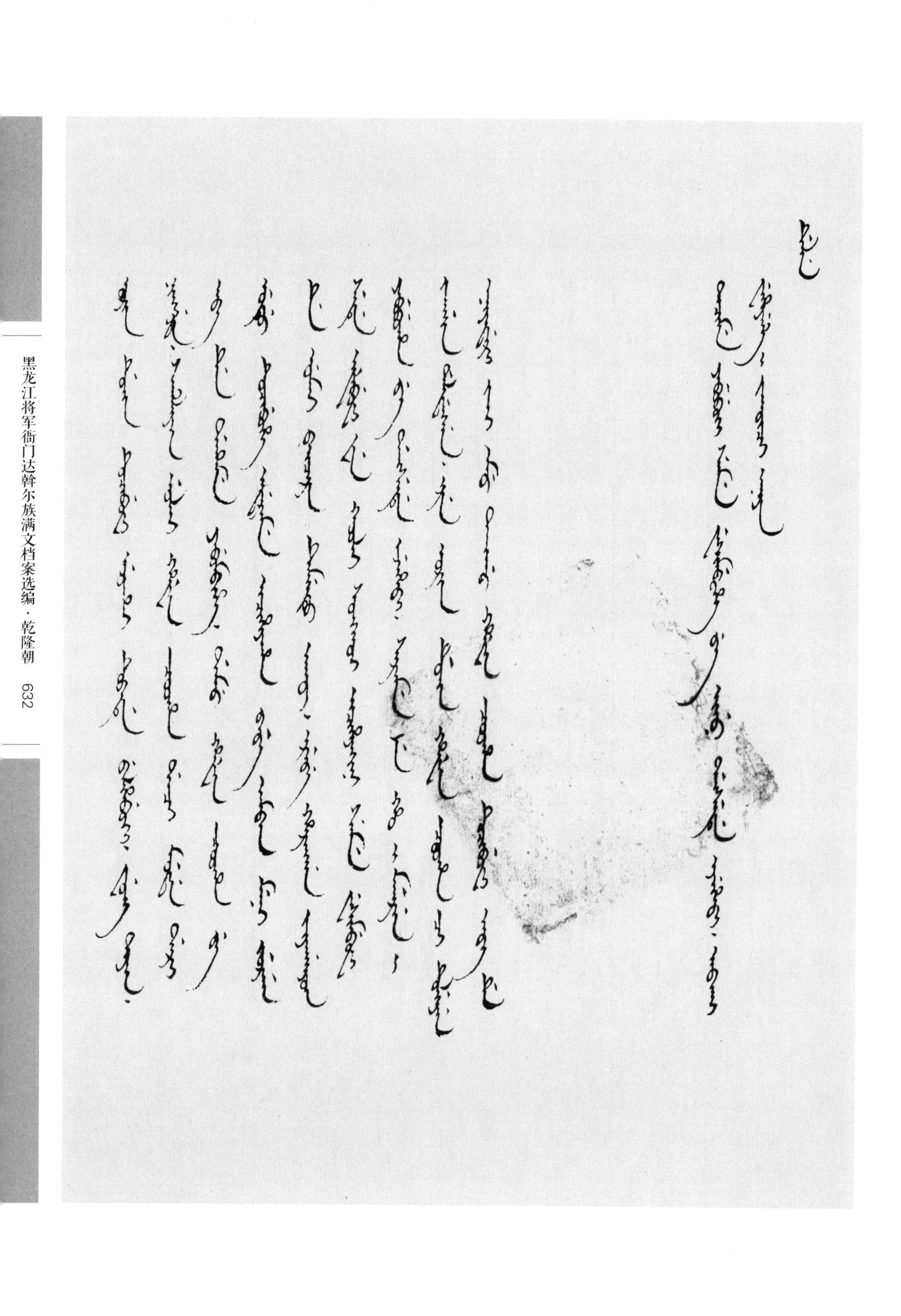

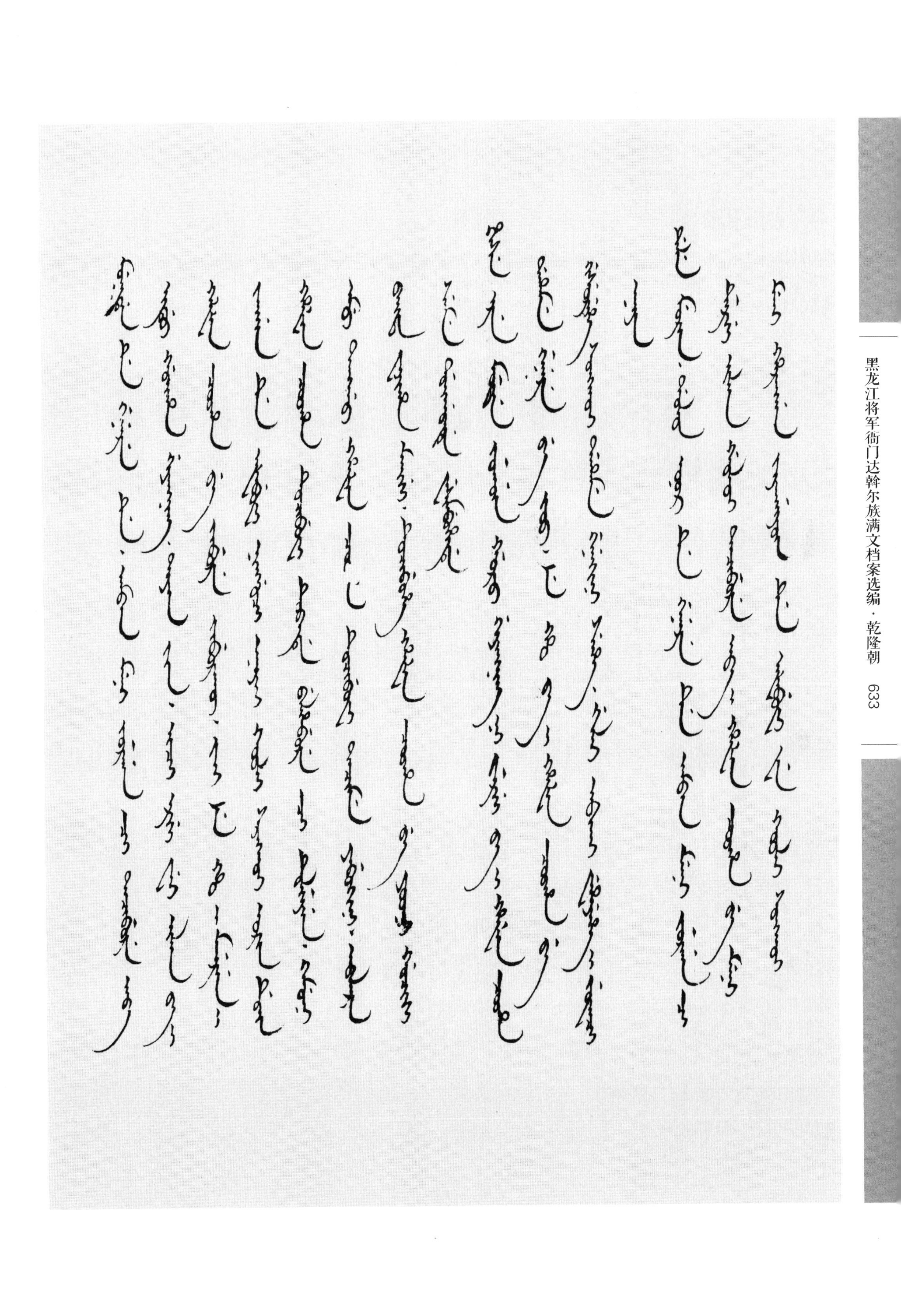

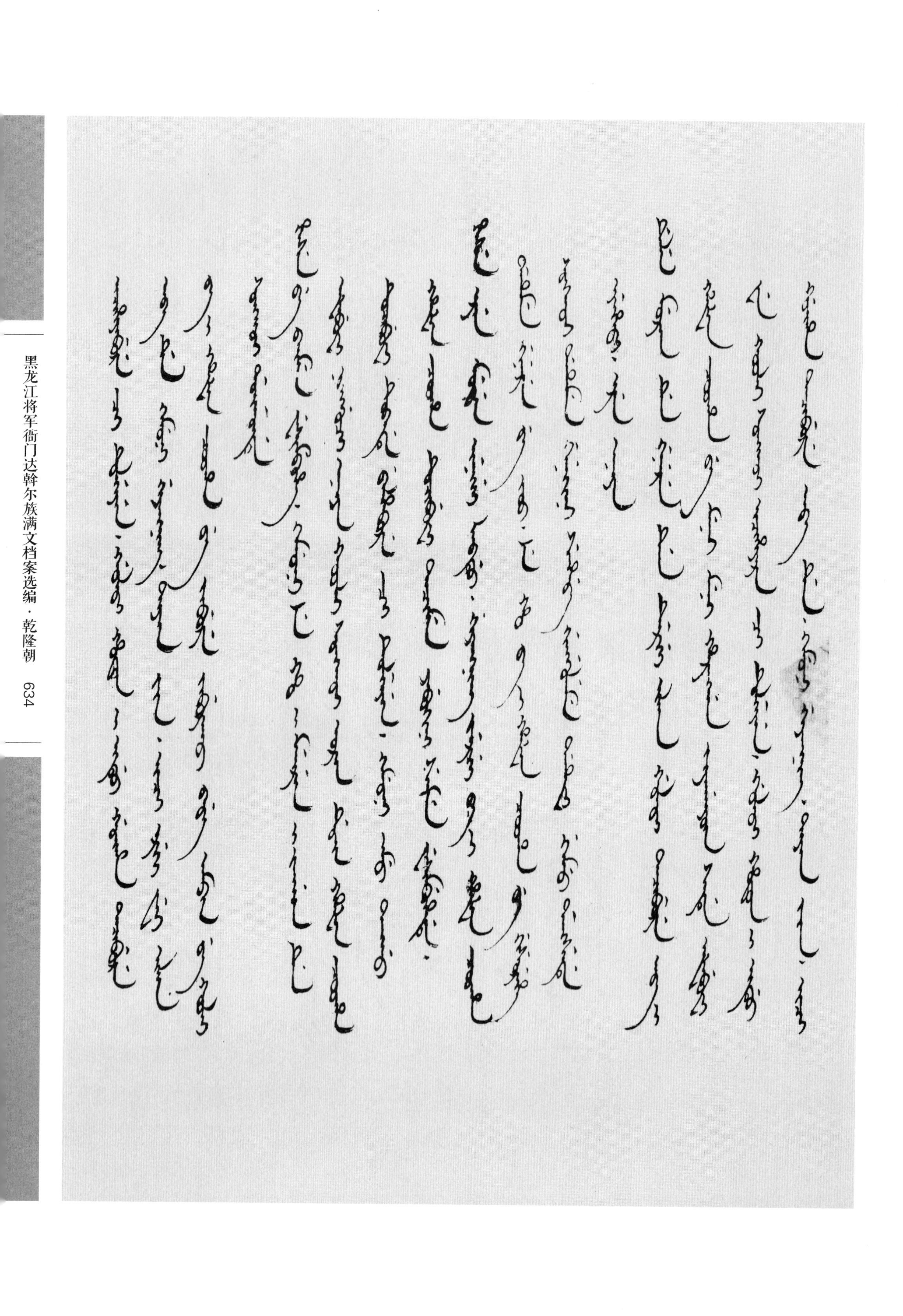

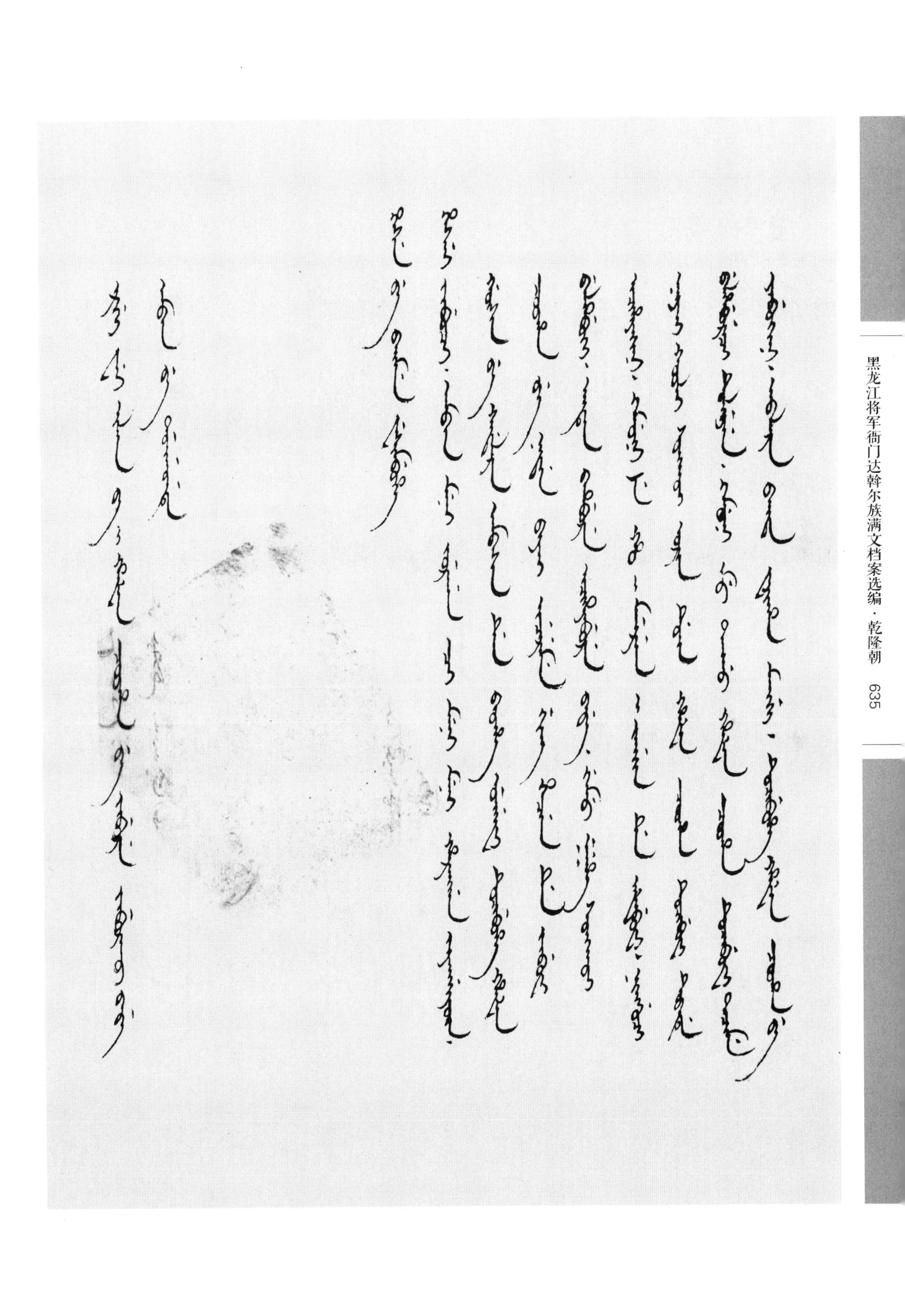

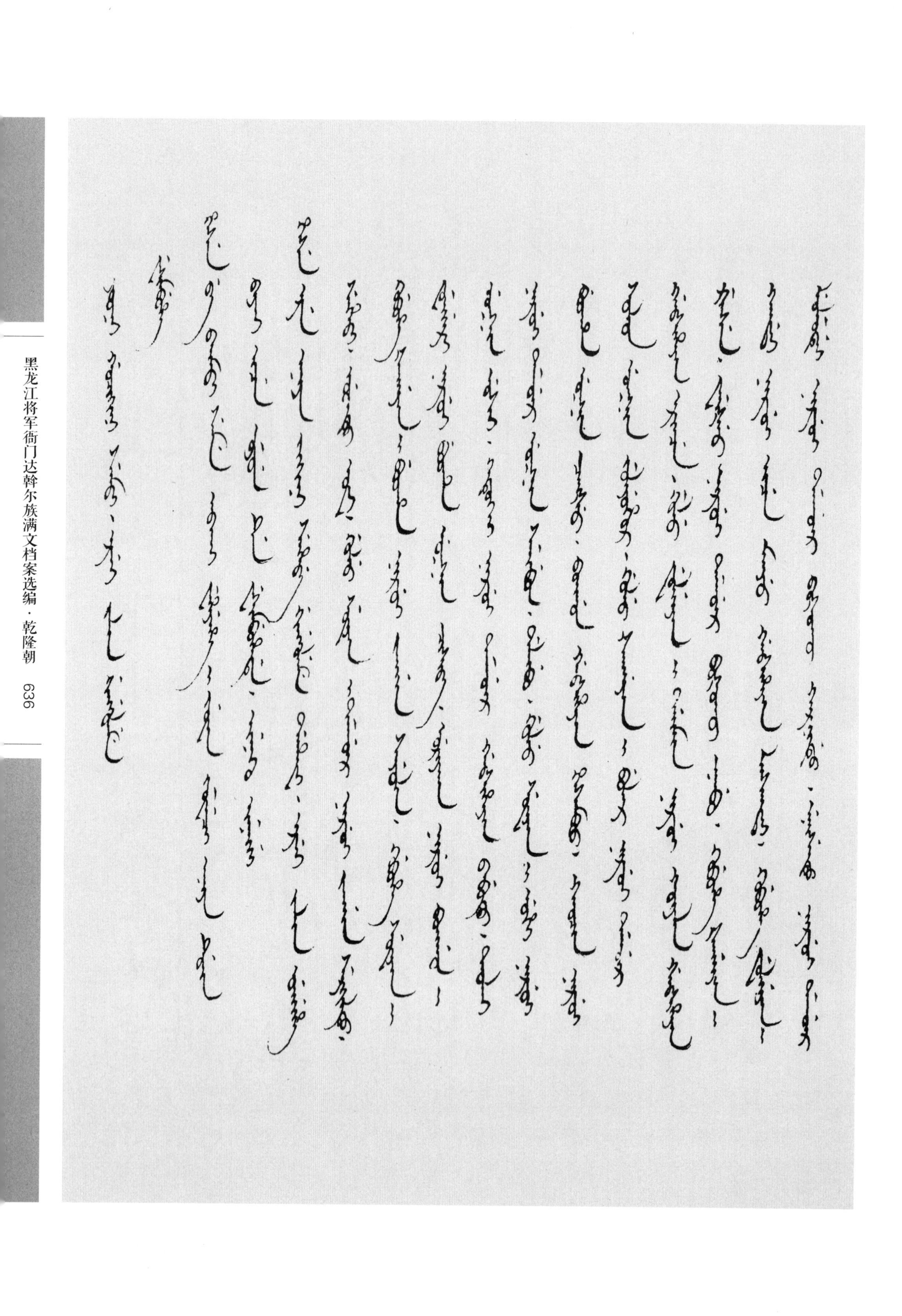

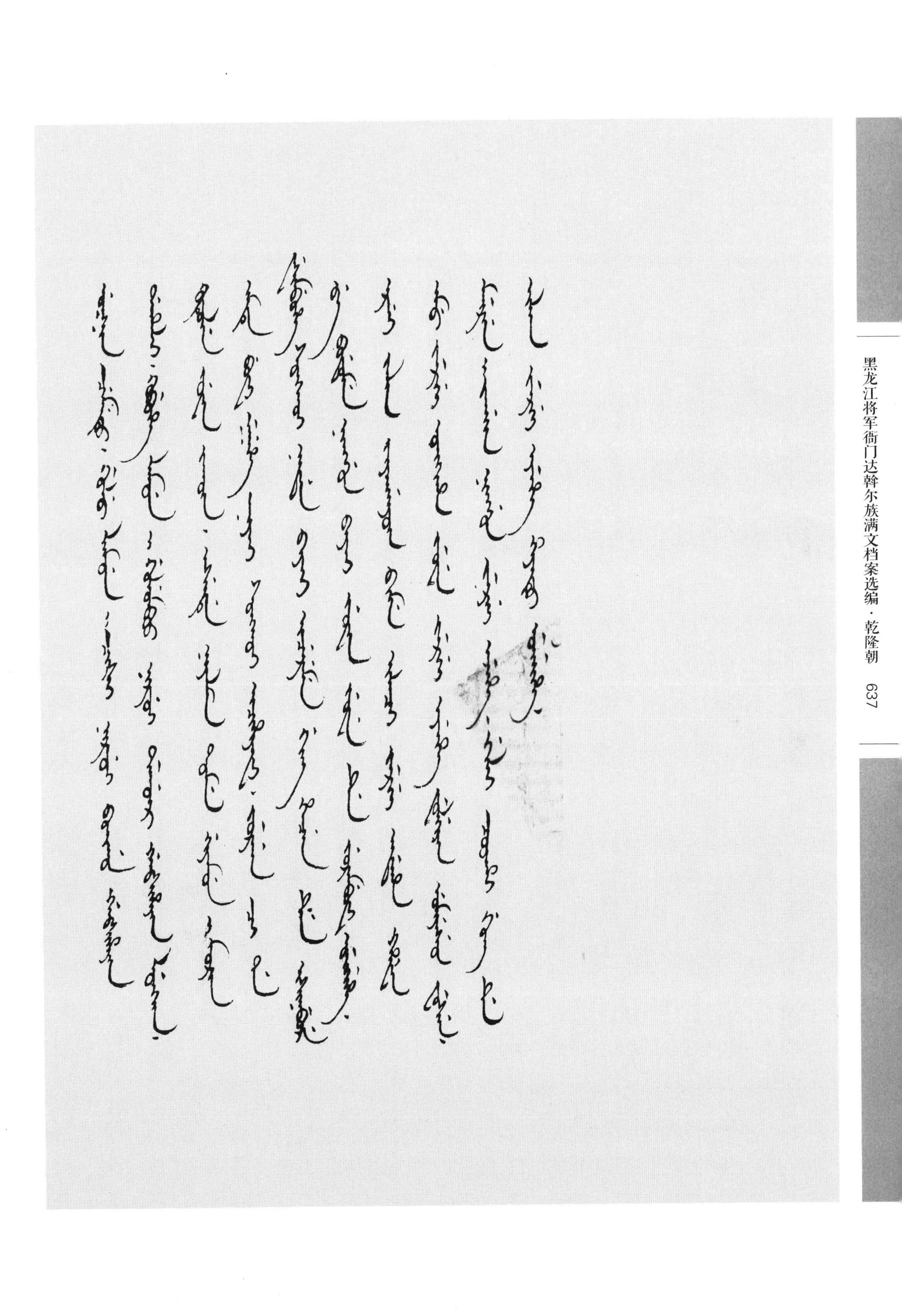

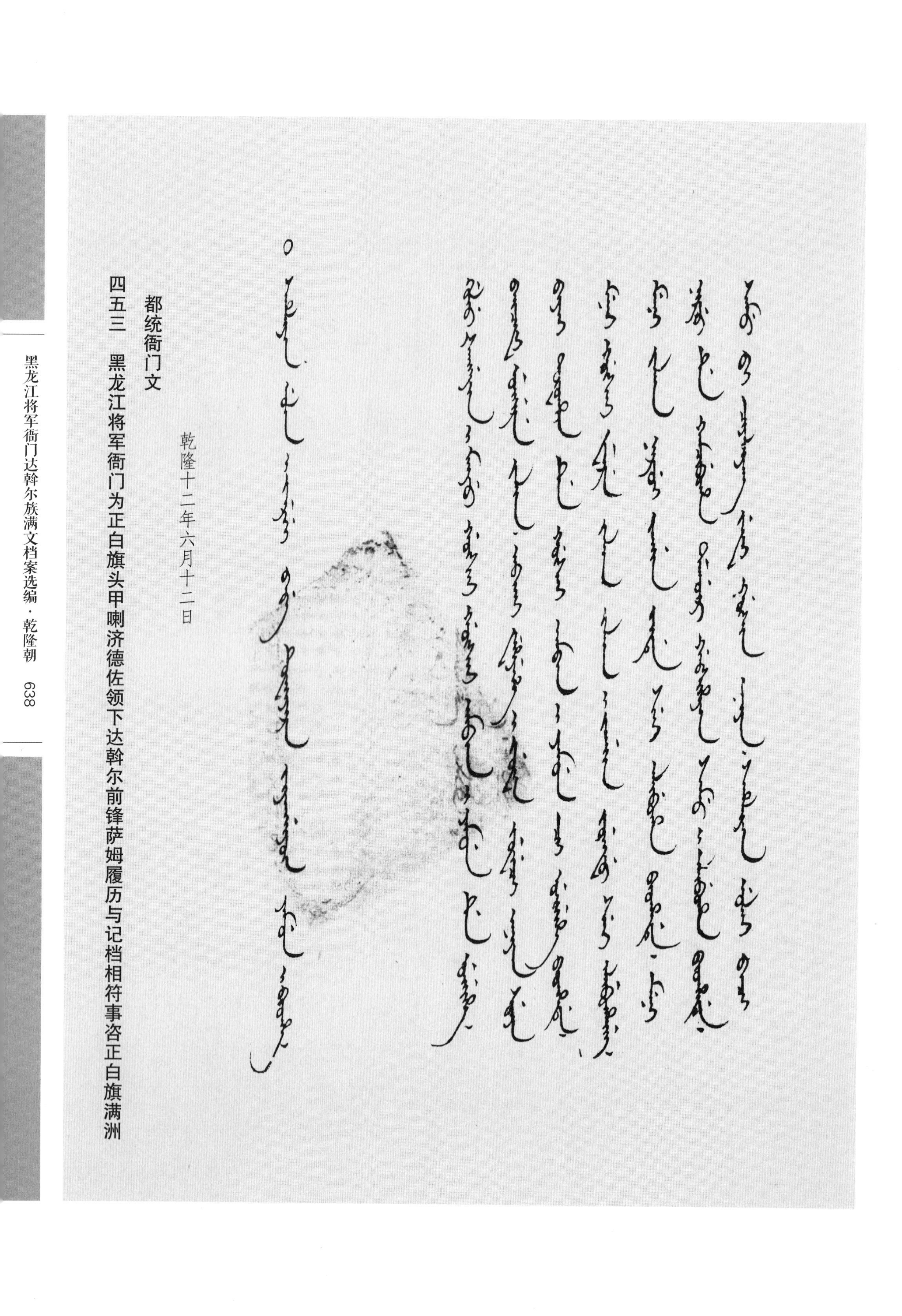

四五三　黑龙江将军衙门为正白旗头甲喇济德佐领下达斡尔前锋萨姆履历与记档相符事咨正白旗满洲都统衙门文

乾隆十二年六月十二日

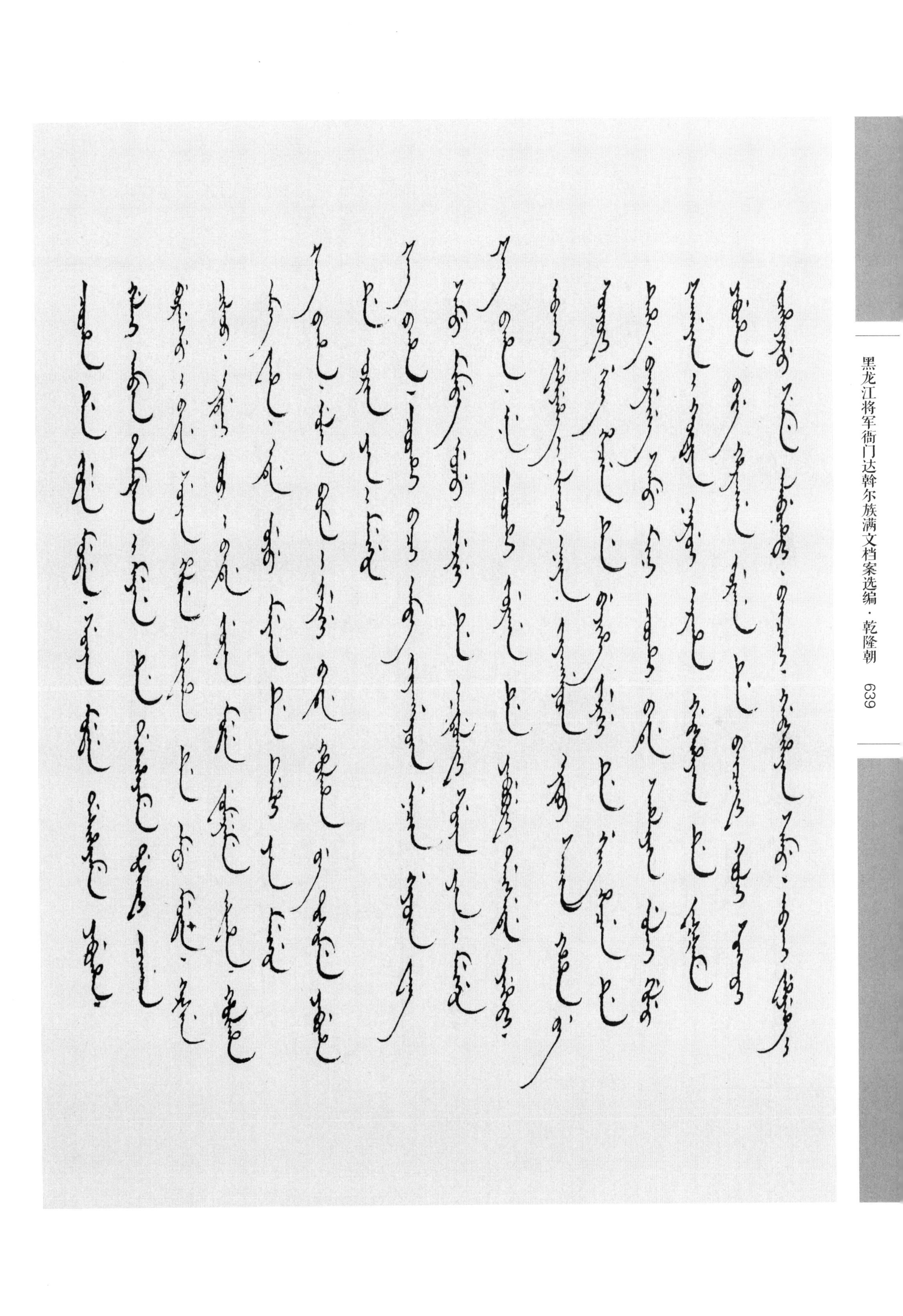

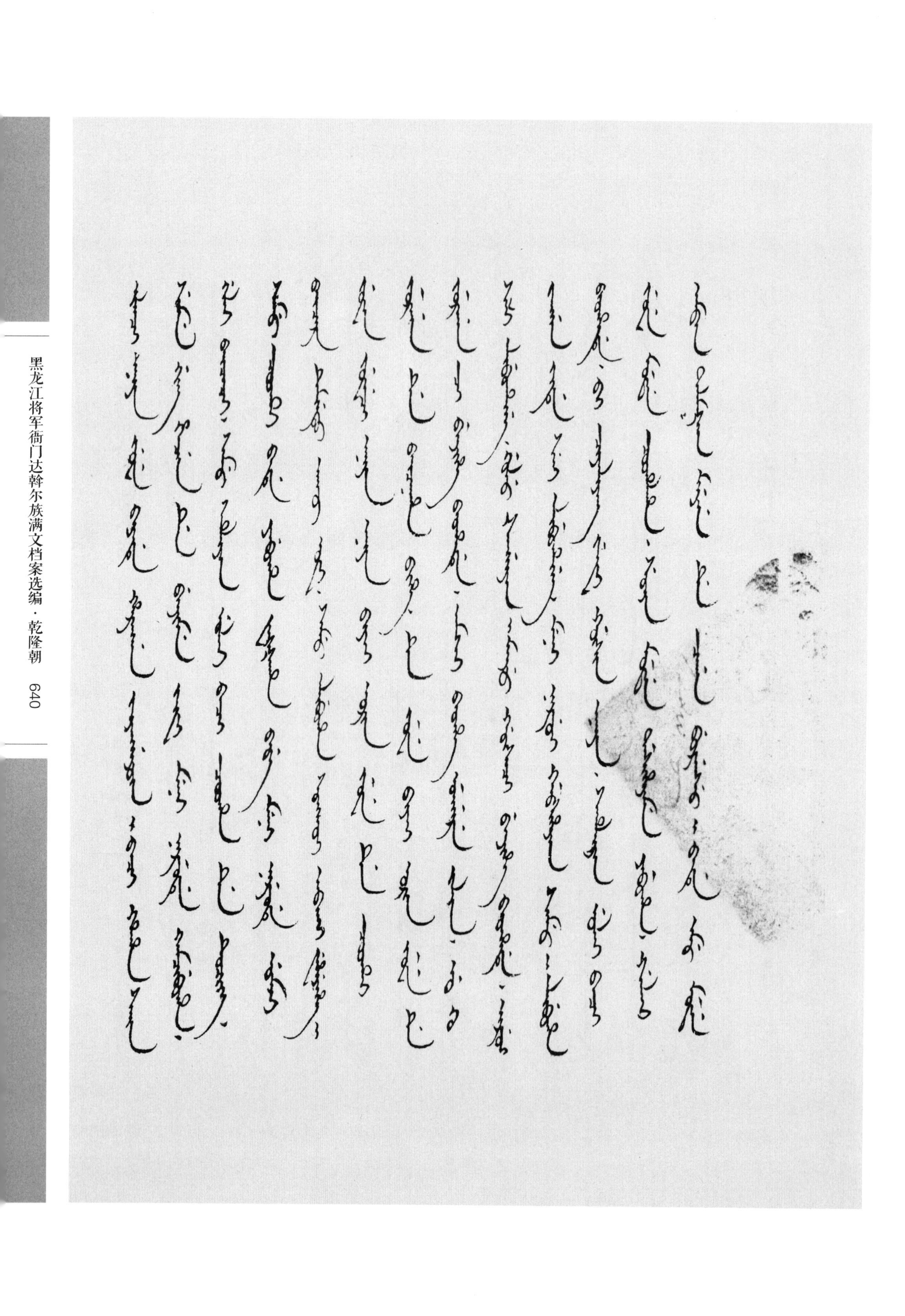

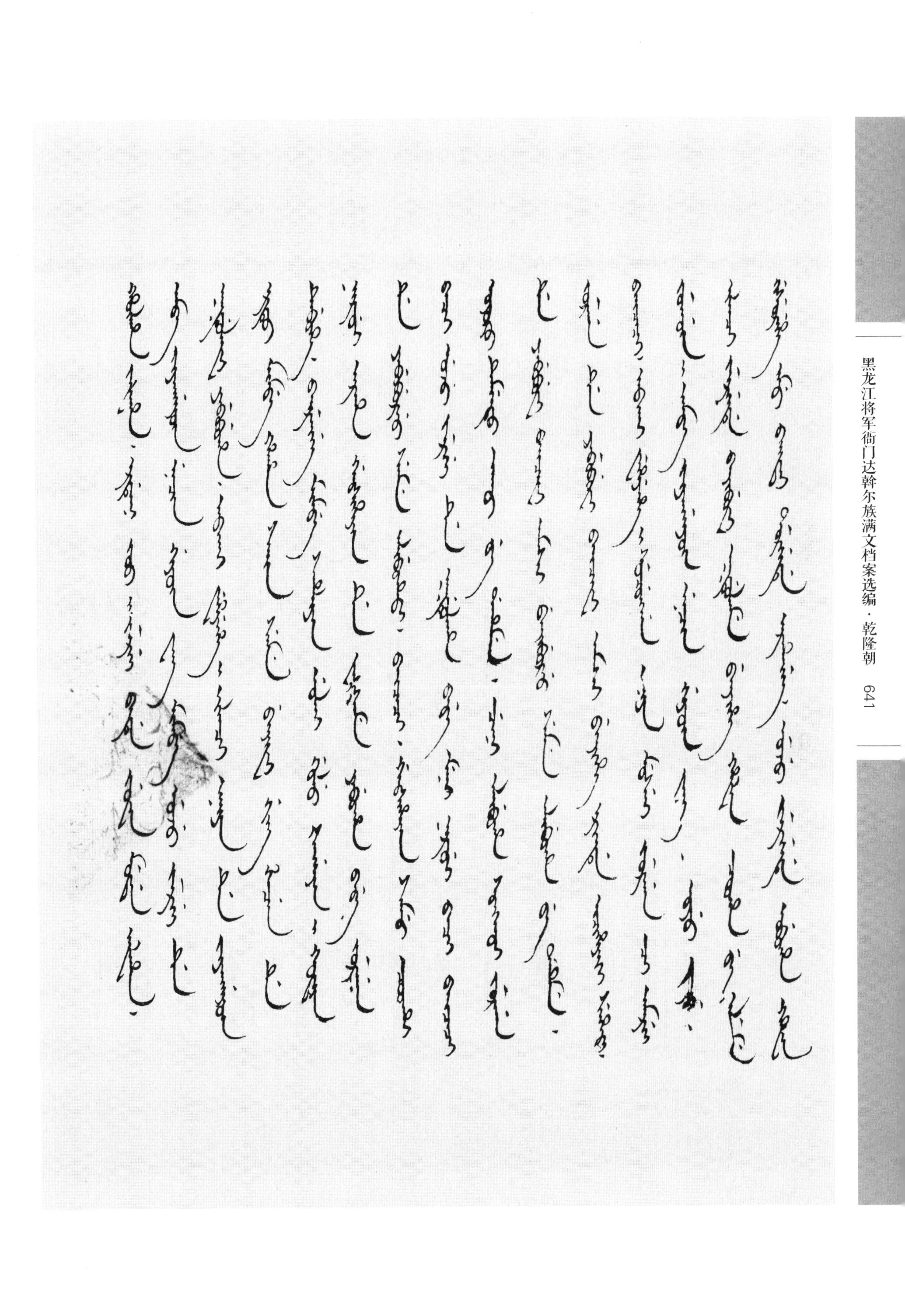

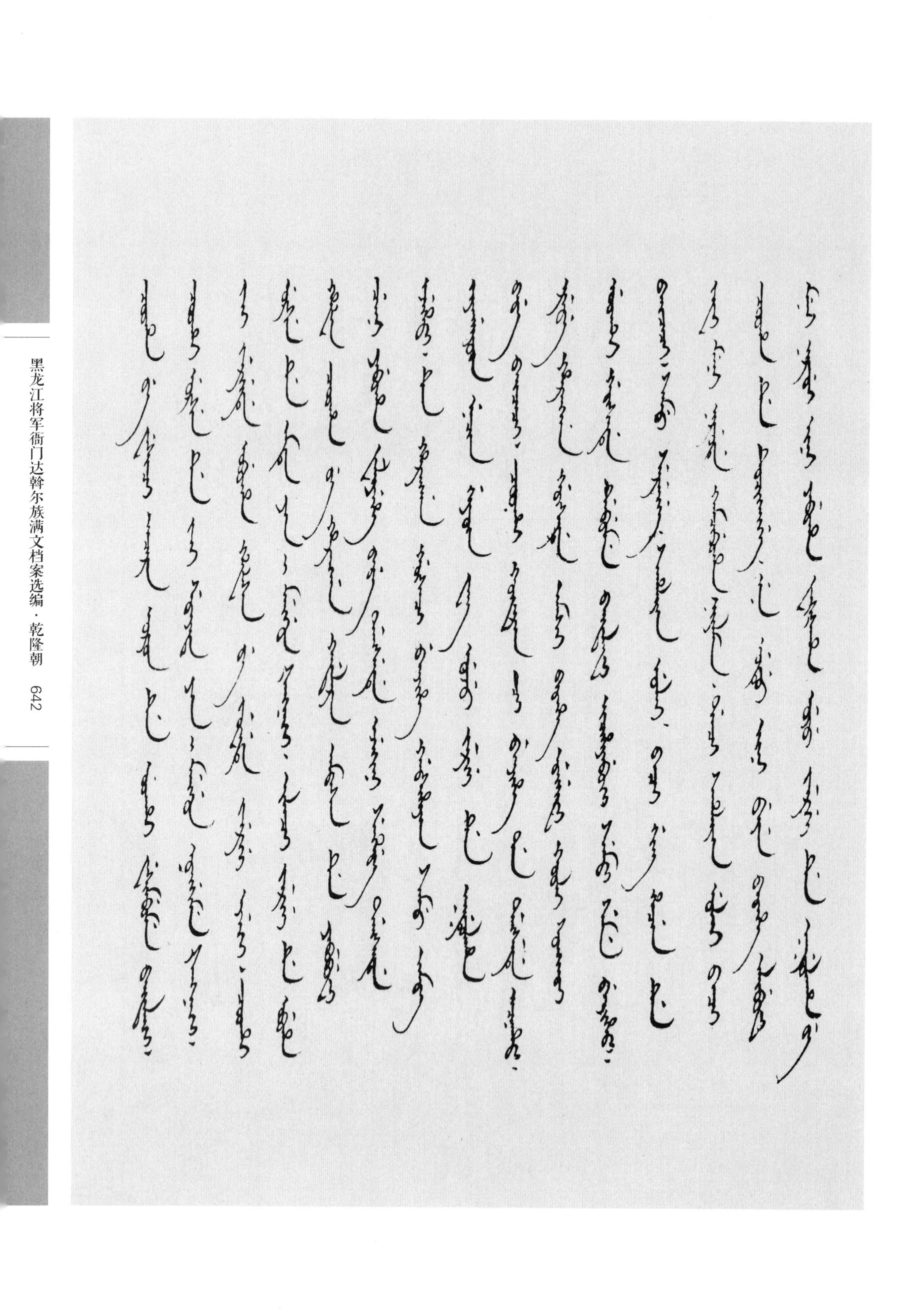

[illegible]

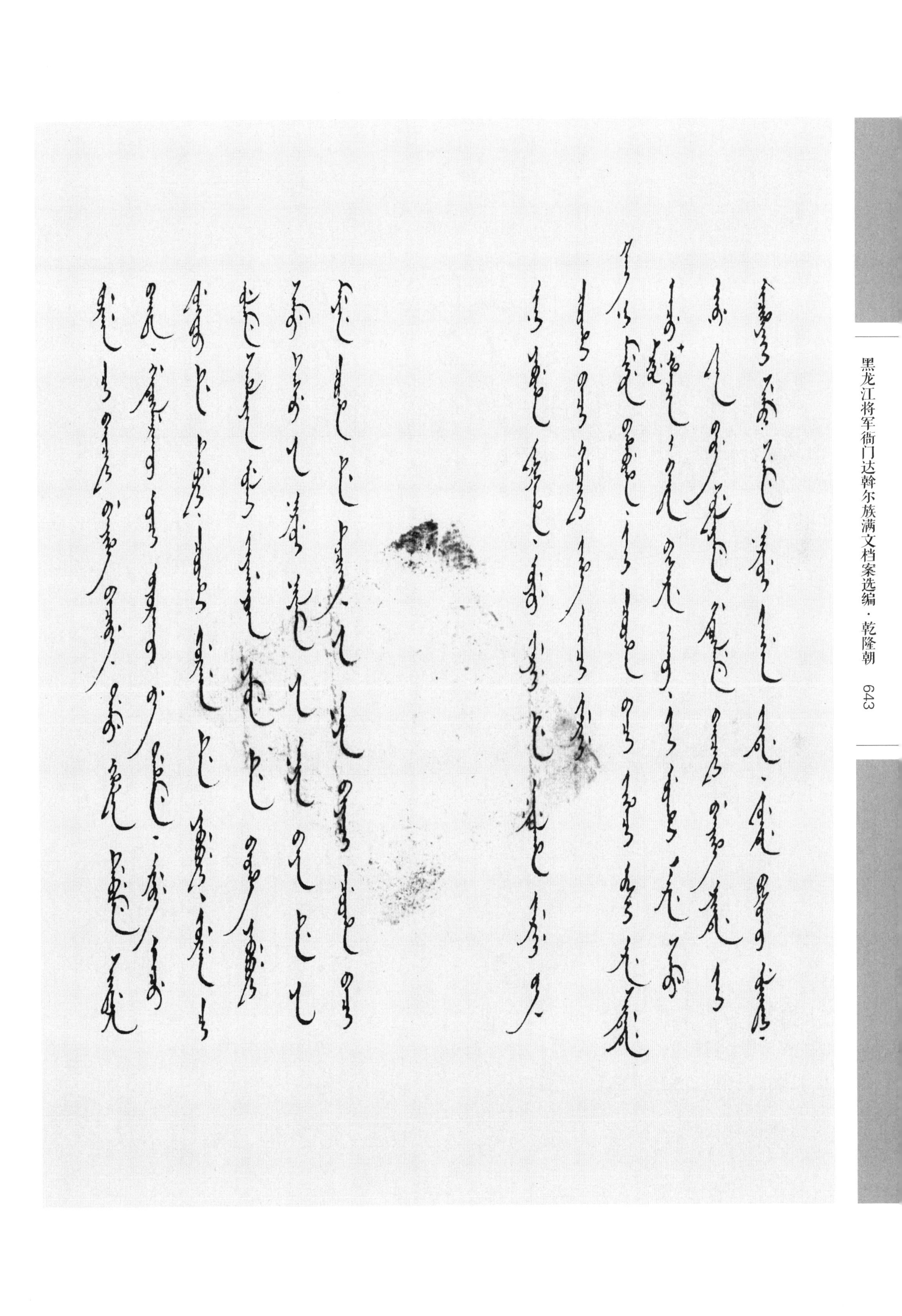

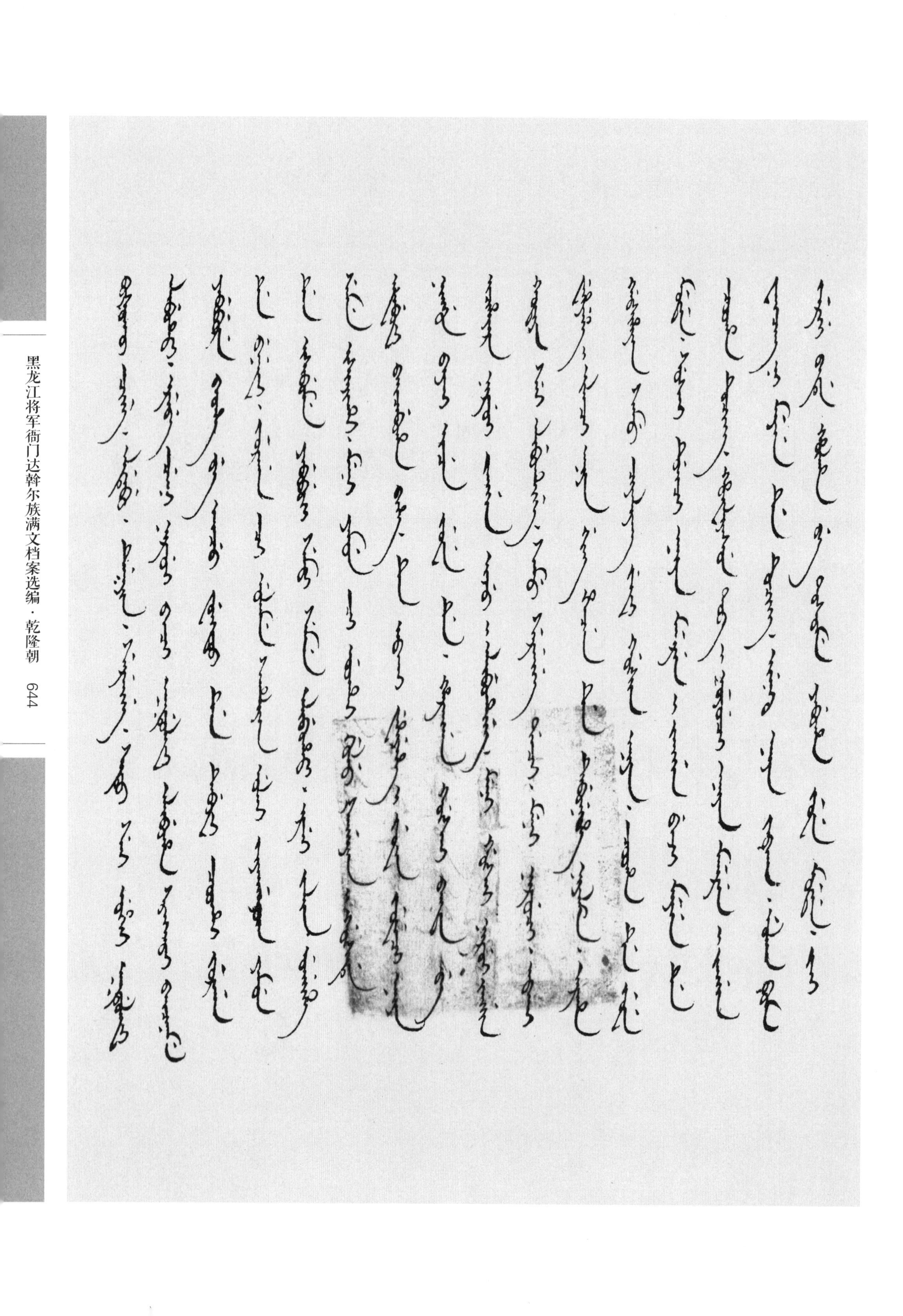

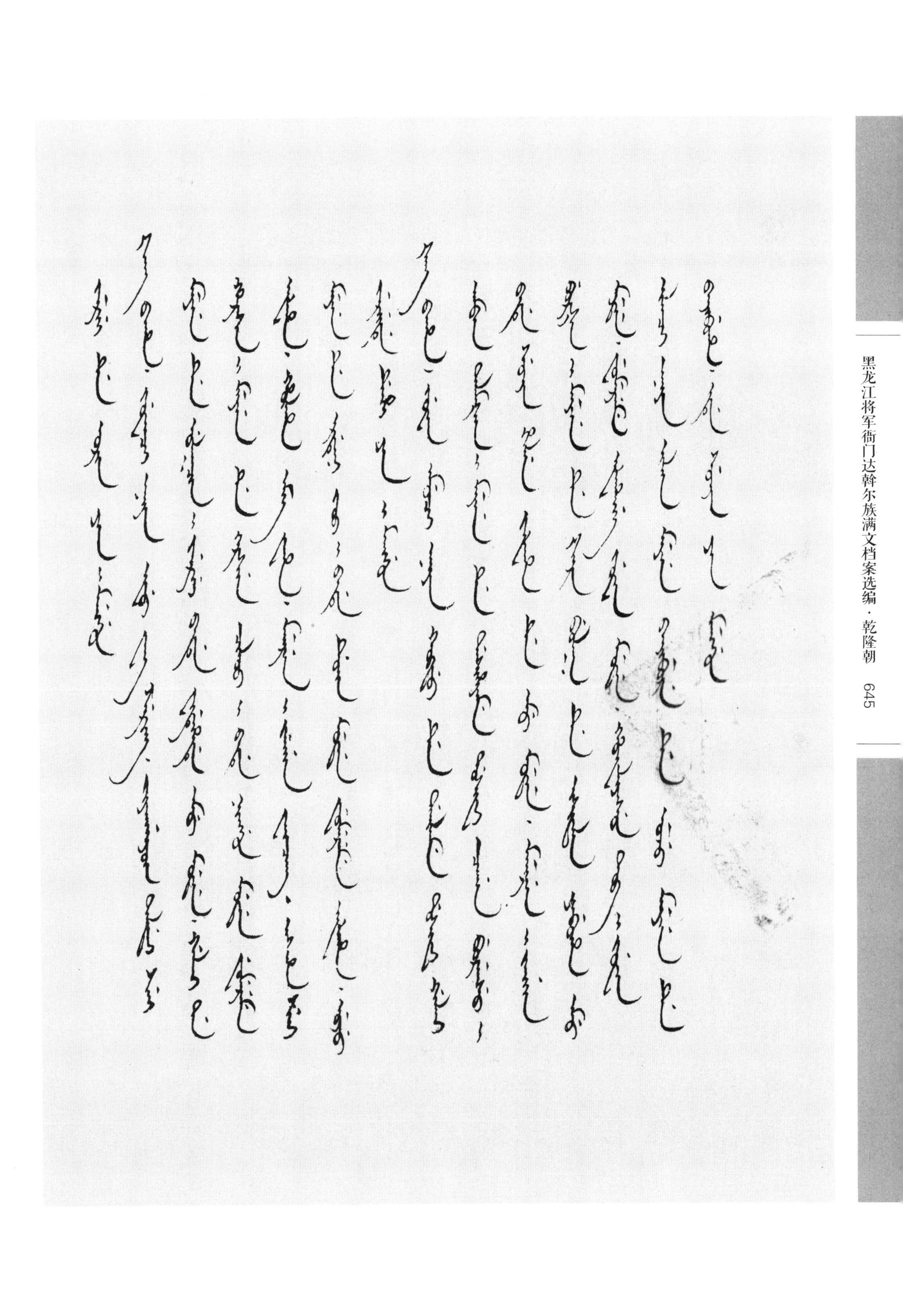

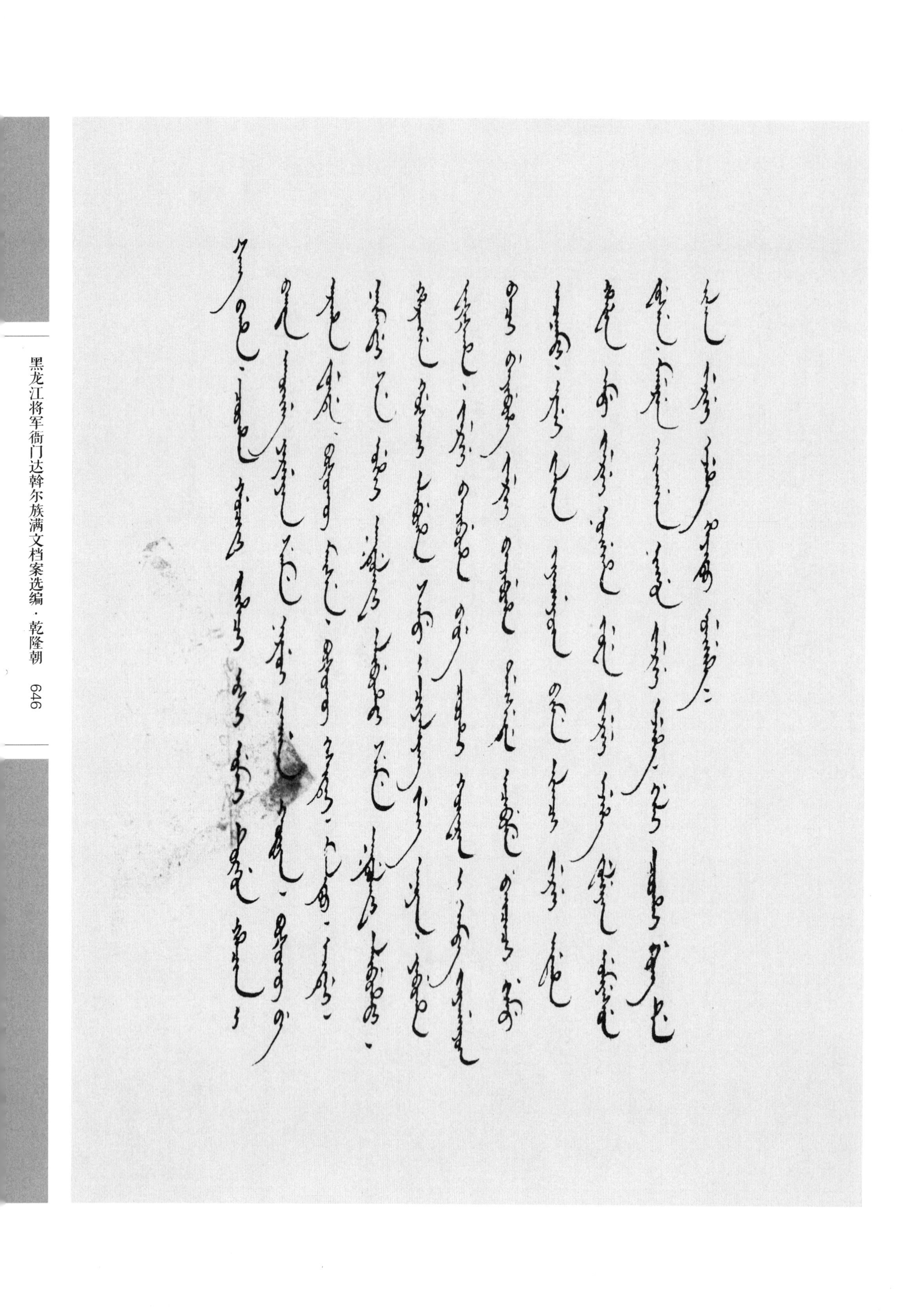

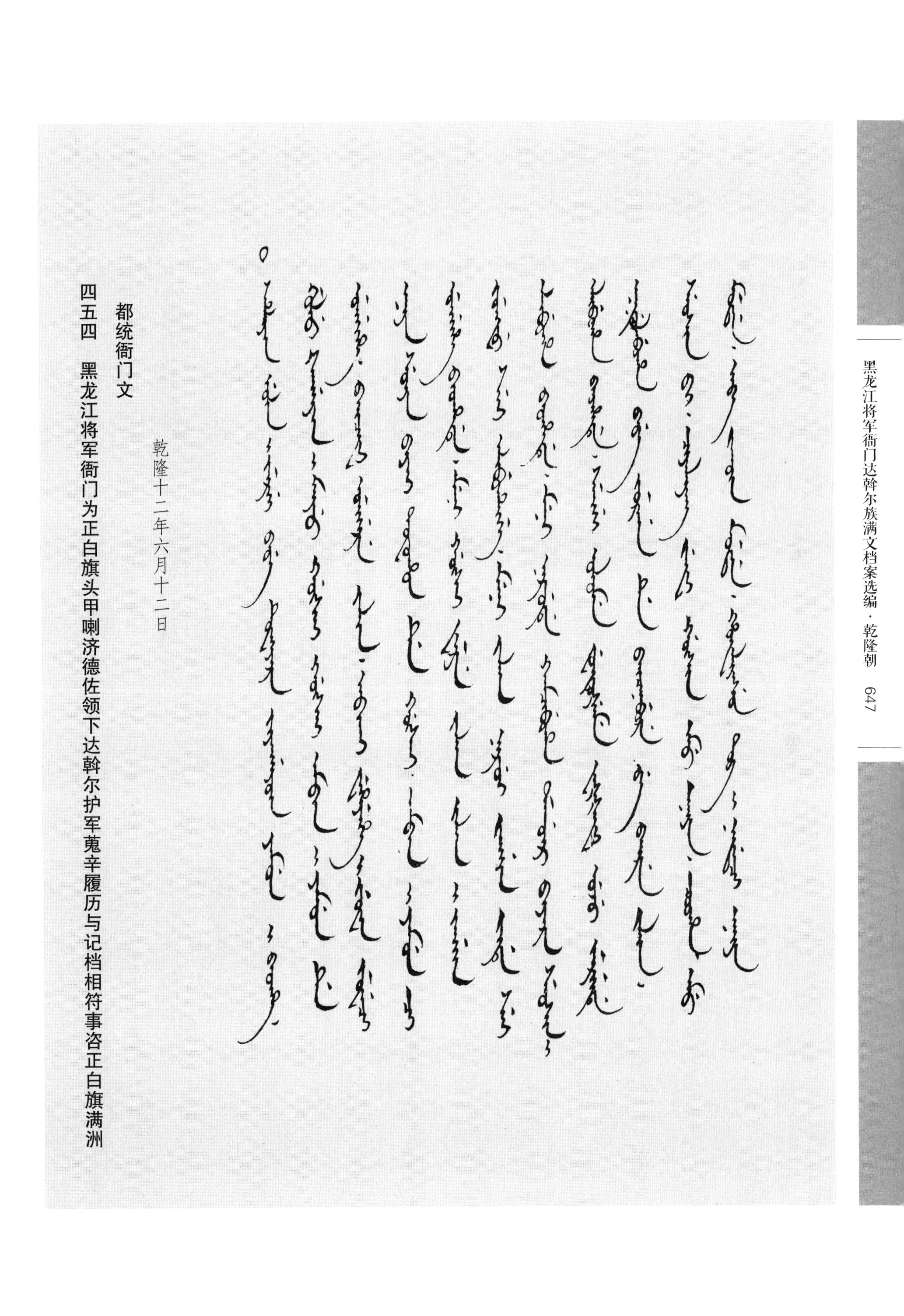

四五四 黑龙江将军衙门为正白旗头甲喇济德佐领下达斡尔护军蒐辛履历与记档相符事咨正白旗满洲都统衙门文

乾隆十二年六月十二日

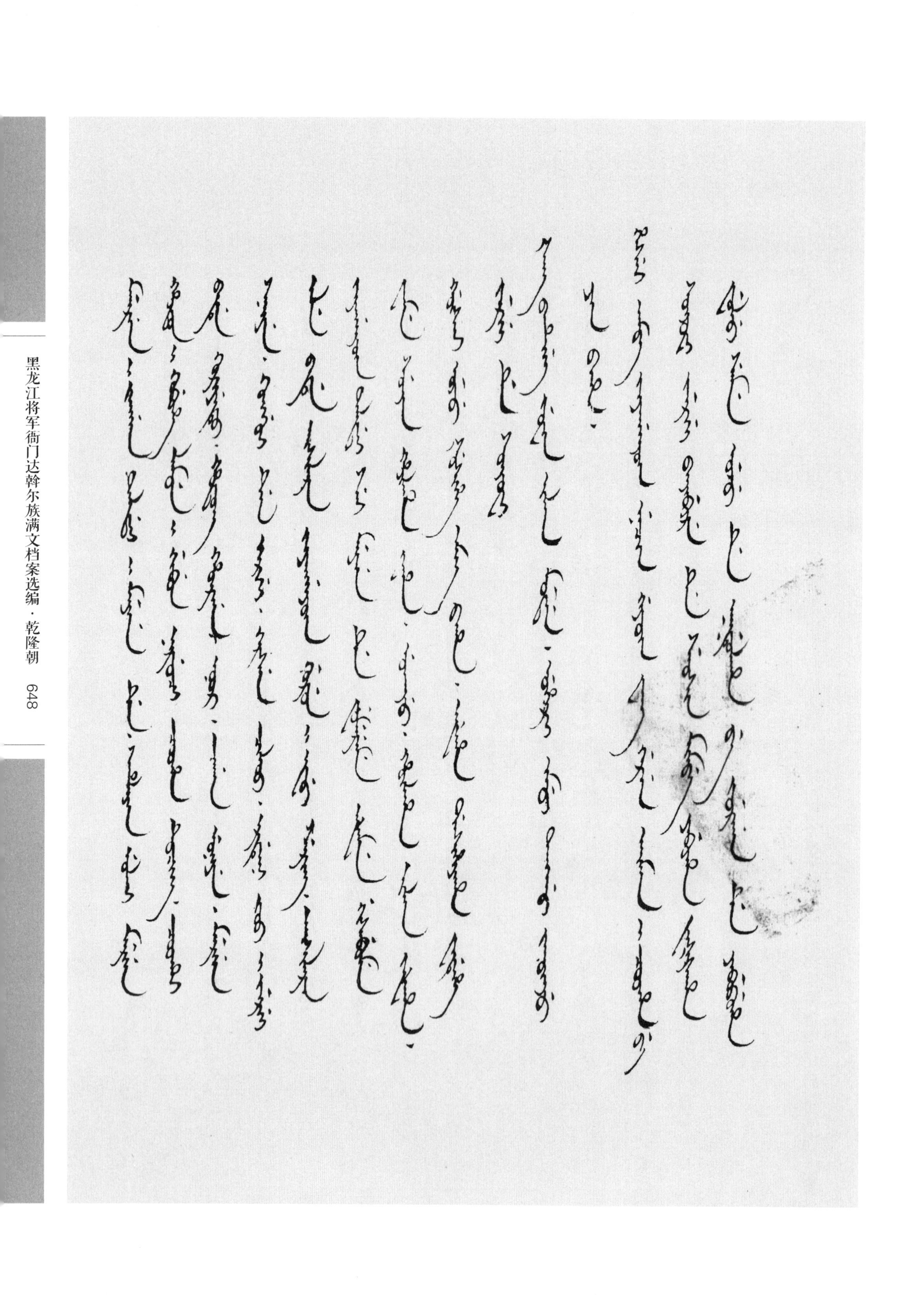

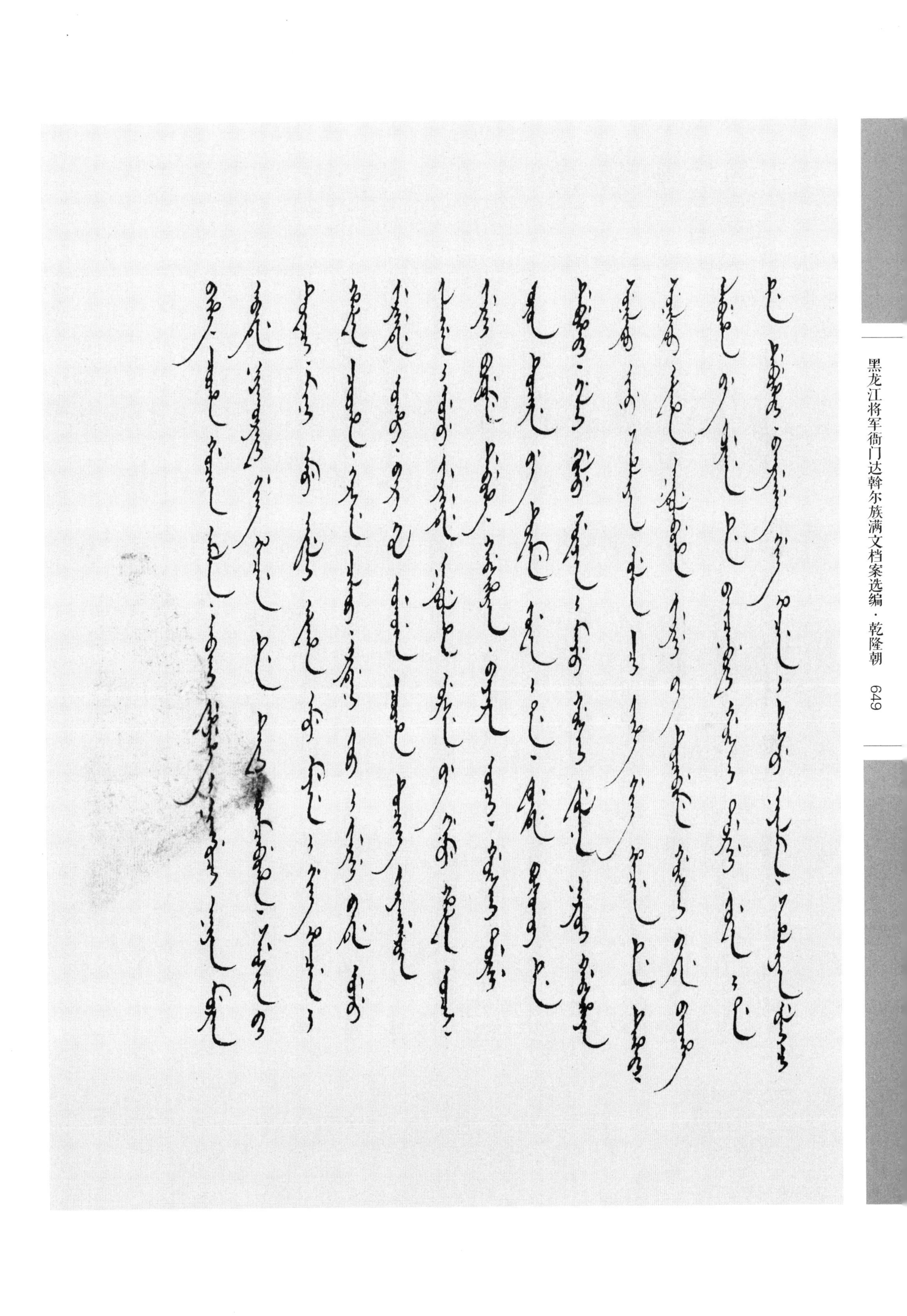

[illegible]

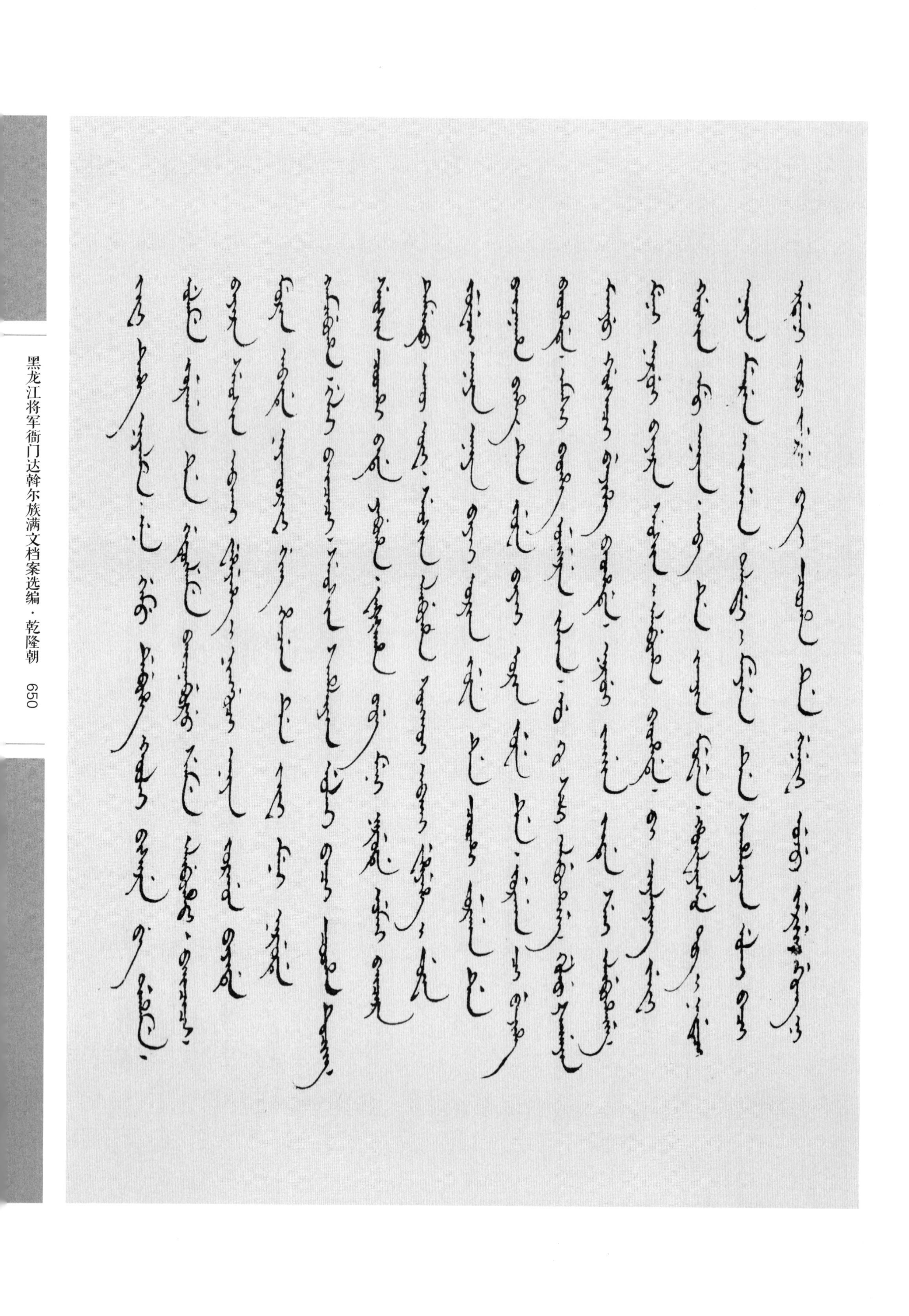

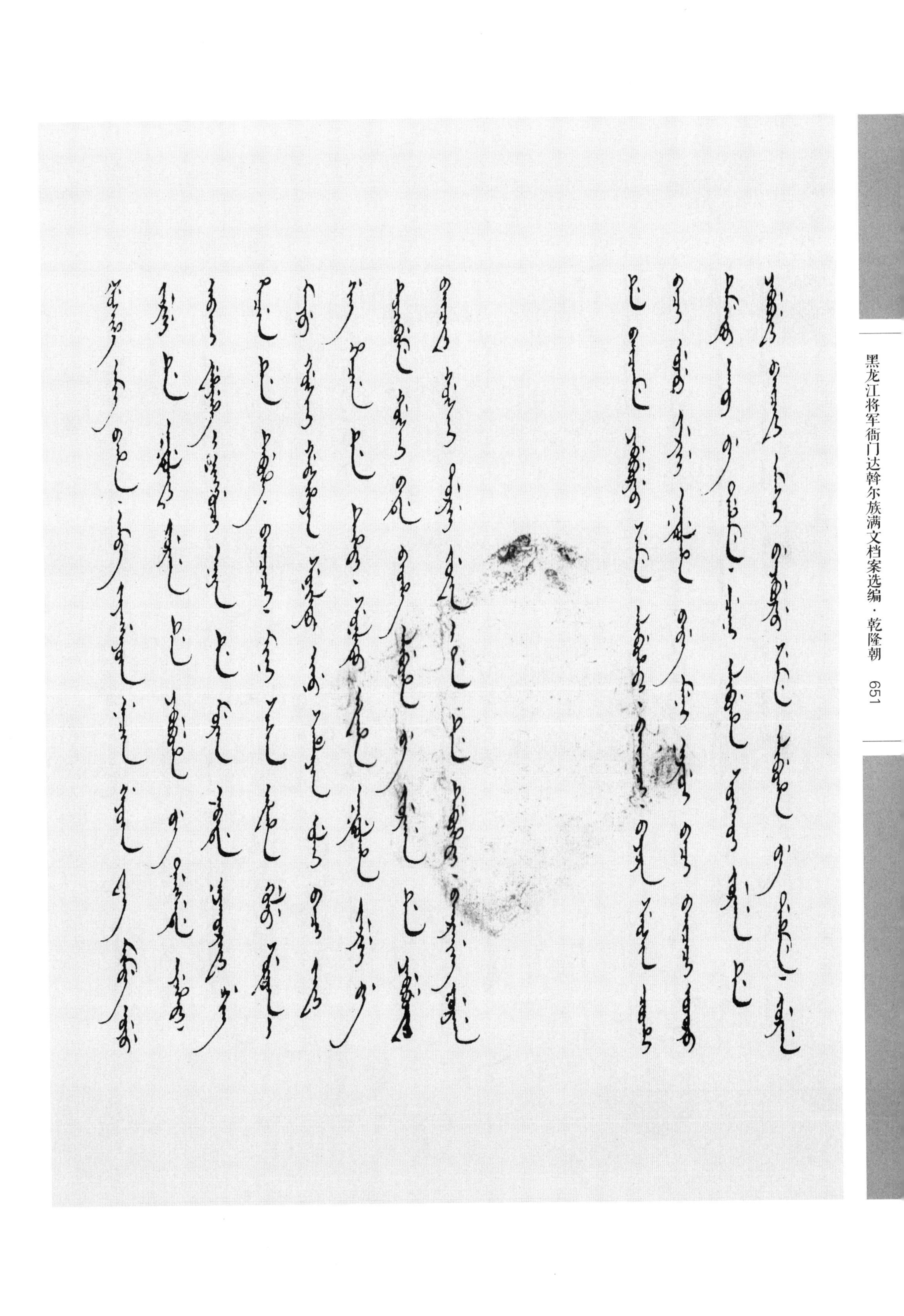

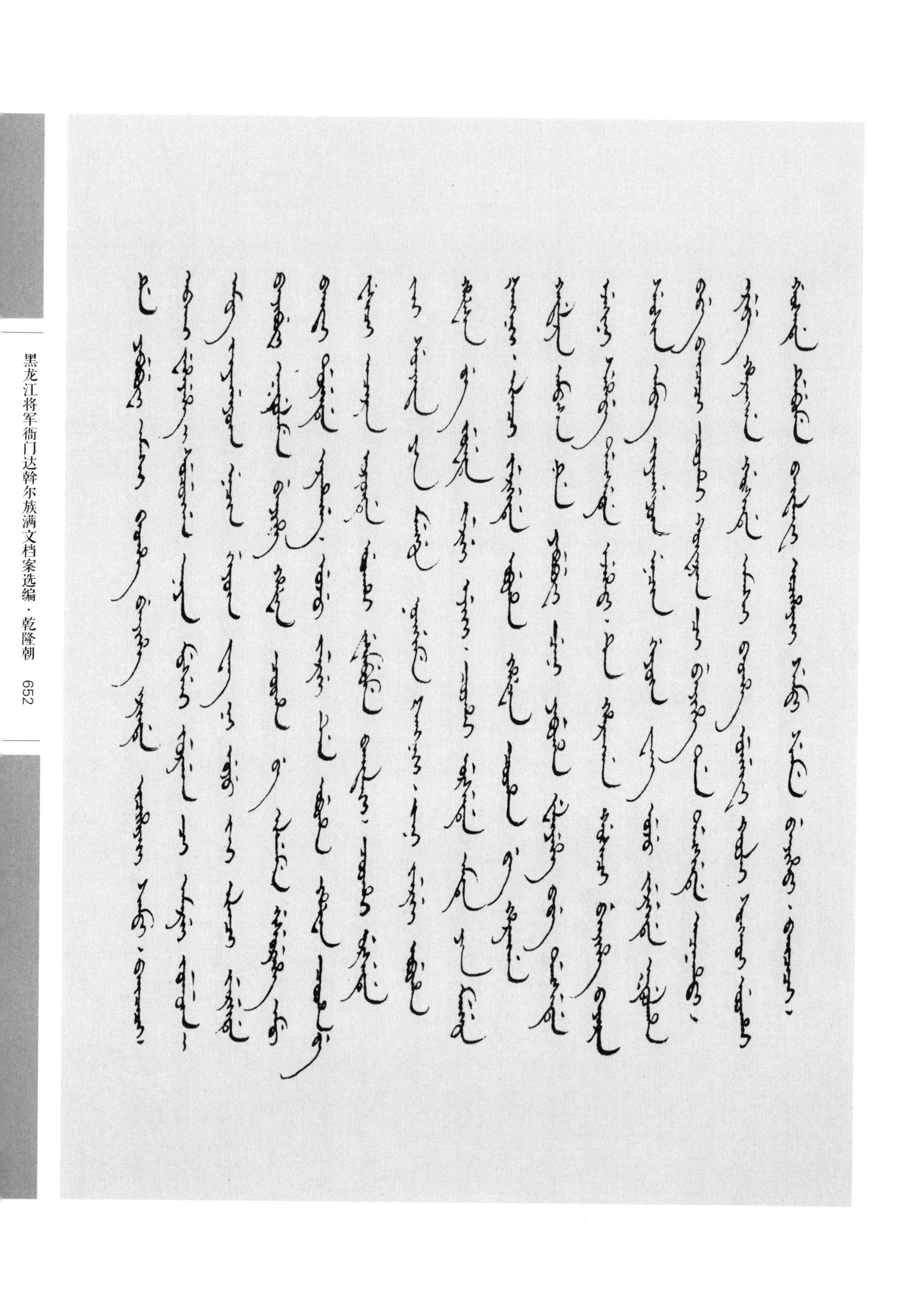

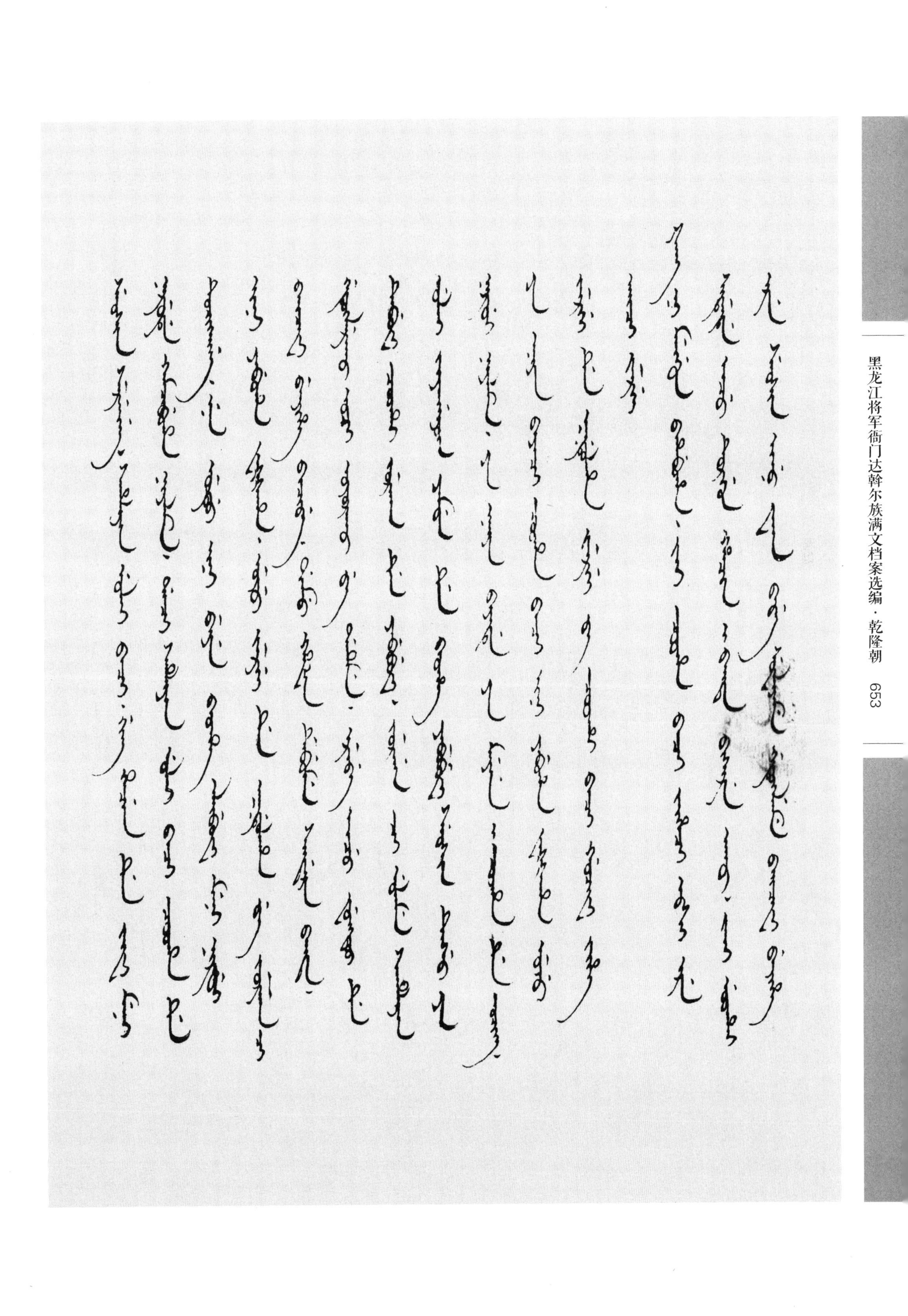

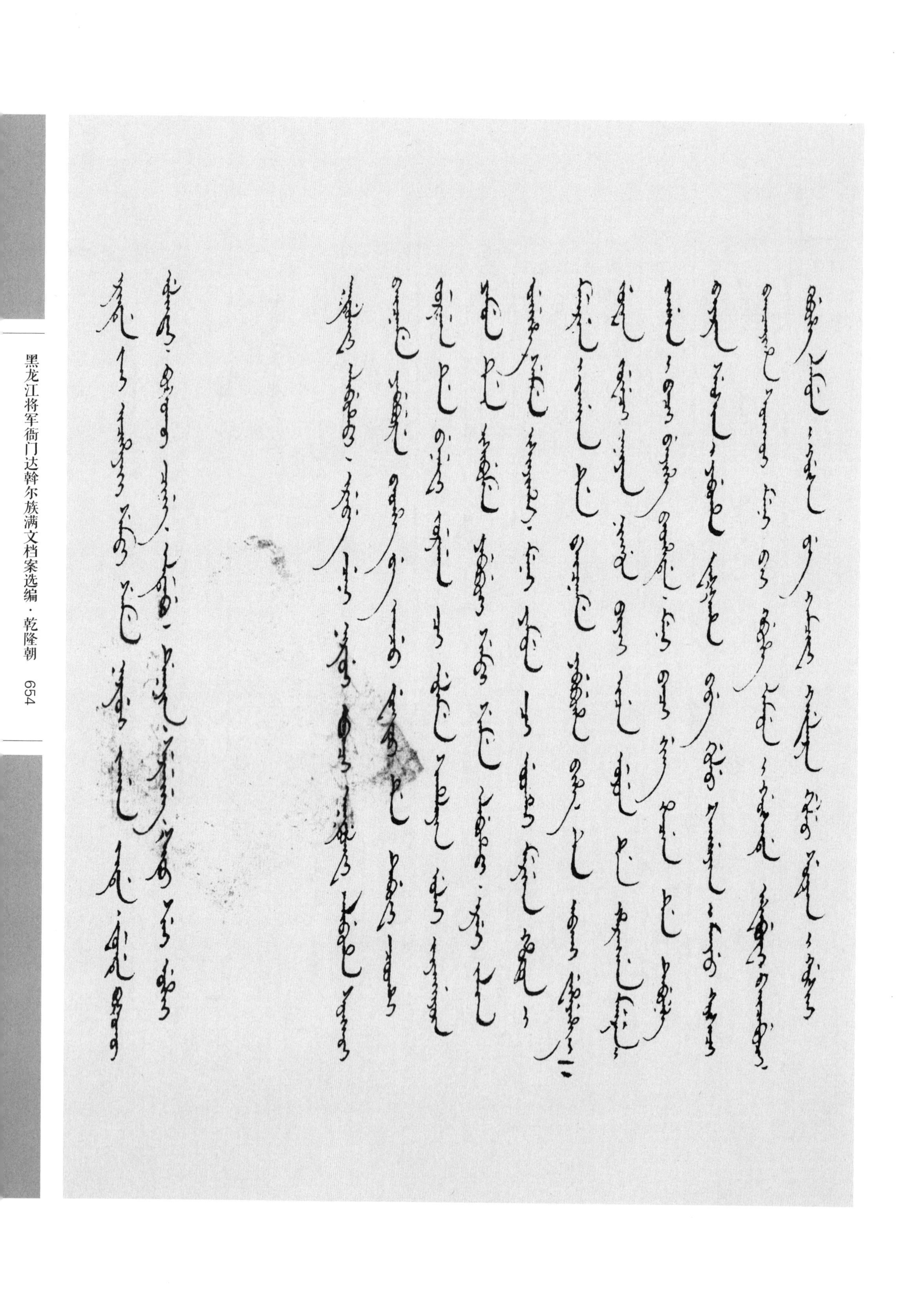

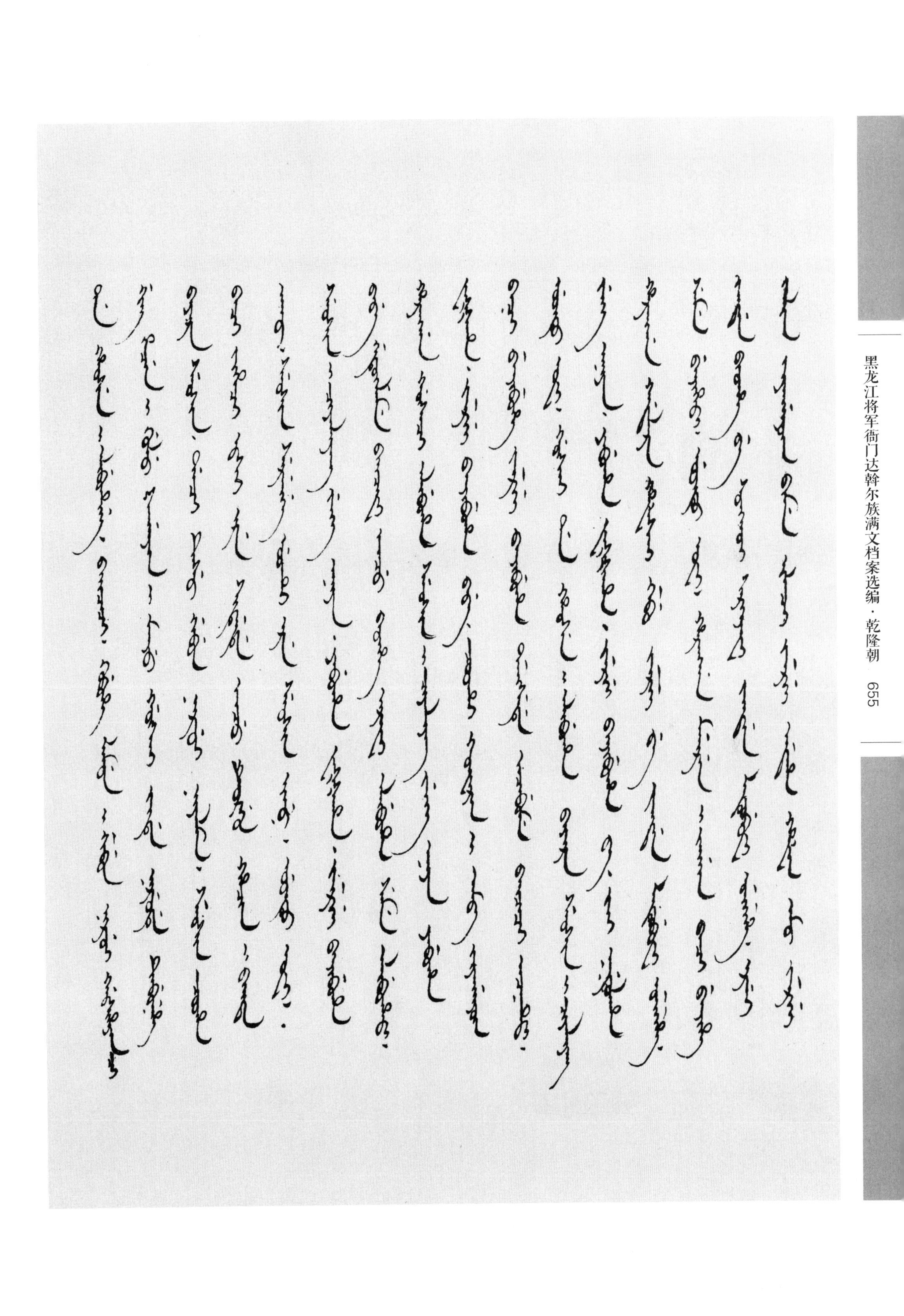

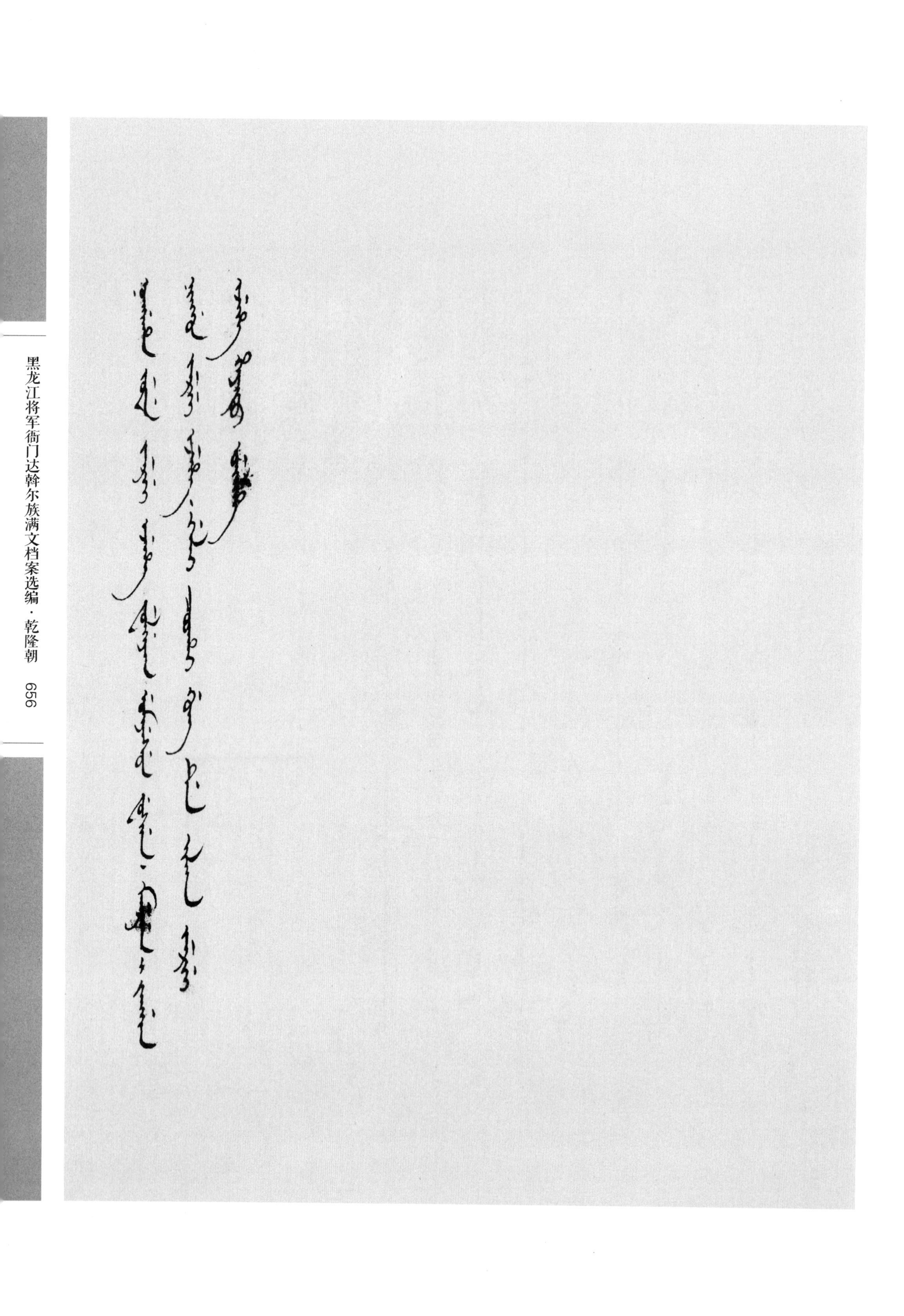

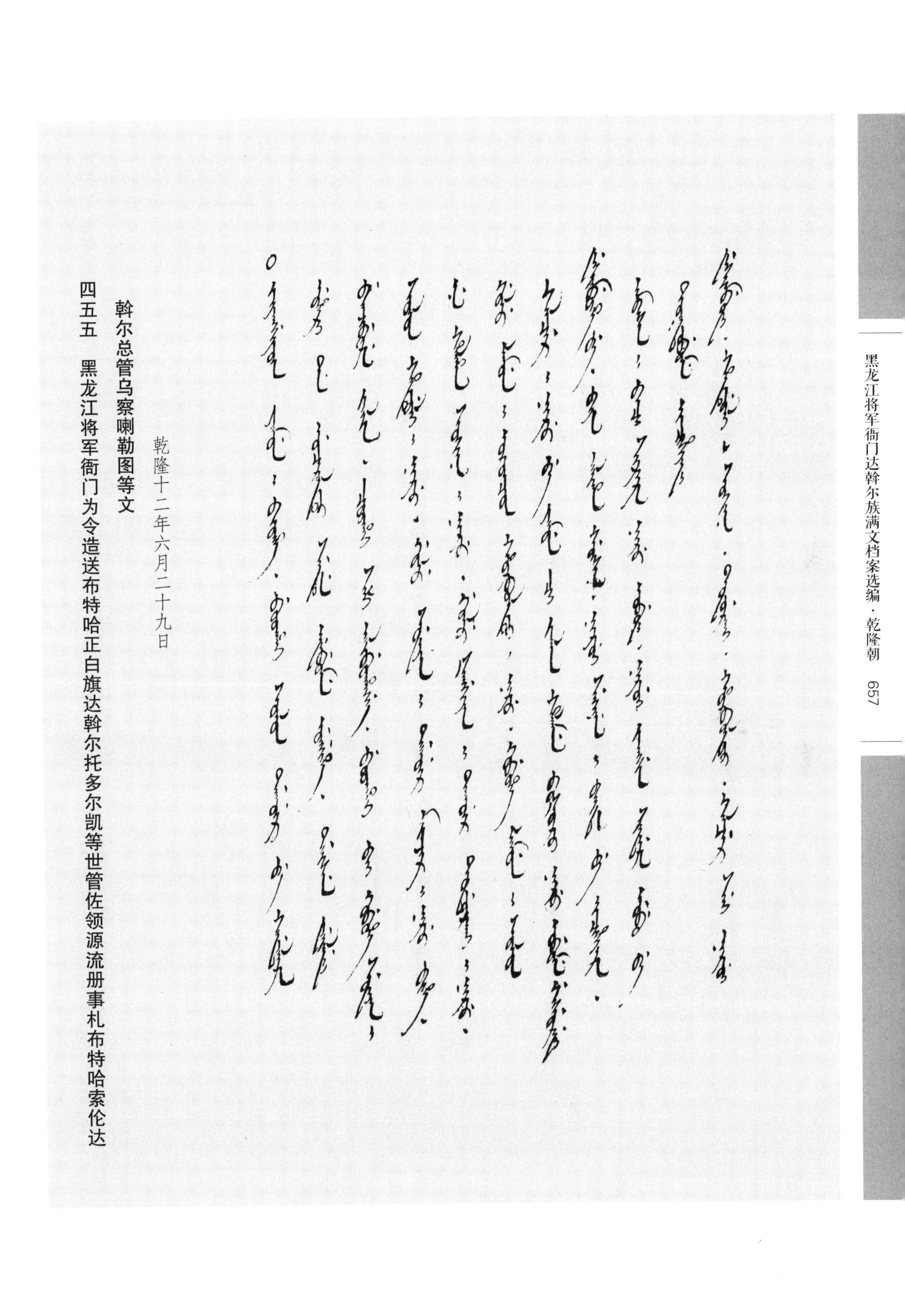

乾隆十二年六月二十九日

四五五 黑龙江将军衙门为令造送布特哈正白旗达斡尔托多尔凯等世管佐领源流册事札布特哈索伦达斡尔总管乌察喇勒图等文

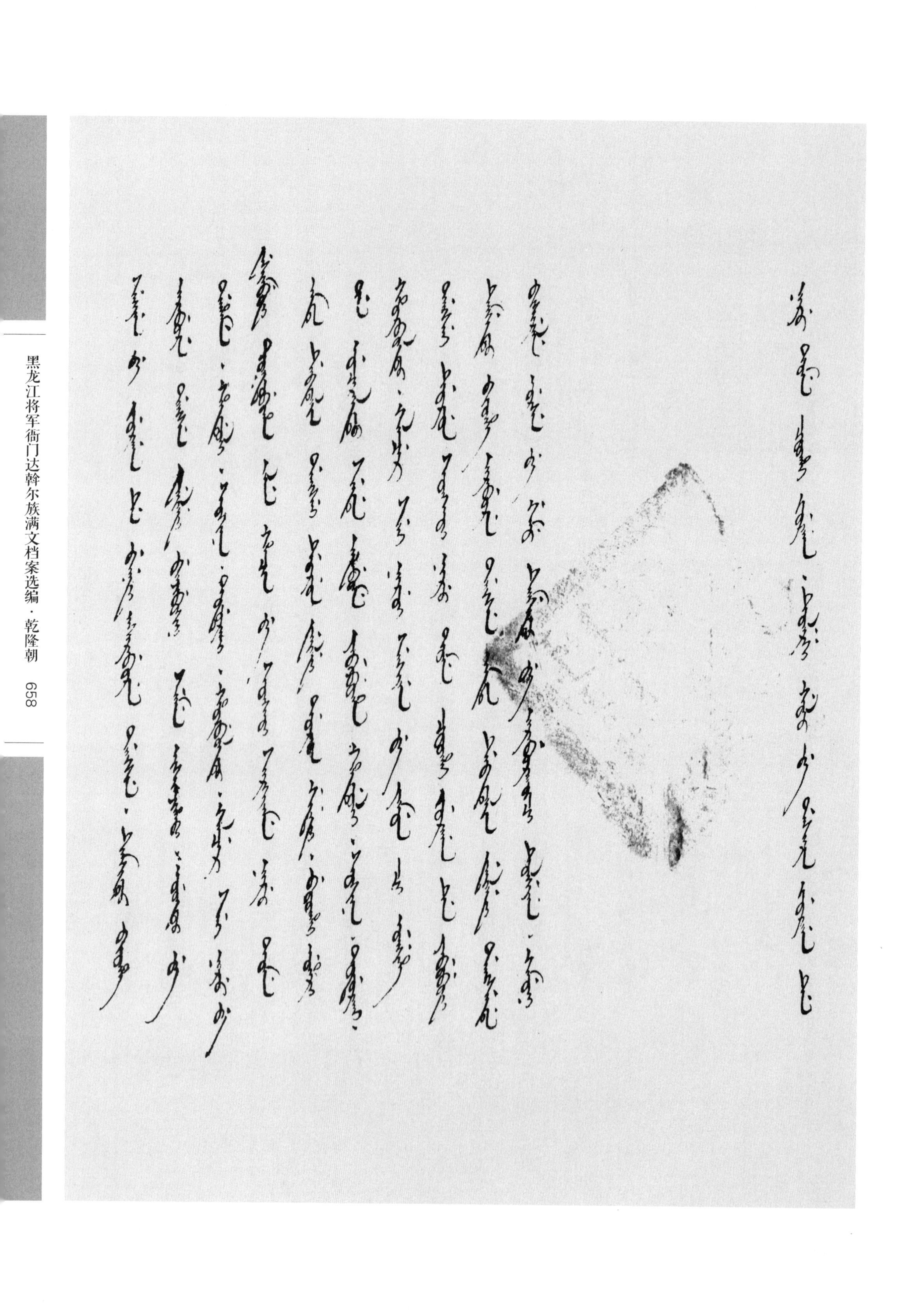

[illegible]

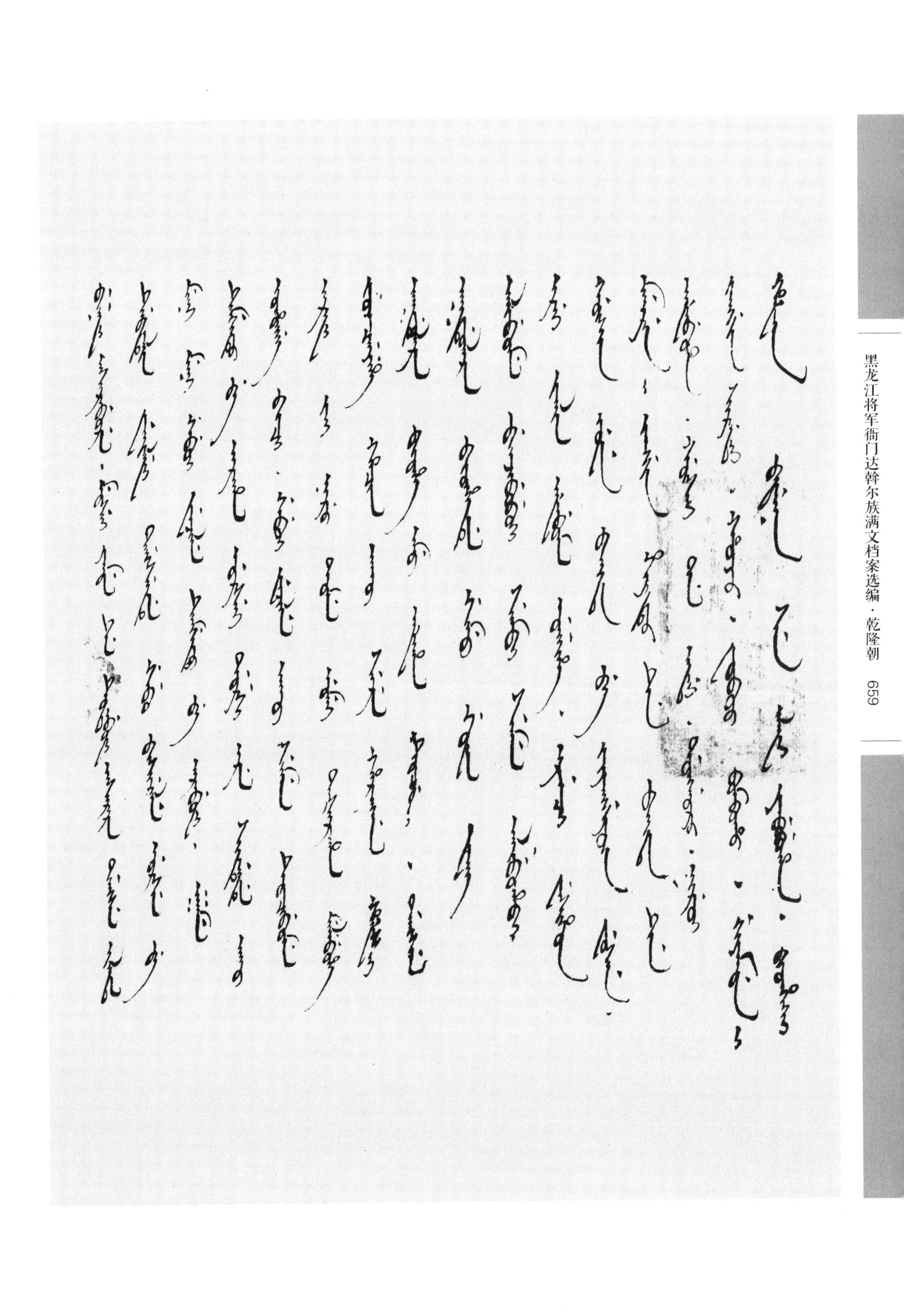

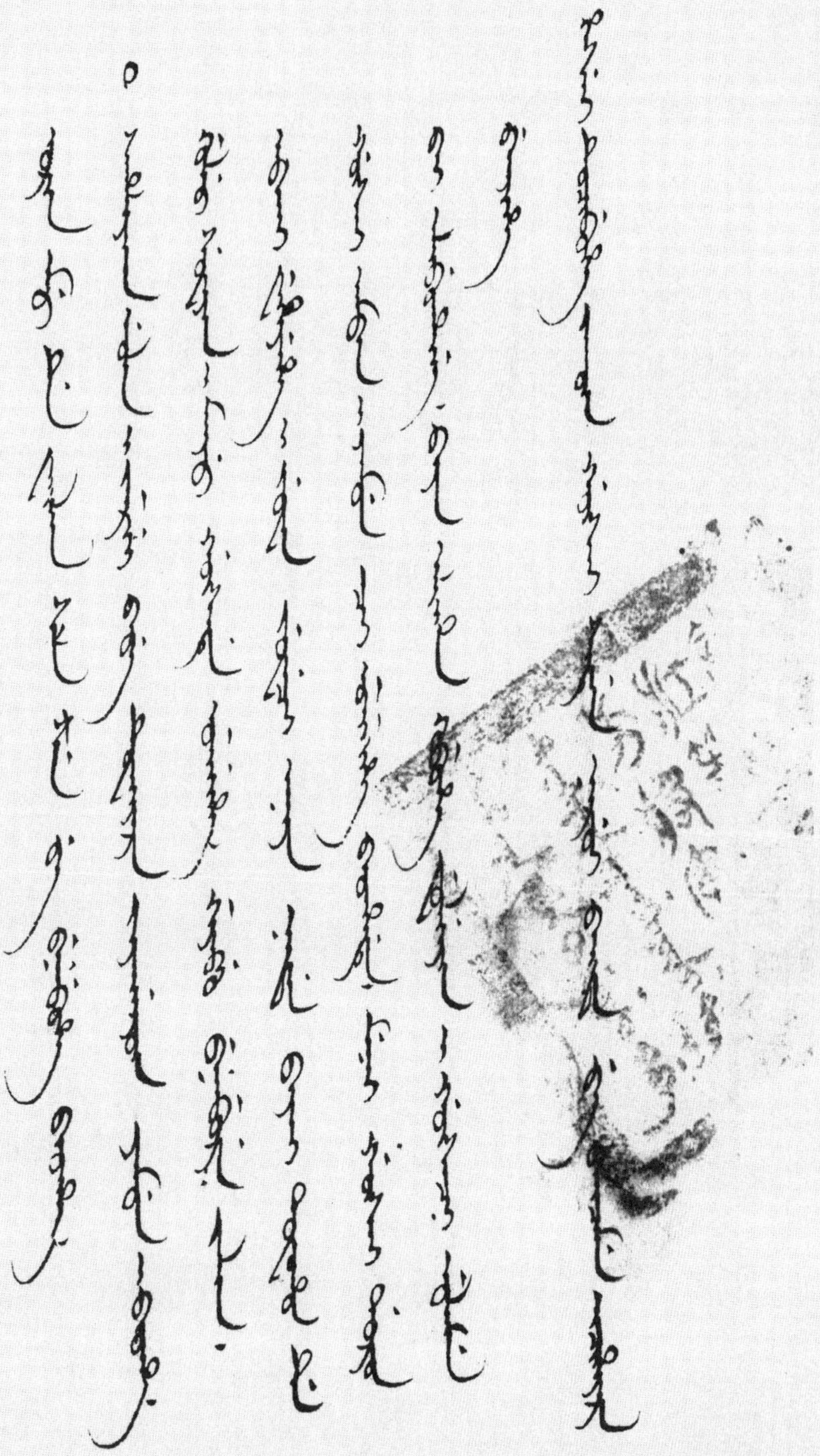

四五六 黑龙江将军衙门为解送布特哈正黄旗达斡尔达喇郭勒公中佐领家谱事咨正黄满洲旗文

乾隆十二年七月二十一日

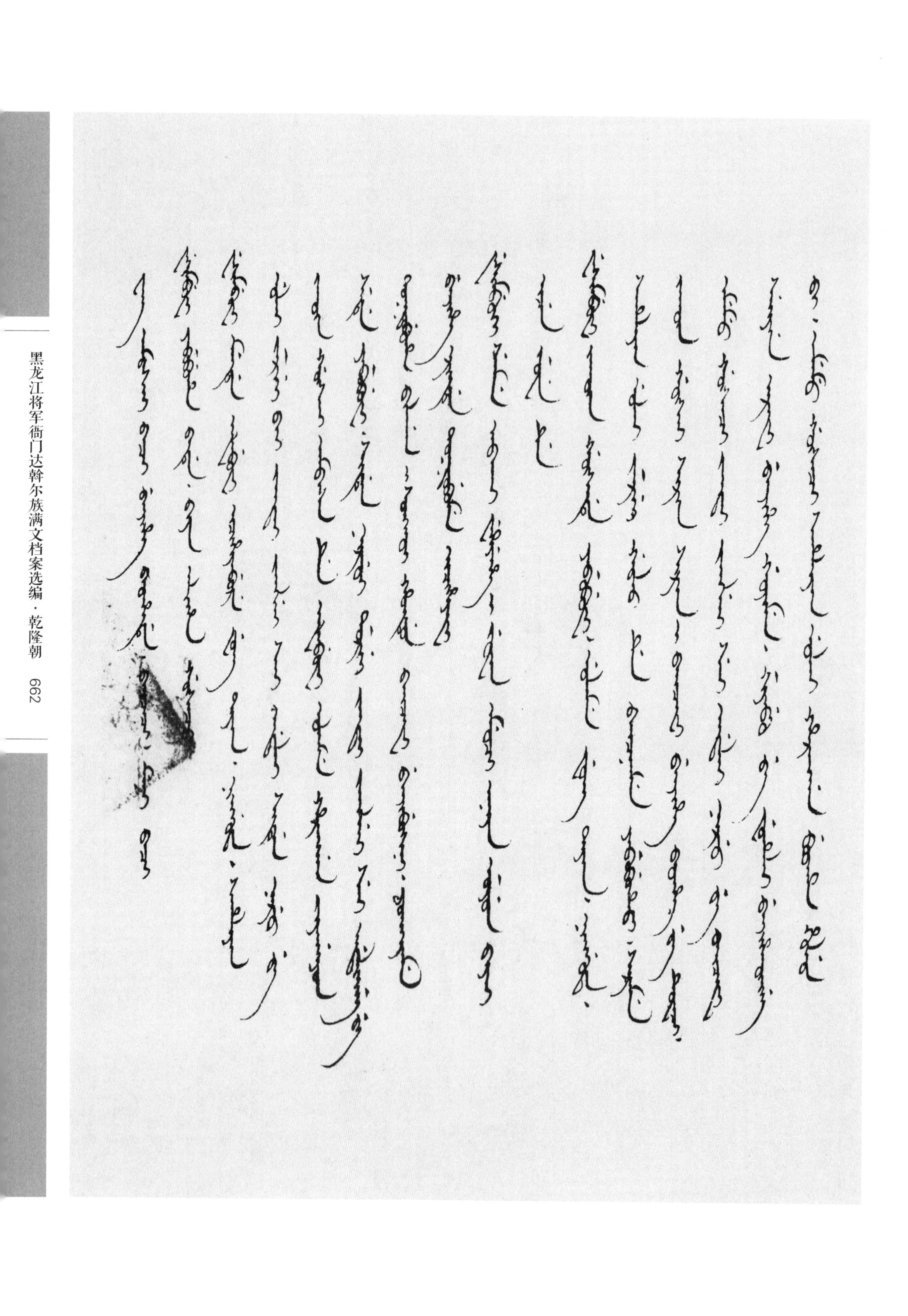

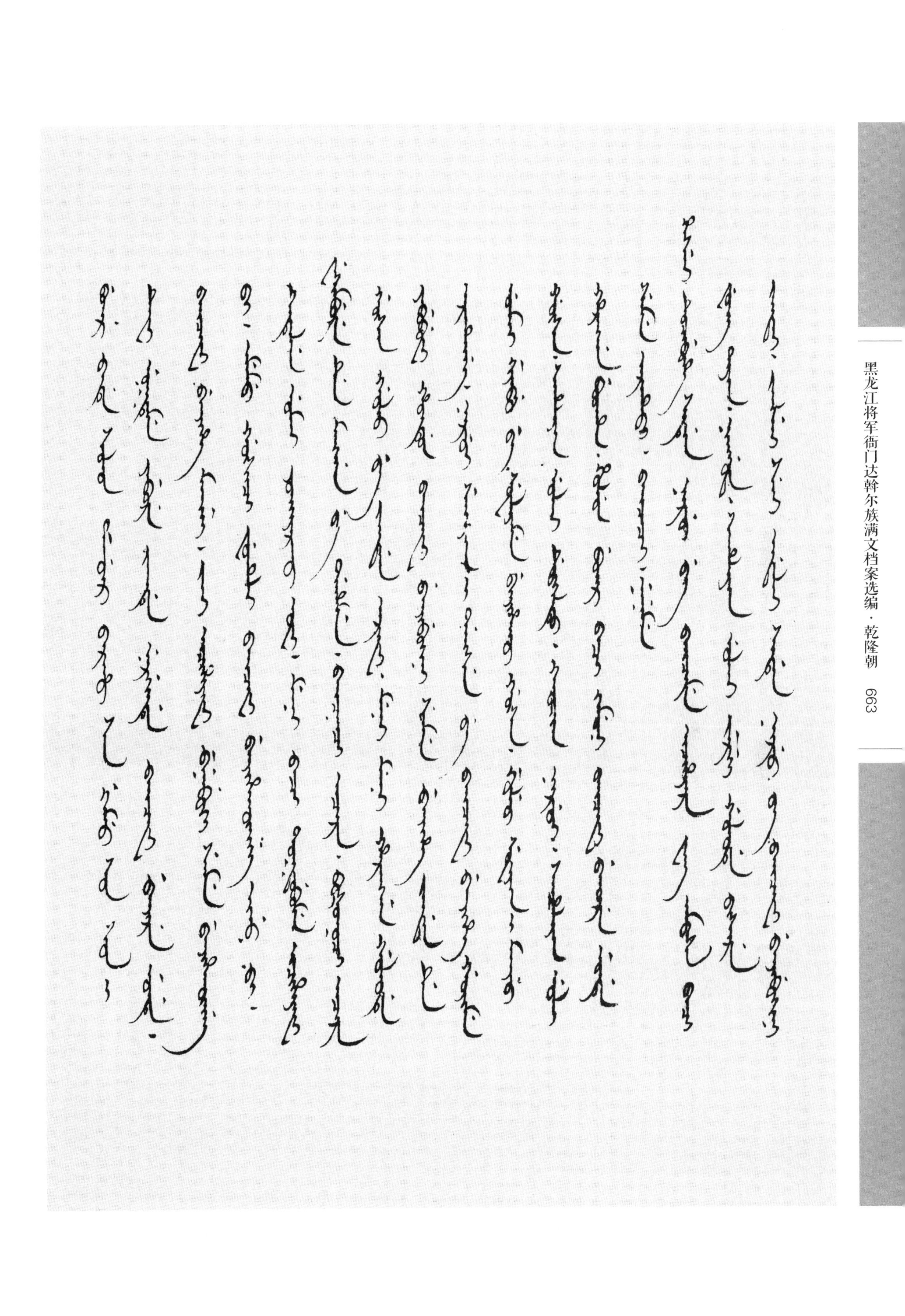

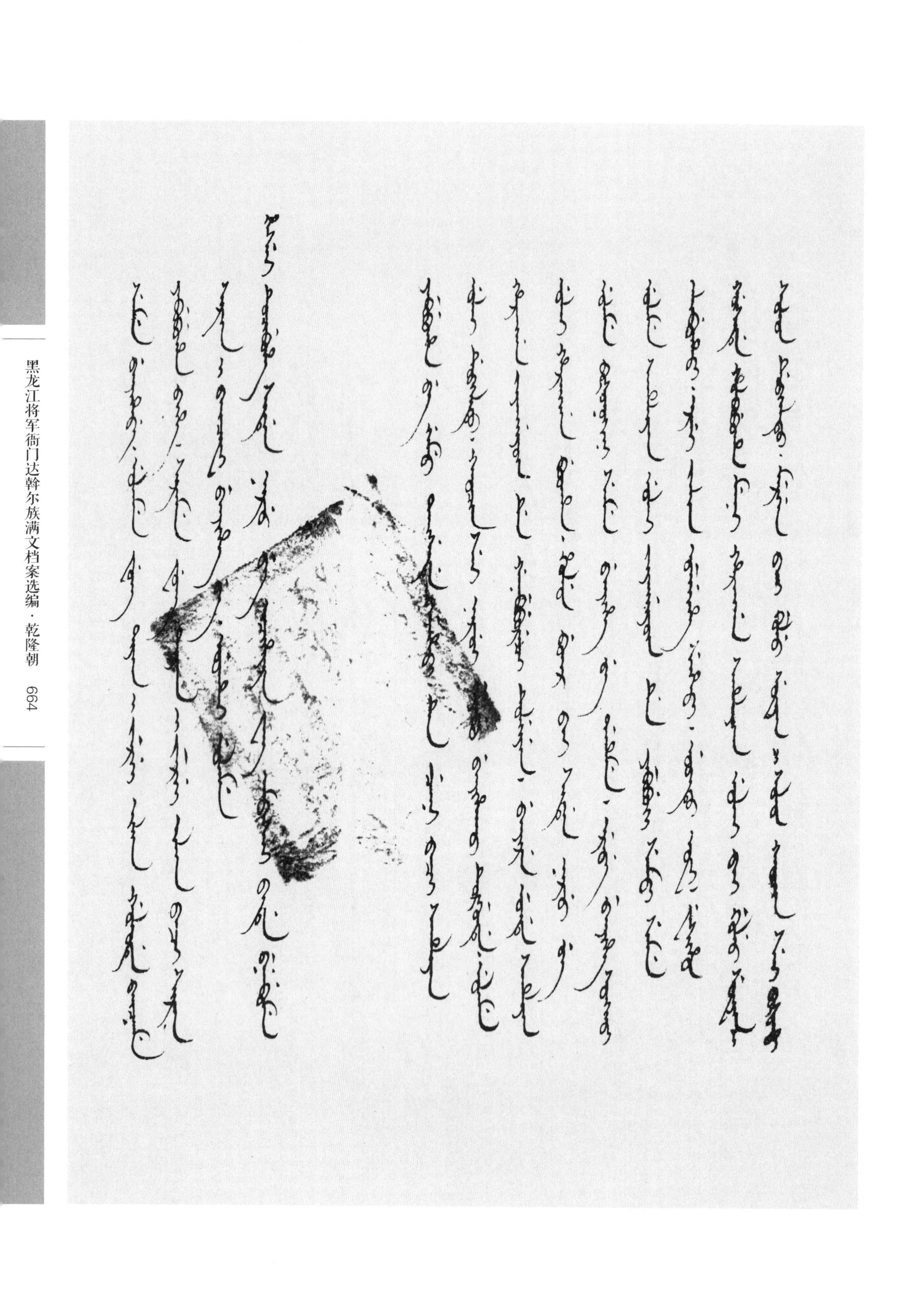

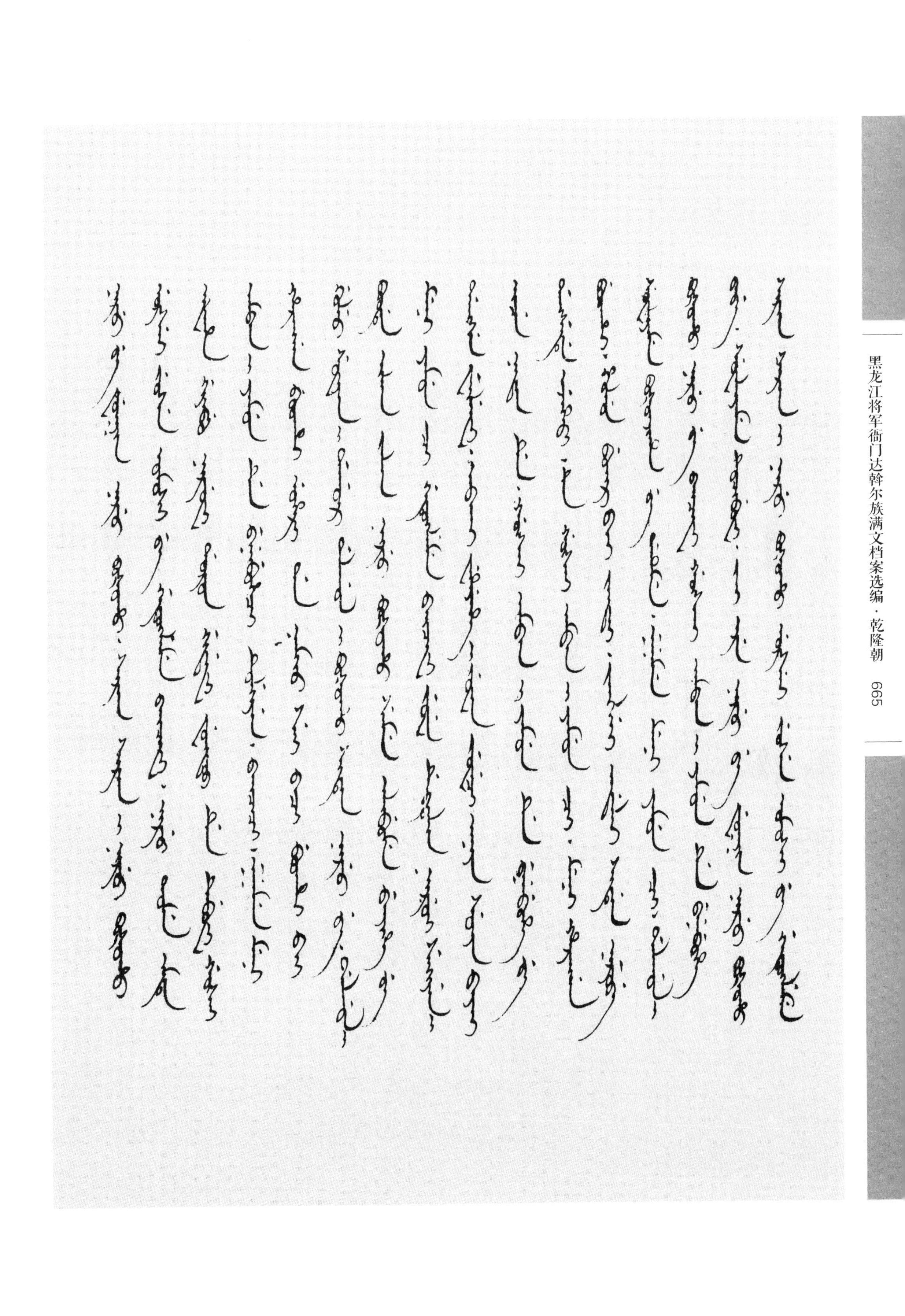

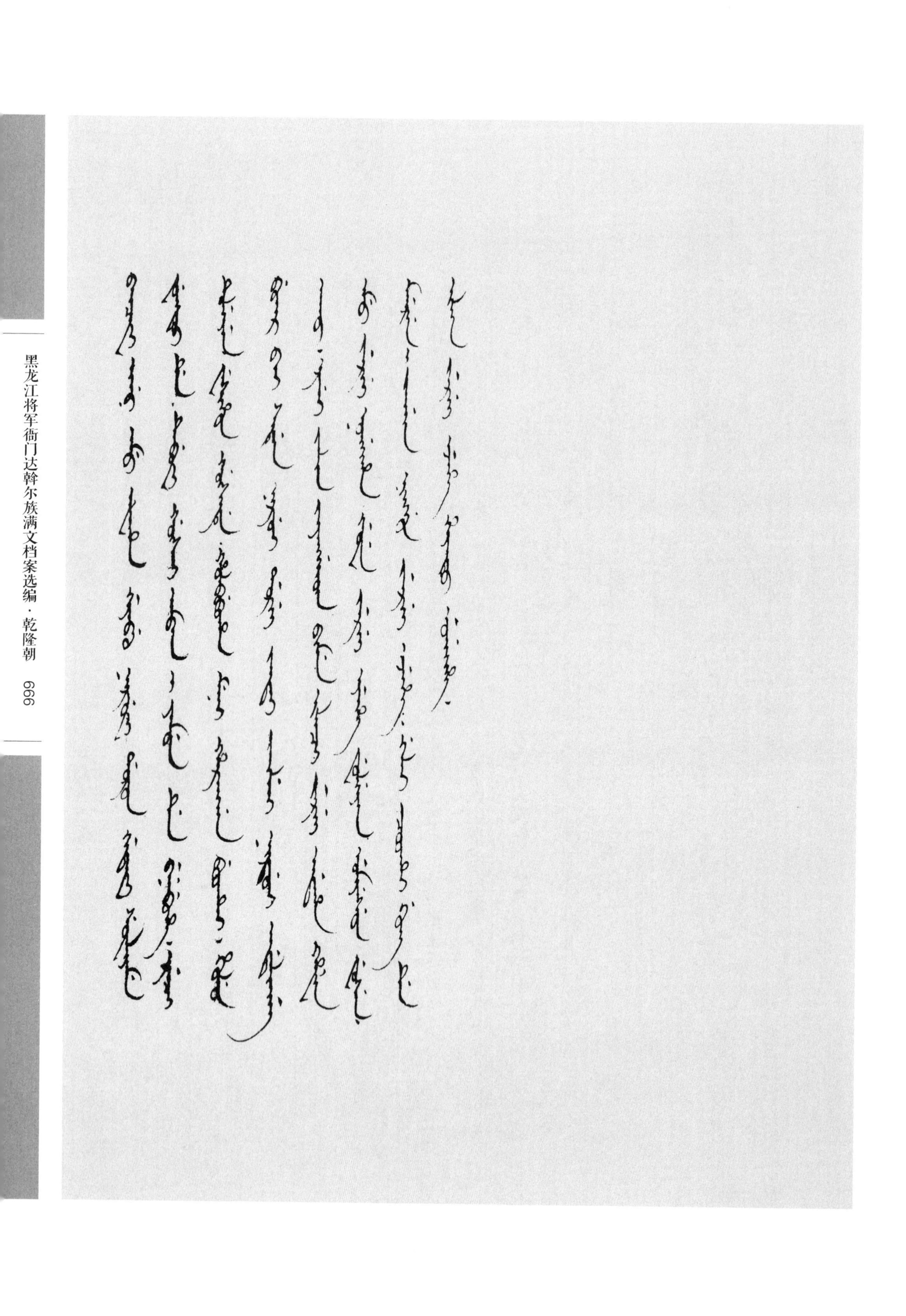

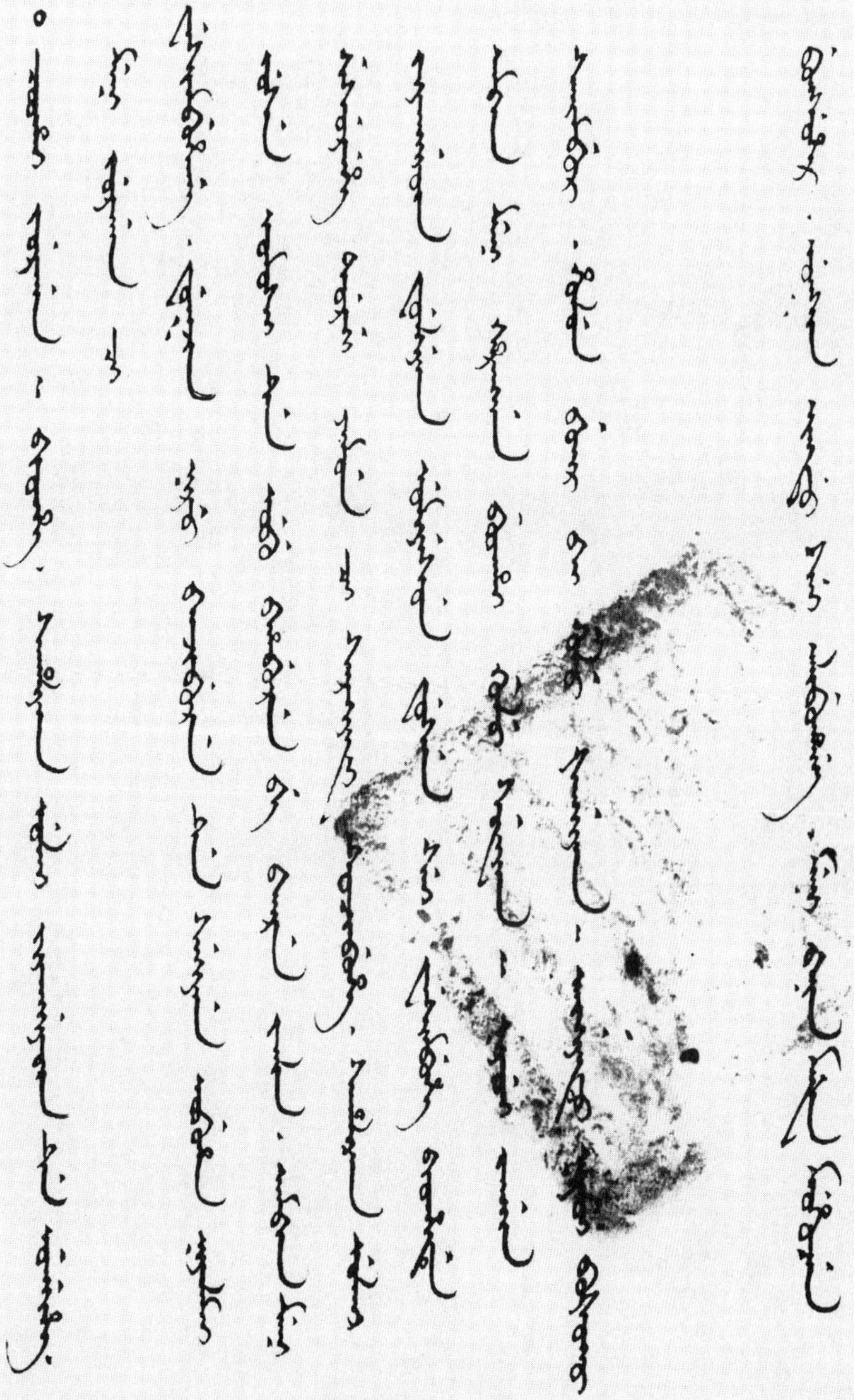

乾隆十二年七月二十八日

军文

四五七 兵部为奏准黑龙江镶蓝旗达斡尔肯济锡佐领下穆呼辰子孙有份承袭并写入家谱事咨黑龙江将

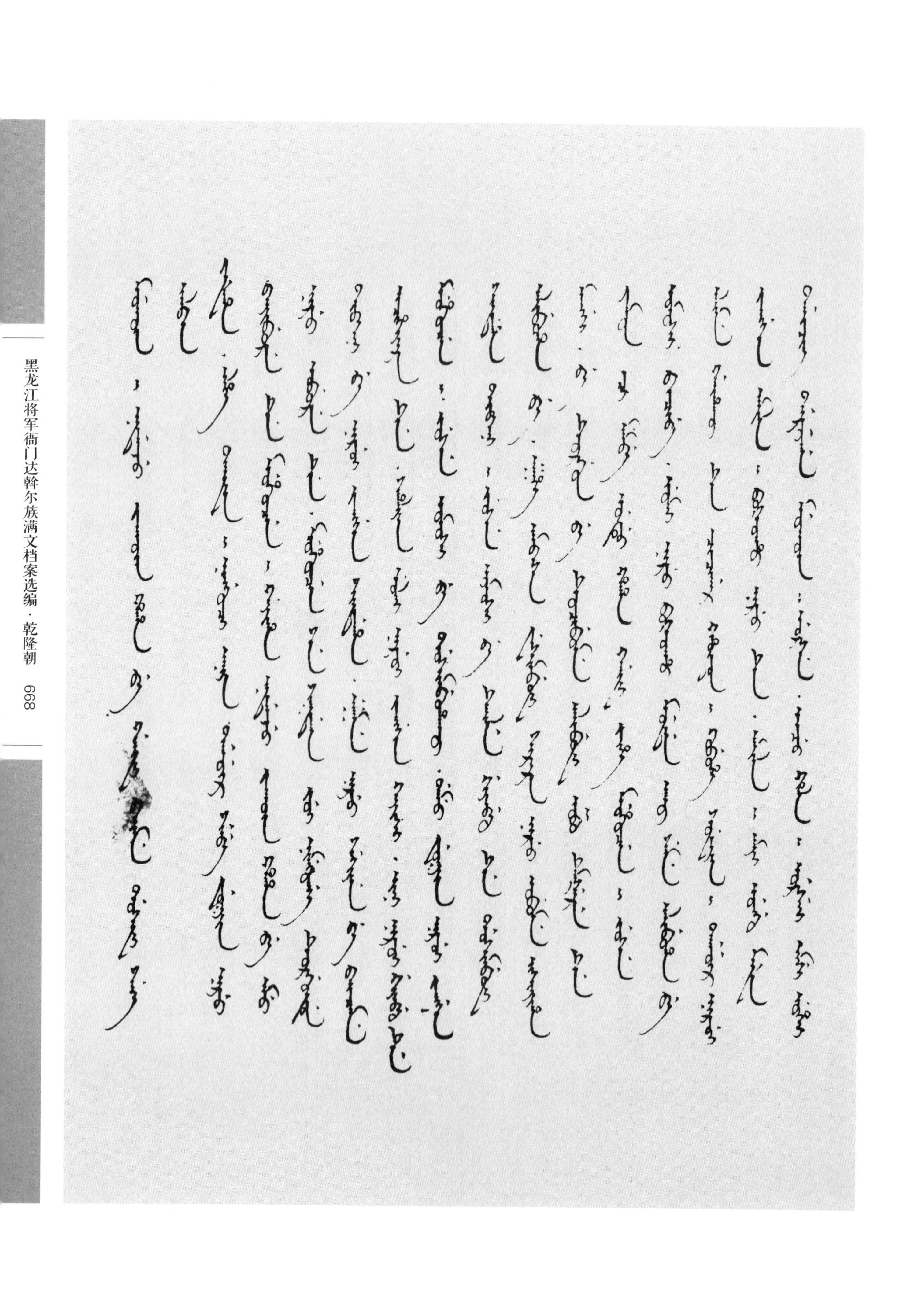

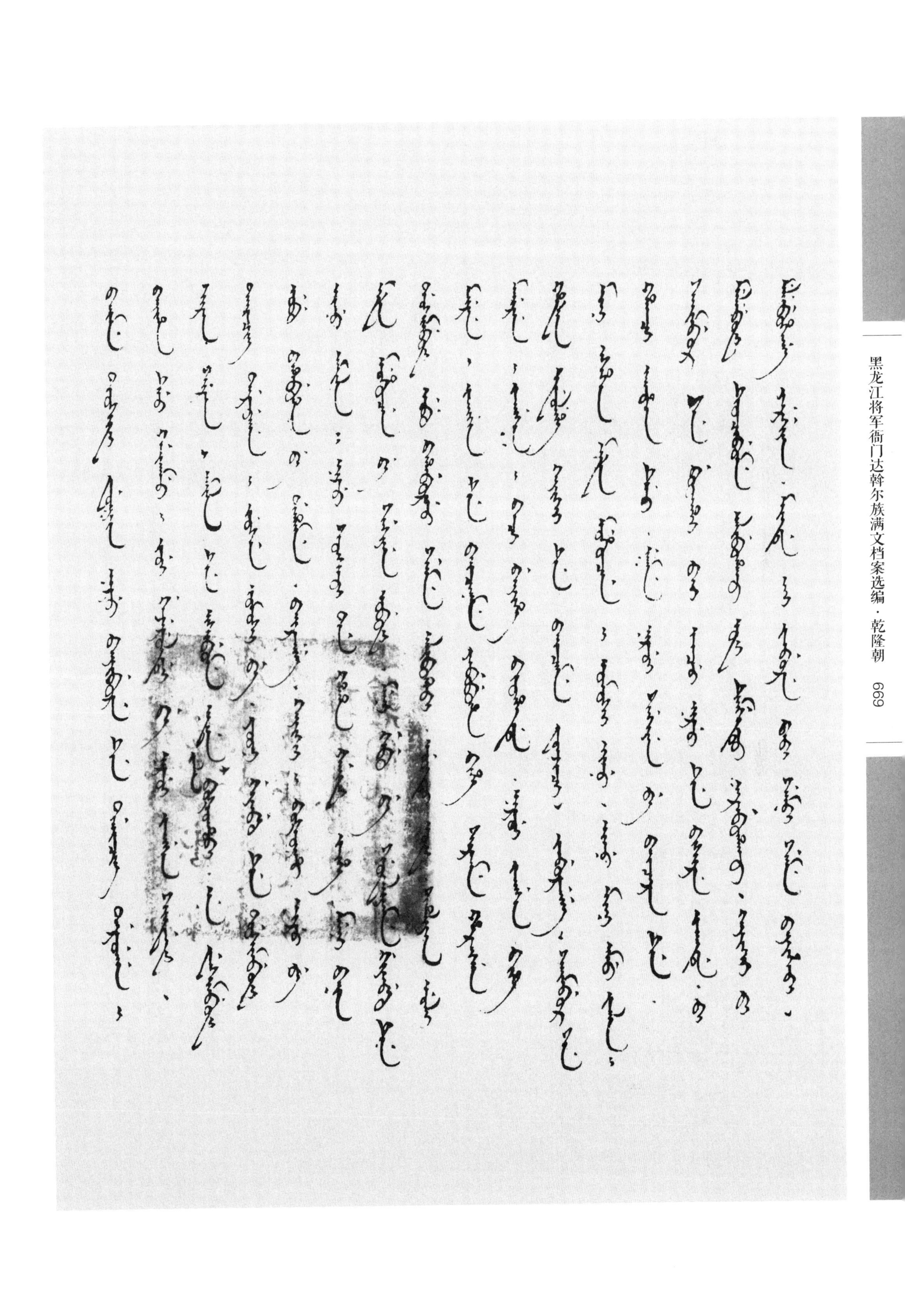

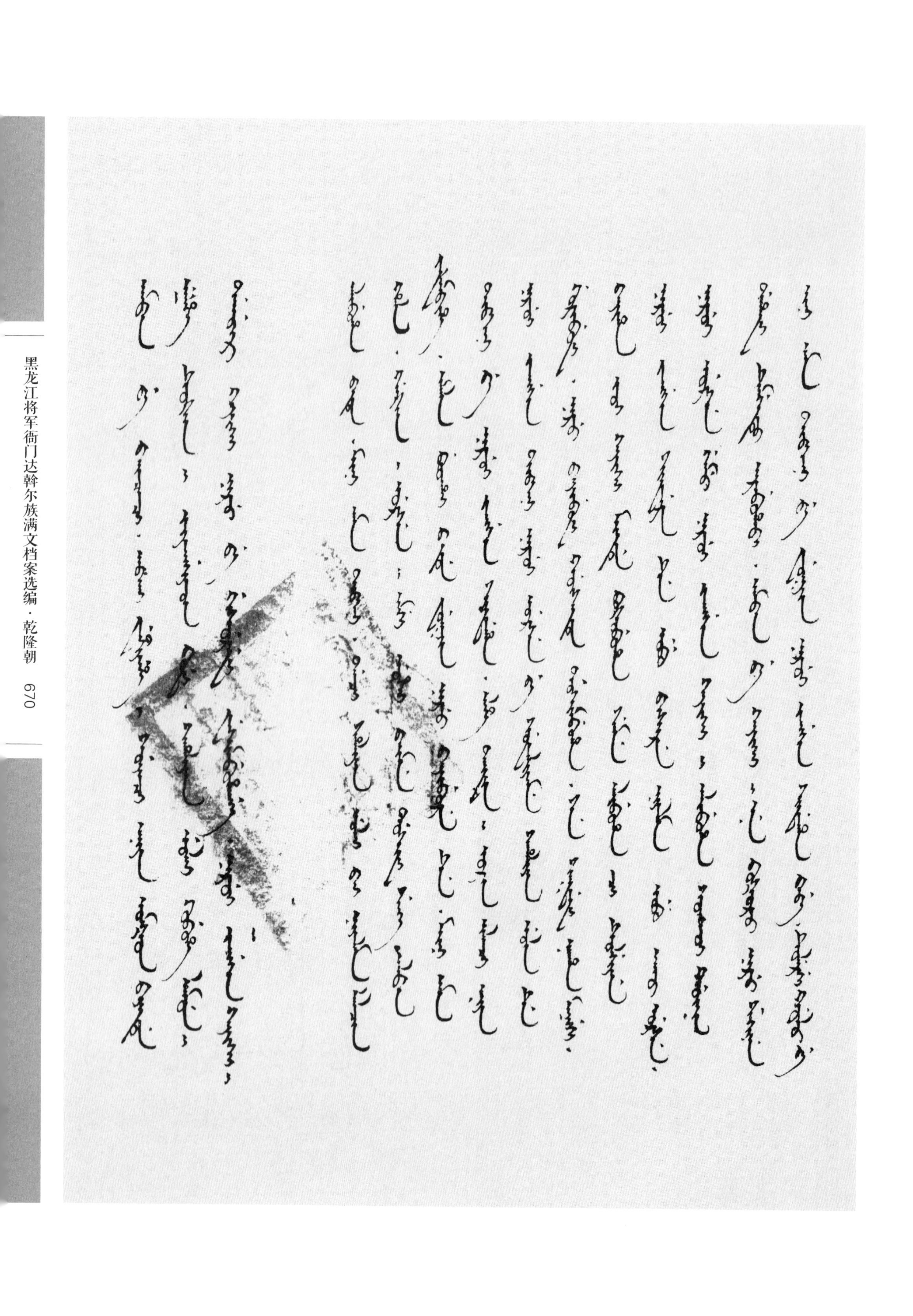

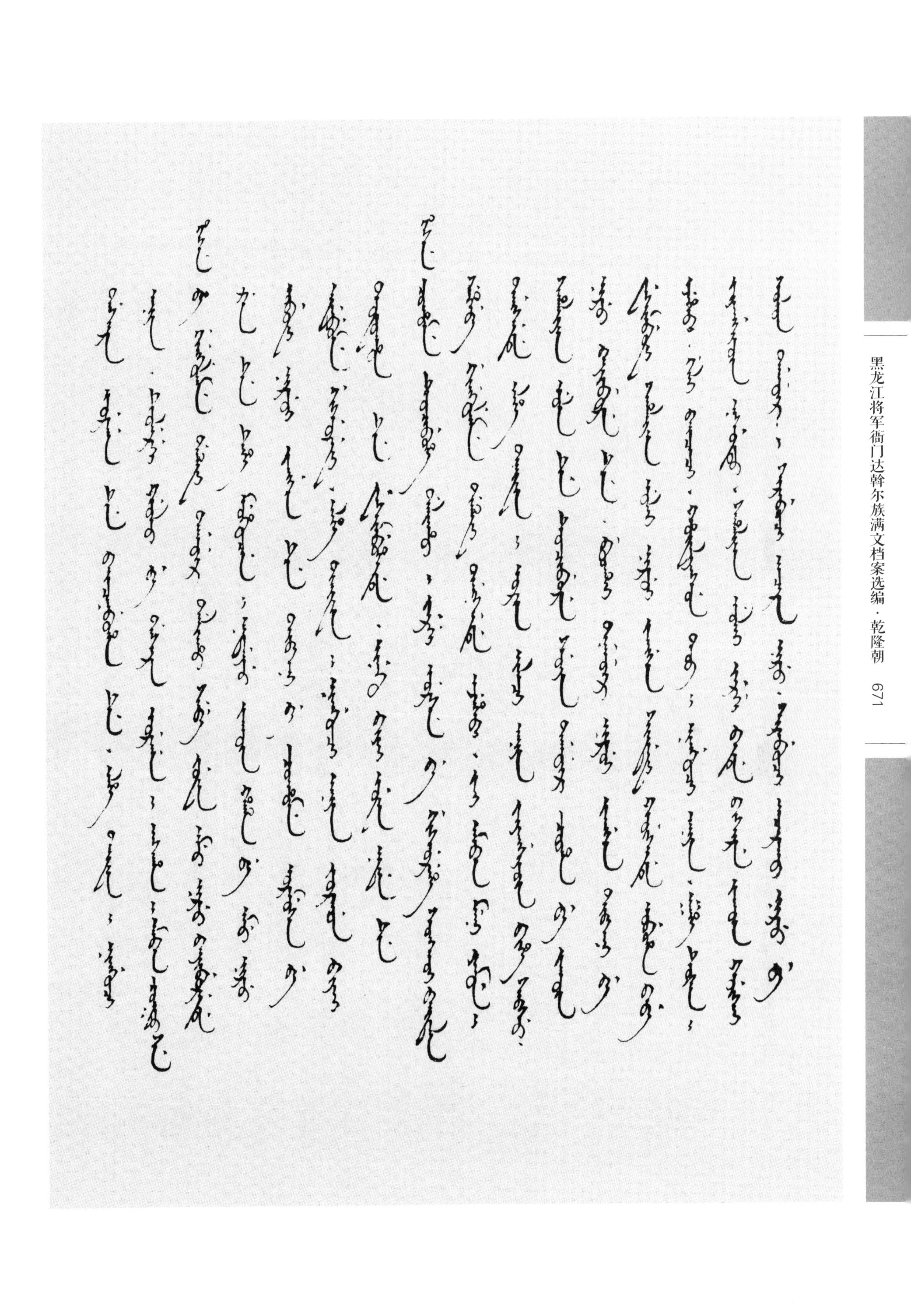

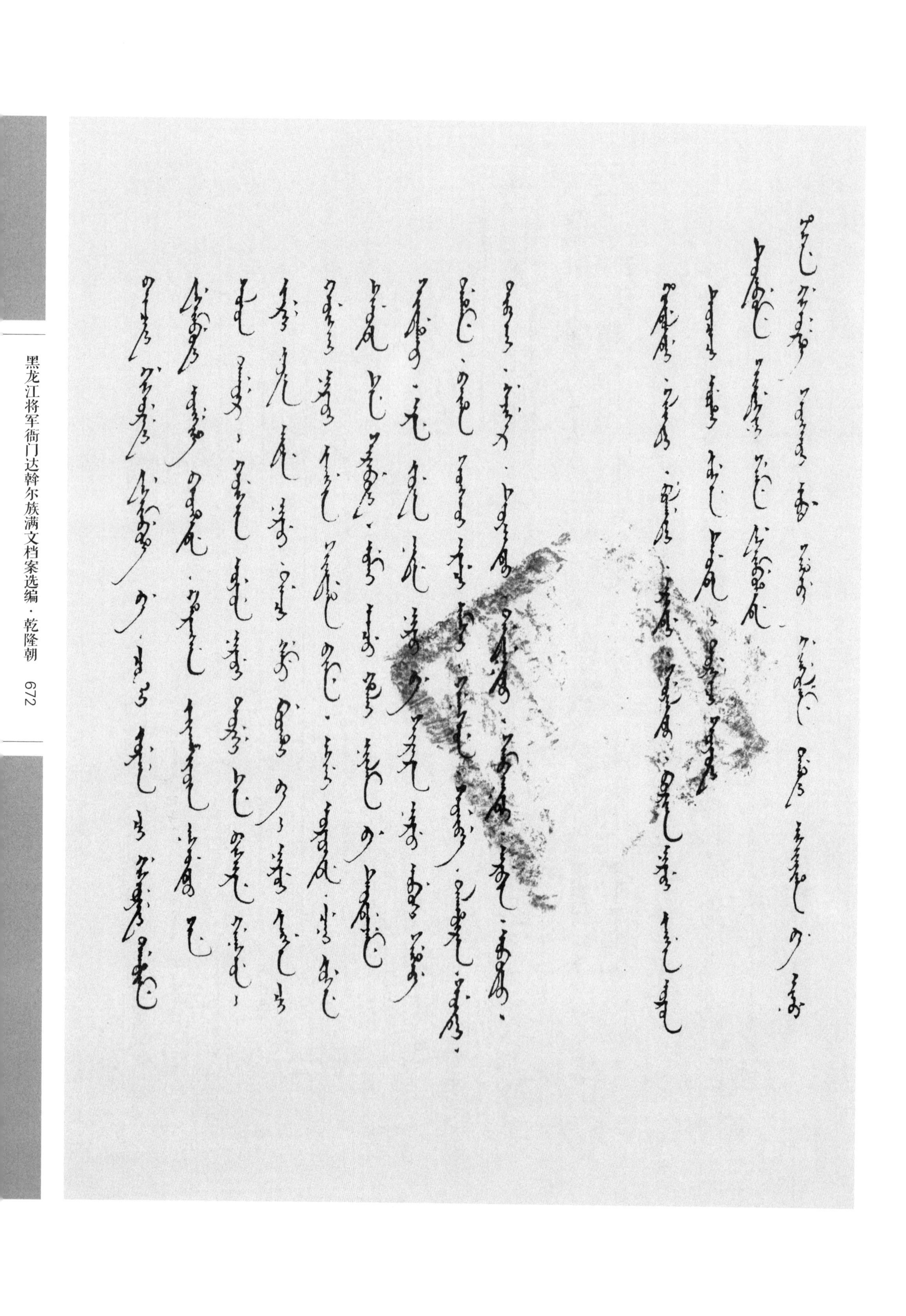

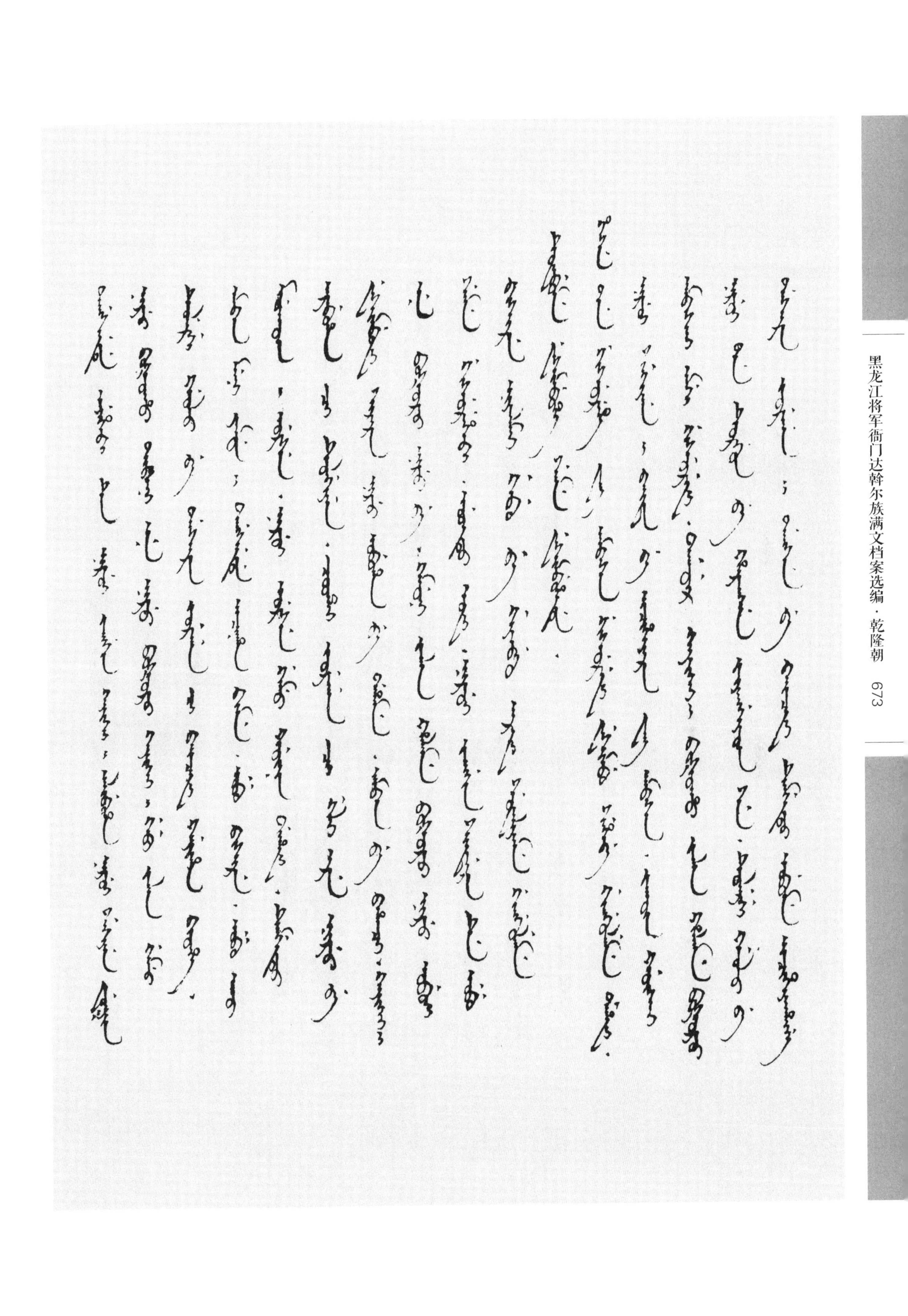

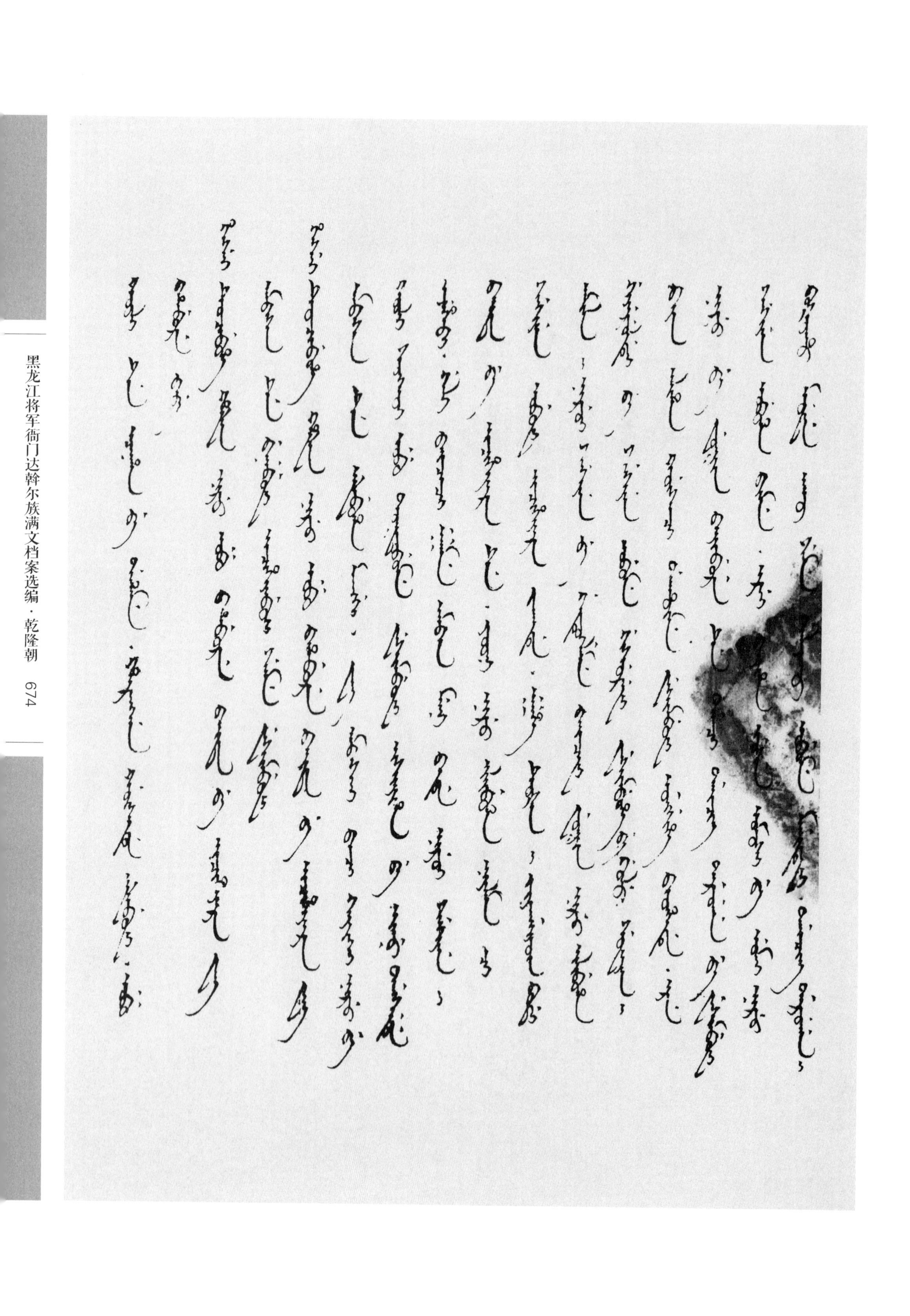

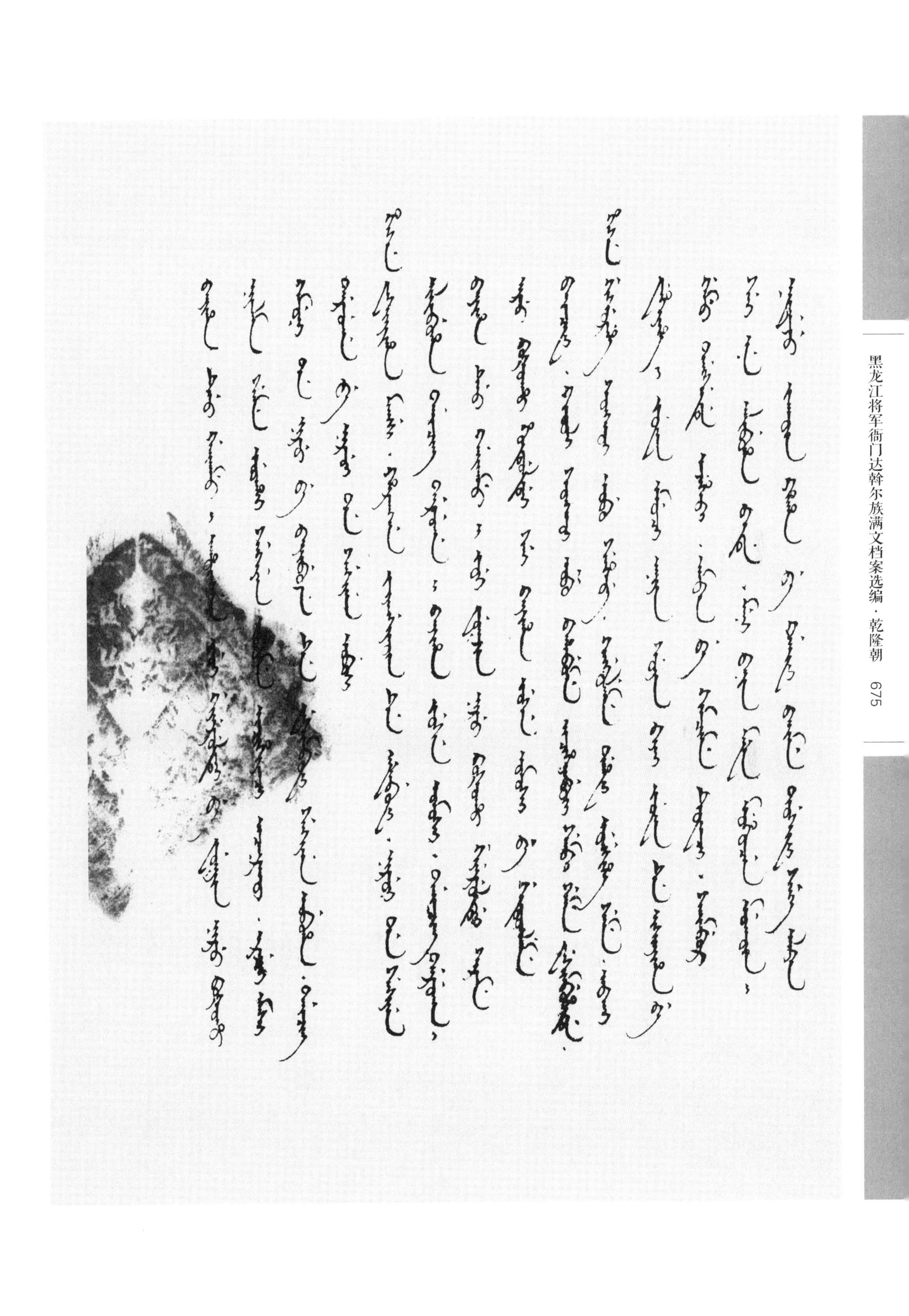

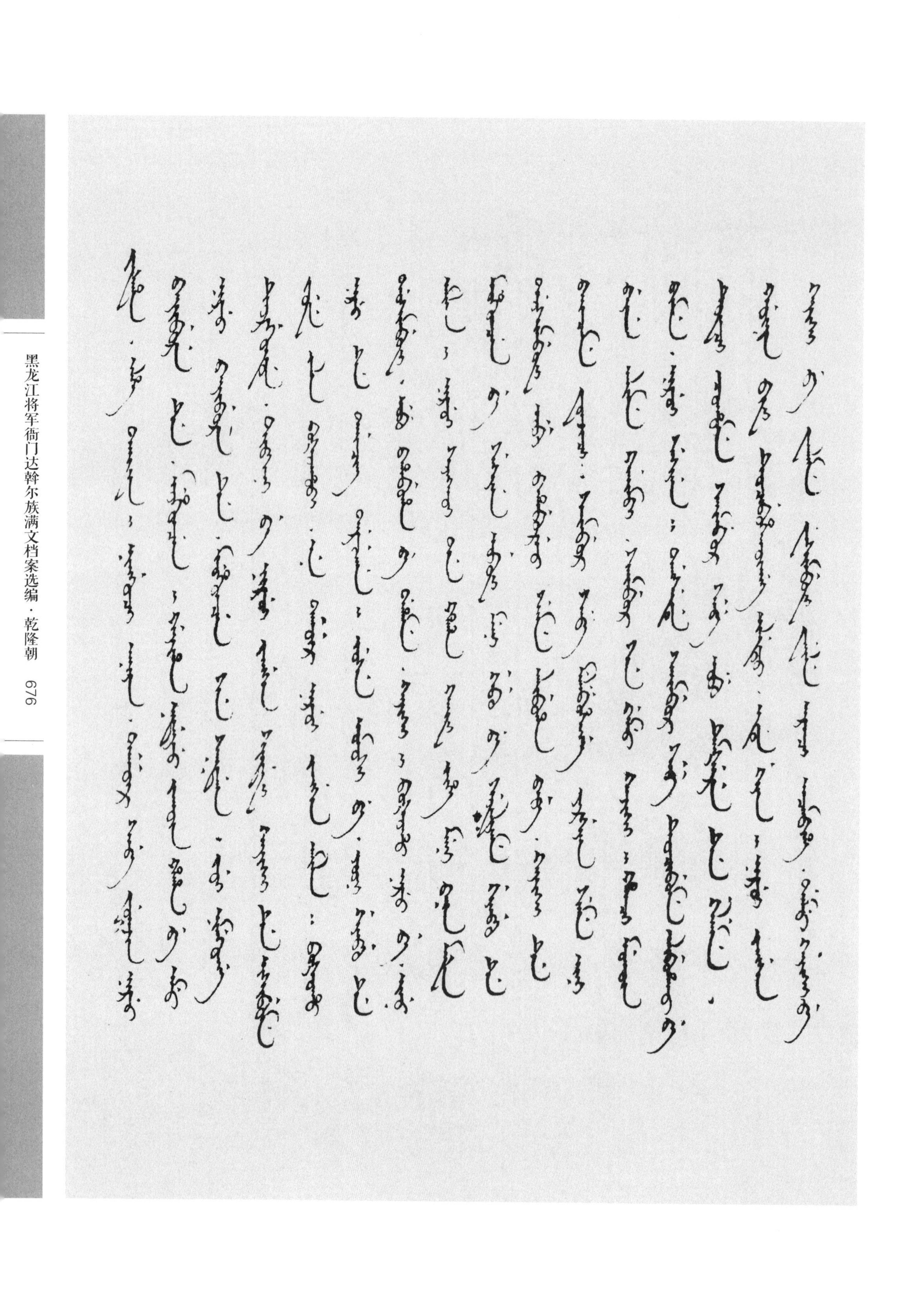

[illegible]

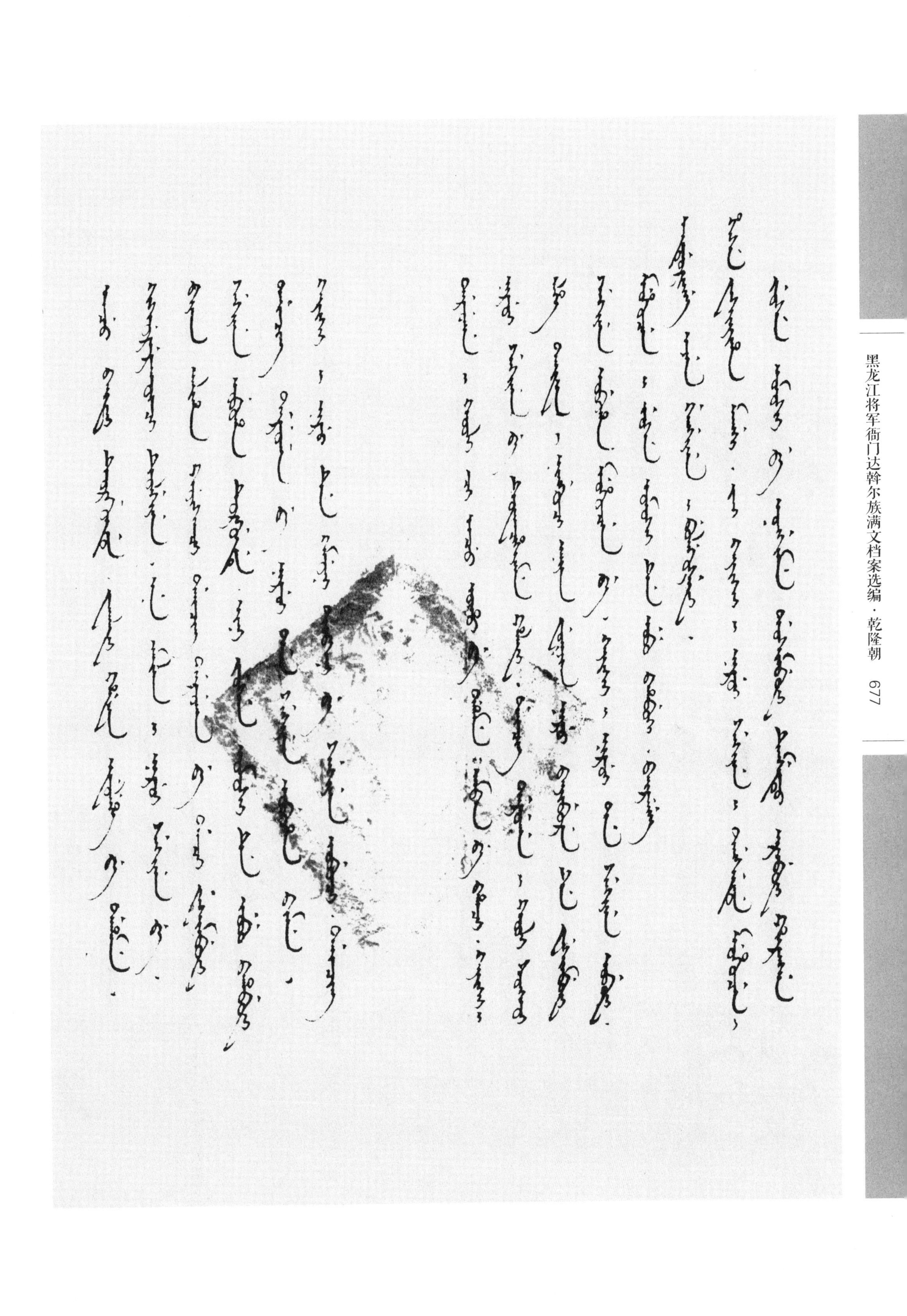

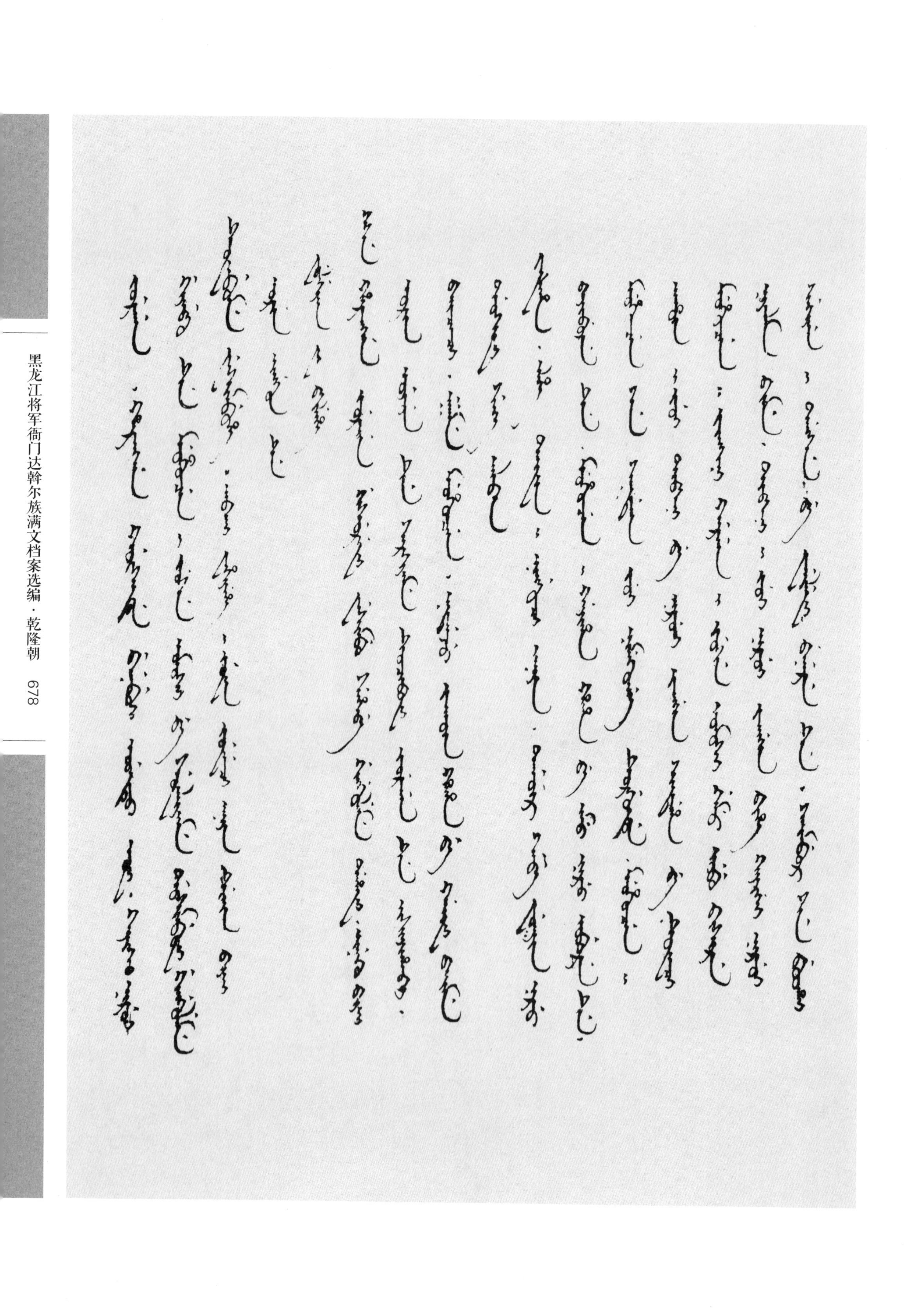

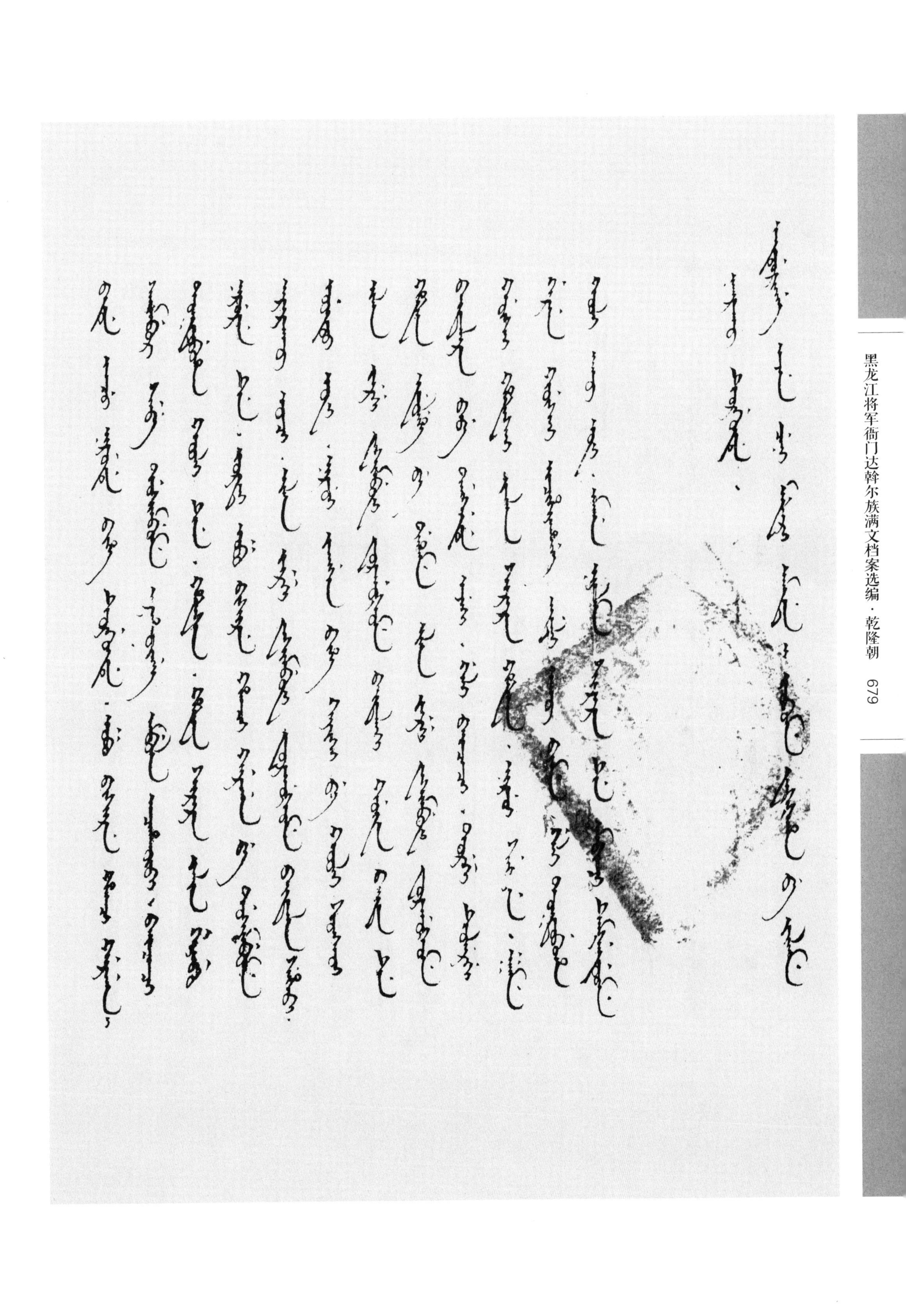

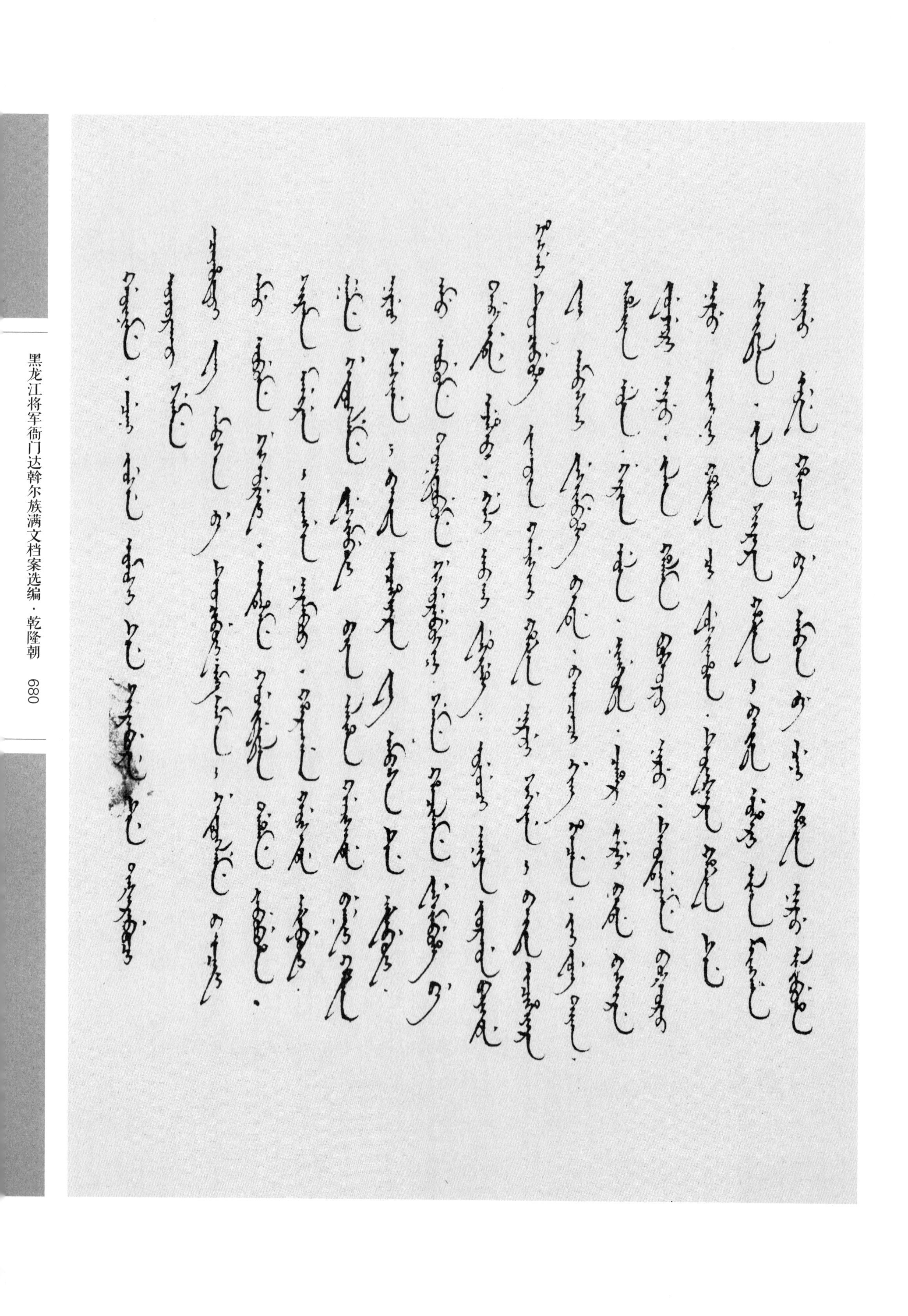

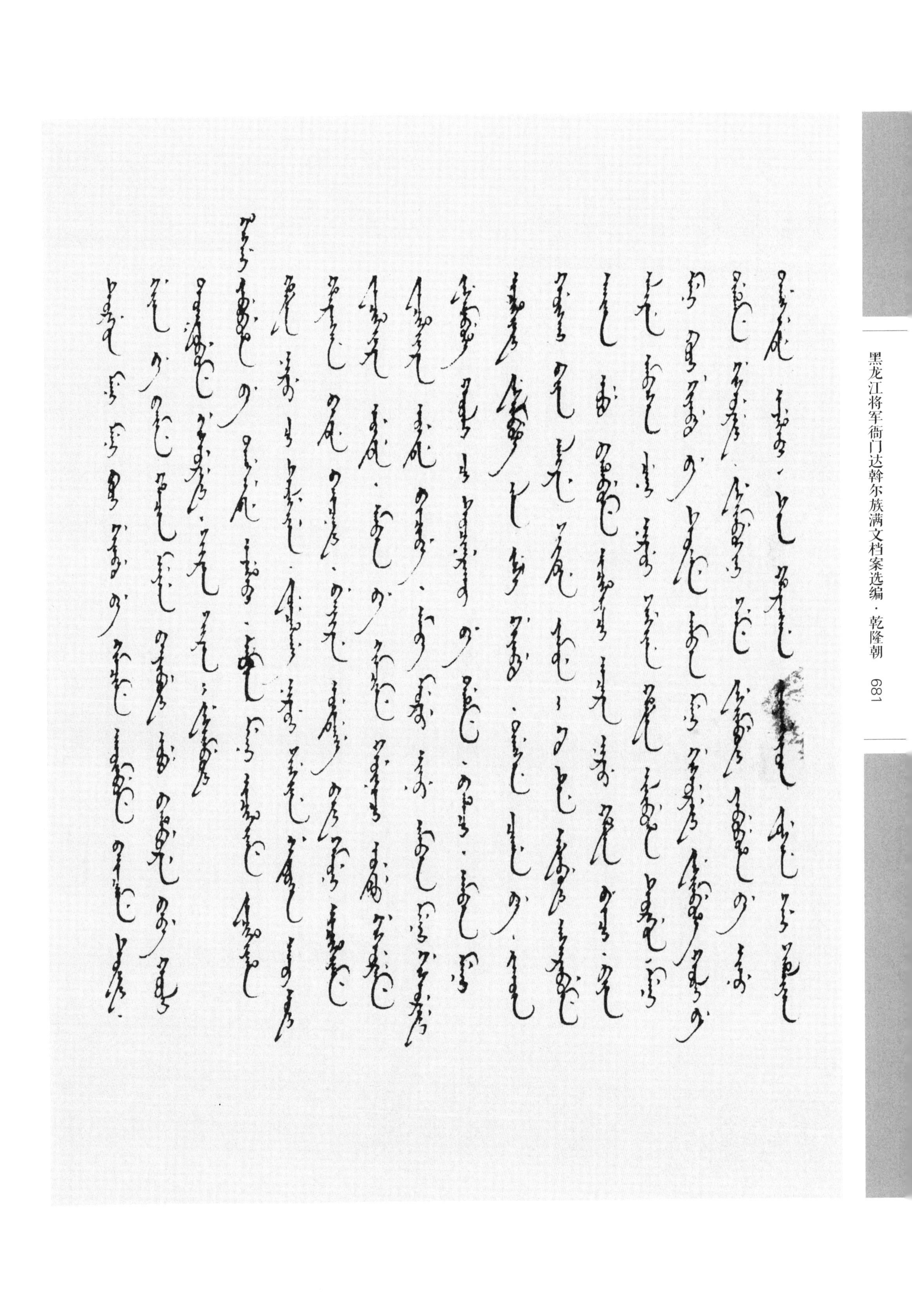

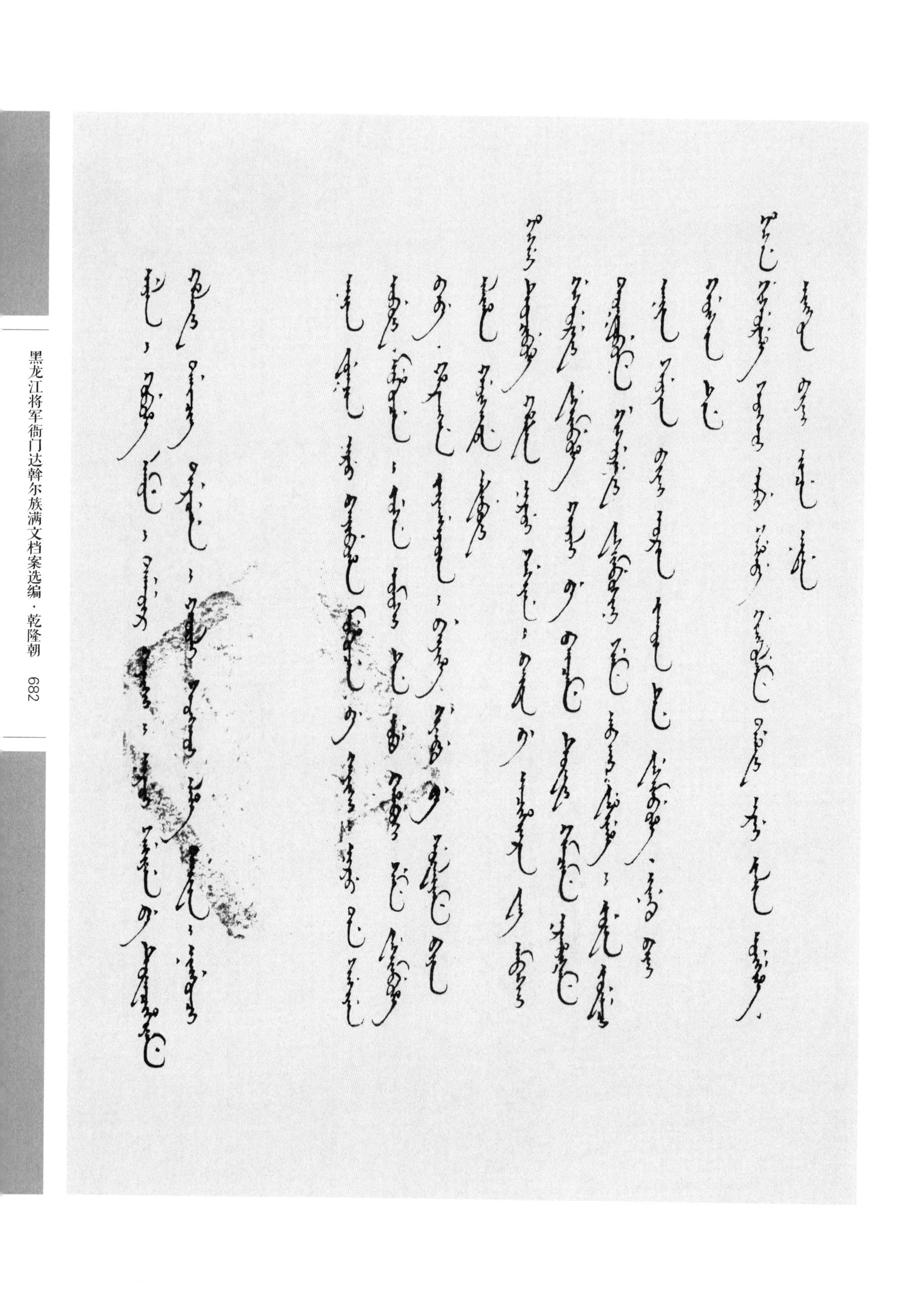

四五八　镶白满洲旗为催解镶白旗黑龙江达斡尔塔济等公中佐领家谱事咨黑龙江将军衙门文

乾隆十二年七月二十八日

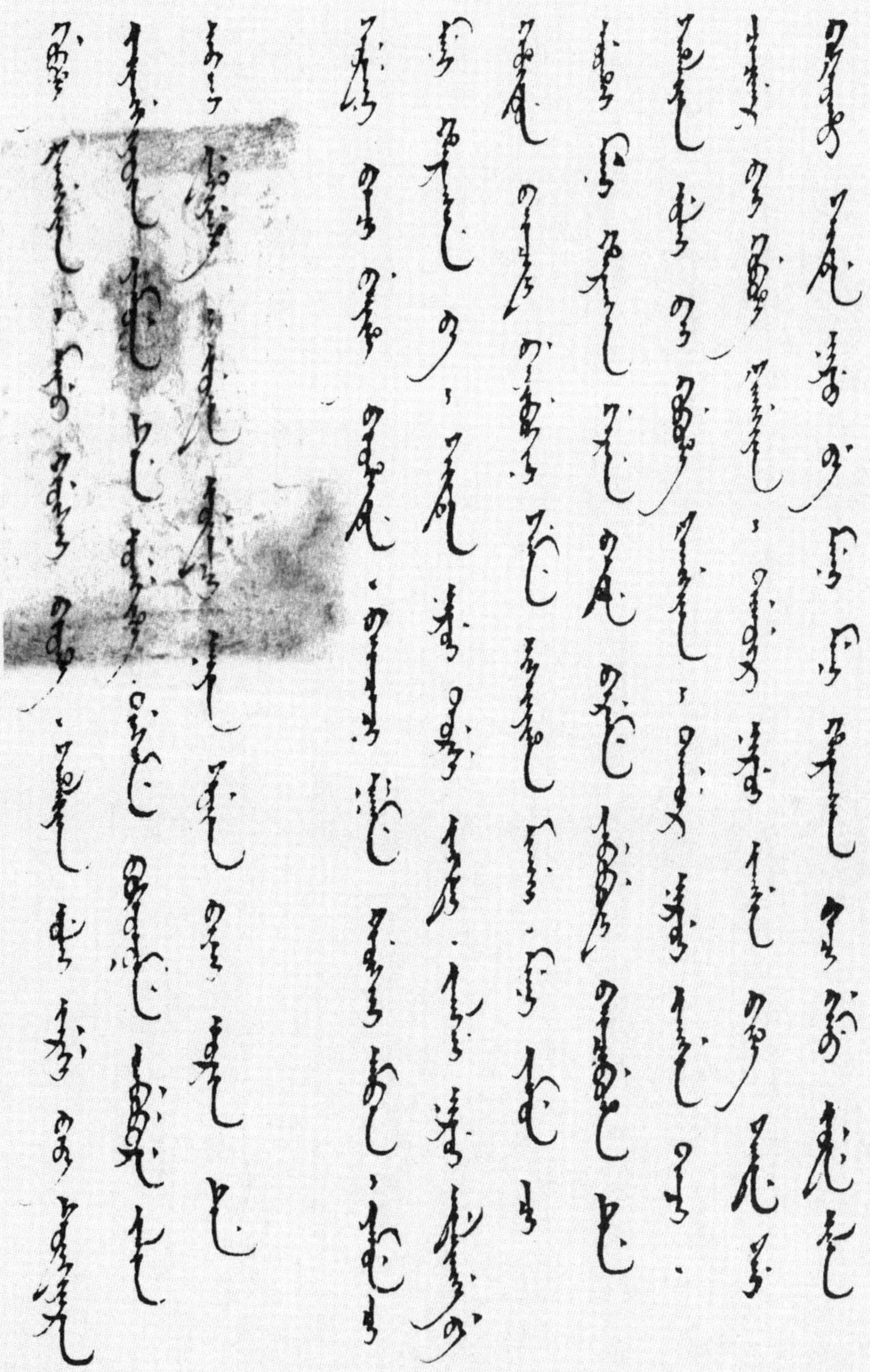

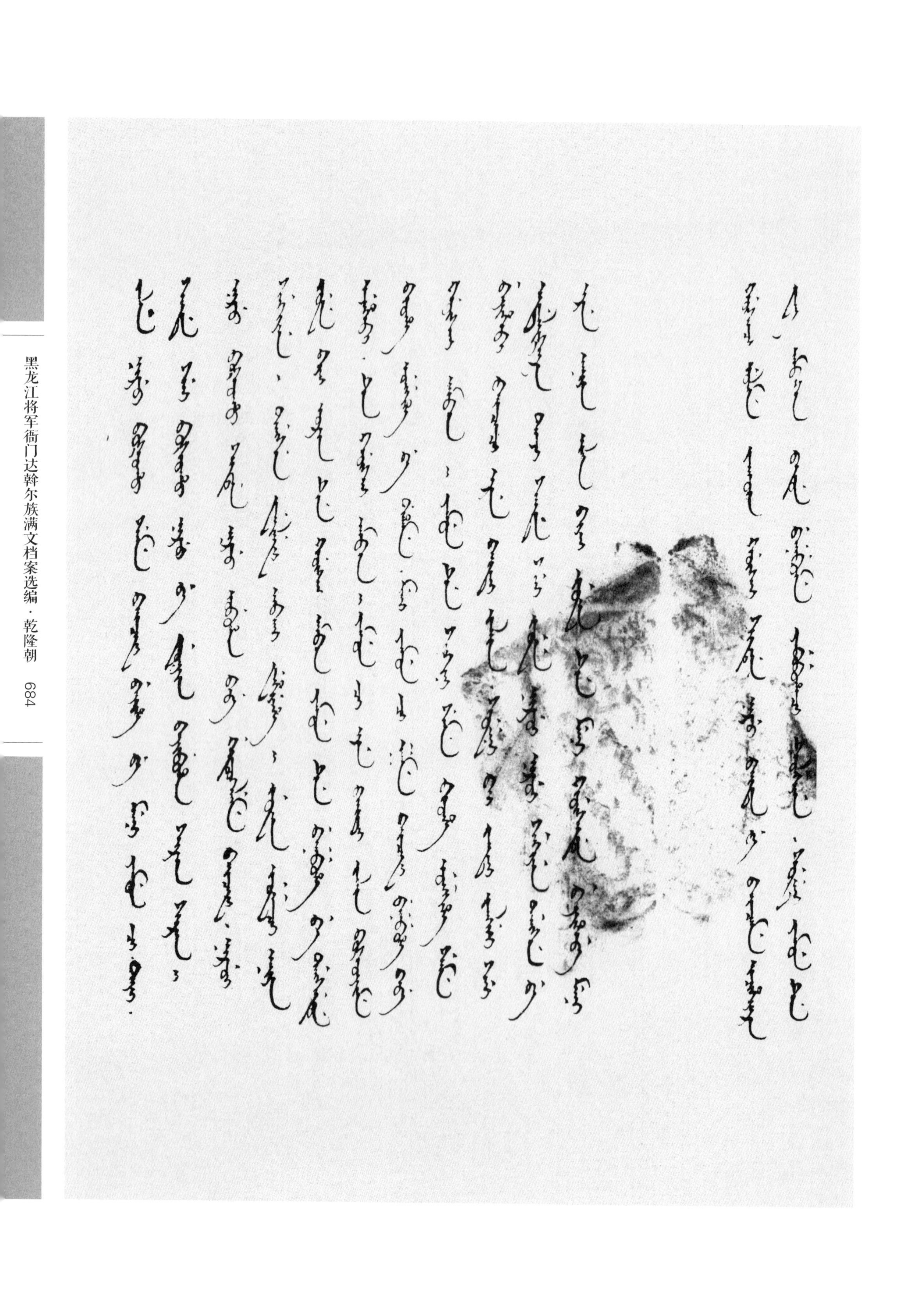

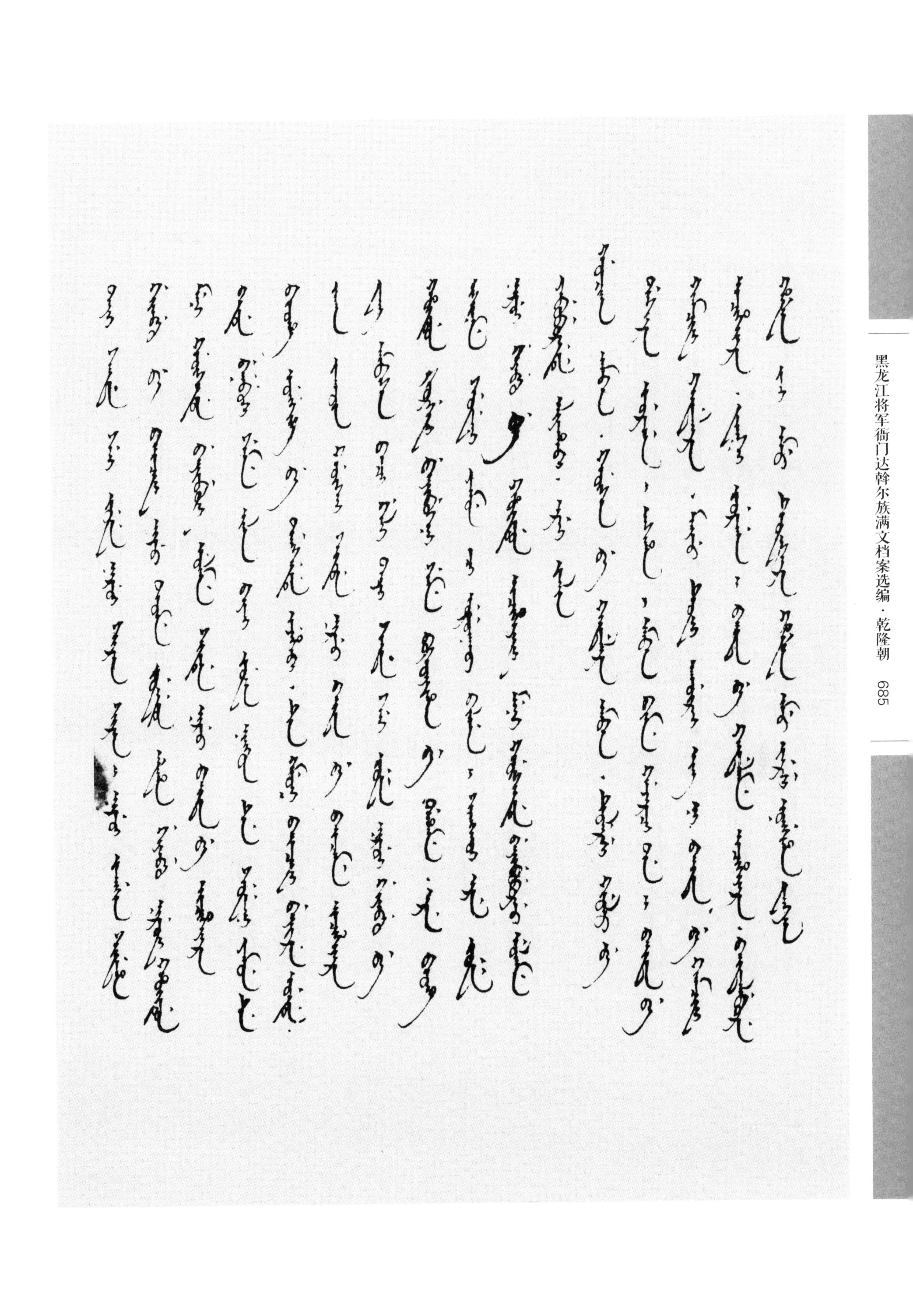

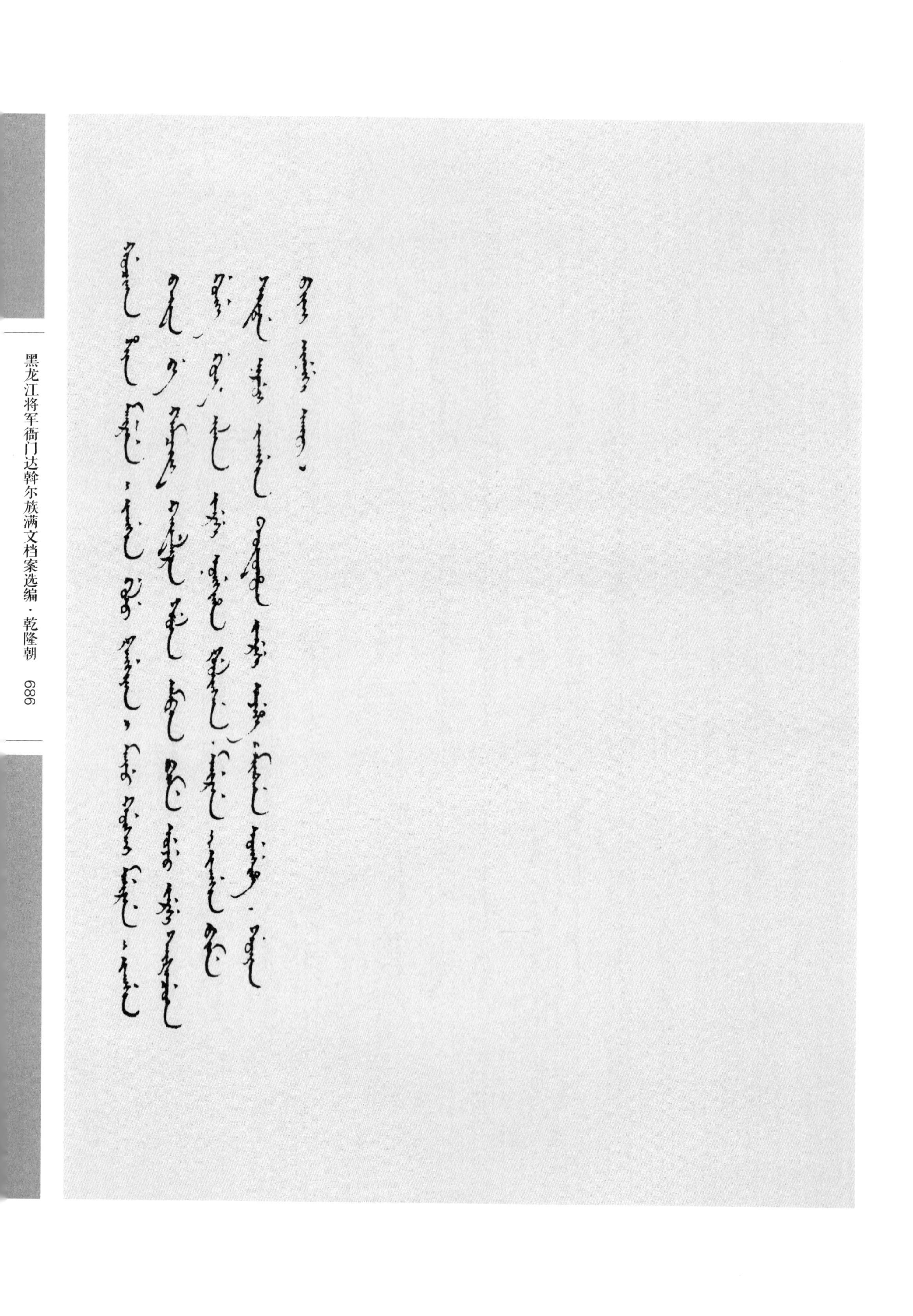

[illegible]

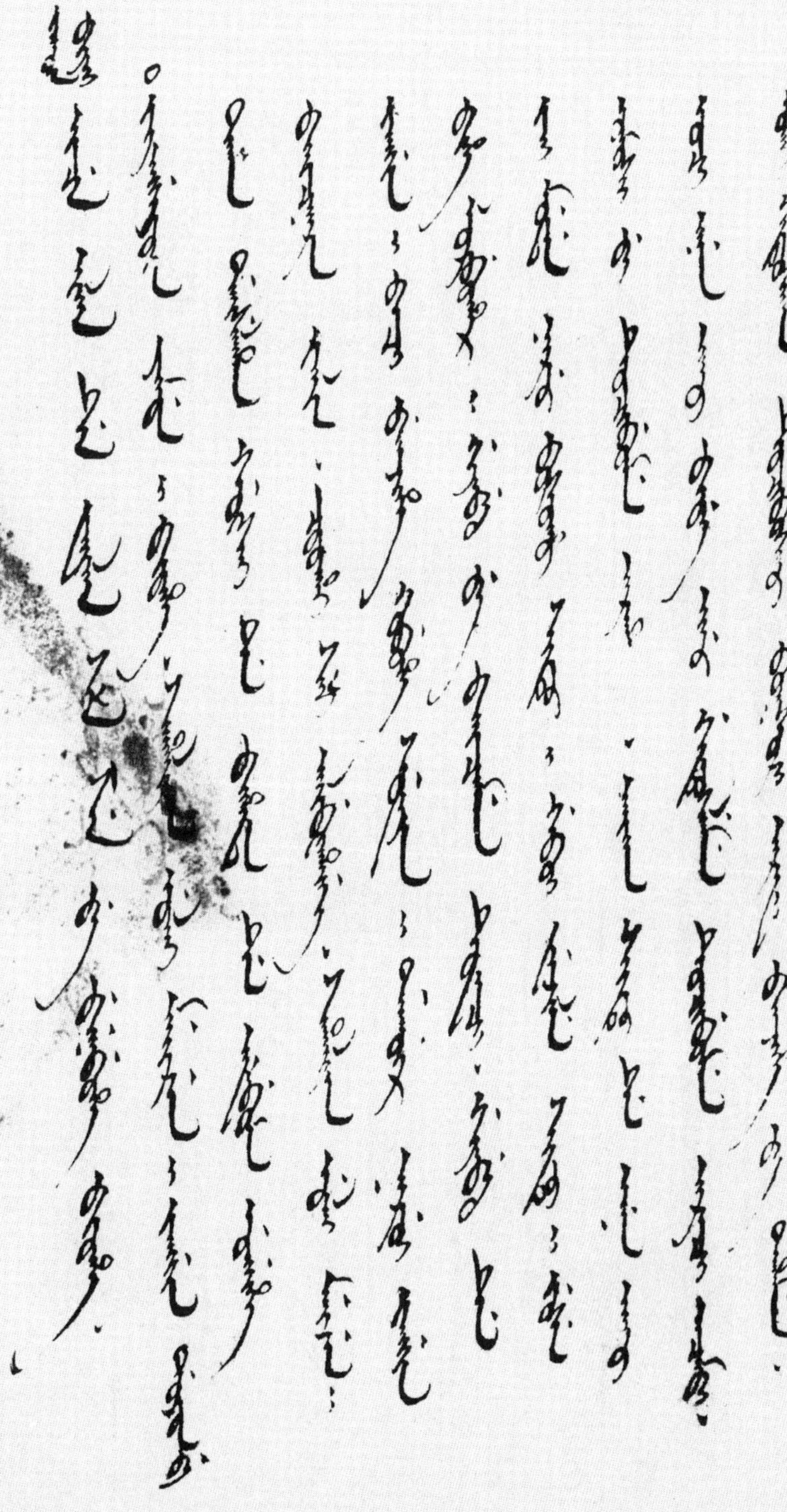

乾隆十二年八月初三日

四五九 黑龙江将军衙门为令查明黑龙江城镶黄旗达斡尔二次承袭佐领希图有无子嗣事札暂护黑龙江副都统印协领巴哈塔文

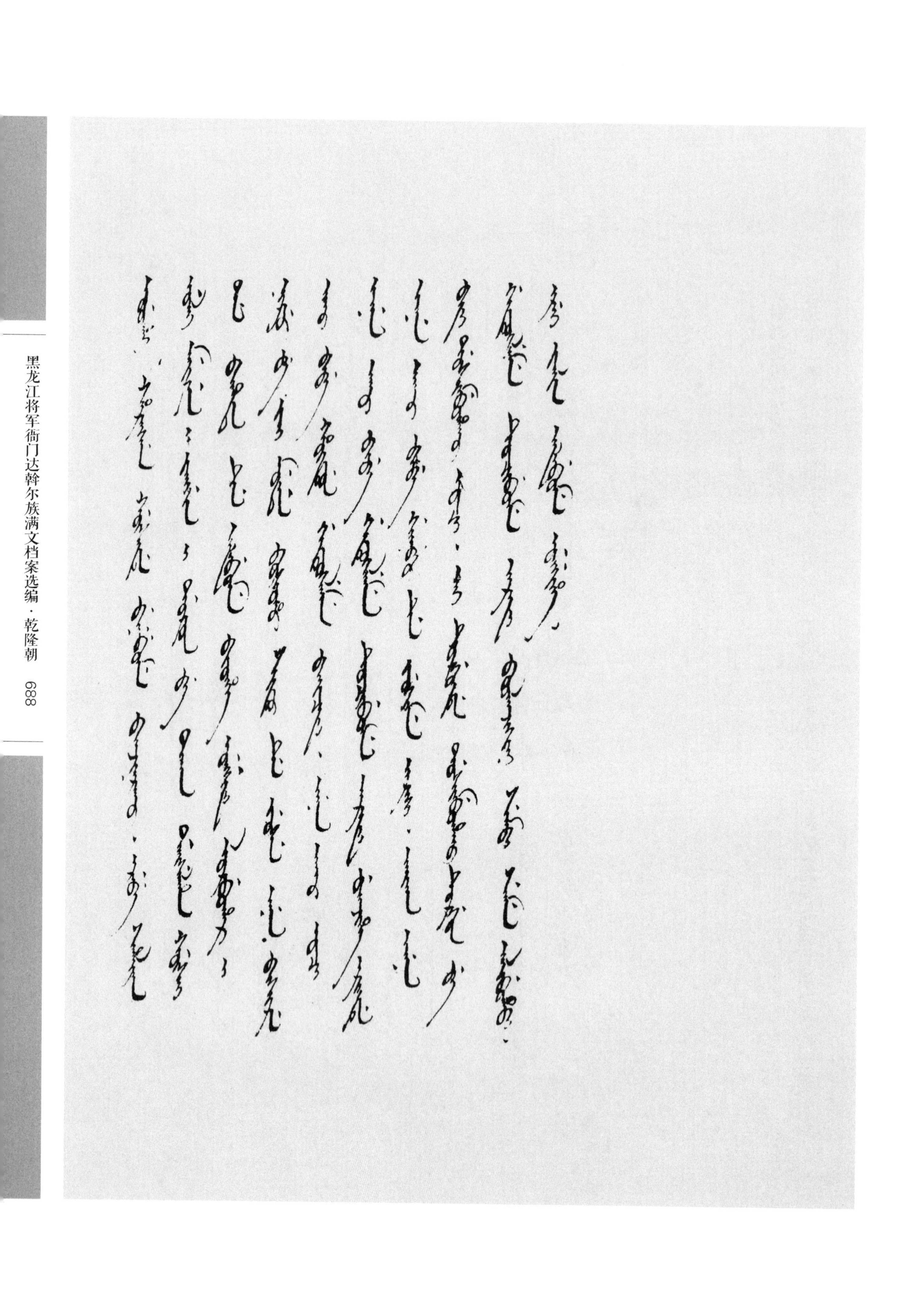

四六〇 黑龙江将军衙门为解送齐齐哈尔镶黄旗达斡尔克图克依等公中佐领家谱事咨镶黄满洲旗文

乾隆十二年八月初四日

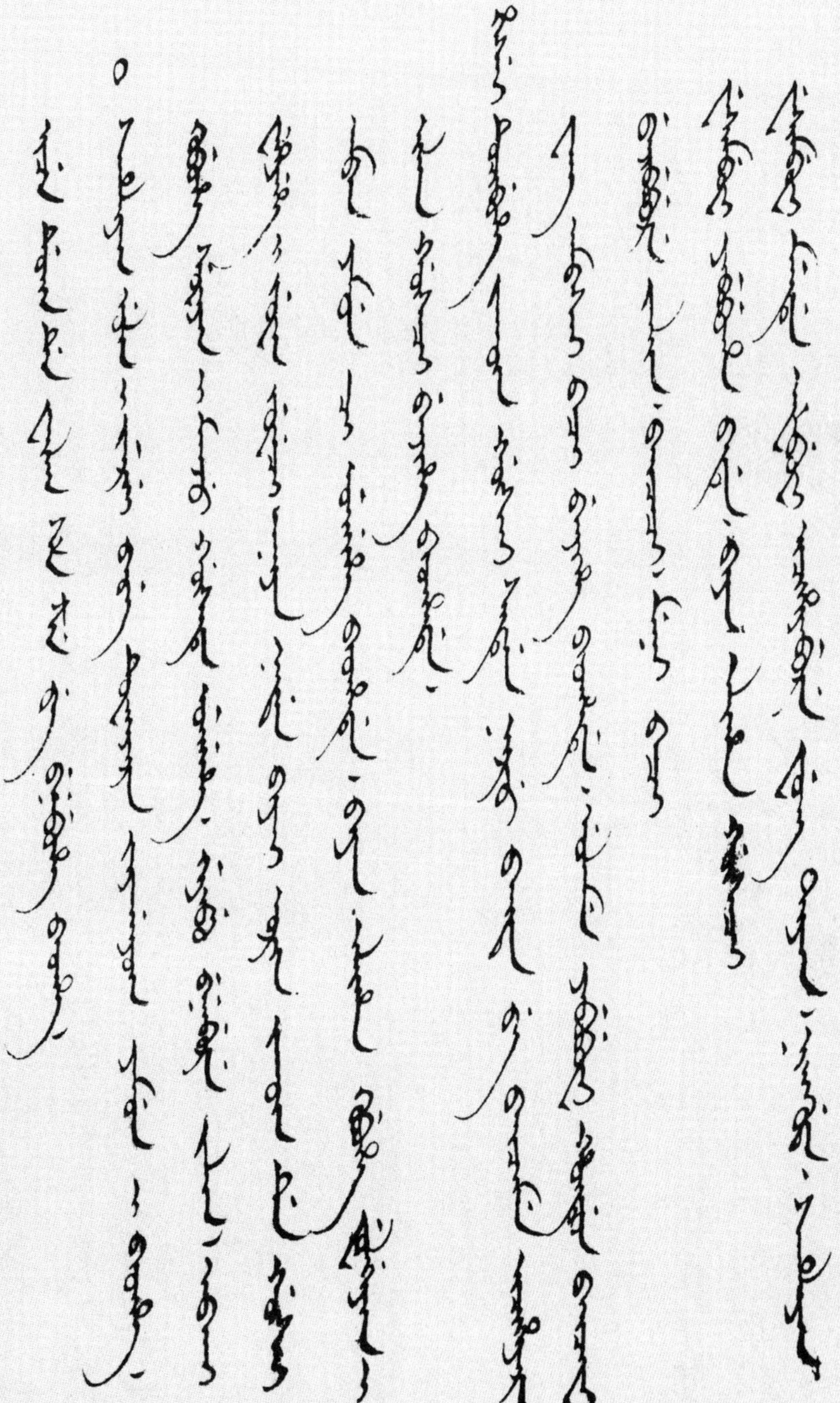

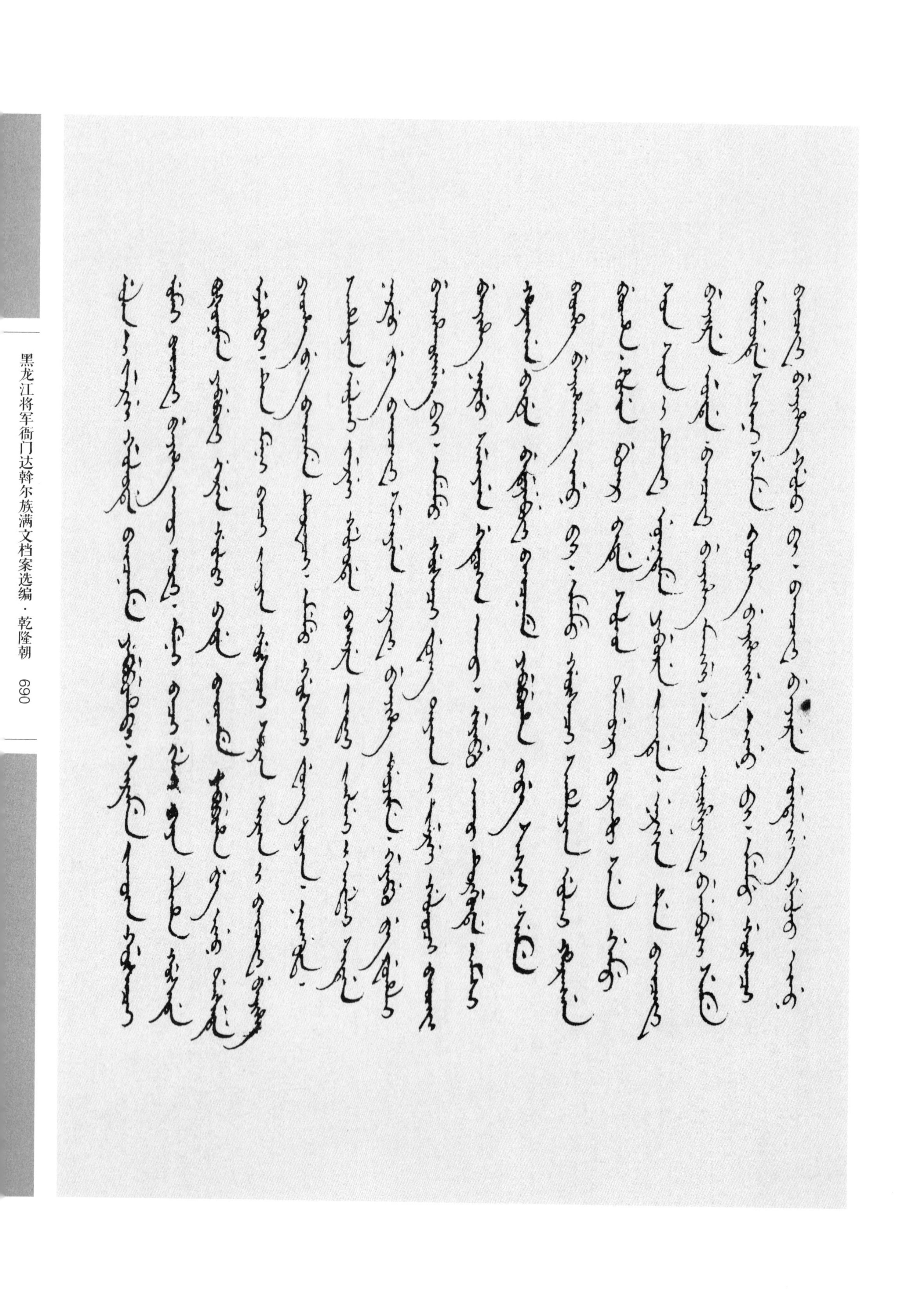

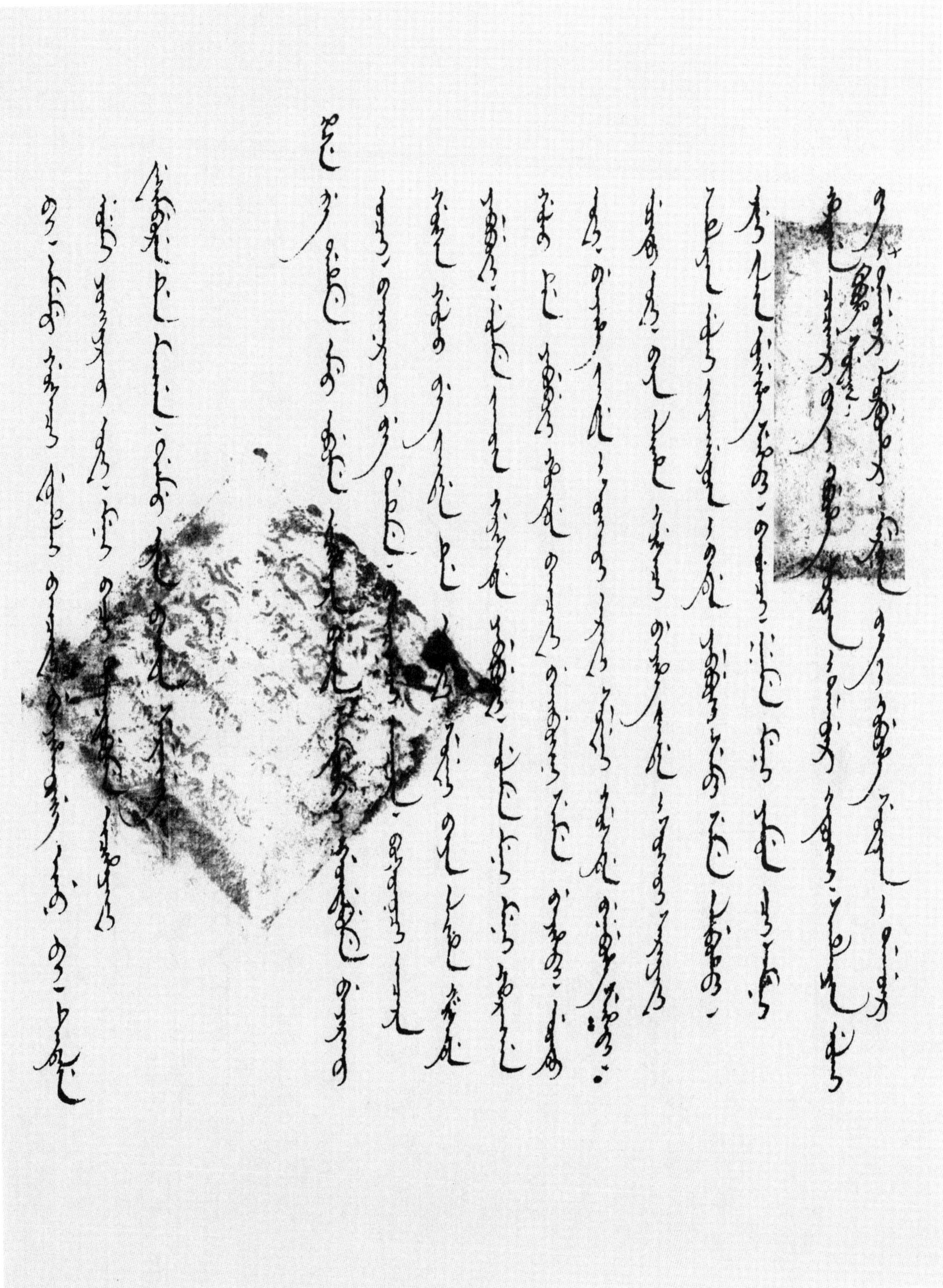

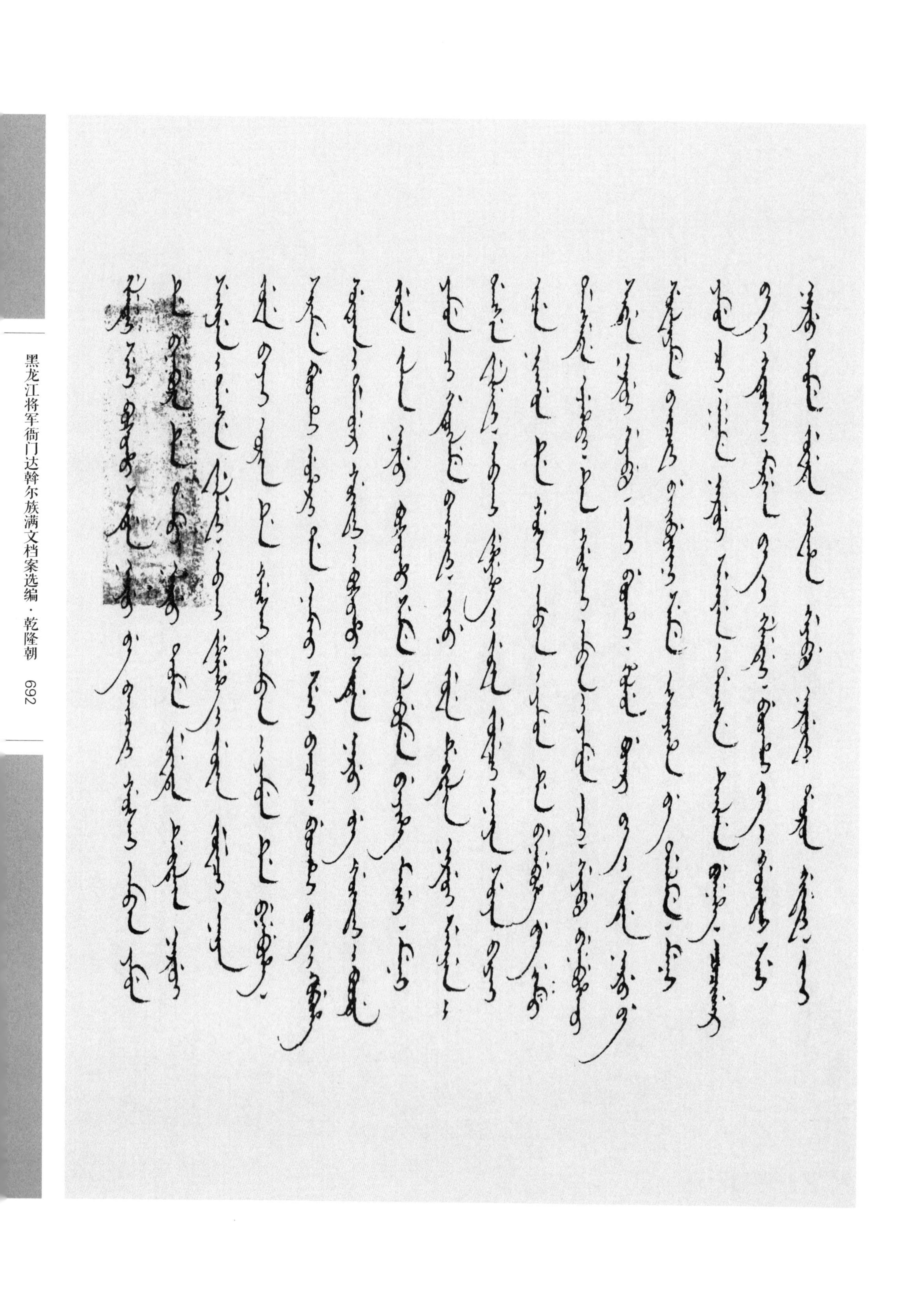

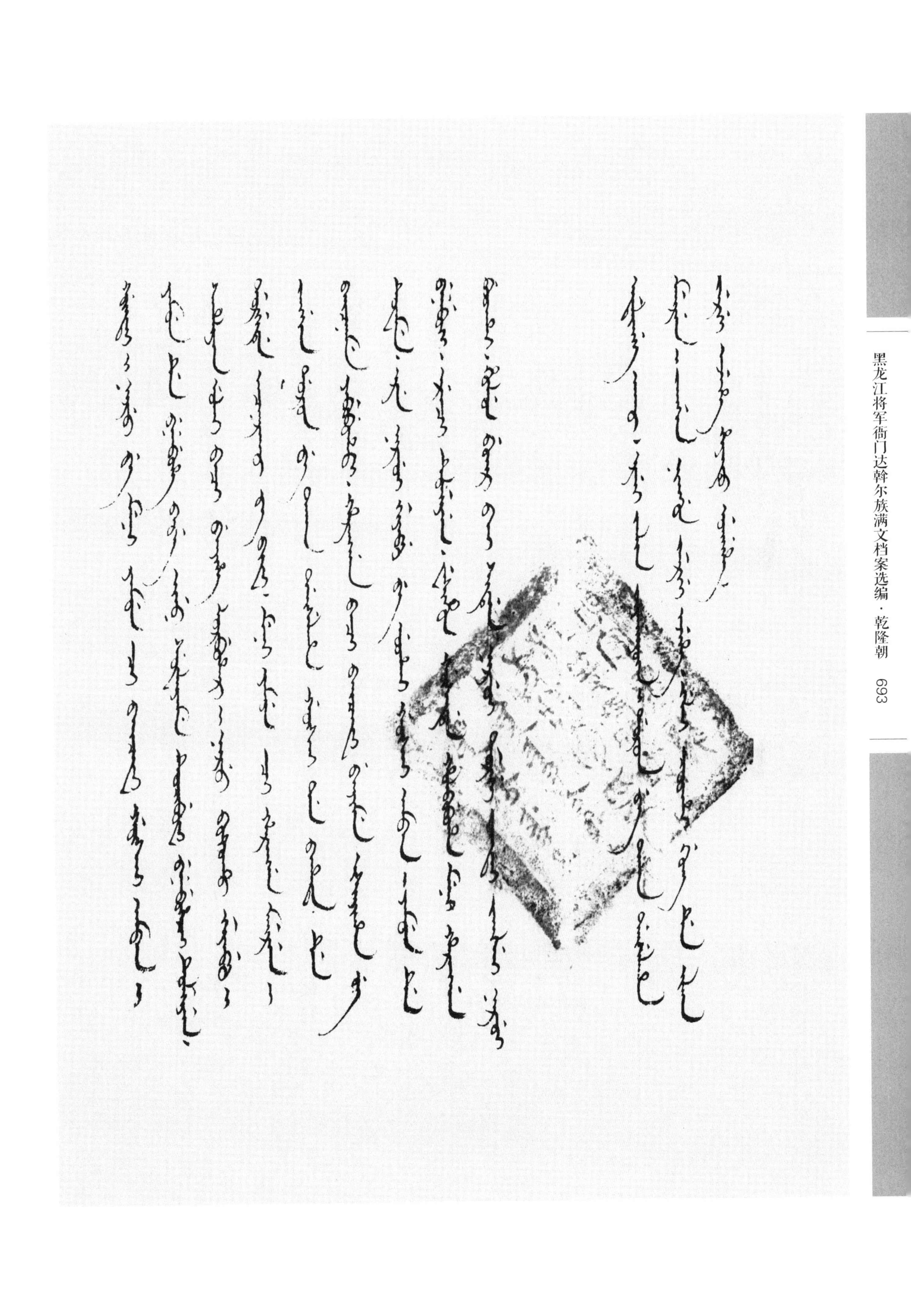

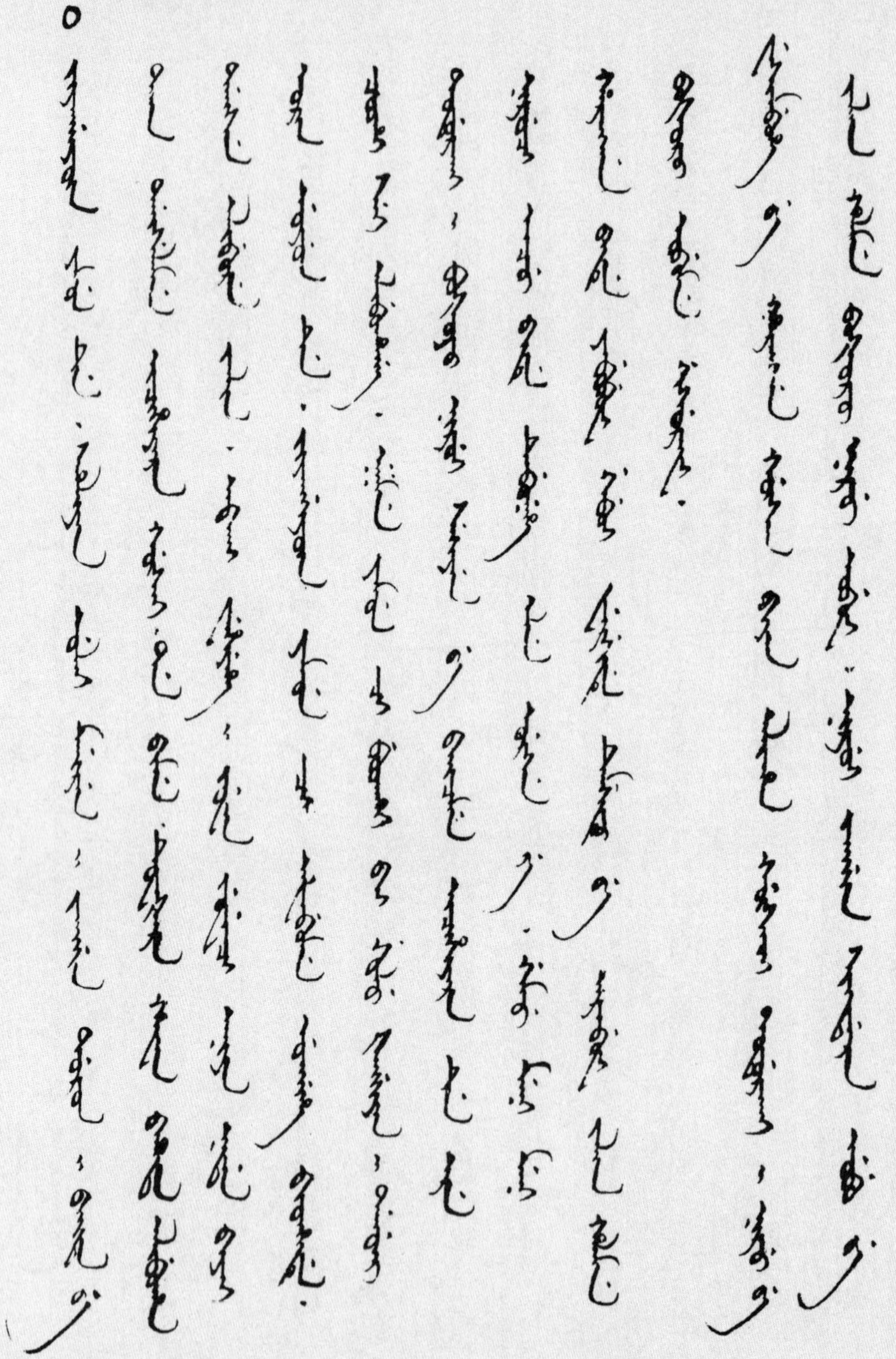

四六一 暂护黑龙江副都统印协领巴哈塔为造送布特哈正白旗达斡尔托多尔凯世管佐领下移驻黑龙江城人名册事呈黑龙江将军衙门文

乾隆十二年八月十四日

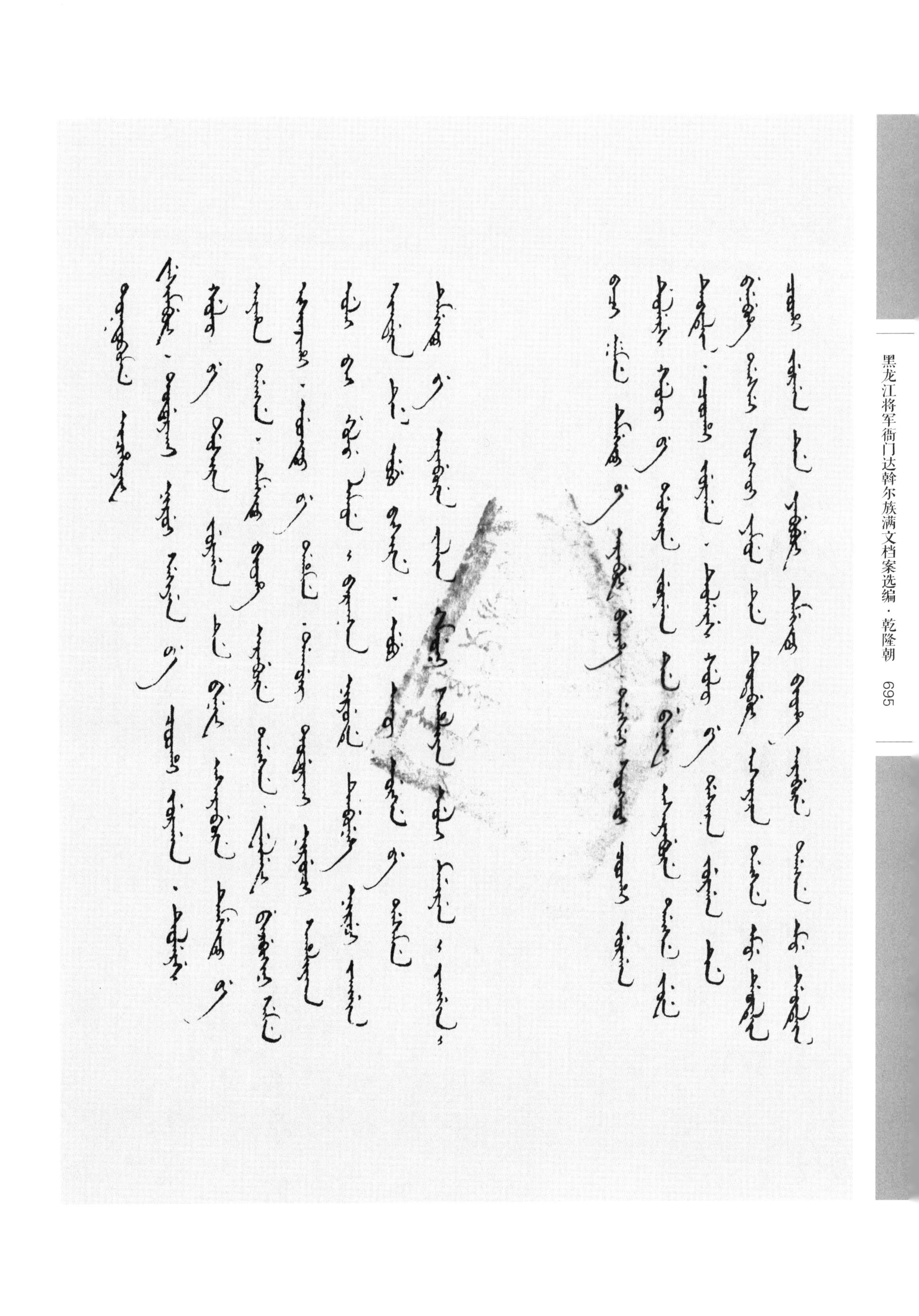

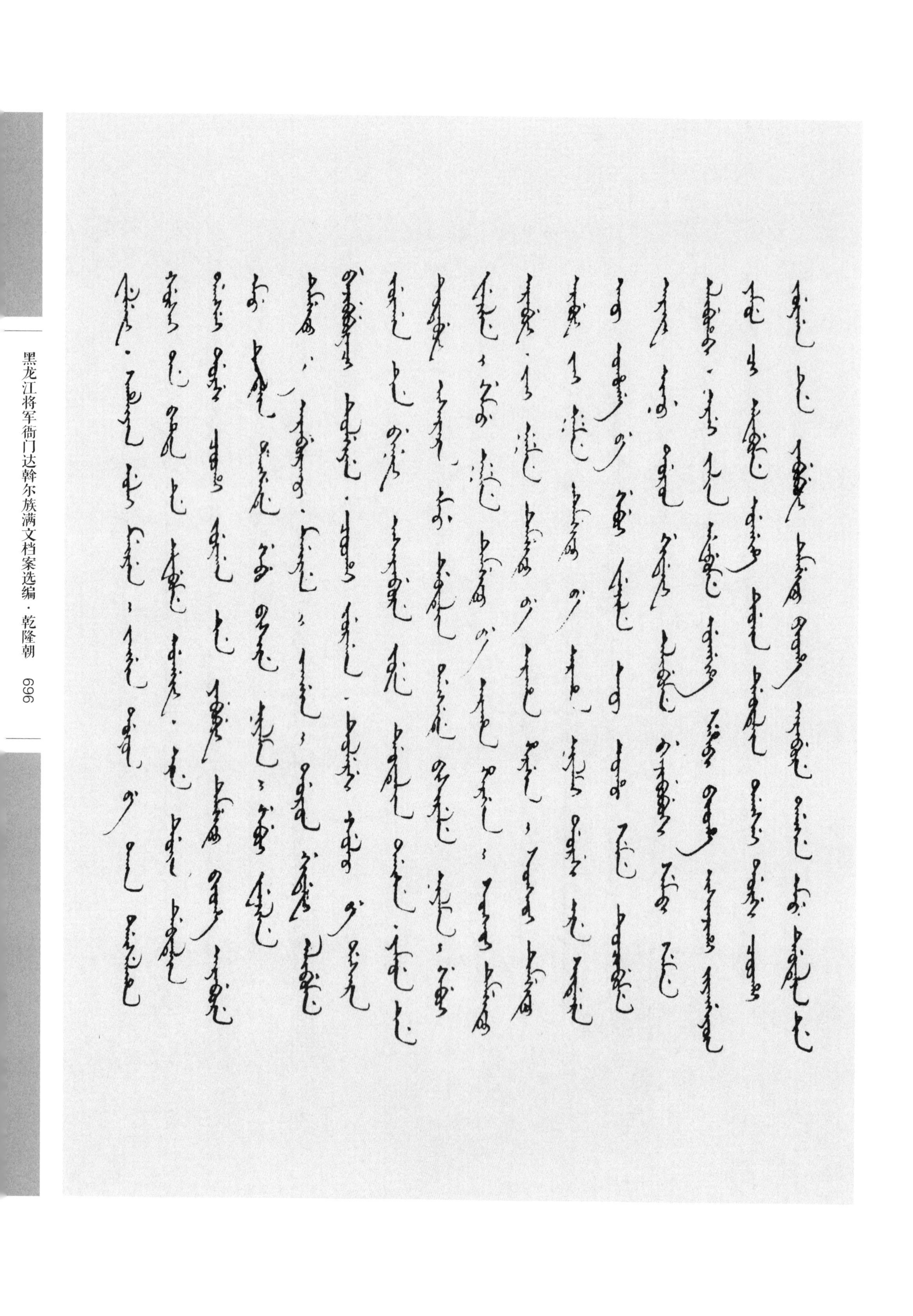

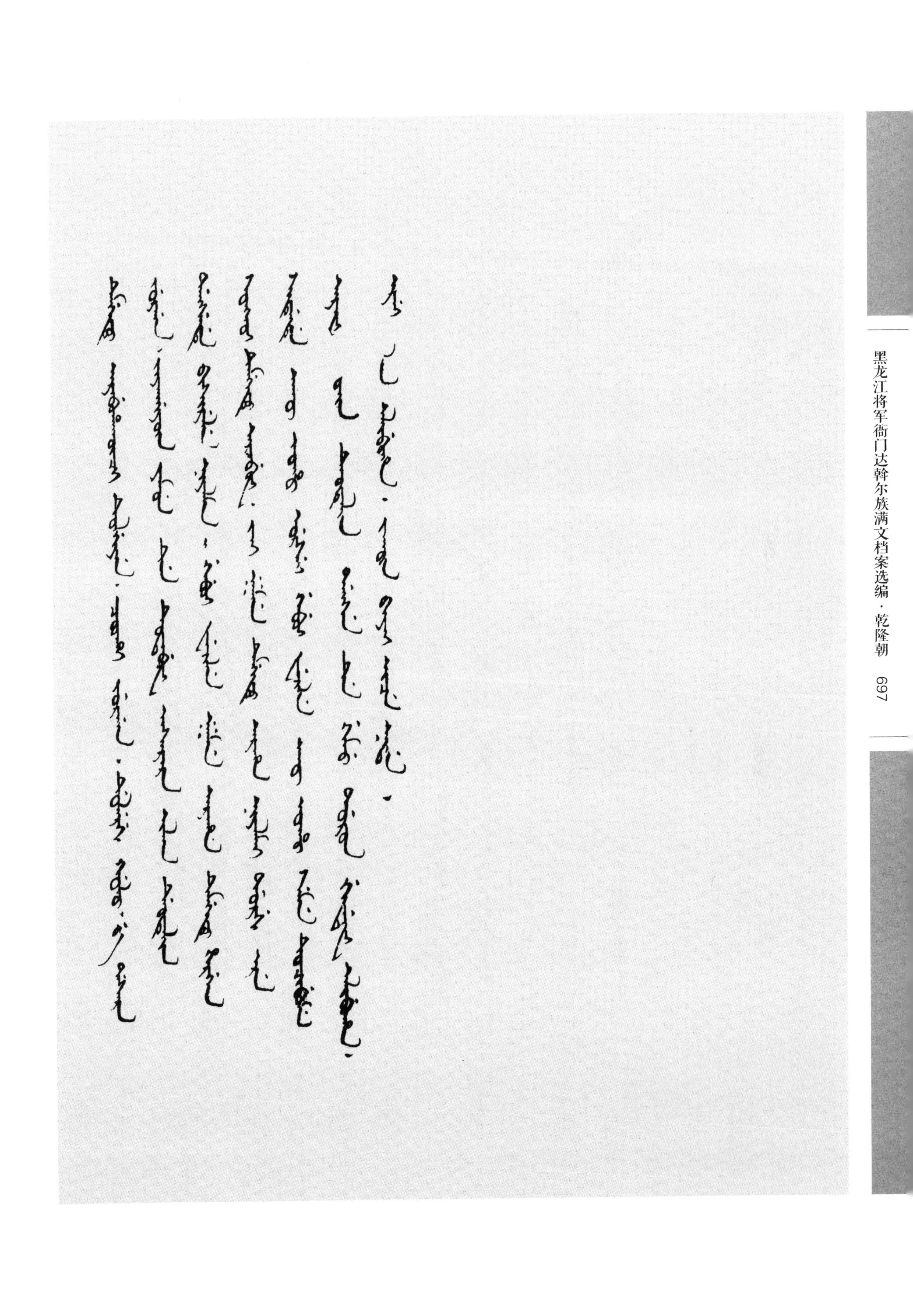

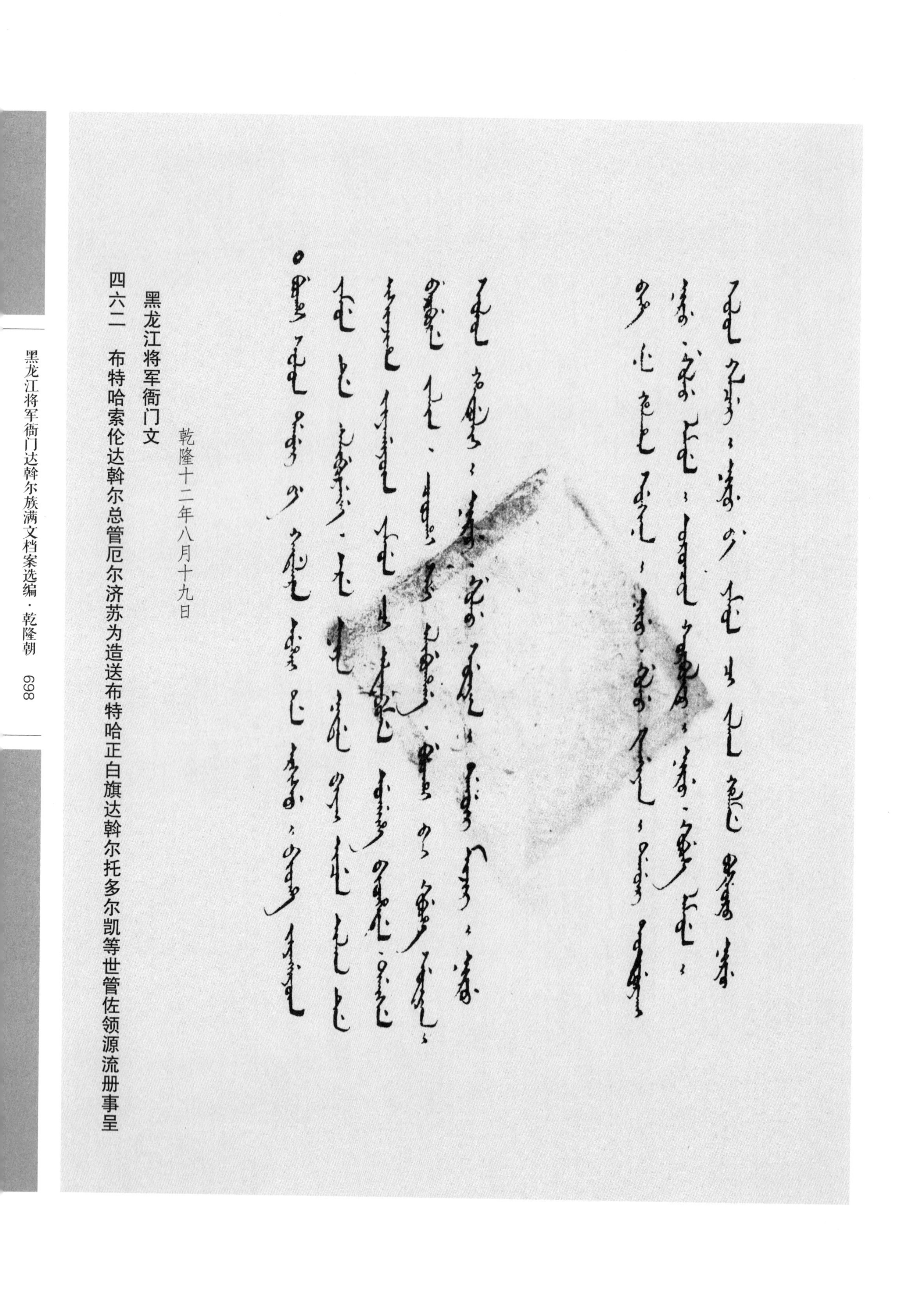

四六二 布特哈索伦达斡尔总管厄尔济苏为造送布特哈正白旗达斡尔托多尔凯等世管佐领源流册事呈黑龙江将军衙门文

乾隆十二年八月十九日

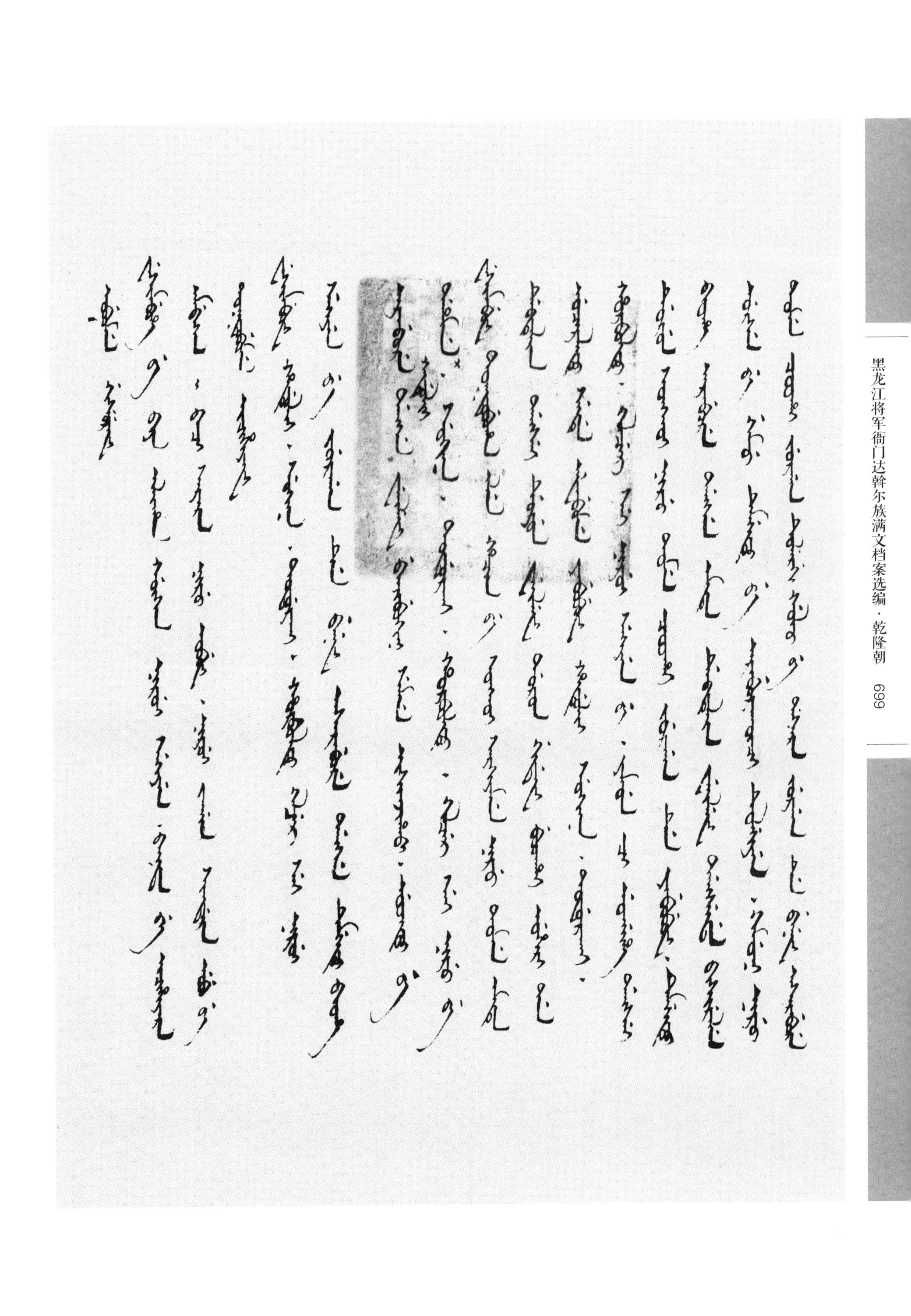

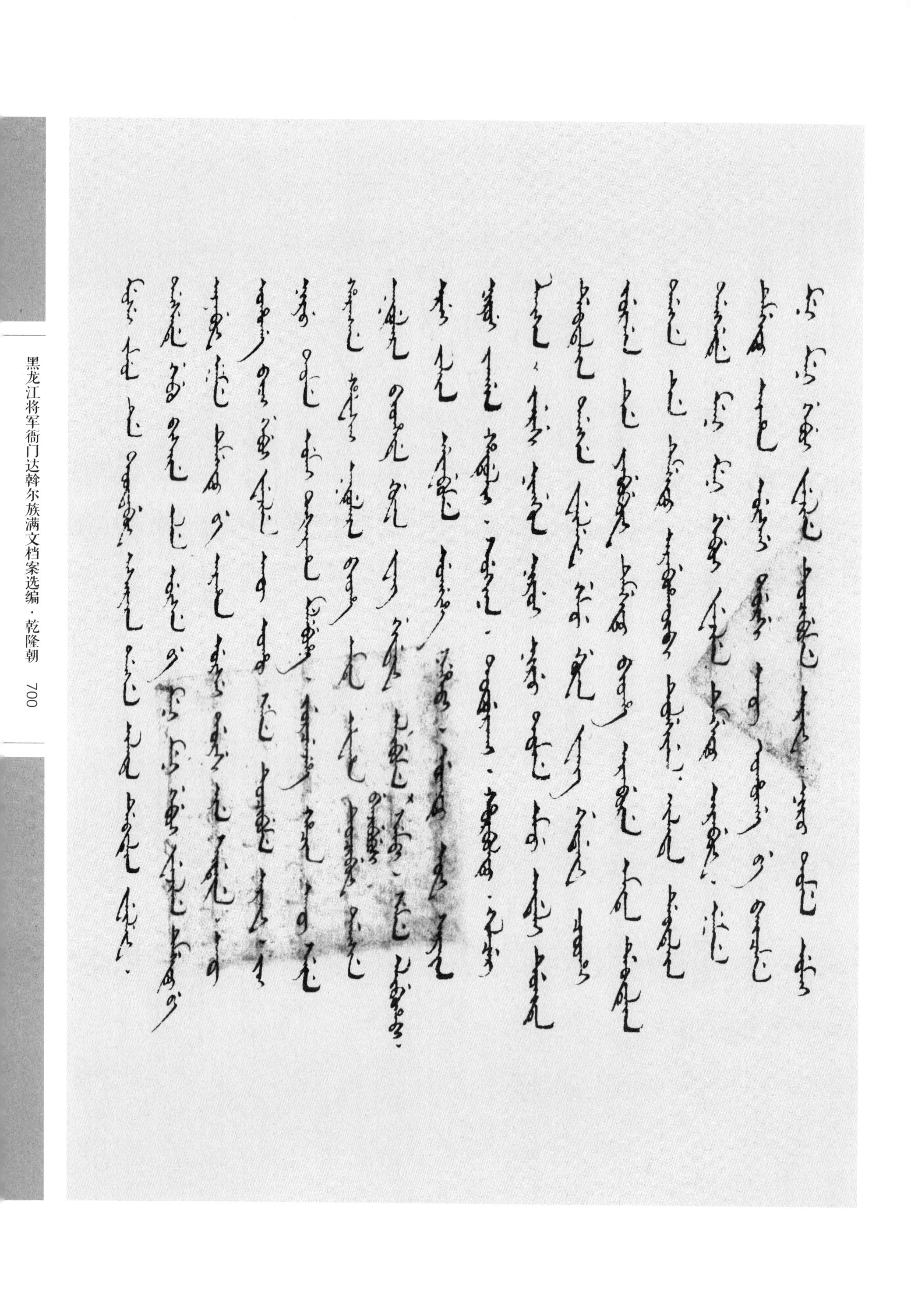

ᡨᡠᡵᡤᡠᠨ ᠪᡝ ᡩᠠᠰᠠᠮᡝ ᡳᠴᡳᡥᡳᠶᠠᠮᡝ ᠪᡳᡨᡥᡝ ᠪᡝ ᠠᠰᡥᠠᠨ ᠪᡝ

ᠨᡝᡴᡝ ᡤᡳᠰᡠᠨ ᠪᡝ ᠪᠠᡳᠴᠠᠮᡝ ᠶᠠᠪᡠᠪᡠᡥᡝ· ᠠᠮᠪᠠᠰᠠ ᡴᠠᡩᠠᠯᠠᡵᠠ ᡤᡳᠰᡠᠨ ᠪᡝ ᠪᠣᠵᡳᡥᡳ

ᡨᡠᠸᠠᡴᡳᠶᠠᡵᡝ· ᡥᡝᠰᡝ· ᡤᡳᠶᠠᠨ ᡩᠠᡥᠠᠮᡝ· ᠰᡝᠮᡝ· ᠴᡳᡥᠠᠯᠠᡥᠠ· ᡩᡠᡵᡳᠰᡳ ᡳ ᡳᠴᡳᡥᡳᠶᠠᠮᡝ

ᡨᡠᡴᡝᡳ

ᡤᡳᠶᠠᠨ ᠪᠠᠨᡳᡥᠠ ᡳᠨᡳ· ᠰᡳᠯᡳᠨ ᠮᡝᠩᡤᡠᠨ ᠴᠣᠣᡥᠠ· ᡩᡠᠯᡝᡴᡝ ᡠᠵᡠᠯᡝ ᠪᠠᡳᡨᠠ

ᡝᠵᡝᡴᡝ ᠪᡝ ᠪᡳᡨᡥᡝ ᡳ ᠪᠠᡳᡨᠠ ᠠᡴᡡ ᡥᡝᠰᡝ ᡩᠠᡥᠠᠮᡝ ᡳᠴᡳᡥᡳᠶᠠᡥᠠ ᡤᡝᡵᡝᠨ ᠪᡝ

ᠪᡳᠯᡝ ᡩᡝᠯᡝ·

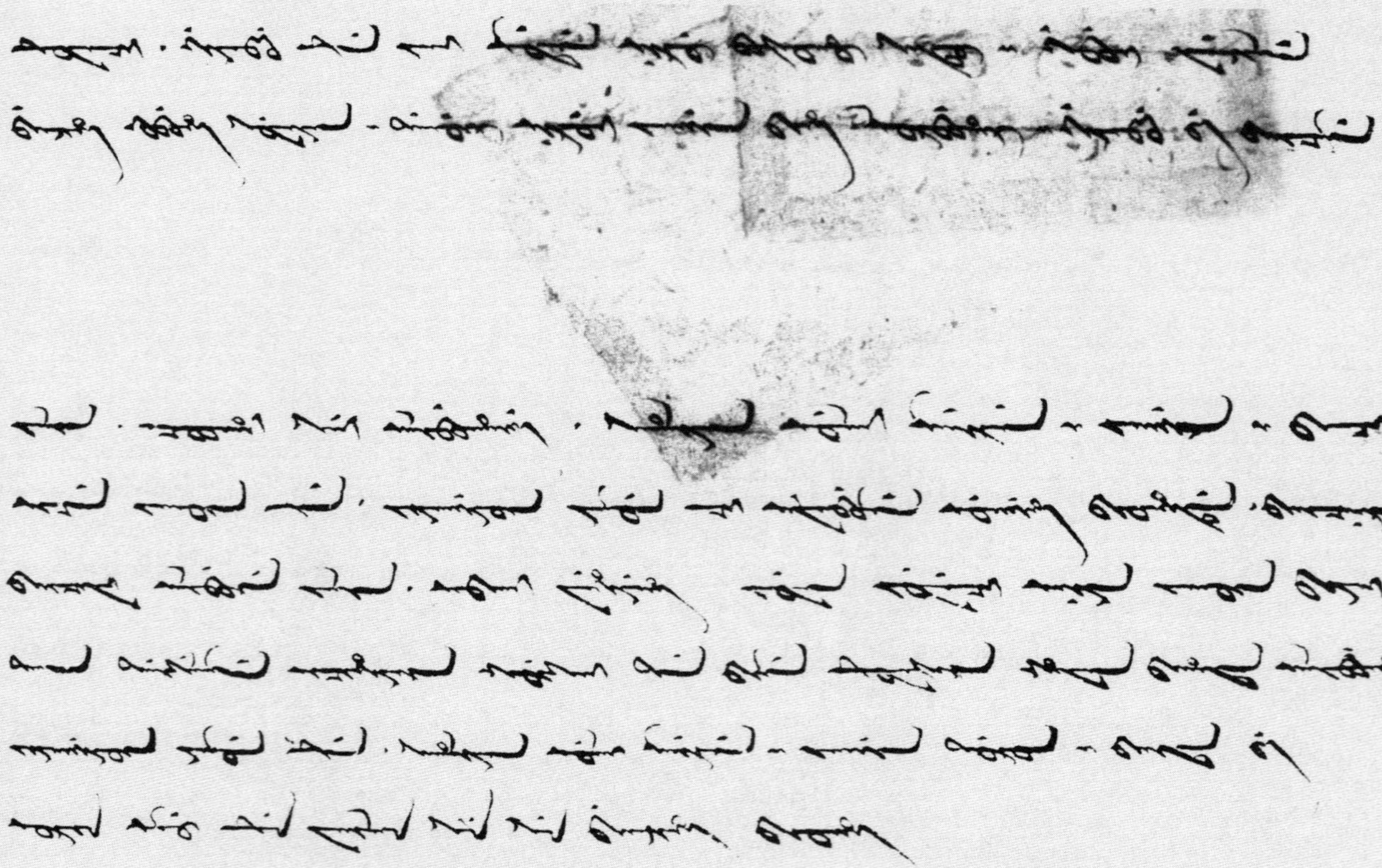

乾隆十二年八月二十一日

四六三　暂护黑龙江副都统印协领巴哈塔为报黑龙江镶黄旗达斡尔二次承袭佐领希图子嗣现居布特哈等情事呈黑龙江将军衙门文

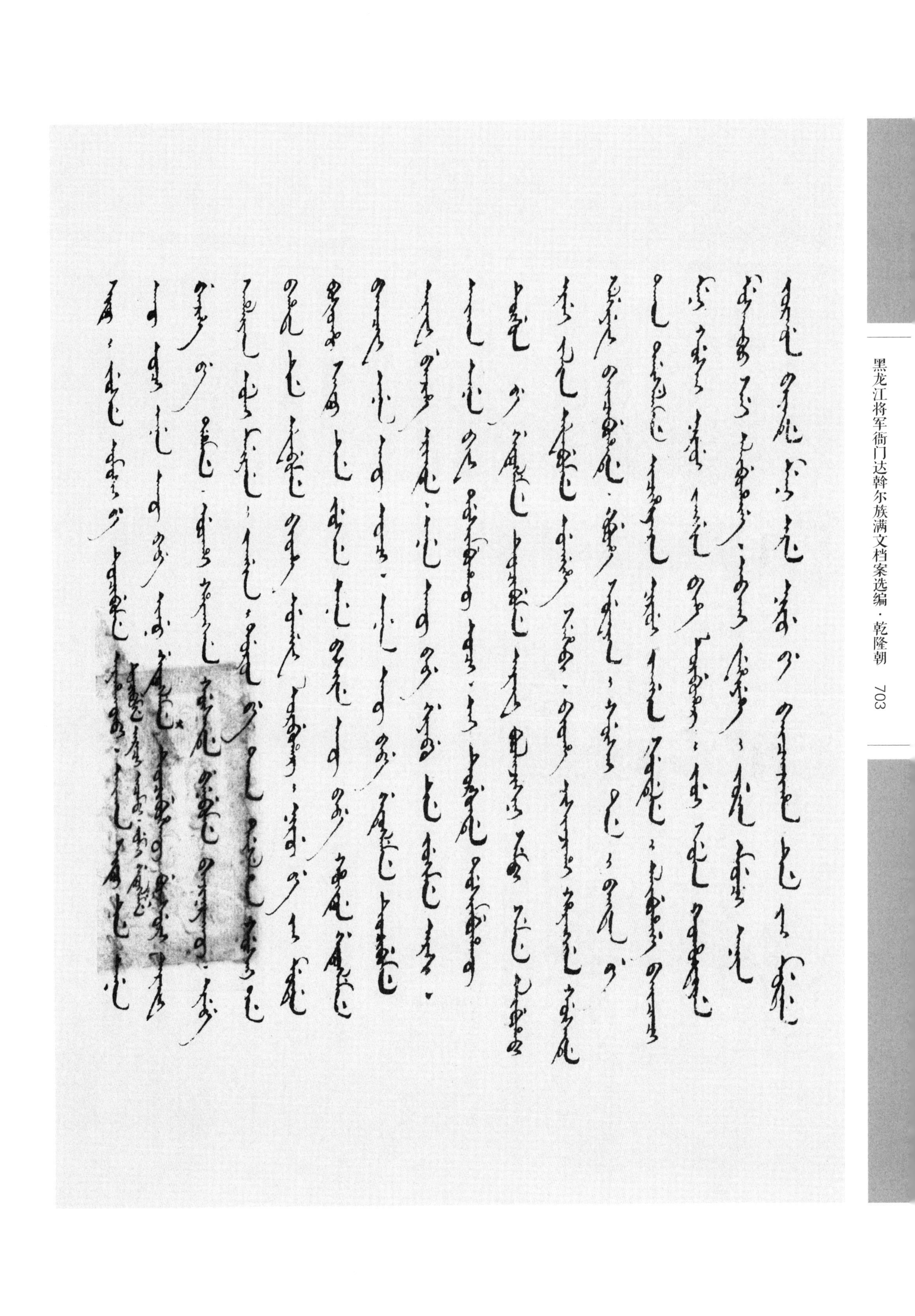

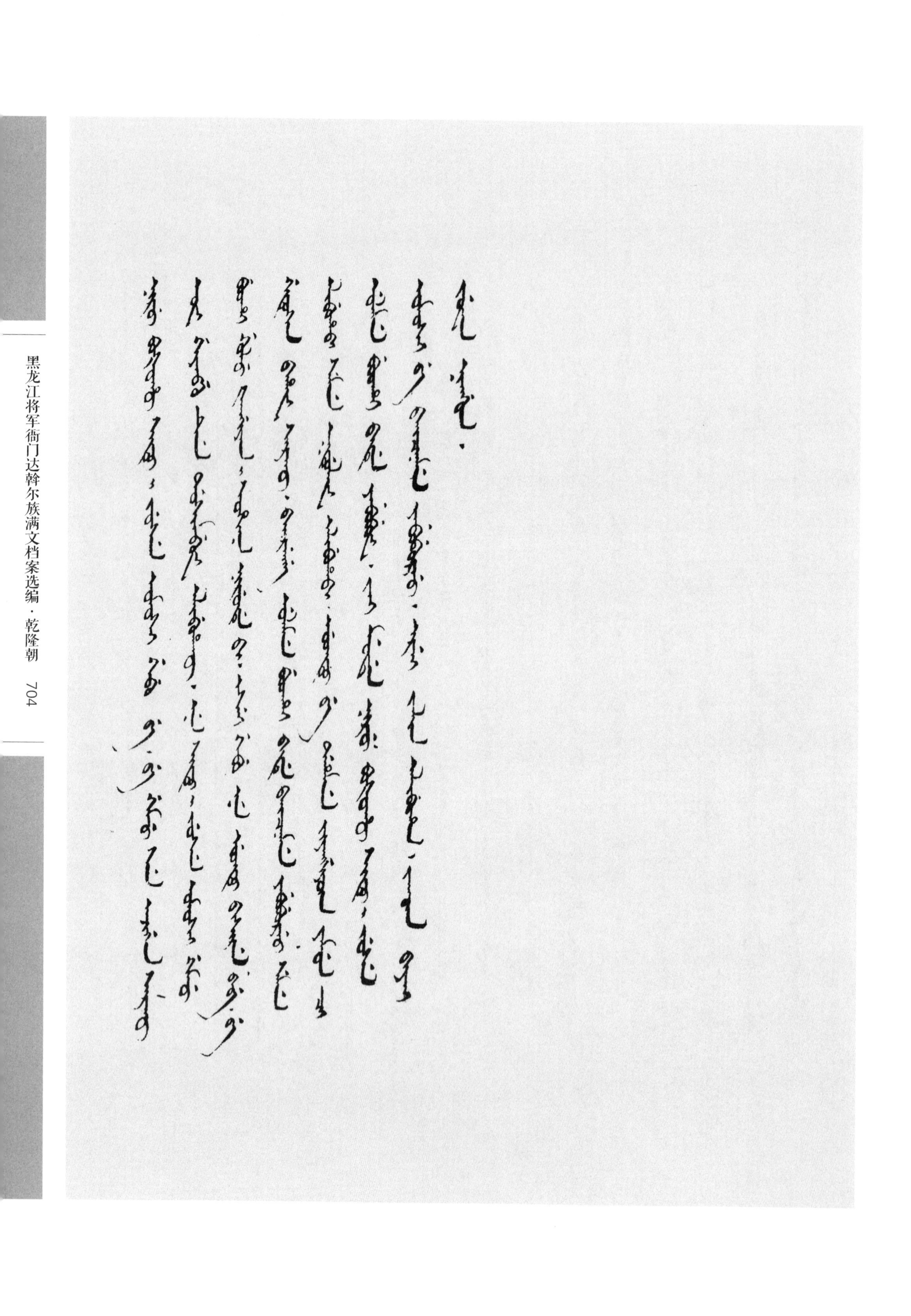

[illegible]

四六四 黑龙江将军衙门为令查布特哈正黄旗达斡尔索齐纳佐领下驻京护军孙察未在源流册情由事札

布特哈索伦达斡尔总管厄尔济苏文

乾隆十二年八月二十五日

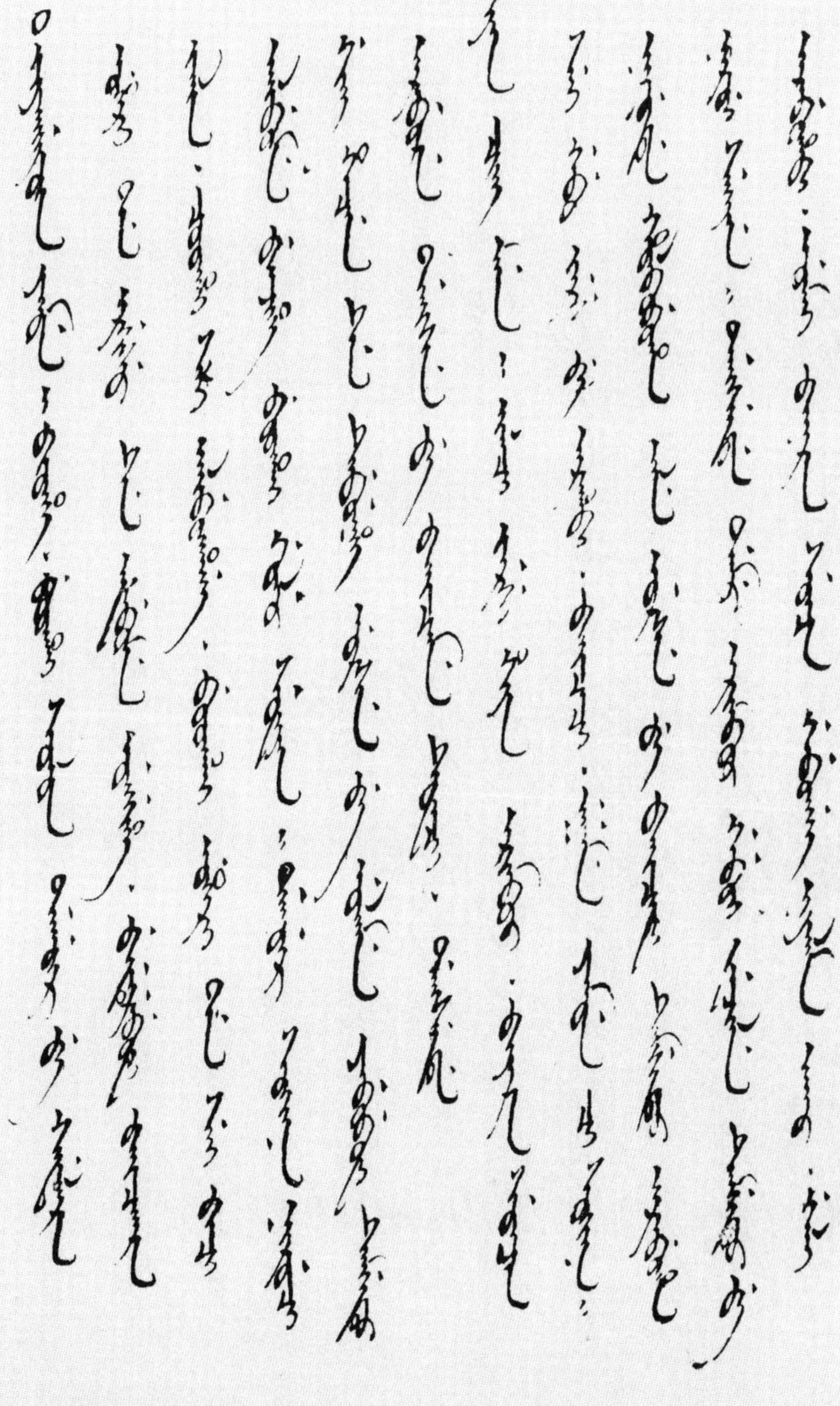

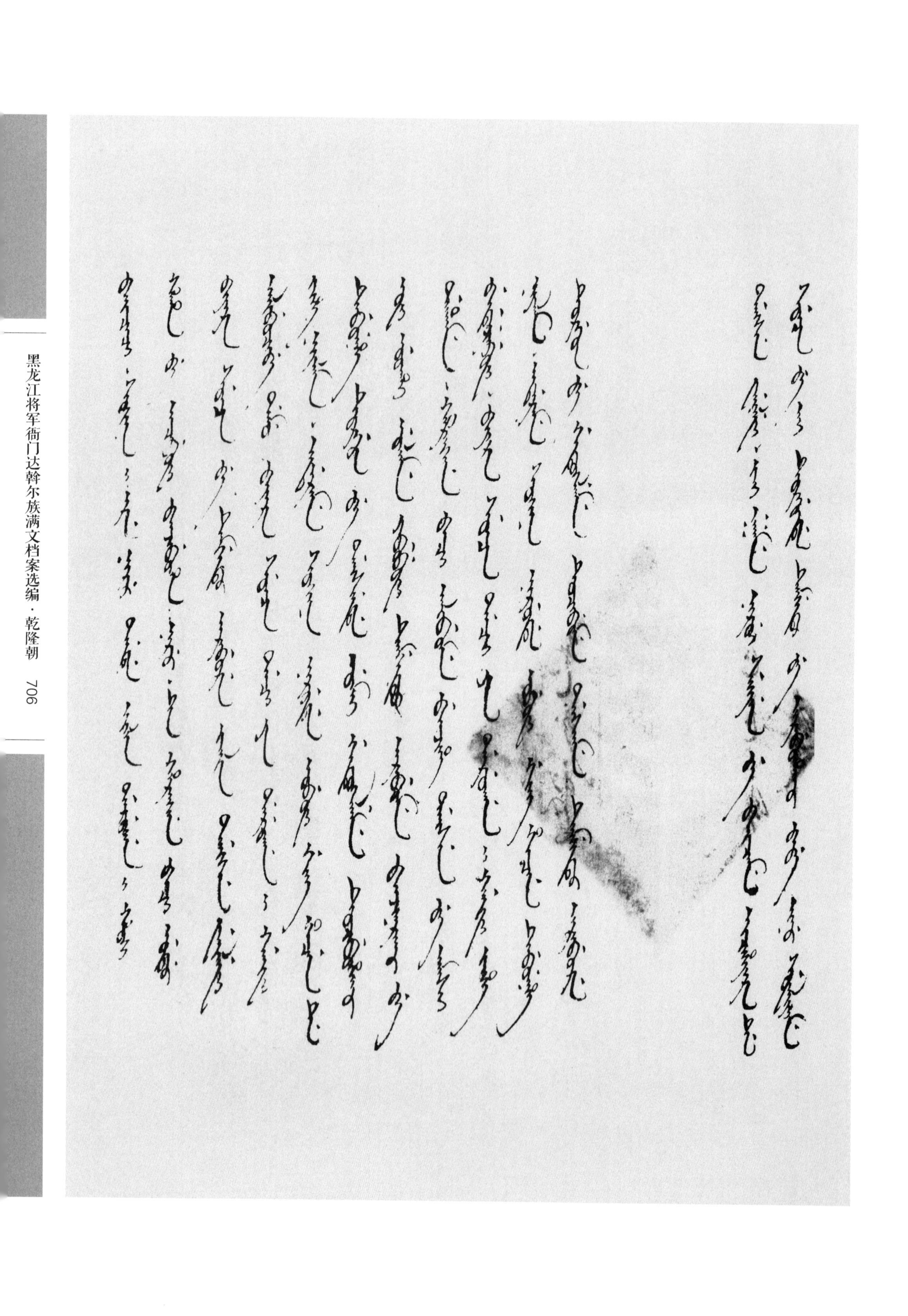

[illegible]

[illegible]

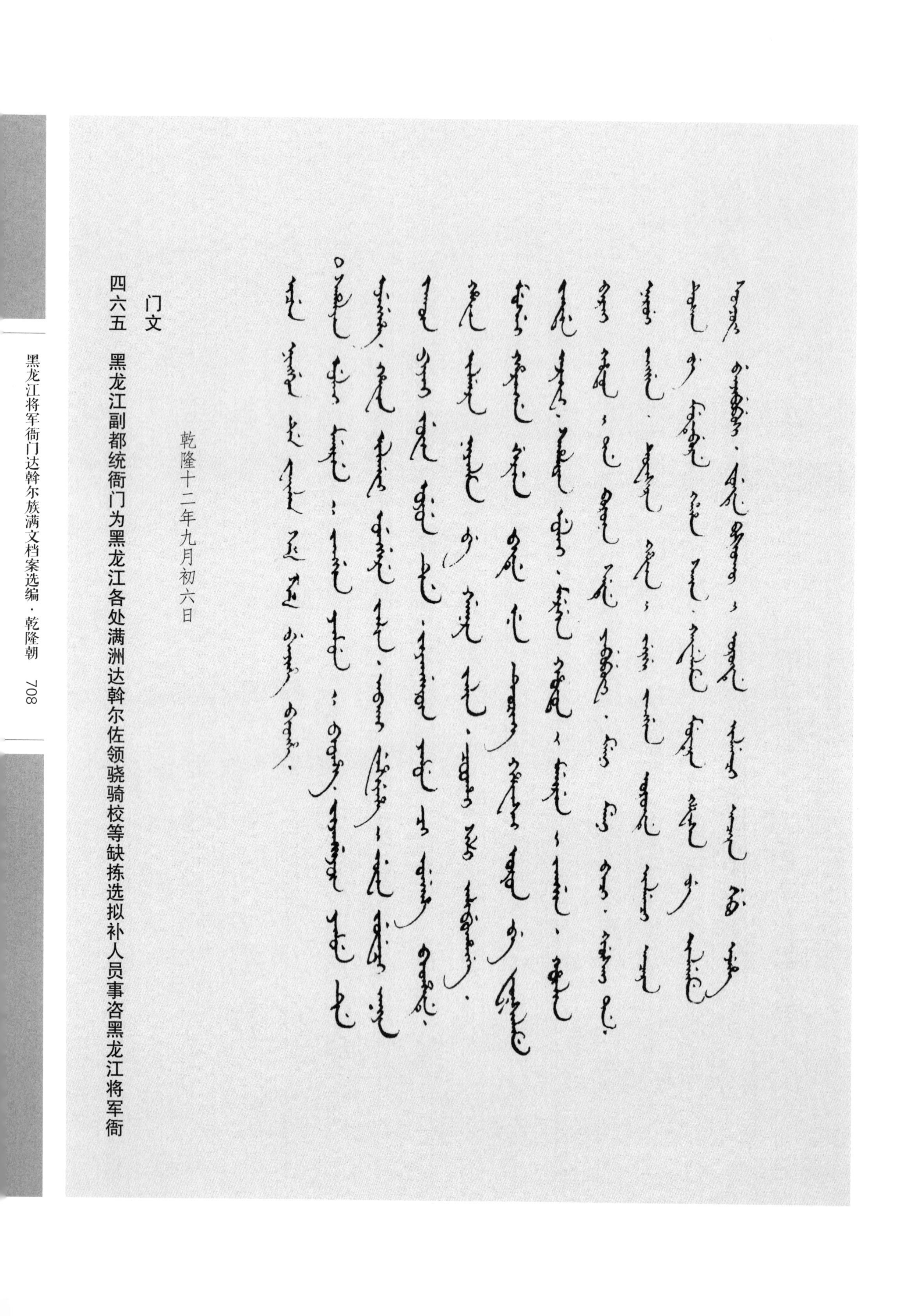

四六五 黑龙江副都统衙门为黑龙江各处满洲达斡尔佐领骁骑校等缺拣选拟补人员事咨黑龙江将军衙门文

乾隆十二年九月初六日

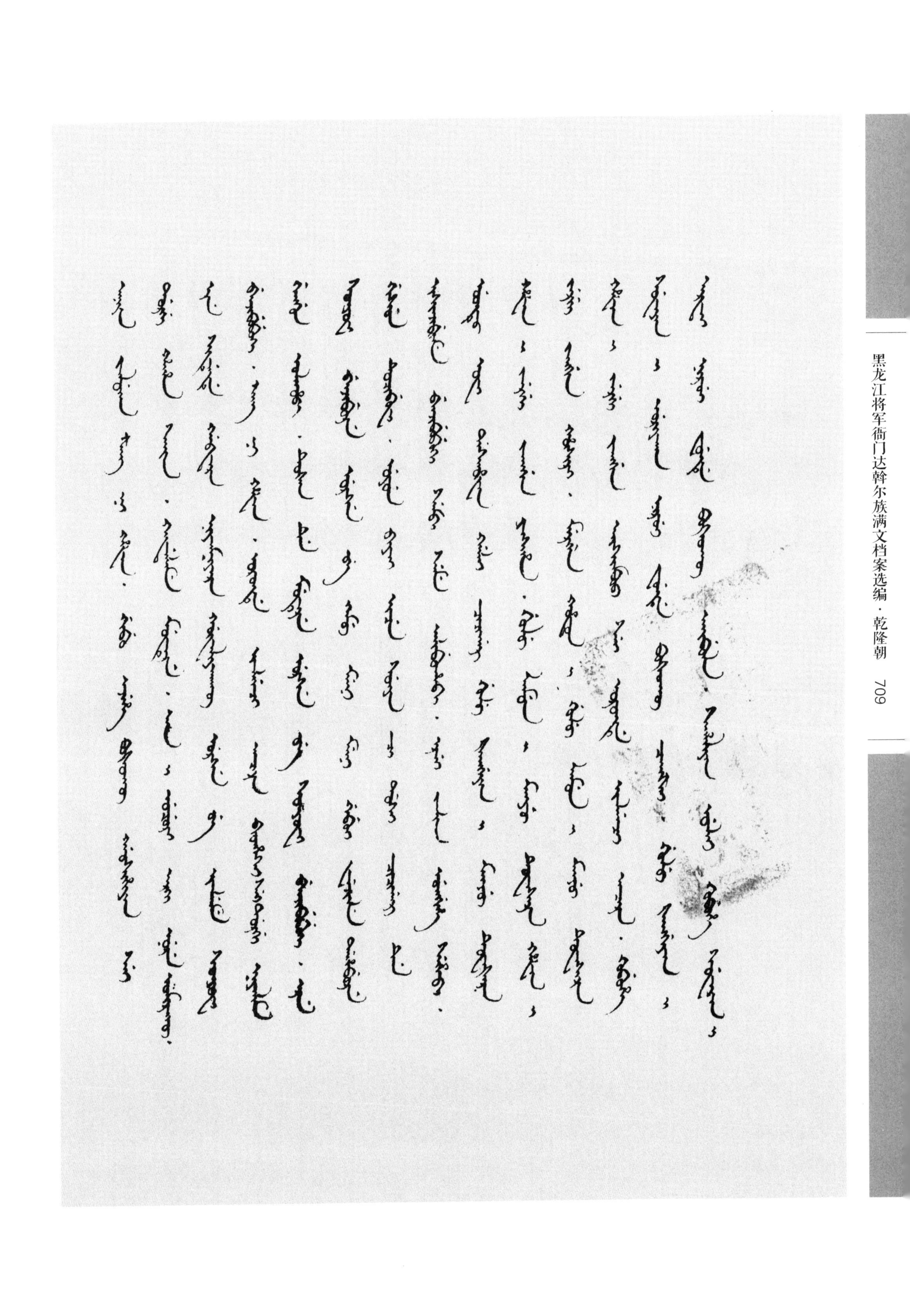

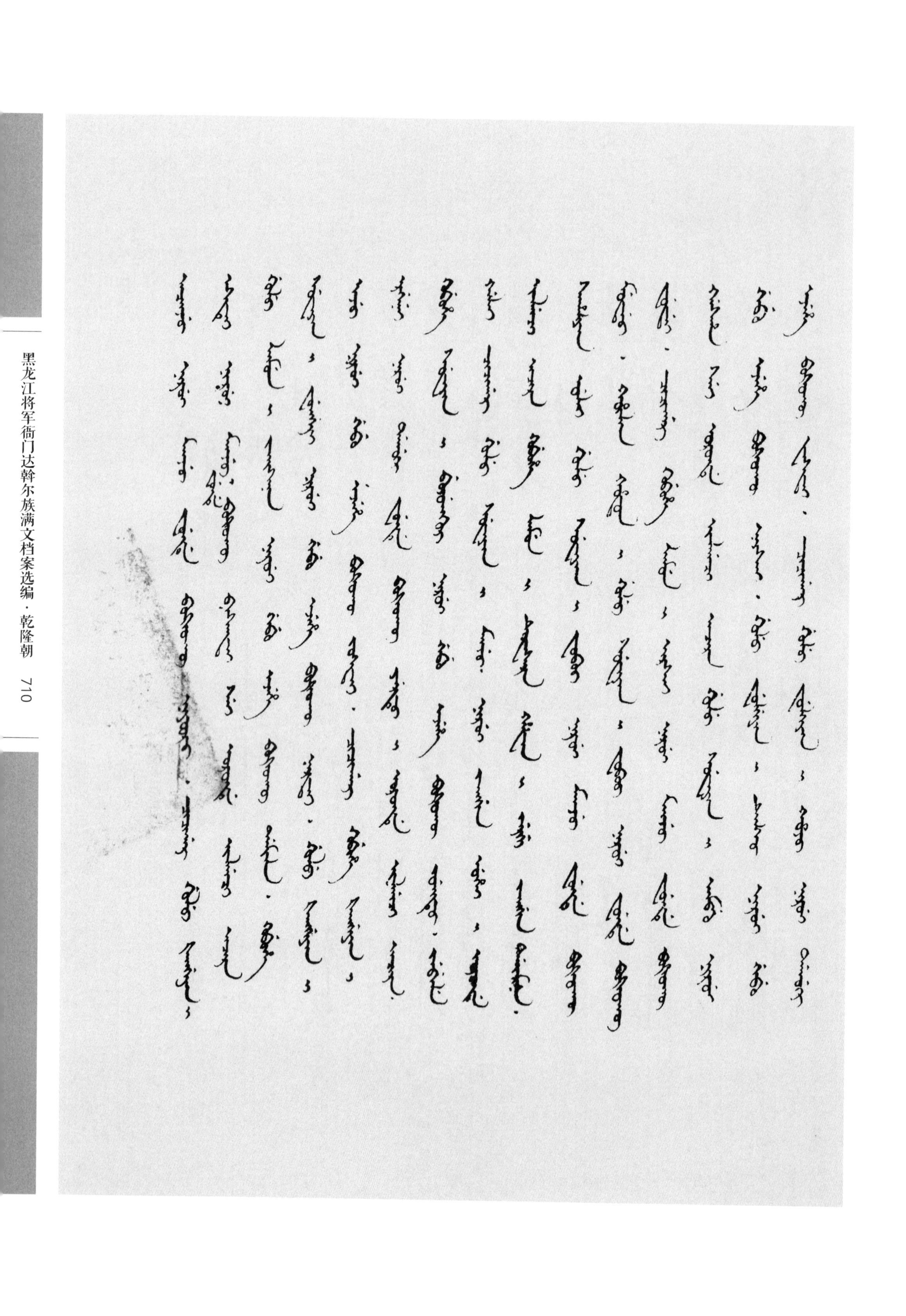

[illegible]

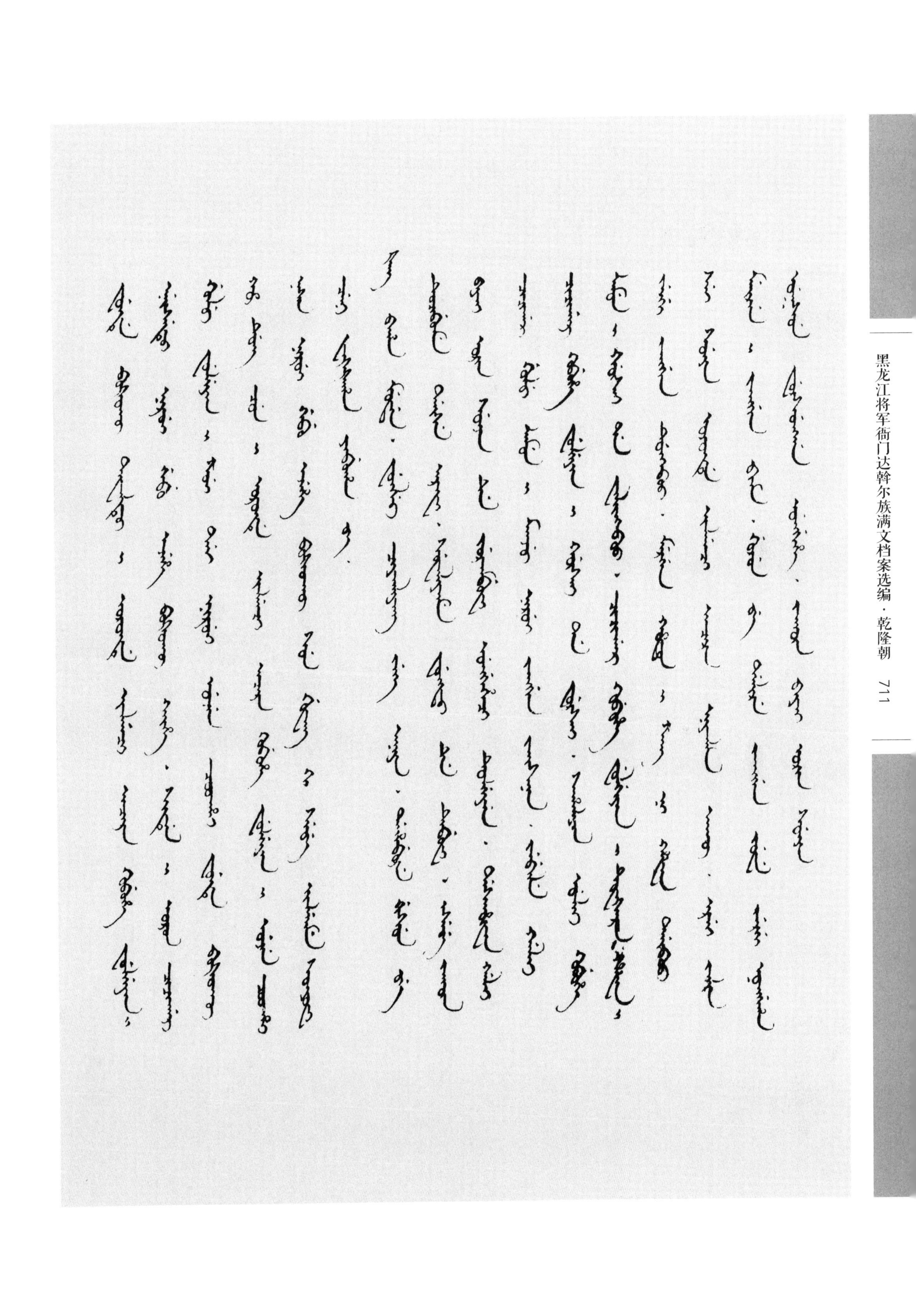

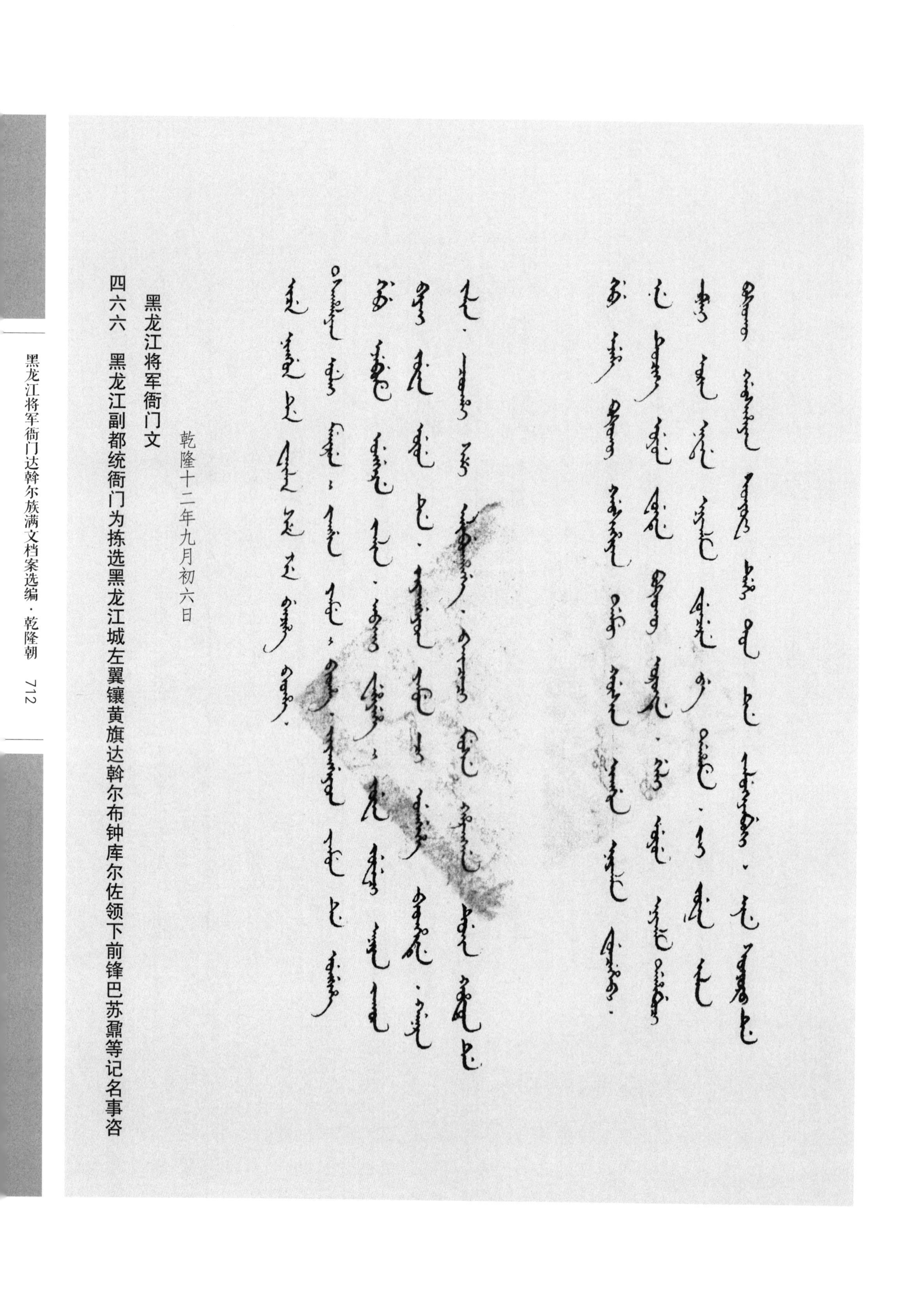

乾隆十二年九月初六日

黑龙江将军衙门文

四六六　黑龙江副都统衙门为拣选黑龙江城左翼镶黄旗达斡尔布钟库尔佐领下前锋巴苏鼐等记名事咨

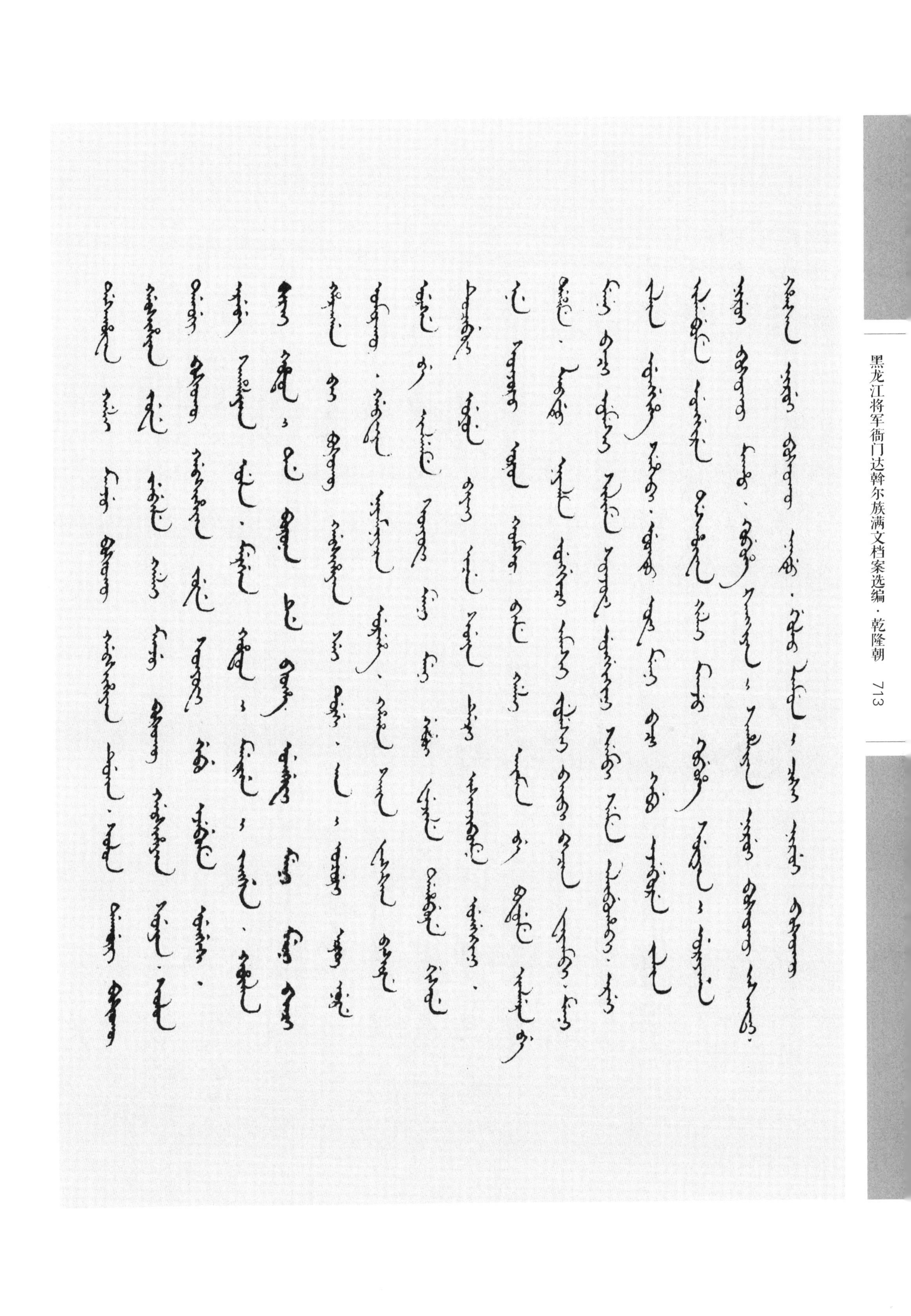

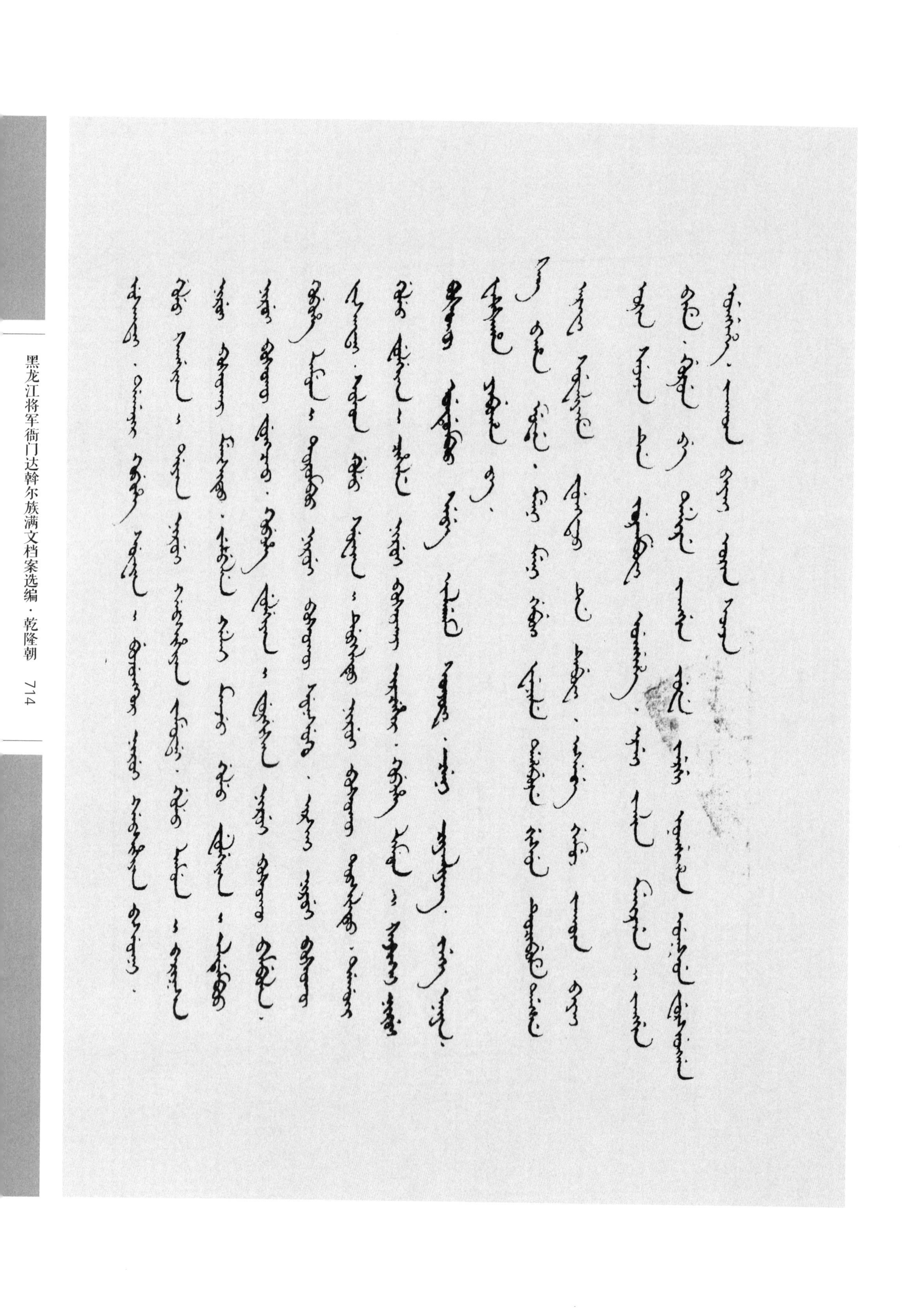

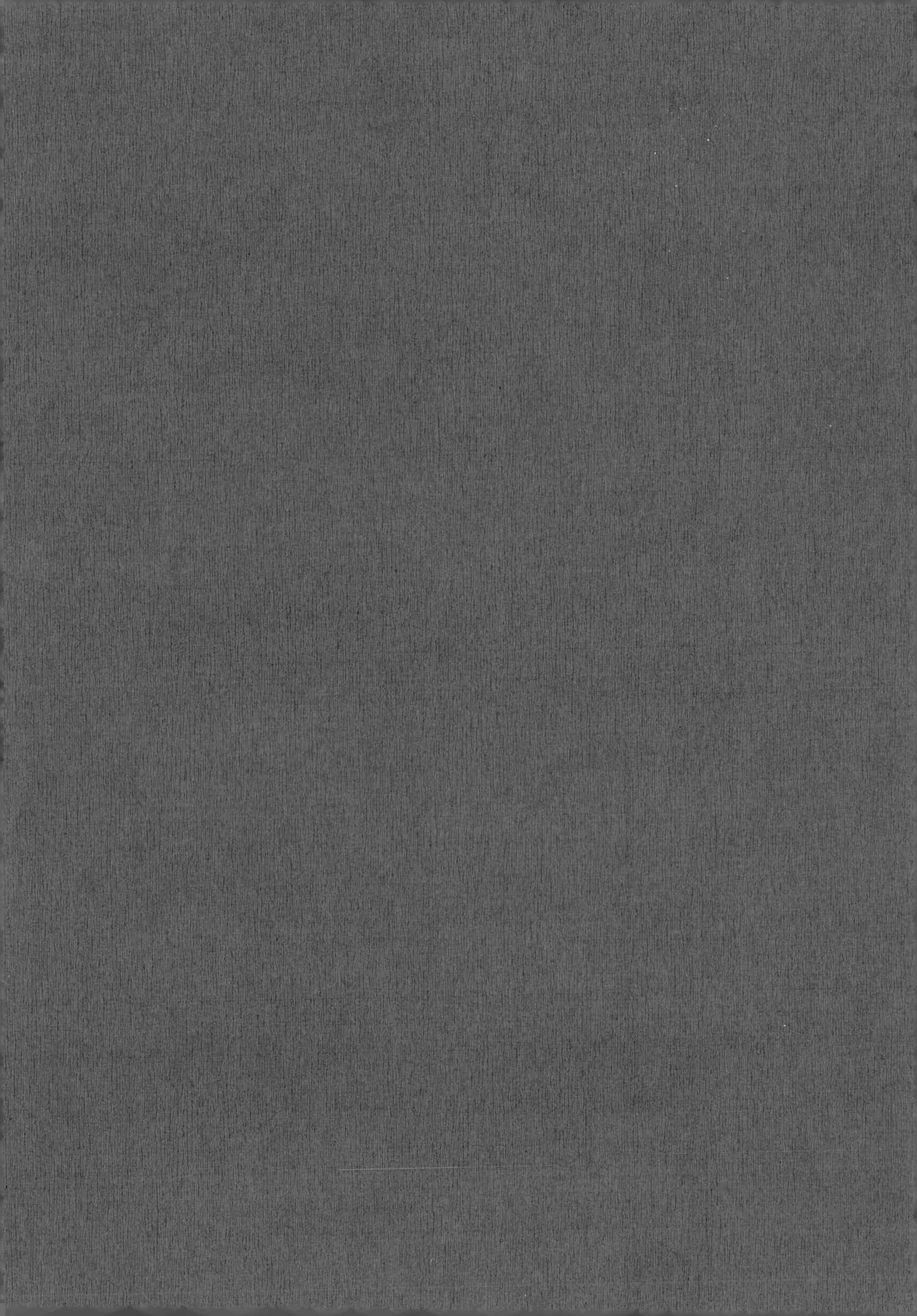